中华人民共和国地方志丛书

临沂市志

1995—2010

第一册

临沂市地方史志编纂委员会 编

方志出版社
Publishing House of Local Records

图书在版编目（CIP）数据

临沂市志．第一册，1995—2010 / 临沂市地方史志编纂委员会编．—北京：方志出版社，2015.10
ISBN 978-7-5144-1703-6

Ⅰ．①临… Ⅱ．①临… Ⅲ．①临沂市—地方志—1995—2010 Ⅳ．① K295.24

中国版本图书馆 CIP 数据核字（2015）第 225497 号

临沂市志（1995—2010）（第一册）

编　　者：临沂市地方史志编纂委员会
责任编辑：王笃银
出 版 人：冀祥德
出 版 者：方志出版社
地址　北京市朝阳区潘家园东里 9 号（国家方志馆 4 层）
邮编　100021
网址　http：//www.fzph.org
发　　行：方志出版社发行中心
电话（010）67110500
经　　销：各地新华书店
印　　刷：济南黄氏印务有限公司
开　　本：889×1194　　1/16
印　　张：46.5
字　　数：1160 千字
版　　次：2015 年 10 月第 1 版　2015 年 10 月第 1 次印刷
印　　数：00001 ～ 10000 册

ISBN　978-7-5144-1703-6　　定价：560.00 元

序 PREFACE

躬逢盛世，继往开来。正值全市上下按照党的十八届五中全会描绘的宏伟蓝图，为促进临沂的可持续发展，集思广益，科学而缜密地研究制定全市社会经济发展“十三五”规划的时候，由中共临沂市委、临沂市人民政府主持，临沂市地方史志编纂委员会组织编纂的《临沂市志（1995—2010）》即将付梓，此乃我市政务建设和文化建设的一大盛事，令人欣慰，可庆可贺！

地方志是中国特有的一种文化典籍，是传承中华文明、发掘历史智慧的重要载体，自古以来，薪火相传，绵延不辍。临沂有编修地方志的优良传统，历史上曾编修过多部州志、府志，现存明万历《沂州志》、清康熙《沂州志》、清乾隆《沂州府志》3 部。20 世纪 80 年代初，临沂地区启动了社会主义新方志的编修工作。2001 年《临沂地区志》正式出版，标志着我市首轮新方志编修工作圆满结束。而今《临沂市志（1995～2010）》的面世，无疑又为临沂的历史文化宝库增添了新的珍品。

临沂市位于山东省东南部，是全省面积最大、人口最多的地级市。这里有山有水有灵气，北、西有沂、蒙二山雄峙，东濒大海，南拥平原沃野，山川秀丽，资源丰富；这里有史有圣有文气，东夷文化的深积厚蕴，齐、鲁文化的长期交融与江淮文化的互渐，客观上造就了既博大精深又极具地方特色的区域性文化，孕育出诸葛亮、刘洪、王祥、王导、王羲之、左宝贵等一大批光照千古的杰出人物，都是沂蒙的伟器英才；这里有情有义有正气，历史进入二十世纪革命战争年代，著名的沂蒙革命根据地人民在中国共产党的领导下，经过血与火的洗礼，军民水乳交融、生死与共铸就了伟大的沂蒙精神，成为中国精神的重要组成部分；这里有城有市有人气，新中国成立后，特别是中共十一届三中全会以来，激荡全国的改革开放大潮在这里演绎的波起浪涌，高潮迭起，城市规模迅速扩大，商贸物流名扬全国；这里有开有合有朝气，老区人民既开放包容，诚实豁达，又团结开拓，合力强大，呈现出持续发展的蓬勃生机与活力。

1994 年 12 月，在撤地设市之际，临沂在全国 18 个连片贫困地区中率先整体脱贫。进入新世纪后，全市上下以建设富强美丽的大临沂、新临沂为目标，“以市兴城，以城带区，产业集群，统筹发展”，确立了“以河为轴、两岸开发，一河五片、组团发展”的城市发展总体规划思路，以七条内河和城市道路为骨架，努力打造以水为魂的最佳宜居城市。滨河大道、湿地公园、百里健身长廊等亲水平台的搭建，成为体现我市城市生态特色的“活力通道”，极大地提升了临沂的城市品位和形象；随着北城新区的开发建设，几年间迅速拔起广厦千座，使这座有着 2500 余年历史的古城焕发出勃勃生机。通过改造提升传统商贸业，临沂批发城实现由传统市场经济向现代市场经济的转型，崛起的现代化商贸城成为全国规模最大、物流覆盖面最广的市场集群。同时，依托市场，以商带工，以临沂经济开发区与高新技术开发区建设为标志，大规模引进外资与民营资金，大力推进新型工业化进程，新型城镇化走在了全省前列。2011年，临沂市进入全国地级城市50强。纵观我市新中国成立以来66年的历史，创造了许多在全国、全省叫得响的“临沂经验”。通过全方位的改革开放，临沂以前所未有的崭新风貌展现在世人面前。先后荣膺“全国双拥模范城市”“中国优秀旅游城市”“中国书法名城”“中国市场名城”“中国园林城市”“国家环保模范城市”“全国卫生城市”“全国文明城市”等称号。

修志问道，以启未来。本部《临沂市志》的记述内容，上自1995年，下至2010年，共16年的历史。该书注重凸显地域特色和时代特点，以改革开放作为记述的主线，真实反映了这一重要时期临沂市经济和社会追赶跨越、迅速崛起的历史，重点展示了临沂的优美生态环境以及发展的巨大潜力，描绘了一个气势恢弘、波澜壮阔的“大临沂、新临沂”的发展画卷。

自2010年启动市志编修工作以来，省政府业务主管部门不断加强指导；市、县区直部门、单位为此做了大量工作；参与编写的全市广大史志工作者淡泊名利，潜心修志，数易其稿，笔耕不辍，字里行间无不凝聚着他们的心血和汗水。借此机会，谨向他们表示由衷的问候和感谢！

“治天下者以史为鉴，治郡国者以志为鉴”。作为一部全景式反映我市改革开放时期自然与社会之历史与现状的百科全书，《临沂市志》具有“资政、存史、教育”的重要价值。希望全市广大干部群众珍惜这一宝贵的文化成果，通过读志阅史，积累知识，启迪心智，从而更好地认知临沂、宣传临沂，促进经济文化的融合与互动，为改革发展和现代化建设服务。

九万里风鹏正举，恰是扬帆济海时。站在新的发展起点上，让我们在党的十八大精神指引下，遵循“四个全面”战略布局，以更加开放、包容的胸怀，顽强拼博，开拓创新，携手共建大美新临沂更加辉煌灿烂的明天！

是为序。

中共临沂市委书记、市人大常委会主任 **林峰海**

中共临沂市委副书记、市长 **张术平**

2015年秋

凡例 General notices

一、本志编纂以马克思列宁主义、毛泽东思想、邓小平理论、“三个代表”重要思想、科学发展观为指导，坚持辩证唯物主义和历史唯物主义的立场、观点和方法，以国家现行法律、法规为依据，遵循实事求是的原则，全面、系统、客观地记述断限内临沂市自然、政治、经济、文化、社会诸方面的发展变化。

二、本志是2001年版《临沂地区志》的续志，共分3册分别出版。记述上限为1995年建立地级临沂市，下限至2010年。为体现事物的连续性和完整性，部分内容适当上溯或下延（下延文字以楷体字置括弧内）。卷前彩页、编题页照片突破断限。

三、本志采用述、记、志、传、图、表、录、索引等体裁，以志为主。首设综述，次设大事记，中为各专志，共分31编；后设人物、附录、索引、编后记。各专志根据事以类从、类为一志，并兼顾社会分工，章节体与条目体相结合的原则设置。分编、章、节、条目（五号黑体，顶格单独一行）、子目（五号黑体，段首空2字）、次子目（五号楷体）六个层次；对分属不同部门管理，但性质相同的事物，均纳入同一编、章、节、目中。不同编、章、节、目中出现相同内容时，注明“参见”位置，做到事不重出。为反映事业发展的全貌及兴衰起伏变化，多数编、章前设无题概述或小序。内文中表格或图表标明序号，序号采用2个阿拉伯数字，第一个数字为编的序数，第二个数字为编内表的序数，如“表4－2”，指第四编第二个表。

四、本志为突出地方特色和时代特色，特设商贸专业批发市场、旅游、工业园区、文物等编。

五、本志大事记以编年体为主，兼用纪事本末体。

六、本志人物传略收录范围为本籍人物、外籍在本地人物和本籍在外地人物。以志书断限内人物为主，适当复载少量历史重要人物，补记部分《临沂地区志》漏记人物。遵循生不立传的原则；排列以卒年为序。人物名录列表记述，分革命烈士，省级以上劳动模范及劳动奖章获得者、省级以上先进工作者，获国务院颁发特殊津贴专家、市级以上有突出贡献的中青年专家等。

七、入志资料主要来自档案及报刊、年鉴等文献，部分资料采自政府部门网站，由志书初稿承编单位及志稿编辑人员征集。统计数据以统计局资料为准，统计局未有的，以行业主管部门提供的资料为准。所用资料一般不注明出处。表中的“－”，表示此数缺失或未作统计。

八、本志以记述文体为主，语言力求严谨、简洁、准确、流畅，使用现代汉语书面语言。以国家语言文字工作委员会公布的《简化字总表》为依据，使用标准的简化字。统计数字一律使用阿拉伯数字。计量单位一般采用国家现行法定计量单位，少数地方保留“亩”“斤”等市制单位。

九、本志采用公元纪年，个别地方使用历史纪年的，则括注公元纪年。

十、本志对频繁使用的名称，首次用全称，以后用简称。如“中华民国”简称为“民国”，“中华人民共和国”简称为“新中国”，“中国共产党”简称为“中共”。“中国共产党临沂市委员会”简称为“临沂市委”或“市委”，“临沂市人民政府”简称“市政府”。部分专用名词或词组适当采用括注，其余采用页末注。地名的使用，以市政府地名机构公布的地名为标准。

临沂城市名片

◎ 全国文明城市

◎ 东夷文化发祥地

◎ 战争年代华东暨山东解放区首府

◎ 全国双拥模范城市

◎ 中国优秀旅游城市

◎ 全国红色旅游重点城市

◎ 全国社会治安综合治理优秀市

◎ 中国市场名城

◎ 中国物流之都

◎ 中国地热城

◎ 中国书法名城

◎ 国家园林城市

◎ 国家环保模范城市

◎ 中国城乡建设范例城市

◎ 国家卫生城市

◎ 国家森林城市

◎ 中国金刚石之都

◎ 世界滑水之城

蒙山

蒙山鹰窝峰

（2012 年 6 月摄）

跋山水库——境内沂河第一湾

市树——银杏
市花——沂州海棠

沂蒙群崮

临沂城滨河全景

（2011 年摄）

临沂北城新貌

（2014年摄）

王羲之故居
（2002 年摄）

沂蒙路中段

临沂城涑河两岸景观

临沂人民广场

双月湖公园　(2006 年摄)

五洲湖全景　(2013 年摄)

临沂水城夜色

① 世界最长的橡胶坝——小埠东橡胶坝　② 国际雕塑园
③ 奇园　④ 凤凰广场夜景　⑤ 园博园书圣阁

城市美化

沂河沙滩浴场

北京路

书法公园

位于河东区朝阳街道的临沂动植物园

沂河临工大桥

临沂城沂河、祊河、柳青河、涑河 4 河交汇处

临沂市文化中心

临沂市图书馆

临沂大剧院

临沂市博物馆

临沂广播电视发射塔

太平国际影视城

临沂人民公园

生生银杏园

滨河大道

沂蒙广场

临沂机场

临沂汽车站

临沂火车站

① 临沂三河口隧道　② 日兰高速公路临沂段
③ 乡村道路　④ 临沂蒙山大道高架桥

临沂小商品城

2010 年 9 月 16—18 日，中国（临沂）市场贸易博览会在临沂市举行。

临沂灯具城

中国教育用品采购基地

临沂钢材物流城

华丰国际服装城

2012 年 9 月 27 日，第四届山东省城市园林绿化博览会在临沂开园。

山东临工—沃尔沃集团总装流水线

金沂蒙集团

沂南县电动车生产基地

山东新港集团

新时代药业集团

山东久泰新能源科技有限公司

金锣集团生产车间

山东正航食品有限公司

中关村临沂软件产业基地

国家级科技企业孵化器

蒙山林场

刘家道口水利枢纽

兰陵县现代农业示范园

沂南黄瓜大棚育苗

临沂现代渔业产业园

蒙阴蜜桃

费县板栗

郯城银杏果

临沭黑花生

苍山大蒜

莒南茶叶种植基地

平邑金银花

沂河白鹭

沭河古道

云蒙湖

费县小流域治理

绣针河

沂沭河湿地公园

费县温凉河

沂南县竹泉村旅游度假区

平邑县天宝梨花

莒南县天马岛

塔山云海

蒙山瀑布

费县石林

沂水县地下画廊

沂南县智圣汤泉度假村

莒南县天佛景区

2015 年 9 月 23 日，在沂南县举行山东抗日民主政权创建 75 周年纪念展活动。

山东省政府旧址

孟良崮战役遗址

华东革命烈士陵园

沂蒙革命纪念馆

洗砚池晋墓出土文物：凤鸟衔鱼负雏香炉、胡人骑狮青铜灯、胡人骑狮青瓷烛台

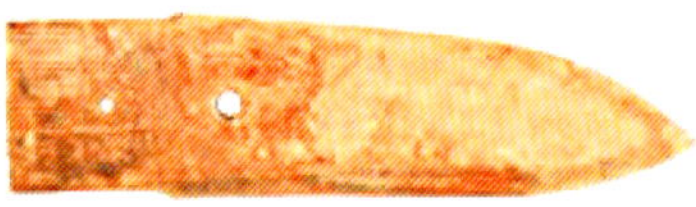

天上王城春秋墓出土文物：玉人、玉饰、玉虎、玉戈

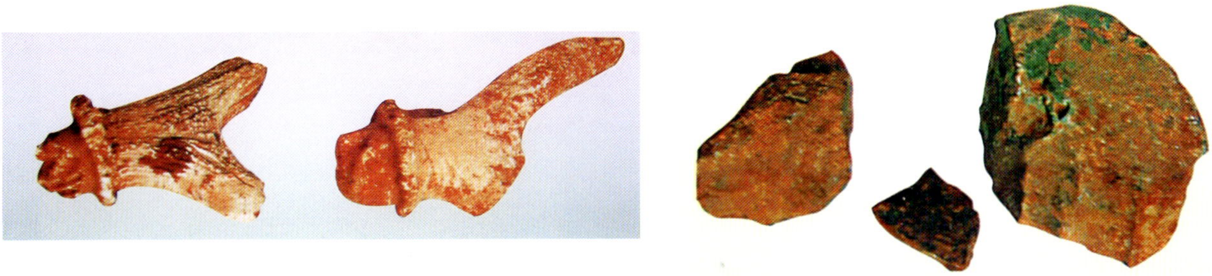

南洼洞出土的鹿角化石和旧石器

姑子顶出土的磨制石器、石刀（岳石文化）、石铲（大汶口文化）

北寨汉画像石墓

临沂市博物馆陈展的吴白庄汉墓画像石

银雀山汉墓竹简博物馆

临沂孔庙大成殿

汉金缕玉衣展柜

诸葛亮故里纪念馆

2015 年 5 月 8 日，乐舞诗《蒙山沂水》在临沂大剧院首演

2015 年 9 月 25 日，红色沂蒙爱国主义情景组歌《沂蒙红崖》成功首演

2015 年 9 月 2 日，第十三届中国临沂书圣文化节开幕。

郯城县马头镇民间
艺人表演《郯马五大调》

红绸舞

龙灯扛阁

2015年2月，在市文化馆举办第十届非物质文化遗产保护成果展演——柳琴戏专场。

市级传承人王艳俊在教授学生剪纸技艺

大型现代柳琴戏《沂蒙魂》

2008 年 7 月 21 日，奥运火炬在临沂传递。

2009 年 9 月 24 日，第十一届全运会火炬在临沂传递。

2008 年 5 月 1 日，奥运 2008 中国帆船邀请赛在沂河举行。

太极拳晨练

2010 年 10 月 3 日，F1 摩托艇世界锦标赛中国临沂大奖赛在沂河举行。

2008 年 6 月，
“沂蒙精神代代传”
主题活动启动。

2010 年 6 月 1 日，
临沂市科技馆正式开
馆。

平邑县天宇
自然博物馆主馆

丰富多彩的书法教学活动

临沂市人民医院

临沂大学

创文明城市有奖知识竞赛

2006 年 8 月 16 日，临沂市举行仪式隆重欢迎 10 名赴海地维和警察防暴队员凯旋。

2009 年 8 月，大学生创业训练营开营。

群众领取新型农村社会养老保险金现场

医务人员向参保群众说明新合作医疗“一卡通”医疗费报销情况

环保宣传

2015 年 4 月 9 日，省地方史志办公室主任刘爱军、市委书记林峰海等领导与市史志办公室部分工作人员合影（前排左起：孙杰、朱海涛、李刚、朱玉良、林峰海、刘爱军、翟世林、李坤、秦鸿伟、李天程，后排左起：杜帅、伊永航、于芹、杨晓莉、张艳华、徐田宁、段洪、肖功江、冯乐平、王卫东）

2015 年 4 月 10 日，《临沂市志（1995—2010）》志稿评议会召开。

2012 年 7 月 25 日，中国地方志指导小组常务副组长朱佳木（右三）到临沂市调研史志工作，省史志办公室主任钟华（右二）、副市长赵爱华（左二）、市史志办公室主任朱海涛（右一）、蒙阴县常务副县长张晓兵（左一）陪同。

2015 年市史志办公室工作人员，后排左起：高来臣、尹双双、杜帅、杨晓莉、张艳华、刘化峰、徐田宁、刘慧明。中排左起：刘丙华、张丽、冯乐平、肖功江、徐希冕、张广卫、曹丽娜。前排左起：王卫东、段洪、朱海涛、伊永航、于芹

临沂市政区图

审图号：鲁SG（2015）122号

行政区划资料截至2015年10月

临沂城区图

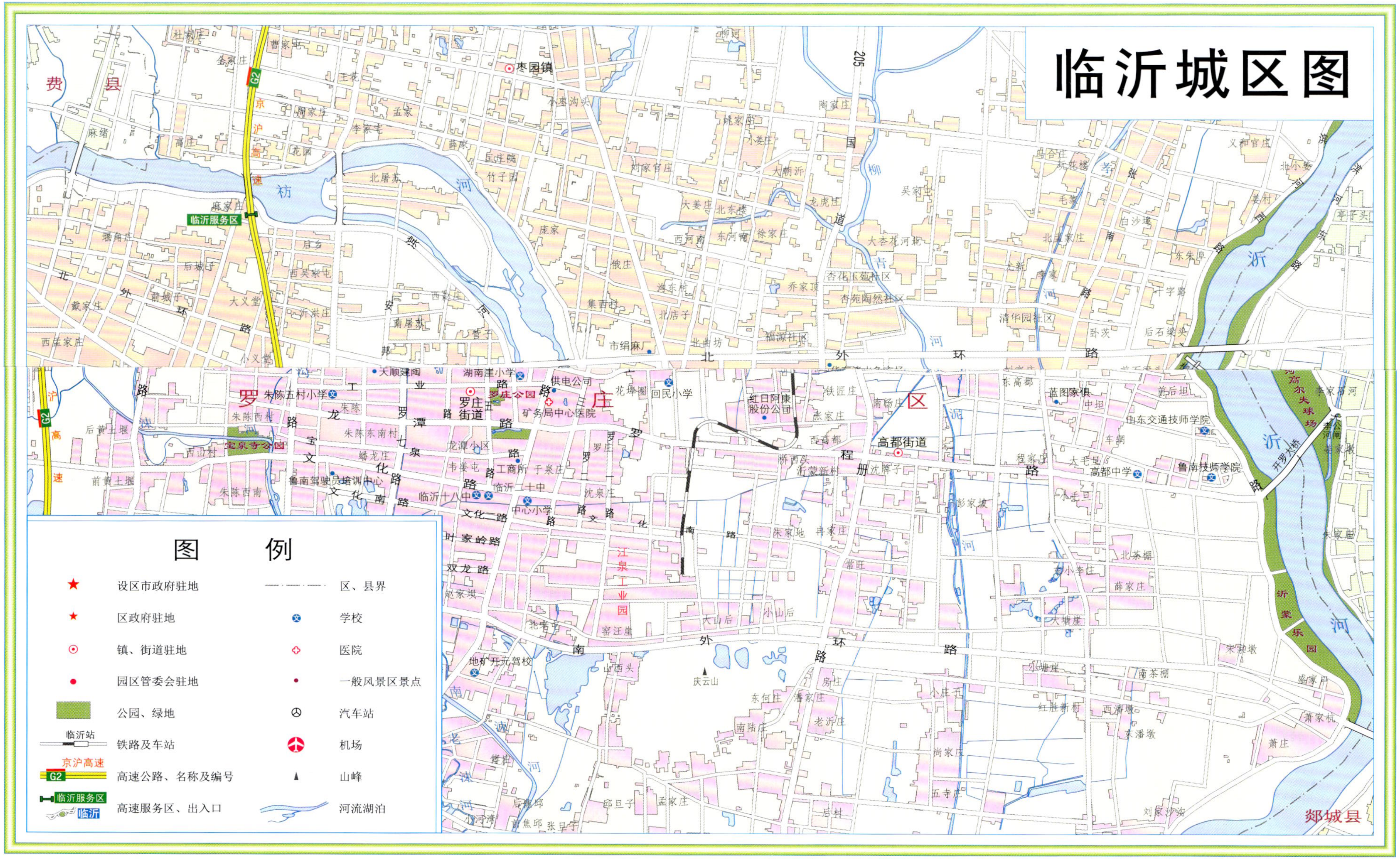

审图号：鲁SG（2015）122号

行政区划资料截至2015年10月

目　录

第三编　人　　口

第四编　城乡建设

第五编 国土资源管理 环境保护

第六编 交通 邮电

第七编 旅 游

第八编 县区概况

Contents

Series three Population

Series four Urban and rural construction

Series Land resources management Environmental protection

Series Traffic Post and Telecommunications

Series seven Tourism

Series eight district and County Survey

综　述

临沂市位于山东省东南部，地近黄海，东连日照，南邻江苏连云港、徐州，西接枣庄、济宁、泰安，北靠淄博、潍坊。地跨北纬 34°23′~36°12′，东经 117°25′~119°12′，南北最大长度 201 公里，东西最大宽度 161 公里。2010 年年底，总面积 17191 平方公里，总人口 1072.6 万人，是山东省面积最大、人口最多的市。

商周时期，这块土地上已存在着郯、鄫、鄅诸方国。周灭商后，临沂地域多分属鲁、齐两国。春秋时期，临沂地域主要归属鲁、齐、莒诸国。战国时期，域内诸封国先后为齐、楚所兼并。秦时，临沂地域属琅邪郡和郯郡，西汉分属琅邪郡、东海郡、城阳国和泰山郡。东汉时改琅邪郡为琅邪国，迁治开阳（今临沂市兰山区），后南迁。历经魏晋南北朝和隋、唐、宋、元、明等诸王朝，临沂地域多分属各国、州、郡、府。清雍正十二年（1734 年）升沂州为府，辖 6 县 1 州。1913 年撤销沂州府。临沂地域分属济宁道和胶东道。1925 年于临沂置琅邪道，1928 年撤销。1936 年，划为山东省第三行政区。抗日战争和解放战争时期，境域先后属鲁中行政区、鲁南行政区、滨海行政区和鲁中南行政区等。1950 年 5 月，鲁中南行政区撤销，境域分属沂水专区和临沂专区。1953 年 7 月，沂水专区撤销，除日照县划归胶州专区外，所辖其余各县皆划归临沂专区。1994 年 12 月，国务院批准撤销临沂地区和县级临沂市，设立地级临沂市，辖兰山、罗庄、河东 3 个区，郯城、苍山、莒南、沂水、沂南、平邑、费县、蒙阴、临沭 9 个县。2010 年年底，共有 180 个乡、镇、街道，7159 个行政村、社区。

一

临沂有着灿烂的历史文化。沂水县南洼洞遗址出土的若干石器和葛氏斑鹿角化石证明，远在 20 万年前，就有古人类在这里聚居生息繁衍，创造着物质文明和精神文明。在漫长的史前阶段，先民靠他们勤劳灵巧的双手，制造出实用精美的石器、骨器、玉器等生产工具和生活用品，烧造出“黑如漆、明如镜、薄如纸、硬如瓷”的蛋壳陶；在原始农业的基础上，兴起了家禽饲养业和酿酒业。在这块土地上孕育产生了构成中华民族大一统文化主体的东夷文化，并在此基础上造就了色彩浓烈、丰富厚重的沂蒙文化，成为山东三大文化体系之一。养育了著名思想家曾子、荀子，珠算发明家刘洪，政治家、军事家诸葛亮，“二十四孝”中代表人物王祥，书圣王羲之，民族英雄左宝贵等在华夏文化史上占有重要地位的历史名人。厚重的文化积淀，使这里自汉代以来相继产生了众多闻名遐迩的名门望族，其中以琅邪王氏、诸葛氏、颜氏和东海徐氏、兰陵萧氏最为著名。这些家族诗礼传家、教子有方、家学深厚、代出名人，在政治、经济和南北文化的互渐与发展方面发挥了重要作用，客观上形成了独具特色的望族文化，成为一笔宝贵的文化遗产和人文资源。

临沂是全国著名的革命老区。1926 年，这里就建立了中共党组织。著名的沂水暴动、苍山暴动、龙须崮暴动等，显示了共产党人和沂蒙人民

蒙阴县孟良崮战役遗址区红色雕塑

的大无畏的革命斗争精神、英勇献身精神。在中共党组织领导下，一代代沂蒙儿女，艰苦奋斗，开拓进取，创造辉煌，在中国新民主主义革命斗争史上写下了光照千秋的篇章。在长期的革命和建设实践中形成的以“爱党爱军、开拓奋进、艰苦创业、无私奉献”为主要内容的沂蒙精神，成为中华民族精神的重要组成部分，是党和国家的宝贵财富。抗日战争时期，这里是著名的沂蒙山区革命根据地，是全省统一的行政权力机关——山东省战时工作推行委员会的诞生地；解放战争时期，临沂一度成为华东暨山东解放区首府。刘少奇、罗荣桓、徐向前、陈毅等老一辈无产阶级革命家都曾在这里战斗工作过。赵镈、罗炳辉、刘炎、陈明、李竹如、常恩多、汉斯·希伯等著名革命烈士都在这块土地上献出了生命。从沂蒙山区出发，罗荣桓率雄师挺进东北；从沂蒙山区出发，陈毅率大军直下江南。在血与火的年代，临沂人民在中国共产党的领导下积极参军参战，支援前线，十载征劳如一日，英雄百战无倦容，涌现出无数可歌可泣的动人事迹，10多万优秀儿女为革命献出了生命。在中国革命胜利的征途上，深深地印下了临沂人民支前车轮的辙印。这里的人民为夺取革命战争胜利，为新中国的建立做出了巨大贡献。

在社会主义建设时期，临沂人民发扬光荣传统，弘扬沂蒙精神，以昂扬的革命斗志，改造山河，发展生产，建设家园，涌现出厉家寨、王家坊前、高家柳沟等一大批享誉全国的先进典型。“愚公移山、改造中国，厉家寨是一个好例”，毛泽东主席对厉家寨的光辉批示，影响遍及全国，产生了巨大动力。改革开放的春风，吹遍沂蒙大地，九间棚、沈泉庄、金锣集团等一批新的先进典型为全国所瞩目。沂蒙儿女不仅在当地取得了卓越的成就，还将沂蒙精神带到大江南北，生根开花，发扬光大。胡玉萍把革命老区的光荣传统带到辽宁抚顺，几十年如一日无私奉献，爱国拥军，曾荣获全国十大爱国拥军新闻人物特别奖。临沂籍干部袁芳烈20世纪80年代就任温州市委书记后，带领温州干部，顶住压力，锐意改革，放手发动群众，大胆支持引导群众发展个体私营经济，短短几年间，瓯越大地商品经济发展如星火燎原，袁芳烈成为奠定“温州模式”的关键人物。

改革开放以来，在这块“物华天宝、人杰地灵”的热土上，千万人民发扬优良传统，抢抓机遇，强化措施，推动全市经济和社会事业步入了发展快车道。临沂市在国内外的知名度不断提高，先后荣膺“全国双拥模范城市”“中国优秀旅游城市”“全国红色旅游重点城市”“中国地热城”“中国市场名城”“中国书法名城”“国家园林城市”等称号。

二

临沂地处鲁中南低山丘陵区东南部和鲁东丘陵区南部。地势西北高东南低，自北而南，有沂山、蒙山、尼山3条主要山脉呈西北东南向延伸。以沂、沭河为中心，西、北、东三面群山环抱，向南构成扇状冲积平原。境内海拔千米以上的山峰有10余座，其中蒙山主峰龟蒙顶海拔1156米，为山东省第二高峰，蒙山素称“岱宗之亚”，久负盛名。境内有不少被称之为“第五种岩石造型地貌”的桌状山，当地称为“崮”，素称沂蒙七十二崮，著名的孟良崮就是其中之一。

优越的地理环境和丰厚的资源优势，为可持续发展提供了得天独厚的条件。临沂地处中纬度地区，属温带季风性大陆气候。具有气候适宜、四季分明、雨量充沛、光照充足、无霜期长等气候特点。全市土地总面积171.91万公顷，其中耕地84.41万公顷。有沂河、沭河、中运河和滨海四大水系，大小河流1800余条，其中10公里以上的河流309条。沂、沭河是纵贯全市南北的两条季节性行洪河道。其中，沂河是境内第一大河流，境内流长202.9公里。新中国成立后建成的901座各型水库，库容量34.43亿立方米。全市多年平均水资源总量55.36亿立方米。人均占有水资源量552.8立方米，是全省人均占有量的1.66倍。矿产资源种类较多，分布广泛，已发现矿产84种，探明储量的36种，其中金刚石资源储量居全国第二位，闻名于世的“金鸡钻石”和“常林钻石”均出自市内，是名副其实的中国钻石之乡，白云岩、石膏、石英砂岩、陶瓷土、蛇纹岩、饰面石材等储量均居全省前列。全市累计探明矿产资源总量约719亿吨，潜在总价值3284.73亿元，单位国土面积主要矿产资源潜在价值为全省平均值的1.2倍。临沂地热总面积1417.85平方公里，三区九县均有分布，地热开发利用方兴未艾。2008年，临沂市被中国矿业联合会命名为中国地热城，成为全国第二个、华东第一个获此殊荣的城市。生态资源丰腴优裕，有高等植物151科、1043种（包括变型或亚种），动物11纲近千种。银杏树、沂州海棠分别被列为市树、市花。代表性物产有水稻、金银花、银杏、板栗、山楂、黄梨、苹果、花椒、蚕茧、白柳、琅邪草、大蒜、全蝎、蟾酥等，其中塘米、金银花、银杏、琅邪草、大蒜、全蝎、蟾酥等均为闻名遐迩的土特产。森林覆盖率高，天然次生林以人工林为主，主要有油松、赤松、落叶松、麻栎、火炬松等，形成了稳定的森林生态群落和宜人的生态环境。

蒙山钟灵，沂水毓秀。境内自然风光优美，地质遗迹丰富多彩。其地质构造位于世界上仅有的几个古陆核之一——鲁西古陆核之中，保留着早在28亿年前后就形成的表壳岩系，是华北地台上典型的古老沉积构造，为山东岩石“二寿星”之一。古陆核发生多次巨变和反复的锻造，以及多次海陆变迁及断裂构造的差异升降，形成今天蒙山的各种地质遗迹和地质地貌景观。全市旅游资源分6大类，27个亚类，数万个景点。主要有地景、山景、峰景、石景、洞景、壁景等，是具有较高科学研究和观赏价值的地学科普、观光旅游、休闲娱乐之地。沂水溶洞，洞体规模之大，洞穴次生化学沉积物种类之全，数量之多，地下暗流河流量之大，为中国北方地区所罕见。莒南北部地区，地处沂沭断裂带和苏鲁造山带的结合部，后左山恐龙遗迹化石是省内唯一、世

蒙山旅游区

界罕见的恐龙足迹地质遗迹。2005 年，临沂市政府从气象水文及动植物、矿产、旅游资源方面，设立“龟蒙、云蒙、天蒙、彩蒙、孟良崮、金伯利、沂蒙石林、沂水溶洞、莒南天佛”9 个景区。2007 年 9 月，沂蒙山国家地质公园开园，为临沂市旅游资源的高深层次的开发，拓展了空间，打造了新亮点。

2010 年，全市共有国家 A 级旅游区 55 家，其中 AAAA 级 15 家，AAA 级 21 家，AA 级 19 家，国家 A 级旅游区总量和 AAAA 级旅游区数量均居全省第二位；有国家工农业旅游示范点 9 家，省级好客人家农家乐 17 家；旅行社 85 家，其中国际旅行社 2 家；星级酒店 58 家，其中四星级 5 家，三星级 28 家；星级餐馆 26 家，其中五星级 2 家，四星级 4 家。是年共接待海内外游客 3049 万人次，实现旅游总收入 237.8 亿元。

三

临沂作为人口大市、农业大市、革命老区和沂蒙山区，由于基础落后，经济发展曾长期低于全国、全省平均水平。1984 年，临沂地区沂水、沂南、蒙阴、平邑、费县、苍山、临沭 7 个县被国务院和省政府列为重点扶持贫困县。经过 10 余年艰苦奋斗，1995 年年底临沂 12 个县区全部实现“三通”①“两改”②“一摘帽”③的目标，在全国 18 个连片贫困地区中率先实现整体脱贫。2000 年与全国同步基本实现小康，2003 年人均生产总值与全国同步突破 1000 美元。2004 年，在革命老区中率先实现国内生产总值过千亿、人均过万元双突破的目标。2005 年后，是临沂各方面工作获得认可度最高的时期，先后被评为中国全面小康最具安全感城市、全国粮食生产先进市；被确定为全国供销社综合改革试点市、全省资源节约型和环境友好型社会建设改革试点城市；扩大民间投资、推进城镇化、土地集约节约利用、中小型水库除险加固等方面的经验被中央和省推广。2007 年，临沂首次进入全国地级以上城市综合实力百强。2009 年，实现生产总值过 2000 亿、人均过 2 万元两大历史性新突破。

经济规模日益扩大，质量效益不断提升。1995—1996 年，全市生产总值增幅在 14.5%以上，地方财政收入增幅在 43.6%以上。1998 年，受亚洲金融危机影响、国内买方市场形成及全市企业治污面大、生产资金短缺等因素影响，经济发展面临较大困难和压力。自是年起，全市加快中小型企业改革步伐，积极推进新一轮结构调整，加快外贸企业组织结构调整，加大流通体制改革力度。至 2005 年，以现代商贸物流为重点的新兴服务业成为新亮点，促进了其他服务业的发展，增强了全市经济的辐射力和产业集聚功能。2006—2010 年，围绕“总量再翻番、人均过三千，构建富强美丽的大临沂、新临沂”的战略目标，努力克服全球金融危机影响，重点领域改革取得突破性进展。2010 年，全市生产总值达到 2400 亿元，五年年均增长 14.4%，分别高出全国、全省 3.3 个和 1.3 个百分点；地方财政收入达到 115.5 亿元，年均增长 18.7%；规模以上固定资产投资和社会消费品零售总额分别达到 1408.3 亿元和 1157.2 亿元，年均分别增长 23.4% 和 19.4%。

经济结构日趋合理，非公有制经济蓬勃兴起。深入实施“重工、强农、兴商”的指导思想，经济结构发生两次根本性转变，1993 年第二产业比重超过第一产业，1997 年第三产业比重超过第一产业，三次产业结构调整为 27.4:41.6:31。临沂市把发展民营经济作为工作的“亮点”来

① “三通”：乡乡通柏油路和村村通水、电。
② “两改”：改变穷山恶水面貌和生产生活条件。
③ “一摘帽”：摘掉贫困落后帽子。

抓，非公有制经济所占比重不断扩大。至2005年，民营经济增加值占比70.5%；公司制企业占比达到95%以上，其中股份有限公司65家。2010年，全市规模以上民营工业完成增加值940.5亿元；非公有经济实现社会消费品零售总额871.3亿元；年末工商注册私营企业2.9万家，个体工商户22.3万户。全市民营企业户数占规模以上工业企业的93%以上，产值占83%以上，民营经济增加值占生产总值的76.5%；民营经济税收占国税和地税收入的81.7%。民营企业已成为全市工业经济的主力军。2010年三次产业结构调整为11:50.3:38.7。重工业与轻工业占比由1995年的37.9: 62.1调整为59.3:40.7。

产业集群不断发展壮大，工业成为经济的重要支撑。2002年中共十六大后，临沂市大力推进新型工业化进程，培植和壮大了一批具有发展优势的产业集群。2007年，市政府颁布关于推进大企业集团和产业集群发展的意见，着力支持华盛江泉、山东金锣等大企业发展，加快推进临工沃尔沃、费县国电、久泰化工二甲醚扩产等大项目建设进度，重点扶持优势产品及高附加值、高科技含量产品的出口，工业经济效益综合指数213.24%。2010年，第二产业完成增加值1206.29亿元，是1995年的10倍，年均增长15.7%，其中规模以上工业增加值1093.5亿元。全市食品、机械、建材、木业、医药、化工、纺织服装、冶金八大支柱产业完成增加值851.5亿元，主营业务收入过亿元企业达到897家，食品、木业、复合肥等产业集群在全国形成竞争优势，新能源、新医药、新材料、节能环保等战略性新兴产业快速发展。高新技术产业产值达到1512.5亿元，占规模以上工业总产值的比重达到31.2%。

农业产业化经营快速发展，种养业结构趋向多元化。从2002年起，加快推进农业产业化经营。围绕畜禽、蔬菜、果品和粮棉油的深加工，发展肉制品、植物油、乳制品、中成药、蔬菜、粮食、茶叶、干鲜果品、草柳编制品九大产业链和产业集群，大力发展优质农产品基地，加快推进无公害、绿色、有机农产品“三品”认证工作。2010年，农林牧渔业总产值中，农业占64.2%、林业占3.3%、牧业占27.6%、渔业占2.4%，农林牧渔服务业占2.5%。粮食生产连续第七年增收，总产达到468.8万吨，比1995年增加11万吨。水果总产182.9万吨，是1995年的2.3倍；油料总产81万吨，是1995年的1.5倍；蔬菜总产576.6万吨，是1995年的1.4倍。

第三产业发展步伐明显加快。交通邮电仓储业、批发零售和住宿餐饮业、房地产业等传统服务业保持较快发展，现代物流、信息、金融保险、文化教育、连锁经营、中介服务和社区服务等现代服务业迅速兴起。2010年，全市第三产业完成增加值929.7亿元，是1995年的11倍，年均增长17%。文化产业与旅游业加快融合，文化产业增加值和旅游业总收入占生产总值的比重分别达到4.5%和9.9%。全市第三产业增加值占生产总值的比重仅次于青岛、济南，居全省第三位。1995—2010年，全市社会消费品零售总额累计达到6579.3亿元，年均增长32.3%。

经济发展后劲明显增强。1995—2000年，京沪和日东高速公路临沂段、兖石铁路复线临沂至兖州段相继建成，临沂机场扩建复航；农村电网改造顺利完成，城市电网改造全面展开。临沂电厂2×12.5万千瓦机组、沭河洪水东调、小埠东拦河坝、6座大中型水库除险加固等一大批重要基础设施项目相继建成投入运营。2002—2005年，加快实施大项目带动战略，相继完成国电费县电厂一期工程、路网改造工程、沂州水泥200万吨回转窑项目、中化山东肥业100万吨高氮复合肥、青莱高速沂水段、胶新铁路临沂段等一批重大项目。2006—2010年，新增公路里程14750公里，新客运总站建成启用，菏兖日铁路电气化改造和东平铁路项目开通运营。1995—2010年，全市累计完成固定资产投资7402.79亿元，占改革开放以来固定资产投资总额的96.5%。临沂经济技

临沂港

术产业开发区被国务院批准升级为国家级经济技术开发区，临沂临港经济开发区被省政府批准为省级经济开发区，全市省级经济开发区达到13个。

经济国际化水平不断提高。临沂撤地设市之后，市委、市政府提出把外经贸工作作为全市经济工作的“第一亮点”来抓，努力推进由内向型经济大市向外向型经济强市转变提升。到2007年，全市进出口总额年均增长36.4%；实现出口年均增长36.8%；经济对外开放度达到14.4%。2010年，全市实现进出口总额47.7亿美元，其中出口额28.3亿美元，进口额19.4亿美元。临沂市先后与美国雷顿市、纽海文市、哈蒂斯堡市，刚果布拉柴维尔市，韩国镇海市，瑞典埃斯基尔斯蒂纳市等国外城市缔结了友好城市关系；与临沂市有进出口业务的国家和地区发展到197个；聘请德国、韩国、美国等国和中国台湾地区的经济专家为市经济顾问。实施“走出去”战略，先后组织多批次招商团队赴法国、美国、日本、韩国等国家和地区开展大规模的国外招商引资活动；在市内先后连续举办了8届书圣文化节、3届郯城国际银杏节、3届诸葛亮文化节及8届蒙山长寿旅游节等招商活动，签约了一大批利用外资项目。加快推进跨国经营，通过境外投资，全市境外农业企业达到5家，经营境外耕地达到10万多亩。2006—2010年，全市累计实际利用外资16.9亿美元。全市上市公司累计达到24家，其中境外上市19家，境外上市企业家数在全国地级市中居第一位。

四

经济发展水平的提高，为社会各项事业的发展奠定了坚实基础。1996—2000年，累计取得重大科技成果660项。2003—2007年，累计申请专利6755件，授权4031件，年均分别增长43%和37%。2007年，科技进步对经济增长的贡献率由2000年的46%提高到52%；研究与发展经费支出占生产总值比重由2002年的0.27%上升到1.2%。2010年，全市拥有市级以上工程技术研究中心16家，其中国家级2家；省级以上技术中心41家，其中国家级4家；国家级、省级高新技术创业服务中心各1家。大力推进教育改革与发展，办学条件明显改善，办学效益逐年提高。

在全国欠发达地区中率先实现“两基”①的目标。全面启动义务教育阶段“一费制”“两免一补”工作，有10万余名贫困生享受了这一政策。至2010年，小学学龄儿童入学率、小学入初中升学率和小学、初中在校巩固率均为100%。全市3所普通高等学校在校生5.7万人。其中，投资20多亿元建设的临沂大学，在校生规模3万多人。66所中等职业学校在校生9.2万人，51所高中学校在校生15.7万人，304所初中学校在校生39.3万人，1639所小学在校生74.3万人。公共卫生疾病控制和医疗救治“两个体系”不断完善，有效防控了非典型肺炎、禽流感等突发性疫情。城乡预防、保健、医疗网络进一步健全；新型农村合作医疗工作进展顺利。2007年，185所乡镇卫生院全部实现上划县级管理，4994个村卫生室实行一体化管理，进行标准化改造2200个。2010年，全市卫生机构拥有卫生技术人员由1995年的1.92万人增加到3.17万人，医院床位由1995年的1.41万张增加到3.64万张。文化和信息产业取得长足进展。自2003年起，连续成功举办8届中国临沂书圣文化节。书圣文化节2005年被评为全国节庆50强，2006年被评为中国文化艺术类十大节庆和中国十大最具潜力节庆，产生了良好的社会效益和经济效益。临沂鲁信国际会展中心、凯歌国际文化城等一批文化项目开始运营，提升了城市的文化品位。2007年，全市固定电话用户224.7万户；移动电话用户370.1万户，互联网用户30.6万户。成为全国第一个实现行政村村村通有线广播电视的革命老区。有线电视用户发展到144.7万户，数字电视用户发展到10.8万户。广播人口覆盖率和电视综合人口覆盖率分别为97.24%和97.84 %。文化产业增加值占生产总值的3.3%。2010年，全市有博物馆6座，公共图书馆12座，档案馆13座。文化类民办非企业(社团）组织43家。大力发展城市文化，建起了市图书馆、博物馆、广播电视发射塔、国际影视城等诸多文化新地标；保护、建设了羲之故居、羲之书院、书法广场等一批标志性城市“文化符号”。沂蒙山小调柔美悠扬，“水上红色大典”《蒙山沂水》震撼庄严，文化成了临沂城市发展的内在驱动力。2005年8月，作为全国纪念抗日战争胜利60周年三大主题展览之一的沂蒙精神大型展览在北京国家博物馆举办，沂蒙精神以其丰富深邃的内涵和博大崇高的情怀，轰动京城，感动中国。电视连续剧《沂蒙》、电影《沂蒙六姐妹》分别获得中国舞蹈荷花奖特别奖、中国电影华表奖。民间秧歌“龙灯扛阁”入选国家级非物质文化遗产项目。至2010年，全市有体育馆18座。成功举办首届中国（临沂·莒南）红色运动会和2010年F1摩

新中国成立六十周年献礼影片《沂蒙六姐妹》海报

① “两基”：基本实施九年义务教育和基本扫除青壮年文盲。

托艇世锦赛中国临沂大奖赛。精神文明和民主法制建设不断加强，被评为全国创建文明城市工作先进城市和全国社会治安综合治理优秀市。实现“全国双拥模范城”三连冠。

切实减轻农民负担，扩大城乡保障范围，不断提高人民生活水平。2001—2005年，着力推进“百万农户致富、千村帮扶、村村通硬化路、千村人畜饮水解困和百村示范”工程，农村生产生活条件得到改善。2004年开始实行粮食生产直接补贴、良种补贴和农机补贴制度。2007年，农业税全面取消，累计减轻农民负担11.8亿元。按照科学发展观的要求，完善城乡统筹的户籍制度和人口管理制度，建立城乡统筹的就业制度和城乡最低生活保障制度，完善城乡统筹的养老、失业、医疗等社会福利保障和教育制度，逐步扩大社会保障覆盖范围。分别从强化农村党组织建设、改善农村生产条件、助推农民发家致富、提高农村文明水平等方面强化基础和基层，解决群众反映最强烈、要求最迫切的问题，为新农村建设构建坚强有力的支撑体系。在城镇多次调整提高职工工资水平，建立职工最低工资标准，恢复和完善各种奖金津贴。2010年，城镇在岗职工平均工资由1995年的4143元增加到31694元；农民人均纯收入由1995年的1590元增加到6761元。城镇居民人均住房面积达到27平方米，农村居民人均住房面积达到32.2平方米，分别比2002年增加7.1平方米和7.6平方米。城镇居民人均消费支出由1995年的2768元增加到11934元；农民人均生活消费支出由1995年的999.74元增加到3935元。全市城镇居民家庭每百户拥有家用汽车31辆、电脑70台、移动电话182部；百户农民拥有生活用汽车5辆、电脑12台、移动电话133部。

五

巍巍蒙山，嵯峨峻拔；悠悠沂河，泽被千里。改革开放以来，勤劳智慧的临沂人民，在这方沃土上描绘出绚丽多彩的画卷，创造出日新月异的奇迹，打造出一座又一座秀美的山水绿城，富庶的村居山庄……

20世纪80年代初，随着西郊批发城的发展，临沂开始编制城市规划，城区开始扩张。1995年，临沂开始步入中等城市行列。1996—2000年，中心城市建设和管理力度逐步加大，先后新建、拓宽和改造一大批城市道路，建设完成临沂城引水、供水、供热、供气、沂河水上公园、动植物园、人民广场等市政工程，开工建设污水处理、垃圾处理等重点工程。但与省内其他地市相比，临沂作为全省面积最大、人口最多的市辐射提升带动作用不强。市委、市政府积极开展前瞻性研究，先后提出中心城市带动、县域经济跨越发展、小城镇促进、中心村聚集、基础设施和公共服务一体化、宜居环境等具体战略措施。2003年果断做出历史性决策，将城镇化确立为经济社会发展的主导战略。开展了《临沂市城市总体规划(2005—2020年)》修编工作，分别编制南坊片区等分区规划和控制性详细规划，滨河大道、涑河综合治理开发、临沂商城改造提升，国际物流城等100余项专业专项规划和大型城市设计。完成9个县新一轮城市总体规划修编、149个乡镇总体规划。临沂市把实施城镇化战略作为带动战略，奋力赶超，成功地走出一条后发城市的跨越式发展之路。特别是中心城市建设方面，科学而又适度超前的规划建设，舒展开了城市框架，一个滨水宜居的“大美临沂”跃然而出，成为鲁南经济圈5市和苏北5市中较大的中心城市。2010年，城镇人口比2005年增加96.5万人，城镇建成区面积比2005年扩大125.3平方公里，城镇化发展步入由量的扩张到质的提升、质量并重、同步推进的历史阶段。

从城市规模角度看，2002年临沂全市城镇化水平仅为32.9%，中心城市建成区面积70平方公里。2003年，市委、市政府明确提出建设富裕、平安、开放、活力的“大临沂、新临沂”的总目标，在中心城区的建设上制定“以河为轴、两岸开发、一河六片、组团发展”的空间规划，按照“南工、北文、中商”的功能布局，加快“北上、东进、南强、西优”步伐。大力开展以争创全国文明城市为龙头，全面推进全国双拥模范城、国家环保模范城市、中国优秀旅游城市、中国历史文化名城、国家级卫生城市以及国家园林生态城市的“一创六建”活动进程。2007 年，市十一次党代会提出城镇化主导战略和中心城市带动战略，加快建设“工业大市、商贸强市、宜居城市、文化名市”的步伐。临沂城市建设从此开启新纪元。先后完成 23.7 平方公里的北城新区一期、31 平方公里的临沂商城一期、18 平方公里的经济开发区、3.5 平方公里的临沂大学城建设，河东新区扩大到 26 平方公里。实施城中村和棚户区改造，累计改造城中村 200 个，拆除房屋面积 1778 万平方米，新建安置房面积 1126 万平方米。累计投入 350 多亿元，加快房地产开发和保障性住房建设。累计投入 286 亿元，加强市政公用设施建设，中心城市的承载能力和龙头作用不断增强。在国家统计局公布的 2006 年度全国地级及以上城市综合实力百强排名中，临沂列第六十位，城市对经济社会发展的巨大推动作用日益显现。2010 年，全市城镇人口达 504 万人，城镇建成区面积达 683 平方公里；其中中心城市建成区面积 162 平方公里，人口 160 万人。全市城镇化水平达到 48%，连续八年年均增长近 2 个百分点，其间有 117 万农村人口转化为城镇人口。

从城市形象角度看，2002 年前临沂城市基础设施严重滞后。从 2003 年起，临沂把完善中心城市设施功能、提升承载能力作为实现城市现代化的基础，城市道路、路灯、供水、供气、供暖等基本功能和排水、排污、疏散交通等减灾功能方面得到大幅度提高。2010 年，临沂中心城区污水处理率、生活垃圾处理率、建成区绿化覆盖率、燃气普及率分别由 2002 年的9.2%、76.22%、14.09%、55.85%，提升到 93.23%、100%、46.58%、99.67%。同时，实施“以治理骨干河流为重点，以城区河流治理为突破口”的一水七系“大水城”工程。自 2004 年起，沿沂河、祊河两岸规划建设了两河四岸总长 190 余公里的滨河大道，规划建设包括迎宾广场、凤凰广场、沂蒙广场、百里健身长廊和 20 多个生态公园在内的滨河风景区。2006 年，对城市内河实施大规模综合整治，投入 1.2 亿元对市区陷泥河、青龙河实施截污、清淤、疏浚、拆迁、补水、生态修复等措施，铺设清污分流、城市纳污管网 25 公里；实施“引祊入涑”“引祊入青（龙河)”，对北涑河进行综合整治。通过综合整治，在城区形成 50 平方公里的水面，打造出“七河相通、八水穿城”的景观，城市的档次和品位不断提升。沂河滨河风景区，先后被水利部、建设部命名为国家水利风景区，沂河环境综合治理工程被建设部授予“中国人居环境范例奖”。临沂滨河湿地、双月湖公园成为国家城市湿地公园。沿沂河两岸沂水至郯城，沿祊河从市区到平邑，沿汶河到蒙阴，规划建设了 330 公里的滨水道路，形成城乡一体、水路一体、防洪安全与生态保护一体的滨水新城，形成道路便捷、贯通全市的沿河沿路经济带。

从城乡发展角度看，临沂在加速推进城市建设的同时，通过城市建设与产业发展的良性互动，加快了城乡一体化进程。大力实施农村住房建设和危房改造工作，合村并点，引导农村人口向中心村聚集，加快新农村建设。全市中心镇规划覆盖率、小城镇总体规划覆盖率均为 100%，完成了 1130 个中心村建设规划。2006—2010 年，新建农村住房 45 万户，危房改造 5 万户，直接和间接拉动社会消费 560 多亿元。对县城、小城镇的污水处理设施和垃圾处理设施，做到统一规划、统一布局、统一建设。在全市范围内集中开展城乡环境综合整治工作。在农村大力开展供气、供水、供暖上楼的“三上工程”，已经完成和正在开展的村居达到552个，农村生活方式逐步转变，生活条件明显改善。推广农村生活污水集中处理、秸秆气化、垃圾无害化处理、小流域生态修复、畜禽养殖污染防治、水源安全保护、绿色食品基地的农村环保新模式。坚持从水的源头保护工作抓起，开展“三退三还”（退耕还林、退塘还湖、退房还湿地）工作，打造湿地工程，强化生态修复和保护。先后建设了云蒙湖、沭河源头、跋山水库等3个省级生态功能保护区。同时，治理整顿10条城区河段，长达100多公里，全部消除劣Ⅴ类水体。创建10个国家级生态乡镇、54个省级生态乡镇、87个市级生态乡镇。全市自然保护区、生态功能区、风景名胜区、森林公园等受保护面积占国土面积的15.1%，保护了湿地水网、生态基流、生物多样性。

从城建融资角度看，临沂在抓住建立土地储备制度、实施土地置换等经营城市核心环节的同时，充分利用好市政公用事业市场化这一多元融资的重要手段，先后完成污水处理、供水、供气等市直单位的招商引资改制。同时，启动部分公用事业单位改革，相继确定并实施环卫、市政和园林事企分离、管养分离改革和市场化运作。不断拓展多元投融资的路子，北城新区、沭河治理工程通过资本运营方式进行建设。广泛通过盘活存量，通过道路桥梁有偿冠名、拍卖路名牌广告经营权等城市无形资产筹集建设资金。临沂市2003—2010年投入城市建设资金200多亿元，其中2010年财政投入所占比重由2002年的68%下降到28%。

六

临沂城镇化有一个显著特点，是既有“城”，也有“市”。临沂正是通过发展“市”，加速了“城”的扩张。商贸物流已成为临沂一张最有影响力的城市名片。

临沂从过去一个在全省人均收入排名比较靠后、商贸并不发达的城市，令人难以置信地崛起了全国著名的商品交易市场，成为一座网络覆盖广、运输成本低、运行效率高、服务细致周到的“中国物流之都”。临沂商贸城现有100多个专业批发市场，经营摊位5万余个，经营人员15万人，每天进入市场交易的达30万人次，商品交易辐射全国各省、市、自治区，远销10多个国家和地区，并带动起市场内90%的板材、80%的塑料制品、50%的玩具和灯具产品实现就地加工生产，走向“工商复合”发展模式，成为江北最大的商贸物流中心。临沂商城批发市场以物流园区为依托，以物流平台为支撑，以第三方物流为主体的现代物流体系初步形成。

临沂商城批发市场从无到有，从小到大，主要历经了四个阶段：1987年以前为市场初创阶段，特点是起步早、转型快、效益高、人气旺。20世纪80年代初，几十名浙江商贩在城区西郊长途汽车站附近摆起地摊市场。当地党委、政府及时把握机遇，因势利导，确定“谁投资、谁受益”“政府领导、多家投资、各方共建、工商管理”的市场建设原则，走出一条发展繁荣第三产业，以三产带一产促二产，多业并举发展经济的路子。1987—1995年为市场扩建阶段，特点是以专业批发为特征，形成集群发展态势，壮大了临沂商贸市场的规模和实力。在措施上，坚持改革开放，先后制定了“四个一样”①“四放”②“五不限”③等一系列鼓励市场发展的优惠政策，引领市场健康发展。短短几年间，相继建成成衣、五金、百货、鞋帽、家电等一批规模比较大、档次比较高、辐射能力强的专业批发市场，造就了一

① “四个一样”：个体经营者与国有、集体经营者一样重视，一样服务支持，一样关心保护，政治上一视同仁。

② “四放”：放手、放胆、放宽、放活。

③ “五不限”：发展速度不限、从业人员不限、经营模式不限、经营范围不限（国家有明文规定的除外）、经营方式不限。

中国市场名城授牌仪式

个人流、物流、资金流、信息流高度集中、繁荣兴旺的临沂批发城。1996—2004年是商城崛起阶段。面对国内国际市场竞争日趋激烈的形势，临沂商贸批发市场在规模扩张的同时，更加注重市场品质的优化升级和综合竞争力的培植增长。按照专业化和区域配套的要求，继续新建、改建、扩建专业批发市场，并实施引商兴工战略，加快地方加工业的发展。2005年后，临沂商城进入全面提升阶段。按照市委、市政府提出建设现代商贸物流城的要求，制定临沂商城改造提升总体规划，整合归并为副食酒水、建材、塑料土杂机电、图书文化商品、汽车用品、家电汽摩配、小商品、灯具、汽车等13个功能交易区和3个现代物流规划区，配套建设现代化仓储区、商住服务区。大力推进市场结构调整，突出龙头骨干市场的改造升级，注重经营业态的转变提升，大力发展电子商务、连锁经营、仓储式经营、超市化经营、总经销、总代理等现代经营模式。至2008年，市场改造累计投入资金48亿元，新增市场建筑面积220万平方米，新建、改建批发市场26个，市场档次不断提升，基础设施日益配套。2010年，临沂商城交易额达到720亿元，形成“南有义乌，北有临沂”的格局。同时，商贸城带动了全市内外贸易发展，全市各类市场达733个，年实现商品交易额1080亿元。临沂商城先后荣获“中国十强文明市场”“中国专业批发市场最具影响力品牌”“全国现代物流示范城市”“山东省优秀服务业园区”和“全国诚信经营示范市场”等称号。

临沂商城的崛起和持续繁荣，对全市经济社会发展发挥了重大作用，在全国产生了广泛影响，成为新时期临沂对外开放的重要窗口。临沂人“买天下、卖天下”，不能不说是沂蒙精神创造的又一奇迹。

从20世纪80年代初开始，临沂实施“引进来”的战略，白手起家，敢想敢干，善于抓住机遇，引进客商与货源，引进资金与经验，而且用包容的态度对待来临沂发展的浙商、闽商，吃苦耐劳，艰苦奋斗，并同他们一起缔造了临沂“物流天下”的城市形象。“临商”品牌逐渐形成，从“西郊大棚”到“市场名城”，临沂的商贸业实现了质的飞跃。社区创办市场，市场推动社区发展成为临沂经济崛起过程中的一大特色。曹家王庄、水田、宋家王庄……正是通过办市场实现了自己的崛起梦，山东兰华集团、山东兰田集团和山东华强企业集团成为临沂商城建设的主力军，占据了整个临沂商城的“半壁江山”。“临商”在完成自身强大的过程中，具备了走出去开创事业的基础和能力。2009年，为进一步提升“临商”品牌，扩大影响，大幅增加辐射半径，充分发挥自己的优势，在临沂批发市场占有相当份额的几家居委的公司联合起来到安徽阜阳，组建了临沂商城投资发展有限公司，投资30亿元建设“阜阳·临沂商城”项目。临商，以一个团体的姿态，开创了走出临沂办市场，风风火火闯天下的壮举。

七

蒙山凝翠秀出云表，沂水拖蓝奔流不息。改革开放推动临沂经济和社会取得了辉煌成就，临沂成为山东和全国革命老区的一张亮丽名片。

在临沂，以消耗资源为主的粗放式增长正在被资源节约型、环境友好型社会发展所代替，正在进入一个“长周期”增长阶段。一个现代制造业实力雄厚、商贸物流快速发展、滨水生态特色鲜明、古今文化交相辉映、人与自然和谐相处的“大临沂、新临沂”正在一步步崛起。支撑这一切的有一股看不见的力量，那就是沂蒙精神。沂蒙精神是临沂文化软实力的核心和精髓，是临沂经济和社会事业建设的强大后盾和支撑。

改革开放以来，临沂市不仅取得振奋人心的发展成果，而且对经济社会发展规律的认识有了新的飞跃，积累了弥足珍贵的经验。但与全面建设小康社会、转方式调结构的新要求相比，还存在一些问题和薄弱环节。主要表现为：经济总量小、人均占有水平低，产业基础薄弱、高层次人才匮乏；县域经济实力不强，城乡差距较大；工业总体规模小，结构不够合理，主导产业不突出，科技创新带动能力不强；基础设施建设相对落后，社会发展欠账较多，就业和社会保障压力大等等。上述制约临沂经济发展的不利因素，通过进一步深化改革，定能得到逐步解决。

“要看银山拍天浪，开窗放入大江来”。目前，全市上下正按照中共十八大所绘就的宏伟蓝图，奋力开拓、拼搏进取，全面贯彻落实科学发展观，向着更高的目标奋勇前进，临沂经济和社会发展将会迎来一个更加灿烂美好的明天。百余年来无数仁人志士孜孜以求的中华民族复兴的伟大梦想，连同临沂人民渴望的全面振兴沂蒙的梦想一定能够早日实现！

临沂城夜景

大事记

2013 年 11 月 25 日，中共中央总书记、国家主席、中央军委主席习近平到临沂金兰物流基地视察。

1995 年

1 月 6 日 中共临沂地委召开全委（扩大）会议，传达山东省人民政府召开的临沂、德州地改市会议精神，研究临沂地改市工作。地级领导班子成员和县级临沂市的主要负责人参加会议。

1 月 10 日 临沂经济工作会议召开，传达全省经济工作会议精神，研究部署 1995 年改革开放、经济建设和社会发展各项工作。

1 月 11—15 日 中共中央政治局候补委员、中央书记处书记温家宝先后到平邑、蒙阴、沂南、临沂、苍山 5 个县、市的村庄和厂矿企业走访慰问，并听取中共临沂地委、临沂地区行署的工作汇报，对临沂农业、农村工作及扶贫开发等问题作出重要指示。

1 月 14 日 中共山东省委书记赵志浩到蒙阴县烟庄看望“沂蒙六姐妹”①。

1 月 18 日 兰陵集团连续第 6 年获“全国同行业十佳经济效益企业”称号，并继续保持全区第一利税大户的位置。

1 月 20 日 临沂地区重点建设项目 220 千伏相公输变电工程竣工投入运营。

2 月 10 日 中共山东省委发出通知，撤销中共临沂地委，成立中共临沂市委。

2 月 13 日 临沂市委发出《关于广泛开展向孔繁森同志学习活动的通知》，要求各级党组织和广大党员干部积极行动起来，广泛开展向孔繁森学习的活动。

2 月 13 日 《大众日报》刊登通讯《山东有个王廷江》，报道临沂市罗庄区沈泉庄党支部书记王廷江艰苦奋斗、无私奉献，带领全村群众发展经济、共同富裕的先进事迹。

2 月 16—17 日 全市农业工作会议召开。确定 1995 年突出一个稳定、抓好两个重点、坚持五个依靠的农业工作思路②。

2 月 16—18 日 全国党员电化教育制片规划协调会在罗庄区罗庄镇召开。

2 月 21—26 日 王羲之故里书画砚艺术展在山东美术馆开展。共展出书画作品 300 余幅，砚台 200 余方，民间工艺作品 300 余件。

3 月 1 日 冶金部部长刘淇带领参加全国冶金系统政治思想工作会议的全体人员到蒙阴县参观考察。

3 月 1 日 临沂市公路局工程处，中标新疆第一条高等级公路吐（鲁番）乌（鲁木齐）大（黄山）公路六、七、八标段共 53.8 公里、总投资 4.24 亿元的土建工程施工任务。是日，600 余名筑路职工赴新疆施工。

3 月 12—18 日 在’95 中国青岛对外经济贸易洽谈会上，临沂市参加布展的三资企业和自营出口企业 60 余家，展出商品 15 个大类 500 余个品种；发布对外招商项目 129 项；签订利用外资及港澳台资合同、协议 58 项，合同、协议外资及港澳台资额 1.2 亿美元；协议出口成交额 3350 万美元。

3 月 14—16 日 全省畜牧工作会议在临沂召开。会议主要传达全国农业工作会议精神，总结交流畜牧工作经验，研究制定山东省由畜牧大省向畜牧强省跨越的目标、路子和措施。

4 月 1 日 丁秋生骨灰安放仪式在华东革命烈士陵园举行。丁秋生，湖南省湘乡市人，1930 年参加革命，抗日战争和解放战争时期先后任鲁南军区政治部主任、华东野战军第三纵队政委等职，1955 年被授予中将军衔。1995 年 1 月在北京

①指张玉梅、伊廷珍、杨桂英、伊淑英、冀贞兰、公方莲 6 位支前女模范。解放战争时期，烟庄成年男子随军支前，六姐妹主动带领群众筹粮送草、装运弹药、抢救伤病员，出色完成各项支前任务，后被誉为“沂蒙六姐妹”。

②即稳定粮油生产；以蔬菜和果茶生产为重点；依靠科技兴农、农业开发、龙头企业和农业基地带动、农业政策法规、农业服务。

病逝。

4月1日 由中国艺术研究院、中央电视台、中国京剧艺术基金会联合主办的全国京剧卡拉OK大奖赛在北京举行，临沂电视台的贾丽华代表山东队参赛并获旦角组一等奖。

4月3—4日 全省对口支援沂蒙山区工作会议在蒙阴县召开。省经济协作办公室和全省有关市、县经济协作部门的负责人参加会议。会议回顾总结十年来济南、青岛、烟台、淄博、威海、潍坊6个市对口支援沂蒙山区的情况，讨论修订了《关于对口支援沂蒙山区工作情况和意见的报告》。

4月17日 全市县区委书记、县区长会议在沂河宾馆召开。会议要求各级要总揽全局，统筹安排，突出抓好经济、社会稳定和思想政治建设三项工作。

4月22—29日 市政协第十届一次会议在临沂召开。选举高广田为市政协主席，宋德祥、王军平、吕锡元、郑斯仁、朱兆彬、朱晓鸣、刘茂辰、包祖善、刘家骥为副主席。

4月24—29日 市第十四届人大一次会议在临沂举行。选举王久祜为市十四届人大常委会主任，冯登善、高仁山、于朴之、郭建奎、陈桂乔、段明福、尹世同、刘锡祥、奚霞为副主任。张守业为市人民政府市长，张怀三、胡公厘、郝洪琪、李延华、綦敦祥、谢恩学、牛泉然、李荣强、陈义卿为副市长；张洪涛为市中级人民法院院长；刘广伦为市人民检察院检察长。

4月29日 地级临沂市建市庆祝大会在临沂人民会堂举行。省民政厅副厅长张建军受省政府委托宣读国务院关于同意撤销临沂地区设立地级临沂市的批复和省政府关于撤销临沂地区和县级临沂市、设立地级临沂市的通知。副省长张瑞凤为市委、市人大常委会、市政府、市政协、市纪委成立揭牌。

5月4日 全市跨世纪青年人才群英会在人民会堂举行。会上对临沂十大杰出青年、新长征突击手标兵、新长征突击队红旗单位、沂蒙长青奖、优秀青年工作者、优秀团干部、优秀团员获得者等进行表彰并颁奖。

5月11—13日 副省长张瑞凤带领省计委、经委、建委、农委、财政厅等部门负责人到蒙阴县，召开改革开放试点县现场办公会议，研究发展经济的路子，帮助解决经济发展中遇到的困难和问题。

5月19日 临沂市首届文学创作奖颁奖仪式在临沂蓝天大厦举行。评选出获奖作者80人，获奖作品76件。

5月中旬 全国最大的金银花保健饮料生产线在平邑县建成投产，生产能力为年产金银花系列保健茶500吨、金银花饮料1万吨、金银花速溶茶500吨。

5月22—25日 省人大常委会主任李振走访考察沂水、罗庄、临沭、苍山等地10余家厂矿企业、蔬菜市场和部分农户。

6月21日 首届“沂蒙新闻奖”评选结果揭晓，宋继民、刘延来、王言启3人分别获特别奖，呼国英等10人分获“沂蒙新闻奖”。

6月22—23日 市十四届人大常委会第一次会议在临沂沂河宾馆举行。

6月23日 临沂市民营企业家公会成立。

6月29日—7月1日 沂水、蒙阴、沂南、莒南、平邑县遭受龙卷风、暴雨和冰雹袭击，造成2人死亡、33人受伤；损坏房屋1.29万间，其中倒塌329间；农作物受灾面积3.4万公顷，其中重灾面积0.7万公顷；直接经济损失1.1亿元。灾情发生后，市委书记王久祜等率民政、供销、教育、农业、财政、农行等部门负责人赶往受灾最重的蒙阴、沂水县察看灾情，部署救灾工作。

6月 尹绪坤任临沂军分区政治委员。

7月8—9日 国务院环境保护委员会副主任、国家环保局局长解振华到临沂考察环保工作，对沂沭河流域水污染治理工作提出要求。

7月10—12日 全省农村精神文明建设工作

研讨会在临沂召开。会议主要总结交流经验，探索新形势下农村精神文明建设的新思路、新途径。

7月26日 临沂市纪念抗日战争和世界反法西斯战争胜利50周年美术、书法作品展览开幕式在市展览馆举行。共征集书画作品200余件。

7月29—30日 由国家环保局牵头，人民日报社、经济日报社、中国土地报社、中国环境报社等10家报社组成的中华环保世纪行记者采访团，对临沂市的土地资源综合开发、污染治理与经济发展等方面进行采访、考察。

8月5日 设立山东省沂沭河流域环境管理处，为副县级事业单位，挂靠临沂市环保局。

8月5日 印度农业部官员到临沂考察小流域综合治理情况。

8月10日 全市检查清理行政性事业性收费罚款、治理“三乱”和清理“小金库”工作结束。此次检查从4月10日起，重点检查、抽查1255个部门单位。查出违纪金额11125.23万元，新增财政专户储存12042.5万元。检查中发现案件线索27件，立案17起，移交司法机关1起。

8月12日 市委召开老领导、老战士、老英雄座谈会，纪念抗日战争和世界反法西斯战争胜利50周年。

8月15—16日 平邑县遭受特大暴雨袭击。15日19时至16日6时，全县平均降雨量116.6毫米，最大降雨点黄坡乡达245.5毫米。黄坡、白彦、魏庄、保太等10个乡镇受灾，受灾农田面积5万亩，其中绝产1万亩；倒塌房屋1500间；部分道路、桥涵被雨水冲毁；直接经济损失2500万元。

8月16日 山东省人民政府成立50周年纪念会议在莒南县举行。

8月16日 13时许，一辆载有31名乘客的淄博汽车运输公司客车在途经沂水县武家洼乡顺天河桥时，因洪水漫上桥面，客车突然熄火停车。此时洪水猛涨，乘客生命面临严重威胁。副市长李荣强、沂水县委书记李鸿翔和县长王法义等迅速赶赴现场，组织干部群众千余人，采取破坝疏水、拴绳固车等措施展开营救。至18时，1名乘客因跳车被洪水卷走，其余30名乘客获救。

8月16—24日 由中国农工民主党、卫生部、国家计划生育委员会等六单位联合组织的纪念抗日战争和世界反法西斯战争胜利50周年赴沂蒙老区医疗慰问团，以及中国农工民主党山东省委等六单位联合组织的医疗慰问团，到蒙阴、沂南县进行医疗慰问。共为群众义诊774人次，为“沂蒙六姐妹”和褚乐芝、臧西山等抗日老英雄义务查体。

8月27日 德国技术合作公司粮援项目负责人德莱斯吕赛率领德国考察团到临沂市，对中德合作粮援项目实施情况进行考察评估。

9月2—11日 临沂代表团参加'95中国山东香港经贸洽谈会。其间，与外商及港澳台商签订产品出口合同18项，总金额1496.4万美元；签订利用外资及港澳台资合同3项、协议11项，项目总投资额25438万美元，其中合同协议利用外资及港澳台资金额12130万美元。

9月7日 全市领导骨干会议在市政府小礼堂召开。会议传达中共山东省委任免通知：王久祜不再担任中共临沂市委书记兼中共临沂市委党校校长，张守业任中共临沂市委书记兼中共临沂市委党校校长职务。

9月10日 国务委员宋健率环保执法检查团到临沂，检查部分造纸企业污染治理情况，并对临沂市环保工作及淮河流域水污染防治作出指示。

9月10—12日 省长李春亭在临沂视察。察看了临沂飞机场建设工地、临沂药械厂、化工机械厂、针织厂、棉纺厂、罗庄高新技术产业开发区、平邑县九间棚村等。

9月17—19日 由香港大业公司董事长沈炳麟捐资40余万元兴建的3所小学，分别在苍山县车辋乡、莒南县道口乡和蒙阴县巨山乡竣工。沈炳麟自1992年起先后为临沂市教育事业捐资120万元。

9月18—21日 全国民族地区扶贫工作经验交流会在平邑县召开。国家有关部门和19个省、自治区民委及部分少数民族地区贫困县负责人参加会议。

9月19日 银雀山路东段建设银行储蓄所发生抢劫案。15时55分，一男性青年以引爆炸药相威胁，企图实施抢劫，该所韩金莲、孙彦华、张桂兰3名营业员立即报警。案犯抢劫不成，即拉响炸药包并当场毙命，3名营业员受伤。经公安机关侦查，犯罪嫌疑人为徐××、姜××、程××3人。徐××自爆身亡，其他2人于1996年3月2日被抓获。

9月20日 11时14分，苍山、费县交界处发生5.2级地震。此次地震是1859年后境内发生的最大的一次地震，各县区震感强烈，损坏房屋83834间，伤390人，造成经济损失1990万元。

9月28日 市十四届人大常委会第三次会议决定，任命乔延春为市人民政府副市长并代理市长；免去王久祜的市人大常委会主任、张守业的市人民政府市长职务。

10月13日 东（营）红（花埠）公路沂水至董官庄段改扩建工程竣工通车。该路段全长60.6公里，路面宽18米，为超二级沥青公路，总投资1.3亿元。

10月15—18日 驻鲁全国政协委员视察团视察平邑县地方镇万亩果园山庄、天宝山镇小流域治理，莒南县洙边镇和演马乡的板栗园、果园、茶园等。

10月23日 交通部部长黄镇东到临沂考察沂蒙公路建设情况。

10月25日 市政府召开市直单位深化住房制度改革工作大会。根据市政府《关于深化城镇住房制度改革的实施方案》和《关于临沂市城区出售公有住房的实施办法》的要求，对市直单位房改工作进行动员和部署。

10月 在第九届全国发明展览会上，临沂市有11项科技成果参展，其中7项获奖。临沂市化工总厂完成的硫酸钾型三元素复合肥生产方法获金奖，另有3项获银奖、3项获铜奖。

11月1日 临沂市北园市话7000门程控电话独立局暨全省首家程控电话远距离电视多媒体监控系统割接成功，市内程控电话设备维护实现无人值守。

11月3日 济南军区司令员、上将张太恒到孟良崮实地研究战史，并于12月6日和济南军区政委杜铁环一起率百余名将校军官到孟良崮进行战例研究，参观孟良崮革命烈士纪念馆。

11月6日 东红公路芝麻墩至郯城段路面工程竣工。该工程为山东省1995年八大工程之一。该路段长45公里，路面宽15米，为超二级水泥混凝土公路。

11月8日 《人民日报》在头版头条以《爱国拥军好妈妈》为题，报道沂南籍妇女胡玉萍数十年坚持拥军优属、无私奉献的事迹，并配发《山高水长五十年》的短评。

11月10—12日 省委书记赵志浩先后到苍山县、费县、兰山区及部分市属企业、临沂批发市场、农村和库区调查研究。

11月12日 岚济公路临沂至坪上段路面工程竣工。该路段全长72.3公里，按双向4车道超二级公路标准设计施工，总投资1.4亿元。

11月12日 费县许家崖水库渡船因超载造成一起特大沉船事故，死亡16人。

11月14日 《临沂日报》报道，1995年度中国工业企业最优500家由国家经贸委、国家统计局用新的综合评定体系排出。山东兰陵企业（集团）总公司以98.54的高分居中国工业企业最优500家第三十四位，中国轻工业第四位，中国酿酒企业第一位。

11月中旬 在第二届全国农业博览会上，莒南县团林乡李桑园村的“松针”茶、洙边镇界首一村的“玉芽”茶获金牌，演马村的“雪芽”茶、高家沟茶厂的“龙泉翠芽”茶和“龙泉银剑”茶获银牌。

11 月 20—22 日 全国村民自治工作经验交流暨城乡基层先进集体和先进个人表彰会在北京召开。临沂市兰山区兰山街道、罗庄区罗庄镇、罗庄区沈泉庄村委会、兰山区西关居委会分别被命名为全国最佳街道、中国乡镇之星、全国模范村（居）委会，兰山区西关居委会主任刘伟被命名为全国优秀居委会主任。

11 月 21 日 郝永才被中宣部、公安部和中华见义勇为基金会联合授予“全国见义勇为先进分子”称号。郝永才是临沂市第一职业中专教师，因勇斗歹徒曾获“全省见义勇为十佳公民”等称号。

11 月 22—23 日 省委常委、省军区政委刘国福在临沂市检查指导“双拥”工作。

11 月 23 日 丹麦欧登赛市市长费纳·达不斯科夫、丹麦驻华商务和经济参赞富斯文等一行 7 人到临沂考察访问。

12 月 1 日 临沂飞机场主跑道全线贯通。主跑道长 2400 米，宽 45 米。该工程于 1994 年 10 月 6 日动工。

12 月 2—3 日 新疆维吾尔自治区党政考察团在自治区区委常委、副主席张云川带领下，在临沂考察蒙阴县山区开发、罗庄区乡镇企业和平邑县小流域治理情况。

12 月 4 日 《孙子兵法》邮票首发式在临沂举行。

12 月 10 日 自零时起，临沂市 9 个县的电话号码由 6 位升至 7 位。升位后，9 县 3 区统一使用临沂市的长途区号“0539”，各县、区之间通话免拨区号。

12 月 16—19 日 中国共产党临沂市第九次代表大会召开，选举产生新一届市委、市纪委。市委九届一次全体会议选举张守业为市委书记，李祥栋、乔延春、李玉姝为副书记。市纪委第一次全体委员会议选举张杰文为市纪委书记。

12 月 26 日 全市城乡社会主义思想教育工作会议在临沂召开，部署 1996 年的社会主义思想教育工作。

1995 年 12 月 16 日，中国共产党临沂市第九次代表大会在临沂人民会堂召开。

12 月 30 日 中国民主促进会临沂市委员会、中国农工民主党临沂市委员会成立。

是年 沂蒙山区率先实现整体脱贫。从 1985 年起，临沂地区实施扶贫开发，沂水、沂南、蒙阴、平邑、费县、苍山、临沭 7 个县被列为国家级贫困县。经过 10 年艰苦创业，沂蒙山区的贫困面貌发生显著的变化。到 1995 年底，在国务院确定的全国 18 个连片扶贫困地区中率先实现整体脱贫。1996 年 3 月 23 日，《人民日报》在头版头条位置发表文章《造血工程结出硕果　沂蒙山区整体脱贫》对此作了报道。

1996 年

1 月 2 日 市委、市政府召开电话会议，部署冬季“严打”斗争。会议要求，春节前在全市范围内开展以打击杀人、抢劫、强奸、涉枪、重大盗窃、车匪路霸等严重刑事犯罪为重点的冬季“严打”攻势，进一步整顿好社会治安秩序。

1 月 10 日 市邮电局开办临沂至台湾的鲜花礼仪电报业务。

1 月上旬 临沂市第一部《临沂市土地利用总体规划》颁布实施。

1 月 14 日 国家税务总局局长项怀诚到临沂检查税收工作。

1月31日—2月3日 市政协第十届二次会议在临沂人民会堂召开。会议增选于凤云为市政协副主席。

1月 临沂市被评为1995年度全国城市环境综合整治优秀城市。

2月1—3日 市第十四届人大二次会议召开。会议选举李祥栋为市人大常委会主任，乔延春为市人民政府市长。

2月18日 临沂市最后一批无电户——费县方城镇西红峪自然村8户农民结束点油灯的历史，全市实现户户通电。

3月上旬 临沂铁路医院成功抢救两名特大面积烧伤病人。两名患者烧伤总面积和三度烧伤面积分别为96%、86%和95%、85%，并伴有中度呼吸道烧伤。医院外科主任许如良等人对其采取自体微粒皮移植术，经十余次手术，终使患者康复。经专家鉴定，此项技术达到国内先进水平。

3月11日 “城市建设年”活动动员大会召开。会议印发市政府关于开展“城市建设年”活动的实施方案。确定从1996年起连续3年在临沂城规划区内开展“城市建设年”活动。

3月11日 21集大型纪实电视专题片《辉煌“八五”》自即日起在中央电视台第四套节目播出。该片第13集集中报道临沂市“八五”期间交通基础设施建设取得的辉煌成就和山区群众在公路带动下脱贫致富的新景象。

3月12—14日 全省建材工作会议在临沂召开。

3月12—18日 在’96中国青岛经贸洽谈会上，临沂市共发布项目300余个，参展摊位27个，参展商品300余种，其中精品50余种。共签订出口合同协议70份，合同协议总金额6760万美元；签订利用外资合同、协议36项，合同、协议外资额3875万美元。

3月23—25日 日本国日中沂山教育基金会代表团参加沂南县马牧池乡双泉峪子小学落成仪式。该小学由日中沂山教育基金会捐资18万元建成。代表团向该校赠送教学用品，并追加捐款42万日元。市政府向该基金会会长小林达志郎颁发“临沂市荣誉市民”证书。

3月26日 临沂电业局开发研制的ZBCK-95型载波通信网监测监控系统通过电力部等七部门联合鉴定。该成果是全国电力载波通信监测监控系统的一项重要科技成果，居全国领先水平。

3月28日 中国民主同盟临沂市委员会、中国国民党革命委员会山东省委员会直属临沂市支部委员会成立。

3月下旬 国内第一条醋酸乙酯生产线在临沭化肥厂建成投产。该生产线以乙醇为原料，采用气相催化歧化脱氢法生产醋酸乙酯，生产成本低、无污染，工艺技术为国内首创。

3月 苍山、郯城两县在全国农业工作会议上被授予“全国粮食生产先进县”称号。

4月1日 临沂市12个县区人民武装部收归军队建制。各县区人民武装部均为正团级单位，接受临沂军分区和同级地方党委、人民政府的双重领导。

4月5日 全市建文明城市、创文明单位、做文明市民活动动员大会在临沂人民会堂召开。会议传达市委、市政府《关于在全市广泛开展建文明城市、创文明单位、做文明市民活动的意见》。号召全市人民发扬住在临沂、热爱临沂、建设临沂、美化临沂的主人翁精神，建设现代化文明城市，塑造繁荣昌盛、文明有序、优美安定、开放进步的临沂新形象。

4月6—7日 副省长张瑞凤率省直有关部门负责人到蒙阴县，对该县的改革开放试点工作、工业生产、山区开发、道路建设、春季农业生产等进行检查指导和现场办公，确定近20个项目为重点支持项目。

4月9—15日 中共中央政治局原常委、中国计划生育协会会长宋平到沂南县和庄、莒南县高家安子村、河东区刘团村考察，并召集市农口各部门负责人和部分分管农业的副县长，就农村基层党组织建设、农村经济发展中的统分结合等问题进行座谈。

4月上旬 蒙阴县发现高山古文化遗址。该遗址位于坦埠镇海龙万村东海拔640米的小寨子山上，发掘出土石铲、石斧、石凿、石镞等10余件石器和若干黑红陶片，为父系氏族时代原始人生活遗址。

4月11—13日 省政协主席陆懋曾在蒙阴、莒南等县考察工作。

4月11—14日 全国计划生育协会工作会议在临沂召开。传达第六次全国计划生育工作会议精神，检查、交流贯彻中国计生协会第四次全国会员代表大会精神的情况，部署在全国开展学习沂南县和庄村计生协会等先进典型的活动。中国计生协会会长宋平、山东省省长李春亭及来自全国各省、市、自治区的计生协会专职会长、秘书长等300余人出席会议。

4月16—17日 省委书记赵志浩到郯城、平邑县调研农村工作。

4月20日 全市人武部军官授衔仪式在临沂军分区举行，82名人武部军官被授予军衔。

4月24日 在全国首届希望工程受助生希望之星评选活动和第二十六届奥运会火炬接力选手选拔活动中，临沂市平邑一中学生胡晶晶以第一名的成绩入选全国希望之星和奥运火炬传递选手。6月11日，胡晶晶和另外两名希望工程火炬选手在美国布法罗市参加奥运火炬接力传递活动。

4月30日 《沂蒙生活报》创刊。

5月7日 省委副书记、省长李春亭到平邑县现场办公。要求围绕“两个转变”加快欠发达地区的发展步伐。

5月13日 中共内蒙古自治区锡林郭勒盟党委书记、人大常委会主任包俊臣率党政代表团到临沂考察。其间，临沂市与锡林郭勒盟签署缔结友好市盟协议。

5月19—20日 蒙阴县组成以“沂蒙六姐妹”为主要成员的慰问团，赴上海慰问“南京路上好八连”。在沪期间，“沂蒙六姐妹”代表与南京东路拥军“好妈妈”代表进行交谈，参观“南京路上好八连”事迹展览，把她们亲手制做的鞋垫赠予“好八连”干部战士。中共上海市委常委、上海警备区司令员王文惠专程到宾馆看望了“沂蒙六姐妹”。

5月21日 市委宣传部和兰陵集团在北京人民大会堂举行汉楚王陵兰陵美酒出土暨兰陵美酒北京地区面世新闻发布会。首都28家新闻单位60余人参加会议。此前，在徐州市狮子山楚王陵中出土兰陵美酒3坛。据考证，此酒已有2148年历史。

5月22—23日 中共内蒙古自治区党委书记刘明祖、区政府主席乌力吉率内蒙古自治区党政代表团一行50余人在临沂市考察。

5月24日 海军原政委李耀文到蒙阴县考察，瞻仰孟良崮战役纪念碑和纪念馆。李耀文参加孟良崮战役时，任华东野战军8纵23师政委。

5月25—28日 临沂市代表团参加’96（汉城）中国山东省对外加工装配业务项目洽谈会，签订出口成交合同、协议34项，出口贸易额1500余万美元。

5月 沂水县聋哑人张瑞营，作为山东省代表队的成员参加在大连举行的全国第四届残疾人运动会，获得金、银、铜牌各1枚和1个第四名，并获体育道德风尚奖。

6月2日 全市首批国家公务员过渡考试举行。12个县（区）及各乡镇（街道）党政机关副科级以下工作人员，经资格审查被列入过渡范围的1.3万余人，分别在573个考场参加过渡考试。

6月5日 市邮电局SDH光纤环形通信传输网开通。该工程投资778万元，新提供电路6630条，全市通信电路传输紧张的问题得到缓解。

6月13—14日 平邑、蒙阴、沂南县遭受暴风雨及冰雹袭击。平邑县有20余个乡镇遭受8级以上大风和冰雹袭击，0.93万公顷农作物受灾，其中绝产1730余公顷，经济损失8300万元。蒙阴县5个乡镇的2130公顷农作物受灾，经济损失1425万元。沂南县6个乡镇的6667公顷农作物受灾，其中2000公顷绝产，经济损失4000万余元。

6月21日 沂水县泉庄乡小学特级教师、“全国十佳民办教师”张在军赴京参加中共中央纪念中国共产党成立75周年座谈会，受到江泽民、李鹏等党和国家领导人接见。

6月24日 沂南县辛集镇小沟村一天购进50辆摩托车。小沟村大力发展蔬菜种植和养殖业，农民收入大幅度增加。高文普等50名青年，在1995年每人建成一个蔬菜大棚，年收入均超万元，遂相约去县城每人购买一辆摩托车。

6月25—27日 中共临沂军分区第五次代表大会召开。会议总结第四次党代会以来在政治思想工作、战备训练、县区人武部建设及兵役工作等方面取得的成绩，部署5年的主要工作任务。会议选举张守业为军分区党委第一书记，尹绪坤为党委书记，曹洪江为党委副书记兼纪委书记。

6月26日 电视系列片《沂蒙党旗红》首发式在临沂举行。该片通过对12个基层党组织、14名优秀共产党员的报道，集中反映了临沂市各级党组织和党员带领群众发展社会主义市场经济，脱贫致富奔小康的事迹。

6月28日 苍山、费县、蒙阴县通过省政府评估验收，达到“基本普及九年制义务教育、基本扫除青壮年文盲”标准。临沂市在全国“老少边穷”地区率先实现教育“两基”达标。

6月 冯祥来任临沂军分区司令员。

7月9—10日 国务院淮河流域水资源保护领导小组组织人员在临沂市，实地察看了12家5000吨以下化学制浆造纸厂的关停情况，并要求快速转入第二战役，即抓好限期治理工作。

7月18日 中国最大的银杏叶加工企业——郯城绿源银杏开发有限公司建成开业。该公司由郯城县与法国博福-益普生公司和德国史瓦博制药公司共同投资兴建。设计生产能力为年加工银杏叶2000吨。

7月26日 山东环宇（集团）股份有限公司股票在上海证券交易所挂牌交易。该公司是由临沂纺织品站发起成立、山东省第一批公开发行股票的股份制试点企业。

7月27日 市委作出《关于在全市开展向公举东同志学习活动的决定》。公举东是蒙阴县常路镇南圩子村人，1992年11月参军，任上海警备区“南京路上好八连”班长。他勤奋好学，爱岗敬业，先后被所在团和上海警备区评为“理论学习标兵”“优秀共产党员”，被南京军区树为“十佳优秀士兵标兵”“学雷锋先进个人”，立三等功、一等功各一次。是年4月28日，中央军委主席江泽民接见公举东，对他的先进事迹给予很高评价。

8月3日 市级机构改革暨全市推行国家公务员制度动员大会在临沂人民会堂召开。会议传达《临沂市市级机构改革实施意见》《临沂市推行国家公务员制度实施方案》和《市级机构改革中人员安排和分流若干问题的规定》，部署机构改革和推行国家公务员制度工作。

8月4日 市委、市政府印发《关于进一步深化农村改革的实施意见》，提出深化农村改革的指导思想、主要内容和措施，并就各级党委、政府加强对深化农村改革的领导提出要求。

8月7日 首届“沂蒙十佳新红嫂”表彰大会在市政府礼堂举行。首届“沂蒙十佳新红嫂”评选活动由市妇联组织举行，“十佳新红嫂”为：戚洪桂、李秀莲、赵彩云、王步英、庄子茹、刘照凤、王娟、周锡芳、李桂兰、周志玲。

8月9日 临沂市急救中心暨道路交通事故创伤急救中心在市人民医院成立。该中心建有高标准的危重病人监护病房，配备专用救护车、急救指挥车5辆，开通120急救专线电话。

8月14日 王廷江事迹报告会在北京举行。报告会由中共中央宣传部、农业部、北京市委和山东省委联合举办，介绍临沂市罗庄区沈泉庄村党支部书记王廷江艰苦奋斗，无私奉献，带领全村群众共同致富的先进事迹。中共中央政治局委员、中宣部部长丁关根和中央直属机关、国家机关、北京市的党员干部2000余人参加报告会。8月21日，王廷江事迹报告会在济南南郊宾馆举行。9月7日，王廷江事迹报告会在浙江省人民会堂举行，浙江省直机关干部、县区党政主要负责人及部分村党支部书记1500余人听取报告。

8月16日 沂水县丰台湖村张海斌夜间驾驶摩托车自沂水城返家途中，捡到一个装有现金12.03万元及单据、身份证的黑皮包。翌日晨，张海斌按身份证查寻，将款、物如数交还失主。

8月31日 市十四届人大常委会第八次会议审议通过了市政府关于临沂市与美国加利福尼亚州拉朋地市缔结友好城市关系的议案，10月15日，临沂市与拉朋地市建立友好城市关系。

9月2日 市委、市政府发出《关于进一步做好减轻农民负担工作的通知》，要求各级各部门坚决贯彻中共中央、国务院《关于切实做好减轻农民负担工作的决定》，彻底清理涉及农民负担的文件和项目，落实党政领导负责制和部门责任制，从根本上解决农民负担问题。

9月6—7日 全市农村小康建设工作会议在莒南县召开。会议要求各级党委、政府把奔小康作为农村工作的总抓手，加强领导，强化措施，确保到20世纪末全市农村基本实现小康目标。

9月26日 市委、市政府印发《关于进一步搞好国有大中型企业的实施意见》，提出加快建立现代企业制度、抓好国有企业战略性改组、狠抓企业技术进步、加强企业科学管理、切实减轻企业负担、积极推进配套改革、强化组织领导等搞好国有大中型企业的重要措施。

9月30日 在市人民医院工作的美国专家雷蒙德·格拉夫和在市棉纺染织厂工作的美国专家杜威，均获山东省人民政府颁发的第四届“齐鲁友谊奖”。

10月1日 全国面积最大的县城公园——莒南县卧佛寺公园建成开园。该公园占地227公顷，内有卧佛寺、九顶莲花山、虎山卧佛等景观。

10月9日 临沂有线广播电视光缆传输工程一期工程竣工并投入试运行。总投资2500余万元，总传输距离430公里。可将省5套电视节目、市2套电视节目传送至全市12个县区。

10月11日 首届“临沂十大杰出女性”评选揭晓。当选的黄桂兰、陆宣、陈德英、包庆荣、尹焰、马延钦、李秀英、王淑贞、禚宝云、殷爱玉同时被授予临沂市“三八红旗手”称号。

10月12—15日 首届临沂市运动会举办。全国政协副主席胡绳出席开幕式。此届运动会共设举重、摔跤、射击、武术、排球、体操、游泳、篮球、乒乓球、田径等10个比赛项目。有3人5项次打破全市田径纪录。

1996年10月12日，第一届临沂市运动会在临沂体育场开幕。

10月25日 ’96上海山东名优产品展销会在上海浦东齐鲁大厦开幕。临沂市共有43家企业参展，产品涉及轻工、建材、食品、医药、机械等行业60余个品种。

10月29日 全国农村电影工作会议在临沂召开。研究在新形势下进一步推进农村电影工作的新途径、新办法、新措施。

10月 蒙阴县类家水营村村民在蒙山几十个山头上发现虫草繁殖地。经省食用菌协会组织人员研究、鉴定，认为蒙山虫草与青藏高原所产虫草及虫草菌丝体的化学成分基本一致，其红外吸收图谱也基本一致。这一结论打破了只在青藏高原高寒区才有虫草的认识。

11月1日 华东革命烈士陵园被国家教委、民政部、文化部、国家文物局、共青团中央、解放军总政治部联合命名为“全国中小学爱国主义教育基地”。

11月3—4日 中共临沂市九届三次全委会议在临沂召开。会议审议通过《临沂市“九五”期间社会主义精神文明建设规划》。

11月6日 327国道河东区芝麻墩至临沭段和沭河大桥通车。该路段为二级公路，长23公里，路面宽12米。沭河大桥长528.4米，宽13.5米。

11月8日 ’96全国手扶拖拉机质量统检总结暨行业大会在临沭县手扶拖拉机厂召开。在此次统检中，该厂生产的“沭河”牌手扶拖拉机获全国质量第一名。

11月11—29日 临沂市经贸代表团赴美国洛杉矶和纽约开展招商引资活动。其间，代表团共会见客户150余家，签订各类合同、协议38个，合同、协议总额7560万美元。

11月15日 山东省军区司令员张齐红参观孟良崮战役纪念馆。

11月20日 经国务院批准，莒南县大店镇八路军第115师司令部旧址为全国重点文物保护单位。

11月28日 中国农业发展银行临沂市分行成立。

12月3日 临沂市与吉林省白城市结为友好城市。

12月27日 市委、市政府召开跨世纪优秀青年科技人才命名表彰新闻发布会，通报跨世纪优秀青年科技人才工作开展情况，表彰临沂市首批289名跨世纪优秀青年科技人才。

1997年

1月1日 临沂市有线广播电视传输网工程开通运行；临沂人民广播电台节目信号传至县、区并实现全天候播音，临沂交通经济广播电台正式开播。

1月1日 兰山区兰山街道前园居委会投资800万元兴建的华东胶合板批发市场开业。该市场占地8公顷，建筑面积6万平方米，是全国最大的胶合板专业批发市场。

1月1日 临沂城中环线道路全线开通，全长8794米。

1月15日 全国双拥工作领导小组命名蒙阴县、临沭县为全国拥军优属模范县。

1月20日 山东华日股份有限公司的“山东华日”股票在淄博证券交易自动报价系统挂牌交易。

1月20日 省交通厅厅长朱正昌到临沭县周庄乡前琅琳村慰问郇士义老人，赠送“无私奉献，风格高尚”锦旗和6000元慰问金。郇士义义务修桥护路26年，先后出资15万元，修建便民桥涵55座，养护乡村道路15公里。

1月23日 山东声乐股份有限公司的“山东声乐”股票，在淄博证券交易自动报价系统挂牌交易。

1月31日 临沂陶然居大酒店被国家旅游局正式确定为涉外四星级酒店，此为市内第一家四星级酒店。2月28日，举行挂牌仪式。

2月5日 岸堤水库至临沂城一期引水工程与市自来水公司二水厂并网运行，并于2月14日向自来水全管网供水。该工程设计日供水能力8.2万立方米，总投资7600万元。1996年5月18日正式分项实施，至是日全线贯通。

2月14日 临沂市首批援疆干部15人启程赴新疆工作。

2月28日 220千伏温水输变电工程投入运营。该工程从开工到建成仅用6个月，创造全省220千伏输变电工程建设史上的新纪录。

3月31日 北京—临沂—日照特快旅客列车于22时50分从北京站首发。该车被确定为51/

52 次，隔日开行。全程运行 13 小时 15 分钟，运行距离 910 公里。

4 月 2—5 日 市政协第十届三次会议召开。

4 月 3—5 日 市第十四届人大三次会议召开。

4 月 10 日 国防部原副部长粟裕的夫人楚青，向孟良崮战役纪念馆捐赠一批战争年代粟裕使用过的物品。

4 月 22—23 日 全国第四届农副产品批发市场联络会在苍山召开。会议就新形势下如何围绕“菜篮子工程”建设，进一步加强全国性和区域性的大型农副产品批发市场的培育、监管工作进行了研讨。

4 月 27—30 日 省委书记吴官正先后到蒙阴、沂南、兰山、河东、罗庄、郯城、莒南 7 个县区，考察部分企业和山区开发、市场流通等方面的情况，参观孟良崮战役遗址和纪念馆，并看望“沂蒙六姐妹”。

4 月 莒南县、苍山县兴明乡、沂水县高桥镇分别被文化部命名为中国民间石雕艺术之乡、中国民间泥塑之乡、中国民间刺绣艺术之乡。

5 月 6 日 由市政府主办、市地方史志办公室具体编纂的大型综合性政务工具书《临沂年鉴》(1995) 首发式在市政府小礼堂举行。

5 月 16 日 纪念孟良崮战役胜利 50 周年大会暨陈毅、粟裕雕像揭幕仪式在孟良崮战役纪念馆举行。中央军委副主席、国务委员兼国防部长迟浩田，解放军总政治部副主任袁守芳，济南军区司令员钱国梁，省委书记吴官正，原华东野战军第一纵队司令员兼政委叶飞、第一纵队副政委谭启龙、第四纵队师参谋长张铚秀、第八纵队师政治部主任鲍奇辰，民政部副部长杨衍银，陈毅、粟裕的亲属代表陈昊苏、陈小鲁、粟惠宁、陈星弘，参加过孟良崮战役的老战士、烈士亲属代表及社会各界代表1000 余人参加大会。迟浩田为陈毅、粟裕的雕像揭幕，并代表中央军委向雕像敬献花篮。

1997 年 5 月 16 日，纪念孟良崮战役胜利 50 周年大会暨陈毅、粟裕雕像揭幕仪式在孟良崮战役纪念馆举行。

6 月 3—5 日 中国城市规划设计研究院、东南大学、同济大学、省建委、省规划院等省内外有关单位的专家学者和领导在临沂，对临沂市新一轮城市规划进行评审。

6 月 18 日 全市民兵应急分队军事大比武在市民兵预备役训练中心举行。9 县 3 区的 12 支民兵应急分队，进行阅兵式、分列式和捕俘拳、盾牌操、射击、投弹、单兵战术、轻武器分解等项比武。

6 月 19 日 临沂经济信息网开通。该网是中国经济信息网和山东经济信息网的组成部分，为用户提供国际互联网接入服务和增值服务、中国和山东经济信息网信息资料查询及收发电子邮件服务等。

6 月 20 日 沂沭河洪水东调调尾大坝工程竣工。8 月 20 日，首次实现沂沭河洪水经分沂入沭水道就近入海。

6 月中旬 沂水县聋哑人张瑞营在全国残疾人田径锦标赛中夺得 5000 米金牌 1 枚，800 米和 1500 米银牌各 1 枚，并被选入国家残疾人田径代表队参加集训。

6 月 25 日 沂河小埠东拦河坝开始蓄水。该拦河坝是沂河干流上一座具有防洪、灌溉、调蓄、发电、供水和旅游开发等功能的水利枢纽工程，总长 1247.4 米，最大蓄水量 2830 万立方米，蓄水后形成 1.6 万亩水面；中间的橡胶坝共有 16

节，全长1135米。1999年，沂河小埠东拦河坝获山东省建筑工程质量“泰山杯”奖。

6月 在水利部组织的淮河流域综合治理评比验收中，费县马头崖乡获第一名。该乡自1992年起，自力更生、艰苦奋斗，共整水平梯田1207公顷，封山育林1613公顷，治理水土流失45.88平方公里，治理程度达87%。

7月24—29日 由人民日报社、新华社、经济日报社等13家新闻单位14名记者组成的中央新闻单位赴沂蒙采访团到临沂市兰山、罗庄、河东、沂水、蒙阴、苍山等县区采访。

7月25日 九三学社临沂支社改建为九三学社临沂市委员会。

7月27日 召开纪念江泽民“弘扬沂蒙精神，振兴临沂经济”题词五周年座谈会。省委常委、宣传部部长董凤基到会并讲话，市领导张守业、李祥栋、乔延春等和驻军首长及有关专家，市直有关部门、县区负责人参加会议。会议将沂蒙精神确定为“爱党爱军、开拓奋进、艰苦创业、无私奉献”。

7月 沂南县考生白洪娟以综合分900分的成绩，获山东省1997年高考文科第一名。

7月 临沭县被电力工业部授予“农村电气化县”称号，成为临沂市第一个农村电气化县。

8月8日 临沂卫生检疫局举行成立揭牌仪式。

8月18—20日 受11号台风影响，全市普降大到暴雨，平均降雨量213.8毫米，最大降雨量316.1毫米。全市有31万公顷农作物受灾，倒塌房屋数万间，一批交通、通信、电力、水利工程设施损坏严重。25日，市委、市政府发出紧急通知，要求各级迅速开展抗灾救灾、生产自救，把灾害造成的损失减少到最低限度。

8月27日 临沂市就制止市直机关用公款大吃大喝挥霍浪费行为作出规定：严格执行会议和内部接待规定，严禁借会议、接待之名大吃大喝，严格禁止市内公务活动中的互相吃请，认真落实公务活动工作餐制度；严格财务制度，严禁在会议费、接待费方面弄虚作假；加强接待管理，严格审批手续；加强检查、监督，切实严明纪律。

9月14—16日 全国林业产业工作会议全体代表在临沂市考察兰山区华东板材批发市场，罗庄区中美合资沂蒙银杏制药有限公司、罗庄镇沈泉庄村，郯城县胜利乡赵楼村银杏育苗基地、新村乡银杏生产基地、中德法合资兴办的郯城绿源银杏开发有限公司，莒南县洙边乡、相沟乡板栗生产基地以及莒南县板栗加工厂。

9月16—22日 临沂市参加’97（香港）山东省经贸洽谈会，共签订进出口贸易合同53份，进出口金额10471万美元，其中出口合同49份，金额9991万美元，居全省各市、地首位；签订经济技术合作项目20项，合同利用外资4980万美元。

9月18日 市委、市政府制定《关于进一步加快企业改革的若干政策规定（暂行）》，对国有、集体企业的改革方式、资产评估、股权分配、职工生活保障及税收等问题作出具体规定。

9月23日 首届全国颜真卿学术研讨会在费县召开。

9月28日 206国道董官庄至莒县段改建工程提前完成。该工程于5月初开工，是山东省文明样板路重点建设工程，总投资1760万元。

10月20日 莒南县板泉工商所市场管理员刘学府，被共青团中央、中央社会治安综合治理委员会办公室等12个单位联合授予“中国优秀青年卫士”称号。7月14日，刘学府在莒南县板泉镇集贸市场，勇斗手持双管短枪和利刃的歹徒，身受重伤仍将歹徒擒获。

10月22—23日 德国经济合作和发展部长施普朗格一行在沂水、蒙阴县考察中德合作粮援项目实施情况。

10月26日 省委书记吴官正到沂水县考察。

10月27—31日 在农业部、经贸部、山东省政府联合召开中德合作山东粮援项目国际研讨会期间，来自德国、日本、荷兰等国家和联合国粮食计划署、世界银行、中欧洲联盟农业技术中心、艾伯特基金会等国际组织及中国八省代表和国家有关部委的120余人，参观考察平邑县10余处饮水、灌溉、水保工程。

10月28日 《临沂市城市居民最低生活保障暂行办法》发布，自是年11月1日起，临沂市城区和各县城驻地的居民最低生活保障线为每人每月120元。

10月28—30日 全省加强水土综合治理建设生态农业工作会议在临沂市召开。省委书记吴官正，省长李春亭，省直有关部门负责人，各市地市长、专员及农林水等部门负责人120余人出席会议。与会人员参观平邑、费县、莒南治理水土流失现场，并听取三县的经验介绍。

11月3—5日 全国街道工作委员会全委会在兰山区兰山街道办事处召开。会议就新形势下如何加强城市居委会建设和改革城市街道体制，更好发挥街道办事处和居民委员会的作用，为城市两个文明建设作出积极贡献进行了讨论。

11月6日 岸堤水库除险加固工程顺利通过由水利部淮河水利委员会、省水利厅专家组成的验收委员会验收，被评为优良等级。

11月27日 中国科学院、中国工程院18位院士到蒙阴县垛庄镇高家庄小学，赠送图书500册，电视机、录像机等教学仪器一宗，现金1万元及部分食品。

12月5日 中央电视台《新闻联播》播出费县水利工程产权制度改革的新闻，介绍费县改革农田水利设施产权制度，通过拍卖小型水利设施所有权，放开设施建设权，实行民办民营，解决了农田水利设施管理中存在的矛盾和问题。

12月6日 沂蒙路拓宽改造工程竣工。该工程于5月下旬动工，共拆除房屋17万平方米。道路为混凝土路面，宽42米，为高起点规划、高标准建设的城市达标样板工程。

12月8日 市委在沂河宾馆召开全市领导干部会议。传达省委关于临沂市领导班子调整的决定：乔延春任临沂市委书记；张守业不再担任临沂市委书记、常委、委员和党校校长职务；李玉妹任临沂市委副书记、市人民政府代市长；乔延春不再担任临沂市人民政府市长职务。

12月25日 临沂发电有限责任公司扩建工程2×12.5万千瓦机组第一台机组正式并网发电。

是年 国家计委批准立项的重点区域性生态工程——沂蒙山区综合防护林体系造林工程，经过全市7年努力，提前1年完成造林任务。6个项目县共完成造林10.4万公顷，占规划任务的117.4%。沂水、蒙阴、莒南县被省林业厅评定为优质工程县。

1998年

1月1日 零时，“山东省监督性监控断面”——沭河大官庄闸断面的环保检查“零点行动”实施。由国家环保局监测总站具体监督指导，省环保局组织省、市环保执法与监测人员对沭河大官庄闸断面的7个指标进行化验分析。结果表明，作为水体主要污染指数的化学需氧量为101毫克/升，比1997年平均值降低24.1%，有机污染物也大幅度减少。

1月8日 临沂市规划管理局、临沂市市政公用事业局、临沂市房产管理局、临沂市市容管理局成立。均为市政府直属正县级单位，归口市建设委员会。

1月上旬 兰山公安分局破获一起特大贩卖假冒卷烟案，查获假冒卷烟16734条，涉及“沂蒙山”“红塔山”“云烟”“玉溪”等8个品种，标值111.1万元。

1月24日 全省电气化村建设现场会在临沂电业局召开。临沂市河东区相公镇刘团村通过电气化村验收，成为山东省第一个电气化村。

2月6日 临沂汽车运输总公司王孝连作为全国交通行业和山东省唯一获1997年度“中华技

能大奖”的职工，赴京参加在中南海召开的表彰大会。

2月24—27日 市政协第十一届一次会议在临沂人民会堂召开。会议选举高广田为市政协主席，郝洪琪、郑斯仁、朱兆彬、朱晓鸣、刘家骥、于凤云、韩泰、王秀君、夏文彬为副主席。

2月25—28日 市第十五届人大一次会议在临沂人民会堂召开。会议选举李祥栋为市人大常委会主任，张怀三、王军平、刘广伦、段明福、尹世同、奚霞、陈义卿、李甫为副主任；选举李玉妹为市人民政府市长，牛泉然、李延华、包祖善、李鸿翔、蔺景和、孙炳贤、李志田为副市长；选举周克峰为市中级人民法院院长；选举张宝福为市人民检察院检察长。

3月5—6日 全市开展“扫黄打非”集中统一行动。全市公安机关共组织警力2090人，分208个小组，以市区、县城驻地为重点，对书摊、音像摊点、录像厅、游戏厅、宾馆、饭店、练歌房等进行突击检查。共收缴各类非法出版物25331册，盗版、淫秽光盘26897张，录像带2448盘，查处无证经营印刷厂3家。

3月12—13日 市纪委第五次全会在沂河宾馆召开。主要学习贯彻江泽民总书记重要讲话和中纪委二次全会、省纪委九次全会精神，研究部署1998年的反腐倡廉任务。

4月11日 全市首家无人自助式银行服务系统在兰山区工商银行开通。

4月12—15日 由临沂市人民医院、美国颌面整形与重建学会联合主办的’98国际口腔颌面整形与重建学术研讨会在临沂召开，美国、加拿大、墨西哥等国家以及国内的知名口腔颌面专家等200余人参加会议。

4月17日 市公交公司乘务员魏玉荣，在3路公交车终点站捡到皮包1个，内有10万元现金和1张30万元的存折，几经周折将皮包交还失主。

4月21日 市委、市政府印发《关于引进急需紧缺专业高层次毕业生的优惠政策规定》。

4月24—25日 全市个体私营经济暨乡镇企业工作会议召开。主要传达学习江泽民视察江苏时关于发展乡镇企业的讲话和全省乡镇企业工作会议精神，传达临沂市赴江苏、浙江参观学习发展个体私营经济和乡镇企业的经验，部署全市个体私营经济和乡镇企业发展的任务，提出落实措施。

4月30日 市属国有大型企业临沂钢铁厂面向社会招聘厂长。126名职工代表听取3名竞聘人的答辩，以无记名投票方式选举该厂总会计师刘振君任厂长。此举在市直全民所有制企业中尚属首次。

4月 教育部批准临沂师范专科学校中文系试办汉语言文学教育本科专业。

5月4日 市内大专院校首批100名特困大学生分获希望工程特别救助金。该基金由山东天元建设集团捐款10万元设立，用于救助特困大学生。

6月3日 16—18时，蒙阴县9个乡镇219个村遭受近50年间最严重的风雹袭击。风力7~8级，冰雹大者如鸡蛋，降雹过程持续10~30分钟，雹厚达15厘米。灾情发生后，蒙阴县委、县政府抽调人员组成7个小组，分赴各乡镇帮助群众抗灾救灾。9日，省委书记吴官正到蒙阴县高都镇察看灾情，并作出重要指示。

6月3—7日 省委常委、省军区政委何法祥在临沂市检查民兵预备役工作。

6月12日 临沂医专附属眼科医院成立。

6月23—24日 中共重庆市委书记张德邻率党政代表团在临沂参观考察临沂批发城、山东省金锣集团、罗庄区沈泉庄村，以及莒南县洙边镇农业综合开发现场。

6月28日 市重点工程——山东红日集团20万吨复合肥一期工程竣工投产。该工程项目引进DCS集散控制系统，生产过程自动化，生产能力为年产硫酸钾复合肥30万吨。该工程是全市新中国建立后国家投资最大的加工工业项目，自1997

年6月8日开工建设，总投资6.9亿元。

6月29日 全市农村基层组织三年整顿建设总结表彰和农村集中整治工作会议在临沂召开。

6月 临沂电业局被中国企业管理协会和中国企业家协会联合评定为全国供电企业安全生产最高纪录单位。

7月7日 市直企业下岗职工再就业和劳动用工管理工作会议在沂河宾馆召开。会议要求：市直各单位采取切实措施，努力完成市直企业下岗职工和当年新增下岗职工生活都得到基本保障，再就业安置率达60%以上的任务目标。

7月上旬 费县南张庄乡发现一座汉墓，墓室前方券顶刻有近百个篆书大字，字体清晰，书写流畅，为全省已发现的最早的篆书墓志铭。

7月13日 《临沂日报》报道，沂南县建委拍卖有偿服务费收费权、有偿服务单位垃圾清运权、粪便清理清运权、街道清扫保洁权和公厕卫生保洁权。此类拍卖在全市尚属首次。

7月14日 市委印发《关于在全市农村开展集中整治工作的实施方案》，提出集中整治工作的指导思想、任务目标、方法步骤和领导措施。

7月24日 山东抗日军政干部学校纪念馆在沂南县岸堤镇建成并向社会开放。

8月4日 市委印发《关于在市直机关集中开展"学理论、讲政治、讲正气"教育活动的意见》，提出教育活动的指导思想、目的要求、时间安排及方法步骤。

8月6日 交通部部长黄镇东到临沂考察京沪高速公路临沂段工程建设和市内路网改造情况。

8月11日 沂水县黄山铺镇小庄子村年仅11岁的女学生牛富会，为营救本村不慎落水的女孩牛三三和海霞牺牲。

8月21—25日 省长李春亭带领部分省直部门负责人考察蒙阴县桃墟镇花果庄、兰山区金锣集团、临沂飞机场、红日集团、临沂西郊批发市场及私营工业园区、沂沭河洪水东调工程、郯城县新村银杏园、费县马头崖乡板栗园、苍山肉兔加工企业及蔬菜批发市场等。

8月24日 全市为长江流域和嫩江、松花江流域遭受特大洪灾的地区累计捐款824.7万元，捐物折款680万元。

9月2日 临沂市仲裁委员会成立。

9月15日 临沂市企业内部的第一个养老金发放点——临沂市社会劳动保险事业处养老基金发放点在临沂汽车运输总公司挂牌运营。临沂汽车运输总公司的1721名离退休人员开始从发放点领取养老金。

9月16日 市委、市政府发布《关于加快发展个体私营经济的若干规定》，提出促进个体私营经济发展的政策措施。

9月16日 市委、市政府发布保障失业、下岗职工基本生活的新规定。规定包括：提高职工失业保险基金缴纳标准；下岗职工的基本生活费，应缴纳的社会保险费和转岗培训费，按照企业隶属关系分级筹集。

9月16日 京沪高速公路临沂至红花埠段建设工程开工，2000年11月9日竣工通车。

9月18—19日 中国共产党临沂市代表会议召开，选举产生临沂市出席山东省第七次党代会的代表。

10月8日 当代中国画名家邀请展在临沂开展，大型画集《当代中国画名家作品选》同时首发。全国各地80余位著名画家及各界群众近千人参加开展仪式。

10月16日 临沂啤酒厂破产拍卖会在市中级人民法院举行。民营企业山东大陆集团以2100万元拍得该厂地面以上净资产。临沂啤酒厂成为全市首家被拍卖的大型国有企业。

10月17—21日 省委书记吴官正到河东、苍山、蒙阴等县区考察，并与部分县、区委书记进行座谈，就加快农业和农村经济发展等问题作出指示。

10月18日 撤销临沂市邮电局，设立临沂市邮政局、临沂市电信局。

10月18日 中共中央办公厅、国务院办公厅、中央军委办公厅发布关于印发《军队、武警部队不再从事经商活动的实施方案》的通知。按照通知的规定和要求，中国人民解放军54898部队、临沂军分区将其制药厂移交地方。至2001年4月，遗留问题全部处理完毕。

10月20日 加拿大魁北克省国防卫生组织总干事甄·皮卡德及夫人一行，考察临沂市的医疗卫生行业，并就进一步合作的有关事宜进行商谈。

10月23—24日 全市企业改革工作会议在临沂召开，传达贯彻全省中小企业改革工作会议精神，针对深化企业改革过程中存在的困难和问题，研究解决的办法和措施。

11月8日 临沂公路口岸正式对外开放。

11月11日 全市延长土地承包期工作会议召开。会议提出，各县区、各有关部门要强化措施，加快进度，确保1999年完成土地延包任务。

11月14日 临沂市红十字博爱医院成立。

11月21—22日 市委九届七次全委（扩大）会议在沂河宾馆召开。会议提出，深入贯彻落实中共十五届三中全会和省七次党代会精神，加强全市农业和农村工作。

11月24日 临沂市第一个私营企业党委在山东大陆企业集团成立，集团董事长陆锦任党委书记。

12月14日 全市工人技术大赛总结表彰会在市政府小礼堂召开。50名成绩突出的人员获“临沂市技术能手”称号，29人（各工种第一名）获“临沂市新长征突击手”称号，9名女选手获“临沂市三八红旗手”称号。

12月15日 小埠东水电站一次并网发电成功，并正式投入商业运行。该电站总装机容量为600千瓦，年平均发电量可达260万千瓦时。

12月26日 临沂城南沂河特大桥、327国道改线工程竣工通车。改线后的327国道临沂地段东起河东区芝麻墩，向西跨越沂河，与京沪高速公路罗庄立交桥相接，全长18公里。新建的临沂城南沂河特大桥长1560米，宽27米。路、桥均为双向6车道。

1998年12月26日，临沂城南沂河特大桥竣工通车。

12月28日 全市经济工作会议召开。会议传达中央和全省经济工作会议精神，通报市委、市政府考察团赴苏、浙、闽3省考察学习的情况，讨论1999年经济工作任务目标及措施。会议确定1999年继续实施“农业稳市、工业强市、科教兴市、商贸富市”战略，全市经济增长要达到10%的目标。

1999年

1月6日 市政府发布《关于深化城镇住房制度改革的实施意见》，确定：停止住房实物分配，逐步实行住房分配货币化，建立和完善以经济适用住房（安居工程）为主的多层次城镇住房供应体系；发展住房金融，培育和规范住房交易市场。

1月7日 6时5分，一辆来自嘉祥县的装载玩具枪响炮和鞭炮的农用车在华东塑料橡胶批发市场发生爆炸，引燃店铺内外的塑料编织袋，导致25间房屋被焚毁，8人死亡，3人受伤。

1月7—9日 中共中央政治局常委、国家副主席胡锦涛在临沂视察。胡锦涛先后视察莒南县、河东区、兰山区、罗庄区的部分乡镇和企业，走访基层干部、农民、工人，听取临沂市委、市政府的工作汇报，并要求各级党委、政府把稳定和加强农业工作放在经济工作的首位，统一思想，坚定信心，团结一致，艰苦奋斗，圆满完成全年各项任务，开创临沂工作的新局面。

1 月 12—13 日 全市环境保护工作会议召开。市长李玉妹与各县区长分别签订 1998—2000 年度环保目标责任书。

1 月 13—14 日 山东省司法厅在临沂市召开全省法学教育工作会议暨党政领导干部法律专业学历教育现场会。会议主要落实司法部关于“临沂经验”的指示，就“临沂经验”的价值、意义和推广等问题进行研讨。

1 月 18 日 复航后的临沂飞机场第一个航班波音 737 客机于 15 时 55 分起飞，搭载 141 名乘客飞往温州、广州。

1 月 20 日 临沂城城市建设大会在市政府小礼堂召开。会议提出临沂城城市建设的近期目标：通过三五年的努力，在规划高起点、投入全方位、建设出精品、管理上水平的原则指导下，进一步体现鲁南商城、山东历史文化名城、北方水城三大特色，逐步把临沂城建设成为“繁荣、文明、整洁、优美”的新兴中等城市。

2 月 9 日 省政府正式批复《临沂市城市总体规划（1996—2010 年）》。

2 月 9 日 泰安市太平林场突发大火并迅速蔓延至相邻的平邑县。15 时 31 分，平邑县武台镇云台寺万亩林场及万山村、黑山峪林场相继起火。17 时，武台镇组织 1000 余名干部群众赶到现场扑救。平邑县在 5 个小时内集结 1.5 万人投入灭火。市长李玉妹带领武警消防官兵和林业消防人员赶到现场指挥和参加灭火。经 19 个小时奋战，将境内明火扑灭。

2 月 18 日 举办乘坐直升飞机观光游览临沂城活动。至 22 日晚，临沂机场共起飞飞机 86 架次，有 2200 余人乘机游览。

2 月 24—27 日 市政协第十一届二次会议在临沂人民会堂召开。

2 月 25—28 日 市第十五届大大二次会议在临沂人民会堂召开。

2 月 28 日 全市 1998 年度人口与计划生育目标责任奖惩兑现大会在临沂人民会堂召开。对 1998 年度计划生育工作先进单位进行表彰奖励，对全市 18 个后进单位实行重点管理和黄牌警告；签订 1999 年至 2000 年《人口与计划生育目标管理责任书》。

3 月 2 日 市委、市政府命名兰山区兰山街道等 28 个乡镇（街道）为小康乡镇。

3 月 4 日 市委发出《关于在全市开展向张树胜同志学习活动的决定》。张树胜是沂水县公安局正科级侦察员，先后立三、二、一等功各一次，被授予“山东省劳动模范”“全国信访系统优秀工作者”“全国优秀人民警察”“全国公安系统二级英模”等称号。6 月 30 日，市委在临沂人民会堂举行张树胜事迹报告会。

3 月 5 日 全市最大的两家化工企业——山东红日化工股份有限公司和山东恒通化工股份有限公司合并，成立新公司——山东红日恒通化工

1999 年 1 月 18 日，临沂机场复航后第一批乘客走下飞机。

股份有限公司。

3月6日 临沂市青年联合会成立。

3月8日 临沂人民广播电台与市纠风办公室联合推出的热线交流节目——《行风热线》开播。节目采取邀请政府有关部门负责人到广播电台直接回答群众提问的方式，强化服务职能，化解社会矛盾，推动民主与法制建设。

3月9日 费县新桥乡麻绪村的24户村民于一天内同时购买小轿车。该村1994年前人均收入不足800元，后大力发展建筑业，取得驻京建筑施工资格，并在济南、太原成立分公司，施工队伍达3700余人，迅速致富，被誉为“费县第一村”。

3月13日 全市“解放思想、加快发展”大讨论活动动员会召开。会议要求按照市委提出的“思想再解放、观念再更新、精力再集中、发展再加快”的总要求，掀起思想解放新高潮，推动全市经济和社会各项事业更快更好发展。

3月16日 全市农村工作会议在沂河宾馆召开。会议要求各级党委、政府牢牢把握增加农民收入和保持农村稳定这两个重点，适应和掌握农村市场经济发展的趋势和规律，了解新情况，研究新问题，拿出新举措，把农村各项工作做得更好。会议还命名表彰了达标小康乡镇。

3月29日 市委召开全市继续深入开展“五位一体”①集中整治工作动员会议。

3月31日 市级领导班子和领导干部“三讲”（讲学习、讲政治、讲正气）教育动员大会召开。会议要求各级领导班子和领导干部，认真学习中央和省委有关指示精神，扎实有效地搞好“三讲”教育工作，解决党性、党风方面存在的突出问题。

4月3日 撤销临沂市金雀山公园和市儿童乐园，在两园基础上组建“临沂人民公园”，同时挂“临沂市儿童活动中心”的牌子。

4月5—6日 全省农村社会治安综合治理工作经验交流会在沂水县召开。会议推广临沂农村治安集中整治经验，部署全省农村社会治安综合治理工作。

4月14—15日 德国经济合作部副部长波普率团到蒙阴、沂水县考察中德粮援项目运转情况。

4月17日 省委副书记、副省长宋法棠到蒙阴县视察蒙山旅游开发情况。要求蒙山旅游开发突出生态旅游和民俗旅游特色，提高文化品位，加强配套设施建设，让蒙山成为休闲、度假、养生的胜地。

4月22日 省内第一家稀有血型库在临沂市红十字会中心血站建立。

4月28日 临沂市土地储备中心成立。

4月 沂水县院东头乡发现一天然奇洞，主洞长2280米，里面布满了千姿百态的石笋、钟乳、奇石和石花等。

春 沂水县遭遇特大干旱。1998年冬至1999年春5个月滴雨未降，受旱面积5.3万公顷，有49座塘坝干涸、121条河流断流、1400余眼大口井枯竭。

5月6日 临沂机场新增临沂—北京、临沂—南京、临沂—晋江、临沂—义乌、临沂—沈阳5条航线，选用的飞机为CAAB机型。首航为6日晨7时的临沂—北京航班。

5月15日 市劳动和社会保障局对外正式挂牌。

5月20日 临沂市城区社会治安综合治理现场会在沂州大厦召开。要求各级党委、政府居安思危，狠抓落实，搞好城区社会治安综合治理工作，为城区经济发展和城市建设创造良好环境。

5月 临沂市300台小麦联合收割机按照合同，分赴江苏、河南、安徽、浙江、湖北等地，参加小麦机收跨省作业。

6月5—6日 临沂市旅游规划评审会议召

①整顿后进村班子、实行村务公开民主管理、基层干部思想作风建设、土地延包、加强社会治安综合治理和信访工作。

开。《山东省临沂市旅游发展总体规划》和《蒙山旅游发展总体规划》通过评审。

6月18日 临沂市企业改革工作会议召开。会议强调，要下决心打好企业改革攻坚战，确保完成中央提出的“三年两个目标”的任务，为全市经济发展和振兴打下坚实基础。会上，部分改革先进单位介绍经验。

6月19日 “迈向21世纪的临沂”——迎接新世纪城市规划展在临沂展览馆开幕。

6月25日 国防大学外训系学员布隆迪国防部总监奥古斯汀、马里军队监察员阿马里、古巴军事学院副院长布里托、多哥总统卫队司令多哥、尼日尔副总参谋长拉波等拉美、非洲16国高级军官到临沂，参观银雀山汉墓竹简博物馆、孟良崮战役纪念馆等。

7月3日 “珍爱生命，拒绝毒品”大型禁毒展在市博物馆开展。

7月8日 中共临沂市九届八次全委（扩大）会议在沂河宾馆召开。会议强调明确任务重点，加大力度，推动全市改革和建设更快更好地发展。

7月8日 山东江泉实业股份有限公司（简称江泉实业）社会公众股5500万股股票在上海证券交易所上网发行。

7月29日 蒙阴县委书记郭元臣带领拥军慰问团赴北京，将由临沂市书画界人士精心制作的书画长卷——《沂蒙情》赠送给天安门广场国旗护卫队。

8月26—27日 全市应届大中专毕业生就业双向选择大会在临沂教育学院体育场举行。170余个用人单位在会场设点，6000余名非师范类大中专毕业生前往选择职业。

8月27—29日 ’99全国女子篮球甲级联赛C组的后6场比赛在临沂师专体育馆举行。来自上海、江苏、四川、山东的4支女篮队伍参加比赛。

8月28日—9月1日 中国京剧院“庆祝建国50周年赴沂蒙革命老区慰问团”在临沂慰问演出。全国著名京剧表演艺术家苏移、刘长瑜、魏学策、冯至孝、杨春霞、李维康、耿其昌、于魁智等110余人，先后在沂水县、莒南县演出5场。

9月23日 500千伏邹蒙输变电工程投入运行。该工程1998年9月开工建设，历时一年建成投运，标志着全市电网进入大电网、高参数的新时期，临沂市电网结构薄弱的状况明显改善。

9月26日 临沂市给水处理一期工程投入运行。工程分两期实施，一期工程日处理水15万吨。

9月29日 中国联通有限公司临沂分公司GSM（数字移动电话网）开通。该网一期工程总投资1.5亿元，交换容量4万门，覆盖全市三区九县，并与中国电信公用网实现互联互通和自动漫游。

9月 经市政府批准，在市体改委、人民银行等部门监督下，全省第一家个体商户贷款担保组织——临沂市田元信用担保中心成立。其主要发起者为山东兰田集团总公司。

9月 临沂市罗庄区沈泉庄和沂水县沂水镇被评为全国精神文明创建先进单位。

9月 全省唯一一辆眼科流动手术车在临沂市启用。该车价值300万元，由香港盲人辅导会赠送。

9月 《蒙山志》出版发行。

10月1—3日 全市庆祝建国50周年大型广场文艺演出在临沂人民公园广场、青少年宫开放式公园广场、东方红开放式公园广场等地举行。

10月15日 一辆中巴客车驶至市区金雀山路沂河矮桥中段时，因前轮左胎突爆、车速较快而撞坏桥栏坠入沂河，车体大部浸入水中。过往群众纷纷上前援救并迅速拨打110报警。兰山公安分局机动队3分钟内赶到现场，小埠东橡胶坝管理处派出快艇相助，解放军146医院亦派救护车参加救护，20余名乘客很快脱险。

10月16—18日 全国兔业研讨（展示）暨山东省首届赛兔会在蒙阴县举行。全国25个省、市、自治区的代表共1500余人参加会议。会议展示兔业科技成果，探讨发展趋势。

10月17日 临沂市首家老年人公寓——兰山老年公寓正式投入使用。该公寓由兰山区及所辖的兰山街道办事处共同投资1100万元兴建。公寓集居住、生活服务、文化娱乐、医疗保健等于一体。

10月22—23日 中共临沂市九届九次全委（扩大）会议在沂河宾馆举行，研究和部署进一步深化全市国有企业改革和发展问题。

10月27—30日 由中共中央组织部决定并委托临沂市委主持的中西部山区开发建设研讨会在沂河宾馆召开。14个省、自治区的省、市、县有关负责人80余人参加会议，并到莒南、河东、沂水、沂南、蒙阴、平邑、费县等县区参观考察山区开发建设情况。

10月28日 市委在全市公开选拔副县级领导干部和主任（局长）助理。此次公开选拔的副县级领导干部职位15个，主任（局长）助理职位20个，全市579人报名参选。

10月 在'99昆明世界园艺博览会上，临沂市参加奇石、盆景、蔬菜、果品、茶叶、鲜切花和兰花等项目的竞赛和展览，获得金牌2枚、银牌7枚、铜牌4枚。

11月1日 沂水县建成全国第一个AA级绿色食品花生出口基地。

11月4—8日 国务院扶贫开发领导小组常务副组长、农业部副部长刘成果在沂水、蒙阴、平邑、费县考察扶贫开发工作。

11月5日 全市十佳职业道德先进单位和十佳职业道德标兵表彰大会在沂州宾馆召开。市天元建设集团总公司、临沂发电有限责任公司等10个单位获"临沂市十佳职业道德先进单位"称号，市公交公司监票员杨淑琴等10人被评为临沂市十佳职业道德标兵。

11月24—26日 驻省直部分全国人大代表一行7人先后到兰山、罗庄、沂水等县区视察农业和农村工作。

11月25日 由原临沂进出口商品检验局、原临沂动植物检疫局和原临沂卫生检疫局合并组建的中华人民共和国临沂出入境检验检疫局正式挂牌。

12月8—11日 中国乒乓球俱乐部超级联赛第二阶段比赛在临沂师专体育馆举行。八一队、江苏队、山东队参加比赛，著名乒乓球运动员王涛、刘国梁、马琳、刘国正、阎森等参赛。

12月14日 山东省新华书店成立纪念碑在莒南县洙边镇后净埠子村落成。1944年7月6日，山东省新华书店在该村正式成立。2002年旧址被公布为市级文物保护单位。2003年，由省新华书店投资百万元，按原貌进行修复。2004年7月8日，省新华书店诞生地旧址修复落成典礼在洙边镇后净埠子村举行。

12月20日 市委、市政府作出《关于加强技术创新发展高新技术产业的决定》，提出加强技术创新、发展高新技术及产业的发展重点、发展体制、运行机制以及加强高层次人才队伍建设的具体措施等。

12月30日 市委、市政府印发《关于深化教育改革全面推进素质教育的意见》，提出全面推进素质教育的总体思路和目标。

12月 全国第一座高速公路立交桥——京沪高速公路和日东高速公路立交桥在费县竹园乡建成。

是年 临沭县实现38年无责任退兵，保持全国最高纪录。

2000年

1月1日 146医院为一名患血友病18年之久的曲阜患者成功实施了膝关节成形手术，突破了国内外血友病患者不能手术的禁区。

1月6日 由团市委主办的"青春拥抱21世纪"集体婚礼在桃源超市主力店前举行，21对新人参加。市委书记乔延春主持婚礼并向新人颁发集体婚礼证书。

1月9日 省委书记吴官正到平邑县走访慰

问困难群众。

1月15日 郯城师范学校撤销，市内仅保留沂水、费县两处师范学校，并改为五年制。

1月17—20日 市政协第十一届三次会议在临沂人民会堂召开。

1月18—21日 市第十五届人大三次会议在临沂人民会堂召开。

1月26日 中共山东省委决定：撤销“中共临沂师范专科学校委员会”，建立“中共临沂师范学院委员会”，“中共临沂师范学院纪律检查委员会”。并公布了临沂师范学院党委、行政、纪委领导班子组成人员：朱纪祥任党委书记，徐同文、李传磊任副书记，徐同文任院长，韩延明、张义康、胡文娟、杨树祥任副院长，张克忠任纪委书记。4月22日，临沂师范学院举行揭牌仪式。

2月16日 临沂市药品监督管理局成立。

2月25日 临沂市与韩国镇海市建立友好姊妹城市意向书签字仪式在临沂陶然居大酒店举行，临沂市市长李玉妹、镇海市市长金炳鲁分别代表两城市在意向书上签字。

3月21日 市政府印发《临沂市城镇职工基本医疗保险暂行规定》，将职工基本医疗保险制度实施的范围扩展到城镇所有的用人单位。

3月23日 国内首家民办公益性科研机构——昆虫生态研究所在沂水县成立。

3月31日 临沂市与新疆喀什地区缔结友好市地签字仪式在临沂沂河宾馆举行。

4月1—2日 省委书记吴官正到沂水县就农业综合开发、国有企业改革、个体私营经济发展、县区“三讲”开展情况等进行调查研究。

4月8—9日 省人大常委会主任赵志浩先后考察临沭、兰山、费县等县区部分企业、居委会和临沂批发城，并同部分人大代表进行座谈。

4月22日 解放军总后勤部离休干部郑书箴与夫人贾梅琛捐资15万元，用于苍山县大炉中学校舍改造。郑书箴1919年出生于苍山县向城镇杭头村，1938年参加革命，曾担任过地方党组织和部队的重要领导职务。1996年，捐款10万元建成该村希望小学，2000年又将其几十年珍藏的195幅书画捐赠给临沂。

4月26日 临沂动植物园开园。该园位于沂河、祊河、柳青河交汇处，占地145.6公顷。1999年4月16日动工修建。

5月11日 “分沂入沭”工程通过国家验收。工程自沂河左岸彭家道口闸起，经河东、郯城、临沭3县区，在临沭县大官庄闸以上入沭河，全长20.2公里。工程投入使用后，分沂入沭水道泄洪能力达到每秒2500立方米，防洪标准提高到20年一遇。工程于1995年3月10日开工，总投资1.74亿元。

5月12—17日 中央“三讲”教育检查组到费县、平邑、兰山、罗庄4县区，检查“三讲”教育“回头看”活动情况。

5月29日 临沂市综合信息网暨市政府中心网站开通。

5月29日 山东省“沂州杯”少年田径锦标赛在临沂闭幕，临沂代表队获金牌、银牌各5枚，铜牌4枚，团体总分第三名。

6月3日 山东清华同方鲁颖电子有限公司成立。该公司是北京清华同方股份有限公司吸收合并山东鲁颖电子股份有限公司后与沂南县阳都资产有限公司共同投资设立的有限责任公司。上市公司吸收合并非上市公司，这在国内尚属首例。

6月8日 临沂市被确定为国家人防重点城市。

6月12日 《临沂日报》报道，平邑县资邱乡辉泉村发现清道光二十六年（1846年）曾兴仁墓碑。碑文载，曾兴仁为曾子第六十八代孙，其先祖“世居费县西南之武城”。此碑的发现对印证曾子故里在南武城提供了新证据。

6月12—13日 国家审计署审计长李金华在临沂考察。

6月12—13日 国家环保总局局长解振华率

2000年6月25-27日，中央电视台心连心艺术团在临沂慰问演出。

检查组在临沂听取临沂市水污染防治和“一控双达标”[1]工作情况汇报，察看郯城和临沭县部分河段的水质情况。

6月25—27日 中央电视台“心连心”艺术团在临沂慰问演出。26日，艺术团冒雨在孟良崮战役纪念馆外的场地上进行慰问演出，省、市和有关部门的领导和蒙阴县干部群众万余人观看演出。27日，艺术团在罗庄区中心花园广场举行慰问演出，3.5万人观看演出。

6月 平邑县保太镇大夫宁村党支部书记张广清出资25万元兴建村老年公寓，供该村65岁以上的老年人免费入住。

7月15—17日 省长李春亭先后视察莒南县十字路镇大成高新技术示范园、山东宇达实业集团、河东区相公镇刘团村、兰山区山东三维油脂集团有限公司、中国商城会展中心建设工地、鲁南制药厂、临沂城燃气工程、人民广场、给水处理工程和动植物园等。

7月20日 全市举行民兵反空袭课目演练。来自市直和9县3区的13个单位进行设立反空袭指挥所、警报鸣放和人员疏散等课目的演练。

7月27—28日 中共临沂市九届全委（扩大）会议在沂河宾馆召开。传达学习省委七届四次全体会议精神，研究发展高新技术产业和加快城市化进程问题。

8月8日 全市行风评议工作开始。1000余家企业对各级执法监督部门、经济管理部门和垄断性公用事业单位进行行风评议。

8月22日 市委召开常委扩大会议，按照中央和省三部委关于利用重大典型案件对党员干部进行警示教育的要求，带头开展警示教育。与会者学习江泽民在观看电影《生死抉择》后作的重要讲话，并观看电教片《胡长清案件警示录》。

8月24日 市政府举行“光亮工程”新闻发布会暨开工仪式。“光亮工程”投资近7亿元，对临沂城区和城市规划区电网进行彻底改造，城区7万户居民实现一户一表，户均供电能力达到6千瓦。

8月28—31日 全市普降大到暴雨，临沭、莒南两县部分地区受灾。临沭县平均降雨281毫米，降雨量最大的古龙岗乡达411.7毫米，全县有4.8万亩农田被淹，110间房屋倒塌，63处工程被毁。莒南县也有部分房屋倒塌。

9月11日 中国商城会展中心大楼落成。会展中心位于临西五路北段西侧，占地30.7公顷，建筑面积30万平方米，共有展位600个。

9月18日 庆祝人民防空建设50周年暨“9·18”警报试鸣仪式在八一宾馆举行。

9月19日 应市政府邀请，厄瓜多尔、刚果、玻利维亚、俄罗斯、罗马尼亚等11个国家的驻华使节到临沂进行友好访问。

9月20—21日 中共中央政治局委员、全国人大常委会副委员长姜春云在临沂视察。

9月20—22日 淮海经济区第十五届市长、

①主要污染物排放总量控制、工业污染源排放达标、城市功能区达标。

专员会议在临沂召开。苏、鲁、豫、皖4省19个市地的市长（或副市长）、专员（或副专员）参加会议。会议围绕加强区域联合、培育和发展个体私营经济、建立区域共同市场进行了研讨。

9月20—24日 首届全国农村适用型工业品博览会在临沂举行。博览会由国家轻工业局、中国国际贸易促进委员会、山东省政府主办，临沂市政府、中国国际经济技术合作咨询公司联合承办。全国人大常委会副委员长姜春云等出席开幕式。广东、北京、上海、天津、辽宁、陕西等27个省、市、自治区和美国、加拿大、日本、德国、荷兰、韩国等10余个国家以及中国香港、台湾地区的673家工商企业参加博览会。博览会上共达成意向合同额35.1亿元，实现现场销售额2.2亿元；签约和达成意向协议的经济技术合作项目90个，协议额47.7亿元。

10月1—4日 全国政协副主席钱正英先后考察兰山、罗庄、费县、平邑、蒙阴等地，并听取临沂市的工作汇报。

10月9日 市委办公室、市政府办公室颁发《关于转发市直有关部门对减轻农民负担进行专项治理的意见的通知》，责成教育、电力、计划生育、建设、交通、土地管理、民政等有关涉农部门和单位分别制定对减轻农民负担进行专项治理的具体意见。

2000年9月20日，淮海经济区第十五届市长、专员会议在临沂召开。

10月16—19日 临沂市第二届运动会在临沂体育场举行。本届运动会共设14个大项、381个小项，分普通组和少年儿童组，有4000余名运动员参加比赛，7人打破4项市纪录。

10月16—21日 全国21世纪初扶贫开发研讨会在临沂召开。会议考察临沂市扶贫开发工作的典型单位，交流各地扶贫开发的经验，总结全国十几年扶贫开发的成果，研讨基本解决温饱后继续进行扶贫开发的政策措施。全国28个省、市、自治区的代表197人出席会议。临沂市委书记乔延春作了题为《顺应形势，围绕任务，努力开创扶贫开发新局面》的典型发言。

11月9日 京沪高速公路临沂段竣工通车。该路段经蒙阴、沂南、费县、兰山、罗庄、苍山、郯城7县区，市内长170.1公里，1996年12月动工兴建。投资约38.3亿元。

11月9日 日东高速公路日照至费县竹园乡路段通车。该路段经临沂市的沂南、费县两县，市内长35.85公里，投资7.1亿元。

11月上旬 国家“九五”重点科技项目——国内第一条国产快烧日用细瓷辊道窑在山东银凤陶瓷集团有限公司建成投产。

11月11—14日 中共中央政治局常委、国务院总理朱镕基先后视察莒南县、河东区、临沂批发城、罗庄区、沂水县等地，并在沂河宾馆召开农村金融工作座谈会。陪同视察的有中国人民银行行长戴相龙、国务院财办主任段应碧、中国农业银行行长尚福林、山东省委书记吴官正等。

11月15日 市委、市政府授予兰山区兰山街道等43个乡镇（街道）“发展民营经济明星乡镇”称号，授予山东金锣企业集团有限公司等61家企业“明星民营企业”称号。

11月23—24日 全国政协

常务委员会委员、中国社会科学院党组书记王忍之在临沂先后参观中国商城会展中心、临沂批发城，罗庄区双月园学校、沈泉庄，河东区刘团村，莒南县洙边镇。

11月24—26日 7名驻省直全国人大代表在临沂调研农业和农村工作。

11月29日—12月3日 全国冬季食品展销订货会在中国商城会展中心举行。300余家企业参加，参展物品包括食品、副食品、农产品等8个门类2000余个品种。实现成交额1.6亿元，合同交易额18亿元。

12月23日 山东建大工程鉴定加固研究所成功完成临沂市某机关办公楼整体平移工程。该建筑为8层框架结构（局部9层），钢筋混凝土独立基础，建筑面积3604平方米，高度34.5米。为不影响临沂人民广场的建设，同时节省投资、减少污染，将其先向西平移96.9米，再向南平移74.5米，总移动距离171.4米，平移共用25天。该工程是当时国内平移建筑物最高、高层建筑平移距离最远的平移工程。

12月28日 临沂广播电视中心大厦落成。

2001年

1月1日 即日起，全市公安机关办理城镇户口时，不再收取城市建设增容配套费。

1月5日 临沂市乡镇行政区划调整结束。乡镇、街道数量由252个调整为181个。

1月8日 临沂人民广场建成开放。广场东西长670米，南北宽320米，总占地面积21.6公顷。分动区、静区、一条地下通道和一处地下商城。2000年1月16日，该广场开工建设。

1月10日 由天元集团总公司承建的临沂中行国际金融大厦工程获“鲁班奖”，这是临沂工业与民用建筑工程首次获此奖项。

1月16日 市十五届人大常委会举行第二十一次会议。审议市人大常委会主任会议关于人事任免事项的议案；接受李玉妹辞去市长职务、孙炳贤辞去副市长职务的请求，任命李群为临沂市人民政府副市长、代市长。

2月18日 全国政协副主席、民革中央常务副主席周铁农和全国政协常务委员会委员、民革中央副主席朱培康，率民革中央淮河治污考察团到临沂市考察环境保护工作。

3月3—6日 省委常委、省军区政委何法祥就民兵预备役工作在兰山、罗庄、莒南3县区考察。

3月9日 市委在沂河宾馆召开全市农村“三个代表”重要思想学习教育工作会议，全面部署在全市农村开展“三个代表”重要思想学习教育活动。

3月11—15日 市政协第十一届四次会议召开。增补孙培群、胡家利、王法义、王启成为副主席。

3月12—16日 市第十五届人大四次会议召开。会议补选李荣强、张伟祥、王友忠、潘本学、郭元臣、赵世群（女）为市十五届人大常委会副主任；补选李群为临沂市人民政府市长，綦增利为副市长。

3月17日 市委、市政府召开环境保护工作会议。提出实施“蓝天碧水”和“绿色沂蒙”工程，塑造和树立“沂蒙好风光”的新形象。

3月20—21日 临沂大学筹建委员会成立。

3月 临沂电信无线市话工程开始建设，发展无线市话“小灵通”业务。5月28日，无线市话正式开通。截至年底，临沂电信“小灵通”达到1.59万部。

4月18日 全市农村税费改革土地核实现场会在沂水县召开。与会人员参观了沂水县许家湖镇东王家庄子村和龙泉站村的计税土地面积核实现场，沂水县和郯城县分别作典型经验介绍。

4月18—25日 应韩国镇海市市长金炳鲁、议长金永祚的邀请，临沂市市长李群、市人大常委会主任李祥栋率领临沂代表团对韩国镇海市进行友好访问。

4月19日 市委作出《关于深入开展学习宣传五种精神，大力弘扬沂蒙精神活动的决定》。

4月21日 临沂市粮食清仓查库工作结束。由菏泽市计划、粮食等8部门组成9个检查组，对临沂市12个县区248个储粮单位进行清查。共清查仓房3128座，外垛69个，丈量测算粮食71.8万吨，全市粮食实际数71.5万吨，与帐面相差2958吨，差率为0.4%，低于3%的国家规定标准。

4月23—28日 由山东省高校工委组织的山东省高校博士考察团一行25人在临沂就调整产业结构、提高产品技术含量、发展高效农业、降低农业成本、增加农民收入等问题进行调研，并举办科技讲座，提供科技咨询服务。考察团成员还被各县区聘为科技顾问、经济顾问。

4月25日至5月4日 中央组织部原部长张全景在临沂考察农业经济发展、基层党组织建设和“三个代表”重要思想学习教育活动情况。

4月27日 市公安局在临沂城北祊河沙滩上公开销毁6120支各类非法枪支。

4月29日 206国道河东改线路段竣工通车。该路段是205、206国道的重合路段，全长14.1公里，建成后有效缓解了临沂城东出口交通不畅的问题。

5月2日 临沂留学人员创业园揭牌暨高科技孵化中心建设工程奠基仪式在临沂高新技术开发区举行。

5月4日 全市唯一面向国内外公开发行的综合性社科类月刊《东方青年》杂志创刊。

5月5日 市政府授予日本友人田中周造、宫内英二临沂市“荣誉市民”称号。田中周造和宫内英二分别为日本兵库县姬路市神崎电装品事业协同组合梦菱株式会社社长和福伸电机社长。自1999年起，该组合与临沂协作，接收赴日研修生到其所属各企业学习、工作，每期学习时间3年，已接收两批共146人。

5月17日 中国军事科学院“中国古代军事文化教育基地”揭牌仪式在郯城县举行。

5月22日 罗荣桓之子罗东进中将到沂南县参观留田突围旧址，瞻仰孟良崮战役纪念碑，并到马牧池乡东辛庄看望在战争年代曾养育过他的革命老人田大妈。

5月29日 临沂市首届青少年广场文化艺术节暨第四届大中学生科技文化艺术节在临沂人民广场开幕。

5月31日 投资12.46亿元的全市农网改造工程全面竣工。

6月1日 2001年临沂市房地产展示交易会暨首届住宅业发展与城市化进程论坛开幕。活动为期5天，以“新世纪、新临沂、新住宅、新生活”为主题，展示全市住宅建设成果，交流房地产交易信息，活跃房地产交易市场。

6月10—11日 全国人大常委会副委员长曹志在临沂市视察。

6月13日 市委作出决定，号召全市党员干部向张金华学习。张金华是苍山县人民检察院检察官，身患癌症，先后做过4次大手术，面对绝症，发奋图强，忘我工作，先后获临沂市“十优检察官”、全省“优秀军转干部”等称号，并获得“富民兴鲁劳动奖章”。

6月21—22日 省军区政委赵承凤、副政委车全保在临沂视察民兵预备役工作。听取临沂军分区关于民兵带建、国防教育等工作的情况汇报，并到兰山、罗庄、河东、沂南等县区进行视察。

6月25日 沂南县北寨汉墓群被列入第五批全国重点文物保护单位名单。

6月26日 《人民日报》在头版头条以《沂蒙精神支撑临沂腾飞》为题，对临沂人民弘扬沂蒙精神，在改革开放中取得的巨大成就进行报道。该报还配发了题为《可敬的人民，崇高的精神》的评论。

6月28日 《王羲之志》首发式在临沂荣华大酒店举行。

7月2日 16时20分，沂水县崔家峪镇遭受冰雹和特大龙卷风袭击。此次灾害共毁坏树木2.4万棵，林果受灾面积1056.7公顷，黄烟、棉花等农作物受灾面积579.9公顷，房屋倒塌589间，死亡1人，造成直接经济损失3800万元。

7月4日 市委、市政府召开市级党政机关机构改革工作动员会议，部署市级党政机关机构改革工作。会议要求7月底前完成“三定”（定机构、定编制、定职能）方案，10月底前完成人员定岗。

7月6—7日 全国人大常委会副委员长周光召在临沂市调研。

7月9—12日 全国政协副主席、民盟中央名誉主席钱伟长在临沂市考察外向型农业发展情况。

7月21—31日 临沂发生多次降雨过程，全市累计平均降雨量234毫米，较历年同期偏多170%。沂河临沂水文站、沭河石拉渊水文站分别出现全年最大洪峰流量2180立方米/秒和490立方米/秒，有10座中型水库溢洪。

8月7日 省委书记吴官正到蒙阴、费县等地检查防汛工作。

8月23日 市委、市政府作出决定，命名表彰第四批临沂市专业技术拔尖人才。147人获临沂市专业技术拔尖人才称号。

8月30日—10月28日 临沂市首届广场文化艺术节在临沂人民广场举行。

8月 国内最大的年产400吨的D-二氢本甘氨酸邓钠盐项目在山东金沂蒙集团有限公司建成投产。

临沂市首届广场文化艺术节演出

9月8—12日 市长李群率临沂代表团参加在厦门市举办的第五届中国投资贸易洽谈会。其间，签订利用外资及港澳台资项目协议8项，协议外资及港澳台资额8700万美元；签订境外投资项目协议2项；签订外派劳务合同1项。

9月16日 市人民医院成功为一例胸四椎体陈旧性骨折患者进行经胸腔胸四椎体切除减压、钛网融合器植入胸三—胸五椎体间TSRH内固定手术，此手术为当时国内仅有的两例之一。

9月21日 中共四川省委副书记陶武先率考察团到临沂考察农业产业化发展情况。

9月21日 临沂火车站站房工程封顶。该工程建筑面积6300平方米，顶层部分采用球型节点钢网架结构和夹胶玻璃采光屋面。2002年5月27日，临沂站新建候车室正式启用。新建临沂站候车室总投资800万元，同期启用的车站广场总面积2万平方米，绿地面积500平方米。

9月26日 临沂垃圾卫生填埋场竣工。工程占地40公顷，日处理能力900吨，总投资5113万元。

9月27—29日 鲁南地区首届汽车展示交易会在临沂市中国商城会展中心举行。国内有10余个汽车生产厂家30余个品种近千辆轿车、客车、货车参展。车展期间，现场销售交易额1600余万元，合同成交额6000余万元。

9月 临沂师范学院开始招收外国留学生，来自美国的Kala Elizabety Walls成为第一位留学生。

10月2日 马来西亚《孙子兵法》研究会会长、新加坡商会名誉会长吕罗拔考察郯城县马陵山古战场和银杏生产。

10月14日 市委、市政府召开会议，部署全市县、乡机构改革工作。

10月16日 市投资服务大厅启用。国税、地税、工商、技术监督及有审批权限的市政府职能部门选派人员进驻投资服务大厅联合办公，实行“一门受理、联合审批、一口收费、限时办结”制度，搭建“一站式”便民服务平台。

10 月 20—23 日 2001 全国消费品博览会在临沂中国商城举办。近 800 家国内外企业参加展览，商品成交额 1.2 亿元，订货额 2.2 亿元。

10 月 23 日 临沂农业学校、临沂工业学校并入临沂师范学院。

10 月 27—28 日 国家粮食局局长聂振邦在临沂检查国家粮食储备库建设和粮食“三项政策”落实情况。

10 月 28 日 全省规模最大的现代化图书城——临沂图书发行大厦正式开业。

10 月 28 日 临沂市首家劳动力市场在鲁南商业大厦开业。

10 月 31 日 投资 6.68 亿元的临沂市城网建设改造工程全面竣工。

11 月 2 日 举行华东烈士陵园全国爱国主义教育示范基地揭牌仪式。

11 月 13 日 中共中央委员、济南军区副司令员李良辉到临沂检查征兵工作。

11 月 13 日 第一批市级行政审批事项改革方案发布实施，涉及 30 个单位 424 项审批权限，共取消、改变、列非审批类 214 项。

11 月 13 日 全市高新技术产业化工作会议召开。会议提出发展高新技术产业，全面迎接入世挑战。

11 月 14—16 日 临沂市招商引资项目推介暨新闻发布会在深圳举行。其间，共达成经济技术合作项目 108 个，协议引资额 41.16 亿元。

11 月中旬 蒙阴县蒙山国家森林公园被认定为国家 3A 级旅游景区。

11 月 20—21 日 巴布亚新几内亚独立国东塞皮克省省长阿瑟·索马雷一行在临沂市进行友好访问。

11 月 22 日 市安全生产监督管理局揭牌。

11 月 27 日 在 2001 中国国际农业博览会上，临沂市获得金牌 13 枚，居全省第 7 位。

11 月 28 日 中国铁道通信信息有限责任公司临沂分公司成立。

12 月 10 日 中科院院士徐叙瑢被聘为临沂师范学院特聘教授。

12 月 10 日 胶新铁路在河东区开工建设。胶新铁路北起胶济线胶州站，南至陇海线新沂段，全长 306.6 公里，其中临沂境内全长 152 公里，途经沂水、沂南、河东、郯城 4 县区，2003 年 6 月 20 日全线铺设完成并通车。

12 月 14 日 2001 年至 2002 年全市实施除险加固的首批 235 座小型水库，基本完成安全鉴定和施工设计工作，其中 19 座开工建设。

12 月 14 日 山东红日化工股份有限公司股权转让暨 2700 万美元投资项目签字仪式在济南齐鲁宾馆举行。临沂市与俄罗斯阿康公司经过近两年谈判，就红日化工国有股权转让问题达成一致，临沂市政府将市国资局持有的占红日化工股份 58%的国有股权转让给阿康公司，阿康公司负责筹集 2700 万美元在红日化工公司新上年产 40 万吨复合肥或其他工业项目。时为临沂最大的引进外资项目。

12 月 26 日 中国国民党革命委员会临沂市委员会成立。

12 月 26 日 举行临沂市国土资源局揭牌仪式。新成立的市国土资源局由原市土地管理局、地质矿产局和测绘办公室合并而成。

12 月 30 日 代省长张高丽到临沂视察，接见部分英模代表，走访慰问部分困难职工，并看望“沂蒙六姐妹”。

12 月 31 日 全市模拟移动电话网关闭。

2002 年

1 月 5 日 中国民主建国会临沂市委员会成立。

1 月 8—9 日 韩国庆尚南道镇海市代表团在市长金炳鲁带领下在临沂市进行友好访问。

1 月 15 日 临沂市社会治安见义勇为奖励基

金设立。

1月18日 全国化肥、农药产品技术交流交易会在临沂市中国商城会展中心开幕。16个省、市的170余家化肥、农药生产企业和4000余家农业生产资料公司及供销社的代表参加了交流交易会。

1月18日 全市首家技术产权交易中心——沂南技术产权交易中心暨山东技术产权交易中心沂南交易信息部在沂南县成立。

1月 临沂市全面关闭年产2万吨及2万吨以下造纸企业草浆生产线，并通过省政府验收。

2月26日 市委、市政府作出《关于在全市开展向陆啸歌同志学习活动的决定》。陆啸歌任平邑县铜石镇派出所政治指导员，2001年6月12日凌晨，在“严打”整治统一行动中，他面对4名歹徒袭击，临危不惧，与之进行殊死搏斗，身负重伤，经抢救脱离危险。2001年9月16日，公安部授予陆啸歌“全国公安系统二级英雄模范”称号。

2月26日 市委、市政府作出表彰2001年度先进民营企业的决定。此次受表彰的民营企业共144家，为2001年实缴税金超过100万元的民营企业。

2月28日 全国首家县级蔬菜检测中心在苍山县建成投入运行。

2月 临沂市企业最低工资标准确定，3区最低工资标准为每人每月340元，9县为310元。

3月4日 全市招商引资表彰奖励大会在临沂人民会堂召开。2001年全市共引进市外投资项目1308个，合同利用市外资金61.45亿元，实际到位资金30.57亿元，形成固定资产18.6亿元。

3月6—9日 市政协第十一届五次会议在临沂人民会堂召开。

3月7—9日 市第十五届人大五次会议在临沂人民会堂召开。

3月15日 郯城县举行全市首次采矿权拍卖会，拍卖的8宗石灰岩采矿权经竞价后全部出让，成交总价款21.8万元。

3月27日 2002年中国木材行业年会暨中国木材流通协会四届理事会二次会议在沂河宾馆举行。全国各地的近200名代表参加会议。

3月 钱道书任临沂军分区政治委员。

4月1日 全市城乡居民生活用电实现同网同价，居民生活用电每千瓦时统一为0.52元。

4月1—12日 市长李群率临沂市经贸代表团参加2002（悉尼）山东省经贸洽谈会。签订进出口贸易合同10份，进出口额1181.5万美元。

4月11日 沂州路中、南段拓宽改造工程开工。工程北起金雀山路，南至沂河路，全长3904.51米，规划红线宽度42米，中间为宽26米的主干道，两侧各为6米宽的绿化带和2米宽的人行道。

4月16日 澳柯玛沂南工业园电动车项目开业。

4月中旬 郯城县在马陵山林场建成全国最大的银杏资源基因库。

4月21日 全市高新技术工作会议召开。确立加快高新技术产业发展的基本思路、目标任务和主要措施，并对获得2001年度临沂市科学技术进步奖的单位和个人进行表彰。

4月26日—5月16日 市委书记乔延春率领临沂市招商引资与开拓欧盟市场考察团，赴希腊、意大利等国家进行考察。其间，访问雅典、帕特斯、都灵等十几个城市，签订了友好城市备忘录及经济技术合作项目和互访协议。

4月28日 蒙阴蒙山民间艺术节暨“银麦杯”蒙山登山赛在蒙山国家森林公园举行，来自省内外83个代表队的878名运动员参加比赛。

5月1日 “兰山杯”国际慈善泰拳王金腰带自由搏击争霸赛在临沂师范学院举行，来自美国、加拿大、泰国、荷兰、墨西哥等国的泰拳王参加争霸赛。

5月4—21日 临沂市组成大型经贸代表团赴香港地区及日本、韩国进行经贸洽谈活动，共签约利用外资及港澳台资项目68个，协议投资额3.91亿美元，其中外资及港澳台资额2.36亿美元。

5月20日 孟良崮战役胜利55周年纪念活动暨孟良崮国防公园奠基仪式在孟良崮举行。

5月26日 市长李群在全市第五次环境保护会议上提出，要坚持可持续发展战略，坚持不懈地加大污染治理力度。重点抓好“一沟一河一道”① 的整治。

6月22日 临沂市第一条客运索道——蒙山云蒙峰索道运营。索道全长1134米，高差335米，总投资2000万元。

7月1日 临沂电业局40座变电站运行管理全部实现无人值守。

7月1—2日 济南军区政委张文台在临沂市就人武系统扶贫帮困工作进行调研。

7月8日 临沂市首例肝脏移植手术在临沂人民医院成功实施。

7月16日 市委、市政府发出《关于印发〈临沂市农村税费改革（试点）实施方案〉的通知》。提出全市农村税费改革的指导思想和基本原则、主要内容和配套工作，对妥善处理好改革中出现的矛盾和问题及农村税费改革的组织实施提出了具体要求。

7月18日 市委、市政府作出《关于加快农业产业化发展的决定》。提出加快农业产业化发展的指导思想和任务目标、规划布局和发展重点、主要措施。要求各级完善、落实发展农业产业化的保护扶持政策，切实加强对农业产业化的组织领导。

7月29日 沂蒙红嫂纪念馆在沂南县青驼镇山东省战时工作推行委员会旧址开馆。

8月4日 以“爱水、净水、节水”为主题的首届沂蒙饮水（饮品）博览会在临沂人民广场开幕。

8月6日 《临沂地区志》首发式在沂河宾馆举行。

8月8日 市委、市政府和兰山区委、区政府在大陆宾馆联合召开大会，隆重表彰在侦破“6·1”持刀抢劫杀人案中涌现出来的陈洪杰见义勇为英雄群体。

8月13—15日 省委副书记、省政协主席吴爱英在临沂市就农村税费改革进行调研。

8月16—18日 中共中央政治局委员、省委书记吴官正在临沂调研。

8月24日 临沂市第一家民营中医医院——保生堂医院揭牌。

8月 方晓江任临沂军分区司令员。

9月3日 由市委统战部、九三学社临沂市委员会、临沂医专附属眼科医院（山东省鲁南眼科医院）主办，市卫生局、市残联、临沂日报社和临沂电视台协办的“九三学社助残复明活动”在鲁南眼科医院正式启动。

9月10日 市委、市政府发出《关于切实做好农民负担监督管理工作的实施意见》。提出要坚决落实好减轻农民负担的各项政策规定；加强村级“一事一议”筹资筹劳的监督管理；严格农业两税附加和村级公益事业金的管理；进一步规范农村财务管理；进一步建立完善农民负担监督机制；加强领导，切实落实减轻农民负担党政一把手负责制。

9月11日 由坪上玻璃厂职工参股组建的锦坪矿业有限公司成立。

9月15日 中国临沂·澳龙国际物流城签字仪式在临沂沂河宾馆举行。市委副书记、市长李群和澳大利亚金龙基集团董事长罗荣基代表双方在协议书上签字。

9月20日 《沂蒙晚报》创刊。

10月1日 解放路沂河大桥正式通车。该桥长1960米，其中主桥长1620米，共81孔；桥面

①即临沭牛腿沟、莒南龙王河、苍山邳苍分洪道。

2002 年 10 月 1 日，解放路沂河大桥正式通车。

宽 18.5 米，双向 4 车道，两侧各设 1.75 米的彩色行人观光道。工程于 2001 年 3 月 6 日开工建设。

10 月 1 日 举行解放路东段拓宽改建工程、临沂污水处理厂、206 国道罗庄至苍山段和 327 国道义堂至费县段拓宽改建工程等项目竣工典礼。

10 月 1 日 由临沂矿务局整体改制而成的山东东山矿业有限责任公司宣告成立，成为自主经营、自负盈亏、自我约束、自我发展的独立法人实体。

10 月 9 日 新加坡、马来西亚、澳大利亚、英国四国经贸考察团一行 180 余人到临沂市参观考察。

10 月 18 日 临沂市第一家民办艺术团“沂蒙山艺术团”成立。

10 月 23 日 新建铁路胶州至新沂线铺架典礼在河东区九曲镇胶新铁路临沂北站举行。

10 月 26 日 临沂职工经济技术创新成果展示会在临沂人民广场举行。共展出职工经济技术创新成果 119 项，有 180 人被授予“临沂市职工经济技术创新能手”称号。

10 月 临沂大学筹委会向市委提交大学选址及区域定位方案，并通过市委常委会批准。校址选定在兰山区双岭路以北，北外环路（姜家岭村）以南、祊河以西、高速公路以东。11 月 10 日，市政府作出关于临沂大学整体建设方案的批复。

11 月 6 日 临沂职业技术学院在临沂师范学院北院揭牌。

11 月 13 日 诺贝尔奖获得者、美国国立卫生研究院教授盖蒂谢克受聘为临沂师范学院教授。

12 月 20 日 省委决定，李群主持临沂市委全面工作，不再担任临沂市人民政府市长职务。

12 月 20 日 市十五届人大常委会第三十四次会议决定，任命连承敏为临沂市人民政府副市长、代市长。

12 月 25 日 中国建设银行山东分行与临沂市人民政府签订协议，确立双方建立区域发展合作关系，加快金融与地方经济的融合，促进临沂市经济和建设银行业务的更快发展。

12 月 26 日 韩国汉城工业株式会社与平邑鲁能热电有限公司合资兴建的石膏板生产项目在平邑县签约，总投资 1.3 亿元。

是年 临沂市发生百年不遇的大旱，全年降水量仅 497.9 毫米，较历年偏少 40%，其中 6—9 月降水仅 260 毫米，较历年同期偏少 57%。沂河临沂站最大流量每秒 166 立方米（7 月 26 日），沭河大官庄站最大流量每秒 124 立方米（7 月 24 日）。

2003 年

1 月 12 日 市委召开九届十六次全委会议，对市委常委会提名的 14 名新任县、区党政正职拟任人选进行投票表决。

1 月 17 日 最高人民检察院党组书记、副检察长贾春旺到兰山区考察。

1 月 20 日 临沂市启动“放心菜”工程。核心内容是建立无公害质量保证检测体系和卫生安全质量监管网络，通过3年实施，使全市所有超市销售的蔬菜达到无公害蔬菜标准，农贸市场销售的蔬菜95%以上达到无公害蔬菜标准。

2月5日 中央民族乐团在临沂人民会堂举办新春音乐会。

2月8日 全市经济工作会议召开。会议确定，2003年全市国内生产总值增长13%。要求：以招商引资和外贸出口为重点，全面提高对外开放水平；坚持走新型工业化道路，推进工业的膨胀、升级；进一步调整优化农业结构，拓展农业增效、农业增收的新途径；培育和发展现代物流业，加快推进流通现代化步伐；加大城市规划、建设和管理力度，打造功能和形象兼备的现代化城市；以政策和服务为拉力，实现民营经济的跨越式发展。

2月11日 全省若干重大问题调研南片座谈会在临沂召开，会议围绕区域经济协调发展进行讨论。临沂、枣庄、济宁、日照市负责人及部分县区负责人参加。省委书记张高丽到会讲话。

2月15日 首届临沂市民间艺术展在市展览馆举行。展览共征集剪纸、蓝印及彩印花布、布艺制品、民间雕刻、木版年画、泥木玩具、刺绣等20余个门类3000余件民间艺术作品。

2月18日 临沂市体育馆正式投入使用。该工程于1999年12月开工建设，总建筑面积16800平方米，设计座位4019个，投资4500万元。

2月21—25日 市政协十二届一次会议在临沂人民会堂召开。会议选举张洪涛为市政协主席，牛泉然、于凤云、包祖善、王秀君、胡家利、王法义、王启成、颜廷瑞、赵爱华、丁成建为副主席。

2月22—26日 市人大十六届一次会议在临沂人民会堂召开。会议选举李群为市人大常委会主任，李荣强、张之荣、王军平、奚霞（女、满族）、张伟祥、王友忠、潘本学、郭元臣、赵世群（女）为副主任；选举连承敏为市人民政府市长，徐景颜、蔺景和、慕增利、于中华、刘彦祥、仇景阳、王晓嫚（女）为副市长；选举王培韧为市中级人民法院院长；选举李占国为市人民检察院检察长。

2月28日 临沂市与美国贝欧国际开发公司合作项目签字仪式在临沂陶然居大酒店举行。副市长仇景阳和美国贝欧国际开发公司董事长安东尼等出席签字仪式。河东区和沂南县分别与贝欧公司签订了《生物化工高科技项目用地购买协议》和《协商合作建设热电联产项目》，协议总投资额约7亿元。

3月3日 全市旅游局长会议召开。提出继续实施“沂蒙好风光”战略，突出“绿色沂蒙”“红色风情”“文韬武略”三大主题，全力打造临沂旅游业新形象。

3月6日 临沂市首次公交线路经营权拍卖成功。30路公交线路以125万元成交。

3月7日 市政府第三次常务会议确定，银杏树为临沂市市树。

3月10日 临沂城绿化工作会议召开，要求突出抓好沿路建绿、沿河布绿、庭院绿化等五个方面的工作，努力建设绿色临沂城。

3月下旬 临沂市基础设施领域第一个利用外资项目——临沂富茂管道燃气有限公司落户罗庄区，总投资1亿元。

3月 市政府推行公文实时上网制度，行政透明工作居全国前列。

4月5—10日 全国人大常委会原副委员长吴阶平一行4人在临沂考察。

4月8—11日 中共临沂市第十次代表大会在临沂人民会堂召开。在市委十届一次会议上，李群当选为市委书记，连承敏、吕明辰、李桂祥、孟宪海、徐景颜当选为副书记。在市纪委第一次全体委员会议上，孟宪海当选为市纪委书记。

4月10日 零时，代号为“春雷行动”的严厉打击破坏野生动物资源违法犯罪集中统一行动在全市展开。

4月12日 全市2002年度人口与计划生育奖惩兑现大会召开。市委、市政府拨出86万元资金，对先进单位进行奖励。同时，对2002年度计生工作落后的14个单位给予工作警告；对4个属地管理的市直单位实行计生工作重点管理。

4月12—14日 几内亚共和国经济和财政部长谢克·阿马杜·卡马拉、农业和畜牧业部长让·保罗·萨尔和几内亚驻华大使哈吉·齐吉·卡马拉等一行8人在临沂市访问考察。

4月14—17日 全国政协副主席张思卿在临沂视察。

4月16日 市委、市政府召开全市领导干部会议，部署全市防治非典型肺炎（传染性非典型肺炎，简称"非典"）工作。

4月22日 全市实施"千村帮扶"工程动员大会召开，部署"千村帮扶"工作。

4月23日 临沂市首届职工运动会开幕。运动会共设40多个项目，来自全市12个县区和33个部门的千余名运动员参加了比赛。

4月25日 临沂发电公司2×13.5万千瓦热电扩建工程首台机组投产运行。时为临沂市最大的发电机组。

4月26日 世界上最大的山体雕刻蒙山寿星巨雕在平邑县蒙山落成。寿星巨雕高218米，宽198米，总投资3980万元。

4月27日 市政府发出《关于严格控制传染性非典型肺炎疫情输入的通告》，要求各有关部门、单位严格执行对重点交通工具、重点场所的检查和消毒措施，严防疫情输入和扩散，严格控制外出开会、旅游、考察，控制重点人群的流动，切断非典传播途径，建立健全检测网络，完善疫情检测体系。同日，临沂城2万余名干部群众走上街头，参加爱国卫生大扫除活动。

4月29日 "山东地下大峡谷"溶洞对外开放。该溶洞长6100米，位于沂水县城西南8公里处。

4月30日 在王羲之故居扩建工程中发现两座较大的西晋砖室墓葬，因位于洗砚池附近，被命名为临沂洗砚池晋墓。两座墓葬东西相距30米。1号墓保存完好，共出土文物250余件，其中胡人骑狮青瓷烛台、胡人骑狮青铜灯制作精美，被评定为国家珍贵文物。2号墓残存文物20余件。部分出土文物带有铭文，载有"太康七年""太康八年""十年"3个年号及"王女""李平""李次"等文字。2004年4月11日，临沂洗砚池晋墓入选2003年度"全国十大考古新发现"。

2003年4月30日，在王羲之故居扩建工程中发现两座晋墓。

5月17日 临沂市各界为抗击"非典"捐款捐物累计达2788万元，其中为北京市捐助2608万元。

5月19日 市政府发出公告，禁止在临沂城城市规划区内工程建设中使用实心黏土砖。

5月27日 市委召开"解放思想谋发展、与时俱进建小康"大讨论活动动员会。

6月13日 上午11时，市气象局实施人工消雹减灾作业获得成功。

6月14日 市政府与山东国际信托投资有限公司在临沂陶然居大酒店举行临沂滨河大道合作建设协议书签字仪式。

6月20日 16时50分，胶（州）新（沂）铁路潍河二号特大桥第51号墩正线铺架合龙接轨，胶新铁路提前10天全线铺通。

6月20日 市委召开常委（扩大）会议，学习《中共中央关于在全党兴起学习贯彻"三个代表"重要思想新高潮的通知》，对在全市兴起学习贯彻“三个代表”重要思想新高潮工作作出具体部署。

6月30日 市委、市政府印发《关于进一步加强非典型肺炎防治工作的意见》，要求各级提高认识，加快建设市、县区两级传染性医疗机构，加强城乡疾病预防控制体系建设，建立“非典”防治工作的长效机制。

7月9日 中国工商银行山东省分行与临沂市政府签署合作协议。协议确定，中国工商银行山东省分行向临沂市城市建设项目、招商引资重点项目、地方骨干企业和优秀民营企业提供不低于30亿元的贷款支持。

7月13日 全国国防教育暨世界航天科普展在临沂人民广场开幕。

7月24日 天力集团（临沂）科技有限公司在罗庄区成立，其创办的天力集团（临沂）高科技园是临沂市最大的高科技项目。项目占地330余公顷，总投资5亿美元，主要从事纳米陶瓷轴承球、石油裂变催化剂和莎草种植与编织等高新技术产品的研发、生产与销售。

7月25日 18时20分至21时10分，蒙阴、沂南、沂水3县40个乡镇的851个村庄遭受暴雨袭击，导致3人死亡、多人受伤，农作物受灾面积2.67万公顷，直接经济损失1.4亿元。

7月 全市农村电网改造完工。此次电网改造共投资17.76亿元，改造10千伏以上线路1.1万千米，改造农村低压配电台区1.4万个，新建和改造变电站142座，改造用电村1.34万个，初步形成以500千伏、220千伏线路为主网架的区域性电网结构。

8月1日 临沂城首座立交桥——蒙山大道盛庄立交桥通车。该桥全长894.41米，宽18米，工程总投资7300万元。

8月9日 市政府发出通知，决定取消各类行政审批事项158项（占现有审批项目的25.61%），取消行政事业性收费项目67项。

8月21日 即日起，临沂市区内主干道路禁止机动车鸣喇叭。

8月23日 袁成隆骨灰被安放在费县白石屋——《沂蒙山小调》诞生地。抗日战争时期，袁成隆随抗日军政大学第一分校文工团到达临沂。1940年，他领导创作了《沂蒙山小调》和《跟着共产党走》等革命歌曲。

8月25日 市委、市政府颁发紧急通知，要求严禁制售、购买、使用代币购物券（卡），已经购买的9月10日前持身份证到原制售单位退回。至9月10日下午，全市回购代币购物券卡金额3000余万元。

8月25日 中国女子国家足球队与尼日利亚女子国家足球队在临沂市体育场进行比赛，中国队以2:3负于对手。

8月27日 全市城市低保工作会议召开。调整全市最低生活保障标准，省属单位保障标准由156元调整为160元，市直单位和3区由120元调整为160元，各县低保标准建议调整为140元。

8月28日 临沂城市空间发展战略研讨会在临沂沂河宾馆召开。市委书记李群、市长连承敏等市级领导班子成员出席会议。清华大学博士武廷海、毛其智、张悦，中国城市科学研究会理事长周干峙等专家提出临沂市城市空间发展战略研究的目标和基本思路，临沂市在区域发展中的地位和作用、城市发展的空间结构和形态及新临沂的城市特色，并对临沂城市总体规划修编提出建议。吴良镛、周干峙和夏宗玗3位院士被市委、市政府聘请为临沂市城市规划顾问。

8月31日 沂水县雪山彩虹谷景区投入运营。该景区由沂水镇投资6000万元兴建，是集观光、娱乐、度假为一体的大型旅游景点。

8月31日—9月4日 省政协原主席陆懋曾一行4人，在苍山县参加省农业厅举办的“实施发展强市战略，推进蔬菜工程”研讨会。

8月 由兰山工贸开发区前园居委会兴办的华东胶合板市场被中国商业联合会和国家统计局评为2002年全国百强木材交易市场第一名。该市场占地20公顷，拥有摊位1000余个，2002年成交额达59亿元。

9月7日 截至24时，临沂供电公司实现连续安全生产5000天，保持全国同类规模供电企业最高纪录。

9月9日 市公安局宣布取消农村居民户口和城镇居民户口界限，统一登记为居民户口。

9月16—20日 市委副书记、市长连承敏率团赴韩国汉城举办临沂市（韩国汉城）投资说明会，并实地考察韩国光亮株式会社、莱因堡光电子有限公司等。

9月19日 “沂蒙母亲”王换于纪念馆在沂南县马牧池乡东辛庄开馆。

9月19日 新疆喀什地区33名干部到临沂市挂职锻炼。

9月20日 临沂市最大的城建工程——滨河大道工程开工。工程北起临沂城北外环路，南到刘家道口枢纽范围内的沂河、祊河左右两岸，总长度77.9公里。2007年4月，滨河大道主体工程竣工。

9月22—25日 全国首届再生资源商品交易会在临沂商城会展中心举办。2300余家企业参加交易会，总成交额26.8亿元。

9月25日 澳龙国际物流城奠基。该物流城由澳大利亚金龙基集团投资开发，项目占地8600亩，总投资62亿元，为国内最大的商品集散地和物流中心。

9月26日 由沂水供电公司和沂水县院东头乡采取股份制形式合作开发的“沂蒙游乐家园”开园。主体景观“天然地下画廊”总长6600米，园内有景观100余处。

10月9日 市委、市政府召开生态市建设暨创建国家环境保护模范城市动员大会。

10月11日 市政府召开新闻发布会，宣布市农科所培育的“临麦2号”通过山东省品种审定委员会审定，被评为山东省小麦优质超高产系列的前沿品种。

10月16—18日 纪念王羲之诞生1700周年暨首届中国·临沂书圣文化节举行。纪念活动和书圣文化节由市委、市政府会同中国对外文化交流协会、中国书法家协会、山东省文化厅、山东省书法家协会、山东省美术家协会主办。中共中央政治局原委员、中央军委原副主席迟浩田出席开幕式。俄罗斯、以色列等国家驻华使节，韩国镇海市市长，日本、韩国、美国、新加坡和中国台湾书画界代表，美国和中国香港学术界代表，日本、德国、加拿大、美国、斯里兰卡、澳大利亚、法国、韩国、芬兰、阿拉伯联合酋长国等国家和中国港澳台地区经贸界代表，中国大陆学术界、书画界、经贸界的代表，绍兴市、南京市、嵊州市代表团，以及临沂市各界干部群众共2万余人参加纪念大会和开幕式。其间，举行“羲之杯”书画大奖赛获奖优秀作品展，王羲之故居整修工程竣工典礼暨羲之故里国际书画邀请展，王羲之书法艺术暨琅邪王氏国际研讨会；举办临沂市招商引资项目推介会

2003年10月16日，纪念王羲之诞辰1700周年暨首届中国·临沂书圣文化节开幕。

及签约仪式，共签约项目178个，其中合同项目98个，合同金额71.68亿元。

10月18日 临沂师范学院新校区（大学城）奠基。

10月20日 山东鲁信国际物流园项目签约仪式在临沂陶然居大酒店举行，协议投资额78亿元。

10月22日 中共中央候补委员、国防大学副校长许志功率领国防大学赴山东省现地教学团到临沂市进行革命传统教育，并到孟良崮战役纪念地进行现地教学。

10月22日 临沂市首届领导干部公共管理硕士班学员赴美培训欢送会举行。15名学员赴美国康涅狄格州纽海文大学进行为期3个月的学习。

10月22—26日 中国临沂（汉城）投资贸易洽谈会在韩国汉城举办。共签订利用外资合同29个，合同利用外资额2.85亿美元；进出口贸易合同10个，贸易额9150万美元。

10月26日 国家计委投资的省重点工程——临沂市固体废弃物转运站竣工。该转运站采用密闭收集、压缩运转的方式，日转运城市生活垃圾能力为900吨。

10月26日 临沂市召开新闻发布会，就《临沂市行政中心详细规划》《滨水区域重点地段城市设计规划》《银雀山汉墓竹简博物馆详细规划》和《三河口标志性地段修建性详细规划》4个项目进行国际招标，国内外18家著名设计公司参与投标。

10月26日 来自47个国家的70余名国防大学学员在临沂市参观学习。

10月27日 全市文明城市创建工作电视电话动员大会在临沂人民会堂举行。市委书记、市人大常委会主任李群要求：全市各级全面动员，凝聚力量，扎实苦干，确保实现文明城市创建目标。

10月29日 山东金升集团建成10万吨电解铜项目，成为江北最大的阴极铜生产企业。

10月30日 市十六届人大常委会第五次会议决定任命刘杰、何龙德为市人民政府副市长。

10月30日 由省建设厅负责人和南京、上海知名专家组成的评审委员会，对《临沂市南坊片区分区规划》进行评审。南坊片区规划以行政办公、教育研发、文化娱乐、生态居住、体育休闲等为主要功能，由中国城市规划设计研究院编制。

11月2日 市委书记李群会见韩国经贸代表团。李群代表市委、市政府聘请韩国亚太新技术株式会社会长金钟宅和莱因堡光电子株式会社会长李济灿为临沂市政府经济顾问。

11月5日 “步步高DVD”杯全国女子排球联赛山东临沂陶然居赛区在市体育馆开赛。

11月6日 市政府表彰作出突出贡献的外国专家。桑原胜磨、希德尼·肖特等10位外国专家获“沂蒙友谊奖”。

11月12—14日 中国工程院医药卫生工程学部桑国卫等11名院士到鲁南制药集团考察。

11月16日 临沂市与韩国平泽市建立友好交流和经济合作关系签字仪式在陶然居大酒店举行。

11月18日 市长连承敏在陶然居大酒店会见美国刘氏集团副总裁刘双华博士一行。刘双华被聘为临沂市政府经济顾问。

11月19日 临沂市就供水价格举行听证会。消费者、经营者及社会各界代表就临沂市供水价格调整方案进行讨论。

11月20日 市委召开常委扩大会议，传达学习张高丽、韩寓群的讲话和全省科学发展情况交流现场会精神。市委书记李群提出，要全面落实科学发展观，努力推进“五个转变提升”，努力开创全市经济社会发展的新局面。

11月21日 循环经济报告会和全市实施“蓝天工程”动员大会召开。通过关停、拆除、限期整治、技术改造，城区大气质量逐年恶化的趋势得到遏制。2004年，城区空气质量优良天数占65%。

11月22—25日 全国政协原副主席陈锦华

在临沂市就经济和社会发展情况进行调研。

11月25—26日 埃塞俄比亚贸工部国务部长泰德塞·海里在临沂市考察。

11月28日 中共中央组织部授予黄家斌“全国优秀组工干部”称号。在11月30日中共中央组织部召开的“树组工干部形象”集中学习教育表彰大会上，黄家斌作了典型发言。翌年12月9日，市委作出《关于开展向黄家斌同志学习活动的决定》。

11月 在平邑县温水镇元郭二村发现一占地10余亩的明末八卦连环古宅。

12月2日 临沂市首例采用药物注射死刑由市中级人民法院在沂南县殡仪馆执行。

12月19日 中国银行业监督管理委员会临沂监管分局成立。

12月21日 国内最大的二甲醚生产装置——山东久泰化工3万吨二甲醚项目投产。

12月24日 市委、市政府印发《关于在全市建立被征地农民社会保障制度的意见》，要求各级充分认识建立被征地农民社会保障制度的意义，大力实施土地被全部征用农民的基本生活保障制度，积极推进配套措施的实施，确保建立被征地农民社会保障制度工作顺利进行。

12月26日 市人民医院主体大楼启用。大楼总投资2亿元，建筑面积8.9万平方米。地上24层集急诊、病房、手术室为一体，设病床700张；地下2层为停车场，设机动车车位600个。楼顶停机坪可起降8.5吨直升飞机。市人民医院主体大楼于2000年10月26日开工建设。

2004年

1月4日 中共临沂市十届三次全委（扩大）会议在沂河宾馆召开。市委书记李群、市长连承敏作述职述廉报告。

1月9日 临沂市获“全国双拥模范城”称号。

1月12日 临沂市人民政府驻韩国代表处揭牌。

1月29日 临沂市城市规划成果展在市展览馆开展。规划成果展展示临沂“合纵连横、一心七轴”的区域规划体系和中心城区“一河五片、北上东进”的空间布局，突出“商贸城、滨水生态城和历史文化名城”的特色。

1月30日 市政协十二届二次会议在临沂人民会堂开幕。

1月31日 市十六届人大二次会议在临沂人民会堂开幕。

2月4日 2004临沂新春交响音乐会在临沂人民会堂举行。此次音乐会邀请中央芭蕾舞交响乐团演奏，由德国著名指挥家本·哈德担任指挥。

2月10日 韩国·中国投资开发株式会社临沂办事处揭牌。

2月14日 市委、市政府召开“建设平安临沂、创建最安定地区”活动动员大会，提出：从即日起，利用两年多的时间，在全市范围内开展“建设平安临沂，创建最安定地区”活动。

2月16日 临沂新闻大厦落成启用。

2月20日 市人民政府发布公告，为提高工程建设质量，加快工程建设速度，保证“蓝天工程”的顺利实施，即日起在临沂市城市规划区内工程建设中禁止现场搅拌混凝土。

2月22日 23时市报警电话110、119、122三台合一正式启用。

2月28日 省级重点建设项目——华药（香港）中药材高科技综合商贸物流园在市工贸开发区奠基。该项目总投资2.5亿美元，规划用地280公顷。

3月2日 山东省首家外资连锁医疗机构——中美合作博爱眼科医院落户临沂。

3月6日 金雀山路沂河大桥改建工程开工。金雀山路沂河大桥原由高、低两座桥组成。其中，低桥建于1964年，长1200米，宽8.5米；高桥建于1983年，长1560米，宽11.5米。新桥由在高桥基础上改建而成，长1760米、宽23米，双向4车道，桥头连接线920米，于2005年7月2日竣工通车。

3月12日 全市农村工作会议召开。市委书记李群提出要站在全局的高度认识“三农”（农业、农村、农民）问题，围绕增加农民收入和加快农村经济发展工作，维护好群众利益。

3月13日 市委、市政府委托临沂师范学院与美国纽海文大学联合举办的临沂市首届青年干部公共管理硕士班在临沂师范学院开学。首批学员15名，均为市内党政机关担任重要职务的青年干部。

3月17日 市委召开全市解放思想大讨论暨优化发展环境会议。会议提出：用一个月的时间，以树立和落实科学发展观为主题，以县区、市直部门和各级领导干部为重点，以舆论引导为主要形式，围绕解决机遇意识、开放意识、竞争意识、创新意识、法制意识、效率意识等六个方面的不足，在全市开展“抢抓机遇、奋力赶超”解放思想大讨论。

3月26—28日 全国人大常委会委员、环境与资源保护委员会委员王涛一行15人在临沂，就淮河流域贯彻实施《中华人民共和国水污染防治法》情况进行执法检查。

3月 山东地下大峡谷景区被山东省政府命名为“龙岗省级地质公园”，此为市内第一个省级地质公园。

4月17日 由中华之魂社会公益宣传活动组委会、《中国关注》杂志社和沂南县委、县政府共同主办的“情系沂蒙”大型宣传活动在北京钓鱼台国宾馆隆重举行。中共中央政治局原常委、中央军委原副主席刘华清致信祝贺，中央军委原副主席迟浩田出席活动，中央军委原副主席张震为活动题字。

4月30日 临沂市首届民间艺术节在临沂动植物园开幕。展示民间艺术品、工艺品1000余种，其中包括弦子戏、渔鼓评书等濒于失传的民间艺术品种。100余名民间艺术家、民间艺人现场表演。

5月1日 全市文化、文物系统内博物馆、纪念馆等公共文化设施，即日起对未成年人免费开放。

5月10日 全市农民种粮直接补贴发放工作结束，共有6300万元种粮直补款发放到农民手中。

5月10日 全国第一所以培养农业产业化专门人才为宗旨的民办高校——山东农业产业化学院在临沂揭牌。学院由民盟山东省委与山东省煤炭高级技工学校联合开办。

5月10日 市城市管理行政执法局正式成立。

5月11日 莒南阜丰发酵公司酒精储罐发生爆炸，事故造成10人死亡、6人受伤。省委书记张高丽、省长韩寓群立即作出批示，要求尽全力抢救伤员，做好善后工作，查清事故原因，追究有关责任，吸取教训，举一反三，杜绝重大恶性事故发生。

5月16日 翔宇集团中药科技产业园开工奠基仪式在临沂经济开发区举行。

5月18日 鲁南汽车城建成开业，总投资6000万元，可同时停泊各类汽车3000辆。

5月19日 由市委举办的“沂蒙颂歌”系列丛书赠书座谈会在北京人民大会堂举行。中央军委原副主席迟浩田，全国政协原副主席任建新，中国摄影家协会主席邵华，中组部原常务副部长王照华等，以及20余家媒体记者共100余人参加座谈会。

5月20日 第二届中国国际专利与名牌博览会闭幕。临沂市获金奖8项。山东久泰化工科技有限公司被评为中国发明专利十佳企业，成为省内第一家获此称号的企业。

5月20日 市公开选拔领导干部工作办公室发布公告：临沂市面向社会公开选拔12名市直单位副县级领导干部。公告对职位数额、范围条件、选拔程序、时间安排等作出了明确规定和要求。至6月10日，共有779人报名参加考试（笔试）。

5月20—21日 省委书记、省人大常委会主任张高丽到费县、沂南、沂水县调研“三农”工作。

5月21日 罗庄区在全市率先免征农业税及附加，取消义务工和劳动积累工，全区217个行政村30余万人享受“零赋税”。

5月26日 市环保局会同公安等部门，强制拆除3台蒸发量1吨/时以下的锅炉。至此，临沂城区1056台蒸发量1吨/时以下的小锅炉全部被关停。

5月31日 苍山县被农业部命名为中国牛蒡之乡。

6月2日 河东区杨庄村300余名村民在极少数人非法组织、策划和煽动下，聚众堵塞铁路，造成胶新线、兖石线3列客车、9列货车停止运行3小时15分钟。市公安机关迅速组成专案组立案侦察，督促犯罪嫌疑人投案自首。至10日，多名参与人员到公安机关投案自首，5名组织者被刑事拘留。

6月4日 市政府建立新闻发言人制度，首次举行新闻发布会。

6月4日 市委、市政府在临沂师范学院举行仪式，授予为临沂市文化建设和高等教育事业作出突出贡献的美国友人查尔斯·考曼博士“临沂市荣誉市民”称号。同时，临沂师范学院聘请其为客座教授。

6月8日 罗庄区吴白庄出土的3块珍贵汉画像石从省博物馆运回临沂。1972年，吴白庄发现汉画像石墓，经抢救性发掘，共出土国家一级文物4件，汉画像石49块。当时，省博物馆将其中最有代表性的3块石墓构件收藏。

6月9日 由市委统战部、市招商局、临沂海外联谊会共同主办的招商引资项目推介会在临沂举行，共签约项目27个，签约总金额29.62亿元，其中引进资金额26亿元。

6月9—17日 临沂市19家企业组成经贸代表团，参加全省名牌产品万里行活动，途经天津、辽宁、吉林、黑龙江4省、市，共签订各类销售、投资协议金额33亿元。

6月12日 市政协十二届三次会议召开。选举李桂祥为市政协主席。

6月16—18日 临沂市第二实验小学、兰山区朱保镇中学等27所中小学，收到北京东方卧龙图书有限公司负责人孙虹、孙晓霞捐赠的价值28万元的图书。1993年，孙虹了解到临沂市一些中小学缺少优秀图书，便开始每年向临沂捐赠图书，11年间共捐赠图书62万本。

6月18日 临沂市第三条高速公路连接线——日东高速公路费县连接线建成开通。该路段全长17.5公里，2003年3月开工建设，总投资4565万元。

6月22日 凌晨，一场罕见的龙卷风袭击了兰山区李官镇。受灾较重的16个村，受灾桃园3000多亩，其中近1000亩绝产；刮断刮倒高压电线杆、通信线杆60多棵，导致完沂、元沂、五屯、许庄4个工作区停电，电视、电话信号中断，直接经济损失达500多万元。同时，沂南、沂水、蒙阴的10个乡镇遭受飑线袭击，仅湖头镇黄烟受灾面积就达数百亩。灾情发生后，市委书记李群和有关部门领导到沂南苏村实地察看灾情，并看望、慰问了受灾群众。

7月1日 临沂数字电视开播，共播放84套数字电视节目。

7月2日 市环卫处与罗庄区建设局举行罗庄新区环卫园林管理保洁权拍卖签字仪式，这在全省尚属首次。

7月17—18日 沂南县突降暴雨，并遭受强龙卷风袭击。平均降水量70余毫米，最大降水量133毫米，辛集、杨家坡、湖头等5个乡镇的26个村受灾。受灾农作物面积16.4万亩，损毁房屋1.1万间，损坏树木4.6万余株，直接经济损失3500余万元。

7月28—30日 由山东省委宣传部、山东省社会科学界联合会、济南军区政治部、山东省军区政治部、临沂市委会同新华社山东分社、大众日报社、山东出版总社联合举办的沂蒙精神与全面建设小康社会理论研讨会在临沂召开。其间，临沂市还举办了沂蒙红色雕塑展、沂蒙精神展，演出大型乐舞诗《沂蒙颂歌》，29日举行沂蒙革命历史纪念馆和沂蒙精神教育基地揭牌仪式，正式启动红色旅游专线。

9月3—5日 第二届中国·临沂书圣文化节举行。主要活动有：举办“羲之杯”全国书法大奖赛、羲之故里书法接力赛、全市中小学生书法大赛、全国书法主题时装设计大赛，成立羲之书法学院、羲之艺术中学、羲之艺术实验小学，开放中国历代尺牍石刻艺术馆，成立琅邪王文化研究会，举办招商引资项目推介会及签约仪式。

9月16日 临沂市委经济开发区工作委员会、临沂经济开发区管理委员会成立。市委、市政府决定将芝麻墩、梅家埠两个街道划归开发区管理。

9月23日 第八届世界颜子文化研讨会在临沂体育场隆重开幕。出席研讨会的有17个国家和地区、56个团体的代表共700余人。市党政军领导、社会各界代表和人民群众1.5万人观看了大型文艺晚会——“月照琅邪情意亲”。

9月29—30日 市十六届人大常委会第十一次会议召开。会议听取审议市政府关于《临沂市南坊片区分区规划和临沂市市政服务中心修建性详细规划》的议案并作出相应决议。

10月1日 鲁南制药集团63对青年参加公司为他们举行的集体婚礼，并将节省的16万元钱捐给费县城北乡孟家山头村，帮助村民挖水井解决吃水和灌溉困难。

10月16—19日 临沂市第三届运动会举行。运动会共设田径、篮球、足球等20个竞赛项目，来自各县区、市直部门、驻临沂中央及省属单位的2300多名运动员、裁判员参加了运动会。

10月22日 10时22分，苍山县下村乡下村村南下坡路段发生一起特大交通事故，11人死亡，5人受伤。经现场勘察和技术分析认定，肇事原因是拖拉机改装运输车严重超载，驾驶员曹××驾驶技术生疏、遇情况处置不当，车辆失控所致。对事故直接责任人曹××，依法追究其刑事责任，对其他相关责任人也分别作出处理。

10月22日 临沂市12319建设事业服务热线正式开通。专门接受市民在生活中遇到路灯不亮、道路不通、垃圾堆积等城市建设方面问题时的求助或咨询、建议、投诉等。

10月29日 临沂市蒙山旅游区管委会办公室成立。该办公室负责蒙山旅游资源保护与开发的统一管理和组织协调工作。

10月 在北京人民大会堂召开的全国无偿献血表彰大会上，临沂市获“全国无偿献血先进城市”称号。

11月12—15日 市委书记李群率市经贸考察团到日本神户等市，先后考察萝菱电机株式会社、福伸电机株式会社等，并会见兵库县副知事齐藤富雄、宝塚市市长渡边完、姬路市市长石见利胜，就经贸、文化等方面的合作交流进行商谈；达成了临沂市与姬路市、宝塚市结成友好城市的意向。

11月18日 临沂市首个由国家直接投资过亿元的工业项目——费县中植油脂有限公司开业。该项目兴建于2003年10月，总投资1.5亿元。

12月2—4日 临沂市科技合作项目洽谈会举行。组织临沂市百余家高新技术企业，根据列出的300余项技术难题和技术需求，与中科院、清华大学等50余家高校和科研机构进行对接洽谈，达成合作意向260余项，签署科技合作协议32项，为企业解决技术难题100余项。

12月10日 2004中国临沂国际有机农业研讨会在临沂市开幕。美国、阿根廷、澳大利亚、英国、以色列、日本等国家的国际有机联盟标准制定委员会委员，国内有关专家学者和临沂市有关部门人员共200人出席会议。

12月13日 全市科技大会在临沂人民会堂召开。会议对在全市科技进步中作出突出贡献的先进集体和先进个人进行表彰奖励。

12月14日 临沂市被国家旅游局命名为中

国优秀旅游城市。

12 月 16 日 总投资 3 亿元的南坊新区管道燃气特许经营协议正式签约，为临沂市《市政公用事业特许经营管理办法》实施后，首个被授予特许经营的公用事业项目。

12 月 18 日 人民日报社、新华社、光明日报社、经济日报社、科技日报社等 26 家中央新闻媒体的 100 多名编辑、记者到鲁南制药集团新时代药业生产基地，就国内医药企业的科技创新与发展进行为期两天的采风活动。

12 月 20 日 中化山东肥业公司年产 100 万吨复合肥项目一期工程投产。该工程是临沂经济开发区入园企业中首家达标投产企业。中化山东肥业公司是世界500 强企业——中国中化集团公司在华东地区的子公司，此次在临沂市投资建设的年产 100 万吨高氮复合肥项目，总投资 11.6 亿元，占地 80 公顷。

12 月 21—22 日 全国人大常委会副委员长、九三学社中央主席韩启德在临沂市视察。

12 月 21 日—23 日 山东省委常委、省军区政委张秉德在临沂市调研民营企业党建工作。

是年 北城新区（时称南坊片区）开发建设正式启动。到 2010 年，共投资 23 亿元，全面完成一期工程范围内的道路、桥梁、地下管网、水处理、燃气地热、路灯亮化、绿化景观工程等市政基础设施，集中规划建设了一批行政、文化、教育等公共服务设施，一座新城拔地而起。

2005 年

1 月 1 日 临沂海关试行“属地报关、口岸放行”通关模式。

1 月 6—9 日 市委书记、市人大常委会主任李群和市委副书记、市长连承敏率领市党政考察团，赴广州市、深圳市进行招商引资、考察城市规划建设和管理工作。

1 月 8 日 在江西省南昌市召开的全国旅游工作会议上，罗庄盛能农牧观光园和费县石林梨乡旅游区同时被公布为国家级农业旅游示范点。

1 月 10 日 市 110 社会联合行动启动。110 社会联动是以公安部门为龙头，与卫生、供电、民政、供热、环保、城管、药监等 25 个市直部门协同处置重大突发事件、紧急救援事件的一个快速社会服务联动系统，其宗旨是为群众提供及时、高效、优质的服务。

1 月 13 日 中共中央委员、国家发改委副主任李盛霖率国家化肥调研组对临沂市化肥行业生产、销售和价格监管等情况进行检查指导。

1 月 14 日 山东省浙江企业投资商会临沂投资项目洽谈会在陶然居大酒店举行。市政府和山东省浙江商会就在临沂进行涑河两岸商贸开发、浙江商城建设和浙江工业园建设等综合项目签订了整体框架协议；同时就小皇山区域、河东新居住区和旧城改造等房地产项目，与兰田集团合作的商贸项目，以及金融资本、加工制造、高新技术、农业产业化等领域的 12 个项目签订了投资协议，协议投资总额约 127 亿元。

1 月 14 日 市委在临沂人民会堂召开保持共产党员先进性教育活动动员大会，对全市开展保持共产党员先进性教育活动作出部署。

1 月 25—28 日 市政协第十二届四次会议在临沂人民会堂召开。

1 月 26—29 日 市十六届人大三次会议在临沂人民会堂召开。大会接受张之荣辞去市人大常委会副主任等职务的请求。

1 月 27 日 省委书记、省人大常委会主任张高丽到莒南县走访慰问困难企业职工，看望农村老党员和困难群众。

1 月 28 日 位于临沂人民广场北侧的银座商城临沂分店开业。该商城共 5 层，经营面积 4 万平方米，经营商品 10 余万种。

2 月 16 日 投资 14 亿元的河东区中国临沂循环经济（再生塑料）产业基地项目、自来水厂项目、波尼亚食品项目等一批重点项目开工。

2月17日 山东翔龙集团施可丰化工股份有限公司100万吨复合肥项目在临沂经济开发区开工奠基。

2月18日 召开全市电视电话会议，要求各级、各有关部门要切实把对种粮农民实行补贴的政策落到实处，确保兑现资金及时、足额发放到农民手中。至5月17日，全市2005年粮食直补工作全部结束，共发放给789万名农民补贴资金7261万元。

2月21日 全市治理教育乱收费工作电视电话会议召开。会议要求：严格执行义务教育阶段“一费制”收费办法；进一步完善公办高中招收择校生“三限”政策；坚决禁止基层政府、有关部门或单位通过学校向学生搭车收取任何费用，或向学校进行各种形式的摊派。

2月24日 市委印发《关于在全市机关、事业单位党组织和党员干部中开展“双联双带”活动的意见》。要求在市、县两级党政机关、事业单位中，广泛开展“机关党支部联系农村党支部，带动农村加快发展；党员干部联系贫困户，带动困难群众脱贫致富”（简称“双联双带”）活动。

3月1日 临沂十大景观评选揭晓。蒙山风景区、沂蒙湖国家水利风景区、银雀山汉墓竹简博物馆、王羲之故居、诸葛亮故居旅游区、华东革命烈士陵园、孟良崮战役纪念地、费县沂蒙石林、沂水地下奇观和莒南天佛景区入选。

3月1日 中国农业银行山东省分行与临沂市政府签署全面合作协议。根据协议，农业银行山东省分行在3年内向临沂市提供40亿元意向贷款信用额度，重点支持城市基础设施建设、旅游设施建设和现代物流等重点工程、重点项目建设。

3月1日 临沂市正式行使派遣因公临时出国、赴港澳人员审批权。

3月2日 洛克菲勒发展（天津）有限公司与山东久泰化工科技股份有限公司在陶然居大酒店举行组建中外合资股份公司签约仪式。久泰化工公司以现有企业资产评估作价，洛克菲勒公司根据双方认可的价值以现金方式购买久泰化工公司31%的股权。此项合作期限为40年。

3月2日 山东省军区司令员谈文虎到临沂检查民兵预备役工作。

3月5日 市委书记、市人大常委会主任李群在陶然居大酒店会见美国标准纺织有限公司总裁盖·海曼一行。

3月上旬 市委书记李群、市长连承敏与12个县区的县区委书记、县区长以及市直46个反腐倡廉工作牵头和责任部门的党风廉政建设“第一责任人”，签订《2005年度党风廉政建设责任书》。

3月11日 全市公交行业管理工作会议确定，加快中巴车报废速度，上半年使中巴车彻底退出公交车营运市场。

3月14日 “中国农资质量万里行”启程仪式在红日阿康公司总部举行。活动主题是“扶优、打假、维权”，围绕农资领域的热点、焦点、难点问题开展调查研究，宣传优秀企业，曝光坑农事件。

3月14日 红日阿康公司10万吨甲醇项目奠基仪式举行。

3月20日 市委书记李群在陶然居大酒店会见美国康涅狄格州众议院前议长、美国联合国协会康涅狄格州分会会长欧文·斯托伯格。

3月21日 中央电视台走遍中国栏目组《沂河》（临沂专辑）摄制组主创人员抵达临沂，进行先期创作活动。5月13日，中央电视台和临沂市水利局开始联合录制7集电视专题片《沂河》（临沂专辑）。7月25—31日，该电视片在中央电视台国际频道连续播放。

3月22日 市委、市政府发出《关于开展“文明临沂”建设的意见》。4月2日，市精神文明建设委员会发出《文明临沂，从我做起》的倡议书。12个县区“文明县城”建设与“文明临沂”建设同步启动。6月16日，省文明委召开全委会，对创建省级文明城市工作先进城市进行投票评选，临沂市以高分、全票被评为省级文明城市。

4月2日 市委书记、市人大常委会主任李群会见英国剑桥大学著名学者大维·麦克马伦博士和袁博平博士。麦克马伦被聘为临沂师范学院荣誉教授、历史文化学院名誉院长，袁博平被聘为外国语学院名誉院长。

4月2日 “创建文明城市、打造诚信商贸，临沂市商贸企业‘百城万店信用行’文明诚信公约签约仪式”在桃源大世界楼前举行。此次活动由市委宣传部、市文明办、市经贸委共同主办，由临沂桃源购物有限公司、九州商业大厦两家国家级和沂蒙路百货大楼一家省级“百城万店无假货”示范店发起。发起单位和另外11家应约单位负责人共同在公约上签字。

4月4日 14时许，蒙山北侧蒙阴县境内突发大火，恰遇6级以上大风，大火持续20多个小时，并漫过边界进入平邑县境内，烧光两县大小5个山头、266.67公顷林木。当地公安干警、武警官员及民兵应急分队奋力扑救。5日夜间，市气象局组织力量分别在蒙阴县桃墟镇吕家楼村和平邑县卞桥镇龙虎寨村实施人工增雨作业，为扑灭大火起了重要作用。

4月7日 市十六届人大常委会第十四次会议通过《关于建设生态市的决议》。

4月7日 由省水利厅、财政厅投资200余万元的果树自动化微喷灌溉技术，在平邑县资邱乡农业科技示范园实施成功，灌溉面积130余公顷。该技术系电脑自动控制，根据墒情灌溉，居全省领先地位。

4月14日 山东省天宇自然博物馆在平邑县正式开馆。馆藏展品20余万件。该馆于2003年开工建设，2004年竣工。截至2010年8月已有世界上最长的硅化木化石等6项藏品被载入吉尼斯世界纪录，被誉为“一部描绘自然生命的万卷书”。

4月16日 全市环境保护工作会议召开。会议提出，按照落实科学发展观和突出加快生态市建设的要求，统筹城乡环境保护，协调推进区域生态环境建设，严格控制污染物排放量，加强环境保护的经济技术协作，大力发展循环经济，创建国家环境保护模范城市，建设资源节约型社会。副市长于中华代表市政府与各县区政府、市直有关部门负责人签订实施“两湖一河”碧水行动计划责任书。

4月16日 临沂机场率先开通国内无缝隙衔接航班。

4月20日 召开全市集中开展六项综合整治活动，推进平安临沂建设动员大会。会议提出，自4月下旬至12月底在全市范围内开展以整治治安落后村居、道路交通、矿山开采、建筑市场、安全生产、信访等六项秩序为重点的综合整治活动。

4月 北城新区第一批道路——三和街、沂蒙十一路破土动工。至2010年，北城新区共规划建设道路46条，总长度122公里。

5月13—14日 全国人大教科文卫委员会就文化产业和非物质文化遗产保护情况在临沂进行立法调研。先后考察天宇自然博物馆、银雀山汉墓竹简博物馆、王羲之故居和临沂大学工程，并召集临沂市文化和新闻出版部门、单位人员举行座谈会。

5月14日 市委书记、市人大常委会主任李群在陶然居大酒店会见美国著名城市专家卡罗·托马斯。卡罗·托马斯担任临沂市政服务中心规划设计技术指导，曾任美国注册规划师协会主席。

5月18日 克里斯蒂娜·温格勒向临沂市博物馆捐献19世纪90年代瑞典人安娜·拉森在临沂工作期间拍摄的50余幅关于沂州府的珍贵照片。

2005年5月18日，瑞典友人克里斯蒂娜·温格勒（前排左四）向临沂市博物馆捐赠临沂历史照片。

5月20日 全市解放思想大讨论工作会议召开。市委、市政府决定，结合保持共产党员先进性教育活动整改阶段任务，集中1个月时间，在全市开展“树立科学发展观、构建和谐临沂”解放思想大讨论活动。

5月21—22日 首届中国临沂诸葛亮文化旅游节在沂南举办。文化旅游节由市委、市政府主办，沂南县委、县政府承办。其间，还举办了全国第十四次诸葛亮学术研讨会和沂南北寨汉画像石学术研讨会、招商引资经贸洽谈会等。海内外专家、学者、经贸界代表人士1000余人参加了旅游节。

5月22日 国内最大的钢材物流城——临沂市鲁信钢材物流城一期工程主体完工。

5月26日 临沂师范学院与美国纽海文大学联合办学签约仪式在临沂师范学院举行。

6月2日 临沂市首届绿色优质农产品宣传推介活动新闻发布会举行。全市有35家生产单位54个产品通过无公害农产品认证，生产基地总面积2.9万公顷，年产量146.5万吨。认证产品数量、基地面积、产量均居全省首位。

6月5日 临沂市在杭州举行中国临沂（杭州）招商引资项目推介会。来自浙江、上海、江苏、福建等省市，以及美国、意大利、澳大利亚、法国、泰国等国家和地区的300余名客商参加推介会。共推介招商引资项目53个，签约合同项目45个，合同利用市外资金62.1亿元。山东省浙江商会会长章鹏飞、《浙商》杂志总编辑朱仁华等8人分别被聘为市政府高级经济顾问或市政府经济顾问。

6月5日 在“2005浙商论坛峰会”上，临沂市被评为浙商（省外）最佳投资潜力城市。市长连承敏应邀在峰会上作了题为《合作发展，共创光辉》的演讲。在临沂长期投资经商的浙江省商人达6万人，临沂已成为江北地区同类城市中浙商集中聚居最多的城市之一。

6月7日 山东临沂（香港）投资项目推介会在香港举办，共签约项目37个，合同协议外资及港澳台资额7.9亿美元。

6月16日 平邑县被确定为全国专用玉米良种推广项目试点县，是全省两个试点县之一。

6月18日 日本水稻专家桥川潮被市政府授予“沂蒙友谊奖”。桥川潮是日本著名水稻专家，他所创立的逆“V”字稻作技术在2000年被临沂引进并推广，水稻平均每亩增产12%。

6月25日 国电费县电厂一期工程开工。该项目是山东省“十五”发展规划重点项目，总投资49.3亿元，为新中国建立后临沂投资最大的建设项目。2006年11月25日，一期工程1#机组65万千瓦超临界发电机组实现并网发电。

6月26日 全省科学发展情况交流现场会议第二次片会在临沂人民会堂召开总结大会。省委书记张高丽、省长韩寓群、省政协主席孙淑义等出席会议。

6月29日 临沂市石油天然气开发利用重点项目——中国石油临沂中孚汽车天然气项目建成启用。该项目由临沂中孚天然气开发利用有限公司建设，总投资1.5亿元。

6月29日 武警部队政委隋明太到武警费县中队视察工作。

7月4—5日 省委副书记、济南市委书记姜大明，济南市市长鲍志强率济南市党政考察团在临沂考察。

7月8—12日 市委书记李群率市党政代表团在江苏参观考察。

7月14日 沂河桃园橡胶坝试运行。该坝全长1113.5米，回水长度7.2公里，回水面积4.5平方公里，蓄水量1000余万立方米。

7月24日 国防大学、中国军事科学院分别将银雀山汉墓竹简博物馆确定为“国防大学研究生教学基地”和“中国古代军事文化教研基地”。

7月27日 电视文献专题片《罗荣桓在沂蒙》在临沂师范学院首映。

8月1—2日 中共中央委员、国家环保总局局长解振华在临沂就发展循环经济和生态市建设工作进行考察调研。

8月13日 省人民政府成立60周年纪念大会及省政府全体扩大会议在莒南县大店镇举行。省长韩寓群主持纪念大会，省委书记张高丽讲话。

8月13日 由市委宣传部、市委党史委和市广播电视局联合拍摄的12集《血火丰碑——纪念抗战胜利60周年沂蒙专题系列片》在临沂电视台开播。

8月15日 大型乐舞诗《沂蒙颂歌》在北京民族文化宫演出。节目分《沂蒙古韵》《沂蒙情怀》《沂蒙风采》3场。

8月16—25日 沂蒙精神大型展览在北京国家博物馆举行。展览利用80余件珍贵的革命文物和200余幅历史图片以及影视资料、雕塑、场景复原、声光电等多种形式和手段，展示革命战争年代沂蒙军民英勇斗争的历史场面和新时期弘扬沂蒙精神的成功实践。其间，中共中央政治局常委、中纪委书记吴官正，中共中央政治局常委李长春，中宣部部长刘云山，全国政协副主席郝建秀，解放军总政治部主任李继耐，以及在沂蒙山区工作、战斗过的老首长及其子女、八路军老战士参观了展览。参观展览者累计18万余人次。

8月17日 为期5天的“兰陵杯”2005年中国乒乓球俱乐部甲A联赛第三站比赛在市体育馆开赛。全国32支代表队、134名乒乓球运动员参加比赛。

8月18日 鲁南、苏北地区最大的饲料生产基地——临沂环山饲料有限公司在临沂经济开发区投产。

8月19日 八路军一一五师司令部纪念馆揭牌。

8月19日 由中国新闻摄影学会、临沂市委宣传部联合举办的十大摄影名家“聚焦临沂”采访活动在临沂宾馆举行开拍仪式。人民日报社、经济日报社、工人日报社、大众日报社、人民摄影报社等媒体的10名国内著名摄影家在临沂进行为期3天的摄影采访。

8月30日 市十六届人大常委会第十八次会议审议并通过市政府修编的《临沂市城市总体规划（2005—2020年）》。

9月1日 山东银凤股份有限公司生产的银凤牌日用陶瓷餐具、山东红日阿康化工股份有限公司生产的艳阳天牌三元复合肥、临沂新程金锣肉制品有限公司生产的金锣牌高温火腿肠和低温肉制品获“中国名牌产品”证书。

9月3—5日 第三届中国·临沂书圣文化节举行。此届书圣文化节把弘扬优秀传统文化与庆祝建市10周年相结合，以“书圣故里，魅力临沂”为主题，全面展示临沂历史文化名城、山水生态城、商贸物流城的崭新形象。

9月6日 中共中央保持共产党员先进性教育活动巡回检查组到临沂检查先进性教育活动开展情况。

9月6日 市内首家农村合作银行——兰山农村合作银行成立。

2005年8月16日，沂蒙精神大型展览在北京国家博物馆开幕。

9月7日 首届百名“沂蒙名师”表彰大会召开，伊永贵等100人受奖。

9月11—13日 驻鲁全国政协委员在临沂检查指导生态市建设工作。

9月12—19日 中国临沂（首尔）文化周在韩国首尔举行。文化周的主题为“以文化交流促进招商引资”。12日，韩国政界、文化界、艺术界、新闻界、经济界、旅游界及中国驻韩有关机构代表千余人参加开幕式。文化周期间，举行了投资洽谈会，签约项目42个，合同金额3.69亿元。

9月13日 市物价局就城市公交车票价调整举行听证会。

9月15日 纪念抗日战争胜利60周年百名老将军书画家作品展在王羲之故居开展，展出作品200余幅。

9月19—21日 全市普降大到暴雨，平均降雨量170毫米，平邑县郑家峪雨量站实测降雨256毫米。市内河流均出现洪水，11座大中型水库出现洪溢。

9月22日 工商银行中小企业金融业务推介会举行。市政府与工商银行山东省分行签订合作协议，双方协商在信贷政策、资金和结算服务上给予临沂优质中小企业重点扶持。

9月23日 中国临沂“沂蒙好风光”旅游推介会在北京举行。

9月 沂蒙山国家地质公园和沂蒙钻石国家矿山公园获国土资源部批准。沂蒙山国家地质公园总面积450平方公里，以蒙山为主体，包括沂水溶洞、莒南恐龙足迹化石、地热温泉等地质遗迹。沂蒙钻石国家矿山公园是全省唯一的国家级矿山公园，总面积30平方公里。

9月 临沂市人民医院副主任检验师李琳等人发现9种染色体异常核型，为世界首报染色体异常核型。

9月 平邑县被中国石材工业协会命名为“中国石材之乡”。

10月1—7日 全市共接待国内游客114.5万人次，同比增长20.9%，实现旅游收入3.75亿元，增长32.6%；接待海外游客1770人次，增长132%。

10月2日 法国圣戈班公司与临沂市耐火材料厂合资组建的新型耐火材料有限公司落户罗庄区。此为首家世界500强企业在临沂投资的项目。

10月7日 市长连承敏在陶然居大酒店会见韩国独资蒙阴瑞林毛纺织有限公司董事长安泰浩，并向他颁发临沂市经济顾问聘书。

10月9日 全市创建国家卫生城市动员会议召开。

10月13日 2005临沂（澳龙）国际服装文化节暨澳龙服装城开业庆典举行。

10月16日 2005中国（临沂）红色旅游发展论坛举行。会议通过了《2005中国（临沂）红色旅游发展论坛合作宣言》。韩国及北京、江苏、山西、河南、河北、陕西、江西、山东等省、市的100余家旅行社、景区与临沂市旅游企业达成近200项合作意向，签订旅游合作合同560个。

10月17日 中共中央政治局常委、全国政协主席贾庆林到临沂经济开发区、立晨物流、澳龙国际物流城、银雀山汉墓竹简博物馆、费县大田庄乡周家庄村、费县新时代药业有限公司、国电费县有限公司等单位调查研究。

10月18日 “2005海内外知名企业家齐鲁行”活动开幕式在临沂举行。全国政协副主席、全国工商联主席黄孟复等出席开幕式。活动期间签约合同项目20个、协议项目4个。

10月26日 苍山县交通局刘宝敬入选中国十大民间环保杰出人物。

10月26—28日 临沂市第二届科技合作项目洽谈会在沂水县科技馆开幕。全市有150余家企业在会场布置展位，展出新技术成果和新产品1000余项（件）。清华大学、中国科技大学等56所院校的128位专家教授携带1409项先进技术成果项目，与市内352家科技企业洽谈合作事宜。市政府和省科学院签署市院长期科技合作协议，许多参会企业与与会高校或科研单位建立了一对一、一对多、多对多的合作关系。其中，达成长期科技合作意向123项，签署项目合作协议87项，解决技术难题和技术需求320余项。

10月29日 全国政协副主席、中央统战部部长刘延东到国电费县电厂、新时代药业公司、澳龙物流、山东临工集团等单位调研。

10月30日 总投资60亿元的十大重点项目在临沂经济开发区开工建设。这些项目分别是鲁信国际会展中心和鲁信五星级大酒店、广东汇海隆家具展销中心、山西南娄半钢子午线轮胎产业基地、山东东维木材改性及深加工、临沂鼎新电气生产、临沂瑞源特钢冷轧薄板、临沂阳光国际肿瘤医院暨临沂经济开发区人民医院、临沂高科家电、山东信能创业园、临沂一中南校区项目。

10月30日 市委、市政府召开会议，赋予临沂经济开发区行使市级管理权限。

11月1日 江苏省副省长吴瑞林带领江苏省政府考察团到临沂现代商贸城集约用地现场、滨河大道、临沂经济开发区、临沂市城市规划展馆等地参观考察。

11月4日 由共青团中央、农业部共同主办的“金升杯”首届全国乡村青年才艺风采大赛在临沂开赛。全国19个省、市、自治区7个民族的70余名选手参赛。

11月6日 山东医学高等专科学校揭牌。

11月6—12日 市委副书记、市长连承敏带领市政府考察团赴浙江、江苏省，先后到温州、宁波、义乌、绍兴、苏州、张家港等地的企业、市场、城建现场进行考察。

11月7日 “爱国拥军好妈妈”胡玉萍骨灰安放在沂南县鲁中革命烈士陵园。胡玉萍1922年出生在沂南县，抗日战争期间开始拥军，50余年持续不断。中央军委、民政部授予“全国爱国拥军模范奖”“爱国拥军好妈妈”等称号（见人物编）。

11月8日 市委召开常委扩大会议，研究部署防控高致病性禽流感工作。

11月14日 由重点污染烟气水质在线监控系统、12369环保举报热线系统、监察车辆卫星定位系统（GPRS）、排污费征收管理统计系统、远距离烟气视频监控分析系统（高空监视）组成的市环境监控应急指挥中心系统正式投入运行。

11月17日 沂蒙路祊河大桥竣工通车。该桥于2004年10月开工建设，全长920米，主车道宽34米，设计车速60公里/小时，两侧人行道各宽3米，总投资9800万元。

11月19日 市政法机关“五长”（公安局、检察院、法院、司法局、信访局主要负责人）在临沂人民会堂举行首次联合接访。共接访600人次，受理案件300余起。

11月23日 全国化肥区域整治工作暨临沭县创建全国优质化肥（复混、复合肥料）生产基地经验交流现场会在临沭县召开。

11月26日 临沂市第一条旋窑水泥生产线——沂州集团年产200万吨干法旋窑水泥生产线点火运行。

11月29日 市委、市政府召开大会，启动全国文明城市创建工作。

11月 高绪林任临沂军分区政治委员。

11月 临沂籍山东经济学院学生陈杨代表中国参加第十二届世界旅游小姐年度皇后大赛，获得“世界旅游小姐年度皇后大赛十佳”称号。

12月3日 由共青团中央和中国青年企业家协会组织的青年企业家革命老区行——山东临沂经贸考察活动在临沂举行。青年企业家与临沂市共签订投资合同5项，合同金额11.25亿元。

12月6日 国家治淮重点项目沂沭泗河洪水东调南下续建工程刘家道口枢纽工程开工建设。该工程是沂沭泗河洪水东调南下骨干工程之一，用于调控、拦蓄沂河上游来水，通过彭家道口分洪闸分泄部分洪水，在沭河大官庄枢纽配合下，经新沭河东调入海，腾出骆马湖及新沂河部分蓄洪和泄洪能力，更多地接纳南四湖南下洪水，提高沂沭泗河中下游地区的防洪标准，同时兼有蓄水、灌溉、排沙、交通等综合效益。工程总投资5.82亿元。

12月16日 鲁南花卉市场开业。该市场建于2005年3月，占地17.3公顷，总投资1.2亿元，拥有高标准室内连体钢结构温室棚6万平方米。市场由花卉零售、批发区，根雕奇石区，热带鱼、宠物区，花盆区，古树、苗木、园林机械区五大专业区组成。

12月19日 市政府政务大厅启用。该大厅面积6500平方米，设有行政审批、政府采购、车辆控制、招投标管理、票据管理等政务服务区。进驻大厅的部门、单位63个，窗口工作人员235人。

12月22日 南坊新社区建设破土动工。该社区为市内首个超百万平方米的大型现代人文生态社区，总占地面积73公顷，建筑面积120万平方米。

12月26日 临沂香江五金机电城启动运营。其经营范围包括五金、机电、汽车装具、轮胎等，是集贸易、流通、仓储、展示、休闲、娱乐等多种功能于一体的高标准、现代化综合性商贸批发基地。

12月26日 206国道苍山至平山后段、沂邳线费县探沂至苍山县城段改建工程、327国道费县至平邑段改建工程等3项道路建设重点工程同时竣工通车。

12月28—29日 省委副书记、省长韩寓群在临沂检查保持共产党员先进性教育活动开展情况。

12月29日 沂蒙博士联谊会成立大会召开。会议审议通过了《沂蒙博士联谊会章程（草案）》，选举产生了理事会组成人员。在临沂工作的博士共有68人。

12月 国家质检总局授予临沭县“创建全国优质化肥（复混、复合肥料）生产基地先进县”称号。

2006年

1月6—8日 中共中央保持共产党员先进性教育活动巡回检查组组长朱成林到临沂市检查指导第三批先进性教育活动开展情况。

1月9日 市委书记、市人大常委会主任李群在陶然居大酒店会见美国标准纺织有限公司总裁兼首席执行官盖瑞·海曼一行。美国标准纺织有限公司于2004年起在临沂高新技术产业开发区投资，与临沂市合作办企业。

1月9日 中国铝业公司、临沂市人民政府、华盛江泉集团合作意向签字仪式在北京举行。这次合作意向约定：中国铝业公司收购华盛江泉集团所拥有的铝电项目60%的股份。华盛江泉拥有的铝电项目包括年产10万吨电解铝生产线及其配套设施，以及2×135兆瓦循环硫化床燃煤式发电机组。

1月10日 全省首家网络成瘾治疗中心在临沂市第四人民医院成立。5月23日，开通全国第一家网络成瘾治疗网站，设置《戒瘾网吧》《心理课堂》《家长课堂》等栏目。

1月13—14日 “2006农业部科技下乡”活动在沂南县举行。

1月17日 在第四届吉尼斯世界纪录中国颁证典礼仪式上，临沂小埠东拦河橡胶坝入选第四届吉尼斯世界纪录，该橡胶坝长1135米，是世界上最长的橡胶坝。

1月21—24日 市政协第十二届五次会议在临沂人民会堂举行。

1月22—25日 市第十六届人大四次会议在临沂人民会堂召开。大会接受王军平、张伟祥、赵世群辞去市十六届人大常委会副主任职务的请求；补选杜甲普、祖卫东、李宝智、田友梅为市人大常委会副主任。

1月24日 市政府与工商银行山东省分行在临沂宾馆签订合作协议。协议约定，工商银行山东省分行提供40亿元资金，重点支持临沂市南坊新区的房地产开发项目。

2月9日 2006年鲁南地区春季人才交流会暨毕业生就业洽谈会在临沂中国商城会展中心举

行，共有300个用人单位参加，提供招聘职位8000余个，入场求职人员近1.2万人，有近万人次与用人单位达成意向。

2月24日 鲁洲生物科技（山东）有限公司在新加坡证券交易所上市，共发行新股1.5亿股，募集资金1.7亿元。

2月27日 全市第四次解放思想大讨论动员大会召开。会议要求，各级各部门高度重视，精心组织，深入扎实地开展好大讨论活动，强化争先进位、跨越发展的思想意识，营造勇于开拓、奋力争先、谋大事业、求大发展的浓厚氛围，为建设大临沂、新临沂作出更大的贡献。

2月 郭庆堂任临沂军分区司令员。

3月4日 由临沭县金正大生态工程股份有限公司投资3.6亿元、拥有5项中国专有技术、年产30万吨的控释肥生产线建成投产。该项目为国家“948”技术项目的转化成果，也是国家科技创新基金项目，不仅填补国内生产控释肥的空白，在生产成本和控制上也处于国际领先水平。

3月15日 全市实施“沂蒙惠农一卡通”工程动员会召开。要求将政府支持和补贴农民的各类资金，通过农村信用联社营业网络直接支付到每个农户储蓄存折（卡）上。

3月19日 八路军一一五师司令部暨山东省人民政府成立纪念地被命名为全国、全省爱国主义教育基地。

山东省政府暨八路军一一五师司令部旧址

3月20日 中国社会科学院发布2006年《中国城市竞争力报告》蓝皮书，临沂市列增长指数第六位。

3月22—23日 济南军区司令员范长龙在临沂检查指导工作。

3月27日 临沂市与新疆阿勒泰地区结成友好城市新闻发布会暨招商恳谈会在临沂举行。

3月30日 全市科学技术大会召开。会议传达贯彻全国、全省科学技术大会精神，宣读《中共临沂市委、临沂市人民政府关于对我市获得全国科技进步先进县区和国家、省科技进步奖单位和个人的通报》，表彰和奖励在科技创新方面作出突出贡献的单位和个人，部署实施全市中长期科技发展规划和加快创新型城市建设工作。

4月12—16日 中共中央政治局原委员、全国人大常委会原副委员长、中国计划生育协会会长姜春云在临沂调研计划生育工作。

4月16日 沂水地下荧光湖旅游区对游客开放。该荧光湖位于沂水县城南19公里的峙密山下的溶洞内，溶洞长1200米，洞内溶岩千姿百态，荧光湖面积2.5万平方米，生活着一种萤火虫，形成奇妙的景观。

4月18—19日 中共中央政治局常委、中央纪律检查委员会书记吴官正先后到临沂经济开发区、兰山区和费县视察，了解临沂市城市规划与建设、工贸业发展、工商市场管理、农村经济发展以及干部作风建设、党风廉政建设等情况。

4月27日 临沂市电影文化娱乐中心——东方红影城开业。该影城前身为东方红影院，建于1958年，后按五星级标准扩建为影城，投资3000万元。

4月28日 市内遭受强风、雷雨及冰雹袭击，局部最大风速达每秒28.3米（11级）。苍山、平邑、兰山、河东等8个县区、35个乡镇不同程度受灾。

5月10日 临沂市授予美国亚拉巴马州医疗

中心泌尿外科博士霍华德·纪群“沂蒙友谊奖”。霍华德·纪群自1991年起，17次自费到临沂进行学术交流，并向临沂赠送价值800万元人民币的手术器械和医疗耗材。在其帮助下，临沂市人民医院先后与美国孟菲斯市巴普蒂医院、韩国华莱士医院缔结为姊妹医院，并多次举办中美心脏病学术研讨会和国际口腔颌面整形与重建学术会。

5月10—12日 2006中国·沂南诸葛亮故里旅游发展论坛在沂南县举行。

5月12日 民营山东临沂环保炉具厂厂长李云广向临沂师范学院捐资100万元。此前，李云广已4次向临沂师范学院捐资共计500万元。

5月12—26日 市委副书记、市长连承敏率市政府代表团赴美国、加拿大进行友好访问。代表团先后访问美国雷顿市、纽约市，加拿大万锦市、温哥华市。考察了华盛顿湖沿岸市容和城市建设情况及波音飞机制造厂、肯沃斯卡车制造厂、麦克雷顿五金公司；会见了美国中国总商会会长、美国华裔商会会长、美国泛亚商会东岸分会长、美国纽约山东同乡会负责人。签订了《中华人民共和国临沂市与美利坚合众国雷顿市建立友好城市关系意向书》《中华人民共和国临沂市与美利坚合众国大雷顿区商会开展经贸合作的谅解备忘录》。

5月14日 涑河综合治理开发工程开工。至2009年，涑河两岸25公里长的道路工程、近30公里长的截污网管工程、河道清淤及护岸工程、景观绿化亮化工程、桥梁拦河坝工程和引祊入涑、引涑入青（龙河）工程基本完成，初步形成贯穿城市东西的繁华商业带和活力景观带。治理改造工程达到了突出商业、生态、亲水、游乐、健身和地方文化特色的效果。

5月26日 临沂市首家车辆尾气检测站投入运营。该检测站共设立3条尾气检测线和1条安全检测线，可日测车辆400多辆。

5月 国务院公布第六批全国重点文物保护单位名单，郯国故城、洗砚池晋墓群被定为全国重点文物保护单位。至此，市内共有5处国家级重点文物保护单位。

6月10—16日 市委副书记、市长连承敏率市政府代表团赴新加坡、泰国和马来西亚进行工作访问。其间，参观新加坡吉宝集团、新加坡国际管理学院和新加坡大华银行，并就双方进一步拓展合作领域和临沂市企业在新加坡上市情况，与新加坡有关方面进行了会谈和交流。

6月23日 市委副书记、市长连承敏在陶然居大酒店会见美国威特集团董事长、美国总统亚太事务顾问、美国华商会主席李学海及美国威特集团驻上海办事处代表王兴国一行。连承敏向李学海颁发了临沂市高级经济顾问证书，向王兴国颁发了临沂市经济顾问证书。

6月28日—7月4日 《沂蒙精神大型展览》复展在华东革命烈士陵园举行。展览期间，共接待参观者12万余人次。

6月30日 市委、市政府、临沂军分区作出《关于开展向孙永胜同志学习活动的决定》。孙永胜是沂水县姚店子镇司法助理，退伍13年，经常帮助群众解决困难，多次勇斗歹徒，身上留下伤疤17处。7月，省政府、省军区授予孙永胜“新时期优秀退伍军人”称号。7月28日，孙永胜先进事迹报告会在济南举行。12月，省委、省政府、省军区作出《关于开展向孙永胜同志学习活动的决定》。

7月5日 市委副书记、市长连承敏在陶然居大酒店会见临沂市荣誉市民、日本梦信共荣事业协同组合理事长、梦菱电机株式会社社长田中周造一行。

7月5—9日 市委书记、市人大常委会主任李群率市党政考察团到浙江省绍兴、金华、宁波和江苏省苏州、无锡市考察学习。

7月8日 威海至徐州客运列车开通，途经临沂市内沂水、沂南、临沂北、郯城4个站。

7月26—29日 临沂市在第三届中国国际专利与名牌博览会（在苏州市举行）上获特别金奖

3项、金奖7项，山东临沂中创精细化工厂被评为中国商标优秀企业，临沂市知识产权局获得“最佳组织奖”。

8月2—4日 省委书记、省人大常委会主任张高丽就落实科学发展观、繁荣发展服务业、加强领导班子建设等工作在苍山、郯城、临沭、平邑县等地调研。

8月3日 平邑县地方镇天宝山区出现海市蜃楼景象，持续半个多小时。海拔400余米的山坡凭空“长”高近一倍，云雾缭绕。

8月5日 临沂矿业集团有限责任公司成立。该公司由临沂矿务局改制而成，为省属国有独资有限责任公司。

8月10日 山东省电力集团公司与临沂市就共同推进临沂电网建设发展问题举行会谈，签署《共同推进山东（临沂）电网建设发展会谈纪要》，确定“十一五”期间投资31.4亿元，重点加强临沂220千伏电网网架和城乡配电网建设。

8月10—12日 市委副书记、市长连承敏率领市政府考察团到威海市考察旅游工作，并签署《威海—临沂缔结旅游友好合作关系协议书》。

8月16日 市委、市政府举行仪式，欢迎郑兆欣等10名圆满完成赴海地维和任务归国的临沂警察，并授予他们“沂蒙维和勇士”称号。

8月29日 由省文联、省旅游局共同主办的中国（山东）国际书法文化旅游节暨第十五届国际书法联展大会羲之书法交流笔会在临沂举行。

9月3—4日 中共中央政治局委员、全国人大常委会副委员长、中华全国总工会主席王兆国在临沂考察。其间，与临沂的全国劳动模范代表进行座谈，并看望慰问困难职工。

9月6日 临沂市与泰安、济宁、枣庄、日照市结为旅游联盟签字仪式在临沂举行。

9月15日 鲁苏边界六县（市）环境保护联席会议召开。临沂市郯城县、苍山县与江苏省新沂市、东海县、沭阳县、邳州市共同制定鲁苏边界六县（市）环境保护联席会议制度。

9月20日 临沂市5家企业入选2006年度中国大企业集团竞争力500强名单。其中，山东鲁洲食品集团居第10位，鲁南制药集团居第87位，金沂蒙集团居345位，沂州水泥集团居381位，山东常林机械集团居411位。

9月22—26日 第四届中国·临沂书圣文化节在临沂举行。主题活动有：第四届中国·临沂书圣文化节开幕式暨大型文艺晚会、全国第四届妇女书法篆刻展览、临沂经贸洽谈会、文化产业论坛暨沂蒙讲坛开幕仪式、中国临沂首届旅游(商品）博览会、书圣文化节闭幕式暨“蒙山沂水”大型风情歌舞晚会。主要配套活动有：“羲之杯”全市青少年书画大赛暨全市优秀中青年书画家提名精品展、文化项目开业、奠基庆典、王羲之故居名家书法作品展览、“洗砚池”雅集笔会、艺术品鉴赏与书画名家作品拍卖会、南北书法精英联盟展、山东（平邑）蒙山长寿文化旅游节、万人滨河长跑赛、首届龙舟大赛等。

9月22日 临沂国际影视城开业。影视城位于河东区太平镇万亩古栗树风情园内，占地300亩，建筑面积3.35万平方米，园区内府衙、店铺、酒肆、茶楼等

2006年8月16日，市政府举行仪式，欢迎临沂警察海地维和归来。

仿古建筑错落有致，再现了清末民初沂州风貌。

9月23日 临沂市图书馆奠基。

9月26日 由中央电视台和临沂市委、市政府联合摄制的大型历史人物专题片《王羲之》，在王羲之故居举行开拍仪式。

9月28—29日 全省促进服务业发展现场会议在临沂召开。会议要求，各级各部门转变观念，强化措施，建立完善加快服务业发展的保障促进机制，全面提高服务业发展的质量和水平。临沂市在会上作了经验介绍。

9月29日 青岛理工大学费县校区举行揭牌仪式及开学典礼。

9月 临沂市运动员李岩岩代表国家参加第二十七届世界摔跤锦标赛，获得古典式男子66公斤级冠军，成为中国男子摔跤史上的第一个世锦赛冠军。

10月19日 由临沂师范学院音乐学院学生李晓燕编排的舞蹈《花妞妞》，在澳门举行的以“同根同宗同源，亲情友情中华情”为主题的第二届世界华人青少年艺术节上获金奖。

10月20日 由市政府主办的第四届中国（临沂）农业科技成果展示会在苍山县塔山广场开幕。参加展销、展示、招商活动的企业和科研单位200余家，各类专业技术人员近千人，展示技术及产品交易品种3000余个，参加展示会的农民群众近10万人。

10月22日 临沂汽车站新站建成并启用。该站2004年2月20日破土动工，总建筑面积7.5万平方米，设有发车位120个，设计日发班次4000个、日发送旅客6万人次。

10月31日 中国（临沂）人造板国际贸易洽谈会在临沂商城会展中心举行开幕式。

11月4日 亚洲会展节事财富论坛与新华网联合在杭州市举行第二届中国节庆产业年度评选。在4000余个参评节庆中，中国·临沂书圣文化节被评为中国十大文化艺术类节庆和中国十大最具潜力节庆。

11月11日 济南军区政委刘冬冬上将到临沂考察民兵预备役工作。

11月17日 临沂报业集团成立。

11月22—23日 中共中央政治局常委、国家副主席曾庆红在临沂经济开发区、罗庄区、兰山区和费县等地，视察临沂市城市规划和建设、工业、商贸物流业、社会主义新农村建设、农村现代远程教育、农村基层党组织建设等情况，参观沂蒙革命历史博物馆、沂蒙精神大型展览复展，到华东革命烈士陵园瞻仰革命烈士纪念碑并敬献了花篮。

11月25日 国电费县电厂一期工程1#机组65万千瓦超临界发电机组实现并网发电。

12月2—3日 供销合作社与新农村建设暨莒南经验高层论坛在临沂举行。论坛由全国供销总社与山东省人民政府联合举办，全国政协副主席、全国供销合作总社理事会主任白立忱出席论坛。莒南县和滕州市供销合作社负责人在会上作经验介绍。与会人员在莒南县进行了参观。

12月20—23日 省旅游局“中国优秀旅游城市”复核验收组对临沂市进行复核验收。认为临沂市达到中国优秀旅游城市检查验收标准，通过本次复核验收。

12月21日 临沂市通过国家环保模范城市考核验收组验收。

12月 2007年全国农业科技入户工程启动，临沂市被农业部确定为全国5个农业科技入户试点市之一，成为山东省唯一的试点市。

是年 山东银光科技有限公司、鲁洲生物科技（山东）有限公司、临沂开元轴承有限责任公司、山东久泰化工科技股份有限公司4家企业先后在新加坡证券市场上市。

2007年

1月6—7日 中共中央政治局常委、中央政法委书记罗干在平邑县、费县、兰山区、临沂经济开发区、临沂高新技术开发区视察，参观沂蒙精神展、临沂城市规划展、平邑天宇自然博物馆等。罗干对临沂基层社会治安管理给予充分肯定，并对临沂经济社会发展和政法工作提出要求。

1月8日 市政府召开全市发展和改革工作会议。会议提出，处理好加强宏观调控与保持经济平稳较快发展的关系，提高经济运行质量；处理好三次产业发展的关系，促进服务业持续繁荣活跃；处理好投资与消费的关系，提高内需外需水平；处理好经济发展与社会发展的关系，关注民生和保护环境；处理好改革与发展的关系，消除制约发展的体制机制性问题。

沂河湿地

1月10日 中国品牌研究院公布中国最有价值商标500强，临沂市“金锣”“鲁南”“银麦”“沭河”4个商标入选。其中山东金锣企业集团总公司的金锣商标排名第116位，商标价值16.86亿元；鲁南制药集团股份有限公司的鲁南商标排名第139位，商标价值15.55亿元。

1月13日 临沂城被命名为山东省无障碍设施建设示范城。

1月19日 电视剧《好人老高》在临沂举行首映。该剧以纪实的手法记录了河东区国税局原副局长高树阁多年来在平凡的工作岗位上兢兢业业、默默奉献的动人事迹。

1月24日 临沂市被省政府授予“全省外经贸工作先进市”称号。2006年，临沂市实际利用外商直接投资首次突破3亿美元，外贸进出口额首次突破22亿美元，境外投资项目居全省第二位，境外投资额居全省第一位。

1月29日 市政府发出通报，表彰徐晓光等10名有突出贡献的中青年专家，并颁发政府津贴。

1月31日 临沂市纪委第六次全体会议召开。会议传达学习中央纪委七次全会、省纪委八次全会精神，研究部署2007年全市反腐倡廉工作任务。市委书记李群、市长连承敏与12个县区的县区委书记、县区长及市直61个反腐倡廉工作牵头和责任部门的主要负责人签订了《2007年度党风廉政建设责任书》。

2月2—5日 市政协十二届六次会议在临沂人民会堂召开。会议增补孟宪海为市政协副主席。

2月3—6日 市十六届人大五次会议在临沂人民会堂召开。会议补选朱绍阳、蔺景和为市人大常委会副主任。

2月6日 临沂滨河湿地公园被建设部公布为国家城市湿地公园。公园南起刘家道口枢纽，北至临沂城北外环路，总面积57平方公里，其中绿地18平方公里，水面面积36平方公里。

2月9日 全市农村工作会议召开。会议提出，把发展现代农业与推进新农村建设紧密结合起来；加大对“三农”的投入，继续扎实推进百万农户致富工程；高度重视关系农民切身利益的实际问题；加强农村文化建设，培育新型农民；加强对农村工作的领导，促进全市农村工作又好又快发展。

2月11日 全市百万农户致富工程表彰会议召开。会议总结3年间百万农户致富工程的开发情况，表彰致富工程先进县区、单位和乡镇，研究部署继续实施致富工程的任务和要求。自2004

年，实施百万农户致富工程起，全市参与致富工程的农户累计达146.5万户，占农村总户数的56.5%；发展致富项目75.2万个；2006年全市农民人均纯收入4083元，比2003年增加1295元，参与致富工程的农户户均增收2280元。

2月12日 山东阜丰集团在香港联交所主板上市。

2月19日 省委书记、省人大常委会主任张高丽到蒙阴县烟庄村、八大峪村与群众一同过春节。

2月26日 临沂市非物质文化遗产暨沂蒙民俗展在市展览馆开幕。共展出展带、展板30余块，展出各种手工艺品、民俗展品3000余件。

2月 郭庆堂任临沂军分区司令员。

3月3日 特步中国女子篮球甲级联赛山东临沂赛区在市体育馆开赛。

3月6日 全市领导干部会议召开，省委组织部副部长孙述涛代表省委宣布，连承敏任临沂市委书记、市委党校校长，李群不再担任临沂市委书记、常委、委员和市委党校校长职务。

3月10日 市十六届人大常委会第三十一次会议接受李群辞去市人大常委会主任职务，连承敏辞去临沂市人民政府市长职务的请求；任命张少军为市人民政府副市长、代市长。

3月16日 郯城马陵山地质公园被批准为省级地质公园。

3月19日 市十六届人大六次会议补选连承敏为市人大常委会主任，张少军为市人民政府市长。

3月19日 市长张少军在陶然居大酒店会见沃尔沃建筑设备公司总裁兼首席执行官托尼·海尔山一行。沃尔沃建筑设备公司是世界领先的建筑设备生产企业，2006年收购了山东临工工程机械有限公司70%的股份。

3月21日 市长张少军在全省发展循环经济工作电视电话会议主会场作典型发言。

3月24—27日 中共临沂市第十一次代表大会召开。会议选举产生新一届市委委员、市委候补委员和市纪律检查委员会委员及出席省第九次党代会的代表。在市委十一届一次全会上，选举连承敏为市委书记，张少军、张务锋为副书记。市纪委第一次全体委员会议上，选举徐涛为市纪委书记。

3月25日 中国社会科学院发布2007年《中国城市竞争力报告》蓝皮书，临沂市位居中国城市增长竞争力第七位。

3月29—30日 省委书记李建国先后到蒙阴县、临沂经济开发区、罗庄区、兰山区、费县等地，就社会主义新农村建设、城市规划和建设、工业和商贸物流业发展等进行调研。

4月5—9日 市委书记连承敏带领临沂市代表团参加在西安市举办的第十一届中国东西部合作与投资贸易洽谈会。临沂市参展产品有6个大类22个品种，与西部地区的企业签订合作项目5个，投资额2.75亿元，签订产品销售合同17份，销售额18.96亿元。

4月13日 临沂商业学校南校区建成并举行揭牌仪式。经市编制委员会批准，临沂市商业技工学校整建制并入临沂商业学校，原临沂市商业技工学校场地整合为临沂商业学校南校区。整合后的临沂商业学校占地6.53公顷，有教职工206人，在校生3600余人。

4月16日 市委召开全市“又好又快发展”大讨论动员会，部署开展为期两个月的新一轮解放思想大讨论活动。

4月19日 临沂市经济金融和谐发展高层论坛暨第五届银企合作洽谈会在陶然居大酒店举行。省内外30家金融机构负责人与会。推介项目563个，申请贷款额379.8亿元，最终达成贷款协议和意向金额354亿元。

4月26日 临沂市兰陵美酒股份有限公司、临沂惟一斋酱园、蒙阴边家风味食品有限公司3家企业被省经贸委评定为“山东老字号”企业。

5月5日 14时—17时，莒南县壮岗、团林、坪上、涝坡，沂南县苏村等乡镇遭受雷雨大风及冰雹袭击，降雹持续15~20分钟，冰雹最大直径3厘米。受灾农作物2.9万公顷，造成直接经济损失6874万元。

5月10日 临沂市被建设部确定为数字化管理试点城市。

5月15日 临沂等8个城市被国家旅游局列为全国红色旅游重点城市。

5月16日 临沂市招商引资说明会在上海举行。国内外180余位客商与会。共推介项目500余个，签订合作项目协议14个，协议投资额24.47亿元。

5月23日 全市发展循环经济工作会议在临沭县召开。

5月25日 国家级典型地震活断层遗址（麦坡地震活断层遗址）揭牌仪式在郯城县举行。该断层遗迹是大地震后数百年未过活跃期的自然奇观，是中国强震发生地中规模大、出露清晰、保存完整的典型遗迹，全世界仅存2处。

5月29—31日 第二届中国·临沂诸葛亮文化旅游节在沂南县举行。

6月7日 联邦集团（山东）制造/物流基地在临沂经济开发区奠基。项目由广东联邦家私集团与香港EOF合资建设，总投资5亿元。

6月12—13日 全国区域性产品质量整治工作现场会在临沂召开。兰山区、费县被授予“争创全国优质人造板生产基地先进县”称号。与会人员参观了临沂经济开发区、临沭县、兰山区、费县的化肥、板材加工企业，参加了金沂蒙集团100万吨双塔溶体造粒复合肥等重点项目竣工投产剪彩仪式和山东省人造板及制品质量监督检验中心揭牌仪式。

6月25日 中国房地产发展国际（香港）峰会暨第四届中国最具投资价值城市与楼盘颁奖大会在香港国际会议展览中心举行，临沂入选“2007年中国最具投资价值十大城市”。

6月26日 平邑金银花、苍山大蒜地理标志产品保护申请通过国家质检总局专家审查委员会的技术审查，实现临沂地理标志产品保护零的突破。

6月30日 市委十一届三次全委扩大会议在临沂宾馆召开。会议要求各级全面贯彻省九次党代会精神，围绕一个总任务（贯彻“实现富民强省的新跨越”的要求，建设富强美丽的“大临沂、新临沂”），实施两个发展战略（加快鲁南经济带发展和推进“双30”工程战略），实现三个率先发展（在淮海经济区、鲁南经济带、全国革命老区中实现率先发展），坚持四项发展目标(打造经济大市、商贸强市、文化名市、宜居城市)，全面加强经济、政治、文化、社会和党的建设。

7月11日 15时—18时，蒙阴、平邑、兰山、郯城、苍山、罗庄等6个县区先后遭受强暴风雨和冰雹袭击。造成2人死亡、25人受伤、31.05万人受灾；受灾农作物2.37万公顷，倒塌房屋602间，损坏房屋11532间。直接经济损失2.9亿元。

7月11日 临沂市双月湖城市湿地公园入选第四批国家城市湿地公园。该公园位于罗庄中心城区，占地76.8公顷，是开敞式城市园林绿地广场，四周环绕着碧波荡漾的双月湖，水域面积33.3公顷，建有各种风格和造型的桥梁11座。

7月19日 市政府节约能源工作办公室（与市煤炭工业办公室合署办公）揭牌。

7月31日 全市召开“菜篮子”工作电视电话会议。市委副书记、市长张少军要求，各级、各有关部门加大措施，切实抓好生猪及其它畜牧产品生产，提高全市生猪生产的整体水平。

8月5日 21时，国电费县发电厂2#机组满负荷高标准地完成168小时试运行，正式并网发电投入商业运行。机组整套试运行各项经济技术指标均达到国内同类型机组最好水平。

8月6日 首届儒学全球论坛——“荀子思想的当代价值”国际学术研讨会在临沂开幕。美国、德国、日本、俄罗斯、加拿大、韩国等国家和国内 12 个省、市、自治区的 100 余位专家学者出席研讨会。

8 月 9 日 在上海举行的中国旅游精品推广大会上，临沂市获“最受欢迎旅游目的地”称号，平邑县获“中国最佳生态旅游县”称号。

8 月 12—13 日 全国土壤肥力保育与缓释肥学术研讨会在临沂市召开。

8 月 17 日 8—17 时，蒙阴县高都、野店、常路、岱崮、蒙阴等乡镇降特大暴雨，局部雨量达 197 毫米，造成农田、村庄和基础设施严重受灾。上述乡镇的小一、小二型水库全部溢洪，梓河堤坝和拦水坝大面积漫堤；沂蒙公路野店镇北晏子段和坦常公路被冲断，1 座大桥和 13 座中小桥梁、6120 米河堤、89 座塘坝、7 座大口井被冲毁，部分村庄供电、交通、通信中断。直接经济损失 1.6 亿元。

8 月 21 日 岱崮地貌的科学意义与开发价值评审会在蒙阴县召开。由北京大学教授崔之久、中国科学院地理科学与资源研究所研究员杨逸畴、青岛大学教授孙文昌等 7 位地质地貌专家组成的评审委员会一致同意将岱崮镇内典型的方山群落命名为“岱崮地貌”，并将之列为继“张家界地貌”“喀斯特地貌”“嶂石岩地貌”“丹霞地貌”之后的中国第五大造型地貌。

8 月 24 日 市政府公布第一批市级非物质文化遗产名录，郯马五大调等 32 个项目名列其中。

8 月 30 日 临沂市被中国民间文艺家协会命名为“中国书圣文化之乡”“中国诸葛亮文化之乡”。

9 月 2—3 日 省委书记李建国在临沂市主持召开加快鲁南经济带规划建设座谈会。会议就如何推动鲁南经济带增强实力、实现一体化发展进行讨论。

9 月 3—5 日 第五届中国·临沂书圣文化节在临沂举行。主题活动有：临沂书圣文化节暨中国临沂日用商品博览会开幕式、主题晚会，经贸洽谈会，纪念银雀山汉墓竹简出土 35 周年系列活动，书圣文化节闭幕式暨大型新编柳琴历史剧《王祥卧鱼》首演。配套活动有：网络媒体“书圣故里临沂行”采访暨新闻发布活动、第二届中国临沂旅游博览会暨“蒙山沂水”文化旅游推介活动、“洗砚池”雅集笔会、第二届中国书法奖获奖作者作品邀请展、“南潮北风”中国书法高峰论坛、第四届颜真卿奖书法大展暨首届中国（费县）奇石文化节系列活动、山东（平邑）蒙山长寿文化旅游节系列活动、“亮丽临沂”城市风情大型灯展、龙舟争霸赛、“动感地带杯”山东省轮滑冠军赛、“亚光亚杯”滨河万人长跑活动、秋季汽车展示交易会、现代生活方式展、凯歌图书城落成暨“琅琊书香”图书精品交易会揭幕庆典、临沂沙雕艺术展等。

9 月 7 日 福布斯“2007 中国大陆最佳商业城市榜”揭榜。临沂市首次入选福布斯大陆最佳商业城市。

9 月 11 日 沂蒙山国家地质公园开园庆典及山东天宇自然博物馆 AAAA 级旅游区揭牌仪式在平邑县举行。

9 月 13 日 全市农村低保工作会议召开。会议确定在全市范围建立农村低保制度，本年 11 月

2007 年 9 月 2 日，举行第五届中国·临沂书圣文化节滨河万人长跑活动。

底前将年人均纯收入低于800元的农村贫困人口全部纳入农村低保范围。

9月17日 临沂市民防局在市人防办挂牌。

9月20—22日 临沂市银行业金融产品推介会在市展览馆举行。全市银行业集中推出200个金融产品面向6000家中小企业服务。1245家中小企业与金融机构洽谈签约，签订贷款协议额66.5亿元。

9月21日 首届中国果菜产业龙头企业发展论坛在山东省烟台市举行，苍山县被授予“中国果菜加工十强县”称号。

9月21—22日 第二届山东临沂畜牧业博览会在临沂召开。来自全国23个省、市、自治区的230多家企业参展。

9月23日 在全省道德模范表彰大会上，苍山县长城镇前土头村村民刘丽芳受到表彰。刘丽芳因奋不顾身在烈火中救出7名儿童，被命名为“全省道德模范”。

9月24日 全市村“两委”（党支部委员会、村民委员会）换届选举工作会议召开，部署换届选举工作。

9月25日 红色旅游推介会在蒙阴县举行。北京、湖北、安徽、辽宁、江苏等省、市的旅游局负责人，全国百家红色旅游经典景区代表，全国各地80余家旅行社代表参加推介会。各旅行社与孟良崮旅游区共签订旅游合作协议200余份。临沂市与延安市缔结为友好旅游城市。

9月26日 纪念孟良崮战役胜利60周年大会在孟良崮战役纪念馆（新馆）前举行。中共中央政治局原委员、中央军委原副主席迟浩田，省委书记李建国等出席大会。

9月27日 新四军军部旧址暨华东军区、华东野战军诞生地纪念馆开馆仪式、大型电视连续剧《沂蒙》开机仪式在河东区前河湾村一并举行。

10月11—12日 晋冀苏鲁豫皖引智成果展示洽谈会在临沂举行。有400个单位的800项成果参展，达成技术转让、产品供销等合作意向200余项。

10月12日 市政府向为临沂市作出突出贡献的德国铸造专家彼得·斯伯利德、香港工业工程专家李炳南等10名外国及港澳地区专家颁发“沂蒙友谊奖”。

10月12日 山东省首个多村联合型村民发展互助资金合作社——临沭县青云村民发展互助资金合作社成立。

10月12—13日 省重点生态建设项目检查组先后到市医疗废物处置中心、费县污水处理厂、平邑县归来庄金矿生态恢复整治工程现场、平邑县污水处理厂、云蒙湖省级生态功能保护区等地进行检查，并审查市重点生态建设项目档案资料和监测数据。

10月16日 临沂民航开通临沂—重庆、临沂—杭州航班。

10月20日 国家统计局公布2006年度全国地级及以上城市综合实力百强名单。临沂市排名第60位，首次跻身全国城市综合实力百强榜。

10月22日 在文化部社会文化司、中国文化报社、山东省文化厅、枣庄市人民政府主办的中国（枣庄）柳琴戏艺术周暨柳琴戏论坛上，临沂市柳琴剧团演出的新编历史柳琴戏《王祥卧鱼》获13项奖。

10月27日 临沂市民用航空管理局、临沂机场有限公司挂牌。

10月31日 沂水县入选全国首批60个国家级食品安全示范县。

11月1日 山东地税新征管系统在临沂市地税局开出第一张税票，标志着山东地税信息化“大集中”工程在临沂成功上线。

11月2—3日 全市第三届职工运动会开幕。本届运动会设有田径、拔河、跳绳、大众体育创编项目等11个比赛大项、50多个单项，6000余人参加运动会。

11月15—16日 中共中央政治局常委、中央纪律检查委员会书记贺国强到临沂市视察工作。

贺国强指出，沂蒙精神和井冈山精神、延安精神、西柏坡精神一样，都是党的宝贵精神财富。各级领导要增强党性观念，密切联系群众，发扬艰苦奋斗的精神。

11 月 16 日 临沂市与美国雷顿市建立友好城市关系协议签字仪式在陶然居大酒店举行。雷顿市市长凯西寇柯、临沂市市长张少军出席签字仪式。

11 月 16 日 中国致公党临沂支部成立。

11 月 20 日 市公安局“110”报警服务台首次招聘的 18 名文职雇员上岗，并开通英语接警服务。

11 月 21 日 山东荣庆集团、香港今日资本集团、寰慧投资公司合资组建的山东荣庆物流有限公司在苍山县成立。

11 月 24 日 山东银凤股份有限公司作为全国首家申请日用陶瓷出口免检企业，通过国家质检总局审查。

11 月 25 日 国家火炬计划临沭复合肥产业基地授牌仪式暨中国新型肥料产业集群科技创新论坛在临沂举行。

11 月 26 日 205 国道河东至郯城段改建工程提前两年半竣工通车。

11 月 临沂市实现全市城乡用电同网同价。

12 月 3 日 京沪高速公路祊河桥处一辆载有 28.86 吨苯酚的槽车，因躲避前方事故车辆翻出高速公路西侧护栏，坠入河中，部分有害化学品苯酚漏入河水。临沂市立即启动应急处置预案。通过封堵泄漏口、加大水质监测密度、围堵污染水体、吊装车辆、用硅藻土过滤固定、抽取污染水体送酚氰处理站处理、挖取污染底泥送页岩砖厂焚烧等措施，使泄漏事件于 7 日得到成功处置，河水质量全面达标。

12 月 4 日 临沂市文化体制改革、文化产业发展和红色文化建设座谈会召开。会议提出，在完善现有临沂日报报业集团的基础上，再新组建广电传媒集团、印刷发行物流集团、临沂市电影发行放映集团、临沂市文化产业投资运营集团、蒙山沂水演艺集团、鲁南会展集团 6 个文化产业集团，形成一批新的文化骨干企业，以带动全市文化产业发展。

12 月 5 日 由临沂商城各行业协会、社会团体、有代表性的企业和个人自愿组成的民间组织——临沂商城总商会成立。

12 月 11 日 市政府应急管理办公室揭牌。

12 月 18 日 全省优抚医疗保障制度建设现场会在蒙阴县召开。会议决定推广蒙阴、临沭等县建立优抚医疗保障制度的试点经验。

12 月 20 日 江苏省连云港市与临沂市缔结为友好旅游城市签字仪式在临沂宾馆举行。

12 月 21 日 山东沂蒙山花生电子交易市场在莒南县开业。

12 月 22 日 青（岛）兰（州）高速公路临沂段工程竣工通车。

12 月 23 日 在全国农业工作会议上，临沂市获“全国粮食生产先进市”称号。

12 月 26 日 国家统计局临沂调查队成立。

12 月 27 日 临沂市人民医院博士后科研工作站揭牌仪式和淮海经济区卫生人才发展论坛暨第七届地市级医院院长联谊会在临沂开幕。

12 月 29 日 220 千伏常林输变电工程竣工。至此，临沂电网形成以临沂电厂、费县电厂和 500 千伏沂蒙变电站为电源支撑，220 千伏双环网贯穿 3 区 9 县，输配网协调发展的区域电网。

年底 南坊片区首批还建居民回迁入住。

2008 年

1 月 3—7 日 市政协十三届一次会议在临沂人民会堂举行。孟宪海当选为市政协主席，仇景阳、王秀君、王启成、颜廷瑞、赵爱华、丁成建、杨爱华、杨荣三当选为副主席。

1 月 4 日 临沂市被命名为全国双拥模范城。

1月4—8日 市十七届人大一次会议在临沂人民会堂召开。选举连承敏为市人大常委会主任，朱绍阳、于中华、杜甲普、祖卫东、田友梅、冯安为副主任。选举张少军为市人民政府市长，杜德昌、刘晓、慕增利、刘彦祥、王晓嫚、刘杰、左沛廷为副市长。选举李方民为市中级人民法院院长，李占国为市人民检察院检察长。

1月13日 临沂师范学院党委宣传部和临沂市委宣传部联合摄制的电视理论专题片《沂蒙精神颂》，获山东省第八届精神文明精品工程奖。

1月16日 临沂市人民对外友好协会成立。

2月2日 鲁南制药集团公司被评为国家创新型试点企业。

2月13日 平安临沂建设大会召开。会议提出完善矛盾纠纷排查化解和信访工作机制，统筹化解矛盾纠纷，营造团结和谐的社会环境；建立健全预防和打击违法犯罪长效工作机制，实施社区警务战略，强化基层基础工作，提升平安临沂建设水平。

2月18日 临沂人力资源市场开业。

2月19日 临沂市地方储备粮直属库建设项目在河东区汤头街道奠基。该直属库仓容总规模10万吨，其中市级储备粮仓容7.5万吨。

2月24日 第二届中国（临沂）太阳能春季展览会在临沂会展中心举行。北京、安徽、浙江、河南等省、市的厂商、经销商参展，设有国际标准展位800多个。

2月28日 临沂商城资产经营有限责任公司成立。该公司由临沂市和兰山区两级政府投资组建，注册资本5000万元，主要为临沂商城范围内的市场开发及投资服务。

3月26日 全省首家新型农村金融机构——聚福源农村资金互助社在沂水县姚店子镇开业。

3月26—27日 省政府生态省建设考核组在临沂市检查指导《生态省建设市长目标责任书(2003—2007)》的实施工作。

3月28日 中国社会科学院发布2008年《中国城市竞争力报告》蓝皮书，临沂居中国城市增长竞争力第五位。

3月30日 在第四届中国市场品牌战略论坛高峰会上，临沂商城被评为中国专业批发市场最具影响力品牌。

4月6—8日 省委书记姜异康到兰山区、临沂经济开发区、罗庄区、费县等地调研，并瞻仰华东革命烈士陵园，参观沂蒙精神展览馆。

4月8日 涑河综合治理开发建设工程的3个重点项目万兴都国际商业公园、德兴雅苑及蓝湾国际项目同时开工奠基。

4月14—15日 市委书记连承敏、市长张少军带领市党政考察团，赴苏北邳州、新沂、东海、赣榆4个市、县考察发展县域经济情况。

4月15日 沃尔沃临工中心揭幕。沃尔沃集团总裁兼首席执行官雷夫·约翰森，市领导连承敏、张少军等出席仪式。

4月22日 中国临沂招商引资洽谈会在北京举行。共签订合同50个，合同利用市外资金额87.16亿元。

4月23日 中国邮政储蓄银行临沂市分行挂牌。

4月30日 临沂市首个趸船式海事监督站建成投入启用。

5月8日 由江泉集团投资建造的“江泉1号”货轮在安徽省巢湖市正式下水试航。该货轮设计载重量为5100吨，长度为99.8米。

5月9日 由中国市场学会、临沂市人民政府主办的中国（临沂）市场和现代物流高峰论坛开幕。

5月11日 全国妇联中国妇女发展基金会、中国母亲援助行动办公室在北京人民大会堂隆重举办“2008感恩母亲”慈善宴会，临沂市被授予“爱心城市”称号。

5月12日 山东大学和临沂师范学院合作与帮扶协议签字仪式在临沂师范学院举行。

5 月 14—15 日 中华全国供销合作总社党组书记李成玉在临沂市调研供销社改革发展工作。

5 月 14—16 日 全国林业机械化工作会议在临沂市召开。国家标准化管理委员会、国家标准出版社、国家农机具质量监督检验中心、北京林业大学、山东华盛中天机械集团等 47 个单位的负责人参加了会议。

5 月 16—17 日 山东省第十一届“外国专家日”活动在临沂市举行。美国、加拿大、日本、韩国等 17 个国家的 87 名驻山东外国企业代表和外国专家参加活动。

5 月 17 日 以“众志成城，抗震救灾——沂蒙人民和地震灾区人民心连心”为主题的支援汶川抗震救灾募捐活动在临沂人民广场进行。至 12 时，募集捐款 240 万元和价值 17 万元的救灾物资。

5 月 26 日 全市“知荣辱、树新风、我行动”道德实践活动启动。

5 月 29 日 中国国民党原副主席郝柏村到临沂市参观。

6 月 6 日 临沂市首家外资保险公司安泰人寿保险有限公司山东分公司临沂营销服务部开业。

6 月 19 日 市国土资源局挂牌出让银雀山公共绿地广场一宗地下空间土地使用权，为临沂市首例。该宗地下空间（负一层）土地使用权总面积为 44857 平方米，土地出让年限为40 年，山东友邦置业有限公司以 2600 万元的价格竞得。

6 月 20 日 省长姜大明到临沂检查防汛工作。

6 月 22 日 中国书法城奠基仪式在滨河景区迎宾广场举行。园区设立迎宾门书法精品展示区、主体展示区及综合服务区 3 个分区。同年年底建成开放。

6 月 29 日 第二届国际缓释控释肥技术及产业论坛在临沂市开幕。全国农技推广中心、国家肥料质检中心、中国磷肥工业协会等部门的专家和国外化肥研究专家、相关企业参加论坛。

6 月 30 日 世界 500 强企业美国家乐氏公司收购正航食品有限公司，成立家乐氏（山东）食品有限公司。

7 月 10 日 蒙山大道祊河大桥竣工通车。该桥全长 520 米，主桥宽 34 米，引桥宽 30 米，双向 6 车道。设计车速 60 公里/小时。

7 月 12—14 日 由中国矿业联合会地热专业委员会主任李树祥带领的中国地热专家考察组到临沂市，对汤坊崖、观唐苑、知春湖、汤头温泉开发中心、煤矿疗养院等地进行实地考察。8 月 12 日，临沂市被中国矿业联合会命名为中国地热城。

7 月 21 日 第二十九届奥运会火炬从青岛传至临沂市，17 时至 18 时 40 分在滨河大道滨河国际广场至凤凰广场路段传递，总路程 5.6 公里，110 名火炬手参加传递。

2008 年 7 月 21 日，第二十九届奥运会圣火在临沂传递。

7 月 25—27 日 首届中国（沂水）地下河漂流节在沂水县地下大峡谷景区举行。漂流节由 4 个主题活动和 8 项配套活动组成。

7 月 30 日 临沂市开展选聘 2000 名高校毕业生到村任职工作。首先通过《临沂日报》、琅琊网等新闻媒体、网站发布公告。8 月 4 日，开始网上报名。8 月 17 日笔试。

7 月 省委、省政府确定临沂市对口援建四川省地震灾区北川羌族自治县通口镇后，临沂市成立对口支援通口灾后恢复重建工作领导小组及工作机构，开始援建工作。临沂市援建项目主要包括乡镇援建项目9个、新县城援建项目3个，总投资21143.02万元。产业园区援建项目1个。同时，在乡镇重建规划编制、农村住房建设、人力智力支持等方面开展援助工作。2010年9月19日，援建项目全部竣工交付使用，临沂市全面完成对口支援任务。

8月19日 临沂市首个国家工程实验室——哺乳动物细胞高效表达国家工程实验室在鲁南制药集团组建。

8月22日 临沂市被省委、省政府表彰为省级文明城市。

8月25—28日 山东省首届传统武术演武大会在临沂市举行。全省17个市的55支代表队805名运动员参加拳术、器械、对练等项目的比赛。

8月28日 由国务院扶贫办和中国农业电影电视中心共同组织策划的大型公益活动“情系三农·中化同心——革命老区扶贫行”发车仪式在莒南县大店镇举行。

9月2日 “2008福布斯中国大陆最佳商业城市榜”在上海发布，临沂市入选，居第92位。

9月13日 临沂市食品安全协调委员会印发《关于加强婴幼儿奶粉安全监管工作的紧急通知》，并在全市开展婴幼儿奶粉安全专项检查。截至9月16日，全市共出动检查人员6604人次，检查市场、超市7064家（次）、集贸市场799个，查封“问题奶粉”8669袋（桶），5807.77公斤。

9月17日 苏鲁豫皖接壤区第三届价格对接会在临沂市召开，连云港、淮北、徐州、商丘等10个市的物价部门参加了会议。会议通过《苏鲁豫皖接壤区价格工作信息交流制度》，确定在10个市之间建立接壤区价格工作信息交流平台，实现工作信息共享，共同应对物价形势。

9月21—30日 市委书记连承敏率临沂市代表团对瑞典、瑞士和英国进行友好访问。其间，连承敏与瑞典埃斯基尔斯图纳市执行委员会主席约翰尼·劳德格伦签署临沂市与埃斯基尔斯图纳市建立友好城市协议；与沃尔沃集团高级副总裁隆德奎斯特就加强沃尔沃集团与临工集团合作事宜达成共识；并在瑞士日内瓦会见俄罗斯阿康集团总裁安东诺夫，听取阿康集团对山东红日阿康化工股份有限公司发展的规划。

9月25日 在第四届世界杰出华商大会上，2008中国城市投资吸引力排行榜揭晓，临沂市以89.25分的综合得分居排行榜第67位。

9月25日 在山东省委宣传部、山东省广播电视局、山东省旅游局、省委外宣办联合主办的“相约文博会——2008山东城市形象大使大赛”中，临沂市女孩张璐被评为2008山东城市形象大使。

9月28日 临沂市首届花卉博览会在鲁南花卉市场开幕。

9月29日 在市区沂州路与兰山路交会处附近的涑河还建工程施工中挖掘出明代城墙。市政府决定就地规划建设遗址公园，并设立临沂建城2500年纪念性标志。

9月30日—10月3日 2008鲁南经济带住宅产业博览会暨首届临沂国际新型生活方式展在临沂人民广场举行。临沂、日照等市近200家房地产、汽车、装饰等企业参加了博览会。

10月11—14日 新华社、人民日报社、中央电视台等18家中央媒体记者组成新闻采访团到临沂参加“金秋沂蒙行”新闻采访活动。

10月16日 省委、省政府确定临沂市为全省唯一的资源节约型和环境友好型社会建设改革试点城市。

10月22日 “沂蒙老区光明行动”启动仪式在市人民医院举行。全国政协原副主席张怀西，全国人大常委会委员、民进中央副主席朱永新，省政协副主席栗甲，全国防盲指导组组长、北京同仁医院院长韩德民等出席启动仪式。

临沂建城 2500 年纪念碑

10 月 22 日 由大众日报社、山东人民广播电台等 9 家省级媒体组成的新闻采访团到临沂市，就临沂供销社系统“一网两平台”经验进行为期 3 天的采访。临沂市供销社系统工作被全国供销合作总社誉为“山东经验、临沂现象、莒南模式”。

10 月 22—23 日 全国优抚医疗保障工作现场会在临沂召开。会议决定在全国推广山东省、临沂市的试点经验，推进全国优抚医疗保障制度建设。

10 月 25—26 日 首届中国临沂孝河文化节在王祥故里——兰山区白沙埠镇举行。此届孝河文化节由 8 个主题活动和 14 项配套活动组成。

10 月 26—28 日 第三届中国（临沂）人造板国际贸易洽谈会在临沂举行。洽谈会共设 280 个展位。20 余个国家和地区的 150 余名客商，国内 402 家人造板和机械制造企业以及全国各地的 1000 余名采购商参加了洽谈会。共签订合作协议 370 余份，实现成交额 5.3 亿元。其间，临沂市被中国木材流通协会授予“中国木业板材城”称号。

10 月 28—30 日 由中国工程院、山东省政府主办的 2008 年“鲁南经济带院士专家行”活动在临沂市启动。

10 月 29 日 临沂—杭州畜禽联防协作网络平台在临沂开通运行。

11 月 2 日 临沂蓝海国际大饭店开业。为临沂首家按国际五星级标准设计建造的以“美食+美居”为特色的综合美食酒店，总投资 3 亿元，建筑面积 4.5 万平方米。

11 月 4—5 日 中央纪委监察部纠风室副主任、国务院纠风办机关组组长施泽华带领全国教育收费检查组到临沂市进行专项检查，并视察了临沂人民广播电台《行风热线》栏目的开展情况。施泽华指出，临沂是《行风热线》栏目的发源地，自 1999 年 3 月 8 日开播至 2008 年 10 月底，累计播出 3173 期，接听电话 25049 个，解答群众咨询、落实群众反映问题 24972 个，成为全国开播时间最早、持续播出时间最长、播出密度最大的《行风热线》类栏目。

11 月 5 日 岚济公路临沂至日照界段改建工程建成通车。该工程是临沂单体路网改建工程投资最多、建设里程最长的项目，全长 71.4 公里。

11 月 8 日 中国缓控释肥行业首个博士后科研工作站在山东金正大集团挂牌成立。

11 月 9 日 沂河右岸防洪堤工程临沂城区段竣工通车。该工程是沂沭河洪水东调南下工程的重要组成部分，长 25.5 公里，新建引排水涵洞 45 处，项目总投资 18650 万元。

11 月 12 日 纪念临沂建城 2500 年邮票、明信片首发式和座谈会在临沂师范学院举行。

11 月 15 日 临沂市罗庄区江泉小额贷款股份有限公司开业。该公司由华盛江泉集团为主发起人，共有6家法人和11个自然人合资入股，注册资本1亿元，主要经营罗庄区“三农”和中小企业的小额贷款业务，为全省第一批小额贷款公司试点单位之一。

11月16日 在全国优秀农民工表彰大会上，临沂市姜羽、朱德银、石学晓3人受到表彰。

11月18日 由省委宣传部等部门主办的“魅力山东活力临沂”纪念改革开放30周年专场文艺演出在沂蒙广场举行。

11月22日 临商银行揭牌庆典大会在临沂人民会堂举行。临商银行原为临沂市商业银行，经近几年快速发展，已转变成为一家跨区域性乃至全国性的股份制商业银行。

11月23日 由中国商业联合会主办的中国市场大会暨中国商品市场30年成就展览在北京人民大会堂举行，山东临沂、浙江义乌等5个城市被授予“中国市场名城”称号。

11月27日 沂河滨河路一期工程竣工通车。该路段位于沂河东岸，北起沂水县跋山水库，南至郯城县鲁苏两省交界。一期工程长89.4公里，按三级公路标准设计，路面宽度9~16米。

11月27日 沂南县众诚鸭业有限公司、沂南县永鑫食品有限公司、临沂（沂南）龙海禽业有限公司3家屠宰加工企业的鸭产品，获得农业部无公害农产品认证。

11月29日 蒙山旅游区管理委员会暨山东蒙山旅游集团有限公司揭牌仪式在蒙山龟蒙景区文化广场举行。

12月3—5日 在2008中国（北京）国际地理标志产品展览会上，“临沂柳编”地理标志产品获中国区域特色名优产品奖。

12月4日 在江苏省无锡市举办的“2008（第三届）江浙企业工商领袖年会”暨“首届江浙企业家投资中国首选开发区”颁奖典礼上，临沂经济开发区获“江浙企业家投资中国首选开发区”及“全国十大效能开发区”称号。

12月9日 由临沂市残疾人联合会与临沂师范学院文学院合作共建的全国第一个地市级残疾人事业发展研究会——临沂市残疾人事业发展研究会成立。

12月10日 临沂市获全国无偿献血先进城市奖。

12月16日 山东（临沂高新区）电子信息产业园建立。

12月17日 临沂滨河景区凤凰广场获山东省第六批“十佳文化广场”称号。

12月23日 由市农村经济组织联合会发起，按照自愿入股的原则，联合37个供销系统内企业、基层供销社、专业合作社等法人单位和25个自然人组成的临沂联合担保有限公司成立。

12月24日 中国科学院山东综合技术转化中心临沂中心暨临沂市科学技术合作与应用研究院揭牌成立。

12月25日 临商银行宁波分行挂牌开业。

12月26日 枣（庄）临（沂）铁路、东（都）平（邑）铁路开工建设。枣庄至临沂铁路自薛枣线枣庄东站引出，至兖（州）日（照）线的朱保车站，新建铁路全线长85.2公里，工程投资估算总额为25.4亿元，工期两年。东都至平邑铁路北起磁莱线的东都站，向南至兖日线的平邑站，设立东牛家庄、放城、汶南和仲村4个车站，全线长59公里，工程投资估算总额为13亿元，工期一年半。

12月29日 浪潮集团与临沂经济开发区签订协议，投资成立山东浪潮华光照明有限公司。

12月30日 2008年度“中国特色魅力城市200强”排行榜在韩国首尔公布，临沂市入选2008年度“中国特色魅力城市200强”城市。

2009年

1月6日 中央纪委副书记黄树贤到临沂市视察并看望中纪委挂职干部。

1 月 8 日 中国兵学城一期工程主体项目——兵学博物馆开工建设。

1 月 11 日 中国地震局宣教中心、省地震局、市地震局等联合摄制的纪录片《大地震1668》拍摄完成。该片记录了 1668 年发生在临沂市境内的 8.5 级郯城大地震的情况。

1 月 11 日 由中国农村杂志社、农民日报社、中国农业影视中心等共同举办的第八届全国农村基层干部十大新闻人物评选揭晓，兰山农村合作银行董事长贾建华入选。

1 月 14 日 李公河生态水景走廊景观工程动工，该工程位于临沂经济开发区，规划全长 8.7 公里，由开发区与太平洋建设集团共同签约建设。

1 月 20 日 临沂市被中共中央文明委授予“全国创建文明城市工作先进城市”称号。

2 月 2 日 市政府与中国工商银行山东省分行签署战略合作备忘录。依据备忘录，工商银行于 2009 年至 2011 年，向临沂市基础设施建设、先进制造业、中小企业、现代服务业以及保障民生重点项目提供 128 亿元的信贷支持。

2 月 3—6 日 市政协十三届二次会议在临沂人民会堂召开。

2 月 4—7 日 市十七届人大二次会议在临沂人民会堂召开。

2 月 19—20 日 以内蒙古自治区政协主席陈光林为组长的中央深入学习实践科学发展观检查组到临沂市检查工作。

2 月 20 日 电影《沂蒙六姐妹》在华东革命烈士陵园沂蒙精神展馆开拍。影片以蒙阴县野店镇烟庄公方莲等 6 名妇女，在革命战争年代和和平建设时期爱军拥军的感人事迹为素材，反映沂蒙人民爱党爱军、无私奉献的精神。6 月 15 日，在北京举行首映式。中共中央政治局原委员、中央军委原副主席迟浩田，中央军委委员、解放军总政治部主任李继耐，中组部原部长张全景，临沂市委书记连承敏等出席首映式。8 月 29 日，在第 13 届中国广播影视大奖“电影华表奖”颁奖典礼上，该片获优秀故事片奖。9 月 21 日，获得第十一届全国精神文明建设“五个一工程”奖。

2 月 24 日 全市创建全国文明城市总结表彰暨创建国家园林城市再动员大会在临沂人民会堂召开。会议要求发扬“不创则已，创则必成”的创城精神，将文明城市创建长效机制巩固保持下来，确保国家园林城市创建一举成功。

2 月 24—26 日 国家发改委“两型社会”[①]建设改革研讨会专家组到临沂市调研，并召开座谈会，对试点总体方案提出了修改建议。

3 月 2 日 全国缓控释肥推广会议在临沂市召开。

3 月 5 日 全市深入学习实践科学发展观活动动员大会召开。

3 月 11 日 临沂师范学院与中国食品科学技术学会运动营养食品分会签约，联合成立运动营养人才联合培养基地。

3 月 14 日 临沂市在北京钓鱼台大酒店举行大型水上实景风情歌舞《蒙山沂水》旅游推介暨新闻发布会。

3 月 18 日 全省城市规划工作会议在临沂市召开。会议确定，重点抓好城乡统筹建设规划、农村住房建设相关规划编制和规划法规制度建设，推进城乡规划全覆盖。

3 月 22 日 兰山区金升小额贷款公司揭牌。该公司以山东金升控股集团联合 4 家企业和 20 个自然人股东共同出资 1.5 亿元成立，是当时全省注册资金最多的小额贷款公司。

3 月 23—24 日 中共中央政治局委员、中央书记处书记、中宣部部长刘云山在临沂市就文化体制改革、文化市场执法和文化产业发展情况进行调研。刘云山指出：“井冈山精神、延安精神、西柏坡精神、长征精神，再加上沂蒙精神、太行

①两型：资源节约型，环境友好型。

精神，所有这些都是我们民族精神的具体体现。正因为有了这些精神，才形成了无坚不摧的民族精神。”

3月27日 中国民生银行临沂支行开业。民生银行临沂支行是济南分行在省内设立的第一家异地支行。

3月27日 大唐山东发电有限公司与临沂市政府、费县县政府签订合作框架及投资意向仪式在陶然居大酒店举行。市政府与大唐山东发电有限公司签订《关于热电联产、节能发电等项目实施合作框架协议》，费县县政府与大唐山东发电有限公司签订《关于2×30万千瓦热电联产建设投资意向书》。

3月29—30日 中央军委委员、国务委员兼国防部长梁光烈在临沂市调研。梁光烈瞻仰了华东革命烈士陵园，参观了沂蒙精神展馆、银雀山汉墓竹简博物馆和孟良崮战役纪念馆，并向革命先烈敬献花篮。

3月31日 自即日起，临沂市开始“国家知识产权试点城市”的试点工作，为期2年。

4月2日 临沂商会大厦奠基。大厦总建筑面积7.6万平方米。

4月8日 第二届山东省畜牧业暨饲料工业展览会、第三届山东临沂畜牧业博览会在临沂中国商城会展中心开幕。会期3天，内蒙古、黑龙江、四川、浙江、河南等20多个省、市、自治区的300余家企业参展，近万名客商到会，展位400余个。

4月11日 临沂市首届沂州海棠节开幕。

4月14日 中国社会科学院发布2009年《中国城市竞争力报告》蓝皮书，临沂市城市综合增长竞争力居山东省第三位。

4月16日 全国革命老区高校联席会议暨党建与科学发展研讨会在临沂师范学院召开。

4月21日 中华全国供销合作总社副主任李春生到临沂市调研。先后考察了河东区和莒南县供销社系统部分专业合作社、服务中心、配送中心、标准化示范基地、资金互助合作社、电子交易市场等，对临沂市供销社系统注重运用现代流通方式嫁接改造农村传统供销网络的经验给予高度评价。

4月22日 中国临沂（苏州）招商引资洽谈会在苏州举行。会议期间，推介项目500余个。共签约项目75个，签约金额141.3亿元。其中，签订合同56个，合同利用市外资金额108.2亿元。

4月23日 全市地方史志工作会议召开，全面启动《临沂市志（1995—2010年）》编纂工作。

4月25日 临沂市援建北川县通口镇场镇建设的9个项目举行整体移交仪式。临沂市为全省首个将场镇援建项目移交当地的市。

4月28日 河东区获“中国五金产业工贸城”称号。

5月2日 全国航模邀请赛在滨河阳光沙滩举行。合肥、郑州、济南、青岛、济宁、枣庄、烟台等城市的模型爱好者和航模爱好者70余人参加了比赛。

5月5日 临沂市与华能山东发电有限公司战略合作框架协议签约仪式举行。协议确定：华能山东发电有限公司在沂水县投资70亿元建设4×100万千瓦机组，其中一期建设2×100万千瓦超临界发电机组；在河东区投资25亿元建设2×30万千瓦热电联产机组；加快建设华能临沂发电有限公司2×35万千瓦热电机组项目。

5月6日 临沂市与中国林科院木材工业研究所签订全面科技合作框架协议。协议确定，中国林科院木材工业研究所在产品质量监督、检测能力建设、信息网络建设、标准战略、专利战略、人才培养等方面对临沂市给予重点支持，帮助解决板材工业发展中存在的重大技术难题。

5月7—9日 第三届中国·临沂诸葛亮文化旅游节举行。开幕式上，举行“中国最佳生态文化旅游城市——临沂”命名授牌仪式，表演了大型水上实景风情歌舞《蒙山沂水》。开幕式之后，举行CCTV寻宝——走进沂南，诸葛亮故里旅游推介会，文化产品展销暨奇石根雕古玩字画交易大会，纪念诸葛亮诞生1828周年楹联大赛等活动。

5月14日 全省农村社区建设工作会议在临沂市召开，会议就农村社区建设重点问题进行座谈。

5月16日 首届中国临沂国际奇石盆景花卉根艺博览会在罗庄区开幕。博览会展出了全国各地22个协会、200余家参展商的上万件艺术品。

5月17日 “全国汽车下乡万里行”在罗庄区远通汽车超市启动。全国各地20余家汽车生产厂家、数百种汽车下乡产品参展。

5月18日 在全国社会治安综合治理表彰大会上，临沂市获“全国社会治安综合治理优秀市”称号。

5月18日 “红羽毛杯”2009年全国男子网球巡回赛临沂站比赛在滨河景区开赛。百余名国内优秀运动员参赛。

5月21日 孟良崮烈士陵园和新四军军部旧址暨华东军区、华东野战军诞生地纪念馆被中宣部公布为第四批全国爱国主义教育示范基地。9月28日，举行揭牌仪式。

5月21—23日 省长姜大明在临沂市就文化产业、农村住房建设、商贸流通、大项目建设等问题进行调研。

5月22日 全国县级供销合作社工作会议在临沂召开。

5月24日 临沂市“行风热线”节目实现广播、电视同步直播。6月27—28日，国务院纠风办、国家广电总局、山东省纪委在临沂召开纪念临沂市行风热线创办十周年暨全国政风行风热线工作座谈会，就全国政风行风热线工作出现的新情况、新问题进行研讨。

5月29—30日 2009年全国中小城市发展论坛暨中小城市发展委员会年会在临沂市召开。论坛主题是“科学规划、多元投入，加快中小城市建设”，就中小城市的规划、投入、建设等议题展开探讨。

6月5日 沂水县上峪地区铁矿普查项目取得重大成果，共探明钛、铁矿石资源储量46289.4万吨，二氧化钛储量3069.2万吨，属于大型钛铁矿矿床。

6月11—13日 中央深入学习实践科学发展观活动巡回检查组对临沂市学习实践科学发展观活动情况进行检查指导。

6月17日 山东省黄金集团并购平邑县归来庄金矿签约仪式在济南举行。

6月22—24日 中国优秀旅游城市复核工作检查组对临沂市中国优秀旅游城市资格进行实地复查。25日，复核工作检查组宣布临沂市通过复核验收。

6月25日 2009年中国临沂（温州）招商引资推介会在温州万和豪生大酒店举行。

6月27日 2009年中国临沂（台州）招商引资推介会在台州耀达国际酒店举行。

6月29日 在中国园艺学会桃分会第二届学术年会暨首届全国早熟桃鉴评会上，蒙阴县选送的“蒙阴”牌蜜桃获金奖，成为全国第一个获此奖项的蜜桃品牌。

6月30日 市儿童福利院暨流浪儿童救助中心工程在北城新区举行开工奠基仪式。该中心总建筑面积2.2万平方米，可容纳少年儿童500名。

7月1日 市政府与香港新美景汽车集团在陶然居大酒店举行沂星电动汽车合作项目签约仪式。协议确定，香港新美景汽车集团对山东沂星电动汽车有限公司通过重组，建设大型新能源汽车生产研发基地，一期工程为电动大客车生产项目，投资2.1亿元，形成年产1万台电动大客车生产能力；二期工程为电动乘用车生产项目，投资15亿元，形成年产5万台电动乘用车生产能力。

7月1—2日 省委书记姜异康先后到兰山区、临沭县、平邑县等地就临沂市的城市规划和建设、工业和商贸物流业发展、社会主义新农村建设、应对金融危机等情况进行调研。

7月9日 省社会保险基金专项治理检查验收组到临沂市检查社会保险基金专项治理工作。

检查组认为，临沂市按照“广覆盖、保基本、多层次、可持续”的方针，完善各项社会保险制度，实行对社会保险基金的信息化监督，使基金监管更加有效，各项业务正常运行，确保了社保基金安全完整。

7月15—18日 市委书记连承敏率临沂代表团赴香港开展经贸洽谈活动。考察走访了香港培新集团等，与港澳有关企业进行了广泛接触洽谈，参加了2009（香港）山东省重大区域发展战略说明会暨经贸洽谈会。

7月16日 全省农村手工艺产业化促进工作现场会在临沭县召开。会上，临沭县被中国工艺美术协会授予“中国柳编之都”称号。

7月23日 市环境监测人员监测发现，南涑河出现突发性砷化物超标现象，立即启动应急预案，迅速开展应急处置工作，全力控制事件危害，在河道内同步构筑拦蓄坝14座，拦截河道20公里、水体70万立方米。24日，对临沂高新技术开发区内涉嫌排污企业——临沂亿鑫化工有限公司实行立即停产等应急措施，消除污染源头隐患。临沂亿鑫化工有限公司经理于某等5名犯罪嫌疑人被刑事拘留。

8月7日 全国妇女爱国主义教育基地在莒南县大店镇的省人民政府旧址暨八路军115师司令部旧址揭牌。

8月8日 中国红色体育展示大会暨莒南天马岛休闲旅游节在莒南县举行。

8月14—16日 全国文化体制改革经验交流会在南京市召开。临沂市被命名为全国文化体制改革先进地区。

8月21日 中科院计算所与中国科技开发院联合创办的中国科技开发院计算机与人工智能开发所落户临沂经济开发区。

8月27日 沂河生态路二期工程（沂南段）路面主体竣工，沂河生态路全线贯通。该路全长191.1公里，总投资约11.9亿元。

9月2日 兰山区金兰物流基地发生货物爆燃事故，造成18人死亡、10人受轻伤。3日，副省长郭兆信带领省有关部门负责人连夜赶赴临沂市，实地查看事故现场，到医院看望慰问受伤人员。

9月7日 全球著名商业杂志《福布斯》中文版第六次发布中国大陆最佳商业城市排行榜，临沂市居第53位。

9月10日 国家统计局中国经济景气监测中心发布《中国城市发展研究报告》，按照大城市、中等城市和小城市三种类型确定60个城市为新中国成立60周年“中国城市发展代表”，临沂入围中等城市代表。

9月10日 沂南卧龙学校西校区有8名学生被确诊为甲型H1N1流感病例。18日，患者康复出院。

9月20日 临沂市博物馆建成。该馆采用4本巨书叠加的造型，富有强烈的立体感。在正门上方采用东夷文化的图腾——二方连续的对凤纹样浮雕。该馆位于北城新区城市中轴线，滨河大道以北。占地面积23528平方米，总建筑面积20800平方米，地上4层。

9月20日 山东人游山东“逍遥秋歌，休闲之旅”活动启动仪式暨第七届山东平邑蒙山长寿文化旅游节在沂河中心岛开幕。以“养生长寿圣地、休闲度假天堂”为主题。开幕式上举行了“长寿养生研究基地”落户平邑蒙山授牌仪式和文化旅游节启动仪式。

9月20日 市中小企业信用担保有限公司成立。公司注册资本金5.2亿元，担保能力达50亿元。

9月22—24日 全国农村基层残疾人组织建设会议在临沂召开。临沂市介绍基层残疾人组织建设工作经验。与会人员对临沂市农村基层残疾人组织建设进行实地观摩考察。

9月23—24日 省政府安全生产督查组到临沂市鲁南化工市场、临沂汽摩配城等地检查安全生产情况。

9月24日 举行第十一届全国运动会火炬接力传递活动。临沂市是火炬传递山东省第6站，火炬传递全程 4.5 公里，90 名火炬手参加。

9 月 26 日 全国部分省市工商局市场规范管理信息化工作现场经验交流会在临沂市召开。与会人员参加了 2009 年中国（临沂）商品交易市场发展高峰论坛。

9 月 27—28 日 第七届中国·临沂书圣文化节举行。先后举行临沂书法广场落成典礼、中国书法名城联展暨洗砚池雅集笔会、第三届中国当代著名花鸟画家作品展、大型水上实景《蒙山沂水》专场演出、第三届“南潮北风”南北书坛精英联展等一系列主题活动。

9 月 27—28 日 山东省第十二届广告节在临沂举行。广告节举行文化、学术、展示 3 个大类、8 个大项的活动，设立经济、商城、文化、旅游 4 个展区，有 800 多个展位。

10 月 4 日 省委书记姜异康到蒙阴县野店镇烟庄看望支前模范“沂蒙六姐妹”中尚健在的伊淑英、张玉梅、伊廷珍 3 位老人。

10 月 10 日 山东医学高等专科学校新校区奠基。新校区位于临沂大学城北侧，规划建筑面积 25.9 万平方米，总投资 3.2 亿元，可容纳学生 8000 余名。

10 月 11 日 在全国 114 个城市公共文明指数测评中，临沂市获全国地级市第七名、山东省第一名。

10 月 15—16 日 国家园林城市考核组对临沂市创建国家园林城市工作进行考核验收。

10 月 19—20 日 国家体育总局局长刘鹏一行在临沂考察。

10 月 26—28 日 第四届中国（临沂）人造板产业博览会暨国际贸易洽谈会在临沂中国商城会展中心举行。以创新发展、壮大产业、塑造品牌为主题，设立人造板及相关产品、人造板机械等展位 300 余个，20 多个国家和地区的 70 多名采购商及国内 3000 多名采购商参会，签订合作协议 604 份。达成交易额9.9 亿元，其中实现成交额 3.8 亿元。

10 月 29—30 日 中共中央政治局常委、国务院总理温家宝在临沂市调研。先后到临沭县、费县了解医药卫生体制改革情况，并与中小学生一起上课了解教学情况；在临沂市召开座谈会，就社会事业发展听取基层干部群众的意见和建议。人力资源和社会保障部部长尹蔚民、省委书记姜异康、省长姜大明等陪同调研。

11 月 5 日 市委、市政府印发《临沂市资源节约型和环境友好型社会建设改革试点三年实施方案》。9 日，召开全市领导干部会议，全面部署“两型”社会建设改革试点工作。

11 月 6 日 临沂师范学院选送的电视文献纪录片《大地震 1668》在四川电视节上获“金熊猫”奖、国际自然灾害影视节目评选最佳创意奖。

11 月 10—11 日 首届全国猪业发展高层论坛暨生物环保养猪研讨会在临沂举行。论坛以“创新、交流、合作、发展”为主题，围绕猪业发展、猪病防控、猪肉安全、生态养猪等热点问题，探讨养猪业创新途径，推介新技术成果。

11 月 13—14 日 中央巡回检查组副组长张龙之率领中央深入学习实践科学发展观活动巡回检查组，到临沂市检查指导学习实践科学发展观活动开展情况。

11 月 19 日 206 国道临沂绕城北线（北外环）通车。该工程东起河东区太平镇西水湖崖村，向西跨越沂河、孝河、柳青河、祊河后在义堂镇东与西环路相连，全长 26.8 公里，按一级公路标准建设，双向四车道，工程总投资 3.78 亿元。

11 月 19 日 齐鲁文化走出山东——“沂蒙红色文化走进北京大学”系列活动在北京大学百年讲堂举行。

11 月 20—21 日 中国农产品加工与流通博览会在临沂举行。全国 26 个省、市、自治区 800 多家企业参展，展位 1200 个，展出面积 1.2 万平方米。其中，台商企业展位 85 个，参展客商 137 人。签约招商投资项目 25 个，利用市外资金总额 71.01 亿元。

11 月 27 日 20 时 20 分，42 集大型电视连续剧《沂蒙》在央视第八套节目播出。

11 月 27 日 临沂市与日照市共建鲁南临港产业带合作协议签字仪式在日照举行。

11 月 27—29 日 在西安市举行的中国果蔬产业品牌论坛暨名优果蔬宣传推介表彰会上，中国果蔬产业品牌专家委员会和评选组委会授予苍山县“中国蔬菜之乡”称号。

12 月 3 日 全国村务公开和民主管理“难点村”治理工作经验交流会在临沂市召开。临沂市作经验介绍，兰山区、平邑县及与会的有关省、市在会上作典型发言。

12 月 8—9 日 全省文化市场综合执法改革经验交流会在临沂市召开，会议传达了全国文化市场综合执法改革经验交流会精神，并总结推广临沂等地的经验做法。

12 月 10 日 枣（庄）临（沂）铁路临沂段开工建设。枣临铁路全长 119 公里，设计为国铁Ⅱ级（线下国铁Ⅰ级）单线电气化铁路，速度目标值 120 公里/小时。枣临铁路临沂段长 62.2 公里，途经苍山县、兰山区和罗庄区，总投资约 15 亿元（2012 年 11 月 29日，枣临铁路全线通车）。

12 月 16 日 在第七届中国舞蹈荷花奖舞剧舞蹈诗大赛颁奖仪式上，临沂市参赛作品大型水上实景演出《蒙山沂水》获“组委会特别奖”。

大型水上实景演出《蒙山沂水》剧照

12 月 21 日 环保部华东环境督察中心督察组到临沂，检查临沂市水污染防治、污染物集中处理和关停重污染企业等情况。

12 月 23 日 山东省国家首批新型农村社会养老保险试点在平邑县启动。年满 60 周岁且未享受城镇职工养老保险待遇的农村居民不用缴费，每人可按月领取基础养老金 55 元；年满 16 周岁且没有参加城镇职工养老保险的农村居民，可自愿参加农村养老保险。平邑县根据各乡镇不同区域和不同经济状况，确定 5 个养老金缴费档次，县财政给予适当补贴。

12 月 26—27 日 省爱卫会组织专家组对临沂市创建国家卫生城市工作进行考核检查。分组现场检查临沂市的爱国卫生组织管理、健康教育、市容环境卫生、环境保护、公共场所和饮用水卫生等 10 个方面的工作。

12 月 29 日—2010 年 1 月 3 日 中国（临沂）日用消费品博览会暨齐鲁国际旅游美食文化节在临沂中国商城会展中心举行。博览会设食品酒水、房产汽车、家纺服饰、洗化用品、古玩玉器、中华美食、礼品玩具、家电通信等 8 个展区近 400 个展位，展出面积近万平方米。

12 月 31 日 华能临沂发电有限公司 2×350 兆瓦热电联产扩建工程开工奠基仪式举行。该工程为临沂市 2009 年投资的重点建设工程，总投资 27.8 亿元。

12 月 焦海旺任临沂军分区政治委员。

2010 年

1 月 11 日 市委副书记、市长张少军在临沂会见东亚国际投资（集团）有限公司董事局主席李国纬一行。12 日，该公司与临港产业区举行投资合作项目签约仪式，在临港产业区投资建设基础设施及旅游休闲度假中心。

1 月 11—13 日 省食品安全整顿督查组到临沂红星牧业有限公司、临沂金锣良种猪场、临沂新程金锣肉制品有限公司以及莒南县部分食品生产企业和超市进行检查。

1月14日 市十七届人大常委会第十四次会议确定沂州海棠为临沂市市花。

1月18—21日 市政协十三届三次会议在天元商务大厦会议中心召开。

1月19—22日 市人大十七届三次会议在天元商务大厦会议中心召开。

1月20日 中国民生银行与市政府签署区域战略合作协议。协议确定中国民生银行在两年内向临沂市提供不低于100亿元的信贷支持。

1月29—30日 卫生部党组书记、副部长张茅在临沂市就卫生基层单位学习实践科学发展观及医药卫生体制改革进展情况进行调研。

1月30日 联合国旅游经济促进会、中国营销学会、中国国际旅行家协会联合举办的世界旅游博览会大型系列活动“2010国际旅游经济发展论坛”在北京召开，莒南县被评为中国最具魅力旅游名县。

2月4日 临沂市被命名为国家园林城市。

2月8日 临沂市环境监控应急指挥中心建成并投入使用。该中心由重点污染源在线监控、流域区域环境质量在线监测、环境地理信息(GIS)、监察监测车辆指挥调度（GPS）、“12369”环保举报热线和环境视频会议等12个系统组成。

2月26日 由省环保厅、省发改委、省监察厅、省住房和城乡建设厅、省水利厅组成的省淮河流域迎查督导组对临沂市淮河流域水污染防治工作进行检查督导。

2月28日 临沂玉平沂河特大桥及接线工程项目开工。该工程东起G206与长深高速临沂北连接线交汇处，西至新沂蒙路北段，全长13.55公里，双向四车道，路基宽24.5米，路面宽23米，大桥全长1038.2米，桥面净宽23米。大桥全长1038.2米，桥面净宽24米（2011年12月28日通车）。

3月16日 市长张少军与美国哈蒂斯堡市市长约翰尼·杜普里签署两市建立友好合作城市关系协议书。

3月23日 全国人大常委会副委员长、民革中央主席周铁农到临沂师范学院视察。

3月23—24日 民革山东省“高效生态农业富民工程”沂南示范现场会召开。与会人员实地考察了沂南县“生态农业富民工程”示范现场。

3月24—27日 环境保护部、住房和城乡建设部、水利部组成考核小组到临沂，检查山东省纳入海河流域、淮河流域水污染防治规划的项目治理情况。临沂市代表山东省接受国家淮河流域水污染防治工作考核。

3月30—31日 最高人民检察院检察长曹建明在临沂市就贯彻落实全国“两会”精神、推进“社会矛盾化解、社会管理创新、公正廉洁执法”工作进行调研。

3月31日 中国科学院工程院院士崔俊芝带领住房和城乡建设部数字化城市管理试点工作验收组到临沂市，观看临沂市数字化城市管理建设情况专题汇报片，对临沂市和河东区数字化城市管理中心实地考察，查看相关资料，并对临沂市汇报建设情况进行质询。临沂市数字化城市管理工作顺利通过验收。

4月7日 山东电力集团公司与临沂市政府签署《关于推进电动汽车充电设施建设战略合作协议》，同时为全省首座大型电动汽车充电站——临沂焦庄电动汽车充电站奠基。6月23日，充电站竣工。

4月7日 临沂市组团参加省党政代表团和经贸代表团赴重庆学习考察。8日，举行重庆·山东经贸合作项目签约仪式，临沂市有11个项目签约，总投资额38.25亿元；其中到重庆投资项目6个，合同或协议投资总额21.45亿元；引资项目2个，协议投资额4.8亿元。

4月8—9日 中国华能集团公司总经理曹培玺一行在临沂市先后参观临沂城市规划展、凤凰阁、沂蒙红嫂广场，并到华能临沂发电公司详细了解企业生产经营情况和华能沂蒙电厂2×1000兆瓦电源项目、河东区 2×300 兆瓦热电项目前期工作进展情况。

4 月 10 日 省委书记姜异康、省长姜大明率省党政代表团到临沂市援建北川新县城影剧院、川剧团、川剧艺术学校工地检查指导。

4 月 13 日 中国残联副理事长程凯率中央检查评估组到临沂市，就《农村残疾人扶贫开发计划（2001—2010 年）》执行情况进行检查评估。先后对平邑县残疾人就业扶贫基地、残疾人创业典型、市残疾人就业扶贫基地等现场进行评估。

4 月 13 日 山东省重点污染河流治污暨流域环境安全管理现场观摩调度会议在临沂市召开。与会人员先后到临沂城市规划展览馆、康达环保临沂水务有限公司、临沂市环境监控应急指挥中心、华能临沂发电有限公司、武河万亩人工湿地水质净化工程、久泰能源科技有限公司观摩，听取经验介绍。

4 月 18 日 双岭路立交桥工程奠基。立交桥采用苜蓿叶形全互通立交形式，主线桥标准宽 25 米，桥跨以标准跨径 30 米为基础；匝道桥标准宽度为 10 米，为单向双车道。西外环主线桥长 393.5 米，满足桥下净高超过 5 米，双向六车道，匝道入段主线桥宽 33 米。2011 年 7 月 1 日通车。

4 月 18—19 日 全国人大常委会副委员长、农工民主党中央主席桑国卫先后到平邑县流峪镇金银花基地、费县新时代药业、罗欣药业等企业进行调研。

4 月 18—27 日 市长张少军率市经贸考察团赴台湾考察交流。考察团在台北国际会议中心举办两岸（临台）农业交流合作恳谈会，签订了在临沂市建设台湾生物科技园区、台湾农产品展销交易中心、台湾小吃一条街及采购台湾农特产品等协议，参观了台联电子、禧通公司、生物科技等 20 多家企业。

4 月 20—22 日 省人大常委会副主任鲍志强率调研组，就基层供销社在现代农业日用品流通网络、农产品经营服务体系、农资经营服务体系、再生资源回收利用体系、农村社区服务中心、农村融资服务体系、供销社组织体系建设等方面的工作情况进行调研。

4 月 24 日 中国科学院常务副院长、中科院院士白春礼到临沂市考察指导科技创新工作。

4 月 24—25 日 国防大学校长王喜斌带领第 36 期国防研究班学员 80 人，在临沂市先后参观孟良崮战役纪念馆、北城新区、华东革命烈士陵园、银雀山汉墓竹简博物馆。

4 月 24—25 日 中共中央委员、武警部队政委喻林祥到武警临沂支队看望武警官兵。

4 月 27 日 全市首座风力发电场——沂安中广风电场成功并网。

4 月 29 日—5 月 1 日 中共中央政治局原委员、中央军委原副主席曹刚川在临沂市参观考察。

5 月 2—3 日 平邑境内蒙山西侧（659 高地）发生火灾，过火面积 1.5 平方公里。平邑县组织 200 多名民兵扑火，到 5 月 3 日 17 点 40 分，大火被扑灭。

5 月 8 日 由中共中央文明办、民政部、全国妇联指导，中国志愿服务基金会主办的“老吾老以及人之老——临沂市关爱空巢老人志愿服务行动”在大官苑社区启动。

5 月 10—14 日 市长张少军带领市经贸代表团赴香港参加 2010 年（香港）山东周活动。签约项目 2 个，总投资 650 万美元。

5 月 13 日 比利时林堡省罗莫尔市市长彼特·范凡特霍温带领考察团到临沂市考察，并签订两市结为友好城市关系协议书。

5 月 14—17 日 副省长李兆前率省环保专项行动检查组在临沂市各个县区，对重金属排放企业、污染减排重点行业企业及重点信访案件等环保问题进行调查。

5 月 15 日 2010 年山东省科技活动周开幕式暨临沂市实施科技兴工战略建设创新型城市活动启动仪式在临沂市举行。

5 月 15 日 宣纸邮票《中国古代书法——行

书》特种邮票首发式在临沂市书法苑举行。该邮票由中国邮政集团公司发行，1套6枚，采用连票形式，呈现王羲之的《兰亭集序》、颜真卿的《祭侄文稿》和苏轼的《黄州寒食帖》三大行书。

5月16—26日 由中国观赏石协会、临沂市政府主办的中国（临沂）第二届国际观赏石博览会暨名家书画展在临沂珠宝玉器市场举行。国内外300余家客商与会，9万余件观赏石、陨石、珠宝玉器在现场展销，全国各地600余名书画家展出作品1000余件。

5月20日 国务委员、国务院秘书长马凯到临沂调研基层群众工作。

5月21日 省委常委、宣传部部长李群到苍山、郯城、临沭等县，就文化建设及企业转方式、调结构等工作进行调研。

5月22日 全国推进“乡村少年宫”建设座谈会在临沂市召开。会议通过座谈和参观临沂市“乡村少年宫”建设现场等形式，借鉴山东经验，推广临沂做法，推动农村未成年人课外活动场所建设。

5月27—28日 国务院安全生产委员会、安全生产督查组先后到鲁南化工市场、山东金兰现代物流发展有限公司、临沂市安全生产产业化服务基地、沂水县山东兴盛矿业股份有限公司，察看了解部分企业安全生产管理情况。

5月30日 首届“海内外博士后沂蒙行”活动在临沂市举行。其间，博士后与企事业单位签订合同37项，达成合作意向39项。11所国内著名高校和科研机构的博士后管理机构负责人与临沂市签订了高端人才交流合作协议。

6月1日 临沂市科技馆开馆。该馆设有常设展厅、儿童科学乐园厅、科技影视厅、学术报告厅和青少年科学工作室等6个功能区，各类展品展项110项（件），涵盖自然科学、信息科学、环境科学等学科领域。

6月2日 市长张少军会见在临沂市参观访问的墨西哥阿巴索罗市市长胡安·帕拉莫一行，并代表市政府与胡安·帕拉莫签署了两市友好合作关系协议书。

6月18日 市政府与中国石油天然气股份有限公司签署天然气发展利用合作协议。

6月18日 招商银行临沂分行开业。

6月18—19日 省人大常委会副主任刘玉功在临沂市调研节能减排工作。

6月20日 临沂市20兆瓦光伏跟踪电站项目一期工程奠基，该项目是国内首家单一采用双轴跟踪的兆瓦级光伏电站。

6月21日 环境保护部通报重点流域水污染防治专项规划2009年度实施考核情况。临沂市代表山东省接受国家淮河流域水污染防治工作现场核查，得分90.5分，列淮河流域四省第一名。

7月3—4日 在北京举行的首届中国城乡建设典范大型推介活动暨中国城乡建设论坛上，临沂市被授予“中国城乡建设范例城市”称号。

7月7日 市政府和省林业局签署《共建两型社会发展现代林业战略合作协议》。

7月8日 在香港举行的“2010中国城市分类优势排行榜”发布会上，临沂以74.74的总分列“2010中国十佳诚信政府排行榜”第八位。

7月14日 新菏兖日电气化铁路全线贯通，结束了临沂没有电气化铁路的历史。

7月21—23日 国家体育总局社体中心与中国木球协会（筹）共同主办的第五届全国木球锦标赛在临沂师范学院举行。

7月28—29日 副省长王随莲就食品安全问题在临沂调研。

8月1—2日 中共云南省临沧市委书记杨洪波率党政考察团在临沂市参观考察。其间，两市签约结为友好城市关系。

8月2日 山东天宇自然博物馆被吉尼斯世界纪录英国总部认定为“世界上最大的恐龙博物馆”。该馆藏有1106件较完整个体的恐龙化石，是世界上保存恐龙化石最多的自然博物馆。

8月2—10日 省政协理论学习中心组读书

会在临沂举行。省委副书记、省政协主席刘伟，副主席乔延春、齐乃贵、王志民、赵玉兰、张传林、李德强、栗甲、王新陆、王乃静，省政协机关在职厅级干部及各市政协主席参加了读书会。

8月8—9日 由中共中央党校国际战略研究所主办、临沂市经济开发投资公司协办的“中国战略走向”国际学术研讨会在临沂市召开。

8月13—15日 国家保障性安居工程建设督查组先后到兰山、罗庄、河东、蒙阴等县区检查经济适用住房、廉租住房和棚户区改造等项目进展情况。

8月16日 第三届山东国际大众艺术节开幕式暨“泰山文艺奖”颁奖典礼举行。电视剧《沂蒙》、电影《沂蒙六姐妹》分获荣誉奖和一等奖，这是继《沂蒙》获得中央电视台最高收视率奖和最佳首播剧奖，《沂蒙六姐妹》获得中宣部“五个一”精品工程奖、国家电影“华表奖”“金鸡奖”提名奖、第七届大学生电影奖后获得的山东省最高奖项。

8月18日 临沂市见义勇为基金会成立。

8月26—27日 全省重点旅游项目建设现场会暨重点旅游项目推介会在临沂市召开。

8月26—28日 中国（临沂·莒南）首届红色运动会在莒南县举行。共设15个比赛项目、两个表演项目。来自井冈山、延安、西柏坡、上杭等全国著名革命老区和解放军等38支代表队共455名运动员参加了比赛。

8月27—28日 武警部队政委许耀元在临沂市视察工作。

9月1日 10集电视系列片《沂蒙记忆》首映首发仪式在市行政中心举行。该片以沂蒙山小调、柳琴戏、郯马五大调、龙灯扛阁、糁、卧冰求鲤等非物质文化遗产为题材，艺术地表现了每项非物质文化遗产的溯源、价值、内容、现状等。

9月2—12日 市长张少军率市经贸考察团出访瑞典、德国和西班牙。在瑞典，张少军会见了沃尔沃集团全球总裁兼首席执行官雷夫·约翰森和沃尔沃建筑设备全球总裁兼首席执行官欧罗夫·佩森，双方就促进沃尔沃–临工项目发展进行了会谈；会见了临沂市友好城市——埃斯基尔斯图纳市议长兼市执行委员会主席阿尔夫·恩格纳夫斯，就两市开展经贸、科技、文化及教育交流与合作进行会谈。在德国，考察团参观了兰茨胡特市，并就推动宝马铝铸造公司与临沂市常林集团合作进行了会谈。在西班牙萨拉戈萨市的普林萨集团，与该集团总裁海曼就推动其在临沂市的合作项目进行了会谈。

9月3日 第八届中国·临沂书圣文化节在沂河湖心岛举行开幕式。5日，文化节结束。主要活动有：举行临沂市羲之书法教育基地授牌仪式，洗砚池雅集笔会，中国馆藏古代书画珍品还原艺术展、“临商银行杯”首届中国王羲之书法艺术（行草）展、“大美临沂”美术作品展、“南潮北风”2010年南北书坛精英联展，启动“中国书法日”万人签名活动。

9月4日 临沂广播电视发射塔建成。该塔兴建于2006年9月25日，总投资2亿多元，由广播与电视发射天线、塔楼、塔身及塔座组成，能传播36套广播电视节目，覆盖鲁南苏北及周边地区2500万人口。塔高326米。是山东省最高的广播电视发射塔，临沂市标志性景观建筑之一。

9月13日 临沂市被国家测绘局命名为全国数字城市建设示范市。

9月15日 市政府与宁夏回族自治区银川市政府战略合作框架协议签约仪式举行。

9月16—18日 2010年中国（临沂）市场贸易博览会在临沂商城国际会展中心举行。博览会设有4717个国际标准展位，展示各类产品近20万种。参展客商来自美国、德国、澳大利亚、法国、韩国等23个国家和地区，以及国内28个省、市、自治区。其间，举行招商引资推介会，300多名海内外客商参加推介会，共推介项目650多个，签订合同项目71个，合同利用市外资金额136亿元。

9 月 18 日 临沂商城中国教育用品采购基地、中国教学仪器设备进出口基地举行授牌仪式暨开业庆典。

9 月 26 日 由中国建设报社和临沂市委、市政府主办的中国（临沂）城镇化主导区域发展论坛在临沂市举行。论坛主题为“走中国特色的城镇化之路”。

9 月 27 日 第三届山东文化产业博览交易会在济南国际会展中心开幕。临沂市屠苏岛文化旅游开发和沂河湖心岛《蒙山沂水》文化基地两个重点文化产业项目签约，签约资金 120 多亿元。

9 月 29 日 临沂城 30 万吨供水工程启用。该工程能满足市区 150 万人的供水需求，水源为蒙阴县岸堤水库，总投资约 9.5 亿元。

9 月 30 日—10 月 7 日 中共中央政治局原委员、中央军委原副主席迟浩田在临沂视察。

9 月 张宏亮任临沂军分区司令员。

9—12 月 临沂发生特大干旱。9 月 11 日至 12 月初，全市降雨量总计仅 5.8 毫米，且均为无效降水，降水量为 1952 年临沂市有降水资料以后同期最小，旱情达特大干旱等级。全市 36.5 万公顷小麦，受旱面积达 33.87 万公顷，其中重旱 12.13 万公顷。全市有 3 万多人、9400 多头大牲畜饮水困难。

10 月 3—4 日 “中国移动通信杯”2010 年 F1 摩托艇世界锦标赛中国临沂大奖赛在临沂市举行。来自意大利、法国、葡萄牙、俄罗斯等国家的 11 支代表队参加比赛。意大利籍选手亚历·卡罗获得冠军。

10 月 6 日 山东龙岗旅游集团在美国 OTCBB 证券市场（美国场外柜台交易系统）上市，是山东省首家在境外上市的旅游企业。

10 月 11—12 日 省委副书记、省政协主席刘伟率全省转方式调结构现场观摩会的与会人员在临沂现场观摩。

10 月 14 日 山东沂蒙晚报传媒有限公司、山东鲁南商报传媒有限公司、山东临沂新闻大厦有限公司在济南山东新闻大厦揭牌。

10 月 16 日 大义临沂——全国敬老爱老志愿服务活动在兰山区白沙埠镇启动。

10 月 20 日 “临沭柳编”地理标志证明商标获国家工商总局商标局注册并取得使用权。

10 月 22 日 省政府印发《关于设立临沂临港经济开发区的批复》，同意设立临沂临港经济开发区。临沂临港经济开发区位于临沂市东部，规划面积 5 平方公里。

10 月 26—28 日 第五届中国（临沂）人造板产业博览会暨国际贸易洽谈会在临沂市举行。参展企业 320 家，展位 500 个，广东、黑龙江、江苏、广西、安徽、上海等 20 多个省、市近 5000 名采购商及 13 个国家和地区的 53 名外商参加了展会。其间，签约外商投资项目 16 个，协议投资总额 85.17 亿元，利用外资额 75.87 亿元，实现成交额 10.2 亿元。

11 月 7 日 山东省“百名专家企业行”活动在临沂市启动。

11 月 8 日 临沂市在全国城市公共文明指数测评中，获全国地级市总分第一名。

11 月 15 日 由中央宣传部、中央文明办等十部委主办，临沂市委、市政府、中央电视台《激情广场》栏目组承办的“激情广场——爱国歌曲大家唱山东临沂篇”在北城新区举行。

11 月 19—20 日 全省群众工作会议在临沂市召开。市委书记连承敏在会上介绍了临沂市群众工作经验。省委书记姜异康、省长姜大明等出席会议。

11 月 22—23 日 全国用群众工作统揽信访工作经验交流会在临沂市召开。市委书记连承敏介绍了临沂市发挥政治优势，创新体制机制，构建用群众工作统揽信访工作大格局的工作做法。

11 月 23 日 国务委员兼国务院秘书长马凯到临沂市调研。马凯指出，临沂市委、市政府把城市建设放在突出的位置来对待，以大思路、大气魄谋划城市，坚持高标准、高质量规划，大手笔、大气魄建设，做足做活水文章，使城市更加富有韵味，彰显了充满生机活力的滨水生态城市特色。

11月26日 山东省第一个蔬菜联盟标准——《沂南黄瓜》联盟标准在沂南县发布实施，与之配套的技术规程一同发布实施。该标准为针对蔬菜产品质量、生产技术制定的企业联盟标准。

2010年12月12日，临沂大学揭牌。

11月26日 经教育部批准，临沂师范学院更名为临沂大学。12月12日，临沂大学正式挂牌。

12月1—3日 国家环保模范城市复核组在临沂市通过查阅临沂市创建工作相关文件、资料、档案，到县、区抽查企业污染防治情况，检查城市污水处理设施、饮用水水源地保护、河流断面水质检测站等现场，认为临沂市达到了相关要求，验收合格。

12月3—5日 全国革命老区（临沂）跨越式发展理论研讨会在临沂市举行。

12月4日 临沂市与广西壮族自治区玉林市结为友好城市。

12月6日 临沂市被评为2010年中国全面小康最具安全感城市。

12月7日 青岛啤酒公司与香港培新集团关于新银麦啤酒合作项目签约仪式在济南举行。青岛啤酒全资收购由香港培新集团持有的银麦啤酒100%股权。

12月10日 2010年中国（临沂）国际食品产业博览会开幕。日本、韩国、美国、法国、德国等国家和中国香港、澳门、台湾等地区以及国内共计400余家企业参展。

12月20日 第九届（2010）中国城市竞争力排行榜发布，临沂市以76.73分入选2010年中国十佳宜商城市排行榜。

12月21日 临沂市公共资源交易中心成立，并同时启用电子监察系统。

12月23日 山东省军区政治委员南兵军到沂水县调研。

12月24日 市委、市政府颁发《关于在全市建立被征地农民社会保障制度的意见》，要求各级充分认识建立被征地农民社会保障制度的意义，正确把握指导思想和基本原则，大力实施土地被全部征用农民的基本生活保障，积极推进配套措施的实施，确保建立被征地农民社会保障制度工作顺利进行。

12月29日 由淄博市齐商银行发起，联合临沂市蒙凌机械、华太电池、奥德燃气、华扬公司等4家企业共同组建的市内首家村镇银行——临沂河东齐商村镇银行开业。

第一编

行政区域

LINYISHIZHI

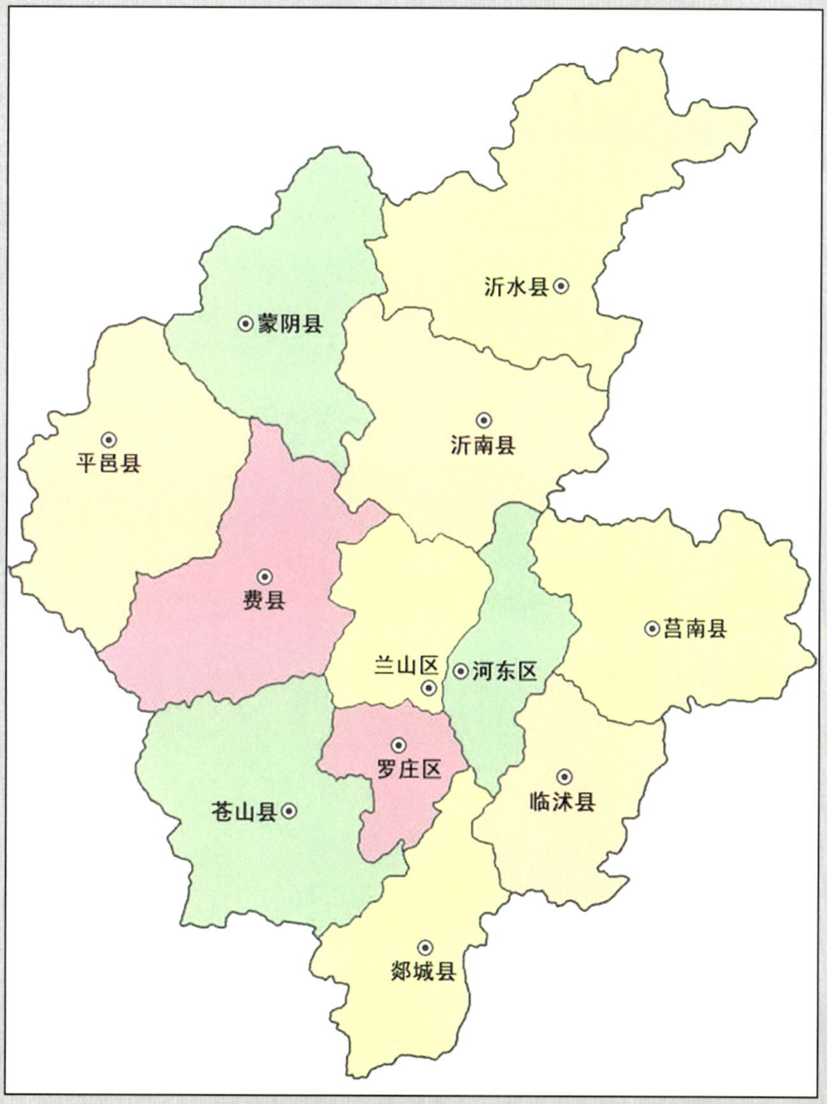

2015 年临沂市政区简图

临沂因临沂城濒临沂河而得名。位于山东省东南部，地近黄海，是全省面积最大的市。地处新亚欧大陆桥东方桥头堡三角地带，南与江苏省接壤，是南北地域文化互渐、交融的接合部。历史悠久，物质和非物质文化遗产丰富，为省级历史文化名城。由于地处要冲，自古有“齐鲁锁钥”，南北通衢之称。抗日战争时期，这里是著名的沂蒙山区革命根据地，是全省统一的行政权力机关——山东省战时工作推行委员会的诞生地；解放战争时期，临沂一度成为华东暨山东解放区首府。

改革开放后的今天，临沂境内兖石铁路、胶新铁路形成十字交叉，京沪、日东、青兰3条高速公路纵横交错，临沂飞机场为国家二级机场；市区距离岚山、日照、连云港三大港口均在100公里左右，距青岛港200公里。便利的交通为临沂市成为江北最大商品集散地提供了条件。

第一章 位置 境域

第一节 位 置

临沂市位于山东省东南部，地近黄海。东接日照市，西与枣庄、济宁市毗连，北靠泰安、淄博、潍坊市，南邻江苏省徐州、连云港市。

1986年，临沂地区辖2市11县，地处北纬34°22′~36°22′，东经117°24′~119°39′。西与枣庄、济宁、泰安相连，北与淄博、潍坊、青岛接壤，东临黄海，南邻江苏省。后日照市和沂源、莒县相继划出。1994年，临沂地区撤销，改设地级临沂市。市境地理坐标为北纬34°23′~36°12′，东经117°25′~119°12′。市人民政府驻地兰山区，至省会济南直线距离280公里，至首都北京直线距离723公里。2008年，市行政机关由金雀山路43号迁至北京路17号天元商务大厦（北纬35°06′，东经118°21′）。

第二节 境 域

1986年，临沂地区辖临沂市、日照市、郯城县、苍山县、莒南县、莒县、沂水县、沂源县、蒙阴县、平邑县、费县、沂南县、临沭县，共321个乡、镇、街道，12570个行政村。最大纵距221公里，最大横距204公里。总面积22787.44平方公里。1989年6月，国务院批准日照市升格为地级市。1989年12月2日，国务院批准，沂源县划归淄博市管辖。1992年12月，莒县划归日照市。

1994年，临沂地区撤销，改设地级临沂市。辖兰山、罗庄、河东3区和郯城、苍山、莒南、沂水、沂南、平邑、费县、蒙阴、临沭9县。共有250个乡、镇、街道，9544个行政村（社区）。2010年，全市辖3区9县，共有180个乡、镇、街道，7159个行政村（社区）。最大纵距201公里，最大横距161公里。总面积17191平方公里，是山东省面积最大的市。

第二章　历史沿革

第一节　先秦时期

临沂市历史悠久，是中国古代文明的发祥地之一。旧石器时代的文化遗址在沂水、莒南、郯城等县均有发现。细石器文化遗址已发现80余处，主要分布在沂沭河流域的沂水、兰山、河东、罗庄、临沭、郯城等县区，因而被统称为“沂沭细石器文化”。新石器时代的文化遗址在市内有着广泛分布。

商代至春秋时期

方国　临沂市地域范围为东夷文化重要构成区。商代，在相当今临沂市的地域内有郯、鄫(一作缯)、鄟诸方国。周代，临沂市域的西北境和东北境分属鲁国和齐国。此外，见于《春秋》的尚有以下诸国：

颛臾　故城旧址在今平邑县平邑镇以东，蒙山之阳。风姓，传为太皞之后。春秋初期为鲁国附庸。后被鲁国季氏所灭。

鄅　都城旧址在今兰山区南坊街道鄅古城村。妘姓，子爵。公元前524年（周景王二十一年）一度被邾国袭破，尽俘其人。翌年，宋国伐邾，邾被迫归还鄅俘，鄅复存。此后，其国并入鲁国。

鄫　亦作缯。都城旧址在今苍山县卞庄街道办事处西北16公里处。姒姓，子爵。前567年（周灵王五年）为莒国所灭。

鄟　春秋时小国，都城旧址在今郯城县泉源乡前城、后城两村西。姓氏不可考。为鲁附庸。前585年（周简王元年）灭于鲁。

阳　都城旧址在今沂南县砖埠镇诸葛村一带。姬姓（一说为偃姓或御姓）。前660年（周惠王十七年）灭于齐。

向　都城旧址在今莒南县大店镇政府西3公里处。姜姓。传为炎帝之后。前721年（周平王五十年）灭于莒。前605年（周定王二年）归鲁。

郯　都城旧址在今郯城县郯城街道北关。嬴姓（一作己姓），传为少昊之后，附庸鲁国。公元前414年（周威烈王十二年）为越所灭，公元前355年（周显王十四年）楚灭越，郯归于楚。

根牟　故城旧址在今莒南县城西北25公里的汀水镇墩后村一带。曹姓，子爵。属东夷族。前600年（周定王七年）灭于鲁。

於馀丘　故城旧址在今临沂市北部。姓氏不可考。

城邑　春秋时期，境内尚有一些大的城邑，见于鲁史《春秋》的有17个，主要归属鲁、齐、莒诸国。

启阳　旧址即今临沂城。春秋时期属鲁，前492年（周敬王二十八年）筑城。《春秋·哀公三年》：“季孙斯、叔孙州仇帅师城启阳。”汉时因避景帝刘启讳改称开阳。

中丘　旧址有两说：《后汉书》《沂州府志》认为在诸葛城，即今兰山区白沙埠镇东北的诸葛城村；《续山东考古录》根据《水经注》的记载，认为在诸葛城（古临沂县城）北50里的葛沟（今沂南县葛沟镇政府驻地）。春秋时期属鲁，前716年（周桓王四年）建城。

祝丘　旧址在今河东区汤河镇故县村北，春秋时属鲁。前707年（周桓王十三年）筑城。

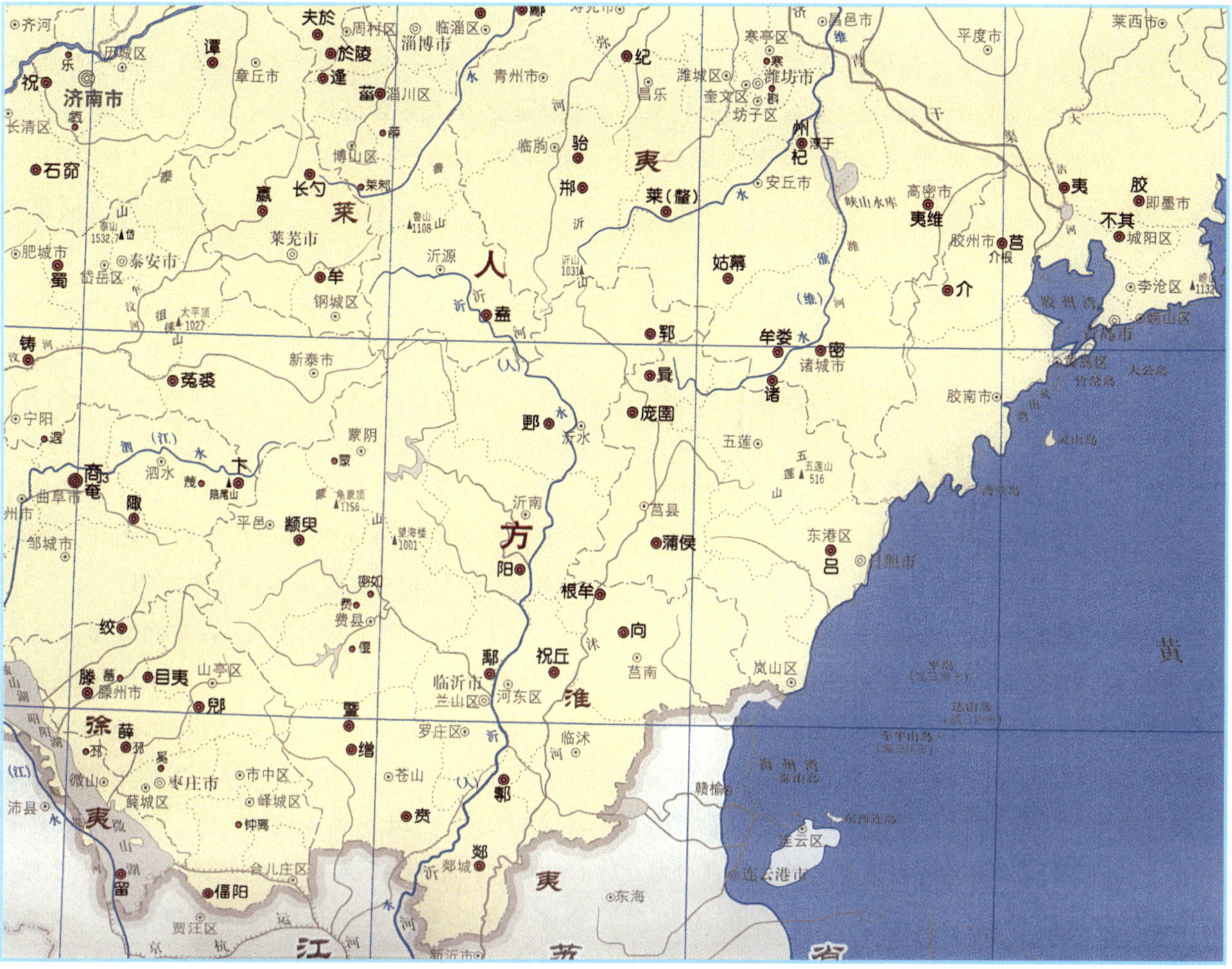

图 1-1　临沂市历史地图（商代）

鄪　旧址在今费县费城镇政府驻地西北 15 公里的上冶镇古城、西毕城一带。春秋时鲁邑。前 659 年（周惠王十八年），赐季氏为私邑。

祊（邴）　旧址在今费县城南关。周时属郑，后归鲁。周宣王赐与郑桓公，使之在帝王今后祭泰山时，作助祭汤沐之邑。郑庄公时，因祊距国太远，用它换取鲁国的许田。

防　旧址在今费县方城镇政府驻地北 2 公里处。春秋时鲁邑。前 665 年（周惠王十二年）筑城。

台　旧址在今费县费城镇政府驻地东南 20 公里鲁城村。春秋时鲁邑。

东阳　旧址有两说：《兖州府志》以为即今费县梁邱镇关阳司；清《沂州府志》认为即今平邑县平邑街道东阳村。春秋时鲁邑。前 487 年（周敬王三十三年）一度被吴国军队占领。《后汉书·郡国志》："南城（县名，治今平邑县魏庄乡南武城村）故属东海，有东阳城。"此东阳城即今费县梁丘镇关阳司。

武城　旧址在今平邑县魏庄乡南武城村附近。春秋时鲁邑。

丘舆　旧址在今平邑县丰阳镇南埠庄村。春秋时鲁邑。前 481 年（周敬王三十九年），鲁葬司马牛于此。

向　旧址在今苍山县向城镇政府驻地西南 1 公里处。春秋时鲁邑。前 696 年（周庄王元年）建城。

次室　旧址在今苍山县兰陵镇。春秋时鲁邑。后入楚为兰陵县。

蒙　旧址在今蒙阴县联城镇城子村。春秋时

鲁邑。

郓　旧址在今沂水县高桥镇徐家荣仁村。前615年（周顷王四年）筑城。《春秋·文公十二年》：“季孙行父帅师城诸及郓。”此时属鲁。《左传·昭公元年》：“莒、鲁争郓，为日久矣。”即指此邑，亦称东郓。

堂阜　旧址在今蒙阴县常路镇南围子、北围子村附近。春秋时属齐。

密　旧址在今沂水县院东头镇刘家店子村西。春秋时鲁邑。

鄅陵　旧址在今沂南县东北部。春秋时莒邑。

战国时期

今临沂市境内的诸封国，先后为齐、楚所兼并。到战国末期，南部（包括今郯城县、临沭县、苍山县、兰山区、罗庄区、河东区及费县、平邑县的南部）属楚，北部属齐。此期，齐分全国为五都，楚则实行郡县制。前255年（楚考烈王八年），春申君黄歇以荀况为兰陵令，这是楚在今临沂市地域所设最早见于文献的县。

第二节　秦汉时期

前221年（秦始皇二十六年）实行郡县制，分全国为36郡。今临沂市的区域大约分属于琅邪郡和郯郡。其中属琅邪郡的莒县，其地域西至蒙（今蒙阴西），南邻阳（今沂南县南）。城邑有蒙、费、阳、启阳、南城等；属郯郡的有郯、襄贲、兰陵、缯等县。

西汉初年，继续实行分封制。在朝廷之下分封若干个同姓和异姓的王。王国受朝廷节制，但又相对独立。王国之下，设置支郡，支郡辖县。

前203年（汉高祖四年），封韩信为齐王。今临沂市北部地区属齐，南部地区仍属楚。

前202年（汉高祖五年），改封韩信为楚王。今临沂市北部地区分属琅邪郡、齐郡。南部地区属楚国的东海郡。

前201年，分楚国为荆、楚2国。今临沂市北部地区分属齐国的城阳郡、琅邪郡；南部地区属楚国东海郡。

前193年（汉惠帝二年），齐王刘肥为调整与吕后的关系，献所辖城阳郡为吕后之女鲁元公主汤沐邑。前181年（高后七年），吕后割齐琅邪郡封吕后之妹吕媭的女婿刘泽为琅邪王。此时，今临沂市北部地区分属琅邪国和鲁元公主的城阳郡，南部地区仍属楚国的东海郡。

前179年（汉文帝元年），将吕后时所割齐国的城阳、琅邪、济南等郡归还齐国。此时，今临沂市北部地区复属齐国琅邪郡、城阳郡。

前178年（汉文帝二年），以齐之城阳郡封朱虚侯刘章为城阳王，以济北郡封东牟侯刘兴居为济北王。今临沂市北部地区分属城阳国和琅邪郡。

前169年（汉文帝十一年），改封刘章之子刘喜为淮南王。城阳国废为郡，属齐。前164年（文帝十六年），分原齐国地为齐、城阳等7国。今临沂市北部地区分属琅邪郡、城阳国。同年，削楚国东海郡。从此，今临沂市南部地区属西汉朝廷直接统辖的东海郡。

前154年（汉景帝三年），景帝收取各王国的支郡，削去诸侯王的特权。此后，西汉的行政区划便成为郡（国）县（侯国）二级制。前106年（汉武帝元封五年），将全国分为13个刺史部（连同征和四年设置的司隶校尉共为14部），州部逐渐演变为一级政区。

公元2年（汉平帝元始二年），境内行政区划设置情况如下：

徐州刺史部

东海郡　共辖38县，其中在今临沂市地域的有：

郯县　原为古郯国地。秦置县。西汉沿置。治所旧址在今郯城县郯城街道北关。

开阳　原为春秋时的启阳邑。汉初置县。后因避景帝刘启讳，改名开阳。新莽称厌虏。治所旧址在今临沂城。

临沂　汉置县。治所旧址在今兰山区白沙埠镇政府驻地东北6公里的诸葛城村。

即丘　即春秋时期的祝丘邑。汉置县，改名即丘。新莽称就信，治所旧址在今河东区汤河镇故县村。

利城　汉置利成县。新莽称流泉。汉武帝曾封城阳共王之子刘钉为利成侯。治所旧址在今临沭县临沭镇东利城村。东汉利成更名为利城。

襄贲　战国时齐邑，汉初置县。新莽称章信。治所旧址在今苍山县长城镇。

兰陵　即春秋时鲁国的次室邑。战国时楚国设置兰陵县，西汉沿置。新莽称兰东。治所旧址在今苍山县兰陵镇。

缯　古鄫（《穀梁传》作“缯”）国。汉置县。新莽称缯治。治所旧址在今苍山县向城镇鄫城。

费　春秋时鲁季氏邑。汉初置县。新莽称顺从。治所旧址在今费县上冶镇古城、西毕城一带。

南成　原为春秋时鲁国武城邑。战国时属齐，称南城。汉初置县，称南成，为侯国。治所旧址在今平邑县魏庄乡南武城村附近。

琅邪郡　秦置郡。西汉沿置。郡治在东武（今诸城市密州街道古城子村），辖51县。在今临沂市地域的县有：

东莞　即古郓邑。西汉置县。治所旧址在今沂水县高桥镇徐家荣仁村。

魏其　汉初置县。景帝三年置魏其侯国。魏其侯窦婴死后，魏其侯国改为县。新莽时改称清泉县。治所旧址在今临沂城东南。

椑　西汉置县。新莽时称识命。治所旧址在今莒南县境。

高乡　西汉置县。后为侯国。西晋泰始元年（265年），侯国废除。治所旧址为今莒南县十字路街道。

兖州刺史部

泰山郡　辖24县，其中在今临沂市地域的有：

蒙阴　原为春秋时鲁国蒙邑。西汉置县。新莽时称蒙恩。治所旧址在今蒙阴县联城镇城子村。

南武阳　西汉置县。新莽时称桓宣。治所旧址在今平邑县保太镇武阳村。

华　春秋时鲁国防邑。西汉置县。新莽时称翼阴。治所旧址在今费县方城镇古城村。

城阳国　辖4县，在今临沂市地域的有：

阳都　春秋阳国地。西汉置县。治所旧址在今沂南县砖埠镇诸葛村一带。

东安　西汉置县。治所旧址在今沂水县姚家店子镇前、后城子和黄崖头3村之间。

虑　西汉置县。新莽称著善。治所旧址在今蒙阴县坦埠镇西故县村。

东汉时期，城阳国废，地域并入琅邪郡；省魏其、椑、高乡、箕、新山、高阳、蒙阴、虑等县。

140年（东汉顺帝永和五年），今临沂市地域的行政区划设置情况如下：

徐州刺史部（治所在郯县）

琅邪国　初为琅邪郡。37年（东汉建武十三年），省城阳国入琅邪郡。41年（东汉建武十七年），光武帝封子刘京为琅邪王，琅邪郡改为琅邪国。62年（永平五年），琅邪国都由东武县迁至莒。不久，刘京请求将国都由莒迁到开阳县城，因开阳时属东海郡，刘京愿以华、盖、南武阳、厚丘、赣榆5县，换取东海郡的开阳、临沂，获汉明帝同意。76年（建初元年）至80年（建初五年）间，琅邪国都迁至开阳城。206年（东汉建安十一年），刘熙被封为琅邪王，又11年被诛，国除。琅邪国所辖13县，今临沂市地域有：

开阳　西汉置县。原属东海郡，62年（东汉永平五年）改属琅邪国，为琅邪国都城，旧址在今临沂城。

即丘　西汉置县，原属东海郡。东汉改属琅邪国。

临沂　西汉置县，原属东海郡。东汉改属琅

邪国。

缯　西汉置县，原属东海郡。东汉改属琅邪国。

阳都　西汉置县，原属城阳国。37 年（东汉建武十三年），废城阳国，划归琅邪国。

东安　西汉置县，原属城阳国。37 年，随城阳国并入琅邪。

东莞　西汉置县。东汉迁治所，旧址在今沂水县沂水街道。

东海郡　辖 13 县，今临沂市地域有：

郯　周时郯国，秦置县，两汉沿置。为东海郡治所。徐州刺史部亦治于此。

襄贲　汉初置县。

兰陵　战国楚置县，两汉沿置。

利城　汉置县。

兖州刺史部

泰山郡　辖 12 县，今临沂市地域有：

南城　西汉置县，称南成。原属东海郡。东汉改为南城，属泰山郡。

费　西汉置县，原属东海郡。东汉改属泰山郡，为费国（侯国，县级）。

南武阳　西汉置县，东汉为侯国。59 年（明帝永平二年）改属琅邪国。80 年（章帝建初五年）复属泰山郡。

盖　西汉置县。东汉为侯国。59 年（明帝永平二年）改属琅邪国。80 年复属泰山郡。

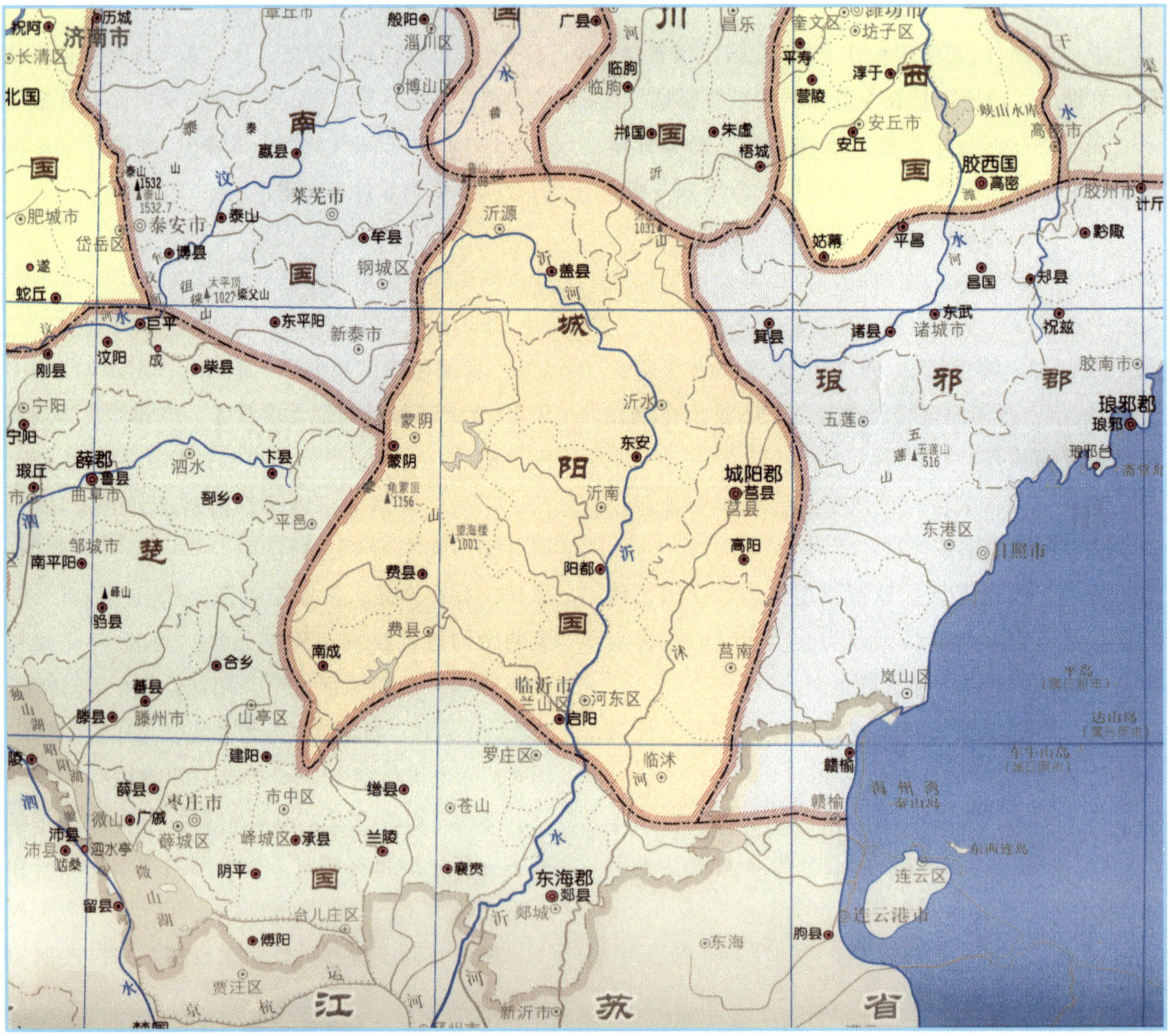

图 1-2　临沂市历史地图（西汉一）

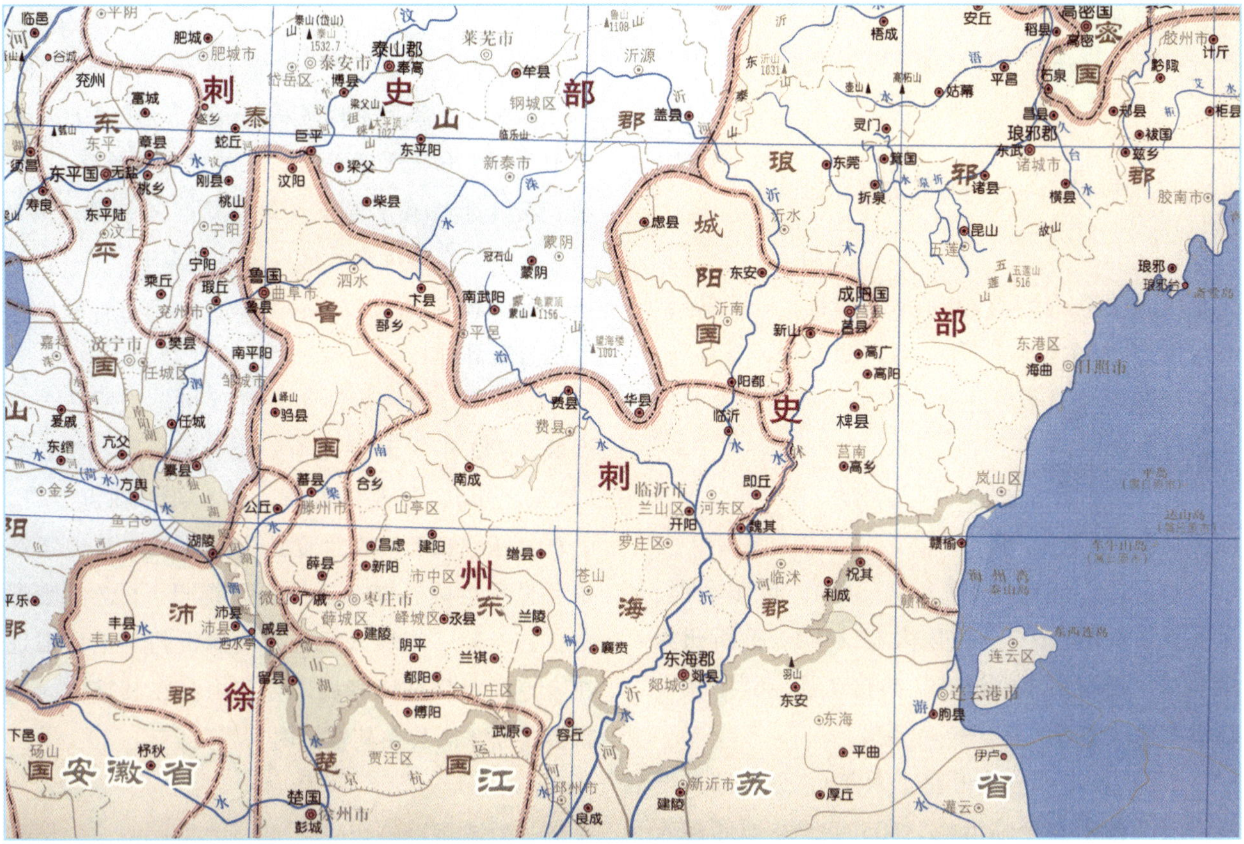

图 1-3　临沂市历史地图（西汉二）

华　西汉置县。旧址在今费县方城镇东古城村一带。25 年（东汉建武元年）省华县入费县。162 年（桓帝延熹五年）析费县复置华县。

第三节　三国两晋南北朝时期

三国时期，今临沂市地域全部属魏。魏实行州、郡（国）、县三级制。至魏末，今临沂市辖区的地域分属徐州、兖州：

徐州

东海国　治所在郯县。辖 11 县，今临沂市地域有 4 县：郯、襄贲、兰陵、利城。

琅邪国　汉琅邪郡。232 年（魏明帝太和六年），封曹敏为琅邪王。改为国。治所在开阳。领 6 县：开阳、临沂、阳都、缯、即丘、蒙阴（西汉置县，东汉省。魏复置）。

东莞郡　治所在东莞（今沂水县城）。辖 7 县，在今临沂市地域的有 2 县：东莞、东安。

兖州

泰山郡　辖 11 县，今临沂市地域有：南武阳、南城、费、华。

两晋时期，在今临沂市地域，有兖州泰山郡的南城、南武阳 2 县，徐州东海郡的郯、祝其、襄贲、利城、兰陵 5 县，徐州东莞郡的东莞县，徐州琅邪国的开阳、临沂、阳都、缯、即丘、华、费、东安、蒙阴 9 县。

南朝宋时，在今临沂市地域，有东安郡的新泰（治所在今蒙阴县城东）、发干（治所在今沂水县东北部）2 县，东莞郡的东莞县，琅邪郡的费、即丘 2 县，东海郡的襄贲县。

北魏时期，在今临沂市地域，有南青州东安郡的新泰、发干 2 县，东莞郡的东莞县；徐州兰陵郡的兰陵县；北徐州东泰山郡的南城、武阳 2

县，琅邪郡的费县、即丘2县；东徐州郯郡的郯、临沂、归昌（治所在今郯城县境内）3县。

第四节 隋唐五代时期

隋朝时期，全国行政区划实行州、县二级制。607年（隋炀帝大业三年），又改州为郡，实行郡、县二级制。大业年间，今临沂市地域的绝大部分属徐州刺史部。

徐州刺史部

琅邪郡 583年（隋开皇三年），废琅邪郡，属县直属沂州。607年（隋大业三年），改沂州为琅邪郡。治所在今临沂城。共辖7县，其中在今临沂市地域的有：

临沂 596年（隋开皇十六年），分即邱县设临沂县。治所在今临沂城。605年，并即邱县入临沂县。

费 496年（北魏太和二十年）移治祊城（今费县城南侧），后迁阳口山。583年（隋开皇三年），回迁祊城。

颛臾 598年（隋开皇十八年），改武阳县为颛臾县。治所旧址在今平邑县仲村镇南昌乐、北昌乐两村之间。

沂水 隋开皇初废东安郡，置东安县（治所旧址在今沂水县城），为莒州治所。596年（隋开皇十六年），改东安县为沂水县。606年（隋大业二年）改属琅邪郡。

新泰 治所旧址在今新泰市市中办事处新泰城。今蒙阴县地域在其县域之内。

彭城郡 隋开皇初废彭城郡，辖县直属徐州。隋大业初，徐州改为刺史部，复置彭城郡，辖11县。在今临沂市地域的有兰陵县。

下邳郡 辖7县。在今临沂市地域的有郯县。

东海郡 辖5县。在今临沂市地域内的仅有朐山县（该县北部地域相当今临沭县东部地域）。

青州刺史部

高密郡 共辖7县。今临沂市境内有东莞县。

唐初，今临沂市地域属河南道。710年（唐景云元年）开始设置节度使。兖海节度使辖兖、海、沂、密4州；武宁军节度使辖徐、泗、濠、宿4州。唐末，今临沂市的地域仍属河南道。

沂州（琅邪郡）

621年（唐武德四年）置沂州。治所在今临沂城。742年（天宝元年）改为琅邪郡。758年（乾元元年），复改称沂州。辖5县：临沂、费、沂水、承（621年改兰陵县为承县，在其地置鄫州。另置兰陵、鄫城2县，属鄫州。627年废鄫州，省兰陵、鄫城入承县，改属沂州。治所旧址在今枣庄市峄城区峄城。今苍山县在其辖境内）、新泰（今蒙阴县在其辖境内）。

徐州（彭城郡）

该州在唐天宝年间以后辖7县，在今临沂市地域的有下邳县（治所在今江苏邳州市东，今郯城县南部地区在其辖境内）。

五代十国时期，今临沂市地域先后属后梁、后唐、后汉、后周。由于各朝立国短暂，行政区划基本沿用唐朝后期制度。

第五节 宋金元明清时期

北宋时期，今临沂市地域大部属东京东路的沂州。宋朝在部分州的州名之外，还附加了郡号（“郡”只是州的一个字号，宋代不存在郡级政区）。

至宋徽宗宣和年间，今临沂市地域的行政区划设置情况如下：

沂州（琅邪郡）

治所在今临沂市临沂城，辖5县：临沂、沂水、费、新泰（今蒙阴县域在其辖境内）、承（今苍山县域的一部分在其辖境内)。

淮阳军

辖下邳(今郯城县大部属下邳,北境少部分属沂州)、宿迁2县。

1129年(南宋建炎三年、金天会七年),金人尽取京东地,今临沂市地域全部属金。金的行政区划仿宋,实行路、州、县三级制。今临沂市地域大部分属山东东路沂州和莒州,部分属山东西路的邳州。

至1196年(金明昌七年),今临沂市地域的行政区划设置情况如下:

山东东路

沂州 治所在今临沂城。辖临沂、费县。

莒州 治所在莒县。辖3县,在今临沂市地域的有沂水县。

山东西路

邳州 金改宋淮阳军置邳州。1215年(金贞

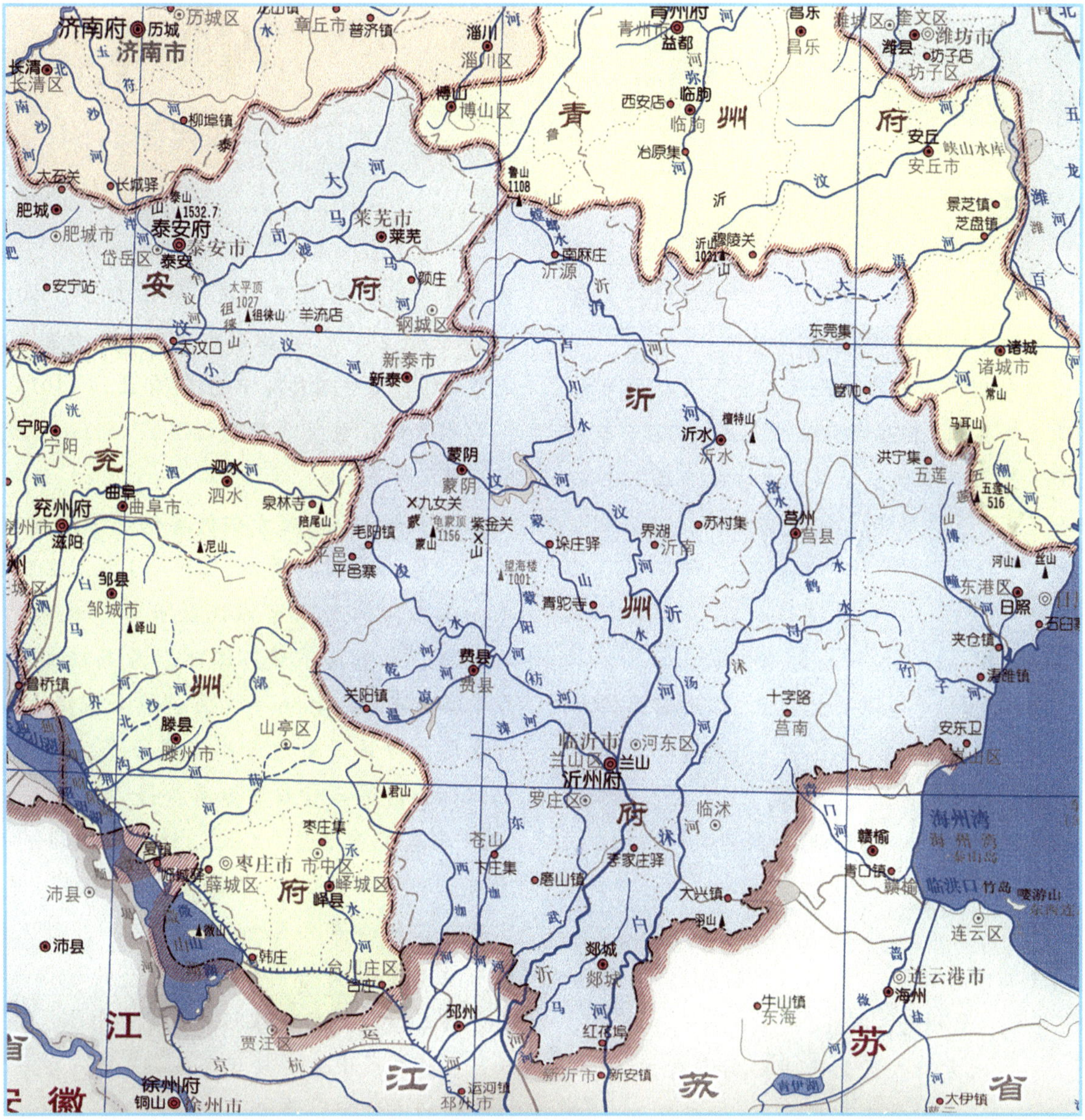

图1-4 临沂市历史地图(清代)

祐三年）改属河南路。辖3县，其中与今临沂市地域有关的有下邳（今郯城县南部地区在其辖境内）、兰陵（今苍山县西部地区在其辖境内）。

元代除京师附近地区直隶于中书省外，又于河南、江浙等处设11个行中书省。今临沂市地域分属于中书省（通称腹里）益都路的沂州、莒州、峄州。元代还在中书省或行中书省与路之间设宣慰司，执行下传上达职责，犹如中书省、行中书省的派出机构。今临沂市地域属山东东西道宣慰司。元末，今临沂市地域属益都路。

益都路

沂州　治所在今临沂城。辖临沂、费县。

莒州　治所在今莒县城。辖4县。在今临沂市地域的有沂水、蒙阴2县。

峄州　金后期于兰陵县置峄州。元初，以峄州属益都路。1265年（至元二年）省兰陵县入峄州。今苍山县西部地区在其辖境之内。

明朝初期，沿袭元朝政区制度，设行中书省为最高政区层级。1376年（洪武九年），改行省为承宣布政使司。明代，今临沂市地域分属山东布政使司兖州府和青州府。

兖州府

辖4属州、23县，沂州为其辖属。

沂州　1368年（洪武元年），省州附郭临沂县入沂州，属济宁府。1372年（洪武五年）属济南府。洪武七年属青州府。洪武十八年属兖州府。治所旧址在今临沂城。辖郯城、费县。

青州府

辖1属州、13县。莒州（系属州），沂水县属之。蒙阴，青州府直属县。

清初，地方行政区划沿用明制。自1734年（雍正十二年）起，今临沂市地域属沂州府。

沂州府

治所在今临沂城。清初沿明制，今临沂市地域分属兖州府沂州、青州府莒州。沂州辖郯城、费县2县。莒州辖蒙阴、沂水、日照3县。1724年（雍正二年），沂州升为山东省直隶州。1730年（雍正八年），莒州升为山东省直隶州。1734年（雍正十二年）沂州升为府，置附郭兰山县；莒州及其所辖的蒙阴、沂水、日照3县来属，莒州成为沂州府属州。1735年（雍正十三年），降削莒州所辖的3县，使之成为不辖县的散州。此后，沂州府共辖1州6县，即：莒州、兰山、郯城、费县、沂水、日照、蒙阴。

第六节　中华民国时期

中华民国成立后，北京政府废府撤州，在省、县之间设道，实行省、道、县三级制。1913年（中华民国2年），今临沂市地域绝大部分属山东省岱南道（翌年改称济宁道），有兰山（1913年沿用清代名称，翌年改称临沂县）、郯城、费、蒙阴、沂水等县。

1925年，山东省于临沂置琅邪道，辖临沂、郯城、费、蒙阴、沂水、莒、日照7县。1928年，山东省执行南京国民政府命令裁撤“道”级政区，实行省、县二级制，原属琅邪道的7县直属山东省。1936年2月，将全省划为12个行政区，每区设行政督察专员公署，作为省的派出机关。第三行政区专员公署于1936年2月13日成立于沂水县。6月，迁治临沂城。第三行政区共辖临沂、沂水、郯城、费县、莒县、日照、蒙阴、峄县8个县。1938年，国民党山东省政府先后将全省划分为17个行政督察区。其中第三行政督察区辖临沂、蒙阴、莒、沂水、日照5县；第十五行政督察区辖5县，在今临沂市地域的有郯城、费县。

抗日战争时期，中国共产党在沂蒙地区积极

组织领导抗日斗争，开辟了若干抗日根据地，先后建立起各级政权机构。当时为了适应战争形势的需要，行政区划的层级并不严密，变动也比较频繁。在整个抗日战争期间，在以今临沂市地域为中心的区域内，相继建立过50多个县级和县级以上的政权机构。其中属于县级的政权组织，一般称抗日民主政府；另有一些称作行署或办事处，名义上是上级政府的派出机关或设立的办事机构，实质上它们大都独立地发挥县级政府作用，而且很多在最后建立起抗日民主政府。在专区一级，其政权名称也不统一，有的称专员公署，有的称行署。在省和专区之间，还设有与区党委相当的政权机构，它们有的称行政公署，有的称行政专员公署，也有的称联合办事处。到1945年8月，今临沂市地域的行政区划如下：

鲁中行政区

1942年6月12日，建立鲁中行政联合办事处。辖沂蒙、泰南、泰安3个专署。1945年7月，在沂南县大松林村成立鲁中区行政主任公署。辖泰山、沂蒙、泰南、沂山、鲁山5个专署。

沂蒙专区 1941年2月，在沂南县朱家里庄成立沂蒙行政专员公署。沂蒙专区辖沂水、沂南、蒙阴、沂临边、费东等县。1942年6月，沂蒙专署与鲁中行政联合办事处合署办公。专区辖沂南、沂中、沂临边、沂东、费东、蒙阴等县。1944年夏，恢复沂蒙行政专员公署。专区辖沂南、沂中、沂东、沂临、蒙阴、费东6县。

沂南 1939年12月，划沂水县泰石公路以南地区及蒙阴县的二区、四区，设南沂蒙联防办事处。1940年3月，联防办事处改为沂南行署，10月撤销，12月复建。1941年再次撤销，政务由沂蒙专署代管。1942年7月，复置沂南行署。1944年5月，改为沂南县抗日民主政府。

沂中 1939年10月，在原沂水县泰石公路以北及蒙阴县东部地区，设北沂蒙县。政权机构为北沂蒙联防办事处。1940年3月，改称沂水县抗日民主政府。1942年8月，改沂水县为沂中县。

沂东 1942年12月，在沂南、沂中、沂临边联、莒中4县毗邻地区设沂东县。政权机构为沂东行署。1944年5月20日，在张家八角汪村（今属沂南县辛集镇）成立沂东县抗日民主政府。

沂临 1940年6月，在临沂、沂南、费县交界地区设临费沂边联县。1941年1月，改称沂临边联县（原属费县部分划归费东县）。1944年6月，沂临边联县改称沂临县，在北沿汶村（今属沂南县张庄镇）成立沂临县抗日民主政府。1945年10月，沂临县撤销。

蒙阴 1940年7月，成立蒙阴县抗日民主政府。1941年10月，分新泰县东部的4个区和蒙阴县北部的6个区设置新蒙县。1943年3月，撤销蒙阴县，其辖区分属新蒙、费北、沂南县。8月，撤销新蒙县，复置蒙阴县。

费东 1941年1月，临费沂边联县费县部分析出，成立费东县。政权机构为费东行署，1943年9月，改为费东县抗日民主政府。

泰南专区 该专区下列属县与今临沂市区域有关：

费北 1940年6月，分费县滋（阳）临（沂）公路以北、汶河以西地区置费北县，政权机构为费北行署。1942年5月，费北行署改为费北县抗日民主政府。

泰宁 1940年7月，设立泰宁地区自治会，后改为办事处，属鲁南行政区。1941年下半年，改属鲁中行政区泰南专区。10月，蒙阴县的布洼和费县的仲村等地区来属。

沂山专区 辖7县。其中下列县与今临沂市区域有关：

沂北 1942年8月，在沂水县的百鼓峪成立沂北县。政权机构为沂北行署。1943年3月，改为沂北县抗日民主政府。

莒沂 1943年9月，设莒沂边办事处。同年冬，在纪家坪（今属莒县）成立莒沂县抗日民主政府。

鲁南行政区

1940年6月，在白子峪（今属枣庄市山亭区）成立鲁南行政专员公署。7月，设第一行署，辖临沂、郯城、东海、赣榆、邳等县。8月，改为第三行署。1941年8月，重设第一行署，先后辖泗水、湖东、邹、邹滕边、费南、沛滕边、滕沂边等县。1941年6月，设第四行署，辖临沭、赣榆、东海（海陵）、郯城等县级抗日民主政权。1942年4月，鲁南第四行署撤销，所辖各县划归滨海专区。4月，鲁南第三行署撤销，所辖各县直属鲁南专署。1944年10月，鲁南行政专员公署改称鲁南行政主任公署。下辖3个专区。

第一专区 1944年10月，设鲁南行政区第一专员公署。辖邹、费、温河、双山、曲泗等县。

费 1940年2月，建立费县抗日民主政府。同年8月改称费南县抗日民主政府。1942年8月，析费南县的天宝、泗彦两区，置费西办事处。1943年12月，合并费南县和费西办事处复置费县。

温河 1942年8月，设临费县。政权机构为临费办事处。临费县辖原费县的南部、东南部和临沂县的西南部。1944年1月，改为温河县。

双山 1942年6月，在费南和滕县交界地区设费滕县，政权机构为费滕办事处。1943年8月，撤销费滕县，成立费滕峄县。1944年1月改为双山县。

第三专区 1944年8月，重设鲁南专区第三行署。10月，第三行署改称第三专署。专区辖临沂、邳县、峄县、兰陵、赵镈等县。

临沂 1940年3月，以庄坞、涌泉（今属苍山县）一带为中心，设临沂县，建立临沂县抗日民主政府。

兰陵 1943年3月成立兰陵办事处。1944年8月，改为兰陵县抗日民主政府。

赵镈 1939年2月，在尚岩村（今属苍山县）将1937年11月成立的临郯费峄四县边联联庄会办事处改为临郯费峄四县边联联合办事处。1941年3月，在万村成立临郯费峄边联县抗日民主政府。1944年2月，临郯费峄边联县改称赵镈县。

滨海行政区

1941年1月1日，在坪上（今属莒南县）成立莒日临赣四县联合办事处。不久，改称滨海各县行政联合办事处。8月，成立滨海专署行政委员会。辖莒南、莒中、沭水、日照、赣榆等县。1942年4月，鲁南第四行署撤销，所属各县来属。此时，滨海专区辖莒南、莒中、日照、沭水、临沭、马陵、海陵、赣榆等县。1943年4月，滨海行政专员公署升格为行政区级政权（省以下、专区以上）。9月，专署设第一（滨北）行署；10月，设第二（滨南）行署。1944年6月，设第三（滨中）行署。1945年4月15日，滨海行政专员公署改为滨海行政主任公署。原滨海第一、第二、第三行署改称第一、第二、第三专署。与今临沂市地域有关的是滨南、滨中专区。

第二（滨南）专区 1945年4月15日，改滨海专区第二行署为滨海行政区第二专署。辖临沭、郯城、沭水、海陵等县。

临沭 1940年1月，在郯城县南古庄成立郯东北第一办事处。7月，称苍马办事处。1941年8月改为临沭县抗日民主政府。

郯城 1940年1月，建立郯城县抗日民主政府。

沭水 1941年2月7日，设临东行署。6月，改为沭水县抗日民主政府。

第三（滨中）专区 1945年4月15日，改滨海专区第三行署为滨海行政区第三专署。辖莒南、莒中、日照、赣榆、莒临等县。

莒南 1940年3月，在莒县黑涧村成立莒县抗日民主政府。1941年1月，撤销莒县抗日民主政府，分莒县为莒南、莒中2县。成立莒南县抗日民主政府。

莒中 1941年1月，分莒县为莒南、莒中2县。设莒中行署。1942年8月，改为莒中县抗日民主政府。

莒临 1942年9月，在莒南、莒中、沂临边联3县交界地区设莒临办事处。1943年9月，改为莒临县抗日民主政府。

1945年9月至1949年9月30日，今临沂市地域的行政区划如下：

鲁中南行政区

1948年7月，山东省政府决定，鲁中行政区、鲁南行政区和滨海行政区合并为鲁中南行政区，设鲁中南行政公署。今临沂市地域分属鲁中南区第二、第四、第五、第六专区。1949年7月，鲁中南区第二专署改称沂蒙专署，第四专署改称尼山专署，第五专署改称台枣专署，第六专署改称滨海专署。

沂蒙专区 1948年7月，沂蒙专区改为鲁中南行政区第二专区。1949年5月，鲁中南第三专区撤销，其所辖莒沂、沂北二县来属。同时，第二专区所辖新泰、泰宁2县划归第一专区。7月，鲁中南行政区第二专区改称沂蒙专区。辖8县，辖区在今临沂市地域的县有：

沂水 1949年7月，沂东县撤销，其所辖部分区域划归沂中县。8月，改沂中县为沂水县。

沂南 1945年10月，沂临县撤销，其所辖沂河以西地域来属。1949年7月，沂东县撤销，其所辖部分地域来属。

莒沂 原为莒沂、沂北两县，属鲁中南行政区第三专区。1949年5月，第三专区撤销，改属第二（沂蒙）专区。8月4日，莒沂、沂北两县合并，定名莒沂县。

蒙阴 1943年8月，撤销新蒙县，复置蒙阴县。

蒙山 1946年1月，合并费东、费北两县，成立蒙山县。

尼山专区 1948年2月，鲁南行政区第一专区、第二专区合并为第一专区。1948年7月，改为鲁中南行政区第四专区。翌年7月改称尼山专区。其辖区内设在今临沂市地域的县有：

平邑 1946年4月，设在原费县西部滋临公路以南地区的费县改称平邑县。

白彦 1947年8月，析平邑县两个区和麓水县（1946年3月改双山县为麓水县）3个区置白彦县，属鲁南行政区第二专区。1948年2月，改属鲁南行政区第一专区。1948年7月，属鲁中南行政区第四专区。

台枣专区 原为鲁南行政区第三专区。1948年7月，改为鲁中南行政区第五专区。1949年7月，改称鲁中南行政区台枣专区。其辖区内设在今临沂市地域的县有：

费 1946年4月，温河县改称费县，隶属鲁南行政区第一专区。1948年1月，划归鲁南行政区第三专区。7月，属鲁南行政区第五专区。1949年7月，属鲁中南行政区尼山专区。

赵镈 1945年9月，原鲁南行政区第三专区所属临沂县撤销。其所辖磨山、长城、南桥等区来属。同期，兰陵县撤销，其所辖部分地区来属。

苍山 1947年2月，析赵镈县东部地区置苍山县。1948年3月，临西县的棠林区来属。

兰陵 1945年9月，撤销兰陵县，其辖区分别划归峄县和赵镈县。1948年2月复置兰陵县。

滨海专区 1946年4月，滨海行政区第三专区撤销。其所辖日照、竹庭2县划归第二专区。藏马县划归第一专区，莒县、莒南2县直属滨海行政区。7月，滨海行政区第一专区及其所属各县划归胶东行政区。第二专署撤销。原滨海行政公署改为与中共滨海地委同级的行政机构，改称滨海行政专员公署，直辖于省政府。辖莒、莒南、日照、临沂、临沭、郯城、东海、竹庭8县和新海办事处。1948年7月，滨海专区改为鲁中南行政区第六专区。1949年7月，又改称鲁中南行政区滨海专区。其辖区内设在今临沂市地域的县有：

临沂 1945年9月，在临沂县城重建临沂县

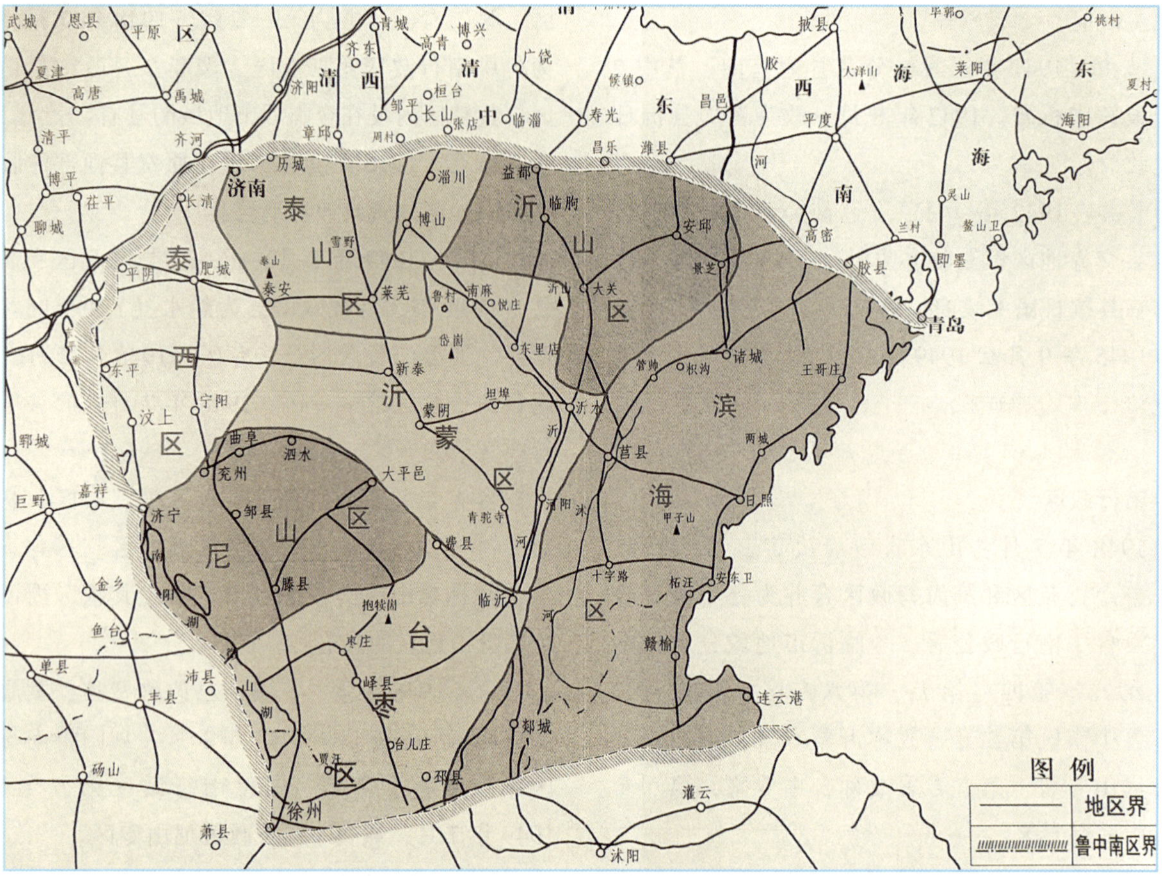

图 1-5　临沂市解放战争时期区划图

政府，属滨海行政区第二专署。原属鲁南行政区第三专区的临沂县同时撤销，其所辖册山区来属。同期，莒临、沭水 2 县撤销，部分辖区来属。1947 年 10 月，分临沂县西部地区置临西县。临西县初属滨海专区，1948 年 3 月，改属鲁南行政区第三专区。10 月，临西县撤销，并入临沂县。

临沭　1945 年 9 月，沭水县撤销，部分辖区来属。

郯城　1945 年 9 月，鲁南行政区第三专区所辖临沂县撤销，部分辖区来属。

莒南　1945 年 9 月，沭水、芦山、莒临等县撤销，其所辖部分地区来属。

第七节　中华人民共和国成立后

1950 年 5 月，山东省人民政府决定，撤销胶东、渤海、鲁中南 3 个行政区，只保留专署，作为省人民政府的派出机关。在三年恢复国民经济时期和第一个五年计划时期，境内行政区划变动较大。到 1956 年，县以上政区大体稳定。

1949 年 10 月—1953 年 6 月，今临沂市地域的行政区划如下：

沂水专区　1950 年 5 月，以原沂蒙专区为基础，成立沂水专区。设山东省沂水区行政督察专员公署。12 月，改称山东省人民政府沂水区专员公署。专署驻沂水县城关镇沂水城。专区辖 9 县。其中蒙山县于 1952 年 3 月撤销，其辖区分别并入费县、平邑县。所辖的沂水、沂南、莒沂、蒙阴、莒南 5 县在今临沂市地域内。

沂水　县人民政府驻沂水县城关镇。

沂南　县人民政府驻界湖镇。

莒沂　县人民政府驻地在今沂水县杨家城子村。

蒙阴　县人民政府驻蒙阴城。

莒南　县人民政府驻十字路镇。

临沂专区　1950年5月，以原滨海专区为基础，成立临沂专区，设山东省临沂区行政督察专员公署。12月，改称山东省人民政府临沂区专员公署。专署驻临沂城。专区原辖临沂、临沭、赣榆（1950年5月由竹庭县改称）、新海（新海连与东海合并而成，同年12月又分置）、郯城、邳县、苍山、兰陵、费等9县。1952年12月，新海连市及东海、赣榆、邳县1市3县划归江苏省徐州专区。1953年6月，临沂专区共辖6县：

临沂　县人民政府驻临沂城。

郯城　县人民政府驻郯城县城。

临沭　县人民政府驻夏庄镇。

苍山　1950年6月，撤销赵镈县，其全部辖区来属。县人民政府驻卞庄镇。

费县　1952年3月，蒙山县撤销，其部分辖区来属。县人民政府驻费城。

兰陵　1952年4月，铜山县撤销，部分地区来属。县人民政府驻兰陵镇。

滕县专区　1950年5月，以尼山专区为基础，成立滕县专区，设山东省滕县区行政督察专员公署。12月，改称山东省人民政府滕县区专员公署。平邑、白彦2县在其辖境之内。

平邑　1952年3月，蒙山县撤销，其西部地区并入平邑县。县人民政府驻平邑镇。

白彦　1950年6月，撤销麓水县，其行政区域划归白彦县。

1953年7月，撤销沂水专区，除日照县划归胶州专区外，其余各县皆划归临沂专区。同时，将滕县专区的平邑县并入临沂专区。原临沂专区所辖县亦有部分调整。1955年3月，山东省人民政府决定，山东省人民政府临沂区专员公署改为山东省临沂专员公署。1956年2月，胶州专区撤销，其所属日照县划归临沂专区。临沂专区时辖13个县。1967年1月，临沂专员公署被群众组织夺权，成立临沂地区革命委员会。临沂专区遂改称临沂地区。

临沂地区　1978年7月，临沂地区革命委员会改为临沂地区行政公署。行署驻临沂城。所辖13个县中，临沂于1983年9月撤县设市；日照于1984年3月析为石臼港办事处和日照县，1985年3月，撤销石臼港办事处和日照县，设立日照市。此时，临沂地区辖2市11个县。其中日照市于1989年6月升格为地级市，沂源县于1989年12月划归淄博市，莒县于1992年12月划归日照市。至1994年12月17日前，临沂地区地域内仍在今临沂市地域的县市有：

临沂市　1958年12月，临沂县改为临沂市。1963年3月，撤销临沂市，恢复临沂县。1983年9月复设临沂市。市人民政府驻临沂城。

郯城　县人民政府驻郯城县城。

苍山　1953年7月，撤销兰陵县，其所辖部分区来属。县人民政府驻卞庄镇。

莒南　县人民政府驻十字路镇。

沂水　1953年7月，撤销莒沂县，其所辖部分区来属。县人民政府驻沂水城。

蒙阴　县人民政府驻蒙阴城。

平邑　1953年7月，撤销白彦县，其所辖白彦、苗庄、山阴、临涧等区来属。县人民政府驻平邑县城。

费县　县人民政府驻费城。

沂南　1958年11月撤销，辖区分别并入临沂、沂水、蒙阴、莒县。1961年7月，恢复沂南县建置。县人民政府驻界湖镇。

临沭　1956年3月撤销，辖区分别并入临沂、郯城、莒南。1961年7月，恢复临沭县建置。县人民政府驻临沭县城。

临沂市　1994年12月，撤销临沂地区，设立地级临沂市。同时，将县级临沂市析为地级临沂市的兰山、罗庄、河东3个区。地级临沂市另辖郯城、苍山、莒南、沂水、蒙阴、平邑、费县、沂南、临沭9县。

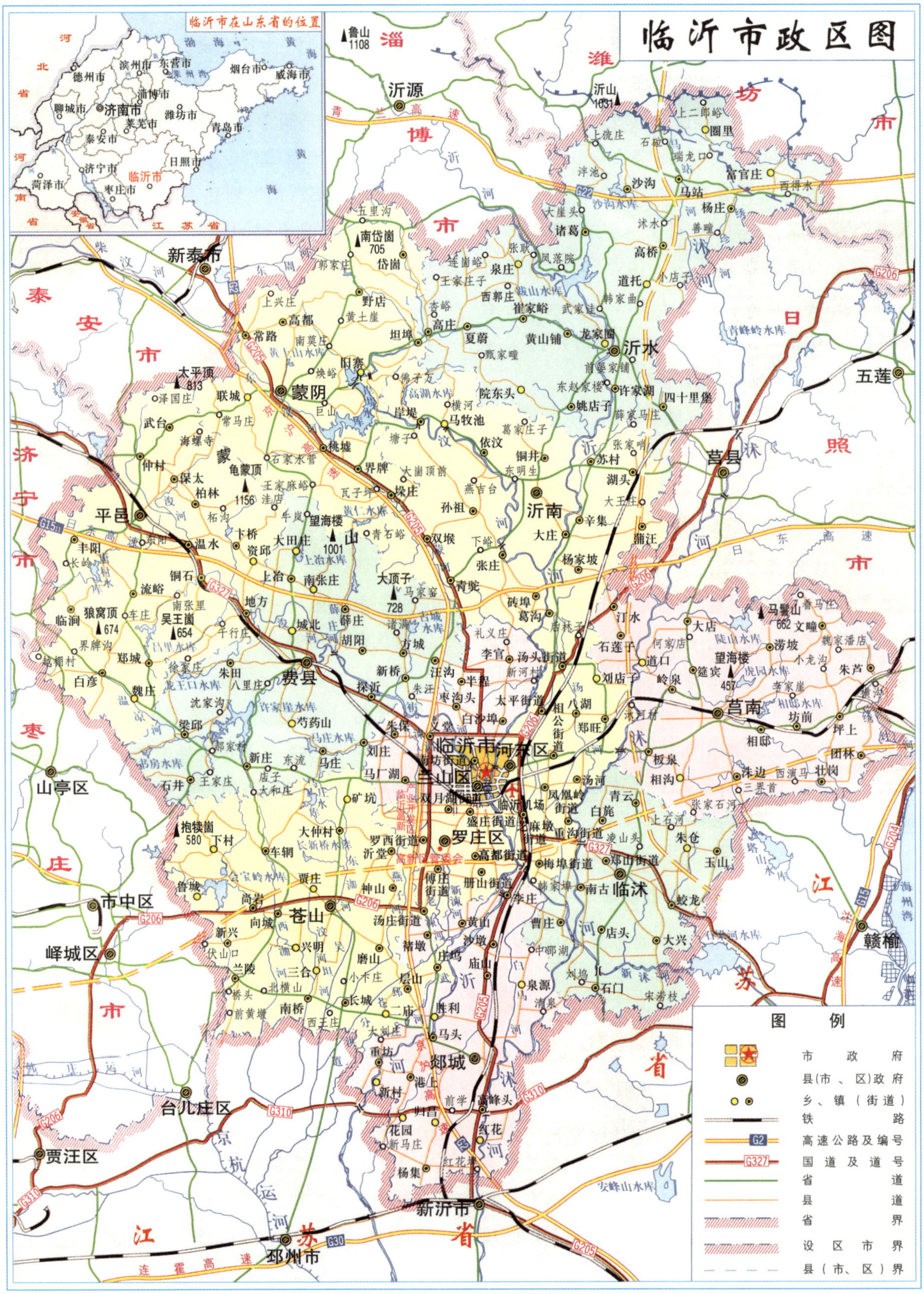

图 1-6 2010 年临沂市政区图

第三章　区　　划

第一节　区划调整

1995 年

4 月 10 日，撤销河东区郑旺乡、太平乡，设立郑旺镇、太平镇。

4 月 21 日，河东区黑墩乡更名为凤凰岭乡。

6 月 11 日，费县南新庄乡改名为新庄乡。

7 月 24 日，撤销蒙阴县桃墟乡、野店乡，设立桃墟镇、野店镇。

11 月 9 日，撤销临沭县前庄乡，设立前庄镇。

12 月 18 日，撤销苍山县层山乡、尚岩乡，设立层山镇、尚岩镇。撤销郯城县高峰头乡、庙山乡，设立高峰头镇、庙山镇。

12 月 29 日，撤销沂水县高庄乡，设立高庄镇。

1996 年

1 月 3 日，撤销临沭县白旄乡、郑山乡，设立白旄镇、郑山镇。

5 月 24 日，撤销苍山县南桥乡、车辋乡，设立南桥镇、车辋镇；撤销费县朱田乡，设立朱田镇；撤销沂南县杨家坡乡、孙祖乡，设立杨家坡镇、孙祖镇；撤销平邑县柏林乡、武台乡、流峪乡，设立柏林镇、武台镇、流峪镇。

6 月 4 日，撤销费县汪沟乡、新庄乡，设立汪沟镇、新庄镇。

7 月 3 日，撤销河东区八湖乡、汤河乡，设立八湖镇、汤河镇；撤销郯城县港上乡、沙墩乡，设立港上镇、沙墩镇。

8 月 12 日，撤销莒南县筵宾乡、团林乡、岭泉乡，设立筵宾镇、团林镇、岭泉镇。

10 月 9 日，平邑县魏刘庄乡更名为羊城乡；罗庄区程庄乡、岑石乡更名为西高都乡、罗西乡。

12 月 25 日，撤销蒙阴县界牌乡，设立界牌镇。撤销莒南县石莲子乡，设立石莲子镇。

12 月 29 日，撤销兰山区马厂湖乡，设立马厂湖镇。

1997 年

1 月 14 日，撤销罗庄区西高都乡，设立西高都镇。

6 月 4 日，郯城县司家乡更名为清泉乡。

12 月 26 日，撤销沂水县武家洼乡，设立武家洼镇；撤销苍山县新兴乡，设立新兴镇；撤销沂南县双堠乡，设立双堠镇。

1998 年

7 月 28 日，撤销平邑县丰阳乡，设立丰阳镇。撤销临沭县唐岭乡，设立唐岭镇。

10 月 19 日，撤销苍山县庄坞乡，设立庄坞镇。

12 月 23 日，撤销沂水县王庄乡，设立王庄镇。

1999 年

4 月 30 日，设立罗庄区双月湖街道。撤销平邑县临涧乡，设立临涧镇；撤销苍山县沂堂乡，设立沂堂镇。

2000年

5月11日，撤销临沭县周庄乡、店头乡，设立周庄镇、店头镇，其行政区域和人民政府驻地不变。撤销罗庄区罗庄镇，设立罗庄街道；撤销盛庄镇，设立盛庄街道；撤销傅庄镇，设立傅庄、汤庄两个街道，原傅庄镇的汤庄等20个村划归汤庄街道，汤庄街道办事处机关驻汤庄，原傅庄镇的其他村划归傅庄街道，傅庄街道办事处机关驻原傅庄镇人民政府驻地。

5月19日，撤销费县刘庄乡、新桥乡，设立刘庄镇、新桥镇。

12月29日，撤销沂水县武家洼镇，其行政区域并入沂水镇；撤销善疃乡，其行政区域并入杨庄镇；撤销何家庄子乡，其行政区域并入富官庄乡；撤销三十里堡乡，其行政区域并入四十里堡镇；撤销新民官庄乡、下古村乡，其行政区域并入诸葛镇；撤销东于沟乡、泮池乡，其行政区域并入沙沟镇；撤销柴山乡，其行政区域并入龙家圈乡；撤销王庄镇，其行政区域并入夏蔚镇；撤销王家庄子乡，其行政区域并入高庄镇；撤销袁家庄乡，其行政区域并入许家湖镇。撤销沂南县独树乡，其行政区域并入界湖镇；撤销河阳乡，其行政区域并入大庄镇；撤销高里乡，其行政区域并入青驼镇；撤销中高湖乡，其行政区域并入岸堤镇；撤销南石门乡，其行政区域并入双堠镇；撤销代庄乡，其行政区域并入孙祖镇；撤销库沟乡，其行政区域并入辛集镇；撤销大王庄乡，其行政区域并入蒲汪镇；撤销东张家哨乡，其行政区域并入湖头镇；撤销鲁家庄乡，其行政区域并入铜井镇；撤销朱家里庄乡，其行政区域并入依汶乡。撤销临沭县周庄镇，其行政区域并入临沭镇；撤销韩村镇、青云乡，以原韩村镇、青云乡的行政区域设立青云镇，镇人民政府驻原韩村镇政府驻地；撤销醋庄乡，其行政区域并入南古镇；撤销华桥乡，其行政区域并入曹庄镇；撤销前庄镇，其行政区域并入石门镇；撤销古龙岗乡，其行政区域并入大兴镇；撤销官庄乡，其行政区域并入店头镇；撤销东盘乡，其行政区域并入朱仓乡。撤销平邑县白马乡、东阳乡，其行政区域并入平邑镇；撤销黄坡乡、山阴乡，其行政区域并入白彦镇；撤销岐山镇，其行政区域并入仲村镇；撤销天宝镇，其行政区域并入地方镇；撤销张里乡，其行政区域并入铜石镇；撤销庞庄乡，其行政区域并入临涧镇。撤销唐村岭乡，其所辖行政村分别划归平邑镇、流峪镇、丰阳镇。撤销羊城乡，其所辖行政村分别划归柏林镇、保太镇。撤销蒙阴县巨山乡，其行政区域并入蒙阴镇；撤销常马乡，其行政区域并入联城乡；撤销北贾庄乡，其行政区域并入岱崮镇；撤销重山乡，其行政区域并入界牌镇。撤销郯城县十里乡、归义乡，其行政区域并入郯城镇；撤销大尚庄乡，其行政区域并入红花乡；撤销清泉乡，其行政区域并入泉源乡；撤销高册乡，其行政区域并入马头镇。

2001年

1月5日，撤销费县员外乡、许家崖乡、岩坡乡、马头崖乡、水连峪乡、竹园乡、郝家村乡，员外乡、许家崖乡整体划归费城镇，岩坡乡整体划归探沂镇，马头崖乡整体划归薛庄镇，水连峪乡整体划归朱田镇，竹园乡整体划归汪沟镇，郝家村乡整体划归梁邱镇。撤销莒南县北园镇，其行政区域并入十字路镇；撤销厉家寨乡，其行政区域并入坪上镇；撤销刘家庄乡，其行政区域并入板泉镇；撤销官坊乡，其所辖行政村分别划归十字路镇、相沟乡；撤销陡山乡，其所辖行政村分别划归大店镇、涝坡镇；撤销演马乡，其所辖行政村分别划归壮岗镇、洙边镇；撤销柳沟乡，其行政村划归涝坡镇、文疃镇、相邸镇、坊前镇。撤销苍山县大炉乡，其行政区域并入下村乡；撤销甘霖乡，其行政区域并入车辋镇；撤销流井乡，其行政区域并入大仲村镇；撤销芦柞乡、小岭乡，其行政区域并入下庄镇；撤销横山乡、韩塘乡，其行政区域并入兰陵镇。

6月19日，撤销兰山区大岭镇，其行政区域并入兰山街道。

11 月 16 日，撤销费县胡阳乡，设立胡阳镇；撤销石井乡，设立石井镇。

2002 年

2 月 1 日，撤销罗庄区册山镇，设立册山街道；撤销西高都镇，设立高都街道；撤销罗西乡，设立罗西街道。

3 月 22 日，撤销兰山区朱保乡，设立朱保镇。撤销兰山区李官乡，设立李官镇。撤销沂南县依汶乡，设立依汶镇。

2003 年

1 月 17 日，撤销兰山区南坊镇，设立南坊街道。

5 月 13 日，费县汪沟镇 7 个村划归兰山区半程镇。

2004 年

5 月 18 日，撤销河东区九曲镇，设立九曲街道；撤销太平镇，设立太平街道；撤销汤头镇，设立汤头街道；撤销梅家埠镇，设立梅家埠街道；撤销相公镇，设立相公街道；撤销芝麻墩镇，设立芝麻墩街道；撤销凤凰岭乡，设立凤凰岭街道。

2009 年

9 月，河东区重沟镇改为重沟街道。苍山县卞庄镇改为卞庄街道。沂水县沂水镇改为沂城街道。沂南县界湖镇改为界湖街道。莒南县十字路镇改为十字路街道。临沭县临沭镇改为临沭街道，郑山镇改为郑山街道。

2010 年

1 月，苍山县沂堂镇划归罗庄区。

2 月，费县费城镇改为费城街道。郯城县郯城镇改为郯城街道。蒙阴县蒙阴镇改为蒙阴街道。平邑县平邑镇改为平邑街道。

5 月，郯城县红花乡改为红花镇，胜利乡改为胜利镇。苍山县矿坑乡改为矿坑镇，鲁城乡改为鲁城镇。费县城北乡改为城北镇。平邑县资邱乡改为资邱镇。沂水县富官庄乡改为富官庄镇，龙家圈乡改为龙家圈镇，院东头乡改为院东头镇，道托乡改为道托镇，泉庄乡改为泉庄镇。蒙阴县联城乡改为联城镇。

第二节 现行区划

2010 年，临沂市辖 9 县 3 区，共 180 个乡、镇、街道，7159 个行政村、社区。其中，20 个乡、130 个镇、30 个街道。

兰山区区划

兰山街道 2010 年，辖前十、后十、前园、西关、水田、书院、林庄、张家王庄、宋家王庄、李庄、曹家王庄、通达、兰新、北关、后园 15 个城市社区，小官路、韦屯、董家朱许、葛家王平、蒋家王平、砚台岭、曹家王平、沟上、二十里堡、角沂、杜家朱许、北道 12 个农村社区，娄庄、田家红埠寺、赵家红埠寺、叶家红埠寺、毛家庄、八里屯、南道、响河屯、北沙埠庄、南沙埠庄、前韦家屯、后韦家屯、前钦宿、后钦宿、西张庄、大岭、小岭、张家朱许、刘家朱许、颜家红埠寺、小山前、庙岭、庙上、南郭庄、洪沟崖、城后、前洞门、后洞门河东、后洞门河西、小城后、马埠岭、密家庄 32 个行政村，共 59 个行政村（社区）。

金雀山街道 2010 年，辖南坛、御碑街、三里庄、傅家屯、普村、焦庄、小埠东、清泉庄、西苑、沂河、沂州、朝阳、东风、煤山、东北园、东关、东苑 17 个城市社区。

银雀山街道 2010 年，辖新华、南关、五里堡、陆家王庄、三合屯、西苗庄、东苗庄、蒙山、银都、前进、宏伟 11 个城市社区，后岗头、梨杭、七里沟、前岗头、全家红埠寺5个农村社区，共16个社区。

南坊街道 2010年，辖大官苑（大官庄、冉屯、前皮庄、后皮庄、单家庄）、柳青苑（前七沟、后七沟、中张庄、徐家屯、张家屯）2个城市社区，杏苑陶然、杏花玉苑、清华园、福源、金城5个农村社区，东曲沂、后明坡、中曲沂、小里庄、西曲沂、岳家坞、桥坊、新官庄、七德、赵家庄、赵家岔河、南范家村、王家岔河、小朱坞、郭家庄、西南曲坊、新赵庄、东南曲坊、潦沟、小朱夏、前小寺、大朱夏、后小寺、蒋家寨、郿古城、洪家店、叶城子、乔家顶、戴城子、大杏花河北、陈城子、朱高、郑城子、中王庄、夏家村、西桥头、刘家庄、谢家宅、孔官庄、前明坡40个行政村。

白沙埠镇 2010年，辖白沙埠（十字路、白沙埠）、贾家村、朱潘、诸葛城、小安子（大安子、小安子）、尤新村（李家村、尤新村）、玉平（郝沂宅子、玉平村）、崖头8个农村社区，刘家湖、柏家庄、钓鱼台、东孝友、西朱阜、新河村、东朱阜、中安静、石梁头（后石梁头、前石梁头）、西安静、卧茨、东安静、乔家湖、苗家庄、姜村（南大姜庄、北大姜庄）、后城西（后隅、后城西）、西孝友、溪沂庄、合兴园（北孟家庄、毛家庄、马合庄、玩花楼）、凤仪官庄、吴家屯、新蒿庄（红旗新村、蒿家庄）、船流村（前船流、西船流、船流街）、向阳村（余粮店、建设村）、义合官庄、大孙家庄、邵家双湖、大墩28个行政村，共50个自然村。

枣沟头镇 2010年，辖北曲坊、北店子、徐家庄、大枣沟头、小枣沟头、琅琊庄、匡庄院、谭家庄、小朝沂嘉苑、俄庄、陆庄华鑫、集西、义和屯13个农村社区，平和庄、薛家村、阎家屯、李家宅、郑家庄、王花村、小林庄、周家庄、大桥、花园、侯家窝、全家林、柳家沟、曹家屯、东风村、高庄、刘家官庄、庙后（庙后、全家庄）、柳河村、杜家庄、姚家庄、胡家庄、小姜庄、北砚台岭、大姜庄（东河南、西河南、围子里、北东楼）、大朱坞、大朝沂、小官庄、庞家村、解家洼、陶家庄、小北屯、大林庄、沟东、竹子园、孟家村、龙虎庄37个行政村，共54个自然村。

半程镇 2010年，辖新程、下艾崮、三胜、王庄子、兴隆、后大郝埠、前沙汀峪（前沙汀峪、西沙汀峪）、团埠子8个农村社区，任家庄、田家庄子、清沂庄、小闵庄、小郝埠、大闵庄、东哨、后社、西哨、小集子、赵家村、后沙汀峪、土门、辛庄子、白草沟、尚庄、杨刘官庄、邓家庄、范家村、北张庄、乜家村、刘魏新村（刘家峪、魏家峪）、枣林庄、闵沂墩、龙王庄、西夏庄、前大郝埠（前大郝埠、中大郝埠）、东夏庄、司家庄、西石沟、永太庄、东石沟、东大郝埠、南庄（前南庄、中南庄、后南庄、西南庄）、北褚庄、孙沟（前孙沟、中孙沟、后孙沟）、中沙汀峪、上艾崮、老公地、沂田庄、大峪子、韩家村42个行政村，共58个自然村。

李官镇 2010年，辖仙子峪、小河口2个农村社区，李官、小李官、五村（刘家村、崔家村、张家村、高家村、苗家村）、瓦屋、石家屯、本沂庄、前湖、后湖、泉口、张家寨里、张家寨外、李家彭庄、徐家官庄、河湾、苏家埠、三官庄、楼子、簸箕掌、上元沂、元沂（后元沂、大元沂）、武家庄、东朱里、西朱里、杨家杭、兴隆庄、杭上、王义庄、南高里、许家庄子、大完沂、小完沂、铁山坡、施家庄子、孙家庄子、峪子（上峪子、下峪子）、五屯（南官庄、曹家寨、高家店子、西官庄、北梨行）、礼义庄37个行政村，共49个自然村。

义堂镇 2010年，辖大义堂、小义堂、南楼、化沂庄、埠北头、王家朱里、苑家朱里、华夏、戴家庄、大葛庄、小葛庄河西、孙家朱里12个农村社区，西吴家屯、孟家庄、周井铺、堰角庄、后乡、刘家朱里、麻家庄、尤家村、小坞埠湖、大坞埠湖、圈里、堰东、堰西、西赵庄、丈埠屯、姜家岭、南屠苏、乾沂庄、北屠苏、营子、前城子、后城子、沂洪庄23个行政村。

马厂湖镇　2010年，辖马厂湖、西墩2个社区，无梁殿、黄泥港、凤凰庄、山北头、北桥、中桥、西桥、南桥、古城、房家村、城前、大姜家村、小姜家村、马宅子、前店子、东墩、道沟、杭头、武德、前桃园、后桃园、卢家湖、东叠庄、西叠庄、皇庄、寿衣庄、九庄、大山前28个行政村。

朱保镇　2010年，辖胡家巷、前寨、葛疃、前耿家埠、商家庄、孟家行、团埠屯、韦家巷、东楼、后耿家埠10个农村社区，大朱保、涑河南、沙沟崖、西安庄、泰和庄、田家围子、陈家围子、曹家庄、小朱保、西庄、三义庄、张家行、富衣庄、官庄、港上、东墠、孙家庄、邱家庄、小芝房、大芝房、桥西、东水磨头、西水磨头23个行政村。

罗庄区区划

罗庄街道　2010年，辖沈泉庄、于泉庄、韦姜屯社区（韦姜屯、王庄）、湖南崖社区（湖南崖、移花窑）、连泉庄、罗泉庄、龙潭居委、桥西头、闫泉庄、朱家地、小山后、大山后、窑汪崖、山西头、北老屯、赵家坝、朱张桥社区（朱张桥东北、朱张桥河北、朱张桥沟东）、朱张桥东南、朱张桥西北、朱张桥西南、焦沂庄、后官战湖、朱陈社区（朱陈西南、西山）、朱陈北、朱陈西、朱陈东南、朱陈东、山南头28个行政村，共33个自然村。

傅庄街道　2010年，辖傅庄西北社区、傅庄东南社区、通达社区（傅庄西南、毛墩）、龙泉社区（后龙泉屯、官庄）、傅庄东北、劳模新村（小河湾、劳模店）、朱家岭、官义庄（前官战湖、义和庄）、窑岭新村（窑北头、窑南头、陈岭）、四合（上王庄、下王庄、蔡庄、陈武庄）、三重新村（西三重、东三重）、恒达新村（张庄、王庄、李庄、于庄）、焦邱新村（前焦邱、后焦邱）、庆云新村（张旦子、邱旦子、岳旦子）、巨峰新村（殷旦子、杜旦子）、永泰新村（土山屯、孟庄）、泉城新村（前龙泉屯、城子）、河湾新村（杨河湾、大河湾、何庄）18个行政村，共39个自然村。

盛庄街道　2010年，辖尚屯社区、陈白庄社区、后盛庄社区、前盛庄社区、电厂社区（大菜园、李家白庄、许家冲）、白庄社区（吴白庄、傅家白庄）、对河社区（王家对河、黄家对河、寇家对河）、盛丰社区（孙家对河、崔家王庄）、红土屯社区、十里堡社区、大埠东社区、沂滨社区（葛庄、店子、留邻庄）12个社区和花埠圈1个行政村，共21个自然村。

册山街道　2010年，辖册山（东册山、西册山）、山前（山前、良庄）、后村、新隆岭（房岭屯、新桥）、凤凰岭（黑虎墩、围梓）、同沂新村（同沂庄、侯沂庄）、石杭岭、堰头、郑旺、尚阳、沙沟（房家沙沟、白家沙沟）、大沙沟（义和、顾家沙沟）、新沙沟（唐家沙沟、刘家沙沟）、南头、沙旦子、五寺庄、尚沂庄（尚家庄、小庄子）、龙山（老沂庄、房庄、潘家庄、何庄、陆庄）18个行政村，共31个自然村。

高都街道　2010年，辖塘崖（大塘崖、小李庄、北茶棚）、薛家庄、小塘崖、新和（南茶棚、东墩、西墩、红胜）、西高都、沈牌子、红日（张家庄、铁匠庄、杨庄）、常旺（常旺、沂蒙、冉家庄）、东高都、双坦（前后坦、后后坦）、中坦、车辋、程家庄（大毛坦、小毛坦、彭家坡、程家庄）、滨河（萧庄、盛家口、萧家杭、宋家墩）14个行政村，共30个自然村。

双月湖街道　2010年，辖双月、八块石、杜家三岗、齐家庄、三岗店子、魏家三岗、小白衣庄、朱陈北、孟家园、侯家三岗、林家、刘家三岗、南营子、王家三岗、张家三岗、东石埠、张家岑石、郭家岑石、蜈蚣三忌19个社区和孙家岑石1个行政村。

汤庄街道　2010年，辖汤庄社区、同兴社区（小丁庄、大柱山），以及赵庄、东店子、中店子、西店子、花埠岭、大车庄（东大车庄、西大车庄）、小车庄（西小车庄、东小车庄）、大丁庄、徐家林（东徐家林、西徐家林、北徐家林）、前后站（前站、后站）、彭沂兴（彭庄、沂兴庄）、欣安12个行政村，共20个自然村。

罗西街道 2010年，辖朱隆村、红山村、满沟屯、前黄土堰、后黄土堰、庙山、新城村、涧头、涧沟崖、金山村、磊石村、新河村、中石埠、西石埠14个行政村。

沂堂镇 2010年，辖南沂堂、北沂堂、寨子、沂西岭、后台井、前台井、贤孝庄、前峰山、后峰山、东泉里堡（泉里堡）、西泉里堡（泉里堡）、东迷龙汪（迷龙汪）、西迷龙汪（迷龙汪）、前迷龙汪（迷龙汪）、后迷龙汪（迷龙汪）、东杏山湖、西杏山湖、冷水沟、麒麟山、荆山、北大埠、前大埠（东大埠）、后大埠（东大埠）、大兴屯、东为儿桥、西为儿桥、前柳庄（柳庄）、后柳庄（柳庄）、大槐树、龙王堂、龙泉官庄、兴路口32个行政村，共26个自然村。

河东区区划

九曲街道 2010年，辖郁九曲、九曲店、褚家庄、北王庄、钟家庄、桃园、胡家庄、赵家庄、巩家村、杨家庄、张庄子、李庄子、三官庙、孙家于埠、艾家于埠、孟家于埠、范家于埠、朱家斜坊、张家斜坊、王家斜坊、蒋家庄、季山官庄、柳杭头、前河湾、后河湾、高庄、尤庄子、刘村、杨家岭、坡埠、刘家屋、新添河、沭埠岭、独树头西北、独树头东北、独树头西南、独树头东南、小官庄、东张官庄、西张官庄、彭家于埠、王家于埠、耿家斜坊、尤家斜坊44个社区，范古墩、寇家屯、甘家屯、陈家庄4个行政村。

凤凰岭街道 2010年，辖王家黑墩、张家黑墩、赵家黑墩、许家黑墩、郭家黑墩、刘家黑墩、田家黑墩、褚家黑墩、郁家黑墩、黑墩屯、潘家湖、义和岭、何官庄、李公庄、前翟店、后翟店、常家庄、董白庄（董家庄、白家庄）、马家宅、周家庄、岭泉（谢家庄、王家岭）、前涝墩、后涝墩、西李家埠、东李家埠、中李家埠、东司家庄、前兴旺、后兴旺、西许庄、大店子31个行政村，共33个自然村。

汤河镇 2010年，辖西洽沟1个社区，前蜇庄、后蜇庄、中洽沟、东洽沟、旦彰街、沟崖、周家官庄、大程子河、小程子河、东岭、西岭、朱楼子、桥头、张故县、周故县、赵故县、王故县、禹屋、管家岭、东李湖、邢家湖、前张庄、后张庄、南新庄、大坊坞、西北坊坞、后坊坞、西南坊坞、前朱井寺、后朱井寺、曲坊、大南庄、小南庄、前东庄、后东庄、前西庄、后西庄37个行政村。

相公街道 2010年，辖相公一村、相公二村、相公三村（相公三村、西岭）、南寺、东南旺一村、东南旺二村、东南旺三村、西南旺、范庄（大范庄、小范庄）、孙旺庄、大茅茨、小茅茨、刘家团、郭家团、小朱团、东朱团、西朱团、李家团、高家团、周家庄子、李家黑墩、平墩湖、洪岭埠、安子林、学泗新（学田庄、泗沂庄、新城）、李沙兰一村、李沙兰二村、张沙兰、徐沙兰、张家岭、曹家店、胡家店、石碑屯（石碑屯、东冷庄）、黄家屯、青墩寺、郑家寨子、东傅家屯、宅子、东沈杨、西沈杨、西冷庄41个行政村，共45个自然村。

八湖镇 2010年，辖邵八湖、徐八湖、张八湖、苏西程旺（苏程旺、西北场）、朱程旺、古沂庄、河北崖、东南角、金刚岭（小新庄、窦家岭）、郭圪塔墩（郭圪塔墩、小蒋庄）、边圪塔墩、张圪塔墩、王圪塔墩、谢圪塔墩、管仲河崖、新柴埠河（岳家柴埠河、窦家柴埠河、张家柴埠河）、高家柴埠河、魏林（李家魏林、解家魏林、魏家魏林、田家魏林）、新五湖（大张家五湖、小徐家五湖、蒲沂庄）、铜佛官庄、驻马滩21个行政村，共31个自然村。

郑旺镇 2010年，辖谭家庄、张家湾、后洪瑞（后洪瑞、双胜、大沟崖）、沭河（沭河、大巩家、小巩家）4 个农村社区，林家郑旺（林家郑旺、宋家场）、西郑旺（杨家郑旺、郇家郑旺、郑旺新）、朱家郑旺、宋家庄、赵邱庄（赵庄子、邱官庄）、郭家湾（郭家湾、何家湾、杨家湾）、邵家湾、林家湾沟北、林家湾沟南、久沂庄、新庄（前新庄、后新庄）、北官庄、芦沟崖、季家楼（季家楼、张埠子）、兰埠（前兰埠、后兰埠）、古墩庄、大尤家（大尤家、薛家、宋家、石汪崖）、小尤家（小尤家、段家）、小梁家（小梁家、桑家、季家）、大王家、小王家、大赵家（大赵家、向阳）、镇东（东张家岭、朱家庙子）、常旺街、刘家官庄、何家戈、贾家宅（贾家宅、墩子）、仁里（仁里、扈家戈、躲水庄）、大官庄（大官庄、门庄子、解家湖）、前洪瑞、王家戈（王家戈、高洪瑞、王洪瑞）31 个行政村，共 63 个自然村。

汤头街道　2010 年，辖汤头西南、管家庄、泉上屯 3 个农村社区，汤头东北、汤头西北、汤头东南、滑店子、杜家岭、坊沂庄、湖崖（前湖崖、后湖崖）、汤坊崖、西沂（前西沂、后西沂）、塔桥、龙车（龙王堂子、车庄）、沂河（袁家庄、沟南）、红埠岭、隆辇（隆沂庄、辇沂庄）、李家五湖、王家五湖、徐家石五湖（大徐家五湖、石家五湖）、刘家五湖、盖家张五湖（盖家五湖、小张家五湖）、朱家五湖、董家官庄、上郑家庄、泉沂庄、中兴（下郑家庄、前篆注）、友谊（后篆注、北尤庄）、双乐园（乔家庄、小王庄）、东山东、西山东、前林子、后林子、贾家官庄、东大沟庄、西大沟庄、集沂庄、薛家店子、公安岭、尹家寨、长沟西（长沟西岭、逯家长沟）、长沟中（观音堂子、小碾子、石梁崖）、长沟东（许家长沟、浅塘子）43 个行政村，共 57 个自然村。

太平街道　2010 年，辖郭太平、王太平、徐太平、申太平、大太平、郭家街、亭子头、新兴、解家庄、毛官庄、白塔街（白塔街、谢家庄）、东南白塔（东南白塔、小姚家庄）、东王庄、沙岭子、大姚家庄、光沂庄、罗家官庄、八间屋、东张屯（东张屯、得胜庄）、西水湖崖、东水湖崖、沙岭官庄、大刘家寨子、大张家寨子、大徐家寨子、小刘家寨子、小徐家寨子、郭家寨子、尹家寨子、葛家寨子、小张家寨子 31 个行政村，共 34 个自然村。

刘店子乡　2010 年，辖刘店子、树沂庄、沂自庄、王十二湖、王疃、丰家赤草坡、朱家赤草坡、傅家赤草坡、史家宅子、宋十二湖、吴十二湖、坊上、大十六湖、小十六湖、星移庄、前石拉渊、东石拉渊、西石拉渊、大梁家、新莲 20 个行政村。

芝麻墩街道　2010 年，辖芝麻墩、毛墩屯、前兰墩、东兰墩、西兰墩、前朱汪、后朱汪、西朱汪、大岗、小岗、范家沟、薛店子、官庄、肖堰、湾子、九龙口、李家石河、马家石河、王桥、南楼子、前杨家墩、后杨家墩、石碑、韦家官庄、大王家湖、秦家岭、东洪湖、中洪湖、张家湖、马家湖、孟家湖、义和、埠前店、指挥庄、徐家庄、司家岭 36 个行政村。

梅家埠街道　2010 年，辖梅家埠、王家埠、钟家埠、禹王城、韩家埠、干沟渊（干沟渊、周家庄、东唐疃、西唐疃）、友谊（东滩子、西滩子、侯宅子）、栗行（前栗行、后栗行、梁家洼）、贺城（徐贺、建设、庙贺城、钟贺城、东杨贺城、西杨贺城）、南庄子、王贺城（王贺城、张贺城北村）、彭古、张贺城回族、黄贺城、醋庄前、醋庄后、玉河（王庄子、湾里）、凤凰墩（大墩、小墩）、密墩、盛安、小王家湖、兰宅子、老荒、刘家墩、庄家店子、丁家湖、庄家坞、陈家湖、小庄子、新宅子、荒南头、王家店子、前道口、朱家庙、白家道口、庄墩、姜墩、刘家村、李家湖、刘家湖、杨家湖、后道口、解家湖、前余墩、后余墩 45 个行政村，共 60 个自然村。

重沟街道　2010 年，辖吴家坊头、张家坊头、王家坊头、前黄庙、后黄庙、刘黄庙、高黄庙、密家村、石桥头、官路、新集子、伏庄、陈家村、石家村、东重沟、西重沟、北重沟、天齐庙、堰上、大三官庙、前相庄、中相庄、东相庄、后相庄、万家湖、李家湖、前田庄、中田庄、郑田庄、王田庄、刘田庄、文家官庄、养马庄、秋千园、东孙家庄、庙前、玉皇庙37个行政村。

郯城县区划

郯城街道 2010年，辖龙泉社区（城里三、北马）、城里一、城里二、南关一、南关二、南关三、南马庄东、南马庄西、西关一、西关二、西关三、黄楼（大黄楼、小黄楼）、北关一、北关二、北关三、北关四、北关五、北关北、官路口（官南、官北）、杨楼、叶庄、东南场、前八庙、后八庙、许庄、沙沃崖、梅岭齐、袁庄、湖里、团结（王巷、张林、金湖）、西环（吴冶庄、英庄）、城南（东升、白溪汪）、后东一、后东二、后东三、后东四、前东庄、英城后、郑城后、王城后、薛城后、皮城后、葛庄、前龙门、后龙门、坡里、张卸、王卸、汪卸、坝子、新立（米顶、鸭子汪）、官塘、北墩（北墩、北新安）、十里（十里、南新安）、米庄、颜桥（大颜、小颜、桥北头）、东风、马屯、肖屯、颜屯、富民（大王庄、陈西、陆东）、岭南头、官路东、东南、西南、楼后、吕港口、马南、马北、孙港口、洪福寺、南埝、唐桥、高炉、吴桥、郭庄、新庄（新一、新二、新三）、东秦、杜港口（东杜、西杜）、周港口、富强（梧桐、王集）、刘小埠、新埠（吴小埠、中小埠）、前进（前小埠、窦林）、小埠岭、归义东（归义二、归义三）、归义四、归义五、归义西（归义六、张庄）、埝里、榆林一、榆林二、榆林三、榆林四、榆林五、榆林六、窑上、鲁庄、团山、穆柯寨、山南头、新屯（前屯、后屯）、红石、陵坡、三井、南泉、前赵、后赵、西赵、大高庄（高东、高西）、宋屯、大旺、二旺、茅茨114个社区、行政村。

马头镇 2010年，辖东盛、民主、和平、南园、繁荣、西园、胜利、建设、南新庄、高大寺（高大寺一、高大寺二、高大寺三）、桑庄、田站、石站、陈村、马东（白单、东村）、韩楼、刘楼、科技（梁村、高楼）、林子（林东、林西、茅庄）、黄金殿、爱国西、爱国东、益民、杨庄、花园新（新花园、二刘庄、柏花园）、陈高册、仇高册、张高册、万高册、西高册、中高册、东高册、张园、马一、马二、马三、盛村、王店子、凌高册（凌高一、凌高二、凌高三）、埝上（埝一、埝二）、房一、后赵、小刘庄、前赵、大坊、新房（房前、房二）、梁楼、双兴（双槐、兴隆）、宋庄、三兴（胡庄、茅帐子、黄圩子）、张林一（东张林、中张林）、张林二（西张林、后张林）、陈墩、黄墩、新河、三合（刘庄、班庄、姬庄）、二郎、幸福新（吴家楼、魏庄、徐庄）、富民（刘花园、栗圩子）、徐大墙、高圩子、何圩子、桃行、崔庄、郁顶、圩东、圩西67个社区、行政村，共89个自然村。

李庄镇 2010年，辖李庄一、李庄二、李庄三、李庄四、官庄（东、西官庄）、路庄、青山、刘道口、颜口、凌庄、沂东、白场、岭红埠、于泉、莫疃（罗莫疃、西莫疃、后莫疃、吴莫疃）、蔡村、张村、前小哨、后小哨、八里屯、连埠（东、西连埠）、神泉、杨屯、宋庄、朱庄（朱庄、姚庄）、界牌、诸葛店、大唐庄（大唐一、二、三、四、五村）、小唐庄、西唐庄、王沙沟31个行政村，共42个自然村。

重坊镇 2010年，辖龙华（吴道口、栗园）、铺里、杨庄寺、管集（管前、管后）、前高庄、后高庄、西高庄、东高庄、高集、重坊一、重坊二、北街（重坊三、四、五村）、坤源（曹庄、坊上）、出口（徐出口、朱出口、孙出口）、刘马（刘马北、刘马南）、东庄、吴村、倪村、宋园、新和（倪楼、许村）、刘孟庄、大刘庄、林孟场、太平新（东太平、西太平、杜庄、沙沟崖）、银杏新村（王庄、王场、米庄）25个行政村，共39个自然村。

杨集镇 2010年，辖杨二（杨南、窦墩）、杨一（杨北、房路）、丁庄、寺东、宋庄、房下、北张庄、梁家湾（梁海子、刘湾）、尹庄、高庄、薄庄、周楼、徐杨庄（徐庄、北杨庄）、孔圩、大泥湖、小泥湖、李集、唐庄、王海子、西杨庄、官一（官北、沟北）、官二（官东、官南）、沟南、十三甲、李庄、陆庄、南吴庄、大滩、滩西、小滩、后汪崖、南汪（中汪崖、前汪崖、南陈）、三北头（中北头、西北头、东北头）、高瓦房、石柱子、饮马庄、湖里、西吴庄、范桥、程南、程北、张楼、周塘新（周塘、南杨庄、李四池）、四合（吴巷、刘桥、南张庄、小张庄）、塘北（塘崖、北陈）、塘南（张墩、乔庄、魏庄）46个行政村，64个自然村。

庙山镇　2010年，辖马站、三里汪、潘庄、前林、后林、桃园、于高庄（于庄、高庄）、大埠一、大埠二、茶安、岭北头东、岭北头西、宋庄、吕村、黄滩、刘埠（东刘埠、西刘埠）、仇村（仇村、石桥）、莎草汪、前海沿、陈邵（陈桥、邵河）、乐泉（后海沿、岳庄）、立朝、薛东（薛一、薛二）、薛西（薛三、薛四）、新城、城东、城北（大店、马庄）、城前（东城前、西城前）、新庄、山北头东、山北头西、庙山（山南头东村、山南头西山、山南头前场、山南头中村）32个行政村，共44个自然村。

高峰头镇　2010年，辖贾庄、北张庄（北张、烟墩）、曹村（曹街、魏园）、庙后、葛道口、关庄、南张庄、许圩子、江庄、长疃、北蔺、盐店、李圩子（李圩子、周庄）、前茅茨、徐庄、高一、高二、高三、陵江、高东、高西、南蔺、中心、联进（联合、前进）、爱国、新民（新华、民主）、于圩子、蔡圩子（蔡圩里、蔡圩后）、周王庄（周岗、王庄）、曹东、曹西、曹中、蒲汪一、蒲汪二、蒲汪三、解庄、胡井、店子、麦坡、马场、麦城41个行政村，共48个自然村。

港上镇　2010年，辖港上一、港上二、港上三、港上四、港上五、邵庄、向阳、珩头东、珩头中、珩头西、郎里东、郎里中、郎里西、姜庄、王桥、傅桥、刘桥、前埝、后埝、停庙、蔡官庄、徐圩子、颜湖23个行政村，共23个自然村。

红花镇　2010年，辖孙塘、联五（前李、谢圩子、房圩子、小周圩子、老周圩子）、山外岩、大尚庄（尚一、尚二、尚三、尚四）、陈刘庄、固疃、徐集、小尚庄（小尚庄、高陵）、小李庄、老庄子、黄庄、小庄子、曹庄、问庄、房留、徐海子、姚马、马圩子、张庄、北郑、重兴、南郑、戚关（戚村、关村）、后仓、苍烟子（西苍、前仓）、院南、院北、渠沟、杨庄子（高台子）、前小店、后小店、前壮口、后壮口、龙湖、楼下、中村、西中、西南、南村、北村、韩庄子、卫东、大新、李林、东岳、西岳、大朱庄、房前（前三堂、小房庄）、后三堂、小朱庄、宋瑶、黄沟崖、朱沟崖、元堂（徐林、胡林、乔王庄）、杜海子55个行政村，共68个自然村。

胜利镇　2010年，辖胜利、前房庄、后房庄、渡村、胡一、胡二、胡三、南新汪、北新汪、贸易庄、北高园（北刘宅子、高台子、核桃园）、白果树、杜圩子、周贾庄、大池头、赵楼、张塘、葛沟、徐蒲坦、吴蒲坦、新三合庄（贾湾、三合庄）、沈村、沙窝、高大、果园、田窑、老南、南刘宅子28个行政村，共31个自然村。

泉源乡　2010年，辖泉源头新（泉源头、桥北）、尚寺（前寺、中寺、后寺）、泉东、柳沟（东柳沟、西柳沟）、南夹埠新（南夹埠、小东岭）、石泉（石碑、龙泉寺）、房庄（东房庄、西房庄）、大王庄、北夹埠、东夹埠、邵湖（东邵湖、中邵湖、西邵湖）、段宅（前段宅、后段宅）、班庄（前班庄、后班庄）、翁屯、富康新（三里汪、西吉庄）、长埠（东长埠、西长埠）、郭庄、长埠岭、毛家寨（北毛、杨庄、桑庄）、大马庄、纪庄、小王庄、南毛、泉南（前鲍、后鲍、姜桥、曹寨）、西五湖（宋五湖、倪五湖）、李五湖、东五湖、清泉（司家、卸甲营、山里赵）、裂庄、集子、王家新（王家、肖家）、黄圈、社子、城子（前城、后城、河疃）34个行政村，共60个自然村。

新村乡　2010年，辖新一、新二、新三、银杏（新四、新五）、于村、颜庙，丁沟一、丁沟

二、丁沟三、丁沟四、丁沟五村，黄村、埝东、卢庄、郝庄、西鲍、中鲍、东鲍、埠村、沈庄、王庄、赵林、西滩头、东滩头、金滩头（炉上、王滩头）25个行政村，27个自然村。

花园乡 2010年，辖张哨、田哨、宋窑、北涝沟、官庄、秦园（秦庄、口子园）、西于庄、冷村（冷村、周庄、西北湾）、颜庄、广亮集（广前、广后）、花园、前捷（捷二、捷三）、后捷、捷一、冷庙、徐庄（徐前、徐后）、李村（李村、顾庄）、俩墩、沟崖（南沟崖、北沟崖）、马庄、南涝沟南、刘湖、南涝沟北、大宋（宋庄、大拐）、冯庄、大埠子北、大埠子南、狼湖（前狼湖、中狼湖、后狼湖）、丁何荒（何庄、丁庄、荒界子）29个行政村，共42个自然村。

归昌乡 2010年，辖归一、归二（归二、归三）、归三（归四、归五）、马王、中于庄、西樊、东樊、益新（高塘、南刘庄）、葛大、林子、道西（袁林、陈官庄）、道东（朱圩子、刘塘）、杨葛（杨圩子、葛巷）、三合（夏庄、单庄、焦庄）、陈庄、老归昌（老归昌、小于庄）、兴隆（南王圩子、前学）、范庄、关庙、兴旺（芦汪崖、北王圩子）、朱前、朱后、薛寨子（薛寨子、小官庄）、墨河（河北、陈店）、郯庙、幸福（王楼、吴庄）、张楼、郯新（曹湾、高庄）、玉皇庙29个行政村，共44个自然村。

沙墩镇 2010年，辖沙墩（沙墩、官庄）、张场、前宅、后宅、金柳（刘庄、黄庄）、黄楼、金岭（潘围子、乱墩）、凤凰墩（前墩、后墩）、尚庄一村、尚庄二村、尚庄三村、子房、沟上、株柏一村、株柏二村、株柏三村、株柏四村、株柏五村、华埠一村、华埠二村、华埠三村、华埠四村、华埠五村、华埠六村、马陈埠、前陈埠、陈埠（中陈埠、后陈埠）、义和村（花马屯、赵屋）、大官庄、小塘、大塘、黄岭、蒋庄、前流、东风岭35个行政村，共41个自然村。

褚墩镇 2010年，辖褚墩一村、褚墩二村、褚墩三村、廖屋、廖屯、锦程、桥头、西永安、梁庄、小山子、东永安、兰山、朱庄、兰山前屯、兰山中屯、兰山后屯、向阳新村、碑住二村、碑住三村、碑住四村、三岭、官庄、王庄、孙庄、五里桥、东卜庄、西卜庄、青石塘、黄店、风渡口30个行政村。

黄山镇 2010年，辖李官庄、舒官庄、山西、文曲山（山崖、山前、中蔡）、蝎子山、西蔡、双合（麻湖、武村）、栗林、东蔡、谢官庄、老屯、前黄山、后黄山、柳行、峰山（丰大、丰后、丰上）、凤凰庄、蒋史汪一村、蒋史汪二村、丁屯东村、丁屯南村、丁屯西村、桃园、安头、柴口、木柞一村、木柞二村、木柞三村、木柞四村28个行政村，共33个自然村。

苍山县区划

卞庄街道 2010年，辖朝阳社区（卞庄）、中兴社区（卞庄）、和平社区（卞庄）、泉山社区（卞庄）、新华社区（卞庄）、前埝头社区、西埝头社区、东埝头社区、大坊、宋圩子、西小屯、东小屯、南小庄、北小庄、南徐庄、大城东、柿树园、龙沂庄、石桥、南王庄、小坊、西纸坊、洼桥、坝口、山东头、后营、刘圩子、小北山、小新庄、杨庄、泇河东、南城里、小城东、前连厂（连厂）、后连厂（连厂）、小埝、弯槐树、苏家庄、王沙窝、柞城前、柞城、芙蓉东头（芙蓉）、芙蓉西头（芙蓉）、泇右村、高沙窝、大新庄社区、代村社区、晒米城前社区、葛庄社区、前西柞、后西柞、西柞官庄、东西柞、孙家洼、姜宅子、林西、卜庄、涝村、前张庄、后张庄、西坊上、西月庄、东月庄、前月庄、中月庄、前东柞、中东柞、后东柞、道沟崖、东盘石沟、西盘石沟、苗庄、马家庄、东坊上、英沂官庄、沟东（后小岭）、沟西（后小岭）、东北圩（前小岭）、东南圩（前小岭）、中圩（前小岭）、金岭、东纸坊、夏家庄、城后、北城里、阚家庄、秦家庄、柞城西、椅子圈、邹庄、于庄、苍山官庄、太平庄、大圩子、西大埠、金河、马巷、莲子汪、墩头、顺河庄、长杨庄、前宋庄、后宋庄、小古庄、后吴坦、前吴坦、大古庄、北王楼、刹子官庄、南哨、高庄、西哨三村（西哨）、西哨二村（西哨）、西哨一村（西哨）、赵官庄、大官庄、赵家洼、仓谷屯、小卞庄、芦柞东村（前芦柞）、芦柞西村（前芦柞）、芦柞一村（后芦柞）、芦柞二村（后芦柞）、芦柞三村（后芦柞）124个行政村（其中含12个社区），110个自然村。

兰陵镇 2010年，辖刘家堡子、前丘后、后丘后、公庄、小李庄、杜家庄、小魏庄、沟南、于官庄东村（于官庄）、于官庄西村（于官庄）、欧家屯、前孙庄、张岗子、刘岗子、洳西村、周岗子、耿庄、彭园、后孙庄（后孙庄、齐庄）、狄庄、后张庄、横路口、沈坊前、王坊前、赵坊前（赵坊前、蔡庄）、北横山一村（北横山）、北横山二村（北横山）、北横山三村（北横山）、朱王庄、孙楼（孙楼、邢庄、花亭子、后小庄）、金山、柳树王、韩塘、高塘、臧桥、小王庄、小桥头、常堡、西赵庄、河南头、张赵庄、南横山后村（南横山）、南横山前村（南横山）、兰陵东北圩（兰陵）、兰陵西北圩（兰陵）、兰陵西南圩（兰陵）、兰陵东南圩（兰陵）、徐家庄（徐家庄、晁家庄）、埠后、前烟头、后烟头、杨庄、赵家庄、王张庄、朱家堡、田家庄、宋家庄、桥头、任家庄、黄家庄、岔路口、友期庄、小郭庄、东横沟崖、西横沟崖、王家艾曲后街（王家艾曲）、王家艾曲前街（王家艾曲）、大苗家艾曲、小苗家艾曲、作字沟南、作字沟北、张家艾曲、李家艾曲、刘家艾曲、滩上、大郭家庄、大刘庄、前进、孟家楼、造律头、大王庄一村（大王庄）、大王庄二村（大王庄）、大王庄三村（大王庄）、小仲村南村（小仲村）、小仲村北村（小仲村）、林屯（大林屯、小林屯）、吴村、蔡庙、崔宅子、赵庄、马屯、后朱楼、大庄子、田家屯、孙家屋、前刘家、丁家滩、南杨庄、顺墩、蔡家庄、刘河崖、陆庄、侯宅、前黄墩、后黄墩、车官庄、房家庄、大李庄、前朱楼、兴利、潘王庄、董塘、草湖113个行政村，109个自然村。

大仲村镇 2010年，辖大仲村、河西、大吴宅、小吴宅、金桥屯、泉汪、车庄、马山、陶屯、东辛庄、梁家屯、龙泉庄、沂沟（前沂沟、后沂沟）、永安、东圩、涝坡、索村、大冶、埠东、林官庄、乐沂官庄、金城（东城子、中城子、西城子）、西寨子、庙疃、绿庄、兰凤窝、任合村（任庄、后岭）、现庄、石坑、康庄（东康庄、西康庄、小东湖）、念沂庄、胡家庄（胡家庄、白彦庄）、陶主院、小官庄、陡沟庄、西南哨、向阳庄、西辛庄、吴宅圈、石曲（东石曲、中石曲、西石曲）、上流井、下流井、荆山后、荆山（荆山前、团结）、黄家馆（黄家馆、黄家馆河北）、北邱庄、北孟庄、北刘庄、殷家馆、胜庄、祖居庄、立营庄、韩庄（南韩庄、北韩庄）、保合庄、郁家杭、驻城（大城子、小城子）、南邱庄、后姚庄、前姚庄、柳河、栗园、北码头、小徐庄、茶子山、代家庄（代家庄、胡沿庄）、孙家馆、刘家宅67个行政村，81个自然村。

尚岩镇 2010年，辖西水沟、东水沟、新村、坊口、尚岩一村（尚岩）、尚岩二村（尚岩）、尚岩三村（尚岩）、沟西、小西湖、王楼南庄（王楼、大南庄、小南庄）、岳村、北尚岩王村（北尚岩、王村）、史庄、马圈、郭村、新庄、杜庄、王埝沟、周埝沟、马套、杨套、戚套、白水牛石前村、白水牛石后村、石龙口、朱庄、坦上集、万村、卞村、刘村、安庄、尚岩河北、珍珠庄、玛瑙埠、居庄、葛村、杜村（杜村、杜村河西）、张家村、枣庄、东纸房、西纸房、东南岭、会宝岭、大泉、陶李村、张娄村（张庄、娄庄、西宋庄）、郑牧村（郑村、牧羊沟）、荆堂（南荆堂、北荆堂）、白山、后院（董家后院、朱家后院、苗家后院、杜家后院、魏家后院、马家后院、彭家后院）50个行政村，62个自然村。

磨山镇 2010年，辖磨山东村（磨山）、磨山西村（磨山）、杭庄、东疃前村（东疃）、东疃后村（东疃）、磨山河西、河北、窦村、桑科、孙家屯、高家庄、西疃、马庄、河套、河套屯、孙杨庄、东石良、西石良、松山西、松山东、焦店、山南、宋庄、花庄、旺庄东村（旺庄）、旺庄西村（旺庄）、史家庄、大含山、小含山、华岩寺一村（华岩寺）、华岩寺二村（华岩寺）、华岩寺三村（华岩寺）、北张庄、赤土门东村（赤土门）、赤土门西村（赤土门）、赤土门后村（赤土门）、西三峰庄、东三峰庄、南周庄村（周家庄）、北周庄村（周家庄）、黄山前、皇甫寺42个行政村，共34个自然村。

新兴镇 2010年，辖于楼、前官庄（苏官庄）、后官庄（苏官庄）、东凤庄、西凤庄、马楼、东新兴一村（东新兴）、东新兴二村（东新兴）、板闸湖、后大窑（大窑）、前大窑（大窑）、朱屯、木山（木山、何庄）、徐山口、云铺、高王庄（高王庄、朱庄、王家庄）、王家楼、岳楼、岳桥、西新兴、双山屯、新官庄、伏山口东村（伏山口）、伏山口西村（伏山口）、阁老埠、西大寨、东大寨、张屋、冯岭、艾庄、下湖、黄山屯、小寨子、新胜、太子堂（太子堂、西官庄）、古林、卢家楼、山里王、蒋家庄、龙庄、北辛庄、新马庄、曹庄、西刘庄44个行政村，44个自然村。

南桥镇 2010年，辖卢楼、南桥（南桥、陈庄）、小寺、任桥、后疃、影合村、鲁坊东村、斜里、前疃、卓庄、远沟、邹圣庄、石埠、黄山南、程村、前朱邑、后朱邑、官家桥、陆家庄、鲁坊西村、前屯、刘桥、赵堡、袁庄、前胡寨、后胡寨、向阳、孙家村、张沟、大湖子、大李沟、小李沟、小窑、小湖子、蒲坦庄、宋疃、李楼、小魏楼、大魏楼、大宋庄、界坊、丁庄、红旗新村、吕家村、高埠庄、北李庄、东户庄、西户庄、北桥、贯村、南李庄、唐庄、董庄、鲍庄、马沟、大桥、坊岭新村、后屯、佘村59个行政村，共60个自然村。

庄坞镇 2010年，辖南多福庄（多福庄）、北多福庄（多福庄）、小傅庄、南街、学田、庄坞、前高尧、后高尧、西高尧、东高尧、马湾、庄坞河西、核桃园、向曙、南营子、涌泉前村（涌泉）、涌泉后村（涌泉）、北吴庄、北营子19个行政村，17个自然村。

层山镇 2010年，辖层山东村（层山）、层山后村（层山）、街西头（层山）、张杨庄、李杨庄、王杨庄、湖埠山前（湖埠山）、湖埠山后（湖埠山）、山西、危屯、曹屯、柏庄、董墩、新合庄、颜圩子、肖姬庄、瓦屋庄、卞杨庄、房杨庄、沙埠东村（沙埠）、沙埠西村（沙埠）、耿墩、新吴庄、东哨、北哨、周庄、凌庄、司庄、大城子、小池头、吕园、杨园、后銮墩、前銮墩34个行政村，30个自然村。

向城镇 2010年，辖马于沟西村（马于沟）、马于沟东村（马于沟）、马于沟南村（马于沟）、后姚、前姚、董家庄、吴家村、东张庄、东南园、向阳新村、岭顶子、城子、陈桥、宋楼、苏圈、洳头、谢家村、赵宅子、杨桥、满村、谭梁子、胜利、向城东村（向城）、向城南村（向城）、向城北村（向城）、向城西村（向城）、南张桥、北张桥、东城前、西城前、东王楼、西王楼、长兴庄、柳峪、芦庄、西张庄、温家庄、峰下沟、柳峪官庄、梧桐村、东安庄、周胜庄、东宋庄、印王山、宋辛庄、东马庄、蔡庄、杭头、后林、石龙山、土楼、埠子、永红新村、南楼、沟北、何庄、黎丘（黎丘、北陈庄）、魏家村、邵庄、簸箕掌、鄫城后河东、小北湖、徐庄、鄫城前、南陈庄、鄫城后河西、徐家园、北孙庄、道口69个行政村，共65个自然村。

神山镇 2010年，辖东北村（神山）、西北村（神山）、东南村（神山）、西南村（神山）、东耿庄（耿家庄）、西耿庄（耿家庄）、东刘庄、小北湖、老屯、神山官庄、青竹山西、三山后、青竹山前、将军桥、郑岭、夏宅子、东道庄、西道庄、燕山官庄、六合店、青竹官庄、小屯、白泉、和庄西村（和庄）、和庄东村（和庄）、和庄中村（和庄）、甄庄、东西庄（西庄）、西西庄（西庄）、东新庄、邱庄、东杨庄、青竹山东、西河头、石杭、后杨官庄、前杨官庄、山口38个行政村，共31个自然村。

长城镇　2010年，辖城东村（长城）、城西村（长城）、城南村（长城）、城北村、西河村、姚村、东官庄、季庄、栗堡、前王庄、沙河东、冯村、沟崖、薛村、戚庄、王樊庄、前墩、后墩、孙庄、朱家庄、姜庄、姜滩、小张庄、范滩、为女桥、新村、长屯、聂官庄、苏庄、大马庄、北马庄、小马庄、沙元、西王庄、南官庄、小庄、东河头、白庄、白堡、焦庄、沙沟东村（沙沟）、沙沟西村（沙沟）、前土头、后土头、芦汪（前芦汪、后芦汪）、李宅、赵新庄、河湾、乔庄、西林、庞庄、洪西村52个行政村，共50个自然村。

车辋镇　2010年，辖车辋、车辋河东、兴隆庄、宋岭、西岭、蒋庄、唐家庄、桥庄、扶丘、房家村、邢家村（前邢村、后邢村）、念沂泉、宝山前（吴宝山、刘宝山、常宝山）、董许村（许山套、董村）、忠义村（孟庄、蔡村、大李村）、牡丹池、前银厂、后银厂、杨岭、陈家林、南杭山峪（南山后、东白山、白山北岭）、温庄、宝山窝、吴家官庄、南漫溪（南漫溪、东房庄）、北漫溪（段家庄、北漫溪）、西漫溪（常家庄、郭家庄）、甘霖、沙沟（房家沙沟、靳家沙沟、韩家沙沟、赵沙沟）、傅家山、黄山峪（考村、董许庄、韩家庄）、平安村（洼里、安平庄）、节义庄、南桃峪（张桃峪、马桃峪、崔桃峪）、龙桃峪、张杭、黄汪、东庄（东庄、张庄）、官台庄（新官庄、台庄）、木家庄、潘庄、埠南头、小炉（前小炉、后小炉）、九女山、灰墩、高山村（北岭、沟底、曹家庄、李高山沟）、前石河（陈家石河、韩石河、韦石河上队、韦石河下队）、后石河（赵家石河、驼山、驼山南、可乐庄）48个行政村，共79个自然村。

矿坑镇　2010年，辖前马庄、后马庄、前罗庄、中罗庄、后罗庄、南坡、凤凰庄、郭家沟、东延寿、西延寿、薛南、兴龙、湖子峪、灰泉、矿坑、升平庄、朱柳、朱柳屯、惠民庄（惠民西村、惠民东村）、棠林（棠林、西棠林）、单家庄、后立庄、楼山沟、远立庄24个行政村，共26个自然村。

鲁城镇　2010年，辖雷雨口（雷雨口、西南园）、大阎庄、驼山前、太平、小阎庄、刘家郭（刘家郭、庙东、匡山后）、南山（南山、北小堡）、王子石、老书房（老书房、南小堡）、幸福村（小刘庄、幸福岭）、北鲁城、南鲁城、孙家村、庄岭（庄岭、赵山头）、匡王村（王圩子、大后庄、小后庄、楼前、北山口）、上河村、天台庄、前龙湾、响水泉（东薄岭、西薄岭、响水泉）、寨山前（上寨山头、下寨山头、西芦庄、东林、后龙湾）、平山后、东石门、西石门、合兴（李山根、后场）、大地、毛家埠、吴山头、姚庄、永红、楼子、泉沟（北泉沟、中泉沟、南泉沟）、李庄（大兴庄、西山村）、东马庙、西马庙、银财源（财源、曹家崖、沈家庄）、魏家庄、寺前（下寺、庞户）37个行政村，共61个自然村。

兴明乡　2010年，辖尹家村、李家官庄、彭家官庄、竹园、金家楼、邓桥、徐皇路、王皇路、杨皇路、南新村、赵皇路、李皇路、小郭东村（小郭）、小郭西村（小郭）、北官庄、南小官庄、兴明前街（兴明）、兴明后街（兴明）、庄屯、张屯、宋村、王宅子、师庄、于村、刘家官庄、胡家官庄、高村、田家村、王家官庄、马家官庄、孙于沟、常于沟、曹湾、北新村、坊前、后兰庄、前兰庄、高屯、卜家楼、郎庄、毛庄、林村、张村43个行政村，共41个自然村。

二庙乡　2010年，辖二庙、徐村、东张村、孙村、李村、店子、吴庄、大墩、亓庄、马村、居村、傅村、瓦子埠、赵楼、池口、沙墩、纪庄、朱场、姚场、芦塘、后湖、大埠、新华、李湖埠（李湖埠、倪湖埠、马湖埠）、赵湖埠、王湖埠、吴湖埠、郭楼、徐桥、小桥、颜庄、红圈、徐圩子、李圩子、武河村、马场36个行政村，共38个自然村。

三合乡　2010年，辖三合北头村（三合）、三合南头村（三合）、西秦庄、河西、斜沟、大杨树、后周村、前周村、王堡、尤堡、王田营、任河湾、胥河湾、李河湾、韦河湾、赵河湾、栗皇路、刘家岗、大吴皇路、小吴皇路、金庄、刘庄、邱皇路、任皇路、吕皇路、邵皇路、刘皇路、双庙后、东小店、西小店、崔桥、常庄、邵家桥、李田营、前田营、尤庄、东秦庄、陶庄、东王庄、圩子、顾庄、赵村、厂东43个行政村，共42个自然村。

下村乡 2010年，辖三合（蚕厂、大古村、小古村）、宝山（吴家岭、崔家沟、高山前）、增光峪（大增光峪、小增光峪）、富田、上村（西南岭、东山前、郝家村、王岭、南山湾、西北岭）、双峪（郑家庄、下双沟峪）、六合（刘山前、马家洼、黄崖、鹁鸽崖、杨峪子）、米峪子（里米坑、外米坑、南张峪子、北张峪子）、娄山（西马山、岭南头、上双沟峪）、马山、米河（米山子、西河、流井）、孟家渊（孟家渊、小南湖）、孔庄、刘湖、花园新村（崖头、花园）、杨刘河（伽河滩、杨村、杨刘庄）、上大炉（上大炉、黄山口）、宝崮（北崮、西崮、东崮、葛宝庄）、山河（英宝山前、水晶山后、扁担山、义河村）、明山（小山后、北宋庄、二里村、明山后）、上峪（西上峪、东上峪）、下大炉、苇湖（东苇湖、西苇湖、钓鱼台）、大北庄（大北庄、周家岗）、顺河（西涧、枣峪子）、埠阳（北埠阳、南埠阳）、涧村、云峪、下村、灰泉（大灰泉、小灰泉）、杨崮前、双河、玉桥33个行政村，共76个自然村。

贾庄乡 2010年，辖贾庄、东楼、竹龙桥、时村、滂河、降香台、堡子、曹村、李屯、盛庄、金屯、铁角山、官桥、东坞丘、西坞丘、南坞丘、北坞丘、黄庄、胡窝、义合庄、潘家沟、东山庄、吴庙子、夏庄、尚庄、上园、压油沟、可乐圈、南码头、小东山、晒钱埠一村（晒钱埠）、晒钱埠二村（晒钱埠）、晒钱埠三村（晒钱埠）、小山子、朱村、朱城前、齐庄、孤山屯、上砚台岭、下砚台岭、邓王山前、长桥东村（长新桥）、长桥西村（长新桥）、安乐庄、东大桥、友谊庄、拾钱庄、桥山沟、压虎庄49个行政村，共46个自然村。

沂水县区划

沂城街道 2010年，辖阳东街、阳西街、茶庵街、回民街、新村、东关街、南关街、北关街、城里街、前小河、后小河、南庄、湖埠西、前埠东、后埠东、牛岭埠、东皋、长虹18个社区，七里堡子、柏家坪、大滑石沟、徐家洼、姚家官庄、西朱家庄、小梨行、李家洼、燕家庄、东古城、西古城、解家官庄、跋山店子、河奎、古城前、小伴城、前古城（前古城、双全）、东山、金牛官庄（金牛官庄、牛官庄）、大沟峪、武家洼、薛家庄、大伴城、荷叶官庄、前晏家铺、后晏家铺、石山官庄、冯家庄、黄泥崖、马山官庄、毛家窑、下宅、东院、双龙、房家庄、高家岭、罗家庄、长家沟、后龙家庄、唐家庄子、景家庄、东朱家庄、前龙家庄、石良店子、许家石良、侯家石良、田庄、小东山、鼓山前、后贺庄、向阳、前石良、东石良、前贺庄、顾家崖、北张庄（北张庄、团结）、井峪、前善疃（前善疃、兴升）、前庞家庄、朝阳官庄、后善疃、友兰官庄、后庞家庄、南场、南张庄、松峰（北松峰、南松峰）、孔家庄、刘官庄（刘官庄、红石门）、太平官庄、稳坐官庄、圈庄、泥峪子、高山子、长安庄（长安庄、凤凰头）、阎家庄、小滑石沟、全美官庄、大梨行、三山官庄79个行政村，85个自然村。

道托镇 2010年，辖道托（北官庄、石梁、道托）、西道托、中道托、花沟、麦坡、横岭、吴家官庄、刘家上庄、孔家上庄、王家上庄、北下庄、南下庄、西曹河、东曹河、扁桃涧、前涝坡、后涝坡、大黄旺、小黄旺、桌子石、下村、密家沟、小店子、马旺、余粮、塔坡、双河、峨庄、下良峪、上良峪、天台官庄、青山铺、牛岭官庄、后官庄、前官庄、韩家曲、蔡峪、牛心官庄、胡家旺、后王家庄、前王家庄、石岭官庄、王官庄

43个行政村，45个自然村。

高桥镇　2010年，辖高桥一、高桥二、东河南、西河南、高桥河北、韩家岔河、沙岭子（沙岭子、斜官庄）、凤凰官庄、柳子沟、汤家官庄、朱家沟、武家沟、龙岗峪、龙旺堂、大岭、马家方庄（马家方庄、于家方庄）、刘家方庄（刘家方庄、东刘家方庄、西刘家方庄）、申家河、徐家牛旺（徐家牛旺、李家牛旺、赵家沟）、王家牛旺、张家牛旺、住龙河、木山、荣沟、杨家坪、马家林（马家林、核桃园）、新华、沭水西岭（沭水西岭、十亩地）、梨园沟、大路官庄、小瓮山、富山坡、秦家洼、沭水南岭、张家山宋、闵家山宋、刘家山宋、马家河（马家河、龙旺埠）、刘家长林、傅家长林、王家长林、赵家长林、袁家荣仁、徐家荣仁、张家荣仁(张家荣仁、申家荣仁)、大瓮山、酿泉官庄、永全官庄、富泉官庄、改作、团山、沭水一村、沭水二村、沭水三村、阎家宅(阎家宅、保安官庄)、宋家岔河、坪下河（坪下河、坪上河、坪下河西坡）、夏家官庄、胡庄、碑石岭60个行政村，共69个自然村。

马站镇　2010年，辖上窑、北郭家湖、马站、北坡、下窑、南东埠、杨家城子、小豹虎峪、石泉官庄、北东埠、黄家店子、大豹虎峪、王井、曹家庄、杜家庄、崖下、乔家官庄、王家旺、沙家庄、西旺庄（西旺庄、鞠家旺）、黄家安口、程家庄、郭家庙子、八大庄（西河、后石屋、柴山西头、五家场院、呱嗒板、劈石沟西崖、梨杏地、前石屋）、申家庄、马叫旺、戴家后沟、北沟、石家庄、吴家庄、黄家后沟、董家庄、神家庄、张家后沟、古峰台、杏山官庄（杏山官庄、杏山店）、刘家城子、蒋家后沟、鞠家庄、贾家官庄、徐家官庄、兰石墩、东旺庄、双龙埠、姚洼、小湖、杏山店后沟、天桥官庄、徐家店子、米山、祉村、杏山（东杏山、北杏山、南杏山）、阎家店子、关顶、张家珠江、珠江店子、石砬、杨家珠江、上高庄、朱刘店、孔家珠江、孙家城子、下高庄、大水场、书堂旺、李家大峪、荣兴庄、斜官庄、南郭家湖、神林店、四山官庄、富岭官庄72个行政村，83个自然村。

杨庄镇　2010年，辖杨庄、汞丹山、秦家庄(秦家庄、小秦家庄)、吕家旺、水牛、郭家峪、黄泥泉、方家沟（方家沟、凤鸣峪)、太古石、西山根（西山根、旺泉）、李家坡、孙家坡、小峪(李家小峪、耿家小峪、张家小峪)、五山、商家庄、吴家楼子、张家楼子、高家楼子、下杨林、上杨林、曹家坡（曹家坡、邵家庄)、下牛山、东西沟、孔家崖头（孔家崖头、北仉林)、张家黄崖头、峨山口、邵家楼、上牛山、善疃、东寨、大院、北山（北山、小院)、张家坡、孟家坡、上儒林、金华峪（前金华峪、后金华峪)、磨山沟（上磨山沟、下磨山沟)、孟母、庄科、龙泉官庄、白家庄子、西寨、北躲庄、南躲庄、常家庄、四官庄、四社官庄、党家山、下儒林、仁村、泉富庄、南仉林、大沟、罗张（大罗张、小罗张）54个行政村，65个自然村。

富官庄镇　2010年，辖官庄、斗院、抬头(抬头、抬头北村)、抬头尧、宋家庄、芦沟、柳沟、旺峪、刘家后沟、林头、范家庄、孟家沟、上旺、东漫流、西漫流、张家石岭、大庄子、上蔡家沟、下蔡家沟、西石壁口（石壁口、小北庄、躲水庄)、东石壁口、徕庄、王家箕山、宋家箕山、小黄崖、泉子崖、吕家坡、柳树沟、高家石岭、宝山坡、泉头（闵泉头、马泉头、西泉头)、得水（东得水、西得水)、解家洼、黄泥沟、垛庄、墙框、石匣、何家庄子、朱双、青龙沟、小黄山、大黄山（大黄山、金花岭)、桃洼、苗家河、鞠家官庄、杜家沟、小沈家沟、大沈家沟、上谭家沟、下谭家沟、前良沟 (前良沟、后良沟)、下良沟、前陈、后陈、小陈、松园、上庄（上庄、小上庄）57个行政村，共66个自然村。

圈里乡　2010年，辖圈里、贾姚庄、桥北头、陈官庄、牛家老庄、南朱保、北朱保、河西、南山（南山、南山旺)、松林（松林、槐木田)、麻庄、耆老峪（耆老峪、鹁鸽崖)、吕家西山、茅坪、朱家峪子、柿子园、三山（三山、小峪子沟）、石栏（石栏、北石栏）、鲁桑园、北峪（北峪、大旺）、孙家土峪、红石峪、许家庄（许家庄、上李家村、下李家村）、马家土峪、谭家沟、高家庄、小弓河（小弓河、乔家庄、大北头、梭峪子）、蒿子沟、前朱营、中朱营、后朱营、天晴旺（天晴旺、田家岔河、石牛埠）、涝坡、上良门、中良门、下良门、相家庄（北相家庄、西相家庄、南相家庄）、吉林庄（吉林庄、相家北山）、北代庄、南代庄、瑞龙口（瑞龙口、哨虎峪、红河峪）、牛家沟（牛家沟、龙王峪、老师傅旺、姚峪子）、吕家沟、靳家岔河、杜家岔河（杜家岔河、辛庄子）、胡家岔河、张家洼、上獐子峪、下獐子峪、七箭、中二郎峪（中二郎峪、上二郎峪）、下二郎峪、增山后、考洼（上考洼、下考洼）、魏家河 55 个行政村，共 79 个自然村。

沙沟镇 2010 年，辖沙沟一村、沙沟二村、沙沟三村（沙沟三村、沙沟南岭、沙沟南旺）、西院、卞庄（卞庄、卞庄南岭）、北孔家庄（北孔家庄、石门）、东于沟、刘家洞、沈家洞、芝麻峪（徐家山顶、秦家岭、后炮楼、毛子沟、党家沟、李家沟、油坊沟、小宝窝、马家旺）、四官旺、川店、上山阳、下山阳、上峪庄、荷花池、程家官庄（程家官庄、富裕、柳沟）、前朱雀一村、前朱雀二村、后朱雀、于家双沟、柏山、刘家双沟、张家双沟、石旺官庄、石泉峪、辉泉（辉泉、刘家泉、后坡、辉泉北山）、侯家官庄（侯家官庄、李家前坡）、西于沟、霹雳石（霹雳石、蜂窝顶）、金钟峪（金钟峪、花红峪）、桲椤峪、张马庄（张马庄、小南洼）、西坪、上麻庄、麻庄（中麻庄、下麻庄）、寺峪、朱家峪子（朱家峪子、富昌、上富昌）、贺家沟（贺家沟、花坪子、鞠家庄子）、北泮池、南泮池（南泮池、生菜峪）、三泉、夹石峪（夹石峪、康家岭、刘家庄）、于家庄、野坊、洪洞（洪洞、李子花沟）、对崮峪、小崮头（小崮头、李家旺、红土峪）、于家洞、肖家杨庄（肖家杨庄、铁峪）、虎峪（上虎峪、下虎峪）、道德坪、黄土泉（黄土泉、四旺、大泉东崖）、黑石沟、双山（双山、相家洼）、九岭坡、崖庄一村（崖庄一村、崖庄东岭）、崖庄二村、崖庄三村、崖庄四村、崖庄五村（崖庄五村、黑崮子、海南岛、松山子）、龙河官庄、麻峪子、上流庄（上流庄、上流庄西峪、上流庄南沟）、大东峪、石槽峪、小东峪 67 个行政村，共 108 个自然村。

诸葛镇 2010 年，辖新庄、马崮峪（马崮峪、蟠牛场）、安家圈、大崖头、凤凰峪（凤凰峪、前沟子、下洼子）、武将峪、下梭峪、前河西（前河西、后河西）、大圈（大圈、西南峪）、上小诸葛、大暖峪、下华庄（下华庄、范家旺）、小暖峪、大诸葛、刘家河北（刘家河北、马家河北、河南、武家庄）、新民官庄（新民官庄、菠萝头）、耿家王峪（耿家王峪、崔家王峪）、姜家官庄、七沟、上峪、河西庄（河西庄、张圻）、连旺（连旺、前文村二村）、张耿（张耿、耿家林）、中梁子（中梁子、刘家洼、北场子）、凤落院、石埠子（石埠子、团埠顶）、上古（上古、上古村东庄、上古村北庄、李家新庄、丁家旺）、下古（下古、瓦屋山、宿山后、季山子）、东埠前、西埠前、魏家沟（魏家沟、山前官庄）、庞家河、东河西（东河西、红花峪）、南门楼、徐家峪（徐家峪、罗家场、摸峪子、樊家场）、常庄、会仙院（会仙院、杨家山、安门头）、大崮峪（大崮峪、郝仙院、崮前官庄、大崮前）、司家沟、北黄家庄、山丛、张家圻（张家圻、潘家旺）、桃树圻（桃树圻、奎沟、马家圻）、大峪、小峪（小峪、上峪东沟、东于家河）、西于家河、下小诸葛、大崮后（大崮后、大崮洼、土崮后）、后峪（后峪、东干峪、石龙口）、武家河北、红石崖、上华庄、略疃、葛庄、西坡庄、上胡同峪、下胡同峪、上梭峪（上梭峪、孙家林）、秀峪（秀峪、张家旺、于家旺、后王家岭、武家岭、秀峪下河）、马场峪、正峪官庄、坡庄一村、坡庄三村（坡庄三村、坡庄二村）、东卞山（东卞山、西卞山）、北门楼、马家旺、文家峪、李家营、李家河北、店子（店子、东店子）、前文村一村（前文村一村、前文村三村）、后文村72个行政村，125个自然村。

龙家圈镇　2010年，辖龙家圈、杨家庄子、兴龙3个社区，公家疃、前埠子、前马荒、小匡庄、东大埠岭、柳泉、泉旺、港埠口、黄崖洼、西大埠岭、后埠子（后埠子、红旗）、寨里、泮池沟、东宣庄、西宣庄、吴坡、上峪子、下峪子、马池水、后马荒（后马荒、后马荒北山）、向沂、前金鸡埠、后金鸡埠、张家诸坞、中诸坞、新诸坞、李家诸坞、刘家诸坞、陈家诸坞、武家诸坞、杨家诸坞、赵家诸坞、北小官庄、北越庄、盆山、信家庄（信家庄、牛山腿、水牛宫）、黄家庵、崮安、营盘、东团坪峪、西团坪峪、东中峪、西中峪、南套、石龙官庄、西草沟（西草沟、马家旺、朝阳）、东草沟、中山庄、柴山（柴山、馍馍墩、前圻、柴山南峪）、甘河、里圻（里圻、石胡同、里圻西峪）、泉沟、马车岭、东李家庄、南黄家庄、上肖家沟、下肖家沟、张岱58个行政村，共71个自然村。

黄山铺镇　2010年，辖黄山铺、大李家坪（大李家坪、西北庄、灰泉坪、小李家坪、黄墩坪）、朴城峪（朴城峪、刘家庄子、埝子、石岜崖）、小高庄、大高庄、埠西（埠西、崖上、崖下）、刘家岭、胡家庄（胡家庄、黄山前旺、高家岭、沙沟子）、黄石官庄、东泉庄、西泉庄（西泉庄、安泉新村）、安子庄、东土沟（东土沟、段家沟、许家沟）、西土沟、东黄庄、西黄庄、蛮庄（蛮庄、老鸹岭、武家沟）、吕家庄（吕家庄、黄山旺）、大官庄、南小官庄、马家河子（马家河子、大崖头、孙家沟、天麻峪沟、李家坪）、岳庄、葛子铺、大匡庄、小庄子、龙山前、中朱冬、南朱冬、北朱冬、东河北、尧崖头（尧崖头、田家旺、赵家旺）、西河北、狄家庄子、龙山店（龙山店、中兴）、蒋庄、寺前官庄、龙山官庄、东朱陈、前朱陈、西朱陈（西朱陈、杏山坡）、大松林（大松林、韩家旺、花凤崖）、小松林（小松林、北沟、王家圻子）、圣水坊（圣水坊、里大旺、皇姑泉）、南小河（南小河、段家旺、岚崮后）、北小河、西上坪、东上坪、北上坪等48个行政村，共82个自然村。

崔家峪镇　2010年，辖崔家峪（崔家峪、黄囤后）、上泉（上泉、上泉北山）、下泉、凰龙湾（凰龙湾、罗圈崖）、花峪（花峪、到峪子）、吕公峪（吕公峪、龙王庙子峪）、龙凤湾、南峪、胡同峪（胡同峪、狼王峪）、李家峪（李家峪、北峪、翻杆子峪）、北垛庄铺（北垛庄铺、上梨行、下梨行）、南垛庄铺（南垛庄铺、王家峪）、施家官庄、凌家圻（凌家圻、青山圻）、东荆山头、西荆山头、桃花圻、磨峪、五口（五口、五口北洼）、九山官庄、上龙口、下龙口（下龙口、西圻、墩子）、大辉泉、对荆峪、东虎崖（东虎崖、阎家峪、刘家坪）、西虎崖（西虎崖、上武家圻、大甘梁峪、小甘梁峪、下武家圻、北武家圻、南武家圻）、上常庄（上常庄、常庄北峪）、下常庄（下常庄、井峪）、青石圻（下青石圻、李家坪、马连峪、上青石圻）、南梨园（南梨园、柿子峪、梨树峪、张峪）、北梨园（北梨园、芝麻峪、小穴峪）31个行政村，共64个自然村。

夏蔚镇　2010年，辖夏蔚东村（荞麦山后、胡墩）、夏蔚后村（夏蔚）、夏蔚西村、上江峪、下江峪、松泉官庄（松泉官庄、过虎峪）、石家官庄、南上位（南上位、东南峪）、东上位（东上位、梁子沟、北上位）、东牛家坪（东牛家坪、孙家官庄、燕子峪）、西牛家坪（西牛家坪、红石崖、阚家庄）、朱家坪、龙泉、牟家圻、傅家圻、夏蔚南峪、上里庄、桃峪（桃峪、核桃圻）、北山、东南峪、北峪子、甄家疃（甄家疃、滑石人沟、红峪、红峪坪）、石牛峪（石牛峪、小坪、佛子峪、清明峪、甘泉寺、七亩地）、南王家庄子（南王家庄子、炕头、东峪）、牛场子（牛场子、牛场、白沙窝）、崮前崖（崮前崖、黑山旺、崔家沟）、晏婴店子（晏婴店子、杏山子沟、黑窝子）、连崮峪、王庄（王庄、王庄南峪、王庄东峪、西长岭）、西山、南庄、葛沟（葛沟、葛沟西山、柴火坊、葛沟东山）、双山（双山、小王庄、荒地）、长岭（长岭、东长岭、长岭南山、长岭北山）、上桃峪、下桃峪（下桃峪、西场坊）、上麦坡（上麦坡、下麦坡）、东良庄、刘家峪（刘家峪、双墙寨）、范峪（范峪、石屋峪）、杨家峪、院庄（院庄、院东山、黄土梁）、大战地（大战地、大战地东山）、柳树头、泉峪、水源坪（水源坪、水源坪北山、宝泉庄、香炉崮根）、云头峪（云头峪、上云头峪）、回峰涧（回峰涧、蝎子沟、曹家林、江家崮前、西峰峪）、透明崮、土洼（土洼、上土洼、陈家良、王家庄、上柳家良子、下柳家良子）、赵高峪（赵高峪、赵高峪西山）51个行政村，共108个自然村。

高庄镇 2010年，辖高庄（高庄、高庄东山）、杏峪、东杏峪（东杏峪、赵家良、洼子地、山台子、武家楼）、上薛（上薛、崖北头）、下薛（下薛、武家庄、下薛南岭）、陈家林（陈家林、孙家良、柴岭）、马兰（马兰、官坡）、小朱家庄（小朱家庄、藏兵坊、西峪）、上峪（上峪、瓮城）、中峪（中峪、马家窝）、公家庄子（公家庄子、薄沙窝）、桃花坪（桃花坪、下峪）、黄连官庄（黄连官庄、许家旺、榆兰、红山子）、下里庄（下里庄、崮西头、陈家沟）、五台官庄（五台官庄、陈家坊）、柴阳（柴阳、杏子岭）、朱位（朱位、崮后崖、涝洼、上涝洼）、佛庄（佛庄、佛庄南山、黄崖）、门庄（门庄、张家峪、门庄北沟、蓼子沟）、王家庄子（王家庄子、漆木峪、东庄、拦马墙、大坪）、天桥（天桥、朱家峪）、西良（西良、东良）、黄石板（黄石板、石拉、小东山）、拐棒峪（拐棒峪、东峪、良子峪、石泉、辛庄子、赵家庄子）、杏峪官庄、谷子峪（谷子峪、塔子顶、后坡）、石井（石井、西石井、松崖头、杨家山、罗圈峪、涝滩）、龙湾（龙湾、桑树峪、石虎峪、龙泉观、南峪、天麻峪）、上马都峪（上马都峪、麻竿子峪）、下马都峪（下马都峪、小窑峪、端崮子、石泉寨）、王家林（王家林、青岗洼）、良疃（良疃、荆家庄、花家围子、泉子坡）、古坟坦（古坟坦、孙家峪）、后沟（后沟、窑峪庄、后峪庄）34个行政村，共102个自然村。

泉庄镇 2010年，辖泉庄、张庄（张庄、沈家漫、虎头沟、龙骨洞、塔山前）、张庄河南（张庄河南、群子峪、瓜坪峪、百家坊）、石牛坡、罗汉崖（罗汉崖、小庄峪）、尹家峪（尹家峪、寨子崖、中南峪）、磨石沟（磨石沟、柳条峪）、江家庵（江家庵、西峪、牛家庵）、三庄、石佛沟（石佛沟、魏家洼）、杨家洼（杨家洼、石门）、康家泉、崮崖（崮崖、深门峪）、石汪峪（石汪峪、西昌峪、西棋盘）、石棚（石棚、何家官庄、山头、槩罗头、白庙子、后旺）、张宅（张宅、松连峪）、黄崖、东棋盘（东棋盘、崮前、松园、崮庵）、松柏崖、塔井峪（塔井峪、罗家坊）、梅家坡、马头崖、东郭庄（东郭庄、郭庄北坪、东南坪）、西郭庄（西郭庄、郭庄北坊）、沙地（沙地、北山、寺沟、韩峪）、坡峪（坡峪、磨山坪）、南坡（南坡、崔峪沟）、后里庄（里庄、黄峪、老婆峪、连旺）、前里庄（里庄、庙西峪、猪栏峪）、大峪（大峪、狄子峪）、佃坪（佃坪、郭家庄、胡家沟）31个行政村，共74个自然村。

院东头镇 2010年，辖院东头（院东头、立岩涧）、曲家洞子（曲家洞子、权王寨、羊圈、洞门、瓦屋坪、大理峪）、田家峪（田家峪、辛子山、小偏良、大偏良）、东杨家崖、西杨家崖、上小庄、下小庄（下小庄、解家坪）、张家庄子（张家庄子、龙蒋、张庄子）、南墙峪（南墙峪、金前峪）、西墙峪（西墙峪、黄龙庵、龙岗峪、黄连峪、周平地、虎墩顶）、桃棵子、横岭官庄、崮墩（崮墩、刘家峪、为家峪、塔涧庵）、姜家坪（姜家坪、马泉、柴火店子、南香炉崖）、前石门、后石门、西郑家庄、安全庄（安全庄、独路子）、刘家店子、单家庄、佟家庄（佟家庄、庙岭子）、张家峪子（张家峪子、罗圈）、师家崖、留虎峪、马家崖、四门洞（四门洞、东四门洞）、上岩峪（上岩峪、庙峪、后峪）、下岩峪（下岩峪、下岩峪北峪、小土风峪）、许家峪（许家峪、代家旺、三岔沟、里尖子)、老猫窝、四角泉(四角泉、何家后崖)、珠子沟(珠子沟、寨子山、和尚帽子、巩峪子)、碌碡岔(碌碡岔、杏山坪)、风凉坪、小于岭(小于岭、吉家坪、大穴峪)、郝家坪(郝家坪、大土风峪)、高峪37个行政村,共80个自然村。

姚店子镇 2010年,辖姚店子、邵家宅(邵家宅、邵家湖、袁家林)、八宝庄、庞家庄(庞家庄、韩家庄)、泉子湖、西戚家庄、东戚家庄、东黄家庄、西黄家庄、后黄家庄、王家洼、吉家庄、烟家庄、赵庄子、埠前庄、东水旺庄、西水旺庄、前武家庄、后武家庄(后武家庄、杨家庄子)、大桥(大桥、小武家庄)、红门岭、凤台庄、康家庄子、苗家庄、扈山前、王家坪(王家坪、宋家汀)、坡子、吉子山、峙山庄、唐家河、土城庄(土城庄、王箭)、东仁家旺、西仁家旺、土沟、麦坡坪、前朱家楼子、后朱家楼子、阳早、墓上贤(墓上贤、老泉沟)、永富庄、海子、扈山店、黄山庄、长山官庄、关帝庙(关帝庙、张家庄子)45个行政村,共54个自然村。

四十里堡镇 2010年,辖四十里堡(四十里堡、王家庄)、北张家官庄、皂角树(皂角树、杨家庄)、郁家庄、上李家庄、西李家庄、北李家庄、薛家河、欧家庄、后子河、新城沟、林家官庄、西许家庄、石汪圈(石汪圈、李家寨子)、于家河、田家庄、苑家庄、郭家官庄、杨家沟、刘家沟、金场(金场、双河)、吴家沟、薛家马庄、程家马庄、大孙家马庄(大孙家马庄、家连汪)、大李马庄、小孙家马庄、葛家马庄、小阿疃(小阿疃、程家柳沟)、连家湖、平子岭、卓家屯(卓家屯、徐家城子)、孙家河、宅科、吕家官庄(吕家官庄、严官庄)、约疃(西约疃、中约疃、东约疃)、苍子坡、洪沟(洪沟、石山子、小赵家屯、斗子官庄)、双泉官庄(双泉官庄、唐家官庄、草场)、三十里堡、前岔河、后岔河、贾家庄(贾家庄、夏家庄)、焦家庄(焦家庄、牛家庄、青龙官庄)、堡前、东艾家庄、西艾家庄(西艾家庄、肖家庄)、海子后(大海子后、中海子后、赵家庄)、南王家岭、大赵家屯、张家庄、张家官庄、刘家官庄(刘家官庄、韩家官庄)、小薛庄、上店、下店(下店、董家山)、南许家庄、吴家安子、大李家庄、孟家庄、袁家屯、老官庄(老官庄、许官庄)、佟官庄、小官庄、石碑官庄、西崖(西崖、后河、蒋家庄子)、魏家官庄(魏家官庄、马家官庄)、周家官庄(周家官庄、康家官庄)、漩沟子(漩沟子、北王家岭)、谷家官庄(谷家官庄、薛家官庄)、刘春岭71个行政村,共101个自然村。

许家湖镇 2010年,辖裕丰、吕丈坡(吕丈坡)两个社区,许家湖(许家湖、谭家营)、贾贺庄(贾贺庄、爱国)、郑家庄、丰台湖、庄家营、司家官庄、于家官庄、冯家官庄、石屋官庄、苏家官庄、红石官庄、大桥官庄、严家官庄、唐官庄、石埠官庄、西官庄、东官庄、安子沟(安子沟、小岭官庄)、宝泉、七里桥子、东斜午、西斜午、兰香埠(兰香埠、沙窝)、万泉湖、龙泉站、水汪(水汪、宅科)、东营、快堡、胡家马庄、白家马庄、小李马庄、潘家沟、十里堡、河东、前岜山、后岜山、李庄、南王庄、荆山湖、东赵家楼、西赵家楼、前坡、后坡、芦家庄子、东升、陈家庄子、大尧、东王家庄(东王家庄、东于家旺)、兵房岭、南小尧、北小尧、王家山、臧家庄、荆山岭(荆山岭、杨家县)、袁家庄、新建、北社、前南社(前南社、西南社)、后南社、夏家楼、柳家庄、东梅沟、西梅沟(西梅沟、黄家梅沟)、东丘、西丘、郭家楼、永胜、李家庄、前城子、后城子、朱家庄子、园里、前进、黄崖头(黄崖头、埠子)、马家庄75个行政村,共86个自然村。

沂南县区划

界湖街道 2010年,辖界湖南村(界湖)、界湖北村(界湖)、界湖东村(界湖)、界湖西村(界湖)、西芙蓉、营里(李家营、时家营、马家营)、德胜(北德胜、永胜官庄)、城东(前葛庄、后葛庄、北神墩）8个社区，张家营、前中疃、后中疃、潘家庄、大成庄（大成庄、西独树）、徐家独树、团山庄、迎宾（小官庄、卫东）、远里、圣良庄、白石官庄（大白石窝、历山官庄、小白石窝）、新庄子、水湖套、西明生、东明生、丹山子新村（丹山子、南庄）、金场、夏庄（夏庄、傅家庄、朱家峪）、韩家庄、东兴（小史家窝、王家沟）、枣林庄、卧龙源（辉峨、圈里）、朱家岭（朱家岭、小南峪、高家安子、青山子）、北寨、南寨、石浪头、柳行、布稻囤、鑫源（竹园、石桥、马驹庄）、新独树（薛家独树、王家独树）、李家独树、周家独树、新城一村（东平湖、红石庄）、新城二村（余粮庄、德胜庄）、新城三村（前胡家埠、苗家官庄）、后胡家埠、滨河（许家庄、安荣庄）、南神墩39个行政村，67个自然村。

依汶镇 2010年，辖后峪子（后峪子、虎崖）1个农村社区，东依汶（依汶）、西依汶（依汶）、国家庄、三合（黄土崖子、龙王圈、赵庄子）、泉粮（运粮庄、林泉庄）、宅科子、涝坡、店子（店子、方庄）、薄板台、青杨行（青杨行、三姓庄、东寺堡）、隋安（隋乐庄子、安前庄）、隋家店（隋家店、胡家旺、五空桥、湖埠）、大保护、孙隆（孙隆、崖子崮、傅旺庄）、邵家湖（邵家湖、九山庄）、松林（大松林、小松林、两泉庄）、安子（大安子、高家安子、土山子、大河圈、北石汪崖、窑窝）、汶河贯头（东贯头、西贯头）、埠口、满富庄、满庄、小安乐、小安子、安保庄、大梨峪（大梨峪、二梨峪）、朱家里庄、南石汪崖、余粮（东官庄、西官庄、滑石崖、黄龙安子）、朱家峪子、王家庄子（王家庄子、大良、泉沟）、冯家村、安丰（黄峪庄、张家村）、人寿（南峪、燕吉台）、葛庄（葛庄、訾家岭）、汶凤（郑家岭、程家岭、丁家疃）、汶明（潘家庄子、北栗沟、高家中疃、西山）、双村（双村、肖家坪）、石花峪（南石花峪、北石花峪、清泉峪、黑沟）、南栗沟等39个行政村，79个自然村。

马牧池乡 2010年，辖牛王庙、双泉峪子（双泉峪子、常山庄）、张家峪子（张家峪子、杏墩子）、西寺堡、东柳沟（东柳沟、小保护）、柳洪峪（柳洪峪、小洼）、西柳沟（上柳沟、下柳沟）、万粮庄（万粮庄、山西）、崔家庄（大崔家庄、小崔家庄、东波池）、辛庄（东辛庄、东辛庄南山、和尚峪、西辛庄）、新立、横河、沙山（沙山、窑屋沟、虎头峪）、野竹旺（野竹旺、东坪、香炉石）、拔麻、马牧池北村（马牧池、西北官庄）、马牧池南村（马牧池、黄沟）、城官庄（刘家城子、西南官庄）、东南官庄、桃花峪（桃花峪、小伙岭、吉利沟、老牛沟、黄墩沟）、朱家坡（朱家坡、洼子地）、董家庄（董家庄、董家庄东山、沙山东头）、王家安子（王家安子、水连峪、黄草安）23个行政村，共48个自然村。

岸堤镇 2010年，辖岸堤（岸堤、艾山后、格拉山后）1个社区，新兴（新兴、窝洛峪子、蝙蝠洞、崮山前、新村）、大新庄（大头庄、盘山庄、四新、赵家庄）、西波池（西波池、泉子崖）、红光（红光、崮山坡）、梁家北村、小峪庄、局埠、王山峪（王山、波子峪、安子沟）、东北（东北村、柿子岭）、大峪庄（大峪庄、朱家林）、田家北村、玉泉庄（暖泉、姚家峪、泉水庄）、万佛山（佛山前、南峪、佛子万）、前高湖（中高湖前村、大山头、张林）、中高湖（黄山坡、佛山、中高湖后村、马头、明峪、佛山、黄山坡）、塘子、艾山东（艾山东、东南山）、唐家峪子（唐家峪子、西湖、大沟、胡家沟、劈片石子、张家林）、李家庄子（李家庄子、幸福官庄、隽家庄子）、合兴（五石垛子、高家岭、艾山前）、岩路（南岩路、魏家岩路、邵家岩路）、董家峪子（石旺崖、后董家峪子、前董家峪子）、柳行岔（柳行岔、栗子沟）、冯家庄子、蔡家峪子（东蔡家峪子、西红花峪、面梨沟、西蔡家峪子）、河子沟、兴旺庄（兴旺庄、二社庄、花岭坡、岩山庄、太平庄、三合峪）、仁合庄、西岩路、库东（徐家峪、曹家沟、石旺庄、下高湖、长岭、孟家场）、池畔（池畔、黄泥沟)、上高湖(上高湖、东山、大万、小万)、罗圈峪、杏山子(杏山子、前杏山子、后杏山子、吴家望)34个行政村，共95个自然村。

孙祖镇 2010年，辖孙祖(孙祖、罗安官庄)、赵家城子(赵家城子、高家城子、城子东山、城子北山、北山顶、西南岭、北瓦庄、北瓦庄南山、北瓦庄北山)、孟良崮(大良、东窑沟、西窑沟、小山后、风门、殷家沟、大碾、荞麦石子)、芦山(芦山、东南埠)、栗林(栗林、芦山官庄)、新风庄(王家峪、王家峪口子、新宅子、大柳树)、宝石峪(高家围子、小南峪、庵子沟、龚家峪、纸坊、乔家庄、西高庄、大碾峪)、金合峪(幸福峪、牛角沟、黑石沟、枇杷沟、南瓜园、谢家峪、西杨家庄)、六里沟(六里沟、马山后、老牛沟、红山头、四里沟、桃花峪、黄崮子)、刘家峪(刘家峪、南菠萝场、泉子崖、天水栈、小茧、陈家峪、芦沟、老门安)、连顶(连顶、荆山沟、大坪)、里庄(里庄、老泉峪、大沟北崖、小安子岭、大沟、牛栏后、西沟子、西峪、旋井店、三里沟、陈家场、洪光崖、皇上寺)、崖子(崖子、后沟、于家岭、老古子、于山后)、青龙峪(罗圈崖)、东杨家庄(东杨家庄、小刘家庄、小嘴子、周家庄)、新家庄子(新家庄子、大顶山、老瓜涧)、东铁峪(东铁峪、铁峪北山、八大庄)、西铁峪(西铁峪、参草峪)、联合村(联合村、殷家沟、小山子后、牛栏顶)、大茧(大茧、石山、竹子园、韩家沟、木头沟、土门子、北瓜园、网杜子、松山子沟)、代庄(代庄、代庄北山、麻家岭)、宝石官庄(宝石官庄、十字河、瓦碴子沟)、孤山后(孤山后、朱家店、黄石嶒)、杏峪子(杏峪子、阎家峪、北菠萝场、西岭、辛家、小芦沟、胡家岭、八大块、东枣行、蒲汪)、书堂(书堂、麻坡、大路沟、大庵、大坪沟、雕窝后、玉皇顶后)、南瓦庄(南瓦庄、瓦庄南山、夹山里)、石汪圈(石汪圈、西河南、徐家)、河北(河北、东红花峪、当央、窝托、西峪)、南匣石、北匣石、刘家坪、邢家庄子、姚家岭、黄庄、东高庄(东高庄、东高庄南岭)、崔家庄子(崔家庄子、崔家庄子西岭、崔家庄子东山、黑泉沟)36个行政村，153个自然村。

双堠镇 2010年，辖双堠、菜峪(大菜峪、小菜峪、上河、杨家峪、西岭、回龙庙、秋子峪)、埠口(桃花山、西石埠岭、石埠岭、安乐庄、凤凰山子，山子前)、张铁峪(张铁峪、桃园、罗家宅子、姚沟)、崖子(前崖子、后崖子、暖和崖子、草帽沟)、东河(东河、油房、韩家峪、龙汪子、段家沟、西沟、前脸子、李家旺、瓦屋庄)、营后(营后、东师古)、小埠(小埠、桃花岭)、艾于湖(艾于湖、连沂庄)、老子峪(老子峪、龙泉寺、丁家沟、宁家沟、簸箕掌、娄家庄)、蒋家峪(蒋家峪、滕家沟、小位庄、小欠庄、朱家屋子)、仲山(仲山前、自在峪、新庄子、里见庄、郎房沟、水库沿、庙子山、赵曼坡、后梁子、庙子山头、马山前、大坪子、黄家庄、曲家庄)、佛住(下佛住、鳌子岭、上佛住、田家佛住)、上碌(上碌、下碌、谷囤子、岩岭、泉子山、三杏山、大杏山)、石门(南石门、西北沟、北石门、泉子崖、杨沟子、针锥花、小泉子崖)、黑山安(黑山安、黑山安东山、石拉子、枝子沟、横里河子、小布袋峪、大布袋峪、大田地、罗圈崖、小安子、中梁子、阎家庄子、东北旺、大窝子、南竹峪、西竹峪、下竹峪、口子后、青家洼、涝滩、响河、方山崖、上桃棵、下桃棵、苏子峪)、五彩庄(下石盆、上石盆、西茅草崖、砰石子、凤凰崖、五彩庄、茅草崖、上阳山、下阳山、新安庄、东南峪、风门里)、侍郎宅(侍郎宅、伏家庄、朝山北头)、柳泉峪(盆泉、孙家岭、关地岭子、柳树沟子、石红峪、石佛峪、菜园、大磨山头、小磨山头、杏山窝、松龙沟、石龙头、孙家峪、磊石后、红花峪、瓦谷峪)、和平庄、磊石沟(磊石沟、上磊石沟、磊石子沟东旺、磊石沟下河、磊石沟北山、八里梁西)、东梭庄、西梭庄、汪家庄(汪家庄、马虎头)、南龙口、北龙口(北龙口、塔子山)、果庄、尚店、全胜庄(全胜庄、后河、高家楼）、华石山子（华石山子、黑山子、北崖、瓮城）30个行政村，159个自然村。

青驼镇 2010年，辖青驼1个社区，双桥（柳河、南店、小湖）、新磨石沟（大磨石沟、南新庄、小磨石沟）、双盛（冯家湖、大刘家庄）、山前（沈家庄、小刘家庄、戚家庄）、红卫（吉拉子、大欠沂庄）、大官岭（大官庄、乔家岭）、玉戴河（董家店子、王家圈）、斗沟（东斗沟、西斗沟、胡家庄子）、三联（董家庄子、华家庄子、文化村）、岭前（闫家庄子、肖家岭、文家庄子）、河东（陈家寨、孙家庄、井泉庄）、河西（吴家庄、杨家庄）、苗家峪（苗家嘴、小峪子）、双汇（曾家村、朱家崖子）、卧龙（窝庄、公山前、孙家沟、瓜楼峪）、河疃（刘家河疃、邢家河疃、卢家河疃）、石义庄（石门、仁义庄）、山北头、大坊庄（王家坊庄、小坊庄、贺家沟）、芦山西头、徐公店、赵左庄（赵家岭、左家庄子）、双冶（西冶、东冶）、旁沂庄、凤凰岭（高家庄子、高家岭、秦家庄子）、自义庄、饮马沟（东饮马沟、西饮马沟、南饮马沟、北饮马沟）、冯家楼（凤鸣口、沟西、上冯家楼子）、大冯家楼子、泉头（西泉头、东泉头）、桃花埠（东桃花埠、中桃花埠、西桃花埠）、高里、北长汪（西长汪、东长汪）、南长汪、武家庄子、高家坊庄、唐山子、四岭（丁家岭、孙家岭、杜家岭、王家岭）、丁家庄子、石拉子40个行政村，共86个自然村。

张庄镇 2010年，辖张庄（张庄、蒋家庄）、惠家庄（大惠家庄、小惠家庄）、汉沿（前汉沿、后汉沿）、松泉峪、小河、松山埠（松山、埠子）、涝坡（上涝坡、下涝坡）、南沿汶、北沿汶、和庄（和庄、五圣堂）、大岱、大峪、钮家沟、簸箕掌、薛家村（薛家圈、薛家埠）、留田、前辉山、辉山（中辉山、后辉山）、府旺庄（北官庄、宅子）、崮崖、山河（大洼、朱家坪）、石门亭（石门亭、孟家嘴子、洪观寺）、龙泉峪（峪口、谭家峪子）、上峪、下峪（下峪、铁山前、阎家岭、张家坪）、花峪庄、金厂峪（金厂峪、金厂峪后沟）、大桥、杏山庄、薛家水浒（薛家宅子、押口子、水浒山）、杏山峪（杏埠子、九道沟、泉沟、黄泥沟、四山子、东山）、新庄、左家峪子、郭家峪子、周家峪子、张家岭（张家岭、老君炉）、南官庄、北唐山子、黄埠（潘家湖、北黄埠）39个行政村，共65个自然村。

砖埠镇 2010年，辖砖埠（砖埠、向阳）、阳岚、桃源（周旺庄、大山、苏家峪）、东岳庄、西岳庄、南黄埠、铁山子、南薛庄、北薛庄、佛谢、双河（袁家庄、里宏）、阳都（任家庄、殷家庄）、常桑杭、庄家村、山南头、双埠（双凤庄、尤家埠子）、陈家石沟、苏家石沟、王家石沟、苏家庄子、洙阳、诸葛（高家黄疃、孙家黄疃）、季家庄、临河（梁家庄子、沙沟）、汪家庄（大汪家庄、小汪家庄）、幞头山湖、榆林27个行政村，共36个自然村。

大庄镇 2010年，辖河村（河村、查旧庄、高家店子、赵家庄子、远家庄子）1个社区，刘家店子（前刘家店子、后刘家店子）、河阳（河阳、河阳东村）、朱家井子、王家河阳、岳家河阳、坊前、庙官庄、德胜庄（东德胜、西德胜）、金佛院、土山（前土山、后土山）、西桃花（西桃花、乃峪子）、东桃花、东升、徐家沟（徐家沟北、徐家沟南）、沟崖、大庄、高家石门、朱家河、白石埠、双礼园（大礼让、小礼让、菜园）、西关（西南庄、关帝庙）、西流（西流、西湖庄）、前交良、后交良、王家新兴、东河（前东河、后东河）、莪庄、百磴庄、司马（东司马、西司马、小峪）、清泉庄、朱家庄、余粮庄、罗寨、东沂庄、爱国、芙蓉庄（东芙蓉、从家庄）、张家沟、苗家庄（苗家庄、胡家庄）、椁栏（椁栏、椁栏新村）、郭家庄（东郭家庄、西郭家庄）、大埠子（孔家庄、小埠子、埠子顶）41个行政村，共65个自然村。

杨家坡镇 2010年，辖杨家坡、李家坡、凤泉官庄、张家埠子、东太阳、西太阳、官泉（张家官泉、邵家官泉、靳家官泉、卢家官泉）、石牛

(东石牛、西石牛、泥泉)、坊南、西大徐疃(大徐疃)、东大徐疃(大徐疃)、王家官庄、宋家官庄、侯宅(侯家宅子、幸福岭)、南双泉、北双泉、徐家沟、李家官庄、小徐疃、南左泉、曹阜、考疃、高阜23个行政村,共28个自然村。

辛集镇 2010年,辖辛集、苗家曲(苗家曲、东望仙、西望仙)、双屯(高家屯、王家屯)、金彭店(彭家庄、黄疃、李家店子)、郑满园(郑家营、满家店子)、荣成(荣民、永成)、房家庄子(房家庄子、小庄子)、东南庄、榆林子、刘家庄子(刘家庄子、茂盛)、城子庄、世和庄、常胜庄、库沟、埠后(前埠后、东埠后、后埠后)、双汪、刘家八角汪、李家林、宋家官庄、小沟、涌泉庄、北左泉、李家屯、黄山沟、招贤(赵家八角家汪、咸家八角家汪)、白石泉子、张家八角汪、凤凰(息讼庄、郭家埠)、银河(程家村、于家村)、岭太(永太庄、庙岭)、山子、张家屯、凤头(秦家村、王家村、解家村)、叶艾(叶家村、艾家村)、太和(蔡家村、何家村)、蔡家洼36个行政村,共55个自然村。

苏村镇 2010年,辖苏村(苏村、东风)1个社区,联营(大曹家营、小曹家营、姚家营、李家营)、北于、仕子口、陈家庄、前进(横沟崖、姚家官庄)、长虹(杨家官庄、温家官庄)、韩家官庄、联兴(门家安子、邢家庄)、道口(杨家庄、葛家庄)、瞿家庄、夏家庄、安泰(菜园、大安)、宝珠(朱家庄、兴隆店、房岭)、李家庄(东李家庄、中李家庄、西李家庄)、陈家官庄、杜家庄(大杜家庄、小杜家庄、新建村)、王泉(前王泉、后王泉)、牛家小河、夏家小河、小河(邹家小河、佟家小河)、司马(司马、苏家庄)、司马店子、南良水、张良(北良水、张家庄子)、贾家庄、朝阳(夏孟寺、娄家庄)、和兴(槎头、沙埠子)27个行政村,共49个自然村。

蒲汪镇 2010年,辖蒲汪、拐头后村(梁家拐头、孙家拐头)、拐头前村(姜家拐头、马家拐头)、石香炉、于家官庄、张家汪湖、薛家庄、土山、河东(来家庄、周家庄)、山东(杨庄、大赵家庄)、圣王(王家庄、小于家庄)、大于家庄、李家庄、圣母冢、下庄、谢家庄、东寨西、西寨西、山角沟屯(前屯、后屯)、聚宝官庄、长岭官庄、秫草官庄、双营(田家营、翁家营)、张家营、前坡(东坡、西坡)、后坡、屈左联(屈家庄、左家庄)、茶家坡(东茶家坡、西茶家坡)、万成前村(万成庄、曹家店子)、大碌碡沟、下坡、大王庄、小王庄、永和官庄、董家岭、龙角庄子、金泉沟(陡沟、小碌碡沟)、桥头车疃、双和车疃(张家车疃、崔家车疃)、泥泉官庄、河前车疃(河南车疃、庙前车疃)、瓦插檐42个行政村,共56个自然村。

湖头镇 2010年,辖湖头(后湖头、前湖头)、双河(齐家店子、曹家庄)2个社区,薄家街(薄家店子)、杨家街(薄家店子)、于家街(薄家店子)、冷家街(薄家店子)、辛家街(薄家店子)、路家庄、辛家官庄、水由(前水由、后水由)、河南沟头、河北沟头(河北沟头、河北沟头北岭)、兴源(曹家宅子、南岭沟头)、姜家庄、城石(黑牛石、西城子)、英山官庄、刘岭王湖(刘家岭、王家湖)、杜家洼、房家沟(上家房沟、下家房沟)、曹家小河(曹家小河、贺家小河)、肖宋哨(肖家哨、宋家哨)、白家哨、东城子、东坡子、西坡子、青石岭、联合哨(郭家哨、刘家哨、邹家哨、前杜家哨)、李家哨、张家哨西村(八角官庄、西张家哨)、肖家官庄、赵家洼、西太沟、陆家哨、王家哨(前王家哨、后王家哨)、大阿疃、黑石沟、张家哨东村(东张家哨、杜家哨、柳树底)、包家官庄38个行政村,共51个自然村。

铜井镇 2010年,辖铜井前村(铜井)、铜井街村(铜井)、莱坪、大张庄(大张庄、三社庄)、两泉坡、官庄(官庄、靳家桥)、平安(小张庄)、山旺庄(山旺庄、丰收)、银泉(曹家泉、银山庄)、杜山(杜山庄、王家庄、北杜山)、大史家窝、凤台庄、朝阳(东朝阳、大朝阳)、长旺庄、安落（小安、叶落沟）、金良水（小良水、窑沟）、沧浪沟、燕子湖、金城（天城庄、金砖）、北袁家庄、金桥庄、灵山（东营庄、西营庄、薛家庄）、新王沟前村（新王沟）、新王沟东村（新王沟）、新王沟西村（新王沟、花山前）、新王沟后村（新王沟、铜汉庄）、单家庄、孔家湖（孔家湖、柳子箭）、南泉庄、红峪庄、水红峪子、保泉（马泉庄、保乐）、王前（望前庄、王庄）、蒙泉（朱蒙、辉泉）、龙泉、鲁家庄、三山沟（三山沟、石崇崮）、龙凤峪（树仁里、牛寨子、后寨、薄家宅子、龙宫、观音寺）、香山（白衣安、白家峪、葛家庄子）、挑峪（挑峪、挑峪坪、石屋峪）、竹泉峪（竹泉、桃峪）、张家坪、珠宝庄、黄元（黄崖）45个行政村，共69个自然村。

葛沟镇 2010年，辖葛沟北村（葛沟）、葛沟南村（葛沟）、于家庄子、薛柳村（薛家庄子、柳汪）、大墩庄、东安乐、小康村（陈家庄子、西安乐）、小岭（刘家小岭、王家小岭）、东巩头（刘家巩头、王家巩头）、西巩头（张家巩头、穆家巩头）、里甲官庄（庙前官庄、里甲庄子）、寇家疃、崔家庄、龙泉庄、沙汀、王家堰、陈家堰、朱家堰、孙家堰、崔家台子、居泉、张家庄、李家寨、福利庄、石泉庄、安太庄、团埠、黄家屯28个行政村，33个自然村。

平邑县区划

平邑街道 2010年，辖城中、莲花山、西城、西苑、兴水、蒙阳、北苑、东苑8个社区，河湾、庞居庄、利国庄、民居庄、同台庄、西张庄一村（西张庄）、西张庄二村（西张庄）、西张庄三村（胜利）、东张庄、小三阳（向阳、吴家岭）、龙石、颛臾一村（颛臾）、颛臾二村（颛臾）、颛臾三村（颛臾）、颛臾四村（颛臾）、毛家洼、浚东、黑峪、南阳、牛山后、高泉、白庄、蔡庄、赵庄、东阳店子、保定、阳顶庄、大东阳、窦家庄、永唐、大井一村（大井）、大井二村（大井）、大井三村（大井）、大井四村（大井）、小井、孙家、刘家、南城子、红峪、东旺沟、西旺沟、红泉、潘家井、石盆、黄草、晗晡、白马、凤凰、舜帝庙（永红）、能家庄、高山峪、西贺庄、老邱峪、大殿汪、盛泉庄、德化庄、芦家庄、四平庄（泉子峪、车箱峪、富山庄、北泉口）、常山、柴山后、才家庄、吴家庄、奎山、茄山头、白龙泉、刘家宅、西王庄、讲理、王府岭69个行政村，共74个自然村。

仲村镇 2010年，辖康阜庄、于家庄、依山庄、李家庄、周郭庄、马家峪西村（马家峪）、马家峪东村（马家峪）、马家峪北村（马家峪）、泽国庄、张兴庄、梅家沟、岐山庄、南大支坡、北大支坡、武岩庄、峡玕、马尾庄、小鲁、葛家庄、新合（新合、仁庄）、西岭庄、北仲一村（北仲村）、北仲二村（北仲村）、北仲三村（北仲村）、东坝子、西坝子、兴民庄、北近台、南近台、康家寨、王家寨、西合、林合、前进、民合、双合、德胜、三合四、兴合、东合、鲍家坡、西乐里、东乐里、南乐里、临城、北昌乐、南昌乐、富民（小利国、永盛）、南屯、牛家庄、东流、中流、西流、驿头、回龙庙、陈家寨、段庄、荒里、魏平59个行政村，共57个自然村。

武台镇 2010年，辖武台（咸家巷、八亩石）、南武台、北武台、孙家庄、黄台、水沟一村（水沟）、水沟二村（水沟）、水沟三村（水沟）、水沟四村（水沟）、武沟（武沟寨、山北头、林瑞庄）、南武沟、东武沟、西武沟、承安庄、大家庄、黑山前、万山、卧龙（曹家洼、卧龙坑）、蒋里（蒋里、西王）、孙家楼、新平、叶家庄、清河、孟家庄、白马关（白马、下关）、大王、董家庄、咸家庄、东近台、西近台30个行政村，共33个自然村。

保太镇 2010年，辖保太、鲁埠、公家庄、荆山庄、蒋沟、福禄庄、西埠阴、徐武阳、李白壤、高白壤、沈武阳、谭武阳、王武阳、孙武阳、孟武阳、张白壤、孔白壤、杨白壤、堤后、纯厚、三阳一村（大三阳）、三阳二村（大三阳）、三阳三村（大三阳）、三阳四村（大三阳）、万庄、东埠阴、黄太、冷蒋、管家庄、埠南庄、蔡家庄、前崖、后崖、德埠庄、潭上寨、东子宿、西子宿、华家、洼里、杨家庙、大夫宁、南夫宁、三关庙、九女关、北刘庄、金官庄、殷家庄、良子、羊城、北王庄、魏刘庄、前孙庄、皮卞庄、后孙庄、柳家、齐家庄、卓家、大埠槐、南羊子、平和庄60个行政村，共57个自然村。

柏林镇　2010年，辖柏林、金裕（东上坦、西上坦）、黄崖、汪家坡、鑫合（温家庄、沙石桥、石头岭）、沂蒙山庄（山庄、许家庄）、苏河城（苏城、玉皇城、两河）、大崂峪（大崂峪、塔峪）、东峪、桥仙、杨谢、蒙阳峪（蒙阳、养泉峪）、前南林（南林、石崖前）、富饶庄、永西庄、宋合（宋合、小张家庄）、方兴（西武安、郑家庄）、东武安、永太（永安、太平）、丰源（前贯庄、后贯庄、足食庄）、固城、贾庄、玉源（南孝义、坦卜岭）、北乔（北孝义、乔家村）、柘沟、兴蒙（邢家庄、田家庄）、蒙山（郭家庄、大石头）、康胜（陈家庄、于沟）、巩固庄29个行政村，共48个自然村。

卞桥镇　2010年，辖东卞桥（卞桥）、西卞桥（卞桥）、左庄、南安靖、王家庄、镇北（蒙胜、闫家庄）、新富（柳子沟、陶家庄、北官庄）、新桥（石桥、卜家湖、韩家庄）、东荆埠、西荆埠、蒋家庄、镇前（曹家庄、葛家庄）、东家庄、孟家湖、大广良、小广良、王家洼、唐家崖、卜家崖、刘家崖、邱家崖、梁家崖、洪河（洪河、菠萝崮）、佟家庄、石河、富源（罗圈峪、金钱峪）、挑沟、崔家庄、西山神、张里庄（燕峪、张里庄、李石屋）、龙马（栏马、龙虎寨）、小楼、薄板沟、刘家寨、洼店子、万红（下山子，东山神）、富泉（池家寨、城泉）37个行政村，共49个自然村。

地方镇　2010年，辖八一、爱华、进展、利民、安乐、三合、义合、前东固、西东固、东固（后东固、杨家岭、华家岭）、利沟、利渊、河东联（胡家洼、和顺）、康太庄、博平、宋家庄（大宋家庄、小宋家庄）、大瑶草、西瑶草、大井头、王河（京林、归后庄）、红石岭、大泉、前西固、后西固、小平安、东朱尹、西朱尹、下坡、黄城、大平安、红星（上毛峪、下毛峪、永兴庄）、岳庄（东岳庄、西岳庄、九府庄）、归来庄、义兴庄、埠西桥、辛庄、千秋湾、两泉、范家台、三山、甘草峪（丰山、新建）、新华、青羊庄、下炭沟、上炭沟、王崮山、黄崖头、宝山庄（宝山庄、杨家庄）、王家庄、康家庄（康家庄、徐家庄、黄山顶）、罗圈崖、闸口（大闸口、小闸口、北蚕场、芦家沟）、兴合居（和乐、左廉峪、袁家沟、北岭）、九间棚、赵家庄、千行庄、南金池、南京庄、葛针庄、东金池、楚家岭、西金池62个行政村，共92个自然村。

铜石镇　2010年，辖铜石（铜石、前村、徐家岭）1个社区，泰和（大沟崖、红寨）、官路、金岭、和气庄、庞家（西岭、庞家、庞家村东岭）、诸冯铺、唐家庄、沈家庄、高庄、烈庄、永新（姜家庄、永新）、北浚、庄上、王家（大黄家庄、王家）、郝家山头、王府庄（赵家峪、王府庄）、董李（刘家庄、刘家庄北岭、董李）、彭泉（梨芳沟、吴家沟、骆驼岭、彭泉）、金圣堂（轿车山、东大湾、大圣堂、石泉）、龙泉（姚家庄、张家棚）、金庄（北池、榆林、曾家庄）、玉带河（丰河、马家宅子）、银洞沟、李家（牛寨、李家）、西皋、西丘（李家寨、西丘）、东丘、十字庄、金合（丰石、高兰）、仁泉（仁和庄、泉子峪）、拖车沟、毛家岭、锅泉（南锅泉、北锅泉）、两城（两城、卜老庄）、夏家、永泰（月阳、孔家山头）、兴旺（上大峪）、下大峪、大广泉、小广泉（小广泉、东岭）、丹阳（水峪、小黄家庄、麻窝）、卓家庄、红旗、贺山庄、北张里（北张里、营子洼、灰泉）、南张里、昌里（东洼子、昌里、孙家峪）、昌盛（沟南、关李、燕家庄、陈顶）、金昌（金银坡、后峪）、金山（西点、北点、东山、东点）、北寺、青山57个行政村，共99个自然村。

温水镇 2010年，辖北温水、温泉（南温水、小河南）、堡前庄、西纯庄、东公利（公利庄）、西公利（公利庄）、东升、西围沟、花园（花园、花莲）、梭庄、仁孝庄（仁孝、兴孝）、围沟一村（东围沟）、围沟二村（东围沟）、围沟三村（东围沟）、桥头庄、务本庄、小河、永庆、南马、丰山埠、元郭一村（元郭）、元郭二村（元郭）、元郭三村（元郭）、元郭四村（元郭）24个行政村，共21个自然村。

流峪镇 2010年，辖赤梁院、黄林、流峪、西沟、苗泉（苗家庄、三合二）、鑫城（上水寨、少山后）、邵家庄（邵家庄、三合一）、镇东（下水寨、谭家庄）、永盛（北蒲芦、南蒲芦）、乐平庄、东古路沟、西古路沟、贵山子、马家岭、义和庄、五龙（青山岭、唐立庄）、梧桐沟、双玉（向阳峪、枣场峪）、玉石岭（九道峪、石箱、探马岭）、地平庄、外柿子峪、里柿子峪、黄土、大沃、二虎崖、水崖（上水崖、北水崖、南水崖）、车庄、加力箭、新峪（桃花峪、蚕厂）、常庄（东北岭、东南岭、西北岭、西南岭）、下崮安、迎春坡、孙山头、金山崮（少山前、上崮安、金山亚）、臭蒲滩、龙王河、栗园、邵家岭、义新庄、老泉崖、洼子地、同盛（上神洼、下神洼、裴家沟）、许家岭、南申庄、北申庄、兴郭庄、玉泉（圈子崖、里宋子峪）、外宋子峪、桃园、土门、城子、护城庄、三岭53个行政村，共73个自然村。

郑城镇 2010年，辖郑城（郑城、大东岭）、富民（大南庄、张围子、孟围子）、城东（小南庄、大北庄）、金盛（汪家沟、康成）、七一（大林前、大殿沟、陆家庄、南岔）、埠西、兴源（平岭、木头崖、小高庄）、松林、金山（土山后、椒林）、铁岭（铁里营、小东岭）、宁安庄、小北庄、崇圣（上崇圣、下崇圣）、鑫盛（鹁鸽楼、朱山湾、范家山）、双兴（兴龙、双山）、马家洼（马家洼、黑风口）、东兴（五家峪、南山庄）、新元（大崖子、大后沟、小后沟）、富家（富贵、史家庄）、双龙（东石龙、西石龙）、福安（五里庙、安子）、陈家庄、南杨庄、四和（前范家洼、后范家洼、上小峪、下小峪）、后水湾（后水湾、道沟、松山子）、祥和（环山屯、裴家沟、羊安石）、柿子峪、玉溪（高家峪、兰西）、华兴（兰东、谢家沟）、杜家山、水湾（前水湾、中水湾）、巩家山、响水（兰河口、响水汪、陈家场、燕家岭）、桃峪、油篓、双胜（周家场、南点）、北杨庄、南湾38个行政村，共75个自然村。

白彦镇 2010年，辖山阴（山阴、双槐树、北山、李家沟、大马地、马家崖、王家岭、棠棣峪、黑蒋、山阴寺、东沟、里山蒋）、黄坡（黄坡东、谢家岭、红埠岭、黄坡西、西南庄、小刘沟、吴庄、柿树沟、孙家沟、大刘沟）、下河（下河、平山、花石峪、陵春、坡草峪、庙东、邱家庄、南泉子、北泉子、王山口）3个社区，白彦（白彦、小营）、东城（大营、张岭、李围子、周家沟）、小山后（小山后、东沟崖、袁庄、小刘家庄）、石洞口、东岭（小高庄、东岭、三合）、石门（东石门、西石门）、青山（青山后、河西、蒋家沟、青山）、三联（朱龙湾、贾家岭、大田地）、龙湾、同心（下王庄、涝洼、贾家庄）、姜庄（姜庄、老树湾、西徐家庄、北沟）、福泉（马家湾、上王庄、福泉）、龙泉（龙山、龙峪、龙潭）、东徐庄（东徐庄、西岔、屋子岭、东岔）、联合（小井子、小朱家庄、苏家庄）、南哨（南洞、薛家哨、左家哨、李家哨）、高庄（高庄、柴山湾、河源）、向阳（羊角湖、孟家沟、子泥沟、太皇崮）、西城（西山湾、贺郎铺、范崮前）、沙家庄（丁庄、常山、刘家岭、沙家庄）、官庄（官庄、红山头）、老林后（下围子、老林后、夏家庄）、燕岭、黄金斗（小黄草坡、金斗庄）、崮北（崮北、谷堆）、大朱庄、枣梨、南径（南径、岳山怀）、却家庄（却家庄、黑石湾）、小北径、大北径、界牌沟（界牌沟、香炉顶）、公庄（越棚、侯楼）、徐庄（欢山沟、余家庄、徐家庄、张山头）、英光

(彭家庄、白家庄)、银山（程家庄、银山沟、乜家湾)、后河（下后河、黑石渣、上后河)、民安(柴胡山、王家沟)、天乙（胡家楼、石马山、贾家山、营子沟)、于家沟、三河湾（泊石板、阮家沟、南场、石家峪、西裴家沟、寇家山)、翔河庄(凉水河、小辛庄、纱帽翅）42个行政村，共144个自然村。

临涧镇　2010年，辖临涧、艾曲、分岭、瓦子埠、涝滩、下洼、付家沟、山头、石门、巩家村、段家双沟、双兴胜利（李家双沟、孔家双沟)、生生庄、南唐、双河（河北、吴家双沟、西王岭)、河东（东营山、大河崖)、史家小安、西营山子、余粮店、黄天、朝阳（小山)、合源（沙家沃、和尚山、各大山)、小涝泉、大涝泉、兴华(岭前、岭后、上河、兰竹崖、黑石旯)、下峪、上峪、车箱、北庞庄、南庞庄、兴旺庄、姑村、小卓庄、大卓庄、坡里、姑山后、踅庄、吴家店、十八岭、南庄、夫子山、贾庄、大麦滩、东庄、姚蒋、茂分岭、西庄、碌碌泉、杨沟、新围子、石棚、曹家庄、周家庄、桃沟、黄金庄、益民、前马槽、后马槽、五块石、三里峪60个行政村，共70个自然村。

丰阳镇　2010年，辖东峨庄、西峨庄、东西皋、西西皋、青草坡、义顺庄、丰山东（丰山口、黄家庄)、东午门、西午门、岳家庙、张家庄、花果峪、老池峪、郑家峪（郑家峪、兴水庄)、北城(北埠庄、城后)、山泉（扁山、井泉)、香山前(香山、香山前)、泗山根、大城西、小城西、红山、三寨、大孟常、小孟常、白石、林家寨、南埠庄、大丰阳、丰阳（西丰阳、河南、西河)、库家村、丰山前（丰山前、河东)、顺民（刘家洼、孙家岭)、金鹊庄、响水庄、上寨、大峪沟、大安、常岭、薛家洼、娄山沟、杜家村、朱家村、郑家小安、周邵小安（周家小安、邵家小安）44个行政村，共54个自然村。

资邱镇　2010年，辖资邱、时家、寨上、魏家庄、国太、赵家、辉泉、前东庄、后东庄、八顶庄、尹家、唐刘、岳家、田家寨、岐古庄、高家寨、关庙、杨庄、邱上、东石井、西石井、官庄、顺河、兴仁庄24个行政村，共33个自然村。

魏庄乡　2010年，辖大魏庄、武城（南武城)、东明、小魏庄、水泉沟、花峪庄、苗庄、张庄、西湖、印荷、东大泉、东故县、西故县、石家庄、苍山、虎窝、南峪17个行政村。

费县区划

费城街道　2010年，辖上店子、下店子、鲁公庙、和平、民主、高家楼、团结、胜利、自由、钟山、三里沟、幸福、平等、郭家园14个社区，北王庄（北王庄、学田庄)、左家王庄（左家王庄、东朱家庄)、玉良庄（西曹家庄、万良庄、玉贵庄)、八里庄、景山（毛草湾、红山湾)、许家崖（北许家崖、南许家崖、红山头、小官庄)、梨花湾（道沟、上杨湾、下杨湾)、石林（北石岗、王家宅子)、玉石（长涧、石屋)、南峪、老君崖(后盾、北池、东山、河南、西洼子、老君崖)、寺湾（东寺湾、西寺湾)、新刘庄（蚕场、曹山头、刘家庄)、凉山头、山后湾（山后湾、东安田)、西胡（西胡、下泉)、邢家村（邢家村、于泉)、阳城（南坡、东策马)、策马（西策马、神桥)、上小埠、新埠、桃园（桃园、翟家庄、宗家庄)、土龙沟、西新安、杨家安、常胜庄、葛峪(东葛峪、西葛峪)、泉盛（东新安、德胜庄)、欣盛（南新安、西刘庄)、长官（长埠岭、官庄)、三和（簸箕掌、牛头山、核桃涧)、信国（信古庄、保国庄、东新)、东南峪、巩庄（北巩庄、南巩庄、代家庄)、下河头（下河头、七夫庄)、霍家庄、西王庄、北马庄（洪河、北马庄、田圣)、胜家村、查山（李家村、查山头)、青山峪（青山前、毛峪)、汶山（南埠、东胡)、观月城（北官庄、月庄、左城崖)、管家村、朝阳（喜鹊窝、豹山头、杨树沟)、周山头（薛山头、周山头、邓家岭)、凤山（豹子峪、南石岗、吴家村)、西安田(北岭、西安田、大湾)、员外、岔河、唐山、永胜、两河（社庄、西柳）、王家庄、曹车、居龙亭（居民、八龙桥、十五里亭）、广丰（北广丰、南广丰、窦家庄、石家庄）、文明、马兴庄（东马兴庄、西马兴庄、东洪沟）、十里铺（北十里铺、南十里铺）、肖山坡（肖山坡、肖山前）、泉子山、西洪沟、小安子、朱家一村、朱家二村、洞山67个行政村，共137个自然村。

朱田镇　2010年，辖朱田、石沟（石沟、大岭、西南岭）、乐合（合义庄、可乐庄）、金行（桑行、沙良子）、顺合（北小山、大洼）、永兴（东小山、盘车沟）、胜山（胜山西、西崮湾、道坑）、永安（响井、洪山庄、白涧厂）、龙凤山（黄汪头、绿竹牙、石屋山后）、崮前（上崮前、下崮前、大山湾）、兴隆（大王庄、贾家沟、下湾）、新团结（崮山、久太庄、糯米湾）、尤家庄、大山河、新河（殷庄、小泉庄）、知方、良田、龙杏（外麻沃、里麻沃、包家庄、洼里、苑上）、大由吾（大由吾、北崖、小西场）、小由吾（小由吾、水沟）、金星（兴富庄、可乐湾、团瓢店）、大理（北廉庄、梨库套、元宝石）、曹家沟、李家庄、大泗彦（大泗彦、唐家庄）、楼下、西北哨（峪口、西北哨、刘家围子）、卧龙（三家村、尤家围子、龙王口、幸福岭）、明石塘、水连峪（上水连峪、下水连峪、中水连峪、小泗彦）、宁家沟、魏家沟、石婆峪、崔家沟（崔家沟、西山）、马口（南马口、北马口）、冯家沟（北冯家沟、南冯家沟、南廉庄）、大桲萝湾、四亩地（四亩地、鱼鳞涧）38个行政村，共82个自然村。

梁邱镇　2010年，辖梁邱西村、梁邱东村（梁邱东村、东梁邱、马厂、赵家庄、北岭、东岭、翟家沟）、北王庄（北王庄、转葫芦）、梁邱北村（岭东头、大沟峪、北梁邱）、王家邵庄、马蹄河（马蹄河、杨树行）、雁鸣湖（油坊、岳庙湖）、黄山前（张家庄、裴家庄）、张庄（安山头、张庄、仁厚庄）、温泉（纸坊、周家楼、周家庄、东张庄）、蒋家围子、侯家庄（侯家庄、棠梨树）、新泉（活沟、西河口）、郝家村（郝家村、东河口、崮墩）、双兴（西庄、孔家汪）、季作（季作、南王庄）、温凉河（息城、营子、温河、东河）、马家沟、稻港、寨前（董家峪、赶牛路、黄土地）、邵庄（邵庄、赵家庄）、关阳司（关司东前、关司东村、关司西村、关司中村、西北山、东北山、后村、西前）、下河（下河、沈家沟、库泉、孟家庄）、龙翔（东沟峪、梁家峪）、英家口、书房、涝坡、燕山（南燕庄、黄沟、河西、长山）、甘田（曾家沟、甘田、小南庄）、大花园（花园、大荒）、桃花园（靳家沟、桃花顶、新安、马下沟）、夏家沟、新柱子（后柱子、下阳庄、西柱子）、向阳（红花峪、上阳庄、小阳庄）34个行政村，共87个自然村。

石井镇　2010年，辖石井（石井、米坡、吕山头）、翼城（城前、城后、小乔子）、安乐（安乐窝、西张庄、南李庄、边家庄）、同兴（裴沟、洞子）、龙山（苏庄、鞠庄、枣连峪）、柴禾峪（柴禾峪、代沟、陈峪、薄山、石湾沟、尤家宅）、大安（大安、老宅子、西刘庄、小岩子、胡山头）、香城（香城、胡村、老关岭）、鸭汪（鸭汪、姚岭）、齐家峪（齐家峪、水城子）、高桥（高桥、西湖）、银山（任吴庄、郑庄、马褂）、黄公庄（黄公庄、木厂）、高岩、苗家圈（苗家圈、葛针林、高山头）、龙泉（龙衣庄、南刘庄、沟北峪、高家泉）、葛针园（葛针园、垛庄）、东西峪（东峪、西峪）、银河（潘庄、乔庄、沙店）、富兴、莲花（莲花峪、梨行、洪山口）、板桥（板桥、解家庄、王家庄）22个行政村，共62个自然村。

新庄镇　2010年，辖新庄（新庄、刘家屋、大前庄、兴旺庄、石汪崖）、归仁庄（归仁庄、新石沟、西大山前、东大山前）、柱子（东柱子、后柱子、前柱子）、址房（纸房、宋山湾、姜家岭）、石亭（西石亭、王家岭、东石亭）、相家庄、太和庄（尹家岭、伊家岭、太和庄）、邵家白露（义和岭、邵家白露）、水牛石（水牛石、小马洼、邵立庄）、李家白露、横沟崖、岳山（岳山、半路、王堂林、龙头湾）、永盛（东各郎、西各郎、大泉、马家峪)、芦山（北芦山、南芦山)、柳泉（泉安子、柳树沟)、余店子、鲍家庄、驼驿（西脱衣、东脱衣、北脱衣)、新照庄（大马洼、新照庄)、信兴庄（信兴庄、西杨庄、曹田庄)、朱茧坡（王家沟、朱茧坡、臧茧坡)、赵茧坡（赵家沟、房茧坡、赵茧坡)、华强（王家茧坡、张家岭)、金石沟（李家大沟、石牛)、宋家岭、祥和（亓家庄、东杨庄)、东流（上河、东流、朱家庄)、富隆(雷山头、下崖、石龙庄)、轴沟（黄天涧、轴沟)、胜庄（亓家岭、小胜庄、晁家岭)、管流庄、崇山头、四盛（西丰厚、东丰厚、季家白露、杨家洼) 33个行政村，共81个自然村。

芍药山乡　2010年，辖赵庄、北天井汪、芍药山（芍药山、裕民、大桥、虎头山后）3个农村社区，鱼林山、河头湾、石河、大寨（磨其山、大寨、小寨、亚子、北山口)、联新（东宋庄、西宋庄、崮后、关山头、北海峪)、莲花庄（莲花庄、闻家岭)、牛角峪（牛角峪、西山口)、楼泉庄（楼子峪、南泉庄)、核桃峪（大湾、土山后、杏树湾)、利团（利涧、团山湾)、东天井汪、南天井汪、西南峪、上合（尚庄、姚湾、旺泉子、胡家寨、安山东)、富民新村（英家林、葫芦山前、东湾、南荆湾）15个行政村，共42个自然村。

马庄镇　2010年，辖西马庄、程庄（西程庄、中程庄)、东程庄、张胜（张胜、柴山口)、牛田（上牛田、中牛田、下牛田、光山头、许由洞)、沾化庄（塘子、兰山头、沾化庄）6个农村社区，马庄街、南马庄、豹窝（北豹窝、南豹窝)、王大夫庄、夏庄（大夏庄、小夏庄)、涑源(山西头、水泉、河西)、陈家围子、大井头、仁合庄、梧桐峪（前梧桐峪、后梧桐峪)、金石峪(车涧、小龙湾、大龙湾、石榴涧)、柳行头、金峪（颜家峪、宋家峪)、东古口、西北龙（西古口、北山湾)、双桥（双桥、齐家湾)、长丰庄(长丰庄、荣茂山前)、卸甲水、红果峪19个行政村，共45个自然村。

刘庄镇　2010年，辖南新庄、北新庄、黑土湖、毛家河、官疃（官疃、陆家庄)、石田、太徕庄、汤家屯、甘林、青山湖、前接峪、旺山前、西埠、蔡家岭、后接峪、寺口（寺口、寺里)、羊角湾、鲁城、许庄、沂艾庄、刘庄、墩西庄、万家庄、泉子沟、玉泉庄、东王管疃、西王管疃、北王管疃、南泉、窦家村30个行政村，共32个自然村。

探沂镇　2010年，辖柴埠庄、许由城、王富、石行、郭家庄、碗窑、新安岭、张家村、沈家村、小探沂、薛家村、大探沂、丰厚庄、高家岭、东升、铺子、前杨庄、驼王坡、后杨庄、红卫、幸福 (富贵庄、杏山岭)、岩坡 (岩坡庄、岩坡山、桑家庄)、蒋家村（蒋家村、高家城、岩坡山后)、北季家疃 (北季家疃、仁和庄)、南季家疃、肖山（肖山后、肖山东、和乐庄)、三南尹、翟家岭、同乐庄、张家南尹、前徕庄铺、北徕庄铺（北徕庄铺、东孙庄)、三尚庄、斗立庄、英家疃（英家疃、英家庄)、陈古庄（陈家庄、麻古庄)、立纪庄、公进庄（公进庄、东长立庄)、马山 (大马山、小马山)、祝家庄 (祝家庄、黄家庄、蔡峪子)、崮山后 (崮山后、大山前)、南阳庄、官城（官连庄、侯家城)、王家后峪、三后峪（侯家后峪、周家后峪、宁家后峪)、夏立庄、西长立庄、古泉、楼方（楼斗湾、方山湾)、东安前（东庄、安子沟、岩坡山前）50个行政村，共72个自然村。

新桥镇　2010年，辖墩头、麻绪、前店子、东朱汪、西朱汪、大于、小于、颜耿、东蒋（东东蒋、西东蒋)、西西蒋、中蒋（东西蒋、中西蒋)、宋家唐庄、大唐庄（李家唐庄、张家唐庄)、王家唐庄、新星（花吉庄、狄家庄)、石埠庄、东石桥、西石桥、长久庄、富平庄、平定庄、郭兴庄、姜魏庄（姜家庄、魏家荒)、安庆庄、吉乐庄(大吉乐、小吉乐)、顺德庄、永固、平湖、吕家寨、大官庄、张家墩、福埠庄（清福庄、小埠)、大埠（西大埠、东大埠、小庄子、石泉庄)、北于

34个行政村，共44个自然村。

汪沟镇 2010年，辖柳树庄、草沟（上草沟、下草沟）、集前（东集前、西集前）、同富（下富彩、韩家沟、支家庄）、南杨庄、杏花（大杏花、小杏花、埠山庄、中杨庄）、兴旺（颜家围子、双山前）、沙岭子、王家沟（王家沟、田家庄子）、许家寨、上富彩（上富彩、李家沟）、敢胜庄、吴家庄、东汪沟（东汪沟、后楼）、西汪沟、东胜（房家村、小湖）、张家沟（张家芝麻沟）桃花店子、长富（东长富、西长富、小长富）、双行（土山头、火石顶）、柴胡山（柴胡山、石岗岭）、丰硕庄（颜家庄、大石牛栏）、李家寨、临沂庄、上三埝（颜家埝、公家埝、王家埝）、张家寨、富强（东姜庄、西姜庄、张虎峪）、解峪子（解峪子、南峪）、东三埝（东陈埝、西陈埝、姜家埝）、柳汪（大柳汪、小柳汪）、三义（曹家庄、刘家庄、冯家庄）、闵家寨、竹园（竹园、安固庄、杨家峪）、宝店（宝店、戚家庄、曹家沟）、山水口、新张庄（张家湾、新发庄）、福全（小主山后、王庄）、马家窑（上马窑、下马窑、翟家庄）、马营（东马营、西马营）、北桃园（东旺、狗山后、北桃园）40个行政村，共78个自然村。

方城镇 2010年，辖西街（西街、姚家寨、李家园）、东方城（邵家村、韩家村、东王庄）、东街、西方城（张家街、相家村、孙家寨）、前街（韦家寨、东亭子）、闫家庄、李泉庄（李张庄、李家湖）、大义山埠、小义山埠、朱岭庄、石灰埠（中石灰埠、西石灰埠、东石灰埠）、莲汪崖、新富庄、诸满（一村、二村、三村、四村、五村、六村）、华城（古城里、官庄）、龙泉（宋庄、万全、凤凰岭）、同利（房家庄、向阳）、新古城（东古城、西古城）、平和庄、神泉岭（神牛栏、泉子崖、幸福岭、丁庄）、胜粮、丁旺（丁旺、城子）、颜林、昌国、高家围子、鲁阳（鲁家围子、小刘庄、岭子后）、盐店（上盐店、下盐店）、同庄、北王庄（北王庄、红峪子）29个行政村，共57个自然村。

胡阳镇 2010年，辖新阳社区（农立庄、四九庄、茶树庄）1个社区，北尹（石围子、茂盛、西北尹、东风、新兴、后北尹、王家井）、徕庄（丁家庄、东徕庄、中徕庄、西徕庄）、幸福屯（万福庄、邵家屯）、金阳（新店、代家屯、团结、大固安）、新胜（石拉子、新胜）、玉米庄、永旺（西永旺、东永旺、南永旺）、胡阳（胡阳、小胡阳、刘家庄）、养马庄、城立庄、岩峪、新和（南汤沟、秦家屯、兴盛）、义和（六十亩湖、义和庄、三河庄、石贵岭）、山阳（南山阳、李家村、北山阳）、城头（城头、黄家庄）、吉山（吉山前、曹家庄、多福庄）16个行政村，共47个自然村。

薛庄镇 2010年，辖薛庄（前薛庄、后薛庄、阳田、宋家围子、后疃、东南哨、北平）、马头崖（彭家岚子、转山前、马头崖）2个农村社区，沂蒙（邱阳、北赵家庄）、姚家庄、城阳（城阳、东吉山、西吉山）、聚鑫（聂家庄、东宋家庄、西宋家庄）、鑫合（幸福庄、丛家庄、阳口）、长行（北长行、南长行）、昊岩（盘石、高阳）、三星（大兴庄、杏埠、彩山前）、谭家庄、大青山（火山后、沙沟峪、富裕庄）、青山峪（大古台、转山顶、胡家庄）、向阳（鲁家庄、茂山庄、金桂）、石岚（大良、卧龙、土山西、石岚、小言店）、毛沟、虎山前（黄泥崖、通太庄）、北汤沟（兴隆、北汤沟）、黄山（黄埠前、黄埠西、前庄、于家庄）、白马峪（东韩家庄、白马峪）、龙乾（王林、大沟、安定庄）19个行政村，共58个自然村。

南张庄乡 2010年，辖北刘家庄1个社区，东蒙（南张庄、北张庄、店子、欢庆、左家庄）、太白庄、台乐庄（台子沟、贺乐石）、新安庄（新安庄、安家沟）、聂家沟、永目、石桥、白埠、杨家庄、武家汇（西武家汇、中武家汇、东武家汇）、花坡、巨庄、北石沟（前石沟、后石沟）、家兴庄（孙家庄、新兴庄）、保安庄（保安庄、小青太）、龙岗（东龙岗、西龙岗）、龙雨庄、小贤河等18个行政村，共31个自然村。

大田庄乡 2010年，辖齐鲁地、西安太（跪马石、西安太）、东安太（东安太、沙沟）、黄崖、西渐富、东渐富（东渐富、黑山前）、薛家庄（薛家庄、三连庄）、大田庄（大田庄、后姬家庄、燕窝石、宁子沟）、大王庄（大王庄、涝坡、西山跟）、五圣堂（五圣堂、东南庄、堂子、小庞庄、杨树林沟、大寨沟、大寨前、小寨沟、小胡枝、小争崖、老刘庄、大胡枝、转圈、梁子后、黑虎崖头、裤腿、后石拉子、菜园、沙磨石、吴家林、王家林、偏梁子前、杏山庄、四座窑、皮虎窝）、臧家庄（堂子、堂子西岭、西山根、老猫窝、东北沟、赵家岭、北岭学校、庄里、顺河庄）、柳泉（小柳泉、大柳泉）、牛岚（英山、牛角、牛岚、黄泥沟、赖子沟）、三连峪（南要峪、北要峪、韩家庄、上庄、）、青云庄（青云庄、姬家庄）、黄土庄（黄土庄、罗圈崖、峨山）、周家庄（柿树园、石马子、崮子后、二夹峪、三夹峪、周家庄）17个行政村，共74个自然村。

上冶镇　2010年，辖上冶一村、上冶二村、上冶三村、上冶四村、上冶五村、民义、里仁、西毕城、埠后、北村、翟家村、许家庄（许家庄、富民）、东埠子、岑北崖、兴国、大仲口、小仲口、仲口屯、曹家楼、石桥、万仓、水湖、永兴庄（彭家林、凌胜）、宁国、古城、国庄、大青太、平安楼、曲池、双邱、东岭、蔡庄、刘官（岭南头、刘官）、葛沿庄（葛家庄、沿河庄）、城南头、东沟、西沟、姚河38个行政村，共38个自然村。

城北镇　2010年，辖城北（城北、峨庄、同安庄、仁会）、荣和、永和（永青、清和）、盖家洞、三疃（潘家疃、孙家疃、刘家疃）、寒良寺、新城（埠南湖、曹峪、桥庄）、新居（辛章、广聚）、兴盛（姜家庄、院上）、韩庄、北毕城、南毕城、新石沟（南石沟、张家岭、李家林、石田庄）、演马、北东洲（北东洲、谭家岭）、南东洲、东洲疃、崮子（崮子、皇路山）、孟家山头19个行政村，共34个自然村。

蒙阴县区划

蒙阴街道　2010年，辖北关、西关、兴隆（兴隆、罗家岭）、东关（东关、王家林、红庙子、西桃花沟、东桃花沟）、汶溪（大东关）、城西（西洼）、仲城（胡家黄沟、王家黄沟、高家山、傅家山、田家黄沟、曹家黄沟、公家林、安子沟、刘家油坊、安子）、金山（八里台子）、新城（苏家庄子）、宝德（南保德、五里堡子、保德店子）、芦山（石桥园、横岭、杨柱子后庄、杨柱子西岭、杨柱子前庄、小芦山、杨家庄、芦山、小北山）、八大峪（八大峪、新庄）、万家沟、山头（山头、山南）、刘家峪、长山（完庄、西墁子、莫家岭、黄石砟、东墁子、方山沟）、姜家沟、坪子（坪子、爱山子）、解家沟（解家沟、南芦山）、三教堂（三教堂、陈家河）、东大腰、黄土山（黄土山、方山后）、东住佛（东住佛、住佛北岭、于家庄、苏家庄、刘家庄、北郭家沟）、陈家庄（陈家庄、北李家庄、罐）、召子官庄（召子官庄、召子官庄南岭）、莫家庄、吴家山庄（吴家山庄、田家沟）、焕峪、刘家召子（刘家召子、火石堡）、姚家官庄（姚家官庄、山后、小李家庄）、王家岔河（王家岔河、五沟峪、刘家岔河）、小新庄、上庄（西上庄、小石崖、东上庄）、邵家沟（邵家沟、小万家沟、胡家楼）、檀家召子（檀家召子、赵家召子、小东岭）、茶棚（茶棚、苗家沟、侯家沟）、西儒来（西儒来、北岭）、下庄（东下庄、西下庄、孙家大沟、牛王庙子、王家庄子）、东儒来、北竺院（北竺院、邢家庄、霍家沟、南岭）、张宝河（北张家庄、宝山）、大桥阎堡（大桥、阎家保德）、李家保德（李家保德、崔家楼）、店子、南官庄（南官庄、石花园）、徐家沟（徐家庄、裴家山）、宋家庄、南竺院（南竺院、南寺）、向阳庄、石马疃、太保庄（太保庄、小东山）、会泉峪、赵峪（赵峪、里峪、赵峪东山）、东城（公家城子、小河、红峪子、前沟、东南岭、东堡子、夏家庄子、赵峪东岭、夏家庄西岭）、南张家庄（南张家庄、姚洼地、苗家林、张庄南沟、转山子前）、罗家庄（罗家庄、八里庙子）、小田庄（小田庄、北沟、北新庄、小王庄、菠萝场、皮庄子、姜家旺、陡沟、下岭头、南石窝、大石榴沟）、大峪（大峪、大峪北山、小峪子、东寨、大峪南沟）、大田庄（大田庄、贺家庄、石榴沟、郭家沟、大榆园、小榆园）、万宝地（万宝地、蒲子沟、季家庄、小徐家沟、黄土崖子）、花山（花山、东山、张宝峪、王家口子、张家口子、毛林沟）、刘官庄（刘官庄、新荆汶、洪山、新东山、塔山）、柳河泉（蛤蟆洞、陈家哨、东坪子、柳河泉、上楼沟、下楼沟）、巨山（巨山、洪山沟、西沟）、季官庄（东季官庄、西季官庄、高家山）、石门（石门、岩峪）、卧龙峪（周家沟、一道沟、二道沟、蒲沟、宋家场、齐家宅子、八大庄）、张家楼（张家楼、黄顶峪、道家沟）、晟峪（柴山庄、官铺）、红河头、东汶（荆汶、彭家石窝、石桥、刘家洼、赵家旺、铁城、熊家场）、曹庄（东曹庄、曹庄北山、曹庄东岭、大峪、曹庄西岭、西曹庄、新大峪）、龙山庄（尚家庄、尚家庄北峪、高家楼、响水河子、孙家良、尧山寨）、马家花园（马家花园、东南山）、联合庄、双山（双山、任家庄、柿子行、卢家山坡、小姜庄）、周家寨、贾家花园、熊家万（熊家万、高庄）、公家万（公家万、上万）、里仁庄（大桥沟、里仁庄、卢家庄、南峪）、尧山头（尧山头、大峪沟、东岭）、大姜庄（大姜庄、化家洼）、岳庄（东岳庄、西岳庄、乔家岭、褚家庄、小峪）、白杨铺、小旺庄、大旺庄 87 个行政村，共 259 个自然村。

联城镇 2010 年，辖崔家城子（崔家城子、王家店子）、相家庄子（相家庄子、高楼庄）、小山口、王去峪、刘庄（刘庄、卢井、小刘庄）、李家北山、类家城子（类家城子、沈家北山、东山、秋棵岭、怪拉沟）、堂子（后堂子、前堂子、下堂子）、大城子、大王家洼（大王家洼、北岭、东岭、南岭）、和恬（边家城子、姚家城子、季家城子）、桃花峪（桃家沟、徐家峪）、小王家洼、禹家城子、宋家城子、任家城子、山南（山南、北山、西岭、西南岭）、董家台、朱家庄（朱家庄、冯家庄）、聚来庄、铁头仓（铁头仓、季家官庄、姚沟）、乔家庄（乔家庄、上红河峪）、钓鱼台（北钓鱼台、南钓鱼台、淹子崖、下红河峪、邱家岭）、杨庄（西杨家庄、东杨家庄、山子后）、对山庄、小庄、罗家沟、郭家场（郭家场、孙家沟、任家庄子、上魏家沟、下魏家沟）、常岭（常岭、孟家林、孙家庄、大类家庄）、花峪（东花峪、西花峪）、大庄（大庄、大庄东岭、小峪子）、魏石山（大魏石山、小魏石山、刘庄子、崔家帐子）、富山庄（富山庄、小类家庄、南台、殷家沟、周公地）、虎路坡（徐家虎路坡、北虎路坡、南虎路坡、九女河、大河峪、下东沟、上东沟）、西南峪（西南峪、东南山、小相家庄子、马堂子岭）、刘家官庄（刘家官庄、蜜蜂峪、吕家庄、山子沟、小平和庄、东南沟）、龙凤峪（南安、北安、曹家沟、裴家庄、老龙潭、黄山后、黄山哈啦）、常马庄、布洼（南布洼、西布洼、东布洼、水泉子峪）、鸿喜庄（大鸿喜庄、小鸿喜庄）、台上、牛头峪、沙沟峪（沙沟峪、蒲河）、青山（杨家榛子崖、李家榛子崖）、宋家榛子崖（宋家榛子崖、孙家榛子崖）、龙榜崖、许家沟、张家村、王家村、南鲁、宝兴店（宝兴店、东关顶、西关顶）、东宝兴店（宝兴店）52 个行政，共 126 个自然村。

常路镇 2010 年，辖常路（常路、河东崖、东山、小常路、西三庄）、新兴（南松林、西官庄、鲁家沟）、麻峪（东麻峪、西麻峪、石门）、上行庄、石峰峪（石峰峪、巨连山前）、五沟峪（上五沟峪、下五沟峪）、王莽峪（王莽峪、黑马石沟）、蒋家坪（蒋家坪、白杨沟）、榆树山（榆树山、榆树山前）、圣景（上怪峪、下怪峪）、北围子（西高都）、南围子（西高都）、房家庄、三星（白杨庄、北松林、朱家沟）、富成庄、西下庄、东下庄、杏泉（杏山庄、大路北、许家庄）、东三庄、田家岭、五里桥、西北楼、田家林（大田家林、小田家林）、岭南头、茶沟、龙泉（龙冈埠、于洼）、小张台、大张台、台庄、山泉官庄

（南泉、薛家官庄、山里）30个行政村，共51个自然村。

高都镇　2010年，辖高都（高都、石崖、冈家沟、黑石沟、杨柱子山西）、上五庄（老虎岭、刘家北沟、六月冻、山南头、山头、沙窝梁、青石堆、王家胡同、古路河、高家岭）、黑石山（下黑石山、上黑石山）、三山子、上温（上温、泉子）、下温、黄泥沟（黄泥沟、崔家北岭）、上薛家峪、下薛家峪（下薛家峪、西北沟、东北、上陡沟）、庙子后、唐家峪（唐家峪、下陡沟）、西山（西山、薄稀洞、房家楼）、汇泉坪、眼光泉、上坦布林、下坦布林（下坦布林、张家林沟）、河西、西峪、蔡庄（蔡庄、蔡庄北山、张家万、姚峪、江子沟、大里万、下车夫峪、上车夫峪）、南坪、东沟（托盘沟、燕子沟）、大孙官庄、小孙官庄、东坡（东坡、东坡新庄）、包龙沟、石星沟、洪沟、李官庄、后佛峪、郑家庄、新星（前佛峪、梁家圈）、西住佛、邓家崖33个行政村，共66个自然村。

野店镇　2010年，辖野店（南野店、北野店、沙沟、偏家沟、西峪、东峪）、毛坪（毛坪、水连口、邢家场、石棚、五里沟、青山、水连、城崖）、峪石（对景峪、石人坡）、三合（翻金峪、茶叶坪、伊家鞍、小顶子、岱崮峪、齐家梁、白杨峪、棉花洼、吴家岭、南沟、坪子、荣棒崖、郭家庄、冷家旺、老官墓、何家旺）、黄崖（黄崖、黄米江、黑江峪、刘家峪、柿子岭、鸭蛋石、东柳台、西柳台）、石槽（石槽、北山、裹粘峪、劳车沟、王家林、潘家万）、双全峪（马头崖、上洼、曲峪沟、火石林沟、大石峪）、梭庄（梭庄、汇泉庄、后沟、南山）、黄土良（黄土良、羊羔峪、哗啦崖、横沟、窑洼、白虎峪）、大山（大山、栗子行、赶羊坡、石门、文家后阴子、霍家后阴子、核桃峪、东窑、木匠峪）、大石头（大石头、伊家后阴子、朱家后阴子、北泉、红花峪、丁家林、骑马岭）、东山（东山、苇场、东晏、江水沟）、朱家坡（朱家坡、北沟、南坪、南沟）、苏家沟（苏家沟、后河、东庄）、演马庄（演马庄、槐家沟、西大洼、西庄、传家沟）、石泉（石泉、苇洼、软枣峪、小寨、木沟峪、东柳沟、西柳沟）、安平崮（黄沟底、里旺、后井、山嘴子、西梁、黄沟嘴、公家梁）、东坪（东坪、东大洼、软枣旺、山插档、东洼、大旺）、焦坡（焦坡、焦坡北山、涝沟、东梁、庙岭、西坪、西山、长岭、伍子坡、阚家旺、牛栏坪、南旺）、烟庄（烟庄、土场、松子坡、野老峪）、新庄（新庄、曹家梁、黄瓜架、新庄北山、苏家庄）、伊家圈（伊家圈、郭家圈）、棋盘石（棋盘石、簸箕掌、阚家庄、包家围子、岭西、公家林后、阎家套、下北梁）、上东门（上东门、崮前崖）、南峪（南峪、西沟、各老崮）、北晏子（北晏子、路彦沟、黄土岭、五神堂子、柴火山、半截沟、响水峪）、板崮崖（板崮崖、崮西头、刁家沟、姚峪、大罗圈崖、小罗圈崖、宿龙峪、小石门、马家峪、阚峪、道士海）、南晏子（南晏子、后桑园、天马场、南大洼）、桑子峪（桑子峪、汪崖、薄板台、赵家长岭、大石门、家纲石）、北坪（北坪、黄土崖、黄家洼、涝场）、樱桃峪（寨后万、邱家岭、东沟、蜂窝子万、公家庄、朝阳、王家楼、芥子峪）31个行政村，共189个自然村。

岱崮镇　2010年，辖坡里（坡里、站崖、阎家场子、郭家庄、北林、红庙子、天桥山、西山庙子、坡里东山、东洞万、坡里南山）、上旺（上旺、杏山子、塌山、和尚鞍子、老猫沟）、犁掩沟（犁掩沟、柿子树洼、兰子崖）、东指、上茶局峪（上茶局峪、磨盘岭、西山）、茶局峪（茶局峪、卢崮旺、卢崮坡、宿龙峪、碾台、小碾台、姚家庄）、台头（台头、封山、大麦洼、公洞子、桃树岭、小麦洼、和山跟、上龙旺、里旺）、岱崮（岱崮西庄、小西峪、北后峪、岱崮峪、岱崮东庄、岱崮北庄、后沟、东山庄、岱崮南庄）、丁家庄（丁家庄、高家旺、梨树旺、北牛栏坪、里沟、东崖头、桃树沟）、东峪（潘家坡、望东海、走马坪、胡树梁、蒲扇峪、大崖头、南峪）、公家庄

（公家庄、于家唐子、温家唐子、小西山、包家唐子、果子园、陈家林、大洼、泥沟子）、十字涧（十字涧、高家林、北大顶、十字涧西山、南崖头、西南峪、桃树梁、大峪、小桥子尾、小桥子、灰窝、前洼、东泉、徐家沟）、燕窝（燕窝、神山、下龙旺、站崖跟、燕窝南岭）、梁家场（梁家场、西沟、北梁、木林崮、西南园）、笊篱坪（笊篱坪、光明桥、小顶子、青冈岭、沟西崖、过山路子、里峪）、西上峪（西上峪、庙子洼、东里峪、公家岭、小峪、江家山）、东上峪（东上峪、张家北山、包家北山、哗啦泉、石门、仓囤顶）、黑土洼（黑土洼、高崖、管场、凤凰哨）、核桃万（窑庄、东岭、小北崖、石林子、高家庄、西里峪、黄土泉）、大崮（陈家坡、桃树坡、宋家庄、栗子坪、官庄、宋家旺）、蒋家庄（蒋家庄、大石屋、小峰峪、褚里、大洼沟、蜜场子、火石岭、一盘糕、牛栏坪、石窝、尖山洼、鸡窝子、菠萝万、巴堰、黄家洼）、尖洼（尖洼、大峰峪、磨石塘、三十亩地）、石门峪（下石门峪、上石门峪）、大岭（云台官庄、大岭、马鞍山、调虎万）、板崮前（板崮前、东大地、上河、河南、小南峪、良坪、油葫芦坪、良坪西山、北崖、小崮洼、板崮洼、西石门、杨树沟、玉泉、涝洼岭、西大峪）、河东（河东、大崮洼、黄龙万、蛤蟆石、河西、下河、大南峪、秋花峪）、冶子河（冶子河、寺上、平头、后崖、白虎泉、大石坡、马家梁、黑虎泉）、大朱家庄（大朱家庄、酸枣峪、张家洼、后坪、大门洼、白林万、牛栏峪）、下旺（下旺、梨山沟、北大洼、火石坪、下旺东岭、崮西崖、南泉沟、朱家沟、崮东头、胭脂坪）、柳树头（柳树头、岭西沟、包家洼、窑洼、小官庄）、马子石沟（偏岭、小大岭、沟西、沟东、马子石沟、小龙万）、杜家坡（杜家坡、刘家山顶、茂子峪、月明崖）、尹家洼（尹家洼、杨角峪、南梁、大旺）、贾庄（贾庄、秤钩峪、小杏山、石岩、上坪、新村、石拉沟、杨林、簸箕掌、白兰峪、蓑衣岭、马蹄沟、藕汪崖、金兰峪、姚宅、刁虎峪、西峪、窑峪、李家沟、贾庄南峪、卢崮后、张家旺）、王家峪（王家峪、上石窝子、下石窝子、老牛槽、上峪）、杨宝泉（杨宝泉、大路岭、石匣沟、王家沟、吕家沟、螃爪子、杏岭子）、红柞崖（青冈岭、后涝洼、垛石、红柞崖、狍子沟、小场、小西山、庄子）、五里沟（五里沟、白草坪、包家沟、石嘴子、黑石峪、西黑石峪、官场、张家沟）、井旺庄（井旺庄、后峪、黄坪、郑家旺、大腰地、黄坪沟、黄峪、下园、郭家店、小后峪、仙人脚、加亩地、鹞子万、赵家沟、王家梁、鹁鸽崖、瓜坪、田家庄、李子峪、杏崖、方里）、八亩地（八亩地、崮山后、崮山鞍、崮山前、邱家庄、围子、后洼、西山、卧峪子、漏水崖）、万杨峪（万杨峪、罗圈崖、老茧峪、黄土岭、十二亩地、岭后、亓家山、包家圈、林后、小拐沟、石匠窝、韩家沟）、先头峪（先头峪、庙子后、北岱崮鞍、后坡、刘管子峪、沙鱼泉、将军顶、翻泉子）42 个行政村，共 325 个自然村。

坦埠镇 2010 年，辖东坦埠（坦埠、锞山前、新村）、西坦埠（坦埠）、下东门（石良、黄家峪、荆山子、北岭、邱家旺、姚峪、下东门、石灰峪）、南极山、东西崖（东西崖、南官庄、朝阳峪、北台子、龚家坡、潘万）、西西崖（西西崖、小北岭）、黄家庄（黄家庄、东黑青）、戴家庄（戴家庄、西黑青、薛家梁、柴火梁、窟窿崖）、阚家庄（阚家庄、鹁鸽洞、薄茧岭、前梁、东平、磨石圈、西梁、东山、南山）、砚池万、黄家洼（黄家洼、弯弯梁、泉子洼）、张家庄（张家庄、朱家峪、吴家庄、黑石头洼、桃树梁、韩家山、良子峪）、金钱官庄（金钱官庄、大沟、大寨峪）、东崖子、海龙万、蹇家庄（蹇家庄、五花万）、来石万、响水庄（响水庄、双槐树）、鑫中山（中山、新建）、来石庄、张林（张林、泉子崖、小张林、小姚峪）、寨后、石龙庄（石龙庄、包家场）、故县、艾山前、水明崖（水明崖、雁口沟、塘子山）、东河南（东河南、小桥子岭、南峪、口子沟）、西河南（西河南、南泉子、南山）、诸夏（诸夏、英家山、龚家梁、马道口）、潘庄（潘庄、荆山头）、沙沟（沙沟、下梁、上梁、框子崖、赵家旺）、龙虎寨（龙虎寨、伊家旺、南洼、黑崖、蹇家旺）32 个行政村，共 95 个自然村。

桃墟镇　2010 年，辖红山头（红山头、张家庄、黄家庄子、董家楼）、大站（大站、小站）、野老峪（野老峪、小庙子岭）、朱家铺（朱家铺、小黄土沟、黑峪）、阎庄（阎庄、南坦、八大庄、苇园）、金星（庙子岭、张家岭、陈家林、下沟、涝坡、柘行、周家庄、周家庄西岭）、杨家庄、西周家庄、东宋家庄（东宋家庄、西宋家庄、花崖头、于山子）、陈谷庄（陈谷庄、周家沟、小李家林、大李家林）、山南河（山南河、保底沟、宋家林）、杏山（安子庄、响水沟、杏山庄、杏山东岭）、前城（前城、大寨怀、小寨怀、北果子园、南果子园、小西岭、义学、石槽、杏行子、梨行沟、小红山头、孙家峪子）、郭家水营（郭家水营、葛家沟、大平和庄、马连场、小北楼、刘家水营、刘鼓峪）、类家水营、康家庄（康家庄、田家洞、后小峪子）、安口（安口、大车路、镇子崖、郭家沟、窑货沟）、魏城（魏城、大块地、张家楼、墩子、东山、薄家岭、大峪、涝洼、土珠、姚峪子、李家庄、李家庄北山、西山、东岭、车汪峪）、石家水营（石家水营、北沟、泉王崖）、南洼（南洼、小梁沟）、吕家楼、墁子（墁子、大梁）、桃花源（喇叭峪、西团埠、前小峪子）、东团埠、九泉峪（方家庄、狼虎峪、九泉峪）、松山（松山、大棉场、平头、火神庙）、松林子（松林子、陡坡、松林子北山、黄土梁）、小王庄（小王庄、高门楼）、于里河（于里河、大洼、张家沟、东南岭）、花果庄（花果庄、峪头岭）、百花峪（百花峪、后石嘴、口子后）、王家麻峪（王家麻峪、分山子后崖、袁家沟、安子沟、石炕北岭、石炕子、山南头、邱家庄、杜家沟、余粮店）、青山埠（青山埠、北岭、小河岭）、步连庄（步连庄、明义桥）、金鑫（耿家庄、包家庄、西刘庄、葛庄、葛庄西岭、西桃墟、西大沟）、桃墟（南桃墟、玉沟、王墓、东桃墟）、大庙（大庙、大庙山后、大庙河南）、安乐庄（安乐庄、岭前、小赵家庄、金山、东村）、蒋沟桥（蒋沟桥、褚家岭、新官庄）、陡山（东陡山、西陡山、黑峪沟）、南太平、陡兴庄（陡兴庄、长岭、连把峪、徐家窝、南窑、大场、张家林、鞍子、消水庄、石嘴子、南良）、黄土沟（黄土沟、泉峪）、柏家宅子（柏家宅子、响水旺）、大王庄（大王庄、西岭）、麻店子（麻店子、东湖、南岭）、孙家麻峪（孙家麻峪、北山、三角口、石家麻峪、牛角峪、小顶子、季家岭、徐家岭、黄路嘴、龙王岭、崔家岭、赵家岭、南嘴子、北青崖）、吉宝峪青崖（吉宝峪、青崖）48 个行政村，共 194 个自然村。

垛庄镇　2010 年，辖垛庄 1 个社区，红日（下河、庄子沟、大草场、杨家庄、业家沟、三岔沟、孟家沟、小山前、疃里、光光顶、疃西岭）、石山庄（石山庄、石嘴子、龙泉沟、泻子朗、泻子朗东沟、阎家岭、刘三庄）、东孟良崮（高家庄、胜利、洪山建、椿树沟、小北山、李家林、田家庄、戴家沟子）、西孟良崮（洪山后、大崮顶前、阎家庄、公山头、洪山前、杜家岭）、华兴（瓦子坪、瓦子坪北岭、菠萝场、程家庄）、兴和（沙屋后、桑行子）、长明（东长明、石灰窑、小南岭、西长明、二条岭、石屋子、马创泉）、南蓉芙（南蓉芙、关庄、南大林）、蒙河（营里、彭家宅）、古泉（泉桥、南泉桥、西师古庄）、大山寺（大山寺、寺后洼）、后里（后里、泉子崖）、凤凰峪（上峪、上峪北山、车相、下峪、黄土梁、段家沟、四十亩地）、码泉（石马庄、东北山、大涧口、西旺、小王庄、下罗圈崖、下罗圈崖东山、西洼峪、东洼峪、韩家沟、上罗圈崖、口子前）、崖头挡（簸箕掌、西北沟、黑石拉、青崖坡、哈琅沟、盐店、王府岭、石柱子沟、胡萝卜庵、戚家沟、崖头挡、鲇鱼汪）、豆角峪（豆角峪、三条梁、草滩、北竹岚子、红石洞、藕汪崖、殷家口、三皇庙、马家沟、柳树沟、石家庄子、前崖子、前竹岚子、林家沟、灯楼窝）、皇营（黄仁、山头、北岭、桃行、西黑沟、黑沟、位家地、韩家峪、老虎窝、洪沟、东凤凰山）、水涟峪（西山角、老崖、小峪子沟、唐王崖、小涝峪、枝家峪、大涝峪、手巾峪、南峪、朱家沟、羊山后、北口子后）、双石峪（石屋山、郭家沟、洞西头、大舀子、菠萝场、官庄、新村、石拉子、芹菜沟、鞍子、茶亭崖、韩家庄、河河水、杨树沟、川峪子）、黄姑庵（黄姑庵、羊转圈、芹菜峪子、北山、密家庄、新庄、大瓮口、大涧、椿树沟）、宝石峪（保崮门、王家庄、磨山子、山前河、西庄、青石峪、余林沟、东沟）、开源（朱红圈、卫家旺、大崖头、田家沟、葫芦头峪、白虎峪、小西峪、口子后、孔家沟）、桑园（桑园、皮虎峪子、黄家旺、河西、朱家峪、牛岚峪、许家峪、上桑园、门连峪、草崮头、西南沟、庵山沟）22个行政村，共180个自然村。

界牌镇 2010年，辖东界牌、万泉庄（万泉庄、玉皇庙、朱家岭、沙沟子）、河西新（苏家后、曹后、成家庄、朱家店子）、北太平（北太平、天水桥子、大石龙、小石龙）、彭刘大（彭家庄子、东刘庄、大山场）、沂汶庄（沂汶庄、公家岭、黑沙河、韩家岭）、三联（黄家峪、冷峪、上黄家峪、陈顶子、横里河子、石山后、牛角沟、牛泉沟、石瓢沟、鸡窝峪）、三山店、司家庄（司家庄、苗家沟、小井子）、马头崮（马头崮、北马头崮、小峪子、熊家岭）、赵家庄（赵家庄、新村）、莫峪子（莫峪子、莫峪子北沟、东马头崮）、杨树底（杨树底、艾家沟、窑窝、西小峪子、帽盔子）、石汪河（石汪河、连埠峪、高家沟、石堆子、东小峪子、李家沟）、郑旺庄（郑旺庄、石匣）、西界牌（西界牌、交界墩）、董家河（董家河、王家峪子）、四泉庄（四泉庄、凤凰山、罗圈崖、山东坡、狼窝沟、豹子窟、西南岭）、北庄、朝仙桥、季家林、海子崖（海子崖、兴和庄）、尚庄（尚庄、梅家岭、尚泉、大沟）、丁旺庄（丁旺庄、南岭、马家庄、董家庄）、牛蹄湾（牛蹄湾、南场子、黄家庵子）、和平（长廊、尖家庄）、河头泉（河头泉、碾台沟、转山前、茅草坪、邓家庵子、东大洼、魏家沟）、兴隆庄（兴隆庄、赵家岭、荆棵梁、李家岭、陈家井、大崮堆后）、河东新（北河东、北官庄、彭家岭、中峪子）、重山、圈里（圈里、大峪）、葛墟（葛墟、韩家峪子）、潘家沟（潘家沟、黄草关）、石家峪（石家岭、马家沟、石宝峪、姚峪子）、贾家庄子、曹家圈（曹家圈、泉子崖、西沟）、孙家峪子（孙家峪子、孙家峪子南沟）、双河峪（双河峪、侯家沟、风水沟、姜家场、大路、公家沟）38个行政村，共125个自然村。

旧寨乡 2010年，辖旧寨（旧寨、哑巴峪）、书堂（书堂、白土崖子）、上河（上河、川涧、北山）、双福（上大洼、北园、下大洼）、北莫庄、常坪（常坪、桑庄）、杏山子（杏山子、西蜂门、胡墩子、高粱嘴子、大峪、韩家崖、殷家园）、向阳峪（向阳峪、黄土岭子、南树行子、寨前坡）、南莫庄、圃峪、龙王峪（龙王峪、大里万）、娥池万、大上峪（大上峪、黄崖、大山坡、杨家峪、铃铛石、新村、石山子旺）、沈家庄（沈家庄、黄石沟）、长岭（东长岭、西长岭、下长岭）、北楼、西里庄（西里庄、老牛峪）、东里庄、吕家庄子（吕家庄子、小张家庄、凤凰峪、山台子、徐家官庄）、郭家上峪（郭家上峪、郭家上峪东山、潘家上峪）、庙后、九峪子（九峪子、春场）、龙山、晏子峪、八里庙子（八里庙子、双槐树）、李家宅子（李家宅子、窑山头、后石屋）、刘家上峪（刘家上峪、公家上峪、山南头）、大洼、龚家庄子（龚家庄子、狮子石）、殷家岭（殷家岭、唐家庄子、上唐家庄子）、康山（康山、盛家旺、孙家旺）、莲汪崖、东彭吴（东彭吴、石拉碴）、双河（白柳、南沟、李家梁）、北峪（徐家庄、北坡、沟西崖、沟东崖、土山子头）、杨家林子、西彭吴（西彭吴、南山）、于家岭（于家岭、菠萝场、响水崖、沟南崖、佛山后）、禹家庄子（禹家庄子、姚峪子）、马家庄子、高家峪（高家峪、和尚庄子、窑洼、梨行、大梁、黑石万）、王家庄子（王家庄子、大荒、刘南峪）、马家良（马家良、西岭、西梁、北崖、小东荒、张家山）、沿湖（于条山、崖庄、下西谢庄、上西谢庄）、谢庄、水泉峪（水泉峪、大块地）、梁庄47个行政村，共120个自然村。

莒南县区划

十字路街道　2010年，辖福祥、富源、玉泉、高乡、人民路、永泰、滨海、温水泉、富民、朝阳、淮海东路（宏祥居、东海居）、官庄（春移官庄、新移官庄）、大成、北园（小沈家扁山、大沈家扁山、邹家扁山）、东赤石沟、埠上、黄庄（东王家黄庄、孟家黄庄）、西赤石沟、王家庄子、东芦家林、西芦家林、良家店子、尤家庄子（尤家庄子、吴家庄子）、大曲流河、东兰墩、西兰墩、老古窝、沟头、猛虎崖、兴隆店子、大埠南、小埠南、红星、马蹄湖、大山前（大山前、小东岭）、刘山（前刘山、中刘山、后刘山）、彭家扁山、万家扁山、李家扁山、虎山前（柴火山南头、石泉湖、虎园）、官岭前（官岭前、河东崖）、沃土（沃土、沃土东岭）、东埠、代家扁山、郁家东山、王家结庄、郇家结庄、官坊街（官坊街、莫家官坊）、土沟、刘官坊、白家岭、官坊（徐李官坊、厉家官坊、张家官坊、土龙头）、东风、大前黄庄（刘家黄庄、大南黄庄、西南黄庄）、莲汪崖（西莲汪崖、东莲汪崖）、赵家河子、富兴（孟家欢疃沟、宋家欢疃沟、歇官庄）、王欢沟、赵欢沟、富泉（小坊、野槐沟）60个社区、行政村，共83个自然村。

大店镇　2010年，辖大店一村（大店）、大店二村（大店）、大店三村（大店）、大店四村（大店）、大店五村（西南埠）、大店六村（东南埠）、大店七村（大店）、大店八村（东岭）、大店九村（大店）、大店十村（大店）、崮北头、林后、老龙腰、彭家仕沟西村、彭家仕沟东村、孙家仕沟、钱家仕沟、将军山前、何家店（何家店、小庄子）、周家坡子、大公书、小公书、许家孟堰、张家岭、许家岭、郭家埠墩、沙埠子、薛家窑、斜方、多居官庄、北大官庄、北小官庄、新村、井子、四角岭、小古庄、庄家滩井子、许家滩井子、王家滩井子、薛家道口、宣文岭、王家坡子、史家坡子、汲家庄子、小王家庄、河湾、街疃、黄山子、甲子山、高家庄、狮子口、刘家山、前惠子坡、后惠子坡、花园、前高柱、后高柱、峰山前、峰山后、陈家庄子、东兴、五龙山前（五龙山前、小头山前）、前官庄、后官庄、玉皇沟（玉皇沟、围子里、刘家门前）、车峪（前车峪、后车峪）、天湖（浔河北、响河崖）、陈家埠墩（西陈家埠墩、东陈家埠墩）、庄王埠墩（王家埠墩、庄家埠墩）、五龙官庄（前王庄、后王庄、李家庄、庄家庄、大时家庄）、盘龙官庄（小时家庄、朱家庄子）71个行政村，79个自然村。

坪上镇　2010年，辖坪上一村（坪上）、坪上二村（坪上）、坪上三村（坪上）、上峪子、七里沟、西辛庄（西辛庄、王家沟）、东辛庄、大铁牛庙、后野泉村、马家庄子、东南沟河（东南沟河、挪庄）、西铁牛庙、前野泉、西南沟河、南铁牛庙、东诸睦、马家坊、清泉林、小楼、西诸睦、柞墩、朱府、卢家洼子、温家、李家洼子、院前、王家岭、周家沙土汪、阚家沙土汪（阚家沙土汪、罗家沙土汪）、赵家沙土汪、王家道村峪、季家道村峪、许家道村峪、赵家道村峪、中峪子、厉家寨（厉家寨、茅窝、黄豆沟、葡萄山前、杨树林）、大山河、寨子河、山底、竹园、小坡、大坡、麻峪子、大山空、前下寨、后下寨、小龙沟（小龙沟、龙山）、石河（东石河、西石河）、厉家寨二村（徐家寨、张家寨）、幸福峪（徐家老窝、高家老窝）50个行政村，59个自然村。

板泉镇　2010年，辖板泉后东、板泉后西、板泉前、板泉西、上鱼养池（上养鱼池、泉子崖）、西新庄、东新庄、新城、卞家涝坡、前涝坡（尚家涝坡、王家涝坡、葛家涝坡）、张家官庄、刘家官庄、谷家岭、李家涝坡、大王刘庄、临沭

(陈家临沭、杨家临沭、赵家临沭)、小赵庄、西高榆、东高榆、薛王刘(小王刘庄、大薛家、小薛家)、前养鱼池、季家岔河、王家岔河、郭家坊庄、刘家岔河、王家坊庄、李家武阳、王家武阳(前王家武阳、后王家武阳)、杨家湖、刘家湖、洼子埠、唐家武阳、马槽头、岚峨沟、殷庄(殷庄、集下、陈家屯)、龙窝、河里、武阳街、刘庄刘家庄)、邓家村、东刘、西于家湖、东于家湖、南张岭、王彭蒋(蒋家岭、中王岭、南彭岭)、大白常、沙窝、潘庄、佃户、夏庄、胡庄(小胡家庄)、庞家临沭、楼里、韩岭(大韩岭、东韩岭)、渊子崖(渊子崖、贴沟崖、渊子崖东岭)、周家岭、孙官庄、庞疃(桥头、庞疃)、寨子、傅家村、卢家宅子、葛家宅子62个行政村，78个自然村。

壮岗镇 2010年，辖壮岗、陈家河(陈家河、南李家庄)、大河西(大河西、韩家湖)、大莲花汪(崔家莲花汪、大莲花汪、大莲花汪东岭)、前莲花汪(前莲花汪、前莲花汪东庄)、莲花汪、南竹园、小岭后(小岭后、柳家)、李家河子、蕉庄、崔家顶子、下峪子、陈家老窝、臧家庄子、鲁家乔旺、严家乔旺、高家乔旺、东演马、西演马、张家沟子、安九坊、西坡、泥塘沟(泥塘沟、西北坡)、店子街、砚柱河东、砚柱河西、潘家岭、东坡(前坡、后坡、)、芦山前(高家山前、瞿家山前)、大岭北(大岭后、北李家庄)、朱陈(前朱陈、后朱陈)、饮马泉(东于滰子、饮马庄)、刘家砚柱(刘上砚柱、刘下砚柱)33个行政村，共46个自然村。

文疃镇 2010年，辖文疃(文疃、王家沟、西湖、后土泥巷、横山后)、草岭前(草岭前、草岭前南山)、东上涧(东上涧、黄墩山后)、宋家庄(宋家庄、孙家顶)、陈家岭(陈家岭、浮蓬山西头)、大草岭后、后草岭后、东薛庆(陈战薛庆、陈战薛庆北山、高家薛庆、张家薛庆、孟家薛庆)、石城、城山后、东田庄、西田庄(西田庄、田庄北山)、看马庄、北店(北店、有钱柱)、大薛庆(大薛庆、小北岭)、郑家庄、徐杨庄(徐家庄、杨家庄、窑沟)、上沟(上大兰沟)、永兴(尉家沟、下大兰沟)、薛兰沟(薛兰沟、草山子、磨山崖)、陈家庄(陈家庄、玉皇庙)、银子窖(银子窖、红石屯)、韦家官庄(安乐、韦家官庄)、新官庄(左家官庄、杏花官庄)、左家沟、新店子(辛店子、岔角山、铺子山)、前土泥巷、滕家河(滕家河、花沟、下河、王家山前)、徐潘店、魏潘店(魏家潘店、东南山)、张潘店、西璇子(西璇子、山顶)、王家炕(王家炕、于家村)、三皇山(三皇山、染红涧、薄板台、陡山河)、石河峪(石河峪、石河峪南山)、魏家柳沟(魏家柳沟、北山沟、两山沟、鲁继山后)、黄城后徐(黄城、后徐家柳沟)37个行政村，77个自然村。

朱芦镇 2010年，辖朱芦(朱芦、朱芦西岭)、石汪(石汪、西北山)、刘家彩、宋家彩、张家彩(张家彩、张家彩北岭)、李家彩、厉家泉、幸福山(幸福山、西山顶、山后沟、锁子沟)、璇子(璇子、竹子崮、璇子上沟)、址坊、刘家东山(刘家东山、英雄山、定胜山前)、辛庄(辛庄、龟山沟、龟山里)、石场(石场、龟山西)、赵家土山、孙家土山、河西(河西、龟山东、龟山前、关山沟、河西岭南、孟家油坊)、东青峰峪、大青峰峪、前青峰峪、小茅墩(小茅墩、窑沟)、横沟、东王家岭、大茅墩、张家茅墩、东崖上、宋家村26个行政村，45个自然村。

坊前镇 2010年，辖大坊前、王家坊前(王家坊前、左家坊前)、可乐坡、桑庄、朱家龙头、于家龙头、贾家龙头、崔家龙头、于家岭、普天寺、东川(东川、花果岭、南坊)、莫家龙头、程家峧山、宋家峧山、张家峧山、赵家村、大派庄(许家派庄、张家派庄)、韩家派庄、岔河(岔河、岔河东湖、岔河山前)、李家崖、胡家崖、黄山前(黄山前、岭西)、竹墩、石门、前桃花林、后桃花林(后桃花林、小桃花林)、朱梅、高家沟、黑龙坡、傅家、范家洼子、聚将台、西崖下、花峪头、邱官庄、朱家洼子(戴家洼子、朱家洼子、朱家洼子北岭）36个行政村，46个自然村。

相邸镇　2010年，辖徐家相邸（徐家相邸、相邸后村、徐家相邸新村）、郑家相邸（郑家相邸、官家林）、张家相邸、王家相邸 、何家崖头、坡木、兴旺庄、高家安、何家店子、大峪崖、寺西、寺前、南高庄、南甘霖、东甘霖、西甘霖、孙家沟、西杨家圈、水泉头、李家宅子、前张家岳河、大刘岳河、邬家岳河、大嵯峨、新寺后（荷花湾、王家峪、寺后）、杨刘家岳河（小刘家岳河、杨家岳河）、杨家岭（长岭东、杨家坊）、大岭（杜家岭、邵家庄、张家小岭）、高庄（北高庄一村、北高庄二村、北高庄三村）、岳河新村（东刘家岳河、新建、北杨家园、石桥沟）30个行政村，44个自然村。

洙边镇　2010年，辖洙边、聂家庄子、界首一村（三界首）、界首二村（三界首）、界首三村（三界首）、曾家沟、段家沟、高家庄（大高家庄、东高家庄）、刘家莲子坡、杨庄、桃园、胡家岭、扶兰官庄、马家峪、东袁家山、金河（李家山、西袁家山）、孙家山、中黄埝、岫务（岫务、东黄埝）、庄庄河南、庄庄（庄庄河东、庄庄河北）、李家沟、西夹河、东夹河（东夹河、孙家峪）、崖子、葛家山、王家野疃、刘家野疃、西书院、中书院（中书院、北沟）、东书院、西龙掌、中龙掌、东龙掌、北龙掌、环河崖（环河崖、环河崖南岭）、后净埠子、前净埠子、张家莲子坡、陈家莲子坡、张家石门涧、石门涧（陈家石门涧、克家石门涧）、林家莲子坡、徐家河、清水涧45个行政村，51个自然村。

汀水镇　2010年，辖王家沟（王家沟、大汪崖）、主家岭（沈家岭、主家岭）、西北庄、墩后、东夹古哨、袁家官庄、东石杭头、西石杭头、小官庄、南石杭头、杜家汀河、彭古城（彭古城、团结）、汀水东村（汀水）、汀水西村（汀水）、汀水前村（汀水）、汀水后村（汀水）、向阳村、官西坡村、高家埠、西夹古哨、桃花官庄（东官庄、西官庄）21个行政村，共22个自然村。

团林镇　2010年，辖北团林、西团林、东团林、宅科 、安前、曾家庄、崖上 、崖下、南唐家楼、西唐家楼、东唐家楼、埃沟二村（埃沟、唐家林） 、埃沟二村（埃沟）、吴家庄、李家河崖、唐家村、李家桑园、北桑园（徐家桑园、卞家庄）、南泉子（南泉子一村、南泉子二村、高家桑园）、北泉子一村、北泉子二村（北泉子二村、北泉子四村）、北泉子三村、陈家黄所、薛家黄所、徐家黄所、王家黄所、朋河石、桃花峪、鲁家沙沟、西朱家沙沟、大朱家沙沟、大王家沙沟、东朱家沙沟、东沙沟（大刘家沙沟、东王家沙沟、中王家沙沟）、中沙沟（潘家沙沟、崔家围子）、前沙沟（小刘家沙沟、尹家沙沟、崔家沙沟）、北沙沟（孙家沙沟、何家沙沟）、双合（化家村、李家村）、官庄（大官庄、东小官庄）、罗家峪（东罗家峪、西罗家峪）、华新（官湖、鲍家庄）41个行政村，55个自然村。

筵宾镇　2010年，辖筵宾（西筵宾、夏家桥、小王庄）、东筵宾、前新庄（前新庄、茅茨）、后新庄、东集西、西集西、集前、泉龙头（前泉龙头、后泉龙头）、董家庄（胡家庄、董家庄、徐家岭）、山前（文家山前、小山前）、海楼（油碾官庄、侍家宅子）、大文家山后、团结（小文家山后、尹家庄、团结一村、团结二村）、李家园、老子峪、略庄（小仕沟、西略庄、东略庄）、前下河、后下河、东上河（杜家庄、解家庄）、齐家庄子、团埠子、沙汪头、苍沟、金沟官庄、刘家水磨、邢家水磨、薛家水磨、范家水磨28个行政村，共42个自然村。

岭泉镇　2010年，辖西岭泉、大圣堂、淇岔河、梨杭、向阳、小官庄、大官庄、殷家庄、西怪草、前左山、后左山、前柴沟、中柴沟、后柴沟、鲍家（后鲍家、前鲍家）、东石沟（宋家石沟、东石沟）、中石沟（河南石沟、徐家石沟）、北石沟（河北石沟、石汪崖）、西石沟、孙家怪草、湥子（杨家湥子、吕刘湥子）、于家湥子、前葛家集子、大葛家集子、马棚官庄、化家庙子、薛家墩后（薛家墩后、新庄子）、彭家墩后（彭家墩后、纪家园）、崔家沟头、沟头（小沟头、王家沟头）、东高家岭（东高家岭、彭家岭）、西高家岭、解家岭、房家岭、刘徐岭（刘家岭、徐家岭）35个行政村，45个自然村。

石莲子镇 2010年，辖石莲子、东莲花汪、西莲花汪、赵家岭、漫墩岭、莱沟、严家庄、朱家庄、陈家白崖、崔家白崖、大白崖、梁家屯、卞家汀河、宿家汀河、胜利、孙家柳峪、范家柳峪、大河疃、小河疃、尤家柳峪、后劈石头、西旱丰河、莲汪崖、大屯、东旱丰河、张官庄、新庄、郝家庄、王家屯、燕泥子、沟下口、陈家宅子、李家埠、香城（西劈石头、前劈石头）、旱丰新村（白家旱丰河、权家旱丰河）、聂家梁家庄（聂家庄、梁家庄）、宣岭（小岭子、宣文）、侯疃（侯疃西村、侯疃东村）、湖北口（西湖北口、东湖北口）、白崖新村（艾家白崖、刘家白崖、聂家白崖）40个行政村，48个自然村。

涝坡镇 2010年，辖大涝坡（大涝坡、北山崖）、夏家沟（夏家沟、上白杨沟）、中峰（中峰、大崮子沟、卢家、魏家、窑窝）、唐庄（唐庄、南寨）、王家鸡山（王家鸡山、油山前）、魏家鸡山、李家鸡山（李家鸡山、高涧）、孙卢鸡山、鸡山西坡（鸡山西坡、西坡北山）、大岭、西山（西山、北大前）、山里、小岭、东店头、中店头（中店头、中店头南沟）、洼子、西店头、双山、张家围子、前河崖、曹家塔巷、下白杨沟、范家岭、卧石岭、东高柱前、高家柳沟（高家柳沟、凤山前）、大徐家柳沟、严家沟、薄板台、卢范大庄、王家大庄、瞿家大庄（瞿家大庄、瞿家岭）、有方、石泉河、大柳沟、柿树园、后张家岳河、殷家岳河、北高柱、镇东（魏家沟、周家大庄）、西涝坡（唐家涝坡、翟家涝坡、董家涝坡）、天湖东（大址坊、关山沟、大柱子后）、髻山（城子、小窑、山西头）、西湖（西塔巷、卢家结庄）、天湖前（西址坊、前址坊、陡山子、浔河南）45个行政村，70个自然村。

道口乡 2010年，辖中道口、后道口 、前道口、胡家官庄、曹家庄子、兰墩官庄、王家庄子、东朱家庄、座花堂、墩庄子、砖疃、宏伟、前介脉头、西许口（贾吉岭、西许口）、东许口、北集、泱沟、周家庄、陈家埠、陈家湖、营子、广亮门、西野埠、南官庄、晒衣台、躲水庄、东野埠、姜家庄、贾家庄、邵家庄子、东官庄（沙家官庄、许家官庄、王家官庄、鲍家官庄、丁家屋子）、后介脉头（黄家介脉头、张家介脉头、丁家介脉头、严家介脉头）、郝马岭（郝家岭、马家岭）33个行政村，42个自然村。

相沟乡 2010年，辖相沟街（东相沟、西相沟）、三义口（王家三义口、沟东三义口、杨家三义口、张家三义口、东三义、张家大路、茶园、永胜）、石河（王家石河、张家石河、胡家石河、董家沟、甄家沟）、大王庄（东南王庄、后刘家王庄、后孙家王庄、万西王庄、万中王庄、万东王庄、寺东王庄、孙家街）、王祥（王祥、永泉）、老子峪（西老子峪、东老子峪）、花沟（西花沟、东花沟、杨岭箭）、沈保（西沈保、中沈保、东沈保）、安子窝（前安子窝、西安子窝、后安子窝）、宋家沟10个社区，殷家沟、永安、曾家官庄、秦王柱、上涧、二涧、西黄埝、前古城 、后古城、石家崖、东结庄 、大结庄、圈子13个行政村，50个自然村。

临沭县区划

临沭街道 2010年，辖河滨、利民、富民、薛疃、振兴（振兴街、刘场街）、兴隆、苍河（镇南街、明河街）、镇北（镇北街、韩庄街）、崔蒿科（前崔蒿科、后崔蒿科）、孙蒿科、曹村、花园（前半路、中半路、后半路）、李蒿科、周庄（周庄、金墩顶）、徐兴、于店（前于店、后于店）、苍隆（庙前）、高湖（前高湖、后高湖）、苍源（曹洼、尚庄、孙家沟、宋家岭）、益民（前杨楼、花园寺、寨子）、井店（井店子）21个社区，琅琳（前琅琳子）、西河口、胡赵（胡家庄、赵家庄)、后杨楼、山里（山里、戴家河)、龙河（王家庄、东河口)、山西（东朱车、西朱车、凌山头、王山头)、前官庄（郜官庄、邢官庄、李官庄)、后官庄（党官庄、毛官庄、胡官庄)、桃园（毛桃园、李桃园、彭桃园、宋桃园)、曙新（董山子、郇山子、庙子头)、孙岭 12 个行政村，27 个自然村。

郑山街道　2010 年，辖郑山、尤庄、金堂 3 个社区，姜屯、宅子、邢屯、海子（海子、王庄)、西官庄、北沟头、南沟头、中沟头、沙埠店子、杨沙埠、龙溪（轩庄、曹宅子)、陡沟、朱沙埠、官陆新村（陆沙埠、官路)、张沙埠（张沙埠、薛沙埠)、王沙埠、张南埠子（前张南埠子、后张南埠子、李湖)、大韩庄、泉里井、丰岭、罗屯 21 个行政村，30 个自然村。

南古镇　2010 年，辖南古（沟北、南古、后东）1 个社区，新村（新村、前东)、寨和（前寨、宁庄、后寨)、埠前北村（王埠前、张埠前、西王庄、潘家岭)、曹庄子、班官庄、和平（白石官庄、稻埝)、朱果（小庄子、朱果)、贺城（徐贺城、杨贺城、庙贺城、钟贺城、建设)、醋庄前村（醋庄)、醋庄后村（醋庄)、玉河（王庄子、湾里)、凤凰墩（大墩、小墩)、干沟渊（干沟渊、东唐疃、西唐疃、周家庄)、友谊（东滩子、西滩子、侯宅子)、栗行（后栗行、前栗行、梁家洼)、高埠前、徐埠前 17 个行政村，40 个自然村。

店头镇　2010 年，辖西店头（店头)、北店头（店头)、东店头回族（店头)、南店头回族（店头）4 个社区，新张庄（张庄子、东马庄、卞麻科)、东八里巷、西八里巷、袁闵庄（袁庄子、闵庄子)、吴家月庄、沭东、于庄子、顶子、西沈马、东沈马、大垛庄、小垛庄、路岭（南岭、五花路)、东措庄、西措庄、仓巡会、陈巡会（陈巡会南村、陈巡会中村、陈巡会北村)、东大于科、西大于科、官庄（东李官庄、西李官庄、樊官庄、陈圩子、尹圩子)、丁楮林（丁楮林、丁家楼)、张楮林、郇楮林、龙兴汪（大龙兴汪、小龙兴汪)、前细柳、新圩子（丁圩子、高圩子、杨圩子、宋圩子）26 个行政村，42 个自然村。

石门镇　2010 年，辖后石门（石门)、中石门（石门）2 个社区，西石门（石门、骆庄)、界沟、徐庄、刘棠、陈棠、宋棠、吴棠、后湖、大官庄、陈官庄、白毛、小冲、大岱、小岱、西新庄、金岭（东南埝、荞麦涧、刘坞)、左官庄（左坞、东北埝)、前门（前庄、老门湖、小门湖)、欧疃（老欧疃、小欧疃)、转林新村（西转林、东转林、南转林、刘转林)、西泉埠（西泉子埠)、东新庄、羽泉（前羽阴、后羽阴、东泉子埠)、大峪子（大峪子、小峪子)、岔河新村（姚沟、徐岔河、文岔河)、大巡会（张巡会、房巡会、刘巡会)、王岔河（小寺、花园、西岔河、东岔河）27 个行政村，47 个自然村。

曹庄镇　2010 年，辖曹庄东村（曹庄、西南岭)、曹庄西村（曹庄）2 个社区，郭庄、黄庄、马庄、王贺城（王贺城、张贺城)、张贺城前村（张贺城)、黄贺城、南庄子、朱村、彭古庄、华桥、山前（东山前、西山前)、新华（谭庄、解庄)、常林（东萨庄、西萨庄、常林)、文家埠、旺南庄、岭南头、新庄（前新庄、后新庄)、河口（前河口、后河口)、前店子、后店子、大哨、王疃（东王疃、西王疃)、郭疃（东郭疃、西郭疃）24 个行政村，共 31 个自然村。

白旄镇　2010 年，辖西白旄（西白旄）1 个社区，东白旄（东白旄、蒋家岭、糜家村)、河北新村（西玉树、朱家村)、金柳（磨石沟、刘坡、义和、蒋家屯)、腾飞（三里、小蒿墩、新马庄)、柳庄（柳庄、秋千园)、王庄、圈子河、刘屯（刘家屯)、腾马、西朱崔、中朱崔、东朱崔、沙窝、银马庄、华山（周官庄、前叶埠、后叶埠)、华南（侯官庄、杨官庄、刘河崖)、埠东（埠上、薛官庄)、石埠子、金彭（金盆底、彭官庄）19 个行政村，35 个自然村。

青云镇　2010 年，辖青云（韩村街)、李埠子、白莲峪（前白莲峪、西白莲峪、后白莲峪）3

个社区，雷官庄（东雷官庄、西雷官庄）、黄河（东黄河、中黄河、西黄河、白石洼）、庙庄（庙庄、刘家河西、葛庄）、刘疃（刘疃、庙后、半路）、界前东村（吴界前、王场）、界前中村（凌界前、王界前、付界前、后哨村）、曹界前（曹界前、朝阳）、李界前、大蔡庄、小蔡庄（大洼、张蔡庄、王蔡庄、李蔡庄、杜家河）、于家山、郭家山、贾山（贾山、杨庄子）、卢官庄、赵窝（前赵窝、后赵窝、中赵窝）、坊口、凤凰岭（黄家屯、王官庄）、双岭（曹岭、季岭、石家庄）、史岭、前齐庄、后齐庄、云白常、柳园（阎圩子、车庄）、兴柳（黄泥沟、大阎庄）24个行政村，54个自然村。

大兴镇 2010年，辖芦庄（芦庄、前官庄、金花）1个社区，芦格庄、大坡、盐店官庄（盐店官庄、小官庄、胡格庄）、李格庄、时宫新村（时宅子、宫格庄）、王宅子、大兴（大兴、大兴新村）、日晒（东日晒、西日晒）、育新（胡家沟、小于科、新河）、永康（河北、友谊）、大高埠（大高埠、小高埠、纪高埠、班高埠）、高埠新村（英高埠、王高埠）、西林（西林、西林小庄）、陈宅、嘉禾（杨家岭、范官庄）、古龙港（古龙岗、鲍观堂、前岭）、双槐树（东双槐树、西双槐树）、新尧（新龙岗、西尧）、日晒新村（河南、向阳、红旗岭）、山西头、东港头、港头新村（西港头、小港头）、清泉（谢家岭、朱庄）、涝枝街、宋涝枝（宋涝枝、宋涝枝小庄）、涝枝新村（东后涝枝、西后涝枝、李家洼）、沈埠（大沈埠、小沈埠）、观堂前村（九龙湾、卢观堂）、观堂新村（荣观堂、陈观堂、安乐）29个行政村，61个自然村。

蛟龙镇 2010年，辖前蛟龙（蛟龙汪）、中蛟龙（蛟龙汪）、后蛟龙（蛟龙汪）3个社区，沙岭、红土、北窝子沟、山子（段山子、商山子、崇山子）、王山子、坡石桥、黄金沟（黄金斗、南窝子沟）、烈疃新村（烈疃、石门头新村）、万松山（吉利埠、下宅子）、后石门头、张疃、小湾（相小湾、张小湾、胡小湾）、前塘（前利城、东塘子、西塘子）、后利城、吴家后、富康（田家后、李家后、后里店）、康平（姚家后、沈家后）、杨家庄18个行政村，31个自然村。

玉山镇 2010年，辖唐岭（东唐岭、西唐岭）、尹岭（前尹岭、后尹岭）、隋家沟、黄峪（张家沟、北围子、大黄峪、陈沟）、营子、袁黄峪、郑黄峪、金顶（崔薛、时顶）、李庄（半里、李围子、李河东）、朱黄峪、金鸡墩、陈林、镇武庙、百久（九里、北泉）、坊联（赵坊前、丁坊前、苏坊前、坊后）、玉山、前石鼓岭、后石鼓岭、河湾、早科20个行政村，32个自然村。

朱仓乡 2010年，辖苍盛（西朱仓西北庄、河洼、河南、河西）1个社区，上石河、东石河（石河姜庄、石河后庄、石河官庄、石河围里）、圆岭洞、英里、西朱仓东村（西朱仓东北庄、老围里、东寨子、刁街）、东朱仓、东埠、湖子前村（湖子）、湖子后村（湖子）、姚官庄、月庄（西月庄、东月庄、北月庄）、东盘、西盘、丁家庄、关河、前穆疃、后穆疃、岔河（代庄、七岔河）、刘庄、水官新村（水沟、东官庄）、兴龙（崖上、崖下、桥头）21个行政村，36个自然村。

第四章 临沂城

临沂市委、市政府驻地临沂城，为临沂市政治、经济、文化中心。城市因东濒沂河而得名,祊河和小涑河自西北和正西方向入城，横穿城区北部东流，注入沂河。自北向南流经城区的河流有陷泥河、柳青河、李公河、南涑河、青龙河。金雀、银雀两座小山在中心城区东西并立。

第一节 临沂古城

临沂城已有2500余年历史，春秋时为鲁国的启阳邑，筑于鲁哀公三年（前492年）。西汉时避景帝刘启讳，改启阳为开阳。东汉章帝建初五年（80年），琅邪王刘京由莒县迁都于开阳。自此，开阳也称琅邪。20世纪70年代在金雀山和银雀山先后发掘清理了61座汉墓，出土文物中有多姿多彩的精美漆器、陶器和大量竹简（包括久已失传的《孙膑兵法》）。

明洪武元年（1368年），沂州指挥周德首次主持建筑砖城。明弘治十一年（1498年），沂州知州张凤在原有基础上增筑。嘉靖年间，泾王朱祐橓倡议开挖北涑河，将涑河从城西郭庄一分为二，一股继续南流；一股沿新开挖的北涑河东流，经沂州城北入沂河，又在城西关外分挖青龙河绕城南东流，使临沂城四面环水。明万历十五年（1587年），知州谢杰伊主持整修四门添建城楼。清康熙七年（1668年）地震，城墙多处损坏，女墙俱毁，西、北、南三座城楼倒坍。清康熙十二年（1673年）知州邵士申请帑银8000余两，主持重筑，恢复了原貌。古城呈椭圆形，东西略长，南北稍短，周长4.5公里，面积1.64平方公里。四门皆建城楼，南门楼为三层，其余三门为二层，城楼题额：南称“望淮”，东称“镇海”，西称“瞻蒙”，北称“宗岱”。

临沂古城东城门　（摄于19世纪90年代）

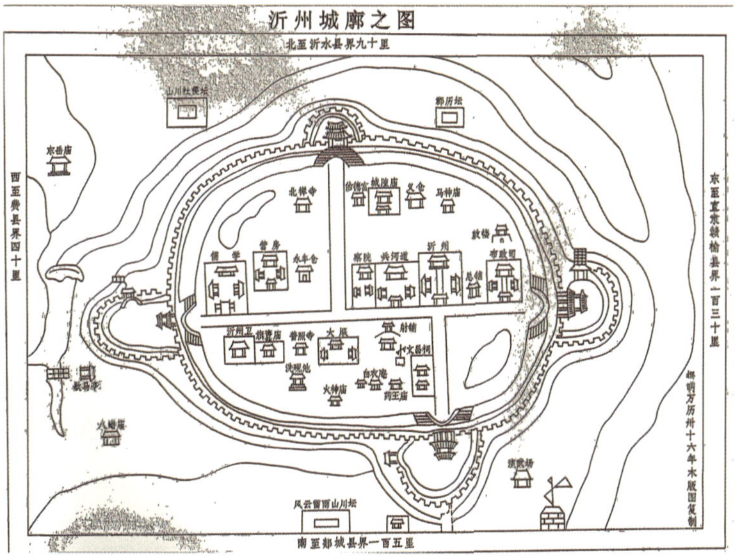

图1-7　临沂明代城廓图

元、明和清代州衙署在城东北隅，正对南门大街（今兰山路与沂州路交会处路北）。清雍正十二年（1734年）沂州升为府，府署迁驻原东兖道署，此处改为兰山县署。1913年撤沂州府，即以府署作县署，此处改为审检所。清沂州府署旧址在考棚街路北（今兰山区公安分局院内）。1913年起为兰山县署、临沂县署、县政府驻所。1936年夏第三行政区督察专员公署由沂水迁往临沂，与临沂县政府合署办公。

1945年9月，八路军收复临沂城，中共中央华东局曾驻临沂城西门里路南（原德国医院的旧房子里）。新四军军部则设于路北天主教堂后院。山东省政府驻南门大街北端（今兰山路东段33号），临沂城成为山东解放区的首府。1948年10月中共鲁中南区党委与鲁中南行署进驻临沂城内，区党委驻颜巷口街(今市干休所和水利局宿舍院址)，行署驻南门大街北端。

新中国成立前的临沂城主要街道4

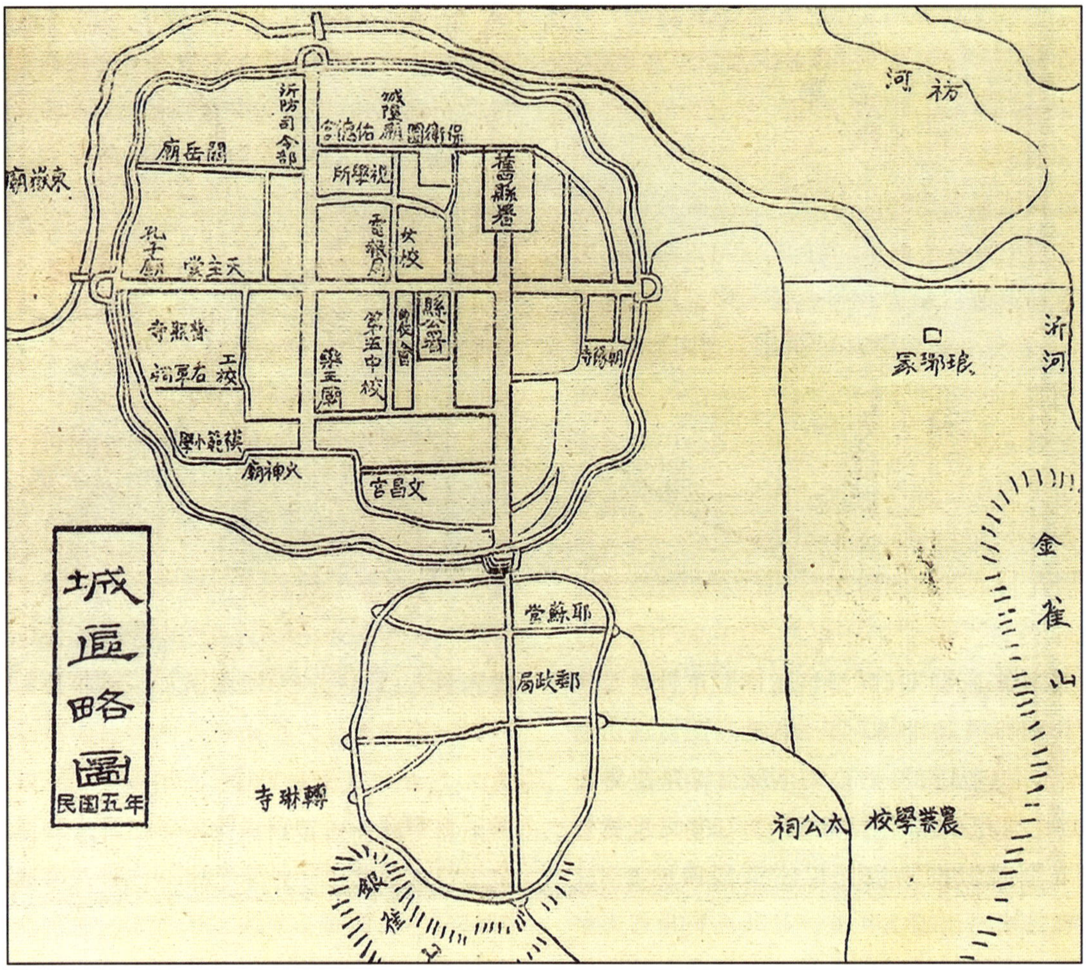

图 1-8　1916 年临沂城区略图

条。东西向的有东门至西门的大街，民国时称太平路、博爱路，现为兰山路；考棚街（较窄）民国时称五权街。南北向的有：从旧沂州衙署往南经南门再南至南阁子门，南门以里称中山街，南门外称南关街，现为沂州路；从北门至博爱路为北门大街，再往南建至考棚街称茶棚街，现在是沂蒙路的一段。全城街道除中山街为条石铺筑外，其余均为土路面。

20 世纪 30 年代临沂城的手工业有棉织、缝纫、制鞋、制帽、制革、造纸、酿造、裱糊、铸造、印刷、刻字、车辆修理、卷烟等行业。临沂城的商业、服务业多集中在南关大街、中山街、博爱路。城区的中等学校有省立临沂中学（原省立第五中学）、省立简易乡村师范（原第三乡村师范学校）和临沂县立师范讲习所。小学 20 处（其中县立 5 处）。城区主要医院有临沂县立医院（旧址在今考棚街西巷）、基督医院（基督教长老会开办，旧址在今市人民医院）和仁慈医院（天主教会开办，地址在今沂蒙路北段）。另有中医同德堂等。

第二节　现临沂城

1950 年 1 月，鲁中南区党委、鲁中南行署迁往曲阜，中共滨海地委、滨海专署由莒南县大店镇移驻临沂城。地委驻颜巷口街，专署驻南门大街北端。1960 年专署在银雀山西侧建四层办公楼 1 座，三层宿舍楼 4 座，1963 年 3 月迁驻新址（金雀山路 43 号，今兰山区委、区政府院内）。

1967年4月成立临沂地区革命委员会，驻兰山路东段路北（今市财校与水利局宿舍院址）。1971年秋地区革命委员会迁入原专署办公楼。同年11月党代会选举成立新的临沂地委，与地区革命委员会合署办公，以后在院内东部兴建了党群办公楼。2008年，市委、市政府迁至北城新区北京路天元商务大厦办公。

自新中国成立之日起至2010年年底，临沂城的发展大致分为两个阶段。1949年10月至1994年12月临沂撤地设市为临沂城初具规模阶段。

临沂城区由旧城向北、南、西三面扩展。20世纪50年代，拓宽开辟了城区道路，基本形成道路框架，至1994年，市区北至祊河，南达陷泥河，东起沂河，西到棉纺厂、钢铁厂（临西八路），占地40余平方公里。建成主要街道38条，总长76.5公里。纵贯南北的主要街道，自东向西有沂州路、沂蒙路、八一路、新华路、新华二路、临西路、临西二路、三路、四路、五路、八路等。横穿东西的主要街道，由北而南有北园路、兰山路、考棚街和砚池街、解放路、银雀山路、启阳路、开阳路、金雀山路、金雀山二路、三路、四路、五路、六路等。其中沂州路南段（自金雀山路至铁路桥）、沂蒙路南段（自银雀山路至火车站）、临西路、临西五路、北园路、解放路西段（自临西路至临西八路）、金雀山路等7条，路面宽均达42米，分快车道、慢车道和人行道，植绿化带、行道树。

临沂城的房屋，过去主要为平房，有极少数二层楼。60年代起逐渐建起三层以上的楼房，到1994年，全城已建成的住宅楼群有：市府小区、朝阳小区、皇姑桥小区、银都小区、苗庄小区、王庄小区、南坛小区、新新小区、北关小区、金雀山小区、西苑小区等居民住宅小区，都是4~6层的楼房。还建筑了大批公用设施。10层以上的楼房有：处于解放路的钟楼大厦、华联商厦、鲁南大厦、沂州大厦、工商银行临沂市（县级）支行营业楼，沂蒙路的东方宾馆、中国人民银行临沂分行大楼、中国农业银行临沂分行大楼等。其中工商银行临沂市支行营业楼地上18层，是临沂城当时最高的楼房。

工商业有了很大发展。全城已有冶金、化工、电子仪表、建材、机械制造、印刷、服装、酿造、制药等工厂500余家。商业、服务业多集中在解放路、沂蒙路、临西路。1986年10月28日，率先在山东创建了第一个纺织品批发市场——临沂纺织品专业批发市场。短短数年间，各类专业批发市场便如雨后春笋应运而生。众多市场分区经营，自成特色，且多集中于西郊，有的隔路相望，有的依傍为邻，呈星罗棋布之势。至1994年已有沂河宾馆、沂州宾馆、临沂宾馆、临沂饭店、陶然居、东润大酒店等较大宾馆饭店70余家。大型商厦、商场30余处，桃源大世界、鲁南大厦分别进入全国、全省十大商厦行列。已建有北关、西郊、站前等多处批发商场。西郊批发商场在全国批发市场中名列前三位，号称“临沂批发城”，占地2.5平方公里。有小商品、纺织品、家用电器、塑料制品、土产杂品、文体用品、服装鞋帽、箱包、副食品等19处批发交易区，商品有63大类3万多个品种，从业人员4.8万人。全市有3000家企业在此设点销售，商品交易辐射全国25个省、市、区。临沂城常住人口达22万余人，流动人口日平均17万人。临沂批发城成为鲁苏豫皖地区最大的商品集散地，赢得了华东地区“商城”的美誉。

城区驻有大专院校4所、中等专业学校8所、普通中学15所、小学38所。有全国统一刊号的报刊4种。广播电台、电视台5家，各类医院9所，影剧院7家。还有艺术馆、图书馆、博物馆、体育场、文化宫、科技馆、少年宫、儿童乐园、金雀山公园、东方红游乐园和涑河公园等文体设施。汉墓竹简博物馆展出70年代出土的《孙膑兵法》等汉代竹简。城区还有著名革命纪念地华东革命烈士陵园，古迹有王羲之故居等。

兖石铁路由市区南部穿过，设有区段站级火

车站。潍坊至徐州、青州至新沂、岚山至兖州、济南至新浦、临沂至济宁、临沂至郯城等6条公路干线在市区交汇。临沂长途汽车站（老站）规模居省内第一位，面积6132平方米，可同时领发客车18个班次。东至青岛，西至菏泽，北至北京、天津，南至上海、杭州，每日都有直达班车。

1994年12月，经国务院批准，撤销临沂地区，设地级临沂市，辖9县3区。1995年1月至2010年年底为临沂城快速发展阶段。尤其是2003年后为临沂市大力实施城镇化主导战略和中心城市带动战略时期。进入21世纪后，临沂市提出“一河六片、组团发展”的思路，初步形成“以河为轴、两岸开发”的城市格局。

水城建设彰显特色。全市沿沂河、沭河、祊河、汶河建成380公里的堤路，在沂河、祊河两侧建成滨河路283公里，绿地18平方公里，还建了7坝8闸工程，水体达到1.62亿立方米，形成了“八水绕城、水水相连、河河相通”的河道治理格局。沿河修建起迎宾广场、凤凰广场、沂蒙广场和金沙园、名人园、雕塑园、养生园等20多个滨河生态公园，形成集城市防洪、观光旅游、休闲文化为一体的滨河风景区。2006年，沂河环境综合治理工程被建设部评为中国人居环境范例奖。

城市基础设施日趋完善。1997年，建设了世界第一橡胶坝——小埠东橡胶坝，蓄水面积达1.6万亩。2000年2月16日开工建设的临沂人民广场位于红旗路南、银雀山路以北、新华一路以东、沂蒙路以西。广场以“蒙山沂水、文韬武略”为主题，分地上地下两部分,东西长670米，南北宽320米，占地面积21.6公顷，可同时容纳3~4万人游憩，为山东省面积最大的广场，2001年建成开放。2001年10月，兖石复线的重点工程——临沂火车站站场改扩建工程竣工。2003年9月20日，滨河大道工程开工建设，2007年4月竣工。该工程总投资23亿元，北起临沂城北外环路，南到刘家道口枢纽范围内的沂河、祊河两岸，总长度77.9公里，集防洪、城建、交通、环保、文化和旅游于一体，进一步提升了临沂的品位，成为临沂的美丽风景线。2005年，市委、市政府对东到滨河路，西到西外环，北到育才路，南到洗砚池街、水田路，总面积21平方公里的涑河片区进行治理改造。沿河开发了民俗文化产品特色专业街、特色美食街、风情酒吧、都市消费娱乐核心区和中心商务商贸核心区等，建设集以观光、餐饮、休闲、娱乐于一体的公共服务区。先后对沂州路、金雀山路、沂蒙路等主要道路进行改造提升，至2010年年底，临沂城纵贯南北的主要街道，自东向西有沂州路、沂蒙路、八一路、新华路、通达路、蒙山大道、工业大道等。横穿东西的主要街道，由北而南有聚才路、育才路、成才路、

滨河水城

市中心商业区

北园路、兰山路、砚池街、解放路、红旗路、银雀山路、启阳路、开阳路、金雀山路、平安路、陶然路等。市区城市道路1913.4公里，面积3722.2平方米；投资10亿元的城区30万立方米供水工程竣工投产，城区供水水质合格率达100%；市辖区燃气普及率99.67%；市区绿化覆盖率46.58%，人均公共绿地面积14.55平方米，临沂市被命名为国家园林城市。

城区商业多集中于解放路以北，通达路以西的临沂批发城。2005年，临沂批发市场全面提升改造，逐渐打造成特色鲜明、布局合理、功能配套、管理规范的中国现代商品物流城。2007年，临沂批发城获得“中国十强文明市场”称号。2008年11月，临沂市被中国商业联合会等国家九部委联合授予“中国市场名城”称号。至2010年，更新换代的临沂商城集中建有大型批发市场99处，经营摊位4.6万个，总营业面积600多万平方米，经营人员达15万人，日上市商品3万多个品牌系列，围绕市场搞服务的达30万人，从事加工的达100万人，高峰期日流动交易人口30余万人次，商品交易辐射全国20多个省、市、自治区，业务拓展到亚、非、欧洲等30个国家和地区。商贸物流也已成为临沂的特色支柱产业，2010年，临沂商城市场交易额突破720亿元，居全国同类市场前列。2010年9月16—18日，中国（临沂）市场贸易博览会在临沂举行，参展参会客商来自美国、德国、澳大利亚、法国、韩国及中国香港等23个国家和地区，以及上海、北京、广东、浙江等28个省、市、自治区，成交额达47亿元，招商引资签约合作项目71个，合同利用市外资金136亿元。

2010年年底，城区文化娱乐设施有临沂人民广场、东方红影城、临沂市图书馆、临沂人民公园、临沂动植物园、市体育馆、新华书店等，兵法博物馆已开工建设。自2003年起，临沂市每年举办一次中国·临沂书圣文化节，提升了临沂的文化品位，丰富了群众的精神文化生活，又推动了临沂的文化事业和文化产业的发展。2006年，大型风情歌舞《蒙山沂水》，先后获省精品工程奖和首届泰山文艺奖金奖；2009年，山东首部大型水上实景演出《蒙山沂水》获第七届中国舞蹈荷花奖特别奖。电影《沂蒙六姐妹》获得中国电影最高奖——“华表奖”；30集电视剧《沂蒙》获得第25届中国电视金鹰奖“优秀电视剧奖”。旅游景点有临沂滨河景区、华东革命烈士陵园（沂蒙精神史展馆）、王羲之故居、银雀山汉墓竹简博物馆、中国临沂商城、盛能游乐园旅游区、鲁南花卉城等。旅游星级饭店三星级以上有陶然居大酒店、荣华大酒店、鲁班沂州宾馆、沂州大厦、汇东商务酒店、时蒙大酒店、临沂宾馆、恒基海天酒店、锦薇商务酒店、联邦大酒店、三盟商务酒店、沂州府会馆等。旅游三星及以上餐馆有尚都嘉年华、汇东海鲜酒楼、九州美食园、康康粥府等。百货商场有沂蒙百货大楼、大润发超市、银座超市、九州超市、桃源超市、金鹰家电商场等，临沂银座中心位于解放路与通达路交会处西南，高 99.9 米，占地 4 万余平方米，总建筑面积 25 万余平方米，是集休闲、购物、娱乐于一体的超大型商业综合体。

高等教育学校有临沂大学、临沂职业学院、山东医学高等专科学校。医疗卫生机构有临沂市人民医院、临沂市中医医院、临沂市肿瘤医院、临沂市精神卫生中心（临沂市第四人民医院）、山东医学高等专科学校附属医院、临沂市皮肤病防治所（临沂市皮肤病医院）、临沂市妇幼保健院暨临沂市儿童医院等。

临沂城处于欧亚大陆桥东端，为鲁东南交通枢纽。临沂机场自 1998 年 12 月 26 日复航后，国内航线已达 20 条，通航北京、上海、广州等 16 个城市。兖石铁路、胶新铁路分别由市区南部、东部穿过，设临沂站及临沂北站。潍坊至徐州、青州至新沂、岚山至兖州、济南至新浦、临沂至济宁、临沂至郯城等 6 条公路干线在市区交会，京沪高速公路在市区西部穿过。2006 年新落成的长途汽车客运站位于京沪高速公路临沂北出口东侧的双岭路中段路南，是全国最大的客运站之一，被交通部确定为“国家示范站”，有客运线路 292 条，其中省际线路 115 条、省内线路 108 条、区内线路 69 条，覆盖全国 19 个省、4 个直辖市和 2 个自治区；日发总班次 2173 班，其中省际班次 303 班，省内班次 669 班，区内班次 1201 班，进站营运车辆 1799 辆。

至 2010 年年底，临沂市中心城区建成区人口和面积分别为 160 万人、162 平方公里。随着城市基础设施和公共服务设施及园区建设的不断推进，“大临沂、新临沂”的城市框架初步形成。临沂市获“中国优秀旅游城市”“全国双拥模范城市”“全国红色旅游重点城市”“最受游客欢迎旅游目的地”“全国社会治安综合治理优秀市”“中国书法名城”“中国市场名城”“中国地热城”“中国最佳文化生态旅游城市”“国家园林城市”“2010 中国全面小康最具安全感城市”“全国创建文明城市工作先进市”等称号。

第三节　北城新区

北城新区位于临沂市区正北部，隔祊河与老城区相接，隔沂河与河东区相望，境内柳青河蜿蜒而过，北依茶山，地势开阔，环境优美。是临沂市城市总体规划“一河六区”的重要组成部分，控制规划面积 52.03 平方公里，首期治理改造面积 23.7 平方公里。

20 世纪 90 年代，《临沂市城市总体规划（1996~2010）》提出了城市北扩的构想。进入新世纪，城市发展已经成为区域经济社会发展的决定性因素。2002 年年底，临沂市区常住人口突破 100 万人，城市建设用地规模达到 108 平方公里，分别比《临沂市城市总体规划（1996~2010 年）》确定的人口和面积超出 30 万人和 38 平方公里。老城区人口密度增大、住房紧张、交通拥堵、环境污染、城市噪音等一系列社会问题日益凸显。2003 年，市委、市政府鉴于南坊片区位于城乡结合部，工业基础薄弱，开发建设成本相对较低。决定对南坊片区（北城新区）进行综合开发，委托中国城市规划设计研究院编制了《临沂市南坊片区分区规划》，确定了南坊作为“市级市政服务中心、文化中心、体育中心、商业副中心、高教科研区、滨水休闲度假区、中高档住宅区”的片区职能和“一带、一心、两轴、组团发展”（一带”即沿沂河、祊河、柳青河的滨河休闲风光带；“一心”即市政服务中心及文化公园；“两轴”即两条城市商业金融功能轴线；“组团发展”即居住区和产业区采用组团式布局方式，自成体系，又融为一体）的总体功能结构。

拆迁改造。2004年10月，列入一期拆迁计划的33个村庄（涉及居民6万余人，占地720.4公顷）开始实施拆迁。实行市场化运作模式，以“遵循法规依据、尊重群众意愿、遵从实际情况”为原则，按照每人40平方米的标准给予群众安置还建住房。至2010年年底，有31个村居、1.8万户、5.4万人回迁；已建成11层以上楼房960幢，6~11层楼房1200幢，容积率均控制在2.0以上。将拆迁还建的33个村合并，规划建设了大官苑、柳青苑、曲沂、桥坊、岔河、朱夏、后明坡、南坊、三和里、金润、滨河、秀水12个城市社区。

基础设施建设。2008年11月22日，临沂市人民医院北城新区医院正式开业。至2010年，北城新区共投资23亿元，全面完成一期工程范围内的市政基础设施。共规划建设了三和街、三和二街、三和三街、三和四街、三和五街（以上街道2011年依次改为北京路、上海路、天津路、济南路、广州路）等46条道路，总长度122公里，总面积250万平方米，总投资9亿元。分主干道、次干道和支路三级，规划了贯通的骑行和步行系统，形成等级分明、间距合理的道路系统。安装路灯6000杆1.5万盏，敷设路灯及交通信号管线100多公里，投资3795万元。建设大小桥梁67座，其中柳青河景观桥9座，道路小桥涵51座，景观河小桥7座，总投资1.3亿元。绿化景观工程。以建设“滨水生态城”为目标，坚持高标准、高品位绿化，营造了足量的绿化空间，建设了银杏一条街、水杉一条街、红枫一条街、白玉兰一条街、樱花一条街等园林景观。道路绿化面积达到574万平方米，总投资5亿余元。以世界地图为蓝本，投资3300万元建造了一处人工景观湖，建设了田之源、墨之韵、榉树广场和7座造型各异的景观桥，水面面积达200余亩，湖心有岛，陆岛相连，水面碧波粼粼，两岸滩地草木茵茵，成为北城新区一个高水平的、富有文化品位的核心景区和城市园林经典。

公共服务设施。2008年，临沂市委、市政府搬迁到北城新区天元商务大厦办公。至2010年，有佰利置业、环球商业、瑞典GJW商业带及商

柳青河的景观桥夜景

北城新貌

业步行街、颐高·上海街、青岛悦海喜来商务酒店、广州广图企业集团等8个商业服务业项目落地。建有鲁德集团投资的澜泊湾五星级酒店项目，沂龙湾、城市主人、海尔临天下、滨河阳光、澜泊湾、世纪新筑、月澜湾等高档房地产项目。颐高·上海街、万和广场、环球国际等城市综合体相继开工建设。建成了配套完善的临沂四中、三十五中学、朴园小学、杏园小学、金盾小学、沂龙湾小学等13所学校。在北城新区城市中轴线上，依次排列着临沂市行政中心、临沂文化中心、临沂大剧院、市博物馆、市展览馆、市科技馆等一批公益性文化设施。借鉴沿海地区海滩浴场建设的阳光沙滩浴场，集沙滩浴场、冲浪泳宫、沙滩体育、水上运动和综合服务于一体，成为群众休闲、娱乐、健身的重要场所。临沂国际雕塑公园位于阳光沙滩浴场西侧，电视塔北侧，园内主要由主题雕塑园区、林下广场绿地区等5个片区组成，有87组138件雕塑，全部为世界知名雕塑的复制品。2010年9月4日启用的山东省最高的广播电视发射塔——临沂广播电视发射塔，高326米，塔楼内藏5层楼，中间一层为旋转餐厅，总建筑面积10992平方米，占地面积7.73公顷，为一座集广播、电视发射、观光旅游、餐饮、会展服务等多功能服务于一体的钢结构电视塔，可发射38套广播电视节目。奇园景区内古建筑林立，林木、绿地覆盖率超过

临沂市文化广场

65%。这些高起点规划建设的文化、体育、娱乐设施项目的建成和使用，增强了城市的承载能力，完善了城市功能，丰富了城市内涵。

北城新区的迅速崛起，拓展了临沂的发展空间，带动了河东区、兰山区北部的整体发展。沿沂河建设的上百公里的滨河景观大道和景区，主体广场、观光桥、生态园、特色景点组成的水岸休闲风景带，将罗庄、兰山、河东3区连接，两岸现代化的高层建筑集中连片，造型美观，色彩温馨，“中心开花，碧岸珠联”的生态水岸城市和“古城浮影，菁华嵌缀”的历史文化名城特色战略基本实现。“南工、北文、中商”的城市发展格局初步形成，“大临沂，新临沂”的战略构想和目标得以初步实现。

北城新区一角

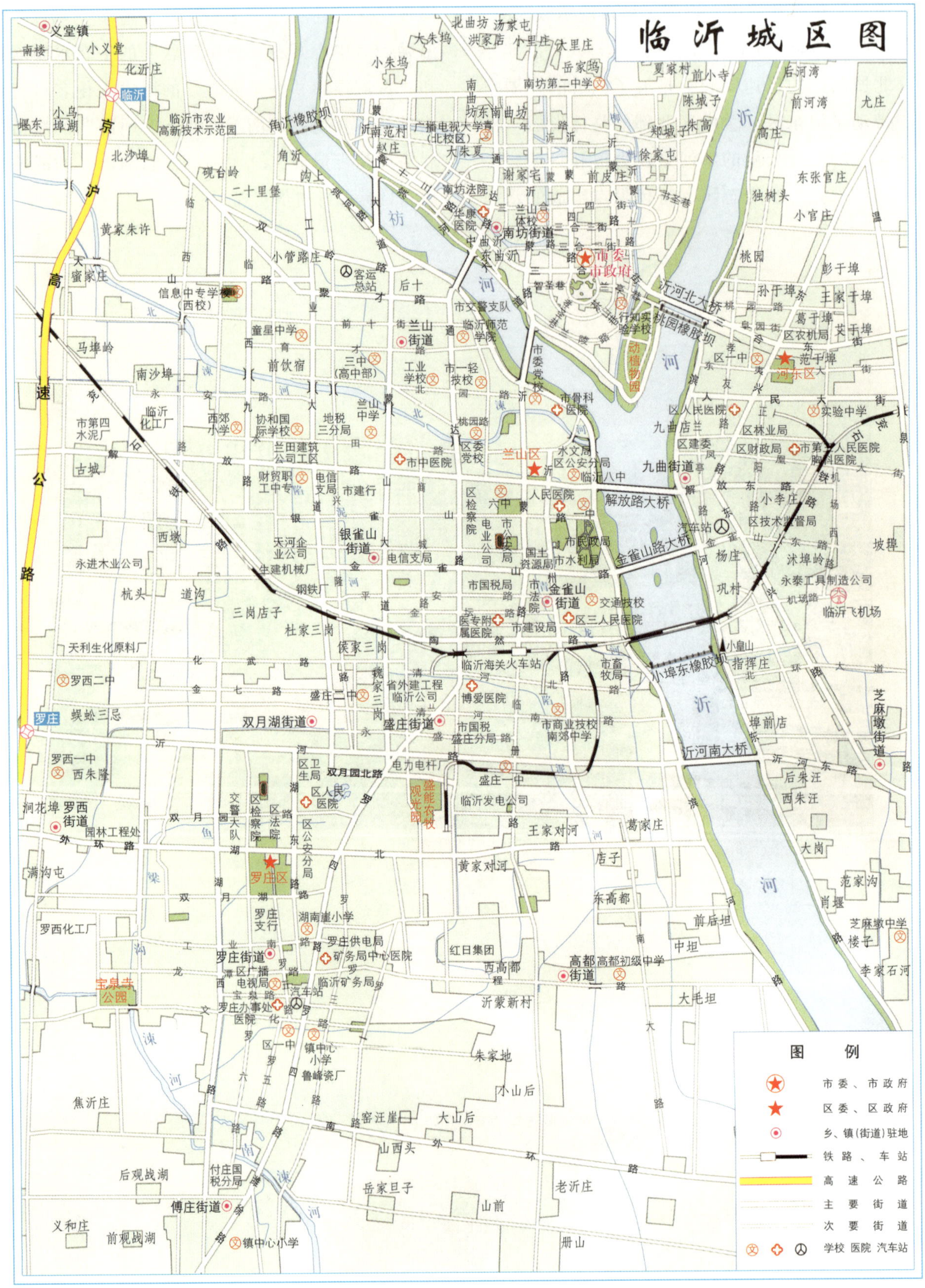

图 1-9　2010 年临沂城区图

第二编

自然环境

LINYISHIZHI

沂蒙山区寒武纪石灰岩被侵蚀后形成的地貌——崮

临沂市地处鲁中南低山丘陵区，属暖温带大陆性季风气候。四季分明，雨热同季，季风明显，光照充足，无霜期长。总的地势西北高，东南低，山东省第二高峰蒙山龟蒙顶耸立于峰峦迭嶂的西北部山区中，与五岳之首的泰山颔首相望，突兀挺拔的七十二崮镶嵌其中，气势恢弘，脉系相连。迤逦起伏的丘陵地形广布于中南部地区，临郯苍冲积平原沃野千顷，物产丰裕。

境内地质构造复杂，地层发育齐全，岩浆岩分布广泛，地质演化历史悠久。沂沭断裂带纵贯全市。沂水岩群是地球上最老的古陆核之一，距今已有30多亿年历史。全市有多种地质遗迹和矿产颇具特色，在全省乃至全国具有代表性、典型性。以临沂命名的地层、侵入岩、构造、地貌、矿产、矿物就有51种之多。沂水、蒙阴大型溶洞，宽大幽深；费县奇石林千姿百态，鬼斧神工。

特殊的地质构造，复杂多样的环境，使临沂市成为自然资源十分丰富的地区。矿产资源种类繁多，资源总量较丰富。至2009年，全市发现矿产84种（含亚种），已探明储量的矿产有36种。其中，白云岩储量居全国第一位，金刚石、石膏、石英砂岩储量居全国第二位，蛇纹岩、瓷土、石材储量居全国第三位。

境内属淮河流域，有沂河、沭河、中运河和滨海四大水系。其中，沂河为发源于山东省内的第一大河。全市多年平均降水量折合降水深818.8毫米，径流深272.5毫米，多年平均水资源总量55.36亿立方米，人均占有水资源量552.8立方米。

全市土壤分为棕壤、褐土、潮土、砂姜黑土和水稻土五大类。生物资源比较丰富，具有种类多、分布广的特点。有高等植物151科，1043种（包括变型或亚种）。动物有11纲近千种。全市建立森林公园16个。其中，国家级森林公园2个，省级森林公园9个，市级森林公园5个，森林公园总面积1.17万公顷。全市森林覆盖率30.56%。

第一章　地　质

临沂市位于华北地台东南部。沂沭断裂带①纵贯全市，将全市分成东西两块截然不同的地质构造单元。以断裂带为界，西为鲁西台背的一部分，属华北地台范畴；东为胶南隆起的一部分，属扬子陆块范畴。两块不同的地体，其地层发育程序、构造格局、岩浆演化、成矿规律等各有特点。

第一节　地　层

境内地层区划属华北地层大区、晋冀鲁豫地层区，据地层发育特征又分属鲁西和鲁东2个地层分区。

临沂市地层发育较齐全，自老至新可分为太古宙沂水岩群、泰山岩群，元古宙荆山群、土门群、朋河石组，古生代长清群、九龙群、马家沟组、月门沟群、石盒子组，中生代淄博群、莱阳群、青山群、大盛群、王氏群，新生代官庄群、临朐群、白彦组及第四纪松散堆积物各地层单位，共计有群级地层单位14个、组级地层单位55个。组成了辖区内复杂的地层系统。

①沂沭断裂带亦称“沂沭深大断裂带”，是中国地质结构中著名的“郯庐断裂带”的延伸，广义的郯庐断裂带的一部分。因大致位于沂河与沭河之间而得名。

云蒙双峰，为太古代阜平期片麻状中粒花岗闪长岩，形成于30亿年前。

临沂市地层划分情况表

表 2-1

<table>
<tr><th colspan="3">年代地层单位</th><th colspan="4">岩石地层单位</th><th colspan="6">岩石厚度及岩性描述</th></tr>
<tr><th>界</th><th>系</th><th>统</th><th>群</th><th colspan="3">组、段</th><th colspan="3">厚度（米）</th><th colspan="3">岩性描述</th></tr>
<tr><td rowspan="12">新生界</td><td rowspan="6">第四系</td><td rowspan="4">全新统</td><td rowspan="4"></td><td rowspan="4">山前组</td><td>沂河组</td><td>寒亭组</td><td rowspan="4">2~5</td><td>2</td><td>3</td><td>含砂、砾、亚黏土、砾石层</td><td>砂砾层、粉砂、淤泥</td><td>黄白色中—细砂、粉砂</td></tr>
<tr><td colspan="2">临沂组</td><td colspan="2">4</td><td rowspan="3"></td><td colspan="2">黄褐色、棕黄色黏土、亚黏土、粉砂</td></tr>
<tr><td colspan="2">黑土湖组</td><td colspan="2">1~2.5</td><td colspan="2">黑色、灰黑色黏土、亚黏土、含铁锰结核、钙质结核</td></tr>
<tr><td colspan="2">大埠组</td><td colspan="2">2</td><td colspan="2">下部砂砾层、上部黏土质砂层，具二元结构</td></tr>
<tr><td rowspan="2">更新统</td><td rowspan="2"></td><td colspan="2">于泉组</td><td>羊栏河组</td><td>0.5~7</td><td colspan="2">10–50</td><td>下层砾石层、上层砂、黏土层</td><td colspan="2">黏土、粉砂与砾石成互层状</td></tr>
<tr><td colspan="2">小埠岭组</td><td rowspan="2">白彦组</td><td colspan="3">2~7</td><td colspan="3">灰绿、灰白色黏土、砂砾层、发育斜层理、交错层理</td></tr>
<tr><td rowspan="2">新近系</td><td rowspan="2">上—中新统</td><td rowspan="2">临朐群</td><td colspan="2">尧山组</td><td>13~38</td><td colspan="2">0.5~5</td><td>伊丁石化碱性橄榄玄武岩</td><td colspan="2">含金刚石燧石质砾石岩、黏土岩</td></tr>
<tr><td colspan="3">牛山组</td><td colspan="3">100~300</td><td colspan="3">碱性橄榄玄武岩、气孔—杏仁状玄武岩</td></tr>
<tr><td rowspan="4">古近系</td><td rowspan="4">渐新—古新统</td><td rowspan="4">官庄群</td><td colspan="3">朱家沟组</td><td colspan="3">1000</td><td colspan="3">灰红、灰褐色中—粗砾岩夹泥岩、粉砂岩</td></tr>
<tr><td colspan="3">常路组</td><td colspan="3">828</td><td colspan="3">下部紫灰色灰质砾岩、泥岩，上部灰白、灰黄色泥岩、粉砂岩夹煤线</td></tr>
<tr><td colspan="3">卞桥组</td><td colspan="3">700</td><td colspan="3">下部灰色、灰白色泥岩，上部含膏泥灰岩、含石膏矿层</td></tr>
<tr><td colspan="3">固城组</td><td colspan="3">900</td><td colspan="3">下部红色粘土岩，上部砾岩夹砂岩</td></tr>
</table>

续表 2-1-1

<table>
<tr><th colspan="3">年代地层单位</th><th colspan="4">岩 石 地 层 单 位</th><th colspan="4">岩石厚度及岩性描述</th></tr>
<tr><th>界</th><th>系</th><th>统</th><th colspan="2">群</th><th colspan="2">组、段</th><th colspan="2">厚度（米）</th><th colspan="2">岩 性 描 述</th></tr>
<tr><td rowspan="13">中生界</td><td rowspan="12">白垩系</td><td>上统</td><td colspan="2" rowspan="3">王氏群</td><td colspan="2">红土崖组</td><td colspan="2">>600</td><td colspan="2">砖红色中细粒砂岩夹砾岩</td></tr>
<tr><td rowspan="11">下统</td><td colspan="2">辛格庄组</td><td colspan="2">152</td><td colspan="2">棕红、灰绿色粉砂质泥岩、粉砂岩、细砂岩，有时夹灰岩</td></tr>
<tr><td colspan="2">林家庄组</td><td colspan="2">200</td><td colspan="2">紫红色砾岩、砂砾岩夹砂岩，砾石成分主要为火山岩</td></tr>
<tr><td rowspan="6">青山群</td><td rowspan="6">大盛群</td><td>方戈庄组</td><td>寺前村组</td><td>260</td><td>330</td><td>粗安岩、粗面质熔结凝灰岩、安山岩</td><td>复成分砾岩、砾岩、含砾砂岩、粗砂岩</td></tr>
<tr><td rowspan="4">石前庄组</td><td>田家楼组</td><td rowspan="4">1114</td><td>400~600</td><td rowspan="4">流纹质角砾岩、流纹质角砾凝灰岩、流纹岩</td><td>灰绿色、黄绿色、紫色泥质粉砂岩、夹砾岩</td></tr>
<tr><td>马朗沟组</td><td>100~800</td><td>砾岩夹砂岩和安山岩</td></tr>
<tr><td>大土岭组</td><td>150</td><td>含砾砂岩、中粗粒砂岩</td></tr>
<tr><td>小店组</td><td>>30</td><td>砾岩、含砾砂岩</td></tr>
<tr><td>八亩地组</td><td></td><td colspan="2">1289~3151</td><td colspan="2">安山岩、安山质集块角砾岩、凝灰岩等</td></tr>
<tr><td colspan="2" rowspan="3">莱阳群</td><td colspan="2">马连坡组</td><td colspan="2">600</td><td colspan="2">含砾砂岩为主，夹细砂岩、粉砂岩及砾岩含硅化木化石</td></tr>
<tr><td colspan="2">城山后组</td><td colspan="2">300~400</td><td colspan="2">中粗粒砂岩、凝灰岩，夹含砾砂岩及安山岩、安山质角砾岩</td></tr>
<tr><td colspan="2">水南组</td><td colspan="2">500~700</td><td colspan="2">灰色、灰绿色钙质、泥质粉砂岩、页岩，有时夹泥灰岩</td></tr>
<tr><td>侏罗系</td><td>中—上统</td><td colspan="2">淄博群</td><td colspan="2">三台组</td><td colspan="2">48~70</td><td colspan="2">紫绿色砂岩为主，夹砾岩和灰绿色、黄绿色粉砂岩</td></tr>
<tr><td rowspan="4">古生界</td><td rowspan="2">二叠系</td><td>上统</td><td colspan="2"></td><td colspan="2">石盒子组</td><td colspan="2">270</td><td colspan="2">黄绿色、紫红色等杂色砂岩、粉砂岩、黏土岩及铝土矿</td></tr>
<tr><td>下统</td><td colspan="2" rowspan="3">月门沟群</td><td colspan="2">山西组</td><td colspan="2">22~175</td><td colspan="2">灰黑色碳质页岩、粉砂质页岩、泥质粉砂岩夹煤层、细砂岩</td></tr>
<tr><td rowspan="2">石炭系</td><td rowspan="2">上统</td><td colspan="2">太原组</td><td colspan="2">26~140</td><td colspan="2">灰、黄、灰黑色细砂岩、页岩、砂岩为主，夹灰岩和煤层、铝土岩</td></tr>
<tr><td colspan="2">本溪组</td><td colspan="2">10~20</td><td colspan="2">紫红色铁质铝土岩、黄灰色铝土岩、钙质泥岩</td></tr>
</table>

续表 2-1-2

年代地层单位			岩石地层单位		岩石厚度及岩性描述	
界	系	统	群	组、段	厚度（米）	岩性描述
古生界	奥陶系	上统		马家沟组 八陡段	24~238	块状微晶灰岩、云斑灰岩、砾屑灰岩夹白云岩
				阁庄组	67~77	中厚层状、薄层状粉晶白云岩、泥质白云岩，夹角砾状白云岩
		中统		马家沟组 五阳山段	237~258	厚层状含生物碎屑灰岩、燧石结核灰岩、云斑灰岩，夹白云岩
				马家沟组 土峪段	17~92	土黄色、浅褐色中层、薄层状白云岩、砾屑白云岩、叠层石白云岩
				马家沟组 北庵庄段	92~128	厚层灰岩、豹皮状灰岩，夹白云质灰岩、灰质白云岩
				马家沟组 东黄山段	10~20	浅黄色、灰黄色薄层泥晶白云岩，角砾状白云岩
		下统	九龙群	三山子组	221	上部含燧石结核白云岩，中部细晶白云岩，下部厚层中晶白云岩，含藻白云岩
	寒武系	上统	九龙群	炒米店组	100~200	中厚层微晶灰岩、竹叶状砾屑灰岩、藻凝块灰岩、叠层石灰岩等
			九龙群	崮山组	40~60	黄绿色页岩、瘤状灰岩为主，夹竹叶状砾屑灰岩、鲕粒灰岩
		中统	九龙群	张夏组	235	上部厚层藻丘灰岩，中部黄绿色页岩，下部厚层、巨厚层状鲕粒灰岩
			长清群	馒头组	250	上部暗紫色长石石英砂岩，中部砖红色页岩，下部紫红色粉砂岩，云泥岩
		下统	长清群	朱砂洞组	140	上部豹皮状灰岩、砂屑灰岩，中部页岩，下部厚层瘤状灰岩、白云质灰岩
			长清群	李官组	20~60	上部灰色厚层石英砂岩、下部黄绿色粉砂页岩
新元古界	震旦系		土门群	石旺庄组	120	砂质灰岩、叠层石灰岩夹砂岩和页岩
			土门群	浮来山组	0~13	含海绿石石英细砂岩、钙质粉砂岩、页岩
			土门群	佟家庄组 / 朋河石组	0~13 / 10	上部杂色页岩、粉砂岩、灰岩，下部砂岩、涛砾岩夹页岩 / 变质砂岩夹石英岩、片岩、千枚岩、板岩
	青白口系		土门群	二青山组	144	含海绿石石英砂岩、泥晶灰岩、钙质页岩等
			土门群	黑山官组	1~3	杂色泥岩、砂质页岩及含砾砂岩，砂砾岩

续表 2–1–3

年代地层单位			岩石地层单位		岩石厚度及岩性描述	
界	系	统	群	组、段	厚度（米）	岩性描述
古元古界			荆山群	野头组	118	透闪大理岩为主，夹黑云变粒岩、片岩、石英岩
新太古界			泰山岩群	柳杭组	744	斜长角闪岩为主，夹磁铁石英岩、黑云变粒岩等
				山草峪组	2000	黑云变粒岩、二云变粒岩为主，夹磁铁石英岩（鞍山式铁矿）、黑云片岩
				雁翎关组	363	斜长角闪岩
中太古界			沂水岩群	林家官庄岩组	660~740	含透辉斜长角闪岩、含紫苏辉石斜长角闪岩、黑云变粒岩
				石山官庄岩组	141~305	二辉麻粒岩、紫苏变粒岩

沂水岩群发育于沂沭断裂带内汞丹山凸起的中部，是一套麻粒岩、含紫苏辉石斜长角闪岩、紫苏变粒岩和紫苏磁铁石英岩等的岩石组合。图为出露于沂水县严家官庄之北的石山官庄岩组。

第二节　构　造

境内大地构造区划属华北地台鲁西地块和鲁东地块两个Ⅱ级大地构造单元，二者被沂沭断裂带分开。境内地质构造复杂，自太古宙以来经历了多期变质变形运动。大部分区域位于鲁西地块和沂沭断裂带上，仅莒南县和临沭县位于鲁东地块。

境内地质构造类型发育齐全，断裂、褶皱、韧性剪切带均有发育。沂沭断裂带从市境中东部穿过，呈北北东向展布。该断裂以东规模较大的断裂呈北北东向展布，主要有莒南断裂和相邸断裂；以西呈北西向展布，主要有甘霖断裂、燕甘断裂、蒙山断裂、新泰—垛庄断裂、铜冶店—孙祖断裂。韧性剪切带主要呈北西向展布，比较著名的有梁邱韧性剪切带、沂水峨山口韧性剪切带。褶皱分为背斜和向斜，以基底岩系中较为发育，苍山县石门地区铁矿区表现尤为明显，经铁矿勘查证实向斜、背斜均较发育，盖层中褶皱不太发育、多为断裂构造引起的小型褶皱，个别大型褶皱也与大型断裂有关，规模比较大的有苍山县赤土门复式褶皱、沂南县汶河向斜、郯城县马陵山向斜等。

沂沭断裂带由4条主干断裂组成，从西至东依次为鄌郚—葛沟断裂、沂水—汤头断裂、安丘—莒县断裂、昌邑—大店断裂。4条主干断裂形成“两堑夹一垒”的构造格局。

第三节　岩浆岩

境内岩浆分布较广，盖层区也有零星分布，约占总面积的六分之一。岩石类型发育齐全，超基性、基性、中性、酸性等岩类均有发育。形成时代自中太古代到新生代均有，由早到晚分为迁西期、阜平期、五台期、吕梁期、四堡期、晋宁期、震旦期、加里东期、印支期、燕山期、喜马拉雅期11个岩浆活动期。根据岩石学、岩石化学、地球化学、侵入关系、同位素年代学及岩浆演化规律等特点，将境内岩浆岩划分为18个超单元、81个单元。

马髻山，形成于中生代白垩纪燕山期，距今约1.2亿年。

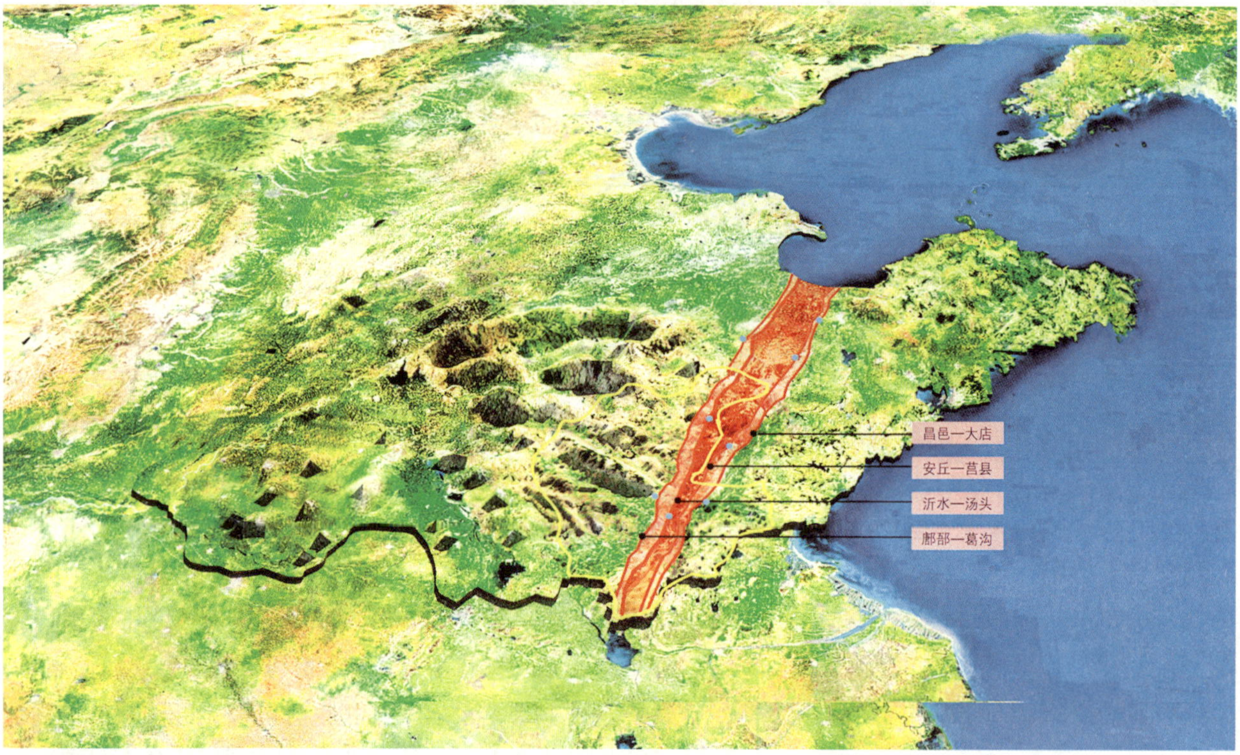

图2-1　沂沭断裂带示意图

临沂市侵入岩石谱系单位划分表

表 2-2

年代单位			岩石谱系单位			同位素年龄（Ma）测试方法
代	期	阶段	超单元	单元	岩性	
新生代	喜马拉雅期			八埠庄	潜橄榄玄武玢岩	
中生代	燕山晚期	崂山	崂山	鹊山	中细粒正长花岗岩	
		艾山阶段	沂南	于山	二长花岗斑岩	112（k-Ar）
				莲子汪	中细粒黑云母花岗闪长岩	125.31±1.8（k-Ar）
				粟园	石英闪长玢岩	
				铜汉庄	闪长玢岩	121.6（k-Ar）
				金岭	细粒角闪闪长岩	103.12±2.45（k-Ar）
				上峪	辉长岩	
			大店	桥子山	石英正长斑岩	
				桃花涧	中粒石英正长岩	
				幸福村	不等粒正长岩	
			伟德山	任家沟	斑状中粒二长花岗岩	109.1（k-Ar）
				小龙沟	含斑中细粒角闪石英二长岩	
				石硼	斑状中粒角闪石英二长岩	
				不落耩	含巨斑斑状中粗粒角闪岩英二长岩	
				大水泊	斑状中粒角闪石英二长岩	
				西响水	斑状细粒角闪二长岩	
				埠柳	中细粒辉石石英二长闪长岩	
	印支期		郭家岭	双山	中细粒二长花岗岩	
				万家口	中粗粒二长花岗岩	
				西石硼	斑状中粒角闪黑云二长花岗岩	
				虎口窑	细粒石英闪长岩	
			柳林庄	夏河城	中细粒石英二长闪长岩	
				樊家岭	中细粒闪长岩	
			铜石	崔家沟	霓辉二长斑岩	
				东马山	石英正长斑岩	
				阴阳寨	细粒辉石闪长岩	

续表 2-2-1

年代单位			岩石谱系单位			同位素年龄（Ma）测试方法
代	期	阶段	超单元	单元	岩性	
古生代	加里东期			马头崖	细粒角闪闪长岩	365.05±4.49（K-Ar）
				常马庄	金伯利岩	457-494(Pb-Sr、U-Pb)
晚元古代	震旦期		玲珑	唐疃	中粗粒黑云二长花岗岩	671.1（U-Pb）
				郭家店	斑状中粒二长花岗岩	
				云山	片麻状细粒二长花岗岩	
	晋宁期		荣成	甄家沟	片麻状细粒黑云二长花岗岩	
				张家沟	条带状中粗粒含黑云二长花岗岩	687（U-Pb）
				刘上砚柱	条带状中粒黑云二长花岗岩	897（U-Pb）
				车夫山	条纹状细粒黑云二长花岗岩	
				南高庄	斑状中粒石英二长岩	
				岔河	条带状中细粒角闪石英二长闪长岩	
中元古代	四堡期		海阳所	老黄山	斜长角闪岩（变辉长岩）	
				通海	蛇纹岩（变超基性岩）	
				牛岚	辉绿岩	1884、1906（K-Ar）
早元古代	吕梁期		红门	打铁岭	中细粒二长花岗岩	
				魏家沟	细粒黑云石英闪长岩	2037.9±29.23（K-Ar）
				中天门	中粒黑云石英闪长岩	2595（Rb-Sr）
				马家洼子	中粒角闪黑云闪长岩	1912.23±28.91（K-Ar）
				普照寺	细粒含角闪黑云闪长岩	
				三官寨	中粗粒角闪辉长岩	
			四海山	棠棣峪	中粒正长花岗岩	2496（U-Pb）
				狼窝顶	中粗粒正长花岗岩	2471±20.22
				调军顶	细粒二长花岗岩	
			傲徕山	松山	中粒二长花岗岩	2518±31.6 2457±4（Pb-Pb）
				望母山	斑状中粒黑云二长花岗岩	2483±49
				虎山	中粗粒二长花岗岩	2488±56（U-Pb）
				邱子峪	巨斑状黑云二长花岗岩	
				条花峪	中粒黑云二长花岗岩	2523±2 2488±18（U-Pb）
				蒋峪	条带状中粒黑云二长花岗岩	
				黑石查	巨斑中粒黑云石英二长闪长岩	2657±6（Pb-Pb）

续表 2-2-2

年代单位			岩石谱系单位			同位素年龄（Ma）测试方法
代	期	阶段	超单元	单　元	岩　性	
新太古代	五台期		峄山	雨　山	细粒黑云母花岗闪长岩	2449.2（U-Pb）
				宁子洞	中料花岗闪长岩	
				马家河	片麻状中粒黑云母花岗闪长岩	
				彩　山	中粒奥长花岗岩	
				姚　营	中粗粒黑云母石英二长闪长岩	
				西北哨	中粗粒黑云母石英闪长岩	
				王家沟	细粒黑云闪长岩	
	阜平期		南涝坡	百草房	中粗粒角闪闪长岩（变辉长岩）	2543
				麻　塔	角闪石岩	
				西店子	蛇纹岩	
			蒙山	龟蒙顶	片麻状中粒花岗闪长岩	
				闯家村	片麻状中细粒奥长花岗岩	
				西官庄	片麻状中粒英云闪长岩	2756（U-Pb）
				东近台	条带状中细粒英云闪长岩	
				望府山	条带状细粒英云闪长岩	
				石　校	片麻状细粒黑云石英闪长岩	2685.33（U-Pb）
			万山庄	安子沟	角闪石岩	2713（U-Pb）
				前麻峪	蛇纹透闪阳起片岩	2556、2736（U-Pb）
中太古代	迁西期		沂水	牛心官庄	中细粒紫苏奥长花岗岩	
				蔡　峪	中粒紫苏石榴花岗闪长岩	
				雪　山	中粒含紫苏花岗闪长岩	2479（U-Pb）
				马　山	中粒紫苏二长花岗岩	2706（U-Pb）
				横　岭	中粒二辉石英闪长岩	
				严家官庄	含透辉角闪石岩	

第四节 地质发展演化

前寒武纪

太古代 该时期为境内最早地壳发展时期，沂水岩群及伴生的岩浆岩是华北最古老的陆壳残留之一，变质作用达麻粒岩相。泰山岩群形成时为陆内拉张盆地，并伴有TTG变质岩浆侵入，鲁西古克拉通形成之后，地壳深部形成产状近水平的韧性剪切带，伴随两翼不等长褶皱，变质作用达角闪岩相。

早元古代 地壳发展处于大变革时期，扬子板块与华北板块南北向相向运动。鲁东地块是元古代海槽，沉积了一套海相碳酸盐—硅质岩—火山岩建造（荆山群），产生第一期韧性变形带及塑性流变褶皱，其变质作用为高角闪岩相。鲁西地块主要表现为岩浆岩的大规模侵位（峄山、傲徕山、红门超单元），产生高绿片岩相区域热动力变质作用，形成近东西韧性变形带。

中元古代 鲁东表现为通海超单元超基性岩侵位，板块俯冲碰撞产生榴辉岩，变质作用为高角闪岩相及榴辉岩相，产生第二期北东向韧性剪切带。鲁西表现为牛岚单元辉绿岩侵位，产生绿片岩相变质作用，形成北西向韧性剪切带，主要构造格架基本形成。

晚元古代 华北、扬子板块拼接，产生强大挤压应力。鲁东地块荣成超单元同构造期花岗岩侵位，并将地壳深部榴辉岩携带至地壳浅部，产生低角闪岩相变质，形成近东西向韧性变形带及构造片麻岩。至震旦纪，鲁东地块处于胶南造山带上沉积了朋河石组碎屑岩系。鲁西相对稳定，处于被动大陆边缘，沉积了一套海相碎屑岩—碳酸盐岩建造（土门群）。

古生代

早古生代 华北、扬子板块碰撞结束后，太平洋板块对境内地层形成南北向挤压应力，表现为陆源碎屑岩-碳酸盐岩沉积为主，构造活动微弱，后期由于加里东运动的影响，华北地区上升遭受剥蚀，缺失晚奥陶世和志留纪沉积，并形成东西向小褶皱和南北向断裂。

晚古生代 进入海西期，布列唐幕（泥盆纪和早石炭世之间）继续保持抬升状态，缺失泥盆纪和早石炭世沉积。至苏台德幕（早和中石炭世之间）重新接受沉积，沉积了一套海—陆交互相含煤岩系（月门沟群）及陆相碎屑岩（石盒子组）。

中生代

此时境内地壳进入陆内发展阶段，沉积特点发生根本转变，为同裂谷型沉积。构造活动强烈，早期沂沭断裂带发生大规模平移，晚期拉伸裂陷，形成裂谷，沉积巨厚的河—湖相地层，并伴随有广泛的火山喷发。

三叠纪（印支时期） 扬子板块与华北板块对接，形成南北向挤压力，导致沂沭断裂带产生大规模左行平移，奠定区内构造格局。

侏罗纪（燕山早期） 境内地壳在南北向挤压力作用下，未发生大规模沉积作用，仅在挤压应力作用产生的凹陷部位有少量沉积（三台组）。

白垩纪（燕山晚期） 南北向挤压应力消失，代以太平洋板块向欧亚板块俯冲产生的南东—北西向挤压应力，造成燕山期岩浆大规模侵位和火山喷发，沂沭断裂带拉伸裂陷形成裂谷盆地，蒙阴断陷、平邑—方城凹陷形成，沉积了巨厚的陆相碎屑岩和火山岩。挤压应力使原有断裂进一步活动并产生新的构造，形成现代地质格架。

新生代（喜马拉雅期）

继承燕山晚期构造特点，以垂直升降运动为主，同裂谷型沉积继续发育（官庄群），但强度明显减弱。进入第四纪以来至现代，沂沭断裂带及附近构造活动仍很强烈，是地震多发地区。

附 1：麦坡世界地震地质公园

该公园是世界上仅存的两处地震地质公园之一。位于郯城县城东南 16 公里处，高峰头镇麦坡村东马陵山西坡。遗址坐落在沂沭断裂带之上，是 1668 年郯城大地震后数百年至今仍未过活跃期的自然奇观，被中国地震局正式批准为国家级典型地震遗址。麦坡世界地震地质公园占地 70 公顷，建有地震科普教育基地、地震体验馆、景观塔、景观栈道等景点。

断层遗迹出露部分南北长约 2600 米，东西宽约 190 米。这是沂沭断裂带中安丘—莒县断裂的组成部分。断裂东（上）盘是中生代白垩纪形成的砂页岩，形成时间距今 1.2 亿余年，而西（下）盘则是新生代第四纪形成的含钙质结核的砂质黏土，是距今 200 万年以来的产物，两个地层的形成年代相差 1 亿余年。其结合部位，恰巧又是地震活断层所在，处于断层西盘的浅红色粉砂岩，在风化、流水等多种地质作用影响下形成的丹霞地貌，成为与地震活断层同样壮观的亮丽风景。

附 2：地质遗迹和矿产中的临沂元素

临沂地质构造复杂，地层发育齐全，岩浆岩分布广泛，地质演化历史悠久，形成了众多的地质遗迹和较为丰富的矿产资源，其中不少地质遗迹和矿产以临沂的地名命名，在全省乃至全国具有代表性、典型性。

地层　中太古界：沂水岩群、石山官庄组、林家官庄组；古生界：长清群李官组；新生界古近系：卞桥组、常路组；新生界第四系：小埠岭组、于泉组、大埠组、黑土湖组、临沂组、沂河组、白彦组。

侵入岩　中太古代：严家官庄单元、沂水超单元、牛心官庄单元、蔡峪单元、雪山单元、马山单元、横岭单元；新太古代：蒙山超单元、石校单元、望府山单元、东近台单元、西官庄单元、闯家村单元、龟蒙顶单元；早元古代：四海山超单元、狼窝顶单元、棠棣峪单元；中元古代：牛岚单元；古生代：常马庄单元、马头崖单元；中生代：铜石超单元、阴阳寨单元、东马山单元、崔家沟单元、大店超单元、幸福村单元、桃花洞单元、桥子山单元、沂南超单元、上峪单元、金岭单元、铜汉庄单元、栗园单元、莲子汪单元、于山单元；新生代：八埠庄单元。

构造　郯庐大断裂、沂沭断裂带、蒙山断裂、苍山—尼山断裂。

地貌　岱崮地貌。

矿产　归来庄式金矿。

矿物　蒙山矿、沂蒙矿、常林钻石、蒙山 1 号钻石、陈埠 2 号钻石。

郯城麦坡地震断裂带遗址

第二章　地　　貌

境内地貌类型多样。自北而南有3条主要山脉——沂山山脉、蒙山山脉和尼山山脉，海拔千米以上的山峰有10余座。蒙山、沂山耸峙于市境西部和北部，与“五岳之尊”的泰山颔首相望，脉系相连，构成了鲁中泰沂山区的脊梁。在苍茫逶迤的沂蒙群山中，还有不少由流水侵蚀造成的桌状山，地貌学称为“方山”，当地称之为“崮”，有200余座，习称“沂蒙七十二崮”。大自然的鬼斧神工，造就了沂蒙群崮的神奇崮姿：有的如剑似戟，气势夺人；有的拟人状物，惟妙惟肖。还有的如孟良崮、抱犊崮等，已成为传奇故事的载体，通透着民间文化的灵气与神韵。“一片好风光，七十二崮堪爱。”共和国元帅陈毅当年跃马沂蒙时所哼唱的壮美诗句，更使七十二崮闻名遐迩，流风远播。市境西北部多石灰岩山体，有利于大型溶洞的形成。20世纪80年代后相继在蒙阴、沂水、平邑县发现的几座大型溶洞，宽大幽深，石笋、石柱、石钟乳遍布洞中，更兼碧潭暗瀑，极为壮观。规模之大，品位之高，在江北地区十分罕见。

自20世纪50年代至1989年6月前，临沂地区山丘区面积占总面积比例超过70%，是仅次于烟台和泰安市的多山丘地区；日照、沂源和莒县3个多山丘县市相继划出后，临沂市的山地、丘陵面积大为减少，山丘区面积占总面积的比例已由全省第三位降至第六位，成为平原与山丘呈四六开分布的市。

第一节　山地　丘陵　平原

境内地貌类型按外部形态分类，分为山地、丘陵和平原3种地貌形态。

山地

全市有山地458317公顷，占总面积的26.66%。集中分布于西部的平邑、蒙阴、费县，北部的沂南、沂水，以及东部的莒南等县境内。山地植被比较茂密，是发展林果业、畜牧业的主要基地，黄烟、花生、小麦、地瓜等农作物亦有种植。

山体构成及特征　山体大多由结晶岩构成，也有沉积岩盖层构成。结晶岩山体与沉积岩山体并存，是临沂市山地的突出特征。

结晶岩构成的山体，通称“砂石山”，主要有蒙山山系、四海山山系、沂山山系和桥子山山系。这类山地岩石组成以黑云母混合片麻岩、斜长角闪岩、黑云母变粒岩和多种混合岩为主，变质深，片理、节理发达，褶皱紧密。山体表面的岩石由于长期出露地表，经风化剥蚀，多形成厚层松散的砂粒状物质，结持力弱，易流失。

沉积岩构成的山体，通称“青石山”，多与“砂石山”相间，在山地的南北两侧分布。沉积岩以寒武、奥陶两系为主。寒武系地层以红色、紫红色页岩和厚层鲕状灰岩或薄层灰岩为主；奥陶系以厚层灰岩为主。此外，石炭纪中上统和二叠纪的砂页岩、薄层灰岩及煤互层在市辖3区亦有分布；蒙阴、费县一带还有典型的白垩纪岩层。

中、低山分布及特点　根据海拔高度、切割程度、起伏大小等差异规律，境内山地分为中切割中山、中切割低山、浅切割低山3种类型。

中切割中山主要分布在费县、平邑、蒙阴3县交界处和沂水县北部。其特点是：全部由前震旦纪的变质岩组成，山体峻拔陡峭；海拔高度多在800米以上。山地顶部平坦，并发育有肥沃深厚的土层，向下山坡呈阶梯状，陡缓相间，由于风化物较厚，植被较茂密。

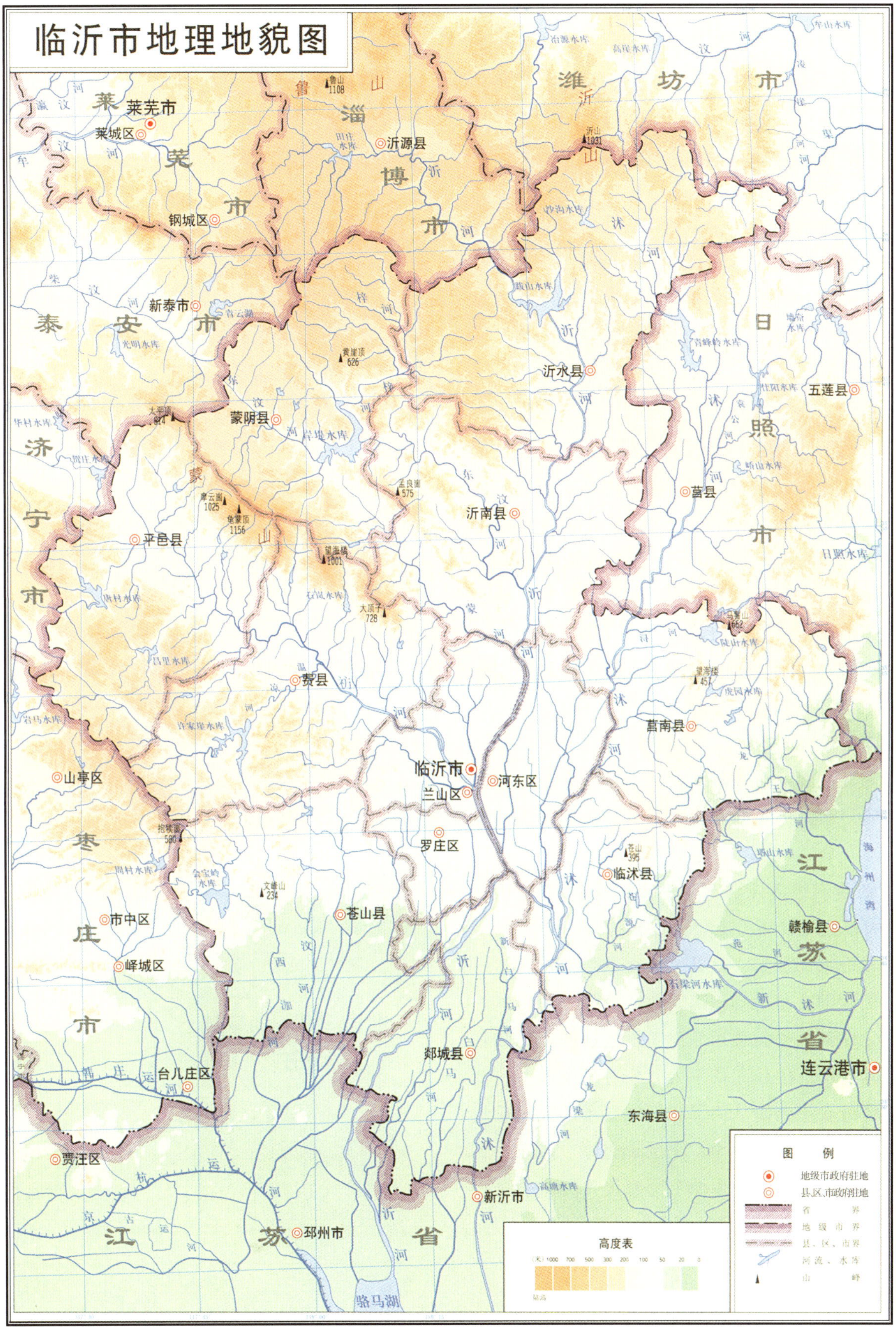

图 2-2 2010 年临沂市地理地貌图

中切割低山主要分布于沂水、沂南、蒙阴和平邑、费县南部，海拔高度300~500米，山体较陡峭，相对高度200米以上。在中切割低山山体中，既有“砂石山”，也有“青石山”，还有基部为砂石、上部为厚层灰岩（青石）的方山（群众称之为“崮”）。由于切割深，坡度大，水土流失严重。

浅切割低山主要分布在莒南县与日照市交界处和蒙阴县城南北两侧，临沭县东北部，以及沂水县的北部。这类山地多为结晶岩构成，相对高度80~200米，坡度稍缓，土层较深厚。

丘陵

全市丘陵面积617786公顷，占总面积的35.94%。主要分布于山地外围，沂水、沂南、莒南、苍山、临沭、郯城、平邑、兰山等县区都有分布。以沭河以东分布最广，一般海拔高度200~400米。丘陵地带的土壤砂性大，适耕性好，土层较薄，保水保肥能力差，适宜发展防护林和经济林，是花生、地瓜、玉米、黄烟等作物的主要产地。丘陵按高度与土壤质地分为高丘、中丘、低丘和缓丘。

高丘主要分布在沂水县的高桥镇和苍山县的车辋镇一带。这类丘陵由寒武、奥陶纪灰岩、二叠纪凝灰岩等沉积岩和混合岩化变质岩、泰山杂岩等结晶岩组成，切割程度大，相对高度100~150米，坡度较陡，土层薄且砂砾多。中丘主要分布在沂水、沂南、莒县3县交界处，市辖3区北部、西部，莒南县南部、西北部，蒙山山体的东部、北部，苍山县东北部，平邑县西南部和临沭县东北部。中丘起伏不大，相对高度较小。低丘主要分布于莒南县南部和郯城县东部。低丘相对高度不大，坡度较小，土层较深厚。缓丘主要分布在莒南县北部，市域东部有连片分布。缓丘地区剥蚀强烈，土层较薄，农作物产量很低。

平原

全市平原面积643027公顷，占总面积的37.4%。多由河流冲积、洪积而成，表层附有深厚的第四纪冲积、洪积物。相对高度不大于20米，土壤深厚肥沃，是临沂市主要产粮区。

沂沭河冲积平原主要分布在沂水县南部，沂南县东部，河东区，苍山、郯城县北部，莒南、临沭县西部，由沂河、沭河两大河流冲积而成。土层深厚，土壤肥沃，适种各种粮食和蔬菜，素有“粮仓”之誉。

山间沟谷平原集中分布于费县、平邑县中部，蒙山前平坦谷地和蒙阴、沂南、沂水等县的山间沟谷之中，主要由冲积扇群和河流冲积物组成。虽相对高差变化较大，但在一个小范围内，比较平坦，土层深厚，质地适中，适种小麦、玉米等作物。

涝洼平原主要分布于苍山、郯城县南部。海拔不足50米，相对高度小于20米，比降4‰，汇水面积大，土壤黏重，排水不畅，易涝，多种小麦和水稻。

临沂市山地、丘陵、平原面积情况表

表2-3　　单位：公顷

县区	山地面积	丘陵面积	平原面积	合计
兰山、罗庄、河东	0	40940	133906	174846
郯城	18300	0	112360	130660
苍山	35000	33700	112000	180700
莒南	23600	114774	36827	175201
沂水	13400	138800	91300	243500
沂南	103429	32820	41159	177408
蒙阴	108909	41642	9610	160161
平邑	52919	93064	36496	182479
费县	98805	46452	45119	190376
临沭	3955	75594	24250	103799
合计	458317	617786	643027	1719130

第二节 山 脉

临沂市自北而南有3条主要山脉，即沂水县北部的沂山山脉，蒙阴县南部的蒙山山脉和费县、平邑南部的尼山山脉，呈西北—东南向延伸。全市有大小山头9000余座，一般高200~500米。

沂山山脉

为泰沂山脉向东延伸的一部分。西起沂源县，横跨临朐县、沂水县，东至安丘市，逶迤百余公里，面积约700平方公里。沂山又名东泰山，主峰玉皇顶海拔1031米，位于临朐县境。山势中间高，向东、西两侧逐渐降低。山体主要由泰山群之黑云母变粒岩、片麻岩、混合岩等组成，局部见有寒武系之页岩、灰岩和第三系玄武岩等。沭河、汶河、弥河均发源于此，为东西河流的分水岭。植被以马尾松、刺槐为主，森林覆盖率达90%。沂山山峦清秀，风景幽奇。

泰薄顶 属沂山主体南延部分，位于沂水县城北43公里处，呈东北—西南走向。山体由片麻岩、石灰岩、页岩等组成，主峰位于松树崮—崖庄复向斜的两翼，海拔916.1米，为沂山第二高峰。沭河源于此。植被以刺槐、马尾松为主，森林覆盖率达90%。沂水县国有沂山林场设于此。产苹果、板栗等。

泰薄顶

三山朵子 属沂山主体南延部分，位于沂水县城北40.8公里处，因三峰突兀，状似花朵而得名。系新构造运动中沂山剧烈上升，切割强烈，又经侵蚀作用而形成的尖顶山。山体由片麻岩组成，呈东北—西南走向。主峰位于松树崮—崖庄复向斜的两翼，海拔707米。植被以马尾松、刺槐为主。

卞山 在沂水县城北偏西25.5公里处。呈西北—东南走向，海拔537.7米。相传因古时卞姓人占山而得名。山体主要由花岗片麻岩、玄武岩组成。植被以马尾松、刺槐为主。

仙姑顶 在沂水县城西南24公里处。海拔543.6米，面积1平方公里。相传何仙姑曾居此，故名。山呈北西—南东走向，属沂山山脉延伸部分。山体为石英斑岩、石英砂岩及混合片麻岩构成。山脉处沂河上游西侧，为沂河水系发源地之一。植被以松、刺槐为多。

五台山 在沂水县城西32.3公里处。系受鲁西旋卷与鲁北帚状构造控制而形成的断块脊背山。因山顶有5个平台而得名。海拔585.6米。面积5平方公里，呈北西—南东走向。山体由灰岩、页岩、粉砂岩等组成。植被以松、刺槐为主。

蒙山山脉

发脉于泰山，自西北向东南延伸，绵亘75公里，跨平邑、蒙阴、费县、沂南等县境，面积1125平方公里。与北面的泰沂山脉，共同组成鲁中南低山丘陵区的脊骨。其名始见于春秋古籍。春秋时属鲁，因位于鲁东，又名东蒙、东山。山属地层缓慢上升的侵蚀构造，低山地形，地势陡险，切割强烈的海拔千米以上的山峰有龟蒙顶、挂心崛子、望海楼、摩云崮、冷峪顶、东大楼、西大楼、风门口、聚连顶等。山体结构为泰山群变质岩系，核心部分为混合花岗岩，两翼的低山、丘陵由变质岩、沉积岩组成，表层土壤以片麻岩质上发育的薄层精骨性棕色森林土为主。植被为针叶阔叶混交、乔木灌木结合，森林覆盖率80%，有天麻、海螺寺、明广寺、万寿宫、大洼、塔山、大青山7处国有林场。盛产苹果、山楂、黄梨、板栗、核桃、柿子等。特产全蝎、金银花、天麻、人参、灵芝、酸枣仁、杜仲等中药材。蒙山为沂河上游支流的分水岭，山北诸水入东汶河，山南诸水入浚河。

蒙山北连峰

龟蒙顶　蒙山的主峰，位于平邑县城东北20公里处，海拔1156米。为山东省第二高峰，因峰顶形似卧龟而得名。龟蒙顶气势雄伟，风景幽奇，顶部建有山东省蒙山电视转播台。

鹰窝峰

挂心崛子　地处平邑、蒙阴、费县交界处，距蒙阴县城18公里，海拔1026米，面积4平方公里。清康熙年间称挂仙橛，光绪年间称玉柱峰，俗名化仙崛，又称云蒙、大葫芦嘴。山势笔立陡峭，峰后有瀑布飞泻，下为水帘洞。南麓水入浚河，北麓水入东汶河。盛长松柏、麻栎等，森林覆盖率为90%。盛产紫草、何首乌、桔梗等中草药和香蘑菇、金针菜等。

望海楼　因登山可望海，故名。又名东蒙，位于蒙阴、费县两县交界处，由花岗岩、片麻状花岗岩、条带状混合岩构成。海拔1001.2米，面积17平方公里。林木覆盖率为50%，主要树种为油松、赤松、刺槐、柞树等。

望海楼

玉皇顶　在费县城北22公里处，海拔935米，面积8平方公里。峰顶地势较平，又称平仙顶。又因山上有玉皇庙，习称今名。是蒙山东段高峰之一，北与望海楼相峙。山体由太古界泰山群片麻岩构成，山势峻拔陡峭，东、西两侧水分别流入祊河、浚河。有塔山林场。树木多为油松、赤松，其次为麻栎、栓皮栎、辽东桤，灌木有胡枝子、黄荆，产连翘、葛根等中药材。

太平顶　在平邑县城北25公里处，为平邑县与新泰市的界山，系云台山主峰。浚河发源地之一。海拔830米。山呈东西走向，山体由太古界泰山群系黑云斜长片麻岩、混合花岗岩、混合岩构成。山上多松柏、刺槐。山南有平邑云台寺林场。

塔山　在费县城北21公里处，北靠玉皇顶，是蒙山东段高峰之一。因山峰陡峭如塔而得名。海拔929米，面积14平方公里。山体由太古界泰山群片麻岩构成。设有国有塔山林场。主要树种有赤松、黑松、油松、麻栎、栓皮栎、赤杨、枰柳、板栗、黄檀等，混交灌木有黄荆、胡枝子。森林覆盖率达95%。产桔梗、柴胡、何首乌、金银花、百合、灵芝等药材。

老虎洞山　在费县城北27.5公里处，为费县、平邑县界山。山顶有洞，状如虎口，故名。海拔874.3米，面积3平方公里。山体由太古界泰山群片麻岩构成。林木以赤松、油松、麻栎为多。

华皮岭　在费县城北24公里处，是费县、蒙阴县界山，为蒙山东段高峰之一。海拔772.5米，面积9平方公里。因山势陡峭，峰如劈削，称为华劈顶，后演化为华皮岭。山体由太古界泰山群片麻岩构成。东麓水入蒙河，西麓水入浚河。主要树种有赤松、黑松、麻栎、刺槐等。混交灌木有胡枝子、黄荆。产连翘、柴胡、桔梗、芫花等药材。

五彩山　在沂南县城西南30公里处。是蒙山最东端的高峰。清光绪年间称五彩崮。海拔762.7米，面积9平方公里，为费县、沂南两县界山。山体由太古界泰山群片麻岩构成。东麓水入蒙河，西麓水入祊河。植被主要有赤松、黑松、黄荆等。

五彩山

尼山山脉

发脉于曲阜东南的尼山，自西而东连绵起伏，经邹城、泗水、平邑、费县，直至苍山县境，构成“尼山穹隆”。尼山山脉多为青石山，山谷山垭明显，尖顶者多，平顶者少。山头浑圆平滑，起伏和缓，不似蒙山山脉那样奇峰壁立、怪石嶙峋。山腰以上多有水成岩岩层裸露，厚十余米或数十米不等，相邻山裸岩层高度大致相同，如一黑带横勒山腰，俗称“捆山腰”，将山体分割为较明显的两截。裸岩层之上，页岩裸露，碎石遍布，草木丛生。树木以侧柏、刺槐为多，间有榆、椿等。裸岩层以下，因水成岩风化为褐土土类，滞水能力较强，适宜作物及树木生长，大都垦为梯田，上半部植梨、山楂、柿、杏、桃、枣等果木，下半部种地瓜、花生、黄烟、谷子、豆类等作物，地边植果、桑或金银花、金针等。由于裸岩壁立，易守难攻，战乱时民众多在山顶修筑圩寨，以躲避土匪或官兵抢劫。明末王俊起义和清代幅军起义时，大都占据过这里的山寨。抗日战争时期，抱犊崮山区、天宝山区、崮口山区（泛称为南山套）曾是中国共产党领导创建的鲁南抗日民主根据地。

天宝山　系尼山山脉的主要山峰，在平邑县城东南26.5公里处，曾名苏家崮、天保山，东西走向，海拔501米，面积约11平方公里。山体为沉积岩结构，上部系厚层石灰岩，山峰突兀，峭壁悬崖。山上布满松柏，山下遍植梨树，是山东省黄梨重点产区之一，素称“黄梨之乡”。每年春季梨花盛开时，方圆数十里山野，一片洁白，如雪似玉。名胜古迹有小圣堂道观、朝阳洞和赵庄溶洞。抗日战争时期为鲁南革命根据地的腹地。山西麓建有国有天宝山林场。

母子山 在平邑县城东南25公里处。因山上有两块巨石，一大一小形如母子，故名。南北走向。海拔641米，面积3平方公里。山体为沉积岩结构，上部覆盖厚层石灰岩。山顶、山腰遍植刺槐、松树，山谷梨树成行。

四海山 在平邑县城西南19公里处，西北—东南走向，总面积55平方公里。层峦叠嶂，群峰连绵，较大的山峰有狼窝顶、四海山、四开山、镇子顶、山阴寺山等。主峰狼窝顶，又名朗豁顶，海拔674米。山体由太古界泰山群变质岩构成，有黑云斜长片麻岩、混合花岗岩、混合岩等。山上盛长松柏、刺槐，山下建有国有四开山林场。

娘娘顶 在费县城西23公里处，为费县、平邑县界山。因山顶曾建有娘娘庙而得名。海拔568米，面积1平方公里。岩石由古生界寒武纪砂页岩、灰岩组成。山上主要树种有侧柏、刺槐、杨树等。产山楂、金银花、酸枣仁等中药材。

第三节 崮

境内的“崮”，主要集中在蒙阴、沂水、沂南、平邑、费县等县境内，属中、外罕见的地貌奇观。在中生代侏罗纪晚期的燕山运动和新生代第三纪的喜马拉雅运动过程中，由于地层沿着断层组的上下错动，形成无数地垒式的断块山，经过1.5亿年的风化剥蚀，逐步演变为崖壁峭立、山顶平坦的方形山峰，其裸露的“石帽”，由坚硬的石灰岩组成，高度在10~100米之间，下部岩层由易风化浅海相泥质灰岩、粉砂质泥岩和页岩等组成。

摩云崮 位于平邑县城略偏东北18.5公里处。因其高耸入云而得名。为境内群崮中最高者。海拔1025米，面积1.5平方公里，山体由太古代泰山群系变质岩构成。经过千百年的风化、崩解和剥蚀，雕琢成三峰陡立、山势险峻而倾斜的特殊景观。当地将三峰按高低分别称为大歪歪、二歪歪、三歪歪。崮上植被茂密，盛长松柏、刺槐等，森林覆盖率90%以上。

茅草崮 位于平邑县柏林镇境内，因盛长茅草而得名。海拔777.5米，面积3.5平方公里。西临九女关。山体结构以黑云母斜长片麻岩为主，其次为夹黑母角闪长片麻岩。

和尚崮 位于平邑县城东南24公里处。因山顶浑圆，犹如僧头而得名。海拔656米，面积2平方公里。山体为沉积岩结构。山上布满青松和梨树。

苏家崮 位于平邑县城南29公里处。原名抓九山，后归苏姓管理，遂改今名。海拔498米，

岱崮地貌

面积 2 平方公里。山体由寒武系、奥陶系的灰岩、砂岩、页岩构成。1941 年 12 月 8 日，八路军山东纵队一旅三团一部曾在此抗击过日本侵略军，毙伤敌 300 余人。

马家崮　位于平邑县城南 17 公里处。崮形如马鞍，原名马鞍崮，后因马家管理，遂改今名。海拔 690.5 米，面积 2.5 平方公里。山体为沉积岩结构，顶端系厚层石灰岩。西北侧有洞，名马家洞。

太皇崮　位于平邑县城西南 33 公里处，亦名大匡崮。海拔 505 米，面积约 2.3 平方公里。顶部覆盖有下古生界、寒武系、奥陶系的厚层石灰岩，四周悬崖峭壁，顶呈方形。祊河支流温凉河源出于此。

透明崮　境内有 3 座。一座位于沂水县城西北 31 公里处。因崮顶有洞穴，在洞的一端可透望另端天空而得名。又称“捅明崮”。崮大体呈西南–东北走向，属沂山支脉。海拔 603.9 米，面积 0.8 平方公里。山体主要由页岩、灰岩、泥质灰岩等组成。植被以刺槐为主。第二座位于沂水县诸葛镇政府驻地西南 4.5 公里处。崮顶有两巨石相依，中间因有石缝，故名透明崮。海拔 474 米，面积 0.5 平方公里。石质系前震旦系片麻岩。第三座位于平邑县，为开明山的一个山头，其山下有一石洞。

平邑县透明崮

对崮山　在沂水县城北偏西 32.7 公里处，沙沟镇政府驻地西 9.5 公里。属沂山山脉南延部分。因顶部有两崮南北对峙而得名。又名笛崮山。南北两崮相距 0.5 公里，北崮较小，南崮崮顶由北向南倾斜，东西长 500 米，南北宽 300 米，呈椭圆形。海拔 597 米，面积 1.2 平方公里。山体主要由花岗片麻岩、玄武岩等构成。东面是 30 余米高的悬崖峭壁，西面和南面山坡较为平缓。崮下峪中有一村名“对崮峪”，崮北一小崮，上有一村名“小崮头”。

纪王崮　位于沂水县泉庄镇政府驻地西北 4 公里处，东南距县城 30.5 公里。清道光七年《沂水县志》称“相传纪子大去其国居此”，故名。海拔 577.2 米，面积 4 平方公里。崮顶呈南北走向，东西宽处有二公里。山势陡峭，雄伟挺拔，崮顶峭壁约高 20~30 米，周长约 5 千米。山体主要由页岩、灰岩、粉砂岩、厚层鲕状灰岩等组成。植被以刺槐为主。崮顶有纪王墓、金銮殿、擂鼓台等遗址 20 多处。除南门朝阳门可自由攀登外，北门塔子门、西门坷拉门、东门凳子门、西北门走马门和东南门雁愁门 5 道山门险峻难攀。周围有锥子崮、东汉崮、板子崮、猪栏崮、歪头崮、马头崮、透明崮等 26 个崮形态各异，竞险争雄。

天桥崮　位于沂水县高庄镇，东南距县城 32.7 公里。因崮顶直耸入云，如通天之桥梁而得名。崮呈北西走向，为沂山支脉。海拔 624.4 米，面积 0.6 平方公里。山体主要由砂质页岩、粉砂岩、灰岩等组成。植被以刺槐为主。崮坡曾发现古生代节肢动物三叶虫化石。

歪头崮　境内有东、西 2 座，属沂山支脉，因崮顶歪斜而得名。位于沂水县城西北。西歪头崮海拔 607.4 米，面积 0.7 平方公里，位于泉庄镇；东歪头崮，海拔 384.9 米，位于诸葛镇和泉庄镇交界处。山体主要由页岩、灰岩、砂质灰岩等组成，局部有岩石露出，山势险峻。

大崮　境内有 4 座。其中 1 座位于蒙阴县城东北 30 公里处，岱崮镇政府驻地坡里村西 2.8 公里，海拔 628 米，面积 2.5 平方公里。因与附近一小崮对峙而得名，又名大崮山。崮顶南北长，雄列 3 顶，即南顶子、中顶子、北顶子。崮周石壁如削，崖高一般为 10 余米。有东、西、南、北 4 个隘口可达崮顶，称四天门。山体由鲕状灰岩、泥质灰岩、砂岩、页岩、花岗片麻岩构成。崮南崖下有泉，常年流水。林木覆盖率为 80%，主要树种为刺槐、松柏，崮腰以下布满蜜桃等经济林。第 2 座位于沂南县马牧池乡北部，海拔 579 米。北坡较缓，有植被；南坡陡峭且岩石裸露。第 3 座位于沂水县夏蔚镇政府驻地东北上位村、松泉官庄村北，海拔 588.2 米，山上多松树、黄荆，山脚多柿树、杨树。第 4 座位于沂水县高庄镇，海拔 579 米。

龙须崮 在蒙阴县城东北 29 公里处。因山头、山膀分别似龙头、龙须而得名。海拔 701.1 米，面积 1.5 平方公里。崮顶四周悬崖峭壁。山体由灰岩、泥质灰岩、砂岩、花岗片麻岩构成。林木覆盖率 60%，主要树种为刺槐。

龙须崮

卢崮 位于蒙阴县岱崮镇政府驻地西北 5 公里处，西南距县城 34 公里。传说鲁王曾登临此崮，得名鲁王崮，后称鲁崮。又因崮北有卢川水流过，遂改称卢崮。海拔 610.3 米，面积 1.5 平方公里。崮顶呈三角形，四周峭壁，极为险峻。中寒武纪石灰岩层高 20 余米。崮下有汉城阳国卢县古城遗址。

岱崮 以岱崮命名的崮有 2 座，因南北对峙，分别称南、北岱崮。因传说在其山顶可望见泰山，故名望岱崮，后简称为岱崮。北岱崮位于蒙阴县岱崮镇政府驻地西北 7.8 公里处，与野店镇交界，海拔 679 米，面积 2 平方公里。南岱崮海拔 705 米，面积 1 平方公里。两崮顶部四周悬崖陡峭，高 20 余米。两崮相距 1.5 公里，中间相隔一道小山梁。1943 年和 1947 年，曾先后在此发生两次著名的岱崮保卫战。

南北岱崮

油篓崮 境内有 2 座。一座位于蒙阴县岱崮镇政府驻地西南 3.8 公里处。因崮顶状似油篓而得名。海拔 658 米，面积 0.5 平方公里。与大崮、小崮、板崮、瓮崮相邻并列。林木茂盛。除崮南面有处略微倾斜的石壁可以勉强攀登以外，其余三面几乎都是光滑峭壁。另一座位于平邑县郑城镇政府驻地东北 7 公里处。海拔 510 米，呈东西走向，长约 2 公里。崮周围群山连绵，其东面是吴王崮，南面是观音山。

拨垂子崮 位于蒙阴县岱崮镇政府驻地西北 4 公里处。崮顶南北长，两头宽，中间窄，因形似民间捻线用的拨锤子而得名。海拔 575 米，面积 1 平方公里。中寒武纪石灰岩层高 23~25 米，四周峭壁耸立。崮顶只有东侧一门，门堡皆残。

安平崮 位于蒙阴县野店、岱崮两镇交界处。因附近民众在此多次安全躲过战乱而得名。海拔 560.6 米，面积 0.5 平方公里。

尖崮 位于蒙阴县野店镇政府驻地西南 6.8 公里处。因崮顶较尖，悬崖陡峭如锥插入云天而得名。海拔 618 米，面积 0.5 平方公里。崮呈东西走向，长 200 米，宽 5 米。崮顶东、西高，中间低，状如马鞍。山体主要由紫红色的页岩组成。崮南有朝阳洞，四季水流不断。

晨云崮　位于蒙阴县野店镇政府驻地南 3.6 公里处。因清晨常有云雾缭绕而得名。海拔 632.8 米，面积 1 平方公里。崮顶为圆形，面积 2 公顷，崮东侧、西南侧各有登崮之门，地势为陡峭、错落的岩壑，门上有岗堡残迹。据记载，崮顶山寨遗址距今已有 2400 多年历史。原生植被有刺槐、马尾松、连翘、杜鹃、黄荆、古藤等。

龙头崮　位于蒙阴县桃墟镇政府驻地西南 2.8 公里处。因崮顶部状似龙头而得名。海拔 575.9 米，面积 0.5 平方公里。植被茂密。

孟良崮　位于沂南县孙祖镇境内，东距县城 24 公里。相传因北宋时期杨延昭部将孟良曾屯兵于此而得名。海拔 536 米，面积 1.5 平方公里。与大崮顶、大庵顶、雕窝三峰呼应。岩性为泰山群雁翎关组片麻岩。多石坎和洞穴，怪石嶙峋。三面陡峭，唯南坡稍缓。汇水为东汶河一大支流。林木以马尾松和刺槐为主，覆盖率 70%。建有孟良崮林场。

大崮顶　位于沂南县孙祖镇孟良崮西南与蒙阴县交界处。山峰四周陡峭，顶部平坦，故名。海拔 571 米，面积 0.6 平方公里。东坡属沂南县孟良崮林场，西坡属蒙阴县。

石崇崮　位于沂南县城西北 18 公里处三山沟村。原称“石虫崮”，后来演变成“石崇崮”。海拔 596.6 米，面积 2 平方公里。山体由石英斑岩和片麻岩组成。汇水注入沂河。山峪中植有以苹果树为主的果树。东南山下有西汉摩崖石刻两处，两石用浅阴线雕各刻一凤凰，为中国现存有纪年最早的汉画像刻石。

窦家崮　位于沂南县城西北 15 公里铜井镇三山沟村。因 4 个山头连排形如豆角，故名豆角崮，后演变为今名。山势呈西北东南走向，主峰海拔 536 米，面积 3 平方公里。山体底部为砂页岩，顶部为石英斑岩。汇水西、南入东汶河，东注沂河。系北大山林场的主要林区，林木以马尾松、刺槐为多。

抱犊崮　位于苍山县、枣庄市山亭区交界处。东南距苍山县城 33 公里。又名抱犊山、君山、豹子崮。汉称楼山，魏称仙台山。唐《元和郡县志》称，昔有一隐者抱犊上山垦种，故名。此崮属尼山山系，山体呈南北走向，由石灰岩、砂岩构成。山势陡峭如壁，登山仅一石径。主峰海拔 580 米，面积 13.5 平方公里。崮北麓为西泇河发源地之一。崮顶有平田 4 公顷。两汪水潭，每处长 4 米、宽 3 米，水深 2 米，常年不竭。立崮顶可东眺黄海，称“君山望海”。

抱犊崮

茂崮寨　位于蒙阴县坦埠镇政府驻地西 4.6 公里处，西距蒙阴县城 20 公里。传说因山上驻扎过太平天国军队（老百姓称之为长毛）而得名毛崮寨，后演变成茅崮寨、茂崮寨。海拔 433.5 米，面积 1 平方公里。北有一山崮直插云霄，名云头崮。茂崮寨和云头崮中间的沟峪中有将军洞。崮顶多松树，南部有大片黄荆树，北部灌木丛生，近崮顶处为花椒树，下为大片桃园。

柱子崮　位于费县城西南 17 公里处，海拔 426 米，面积 2 平方公里。山峰直立如柱，原名冠石山，后易名柱子崮。山体由古生界寒武纪砂页岩及石灰岩构成。

锥子崮　因崮呈锥子状而得名。一座位于沂水县夏蔚镇与泉庄镇交界处，海拔 602 米，面积

1平方公里。因崮顶高耸入云，又名云头崮。崮下有一村因此得名云头峪。

石城崮 位于苍山县西南23公里处。海拔248米，面积5.6平方公里。北部和南部区域分属鲁城、新兴两镇所辖，西南坡与枣庄市峄城区峨山镇相邻。山体由石灰岩、石英岩构成，四周有大片松、柏、槐、板栗等树木。崮顶呈南北椭圆形，面积约6公顷。崮顶被连绵荒草覆盖，有一蓄水池塘水面10平方米左右，水质清澈。崮顶城堡建筑遗址依稀可见。西南角有刻有“云梯”等字样的巨石雄立悬崖。

鏊子崮 位于沂水县高庄镇政府驻地北部，与莱芜、淄博市接壤。因崮似烙煎饼用的鏊子，故名。海拔616米，面积0.8平方公里。山体由寒武系石灰岩及页岩构成。鏊子崮已被注册为国家地理标志。

板崮 位于蒙阴县岱崮镇政府驻地西6.5公里处。因崮顶形似两层厚厚的石板摞在一起，故名。上层为中寒武纪巨厚石灰岩层，高23~25米；下层为中寒武纪中厚岩层，高4~5米。海拔655米，崮顶面积1平方公里。

蝙蝠崮 原名高崖，位于蒙阴县岱崮镇政府驻地东南5公里处。因崮形从正面看似振翅欲飞的蝙蝠而得名。海拔592米。崮顶中寒武纪石灰岩层高23~25米，周长1.5公里。该崮坐北向南，伸出三座崮嘴，中间高，两侧矮。崮上多页岩碎石。

柴崮山 位于沂水县马站镇政府驻地西北7公里处沂山东南麓。相传柴姓曾居于此，得名柴山，又称小岘山。山顶与西头山峰间凹陷，远远望去如马鞍形，清康熙版《沂水县志》有“鞍山”之说。海拔487.5米，面积2平方公里。是马站河支流小岘河的发源地。石质系前震旦系片麻岩，四周陡峭。植被有马尾松、黄荆、橡树、酸枣、茅草等。东麓有一硕石，上面有一天然大型脚印，人称“仙人脚印”。在山北麓山梁北端，两块巨石间有一缝隙如刀劈状，有“一线天”之称。

大坪崮 位于沂水县高庄镇北部。因崮顶平坦且大，故名。海拔518.6米，面积1平方公里。山体由寒武系石灰岩及页岩构成。

大天崮 位于平邑县柏林镇天门村东北约1.5公里处，蒙山主峰龟蒙顶北面。海拔893米。山势陡峭，沟壑纵横。原生态山林保存较好。崮顶偏东南，可以看到中崮、小崮。天气晴好，可以看到龟蒙顶、摩云崮、美人峰、云蒙峰等景点。崮顶北面是蒙阴县老龙潭旅游区，西侧紧邻茅草崮（伟人峰）。

丁家崮 位于沂水县泉庄镇政府驻地西南8.5公里处。因传有丁氏居其上，故名。海拔559米，面积1平方公里。石质由寒武系石灰岩及页岩构成。

东汉崮 位于沂水县泉庄镇政府驻地西南3.5公里处。海拔561.9米，面积1平方公里。

垛罗崮 位于蒙阴、沂南、费县三县交界处的垛庄镇桑园村，海拔407.5米。

放牛崮 位于沂水县夏蔚镇政府驻地北。因常有农人在其上放牛而得名。崮的四周筑有围墙，东面中间是山门，崮顶树种主要是刺槐。南有透明崮，北有连崮。

阁老崮 位于蒙阴县野店镇南峪村与高都镇上温村交界处。因外形似阁老的帽子而得名。海拔662米。山脊东西走向，向南倾斜，北面是直上直下的断崖。为双层崮顶，崮上围墙也分为外寨和内寨两层，进崮的门只有北面一处。崮顶大体呈圆形，直径在50米左右。植被茂盛，生态环境优美。

观音崮 位于沂水县崔家峪桃花万村东南，传说旧时观世音曾在这里与民众求雨显灵而得名。崮呈现锥形，四周没有突起的岩石，整个山坡被细碎的页岩覆盖，植被较茂密。崮从下到上分为三层，由天然的巨岩构成，崮顶像一个花瓣层层绽放的莲花。

荷叶崮 位于蒙阴县岱崮镇政府驻地西北2.5公里处。巨厚石灰岩层时凸时凹，气势磅礴，形似一顶翻卷的大荷叶而得名。崮海拔487米，坐西向东，南北雄列三顶，中顶为尖峰，南顶、北顶平缓，三顶相连。属上寒武纪黄色页岩山。植被茂盛，崮顶南为侧柏，中部以下为桃树。

红石崮　位于沂水县诸葛镇政府驻地北 2.5 公里处，海拔 516.2 米，面积 0.4 平方公里。顶部四周岩石陡峭，形如斧削。

货郎崮　位于沂水县诸葛镇与沂源县张家坡镇交界处。主峰海拔 503 米，面积 1 平方公里。有三个崮连成一条线如同货郎挑担子，以此得名。

姜家崮　位于沂水县夏蔚镇北，海拔 617 米，面积 1 平方公里。

脚子崮　又名“子崮”，位于沂水县泉庄镇驻地西南 5 公里处。因崮状似人脚，俗称“脚子崮”。海拔 580 米，面积 1 平方公里。山体为寒武系石灰岩及页岩构成。

连崮　位于沂水县夏蔚镇王庄北 8 公里处。因两崮相连，故称“连崮”，又叫“二郎山”。海拔 551 米，面积 4 平方公里，石质系寒武系石灰岩及页岩。山上植有刺槐等树。

莲花崮　境内有 2 座。一座位于沂水县夏蔚镇境内。因崮顶岩石裸露似莲花盛开而得名。海拔 300 米，面积 0.5 平方公里。另一座位于位于蒙阴县岱崮镇政府驻地南 8.1 公里处，全称九顶八堡七泉莲花崮，西邻安平崮，因上有九顶，崮分八堡，堡间七泉而得名。北与蝎子崮相对，海拔 534.5 米，崮上雄列的九顶过去自然植被稀少，山体裸露，又名九顶火焰山。现九顶已栽满松柏、紫荆等树木。八堡极似八瓣莲花绽放，气势宏大，极为壮观。八堡之间，有七处巨弯，每弯一泉，共生七泉。

瞭阳崮　位于蒙阴县野店镇东坪村，海拔 547 米，东西长约 1500 米，南北宽约 500 米，四周是 40 多米高的悬崖。崮上庙宇遗址有“三官庙”“天仙圣母石行宫”“碧霞元君殿”“玉皇庙”“王灵官庙”等。

小崮子　位于沂水县诸葛镇，海拔 443 米。

猫头崮　位于蒙阴县岱崮镇政府驻地西南 7.6 公里处，因崮似猫头，西耸一石形似猫耳而得名。海拔 487 米。崮顶近似圆形，面积 140 平方米。猫头崮与张家寨相依偎，有一石柱兀立似拇指翘起。该崮中寒武纪石灰岩层高 18~20 米，周长 400 米。崮体上部为杂树林，下部为蜜桃林。

奶头崮　位于蒙阴县野店镇政府驻地东 6 公里板崮崖村与上东门村交界处，因形状似妇女乳头而得名。当地群众也称其为小金庵，意为此崮形状又像似一个“金”字或一座金字塔。海拔 410 米。崮顶为中寒武纪巨厚石灰岩层，均高 20 余米。东、西、北三面为垂直的岩壁，只有南面断面呈现很多层阶，可攀爬。崮顶为多层，最上面一层岩石只有碾台大，是一个天然的观景台。植被茂盛，主要有马尾松、刺槐、黄荆、火棘、野葡萄、酸枣等灌木和杂草。崮下小河顺流向东。

牛角崮　位于沂水县夏蔚镇政府驻地西北 2 公里处，因崮顶状似牛角而得名。海拔 371 米。

盘龙崮　位于沂水县高庄镇桃花坪村。因远观形似巨龙盘卧而得名。海拔 450.1 米，崮顶面积约 1 平方公里。石质为寒武系石灰岩及页岩，自东向西，盘卧数里，悬崖陡峭。

情人崮　位于沂水县夏蔚镇政府驻地北，崮上有两块岩石南北矗立，远看似一男一女，故名情人崮。

十人崮　位于蒙阴县岱崮镇政府驻地南 4 公里处。崮顶悬崖，有 10 尊石人似守崮卫士四周耸立，因得崮名。海拔 511 米，崮顶面积 1.5 平方公里。崮顶分别向东、南、西北三方各伸出一座大崮台。中寒武纪石灰岩层高 23~25 米，周长达 3 公里。崮西北侧，有千年蜂洞景观。

石人崮　位于蒙阴县岱崮镇政府驻地西北 6 公里处。海拔 511 米。崮顶石人分南北二组，每组十余尊。崮下山体为下寒武纪紫色页岩层，东侧属茶局峪村，西侧属岱崮村。山体上部均绿化，下部多为梯田和经济林。

双崮　位于沂水县黄山铺镇圣水坊村以西，崔家峪镇施家官庄北。因山上有两个崮对峙相望而得名。又称双头崮、对崮、剪子崮、奶头崮。海拔 424.1 米，面积 1.5 平方公里。山体由寒武系石灰岩及页岩构成。两峰竞秀，壁立插天。该崮因远看时象一对乳房，当地百姓亦称为“奶头崮”。东崮的西面石壁稍缓处为唯一可登之处，西崮北面有人工堆砌的长坡，为崮顶入口。植被以松柏、刺槐、杨树为主。

水泉崮 位于蒙阴县岱崮镇西南 3.8 公里。旧称尿泉崮，后嫌不雅而易名水泉崮。海拔 539.4 米，面积为 0.4 平方公里。其状兀然突起，崮顶平坦，四周岩壁陡峭如刀削斧凿，其状似南北岱崮。该崮只有东南一门。大部分石阶开凿而成。崮顶多杂树冠木，崮下依次为杂树林，蜜桃林。

水塘崮 位于沂南县岸堤镇政府驻地西北 5 公里，与蒙阴县交界处。因崮顶凹陷，雨季积水成塘而得名。属北大山山脉，海拔 519.8 米，面积 4 平方公里。是森林覆盖率较高的崮之一。上有晾金顶，下有蝙蝠洞。崮顶呈东北–西南走向，三个山头在狭长的崮顶一字排列。四周峭壁如削，大多是近十米的悬崖。有的地方特别方正，似人工切割状。峭壁间有两座山门。南门下 300 米左右有一处山泉，常年流淌。

孙家崮子 位于沂水县高庄镇北。因过去曾有孙氏在此垦荒而得名。海拔 495 米，面积 0.7 平方公里。山体为寒武系石灰岩及页岩构成。

梭子崮 位于蒙阴县岱崮镇政府驻地西北 5.5 公里处。崮南北长，东西窄，两头尖，因形似织布梭子而得名。海拔 513 米。梭子崮一角凸出，正冲向石人崮。梭子崮崮顶四面皆为峭壁，整个崮三面极为陡峭，只有最远的北面地势稍缓。崮下为杂树林，再下为梯田、桃林。

腾龙崮 位于蒙阴县旧寨乡东北 6 公里处的杏山子村北面，因远眺形似一条欲腾空而起的巨龙而得名。

团圆崮 位于蒙阴县岱崮镇政府驻地西北 7.5 公里。由 2 座圆崮相连而成，像一大一小两个月饼，因而得名“团圆崮”。团圆崮又因两崮东西相接也称对崮。海拔 510 米。

瓮崮 位于蒙阴县岱崮镇政府驻地西 7 公里处。因崮形似一口大瓮倒扣在陡峭的山脊之上而得名。海拔 670 米。寒武纪石灰岩层高 25 米，周长 400 米。四周绝壁，山石峥嵘。瓮崮东与油篓崮、板崮、大崮、小崮相邻，西与龙须崮、二崮、南北岱崮遥遥相望。崮上崮下林木葱茏。

卧龙崮 位于蒙阴县岱崮镇燕窝村东，卢崮山前。因崮三面环水，一面连山，宛若长龙而得名。又名站崖、长山。海拔 436 米。崮顶长 1000 余米，宽 20~80 米，面积 1.5 平方公里。四壁陡峭如削，壁高 10~20 米。在卧龙崮古寨遗址内，有六个巨大的圆环，在平整光滑的天然岩石上,直径 3~5.4 米不等，分别分布在崮顶的南北两端，顺正南方向,从中心圆坑到圆环外沿刻有一条直线。在四个有圆坑的规内，在圆坑中分别直立于一根标竿(表)，在一个有两个圆坑的规内，在两坑之间南北方向平放一个圭（尺），就可分别得到“表”“日规”“日晷”和“圭表”。疑为古老的天文台。

无儿崮 境内有 2 处。一处位于沂水县龙家圈镇政府驻地西北跋山水库南岸，县城西北 15 公里处。因在雾雨天气崮顶雾气升腾，人们看不到崮顶，得名雾露崮。又有人取“云雾罩山，必有丰年”之意，称瑞云崮。海拔 384.2 米，面积约 0.1 平方公里。大致呈西北—东南走向。又相传纪王（纪召）占据纪王崮时，其儿子纪由在沂水城北的锣鼓山（罗崮山）战死，崮因此得名无儿崮。崮长约二三百米，最宽处三四十米，崮顶呈三角形，向北、西南、东南方向伸出。有三处登顶口经过人工开凿，其余为悬崖峭壁。北侧陡峭最难攀登，西南、东南侧沿崮侧丛林中的一线险道可由北绕至南端。山阴多栽松树、桃树、山柿子树等。山顶植物主要有桃树、荆棘、野生酸枣树、拉拉秧及各种杂草。另一处无儿崮（也称没儿崮）位于费县马庄镇车涧西北。没儿崮东南的对面有一个崮叫做诳爷山，两山相距不到一公里。

吴王崮 位于平邑县铜石镇政府驻地西南 14 公里处。因相传春秋时期吴王伐鲁时曾驻军于此而得名。面积 2 平方公里，海拔 653.9 米。崮下有二泉，名灵泉、东灵泉。灵泉前有元朝时创修的道观灵泉观，亦称大圣堂，现遗址尚存。

吴王崮

香炉崮　位于沂水县夏蔚镇西北。因崮状似香炉而得名。海拔592.8米，面积1.5平方公里。山体由寒武系石灰岩及页岩等组成。

小崮　位于蒙阴县岱崮镇镇政府驻地西3公里处。因其小而得名。海拔584米。崮顶三角形，四周壁如刀削斧凿，唯有西南岩缝可攀登崮顶。中寒武纪石灰岩层高25~30米，周长250米，崮顶面积0.2公顷。山体绿化较好。

旋崮顶　位于沂水县城西南24公里处院东头镇境内。又称仙姑顶、仙崮顶。海拔543.6米，面积1平方公里。

晏婴崮　位于沂水县夏蔚镇，距离沂水县城35公里。相传春秋时期，齐国宰相晏婴曾率领军队在此安营扎寨，故称“晏婴崮”。海拔462.5米，面积1平方公里。又名昔贤山。崮下有晏婴店子村。

鹰嘴崮　位于沂水县龙家圈镇政府驻地西、崔家峪镇政府驻地东北10公里处，东南距沂水县城15公里。崮顶似鹰嘴而得名，又名莺咀崮。海拔315.6米，面积2.5平方公里。崮顶遍载松树、木瓜树等，南部有大片花椒树、桃林。北面缓坡处多松树、槐树及荆棘。崮北端东面有一个风洞，类似透明崮，当地村民称之为风门子。站在洞中仰视，洞顶有一大一小两个天眼，向上是高耸的崮顶，向下则是陡峭的斜坡。

由吾崮　位于费县朱田镇政府驻地西南2.5公里处，东距费县费城15公里。原名吴崮，春秋战国时期，吴王伐鲁经过此地，故名。崮下有村，名由吾村，西北有屯兵寨。四面环山，三面绕水，形成一天然小盆地。海拔411.2米，面积2.5平方公里。

云天崮　位于费县朱田镇政府驻地西8.7公里处。又名云台崮或云彩崮。因此崮比周围其他山崮都高，经常有云雾缭绕而得名。海拔568米，面积约2平方公里。

云头崮　位于蒙阴县坦埠镇西北5.8公里处。崮顶东端岩壁，远望呈灰白色，山顶经常有云雾缭绕，故名云头崮。除西门外，三面悬崖均高数十米，且形如刀切。崮的最下层至顶层（由老到新）依次为石灰岩、黄色页岩、紫色页岩、石灰岩（崮顶），是岩层出露较为完整的一座崮。海拔560米。云头崮与海龙寨、三顶山、大小寨子山、游西山绵延相接，构成一个由奇峰异峦画成的大“?”号，那突兀拙奇的一点，就是云头崮。植被主要有刺槐、侧柏和黄荆、山榆、酸枣、野藤等。

章子崮　位于蒙阴县岱崮镇政府驻地西北2.5公里。因古时獐子出没而得名，后演变为章子崮。海拔571米，为石灰岩地层。崮顶三角形，四周绝壁，岩层23~25米，周长500米，崮顶面积1.67公顷，西南侧岩壑可攀。

朱家崮　位于沂水县高庄镇北部。因曾有朱氏居此而得名。海拔533米，面积0.5平方公里。

第四节　溶　洞

市境西北部多石灰岩山体，有利于大型溶洞的形成。在蒙阴、沂水等县发现的几座大型溶洞，宽大幽深，石笋、石柱、石钟乳遍布洞中，更兼碧潭暗瀑，极为壮观。

山东地下大峡谷　位于沂水县城西南8公里龙岗山下。该溶洞形成于约0.65亿年至2.3亿年前。洞长6100米，由一条西北—东南走向的巨大喀斯特裂隙发育而成。峡谷深近百米，两壁如削，宽处百余米，最窄处只容一人通过。洞内有一河、九泉、九宫、十二瀑、十二峡等景观100余处。大量千姿百态的石笋、石柱、石旗、石幔、石钟乳及鹅管点缀其间。地下暗河漫长曲折，水量充沛，四季长流，地下河瀑布十分壮观。洞内常年温度为17℃~18℃。山东地下大峡谷是中国特大型著名溶洞之一。旅游区被评定为国家地质公园。“北龙宫”有一钟乳石，形似硕大的龙头。“海底草庐”景点像是用海草覆盖屋顶，用石幔砌成的低矮屋墙。“松山冰雪”钟乳石如层层叠叠的松林被厚厚冰雪所压，依然傲然挺立，“双塔玉灯”钟乳石如同气势恢宏的宝塔，富丽堂皇的玉灯。

山东地下大峡谷

四门洞 位于沂水县城西南20公里院东头镇四门洞村东峙山西麓。为一座天然石灰岩溶洞，全长3000余米，有东、西、南、北4个门，故称四门洞。洞内有天河、天锅、天桥、龙潭、莲花台及洞中洞、洞上洞等景观，分旱洞、水洞，从水洞可划船至北门。该洞一般高度3~5米，洞宽5米左右。空中乳石滴垂，有的如笋向上飞穿，也有的似瀑流空垂高挂。洞顶如鱼脊背，渐慢成一线，有的如牛角斜出，旋转成小洞，称为“天眼”。有的地方空中又搭悬桥，出现洞中悬洞。洞中有穹庐似的顶端如螺旋转，向上越旋越细，直刺高空，似欧洲的古建筑潜于地下。此洞后被开发为“天然地下画廊”和“地下萤光湖”旅游景点。

四门洞

佛爷洞 亦称曲家洞，位于沂水县院东头镇曲家洞村东北山东麓。洞中有大量钟乳石形成的自然奇观。进洞40米有一石炕，上有石龛，称石匣。再进100米，分为干、湿二洞。湿洞内遍布钟乳石，敲之作声，称石鼓。干洞内较平坦，有石槛、鸡圈、佛爷吊铺等奇形怪石。再进右拐，爬上一个台阶，地势较开阔，可容纳400余人，中间立有一块3米高的钟乳石，形似佛像。再内进，还有两处深不可测的上、下地穴。

长山溶洞 位于蒙阴县城西北约6公里处蒙阴街道完庄的长山山腰，故名。最早发现于1967年春。是山东省发现较早、规模较大、保存较完整的地下自然景观，形成于1.2亿年前。由上、中、下三层溶洞组成，总长度约6000米。洞顶栖息着成千上万只黑白蝙蝠。上洞长1000余米，遍布钟乳石、钟乳花，形态各异。中洞有10余个30多平方米的大洞组成连环洞。一条地下河数百米长，最深处2米，水清澈见底，有众多20厘米长游鱼，其特征与洞外河中鳌鲦相似，脊背略宽厚，发黑，身有许多花纹，鱼鳍格外长。

溶洞有多条1米宽的通道，两边是一排排齐腰高的钟乳花石墙，石墙十分规则，高度和宽度基本相等。1993年、2005年、2008年，长山溶洞中曾3次发现过动物化石。2008年发现的一批动物骨骼化石，有下颌骨、牙齿、腿骨、肋骨、脊柱等，石化程度较高。

杏山溶洞　位于蒙阴县城南10公里处的桃墟镇杏山村。1994年村民采石时发现，因在杏山村之侧得名。系石灰岩溶洞，洞内空间大，次生化石沉积物丰富，洞内石柱、石幔、石花众多。经地质和旅游专家考究，认为杏山溶洞内的宝石花之多，是其他溶洞中所罕见的，有很高的观赏价值。洞内钟乳石千姿百态，十分壮观。洞内洞套洞，洞连洞，洞中有湖，湖中有岛，怪石林立，“卧牛”等造型惟妙惟肖。

第三章　水　　文

第一节　水　系

临沂市属淮河流域，境内有沂河、沭河、中运河和滨海四大水系，另有小片面积分属湖东水系、黄汶水系和潍弥河水系。

沂河水系

流域　沂河先秦时曾称溴水。后称“沂水”，今称沂河。为发源于山东省境内的第一大河。沂河发源于淄博市沂源县西部山区，干流出沂源田庄水库后东南流，于沂水县泉庄镇张庄村北的龙骨洞流入临沂市。再东南流，右岸汇马连庄河后入跋山水库。出跋山水库后一路南流，经沂水、沂南、河东、兰山、罗庄、郯城、苍山7县区，在郯城县吴家道口村南流入江苏省。境内流长202.9公里，流域面积9383平方公里。

沂河流域地形呈自西北向东南倾斜。自东汶河口向上，大部为山区，层峦叠嶂，沟壑纵横，海拔在300~800米；斜午、青驼、茶山西北多为低山丘陵及高地，海拔高程在200~400米之间，蒙山前半程以南地势变缓，逐步向平原过渡，在临沂城北与祊河汇合后进入临郯苍平原，坡比1/3000~1/2000。

沂河流域属构造剥蚀堆积平原区。大地构造属鲁西断块隆起的一部分，以沂沭断裂带之间地叠为分界线（包括沂水—汤头断裂、鄌郚—葛沟断裂）。界线以西为沂河流域，境内包括沂水县西部，沂南县东部，蒙阴、平邑、费县、兰山、罗庄、河东等县区全部或大部，郯城县西部，苍山县东部。地面隆起以断块为主，断块呈北西向，以条带状产生。平邑、蒙阴县相对下陷，形成断陷盆地。在断陷盆地内有中生代火山岩喷发和陆相碎屑岩沉积。

沂河

沂河流域岩性比较复杂，出露有新生代第三纪紫红色砂岩、砂砾岩、中生代白垩纪火山岩系和河湖相的砂页岩及侏罗纪砂页岩、古生代石炭，二迭纪煤系地层，奥陶系、寒武系之灰岩、太古代杂岩及各时期火成岩，灰岩分布面积最大，富含岩溶水。

干流 沂河进入临沂市后东南流，右岸汇沂水县马连庄河后入跋山水库，出库后仍东南流，右岸汇崔家峪、朱陈、港埠口、姚店子等河；左岸汇顺天、小沂、王家庄子等河。沂河在沂水县城西改向西南流，右岸汇港埠口河后复东南流。经沂水县沂河橡胶坝枢纽工程、北社拦河坝、斜午拦河坝后入沂南县境，右岸先后汇铜井、莪庄、东汶等河；左岸汇苏村西、潮沟、苗家曲、张家沟等河；过葛沟拦河坝后左岸进入河东区，右岸汇石沟河、蒙河后进入兰山区，南流过茶山拦河坝，再西南流，右汇新河、孝河、柳青河、祊河、涑河，于临沂城东入沂蒙湖，过世界最长的橡胶坝——小埠东橡胶坝后，略东南流，左汇李公河，经分沂入沭水道口，左岸入郯城县境，右岸入罗庄区。南流，右岸入郯城县境。过李庄拦河坝折向西南，经土山拦河坝，至多福庄右岸入苍山县境，行 5.5 公里，左岸再入郯城境；过马头拦河闸西南流，于吴道口村南入江苏境内，流入骆马湖，经新沂河，在燕尾港入黄海。河道在沂水县城至东汶河口，河宽 200~800 米，临沂城东河口宽 600~1530 米，堤距 700~1930 米，省界河口宽 700 米，堤距 900~1500 米。

主要支流 沂河在临沂市的支流河长 10 公里以上的一级支流共 26 条，其中从左岸汇入的 9 条，从右岸汇入的 17 条。较大的一级支流，多是从右岸汇入。主要有东汶河、蒙河、祊河，其次是涑河、柳青河、白马河等。分沂入沭水道是 1949 年春“导沭整沂”时开挖，于 1971—1981 年东调工程建设中扩大的人工河道，主要是分泄沂河洪水入沭河。邳苍分洪道是 1957—1958 年开挖，分泄沂河洪水入中运河的人工河道。

东汶河 在蒙阴、沂南两县境内，山东省第二大水库——岸堤水库就坐落在东汶河上。岸堤水库以上，分为南北两源，南源为东汶河，当地称青山河，发源于蒙阴县与平邑县交界处的青山北麓，流经新泰、蒙阴入岸堤水库，河长 56 公里，流域面积 794.7 平方公里。北源为梓河，发源于蒙阴县岱崮山区的后雪山，经蒙阴、沂水县，再经蒙阴县入岸堤水库，河长 66 公里，流域面积 895.3 平方公里。东汶河出岸堤水库后东流，至沂南县大庄镇王家新兴村南入沂河。自梓河源至入河口，全长 132 公里，流域面积 2428.46 平方公里。

东汶河有河长 10 公里以上的支流 18 条，在一、二级支流上建有黄土山、张庄、高湖、朱家坡 4 座中型水库。

东汶河

蒙河 源于蒙阴界牌镇中山南麓沂汶庄北，发源地海拔高程 318.5 米。流经蒙阴、沂南两县，在沂南县与兰山区交界处砖埠镇洙阳（北岸为沂南，南岸为兰山区）汇入沂河。全长 62 公里，流域面积 632.31 平方公里。蒙河有河长 10 公里以上的一级支流 8 条，在一级支流上有黄仁、施家庄子两座中型水库。

祊河 沂河最大的一级支流。上游分为南北两支。北支名为浚河，上游称唐村河，为祊河的主源，发源于邹城市东部南王村西山，在北庞庄村西入平邑县境，后入唐村水库。南支称温凉河，发源于平邑县白彦镇太皇崮，东流至关阳司入费县境，经梁邱镇东北流，注入许家崖水库。北支出唐村水库后东北流，经平邑县平邑镇东流，汇鲁埠河后称浚河，东南流，于地方镇东入费县境，于费城镇东北南东洲村与出许家崖水库的温凉河相汇始称祊河。东流至麻绪村再东南流，入兰山区，在临沂城区汇入沂河。祊河自浚河源至河口，全长 158 公里，流域面积 3376.32 平方公里。河长 10 公里以上的一级支流有 22 条，在干支流上有唐村、许家崖两座大型水库，在一、二级支流上有公家庄、吴家庄、安靖、岳庄、大夫宁、昌里、龙王口、杨庄、上冶、书坊、古城、石岚 12 座中型水库。

涑河　又名小涑河，北涑河。源出费县芍药山乡鱼鳞山东，东流入马庄水库，出库后东流，经西埠东入兰山区，经水磨头村折而北去，过大芝房村，复东南流，穿堰西、堰东 2 村之间，于郭庄西北分为两股，南股为南涑河，南流，在马厂湖东进入罗庄区，再南流，于汤庄东进入郯城县境，在黄山镇南流入邳苍分洪道；北股称北涑河，继续东南流，于临沂城区入沂河。河源至河口长 60.4 公里，流域面积 297.2 平方公里，长 10 公里以上的支流有 2 条。

柳青河　柳青河在费县和兰山区境内沂河与祊河之间的三角地带。有东、西两源，东源出自兰山区茶山前北湖，西南流；西源出自费县汪沟镇北双山子，在谭家庄西南入刘庄水库，出库后东南流，于枣沟头镇陶家庄东汇东源，再南流，在南坊街道五岔河村东南入沂河。河长 34 公里，流域面积 295.2 平方公里。

白马河　是郯城县境内一条主要的排涝河道，源起李庄镇，自东北向西南流，纵贯郯城县境。经南涝沟南入江苏省，于邳州市杨庄附近汇入沂河。河道总长 50.8 公里，流域面积 552 平方公里。其中，郯城县境内河长 38.8 公里，流域面积 442 平方公里。白马河在省界处河底宽 70 米，堤距约 250 米。主要支流有小白马河、老白马河、陈十排水沟、围带河、幸福河、停三排水沟等。

沭河水系

流域　沭河是临沂市第二大河，位于市境东部。北部以沂山背斜与潍弥河流域分水，东部以莒县破碎底山丘陵及马陵山背斜与滨海水系为界。

沭河流域形状南北狭长，东西较窄。地形北高南低，河道两侧多为平原谷地。自源头至莒县界（上游），多为山区，海拔高程为 200~500 米；中游（莒南县许家孟堰村至临沭县大官庄）左岸为低山丘陵，右岸莒南县西野埠村以上多为丘陵及高地，地面海拔高程在 75~150 米之间；西野埠村以下多为平原，大官庄以东新沭河两岸多属丘陵、高地和河谷平原，丘陵海拔高程在 60 米左右；老沭河大官庄至郯城县窑上村为马陵山峡谷，窑上村以下为冲积平原，地面海拔高程降至 50 米以下，坡比 1/3000 左右。

沭河流域在地貌上属构造剥蚀及构造剥蚀堆积平原区。大地构造属鲁东地质之胶南隆起。以沂沭断裂带间地垒为分界线（包括安丘—莒县断裂、昌邑—大店断裂），分界线以东的莒县、莒南、临沭、郯城县东部以及沂水县东北部分地区，出露底层除老的结晶片麻岩分布外，尚有远古代的花岗岩、正长岩等大片入侵岩。另外在临沭、莒南县分布有白垩纪青山组、王氏组的红色砂岩及火山喷发岩。基岩裂隙水分布广泛。

干流　沭河发源于沂水县沂山南麓，俗名茅河。有东、西二源。东源出自泰薄顶东侧，名寺峪河。西源出自泰薄顶西侧，名石槽峪河。二源于霹雳石村汇流后始称沭河。东南流左汇张马河，右汇清水河后入沙沟水库，出库东南流，左汇马站河（旧称岘河），折南流，在沂水县道托镇下村东南入莒县境，过莒县后于莒南县大店镇许家孟堰村北再入临沂市。右汇宋公河，左汇浔河，南流，右汇汀水河，左汇鲁沟河，西南流，在西野埠村南右岸入河东区境，过石拉渊拦河坝、兖石铁路沭河大桥，左汇高榆河（又名鸡龙河），入临沭县阎圩子拦河坝，后西南流，在后齐庄北左岸流入临沭县镜。南流，在河东区禹屋右汇汤河，

沭河古道

左汇临沭县韩村河，南流，至大官庄西北进入大官庄水利枢纽。沭河自源头至大官庄枢纽，境内长 119.84 公里，流域面积2800.4 平方公里。

沭河在大官庄枢纽分为两股，一股经新沭河泄洪闸向东，称新沭河，穿马陵山断麓，右汇石门河、观堂河，左汇夏庄河（苍源河）、金花河，至大兴镇东入石梁河水库，河长 20 公里，流域面积 714.7 平方公里；一股经人民胜利堰节制闸继续南流，称老沭河。老沭河南流，于岭南头村西南右岸入郯城县境，在小岱村左岸入郯城县境南流 5 公里，至社子庄南左岸入江苏境，继续流 4 公里，复入郯城县境。过清泉寺拦河闸（原为拦河坝，1991 年改建）、窑上拦河坝，西流，入平原，折而南流，在老庄子村南流入江苏境。市内河长 56.66 公里，流域面积 770 平方公里。

境内沭河干流上有沙沟大型水库。支流上有陡山大型水库及莒南县石泉湖、临沭县凌山头中型水库。

主要支流 境内沭河较大的一级支流有浔河、高榆河、汤河、分沂入沭水道、夏庄河、朱范河。

浔河 是沭河支流的一条入境河道。流域分布在日照市的东港区、莒县和临沂市的莒南县。在莒县中楼村西南流入陡山水库。出库后西流至狮子口村东，南汇车峪河，西流至峰山前，右汇峰山河，西流 1.7 公里入铃铛口拦河闸，又西流过省道莒新公路至大公书村南从左岸汇入沭河。浔河全长 67.5 公里，流域面积 535.26 平方公里。其中，境内长 27 公里，流域面积 210 平方公里。

高榆河 又名鸡龙河。源出莒南县涝坡镇鸡山西麓，西南流，经大涝坡村转西流，至唐家涝坡村折西南流，于大岭村西、虎园村东左汇塔苍河，入石泉湖水库。出库南流经李家碥山入卧佛寺拦河坝，转西流，于岭泉东右汇筵宾河，在西岭泉转西南流，穿兖石铁路，于前柴沟村北左汇白马河，继续西南流，于石沟西左汇石沟河，过刘家庄拦河坝，改道西流，于大白常村北左岸汇入沭河。高榆河全长 37.9 公里，流域面积 307.50 平方公里。

汤河 古称温泉水，流域分布在沂南县与河东区，处于沂、沭河之间。源于沂南县杨家坡镇张家埠子村东南，西北流至南左泉村北，转南流，至大墩庄南入河东区境。东南流，至汤头镇政府驻地西有温泉汇入水温增高，因温泉又称“汤”，故此河得名汤河。汤河从汤头南流，河上建有五湖发电站，再南流，于疙瘩墩分为东西两支，西支名管仲河，东支仍称汤河，到郑旺镇久沂庄南又合二为一。至郭家湾村西，右岸先后汇鸭蛋沟、万年沟，左岸汇梁子沟。再南流至何家湾拦河闸，过闸南流至程子河西北，过铁路、公路大桥转东南流，左汇宋沟、柳沟，折西南流至旦彰街北，右汇茅茨沟，再南流至禹屋村东汇入沭河。汤河入沭河口宽139米，底宽125米，筑堤高3.5米，顶宽2.5米，堤距199米，设计流量1310立方米/秒。汤河全长56公里，流域面积486平方公里。

分沂入沭水道　是新中国成立后开挖的一条人工河道。主要作用是分泄沂河洪水入沭河。从沂河左岸河东区彭家道口分洪闸起到临沭县大官庄水利枢纽，全长20.24公里，右岸上游在郯城县，下游在临沭县。左岸上游在河东区，下游在临沭县。其中有黄白沟（总干排）从左侧汇入，平时通过黄庄穿涵从分沂入沭水道底经总干排在文家埠东南入老沭河，紧急时，也可通过强排直接入分沂入沭水道。

苍源河　又称夏庄河，是新沭河的一级支流。源于临沭县青云镇大山东麓，西南流，于吴界前、王界前2村之间流入凌山头水库。出库西南流，至西朱车村南，左汇朱车河，再西南流，至中沟头村，右汇陡沟河。至兴隆街折东流，穿临沭县城，至井店村南，左汇于店河，折南流。至庙子头村南右汇桃园河。至陈宅村北，左岸有高埠河汇入，至圈子村东折西流，右汇楮林河，而后折南流，在东大于科村南汇入新沭河。苍源河全长42公里，流域面积226.9平方公里，支流上有小（一）型水库2座，小（二）型水库14座。

穆疃河　又名石门头河。源于临沭县朱仓乡竖子山东麓。上游有望海楼小（一）型水库，出库后南流，到代庄村西右汇朱仓河，于前穆疃村西折西南流，至关河村西，右汇东盘河，至杨家庄西南，右汇杨家庄河，至李家后村西折东流，至沈家后村西折东南流，至烈疃村东，右汇龙潭沟，东南流入江苏境，汇入石梁河水库。穆疃河全长24公里，流域面积126.8平方公里。有河长5公里以上支流4条。流域内有龙潭中型水库1座，小（一）型水库2座，小（二）型水库9座。

中运河水系

流域　中运河水系位于临沂市南部，包括罗庄区、郯城县西部，苍山县绝大部分及费县一小部分地区。流域西北为抱犊崮山区，西邻枣庄市，南界江苏邳州，在临沂市通称东伽河、西伽河流域。总流域面积2593.2平方公里。其中苍山县1799.86平方公里、罗庄区496平方公里、郯城县221平方公里、费县76.36平方公里。大地构造属鲁南低山丘陵南缘，地势北高南低。西北部为山区，最高海拔580米，北部为丘陵平原，中部、南部为临郯苍平原，是全市商品粮重要生产基地之一。有东南、西北走向郑甘断裂带，东侧受沂沭断裂带影响，西北部地层较老，东部地层较新。其岩石主要是碳酸盐岩，其次是石灰岩、页岩、闪长岩、石膏，东北部有大量的变质岩层，分布煤层、矸石较多。岩浆活动较为强烈。

主要河道　临沂市中运河水系多为南行流入江苏或枣庄市的河道。邳苍分洪道、陷泥河、南涑河、黄泥沟、运女河、陶沟河、东伽河、西伽河、吴坦河、燕子河、武河、汶河的流域面积都超过100平方公里。

武河　原指涑河自兰山区郭庄西北分向南流的分支。清乾隆《郯城县志》载："县西四十里之老武河，简称涑水，古称五丈河。发源于费县西南柱子岗山下天井汪，费境行六十里，东至朱保村入兰山界。又东至堰上村（郭庄北）分为二支。一支东流，至郡城（临沂城）西门后又分二支，环城而入于沂；一支南流为武河。"即"上涑下武"（今兰山区仍将郭庄至邳苍分洪道段称为"南涑河"）。

自建成江风口闸并开挖邳苍分洪道以后，武河已与南涑河没有关联。今武河，是指自多福庄闸西南流，至郯城县沙沟崖村北改道入沙沟河一段，实为苍山、郯城两县的界河，武河入沙沟河后流入邳州汇入城河，再入中运河。境内全长27.7公里，流域面积100平方公里。

邳苍分洪道　又称武河行洪道、沂武河行洪道。是为承泄江风口分泄沂河洪水而于1958年人工开挖的行洪河道。同时承泄北部诸河来水。邳苍分洪道以江风口为进水口，沿郯城县和罗庄区边界西南行，在罗庄区黄墩村西右岸入郯城县境，继续西南流，左岸在廖屯村西、右岸在朱庄南入苍山县境。再南行，于庞庄南入江苏邳州市境，在柳林庄注入中运河。河道长74公里。其中，境内长40公里，流域面积2337平方公里。

邳苍分洪道河长10公里以上的支流，在临沂市境内从右岸汇入的有南涑河、陷泥河，从左岸汇入的有小涑河。源于临沂市在江苏省汇入的有燕子河、吴坦河、东洳河、白家沟、汶河、西洳河，均是从右岸汇入。

陷泥河　源出兰山区大岭镇南沙埠庄西，东南流，在李家白庄东折南流，在黄墩西入邳苍分洪道。河长31公里，流域面积193.2平方公里。

南涑河　又叫涑水，原为涑河在兰山区郭庄西北向南的分支，现以郭庄闸为进水口，南流经马厂湖镇及罗庄区罗西、罗庄、傅庄等街道，在傅庄街道大柱山村南入郯城县境，穿褚墩、黄山镇，在老屯村南入邳苍分洪道。全长41.7公里，流域面积250平方公里。

燕子河　源于罗庄区罗西街道涧头村西南驴脖子山东麓，东流在贾家庄西折而向南，在官庄南经沂堂镇入苍山县境，流经神山、磨山、卞庄、长城等镇、街道，在庞庄南于江苏境内入邳苍分洪道。总长57公里，流域面积311.5平方公里。

东洳河　源出费县新庄镇季家白露村南，东南流入苍山县小马庄水库，东南流经矿坑、大仲村、卞庄、三合、南桥、长城等乡镇、街道，在前芦汪村南流入江苏省邳州境。在鲁苏边界南6公里入邳苍分洪道。总长68公里，流域面积390.3平方公里。1958年，在卞庄东南大新庄西开挖东洳河分洪道，将卞庄以北河段划归吴坦河流域。东洳河现起源于卞庄街道，境内河长23.3公里，流域面积29.22平方公里。

东洳河

吴坦河　发源于罗庄区沂堂镇杏山南坡，南流经苍山县神山、卞庄、磨山、南桥、长城等乡镇、街道，在后芦汪村东流入江苏邳州，鲁苏边界以南5公里入邳苍分洪道。境内河长34公里，流域面积181.9平方公里。1958年苍山县开挖东洳河分洪道后，将卞庄以北的东洳河引入吴坦河。现境内河长变为72公里，流域面积483.27平方公里。

西洳河　发源于枣庄市山亭区与费县交界处的柞栗沟村东，东流经枣庄市周村水库，于苍山县鲁城乡天台庄西入境，东南流入会宝岭水库，出库东南流，在向城镇西左汇阳明河，过陈桥闸，流经兰陵、南桥等乡镇，左岸在南桥镇蒲坦庄，右岸在兰陵镇董塘村入江苏邳州市境，后在林子村东入邳苍分洪道。境内河长69公里，流域面积582.5平方公里。支流上建有双河、考村2座中型水库。

汶河　源出苍山县贾庄乡白云山南麓，南流经卞庄、三合、南桥3乡镇、街道，在界坊村南入江苏邳州市境，后入邳苍分洪道，境内长度22.55公里，流域面积164.1平方公里。

陶沟河　发源于苍山县新兴镇新马庄北，西南流，在西横沟崖村西右岸入枣庄市，沿边界南流，左岸在兰陵镇刘河崖村北入苍山县境，至丁家滩村南流入江苏邳州市，于王庄西入中运河。全长44公里，流域面积537.3平方公里。其中，境内河流长18公里，流域面积129.74平方公里。

运女河　源出苍山县兰陵镇沈坊前村北，南流，经河南头村南流入江苏省邳州市，在房庄入中运河。河全长35.5公里，流域面积116.4平方公里。其中，境内河长14.9公里，流域面积41.17平方公里。

滨海水系

流域　滨海水系流域位于临沂市东部地区，分布在莒南、临沭两县境内，东连日照市，南界江苏省，总流域面积897平方公里。其中，莒南县859平方公里，临沭县38平方公里。

整个流域属鲁东南低山构造剥蚀丘陵区。地形北部、西部高，东南部、东部低，从西北向东南倾斜。北部多为山区，间有山前低丘平原，中东部多为剥蚀丘陵和岛状低山丘陵，海拔高程一般在100~200米之间。剥蚀丘陵在10~70米之间。

大地构造属鲁东地质之胶南隆起，出露地层除老的结晶片麻岩分布外尚有元古代的花岗岩、花岗片麻岩。岩层裂隙水分布广泛。

主要河道　龙王河　旧称络车河，又名相邸河，为单独入海的跨省河道。源于莒南县文疃镇横山南石河峪村北，西南流至寺后村西入相邸水库（中型）。出库后于相邸村南折向东南流，在壮岗镇陈家庄南流入江苏省赣榆县，后入海州湾。境内河长47.5公里，流域面积423平方公里。省界河宽300米，堤距600米，河底高程19.5米，防洪流量895立方米/秒，境内河长10公里以上的支流4条。

绣针河　旧称白羊河，又名获水河、汾水河。因日映河水晶莹如绣花针而得名，发源于莒南县朱芦镇三皇山东坡，甲子山之南。至宋家彩村南流入大山水库（中型）。出库南流，右汇铁牛庙河转东南流，在清泉林村东左岸入日照市境，东流，右汇桑园河后东南流，于埃沟村东汇团林河后，右岸亦流入日照市境，于安东卫获水村南入黄海。全长46公里，流域面积247平方公里。有河长10公里以上支流4条。

朱溪河　旧名朱水，又名朱边河。江苏称青口河。因源出七溪汇于朱边而得名。朱溪河有东、西二源，西源出于相沟乡杨令箭村西南，东流转北；东源出于十字路镇草沟村西北岭，南流至朱边村北二源相汇，复南流，于大高家庄西流入江苏赣榆县境，后入海州湾。境内河长25.9公里，流域面积189.8平方公里。

湖东水系

位于平邑县的西部，流域面积只有94平方公里。主要河流有泗河、城河，向西流经济宁市，汇入南四湖。

第二节　泉

临沂特殊的地质构造，使市域内形成砂石山区与丘陵平原、青石山与砂石山的天然界限，造就了全国少见的独特的“山泉群”。在古生代奥陶系石灰岩裂隙、岩溶中，储藏有丰富的岩溶水，在构造发育较好和地势低洼部位，多有地下水溢出地表而形成山泉。市境内几乎山山有泉，雨季地下水位上升，到处泉水上涌，但雨季过后则大多干涸。全市常年出水的山泉有数百个。

冷水泉

玉泉　位于费县城北13公里，上冶河（紫荆河）东岸、上冶镇东岭西侧。因泉自石罅涌出，流如碧玉，故名。涌水量为720立方米/小时。水质近似青岛崂山矿泉水。此泉水温较高，现为罗非鱼、虹鳟鱼饲养基地。泉东南有玉泉观，苍松翠柏郁郁葱葱。泉北有明代礼部主事周京修建的枕流亭和礼部尚书、东阁大学士于慎行的题碑。再北有玉泉书院旧址。

西崖泉 位于蒙阴县坦埠镇东西崖村。泉水从顺德夫人祠（当地称颜奶奶庙）院中涌出。庙内砌有正方形泉池，水深1.5米。水平如镜，清澈见底。细观水底，有千百小孔泛滚细沙，为泉眼涌水所致。泉水从庙内沿暗道流至庙门外一水池中，水面上有一道波纹，形如金线闪烁，素称奇观。明末公襄游此，曾留下“携来村酿煮寒泉”的诗句。

后佛峪泉 位于蒙阴县高都镇后佛峪村南。原名伏牛泉。清宣统三年版《蒙阴县志》载：“在城西北十八里，因方山形如伏牛，泉出其下，故名。南流入西诸佛（住佛）河，注于汶，鱼皆一目。”此泉出水量为180立方米/小时。

南泉 位于蒙阴县常路镇南泉村西，原名桑泉。此泉涌水量220立方米/小时。

泉桥泉 位于蒙阴县垛庄镇。一泉在泉桥村西100余米处，涌水量为200立方米/小时；另一泉在南泉村西100米处，出水量为205立方米/小时。

翻花泉 位于兰山区半程镇北韩村河滨。民国6年（1917年）《临沂县志》载：“泉濒小河，沙随水涌，势若翻花。”

宝泉 位于罗庄区罗庄街道朱陈村西南处。民国6年（1917年）《临沂县志》载：“泉有五：在寺前者，曰珍珠泉、葡萄泉、竹叶泉；寺西者曰茂泉（冒沙泉）；又西者，曰滚波泉。五泉入涑水，为涑水枯渎之源。”原在泉群侧建有宝泉寺（因泉而得名），抗战时为日军炮火所毁。现在此建宝泉寺公园。

大匡崮泉 有二泉，分别位于平邑县太皇崮（旧称大匡崮）南北两侧，为温凉河之源。

温水泉 在平邑县铜石镇铜石村西北6.3公里，北温水村西南百余米处。有上泉、老虎泉、张家泉等20余处群泉汇为温水泉河，全长5公里，东流1公里入浚河。泉水水温15℃。泉群涌水量为3000立方米/小时。

三孔泉 位于沂水县沙沟镇三泉村中，由3个呈三角形的山泉组成，其中较大的一个泉从黑（玄武岩）、红（花岗岩）、青（石灰岩）3种颜色的石缝中涌出，一昼夜涌水量达2300立方米，且百日无雨泉水不见其小，阴雨连绵涌水不显其大。水温18℃，一年四季水温差不超过0.5℃。泉水碧青甘甜，系低钠、高钙镁多微量元素的优质饮料矿泉水，其综合指标类似法国维希矿泉水。

三孔泉

苑上泉 位于费县朱田镇苑上村，泉原有5处，即百花泉、琴泉、龙泉、珍珠泉、天镜泉。2010年，仅余天镜泉、琴泉。天镜泉泉水清冽，严冬不竭，是当地群众饮用和灌溉的重要水源。

饮虎泉 费县费城镇有饮虎泉、云泉、冷泉、金凤泉、银凤泉等多处泉水，尤以饮虎泉最为著名。饮虎泉位于上杨湾村南百丈崖下，有一石形似虎头，泉水自虎口喷涌而出，泉水甘美，冬暖夏凉。泉前有一潭，名青龙潭。

饮虎泉

东河泉 位于费县梁邱镇东河村东、青龙山西麓，常年水涌，多处冒泉，成溪注入温凉河。

20世纪80年代中期建成大口井配套饮用灌田。

南泉　位于费县县城南10公里处南泉村，常年流水成溪，顺山势北流，至南巩庄西注入温凉河。

山里泉　又名石泉，位于临沭县城东北9公里演武山西麓，山里村北。日出水量86.4立方米，常年水温15℃，已被开发为优质矿泉水，畅销市场。

西盘山泉　位于临沭县城东北11公里处，朱仓乡西盘村北。日出水量约80立方米，已开发为优质矿泉水。

凤凰山泉　位于临沭县朱仓乡姚官庄村北1公里处，日出水量约20立方米。为村民自来水水源。

玉山山泉　位于临沭县玉山镇李庄村。因泉底有石状如龙头，又名龙泉。日出水量约60立方米。已开发为优质矿泉水。

炼丹泉　位于临沭县冠山风景区演武山前，东邻长春观。从前为道士“炼丹”用水，故名“烧丹泉”。民国6年（1917年）《临沂县志》载：“烧丹泉，城东南演武山南，流入关河。”

白玉泉　位于临沭县样山东侧，泉水流入沭河古道。民国6年（1917年）《临沂县志》记载：“白玉泉，在马陵山之阳山（今样山）崖下。入沭水。”

圣水泉　位于临沭县盛（圣）水山东侧，泉水流入凉泉子河。民国6年（1917年）《临沂县志》称“半山泉”。

凉水泉　在平邑县太平顶（旧称聪山）东南麓，为浚河（旧称治水）北源。

广泉　位于平邑县铜石镇大广泉村东200米处。源于广泉山，泉出不一，故名。出水量12立方米/小时。

北寺泉　旧称胜水泉，位于平邑县铜石镇北寺村西南200米处。出水量25立方米/小时。

天宝泉　在平邑县天宝山崖下，一为平泉，一为侧泉。平泉在两泉庄中心，出水量30立方米/小时；侧泉在两泉庄东山崖下，泉水直接流入大峪河。

梯门泉　在平邑县国有天宝山林场内。出水量8立方米/小时。1986年，九间棚村建扬水站1座，扬程114米，铺设管道500米引用泉水。

锅泉　又名“锅泉子”。位于平邑县铜石镇南锅泉村南小河边。泉的形状酷似一口锅，泉水从锅底部喷涌而出，四季长流。村名因泉而得。

牛鼻子泉　位于平邑县铜石镇南锅泉村团山子北麓，山脚有一块形似牛头的大石，泉水正巧从“牛鼻子”里流出来，故称“牛鼻子”泉。

金波泉　位于沂南县铜井村东南角，居众泉之首，以“泛波”见称。泉口处波浪翻腾，呼呼有声，泉水流经四道横墙，如四堵瀑布下泻，波光闪烁。

玉液泉　位于沂南县铜井村西北角，泉水从西边石壁罅隙中涌出。

玉液泉

大河泉　位于沂南县铜井村南，呈群泉池形。池中众多小泉汇聚，股股细流外溢。

大麻疯泉　在沂南县金波泉月牙池西南角坡地，传旧时铜井大集，乞丐、麻风病人不能在大泉喝水，就聚在大毛疯泉子旁饮水就食，此泉亦称“大毛疯流子”。

鬼谷子泉　位于沂南县金波泉附近，因泉水时涌时停，神秘莫测而名。

竹泉　位于沂南县铜井镇竹泉村内，千古名泉，因泉边多竹，故名。被古人称为竹泉神水。

竹泉

响鼓泉 位于沂南县铜井镇凤台庄村东南角，因泉水喷涌击石如鼓而得名。泉边有红石一块，呈骏马状，称马子石。周围十几处小泉环绕喷涌，日夜如鼓声点点。

两泉 位于沂南县铜井镇两泉坡村。村东、西岭坡下各有一泉，村以泉名。

官庄双泉 位于沂南县官庄村内。因村东、南各有一泉，故名。

龙泉 位于沂南县铜井镇政府驻地西北5公里龙泉村。村西南为凤凰山，取“前凤后龙”之意。

辉泉 位于沂南县铜井镇政府驻地北5公里辉泉村，阳光映照，波光粼粼，故名辉泉。村以泉名。

马泉 位于沂南县铜井镇北部山区马泉村内。村西一泉，泉旁石壁洼陷，形似马蹄，名马泉，村随泉名。

解家汪 位于沂南县树仁里村后山石壁中。泉水从巨石缝中涌出，汩汩作响，击起水花。

石龙泉 位于沂南县杨家坡镇小徐疃村东约200米。

濆泉 位于沂南县双堠镇盆泉村。《春秋·左传》作“濆泉”，《公羊传》作“蚡泉”。村以泉而得名。

濆泉

佛住姊妹泉 位于沂南县双堠镇佛住村。两泉相隔200米。泉以村名。

皇家泉 位于沂南县双堠镇佛住村。居佛住姊妹泉中间偏上，三泉呈三角形。因泉水向山里流，而又得名“倒家泉”。周围被巨石包围，呈“二泉望月”景观。

五彩泉 位于沂南县双堠镇泉子崖村，因毗邻五彩山而得名。

双泉 位于沂南县马牧池乡双泉峪村。两泉距160米，原名珍珠泉，有300年的历史，村由泉得名。

卧龙泉 位于沂南县辛集镇涌泉村东南。村里长寿老人居多，有“常饮卧龙泉，益寿又延年”之说。

泉头 位于沂南县青驼镇泉头村北，泉水从青石缝中涌出。

卧龙池和万寿泉 位于沂南县界湖镇朱家岭村，两泉南北遥遥相对。

孔南泉 位于蒙阴县常路镇南泉村西，原名桑泉。

晴开泉 位于苍山县尚岩镇文峰山山腰。每年夏秋季，天晴泉开，下雨则止。

响水泉 位于苍山县鲁城镇响水泉村南。常年流水，如鸣环佩。村以泉名。

温泉

汤头温泉 位于河东区政府驻地北26公里、汤头街道办事处驻地汤山脚下。民国6年（1917

年）《临沂县志》载："水从石罅横出，砌石为池，热如沸汤，一名汤泉。拘挛疥癣之疾，濯之可愈，故有男汤、女汤、癞汤之别。今癞汤已湮，惟余二泉，西注汤河。"温泉出口水温70℃，属高温泉。涌水量为100立方米/小时。水中含钾、钠、氯、钙、镁、硫等20余种矿物质及少量氡、镭等放射性元素，对皮肤、神经、关节等疾病有显著疗效，被列为全国甲级温泉。建有山东省煤炭临沂温泉疗养院、知春湖（国际）温泉度假村等。"野馆汤泉"古为琅邪八景之一。

新王沟温泉　位于沂南县城北5公里、新王沟村北。泉系1976年地质钻探时发现。日出水量为668立方米，水温72℃，含多种化学元素，对皮肤病有显著疗效。设有集体浴池和多个单人浴池。2009年7月，引温泉水在县城北部建山东智圣汤泉旅游度假村。2010年5月一期工程建成。

松山温泉　位于沂南县张庄镇松山埠村。位于孙祖断裂与鄌郚—葛沟断裂的交汇处。1992年9月10日—1993年1月中旬，县打井队在此打井找水，钻到140余米时，井中涌出热水，出口温度52℃。后该井钻至193米深。泉以村命名。

汪家坡温泉　位于平邑县柏林镇汪家坡村河北岸。为蒙山断裂南侧，由深循环加热的地下水沿断裂向上运移形成。1957年4月，人工开挖。为大口井，深约6米。出水量55立方米/小时，水温33℃。

第三节　水文特征

水位　临沂市在大中型水库，河道水文站、水位站、渠首站及地下水观测井进行水位观测。水位观测包括基本水尺和比降水尺的观测。观测时间和次数以能测得完整的水位变化过程为原则，观测标准按照中华人民共和国国家标准《水位观测标准》（GBJ138—90）。至2010年，全市有66处水位站进行水位观测。

沂河临沂水文站1986—2010年最高水位发生在1993年，为64.34米（冻结基面以上米数）；最低水位发生在2010年，为56.86米。沭河大官庄水文站（老）1986—2010年闸上最高水位发生在1990年，为58.99米（冻结基面以上米数）；最低水位发生在2002年，为50.99米。新沭河大官庄水文站闸上最高水位发生在1995年，为54.09米（冻结基面以上米数，1986—1992年无实测资料）；闸下最高水位发生在1998年，为49.88米（冻结基面以上米数，1986—1987、1991—1993年无实测资料）。

流量　新中国成立后，临沂市陆续在沂河、沭河等河流上设立河道水文站，进行流量测验，积累流量资料。水文站最多时曾达58处。水库放水洞、渠首等站也实测流量。至2010年年底，有16处水文站进行流量测验，积累不同地区、不同时间的流量资料数据上亿个。

沂河临沂水文站1986—2010年年平均最大流量为122立方米/秒（2005年），最小年平均流量4.61立方米/秒（1989年）。最大洪峰流量8140立方米/秒，发生在1993年8月5日。沭河大官庄水文站（老）1986—2010年年平均最大流量为41.2立方米/秒（2003年），最小年平均流量2.28立方米/秒（1992年）。最大洪峰流量1500立方米/秒，发生在1995年7月11日。沭河大官庄水文站（新）1986—2010年年平均最大流量为64.4立方米/秒（2008年），最小年平均流量0.008立方米/秒（1989年）。最大洪峰流量2550立方米/秒，发生在1998年8月16日。

径流　1986—2010年，沂河临沂水文站实测多年平均年径流量为16.13亿立方米。其中最大年径流量38.63亿立方米，发生在2005年；最小年径流量1.454亿立方米，发生在1989年。沭河大官庄水文站（老）多年平均实测年径流量为4.89亿立方米。其中最大年径流量13.23亿立方米，发生在2003年；最小年径流量0.7197亿立方米，发生在1992年。沭河大官庄水文站（新）多

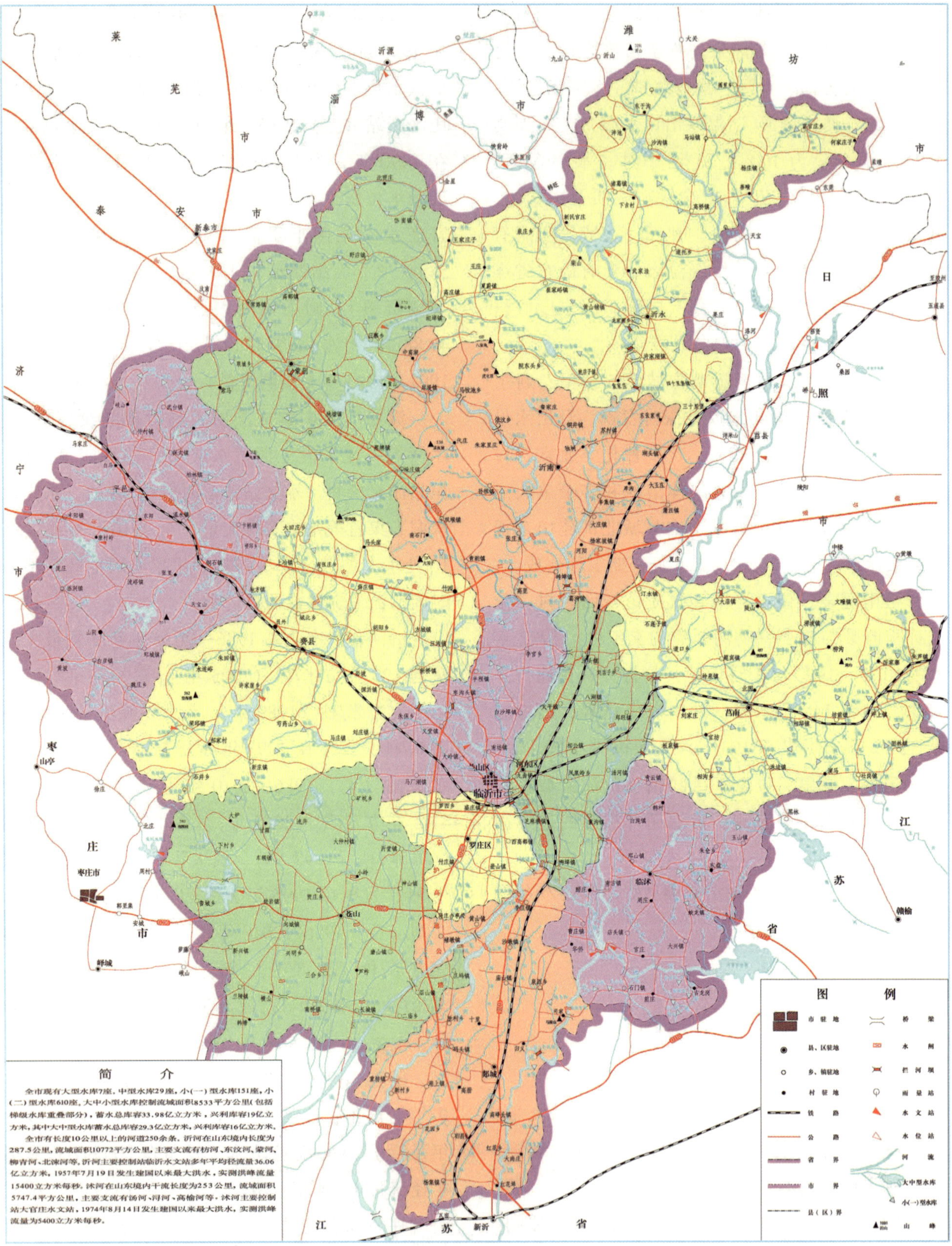

2002年5月编制

图 2-3　临沂市河道水库位置图

年平均实测年径流量为5.48亿立方米。其中最大年径流量20.37亿立方米，发生在2008年；最小年径流量0.0025亿立方米，发生在1989年。

泥沙　临沂市各条河流悬移质泥沙含沙量、输沙量与径流量成正比例，河流径流量大，含沙量、输沙量也大。全市河流悬移质泥沙年内分配不均匀，输沙量高度集中在夏季（约占99%），且上游河流大于下游河流。20世纪80年代起，持续开展上游山区水土保持和小流域治理，成效显著，各河流含沙量总体呈逐年减少趋势。至2010年，全市有7处泥沙站进行悬移质泥沙测验。根据水文部门监测，1986—2005年沂河临沂水文站最大年输沙量为210万吨（1991年），而1999年和2002年输沙量为零。沭河大官庄水文站（老）断面最大年输沙量为19.3万吨（1990年），最小年输沙量为零（2002年）。沭河大官庄水文站（新）断面最大年输沙量为37.9万吨（1991年），最小年输沙量出现在1989年、2002年和2010年，均为零。

临沂市沂河、沭河水文站径流月分配情况表

表2-4

水系	站名	项　目	1	2	3	4	5	6	7	8	9	10	11	12	全年	6~9月
沂河	临沂水文站	径流深（毫米）	4.3	3.3	3.2	4.6	5.1	14.5	91.9	76.9	30.9	10.9	8.0	5.5	259.0	214.2
		月分配（%）	1.6	1.3	1.2	1.8	2.0	5.6	35.5	29.7	11.9	4.2	3.1	2.1	100.0	82.7
沭河	大官庄水文站	径流深（毫米）	3.1	2.7	3.6	4.5	6.1	15.9	94.1	77.2	33.4	10.9	7.6	4.6	263.6	220.5
		月分配（%）	1.2	1.0	1.4	1.7	2.3	6.0	35.7	29.3	12.7	4.2	2.9	1.7	100.0	83.7

第四章　气候　物候

临沂市气候为暖温带大陆性季风气候，四季分明，雨量充沛，气候温和。在山东省气候区内，临沂属最佳气候区之一。

第一节　气候特征

临沂市属暖温带大陆性季风气候。四季分明，雨热同季，季风明显，光照充足，无霜期长。从季节变化上看，春季回暖快，少雨多风，气候干燥，常有干旱、寒潮、晚霜冻灾害性天气。夏季温高湿重，雨量充沛，盛东南风，洪涝、大风、冰雹灾害性天气较为频繁。秋季气温下降，雨量减少，天气晴和，凉爽宜人；亦有秋旱或连阴雨灾害性天气出现。冬季寒冷干燥，雨雪稀少。从气候区划上看，北部为山区，年平均气温在全市最低，寒冷期长，降水少，干旱重，冰雹频繁危害大，无霜期短，日照时数长，蒸发大。西部丘陵气候区春季回暖早，干热风多，夏季炎热。南部平原气候区年温高，热量足，雨量充沛，气候温润，年极端最高气温为全市之最。

第二节 气 温

年平均温度 境内气温适中，热量资源丰富，冬季寒冷，夏季炎热。1995—2010年，年平均气温在13.2℃~14.6℃之间，经历了两个波谷和波峰。其中，最低年平均温度出现在1996年，为13.2℃；最高年平均温度出现在2007年，为14.6℃。

各观测站年平均气温13.3~14.3℃，沂水县最低，为13.3℃；郯城、平邑、费县为14.3℃；其他县区一般在13.6℃~14.1℃之间。

月平均温度 1月平均气温-1.4℃~-0.0℃，沂水、沂南、蒙阴县平均气温-1.4℃~-1.1℃，其他县区-0.5℃~0.0℃；本月，南部县区为暖区，北部山区为低温区，冷中心在沂水县。2月平均气温比1月升高2℃~4℃，西部地区增温快于东部地区，蒙阴、沂水、沂南、莒南县平均气温1.6℃~2.4℃，其他县区在2.7℃~3.1℃之间。其中，郯城县最高，为3.1℃；沂水县最低，为1.6℃。3月平均气温7.1℃~8.4℃，平邑县最高，为8.4℃；沂水县最低，为7.1℃。4月较3月升高6℃~7℃，为1~7月间升温幅度最大的月份。全市平均气温13.8℃~15.2℃，平邑县最高，为15.2℃；沂水县最低，为13.8℃。5月平均气温19.6℃~20.8℃，平邑县最高，为20.8℃；莒南县最低，为19.6℃。6月平均气温较5月升高4℃~5℃。平邑县最高，为24.9℃；莒南县最低，为23.6℃。7月平均气温为全年气温最高月份。其中，平邑县最高，达26.7℃；沂水县最低，为25.8℃。8月平均气温25.0℃~25.9℃。低温中心在北部沂水县和沂南县一带，高温中心在西部费县和南部郯城县。9月平均气温较上月下降4℃~5℃，为20.9℃~21.7℃。低温区蒙阴、沂水、沂南县为20.9℃~21.2℃，其他县区21.6℃~21.7℃。10月平均气温15.1℃~16.1℃，气温由南向北递减。11月平均气温比上月下降7℃~8℃，是下半年至翌年1月降温最强烈的月份，月均气温7.3℃~8.5℃。12月，低温中心在蒙阴、沂水县，分别为0.9℃和0.8℃；高温中心在郯城，气温为2.3℃。

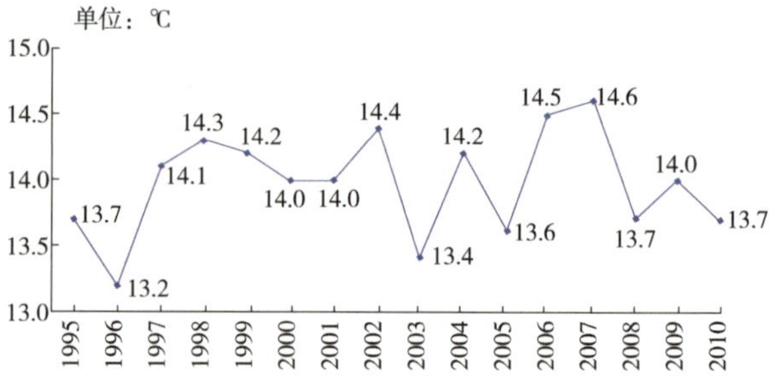

图2-4 1995—2010年临沂市年平均气温变化折线图

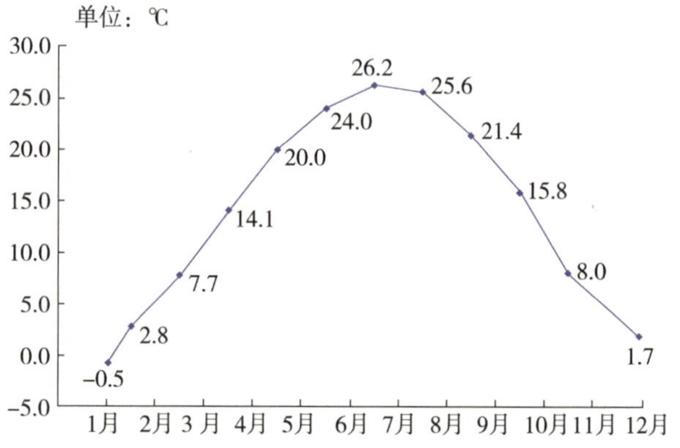

图2-5 1995—2010年临沂市各月平均气温曲线图

1995—2010 年临沂市各观测站各月、年平均气温情况表

表 2-5　　单位：℃

站名	1月	2月	3月	4月	5月	6月	7月	8月	9月	10月	11月	12月	年
蒙阴	-1.2	2.2	8.0	14.9	20.6	24.5	26.4	25.4	21.2	15.2	7.4	0.9	13.8
平邑	-0.3	3.0	8.4	15.2	20.8	24.9	26.7	25.7	21.6	15.8	8.0	1.7	14.3
费县	-0.4	2.8	8.3	15.1	20.7	24.7	26.6	25.7	21.6	15.8	8.0	1.6	14.3
沂水	-1.4	1.6	7.1	13.8	19.7	23.7	25.8	25.0	20.9	15.1	7.3	0.8	13.3
沂南	-1.1	2.0	7.4	14.1	19.8	23.9	26.1	25.2	21.1	15.2	7.5	1.1	13.6
临沂	-0.3	2.7	7.8	14.4	20.1	24.3	26.6	25.8	21.6	16.0	8.2	1.9	14.1
莒南	-0.5	2.4	7.4	13.9	19.6	23.6	26.1	25.6	21.6	16.0	8.3	1.8	13.9
苍山	-0.4	2.7	7.9	14.4	20.0	24.6	26.6	25.8	21.6	16.0	8.1	1.7	14.1
临沭	-0.4	2.7	7.7	14.2	19.9	24.0	26.3	25.6	21.6	16.0	8.3	1.9	14.0
郯城	-0.0	3.1	8.1	14.3	20.0	24.4	26.6	25.9	21.7	16.1	8.5	2.3	14.3

界限温度初终日　全市平均寒冷期（平均气温0℃以下）初日均出现在 12 月上旬。最早为 11 月 15 日，出现在 2009 年。平均寒冷期终日全市均在 2 月中下旬，蒙阴、平邑、莒南县最晚止于 3 月中旬。全市平均寒冷期 34 天，蒙阴寒冷期最长，为 43 天；沂水、苍山县最短，为 28 天。最长连续日数，沂南、沂水、蒙阴、平邑县为 34 天，出现于 1996 年 1 月 8 日至 2 月 10 日。最短连续日数，郯城、费县为 9 天，出现在 2001 年 1 月 9 日至 1 月 17 日。

夏季平均炎热期（平均气温 30℃以上）初日，全市于 7 月上中旬相继出现；终日在 7 月下旬末和 8 月上旬。最早的初日出现在平邑县，为 2004 年 6 月 12 日；最晚的终日为 9 月 2 日（其中费县、沂水县出现在 2002 年，兰山、罗庄和河东区及蒙阴、平邑、苍山、临沭、郯城县出现在 1995 年）。全市连续炎热日数最长的年份均出现在 2002 年。其中，费县 7 天，其余各站 5~6 天，均出现在 7 月 10 日-16 日期间。

全市日最高温高于 30℃平均日数，为 55 至 72 天。出现时间在 4 月至 10 月上旬。集中期一般为 6—8 月，7 月、8 月出现最多。日最高温高于 35℃平均日数，为 4~7 天。日最高温高于 40℃日数，1995—2010 年期间除郯城县没有出现外，其他地区都出现过 1 天（同时出现在 2002 年 7 月 15 日）。日最低气温低于 0℃初日，全市各县区平均出现在 11 月 10 日（沂南县）-11 月 16 日（费县）之间，1995-2010 年期间各县区初日最早出现在 10 月 26 日（临沭县）-11 月 2 日（郯城县）之间，初日最晚出现在 11 月 24 日（沂南县）-11 月 30 日（兰山、罗庄、河东区和费县、苍山县、郯城县）之间。日最低气温低于 0℃终日，全市各县区平均出现在 3 月 14 日（平邑县）-3 月 25 日（沂南县）之间，1995-2010 年期间各县区终日最早出现在 3 月 3 日（平邑、郯城县）-3 月 8 日（沂水、沂南县）之间，终日最晚出现在 3 月 28 日（平邑县）-4 月 15 日（沂水、沂南、苍山、郯城县）之间。日最低气温低于0℃平均日数为119天至135天，集中期在冬12月至翌年2月。日最低温低于-5℃，平均日数23天至37天，沂水县最多达36.8天，郯城县最少为23.1天，集中期为12月至2月。月最低温-10℃平均日数，蒙阴县最多，达4.9天，郯城县最少为1.8天，沂南县4.6天，沂水、苍山县3.9天，其他地区1.9至2.8天；出现日期，北部山区为11月下旬至次年3月上旬，其他地区在12月至次年2月；集中期，北部为12月中旬至次年2月中旬，其他在1月。日最低温-15℃平均日数，1995-2010年累计苍山出现过2天，出现在1998年1月19日和20日；蒙阴、沂南县累计出现过1天，分别出现在2001年1月15日和2009年1月24日；其他地区未出现。日最低温-20℃平均日数，从1995年至2010年全市各地均未出现。

1995—2010年临沂市各观测站日平均气温稳定通过各界限温度初终日情况表

表2-6

站名	0℃			5℃			10℃		
	初日（月/日）	终日（月/日）	初终间日数	初日（月/日）	终日（月/日）	初终间日数	初日（月/日）	终日（月/日）	初终间日数
蒙阴	2/11	12/8	301	3/10	11/18	253	3/29	11/2	218
平邑	2/7	12/11	308	3/9	11/20	308	3/29	11/2	219
费县	2/7	12/13	306	3/9	11/20	257	3/30	11/3	218
沂水	2/15	12/6	295	3/14	11/17	248	4/3	11/1	213
沂南	2/10	12/9	289	3/11	11/18	253	3/31	11/2	217
临沂	2/5	12/16	315	3/9	11/21	256	3/31	11/4	219
莒南	2/8	12/13	286	3/11	11/22	256	4/1	11/4	217
苍山	2/6	12/16	314	3/8	11/22	259	3/28	11/4	221
临沭	2/7	12/12	308	3/10	11/22	257	4/1	11/4	218
郯城	2/5	12/13	311	3/5	11/24	264	3/31	11/7	223

续表2-6-1

站名	12℃			15℃			18℃			20℃		
	初日（月/日）	终日（月/日）	初终间日数	初日（月/日）	终日（月/日）	初终间日数	初日（月/日）	终日（月/日）	初终间日数	初日（月/日）	终日（月/日）	初终间日数
蒙阴	4/10	10/26	200	4/26	10/9	167	5/13	9/26	135	5/22	9/11	112
平邑	4/8	10/28	202	4/25	10/14	172	5/11	9/27	138	5/16	9/12	119

续表 2-6-2

站名	12℃			15℃			18℃			20℃		
	初日（月/日）	终日（月/日）	初终间日数	初日（月/日）	终日（月/日）	初终间日数	初日（月/日）	终日（月/日）	初终间日数	初日（月/日）	终日（月/日）	初终间日数
费县	4/7	10/30	205	4/24	10/15	174	5/13	9/29	139	5/19	9/18	122
沂水	4/14	10/24	193	5/1	10/10	162	5/15	9/25	133	5/29	9/10	104
沂南	4/12	10/26	197	5/1	10/13	165	5/13	9/25	135	5/28	9/11	106
临沂	4/10	10/31	204	4/26	10/17	175	5/12	9/29	139	5/24	9/18	117
莒南	4/14	10/30	200	4/30	10/16	170	5/14	10/1	140	5/29	9/14	109
苍山	4/10	11/1	206	4/24	10/16	174	5/10	9/29	142	5/24	9/15	113
临沭	4/10	11/3	207	4/25	10/20	178	5/13	10/1	141	5/25	9/18	116
郯城	4/17	10/31	206	4/26	10/18	175	5/11	10/1	143	5/23	9/19	119

第三节　降　　水

空间分布　临沂市为省内降水丰沛的地区之一。受地形和天气系统影响，全市降水东南部多于西北部。1995—2010年，各县区年均降水730~930毫米。沂水县最少，为739.4毫米；平邑、蒙阴、沂南县774.0~796.4毫米；费县、苍山、莒南县830.6~845.8毫米；兰山、罗庄、河东区和临沭县852.2~888.0毫米；郯城县最多，为920.9毫米。

月降水量　1月历年平均6~12毫米，为全年降水最少月份。郯城县月均最多，为11.4毫米，其他县区6.0~10.8毫米。本月最多降水量57.6毫米，最少为0.0毫米。2月平均13~21毫米，多时31.6~71.8毫米，少时仅为0.0~3.6毫米。3月平均19~31毫米，较多时59.9~107.4毫米，较少时0.0~0.4毫米。4月平均34~49毫米，较多时79.1~116.6毫米，较少时3.5~14.2毫米。5月平均60~85毫米，多时107.6~185.1毫米，少时0.0~14.9毫米。6月平均93~113毫米，多时172.3~321.4毫米，少时21.2~45.4毫米。7月平均191~260毫米，为全年降水最多月份。沂南县最少，为191.9毫米；临沭县最多，为259.7毫米；郯城县仅次于临沭县，为252.6毫米。高值年份在369.1~461.4毫米之间，少时29.6~109.6毫米。8月平均188~233毫米，多时338.7~487.7毫米，少时23.4~82.8毫米。9月平均61~85毫米，高值年份在183.7~402.7毫米之间，最少0.0毫米。10月平均26~33毫米，高值年份在71.8~102.3毫米之间，最少0.0毫米。11月平均15~22毫米，高值年份在45.5~96.1毫米之间，最少0.0毫米。12月平均8~14毫米，高值年份达到18.3~54.5毫米，最少0.0毫米。

年际变化　1995—2010年，全市平均年降水量在514.9~1149.2毫米。最大平均年降水量为1149.2毫米，出现在2003年；最小为514.9毫米，出现在2002年。年最大降水量为1295.7毫米，1998年出现在郯城县；最小为392.4毫米，2002年出现在平邑县。

1995—2010 年临沂市各测站各月平均降水量情况表

表 2-7 单位：毫米

站名	1月	2月	3月	4月	5月	6月	7月	8月	9月	10月	11月	12月	合计
蒙阴	7.2	16.1	20.8	34.9	65.6	106.3	197.9	207.5	63.7	30.6	18.2	9.2	778.1
平邑	6	13.9	19	36.9	63.4	94.8	204.9	201.7	80.8	26.6	17.7	8.2	774
费县	10.8	17.4	23.6	39.4	74.2	104.7	214.3	224.9	61.9	30.9	16.6	12	830.6
沂水	7.5	13.7	20.2	36.5	62	94.4	194.2	188.4	65.5	31.8	16.8	8.4	739.4
沂南	8.9	15.8	20.7	40.2	60.4	112.2	191.9	210.5	76.4	32.7	16.4	10.4	796.4
临沂	10.1	17.1	26.2	42.3	84.3	93.6	238	215.2	67.8	30.6	16.3	10.7	852.2
莒南	10.4	17.8	23.6	42.6	70.3	105.7	225.9	204.2	85	32.4	15.6	12.5	845.8
苍山	10.4	16.9	24.7	48.1	82.6	108.3	224.7	203.8	59.4	31.5	17.4	11.8	839.6
临沭	10.8	20.2	27.6	44.5	74.2	102.2	259.7	217.1	71.8	28.7	19.4	11.9	888
郯城	11.4	20.8	30.6	47.3	68.9	110.3	252.6	232.9	78.9	31.4	21.9	14	920.9

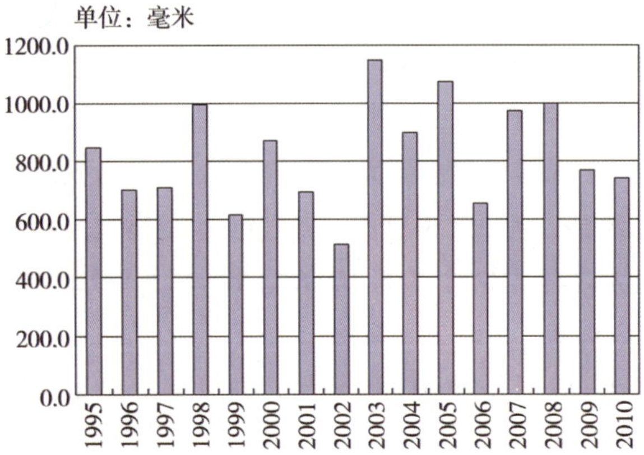

图 2-6 1995—2010 年临沂市平均年降水量示意图

雨季降水时空分布 全市雨季平均开始日期为 6 月 25 日，结束日期为 8 月 24 日，雨季平均持续时间 61 天。其中 1995—2010 年雨季开始日期在 6 月 3 日（2003 年、2004 年）—7 月 19 日（1997 年）之间，结束日期在 8 月 2 日（1997 年、2001 年）~9 月 8 日（1999 年、2003 年）之间。雨季持续时间最短出现在 1997 年，为 15 天；持续时间最长出现在 2003 年，为 98 天。雨季降水最多的是郯城县，其次是临沭、临沂 3 区及莒南县，平邑、沂水县最少。

连阴雨天气 全市连阴雨天气（连续 3 天降水量≥0.1 毫米）出现于 4—11 月，6—10 月较多，7—8 月最多。连阴雨短则 3 天，长则 8 天以上。蒙阴、费县出现过 15 天的连阴雨，均出现在 2001 年 7 月 21 日—8 月 4 日，降水分别为 295.7 毫米和 353.9 毫米。

降水日数及强度 全市年均降水日数 74 至 83 天。日降水 10 毫米平均 20~24 天，以 7 月和 8 月最多。日降水 25 毫米年均 8~11 天，7 月最多。日降水 50 毫米年均 2~5 天。暴雨多出现于 6 月下旬至 7 月上旬；最早出现于 4 月，最晚出现于 11 月。日降水 100 毫米年均 0.3~1.1 天。日降水 150 毫米年均 0.0~0.3 天。日降水 200 毫米在部分县区有过，年均 0.1 天。

降雪 全市平均年降雪 5.5~82.9 毫米。年最大降雪量 82.9 毫米，出现在 2001 年；最小降雪 5.5 毫米，出现在 2007 年。1995—2010 年，平均降雪量莒南县最大，为 28.0 毫米；平邑县最小，为 17.7 毫米。年均降雪日数为 3~22 天。年降雪

1995—2010 年临沂市各测站各月降水日数情况表

表 2-8　　　　单位：天

站名	1月	2月	3月	4月	5月	6月	7月	8月	9月	10月	11月	12月	合计
蒙阴	3.4	4.1	4.3	5.4	7.3	9.1	12.4	11.7	7.3	5.2	3.8	2.8	76.8
沂水	2.4	3.8	3.8	6.3	6.9	8.9	13.6	12.8	7.1	5.1	3.7	2.7	77.0
沂南	3.3	4.1	4.1	6.0	7.8	8.6	13.4	12.9	7.2	5.5	4.1	3.1	79.9
平邑	2.8	3.8	4.2	5.2	6.9	7.9	12.8	11.5	7.2	5.1	4.0	2.7	74.1
费县	3.2	4.3	4.7	5.9	7.9	8.2	14.1	12.5	7.2	5.8	4.1	3.3	81.1
临沂	3.3	4.6	5.1	5.8	7.1	8.2	12.8	12.3	6.9	5.9	4.1	3.2	79.3
莒南	3.4	4.6	5.1	6.8	7.2	8.2	13.8	13.1	7.4	5.6	4.1	3.3	82.9
苍山	3.3	4.4	5.1	6.0	7.6	7.9	13.5	12.1	6.6	5.4	4.1	3.4	79.5
郯城	3.7	4.1	5.1	6.6	7.7	7.5	13.3	12.3	7.4	5.6	4.1	3.6	80.9
临沭	3.5	4.5	5.5	6.3	7.8	7.8	13.8	12.1	8.1	5.7	4.0	3.1	81.9

日数最多 22 天，出现在 2001 年；年降雪日数最少 3 天，出现在 2007 年。1995—2010 年，蒙阴县降雪日数最多，为 11.8 天；平邑县降雪日数最少，为 8.6 天。降雪日集中于 12 月~2 月。1995—2010 年降雪初日平均在 11 月下旬至 2 月中旬，最早始于 11 月上旬。终日平均在 3 月初至月末，最早在 1 月底，最晚在 2010 年 4 月 14 日。年均积雪日数为 0.3~16.5 天。积雪日数最多出现在 2001 年，为 16.5 天。1995—2010 年最大积雪深度 9~16 厘米，郯城县最深为 16 厘米，出现在 2000 年 1 月 16 日；临沂 3 区和平邑县最浅，为 9 厘米，分别出现在 1996 年和 2003 年。

最长连续无降水日数　在 60~94 天，蒙阴、费县为 94 天，出现在 1998 年 12 月 2 日—1999 年 3 月 5 日；平邑县 93 天，出现在 1998 年 12 月 3 日—1999 年 3 月 5 日，沂水县 89 天，出现在 1996 年 11 月 27 日—1997 年 2 月 23 日，沂南县 83 天，出现在 1998 年 12 月 2 日—1999 年 2 月 22 日，临沭、苍山和莒南县 82 天，均出现在 1998 年 12 月 3 日—1999 年 2 月 22 日，郯城县 62 天，出现于 2010 年 10 月 12 日—2010 年 12 月 12 日，临沂 3 区 60 天，出现于 2010 年 10 月 14 日—2010 年 12 月 12 日。

最长连续无效降水（日降水≤5 毫米）日数　莒南、临沭县为 157 天，沂水、沂南、平邑、苍山县 156 天，蒙阴、临沂 3 区 148 天，费县 130 天，郯城县 124 天，临沂 3 区和蒙阴、平邑、沂水、沂南、莒南、苍山、临沭县均发生在 1995 年 10 月—1996 年 3 月，费县、郯城发生在 1996 年 11 月—1997 年 3 月。

第四节　湿　　度

全市相对湿度由东南向西北递减，东部大于西部，平原大于山区。年平均相对湿度全市在 63%~71%之间。蒙阴县最小，为 63%；郯城县最大，为 71%。年最小相对湿度 0~5%，冬春季最小，分别在 0~5%和 0~9%之间；夏季最大，有时达到饱和状态。各月平均绝对湿度，水汽压全市在 11~13 百帕之间。郯城县最大，为 12.8 百帕；蒙阴县最小，为 11.2 百帕。全市年最大水汽压在 34~39 百帕之间。郯城县最大，为 38.4 百帕，出现在 2003 年 8 月 1 日。年最小水汽压在 0.4~0.7 百帕之间。蒙阴县最小时 0.4 百帕，出现在 2009 年 1 月 23 日。

1995—2010 年临沂市各测站各月平均相对湿度情况表

表 2-9　　单位：%

站名	1月	2月	3月	4月	5月	6月	7月	8月	9月	10月	11月	12月	年
蒙阴	58	56	51	52	58	64	78	78	72	66	62	61	63
平邑	58	58	54	55	61	65	79	80	74	68	65	62	64.9
费县	60	58	55	55	61	66	79	80	73	68	65	62	65.2
沂水	59	59	56	57	62	69	82	83	75	68	64	62	66.3
沂南	59	58	55	57	62	68	81	81	75	68	64	61	65.8
临沂	60	60	59	59	64	69	81	83	75	69	65	63	67.3
莒南	61	62	61	61	65	72	82	82	74	69	65	63	68.1
苍山	64	64	62	63	68	70	82	84	76	70	68	67	69.8
临沭	64	64	62	61	66	71	83	83	76	70	67	66	69.4
郯城	66	65	64	64	68	71	83	84	78	73	69	67	71

1995—2010 年临沂市各测站各月平均水汽压情况表

表 2-10　　单位：百帕

站名	1月	2月	3月	4月	5月	6月	7月	8月	9月	10月	11月	12月	年
蒙阴	3.3	4.1	5.4	8.7	13.3	19.0	26.2	25.2	17.8	11.4	6.4	4.1	11.2
平邑	3.6	4.5	5.9	9.4	14.3	19.9	27.2	26.3	18.9	12.2	6.9	4.4	11.8
费县	3.6	4.4	5.9	9.4	14.2	19.8	27.1	26.2	18.7	12.1	7.0	4.4	11.8
沂水	3.3	4.1	5.6	8.9	13.7	19.7	26.9	26.1	18.4	11.6	6.6	4.1	11.5
沂南	3.4	4.2	5.6	9.0	13.8	19.5	26.9	25.9	18.4	11.7	6.7	4.2	11.5
临沂	3.7	4.5	6.2	9.6	14.6	20.4	28.0	27.2	19.3	12.4	7.1	4.5	12.1
莒南	3.7	4.6	6.2	9.5	14.4	20.4	27.5	26.8	19.1	12.5	7.2	4.6	12.1
苍山	3.8	4.8	6.6	10.3	15.6	21.0	28.4	27.6	19.5	12.6	7.4	4.7	12.5
临沭	3.9	4.8	6.4	9.7	14.7	20.5	28.0	27.3	19.5	12.8	7.4	4.7	12.3
郯城	4.1	5.1	6.8	10.5	15.5	21.2	28.8	27.9	20.1	13.2	7.7	4.9	12.8

第五节 气 压

全市海平面气压年均 1017~1018 百帕。平邑、临沭、沂水县一带为高压区，中心在平邑，为 1017.7 百帕；郯城、苍山县一带为低压区，中心在郯城县为 1017.0 百帕。全年各月气压最高在 1 月，最低在 7 月，差值 21~27 百帕。1 月全市平均 1027~1029 百帕之间，高压区中心在平邑县，1028.8 百帕，低压中心在郯城县，为 1027.8 百帕。7 月全市平均 1004~1005 百帕之间，苍山、郯城县最低为 1004.3 百帕，平邑、莒南县最高，为 1004.8 百帕。4 月平均为 1015~1016 百帕，10 月平均为 1020~1022 百帕。

1995—2010 年临沂市各测站各月平均海平面气压情况表

表 2-11 单位：百帕

站名	1 月	2 月	3 月	4 月	5 月	6 月	7 月	8 月	9 月	10 月	11 月	12 月	年平均
蒙阴	1028.5	1025.9	1020.6	1015.3	1010.4	1006.0	1004.5	1008.0	1015.1	1021.0	1024.8	1028.4	1017.4
平邑	1028.8	1026.2	1021.0	1015.7	1010.8	1006.3	1004.8	1008.3	1015.3	1021.3	1025.2	1028.8	1017.7
费县	1028.2	1025.7	1020.6	1015.3	1010.5	1006.0	1004.4	1007.8	1014.8	1020.7	1024.6	1028.1	1017.2
沂水	1028.5	1026.0	1020.8	1015.5	1010.6	1006.3	1004.7	1008.1	1015.1	1021.0	1024.8	1028.3	1017.5
沂南	1028.4	1025.9	1020.7	1015.5	1010.6	1006.3	1004.6	1008.0	1015.0	1020.9	1024.7	1028.2	1017.4
临沂	1019.3	1017.0	1012.1	1007.1	1002.5	998.1	996.7	999.9	1006.7	1012.5	1016.1	1419.4	1009.0
莒南	1028.2	1025.9	1020.9	1015.7	1010.9	1006.5	1004.8	1008.0	1014.9	1020.9	1024.7	1028.1	1017.4
苍山	1028.1	1025.4	1020.3	1015.1	1010.3	1006.0	1004.3	1007.7	1014.6	1020.8	1024.6	1027.9	1017.1
临沭	1028.4	1025.7	1020.7	1015.5	1010.7	1006.5	1004.7	1008.0	1014.9	1021.1	1025.0	1028.2	1017.5
郯城	1027.8	1025.4	1020.4	1015.3	1010.4	1005.9	1004.3	1007.5	1014.5	1020.4	1024.2	1027.7	1017.0

第六节 风

风向 临沂市地处季风气候区，总体上看，冬半年多偏北风，夏半年多东南风。由于各县区地理位置、山脉、河流、海岸线等因素的影响不同，风向也有差异。年盛行风向，蒙阴县为东东南风；平邑县为东南风；费县为东风和东东南风；临沂 3 区和苍山、郯城县为北东北风；沂水县为南风；沂南县为东北风；莒南、临沭县为东东南风。随季节的不同，各县区盛行风向上亦不同。冬 1 月，临沭县为北风；蒙阴、平邑、费县西北风；沂水、临沂、苍山、郯城县为北东北风；沂南县东北风；莒南县西西北风；春 4 月，临沭、费县、蒙阴、莒南、郯城县东东南风；沂水县南风；平邑县东南风；沂南县和临沂 3 区为南西南风，苍山县东东北风。夏 7 月，费县、临沭、郯城、莒南县为东东南风；沂水县南风；蒙阴、沂南、平邑县为东南风；临沂3区和苍山县为东风。秋10月，蒙阴、莒南、临沭县为东东南风；沂水县为北风；临沂3区和苍山、郯城县为北东北风；沂南县东北风；费县西北风，平邑县为东南风。

风速 1995—2010年，境内年平均风速差异不大，在1.9~2.3米/秒之间。各站年平均风速在1.6~2.4米/秒之间，其中临沭最大为2.4米/秒，平邑、苍山最小为1.6米/秒。月平均风速在3—4月较大，9—10月较小，其他各月差异不大。极端极大风速为30.6米/秒，2005年8月11日出现在苍山县境内。

1995—2010年临沂市各县区各月最多风向（不含静风）/频率情况表

表2-12

站名	1月	2月	3月	4月	5月	6月	7月	8月	9月	10月	11月	12月	年
蒙阴	NW/17	ESE/15	ESE/17	ESE/16	ESE/16	SE/21	SE/21	SE/18	ESE/13	ESE/12	NW/13	NW/16	ESE/18
平邑	NW/12	SE/15	SE/19	SE/19	SE/20	SE/26	SE/24	SE/20	SE/14	SE/14	SE/13	SENW/11	SE/22
费县	NW/12	EESE/12	ESE/13	ESE/13	EESE/13	ESE/18	ESE/16	E/17	EESE/10	NW/10	NW/11	NW/13	ESE/15
沂水	NNE/16	NNE/13	S/16	S/18	S/17	S/18	S/16	N/11	N/13	NNNE/11	NNE/13	NNE/13	S/16
沂南	NE/12	NE/12	NE/11	SSW/10	NE/9	SESSE/11	SE/10	NE/12	NNE/11	NNENE/8	NE/11	NE/11	NE/12
临沂	NNE/20	NNE/17	NNE/12	SSWNNE /10	SW/10	E/12	E/12	NNE/18	NNE/23	NNE/19	NNE/21	NNE/20	NNE/18
莒南	WNW/10	ESE/13	ESE/15	ESE/16	ESE/16	ESE/23	ESE/18	ESE/16	ESE/11	ESE/12	ESE/9	WNW/10	ESE/16
苍山	NNE/13	NNE/12	NNE/10	ENE/8	E/10	E/14	E/12	NNE/12	NNE/14	NNE/11	NNE/14	NNE/13	NNE/13
临沭	N/14	ESE/15	ESE/15	ESE/16	ESE/19	ESE/26	ESE/20	ESE/17	ESE/15	ESE/15	NESE/13	N/12	ESE/19
郯城	NNENE/13	NNENE/10	E/10	ESE/10	ESESE/10	SE/13	ESE/12	NE/11	NNE/13	NNE/12	NNE/14	NNE/13	NNE/11

说明：E为东，W为西，S为南，N为北。

1995—2010年临沂市各测站各月平均风速情况表

表2-13　　单位：米/秒

站名	1月	2月	3月	4月	5月	6月	7月	8月	9月	10月	11月	12月	年
蒙阴	1.5	1.8	2.3	2.4	2.3	2.1	1.9	1.7	1.4	1.5	1.5	1.5	1.7
平邑	1.5	1.7	2.1	2.2	2.1	2.0	1.7	1.6	1.4	1.4	1.4	1.5	1.6
费县	1.7	1.9	2.3	2.4	2.2	2.1	1.8	1.6	1.4	1.4	1.6	1.7	1.7
沂水	2.0	2.4	2.9	3.0	2.6	2.3	2.1	1.9	1.9	1.9	2.2	2.1	2.1
沂南	2.0	2.4	2.8	2.8	2.5	2.2	2.0	2.0	1.8	1.7	2.0	2.1	2.0
临沂	2.3	2.6	3.0	3.0	2.7	2.5	2.2	2.2	2.2	2.1	2.3	2.3	2.2
莒南	2.1	2.4	2.8	3.0	2.8	2.6	2.3	2.2	1.9	1.8	2.1	2.1	2.2
苍山	1.7	1.9	2.3	2.2	2.0	2.0	1.7	1.5	1.4	1.4	1.6	1.7	1.6
临沭	2.5	2.8	3.2	3.2	2.9	2.8	2.5	2.3	2.1	2.1	2.5	2.5	2.4
郯城	2.1	2.3	2.6	2.4	2.3	2.1	1.9	1.9	1.7	1.6	2.0	2.1	1.9

第七节　云

云量时空分布　全市年平均总云量（天空被云遮蔽的总成数）在 4~6 成之间。沂水县最少，为 4.9 成；莒南县最多，为 5.7 成。年均低云量 1.4~2.0 成。总云量分布南部平原多于北部山区。低云量分布与此相反。云量变化 1—7 月递增，其后递减。7 月最多，为 6.8~7.7 成；12 月最少，为 3.4~4.3 成。总云量、低云量各月日变化大体一致，白昼 14 时云量增加最多，夜间 2 时减至最少。

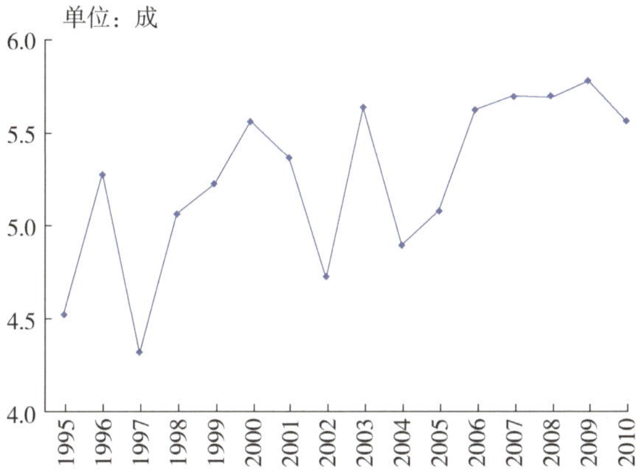

图 2-7　1995—2010 年临沂市年平均总云量示意图

阴晴日数　按总云量划分，全市年平均晴天日数在 78~124 天之间。沂水县最多，为 109.9 天；莒南县最少，为 81.8 天。年平均阴天日数在 77~136 天之间，苍山县最多，为 129.1 天；沂水县最少，为 98 天。晴天日数 1—7 月逐月递减，其后递增。阴天日数 1—7 月逐月递增，其后递减。

第八节　日　　照

日照时数　全市年均日照时数（太阳实际照射到地面的时数）在 2081~2356 小时之间。苍山县最少，为 2081.4 小时；蒙阴县最多，为 2355.7 小时。

全市日照时数按月份为：1 月，143.4~177.2 小时；2 月，143.0~170.5 小时；3 月，190.4~210.1 小时；4 月，206.8~229.4 小时；5 月，224.5~250.5 小时；6 月，193.0~219.9 小时；7 月，163.4~182.9 小时；8 月，163.7~184.3 小时；9 月，167.1~192.7 小时；10 月，169.1~194.8 小时；11 月，157.2~182.2 小时；12 月，146.4~176.5 小时。

日照百分率　以上实际日照时数与可照时数的百分比，全市年日照百分率在 47%~53%之间。苍山县最少，为 47%；蒙阴县最多，为 53%。全年 11 月最多，为 51~60%；7 月最少，为 37~42%。

太阳年总辐射量　全市在 117 千卡/平方厘米至 126 千卡/平方厘米之间。

1995—2010 年临沂市各县区月、年日照时数表

表 2-14　　单位：小时

站名	1 月	2 月	3 月	4 月	5 月	6 月	7 月	8 月	9 月	10 月	11 月	12 月	年合计
蒙阴	172.5	170	210.1	229.4	250.5	219.2	179.1	181.9	192.7	194.8	182.2	173.4	2355.7
平邑	162.8	162.9	203.3	226.9	246.5	219.9	182.9	184.3	185.3	180.1	175	161.6	2291.3
费县	161.1	158.3	195.1	213.9	233.8	199.5	163.4	163.7	176	177.8	170.7	160.9	2173.9
沂水	177.2	170.5	203.6	221.9	245.5	211.3	173.1	171.9	186.5	185.4	176.4	176.5	2299.7
沂南	153.4	159.4	195.1	212.6	239.4	204	166	173.5	184.2	178.8	162.1	157.7	2186
临沂	164.8	165.6	197.3	215.7	237.9	206.4	175.8	181.3	182.4	180.8	171.7	160.5	2240.1
莒南	169.2	165.2	202	216.2	240.6	206	166.8	169.4	183.9	188.5	174.3	172.4	2254.6
苍山	143.4	143	192.4	211.7	227.1	194.9	165.2	164	167.1	169.1	157.2	146.4	2081.4
临沭	162.5	154	196	208.8	228.9	195.7	163.9	163.9	172.9	173.3	168.5	160.9	2148.5
郯城	152.4	155.8	190.4	206.8	224.5	193	173.4	175.8	177.5	169.8	159.9	153.3	2132.5

第九节　蒸　发

年均蒸发量　全市在 892~1800 毫米之间。费县蒸发量最小，为 892 毫米；蒙阴县最大，为 1725.6 毫米，兰山、罗庄、河东 3 区为 1694.4 毫米，其他各县在 1388.2~1672.7 毫米之间。最小蒸发量在冬季各月，尤以 1 月、12 月为最小；最大蒸发量在春季各月，以 5 月为最大。

月蒸发量　1 月，38.0~51.4 毫米；2 月，56.1~75.8 毫米；3 月，116.3~142.6 毫米；4 月，155.8~209.8 毫米；5 月，189.2~257.5 毫米；6 月，200.3~252.5 毫米；7 月，155.6~194.9 毫米；8 月，135.1~170.4 毫米；9 月，123.3~158.1 毫米；10 月，98.6~125.9 毫米；11 月，62.8~84.5 毫米；12 月，41.7~55.2 毫米。

一日最大蒸发量　全市在 14.5~19.9 毫米之间。日最大蒸发量为 19.9 毫米，2000 年 6 月 14 日出现在沂南县。

1995—2010 年临沂市各测站月蒸发量情况表

表 2-15　　单位：毫米

站名	1 月	2 月	3 月	4 月	5 月	6 月	7 月	8 月	9 月	10 月	11 月	12 月
蒙阴	42.8	65.8	138.7	209.8	257.5	252.5	194.3	169.7	152.0	121.4	76.8	45.2
平邑	43.7	65.1	130.6	188.5	227.8	228.3	179.4	158.3	143.4	112.9	75.4	45.2
费县	44.1	68	135.6	189.8	242.4	234.5	194.9	170.4	158.1	113.9	74.1	47.4
沂水	46.3	66.2	139.6	205.5	245.8	230	171.8	157.2	151.2	125.9	83.9	49.1
沂南	45.5	69	135.2	190	227.7	221.4	173.1	156.0	140.4	112.8	75	46.3
临沂	51.4	75.8	142.6	196.5	231.1	228.5	184.0	169.1	150.4	125.6	84.5	55.2
莒南	43	61.1	116.6	175.1	213.6	206.0	165.0	153.7	143.1	114.6	74.4	45.4
苍山	38	56.1	118.3	163.9	193.6	201.3	155.6	135.1	123.3	98.6	62.8	41.7
临沭	41.3	57.6	116.3	172	207.7	204.2	160.3	139.8	126.6	109.3	74.1	45.3
郯城	40.9	60.2	118.1	155.8	189.2	200.3	163.5	155.2	135.5	108.7	74	46.6

第十节 地温与冻土

地温 地面温度 1995—2010年，全市地面温度年均15℃~17℃。苍山县最高，为16.7℃；沂水县最低，为15.5℃。年极端最高地面温度在63℃~71℃之间。极端最高地面温度为70.5℃，2002年7月16日出现在蒙阴县。年极端最低地面温度在-16℃~-21℃之间。极端最低地面温度为-20.9℃，1995年2月5日出现在郯城县。

1995—2010年临沂市各县区地面极端最高、最低温度情况表

表2-16 单位：℃

站名	地面极端最高温度	出现日期	地面极端最低温度	出现日期
临沭	64.3	2010.7.9	-17.7	2003.2.11
苍山	69.9	2002.7.14	-18.8	2009.1.24
沂南	64.5	2002.7.15	-19.9	1998.1.18 1998.1.19
平邑	69.6	2009.8.12	-18.1	2009.1.24
沂水	63.0	2002.7.15	-17.2	2004.1.24
莒南	65.5	1999.7.30	-20.0	1998.1.19
临沂	65.0	2005.6.3	-16.6	2003.1.5
郯城	66.2	2008.8.10	-20.9	1995.2.5
蒙阴	70.5	2002.7.16	-20.5	1998.1.19
费县	69.1	2002.7.15	-18.9	1996.2.18

地中温度 1995—2010年，土壤浅层深度为5厘米、10厘米时，4月的地中温度最高值均出现在平邑县，最低值均出现在沂水县。5月，地深5厘米时最高值、最低值分别出现在平邑县、临沭县；地深10厘米时，最高值、最低值分别出现在费县、郯城县。9月，地深5厘米时，最高值出现在蒙阴县，最低值出现在苍山县、沂水县；地深10厘米时，最高值、最低值分别出现在蒙阴县、沂水县。10月，地深5厘米时，最高值出现在郯城县，最低值出现在蒙阴县、平邑县；地深10厘米时，最高值、最低值分别出现在郯城县、苍山县。

1995—2010年4月、5月、9月、10月临沂市地中温度情况表

表2-17 单位：℃

月份	地中5厘米温度			地中10厘米温度		
	平均值	最高值	最低值	平均值	最高值	最低值
4月	15~18	29.2	4.0	14~17	26.4	4.8
5月	21~24	31.5	11.0	21~23	29.4	11.7
9月	22~24	32.1	14.2	22~24	31.1	15.1
10月	16~18	26.2	6.3	16~18	25.5	7.9

冻土 冻土期 全市冻土平均初期，各县区均在11月中、下旬。平均终期，各县区在4月上旬。地中10厘米平均冻结期初日，各县区均在12月下旬、1月上旬。最晚冻结期初日一般在2月下旬，全市平均解冻期在1月下旬，最晚解冻期在2月下旬。

地中30厘米处最早冻结期，一般在12月下旬至翌年1月上旬。最早解冻期均在1月，最晚解冻期为1月末至2月。

最大冻土深度 1995—2010年间，全市最大冻土深度为39厘米，2003年1月9日出现在沂水县。

第十一节 霜 冻

全市霜冻初日一般为10月下旬—11月上旬，兰山、罗庄、河东、郯城、苍山等南部各县区最晚为11月上旬。霜冻终日费县、蒙阴、沂水、莒南、苍山、郯城等县为4月上旬，兰山、罗庄、河东、临沭、平邑、沂南等县区出现在3月下旬。无霜期一般为201~231天。莒南县最短，为201天；平邑县最长，为

231 天。

第十二节 其他天气

雾 1995—2010 年，临沂市每年平均出现雾的日数为 20 天。其中，1999 年最多，为 33 天；2010 年最少，为 10 天。各县区出现雾的天数，南部平原地区多于其他地区。其中，兰山、罗庄、河东区 36 天，苍山县 28 天，郯城、莒南县 26 天，沂水、临沭县 19 天，其余县 8~14 天。

扬沙和浮尘 1995—2010 年，临沂市每年平均出现扬沙的日数为 1 天。其中，1995 年最多，为 4 天。平均出现浮尘的日数为 3 天。其中，2000 年最多，为 7 天。全市出现扬沙和浮尘最多的为兰山、罗庄、河东区，平均每年出现扬沙的日数为 4 天，出现浮尘日数为 7 天；费县次之，平均每年出现扬沙的日数为 3 天，出现浮尘日数为 7 天。

雷暴 1995—2010 年，临沂市每年平均出现雷暴的日数为 25 天。其中，2001 年最多，为 33 天。2000 年最少，为 18 天。

雨凇 1995—2010 年，临沂市出现雨凇的时间为：1998 年 12 月 1—2 日，兰山、罗庄、河东区出现过 2 天；2008 年 1 月 11—12 日，兰山、罗庄、河东 3 区及沂水县出现过 2 天。

第十三节 物 候

境内四季分明，无论动物、植物还是非生物表现都极为明显。

生物物候 3 月，毛白杨、榆树、旱柳等树先后进入芽开放期。4 月上旬，刺槐发芽；中旬，青蛙始鸣，蜜蜂始见，合欢进入芽开放期。下旬，夏稻开始播种。5 月，大杜鹃始鸣。6 月，蚱蝉始鸣。9 月，大杜鹃、蚱蝉、青蛙陆续终鸣，夏稻开始进入成熟期。10 月，毛白杨、榆树、旱柳、刺槐、合欢等树开始落叶。

小麦为跨年度生长农作物，9 月下旬至 10 月上旬开始播种，有“白露早，寒露迟，秋分种麦正当时”之谚，翌年 6 月成熟。

1995—2010 年各县区霜冻初、终日情况表

表 2-18

年份	临沂观测站		蒙阴观测站		平邑观测站		费县观测站		沂水观测站		沂南观测站		莒南观测站		苍山观测站		临沭观测站		郯城观测站	
	初霜(月/日)	终霜(月/日)	初霜(月/日)	终霜(月/日)	初霜(月/日)	终霜(月/日)	初霜(月/日)	终霜(月/日)	初霜(月/日)	终霜(月/日)	初霜(月/日)	终霜(月/日)	初霜(月/日)	终霜(月/日)	初霜(月/日)	终霜(月/日)	初霜(月/日)	终霜(月/日)	初霜(月/日)	终霜(月/日)
1995	11/1	3/26	10/31	4/19	11/2	3/26	11/1	4/19	10/25	4/3	10/31	3/26	10/31	4/19	11/1	4/12	11/1	4/3	11/2	4/4
1996	11/18	4/2	11/2	4/19	11/2	2/25	11/2	4/19	10/26	4/19	11/2	3/26	10/26	4/21	11/13	3/4	11/2	4/3	11/13	4/4
1997	10/31	3/18	10/5	4/10	10/26	3/20	10/29	4/9	10/26	4/12	10/30	3/18	10/26	4/10	10/26	3/24	10/30	4/9	10/26	3/24
1998	11/22	3/22	10/18	4/2	11/7	3/24	11/5	3/24	10/18	4/2	11/10	3/24	11/1	4/25	11/1	4/2	11/10	4/2	11/3	4/2
1999	11/2	3/22	10/17	4/13	11/2	3/22	11/2	3/30	10/17	3/30	10/17	3/12	10/17	3/30	11/2	3/30	11/2	3/23	11/2	3/30
2000	11/3	3/16	10/13	4/6	11/2	3/2	10/13	4/6	10/13	3/20	11/2	3/20	10/30	3/29	11/2	3/20	11/2	3/20	11/3	4/10
2001	11/6	4/1	10/29	4/1	11/6	3/28	10/29	4/14	10/29	4/14	10/30	3/28	10/29	4/14	11/30	4/14	10/29	4/14	10/30	4/14
2002	10/26	3/9	10/26	3/23	10/26	3/8	10/26	3/23	10/26	4/25	10/26	3/8	10/26	4/25	10/26	4/9	10/26	3/8	10/26	4/9
2003	10/23	3/27	10/15	3/27	10/23	3/22	10/15	3/27	10/15	4/5	10/23	3/22	10/15	4/9	10/23	4/5	10/23	3/22	10/23	3/22
2004	10/27	4/4	10/22	4/5	10/27	3/7	10/22	4/4	10/27	4/4	10/22	4/4	10/22	4/4	10/22	4/4	10/22	4/4	10/27	4/8
2005	11/15	3/23	10/23	4/3	10/29	3/5	10/31	3/29	11/15	3/15	10/31	3/31	11/7	4/3	11/15	4/13	10/31	3/24	10/30	3/25
2006	11/6	3/19	11/6	3/27	11/15	3/2	11/7	3/27	11/28	3/2	11/6	3/14	11/7	3/28	11/7	3/20	11/7	3/28	11/7	4/20
2007	10/30	4/4	10/29	3/13	10/30	3/8	10/30	4/3	10/30	3/12	10/29	4/3	10/20	4/4	10/30	4/4	11/2	4/3	10/30	4/4
2008	11/10	4/3	11/9	3/31	11/10	3/7	11/9	3/31	11/10	3/30	11/10	3/31	11/10	3/31	11/10	4/3	11/9	3/30	11/11	4/3
2009	11/3	4/2	11/3	4/16	11/3	4/1	11/3	4/2	11/2	4/2	11/3	4/2	11/3	4/16	11/3	4/2	11/3	4/1	11/3	4/2
2010	10/28	4/16	10/28	4/15	10/26	3/26	10/28	4/6	10/28	4/16	10/28	4/15	10/28	4/16	10/28	4/16	10/28	4/15	10/28	4/29
平均	11/4	3/26	10/25	4/4	11/1	3/14	10/29	4/3	10/28	4/1	10/30	3/25	10/28	4/10	11/3	4/1	10/31	3/30	11/1	4/5

临沂市树木生长物候情况表

表 2-19　日期：日/月

树木名称	芽开放期	展叶期		开花期			果实或种子成熟期	叶变色期		落叶期	
		始	盛	始	盛	末		始	全	始	末
毛白杨	16/2	6/4	14/4	4/3	9/3	17/3	13/3	3/10	8/11	10/10	30/11
旱 柳	4/3	19/3	27/3	22/3	26/3	9/4	13/4	4/10	9/11	14/10	10/12
榆 树	20/2	1/4	10/4	8/3	14/3	24/3	3/4	4/10	9/11	10/10	4/12
刺 槐	1/4	10/4	16/4	30/4	5/5	13/5	13/8	2/10	26/10	10/10	21/11
合 欢	13/4	28/4	8/5	7/6	14/6	29/7	16/9	3/10	20/10	9/10	9/11

临沂市主要农作物生长物候情况表

表 2-20　日期：日/月

农作物名称	播种	出苗	三叶	拔节	现蕾	开花	抽雄	吐絮	成熟
小麦	25/9–10/10	2–17/10	15–25/10	1–15/4	—	1–20/5	—	—	5–20/6
夏稻	21/4–10/5	30/4–17/5	—	—	—	21–31/8	—	—	25/9–10/10

临沂市动物物候情况表

表 2-21

昆虫、候鸟、两栖动物物候期（日/月）				
动物名称	始见	绝见	始鸣	终鸣
蜜蜂	13/4	—	—	—
青蛙	—	—	16/4	19/9
大杜鹃	—	—	19/5	2/9
蚱蝉	—	—	17/6	4/9

非生物物候　一九二九不出手，三九四九冰上走，五九六九沿河看柳，七九河开，八九雁来，九九加一九，耕牛遍地走。

全市最早冻结期初日，各县区均在12月。有“大雪不封地，不过三二日”①之谚。2月下旬至3月上旬，土壤冰面开始解冻。3月下旬，水面停止结冰。4月上旬，山阴积雪化完。全市霜冻终日费县、蒙阴、沂水、莒南、苍山、临沭、郯城等县出现在4月上旬，兰山、罗庄、河东、平邑、沂南等县区出现在3月下旬。降雪终日平均在3月初至月末。最晚降雪终日出现在4月18日。有“清明断雪，谷雨断霜”②之谚。全市冻土平均初期，各县区均在11月中、下旬。平均终期，各县区在4月上旬。

热在中伏，冷在三九③。临沂市年极端最低气温-12至-17℃。苍山县最低，为-16.7℃，出现在1998年1月19日，为当年“大寒”④的前一日。全市年极端最高气温38℃~43℃，费县最高为42.5℃，出现在2002年7月15日；平邑次之，为41.9℃；其他地区40.5℃~41.8℃；均出现在2002年7月15日（郯城最低为38.6℃，出现在7月14日）。

①“大雪”是干支历亥月的结束以及子月的起始，时间一般在公历12月7-8日。

②清明一般为公历4月4-6日。

③“冬至”开始数九，“三九”恰好是节气中的“大寒”前后，是一年中最冷的一段时间。“伏”表示阴气受阳气所迫藏伏地下。“三伏”每年出现在公历7月中旬到8月中旬。一般为“夏至”后第三个庚日开始为初伏，第四个庚日为中伏，立秋后第一个庚日为末伏，每伏10天。有的年份“中伏”为20天。

④大寒一般在公历每年的1月20日左右。

第五章　土壤　植被

第一节　土　壤

土壤种类

全市土壤分为棕壤、褐土、潮土、砂姜黑土和水稻土五大类。其中，棕壤面积 61 万公顷，约占全市土壤可利用面积的 42.75%，主要分布在由酸性基岩构成的丘陵山地，是市内农业及林、果、蚕、茶的生产基地。褐土类面积 39.21 万公顷，约占 27.47%，主要分布在石灰岩低山丘陵及山麓平原地带。潮土类 29.47 万公顷，约占 20.65%，主要分布在沂、沭等河流沿岸及平原一带，是市内主要的精种高产土壤。砂姜黑土 8.44 万公顷，约占 5.92%，集中分布在临郯苍平原的河间洼地及其他交接洼地，是低产土壤。水稻土 4.58 万公顷，约占 3.21%，分布在临郯苍平原及其他县的低洼地带。

棕壤　又名棕色森林土，主要分布于沭东丘陵和蒙山、四海山等山体及其周围。成土母质以花岗岩和花岗片麻岩等酸性岩类风化物为主，其次是普通砂页岩、片岩、正长岩等风化物。土壤剖面红棕色，呈微酸性或酸性反应，pH 值 6.5 左右。根据成土过程、土壤属性的差异，分为棕壤、白浆化棕壤、潮棕壤和棕壤性土。除一部分棕壤性土作为林地外，其余大部分已垦为农田。

褐土　又叫褐色森林土，主要分布于沂河、沭河以西石灰岩山体及其山体周围。成土母质主要有黄土、红土及不同地质时期的石灰岩、紫色或杂色砂页岩残坡积物的洪积物。典型土壤剖面，中部有明显的淋溶淀积粘化层，并有明显的褐色胶膜及钙质斑点或斑纹，一般中性到微碱性，有微弱或中度石灰反应。底部有钙积层或石灰结核、锈纹锈斑等，分为褐土、淋溶褐土、潮褐土、褐土性土和石灰性褐土 5 个亚类。除褐土性土外，其余大部被开垦耕种。

潮土　又叫夜潮土，集中分布于沂河、沭河及其他河流两岸、临郯苍平原。是在河流沉积物上发育的土壤，成土年龄短，沉积层理明显，地下水位一般 3~4 米，随地下水的升降，土壤剖面产生氧化还原交替过程，底部有大量的锈纹锈斑或蓝灰色潜育层。潮土质地适中，土体中无障碍层，养分含量高，适宜种植小麦、玉米、蔬菜等作物。分为普通潮土、湿潮土 2 个亚类。

砂姜黑土　是一种具有“黑土层”和“砂姜层”的暗黑土壤。主要分布于沂沭河冲积平原、涝洼平原和蒙山山体洪积扇缘的低洼地带。土质黏重，地下水排泄不畅，地下水位通常在 1~2 米。成土母质为第四纪以来的浅湖沼相沉积物，由草甸潜育土经脱潜育过程而发育成、具有旱耕熟化特点的土壤类型。适宜栽培小麦、玉米、水稻、大蒜等作物。通过对其进行综合治理，砂姜黑土呈现出很大的增产潜力。

水稻土　指在种稻淹水条件下，经过人为活动和自然因素双重作用而产生水耕熟化和氧化还原交替过程所形成的具有特殊剖面特征的土壤。主要分布在兰山、罗庄、河东、郯城、苍山等县区，发育特征不太明显，属幼年水稻土亚类。表面颜色灰蓝，夹有锈纹和锈斑，具有 10 厘米厚的犁底层，耕作层厚 15~20 厘米，下部土壤的特征与原来的母质土壤类似。由于起源土壤类型不同，理化性状有较大差异，如砂姜黑土型水稻土，pH 值 7~7.5，其他类型水稻土 pH 值在 6~7 之间。

土壤质地

全市土壤质地分为砂质、壤质、黏质和砾石土 4 类。砂质土主要分布于沂水、平邑、费县、沂南、莒南、临沭、苍山等县的山地丘陵区，主要土壤类型有棕壤性土和褐土性土，特点是养分含量少，孔隙大，易干旱，产量低。黏质土主要分布于沂沭河冲积平原下游和涝洼平原，主要土壤类型是砂姜黑土、湿潮土和水稻土。特点是养分含量高，保肥力强，但土壤孔隙小，通透性差。壤质土主要分布于砂质土的下部和黏质土的上部。主要土壤类型是棕壤、潮棕壤、褐土、潮土等。特点是土壤养分含量居中，孔隙状况好，适宜各种作物生长。砾石土主要分布在地势部位较高的砂石山丘地区。土层浅薄，质地粗糙，主要是水土流失造成土壤侵蚀的结果。

土体构型

全市土壤类型多种多样，土体构型也有所不同。有的土体上轻下黏，上面表土层为壤质土，下部土壤稍黏重；有的土体中有砂层、砾石层、黏层、砂礓层、铁盘层等障碍层次，对农业生产不利。全市土壤可分为薄层硬石底、薄层酥石棚、夹砂心、夹黏心、砂礓底、夹砂礓心、砂均质、壤均质、黏均质、夹砾石心、白浆心、铁盘心 12 种土体结构。

耕地地力等级

根据 2007 年临沂市县域耕地地力评价成果，全市耕地面积 83.14 万公顷，地力水平一般。通过利用有“3S”①技术综合评价，将全市耕地划分为 6 个地力等级，一级地面积 10.95 万公顷，占全市耕地总面积 13.2%，二级地面积 12.49 万公顷，占全市耕地总面积 15.0%，三级地 14.99 万公顷，占全市耕地总面积 18.0%，四级地 16.52 万公顷，占全市耕地总面积 19.8%，五级地 15.93 万公顷，占全市耕地总面积 19.2%，六级地 12.27 万公顷，占全市耕地总面积 14.8%。对照全市产量水平，将 6 个等级耕地归并为 3 个产量水平，一级地和二级地为高产田，粮食生产水平约 970 公斤/亩，耕地面积 351.5 万公顷，占全市耕地总面积 28.2%；三级地和四级地为中产田，粮食生产水平约 810 公斤/亩，耕地面积 472.6 万公顷，占全市耕地总面积 37.8%；五级地和六级地为低产田，粮食生产水平约 490 公斤/亩，耕地面积 423.0 万公顷，占全市耕地总面积 34.0%，全市中低产田耕地面积达到 71.8%，耕地质量一般。

主要养分

2009 年，根据全市约 3 万个土壤样品分析资料统计，全市耕地平均肥力水平总体良好，土壤有机质、全氮、速效钾属中等含量水平，土壤有效磷、有效铁、有效锰、有效铜、有效锌属较丰富含量水平。土壤有机质平均为 14.5 克/公斤、全氮为 0.933 克/公斤、碱解氮为 92 毫克/公斤、有效磷为 35.3 毫克/公斤、速效钾为 105 毫克/公斤、有效硫 30.2 毫克/公斤、交换性钙 2374 毫克/公斤、交换性镁 296 毫克/公斤、有效锌为 1.52 毫克/公斤、有效硼为 0.37 毫克/公斤、有效铁 44.0 毫克/公斤、有效锰 37.1 毫克/公斤、有效铜 2.00 毫克/公斤、有效钼 0.17 毫克/公斤。与第二次土壤普查时期的养分比较，各种养分含量都有不同程度增加，其中有效磷和有效锌增加幅度最大，分别增加约 9.6 倍和 1.9 倍，有机质增加 76.9%，大量元素全氮、速效钾分别增加 67.9%、31.2%，微量元素有效硼、有效铁、有效

①3S 技术是遥感技术（英文缩写 RS）、地理信息系统（英文缩写 GIS）和全球定位系统（英文缩写 GPS）的统称。

锰、有效铜分别增加 7.0%、105%、58.3%、94.0%。但土壤养分地域间差异大，地块间养分比例不协调，缺素与养分富集并存，不能满足粮食持续、稳定增产的需要。

临沂市各县区土壤类型及分布情况表

表 2-22

县　区	主要土类	分布及特点
兰山区	潮土、水稻土、褐土、棕壤土等 4 个土类	潮土 7124 公顷，主要分布在沂河、祊河沿岸的南坊、枣沟头、大岭、义堂、朱保等乡镇和市区。土体深厚，理化性状好，保水保肥能力强，适种范围广。水稻土 9646 公顷，主要分布在白沙埠镇，宜种植水稻、小麦、玉米、地瓜等作物。褐土 3729 公顷，主要分布在马厂湖、大岭及李官等乡镇，宜种植花生、谷子、地瓜、黄烟等作物。棕壤土 5192 公顷，主要分布在李官、半程等乡镇，宜种植地瓜、花生等作物。
罗庄区	褐土、潮土、水稻土和砂姜黑土 4 个土类	褐土面积约 7666.67 公顷，包括 4 个亚类，主要分布在罗西、罗庄和傅庄街道西部。潮土面积约 3466.67 公顷，包括 2 个亚类，主要分布在盛庄、高都和册山街道的近沂河区域。水稻土面积约 3666.67 公顷，主要分布在册山、高都街道西南部和盛庄街道东南部。砂姜黑土面积约 1666.67 公顷，主要分布在罗庄街道东部、盛庄街道西南部和汤庄街道西北部。
河东区	棕壤土、潮土、砂姜黑土和水稻土、褐土 5 个土类	大部分土地土层厚，土壤肥沃，适宜种植水稻、小麦、玉米、地瓜、花生、大豆等农作物。棕壤土 8890.34 公顷，主要分布在八湖和刘店子长虹岭。潮土主要分布在沂沭河沿岸，32092 公顷。砂姜黑土主要分布在凤凰岭和重沟西部，19897 公顷。水稻土 10803 公顷。褐土 10664.86 公顷。
沂南县	棕壤土、褐土、潮土、砂姜黑土、水稻土 5 个土类，下分 11 个亚类、16 个土属、53 个土种	棕壤土面积 7.03 万公顷，占全县土壤可利用面积的 47.1%，主要分布于低山区及丘陵一带，适宜林木生长和温带果树的栽培。褐土面积 4.99 万公顷，占 33.5%。主要分布于山区，适宜种植粮食、棉花、花生和黄烟。潮土面积 2.45 万公顷，占 16.5%。主要分布在沂河、东汶河、蒙河沿岸的平原地带，适宜种植粮食作物和蔬菜。砂姜黑土面积 2700 公顷，占 1.8%。主要分布在界湖、大庄、杨家坡、葛沟、蒲汪等乡镇低洼的黑黏土地带，适种范围小。水稻土总面积 1600 公顷，占 1.1%。主要分布在苏村、辛集、大庄、界湖等乡镇街道的水稻生产区。
郯城县	棕壤土、褐土、潮土、砂姜黑土、水稻土 5 个土类，下分 10 个亚类、13 个土属、45 个土种	潮土 4.73 万公顷，占全县可耕面积 51.3%。主要分布在河流两侧，适宜种植小麦、玉米、水稻等农作物。棕壤土 1.73 万公顷，占 18.8%。主要分布在马陵山等低山丘陵，适宜种植花生、红薯等。幼年水稻土 1.44 万公顷，占 15.6%。主要分布在中南部涝洼地区，适宜种植水稻。砂姜黑土 1.14 万公顷，占 12.3%。主要分布在河间、岭间的槽状洼地及封闭地带，主要适宜植棉。褐土 0.18 万公顷，占 2%。零星分布在西北部孤山残岭及其周围，适宜种植花生、小杂粮等。

续表 2-22-1

县 区	主要土类	分布及特点
沂水县	棕壤土、褐土、潮土3个土类，下分11个亚类、17个土属、67个土种	棕壤土、褐土、潮土分别为9.7万公顷、8.74万公顷、1.88万公顷。棕壤土和褐土主要分布在低山丘陵区，分别占全县可利用土地面积的47.7%和43%。潮土主要分布在沂河、沭河两岸，占全县可利用土地面积的9.3%。
苍山县	棕壤土、褐土、潮土、砂姜黑土4个土类，下分10个亚类、16个土属、27个土种	棕壤主要分布在西部和西北部砂石山区，以种植花生、地瓜为主，面积1.7万公顷，占全县土壤可利用面积的12.6%。褐土多分布在西部和西北部青石山区，宜种地瓜、谷子、花生和黄烟，面积4.8万公顷，占35.6%。潮土多分布于沿河平原，为高产稳产土壤，宜种小麦、玉米和蔬菜，面积3.79万公顷，占28.1%。砂姜黑土分布在县境南部低洼地带，宜种小麦、玉米、棉花、大蒜，面积3.19万公顷，占23.7%。
费 县	棕壤土、褐土、潮土、砂姜黑土4个土类，下分12个亚类、17个土属、73个土种	棕壤土主要分布于祊河、浚河以北及朱田、梁邱镇一带的低山丘陵区，面积6.95万公顷，占全县土壤可利用面积的44.29%。褐土面积7.01万公顷，占44.7%。主要分布于祊河以南山丘地带，北部地区也有零星分布。潮土主要分布在祊河、浚河、温凉河和涑河的两岸及方城、薛庄、上冶、新桥、探沂、梁邱等乡镇的平洼地，面积1.39万公顷，占8.88%。砂姜黑土面积3338.93公顷，占2.13%。主要分布在新桥、汪沟、胡阳、上冶、方城等乡镇。
平邑县	棕壤土、褐土、潮土、砂姜黑土4个土类，下分9个亚类、17个土属、43个土种	棕壤面积7.77万公顷，占全县土壤可利用面积的52.15%。褐土面积5.55万公顷，占37.23%。潮土面积1.49万公顷，占10.01%。砂姜黑土面积880公顷，占0.61%。
莒南县	棕壤土、潮土、褐土、水稻土、砂姜黑土5个土类，下分11个亚类、13个土属、44个土种	棕壤面积9.84万公顷，占全县土壤可利用面积的75.98%，分布在山丘地区。褐土6460公顷，占4.99%。主要分布在岭泉、石莲子、筵宾、大店、十字路一带。潮土1.71万公顷，占13.19%。主要分布在沭河、龙王河、绣针河等沿河一带。水稻土5693.33公顷，占4.4%。主要分布在西部平原低洼潮土地带。砂姜黑土1866.67公顷，占1.44%。主要分布在岭泉、筵宾、大店、石莲子等乡镇的低洼处。以上几种土壤有机质含量较高，土层深厚，理化性状较好，适种性强，保肥保水性能好，适于麦、稻、棉、玉米、豆类及蔬菜等作物的种植。

续表 2-22-2

县　区	主要土类	分布及特点
蒙阴县	棕壤土、褐土、潮土 3 个土类，下分 8 个亚类，15 个土属，49 个土种	棕壤土面积 75215.8 公顷，褐土 54347.77 公顷，分别占耕地面积的 53.6%和 41.1%。棕壤土主要分布在中西部、南部砂石岩地区，褐土主要分布在县境北部、中部、东部石灰岩地区。潮土 2894.61 公顷，主要分布在河流两侧的准平原。
临沭县	棕壤土、褐土、潮土、砂姜黑土 4 个土类，下分 11 个亚类、14 个土属、49 个土种	棕壤土面积 65668.93 公顷，占全县土壤可利用面积的 78.98%。主要分布在县境东、南和东北部韩村、青云、朱仓、唐岭、临沭、大兴、店头、石门等乡镇、街道低山丘陵区。宜种花生、地瓜、黄烟、玉米、大豆、小麦等。褐土主要分布在西部近沭河沿岸，面积 3675.86 公顷，占 4.42%。宜种花生、黄烟等。潮土主要分布在青云、白旄、南古、醋庄、店头、曹庄等乡镇沭河沿岸的冲积平原，面积 7183.2 公顷，占 8.62%。宜种小麦、大豆、玉米、地瓜、棉花等。砂姜黑土主要分布在牛腿沟两侧，曹庄镇大哨湖，南古镇大、小墩村，青云镇季岭村，临沭镇高湖村，郑山镇西湖等低洼地带，面积 6635.67 公顷，占 7.98%。宜种小麦、玉米、高粱、大豆等作物。

第二节　植　被

市域内地形起伏大，雨量集中，人为活动频繁，天然植被多被破坏，现主要是人工植被。

20 世纪 50 年代初至 70 年代末，实行乔、灌、草“三层楼”式人工植被改良措施。80 年代后，主要采取“山顶乔灌草戴帽，山腰经济林果缠绕，山脚河沟两边基本农田果、花条镶边”的人工植被改良措施。

山丘坡地有松柏、胡枝子、锦鸡儿、百里香、白羊草等旱生类型植被；土层较厚的沟谷岭角坡地，有楸树、枰柳、酸枣、黄荆、野谷草等中生类型植被；河岸阶地有杨柳、棉槐、白蜡条等喜湿性植被。

全市森林覆被率已由 1978 年的17.1%、1989 年的 17.5%，增加到 2010 年的 30.56%。

第六章　自然资源

第一节　土地资源

1996 年年底，全市土地总面积 1720166.53 公顷，占全省土地总面积的 10.89%。其中，耕地面积 857219.73 公顷，占全省耕地总面积的 11.01%，占全市土地总面积的 49.8%，人均耕地为 0.088 公顷（1.32 亩）。

第二次全市土地调查，将土地利用现状数据统一到 2009 年 12 月 31 日标准时点。首次采用覆盖全市高分辨率遥感影像作为调查底图，实现图、数、实地一致，查清全市土地利用现状。国家下达市级控制范围界线内，全市土地总面积

1719121.3 公顷。其中，耕地 844140.58 公顷（其中，全市耕地后备资源 87251.12 公顷），园地 106094.12 公顷，林地 197354.01 公顷，草地 57081.18 公顷，城镇村及工矿用地 229247.89 公顷，交通运输用地 62467.65 公顷，水域及水利设施用地 101901.35 公顷，其他土地 120834.52 公顷。

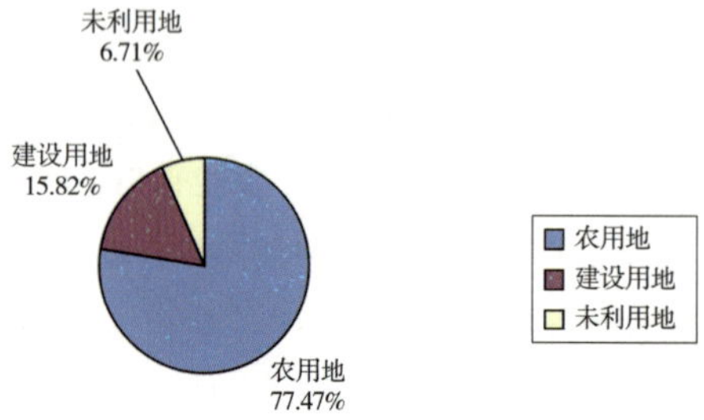

图 2-8　2009 年临沂市土地利用结构图

农用地

1996 年年底，全市农用地面积 1218921.85 公顷，占土地总面积的 70.9%。

2009 年，根据第二次土地调查，临沂市农用地面积 133.18 万公顷。其中，耕地 84.41 万公顷，占农用地的 63.38%；园地 10.61 万公顷，占 7.97%；林地 19.74 万公顷，占 14.82%；农村道路用地4.47 万公顷，占 3.36%；坑塘水面及沟渠用地3.77 万公顷，占 2.83%；其他土地 10.18 万公顷，占 7.64%。

农用地主要分布在河流两岸冲积平原及低山丘陵区，沂水、沂南、苍山、平邑、费县、莒南县所占比重较大，其他县区分布较少。农用地中，耕地以沂水、沂南、苍山、郯城、莒南、费县等县最多；园地主要分布在蒙阴、平邑、沂水、莒南等县境内；林地在沂水、沂南、平邑、蒙阴等县分布较多；其他农用地中以田坎、农村道路和农田水利用地为主，主要分布在沂水、费县、平邑、莒南、蒙阴等县境内。

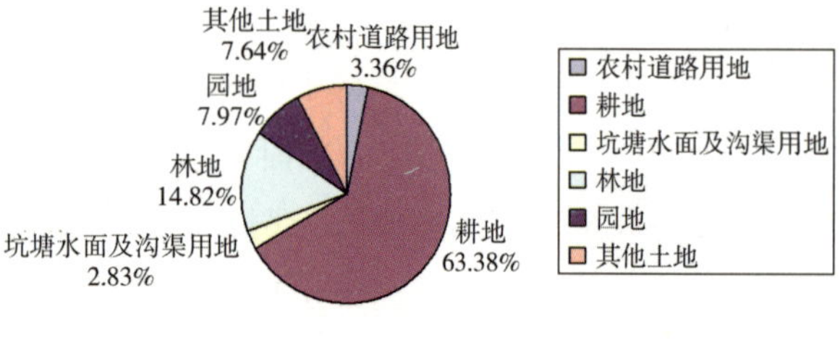

图 2-9　2009 年临沂市农用地内部结构图

全市耕地结构与质量状况　耕地结构　全市耕地按坡度划分，2 度以下耕地523855.55 公顷，占 62.06%；2 ~ 6 度耕地188747.42公顷，占 22.36%；6~15 度耕地 101613.34 公顷，占 12.04%；15~25 度耕地 25214.58 公顷，占2.99%；25 度以上的耕地（含陡坡耕地和梯田）4709.69 公顷，占 0.56%，主要分布在苍山县。

2009 年全市耕地分布情况表

表 2-23

县　区	耕地面积（公顷）	土地总面积占全市土地面积比例（%）	耕地占全市耕地面积比例（%）
兰山区	22049.41	3.83	2.61
罗庄区	12863.80	2.18	1.52
河东区	35787.23	4.23	4.24
沂南县	94921.69	10.38	11.24
郯城县	78510.68	7.64	9.30
苍山县	112617.93	10.47	13.34
费　县	84736.18	11.01	10.04
平邑县	79851.59	10.60	9.46
莒南县	93831.27	10.18	11.12
蒙阴县	50982.22	9.32	6.04
临沭县	67342.25	6.11	7.98
沂水县	110646.33	14.04	13.11

全市耕地中，有灌溉设施的耕地 360655.84 公顷，比重为 42.72%，无灌溉设施的耕地 483484.74 公顷，比重为 57.28%。苍山县、莒南县、沂南县的无灌溉设施耕地比重大。

2009 年全市有灌溉设施和无灌溉设施耕地面积情况表

表 2-24

县区	有灌溉条件耕地		无灌溉条件耕地	
	面积（公顷）	占全市比例（%）	面积（公顷）	占全市比例（%）
兰山区	10991.73	3.05	11057.68	2.29
罗庄区	7311.64	2.03	5552.16	1.15
河东区	22248.19	6.17	13539.04	2.80
沂南县	34832.92	9.66	60088.77	12.43
郯城县	72449	20.09	6061.68	1.25
苍山县	21764.93	6.03	88881.40	18.38
费　县	79970.76	22.17	32647.17	6.75
平邑县	27572.09	7.64	57164.09	11.82
莒南县	11609.02	3.22	68242.57	14.11
蒙阴县	30807.97	8.54	63023.30	13.04
临沭县	4815.08	1.34	46167.14	9.55
沂水县	36282.51	10.06	31059.74	6.42
合　计	360655.84	100	483484.74	100

第二次土地调查数据显示，2009 年全市耕地 844140.58 公顷，比基于一次调查逐年变更到 2008 年的耕地数据多出 1517.25 公顷，主要是由于调查标准、技术方法的改进和农村税费政策调整等因素影响。

从人均耕地看，1996 年年底，全市耕地面积 857219.73 公顷，占土地总面积的 49.8%，人均耕地为 0.088 公顷。2010 年，全市人均耕地 0.081 公顷，低于全国人均耕地 0.101 公顷水平，并呈下降趋势。

综合考虑现有耕地数量、质量和人口增长、发展用地需求等因素，人均耕地少、耕地后备资源不足的基本市情没有改变。

2005 年临沂市基本农田面积核查情况表

表 2-25　　单位：公顷

县　区	基本农田面积	基本农田保护率
兰山区	24740.08	91.53%
罗庄区	11669.40	76.00%
河东区	22740.57	56.20%
沂南县	81403.27	89.63%
郯城县	67914.91	94.28%
沂水县	88941.52	85.42%
苍山县	97832.88	86.48%
费　县	69374.32	78.26%
平邑县	71367.5	88.44%
莒南县	80535.74	88.94%
蒙阴县	38664.06	98.98%
临沭县	56937.17	87.55%
合　计	712121.42	86.11%

地力等别分布　临沂市农用地的分等评价体系中指定作物为冬小麦、夏玉米，基准作物为冬小麦。分等因素因子共选取了有效土层厚度、土壤质地、土壤剖面构型、盐碱化程度、土壤有机质含量、障碍层次、排水条件、地形坡度、灌溉保证率、地表岩石露头度、灌溉水源、灌溉水质等 12 种。

临沂市农用地划分为 14 个自然等别、12 个利用等别和 20 个经济等别，自然等别最高的 14 等地主要分布在费县、蒙阴县、临沭县。这一区域，农田基础设施完善，地块面积大、平整，农业耕作的机械化程度高，冬小麦、夏玉米为全市产量最高。自然等别最低的一等、二等地分布在苍山县。

临沂市农用地利用等别最高的十二等地分布在费县，最低的一等分布在沂水县、费县。

耕地资源利用特点 临沂市耕地中旱地所占比例较大。2005年，临沂市耕地面积为840720.13公顷，旱地面积占耕地总面积的65.41%，旱涝保收的水浇地面积占24.14%，灌溉水田仅占6.43%。

临沂市耕地的集约化经营程度较低。2005年，全市农业机械总动力7219011千瓦，平均每公顷耕地拥有千瓦时低于全省平均水平。农村用电量24.9亿千瓦时，平均每公顷耕地耗电量低于全省平均水平。

耕地资源利用主要问题 耕地总供给与总需求的矛盾日趋突出。临沂市耕地资源短缺，后备资源不足。全市人均耕地低于全省平均数，且各县区耕地人均占有量差别较大，兰山、罗庄两区人均占有量已低于联合国粮农组织确定的0.053公顷的警戒线。随着农村经济政策赋予农民更大的自主经营权，农民利用部分耕地发展园地，果园、桑园面积扩展很快，并呈继续增加的趋势，临沂市北部和西部为山岭区，坡度大，土层薄，土壤侵蚀严重。沟谷耕地地块支离破碎，耕作困难。丘陵区土壤质地普遍较差。南部黑土涝洼，土壤结构不良。山丘地区水土流失严重，土层变薄，肥力下降，蓄水、保水能力降低，而且使其中生态脆弱的土地不断沙化、石化，造成土地的损毁破坏。耕地利用结构不合理。临沂市旱田比例过大，灌溉不配套，影响产量的提高。

全市建设占用耕地量明显超过规划实施的时间进度。临沂市1997—2005年建设占用耕地情况：规划控制指标7940公顷，规划实施期间占用耕地面积22839.20公顷，实际占用耕地面积与规划控制指标的比率为288%。

1997—2005年临沂市耕地数量减少情况表

表2-28 单位：公顷

核查单位	合计	建设占用	生态退耕	农业结构调整	灾毁	其他
临沂市	71607.85	22839.20	320.19	12167.80	608.66	35672.02
兰山区	7071.87	5319.42	—	—	—	1752.45
罗庄区	5406.89	3840.26	—	—	—	1566.63
河东区	9293.72	3445.97	1.41	26.07	—	5820.30
沂南县	4788.25	1218.25	—	3200.01	370.01	—
郯城县	12107.33	2315.46	—	3795.51	164.11	5832.26
沂水县	8155.54	1606.69	11.21	2844.64	11.51	3681.52
苍山县	772.79	619.46	100.01	—	53.33	—
费县	1414.87	1414.87	—	—	—	—
平邑县	1756.96	1336.68	—	420.28	—	—
莒南县	4544.83	832.01	—	—	—	3712.82
蒙阴县	14469.63	244.34	91.69	1881.33	9.72	12242.54
临沭县	1825.17	645.77	115.89	—	—	1063.51

1997—2005年临沂市耕地补充情况表

表2-29　　单位：公顷

核查单位	合　计	未利用土地开发	土地整理	废弃地复垦	其　他
临沂市	41336.97	7319.14	31589.10	1374.75	1053.99
兰山区	176.24	9.98	—	166.26	—
罗庄区	216.00	13.30	93.70	109.00	—
河东区	3626.92	413.96	3173.83	39.14	—
沂南县	3072.87	1457.66	597.29	8.44	1009.48
郯城县	705.33	641.75	8.61	54.97	—
沂水县	2413.87	710.16	1611.23	53.39	39.04
苍山县	1816.76	463.74	1333.39	19.64	—
费　县	9769.37	1334.75	8336.22	98.40	—
平邑县	14001.21	642.55	12936.62	416.55	5.47
莒南县	2289.48	458.36	1589.81	241.31	—
蒙阴县	1793.86	1085.62	658.57	49.67	—
临沭县	1455.06	87.31	1249.77	117.98	—

生态环境用地　分为园地（果园、桑园、茶园及其他园地）、林地（林地、灌木林、疏林地、未成林造林地、苗圃）、草地（人工草地）、水域（河流、湖泊、水库、坑塘水面，苇地，滩涂，沟渠，水利工程建筑物，包括湿地）。

1996年年底，全市有园地面积131427.33公顷，占土地总面积的7.6%，人均园地占用量为0.013公顷；林地面积187610.40公顷，占9.2%，人均林地占用量为0.016公顷；牧草地347.20公顷，占0.02%，主要分布于沂南县、平邑县山地丘岭地带；水面72317.19公顷，占4.2%。

至2003年，临沂市自然保护区等受保护面积达2381平方公里，占全市总面积的13.8%。全市自然保护区覆盖面积达816.3平方公里，森林公园162.3平方公里，饮用水源保护面积700余平方公里。全市绿化覆盖面积7407.8公顷，其中园林绿地面积5216.5公顷，公共绿地面积1115.52公顷。

临沂市生态环境用地总体呈良性发展趋势。各县区生态环境用地发展不平衡，个别县出现生态用地面积减少现象，人均绿地面积增长缓慢，甚至出现负增长。临沂市人均占有耕地，低于全省平均水平，且土地质量较差，用养失调。水土流失面积为7199平方公里，占全市总面积的40%以上。特别是低山丘陵区水土流失较为严重，流失面积、侵蚀模式偏高，是全省水土流失主要地区之一。市区河流普遍受到污水排放的污染，河流自净能力降低。由于地下水开采过量，在城区西部已经形成地下水降落漏斗，漏斗中心最大埋深 16 米，水位降低，个别地方出现地面沉降。2003 年，临沂市森林覆盖率为 25.5%，低于世界森林平均覆盖率 32.3%。人均森林面积仅有 0.035 公顷，且资源分布不均，林种结构欠合理，多样性程度差，生态防护林面积比重较低。自然保护区面积及森林公园总面积占国土总面积的比例约为 5.7%，且布局分散，保护区之间距离较大并缺乏有效的连接通道。

2010 年度全市土地利用变更调查，土地构成中，园地 105796.9 公顷，林地 196609.86 公顷，草地 56293.66 公顷，水域及水利用地 101756.49 公顷。

城镇建设用地

1996 年，临沂市建设用地面积 255152.49 公顷，占土地总面积的 14.8%。其中，居民点及工矿用地 178801.67 公顷，占 10.4%；交通用地 42433.40 公顷，占 2.5%；水利设施用地 33917.26 公顷，占 1.9%。2009 年，临沂市建设用地 272004.27 公顷，占全市土地总面积的15.82%。其中，城镇村及工矿用地 229338.97 公顷，占建设用地总面积的 84.31%；交通运输用地 17767.34 公顷，占 6.53%；水域及水利设施用地 24897.96 公顷，占 9.16%。

全市建设用地的分布与经济发展水平基本一致，兰山、罗庄、河东 3 区占全市建设用地的 20%，其次是沂水、苍山、费县、平邑、莒南等县。建设用地中以农村居民点面积最大，占建设用地总面积的 60.59%；其次是城镇、水利设施用地，分别占建设用地总面积的 17.52%、9.15%。农村居民点用地以沂水、沂南、郯城、苍山等县面积较大；水利设施用地以水库为主，主要分布在蒙阴、莒南、费县、苍山、沂水、平邑等县。建制镇用地主要沿全市的交通路网分布，平邑、莒南、郯城、费县建制镇用地所占比重比较高。

2004 年临沂市城镇建设用地情况表

表 2-30

县区	城镇建设用地面积（公顷）	城镇人口（人）	人均城镇用地面积（平方米）
总　计	32077.37	2422382	132.42
兰山区	6577.07	579124	113.57
罗庄区	4021.89	143724	279.83
河东区	2786.84	479023	58.18
沂南县	2225.51	78255	284.39
郯城县	2421.46	172255	140.57
沂水县	2229.46	94840	235.08
苍山县	2151.15	156393	137.55
费　县	1652.30	177688	92.99
平邑县	2531.04	140089	180.67
莒南县	2133.80	191127	111.64
蒙阴县	1528.70	139910	109.26
临沭县	1818.15	69954	259.91

未利用地

全市的未利用地中能开发为耕地的主要是荒草地、苇地、滩涂等。耕地后备资源主要分布在北部山地丘陵区。1996 年，全市有未利用地 246092.19 公顷，占土地总面积的 14.3%。

2009 年，全市有未利用地 115360.18 公顷，占土地总面积的 6.71%。其中，荒草地 57028.72 公顷，占未利用地面积 49.44%；河流水面 35607.9 公顷，占 30.87%；内陆滩涂 3655.25 公顷，占 3.17%；裸地 19068.31 公顷，占 16.52%。

2009 年，全市可供开发的未利用地 37880.7 公顷，能增加耕地 22143 公顷。全市共有各类废弃地 4400 公顷，主要包括工矿废弃地、采矿塌陷地、堆场等，可供复垦的 4129 公顷，能增加农用地 3098 公顷，其中耕地 879 公顷。

第二节　水资源

水资源总量及分布特征

据1956—2000年水文调查、统计资料测算，临沂市多年①（1956—2000年）平均地表水资源量46.83亿立方米，平均地下水资源量19.25亿立方米。地表水和地下水资源之和扣除重复计算量，全市多年平均水资源总量55.36亿立方米。其中，丰水年（P=20%）为74.48亿立方米，平水年（P=50%）为51.65亿立方米，枯水年（P=75%）为37.16亿立方米，特枯水年（P=95%）为21.64亿立方米。

按2000年实有人口，全市人均占有水资源量552.8立方米，耕地亩均占有水资源量579.1立方米，分别为全国平均水平的26.2%、44.8%。但与省内其他地市比较，属水资源较丰富的地区之一，人均和亩均分别是全省平均水平的1.66倍、1.89倍。各县区人均占有水量蒙阴县最大，达832.1立方米/人；其次为费县，为652.5立方米/人；兰山区最小，仅334.9立方米/人。亩均水资源量以蒙阴县最大，达866.3立方米/亩；最小为平邑县，为456.0立方米/亩，属境内水资源严重缺少的地区。

境内水资源总量时空分布不平衡，其空间分布总趋势是南大北小，东大西小。多年平均产水模数为32.2万立方米/平方公里。其中，中运河产水模数为39.80万立方米/平方公里，日赣区产水模数为31.71万立方米/平方公里，潍弥白浪区产水模数为20.58万立方米/平方公里。其时间分布上的变化受降雨影响，同地表径流基本一致，年际变化大，丰水年和枯水年变化明显。1956–2000年，水资源量最大年为1963年，达1120203万立方米；最小年为1989年，仅191693万立方米，以上2年相差悬殊。2010年，境内地表水资源量30.45亿立方米，地下水资源与地表水资源不重复量6.62亿立方米，水资源总量37.07亿立方米。

临沂市多年水资源总量情况表

表2–31

行政区	水资源总量（万立方米）	人口（万人）	人均水资源总量（立方米）	耕地面积（万亩）	亩均水资源总量（立方米）
兰山	27578	82.35	334.9	38.85	709.9
罗庄	15877	41.59	381.8	21.44	740.5
河东	33953	58.95	576.0	55.53	611.4
郯城	57765	96.79	596.8	93.3	619.1
苍山	70567	116.49	605.8	124.35	567.5
莒南	55828	99.03	563.7	104.69	533.3
沂水	61749	111.65	553.1	117.64	524.9
沂南	53920	90.07	598.6	102.6	525.5
蒙阴	43886	52.74	832.1	50.66	866.3
平邑	38162	97.88	389.9	83.69	456.0
费县	60086	92.08	652.5	89.45	671.7
临沭	34235	61.76	554.3	73.79	464.0
全市	553606	1001.38	552.8	955.99	579.1

说明：本表人口及耕地面积均为2000年数据。

①本节“多年”除专门说明者外，均指1956—2000年限。

图 2-10　临沂市水资源评价分区图

图 2-11　临沂市 1956—2000 年平均年降水量等值线图

临沂市各流域不同典型年地表水资源量情况表

表 2-32　　单位：亿立方米

流　域		沂　河	沭　河	中运河	湖东区	日赣区	潍弥河	合　计
河川径流	多年平均	24.296	11.051	7.927	0.188	2.803	0.565	46.829
	P=50%	21.558	10.180	7.114	0.152	2.556	0.476	42.379
	P=75%	13.760	7.089	4.664	0.082	1.735	0.274	28.268
	P=95%	6.363	3.880	2.280	0.026	0.986	0.103	14.967

莒南天马岛

地表水资源

临沂市地表水资源主要来源于大气降水，其载体主要指河川径流和 20 世纪修建的各类水库、塘坝等。境内群山环抱，雨量集中，有利于河系的发育。以沂山、蒙山等山脉为中心，形成辐射状水系。有山东沿海诸河、沂河、沭河、中运河、湖东水系等五大水系。主要水系是沂河、沭河、中运河水系。临沂市地表水资源多年平均 46.83 亿立方米，可利用量 25.12 亿立方米。

降水量　境内降水具有年际变化大、年内分布不均、区域间差异明显等特点。1956—2000 年，全市多年平均降水总量 1407117 万立方米，折合降水深 818.8 毫米。其中，潍弥白浪区多年平均降水总量 20648.5 万立方米，折合降水深 740.1 毫米；沂沭河区多年平均降水总量 1082010 万立方米，折合降水深 812.3 毫米；中运河区多年平均降水总量 220912 万立方米，折合降水深 851.3 毫米；湖东区多年平均降水总量 7062.5 万立方米，折合降水深 751.3 毫米；日赣区多年平均降水总量 76483.9 万立方米，折合降水深 852.7 毫米。年内降雨多集中于 6—7 月份，占全年降水量的 73%左右。而冬春季则因降雨少，河道断流，地下水位下降。在没有足够的水利工程进行调节的情况下，丰水年常水多为患，往往造成大量弃水，枯水年则可拦蓄的水量很小，经常发生严重旱灾。

受地形影响，全市降水量的地区分布规律由东南向西北递减，多年平均降水量从东南部 889 毫米递减到北部 735.4 毫米。年际变化较大，Cv 值①一般在 0.2~0.3 之间。

①Cv 为年径流变差系数。

本次评价，1956—2000 年系列与一次评价 1956—1979 年系列相比，全市多年平均降水深由 865.6 毫米减少到 818.8 毫米，减少 46.8 毫米。减幅最大的中运河区由 902.2 毫米减少到 851.3 毫米，减少 50.9 毫米。

各县区降水量，1980-2000 年平均降雨量较 1956—1979 年平均降雨量偏小 5%~14%。

2010 年，临沂市降水量为 120.47 亿立方米。

天然径流量 分区天然径流量即分区地表水资源量。全市多年平均年天然径流量为 468293.1 万立方米，折合年径流深 272.5 毫米。本次评价临沂市 1956—2000 年多年平均天然年径流量比第一次评价 1956—1979 年多年平均天然年径流量偏小 11.1%。

全市丰水年（P=20%）的年径流量为 657193 万立方米，折合年径流深 382. 4 毫米；平水年（P=50%）的年径流量为 423786 万立方米，折合年径流深 246. 6 毫米；枯水年（P=75%）的径流量为 282680 万立方米，折合年径流深 164.5 毫米；特枯水年（P=95%）的年径流量为 149666 万立方米，折合年径流深 87. 1 毫米。

全市各级分区年径流深有较大的差别：日赣区的傅疃绣针河区以及中运河的临郯苍区多年平均年径流深在 300 毫米以上，最大的为傅疃绣针河区达 312.5 毫米，为全市最大，其他区均不足 300 毫米；最小的为湖东区的泗河区，仅为 194. 3 毫米，为全市最小。

年径流分布从地域上看，基本与降水量一致，但由于径流受下垫面条件的影响十分明显，径流深地域分布不均匀性比降水量更大。径流深地域分布趋势是：东大西小、南大北小，山区大丘陵、平原小。高值区的年径流深比低值区大 150 毫米以上。径流深的年际变化比降水量更为剧烈。1956—2000 年，径流量最大的 1963 年达 1046357 万立方米，折合年径流深 608.9 毫米，是多年平均值的 2.23 倍；径流量最小的 1989 年仅为 110462.5 万立方米，最小径流量仅为最大径流量的 10.6%，折合年径流深 64.3 毫米，仅为多年平均值的 23.6%。其中，沂沭河流域年径流量 353469.5 万立方米，折合年径流深 265.4 毫米。沂沭河流域年径流量 1963 年最大，为 738843.4 万立方米；1989 年最小，为 73157.2 万立方米，倍比为 10.1。径流年际变幅大，年内分布十分不均。河川径流的80%以上集中在汛期的 6—8 月份几次大的洪水过程。因此，丰水年常水多为患，易发生洪、涝灾害；枯水年又经常发生严重旱灾。在枯水年份和枯水期内，从客观上决定了临沂市水资源存在严重不足的紧张局面。

沂河干流多年平均年入境水量为 36759 万立方米，沭河干流多年平均年入境水量为 20610 万立方米。沂河干流多年平均年出境水量为 195298 万立方米，沭河干流多年平均年出境水量为 13977 万立方米，新沭河多年平均年入境水量为 132216 万立方米。

地下水资源

根据地下水的补给、径流、排泄条件及地形、地质构造和水文地质条件，全市划分为 48 个地下水均衡计算区，其中平原区 8 个，一般山丘区 24 个，岩溶山区 16 个。全市评价面积统一采用 17185 平方公里，平原区面积 2520 平方公里，山丘区面积 14665 平方公里。全市多年平均地下水资源量 19.25 亿立方米，多年平均可开采量为 148226 万立方米。

地下水资源年际变化 境内地下水资源的补给主要来源于大气降水。降水入渗补给量的年际变化，基本代表地下水资源量的年际变化。随降水量的丰、枯变化，降水入渗补给量的年际间的差异很大。降水入渗补给量最大值出现在 1998 年，为 388278 万立方米；最小值出现在 1988 年，为 142984 万立方米，极值比为 2.72。降水入渗补给量最大值和最小值，分别占多年平均值（1980-2000 年）的 163%和 60%。

地下水资源分布特征 总体是平原区大于山

丘区，岩溶山区大于一般山丘区，降水量大的区域相对较大，降水量小的区域相对较小。平原区地下水资源量5.36亿立方米，山丘区地下水资源量为14.19亿立方米，平原区与山丘区之间的年际变化地下水重复量为2953万立方米。集中富水区主要分布沂、沭河、祊河、傅疃河的中、下游两侧。

全市多年平均地下水资源模数11.2万立方米/平方公里。按水资源分区，中运河区多年平均地下水资源量模数最大，为15.0万立方米/平方公里，沭河区为11.3万立方米/平方公里，沂河区为10.8万立方米/平方公里；其他各区在6.0万立方米/平方公里~9.4万立方米/平方公里之间。按行政分区，罗庄区多年平均地下水资源模数最大，为19.8万立方米/平方公里，河东区为19.2万立方米/平方公里，兰山区为18.7万立方米/平方公里；莒南县多年平均地下水资源模数最小，为6.9万立方米/平方公里，其他各县区在7.9万立方米/平方公里~18.0万立方米/平方公里之间。

水源工程可供水量 截至2000年年底，全市三区九县建有机电井35069眼，其中配套19775眼。经调查统计计算，现状工程条件下地下水可供水量为87639万立方米。

2000年临沂市现状工程条件下地下水开发利用情况表

表2-33

行政区	计算面积（平方公里）	机电井（眼）	配套机电井（眼）	现状年实际开采量（万立方米）	多年平均可开采量（万立方米）	现状实际开采率（%）	调算现状可供水量（万立方米）	开采潜力（万立方米）
兰山区	650	1206	662	12053	11104.16	108.5	11104	–948.84
罗庄区	370	1274	860	4080	6231.46	65.5	4080	2151.46
河东区	728	2415	1482	7653	11783	64.9	7653	4130
郯城县	1307	2918	1129	12342	20131.73	61.3	12342	7789.73
苍山县	1800	8073	4252	12672	19115.81	66.3	12672	6443.81
莒南县	1752	4649	2961	6445	8728.04	73.8	6445	2283.04
沂水县	2435	4758	2933	6316	15626.21	40.4	6316	9310.21
沂南县	1774	1689	932	10035	14171.12	70.8	10035	4136.12
蒙阴县	1602	2372	1659	3660	9546.51	38.3	3660	5886.51
平邑县	1825	2134	845	4456	10381.77	42.9	4456	5925.77
费　县	1904	1914	1104	5015	14885.68	33.7	5015	9870.68
临沭县	1038	1667	956	3861	6520.79	59.2	3861	2659.79
合　计	17185	35069	19775	88588	148226.29	59.8	87639	59638.29

说明：本表开采潜力指可开采量减实际开采量

水资源供需平衡

全市工农业生产用水水源主要是上游水库、河道区间径流拦蓄及部分地下水，临沂城市生活用水水源主要为岸堤水库和城区地下水。2000年，境内有大中型水库36座，小型水库737座，塘坝6485座，另外在沂河、沭河干支流和其他一些河道上建有106座大小拦河坝。在保证率50%、75%、95%的情况下，可供水量分别为216923万立方米、161283万立方米、100337万立方米。

境内水资源可利用总量为321441万立方米，

可利用率58.1%。其中沂沭河流域可利用总量为268836万立方米，可利用率64.9%；中运河流域可利用总量为39031万立方米，可利用率37.8%。经计算：全市50%、75%、95%保证率时年可供水量分别为304562万立方米、248922万立方米、187976万立方米。临沂万元GDP取水量、万元工业增加值取水量、工业用水重复利用率、农业灌溉节水率等用水指标都不及全省平均水平。

1995年，全市实际取用水量19.4亿立方米，其中，农业灌溉取用水11.5亿立方米，工业取用2.7亿立方米，生活取用2.1亿立方米，其他用水3.2亿立方米。

2005年，全市万元GDP取水量134.98立方米。规模以上工业万元增加值取水量33.81立方米。规模以上工业用水重复利用率70.40立方米。

2010年，临沂市供水总量16.84亿立方米。其中，地表水10.67亿立方米，地下水6.12亿立方米，其他0.05亿立方米。用水总量16.84亿立方米。其中，农业12.23亿立方米，工业1.78亿立方米，生活2.67亿立方米，生态0.15亿立方米。万元GDP取水量75.65立方米。其中，规模以上工业万元增加值取水量23.43立方米。规模以上工业用水重复利用率75.63立方米。

2000年临沂市现状工程条件下可供水量情况表

表2-34

县　区	地表水可供水量（万立方米）			地下水可供水量（万立方米）			总可供水量（万立方米）		
	P=50%	P=75%	P=95%	P=50%	P=75%	P=95%	P=50%	P=75%	P=95%
兰山区	6135.1	4864.8	2696.9	11104	11104	11104	17239.1	15968.8	13800.9
罗庄区	19446.7	13824.6	11991.1	4080	4080	4080	23526.7	17904.6	16071.1
河东区	10252.9	8389.1	4336.9	7653	7653	7653	17905.9	16042.1	11989.9
郯城县	18599.9	15043.7	12033.0	12342	12342	12342	30941.9	27385.7	24375.0
苍山县	16265.0	12382.0	7448.7	12672	12672	12672	28937.0	25054.0	20120.7
莒南县	21838.3	16359.1	10152.3	6445	6445	6445	28283.3	22804.1	16597.3
沂水县	31905.2	22077.8	12759.9	6316	6316	6316	38221.2	28393.8	19075.9
沂南县	8740.6	7552.4	4094.1	10035	10035	10035	18775.6	17587.4	14129.1
蒙阴县	34428.4	25571.1	15319.1	3660	3660	3660	38088.4	29231.1	18979.1
平邑县	16223.0	11005.2	4915.7	4456	4456	4456	20679.0	15461.2	9371.7
费县	26429.0	19049.3	11617.9	5015	5015	5015	31444.0	24064.3	16632.9
临沭县	6659.1	5164.3	2971.8	3861	3861	3861	10520.1	9025.3	6832.8
全　市	216923.2	161283.3	100337.3	87639	87639	87639	304562.2	248922.3	187976.3

说明：本评价地下水可供水量是指在某一特定开采期，保证地下水在一段时期里采补平衡，不致于引起环境地质问题，而且最大限度满足需水要求的条件下，供水工程设施可提供的水量。对于地下水开采利用程度较高的地区，考虑补给量与开采量之间的平衡关系，计算有一定补给保证的地下水可开采量作为地下水可供水量；而对于地下水开采利用程度较低的地区，直接以用户需水量作为地下水可供水量。

表 2-35

临沂市不同保证率水资源量计算成果表

行政区域	面积（平方公里）	地表水资源量（万立方米）					地下水资源量（万立方米）					水资源总量（万立方米）					
		多年平均	P=20%	P=50%	P=75%	P=95%	多年平均	P=20%	P=50%	P=75%	P=95%	多年平均	P=20%	P=50%	P=75%	P=95	产水模数
兰山区	650	19535	28549	16935	10346	4357	12159	15337	12700	10818	8454	27578	37107	24269	17471	11983	42.43
罗庄区	370	10989	16008	9577	5901	2543	7315	9452	7701	6464	4933	15877	21212	14117	10283	7083	42.91
河　东	728	22048	30548	20159	3806	7644	13962	18599	14789	12140	8935	33953	44797	32060	23847	14728	46.64
郯城县	1307	38377	52903	35230	24331	13106	23529	29543	24069	20204	15417	57765	74975	54999	41873	26968	44.20
苍山县	1800	55743	78584	50225	33240	16500	24283	32067	25714	21261	15833	70567	95940	65460	46322	26157	39.20
莒南县	1752	53059	72802	48878	34038	18631	12118	18192	13134	9839	6162	55828	74767	52290	37896	22396	31.87
沂水县	2435	56126	83262	47768	28074	10938	22401	33732	24353	18244	11426	61749	88240	54613	34859	16120	25.36
沂南县	1774	46963	67618	41469	26253	11938	18664	26828	20164	15706	10549	53920	75005	49154	33368	18956	30.39
蒙阴县	1602	42231	67654	36606	22364	9420	13681	19979	14656	11158	7186	43886	62917	38940	24855	11494	27.39
平邑县	1825	37201	56962	30005	15990	5022	14469	21409	15322	11397	7039	38162	56719	32256	18789	7188	20.91
费　县	1904	54340	77904	48216	30775	14232	20456	27958	21188	16620	11310	60086	83581	54774	37183	21124	31.56
临沭县	1038	31681	43265	29284	20561	11434	9464	12999	9770	7610	5111	34235	45148	32311	24033	14844	32.98
全　市	17185	468293	657193	423786	282680	149666	192501	261976	205046	165803	118890	553606	744838	516497	371575	216443	32.21

第三节　生物资源

临沂市地处中纬度地带，土地面积大，自然条件复杂，生物资源比较丰富，具有种类多、分布广的特点。

植物资源

临沂市属暖温带落叶阔叶林区域，植被可分为针叶林植被型、阔叶林植被型、竹林植被型、灌丛植被型和灌丛草本植被型。有高等植物151科，1043种（包括变型或亚种）。其中，木本植物65科，367种，主要有油松、赤松、侧柏、刺槐、板栗、柿子、核桃、山楂、梨、苹果、桃、杏、花椒、杨、柳、泡桐、马尾松、水杉、毛竹、茶树、紫穗槐、胡枝子、酸枣、白蜡、荆条等。药用植物830余种（含药用农作物及木本植物），主要有金银花、玄参、太子参、丹参、枣仁、灵芝、杜仲等。

蛇苔科　蛇苔。

地钱科　地钱。

泥炭藓科　泥炭藓。

提灯藓科　尖叶提灯藓。

金发藓科　大金发藓。

卷柏科　卷柏、中华卷柏、伏地卷柏、垫伏卷柏、地柏。

木贼科　木贼草、问荆。

骨碎补科　骨碎补。

凤尾蕨科　蕨、凤尾蕨、井栏边草。

中国蕨科　银粉背蕨、裸叶粉背蕨。

铁线蕨科　团羽铁线蕨。

铁角蕨科　铁角蕨、虎尾铁角蕨、过山蕨。

肿足蕨科　山东肿足蕨。

鳞毛蕨科　贯众、阴山贯众、中华鳞毛蕨、半岛鳞毛蕨。

水龙骨科　瓦韦、有柄石韦、石韦。

蘋科　蘋。

苏铁科　苏铁。

银杏科　银杏。

银杏林

松科　落叶松、华北落叶松、黄花落叶松、日本落叶松、雪松、金钱松、华山松、白皮松、赤松、红松、樟子松、海南五针松、油松、马尾松、黄山松、黑松、火炬松、湿地松。

胡桃科　化香树、枫杨、胡桃、野核桃。

桦木科　榛、毛榛、鹅耳枥、小叶鹅耳枥、千金榆、日本桤木、辽东桤木、坚桦。

壳斗科　板栗、麻栎、栓皮栎、槲树、河北栎、槲栎、锐齿槲栎、北京槲栎、短柄枹栎、蒙古栎、辽东栎。

郯城县神舟古栗园

马兜铃科 北细辛、马兜铃、北马兜铃、绵毛马兜铃。

蓼科 荞麦、苦荞麦、金荞麦、萹蓄、拳蓼、红蓼、马蓼、酸模叶蓼、水蓼、丛枝蓼、两栖蓼、红辣蓼、箭叶蓼、刺蓼、杠板归、何首乌、虎杖、西伯利亚蓼、酸模、皱叶酸模、羊蹄、齿果酸模。

石竹科 灯心草蚤缀、蚤缀、瞿麦、石竹、香石竹、丝石竹、牛繁缕、女娄菜、蔓假繁缕、异叶假繁缕、蝇子草、米瓦罐、旱麦瓶草、雀舌草、王不留行。

睡莲科 芡实、莲。

金鱼藻科 金鱼藻。

芍药科 牡丹、芍药。

毛茛科 乌头、北乌头、华乌头、华北耧斗菜、耧斗菜、大叶铁线莲、褐紫铁线莲、威灵仙、烟台翠雀、飞燕草、白头翁、毛茛、茴茴蒜、唐松草、小唐松草、黄连。

十字花科 卷心菜、油菜、芜菁、芥菜、甘蓝、白菜、荠菜、葶苈、播娘蒿、小花糖芥、菘蓝、独行菜、北美独行菜、萝卜、蔊菜、印度蔊菜、遏蓝菜。

景天科 瓦松、狼爪瓦松、景天、佛甲草、费菜、垂盆草。

蔷薇科 龙芽草、西北栒子、山楂、山里红、秃山楂、野山楂、榅桲、木瓜、毛叶木瓜、皱皮木瓜、贴梗海棠、蛇莓、水杨梅、苹果、花红、楸子、海棠花、红海棠、白海棠、西府海棠、湖北海棠、山荆子、白梨、沙梨、杜梨、褐梨、秋子梨、西洋梨、杏、山杏、梅、李、杏李、樱桃李、桃、蟠桃、碧桃、山桃、榆叶梅、山樱花、樱桃、日本樱桃、毛樱桃、郁李、麦李、欧李、委陵菜、翻白草、朝天委陵菜、匐枝委陵菜、多花蔷薇、月季花、月月红、小月季、绿月季、玫瑰、黄刺玫、木香花、蓬蘽、茅莓、绣线菊、桦叶绣线菊、华北绣线菊、大叶华北绣线菊、小叶华北绣线菊、麻叶绣线菊、三裂绣线菊、土庄绣线菊、小米空木、珍珠梅、华北珍珠梅、花楸树、水榆花楸、地榆。

毛叶木瓜，主产于河东区汤河镇（商标注册为“沂州木瓜”）。

远志科 西伯利亚远志、远志。

大戟科 铁苋菜、猩猩草、地锦、斑地锦、乳浆大戟、猫眼草、大戟、泽漆、钩腺大戟、雀儿舌头、蓖麻、地构叶、乌桕、叶底珠、算盘子。

槭树科 元宝枫、地锦槭、三角槭、鸡爪槭、长裂葛萝槭、梣叶槭。

无患子科 倒地铃、栾树、文冠果。

凤仙花科 凤仙花、牯岭凤仙花。

鼠李科 北枳椇、鼠李、冻绿、锐齿鼠李、圆叶鼠李、小叶鼠李、猫乳、枣、酸枣。

葡萄科 葎叶蛇葡萄、蛇葡萄、光叶蛇葡萄、白蔹、大叶乌蔹莓、爬山虎、葡萄、山葡萄、葛藟、毛葡萄、桑叶葡萄、蘡薁。

椴树科 田麻、光果田麻、扁担杆、糠椴、紫椴、华东椴。

锦葵科 蜀葵、苘麻、黄蜀葵、草棉、陆地棉、木槿、野西瓜苗、洋麻、锦葵、野葵。

梧桐科 梧桐。

伞形科 变豆菜、破子草、窃衣、芫荽、柴胡、大叶柴胡、狭叶柴胡、蛇叶柴胡、旱芹（芹菜）、川白芷、兴安白芷、山茴香、蛇床、胡萝卜、小茴香、粗糙独活、短毛独活、辽藁本、川芎、防风、水芹、前胡、石防风、泰山前胡。

木犀科　梣、大叶白蜡、小叶白蜡、雪柳、连翘、金钟花、女贞、小叶女贞、辽东水蜡树、迎春花、探春花、矮探春、茉莉花、暴马丁香、紫丁香、白丁香、月桂、桂花、丹桂、银桂、金桂、四季桂、流苏树。

马鞭草科　白棠子树、日本紫珠、老鸦糊、华紫珠、海州常山、臭牡丹、黄荆、荆条、牡荆、单叶蔓荆、马鞭草。

唇形科　筋骨草、藿香、风轮菜、海州香薷、香薷、岩生香薷、活血丹、蓝萼香茶菜、内折香茶菜、夏至草、益母草、錾菜、泽兰、野薄荷、荆芥、石香薷、糙苏、白苏、紫苏、夏枯草、黄芩、半枝莲、粘毛黄芩、水苏、甘露子、丹参、荔枝草、白花丹参、西洋红、荠苧、裂叶荆芥、百里香。

茜草科　虎刺、栀子、蓬子菜、四叶葎、猪殃殃、鸡矢藤、茜草、大叶茜草、狭叶茜草、六月雪。

败酱科　黄花龙芽、白花败酱、异叶败酱、缬草。

葫芦科　假贝母、冬瓜、西瓜、香瓜、菜瓜、黄瓜、南瓜、西葫芦、桃南瓜、北瓜、绞股蓝、丝瓜、葫芦、小葫芦、苦瓜、栝楼、赤瓟。

菊科　香青、白蒿、牡蒿、茵陈蒿、黄花蒿、青蒿、艾、野蒿、蒌蒿、吉氏蒿、牛蒡、三褶脉紫菀、阿尔泰紫菀、白术、朝鲜苍术、北苍术、狼把草、小花鬼针草、鬼针草、翠菊、刺儿菜、大刺儿菜、大蓟、小白酒草、波斯菊、金挖耳、烟管头草、芙蓉菊、茼蒿、菊花、野菊、东风菜、大丽菊、白鼓钉、佩兰、鳢肠、蓝刺头、秋鼠麴草、鼠麴草、三七草、向日葵、菊芋、泥胡菜、旋复花、线叶旋复花、山苦荬、苦荬菜、抱茎苦荬菜、匍匐苦荬菜（窝食）、全叶马兰、马兰、火绒草、大丁草、莴苣、山窝苣、祁州漏芦、毛莲菜、豨莶、腺梗豨莶、狗舌草、林荫千里光、乌苏里风毛菊、笔管草、桃叶鸦葱、鸦葱、苦苣菜、蒲公英、苍耳、黄鹌菜、百日菊、小百日菊。

百合科　葱、洋葱、蒜、薤白、薤、山韭、韭菜、山蒜、天门冬、南玉带、文竹、吊兰、宝铎草、黄花、北黄花菜、萱草、玉簪、山丹、卷丹、土麦冬、多花黄精、玉竹、黄精、热河黄精、沿阶草、万年青、菝葜、华北菝葜、牛尾菜、老鸦瓣、丝兰、凤尾兰、绵枣儿。

杉科　杉木、柳杉、日本柳杉、池杉、水杉。

柏科　北美香柏、侧柏、千头柏、黄金球柏、柏木、日本花柏、线柏、绒柏、圆柏、龙柏、球桧、金球桧、塔柏、鹿角柏、北美圆柏、铺地柏、刺柏。

三尖杉科　三尖杉。

三白草科　蕺菜。

金粟兰科　丝穗金粟兰。

杨柳科　新疆杨、毛白杨、抱头毛白杨、小叶杨、塔形小叶杨、青杨、加拿大杨、八里庄杨、健杨、意-214、科伦158、沙兰杨、钻天杨、箭杆杨、沙柳、垂柳、旱柳、龙爪柳、杞柳、筐柳。

榆科　糙叶树、白榆、黑榆、大果榆、春榆、旱榆、榔榆、光叶榉、榉树、刺榆、小叶朴、大叶朴、朴树。

桑科　桑、鲁桑、蒙桑、构树、柘树、无花果、大麻、啤酒花、葎草。

荨麻科　大叶苧麻、透茎冷水花。

山龙眼科　红叶树。

檀香科　百蕊草。

槲寄生科　槲寄生。

藜科　土荆芥、藜、小藜、布藜、地肤、扫帚菜、猪毛菜、菠菜。

苋科　反枝苋、苋、雁来红、怀牛膝、青葙、鸡冠花、千日红。

紫茉莉科　紫茉莉。

商陆科　商陆、美商陆。

番杏科　粟米草。

马齿苋科　马齿苋、大花马齿苋、土人参。

木通科 木通。

小檗科 黄芦木、南天竹。

防己科 木防己、蝙蝠葛。

木兰科 鹅掌楸、厚朴、辛夷、含笑。

五味子科 北五味子。

腊梅科 腊梅。

樟科 樟树、月桂、山胡椒、三桠乌药、大叶钓樟、檫木。

罂粟科 延胡索、土元胡、合叶延胡索、黄堇、苦地丁、白屈菜、荷包牡丹、罂粟。

白花菜科 醉蝶花。

虎耳草科 溲疏、大花溲疏、小花溲疏、绣球、扯根菜、山梅花、山麻子、虎耳草。

海桐花科 海桐。

杜仲科 杜仲。

悬铃木科 悬铃木。

豆科 合欢、山槐、田皂角、光滑米口袋、落花生、直立黄芪、黄芪、紫云英、春黄芪、草木樨状黄芪、紫穗槐、紫荆、草决明、豆茶决明、野百合、柽麻、小冠花、锦鸡儿、小叶锦鸡儿、红花锦鸡儿、扁豆、黄檀、猪牙皂、皂角、野皂荚、山皂荚、米口袋、狭叶米口袋、野大豆、大豆、吉氏木蓝、鸡眼草、胡枝子、美丽胡枝子、达呼里胡枝子、绒毛胡枝子、多花胡枝子、细梗胡枝子、铁扫帚、茳芒香豌豆、紫苜蓿、南苜蓿、含羞草、白花草木樨、草木樨、镰形棘豆、豌豆、野葛、菜豆、赤豆、绿豆、刺槐、槐树、龙爪槐、紫花槐、苦参、马蹄针、田菁、歪头菜、救荒野豌豆、蚕豆、豇豆、眉豆、紫藤、藤萝、金雀花、银雀花。

金雀花

酢浆草科 酢浆草、铜锤草。

牻牛儿苗科 牻牛儿苗、青岛老鹳草、老鹳草、尼泊尔老鹳草、天竺葵、香叶天竺葵。

旱金莲科 旱金莲。

蒺藜科 蒺藜。

芸香科 佛手、酸橙、橘、臭檀、吴茱萸、金橘、黄檗、枸橘、花椒、野花椒、香椒子。

苦木科 臭椿、千头椿、苦木。

楝科 楝树、川楝、香椿。

黄杨科 黄杨、雀舌黄杨。

漆树科 黄栌、红叶黄栌、毛黄栌、黄连木、盐肤木、漆树。

冬青科 冬青、枸骨。

卫矛科 南蛇藤、苦皮藤、卫矛、白杜、垂丝卫矛、冬青卫矛、金心黄杨、金边黄杨、扶芳藤。

猕猴桃科 木天蓼、中华猕猴桃。

山茶科 茶树、山茶。

藤黄科 黄海棠、贯叶连翘、地耳草。

柽柳科 柽柳。

堇菜科 紫花地丁、东北堇菜、毛果堇菜、南山堇菜、光瓣堇菜、鸡腿堇菜。

秋海棠科 秋海棠、中华秋海棠、四季海棠。

仙人掌科 仙人掌、仙人球、蟹爪兰、昙花、令箭荷花、山影。

瑞香科 芫花。

胡颓子科 牛奶子。

千屈菜科 千屈菜、紫薇。

珙桐科 喜树。

石榴科 石榴。

八角枫科 八角枫、三裂瓜木。

菱科 菱角、四角菱。

柳叶菜科 露珠草、倒挂金钟、待宵草。

五加科 西洋参、人参、伞刺楸、辽东楤木。

山茱萸科 四照花、山茱萸、毛梾。

杜鹃花科　尖叶杜鹃、照山白、杜鹃、满山红。

报春花科　点地梅、报春花、珍珠菜、狭叶珍珠菜、狼尾花。

柿树科　君迁子、柿树、乌柿。

山矾科　白檀。

安息香科　野茉莉、玉玲花。

龙胆科　华南龙胆、秦艽。

夹竹桃科　茶叶花、夹竹桃、白花夹竹桃、黄花夹竹桃。

萝藦科　白首乌、牛皮消、白薇、徐长卿、竹灵消、变色白前、针线包、地梢瓜、杠柳、萝藦。

旋花科　菟丝子、欧洲菟丝子、日本菟丝子、打碗花、腾长苗、刺旋花、田旋花、甘薯、裂叶牵牛、圆叶牵牛、茑萝。

矾松科　矶松。

紫草科　斑种草、多苞斑种草、厚壳树、鹤虱、紫草、附地菜。

茄科　辣椒、指天椒、簇生椒、灯笼椒、夜香树、曼陀罗、毛曼陀罗、洋金花、枸杞、蕃茄、烟草、华山参、日本散血丹、酸浆、苦蘵、龙葵、珊瑚樱、疏毛海桐叶白英、茄、马铃薯、刺茄。

玄参科　陌上菜、弹刀子菜、通泉草、匍茎通泉草、楸叶泡桐、兰考泡桐、毛泡桐、返顾马先蒿、玄参、地黄、刘寄奴、细叶婆婆纳、水蔓青、水苦荬、松蒿。

紫葳科　楸树、灰楸、梓树、凌霄、角蒿。

胡麻科　芝麻。

列当科　列当。

苦苣苔科　牛耳草。

透骨草科　透骨草。

车前科　车前、小车前。

忍冬科　忍冬、华北忍冬、金银木、红金银花、苦糖果、金花忍冬、宜昌荚迷、天目琼花、接骨木、锦带花、海仙花。

桔梗科　展枝沙参、柳叶沙参、荠苨、石沙参、桔梗。

香蒲科　东方香蒲、水烛、小香蒲。

眼子菜科　眼子菜、竹叶眼子菜、菹草。

泽泻科　泽泻、慈姑。

禾本科　凤凰竹、芦竹、阔叶箬竹、黄槽竹罗汉竹、淡竹、苦竹、荩草、看麦娘、白羊草、狗牙草、大拂子茅、知风草、小颖羊茅、羊茅、李氏禾、臭草、薏苡、稗子、䅟子、牛筋草、野燕麦、竹节草、芦苇、野黍、白茅、大麦、稻、高粱、小麦、黍、狼尾草、早熟禾、狗尾草、粟、鹅冠草、黄背草、虱子草、结缕草、玉米、菰。

莎草科　羊胡子草、苔草、马氏苔草、扁秆苔草、荸荠、畦畔飘拂草、三俭草、荆三棱、扁秆藨草、萤蔺。

棕榈科　棕竹、棕榈。

天南星科　菖蒲、芋头、半夏、掌叶半夏。

浮萍科　浮萍、紫萍。

鸭跖草科　竹节草、鸭跖草、竹叶兰、紫万年青。

雨久花科　少花鸭舌草。

灯心草科　灯心草、野灯心草。

百部科　直立百部。

石蒜科　水仙。

薯蓣科　穿山龙、薯蓣。

鸢尾科　射干、唐菖蒲、鸢尾、马蔺。

姜科　姜。

美人蕉科　美人蕉、大花美人蕉。

兰科　细葶无柱兰、白芨、杜鹃兰、天麻、柄叶羊耳、二褶羊耳蒜、卷萼兜兰、绶草。

动物资源

临沂市动物资源丰富，种类繁多，有鱼纲、甲壳纲、腹足纲、瓣鳃纲、两栖纲、爬行纲、鸟纲、哺乳纲、昆虫纲、蜘蛛纲和蛛形纲共 11 纲近千种。其中，淡水鱼 15 科，57 种；鸟类 37

科，171 种（一说 205 种）；哺乳类 7 目，25 种。此外，还有昆虫类动物 541 种，节肢类动物 117 种。

临沂市湿地动物资源丰富，包括湿地鱼类 50 余种，虾蟹类 5 种，贝类 12 种；湿地鸟类 14 目 40 科 149 种。

鱼纲 鲤形目 鲤科有青鱼、草鱼、鳡鱼、南方马口鱼、宽鳍鱲、赤眼鳟、银飘、贝氏鳘鲦、鳘鲦、三角鲂、团头鲂、翘嘴红鲌、蒙古红鲌、戴氏红鲌、红鳍鲌、长春鳊、银鲴、黄尾密鲴、细鳞斜颌鲴、圆吻鲴、逆鱼、高体鳑鲏、中华鳑鲏、斑条刺鳑鲏、白鲢、花鲢、鲤鱼、鲫鱼、唇䱻、花䱻、麦穗鱼、稀有麦穗鱼、花鳈、蛇鮈、长蛇鮈、似鮈、棒花鱼、鳅鮀、平鳍鳅鮀。

鳅科有泥鳅、花鳅、黄沙鳅。

鲶形目 鲶科有鲶鱼。

鮠科有黄鲿鱼、长吻鮠。

刺鳅目 刺鳅科有刺鳅。

鳗鲡目 鳗鲡科有鳗鲡。

合鳃目 合鳃科有黄鳝。

鲻形目 鳢科有乌鳢。

鲈形目 鮨科有鳜鱼、大眼鳜。

丽鱼科有尼罗罗非鱼、莫桑比克罗非鱼。

虾虎鱼科有栉虾虎鱼。

攀鲈科有圆尾斗鱼。

塘鳢科有史氏黄黝。

白鹭

鲑科有虹鳟鱼。

甲壳纲 有日本沼虾、中华新米虾、秀丽白虾、锯齿溪蟹、细齿溪蟹、青蟹。

瓣鳃纲 有背角无齿蚌、三角凡蚌、褶纹冠蚌、泥蚶、贻贝、栉孔扇贝

腹足纲 有泥螺、耳萝卜螺、马蹄螺、田螺、椎富螺、钉螺。

鸟纲 鹳形目 鹭科有苍鹭、草鹭、绿鹭、池鹭、大白鹭、黄嘴白鹭、虎斑、黄斑苇鳽、大麻鳽。

鹳科有白鹳。

雁形目 鸭科有鸿雁、豆雁、白额雁、大天鹅、赤麻鸭、针尾鸭、绿翅鸭、罗纹鸭、绿头鸭、斑嘴鸭、赤膀鸭、赤颈鸭、琵嘴鸭、鸳鸯、普通秋沙鸭。

隼形目 鹰科有苍鹰、雀鹰、松雀鹰、金雕、鹊鹞、白尾鹞。

隼科有灰背隼、红隼。

鸡形目 雉科有鹌鹑、雉鸡。

鹤形目 三趾鹑科有黄脚三趾鹑。

鹤科有白枕鹤、灰鹤、丹顶鹤。

秧鸡科有董鸡、黑水鸡、骨顶鸡（白骨顶）。

鸻形目 鸻科有凤头麦鸡、灰斑鸻、剑鸻、金眶鸻、白领鸻。

鹬科有中杓鹬、青脚鹬、白腰草鹬、矶鹬、针尾沙雉、扇尾沙雉、丘鹬、三趾鹬。

鸥形目 鸥科有红嘴鸥、白额燕鸥。

鸽形目 鸠鸽科有山斑鸠、灰斑鸠、珠颈斑鸠、火斑鸠。

鹃形目 杜鹃科有四声杜鹃、大杜鹃。

鸮形目 草鸮科有草鸮。

鸱鸮科有红角鸮、领角鸮、雕鸮、纵纹腹小鸮。

雨燕目 雨燕科有白腰雨燕。

佛法僧目 翠鸟科有普通翠鸟、蓝翡翠。

佛法僧科有三宝鸟。

戴胜科有戴胜。

䴕形目 啄木鸟科有黑枕绿啄木鸟、斑啄木鸟、小星头啄木鸟。

雀形目 百灵科有小沙百灵、凤头百灵、云雀。

燕科有家燕、金腰燕。

鹡鸰科有树鹨、水鹨、草地鹨、田鹨、白鹡鸰、灰鹡鸰、黄鹡鸰、山鹡鸰、红喉鹨。

山椒鸟科有灰山椒鸟。

鹎科有白头鹎。

太平鸟科有太平鸟、小太平鸟。

伯劳科有虎纹伯劳、牛头伯劳、红尾伯劳、棕背伯劳。

黄鹂科有黑枕黄鹂。

椋鸟科有灰椋鸟。

鸦科有灰喜鹊。

鹪鹩科有鹪鹩。

岩鹨科有棕眉山岩鹨。

鸫亚科有红喉歌鸲、蓝点颏、红胁蓝尾鸲、北红尾鸲、黑喉石即鸟、蓝头矶鸫、蓝矶鸫、白眉地鸫、灰背鸫、白腹鸫、斑鸫。

画眉亚科有棕头鸦雀。

莺亚科有苍眉蝗莺、矛斑蝗莺、大苇莺、黄眉柳莺、极北柳莺、芦莺、戴菊。

鹟亚科有白眉（姬）鹟、乌鹟、白腹蓝（姬）鹟、北灰鹟、斑胸鹟、鸲（姬）鹟。

山雀科有大山雀、沼泽山雀、银喉长尾山雀。

绣眼鸟科有暗绿绣眼鸟。

文鸟科有［树］麻雀。

雀科有燕雀、金翅雀、黄雀、白腰朱顶雀、红腹灰雀、黑头蜡嘴雀、黑尾蜡嘴雀、锡嘴雀、栗鹀、黄喉鹀、灰头鹀、赤胸鹀、田鹀、三道眉草鹀、黄眉鹀、小鹀、铁爪鹀、红颈苇鹀。

兽纲 有豺、狼、狐、黄鼬、艾虎、獾、果子狸、豹猫。

两栖纲 有中华蟾蜍、花背蟾蜍、黑斑蛙、泽蛙、北方狭口蛙、金线蛙、东方铃蟾、中国林蛙。

草兔

爬行纲 有黄纹石龙子、北草蜥、棱皮龟、丽斑麻蜥、山地麻蜥、壁虎、鳖、乌龟、火赤链蛇、黄脊游蛇、虎斑游蛇、白条锦蛇、黑眉蝮蛇。

哺乳纲 兔形目 有草兔。

啮齿目 有褐家鼠、小家鼠、水鼠、黑线姬鼠、田鼠、黑线仓鼠、大仓鼠、社鼠。

食虫目 有刺猬、麝鼹。

翼手目 有蝙蝠、伏翼（家蝠）、菊头蝠、水鼠耳蝠（在水面生活）、大足蝠。

蛛形纲 有东方钳蝎。

东方钳蝎（沂蒙山蝎）

昆虫纲 直翅目 蝗科有中华蚱蜢、花尖翅蝗、长额负蝗、短星翅蝗、大赤翅蝗、大青蝗、棉蝗、大垫尖翅蝗、长翅黑背蝗、云斑车蝗、笨蝗、东亚飞蝗、黄胫小车蝗。

螽蟖科有日本螽蟖。

蟋蟀科有油葫芦。

蝼蛄科有华北蝼蛄、非洲蝼蛄。

同翅目　蝉科有蚱蝉、朝鲜黑背蟪蟟、蟪蛄。

沫蝉科有松沫蝉。

广翅蜡蝉科有柿广翅蜡蝉。

叶蝉科有四点叶蝉、小绿叶蝉、白翅叶蝉、大绿叶蝉。

蜡蝉科有斑衣蜡蝉。

蚜科有柳蚜、杨树毛蚜、栗大蚜、桃蚜。

蚧科有枣龟蜡蚧、球坚蚧、栎红蚧、中国黑粉蚧、东方盔蚧。

绒蚧科有紫薇绒蚧。

半翅目　蝽科有蠋敌、小皱蝽、黄斑蝽、硕蝽、茶翅蝽。

盲蝽科有中黑盲蝽、三点盲蝽、苜蓿盲蝽、绿盲蝽。

长蝽科有大眼蝉长蝽。

网蝽科有杨柳网蝽。

姬猎蝽科有小姬猎蝽、华姬猎蝽、窄姬猎蝽。

花蝽科有小花蝽。

划蝽科有小划蝽。

缨翅目　蓟马科有棉蓟马。

管蓟马科有稻管蓟马。

鞘翅目　步甲科有中华曲径拟步甲、艳大步、赤胸步甲、后双斑青步甲、毛青步甲、日本步甲、短鞘步甲、大蝼甲、地蝼甲。

虎甲科有中国虎甲、曲纹虎甲、古铜虎甲、紫铜虎甲。

隐翅虫科有黄足蚁型隐翅虫。

葬甲科有大红斑葬甲。

叩头虫科有沟金针虫、细胸金针虫。

瓢虫科有多异瓢虫、展缘异点瓢虫、双七瓢虫、七星瓢虫、粗网盘瓢虫、四星盾瓢虫、二十八星瓢虫、异色瓢虫、龟纹瓢虫、黑方突毛瓢虫、黑襟毛瓢虫、四斑毛瓢虫、深点食螨瓢虫、菱斑和瓢虫。

芫菁科有中国芫菁。

金龟甲科有铜绿丽金龟、台湾铜青金龟、异色丽金龟、蒙古丽金龟、黄褐丽金龟、黑棕鳃金龟、赤斑花金龟、毛棕鳃金龟、白纹铜花金龟、黄闪丽金龟、亮绿丽金龟、阔胫绒金龟、小阔胫金龟、东北大黑鳃金龟、华北大黑鳃金龟、暗黑鳃金龟、毛黄金龟、拟毛黄鳃金龟、棕色金龟、豆黄鳃金龟、围绿鳃金龟、黑皱金龟、云斑金龟、豆兰丽金龟、琉璃弧丽金龟、四纹丽金龟、苹毛丽金龟、小青花金龟。

天牛科有中华星天牛、光肩星天牛、桑天牛、云斑天牛、二斑黑绒天牛、栗山天牛、青杨枝天牛、柞天牛。

叶甲科有黄曲条跳甲、泡桐叶甲、大猿叶甲、负泥虫、柳蓝叶甲、榆蓝叶甲。

象甲科有橡实象甲、中华长毛象、臭椿沟眶象、沟眶象、绿鳞象甲、二黄星象甲、大灰象甲。

小蠹科有侧柏小蠹虫、榆小蠹虫。

鳞翅目　透翅蛾科有白杨透翅蛾、赤腰透翅蛾。

潜叶蛾科有杨白潜叶蛾。

菜蛾科有小菜蛾。

举枝蛾科有核桃举肢蛾、柿蒂虫。

木蠹蛾科有蒙古木蠹蛾、杨木蠹蛾、东方木蠹蛾、小木蠹蛾、六星黑点木蠹蛾。

蓑蛾科有小蓑蛾、大蓑蛾。

刺蛾科有黄刺蛾、中国绿刺蛾、扁刺蛾。

斑蛾科有榆斑蛾、梨叶斑蛾。

蛀果蛾科有桃小食心虫。

小卷叶蛾科有杨柳小卷蛾。

螟蛾科有杨卷叶螟、豆荚螟、旱柳原野螟、泡桐卷叶螟粉斑螟。

枯叶蛾科有赤松毛虫、杨枯叶蛾。

天蚕科有柞蚕、樗蚕。

尺蛾科有大造桥虫、木橑尺蛾、紫线尺蛾。

凤蛾科有凤蛾、榆凤蛾。

天蛾科有榆绿天蛾、豆天蛾、霜天蛾、蓝目天蛾。

舟蛾科有杨二尾舟蛾、杨扇舟蛾、黄二星舟

蛾、杨小舟蛾、黄掌舟蛾、肖黄掌舟蛾、舟形毛虫。

灯蛾科有红绿灯蛾、红腹白灯蛾、黑灯蛾、美国白蛾。

夜蛾科有桃剑纹夜蛾、小地老虎、黄地老虎、大地老虎、黏虫、臭椿皮蛾。

毒蛾科有黄毒蛾、榆毒蛾、舞毒蛾、柳毒蛾。

双翅目　瘿蚊科有柳瘿蚊。

膜翅目　青蜂科有上海青蜂。

胡蜂科有长脚胡蜂。

瘿蜂科有栗瘿蜂。

脉翅目　草蛉科有丽草蛉、小草蛉、大草蛉、中华草蛉。

蜻蜓目　蜻科有赤卒、黄衣。

蜓科有银蜻蜓。

豆娘科有豆娘。

螳螂目　螳螂科有广腹螳螂、中华螳螂。

蛛形目　钳蝎科有蝎子。

蜘蛛纲　有棉红蜘蛛、山楂红蜘蛛、朱砂叶螨、苜蓿红蜘蛛、侧柏红蜘蛛、针叶小爪螨、落叶松红蜘蛛、麦长脚蜘蛛、柿红蜘蛛、麦园蜘蛛、真桑纯绥螨、东方纯绥螨、拟长毛纯绥螨、三中毛盲走螨、中华七纺器蛛、台湾陷门蛛、芦苇卷叶蛛、白条卷叶蛛、黑隆头蛛、疣腹蜈蛛、中华蜈蛛、黄昏皮花蛛、隐匿幽灵蛛、长幽灵蛛、叉斑巨螯齿蛛、背纹巨螯齿蛛、横带球腹蛛、八点球腹蛛、温室希蛛、皮氏球腹蛛、三叉球腹蛛、草间小黑蛛、异常隆背蛛、北国壁钱、交迭圆蛛、角圆蛛、王冠圆蛛、棕色圆蛛、半月圆蛛、石氏圆蛛、叶斑圆蛛、大腹圆蛛、杂黑斑圆蛛、小悦目金蛛、横纹金蛛、银背艾蛛、长腹艾蛛、江西艾蛛、枯氏棘腹蛛、棒洛新妇、灌木新圆蛛、黄褐新圆蛛、绿腹新圆蛛、茶色新圆蛛、黑斑亮腹蛛、四点亮腹蛛、血色亮腹蛛、四斑锯螯蛛、柔弱锯螯蛛、侣伴肖蛸、锥腹肖蛸、前齿肖蛸、印腹肖蛸、鳞纹肖蛸、机敏漏斗蛛、迷宫漏斗蛛、树皮栅蛛、鹿熊蛛、黑腹狼蛛、拟环纹狼蛛、中华狼蛛、星花豹蛛、丁纹豹蛛、沟渠豹蛛、赫定豹蛛、浙江豹蛛、真水狼蛛、中华水狼蛛、拟水狼蛛、放荡午蛛、斜纹猫蛛、拟水洼狡蛛、三突花蛛、美丽羽蛛、野壕羽蛛、条纹尖尾蛛、草丛逍遥蛛、刺跗逍遥蛛、白条锯足蛛、圆花叶蛛、蚁狼蟹蛛、娇嫩长蟹蛛、短胸长蟹蛛、角突峭腹蛛、波纹花蟹蛛、鞍形花蟹蛛、斜纹花蟹蛛、微菱头蛛、小带斑蛛、白斑猎蛛、机敏蝇蛛、纵条蝇蛛、浊斑扁蝇虎、吉蚁蛛、美丽蚁蛛、黑灰蛛、黑色蝇虎、条纹蝇虎、玉翠蛛、中华跳蛛、中华兰管巢蛛、棕管巢蛛、千岛管巢蛛、平腹蛛、亚洲狂蛛、卡氏狂蛛、灰膝狂蛛。

凤蝶（蒙阴）

第四节　自然保护区

湿地

1995 年 12 月—1997 年 5 月，临沂市开展第一次湿地资源调查工作。共设调查点 582 个，调查标准地 310 块。普查结果为：全市有面积超过 8 公顷以上的湿地 270 块，总面积 55023 公顷。其中面积超过 100 公顷的湿地 63 块，河流 34 条，面积 32411.5 公顷；水库 29 座，面积 17276.3 公顷。湿地乔灌木有 72 科，456 种，占全省木本植物种类的 70%；人工栽培作物 32 种，923 个品种；杂草 29 科，101 种，其中常见植被杂草 40 余种，水生植物约 25 种。水生动物有 6

纲，7目，18科，118种；陆栖动物有5纲。湿地浮游生物有7个门，33个属，水库浮游植物总量150~2133个/升，浮游动物总量30~67个/升。浮游生物总量52.8~87毫克/升。2010年，根据调查、调研，编制出《临沂市“十二五”湿地保护规划》。2010年12月，临沂武河省级湿地公园获山东省林业局批准成立（详见第五编第二章第六节）。

临沂大青山自然保护区

位于费县北部，2000年被评为省级自然保护区，总面积4000公顷。其中，核心区950公顷，缓冲区800公顷，实验区2250公顷。保护区内资源丰富，野生动植物种类繁多。主要林分有黑松纯林2100公顷，针阔混交林1060公顷，经济林300公顷，森林覆盖率86.5%。有木本植物62科138属294种，草本植物500余种，苔藓类100余种，属国家保护的一、二级植物7种（其中裸子植物2种，被子植物5种）；陆生野生动物142种，其中国家二级保护动物13种，省重点保护动物119种。保护区森林食用资源、花卉资源和中草药资源丰富，有野生蔬菜55种，野生水果20种，野生食用菌9种，花卉资源195种，中草药资源869种。

森林公园

1993—2010年，临沂市建立森林公园16个。其中，国家级森林公园2个，省级森林公园9个，市级森林公园5个，森林公园经营总面积1.17万公顷。国家级森林公园有：沂南县孟良崮国家森林公园（孟良崮林场），蒙阴县蒙山国家森林公园（天麻林场）。省级森林公园有：蒙阴县中山寺省级森林公园（中山寺林场），平邑县蒙山省级森林公园（包括万寿宫、明光寺、大洼、海螺寺4个国有林场），郯城县清泉寺省级森林公园（清泉寺林场），郯城县神州古栗园省级森林公园，郯城县郯城古银杏省级森林公园，临沭县柳庄省级森林公园（苍马山），沂水县沂山省级森林公园（沂山林场），费县塔山省级森林公园（塔山林场），费县许家崖省级森林公园（许家崖林场）。市级森林公园有：蒙阴县岱崮市级森林公园（岱崮林场），沂南县五彩山市级森林公园，沂水县沂河市级森林公园（沂河林场），费县钟罗山市级森林公园（祊河林场），苍山文峰山市级森林公园。

孟良崮国家森林公园 是国家级森林公园（1992年）、国家级红色旅游区（2004年）、国家级孟良崮国家森林公园地质公园（2005年）。位于沂南县孙祖镇。是集自然景观、沂蒙红色文化、古历史文化于一体的国家AAA级风景区。

孟良崮国家森林公园沂南景区主峰孟良崮海拔536米，因宋代孟良曾屯兵于此得名。孟良崮因孟良崮战役而闻名。公园总面积800公顷。园内遍布太古界泰山变质岩，群山突兀，奇石多姿，石洞叠连，是集雄、奇、险、秀、幽为一体的一座名山。景区动植物资源丰富，有动物12科20余种，植物55科121种，白蝙蝠、五角枫等是稀有物种，植被覆盖率76%。

蒙山国家森林公园 1994年12月国家林业局批准设立，1995年6月被山东省人民政府列为省级风景名胜区，2002年9月被省旅游局列为山东省十大新景点。为国家AAAA级旅游区。公园总面积3666.6公顷，动植物资源丰富，有兽类10科15种，鸟类28科76种，植物100余科900余种，森林植被覆盖率达95%以上。有“百里林海，天然课堂”之称。

蒙山国家森林公园

蒙山，位于平邑、蒙阴、费县、沂南县交界处，东西雄列，绵延百余里，主峰海拔1156米，为山东省第二高峰，素称“亚岱”。1999年经中国科学院生态研究中心监测，景区内空气中负离子含量每立方厘米854167个，居全国之首，为该中心有史以来测得的最高值。被誉为“天然氧吧”“超洁净地区”，成为“中国最佳绿色健身旅游胜地”。

蒙阴椿树沟

蒙山国家森林公园位于蒙阴县南部，年平均气温12.8℃，无霜期196天，年均降水998毫米，四季分明，气候温和，雨量充沛，民间有“七十二场浇花雨”之说。公园内奇峰耸立，层峦叠嶂，深涧遍布，古称有“七十二峰”“九十九峪”“三十六洞”。风景名胜区包括水帘洞、雨王庙、云蒙峰、百花峪、老龙潭、望海楼六大景区，拥有蒙山叠翠、蒙山花潮、蒙山飞瀑、蒙山云海、蒙山日出、蒙山听涛、蒙山秋色、雪峰玉谷八大自然景观。现已开发水帘洞、雨王庙、大小云蒙峰、天壶峰、栖凤山、蒙山卧佛、蒙山猿人、邵家寨、蒙山巨龙、百丈崖、浴人、仙池等180余个景点。

第五节　矿产资源

临沂市矿产资源种类较多，已发现各类矿产84种（含亚种），占山东省发现矿产150种的56%。其中能源矿产4种，金属矿产16种，非金属矿产62种，水气矿产2种。主要矿产有铁、钛、铜、铅、铝、金、银、金刚石、耐火黏土、白云岩、萤石、重晶石、明矾石、石英砂岩、陶瓷土、页岩、黏土、花岗石、石灰岩、石膏、玄武岩、河砂、煤、矿泉水、地热及宝石、玉石、彩石、砚石等。白云岩储量居全国第一位；金刚石、玻璃用石英砂岩、陶瓷土居全国第二位；钛、明矾石、水泥配料页岩、水泥配料用黏土、饰面花岗岩、麦饭石、建筑用砂居全省第一位；铁、石膏、重晶石、水泥用石灰岩居全省第二位；铅、钼、萤石居全省第三位；金、熔剂用灰岩居全省第四位；银居全省第五位。

临沂市矿产资源分布区域以沂沭断裂带为界，断裂带以西矿产种类较多，探明储量丰富，断裂带以东及断裂带内的矿产种类和探明储量较少。煤炭集中于兰山区和罗庄区；金刚石原生矿仅发现于蒙阴、平邑县，金刚石砂矿分布在郯城、临沭县；白云岩分布于沂南、平邑、费县、蒙阴等县；石英砂岩以沂水、沂南和苍山县最多；石膏分布于平邑、苍山县；金矿储量以平邑最多，沂南次之；饰面石材以沂南、蒙阴、平邑县等地品质较好、储量大；石灰岩资源除临沭、莒南、郯城县和河东区外，其余县区都较为丰富。至2008年年底，临沂市登录山东省矿产储量表的累计查明资源储量为60余亿吨，未登录省储量表的资源总量估算为719亿吨。

2009年临沂市矿产种类情况表

表 2-36

矿产大类	探明储量的矿种		简测或未登录山东省矿产储量表的矿种	
	矿种数	名称	矿种数	名称
能源矿产	2	煤、地热	2	钍、铀
金属矿产	7	铁、钛、铜、铅、钼、金、银	9	铬、钨、铝土、锆、锌、锶、镁、铈、镧
非金属矿产	24	金刚石、石膏、耐火黏土、萤石、重晶石、明矾石、陶瓷土、白云岩、建筑用花岗岩、饰面用花岗岩、饰面用辉长岩、建筑用闪长岩、熔剂用灰岩、铸型用砂岩、长石、水泥用灰岩、玻璃用石英岩、玻璃用砂岩、水泥配料用砂岩、陶瓷用砂岩、玻璃用脉石英、水泥配料用页岩、水泥配料用黏土、水泥配料用黄土	38	硫铁矿、泥炭、石棉、滑石、磷灰石、蛇纹岩、云母、橄榄岩、玄武岩、安山岩、水晶、玛瑙、宝石、玉石、石榴子石、泥灰岩、透闪石、透辉石、方解石、正长岩、辉绿岩、大理岩、膨润土、片麻岩、凝灰岩、天然油石、蛭石、沸石、麦饭石、含钾岩石、钾长石、钠长石、天然石英砂、建筑用石英岩、建筑用灰岩、砖瓦用页岩、砖瓦用黏土、建筑用砂
水气矿产	2	地下水、矿泉水	0	

能源矿产

临沂市发现的能源矿产有煤、地热、铀、钍4种。

煤 全市煤田总面积380多平方公里，产地33处。主要分布在兰山、罗庄、郯城、苍山、平邑、蒙阴、费县等县区，其中以临沂煤田面积最大。临沂煤田自新中国成立至1984年年底，共生产原煤3384.73万吨。到2008年年底，全市煤炭保有储量仅有5352.73万吨，居全省第10位，属缺煤地区。其中临沂煤田有煤矿9处，资源接近枯竭；平邑煤田已采完，矿山全部关闭；蒙阴县高都和界牌井田已采完，常路井田地质储量4345.7万吨，因埋藏深等原因未开采。

地热 境内地热资源开发利用较早，其中河东区汤头温泉有2100余年的历史。20世纪60年代后开始成规模开发。到2009年年底，已开发利用的地热资源量为1049.37万立方米。有12处地热异常区得到验证。其中河东区汤头、沂南县铜井和松山、平邑县汪家坡以及沂水县许家湖5处地热田完成资源评价和储量评审备案，批准地热资源每天允许开采量为12178立方米。

铀 在沂水县境内有发现。分布于诸葛、沙沟等乡镇，矿体层次、厚度、品位变化均较大，矿体不稳定，地质工作程度低，未开发。

钍 发现于苍山县龙宝山，未开发。

金属矿产

临沂市发现金属矿产16种。其中，探明储量的有7种。

黑色金属矿产 全市发现的3种黑色金属矿产中，铬为矿点，地质工作程度低，未开发利用；铁分布广、规模大，是临沂市的优势矿产；钛分为钛铁矿和金红石2种，其中钛铁矿探明资源储量较大。

铁矿 共有矿产地71处，除河东区、临沭县外，其他县区均有分布。2008年年底，全市铁矿石保有储量7.88亿吨，居全省第二位。主要产于沂沭断裂带及其两侧。

苍峄铁矿位于苍山县与枣庄市交界处。其中，苍山县8个矿区，探明储量6.4亿吨，保有储量5.05亿吨，为大型铁矿。铁的品位平均为全铁量32.86%，其中可溶铁24.97%。

铁矿石

汞丹山铁矿位于沂水县马站北10公里处，与临朐县交界，1958年探明储量2.39亿吨，1992年开始开发利用。

跋山铁矿位于沂水县沂水镇。1958年，探明储量20.53万吨。2008年5月，山东兴盛矿业有限公司取得该矿区采矿权并开办矿山。

郯城县小埠岭铁矿由2个矿区组成，矿体呈透镜状，矿石工业类型为磁铁矿。2008年年底，保有储量113.7万吨。

莒南县坪上铁矿开采始于1958年，后时开时停。2002年，进入正常稳定开采状态。2008年年底，保有储量为417.7万吨。含铁矿物为磁铁矿。

铬矿　矿产地1处，位于莒南县杨庄—殷家沟，系矿化点，呈小细脉状，产于超基性蛇纹岩体中。另外，费县良田庄—平邑县大井头有铬铁矿化存在，地质工作程度较低。

钛矿　有7个矿区。其中，金红石发现矿产地3处，分别位于临沭县大兴镇尤家寨、石门镇大峪子及莒南县张家石门，产于榴辉岩体中或残坡积沉积物中。在沂水县诸葛镇上峪地区探明一处超大钛铁矿矿床，钛铁矿资源储量4.63亿吨，二氧化钛资源量3069.2万吨，储量规模在同类矿床中居山东之首。

有色金属矿产　发现矿产8种，其中列山东省储量表的有铜、铅、钼3种。矿产多数为共生、伴生矿产，产于沂沭断裂带以西。

铜矿　主要分布在沂南县、沂水县等地，发现矿产地12处，其中探明储量的产地6处，铜品位0.68%~1.19%，并伴生或共生金、银、铁、硫、钼等多种成分。2008年年底，全市铜保有储量（金属量）2.5万吨，居全省第6位。

铜井金铜矿位于沂南县铜井镇，分为山子涧、汞泉、龙头汪3个矿区，是以铜为主的多金属矿床，由数十个矿体组成。矿体呈似层状、不规则状，每个矿体规模都不大。铜品位0.7%~1.35%。

铅矿　主要分布在沂水、苍山等县，共发现矿产地9处，其中探明储量的产地3处。2008年年底保有储量（铅金属量）4.12万吨，占全省保有储量的7.05%，居全省第3位。品位一般在0.5%~11.4%，平均1%~2%。多数伴生金、银、铜、锌等，个别铅矿点为重晶石矿伴生。

沂水县王庄铅矿累计探明储量（铅金属量）1.31万吨。该矿由3个小矿区组成，矿石矿物为方铅矿等，脉石矿物为方解石、重晶石。铅品位16.5%，伴生金、锌等。

钼矿　发现产地3处，其中1处为独立钼矿点，2处为伴生钼矿。截至2008年年底，全市钼保有储量（金属量）158.7吨，居全省第3位。沂南县金场金矿区冶官墓矿段，伴生钼，品位为0.1%，主要矿石为含金黄铜矿，含钼矿物为辉钼矿。苍山县英沂官庄钼矿点，含钼0.033%~0.18%，伴生铜等。

锌矿　莒南县金矿伴生锌，入选品位1.58%。

铝土矿　矿产地2处，位于罗庄区、苍山县。铝硅比为3.9，地质储量22.3万吨，未开发。

钨矿　矿产地3处，均为伴生矿，主要分布在苍山县莲子汪、英沂官庄及贾庄，品位0.02%~0.254%。

钴矿　矿产地1处，位于蒙阴县野店，矿体呈透镜状，产于花岗伟晶岩中，含钴矿物为含钴黄铁矿。矿体规模不大，钴品位0.08%，硫含量5.9%。

镁矿　主要从白云岩、蛇纹岩等含镁高的矿石中提炼金属镁，无独立镁矿体。

贵金属矿产 有金、银两种，除罗庄区、河东区、郯城县外，其他县区均有发现。

金矿 临沂发现金矿产地50余处，储量以平邑最多，沂南次之。在这些矿产地中，以小型矿床、矿点为主，探明储量的矿产地10处，保有储量（金金属量）22932.64千克，居全省第4位。

平邑归来庄金矿是地质矿产部20世纪80年代三大发现之一，是新中国找金史上的一个重大突破。该矿位于平邑县地方镇境内，矿石矿物为褐铁矿、黄铜矿、方铅矿、自然金、碲铜金矿等。自然金、碲铜金矿颗粒很细，直径0.02~0.1微米，呈次浑圆状存在于脉石矿物中，少量呈包裹体存在。含金矿物中，碲铜金矿占60%，自然金占40%，含金品位8.07克/吨，伴生银矿品位也达到工业要求。

沂南金铜矿（包括铜井矿区、金场矿区）矿石矿物为黄铜矿、自然金、黄铁矿、磁铁矿、斑铜矿等。金品位为1.22~6.68克/吨，伴生金品位0.93~2.17克/吨，铜品位0.70%~1.35%。累计探明储量达到中型规模。

莒南县洙边东书院金矿矿体规模小，形态简单，厚度稳定，矿化较均匀；含金、铅、锌等，其中金品位5.56克/吨，储量（金金属量）272.3千克。莒南县坪上挪庄金矿有两条东西向金、银矿化蚀变带，两矿体矿石平均品位为3.14克/吨，实际控制金属量394.17千克。

银矿 临沂市银矿产地不多，主要伴生于平邑县归来庄金矿和沂南县龙头汪金铜矿中，品位6.47克/吨，累计探明储量（金属量）29.4千克，保有储量（金属量）25.3千克，居全省第5位。

稀有稀土及其他金属矿产 锶矿产地1处，位于苍山县抱犊崮一带，含锶矿物为天青石。锆矿矿产地1处，伴生于郯城县柳沟金刚石砂矿中，地质储量65吨，未开发利用。独居石矿产地1处，含铈、镧等金属，位于蒙阴县。稀土矿产地3处，位于苍山和蒙阴县。苍山县龙宝山稀土矿，产于燕山期正长斑岩或与寒武纪地层接触带中，矿体呈脉状、透镜状，矿石矿物为氟碳铈矿、氟碳钙铈矿、碳酸铈铀矿及方铅矿等，储量（稀土氧化物）4364吨。

非金属矿产

资源较为丰富，不仅发现的矿种多，质量好，且分布广，储量大，开采条件简单。在探明储量的35种矿产中，非金属矿产占24种。

特种非金属矿产 金刚石 临沂市是全国金刚石的著名产地，也是山东省唯一产地，储量和产量均居全国第2位，共发现矿产地18处，其中探明储量的矿产地10处，主要分布在蒙阴、郯城、临沭等县。历史上，山东曾发现100克拉以上的特大金刚石6颗，均产于临沂。如“金鸡”钻石、“常林”钻石、“陈埠1号”钻石、“蒙山1号”钻石等。2006年，在蒙阴建材七〇一矿选获一粒特大金刚石，重101.4695克拉。2008年，平邑的山东天宇自然博物馆收藏一粒特大金刚石，重338.6克拉，产于郯城县李庄镇，是中国最大的金刚石。

金刚石（左为中国产特大钻石原石“临沂之星”）

原生矿。产地5处。蒙阴县原生金刚石矿，含矿岩体为含金刚石金伯利岩，呈管状或脉状产出。山头村—野猪汪原生矿带，有7个矿体。品位30.75~205.16毫克/立方米，储量为2.19万克。常马庄矿区，系中国发现的第一个金刚石原生矿，岩体呈脉状，品位227~328.86毫克/立方米，储量3.44万克。王家村矿区，有2个岩体，呈筒状，品位234毫克/立方米，储量为91.45万克。西峪金刚石矿区，有矿体8个，呈管状及脉状，探明储量112.24万克。鸿喜庄—塔峪原生矿带，品位 34.1 毫克/立方米~154.86 毫克/立方米，储量 2.84 万克。有矿体 9 个，呈脉状及管状。

砂矿。探明的 5 处金刚石砂矿产地均在郯城县。陈家埠矿区，有矿体 2 个，呈层状，品位 4.509 毫克/立方米，储量 1.48 万克，1985 年停采。于泉矿区，有矿体 4 个，呈层状，品位 3.848 毫克/立方米，储量 1.2 万克。

水晶　主要分布在临沭、沂南、沂水等县，比较重要的矿点有：沂水县马站大水场水晶矿，产紫晶。沂南县岸堤镇面梨沟水晶矿，产紫晶，个体较大，最大者 50 公斤以上。

冶金辅助原料非金属矿产　包括冶金耐火材料矿产、冶金熔剂原料矿产、金属铸造用原料矿产等。

冶金用白云岩　资源丰富，是优势矿产之一。主要产于平邑、费县、沂南、蒙阴、沂水等县，呈带状分布，均为原生白云岩。自南而北共 4 个成矿带，即临沂—苍山—费县—平邑成矿带、沂南双堠—凤凰山—蒙阴成矿带、沂南张庄—马牧池成矿带、沂水姚家店子成矿带，其中以临沂—苍山—费县—平邑成矿带最大。全市白云岩估算储量 17.18 亿吨。

白云岩矿石

费县常胜庄白云岩矿区，位于费县城西，矿体呈层状，走向北西。探明储量 5186.8 万吨，占全省保有储量的 72.67%，居全省第 1 位。

熔剂用灰岩　境内石灰岩分布面积广，储量大，质量好，是优势矿产之一，主要分布在沂沭断裂带内及鲁西隆起区。其中，熔剂用灰岩达 1 亿吨以上。探明的长山熔剂石灰岩矿区，位于平邑县城西，矿体呈层状，出露地表，易于开采，含氧化钙 45.6%，储量为 2400.6 万吨，保有储量占全省的 5.07%，居全省第 4 位。

萤石　分布在沂沭断裂带及胶南隆起区，以伴生矿产为主，矿体呈脉状。产地分布：莒南 2 处，沂水、沂南、郯城、临沭县各 1 处。其中，列山东省储量表的 2 处，保有储量（矿物量）203.5 万吨，氟化钙 32.8 万吨，占全省保有储量的28.7%，居全省第 3 位。

郯城县房庄重晶石矿伴生萤石，氟化钙储量 32.3 万吨；莒南县仕沟重晶石矿，萤石 18.5 万吨；沂南县湖头镇路家庄萤石矿，有矿脉两条，长达 1000 米以上，累计查明储量（矿石量）20.4 万吨，氟化钙 7.5 万吨。

耐火黏土　以硬质黏土和半软质黏土为主，分布在罗庄、平邑、蒙阴、莒南、苍山、费县等县区。截至 2008 年年底，全市共发现耐火黏土矿产地 7 处，累计查明储量 8623.3 万吨，保有储量 8587 万吨。罗庄黏土矿区，主要矿体呈似层状，分为特、Ⅰ、Ⅱ、Ⅲ级品四个等级，特级品耐火度 1775℃，Ⅰ级品耐火度1768.0℃，Ⅱ级品耐火度 1770.0℃。探明储量 225.4 万吨。

石英岩及脉石英　产地 10 余处。石英岩主要分布在莒南县，矿体呈层状、似层状、透镜状。脉石英在沂水、沂南、蒙阴、苍山、费县、平邑等地均有分布。多呈花岗伟晶岩脉形式产出，与钾长石共生。

石英石

化工原料非金属矿产 临沂市发现6种（包括亚种）。除明矾石、重晶石、蛇纹岩等资源较丰富、地质工作程度较高外，其他矿种产地分散，分布零星，以矿点为主，开发利用程度低。

磷矿 发现矿产地9处，分布在河东、莒南、沂水、平邑、沂南等县区，均为低品位磷矿，五氧化二磷1%~3.17%，平均2.02%。地质总储量5679.87万吨。上峪磷矿位于沂水县夏蔚镇，C_2级磷矿石储量897.45万吨；窦家岭磷矿位于河东区郭圪塔墩村西北800米处，C_2级储量3458.12万吨；洙边磷矿位于莒南县洙边镇西书院北岭，C_2级矿石总量105.87万吨。

硫铁矿 发现矿产地5处，分别是兰山区砚台岭、河东区窦家岭、平邑县东近台及沂南县山子涧、汞泉。平均含硫量6%~7%，地质总储量245.59万吨，其中山子涧铜矿区伴生硫铁矿折纯硫1.1万吨。

重晶石 已发现产地14处，除兰山、罗庄、河东3区及蒙阴县外，其他各县均有分布。其中，探明储量的产地5处，保有储量619.79万吨，占全省的36.69%，居全省第2位。

重晶石

郯城县房庄重晶石矿，矿体呈脉状，主要成分为重晶石，其次为石英、萤石，含硫酸钡32.4%、氟化钙15.48%，探明储量147万吨。莒南县仕沟重晶石矿矿体呈脉状，矿石主要成分为重晶石，其次为萤石，含硫酸钡41.93%、氟化钙17.16%，探明储量318.7万吨。临沭县岌山重晶石矿有矿体8个，均呈脉状，含硫酸钡72.49%、二氧化硅12.29%，探明储量49.4万吨，已枯竭。平邑县郑城重晶石矿区有矿体6个，含硫酸钡67.02%，探明储量127.6万吨。临沭县刘坞重晶石矿有矿体5个，呈透镜状及脉状，伴生萤石，含硫酸钡40.19%、氟化钙10.61%，探明储量76.4万吨，已枯竭。此外，临沭县大岱、郯城县邵家湖、沂水县许家湖等地皆有产出。

明矾石 莒南县明矾石矿区，保有储量为104.1万吨，居全省第1位。该矿区位于大店镇，矿体走向北西，长约5公里，宽100~1200米。共28个矿体，矿体形态以似层状为主，矿石品位三氧化二铝36.2%、氧化钾2.39%~4.75%、氧化钠<1%。

化肥用蛇纹岩 主要分布在沂沭断裂带以东，莒南县洙边、相沟一带，母岩为榴辉橄榄岩。全市有榴辉橄榄岩矿点上百个，多数已蛇纹石化，蛇纹石含量80%~90%，氧化镁含量38%~43%。

钾长石 产地15处，分布在沂水、莒南等县，以脉状产出，有的沿片麻理注入，有的沿断裂破碎带注入，具有成群分布的特点。钾长石脉由钾长石和石英组成，多数为伟晶岩脉，一般含五氧化二钾5%~11.97%，全市钾长石总储量估算为346.5万吨。

建筑材料及其他非金属矿产 是临沂市发现种类最多、分布最广、储量最大、最具开发潜力的矿产。在发现的84种矿产中，该类占35种。

玻璃用石英砂岩 主要在沂沭断裂带西侧附近分布。自西南向东北可划分为5个成矿带：苍山兰陵—石门成矿带，兰山李官—沂南蛮山成矿带，沂南王家坊庄—鼻子山成矿带，沂南孙祖—代庄成矿带，沂南依汶—沂水院东头成矿带。估算全市石英砂岩矿总储量为22.4亿吨。已查明储量2.74亿吨，居全国第2位。探明矿床3处，均达大型规模。

兰山区李官石英砂岩矿区有矿体2个，累计查明储量7199万吨。矿体呈层状，主要成分二氧化硅 96.03%、三氧化二铝 0.95%、三氧化二铁 0.43%。沂南县孙祖石英砂岩矿区有矿体 1 个，呈层状，探明储量 6187 万吨；蚕山石英砂岩矿区有 2 个矿体，均呈层状，储量2142 万吨，主要成分二氧化硅 98.48%、三氧化二铝 0.72%。

陶瓷土　又称瓷石。已发现产地 6 处，分布在兰山、莒南、沂水、沂南、临沭等县区，估算总储量 7.6 亿吨。其中探明储量的矿产地 5 处，储量 2.42 亿吨，占全省储量的 99.87%，居全国第二位。兰山区李官瓷土矿区有矿体 3 个，主要矿体呈似层状，矿体类型为岩浆岩型。

石膏　截至 2008 年年底，累计查明储量 27.7 亿吨。

平邑保太石膏

平邑盆地石膏矿有矿体 2 个，累计查明储量 15.5 亿吨，矿体呈层状，走向北西。平邑县卞桥石膏矿有矿体 2 个，呈层状。矿石为石膏、硬石膏，以石膏为主，多为Ⅰ、Ⅱ级。累计查明储量 8786.6 万吨，保有储量 6675 万吨。苍山县兰陵石膏矿，查明储量 6963.5 万吨，连续膏层厚度 40 米，可采厚度 14 米。

石棉　临沂市主要产蛇纹石石棉，发现矿产地 4 处，分布在莒南、沂水等县。沂水县西虎崖石棉矿，有 11 处露头，矿体厚 3~6 厘米，地质工作程度较低。

水泥用灰岩　发现矿产地 18 处。除临沭、河东、莒南等县区外，其他各县区均有分布。远景储量数 10 亿到 100 亿吨，探明储量的矿产地 12 处，累计查明储量 8.4 亿吨，占全省保有储量的 18.87%，居全省第 2 位。

罗庄区朱家岭西大荒石灰岩矿区，保有储量 207 万吨，矿石质量较好。平邑县黑泉庄石灰岩矿区有 3 个矿体，呈层状、透镜状，出露地表，矿石质量好，探明储量 2.24 亿吨，保有储量 2.24 亿吨。费县荣和庄石灰岩矿区有矿体 2 个，呈层状，探明储量 5550 万吨。费县许家崖石灰岩矿区矿体呈层状，产状稳定，探明储量 1.19 亿吨。

水泥配料页岩　产地有 5 处，分布在平邑县油篓崮、费县许家崖、沂南县莱坪、临沭县曹庄镇政府驻地西岭等地。探明产地 1 处，探明储量 2000 万吨，保有储量 2000 万吨，占全省储量的 86%。

费县许家崖水泥配料页岩矿区有矿体 1 个，呈层状，产状稳定，与石灰岩共生，可露天开采。

水泥配料用黏土　各县区均有产出。探明产地 2 处，保有储量 3372 万吨，占全省的 41.75%，居全省第 1 位。

平邑小井黏土矿区有矿体 1 个，呈层状，长 1200 米，宽 300~1400 米，厚 3.43 米，出露于地表，主要成分 MgO 1.22%、K_2O+Na_2O 3.81%、硅酸率 3.5%、铝氧率 2.60%。1985 年探明储量 2001 万吨。费县荣和庄水泥配料黏土矿矿体长 2400 米，宽 2800 米，厚 2~5 米。探明储量 1371 万吨。

饰面花岗岩　为境内优势矿产，分布广、储量大，且品种多、质量好。已开发利用且成为知名品牌的有“将军红”“中国蓝”“贾庄红”“孔雀绿”“樱桃红”等。沂水县的“紫青花”花色稀奇，质地细腻，属国内罕见品种。产地 30 余处，主要分布在平邑、蒙阴、沂南、费县、沂水等县，估算总储量14 亿立方米，探明储量的矿产地 6 处，累计查明储量 7630 万立方米，占全省储量的 26.96%，居全省第 1 位。

四海山花岗岩矿区位于平邑县城南，区域构造以断裂为主，走向北西。矿体形态为板状，长 1000 米，宽 802 米，厚 150 米，矿体出露于地表，保有储量7002万立方米。矿石为肉红色，色调新艳庄重，质地坚硬，平均成荒率78.7%，光泽率75.0度，抗压强度12.55Mpa。上峪辉石闪长岩矿区位于沂南县张庄镇，出露面积5平方公里，初步计算储量为942.82万立方米。矿石外表黑灰色，加工研磨后可见闪光蓝点，故命名为“中国蓝”。矿体长700米，宽400米，加工抛光后光泽达90度以上，成材率80%。费县石嘴子花岗岩矿区，估算储量3000万立方米。临沭县青云镇石柱山花岗岩矿区，估算储量1260万立方米。贾庄花岗岩矿区位于蒙阴县岱崮镇，估算储量1065万立方米。沂水龙潭花岗岩矿区，估算储量1000万立方米。

水泥配料黄土 系黏土中的一个亚种。发现矿产地1处，位于罗庄区杨家河湾，矿体呈层状，长600米，宽200米，厚2.4~4米，埋深0.5米。保有储量45万吨，可露天开采。

大理岩 发现矿产地22处，分布较普遍，以沂南、费县、莒南、临沭、苍山等县为主产地。估算总储量3.16亿立方米。

区域变质及接触变质大理岩，颜色多为白色(被称为白色大理岩)，其板材或工艺品品种有“雪花白”“汉白玉”等。沉积形成的适合做饰面石材用的石灰岩，颜色以灰黑色为主，有的发育微细层理，有的含藻类化石等。黑色大理岩总储量3.11亿立方米，开发后形成的大理石板材品牌有“海涛”“晚霞”“紫豆瓣”“墨玉”“雷电”等。

玄武岩 发现矿产地4处，均在沂水县。估算总储量超过50亿吨。其中，诸葛镇卞山玄武岩矿区储量约16亿吨，圈里乡太平顶玄武岩矿区储量约25亿吨，马站镇龙山玄武岩矿区储量约9亿吨。

膨润土 发现矿产地3处。主要分布在沂水、费县。沂水探明膨润土地质储量为39.75万吨；费县地质工作程度较低，预测资源量1000吨以上。

沸石 矿产地2处。侍家宅子沸石矿区，位于莒南县筵宾镇，面积约0.64平方公里。储量13.83万吨，远景储量380.40万吨，矿体呈层状、似层状、透镜状，有4个矿体。官庄沸石矿，位于沂水县城东北官庄附近，未作地质工作。

蛭石 矿产地16处，主要分布在沂水、蒙阴、临沭等县，地质工作程度较低。

建筑用砂 全市产地20余处，各县区都有分布，以兰山、罗庄、河东、郯城、临沭、沂水等县区为主。产于沂河、沭河、祊河、东汶河等河流中，均呈带状分布。估算总储量13.25亿吨。含砂量以沂河最多，沭河次之。沂河、沭河下游砂中长石及泥质含量较多。沂河李庄河段以上含泥量少，石英含量相对较高，质量较好。

工艺美术原料矿产 除宝石（分金刚石、水晶两种）外，境内还产出玉石、彩石、砚石等，是制作首饰、玉雕、工艺品或装饰品等的原料矿产。还有不在矿产资源分类细目中的天景石、燕子石、园林石、木鱼石、硅化木等矿产。

玉石 临沂市有玛瑙、琅邪玉、蛇纹石等，发现矿产地5处，分布在沂水、费县、莒南、郯城等县。玛瑙是由硅酸胶体凝聚而成的一种隐晶质石英矿物（即玉髓）集合体，莒南及费县有产出。琅邪玉是一种石英岩质的玉料，颜色灰白、褐、淡红等，不甚纯净，致密坚硬。郯城县泉源有产出。

彩石 与玉石无严格界限。彩石的硬度相对较低，易加工，属于蛇纹石类的嵩山玉、黄花石等。嵩山玉颜色黄绿色、淡绿色，硬度为4，质地细腻，具隐晶质结构、块状构造，主要矿物成分为蛇纹石、叶蛇纹石、方解石等，产于莒南县。黄花石，是蛇纹石化大理岩的俗称，色泽美观，石质柔嫩，产于莒南县。

砚石 临沂市所产砚石是鲁砚的重要组成部分，分布较广。燕子石砚石系含三叶虫化石的寒武系崮山组薄层灰岩，因三叶虫化石形似飞燕而得名，主要产于费县。金星砚石（又称羲之砚）有条纹状黄铁矿和生物碎屑，因呈条纹状或星状分布而得名，主要产于费县马庄镇。徐公砚石岩性为薄层状含粉砂微晶灰岩，周边常有天然溶蚀边，主产于沂南县青驼镇徐公店。薛南山砚石岩性为天然溶蚀边的泥质灰岩，见于苍山县大仲村薛南山。紫丝砚石岩性为黑灰色绢云母板岩，含绢云母 85%，石英 5%~8%，含少量磁铁矿，产于莒南县壮岗镇安九坊村东南。

胡子山徐公石矿坑剖面

奇石及园林（观赏）石 境内赏石盆景之风源于唐宋，兴于明清，民国年间有所发展，但一般流行于富豪门第和酒店药肆。1978 年后，奇石观赏逐渐受到人们的青睐。临沂市奇石发现最多、收藏最广的为平邑、费县。平邑县发现的奇石有 30 余种，多产于沉积岩和变质岩的结合部上，主要品种俗称有彩云石、冰雪石、红花石、蓝天石、金钱石、银钱石、太湖石、千层石、云雾石、菊花石、南阳玉、灵芝玉等，具有较高的观赏价值。

园林石主要产于费县，以荣和庄周围地区较为集中。园林石形态独特，常被用作公园、娱乐场所的人造假山，当地开发量较大，主要销往滕州、青岛、济南、日照等地，少数销往外省。

其他非金属矿产 钠长石产于沂水、平邑、蒙阴等县，估算储量大于 100 万吨。滑石矿产地 4 处。沂水县甄家疃滑石矿点，储量 1000 吨。莒南县洙边镇曾家沟村东南岭滑石矿区，1958 年曾开采利用过，后停止开采；相沟乡宋家沟南岭滑石矿区，矿体长达 200 米，因遇障碍物无法探明。平邑县卞桥镇崔家庄滑石矿点，因交通不便，未开采。石墨矿产地 1 处，位于莒南县看马庄金狗山，估算储量 25 万吨。石榴子石矿产地 2 处。其中，沂水县蔡峪石榴子石产于花岗岩中，含量 10%~20%，局部可达 25%，规模较大。方解石矿产地 3 处。兰山县小山前矿区，呈脉状产出，长 500 米，宽 10 米。高岭土矿产地 3 处，分布在费县、沂水、莒南等县，地质工作程度较低。泥炭矿产地 3 处，分布在苍山县桥头村、河东区相公小茅茨、莒南县鹊山，储量 720 吨。含钾岩石分布在平邑县铜石镇。麦饭石仅产于蒙阴县联城镇、蒙阴街道等地，以虎头山为代表，划分为 6 个麦饭石矿体，出露面积35 平方公里，资源量大，有良好的开发前景。

水气矿产

临沂市水气矿产有地下水、矿泉水两种。

地下水 多年平均地下水资源总量 19.25 亿立方米，居全省首位；多年平均可采资源量 14.82 亿立方米/年，居全省第 3 位。

临沂市西部，北部低山丘陵区、山间盆地，临郯苍平原、沂河流域等广大地区为重碳酸盐型水，矿化度低于 1 克/吨，分布面积约占总面积的 97%，其中罗庄区、兰山区、沂南县南部、苍山县南部及郯城县有高氟地下水，以兰山区分布面积最大；其次为氯化物类型水，郯城县南部、东部、北部局部地区以及其他县零星分布；平邑、蒙阴、沂水、临沭等县局部有硫酸盐类型地下水分布。

矿泉水 临沂市已鉴定的天然饮用矿泉水共

21处。除兰山、罗庄、河东区外，其他各县均有分布。到2009年，开发利用的只有8处，其中单一生产矿泉水的企业有6家。

临沂市矿泉水主要有Sr、H_2SiO_3两种类型。Sr型矿泉水有8处，H_2SiO_3型矿泉水有10处。复合型有2处；锌型1处。矿泉水主要分布在蒙阴、平邑县一带的片麻岩、花岗岩、麦饭石分布区，莒南、临沭、郯城县一带的岩浆岩、片麻岩分布区，局部为砂页岩分布区。

兰陵矿泉水，产于苍山县兰陵镇，主要作为生产白酒的母液。云蒙山矿泉水，产于蒙阴县蒙阴街道，主要作为生产啤酒的母液。沂蒙山矿泉水，产于临沭县朱仓乡。山里矿泉水，产于临沭县临沭街道。乐世达矿泉水，产于蒙阴县桃墟镇，水源地保护现状良好。麦饭石矿泉水，产于蒙阴县联城镇，水源地保护现状良好。沂龙天泉矿泉水，产于费县胡阳镇。沂蒙雪山矿泉水，产于沂水县，水源地保护现状良好。

第七章　自然灾害

境内春季回暖快，少雨多风，气候干燥，常有干旱、寒潮、晚霜冻等灾害性天气。夏季温高湿重，雨量充沛，盛东南风，洪涝、大风、冰雹等灾害性天气较为频繁。秋季气温急降，雨量骤减，有秋旱或连阴雨等灾害性天气出现。

1995—1996年，气象灾害较少。1995年，主要发生2次全市性冰雹天气过程，全市受灾面积4.91万公顷。1996年，平邑、费县、蒙阴等县受冰雹、龙卷风、暴雨袭击，直接经济损失1亿元以上。1997年，全市出现严重的夏旱和秋旱。干旱持续时间之长，范围之广，程度之严重，在历史上是罕见的。是年8月18—20日，受11号台风影响，全市降水量214毫米，3个观测站出现特大暴雨。全市农作物成灾面积24万公顷，直接经济损失13.93亿元。

1998年入夏，全市先后十几次遭受风雹、暴雨等自然灾害的袭击，局部灾情十分严重，夏粮因灾减产，全市有72.1万人缺粮4647.6万公斤。1999年2月下旬，全市小麦重旱面积20万公顷。7月中下旬全市降水偏少，旱情发展，农作物受旱面积25.84万公顷。2001年，继春季大面积干旱之后，夏季又发生龙卷风、冰雹、洪涝等自然灾害，全市农作物受灾面积25.4万公顷，成灾面积12.45万公顷，绝收面积2.12万公顷。因灾减产粮食12.8万吨，倒塌房屋6555间，损坏房屋25446间，直接经济损失9.01亿元。2002年，为特枯水年，极端最高气温突破历史极值。全市遭受春旱和夏秋连旱，旱情十分严重，且分布广，持续时间长，导致全年粮食减产108.9万吨。2003年，发生风雹、洪涝等多种自然灾害。农作物受灾面积32.78万公顷，成灾面积22.39万公顷，绝收面积2.57万公顷；倒塌房屋8807间。直接经济损失14.96亿元。其中，农业直接经济损失4.22亿元。减产粮食28.7万吨。2005年，主要气象灾害为龙卷风、冰雹、洪涝等。农作物受灾面积26.51万公顷，绝收面积3.66万公顷；损坏房屋7.36万间，倒塌房屋12773间。直接经济损失18.62亿元，其中农业经济损失14.91亿元。2006年，全市气象灾害较重，主要有寒潮、大风、冰雹、洪涝、干旱等。特别是4月28日，苍山、河东等8县区遭受雷雨大风和冰雹袭击，全市受灾人口120万人，造成直接经济损失11.6亿元。

2008年入夏后，沂水、苍山、河东发生风雹、洪涝等自然灾害。全市农作物受灾面积51253公顷，成灾面积18775公顷，直接经济损失6094万元，其中农业经济损失5833万元。是年12月至

2009 年 1 月，大部分县区均出现旱情，全市 26 万公顷农作物受灾，其中麦田重旱面积15 万公顷。2009 年，主要自然灾害为洪涝、风雹、小麦病害等，共发生 39 起（次），受灾人口 468 万人，农作物受灾面积 36.9 万公顷，绝收面积 2.02 万公顷；倒塌房屋 2782 间，损坏房屋 11626 间。因灾造成直接经济损失 14.3 亿元，其中农业经济损失 8.54 亿元。2010 年，自然灾害发生比较频繁，低温冷冻、大雪、洪涝、风雹、干旱、病害呈多发性、多样性的特点。共发生各类自然灾害27 起（次），受灾人口 78 万人，农作物受灾面积 576.91 万公顷，绝收面积13.69 万公顷，损坏房屋 11631 间，直接经济损失6 亿元，其中农业经济损失5.8 亿元。

第一节　旱　灾

1996 年 3 月 1—27 日，全市无雨，气温持续偏高且多大风天气，农田墒情急剧恶化。

1997 年 6 月上旬至 8 月中旬，9 月上旬至 11 月上旬，全市降水稀少，造成夏播玉米、秋播小麦播种困难，浇水抢种的玉米大面积干枯。地膜覆盖的花生也呈凋萎状态或旱死，玉米较上年减产 20%以上，水稻减产 6%以上。大量农村人口饮水困难。

1998 年秋季至 1999 年 2 月下旬，全市小麦重旱面积 20 万公顷。5 月中旬旱情解除。

1999 年夏，全市持续高温干旱，平均降水只有 86.7 毫米，与上年同期相比减少 165.1 毫米。沂水、苍山、沂南、莒南、蒙阴、平邑等县旱情十分严重，土质瘠薄的山地、丘陵土壤含水量仅 10%左右，农作物大面积枯死。全市春夏农作物受灾面积 25.84 万公顷，成灾面积 14.63 万公顷，其中减产 3~5 成的 6.71 万公顷，减产 5 成以上的 4.63 万公顷。苹果、板栗、茶、桑等经济作物受到极大影响。并造成受灾县的水库水位严重下降，800 座塘坝干涸，22 条河流断流，30 万人饮水困难，直接经济损失 4.89 亿元。

2000 年春季，全市持续干旱少雨，平均降雨只有43 毫米，比常年同期减少 50%。且时间分布不均，雨雪绝大部分都集中在 1 月。费县、平邑、苍山、沂南、莒南、蒙阴、沂水等县旱情十分严重，农作物干枯 1.73 万公顷。全市春季农作物受灾面积达 47.67 万公顷，成灾面积 32.8 万公顷。其中，减产 3~5 成的 20.47 万公顷，减产 5 成以上的10.6 万公顷。花生、地瓜等春播作物只得延期播种。926 座塘坝干涸，22 条河流断流，1800 余眼水井无水可抽，18.44 万人、7.83 万头大牲畜饮水困难。全市直接经济损失 4.1 亿元。

2002 年 1—9 月，全市遭受特大旱灾，持续时间之长，受灾范围之广，造成的经济损失之重十分罕见。全市农作物受灾面积 59.85 万公顷，绝产 23.5 万公顷，受灾群众 546 万人，直接经济损失 18.7 亿元。全市有 177 个乡镇、8956 个村 108.4 万人不同程度地缺粮，占农业人口的 13.2%，共缺口粮 7.8 万吨。蒙阴、平邑、费县、沂南、沂水、苍山、莒南等7 个山区、丘陵县缺粮缺水情况尤为严重。由于降雨稀少，没有形成大的地面径流，致使各类水利设施蓄水量急剧减少。地下水由于长时间得不到补给，水位急剧下降，有 1448 个村、126 万人饮水困难。

2006 年 3 月—4 月 2 日，全市一直无有效降水，作物受旱面积 21.59 万公顷，重旱 4.89 万公顷，有 4.56 万人因旱饮水困难。是年 9 月至 11 月 21 日，全市平均降水量17.8 毫米，仅为常年同期的 16%，为有历史资料以来最少值；全市受旱面积 32.13 万公顷，其中重旱面积11.75 万公顷，有 24.9 万人、3.03 万头大牲畜出现临时性饮水困难。

2007 年 1—5 月，沂南县境内无有效降雨，造成重大旱情，全县农作物受灾面积达 5.2 万公顷，其中绝收面积 0.4 万公顷，全县有 10.8 万人不同程度受灾，占农业人口的 13%。

2008年2月，全市普遍降雨偏少，全市平均降雨量仅为56毫米，比历年同期偏少40%。

2008年12月—2009年1月，全市平均降水量为2.7毫米，较常年偏少76%。1月全市无降水，大部分县区出现旱情，26万公顷农作物受灾。其中，麦田重旱面积15万公顷，死苗面积达3万公顷。沂南县由于山地丘陵较多，难以进行有效灌溉，致使农作物普遍减产，尤其小麦减产严重。全县农作物受灾面积6.09万公顷，其中绝收面积0.34万公顷，农业直接经济损失6486万元。

2010年9月中旬后，临沂市发生百年不遇的干旱。有88条中小河道断流，22座小型水库干涸。已播种的36.53万公顷小麦，有33.87万公顷受旱。果树受旱面积达6.87万公顷。部分山丘区群众发生临时性饮水困难。

第二节 涝 灾

1995年6月26—29日，兰山、河东、郯城、苍山、费县、平邑、临沭、沂水、沂南、蒙阴、莒南等县区遭受暴雨和冰雹袭击。

1995年7月10—12日，苍山县遭受暴雨袭击，平均降雨量100毫米。

1995年7月23—25日，兰山、莒南、平邑、郯城、沂南、沂水等县区先后遭受暴雨、大风袭击，最大点雨量100毫米。

1995年8月16日4时至17日18时，全市平均降雨116毫米。

1995年8月21—23日，沂南、临沭、苍山、郯城、莒南、费县等县区遭受暴雨袭击。

1995年8月29日，郯城遭受暴雨袭击，最大降雨量185毫米。

1996年6月13日2—14时，沂南、平邑、沂水、蒙阴、费县等县区遭受冰雹和暴风雨袭击。

1996年6月15—17日，兰山区遭冰雹和暴风雨袭击，部分乡镇受灾较重。损坏房屋7606间，倒折成材树木6.26万株；果园受灾面积110公顷；倒折高压线杆49根，损坏电力、通信线路6万余米；浸泡小麦100万公斤。直接经济损失380万元。

1996年7月16—17日，郯城、临沭、苍山县降暴雨和大暴雨。郯城县平均降雨量97毫米，最大点雨量129.4毫米；7个乡镇农作物受灾，面积1.77万公顷。倒塌房屋238间。直接经济损失1800余万元。临沭县平均降雨量161毫米，最大点雨量166毫米；8个乡镇农作物受灾，面积2.13万公顷，其中重灾0.29万公顷。直接经济损失1340万元。苍山县平均降雨量102毫米，最大点雨量178毫米，6个乡镇农作物受灾，面积1.09万公顷，0.63万公顷农作物积水深度一般在10~20厘米，最深超过30厘米。直接经济损失800余万元。

1996年7月24—25日，沂水县5个乡镇遭大风和暴雨袭击，降雨时伴有冰雹，平均降雨量193毫米。农作物受灾面积3920公顷。其中，重灾1667公顷，绝产353公顷。冲毁小水库5座、地堰2.3万米、河坝2500米、塘坝2座、桥涵3座。倒折树木1.31万株。倒塌民房195间，死亡2人。直接经济损失676万元。

1996年8月6日20时—7日7时，沂南县降大到暴雨，25个乡镇降雨超过100毫米，农作物受灾面积2533公顷，其中绝收853公顷。损坏房屋250间，冲毁院墙3000米、道路2600米、桥涵24座。

1996年9月12日，沂水县沙沟镇40分钟降雨119毫米，形成山洪，冲毁农作物333公顷，其中6.66公顷被冲光。冲毁中型桥1座、干渠100米、乡村道路2公里。直接经济损失114万元。

1996年9月15日22时—16日4时，莒南县7个乡镇遭暴风雨袭击。农作物受灾面积5300公顷。其中，成灾3200公顷，绝收200公顷。损坏民房74间，倒塌民房68间，倒塌院墙1600米。冲坏桥涵62座、道路150公里，冲走成材树木500株。直接经济损失650万元。

1997年5月15日，兰山、莒南、沂南、临沭等4县区52个村庄遭受暴风雨和冰雹袭击。农作物受灾面积6240公顷，成灾面积3430公顷。损坏房屋1380间，倒折电力、通信电杆296根，刮断高压线路8500米，倒折树木3.96万株。直接经济损失5049万元。

1997年8月18日18时，全境遭受暴风雨袭击。持续降雨达20个小时，平均降雨213.8毫米。其中，沂水县284.4毫米，苍山县269.7毫米，费县229.5毫米，沂南县316.1毫米。降雨时中心最大风力10级。暴雨降临时，北部山区山洪暴发，南部平原一片汪洋。至20日下午4时，沂河临沂段洪峰流量高达6700立方米/秒，分沂入沭河道洪峰流量1000立方米/秒。全市30.93万公顷农作物受灾，成灾24.06万公顷，绝产6.6万公顷。在受灾作物中，玉米16.67万公顷、黄烟2.06万公顷、蔬菜2万公顷；16.67万公顷干鲜果受灾严重，果树落果率30%左右；受灾较重的莒南县，苹果重灾面积1.33万公顷，平均落果率超过60%，板栗、梨、葡萄等2万公顷杂果落果率达50%。全市损坏房屋5.2万间，倒塌房屋2.2万间；死伤群众103人，其中死亡13人。全市共淹死畜禽6万余头（只）；石兖、韩泰、G310、G327公路等数百处路基被冲毁、近20公里路面漫水，其中石兖公路交通一度中断。全市被洪水冲毁中小河道堤防72.14公里，冲毁其他水利设施816处。沂南、莒南、平邑、蒙阴县32家工业企业以及市直和县区商贸流通企业受灾，直接经济损失2100万元，间接经济损失4000万元。有5座煤矿进水停产。此次暴风雨灾害给全市造成直接经济损失13.93亿元。

1998年入夏后，全市先后十几次遭受风雹、暴雨等自然灾害的袭击，局部灾情十分严重。沂南县入夏后3次遭受风雹和洪涝灾害袭击，受灾面积3.65万公顷，成灾面积2.98万公顷，其中水灾面积2.2万公顷。费县水灾面积1.65万公顷。平邑、莒南县水灾面积各为1.2万公顷、1.06万公顷。

2003年7月25日，蒙阴县11个乡镇420个行政村遭暴风雨袭击，阵风达10级，20分钟内局部最大降水量为70毫米，直接经济损失1.35亿元。

2003年9月，莒南、苍山等县区出现涝灾。其中，莒南县受灾面积达4.4万公顷，受灾人口60万人，造成经济损失1.6亿元。

2004年7月16—19日，全市普降暴雨，平均降水量119毫米，临沂观测站测得数据219.2毫米。受暴雨影响，河道、沟渠满溢，受灾人口达78万人，134人受伤，其中重伤3人；损坏房屋7478间，倒塌房屋1924间；1.13万公顷农田被淹，绝产2000公顷，受灾作物主要为玉米、大豆。造成直接经济损失8600万元，其中农业经济损失2904万元。

2005年8月11日，临沂市出现局部性暴雨过程，部分县区伴有雷电大风天气，其中苍山县日降水量达119.5毫米，造成农作物受灾14007公顷，成灾面积10005公顷，倒塌房屋325间，直接经济损失5500万元。罗庄区农作物受灾484.2公顷，损坏房屋10间，倒塌6间，死亡牲畜500头，直接经济损失500万元。费县农作物受灾333.5公顷，死亡牲畜1万头，直接经济损失380万元。

2005年9月19日22时—21日8时，受北方冷空气与副热带高压共同影响，全市普降暴雨，平均降水量170毫米左右。其中，平邑县降水最大290毫米左右，致使8个乡镇和2家企业不同程度受灾。全县受灾人口1.92万人，倒塌房屋549间，房屋受淹2332间，作物受灾面积1666.67公顷，100.67公顷土地被冲毁，冲毁桥涵20座、道路2.4万米、顺河坝570米、塘坝13座。全县各类防洪工程洪水暴满，造成农业经济损失500

万元，直接经济损失1000万元。

2005年9月25日—10月3日，全市出现连阴雨天气，过程降水量97.5毫米，持续的低温、寡照、阴雨天气使兰山、罗庄、河东3区玉米、花生和水稻等多种作物遭受不同程度灾害，其中4000公顷花生无法收获晾晒，出现发芽霉烂，6666.7公顷玉米无法正常收获晾晒，同时影响水稻的正常灌浆，造成水稻空秕率增加，产量下降，生长期延迟。

2006年7月3日凌晨至4日2时，全市普降暴雨，有5个观测站降水量超过150毫米，平均降水量115.2毫米。造成罗庄区、河东区、临沭县等县区受灾。其中，罗庄区31间民房或厂房被淹，233.33公顷农田发生内涝，直接经济损失400万元。河东区有80个村庄积水0.5米，280间房屋被淹，1.53万公顷农田受淹，46家企业进水停产，12座水利设施受损，直接经济损失550万元。临沭县最大降水量229.2毫米，农作物受灾面积1.27万公顷，1650户居民住房被淹进水，损坏房屋620间，倒塌房屋172间，冲毁塘坝7座、桥涵4处、鸡棚3个，直接经济损失500余万元。

2007年8月17日8时—17时，蒙阴县高都、野店、常路、岱崮、蒙阴等乡镇降特大暴雨，局部雨量达197毫米。造成农田、村庄和基础设施严重受灾。上述乡镇的小一、小二型水库全部溢洪，高都镇上五庄水库、常路镇胜景水库大坝等出现裂缝、滑坡险情，梓河堤坝和拦水坝大面积漫堤，两边农田被淹。沂蒙公路野店镇北晏子段和坦常路被冲断，1座大桥和13座中小桥梁、6120米河堤、89座塘坝被冲毁，部分村庄供电、交通、通信中断，直接经济损失1.6亿元。同日至次日凌晨3时，平邑县大部分乡镇遭受暴雨袭击，受灾人口8.92万人，农作物受灾面积2316公顷，倒塌房屋176间，损坏房屋180余间，经济损失3119.9万元。

2008年7月18日18时—24时许，临沭县玉山镇、朱仓乡、蛟龙镇降暴雨，降雨量分别为98毫米、92毫米、97.4毫米。由于短时间内降雨集中，雨量大，发生洪涝灾害。花生受灾面积2500公顷，其他农作物受灾1800公顷。冲毁粮田800公顷，桥涵、塘坝15座，道路2000米，直接经济损失近百万元，其中农业经济损失65万元。

2008年7月22—23日，大部分县区遭受强降雨袭击。全市平均降水72.7毫米，除莒南县以外，其他县区降雨均超过60毫米。其中，蒙阴县平均降雨106.4毫米，沂水县泉庄乡降雨量最大达174毫米。受灾最严重的有苍山、蒙阴、沂水、罗庄4个县区的15个乡镇，受灾人口29.1万人，受灾面积14974公顷，成灾面积6767公顷，直接经济损失5140万元，其中农业经济损失4000万元。苍山县22日10时30分—23日15时30分平均降雨量90毫米，部分乡镇降雨量达到130毫米。农作物及经济作物受灾面积1.47万公顷，成灾面积1.07万公顷，绝产面积4000公顷，农业直接经济损失1.02亿元。蒙阴县于23日凌晨3时—10时普降大雨，部分地区降雨量高达130毫米，造成7个乡镇农作物和水利、公路设施及农户住房受灾严重，经济损失达4530万元。沂水县于23日凌晨2时左右普降大雨。至24日6点左右，雨量高达225毫米。冲毁道路1500米，河堤1500米，地堰740米；山楂、苹果、葡萄等经济林木受灾面积101公顷；冲走树木2811棵，冲倒大树2000棵；淹没花生、玉米等农作物370公顷。全县直接经济损失630.2万元。

2008年7月28日凌晨2时，苍山县遭受龙卷风（风力11级）及暴雨袭击，灾情主要集中在兴明乡，农作物受灾面积279公顷，成灾面积140公顷，绝产面积70公顷，刮倒树木3460棵，倒塌房屋23间，损坏房屋74间，直接经济损失376万元，其中农业经济损失168万元。

2008年8月21日，全市大部地区遭受暴雨袭击。苍山、临沭、罗庄、河东4个县区受灾最为严重。其中，苍山县降雨量162毫米，部分乡镇降雨量达230毫米，导致大面积涝灾。全市因灾死亡1人，受伤5人，紧急转移安置群众5535人；农作物受灾面积40367公顷，绝收面积10922公顷；倒塌房屋615间。直接经济损失35770万元，其中农业经济损失33136万元。

2009年6月30日16时30分左右，受东北涡流冷空气的影响，沂水县道托、高桥、马站、诸葛等乡镇突遭暴风雨、冰雹袭击。全县68个村庄受灾，受灾人口5.1万人，受灾面积1337公顷，直接经济损失1973万元，其中农业经济损失1923万元。

2009年7月8日15时—19时，苍山县尚岩、向城、贾庄3个乡镇，罗庄区双月湖及罗西街道遭受龙卷风和暴雨袭击，最大风力达11级。受灾人口32740人。倒塌房屋451间，损坏房屋2379间，直接经济损失1437万元。其中，苍山县受灾村庄63个，受灾人口3.2万人，倒塌房屋261间，损坏房屋1356间。农作物受灾面积1866公顷。其中，成灾面积613公顷，绝产面积21.3公顷。直接经济损失1261万元，其中农业经济损失620万元。

2009年7月20日16时—21日5时，全市出现暴雨、大风天气过程，全市平均降水量58.2毫米，最大降水量140.8毫米。其中平邑、蒙阴、费县、沂南县灾情较为严重，造成农作物直接经济损失2.12亿元。

2009年8月17日17时—19日6时，大部分县区降暴雨并伴有强雷电和短时大风，全市平均降水量107.5毫米，其中费县降水量达302.3毫米。费县、莒南、郯城、苍山、平邑5县受灾严重。全市受灾人口239867人，直接经济损失2.98亿元。17日20时—18日8时，莒南县平均降雨量99毫米，降雨最多的乡镇降雨量达219.3毫米。岭泉、道口、石莲子、板泉、大店、筵宾、文疃、涝坡、汀水等9个乡镇受灾较重，降雨量均超过100毫米。全县冲毁土地33.3公顷，玉米受涝266.7公顷，肉食鸡死亡20余万只，蔬菜花卉大棚倒塌1000余个，冲毁塘坝50余座、谷坊12处、涵洞50余座，冲毁道路3000余米，造成经济损失3000余万元。平邑县平均降雨量153.5毫米，最大降雨点岳庄水库达225毫米。全县农作物受灾面积4173公顷，绝产面积133.3公顷；损坏房屋347间；受灾人口6600人；毁坏树木9300棵；损坏塘坝8座，冲毁桥涵100座、水漫桥5座、道路30条4.36万米；冲毁拦河坝45座、顺河坝9400米、农田坝2000米，造成经济损失1.33亿元。

2010年5月30日14时左右，受高空冷涡影响，沂水、蒙阴等县遭受暴风雨和冰雹灾害。沂水县沂水、诸葛、富官庄和蒙阴县常路、高都、旧寨、垛庄、界牌等乡镇灾情较重。受灾人口5.1万人，农作物受灾面积1234.2公顷，主要是黄烟、棉花、玉米、蔬菜等。直接经济损失2389万元，其中农业损失1350万元。

2010年7月1日22时至次日凌晨3时左右，临港经济开发区遭遇持续强降雨，受灾人口1.5万人，农作物受灾面积200公顷，其中成灾面积100公顷，倒塌房屋60间，损坏房屋5000间。直接经济损失800万元，其中农业经济损失500万元。

2010年7月5日晚至6日凌晨，苍山、莒南、郯城、平邑等县区遭受暴风雨灾害，最大阵风11级，郯城县降雨量106毫米。受灾最严重的有莒南县石莲子、十字路，郯城县郯城、马头、胜利、红花、高峰头，苍山县层山、庄坞、磨山、二庙以及平邑县丰阳等乡镇。受灾人口4.64万人。农作物受灾面积1854公顷，成灾面积1296.4公顷。直接经济损失982万元，其中农业经济损失520万元。

2010年7月17—20日，沂水县部分乡镇遭受强降雨和龙卷风袭击。受灾人口3.8万人，农作物受灾面积10247公顷，倒塌房屋88间，损坏房屋264间、养殖大棚300余间。全县经济损失2600余万元。其中，黄山铺镇受灾最为严重，共有9个村5000余人受灾，受灾面积880公顷，经济损失1200余万元。

2010年7月18日凌晨，费县遭受暴风雨袭击，费城、城北、梁邱、朱田等乡镇受灾较重。全县受灾人口71415人，农作物受灾面积4632公顷，绝产面积20公顷，房屋倒塌47间、损坏534间，直接经济损失2592万元。

第三节　风灾　雹灾

1995年，出现8次大风过程，最大风速24.2米/秒。其中6月27日出现严重的沙尘暴天气，河东区部分乡镇受灾较重，经济损失200余万元，并有人员伤亡。

1995年6月29日、7月1日，出现全市性冰雹天气过程，影响9县57个乡镇350个行政村，灾害发生时，阵风9级以上，最大风力11级，雹径最大超过4厘米。受灾面积49113公顷，经济损失1.855亿元。其中，6月29日16时，沂水县院东头、姚店子、袁家庄14个乡镇遭受龙卷风、冰雹或暴雨袭击。受灾面积5240公顷，刮断树木57.3万株、电杆118棵，毁坏房屋8917间，伤30人，死亡1人，砸死大牲畜50头，直接经济损失4259万元。

1995年7月10—12日，苍山县遭受龙卷风、暴雨袭击，风力8~9级，最大10级。

1995年7月23—25日，兰山、莒南、平邑、郯城、沂南、沂水等县区先后遭受大风袭击，风力7~8级，阵风9级以上。

1995年8月13—14日，沂水、蒙阴、沂南等县区局部地区遭受龙卷风和冰雹袭击。风力一般在7~8级，最大风力10级。14—17日，平邑、苍山等县区先后遭暴雨、大风袭击，局部地区遭受龙卷风和冰雹袭击。

1995年8月21—23日，沂南、临沭、苍山、郯城、莒南、费县等县区遭受暴雨袭击，局部地区伴有大风，最大风力达10级。

1995年8月29日，郯城县遭受龙卷风袭击，最大风力10级。

1995年11月7日，沂南、苍山、河东、费县、莒南、平邑等县区遭受程度不同的暴风灾害。

1996年6月13—14日，北部山区出现一次较强的对流天气。平邑、费县、蒙阴等县受冰雹、龙卷风、暴雨袭击，直接经济损失1亿元以上。

1996年6月27日，莒南、沂水、蒙阴等县区遭龙卷风、冰雹、暴雨袭击。莒南县的石莲子、道口、壮岗、坊前、团林等乡镇，农作物受灾面积1867公顷，倒折树木5万余株，刮倒通信线杆300余根，致使电信线路全部中断。

1996年7月6日，平邑县遭受大风、暴雨、冰雹灾害。张里、铜石2个乡镇农作物受灾面积0.28万公顷，其中重灾0.18万公顷，533公顷作物被砸光；损坏房屋1200余间，其中倒塌240间；损失果品800万公斤；刮倒、刮断用材林树木4000余株、果树1500余株；冲毁道路15公里，刮断高压线路4公里。直接经济损失2600万元。

1997年5月26日和8月3日，莒南县出现2次冰雹天气，并伴有8~9级大风，冰雹最大雹径3厘米，坊前、涝坡等十几个乡镇受灾，直接经济损失约1.2亿元。

1997年6月3日，郯城遭冰雹袭击，损失约1.1亿元。

1997年8月18—19日，受到11号台风正面袭击，全市3个观测站出现特大暴雨，最大阵风9级（24.2米/秒），刮倒通信线杆2.24万根，造成多处通信中断；刮倒、折断输电、用电线杆324处，短线173处，影响电量1000万千瓦时，电价损失500万元；刮倒树木230万棵。

1998年，有罗庄、河东、沂南、沂水、苍山、莒南、平邑、蒙阴8个县区发生不同程度的风雹灾害，成灾面积6.59万公顷。

1999年5月9日18—20时，费县6个乡镇

145 个村庄遭受冰雹袭击，受灾农作物近 6000 公顷，成灾 3500 公顷，直接经济损失 1900 万元。

1999 年 6 月 18 日，沂水县 3 个乡镇遭受冰雹袭击。其中，黄烟绝产 600 公顷，蔬菜绝产 933.3 公顷，直接经济损失 2600 万元。

2002 年 6 月 14 日，莒南县壮岗、坊前等 10 个乡镇遭受大风、冰雹袭击，阵风达 8 级，冰雹直径为 2~3 厘米，经济损失达 700 万元。

2002 年 8 月 29 日 17 时，蒙阴县高都等 5 个乡镇遭受大风、冰雹袭击，降雹持续 17 分钟，经济损失达 806 万元。

2003 年 6 月 12—13 日，沂南、沂水、平邑、蒙阴、费县、兰山、莒南等 7 县区 34 个乡镇遭受大风、冰雹袭击。阵风达 7~8 级，冰雹最大直径约4 厘米，最大积雹厚度 15 厘米，降雹持续时间最长达 20 分钟。共有 20.7 万人受灾，农作物成灾面积 53.3 万公顷，其中绝产 43.4 万公顷。直接经济损失 4.1 亿元。

2004 年 6 月 22—23 日，蒙阴、沂水、沂南 3 县共 24 个乡镇遭受大风、冰雹袭击，最大风力 10 级，阵风风速最大 22 米/秒，致使部分农作物及树木、房屋、通信线路等遭受不同程度的破坏，死亡 3 人，直接经济损失 1.47 亿元。

2004 年 6 月 26 日，莒南县相沟、十字路、洙边、壮岗等部分乡镇出现冰雹灾害，冰雹直径约 10~20 毫米，降雹持续 5~20 分钟，并伴有 6~7 级大风。受灾面积 1 万公顷，其中绝产 1000 公顷。刮倒树木 2000 余棵、通信线杆 50 余棵；刮毁房屋200 余间、大棚 500 余个。受灾人口达 2 万人。直接经济损失约 5000 万元。

2005 年 6 月 14 日 17 时 30 分—20 时 20 分，12 个县区 90 个乡镇遭受龙卷风、冰雹袭击。最大风力 9 级，最大降雨 40 毫米左右。有的地方连续 3 次遭受冰雹袭击，持续时间 20 多分钟，冰雹大的如乒乓球，最大积雹厚度 15 厘米。因灾造成通信联络中断和临沂城区大面积停电。全市因灾倒塌、损坏房屋 43179 间，企业厂房 3247 间，农作物受灾面积 63387 公顷，其中成灾面积 54918 公顷，绝产面积 8469 公顷（主要是葡萄、黄烟、西瓜、林果），直接经济损失 3.6 亿元。

2005 年 6 月 18 日 16—20 时，平邑、莒南、苍山、蒙阴、费县遭受大风、雷雨袭击，直接经济损失 1.98 亿元。

2005 年 6 月 20 日 17 时 30 分—19 时 20 分左右，莒南和临沭县 10 个乡镇遭受冰雹袭击，冰雹持续时间约 10 分钟，受灾面积达 1133.3 公顷，造成农业及其他经济损失 600 万元。

2006 年 4 月 28 日 17 时 30 分，苍山、平邑、费县、临沭、郯城、兰山、河东和罗庄等县区骤然遭受强风暴袭击。风暴夹带冰雹和雷雨，最大风力 11 级，其中苍山县极大风速达 28.3 米/秒。部分地区冰雹最大直径 2~3 厘米。因灾造成通信中断和市区、部分县区大面积停电，全市因灾死亡 11 人，受伤 100 人，其中重伤 48 人。损坏房屋46723 间，倒塌房屋 2851 间，损坏大棚 4798 个，折断线杆、路灯杆 20720 株，折断成材树木 394782 株，农作物受灾面积 54083 公顷。全市受灾人口 120 万人，直接经济损失 11.6 亿元，其中农业经济损失 2400 万元，以苍山、河东、郯城 3 县区受灾最重。

2007 年 5 月 5 日 14—17 时，莒南县壮岗、团林、坪上、涝坡，沂南县苏村等乡镇遭受雷雨、大风及冰雹袭击，冰雹持续 15~20 分钟，最大直径 3 厘米。灾害造成 20 万人、29167 公顷农作物受灾，直接经济损失 6874 万元。

2007 年 7 月 11 日 15—18 时，蒙阴、平邑、兰山、郯城、苍山、罗庄等 6 个县区先后遭强风雹袭击。造成31.05 万人受灾，农作物受灾面积 23735.3 公顷，房屋倒塌 602 间、损坏 11532 间，有 25 人受伤，2 人死亡，直接经济损失 2.9 亿元。

2007 年 7 月 25 日 10 时 30 分，临沭县出现雷雨、大风天气，瞬时极大风速 28.1 米/秒，造成县城停电、停水、通信中断 4 小时，农作物受灾，直接经济损失 2000 余万元。

2007 年 7 月 31 日 16 时 30 分—17 时 10 分，8 月 9 日 3—6 时，沂水县北部乡镇 2 次遭雷雨、大风及冰雹袭击，经济损失 3000 余万元。

2008 年 5 月 24 日 15—19 时，蒙阴、费县、沂水等县先后出现雷雨、大风天气和冰雹灾害。其中，蒙阴县 1382.4 公顷果园、100 公顷黄烟、87 个大棚受灾。费县直接经济损失 400 万元。沂水县高庄镇冰雹直径 1~2 厘米，直接经济损失 417.6 万元。

2009 年 4 月 13 日，蒙阴县出现强对流天气过程，并伴有冰雹。其中高都镇、常路镇受灾面积 2117.7 公顷，经济损失 2200 万元。常路镇五沟峪、房家庄等村受冰雹袭击长达 20 分钟，地面积雹厚度局部达 10 厘米。

2009 年 6 月 30 日 14 时—7 月 1 日 5 时，全市出现雷雨、大风、局部冰雹天气，短时阵风 10 级。沂水、平邑、费县受灾面积 4115 公顷，直接经济损失 3816 万元，其中农业经济损失 3624 万元。

2010 年 4 月 26 日夜间，兰山、郯城、蒙阴、沂水、沂南、莒南等县区 52 个乡镇遭受大风袭击，最大风力 10 级（沂水县风速达 26 米/秒），直接经济损失 2600 余万元。

2010 年 5 月 30 日 14 时左右，沂水、蒙阴等县遭受暴风雨和冰雹袭击，冰雹最大直径 1.5 厘米。沂水县沂水、诸葛、富官庄，蒙阴县常路、高都、旧寨、垛庄、界牌等乡镇灾情较重。冰雹造成 120 个行政村、5.1 万人受灾，农作物受灾面积 1234.2 公顷，直接经济损失 1389 万元，其中农业经济损失 1350 万元。

第四节　霜冻　雪灾

2006 年，由于受寒潮天气影响，临沂市 3 月 12—14 日气温明显下降，降温幅度达 8℃~11℃，最低气温在-3℃~-5℃之间，地面最低气温在-8℃~-10℃之间，出现霜冻。小麦正处于返青起身期，温度的急剧下降，使正旺盛生长的小麦遭受霜冻危害。

2010 年 4 月 14 日，全市出现雨雪天气，最低气温 2℃左右，大部分地区出现低温霜冻灾害，其中蒙阴县灾情较为严重。15 日，蒙阴县气温降至-1℃，伴有雨、雪。此时正值果树开花、挂果的关键时期，低温严重影响了果树生长，造成直接经济损失 2.52 亿元。

第五节　生物灾害

畜禽疫病

1995—2010 年，全市先后发生畜禽疫病 63 种。其中，细菌性传染病 28 种，病毒性传染病 19 种，寄生虫病 16 种。危害较严重的有 8 种。

口蹄疫　1999 年 12 月 22 日，临沂市丰华奶业有限公司奶牛场发生口蹄疫疫情。发病奶牛 179 头。

猪瘟　病原是猪瘟病毒。1997 年，猪瘟在全市爆发流行，死亡 9 万余头。1999—2007 年，发病猪及死亡数每年以 0.2%~0.5% 的速度递减。2007—2010 年，该病逐渐得到控制，全市只有零星发生。

猪肺疫　病原是巴氏杆菌。1995 年 5 月—1996 年，全市猪肺疫传染病流行，共发病 29.8 万头，死亡 20.7 万头。此后，该病发病率和死亡率逐年降低。2002—2010 年，全市猪肺疫传染病只零星发生。

鸡传染性法氏囊病　1999 年，郯城县马站镇 6600 只鸡发生传染性法氏囊病，死亡 2100 只。2000 年，全市发病 36 万余只，死亡 15 万余只。2001—2004 年，发病率和死亡率逐年降低。2005—2010 年，全市连续 6 年每年死亡数在 10 万只以下。

鸡新城疫　病原是副粘病毒。1996 年，出现鸡新城疫变异强毒株，费县、平邑、沂水 3 县出现爆发和流行，120 万只雏鸡发生传染病，且感染鸡白痢、球虫病等，死亡 20.6 万只。

鸡白痢　病原是沙门氏杆菌，主要侵害幼鸡。1995—2000 年，全市每年发病 5 万余只，死亡 1.2 万只。2010 年，全市发病 1.8 万只，死亡 0.42 万只。

禽霍乱　病原是巴氏杆菌，是各种禽类的急性传染病，以莒南、沂水、沂南、临沭等县区流行最为严重。1998 年，全市发病 12.3 万只，死亡 3.2 万只。2000—2005 年，连续 6 年每年死亡数 0.5 万只以下。2010 年，全市只零星发生，该病得到控制。

产蛋下降综合症　2001 年，苍山县南桥镇一规模养鸡场引进蛋种鸡 6000 套，部分鸡感染此病，180 日龄时发病，产蛋量下降 45%，异常蛋、畸形蛋增多。2007—2010 年，全市连续 4 年每年发病数 20 万只以下。

球虫病　是分布很广的一种畜禽原虫病。1995 年，全市发病鸡 15.8 万只，死亡 1.5 万只。2003 年，平邑县魏庄镇一养殖场 1.5 万只鸡感染此病，死亡 0.2 万只。2010 年，全市发病率比1995 年下降 7.2 个百分点，发病 4.5 万只，死亡0.6 万只。

水产养殖病害

1995 年，临沂市有鱼病种类 10 余种。随着全市水产业的发展，水产养殖病害越来越严重。到 2010 年，发病种类 20 余种。病害种类有病毒性、细菌性、寄生虫病和真菌病。病毒性病主要是草鱼出血病；细菌性病为细菌性败血病、烂鳃、肠炎、赤皮、打印病、烂尾病等病害；寄生虫病包括指环虫、孢子虫、车轮虫、中华蚤、锚头蚤等病；真菌病主要是水霉病和鳃霉病。在已发生的这些鱼病中，细菌性败血症和烂鳃病最为严重。每年全市因鱼病造成的损失达 2000 万元。

植物病虫害

小麦病虫害　*小麦条锈病*　2001—2002 年中度流行，发生面积分别达 0.63 万公顷、0.57 万公顷，其他年份均为零星发生或不发生。

小麦叶锈病　1998 年属偏重流行年份，发生程度 4 级，发生面积 18.55 万公顷，其次在 2002 年达中度流行，发生面积 6.49 万公顷，其他年份均为轻发生至偏轻发生。

小麦白粉病　1998 年偏重流行，发生面积 15.77 万公顷。2002—2003 年中度流行，发生程度 3 级，发生面积分别为 11.24 万公顷和 12.25 万公顷。

小麦纹枯病　为常年流行性病害，1995 年发生程度 4 级，发生面积 21.37 万公顷，1998 年达重发生，发生程度 5 级，发生面积 25.41 万公顷，其他年份均为中等发生程度。

小麦赤霉病　只有在 1998 年发生较重，发生程度 3 级，发生面积 18.6 万公顷。

小麦蚜虫　1995—1997 年及 2003—2005 年均为 4 级发生程度。其中，2003 年，临沭县麦蚜大面积发生，1 万公顷小麦受灾，产量损失 2594 吨；2004 年，沂南县苏村、大庄、青驼、葛沟、辛集等乡镇发生小麦蚜虫虫害，面积 1.87 万公顷；2005 年，临沭县麦蚜病大面积发生，发生程度为历年之最，许多麦田的小麦出现“淌油”现象，发生面积 2 万公顷，产量损失达 9600 吨。2010 年，小麦蚜虫发生面积 31.83 万公顷，达 5 级发生程度。其他年份为 3 级发生程度。

小麦红蜘蛛　1995 年最重，发生程度 4 级，发生面积 14.41 万公顷，2008—2010 年均为 3 级发生程度，其他年份为偏轻发生。

小麦吸浆虫　2008 年在苍山县部分地块发生较重，发生程度 3 级，发生面积 0.52 万公顷，其他年份均为轻或偏轻发生。

小麦地下害虫　1995—2010 年均为偏轻发生程度，发生面积 10 万公顷左右。

水稻病虫害　*稻瘟病*　2000—2001 年发生程度 3 级，发生面积分别为 4.46 万公顷和 3.13 万公顷。2010 年发生程度 3 级，发生面积 3.19 万公顷。2004 年，稻叶瘟的病田率为 40%~50%，病叶率一般达 3%~10%，平均 5.3%，最高达 55%。

水稻纹枯病　常年偏重发生，其中 1995 年、1996 年、1998 年、2006 年、2010 年均为 4 级发生程度，其他年份为 3 级。

水稻条纹叶枯病　1996 年发生程度 3 级，发生面积 0.36 万公顷，1999 年发生程度 3 级，发生面积 0.32 万公顷。

水稻二化螟　1995—1997 年、2003 年、2008—2010 年发生程度均为 2 级，1998 年发生程度 3 级，发生面积 2.13 万公顷。

稻纵卷叶螟　1995 年、2003 年、2005 年重发生，发生程度 5 级，发生面积分别为 4.85 万、6.05 万、6.08 万公顷。2008 年发生程度为 4 级，发生面积达 4.32 万公顷。

稻飞虱　2006 年达 4 级发生程度，发生面积 5.21 万公顷，2010 年发生程度 3 级，发生面积 3 万公顷。

玉米病虫害　玉米叶斑病　2004—2006 年发生程度均为 3 级，发生面积为 4.51 万、6.78 万、4.05 万公顷，其他年份均为 2 级发生程度。

玉米粗缩病　2004—2010 年呈快速蔓延态势，其中 2007 年发生最重，发生程度 4 级，发生面积 5.8 万公顷，其他年份为 3 级发生程度。

玉米螟　2003 年、2005 年、2008—2010 年均为 3 级发生程度，发生面积在 17.33 万公顷左右。

玉米蚜虫　1996 年和 2009 年偏重发生，发生面积为 7.61 万、5.52 万公顷。

玉米粘虫　1998 年达 3 级发生程度，发生面积 1 万公顷。

蔬菜病虫害　主要病害有黄瓜霜霉病、番茄疫病、大白菜软腐病、大白菜病毒病、蔬菜灰霉病、瓜类白粉病、瓜类炭疽病等，大棚蔬菜病害明显较大田蔬菜病害发生重，一般年份均为偏轻至中等发生。虫害主要有菜青虫、小菜蛾、温室白粉虱、烟粉虱、潜叶蝇、菜蚜虫、茄果类棉铃虫等，一般年份为 2—3 级发生程度。2002 年，临沭县烟粉虱大面积发生，8000 公顷蔬菜受灾，产量损失 746 吨。

果树病虫害　病害主要为苹果腐烂病、苹果轮纹病、苹果炭疽病、早期落叶病、褐斑病、桃褐斑病，常年发生程度 3 级。虫害主要为苹果黄蚜虫、桃小食心虫、二斑叶螨、桃蛀螟等，虫害发生一般为 2 级发生程度。

苹果早期落叶病　2004 年爆发，发生面积 8000 公顷，产量损失 568 吨。

板栗红蜘蛛　2001 年，全市发生 8000 公顷，危害严重。

其他植物病虫害　杨树病虫害　1997 年，黑斑病发生 3.13 万公顷。2008 年、2009 年，全市杨树腐烂病和杨树溃疡病严重。

花生叶斑病　2000 年，临沭县花生叶斑病大面积发生，发生面积 6667 公顷，产量损失 5049 吨。2004 年，临沭县花生叶斑病（主要为网斑病）再次爆发，发生面积 1.2 万公顷，产量损失 7725 吨。

蛴螬　2005 年，沂南县蒲汪、杨家坡、湖头等乡镇发生花生蛴螬灾害，面积 0.87 万公顷，灾害程度 4 级。

蝗虫、天蛾　1996 年 6 月下旬，苍山县磨山、贾庄、长城、车辋、芦柞、卞庄等乡镇 23477 公顷农田发生蝗虫、天蛾等病虫灾害。

第六节　其他气象灾害

干热风　2005 年 6 月 1—4 日，由于受暖高压脊影响，临沂市出现 1 次干热风天气过程，其中苍山、临沭、郯城、兰山、罗庄、河东、费县等县区均达到重干热风标准，其他县属轻干热风。至6 月 1 日，全市小麦除部分丘陵、山地已收获外，其他 26.67 万公顷均未成熟，正处于灌浆后期（全市小麦常年平均成熟日期为 6 月 9 日）。此次干热风天气的出现，对小麦千粒重增加不利。

大雾　2005 年 11 月 5 日、9 日、21 日和22 日，全市出现持续大雾天气，致使临沂飞机场青岛—广州航班和北京—临沂航班全部取消。同时大雾使临沂高速公路多处路段封闭。2006 年，发生 45 次局部或全市范围的大雾天气，严重影响交通运输，给人民生产生活带来极大不便。

雷击　2007 年 8 月 1 日 17 时 30 分，蒙阴县野店镇板崖村一村民在野外放羊，因雷击死亡。18 时 30 分，该县坦埠镇寨后村一村民因雷击死亡。

第七节　地质灾害

地震

从 1995 年 1 月至 2010 年 12 月，由区域地震监测台网记录的 2.0≤ML<4.7 级地震共计 1626 次。其中，2.0~2.9 级地震 285 次，3.0~3.9 级地震 33 次，4.0~4.9 级地震 3 次，5.0~5.9 级地震 1 次。现代地震活动沿新构造活动强烈的断裂带密集分布，在郯城强震震中区和苏北淮阴—盐城一带丛集分布。地震活动具有时空非均匀性特征，空间分布表现为条带分布，时间上表现为平静与活跃相间分布的准周期特征。

1995 年 9 月 20 日 11 时 14 分，在苍山县沂堂乡（北纬 34°57′，东经 118°06′）发生 5.2 级地震。极震区在苍山县沂堂乡至费县探沂乡一带，烈度为六度。这次地震共毁坏房屋 16 间，严重破坏 484 间，中等破坏 8797 间，轻微损坏74537 间，330 人无房可住。地震造成 320 人受伤，其中 56 人重伤，绝大多数为震时学生跳楼受伤或争抢外逃而被挤倒踩伤压伤；砸死砸伤羊 39 只、鹅 28 只；直接经济损失约 2000 万元。东至青岛和烟台、西至河南濮阳、南至安徽蚌埠、北至河北沧州均有震感。

1997 年 8 月 2 日，莒县与莒南交界处发生 3.1 级有感地震。

1999 年 9 月 17 日，淄博市沂源县与临沂市沂水县之间发生 3.2 级地震，沂水县境内部分地区有感。

2005 年 6 月 10 日 7 时 3 分，临沭、郯城与江苏东海交界地带发生里氏 4.4 级地震。临沭、费县、郯城和江苏省东海部分乡镇震感强烈，部分人听到地声；临沂、苍山、费县、莒南等地普遍有震感，枣庄、日照及江苏新沂、邳州等地部分辖区有感。地震没有造成人员伤亡，个别建筑物有楼房裂缝、房屋掉土、掉瓦等轻微破坏；震中烈度为 V 度。

其他地质灾害

临沂市地处沂蒙山区，地形起伏大，山区峰高坡陡，丘陵区矿产资源富集，平原区地下水资源丰富，地层发育齐全，构造运动强烈。矿产开发中，长期存在的“重开发、轻保护”的思想，忽视矿山生态环境和地质地貌景观的保护，造成矿山生态环境的破坏。地面塌陷、滑坡、泥（渣）石流、地裂缝等地质灾害时有发生，局部地段或地区因地下水开采不合理，形成地下水超采漏斗，引发岩溶塌陷。截至 2008 年，全市采矿塌陷、露天采场破坏土地面积已达 1370.52 公顷。

地面塌陷　临沂市矿产资源大多集中分布于山前及山间平原，不仅是重要的农业高产区，而且村镇集中、人口稠密、交通发达，故塌陷所造成的危害也比较大。境内以煤炭、石膏、金矿开采造成的采空塌陷（包括沉陷）较为突出，大部分矿区都有发生，以罗庄煤矿区、蒙阴煤矿区、平邑煤矿区、平邑石膏矿区、苍山石膏矿区、沂南金矿区较为严重。

岩溶塌陷主要发生在临沂城区的地下水降落漏斗范围内及沂南县双堠、青驼镇等地。临沂城区中西部近 120 平方公里范围内的苗庄、三岗、国棉八厂、兖石铁路两侧等地岩溶塌陷已发生 20 多处，造成 4 幢楼房及 10 余间房屋破坏。沂南县南龙口村 2000 年后已发生岩溶塌陷 20 多次，造成12间房屋不同程度损坏。2002年7—8月，苗庄小区因岩溶塌陷造成4幢楼房开裂形成危房，导致3幢楼房被拆除。2005年7月，国棉八厂西侧陷泥河河床连续发生5次塌陷，直接经济损失5万元，同时造成大量污水回灌污染地下水。2009—2010年，发生岩溶地面塌陷3次，采空地面塌陷5次。其中2010年地面塌陷4起，均集中发生于汛期。

泥石流 主要发生在临沂西北部中低山丘陵区。2009年7月21日，平邑县卞桥镇刘家寨村东发生泥石流，造成直接经济损失60多万元。

滑坡 临沂所发生的滑坡多为中、小型，但其危害较重。1960年，沂南县铜井镇树仁里村东山坡岩体滑坡，造成6人死亡；2003年，蒙阴县云雾山采石场滑坡，曾一度对过往行人、车辆安全造成严重威胁。2005年，沂水县圈里乡石栏村西南发生滑坡，造成居民房屋50多间不同程度毁坏，直接经济损失100多万元。2009年，全市发生滑坡2次，未造成人员伤亡和大的财产损失。

崩塌 境内崩塌地质灾害一般规模较小,但发生频繁。蒙阴县岱崮、野店镇“崮”较多，崩塌现象严重。2002年，调查出崩塌危险点28处，预测威胁人口582人，对310万元财产造成威胁。是年，沂南县苏村一小矿坑发生崩塌，造成2人死亡。2003年，蒙阴县岱崮镇核桃万村发生崩塌，崩落的石块顺山坡滚动，险些造成人员伤亡。2009年，境内发生崩塌1次，未造成人员伤亡。

地裂缝 临沂地裂缝类型主要有构造地裂缝和非构造地裂缝两种。构造地裂缝是新构造运动作用所致。主要分布于沂水、沂南、莒南、河东、临沭、郯城等县区的沂沭断裂带内，一般较轻微。非构造地裂缝主要由膨胀土引发。如河东区九曲、芝麻墩一带，兰山区与罗庄区的接合部，膨胀土厚度2~4米，在降水、蒸发及地下水开采过程中，由于膨胀土水分含量的变化，引起土体膨胀或收缩导致地裂缝，曾造成局部地区民房墙体轻微开裂。

第三编

人　　口

LINYISHIZHI

2013 年 10 月 30 日，全市加强流动人口服务管理工作兰山现场会召开。

20 世纪 50 年代初至 60 年代末，境内人口增长较快。1949—1989 年，人口数量翻了一番，年递增 1.9%。其间，1949—1958 年，增加 127.06 万人，年递增 2.3%。自 70 年代起，开始严格执行计划生育政策，人口增长速度放慢。1971—1989 年，共增加 255.64 万人，平均年递增 1.4%。1994 年年底，总人口为 962.51 万人。1995—2010 年，人口自然增长率保持在 5‰左右。1995 年，全市总户数 274.68 万户，总人口 966.44 万人，男女性别比为 105.42，人口密度为 562.4 人/平方公里，人口自然增长率为 4‰。2000 年，全市人口突破 1000 万人，达 1001.38 万人。至 2010 年，全市共 327.9 万户，人口 1072.59 万人，男女性别比为 105.75，人口密度为 624.2 人/平方公里，人口自然增长率为 9.73‰。人口平均预期寿命为 73.29 岁，其中男性平均寿命 72.45 岁，女性平均寿命 76.35 岁。

1984 年，根据《山东省关于二胎生育政策的暂行规定》，全市实行了对独生子女的优惠政策，由父母双方所在单位每月发给独生子女 5 元钱的保健费。进入 21 世纪，计划生育政策逐步成为全民共识，人口过快增长得到有效控制，人口素质有了极大提高。

第一章　人口变动

第一节　人口发展

1995 年，临沂市总户数 274.68 万户，总人口 966.44 万人，分别比 1994 年增加 5.35 万户、3.93 万人。2000 年，全市共 299.53 万户、1001.38 万人，比 1995 年增加 24.85 万户、34.94 万人。2005 年，全市共 311.38 万户、1018.63 万人，比 2000 年增加 11.85 万户、17.25 万人。2010 年，全市共 327.9 万户、1072.59 万人，比 2005 年增加 16.52 万户、53.96 万人。

1995–2010 年临沂市人口情况表

表 3–1

年份	年末总人口（万人）	男	女	总户数（万户）	人口密度（人/平方公里）
1995	966.44	495.97	470.47	274.68	562.4
1996	971.23	498.13	473.09	279.09	565.2
1997	978.57	502.21	476.36	283.53	569.5
1998	988.18	506.93	481.26	288.34	575.1
1999	994.28	509.93	484.35	293.69	578.6
2000	1001.38	513.02	488.36	299.53	582.7
2001	1005.25	514.85	490.39	303.16	585.0
2002	1008.45	516.29	492.16	303.91	586.9

续表 3-1

年份	年末总人口（万人）	男	女	总户数（万户）	人口密度（人/平方公里）
2003	1011.05	517.35	493.7	309.16	588.4
2004	1015.04	519.32	495.72	309.02	590.7
2005	1018.63	520.44	498.19	311.38	592.8
2006	1022.73	522.85	499.88	312.65	595.2
2007	1027.5	525.5	502	315.91	597.9
2008	1034.47	528.89	505.57	319.48	602.0
2009	1041.54	533.63	507.92	322.78	606.1
2010	1072.59	551.3	521.3	327.9	624.2

说明：表中数据为公安部门户籍登记人口。2010 年统计出生 384494 人，主要是第六次人口普查户口整顿期间，群众特别是超计划生育群众认为国家会放低缴纳社会抚养费标准、或者放宽落户政策，主动申报积极性增加；同时，全市各级公安机关严格按照上级有关规定，对于以往因各种原因未落户口的人员，经过认真调查核实后，如实进行了常住户口登记。

第二节　自然变动

1995 年，临沂市出生人口 88468 人，人口出生率为 9.17‰；死亡人口 49908 人，人口死亡率为 5.17‰。人口自然增长率为 4‰。2000 年，出生人口 136514 人，人口出生率为 13.68‰；死亡人口 58984 人，人口死亡率为 5.91‰。人口自然增长率为 7.77‰。2005 年，出生人口 107710 人，人口出生率为 10.57‰；死亡人口 55857 人，人口死亡率为 5.48‰。人口自然增长率为 5.09‰。2010 年，出生人口 159268 人，人口出生率为 15.97‰；死亡人口 62196 人，人口死亡率为 6.24‰。人口自然增长率为 9.73‰。

1995–2010 年临沂市人口变动情况表

表 3-2

年份	年内出生人数（人）	出生率（‰）	年内死亡人数（人）	死亡率（‰）	年内自然增长人数（人）	人口自然增长率（‰）
1995	88468	9.17	49908	5.17	38560	4
1996	102260	10.55	52377	5.41	49883	5.14
1997	114201	11.71	51714	5.3	62487	6.41
1998	149251	15.18	53927	5.48	95324	9.7

续表 3-2

年份	年内出生人数（人）	出生率（‰）	年内死亡人数（人）	死亡率（‰）	年内自然增长人数（人）	人口自然增长率（‰）
1999	115699	11.67	52474	5.29	63225	6.38
2000	136514	13.68	58984	5.91	77530	7.77
2001	98245	9.79	50297	5.01	47948	4.78
2002	102530	10.17	55784	5.53	46746	4.64
2003	99121	9.8	54841	5.42	44280	4.38
2004	109561	10.79	51352	5.06	58209	5.73
2005	107710	10.57	55857	5.48	51853	5.09
2006	94380	9.23	52286	5.11	42094	4.12
2007	100263	9.8	55228	5.4	45035	4.4
2008	107607	10.4	56685	5.5	50922	4.9
2009	109126	10.48	57685	5.54	51441	4.94
2010	159268	15.97	62196	6.24	97072	9.73

说明：表中数据为公安部门户籍登记人口

第三节　机械变动

1995 年，全市共迁出人口 138962 人，迁入人口 135028 人，增长率为-0.41‰。2003 年，全市共迁出人口 101607 人，迁入人口 79889 人，增长率为-2.15‰。2010 年，全市共迁出人口 76831 人，迁入人口 83322 人，增长率为 0.61‰。

1995—2010 年，全市共迁出人口 1609794 人，迁入人口 1527100 人。

1995–2010 临沂市人口机械变动情况表

表 3-3　　单位：人、‰

年份	迁出	迁入	机械增长率
1995	138962	135028	−0.41
1996	154847	149275	−0.57
1997	115743	122889	0.74

续表 3-3

年份	迁出	迁入	机械增长率
1998	118089	114983	-0.32
1999	111979	104905	-1.02
2000	107399	97186	-1.02
2001	92299	80932	-1.13
2002	100723	83851	-1.68
2003	101607	79889	-2.15
2004	104833	83563	-2.1
2005	95294	77438	-1.8
2006	80018	77394	-0.3
2007	80761	81806	0.1
2008	69857	81392	1.1
2009	60552	73247	1.22
2010	76831	83322	0.61

第四节　流动人口

流动人口管理　1996 年 4 月，市公安局确定辖区暂住人口在 500 人以上的乡镇派出所成立暂住人口管理站，其他乡镇派出所成立流动人口管理站，分别负责暂住人口和外流人员管理。年内，对 50 余万流出人口和 7 万余暂住人口逐人建档。1999 年，全市登记暂住人口 70870 人，颁发暂住证 45883 张。2000 年，全市暂住人口信息管理系统建成。

2001 年，全市登记暂住人口 17 万余人，管理重点人口 19938 人。建立暂住人口委托管理机制，暂住人口 100 人以上的企事业单位，成立了专门管理机构；乡镇驻地私营企业雇佣的暂住人口，委托驻地村庄管理。2003 年，在各县区公安机关办理暂住证的外来人员 96310 人；在省内流动的共 330738 人，流向省外的共 127912 人。

2006 年 5—10 月，开展流动人口管理服务专项行动，办理暂住证 4 万余人。2008 年 3—10 月，全市新登记暂住人口 79772 人。2010 年，结合第六次人口普查，开展暂住人口清理登记。截至 8 月底，全市共有登记暂住人口 307566 人，办理暂住证 237731 人。

临沂城区流动人口　2004 年，对临沂城区各出入口人流进出进行全面统计，调查出入临沂城区的各类交通人流量。调查统计为：每天早上 6 点至晚上 8 点为流动人口进出最集中的时间，当天通过客车、货车、轿车、摩托车、自行车 5 种交通工具和步行由公路进入临沂城区的流动人口27.3万人，流出城区人口26.8万人；临沂铁路交通每天列车输入1400人，输出1600人；临沂飞机场平均每天航运输入78人，输出82人。加上城区内的暂住流动人口9.5万人，进入临沂城区的流动人口总量为37万人。

临沂市城区的流动人口具有鲜明的特点：

流动人口量是城区人口的十分之七。临沂市驻地兰山区城区人口53万人，流动人口量是市驻地城区总人口的70.3%。

城区的方向不同，流动人口出入的数量不同。从市区南向出入的流动人口分别是8.7万人、8.8万人，市区东向出入的人口是6.8万人、6.9万人，北向出入的人口是5.9万人、6.1万人，西向出入的人口是5.4万人、5.5万人。

2004年临沂城区各类客运站场交通流量情况表

表3–4

分类	平均每天班次	流动总量（人）	市内（人）	市外（人）
汽车总站	2500	50000	34000	16000
华丰汽车站	350	3000	2000	1000
水田汽车站	165	2500	1500	1000
王庄汽车站	110	1500	1000	500
城北汽车站	93	1200	1200	0
临沂火车站	8	3000	600	2400
临沂飞机场	3	160	0	160
合　计	3229	61360	40300	21060

说明：此表数字不含市政公交车客运流量

人口流入和流出数量接近。每天流入城区的人口为27.3万人，其中乘客车10.29万人，乘轿车9.06万人，乘货车4.69万人，乘摩托车1.82万人，乘自行车1.39万人，行人0.05万人，铁路0.14万人，航空78人。每天流出城区的人口26.8万人，其中乘客车9.38万人，乘轿车9.76万人，乘货车4.86万人，乘摩托车1.49万人，乘自行车1.09万人，行人0.06万人，铁路乘客0.16万人，航空82人。流入人口比流出人口多0.5万人。

流动人口以临沂市及省内为主。临沂市各类客运站内客流量为6.1万多人，站外上车的乘客约有1.5万人左右，每天客运量在7.6万人左右；市政公交车进出城区以外的22条线路近500台车共有乘客11.5万人。各类客运车流动人口19.1万人。出入城区的流动人口以市域内及省内为主，除客车和少量货车及轿车外，多数为市内9县的流动人口。经长途车站、火车站、飞机场的市外流动人口2.1万人，占总数的5.57%。

农村劳动力外出从业　2006年，农村外出从业劳动力95.31万人。其中,男性64.85万人，占68.04%；女性30.46万人,占31.96%。从年龄构成分，20岁及以下占22.79%，21~30岁占33.76%，31~40岁占22.71%，41~50岁占13.63%，51岁及以上占7.12%。从受教育程度分，文盲占1.62%，小学、初中、高中、大专及以上文化程度分别占17.52、72.67%、7.17%、1.02%。从地域分，在乡外县内从业的劳动力占22.27%，在县外市内从业的劳动力占27.53%，在市外省内从业的劳动力占32.2%，去省外从业的劳动力占18%。从产业分，在第一产业、第二产业、第三产业从业的劳动力分别占2.33%、54.84%、42.83%。

表 3-5

2006年临沂市农村外出从业劳动力构成情况表

行政区域	外出从业劳动力总量（万人）	性别构成（%）		年龄构成（%）					文化程度构成（%）					从业地区构成（%）				从业产业构成（%）		
		男	女	20岁以下	21~30岁	31~40岁	41~50岁	50岁以上	文盲	小学	初中	高中	大专及以上	乡外县内	县外市内	市外省内	省外	第一产业	第二产业	第三产业
兰山区	2.31	64.87	35.13	18.72	30.42	26.57	16.18	8.12	1.20	12.25	74.88	9.85	1.82	78.31	12.23	3.88	5.58	1.35	52.23	46.42
罗庄区	1.31	66.23	33.77	19.36	29.81	26.21	15.80	8.82	1.42	13.56	75.34	8.24	1.43	57.56	38.74	3.21	0.49	1.02	55.34	43.64
河东区	4.01	69.28	30.72	17.16	34.01	26.59	14.09	8.15	0.79	14.41	72.87	10.53	1.40	42.55	48.36	5.73	3.37	2.01	44.67	53.32
沂南县	12.68	63.27	36.73	31.32	39.92	17.18	8.15	3.42	0.90	13.45	79.11	5.65	0.90	12.61	26.80	51.26	9.33	2.18	65.73	32.09
郯城县	11.95	65.32	34.68	18.46	29.20	26.32	16.55	9.47	2.61	27.29	64.88	4.67	0.55	13.96	23.72	18.80	43.52	2.13	39.01	58.86
沂水县	11.19	65.04	34.96	27.42	40.64	17.51	9.83	4.60	0.64	13.46	79.83	5.29	0.77	20.38	14.13	59.66	5.83	1.83	65.60	32.57
苍山县	9.19	67.10	32.90	21.11	33.44	22.21	14.25	8.98	3.25	26.38	64.95	4.90	0.52	23.43	30.71	12.00	33.86	2.75	45.45	51.80
费　县	7.89	67.03	32.97	23.93	37.82	20.35	12.08	5.83	1.42	13.15	76.13	8.15	1.14	25.99	44.25	18.81	10.95	2.56	70.83	26.61
平邑县	11.67	70.74	29.26	19.93	29.95	26.13	16.35	7.64	1.30	21.27	68.41	7.97	1.05	19.84	25.94	35.43	18.80	3.12	54.05	42.83
莒南县	9.97	71.41	28.59	23.00	32.88	22.50	14.38	7.25	0.39	10.99	78.02	9.36	1.24	17.91	28.95	43.41	9.74	2.91	48.72	48.37
蒙阴县	4.56	67.66	32.34	29.72	34.97	20.67	10.50	4.13	0.48	10.35	78.24	9.34	1.59	21.03	26.00	39.50	13.46	2.29	47.84	49.87
临沭县	8.58	77.86	22.14	15.12	25.53	28.59	19.22	11.55	3.98	19.50	65.32	9.66	1.54	25.05	26.64	23.94	24.37	1.71	59.46	38.83
合　计	95.31	68.04	31.96	22.79	33.76	22.71	13.63	7.12	1.62	17.52	72.67	7.17	1.02	22.27	27.53	32.20	18.00	2.33	54.84	42.83

第二章　人口分布

第一节　区域分布

1995年，全市总人口9664406人。其中，兰山区746145人，罗庄区396721人，河东区577682人，郯城县923952人，苍山县1112491人，莒南县969060人，沂水县1111811人，蒙阴县512459人，平邑县944579人，费县894495人，沂南县883222人，临沭县591789人。

2000年，全市总人口10013756人。其中，兰山区823506人，罗庄区415883人，河东区589528人，郯城县967911人，苍山县1164932人，莒南县990258人，沂水县1116516人，蒙阴县527400人，平邑县978757人，费县920804人，沂南县900701人，临沭县617560人。

2005年，全市总人口10186331人。其中，兰山区892802人，罗庄区428150人，河东区610959人，沂南县909136人，郯城县981045人，沂水县1108274人，苍山县1184204人，费县925383人，平邑县991112人，莒南县991239人，蒙阴县530391人，临沭县633636人。

2010年，全市总人口10725880人。其中，兰山区949301人，罗庄区496696人，河东区663315人，沂南县947328人，郯城县1040626人，沂水县1131551人，苍山县1289581人，费县979888人，平邑县1010249人，莒南县1012151人，蒙阴县545052人，临沭县660142人。

第二节　城乡分布

1995年，全市总人口9664406人，其中非农业人口894657人。非农业人口中，兰山区232708人，罗庄区84904人，河东区12007人，郯城县60091人，苍山县54681人，莒南县66909人，沂水县94536人，蒙阴县48372人，平邑县64610人，费县69734人，沂南县62374人，临沭县43731人。

1998年，全市总人口988.18万人，其中非农业人口175.5万人。兰山区、罗庄区、河东区人口179.18万人，其中非农业人口56.94万人。9县非农业人口中，沂南县10.36万人，郯城县12.88万人、沂水县17.69万人,苍山县10.76万人,费县12.84万人,平邑县15.59万人,莒南县17.03万人,蒙阴县10.8万人,临沭县10.58万人。

2003年，全市总人口10110497人，其中市辖区总人口为1896736人，占全市总人口的18.76%；全市县区城区驻地人口2118449人，其中三区城区驻地人口674403人，占全市城区人口的31.83%。全市农业人口7688113人，其中除县区城区以外的农业人口6901260人。

北部山区的平邑县、费县、蒙阴县、沂水县、沂南县和苍山县北部山区的大仲村、神山、车辋、尚岩、沂堂、贾庄、矿坑、鲁城、下村等山区乡镇的总人口4868301人，占全市总人口的48.15%；县城区驻地人口970499人，占全市城区人口的45.81%。山区县和乡镇农业人口3892919人，占全市农业人口的50.65%。

2010年，全市城镇人口504万人，中心城区建成区人口160万人。

2003 年临沂市人口分布情况表

表 3-6 单位：人

县区	常住人口	城区人口	农业人口	城区外农业人口	暂住人口	省内流动人口	流向省外人口
兰山	873790	461736	303065	303065	64059	2328	2153
罗庄	424629	130127	210786	167601	9136	1261	835
河东	598317	82540	496276	470740	1689	49	6
沂南	905702	131430	801566	732571	1857	50136	7204
郯城	974163	181916	808533	707201	1163	14292	24834
沂水	1110542	157137	718209	688024	6072	158113	28405
苍山	1175461	186386	1033457	913717	771	22000	38000
费县	917313	156987	744677	672283	4321	5787	3501
平邑	982796	192634	842213	732767	4110	25617	3813
莒南	990591	176087	807002	718634	1903	26376	5523
蒙阴	530496	145925	392927	320825	772	17219	5795
临沭	626697	115544	526741	473832	457	7560	7843
合计	10110497	2118449	7685452	6901260	96310	330738	127912

第三章　人口构成

第一节　性别构成

1995 年年末，全市总人口中，男性 4959664 人，女性 4704742 人，男妇女性别比（以女性为 100，男性对女性的比例）为 105.42。2000 年第五次人口普查时，全市总人口中，男性 5075129 人，女性 4867523 人，男女性别比为 104.27。2010 年第六次人口普查时，全市常住人口中，男性为 5103107 人，占总人口的 50.83%；女性为 4936333 人，占总人口的 49.17%，总人口性别比由 2000 年的 104.27 下降为 103.38。

2000 年临沂市常住人口及男女性别比情况表

表 3-7

地　区	合计（人）	男	女	男女性别比
兰山区	938159	479432	458727	104.51
罗庄区	412454	210897	201557	104.63
河东区	587897	298611	289286	103.22

续表 3-7

地　区	合计（人）	男	女	男女性别比
沂南县	869535	440298	429237	102.58
郯城县	972268	495528	476740	103.94
沂水县	1057758	534088	523670	101.99
苍山县	1128161	579579	548582	105.65
费　县	904696	464868	439828	105.69
平邑县	974213	507510	466703	108.74
莒南县	964591	488018	476573	102.40
蒙阴县	535070	272403	262667	103.71
临沭县	597850	303897	293953	103.38
总　计	9942652	5075129	4867523	104.27

2010 年临沂市常住人口及男女性别比情况表

表 3-8

县　区	合计（人）	男（人）	女（人）	男女性别比
兰山区	1257653	645931	611722	105.59
罗庄区	535127	276988	258139	107.3
河东区	513811	262452	251359	104.41
沂南县	790852	396725	394127	100.66
郯城县	838019	423678	414341	102.25
沂水县	998331	497657	500674	99.4
苍山县	1161932	598415	563517	106.19
费　县	773523	397245	376278	105.57
平邑县	900167	456774	443393	103.02
莒南县	725206	364975	360231	101.32
蒙阴县	489537	245613	243924	100.69
临沭县	617081	313020	304061	102.95
临沂高新技术产业开发区	125445	64741	60704	106.65
临沂经济技术开发区	151586	77960	73626	105.89
临沂临港经济开发区	161170	80933	80237	100.87
总　计	10039440	5103107	4936333	103.38

第二节　年龄构成

2000年，全国第五次人口普查资料表明：全市常住人口中，0~14岁的人口为2365281人，占23.82%；15~64岁的人口为6800483人，占68.49%；65岁及以上的人口为776888人，占7.69%。同1990年第四次全国人口普查相比，0~14岁的人口比重下降了5.34个百分点，65岁及以上的人口比重上升了2.07个百分点。全市100岁以上的老人122人，其中男19人，女103人。2010年，第六次人口普查资料表明：全市常住人口中，0~14岁的人口为1820328人，占18.13%，15~64岁的人口为7228910人，占72.01%；65岁及以上的人口为990202人，占9.86%。同2000年第五次全国人口普查相比，0~14岁人口的比重下降了5.69个百分点，15~64岁人口比重上升了3.52个百分点，65岁及以上人口的比重上升了2.17个百分点。全市100岁以上的老人275人，其中男51人，女224人。人口平均预期寿命为73.29岁，其中，男性平均寿命72.45岁，女性平均寿命76.35岁。

2000年、2010年临沂市人口普查年龄情况表

表3-9　　单位：人

年　龄	2000年全国第五次人口普查			2010年全国第六次人口普查		
	人口数	男	女	人口数	男	女
0~4岁	546367	294675	251692	706101	397489	308612
5~9岁	534170	287843	246327	584364	313906	270458
10~14岁	1284744	669982	614762	529863	283582	246281
15~19岁	830353	421968	408385	562190	294578	267612
20~24岁	634251	313595	320656	1027471	512552	514919
25~29岁	852657	434487	418170	711749	351644	360105
30~34岁	1047737	526553	521184	618983	311382	307601
35~39岁	850061	432165	417896	794239	404359	389880
40~44岁	696471	359890	336581	970442	482728	487714
45~49岁	708142	364359	343783	789064	394496	394568
50~54岁	498692	255980	242712	651621	331276	320345
55~59岁	366988	188305	178683	652795	330655	322140
60~64岁	315131	162407	152724	450356	226613	223743
65~69岁	309898	153542	156356	323219	161036	162183
70~74岁	209642	99508	110134	253632	125312	128320
75~79岁	138200	62254	75946	223680	103983	119697

续表 3-9

年　龄	2000 年全国第五次人口普查			2010 年全国第六次人口普查		
	人口数	男	女	人口数	男	女
80~84 岁	75798	31925	43873	118197	51107	67090
85~89 岁	32574	12459	20115	52555	20256	32299
90~94 岁	8933	2797	6136	15509	5226	10283
95~99 岁	1721	416	1305	3135	876	2259
100 岁以上	122	19	103	275	51	224
总　计	9942652	5075129	4867523	10039440	5103107	4936333

第三节　文化构成

2000 年，第五次人口普查资料显示：在全市人口中，接受大学（指大专以上）教育的 182386 人，占 1.83%；接受高中（含中专）教育的 759426 人，占 7.64%；接受初中教育的 3333716 人，占 33.51%；接受小学教育的 3756879 人，占 37.72%。文盲人口为 1036654 人，与 1990 年第四次全国人口普查相比，文盲率由 18.51%下降为 10.43%，下降了 8.08 个百分点。

2010 年，第六次人口普查资料显示：在全市常住人口中，具有大学 (指大专以上) 受教育程度的为 469557 人；具有高中 (含中专) 受教育程度的为 928921 人；具有初中受教育程度的为 3986704 人；具有小学受教育程度的为 3141560 人（以上各种受教育程度的人包括各类学校的毕业生、肄业生和在校生）。同 2000 年第五次全国人口普查相比，每 10 万人具有大学受教育程度的由 1828 人上升为 4677 人；具有高中受教育程度的由 7639 人上升为 9253 人；具有初中受教育程度的由 33508 人上升为 39710 人；具有小学受教育程度的由 37722 人下降为 31292 人。全市常住人口中，文盲人口（15 岁及 15 岁以上不识字的人）为 54.26 万人，同 2000 年第五次全国人口普查相比，文盲人口减少 49.49 万人，文盲率由 10.43%下降为 5.4%，下降了 5.03 个百分点。

2000 年、2010 年临沂市人口普查按性别分受教育程度情况表

表 3-10　　单位：人

受教育程度	2000 年全国第五次人口普查			2010 年全国第六次人口普查		
	合计	男	女	合计	男	女
未上过学	1036654	330725	705929	672234	203886	468348
扫盲班	233290	80503	152787	—	—	—
小学	3756879	1713346	2043533	3141560	1409129	1732431
初中	3333716	1984392	1349324	3986704	2185089	1801615

续表 3-10

受教育程度	2000年全国第五次人口普查			2010年全国第六次人口普查		
	合计	男	女	合计	男	女
高中及中专	759426	497998	261428	928921	566326	362595
大学专科	144596	94926	49670	286343	164263	122080
大学本科	37154	27335	9819	176261	99676	76585
研究生	636	515	121	6953	4170	2783
总　计	9302351	4729740	4572611	9198976	4632539	4566437

说明：统计范围为6岁及6岁以上人口

第四节　民族构成

1995年，全市有33个民族，其中少数民族32个，人口3.6万人，占总人口的0.37%，分布在全市12个县区。在少数民族中，回族人口最多，共3.45万人，占少数民族总人口的96%，主要居住在除河东区以外的11个县区、39个乡镇街道的63个村（居）。

2000年，全国第五次人口普查时，在全市人口中汉族人口为9898963人，占99.57%；各少数民族人口为43689人，占0.43%。与1990年第四次人口普查相比，汉族人口增加630264人，增长6.8%；各少数民族人口增加9784人，增长29.31%。2010年，全国第六次人口普查时，在全市人口中汉族人口为9993000人，占99.54%；各少数民族人口为46440人，占0.46%。2010年年底，全市除汉族外，有回、蒙古、苗、彝、壮、满、朝鲜、白、哈尼、藏、瑶、土家、维吾尔、拉祜、布依、土、傈僳、达斡尔、侗、佤、傣、高山、锡伯、水、纳西、布朗、仡佬、黎、鄂伦春、怒、鄂温克、珞巴族等44个少数民族。

2000年、2010年临沂市人口普查民族构成情况表

表 3-11　　　　单位：人

民　族	2000年全国第五次人口普查			2010年全国第六次人口普查		
	合计	男	女	合计	男	女
汉族	9898963	5055472	4843491	9993000	5081545	4911455
蒙古族	1636	390	1246	388	167	221
回族	35759	18209	17550	38776	19886	18890
藏族	214	73	141	53	13	40
维吾尔族	116	49	67	32	12	20
苗族	1693	132	1561	1359	201	1158
彝族	713	105	608	735	172	563

续表 3-11-1

民族	2000 年全国第五次人口普查			2010 年全国第六次人口普查		
	合计	男	女	合计	男	女
壮族	380	102	278	353	102	251
布依族	153	43	110	148	46	102
朝鲜族	388	146	242	219	71	148
满族	756	258	498	914	395	519
侗族	94	27	67	9	4	5
瑶族	71	8	63	94	24	70
白族	48	2	46	9	3	6
土家族	119	29	90	188	74	114
哈尼族	413	14	399	520	28	492
哈萨克族	11	5	6	51	22	29
傣族	311	10	301	662	57	605
黎族	21	2	19	195	84	111
傈僳族	307	7	300	285	12	273
佤族	188	7	181	441	38	403
畲族	12	4	8	27	13	14
高山族	8	2	6	6	3	3
拉祜族	62	7	55	482	15	467
水族	4	0	4	7	2	5
东乡族	2	0	2	12	7	5
纳西族	13	0	13	26	9	17
景颇族	48	2	46	154	11	143
柯尔克孜族	0	0	0	5	1	4
土族	24	5	19	45	15	30
达斡尔族	20	7	13	27	16	11
仫佬族	9	2	7	11	2	9

续表 3-11-2 单位：人

民 族	2000年全国第五次人口普查			2010年全国第六次人口普查		
	合计	男	女	合计	男	女
羌族	3	0	3	5	0	5
布朗族	26	4	22	39	6	33
撒拉族	0	0	0	3	3	0
仡佬族	6	3	3	16	8	8
锡伯族	4	2	2	10	2	8
阿昌族	14	0	14	12	1	11
普米族	4	0	4	3	0	3
塔吉克族	1	0	1	1	0	1
怒族	8	0	8	35	13	22
乌孜别克族	0	0	0	1	0	1
俄罗斯族	0	0	0	1	0	1
鄂温克族	5	0	5	13	6	7
德昂族	8	0	8	22	1	21
保安族	0	0	0	1	0	1
裕固族	0	0	0	2	0	2
京族	0	0	0	4	2	2
塔塔尔族	0	0	0	1	0	1
独龙族	11	0	11	8	0	8
鄂伦春族	2	1	1	2	0	2
赫哲族	0	0	0	4	2	2
门巴族	0	0	0	2	0	2
基诺族	1	0	1	0	0	0
其他未识别的民族	3	0	3	22	13	9
合 计	9942652	5075129	4867523	10039440	5103107	4936333

第五节 姓氏构成

据临沂市公安局提供的户口资料，2014年年底，临沂市共有注册姓氏1157个。按姓氏笔画排序，分别为：

一画：乙

二画：卜、乜、刀、七、九、力、刁、丁、乃

三画：于、下、与、大、卫、也、寸、马、万、山、门、广、干、弋、亿、小、幺、上、凡、习、九、义、千、已、么、弓、子、三、才、及

四画：公、尤、凤、双、仇、从、元、卞、中、火、为、书、化、长、乌、勾、仓、片、天、区、六、比、王、牛、毛、文、计、韦、丑、见、壬、毋、扎、以、历、木、斗、巨、贝、孔、邓、戈、巴、亢、支、予、月、车、井、仉、开、水、五、太、什、尹、丰、方、亓、云、仁、风、户、专、少

五画：史、卢、宁、皮、古、丛、冉、丘、叩、只、打、兰、永、主、尼、生、布、闪、玉、江、司、左、未、包、母、汉、可、记、令、艾、厉、台、仪、丝、甲、弗、民、们、白、叶、冯、仕、印、立、召、巧、丙、奴、央、田、申、平、由、邝、玄、四、业、节、代、付、龙、甘、圣、帅、右、冬、旦、卯、卡、边、石、仝、东、占、乐、让、半、邗、加、目

六画：朱、全、伊、汤、米、邬、师、回、那、危、问、光、羊、伟、同、考、式、创、许、汲、曲、关、仲、朴、合、过、刚、闭、防、芝、名、约、安、邢、毕、祁、衣、寻、伏、阳、伞、老、自、达、迁、竹、扣、地、百、吏、行、芋、传、后、论、次、朵、庄、阮、池、西、各、农、旭、列、团、刘、孙、齐、牟、伦、多、红、会、权、戎、扬、交、戌、闫、任、吕、乔、江、巩、阴、汝、仵、刑、价、托、未、邦、贞、伐、灰、纪、伍、成、华、宇、向、伙、年、夹、亚、延、庆、买、字、亦、寺、吉、匡、尧、尖、负、兴、先、壮、优、仿、尘

七画：张、吴、苏、严、沙、来、利、冶、良、你、麦、针、劳、近、君、陆、邸、花、余、豆、芮、伯、言、赤、志、励、呈、宋、芦、邵、辛、狄、迟、怀、迎、吞、苇、更、伽、闷、李、谷、邱、祃、孝、求、希、步、沃、丽、庐、旷、折、甫、佛、快、陈、时、远、闵、郤、位、况、纵、坚、劭、作、何、连、佘、佟、岑、邴、寿、克、佐、初、轩、芷、吾、但、里、体、还、侣、启、补、系、苌、坊、芽、完、杞、矣、纳、杏、卲、杨、邹、冷、贡、束、苍、闰、压、玖、钊、囤、纽、村、估、秀、肖、沈、杜、汪、吝、阿、运、库、员、应、呙、巫、别、社、芳、形、疗、进

八画：范、武、国、罗、英、果、洋、泥、其、拉、帕、牧、欣、鸣、矿、奔、拓、孟、明、郄、呼、咎、庚、迮、经、宛、治、念、贤、茂、坤、朋、茌、瓮、板、卓、赵、周、庞、屈、欧、畅、杲、茅、郤、凯、侨、具、佰、侃、侗、苗、宗、郎、宝、庙、弥、图、冼、旺、线、迪、虎、邢、侣、泽、宜、哎、林、尚、季、单、苳、茆、青、炊、昌、佴、肯、鱼、固、昃、苦、岳、金、官、侍、苟、依、杭、奈、录、忠、奉、波、京、练、育、幸、妹、夜、郁、郇、和、居、征、竺、所、绍、岩、岱、枚、押、钖、拖、放、郑、房、苑、宓、郅、於、宠、易、郏、法、采、祈、妮、昊、侬、雨、环、岭、泊、妳、取、降

九画：施、闻、贺、骆、洪、饶、神、贲、封、皇、秋、弭、哈、茶、剑、美、贵、拜、革、结、荡、绘、奏、荣、荆、项、宦、柚、枯、泉、举、俣、炳、俭、哏、俞、宫、南、费、弇、彦、柏、逢、拾、钦、要、朐、俆、查、莒、闽、峙、恰、毡、笈、须、香、荒、亮、奎、柳、咸、胥、厚、俎、重、绕、玲、姜、信、侯、祖、娜、羿、洒、俄、胜、恪、盆、冠、娇、春、省、咩、姚、段、战、昝、禹、律、将、盈、郦、茹、郗、独、柯、闾、耐、怒、恒、济、珍、冒、度、起、郝、

娄、宣、祝、钮、郜、种、荀、荐、院、浓、洛、咱、柒、思、胡、相、钟、修、类、贯、保、星、树、威、勇、砖、络、荔、凃

十画：桓、诸、莫、钱、凌、聂、敖、朗、秘、莽、脏、宰、恩、项、珠、旃、晁、贾、党、翁、栾、奚、勐、剡、娘、顾、陶、原、晏、逢、容、益、宴、诺、恳、哭、桑、徐、唐、席、柴、姬、晋、桂、都、铁、爱、浦、泰、荷、艳、家、格、圆、祥、通、蚌、秦、莘、烟、桃、浩、继、害、润、卿、窄、秧、皱、涛、宽、唤、捌、高、倪、栗、素、展、站、陵、桥、莎、倖、郭、殷、耿、啊、能、逄、海、索、顿、息、莱、豈、莲、部、涝、袁、夏、隽、班、候、哨、谈、涂、莉、倩、桐

十一画：梁、商、焉、崇、淳、盘、菩、职、萍、望、累、雀、鹿、野、寇、矫、随、梦、谌、维、渐、廊、铙、副、梨、得、曼、渊、赧、康、渠、隗、脱、银、绿、敢、彩、啦、移、鸿、曹、梅、阎、鄂、教、高、笺、措、隆、晚、崩、常、宿、麻、接、萨、笪、营、堵、续、符、盛、扈、章、菅、绪、袭、绳、堂、雪、勒、敏、硕、剪、崖、傀、柴、崔、黄、龚、盖、戚、密、尉、菜、旋、屠、菊、粘、萧、庹、票、培、清、隋、逯、率、祭、逮、阐、排

十二画：韩、蒋、强、惠、童、掌、粟、斐、朝、遂、葡、装、舒、喻、覃、傲、董、羡、琼、辉、曾、游、嵇、缑、富、湛、雇、普、谦、喃、葛、奥、景、斯、褚、滑、森、葵、棍、鲁、谢、程、喜、善、腊、雄、彭、黑、傅、储、琚、楮、联、博、释、集、斑、道、戢、焦、敬、敦、税、锁、紫、甯、奠、喊、跑、智、温、揭、疏、辜、提、寒、禄、登、揣、番

十三画：虞、路、粱、廉、睢、新、槐、鲍、楚、詹、楼、慎、廓、摆、窦、靖、溪、福、雷、慈、裘、雍、阙、蒿、瑞、鹏、甄、腾、蒙、裔、蜂、群、殿、蓬、靳、滇、褚、满、简、赖、蒲、鉏、蓝、滕、溥、锡、解、訾、鄢、蒯、催、鉴

十四画：廖、缪、赛、端、臧、管、熊、蔚、綦、蔺、僧、裴、蔺、蜜、谯、鄱、僮、蔻、慕、谭、翟、蔡、赫、雒、寥、漆、察、禚、鲜、阚、嘉、韶、静、锺

十五画：箭、虢、慬、潭、额、暴、澎、滕、樊、德、颜、蕲、稽、翦、墨、慧、潘、黎、颛、增、蕙、颜、镇、撒

十六画：穆、薄、霍、燕、嬴、薪、衡、錢、瘳、懈、操、盧、薛、磨、冀、薜、澹

十七画：糜、濮、镡、霞、黛、藉、鞠、蹇、羸、璐、戴、藏、檀

十八画：魏、瞻、藩、瞿、藤、顏

十九画：蘧、簿、攀

二十画：酆、霰、巍、籍

二十一画：露

二十二画：囊

全市人口过万人的姓氏有：王、张、李、刘、孙、赵、徐、陈、杨、高、朱、宋、马、吴、周、郭、杜、胡、于、郑、曹、韩、黄、孟、魏、田、姜、崔、许、公、付、薛、董、邵、彭、林、袁、武、尹、程、任、冯、石、葛、闫、梁、潘、秦、卢、姚、范、吕、丁、庄、唐、谢、贾、侯、沈、颜、蒋、孔、肖、苏、牛、邱、何、解、邢、季、顾、史、段、庞、房、管、郝、苗、齐、尤、陆、岳、聂、鲁、左、乔、耿、毛、代、巩、殷、谭、倪、金、蔡、戚、文、翟、常、腾、臧、白、邹、万、相、汪、纪、阚、郁、焦、罗、伊、裴、贺、曾、韦、卞、包、凌，共 119 个。其中，王姓人数居第一位，达 1220465 人，张、李、刘 3 姓人口过 90 万。只有 1 人的姓氏 249 个。

境内姓氏除单姓外，复姓有万俟、上官、公孙、太叔、东也、东野、主父、令狐、司马、司徒、宇文、谷梁、呼延、宗政、欧阳、南宫、皇甫、夏侯、诸葛、尉迟、端木、颛孙等。

第六节　劳动人口

1998 年，全市城乡劳动力（男 16~59 岁、女

16~54 岁为劳动年龄人口）总人口 701.91 万人，其中城镇 97.86 万人，乡村 604.05 万人。按国民经济行业分组，城乡 635.99 万人，其中城镇 72.72 万人。非经济活动人口 64.06 万人，其中 16 岁以上在校学生 22.56 万人，家务劳动者 41.5 万人。

农业劳动力资源总量与结构　2006 年末，全市农村劳动力资源总量为 596.39 万人。其中，男劳动力 301.49 万人，占 50.55%；女劳动力 294.9 万人，占 49.45%。20 岁及以下 85.02 万人，占 14.26 %；21~30 岁 97.71 万人，占 16.38%；31~40 岁 133.78 万人，占 22.43%；41~50 岁 126.03 万人，占 21.13%；51 岁及以上 153.85 万人，占 25.8%。文盲 45.65 万人，占 7.66%；小学文化程度 199.58 万人，占 33.46%；初中文化程度 296.99 万人，占 49.8%；高中文化程度 49.71 万人，占 8.33%；大专及以上文化程度 4.46 万人，占 0.75%。农村从业人员 543.61 万人，占农村劳动力资源总量的 91.15%。其中，在第一、第二、第三产业就业的分别占 64.65%、22.22%、13.13%。

全市农业从业人员 352.49 万人。其中，男性占 44.8%，女性占 55.2%。按年龄分，20 岁及以下占 5.13%，21~30 岁占 13.93%，31~40 岁占 23.02%，41~50 岁占 23.9%，51 岁及以上占 34.03%；按文化程度分，文盲占 10.71%，小学占 42.44%，初中占 43.25%，高中占 3.42%，大专及以上占 0.17%。

全市农业技术人员 16067 人。其中，在农业生产经营单位中从业的 9454 人。高、中、初级农业技术人员分别为 1172 人、3928 人和 10967 人。

劳动力行业构成　2000 年，从事第一产业的劳动力 472022 人，占全部劳动人口的 77.5%；从事第二产业的劳动力 69552 人，占 11.42%；从事第三产业的劳动力 67494 人，占 11.08%。2010 年，从事第一产业的劳动力 410491 人，占全部劳动人口的 64.46%；从事第二产业的劳动力 124094 人，占 19.49%；从事第三产业的劳动力 102208 人，占 16.05%。

2000 年、2010 年临沂市人口普查行业构成抽样调查情况表

表 3-12　　　　单位：人

年　份	行　　业	合计	男	女
2000 年	农、林、牧、渔业	472022	237774	234248
	采掘业	2382	2078	304
	制造业	54066	28422	25644
	电力、煤气及水的生产和供应业	1570	1154	416
	建筑业	11534	10508	1026
	地质勘查业、水利管理业	438	341	97
	交通运输、仓储及邮电通信业	9148	8278	870
	批发和零售贸易、餐饮业	23656	12862	10794
	金融、保险业	2119	1231	888
	房地产业	260	171	89
	社会服务业	4825	2921	1904
	卫生、体育和社会福利业	4226	2220	2006

续表 3-12

单位：人

年份	行业	合计	男	女
2000 年	教育、文化艺术及广播电影电视业	10781	6507	4274
	科学研究和综合技术服务业	221	130	91
	国家机关、政党机关和社会团体	11069	8430	2639
	其他行业	751	542	209
	总计	609068	323569	285499
2010 年	农、林、牧、渔业	410491	202911	207580
	采矿业	2332	2005	327
	制造业	91814	48951	42863
	电力、燃气及水的生产和供应业	2205	1591	614
	建筑业	27743	24531	3212
	交通运输、仓储和邮政业	15417	13450	1967
	信息传输、计算机服务和软件业	1229	712	517
	批发和零售业	37977	18999	18978
	住宿和餐饮业	6776	3457	3319
	金融业	2748	1522	1226
	房地产业	1120	682	438
	租赁和商务服务业	1569	1115	454
	科学研究、技术服务和地质勘查业	416	275	141
	水利、环境和公共设施管理业	1287	723	564
	居民服务和其他服务业	6109	3817	2292
	教育	9997	5180	4817
	卫生、社会保障和社会福利业	5572	2591	2981
	文化、体育和娱乐业	910	543	367
	公共管理和社会组织	11081	7546	3535
	总计	636793	340601	296192

劳动力职业构成　2000年，全市从事农、林、牧、渔、水利业的人员47.59万人，占全部劳动人口的78.14%；从事生产、运输设备操作人员及有关人员6.3万人，占10.3%；从事商业、服务业人员3.12万人，占5.12%；从事专业技术人员23034人，占3.78%。2010年，全市从事农、林、牧、渔、水利业的人员41.05万人，占全部劳动人口的64.46%；从事生产、运输设备操作人员及有关人员12.01万人，占18.84%；从事商业、服务业人员6.14万人，占9.6%；从事专业技术人员2.65万人，占4.16%。

2000年、2010年临沂市人口普查各类职业构成抽样调查情况表

表3-13　　单位：人

职业分类	2000年			2010年		
	合计	男	女	合计	男	女
国家机关、党群组织、企业、事业单位负责人	6704	5973	731	7520	5946	1574
专业技术人员	23034	12894	10140	26492	13609	12883
办事人员和有关人员	9145	7172	1973	10587	7653	2934
商业、服务业人员	31212	17182	14030	61388	33253	28135
农、林、牧、渔、水利业生产人员	475927	239496	236431	410465	202476	207989
生产、运输设备操作人员及有关人员	62972	40805	22167	120090	77489	42601
不便分类的其他从业人员	74	47	27	252	176	76
总计	609068	323569	285499	636794	340602	296192

第四章　婚姻　家庭　人口生育

第一节　婚姻与家庭

婚姻　2000年第五次人口普查，全市15岁以上人口为744278人。其中，男性为373353人，女性为370925人。未婚153822人，其中，男性为85816人，女性为68006人。有配偶人口为536301人；再婚人口为9501人；离婚人口为3147人；丧偶人口为41507人。2010年，第六次人口普查，全市15岁以上人口为805018人。其中，男性为401394人，女性为403624人。未婚148197人，其中，男性为82774人，女性为65423人。有配偶人口为604617人；离婚人口为5562人；丧偶人口为46642人。

2000 年、2010 年临沂市 15 岁及以上人口各年龄组婚姻状况抽样调查情况表

表 3-14　　单位：人

年龄	2000 年						2010 年				
	15 岁及以上人口	未婚	初婚有配偶	再婚有配偶	离婚	丧偶	15 岁及以上人口	未婚	有配偶	离婚	丧偶
15~19	79793	79762	31	—	—	—	49642	49314	326	1	1
20~24	59144	47801	11291	17	24	11	97910	71726	26032	143	9
25~29	81862	12600	68291	494	376	101	69377	13240	55499	569	69
30~34	103356	3840	96964	1527	662	363	60544	2737	56924	739	144
35~39	84459	2069	79824	1506	501	559	77933	2122	74426	1015	370
40~44	68899	1578	64718	1287	415	901	96717	2107	92596	1047	967
45~49	71151	1598	66043	1312	358	1840	78677	1472	74980	688	1537
50~54	49765	1157	45259	877	211	2261	64526	1304	60438	442	2342
55~59	37011	1047	32267	634	158	2905	65228	1274	59777	365	3812
60~64	31314	926	25454	560	120	4254	44911	904	39325	183	4499
65 岁及以上	77524	1444	46159	1287	322	28312	99553	1997	64294	370	32892
总　计	744278	153822	536301	9501	3147	41507	805018	148197	604617	5562	46642

家庭　2000 年第五次人口普查，全市共有家庭户 301.41 万户，家庭户人口为 957.92 万人，占总人口的 96.36%，平均家庭户规模为 3.18 人，比 1990 年第四次人口普查的 3.69 人下降了 0.51 人。其中以 3 人户为最多，976219 户，占总人口户数的 32.39%。2010 年第六次人口普查，全市常住人口中共有家庭户 330.39 万户，家庭户人口为 971.50 万人，平均每个家庭户的人口为 2.94 人，比 2000 年第五次全国人口普查的 3.18 人减少 0.24 人。其中，仍以 3 人户为最多，共 1013244 户，占总户数的 30.67%，比 2000 年的比例略有下降。家庭户规模继续缩小，主要是由于山东省生育水平不断下降、迁移流动人口增加、年轻人婚后独立居住等因素。

2002 年 8 月，郯城县计生部门为农村计划生育家庭开展“三结合”培训

2000 年、2010 年临沂市家庭户构成情况表

表 3-15　　　　单位：户

户规模	2000 年						2010 年					
	家庭户户数	一代户	二代户	三代户	四代户	五代及以上户	家庭户户数	一代户	二代户	三代户	四代户	五代及以上户
一人户	282127	282127	—	—	—	—	390652	390652	—	—	—	—
二人户	584716	476394	108322	—	—	—	906755	765597	141158	—	—	—
三人户	976219	5000	961565	9654	—	—	1013244	5774	993517	13953	—	—
四人户	782199	768	720728	60617	86	—	657667	1187	577693	78591	196	—
五人户	291650	295	204847	85560	948	—	223005	387	90245	130914	1459	—
六人户	75188	62	36982	36299	1845	—	80054	129	11811	65264	2850	—
七人户	17055	33	6134	9707	1180	—	22095	40	2131	17834	2090	—
八人户	3691	10	988	2297	394	1	6637	23	456	5401	755	2
九人户	912	9	189	599	114	2	2247	8	146	1861	229	3
十人及以上户	343	9	43	244	47	1	1576	41	97	1304	134	0
总计	3014100	764707	2039798	204977	4614	4	3303932	1163838	1817254	315122	7713	5

第二节　人口生育

2000 年、2010 年临沂市育龄妇女生育胎次抽样调查情况表

表 3-16

年份	平均育龄妇女人数（人）	出生人数（人）	生育率（‰）	一孩		二孩		三孩及以上	
				出生数（人）	生育率（‰）	出生数（人）	生育率（‰）	出生数（人）	生育率（‰）
2000 年	270241	10208	37.77	6736	24.93	3333	12.33	139	0.51
2010 年	265786	11820	44.47	7028	26.44	4186	15.75	606	2.28

说明：育龄妇女生育胎次情况按调查对象的 10%抽取长表统计

第五章　人口控制

20世纪90年代末，临沂市人口计生工作逐步进入到稳定低生育水平阶段，人口出生率下降，育龄妇女生育水平降低。进入21世纪，人口和计划生育工作进入到稳定低生育水平、统筹解决人口问题、促进人的全面发展阶段。2007年11月16日，市委、市政府制定了《关于全面加强人口和计划生育工作统筹解决人口问题的实施意见》，人口和计划生育工作由单纯控制数量为主向在稳定低生育水平的基础上统筹解决人口问题转变。

第一节　人口计划管理

目标管理　1995—2010年，市委、市政府对人口计生工作实行目标管理，坚持实行计划生育工作“一票否决”制度。每年年初，召开计划生育奖惩兑现大会，对上一年度计划生育目标完成情况进行总结，表彰先进、通报落后，并与各县区签定新一年的《人口和计划生育目标管理责任书》，将人口计划分解到各个县区。年终，对各县区人口计划落实情况进行考核，综合运用党政线考核、基层线考核、日常工作考核等方式，强化人口目标管理责任制。由于人口基数大以及人口惯性的影响，人口出生率、自然增长率在保持稳定趋势的基础上有所波动，整体仍有增加。

1995—2010年临沂市育龄群众落实避孕节育措施情况表

单位：人

年度	落实节育措施人数	年度	落实节育措施人数
1995	74324	2003	116489
1996	91863	2004	114111
1997	99847	2005	159232
1998	163036	2006	110739
1999	114338	2007	123680
2000	105300	2008	160995
2001	105628	2009	179439
2002	104269	2010	184723

综合节育　为确保人口控制计划的实现，贯彻以避孕为主的方针，推广综合节育措施，提倡已生育一个孩子的育龄妇女放置宫内节育器，已生育两个和两个以上孩子的育龄夫妇一方结扎，计划外怀孕的，及早采取补救措施，并鼓励育龄夫妇落实节育措施。1995-2010年，临沂市共落实节育措施200多万人次。

综合治理　安全有效的避孕节育措施以及经济社会发展、群众婚育观念的转变，使已婚育龄妇女的生育水平不断降低。进入21世纪，随着新情况、新问题的出现，人口计生工作仍面临着很大的挑战。面对第四次人口出生高峰带来的压力，市委、市政府成立了市人口与计划生育领导小组，将与人口计生工作密切相关的卫生、民政等部门作为领导小组成员，实行综合治理；2000年，根据工作需要，增加6个职能部门，领导小组成员增加到42个。2001年，开展控制出生人口性别比的集中治理活动。至2008年，全市出生人口性别比升高的势头得到遏制，出生人口性别比趋于正常。2010年，调整和充实人口与计划生育工作领导小组，领导小组成员增加到46个，细化分解责任，形成齐抓共管合力。

日常管理　2009年9月1日，全市制定《计划生育“月访季查”工作规范》，规范日常管理服务。村级计生专职主任、查访员定期对已婚育龄妇女经情、孕情进行查访，做好记录；乡镇每年1月、5月、9月组织已婚育龄妇女到计生服务站进行生殖健康查体，指导已婚育龄妇女及时采取安全有效的避孕节育措施。

2010年年底，共有已婚育龄妇女215万人，落实长效节育措施184723例。其中，男扎12488例、女扎47612例、放环124256例。

第二节　宣传教育

1995年，计划生育宣传的社会舆论环境优化，县区、乡镇和80%的村建起计划生育宣传一条街。郯城等县在每个行政村的村口设立“国策门”。村村设立人口学校，进行人口与计划生育基础知识教育，村级开展率和育龄妇女参学率达90%，应知应会率80%。1999年，把计划生育宣传教育纳入整个社会主义精神文明建设之中，宣传计划生育基本国策、人口计生工作成就、新型婚育文化、优生优育知识等。开展“宣传教育进村，婚育新风进家”活动，在做好莒南、蒙阴2个试点县、48个试点乡镇、240个试点村的基础上，在全市全面推开。通过宣传教育，群众进一步改变传宗接代、重男轻女、多子多福、早婚早育等陈旧观念。2006年，建立起计划生育经常化宣传工作机制。全市有15%以上的村成立文艺宣传队，在60%以上的村组织了文艺演出。

2007年，全市在阵地建设共投入资金9885万元。同时，在全市各个村居全部建立计划生育宣传一条街，每年发放计生宣传品300余万份。联合文化局、广播电视局等部门成立人口计生新闻宣传工作小组，利用广播、电视、报刊、网络等媒体，开展系列化宣传活动。计划生育宣传方式由以标语口号、知识板牌、广播喇叭为主逐步向开展面对面、温馨化的宣传转变。在宣传手段上，“两室、一校、一院、一街”（计划生育办公室、服务室、人口学校、文化大院、宣传一条街）等计生宣传阵地迅速发展，每年投入大量资金加强阵地建设。在宣传对象上，由只面对已婚育龄妇女的宣传逐步扩展到整个育龄人群以及各级党政领导干部和农村党员干部。

2008年，建立公共宣传覆盖机制，开展以宣传计划生育30年历史成就、先进经验、先模人物、计生法规、奖励政策等为主要内容的宣传教育活动。2009年，市委党校与市人口计生委联合成立了“人口理论教研中心”，把人口理论作为一门课程纳入党校教学计划。

2010年8月12日，全市以纪念中共中央《关于控制人口增长致全体共产党员、共青团员公开信》发表30周年为契机，加大宣教教育的力度，在蒙山沂水大剧院举行宣传计划生育文艺演出。

相邸镇积极组织协会干部职工在大集上开展计划生育宣教活动

第三节　技术服务

1995—2010 年，市、县、乡技术服务机构迅速发展，基本实现了县级有计划生育服务中心，乡级有计划生育服务站，村级有计划生育查访室的标准。沂水县、沂南县、莒南县于 2000 年被授予“省级计划生育优质服务县（区）”称号；兰山区、河东区、临沭县、蒙阴县于 2004 年被授予“省级计划生育优质服务县（区）”称号。沂水县、莒南县、河东区分别于 2004 年、2006 年、2009 年被授予“国家级计划生育优质服务县（区）”称号。

1995 年，全市所有县级服务站全部达到省要求的规范化建设标准，106 个乡级服务站达到市规范化建设标准。1997 年，有 74 个站达到优秀服务站标准。以计划生育服务站为依托，开展婚、孕、生、育、教、养一条龙服务，计划生育科技工作走上规范管理的轨道。

2000 年，投资 1000 万元建设全市计划生育技术服务中心，全市有 7 个县级服务站达到省级优秀标准，161 个乡镇服务站达到市优标准，分别占县站、乡站的 58%和 65%。在全市开展优生三项检查工作，查治妇女常见病，治疗不孕不育症。全市药具免费发放渠道畅通，零售市场不断拓宽。

2002 年，全市计划生育服务网络以群众需求为导向，开始推行计划生育“三大工程”（避孕节育优质服务工程、出生缺陷干预工程、生殖道感染干预工程），保障育龄群众的生殖健康，提高出生人口素质。推行育龄群众避孕节育知情选择，上好知情选择教育课，检查好夫妻双方的身体，做好面对面的指导，签订选择服务协议书，做好术后随访服务。2003 年，整个育龄人群相应的知情率，基础较好的县区达到 70%左右，基础相对薄弱的县区 30%左右。推行政府出资为农村和城镇下岗、无业已婚育龄妇女免费提供一次以查孕查环为基础、以生殖健康为重点的健康普查活动，加强出生缺陷的预防和干预，降低出生缺陷的发生风险和实际发生率。

2005 年，全市共有县级计划生育服务中心 12 家，乡级计划生育服务站 180 家，对服务辖区内符合政策需要生育的夫妇建立优生档案，提供婚前检查、孕前教育与指导、孕期保健、产后随访和母婴保健指导等服务。2007 年，新建乡级服务站 32 个，按标准改造 111 个，乡级服务站全部达到标准，其中达到市级优秀服务站标准的占 92.7%。利用四级计划生育专线网，建立育龄妇女生殖保健、优生监护、咨询信息管理系统，育龄群众需求信息反馈率 98%以上。

2010 年，全市实施统一的“月访季查”工作规范，以育龄妇女进站健康查体为总抓手，着力做好孕前型管理、节育措施和补救措施落实，对进站“尾子”实行备案销号制度，减少违法生育。

临沂首家“京鲁周末专家门诊”启动

第四节　利益导向

1995 年后，市委、市政府加大对群众利益的关注，从被动的制止向主动遏制转变。通过对计生家庭的利益优惠，对违法生育家庭的处理处罚，在群众中形成导向作用。

2001 年，市委、市政府开始探索建立计划生育利益导向政策体系，并组织县（区）计生局到外地学习建立计划生育利益导向方面的经验和做法，结合本地实际，在部分县区进行了试点工作。

2003 年 3 月，市委、市政府制定印发《关于建立完善计划生育利益导向机制和社会保障机制的意见》，本着“贴近群众需求、贴近部门职能、贴近本地实际”的原则，按照“量力而行、尽力而为、确保落实、兑现承诺”的要求，制定了一系列计划生育利益导向政策。全年共兑现落实独生子女父母奖励费 6000 多万元，救助计划生育特困家庭 260 多户，落实城乡计划生育贫困家庭低保待遇 2.23 万户，发放“计生专贷”3000 多万元。

2009 年 7 月，市委、市政府在原有利益导向的基础上，颁发《关于全面建立人口和计划生育利益导向政策体系的意见》，从奖励、优先、优惠、扶持、救助、保障 6 个方面，建立了以“十大优待和两项制约”为基本内容的政策体系。2009 年，全市以“沂蒙惠农一卡通”的形式，直接发放农村独生子女父母奖励费 4209.11 万元；为符合条件的已婚育龄妇女报销接生医疗费共计 1078.29 万元；对自愿终生只要一个女孩的家庭给予现金奖励 130.6 万元；对农村符合有关条件落实绝育措施的家庭发放补助 843.29 万元；为 11606 名报考本市普通高中的独生子女和农村合法生育两女绝育家庭的子女总成绩加 10 分；对 2397 名计划生育特困家庭大学新生给予救助，共计 168.73 万元。

2010 年，全市共为 27194 名报考本市普通高中的独生子女和农村合法生育两女绝育家庭的子女总成绩加 10 分；对自愿终生只要一个女孩的家庭，每户一次性奖励 2000~6000 元现金，共发放奖金 136.9 万元；一次性补助农村符合有关条件落实绝育措施的 1000~3000 元，共发放 967.6 万元；发放人口基金救助金 134 万元，救助独生子女户和双女户贫困学生 1090 人；直接发放农村独生子女父母奖励费 4254.3 万元。

第五节　队伍建设

为适应新形势下计划生育工作需要，1995 年，在全市计生系统进行计划生育职业道德教育。全市范围内普遍建立了乡镇计生专职人员异地交流制度，全年共交流 907 人。1999 年，进行计生队伍的组织调整和学习、整顿。各县区对乡镇计生人员进行考试考核、竞争上岗，对不适宜做计生工作者进行分流，并补充 400 余名大中专学生，计生队伍的文化结构、人员素质得到改善和提高。开展学习沂南县和庄协会的活动，村村建立协会组织，基层协会组织发展到 1 万多个，会员 102.5 万人。

2000 年，开展队伍集中整训活动，以思想、作风、组织整顿为重点，市、县、乡三级共举办各类培训班 968 期，发放征求意见表 13.3 万份，乡镇计生工作人员精简 16%，女性村计生专职主任比例提高 12%，平均年龄降低 4 岁。2001 年，市委、市政府制定了《关于在农村税费改革、乡镇机构改革中稳定计划生育机构队伍和保障经费投入的意见》，对乡镇、街道计生机构设置及编制数额作出明确规定，将 2001 年定为全市计生系统“作风建设年”，开展了集中学习教育、业务技术比武、评“十佳”计生服务明星等一系列活动。在省计生委开展的双“十佳”评选活动中，莒南县计生委被评为全省计划生育系统行风建设“十佳”单位，临沭县计生委主任于奎立被评为全省计划生育系统遵守职业道德“十佳”个人，同时被市文明委评为全市行业标兵“十佳”先进个人。

2003 年，集中开展乡村计生队伍整训活动。全市调整充实 181 个乡镇计生办主任、服务站长，村级计生主任实现知识化、专业化、年轻化、女性化。整训精简乡村计划生育专职工作人员 7200 多人，整训后的村计生主任平均年龄 33.8 岁，高中以上文化程度的占 23%；乡镇计生工作人员平均年龄38.2岁，中专以上文化程度的达到91.8%。

2004年年底，临沂市计划生育委员会更名为临沂市人口和计划生育委员会。市、县、乡三级计划生育服务站全部改为全额拨款的事业单位，由医学专业的业务技术人员担任计生服务站长，技术人员比例均达到在编总人数的70%以上。

2007年，开展“基层基础规范化建设年”活动，市委、市政府分别在临沭县、平邑县、沂水县召开现场会议，对计生人员实行“六制”（普查机制、登计机制、责任机制、宣传机制、跟踪机制、服务机制）管理，做好队伍职业化建设。2010年，市委、市政府制定了《关于进一步加强全市人口和计划生育队伍建设的意见》，对县、乡、村计生人员的编制、待遇、结构等方面作出详细明确的规定，并在沂南县召开现场会，全面推动人口计生队伍建设。

第四编

城乡建设

LINYISHIZHI

临沂人民广场一角

20 世纪 60 年代，临沂城内开始出现一批三四层楼房，路面硬化、城市绿化、供水等基础设施建设随之进行。改革开放后，随着西郊批发市场的发展，临沂城区开始扩张。80 年代初，临沂城市规划越来越受到重视，市区建设开始按规划进行。到 1995 年临沂城市人口达到 256.8 万人，城市化水平达到 30%，其中 3 区城镇人口 30 万人，建成区面积 30 平方公里。1996 年开始修编《临沂市城市总体规划（1996—2010 年）》。按照规划，陆续新建、拓宽和改造一批城市道路，初步形成三区一城的网状道路骨架，建设完成了城市引水、供水、供热、供气、沂河水上公园、动植物园、人民广场等重点工程，临沂城的城市综合功能有了明显提高。2000 年，全市用于城市建设的资金 42.395 亿元。新建扩建城市道路 19.54 公里，44.9 万平方米。公共供水能力达到 25 万吨/日，年供水总量 4012.6 万吨；液化气供气总量 8500 万立方米，用气户 8519 户；集中供暖面积达 4 18 万平方米；城市道路总长 394.1 公里，排水管道总长 446.61 公里。全市房地产开发完成投资 8.6 亿元，新增开发面积 66.18 万平方米，竣工 28.5 万平方米。但与省内其他市相比，临沂市作为山东省面积最大、人口最多的市，城市辐射提升带动作用不强，知名度不高。2003 年，市委、市政府提出建设富裕、平安、开放、活力的“大临沂、新临沂”的总目标，实施“以河为轴、两岸开发”，大力开展以争创全国文明城市为龙头的“一创六建”①活动，市十一次党代会提出城镇化主导战略和中心城市带动战略，建设“工业大市、商贸强市、宜居城市、文化名市”。临沂城市建设从此开启新纪元。

2004 年初开始修编《临沂市城市总体规划（2005—2020 年）》。邀请国内外知名城市规划设计单位编制南坊片区等分区规划和控制性详细规划，编制综合交通体系、历史文化名城保护、滨河大道、沂河两岸绿地系统、涑河综合治理开发、临沂商城改造提升、国际物流城等 100 余项专业（专项）规划和大型城市设计，编制 1000 余项近期建设、居住小区和单体建筑规划设计。临沂所属 9 个县新一轮城市总体规划、149 个乡镇总体规划相继完成，乡镇驻地详细规划、村庄规划覆盖率分别达到 65%、85%。临沂市把实施城镇化战略作为带动战略，奋力赶超，成功走出一条后发城市的跨越式发展之路，临沂进入经济快速健康发展、综合实力和对外影响力大幅提升、城乡面貌显著变化、城乡居民获得实惠、生活质量和环境明显改善的时期，特别是在城市建设方面，临沂市科学发展、跨越式发展的成就被誉为“临沂现象”。

2006 年，对城市内河实施大规模综合整治，投入 1.2 亿元对市区陷泥河、青龙河实施截污、清淤、疏浚、拆迁、补水、生态修复等措施，铺设清污分流、城市纳污管网 25 公里，城区生活污水经管网输送至市污水处理厂进行集中处理；实施“引祊入涑”“引祊入青（龙河）”，对北涑河进行综合整治，解决河道水体劣五类的污染问题。为发挥“水城”优势，盘活水资源，沿沂河、祊河两岸规划建设了总长 190 余公里的滨河大道。沿滨河大道内侧，规划建设了包括迎宾广场、凤凰广场、沂蒙广场、百里健身长廊和 20 多个生态公园在内的滨河风景区，形成集城市防洪、旅游观光、休闲文化、交通为一体的生态建设工程，被水利部、建设部命名为国家水利风景区；沂河环境综合治理工程被建设部授予“中国人居环境范例奖”；临沂滨河湿地公园、双月湖公园成为国家级城市湿地公园。

2010 年，全市城镇人口达 504 万人，城镇建成区面积达 683 平方公里；中心城区建成区人口达到 160 万人，面积 162 平方公里。城市功能完备，中心城区污水处理率、燃气普及率、生活垃圾处理率、绿化覆盖率分别达到 93.23%、99.67%、100%和 37.77%，人均公共绿地面积达到 15.8 平方米。全市人均

---

①争创全国文明城市，建设全国双拥模范城、国家环保模范城、中国优秀旅游城市、中国历史文化名城、国家级卫生城市及国家园林生态城市。

道路面积21.84平方米。面积为23平方公里的北城新区已具现代化城区的雏形，临沂经济开发区初具规模，“以河为轴、北上东进、一河六区、组团发展”“北文、中商、南工”的格局基本形成。城市对经济社会发展的巨大推动作用日益显现，临沂市成功创建“中国优秀旅游城市”“全国文明城市”“国家园林城市”“省级无障碍设施建设示范城市”“国家环保模范城市”，并被命名为“中国城乡建设范例城市”。

第一章　城乡规划

1995年5月，临沂市城市规划管理局成立。1998年1月，更名为市规划管理局。2001年6月，更名为市城市规划局。2006年5月，市城市规划局更名为市规划局，负责全市城乡规划修编、实施、管理。

20世纪80年代初，临沂始有城市规划。1982年，临沂县政府组织编制城市总体规划，确定城市性质、规模、道路骨架、功能分区等。1984年临沂撤县建市。1989年县级临沂市对临沂城市总体规划重新修编，确定临沂市区城市形态结构由“二区四组团”（旧城、新城2个中心区，红埠寺、城西北、白庄、九曲4个组团）组成。规划期限至2000年，规划城市人口50万人、建设用地55平方公里。以上两轮规划城市用地发展方向基本合理，城镇空间等级结构与城镇职能分工相对明确，大型工业项目布点和城市基础设施建设遵循城市总体布局的安排，城市路网骨架基本拉开，为城市新区开发和持续发展奠定了基础。

1994年12月，国务院确定撤销临沂地区，设地级临沂市，下设兰山、罗庄、河东3区，1996年，临沂市邀请武汉城市建设学院规划设计研究院开展《临沂市城市总体规划（1996—2010年）》的修编工作。规划城市人口70万人，城市建设用地70平方公里（简称“双70”）。临沂中心城的城市规划区总面积为409平方公里，中心城的城市规划布局为“三区一片”，即兰山区、罗庄区、河东区和南坊片。

进入21世纪后，随着京沪高速公路和日东高速公路建成通车、市区内3座橡胶拦河坝建成，以及环城道路、临沂飞机场、胶新铁路等大型基础设施的建设，临沂商品批发城规模的迅速扩大，临沂中心城的城市总体布局结构发生巨大变化。同时，临沂高新技术产业开发区和临沂经济技术开发区的设立，南部的罗庄区逐步安排了一批能源、化工等大中型建设项目，临沂中心城建设进入了一个新的阶段。国民经济高速增长和户籍管理制度的改革，以农村劳动力向非农业部门转移为特征的城镇化进程大大加快。到2002年年底，“双70”的目标提前8年实现。

2003年，临沂市委、市政府提出建设“开放、富裕、文明、美丽”的“大临沂、新临沂”，把临沂建设成为“鲁南苏北区域中心特大城市”的目标。邀请清华大学开展《临沂城市空间发展战略研究》，提出“合纵连横、一心七轴”的空间布局构想和市域城镇体系结构、中心城区“以河为轴、北上东进、一河六区、组团发展”的城市功能布局及发展方向，明确“现代商贸城、滨水生态城和历史文化名城”的特色发展战略。2004年年初，委托中国城市规划设计院编制《临沂市城市总体规划（2005—2020年）》。以城市道路、桥梁等基础设施工程和城市绿化、亮化及城内河道整治为重点，加快城市规划编制步伐，完善规划编制体系。先后邀请国内外著名的城市规划设计单位，分别编制南坊片区分区等分区规划和控制性详细规划，综合交通体系、历史文化名城保护、滨河大道、沂河两岸绿地系统、涑河综合治理开发、临沂商城改造提升，国际物流城以及城市消防、燃气、供热、出入口、重点街区、标志性建筑的美化亮化规划、城市环境综合整治等100余项专业专项规划和大型城市设计，编制1000余项近期建设、居住小区和单体建筑规划设计。完成9个县新一轮城市总体规划修编和149个乡镇总体规划，乡镇驻地详细规划覆盖率达65%，村庄规划完成85%。

2010年，临沂市区“一河六区”的城市框架形成，城市空间布局为“南工、北文、中商”，城市功能完善。城市道路纵横交错，四通八达；气势磅礴的“大水城”规划，临沂市“一河六区”城市空间发展规划图盘活了水资源，做活了水文章。

第一节　城市总体规划

《临沂市城市总体规划（1996—2010年）》

1997年由武汉城建学院组织修编。1999年2月，经山东省人民政府批准实施。

城市性质：历史文化名城，鲁东南地区商贸中心。

城镇体系：等级规模分为四级，一级为中心城市临沂市，二级为沂水、莒南、郯城、平邑等县城，三级为沂南、临沭、苍山、费县、蒙阴等县城，四级为26个中心镇。

城市化水平：2000年为25%，2010年为40%。

城市规模：到2000年，城市人口50万人，城市建设用地55平方公里；到2010年，城市人口70万人，城市建设用地70平方公里。

城市规划区：东至九曲镇东侧沿海铁路，西至京沪高速公路，南至罗庄镇、傅庄镇辖区边界，北至南坊青年路，总面积409平方公里。

城市规划布局：采用组团式结构，由兰山、罗庄、河东三区及南坊片组成，兰山区向西北发展，河东区适度向东北发展，罗庄区和南坊片适度向西发展。严格控制城市建设用地向临西五路以西、金九路以北、兖石铁路以南延伸，保护好“三区一片”之间的生态绿地，避免城区建设连片发展。兰山区是城市的政治、文化、科技、信息、金融、贸易中心，罗庄区是城市的能源、建材、化工、纺织工业基地和高新技术产业开发区，河东区是城市的物资集散、仓储转运、批发贸易及基础设施基地，南坊片是城市的文教、体育、科研和休疗养基地。城市商贸中心在解放路商业街基础上配套完善，行政中心位于沂蒙路东侧、沂州路以西，文化中心位于临西一路以东、银雀山路以南、沂蒙路以西、开阳路以北。建设中心城城市生态绿地，包括南坊三角洲、盛庄南、兰山西北、兰山西南，逐步完善“一水五系”（一水为沂河；五系为祊河、涑河、柳青河、青龙河、陷泥河）的绿化生态体系。

《临沂市城市总体规划（2005—2020年）》

2004年，由中国城市规划设计研究院修编。2005年8月30日，经临沂市第十六届人大常委会第十八次会议审议通过，2010年10月获得住房和城乡建设部审查通过。

城市规划区范围：在地域空间上分为市域和中心城区两个层次。市域为临沂行政辖区范围，全境约1.72万平方公里，行政建制临沂市所辖9个县3个区。城市规划区范围为临沂市区行政管辖范围，包括兰山区、罗庄区、河东区和临沂高新技术产业开发区、临沂经济技术开发区，面积1748.63平方公里。规划将位于蒙阴县的岸堤水库214.31平方公里范围作为城市水源保护区，并与新机场预留地共同确定为规划控制区，控制范围318.52平方公里。

规划期限：近期2005—2010年，远期2010—2020年。

城市规模：到2020年，临沂中心城区城市人口达到260万人，建设用地规模287平方公里。

城市性质：鲁东南地区的中心城市，全国性商贸中心之一，历史文化名城，鲁南制造业基地，具有滨水特色的宜居城市。

城市职能：临沂市的政治、经济、文化中心；鲁东南、苏北地区的中心城市之一；区域性商贸中心；区域性交通枢纽；历史文化名城；工业以机械、化工、食品加工、建材、纺织业为主的城市。

城市发展目标：至规划期末，把临沂城建设成为具有深厚历史文化积淀、现代化气息浓厚、经济快速发展、商贸繁荣、环境优美的现代商贸城、滨水生态城、历史文化名城和充满生机活力的区域性特大中心城市。

城市空间布局结构和发展方向："以河为轴、一河五片、北上东进、组团发展"。即以沂河为轴，构建兰山片区、罗庄片区（含临沂高新技术产业开发区）、河东片区、南坊片区（北城新区）和东南片区（临沂经济技术开发区）五个片区的功能。兰山片区：城市的经济中心和商贸物流中心、历史文化名城核心区、批发市场及大学园区；罗庄片区：城市的主要工业基地，以能源、建材、化工、纺织、工业、陶瓷工业基地和高新技术产业为主体；河东片区：城市的航空港和大型物资集散中心，仓储转运、批发贸易、大型基础设施基地、铁路编组站和滨水居住区为主体的城市功能区，重点发展民营企业；南坊片区：城市未来的行政中心、文化娱乐中心、体育中心、科研教育中心、休疗养基地和大型滨水居住区；东南片区：以外向型经济为主的新型工业园区和现代物流基地，对外贸易加工基地，以省级经济开发区为主体，建成为日照港、连云港和青岛港服务的主要出口货物加工集散地。

城市用地发展方向：以老城为依托，采取"沿河发展，两岸开发，北上东进，南优西连"的战略。兰山区继续沿国道向西和西北方向发展，并重点向北发展南坊新区；罗庄区（高新区）继续向西和向北发展；河东区沿河向北发展，并重点发展东南新区（经济开发区）。

城镇规模等级：一级城镇为临沂中心城区，城镇人口达到200万人，成为特大中心城市；二级城镇，人口20万~50万人的城镇9个；三级城镇：城镇人口10万~20万人的城镇3个；四级城镇：城镇人口5万~10万人的城镇17个。

路网布局："三环、八横、八纵"（"三环"包括外环、中环、内环。外环即规划外环由西外环、北外环、南外环、东外环大道组成，外环快速路沿市区外围通过，将市区道路和过境公路的功能有机结合，引导过境交通，同时负担城市内部长距离出行；中环即规划蒙山大道、青年路、205国道、沂河路为快速路，组成中环，加强各片区之间的联系；内环即城区干路路网采取棋盘式加环路形式，为加强三区之间的联系，以沂蒙路、解放路、东兴路、三和街等城区主干路连接在一起形成内环系统。"八横"指青年路、三和街、解放路、金雀山路、陶然路、沂河路、湖北路、罗程路。"八纵"指G206、临西十二路、工业大道、蒙山大道、通达路、沂蒙路、东兴路、东外环路）。针对临沂城水系发达，多条河流穿城而过的状况，规划在中心城区内设置15座跨河桥梁，并充分利用沂河、祊河等众多河流资源，突出营造水系景观特色。城市外围以风景区、防护林带和生态林地形成绿环，城市的5个组团镶嵌于水岸、绿地之间，城水相依，形成"滨水生态城"的城市特色。

新一轮《临沂市城市总体规划》明确 "强化中心、发展两带、建设三个次中心"的区域城镇规划体系，提出建设"大水城" 规划构想。2007年2月，根据临沂高新技术产业开发区发展状况，对《临沂市城市总体规划》进行修订，提出"一河六区"规划，即以沂河为中心城市发展轴，分为兰山片区、罗庄片区、临沂高新技术产业开发区片区、河东片区、南坊片区和东南片区六个发展片区。到2010年，临沂中心城区"以河为轴、一河六区、北上东进、组团发展"的空间布局形态基本形成，"南工、北文、中商"的城市构架基本实现。

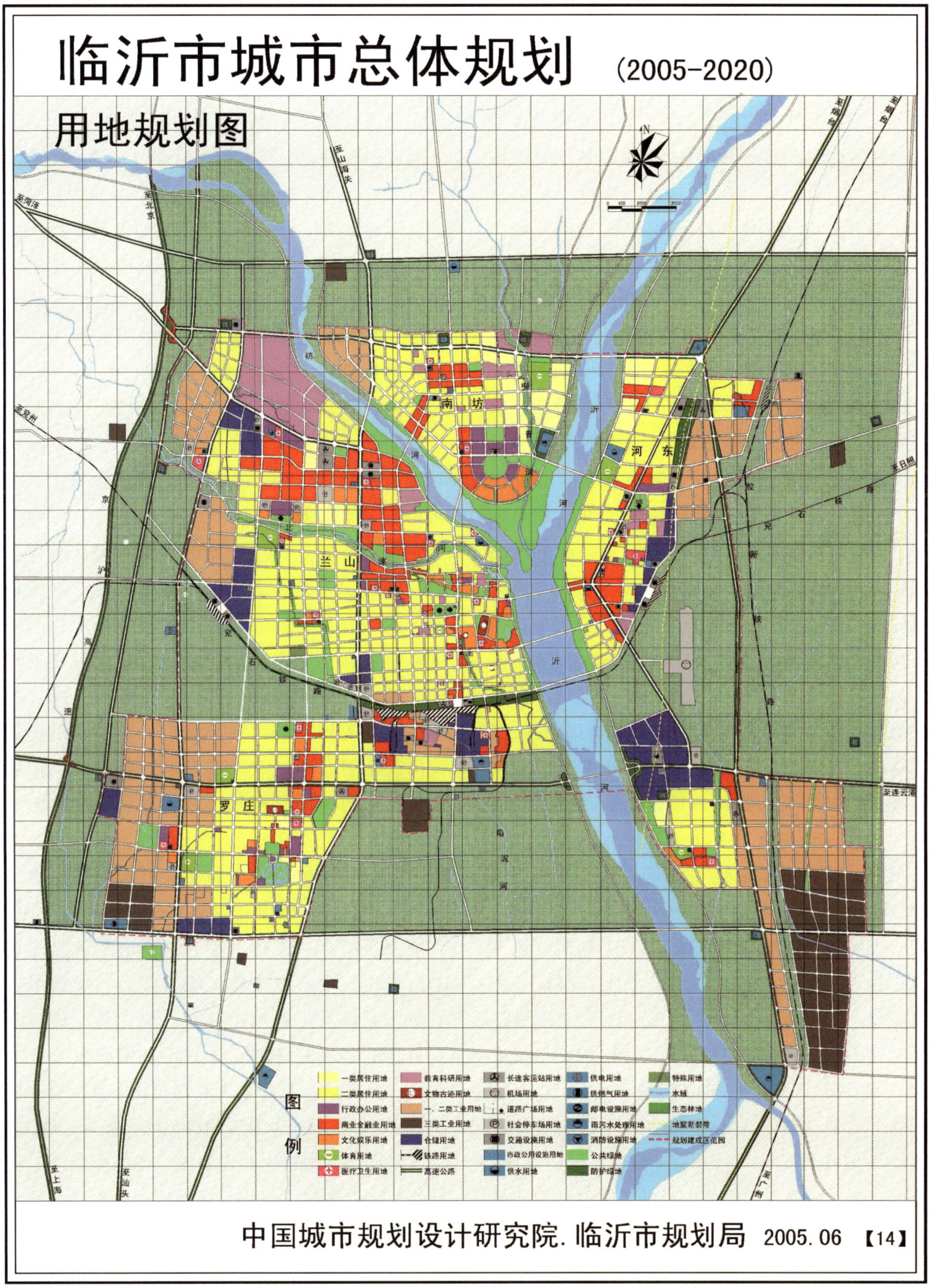

图 4-1 临沂市城市总体规划（2005—2020）

附：

《临沂城市空间发展战略研究》

进入21世纪后，随着京沪高速公路和日东高速公路、胶新铁路的全线贯通，临沂小商品批发城规模的迅速扩大，临沂中心城市总体布局结构发生巨大变化。到2002年底，《临沂市城市总体规划（1996—2010年）》确定的到2010年城市人口达到70万人、城市建设用地70平方公里规模的目标已提前实现。同时，随着长深高速公路、日菏高速公路、临（沂）枣（庄）铁路（高速公路）的规划，临沂经济开发区、兰山工贸开发区、新的商贸物流城和临沂大学等建设项目的启动和建设，使临沂中心城区建设进入了一个新的阶段。为适应城市建设和经济社会事业的快速、健康、协调发展，科学确定临沂中心城市性质、定位和发展方向、空间布局，市政府于2003年初邀请两院院士、中国城市规划学会理事长吴良镛，两院院士、中国城市科学研究会理事长周干峙，中国工程院院士、中国城乡规划设计研究院原院长邹德慈等10余位国内知名规划专家担任临沂城市规划顾问，先后3次邀请国内30多位著名城市规划、建筑和区域经济方面的专家对临沂的城市发展和城市特色建设进行专题研讨，并委托清华大学开展临沂城市空间发展战略研究。根据专家研讨和研究成果，将临沂城市定位为“鲁南苏北区域中心城市；商贸城、滨水生态城和历史文化名城”。城市规模（城市规划控制区）为：市辖兰山、罗庄、河东三区的行政区域，总面积由原来的409平方公里扩大到1750平方公里。规划近期到2010年城市人口120万；远期到2020年城市人口200万。提出“合纵连横，一心七轴”的区域空间发展和城镇体系规划策略，“一河五片、组团发展、北上东进、南强西优”的中心城区空间结构和城市用地发展方向。

“合纵连横”：指发挥比较优势，加强与日照、枣庄、泰安、曲阜、济宁等周边城市的分工与合作，强化临沂在日菏城市发展带上的地位，形成“两圈一带”（“长三角”与“环渤海”两大经济圈，鲁南经济带）的省域城市格局；重视临沂的南北通道位置和商贸优势，因势利导，扩大对苏北地区的影响力，努力把临沂建设成为鲁南中心城市之一。统筹城乡发展，因势利导发展县域经济；经济、社会、文化、生态协调发展，因地制宜地实施城市化战略；大中小城市和小城镇发展相协调，建立良好的人居环境。空间发展上采取“局部突破、带动全局”“以商促工、工商联动”和“城乡联动，建立区域市场体系”的战略，进一步发挥以临沂批发城为代表的商贸优势，把市场优势转化为产业优势；发挥中心城市、县城、中心镇的战略带动作用，“极化中心、点轴推进”。“一心七轴”：“一心”指临沂中心城市。中心城市主要承担区域性服务与管理、大型产业空间的集中配置、高新技术产业培育与发展、城市形象与中心地位的塑造等职能；县城主要承担县域农村人口就近集中、农业产业规模化发展以及特色产业发展等职能。“七轴”指以中心城市为核心，沿交通线向外辐射，通过9个县城的7条轴线。市域南部与东南部的莒南轴、临沭轴、郯城轴充分利用较好的经济腹地条件；北部与西北部的沂南—沂水轴、蒙阴轴、费县—平邑轴发挥山区特点，相对集中建设；西南部苍山轴利用平原、山地交汇特点，发挥在苏北—鲁南经济隆起带上的作用。中心城市提高综合实力，增强城市品质；县城发挥县域中心及区位优势，形成各具特色的县域经济增长极；小城镇积极培育专业镇与重点镇；全面繁荣农村经济，发展以“一品带一村，一村带一片”为特色的经济专业村。

以沂河为城市中心发展轴，城区形成“一河五片，北上东进、组团发展”的空间布局结构和“三环七放射”的城区道路网络体系。建立和完善城市生态空间系统，加强对耕地和自然山体、水系的保护，规划城市绿色空间走廊和茶山等自然

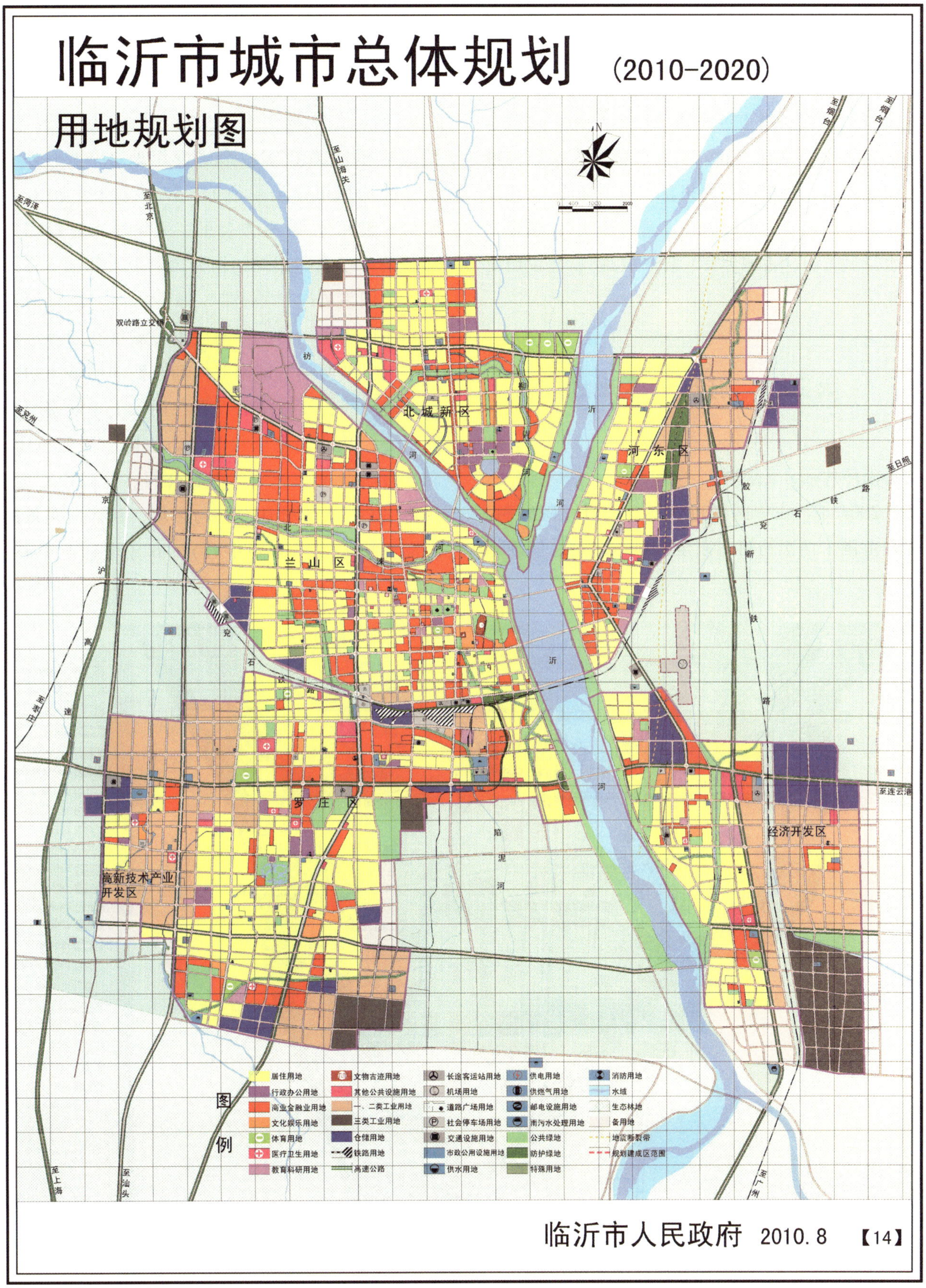

图 4-2　临沂市城市总体规划（2010—2020）

风景区，优化城市生态环境和人居环境，适时启动南坊城市行政新中心的建设，实现“沿河发展，北上东进，拉开城市框架，优化城市布局，拓展城市空间，促进城市经济腾飞”的目标。在城市特色建设上，确定“商兴水胜、荟萃人文”的城市特色策略，包括“整旧拓新、稳中提质”，建设现代商贸城市；“中心开花、碧岸珠联”，建设生态水岸城市；“古城浮影、菁华嵌缀”，建设历史文化名城。

第二节 城市分区规划

临沂南坊片区分区规划

2003 年，由中国城市规划设计研究院编制。规划范围：西至祊河，东至沂河，北至总体规划中确定的北外环，南至祊河与沂河的交汇口，规划区范围为 52.03 平方公里。规划期限为：近期 2003—2010 年，远期 2011—2020 年。人口规模：2010 年人口为 24 万人；2020 年人口为 60 万人。用地规模：2010 年城市建设用地 27.74 平方公里，人均城市建设用地 115.57 平方米；2020 年城市建设用地 45 平方公里，人均城市建设用地 75 平方米。总体布局结构为“一带、两轴、多中心、组团发展”。“一带”即沿祊河、柳青河规划滨河休闲风光带，并与兰山主城区在景观上形成呼应；“两轴”即南北向和东西向的城市功能及景观轴线；“多中心”即在两轴上串联多个功能中心，从北向南依次为生态公园、居住组团、商务金融业中心、城市中心公园、行政中心区、文化中心、大型休闲公园与广场，从西向东依次为商业中心（城市副中心）、商务金融业中心、

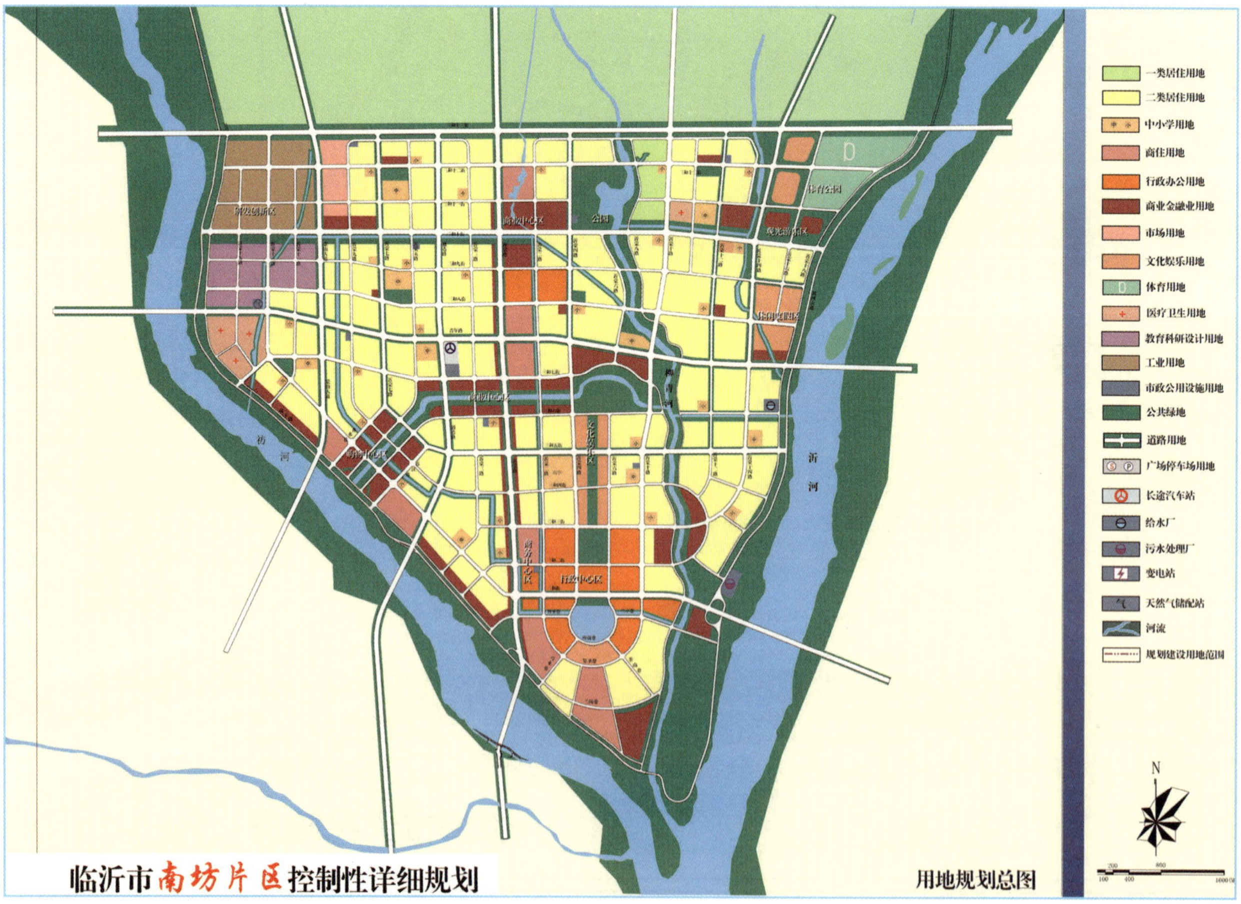

图 4–3 临沂市南坊片区控制性详细规划

休闲文化中心、体育中心、休疗养度假中心；“组团发展”即除城市中心区用地外，居住用地和产业用地主要采用组团式的布局方式，每个组团相对自成体系，使小型的公共绿地和商业服务设施具有更好的服务半径。规划目标：按可持续发展和生态化原则，保护南坊片区优美的自然景观，利用滨水岸线的优势，营造良好的人文环境，把南坊片区打造成为临沂市城市建设的“新亮点”。

河东区分区规划

2009 年 12 月，由江苏省城市规划设计研究院编制完成。规划范围：西起滨河东路，东至胶新铁路及以东 1 公里一线，南以兖石铁路为界，北至紫昇大街，总面积约 33.64 平方公里。规划期限：近期 2008—2012 年，远期 2013—2020 年。规划发展规模：总面积 33.64 平方公里，其中城市建设用地 33.07 平方公里，人均建设用地 110.23 平方米，居住人口 30 万人。空间发展策略：以河为轴，临河发展，中心集聚，南北延展。功能定位：“商贸城、物流城、旅游城、生态城、文化城”。建设以现代服务业为主的城市副中心，高标准高效率的现代物流中心，临沂市的旅游集散服务中心，以职业教育为主的科教文化区，以五金、纺机、食品、服装为主导产业的制造业基地，配套设施完善、环境优美的现代化生态型居住区。总体布局结构：规划形成“两片、一园、两心、六轴”的结构。“两片”指以东兴路为界分为东、西两大功能片区；“一园”指位于东北部的河东工业园；“两心”指三和东街以北的河东主中心和解放东路以南的南片次中心；“六轴”指“三纵三横”的 6 条城市发展轴线，即纵向的沿沂河滨河景观轴、沿东兴路城市发展活力轴、沿铁路沿线防护生态轴，横向的紫昇大街、三和东街、解放东路 3 条城市发展次轴。发展目标指实施“以河为轴、跨河东进”的城市发展战略，把河东打造成为临沂市的服务产业的示范区、自主创新的推进区、宜居城市的示范区、新城风貌的展现区。

临沂高新技术产业开发区空间发展规划

2008 年 4 月，由临沂市规划建筑设计研究院编制。规划期限：近期 2008—2010 年，远期 2011—2020 年。规划范围：原高新区、罗西街道、马厂湖镇和兰山区临西工业园、罗庄工业园，总面积 197.89 平方公里。战略定位：鲁南经济带高新技术产业集聚区和先进制造业集群区，鲁南苏北地区光电信息、生物工程和高科技孵化基地；新能源、新材料和先进制造业基地；生态农业观光旅游示范基地和现代商贸物流仓储加工基地。城市发展方向：“东联西跨、南优北扩”。即向东联接兰山、罗庄主城区，向西跨越京沪高速公路向西发展，优化提升南部产业区，扩展北部先进制造业基地。城市功能布局结构：“东科、西游、北工、中新”，即东部高新技术产业区、西部生态农业观光旅游区、北部先进加工制造业区和中部新型生态工业区。城市空间布局结构：“一带、三片、六园区”。“一带”即西部山区 C 型生态农业观光带，与北涑河、南涑河等水系绿带连为一体，发展观光农业、生态旅游、有机蔬菜、花卉种植等高效生态农业；“三片”即以高新区驻地行政、文化、商住中心为主的东南片区、以马厂湖工业园为主的西北片区和以罗西低碳工业园为主的西南片区；“六园区”即高新技术产业园区（以 10 万平方米的国家级高新技术孵化中心为依托，重点发展光电信息、生物制药、新能源、新材料为主导的高新技术密集型产业）、马厂湖加工制造园区（以启阳路为中轴线，建设面积 10 平方公里的加工制造业园区，重点发展以园林植保机械、食品加工、精细化工、汽车零部件为主导的先进制造加工业）、商贸物流园区（以解放路为北轴线，建设面积 12 平方公里的商贸物流园区，依托东部临沂商城区，重点发展商贸物流、仓储业）、罗西低碳工业园区（以湖北路为南轴线，利

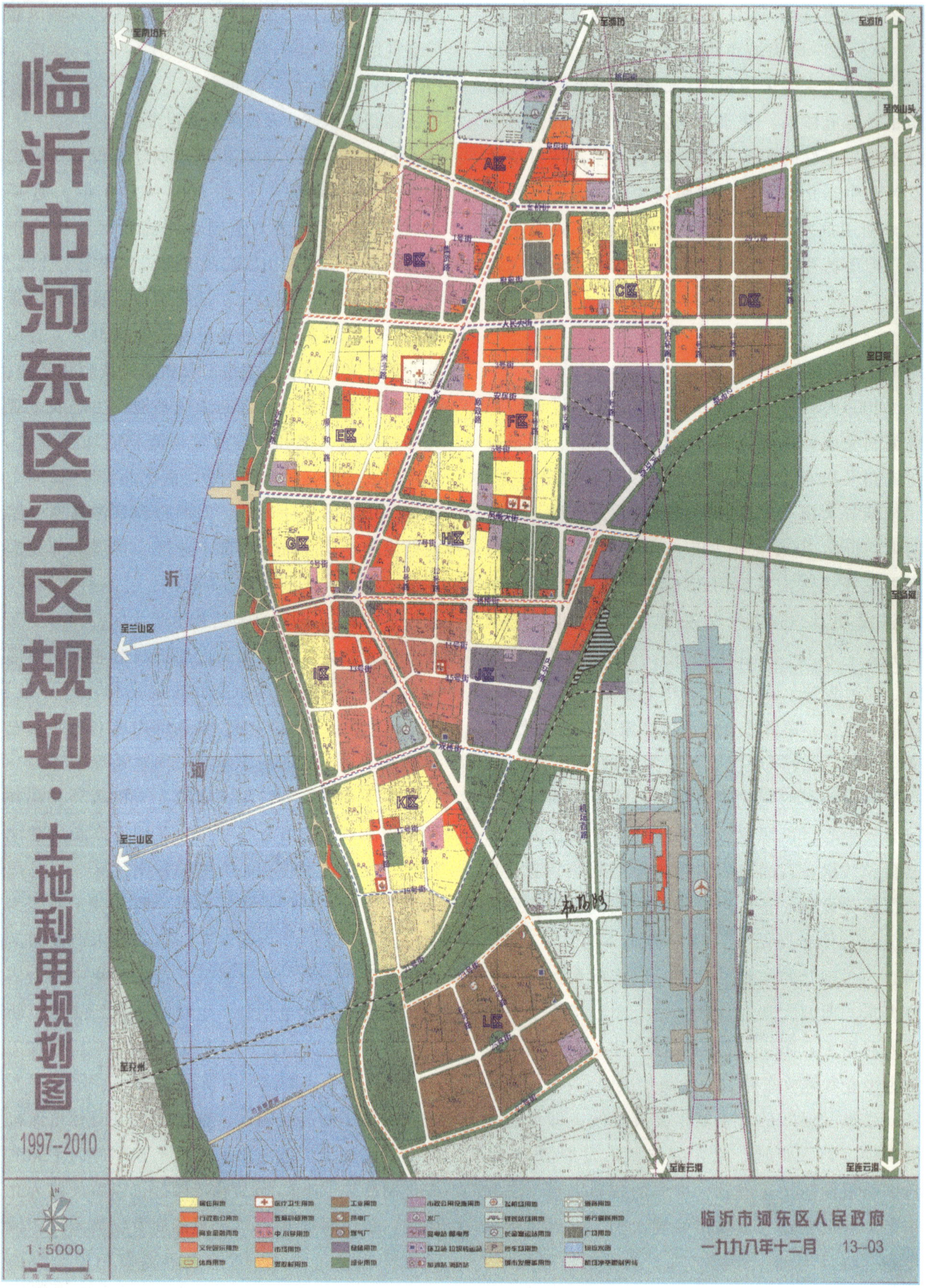

图 4-4　临沂市河东区分区规划

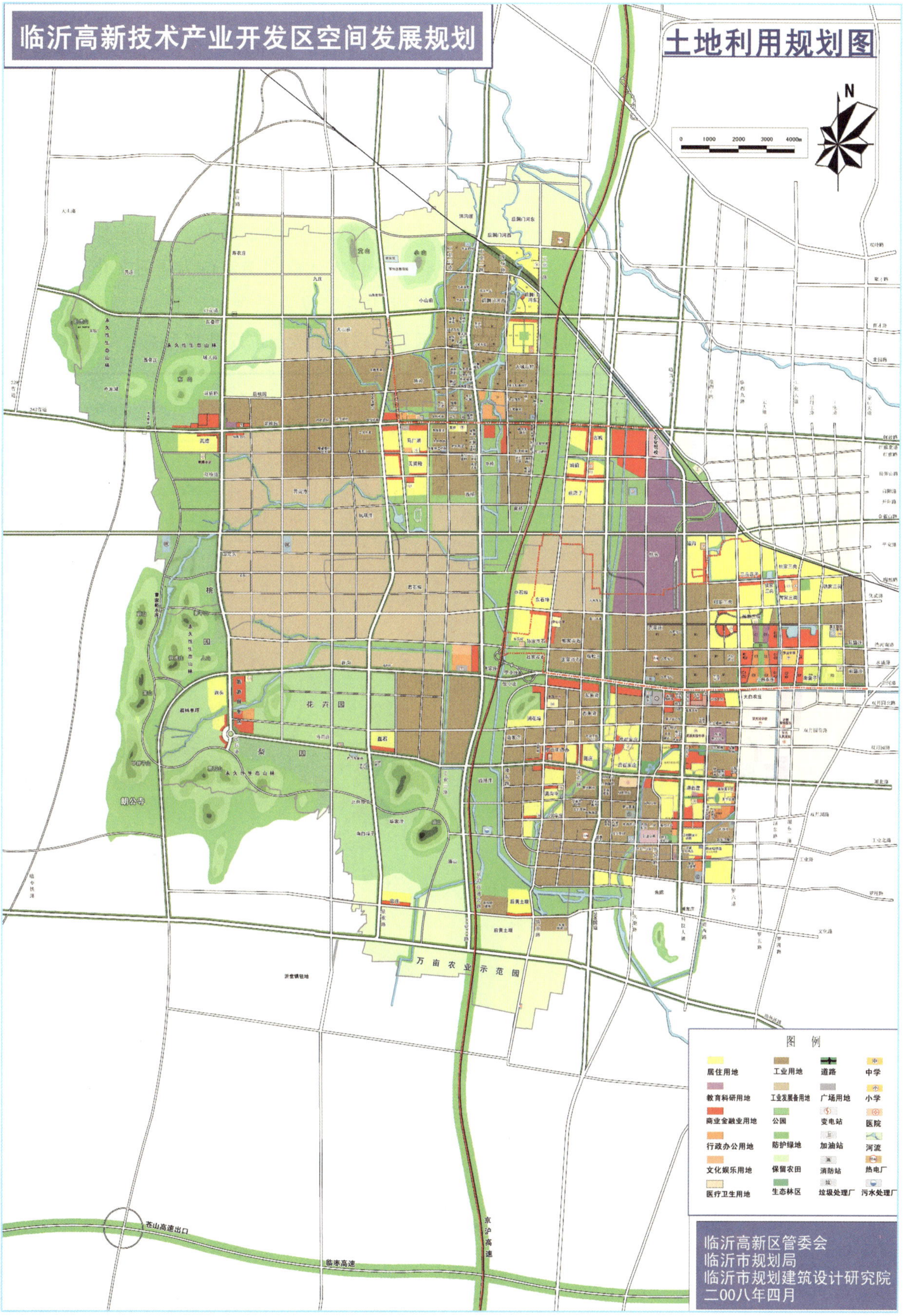

图 4-5 临沂市高新技术产业开发区空间发展规划

用“西气东输”总站气源优势，建设面积4 平方公里的新型生态工业园区）、罗庄工业园区（建设面积 15 平方公里，利用已有工业基础，优化各类产业布局，重点发展新能源、新材料和先进制造业）、临西工业园区（建设面积 14 平方公里，重点发展与临沂商城关联度较高的地产品加工制造业）。

临沂经济技术开发区分区规划

2003 年 11 月，由上海市城市规划设计研究院编制。规划期限：中期至 2020 年，远期至 2030 年。战略定位：鲁南苏北地区以软件开发、电子信息为龙头的高新技术产业基地，以新能源、新材料、精密机械、精细化工为主导的先进制造业基地，以现代服务业为基础的国际物流基地，以两河流域滨水地区为主体的生态宜居地。发展目标：把经济技术开发区建设成为集“现代工贸之区、科技创新之区、名牌集聚之区、生态旅游之区、文明和谐之区”于一体的国家级开发区，经济发展速度及综合经济实力领先鲁南苏北地区同类开发区水平。总体结构：“一心、两轴、三带、七河”。“一心”指开发区中心区（芝麻墩）和梅埠、重沟两个次中心；“两轴”指沂河路商贸发展轴（综合公建中心区和产业区等有机联系的组团式发展的区域横向经济发展主轴）、205 国道工业发展轴（南到引沂入沭运河、北到临沂机场，形成“北上南下”的发展主轴）；“三带”指沂河生态宜居带、现代产业带（包括沿沂河路的国际物流商贸区和经济开发区南部的水运物流区，新 327 国道北侧的二类工业区和新 327 国道南侧东、西两个三类工业区）、沭河风光带（以生态还原、旅游服务以及居住功能为主）；“七河”包括经济开发区范围内 7 条主要河流，对其功能定位进行划分，沂河、沭河主要为观光、客运，分沂入沭段功能定位为运河文化、货运，李公河功能定位为景观河、排水，玉白河、解白河、彭白河功能定位以排水为主。

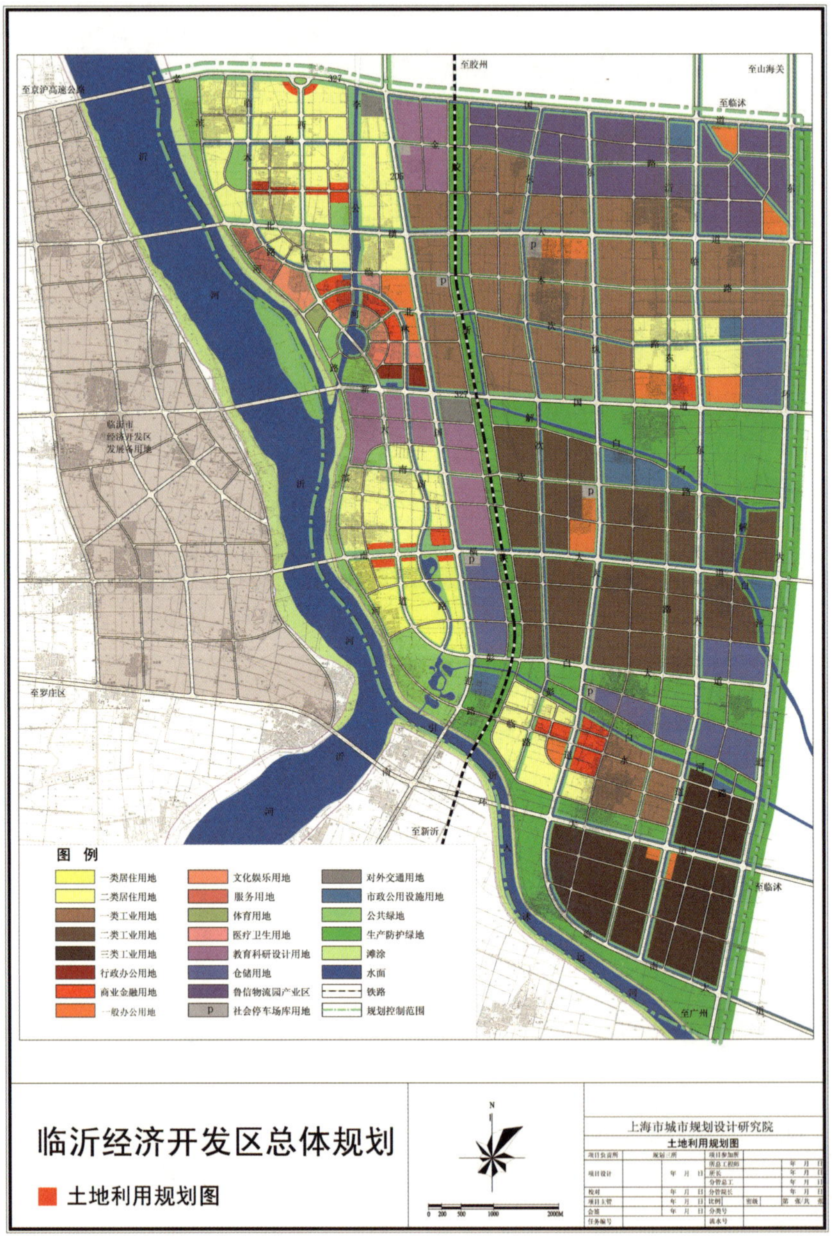

图 4–6 临沂经济开发区总体规划

第三节　详细规划

兰山中心城区规划　2009年，由临沂市规划信息服务中心编制。规划范围：东至沂河，西至蒙山大道，南至兖石铁路，北至兰山路，面积19平方公里。规划目标：塑造活力高效的购物中心、商业中心和文化娱乐中心；创建完善的开放空间网络系统，塑造高品质的环境和景观；构筑体现现代都市特征的城市空间形态；建立完善的、多层次的公共服务设施系统；创建环境宜人的居住社区。功能定位：建设具有深厚历史文化积淀、现代化气息浓郁、经济快速发展、商贸繁荣、环境优美的集商贸、居住、文化娱乐、休闲于一体，基础设施配套齐全、宜居宜商的中心片区。规划人口规模：34.26万人；规划用地规模：19平方公里。采用轴线式的空间布局结构形态，形成“两轴、四带、五片、一中心”（“两轴”即沂蒙路与解放路；“四带”包括沂河沿河西侧、青龙河两岸、铁路沿线、蒙山大道两侧；“五片”即一个商业集中片区，三个居住片区，一个综合中心区；“一中心”即临沂人民广场）的总体空间结构。

兰山西北片区规划　2009年，由山东省城乡规划设计研究院编制。规划范围：南起解放路，北至聚才六路，东起临西九路，西至京沪高速公路，控制面积约26.26平方公里。功能定位：建设以商贸批发和仓储物流为主，集生态居住、文化休闲于一体，基础设施配套齐全、环境优美的城市多功能区。规模：规划区总占地面积约2626公顷，东西最大间距4266米，南北最大间距7450米。空间结构：采用轴线式的空间布局结构形态，形成“五区、四带、三轴、两中心”的总体空间结构。“五区”指被城市道路和自然水体所分割的五个不同功能的组团，分别是一个生态居住区、一个仓储物流区、一个城市综合区、两个商贸批发区；“四带”指结合涑河自然水体和京沪高速公路、兖石铁路、双岭路等的防护隔离绿化带，形成以生态自然、休闲游玩为主题的四条绿化景观带；“三轴”指沿双岭路、西外环路、大山路设置集中的商业设施，形成集中商业发展轴线；“两中心”指在涑河南侧分别设置两个区域中心。

兰山西南片区规划　2008年，由临沂市规划建筑设计研究院编制。规划范围：东起蒙山大道，西、南到兖石铁路，北到解放路，规划总面积10平方公里。功能定位：集居住和现代仓储物流产业于一体的城市功能片区。规划规模：用地10平方公里，人口16万人。规划结构：“一心、两轴、六片区”。“一心”即以银雀山公园为中心，结合周边公建设施，形成集商业、居住、文化、娱乐、教育、办公于一体的综合区域中心；“两轴”即解放路商贸物流发展轴，联结陷泥河两侧带状公共绿地、银雀山公园及其他居住区绿地的贯穿南北的轴线；“六片区”即4个居住片区、1个仓储物流片区、1个现代产业区。

兰山区滨河南部综合区规划　2003年，由山东省城乡规划设计研究院编制。规划范围：北至海关路，西临沂州路，南至沂河路，东至沂河。功能定位：以居住和休闲娱乐为主的滨水综合区。规模:规划总用地553公顷（建设用地496公顷），人口7万人。布局结构：“一心、一带、两轴、三区”。“一心”指位于中部的公建中心，集商贸、文化、医疗于一体，为综合区服务；“一带”指沿滨河大道形成的带状公园将小埠东橡胶坝、南沂大桥、桥头公园等几大景点联系在一起，突出滨河风貌特色；“两轴”，一是贯穿滨河公园、公建中心的东西主轴（由水上观景平台，河滨公园，线形步道，公建中心及广场构成），二是中丘路贯穿社区中心的南北主轴，两轴交汇于公建中心；“三区”指围绕中心区在北西南规划三大生活社区：埠东社区、清泉社区、十里堡社区。

兰山区东风东关片区规划　2010年8月，由临沂市规划建筑设计研究院编制。功能定位：临沂老城区及古城地区，体现临沂的历史文化。规划重点：根据历史文化名城保护要求，重点恢复该片区西侧地块的古城传统风貌，把沂州路作为重要的传统风貌街区进行控制，对两个城门进行恢复重建，完善古城功能，整合、优化周边用地布局，改善该片区的道路交通条件和完善基础设施，塑造历史名城空间特色，激活古城活力，提升居民的居住环境和质量。

罗庄区北部区域规划 2007 年 12 月，由临沂市规划信息服务中心编制。规划范围：南起沂河路，北至清河北路，东起沂州路，西至蒙山大道，规划用地 6.2 平方公里。功能定位：兰山、罗庄两区的经济联系纽带区，罗庄的商业振兴区、高档生活居住区，生态景观、园林绿化休闲体验区。建设成为以居住、商贸服务为主，休闲购物、文化娱乐于一体，基础设施配套齐全，环境优美的新兴多功能区。采用轴线式的空间布局结构形态，形成“两区、两心、五轴、一带”的总体空间结构。“两区”指规划确定以电厂路为界将本区分成东西两大片区，东片区为高档居住、休闲区，西区为行政办公、商业服务集中区；“两心”指在两区设置两个区级中心，东区中心以休闲娱乐、文化体验为主，西区中心以行政办公、商贸服务为主；“五轴”指沿蒙山大道、罗四路、沂州路、清河南路设置集中的商业设施，形成集中商业发展轴线，沿临册路西侧的区间路，以白庄古墓为起点，沿区间路向北设置一条文化发展轴线，通过这五条轴线的设置，以经济发展、文化体验为主题，通过轴线的集聚效应，带动本区从城市形象到城市活力的全面提升；“一带”结合在现状分析中重点提到的陷泥河自然水体，设置一条沿河绿化带，贯穿东西两区，提供集中的公共绿地、公共活动空间，形成以绿、自然为主题的景观带。

罗庄区东部新区规划 2006 年 4 月，由临沂市规划建筑设计研究院编制。规划范围：北至沂河路，南至南外环，东到沂河，西至老 206 国道，总用地 78 平方公里。规划结构：“一心两轴，两翼齐飞”。“一心”指公共核心片区；“两轴”指“T”型发展轴；“两翼”指以仓储物流防护带为界，东部为集居住、休闲、文教、商务、会展为一体的多功能综合区，西部为罗庄工业的核心技术产业区。

罗庄区沂河路沿线区域规划 2007 年 12 月，由临沂市规划信息服务中心编制。规划范围：沂河路沿线，西起京沪高速公路，东至沂河，道路东西长约 14.7 公里，南北方向以沂河路道路中心线为准，单侧距离不小于 300 米，个别地段根据需要增加至 1800 米。规划总面积 22 平方公里。规划结构：“一轴、三片、两带、四节点”。“一轴”即沂河路，是功能轴、交通轴、景观轴、活动轴；“三片”即京沪高速公路至湖东路的现代工业商贸区、湖东路至沂州路之间的工贸综合区、沂州路至沂河之间的高档住宅区；“两带”即依托河道形成两条生态廊道；“四节点”即罗七路节点、湖东路节点、蒙山大道节点和沂州路节点，在空间意向上形成四个景观中心，湖东路节点和蒙山大道节点通过簇状的建筑群组营造。

《临沂市市政服务中心修建性详细规划》 2004 年，由深圳市规划设计研究院编制。总体结构：“一中心，两轴线，两广场，三片区”。“一中心”指位于规划区南北向景观主轴线上的市政综合服务大楼建筑群，以市政综合服务大楼作为标志性建筑和重要景观核心；“两轴线”即由城市公园人工山体—市政综合服务大楼—内环路，经市政广场、市民广场、中心湖水面依次展开的空间序列主轴，及由东北至西南穿越中心湖水面以水体、绿化为主的开敞空间次轴，主轴是临沂市未来最重要的一条景观和功能轴线，一直延伸至三水交汇的绿色三角洲地区，虚轴是规划区主要的生态景观轴线；“两广场”即沿南北向城市景观主轴线依次布置的市政广场和市民广场；“三片区”为行政办公区、文化娱乐区及中心湖休闲活动区三个风貌特色区。市属行政办公区主要集中于规划用地西北侧，文化娱乐功能区靠近南侧外围生态公园与河流水体，中心湖休闲活动区采用自然的绿地与水景处理方式，与沂河、祊河、柳青河绿色生态景观内外呼应、有机融合。同时，在规划区外围西侧建设以居住、商业、公建配套等功能为主的综合服务区。

第四节　专项（专业）规划

历史文化名城保护规划

2005 年 6 月，由中国城市规划设计研究院、临沂市规划局编制。保护内容：临沂市域内城区、费县、郯城古城的格局和风貌；与历史文化密切相关的自然地貌、水系、风景名胜、古树名木；反映历史风貌的建筑群、街区、村镇；各级文物保护单位；民俗精华、传统工艺、传统文化等。保护重点：市域内古城的历史格局；城区和县城的历史水系；承载优秀革命传统的历史村落；历史建筑类文物保护单位；民间优秀传统手工艺和民歌等。建立市县、乡镇、村庄三个层次，传统历史文化和“红色”文化两种类型的历史文化名城保护体系；临沂城区作为历史文化保护核心城市，除按照历史文化名城保护的要求进行保护外，还兼具市域历史文化遗产研究、管理和展示的职能；费县和郯城作为临沂历史文化保护重点县，按照历史文化名城保护的要求对古城格局和自身的历史文化进行保护；蒙阴、沂水、沂南、莒南为“红色”文化保护重点县，按照红都类历史文化名城的保护要求对革命遗存、艺术文化、民风民俗进行保护；苍山县兰陵镇、向城镇，费县方城镇和莒南县大店镇为临沂首批历史文化保护重点镇，按照历史文化名镇的保护要求对历史古迹和历史文化进行保护；蒙阴县野店镇烟庄村、莒南县厉家寨为临沂首批红色文化保护重点村，即革命历史村落，按照历史文化名村和革命文化保护相关要求进行保护。总体目标：保护好自然、历史文化资源，保护城市自然人文特色，促进城市社会经济文化可持续发展。近期目标：保护和抢救面临破坏的文物古迹，整治历史地段展示城市历史文化特色，协调保护与城市发展的矛盾，为古城保护总体目标的实现奠定基础。远期目标：加强对重要遗存的研究与展示工作，实现对临沂历史文化遗产的有效保护和合理利用，推动临沂市的文化建设和社会综合发展。

综合交通规划

2008 年年初，由临沂市规划建筑设计研究院编制。规划范围：临沂市兰山、罗庄、河东三区，并兼顾整个市域。规划期限：近期为 2008—2010 年，远期为 2010—2020 年、远景期为 2020 年之后。城市道路网规划：分为快速路、主干路、次干路和支路四级，结合周围的各等级公路共同组成综合道路网系统，形成方格网加环形放射道路结构的骨架网络。共布置主次干路 427 条，形成“十一横”“十一纵”的交通干路网。“十一横”指三和十二街、青年路、三和街、双岭路、解放路、金雀山路、陶然路、沂河路、湖北路、罗程路、南外环；“十一纵”指泉重路、西外环、G206、临西十二路、工业大道、蒙山大道、通达路、沂蒙路、东兴路、东外环路、临东大道。“三环八放射”的路网格局。“三环”包括外环、中环、内环。外环即规划外环，由西外环、北外环、南外环、东环大道组成。外环快速路沿市区外围通过，将市区道路和过境公路的功能有机结合，引导过境交通，同时负担城市内部长距离出行，与其它等级路网良好衔接，形成通畅的路网格局，并减少过境交通在市区内的穿行，主要解决过境交通的快速通行，实行封闭的交通控制；中环即规划蒙山大道、青年路、205 国道、沂河路为快速路，组成中环，加强各片区之间的联系，中环快速路主要为城市各片区之间机动车交通提供安全、快速、高效的服务，实行半封闭的交通控制，道路两侧尽量不布置产生和吸引交通量较大的建筑；内环即城区干路路网采取棋盘式加环路形式，为加强三区之间的联系，以沂蒙路、解放路、东兴路、三和街等城区主干路连接在一起形成内环系统，构成主城区道路骨架，也是市区主要公交客运交通干路。“八放射”即放射联络线，包括双岭路、蒙山大道（北）、东兴路（北段）、金桥街（342省道）、沂河东路、西外环、205国道、解放路（西）八条道路联系国道、省道公路。规划公共停车场151处，共48858个停车泊位。公共交通规划：加快发展快速公交系统，构建以快速公交为主骨架、以常规公交为主体的多层次、相互衔接紧密、换乘便捷的现代化公共客运体系，力争2020年公交分担率达到30%以上。建成以城市快速路、主干路为主骨架，次干路、支路为补充，功能完善、快捷、方便，具有适当容量的城市道路网系统。对外交通规划：内容为涵盖市公路、铁路、航空、水运四种对外运输方式的对外通道走向、枢纽选址与布局等。规划重点是对高速公路的选线提出规划建议；高速公路出入口、连接线与国省道、外环路、城市快速干道、高架路的衔接；市区与周边县区快速联系通道和多种交通方式、多条联系通道；外环路的选线；铁路站场的改扩建，新兖石客运专线的构想；飞机场的搬迁扩建；对外客货运枢纽站场的完善。

2010年4月，由同济大学交通运输工程学院编制《临沂市中心区交通改善规划》。提出打通断头路、改善中心城区东部交通路网的建议。

城市地下空间开发利用规划和人民防空规划

2006年7月开始编制《临沂市城市人民防空规划》，编制设计单位为中国人民解放军理工大学南京工程兵学院人防工程设计院。2008年组织编制《临沂市地下空间开发利用规划》。2009年11月，两项规划通过专家评审。地下空间规划总规模约为420万平方米，其中兰山片区150万平方米、北城新区115万平方米、河东片区70万平方米、罗庄片区60万平方米、经济技术开发区25万平方米，总体结构为“两核心、三轴线、五中心、五片区”的布局。规划1条地下道路——蒙山大道地下道路（327国道至沂河路），18处地下人行过街通道、31处地下公共停车场，6处地下综合体及5处地下商业街，1处干线综合管廊和3处支线综合管廊，7处地下雨水贮留设施，7处地下变电站。近中期建设主要内容：至2015年地下空间总建筑面积不低于260万平方米，新增地下空间建筑面积为180万平方米，年均增长建筑面积约为30万平方米。

综合防灾减灾规划

消防规划 2006年12月，由市规划局与市消防局联合编制。规划期限：2006—2020年。其中，近期为2006—2010年，远期为2011—2020年。已纳入城市规划的建成区，按城市总体规划确定的用地布局进行消防安全布局；各县城驻地规划建成区为消防安全重点区域。森林公园、风景旅游区是消防安全重点区域，禁止在此区域内，安排或建设危险化学品工厂或仓库。消防站布局：规划设置特勤消防站4个；一级普通消防站27个（包括水上救援消防站、直升飞机救援消防站）。规划目标：建立以临沂市区为主体，覆盖所有县城和森林公园（林区、风景区）的消防设施体系。在市域范围内，每个县城和森林公园（林区、风景区）设置消防站或林区工作站。形成城乡联动配合、互相支援、并为乡村服务的消防安全格局。

防震减灾规划 根据《鲁南地震区划图》（省地震局1988年4月公布），临沂市为地震7~8度烈度区。规划将城区建筑设施按性质分为乙、丙、丁3类，分别按抗震设防标准烈度8、7、6不同抗震设防标准进行建设和加固。要求疏散救援通道两侧的建筑高度不超过道路红线宽度。规划安排避震疏散场地，紧急避震疏散场所的服务半径应在500米以内，固定避震疏散场所的服务半径不宜超过2~3公里。规划评估生命线工程和危险源设施的抗震能力，提出城区拆迁、加固和改造的范围和强度。检测和加固改造重要建筑，保证危险源与居住区足够的隔离带，制定抗震救灾预案。规划目标：当遭受多遇地震时，城市一般功能正常；当遭受相当于抗震设防烈度的地震时，城市一般功能及生命系统基本正常，重要工矿企业能正常或者很快恢复生产；当遭受罕遇地震时，城市功能不瘫痪，要害系统和生命线工程不遭受破坏，不发生严重的次生灾害。

《临沂市绿地系统规划（2005—2020 年）》

依据临沂市城市发展布局和自然景观特色，以水系和路网为基本骨架，突出沂河的地位和作用，构筑以建成区为核心，覆盖整个市域的绿地生态系统。实现传统文化和现代生态园林融为一体的“碧水青城”，保护城市生物多样性，营造人与自然和谐共生的最佳人居环境。总体布局：以创造“史·商·碧水青城”的生态型园林城市为总体目标，以水系和路网为框架，形成“一水七系，八横八纵，多园百苑”的混合式绿地布局。“一水七系”是指由沂河、祊河、涑河、青龙河、陷泥河、柳青河、李公河以及两侧的绿带贯穿整个临沂的景观格局。结合上述七河两侧绿带水系绿地景观网络，沂河、祊河规划建成区以外两侧绿带 200~300 米；沂河、祊河规划建成区以内两侧绿带 50~100 米；涑河两侧绿带 40~100 米；柳青河两侧绿带 40~80 米；陷泥河两侧绿带 30~50 米；李公河两侧绿带 40~60 米；青龙河两侧绿带 15~30 米。“八横”是指湖北路、沂河路、海关路、金雀山路、解放路、北园路、双岭路、青年路，“八纵”是指机场东路、东兴路、沂蒙路、通达路、蒙山大道、工业大道、临西九路、临西十一路。“多园”包括 4 个全市性综合公园（河口湿地公园、人民公园、青城公园、桃花岛公园）以及 20 个区域性综合公园、13 个专类公园，共 37 个大型公园。“百苑”是指因地制宜在城区内分布 156 个街旁绿地和城市绿化广场。

环境保护（环境卫生）规划

规划范围及层次：规划在地域空间上分为中心城市和郊县两个层次。规划期限：近期 2010—2015 年，远期 2016—2020 年。规划目标：实施可持续发展战略，环境与经济、社会发展相协调，逐步使生态系统实现良性循环。以保障城市居民生活环境为目的，以创建“宜居城市”为动力，完善临沂市环境保护管理体制，建立处置有序、配置合理、技术可靠、环保达标、管理高效、国内先进的生活垃圾处置系统，通过对环境卫生、垃圾、固体废弃物处理、大气环境、水环境、噪声污染等有效控制，强化环境卫生社会化服务功能，创造清洁、卫生、健康、安全的生态环境和人居环境。近期到 2015 年，临沂市域总体环境有明显改善，环境污染基本得到控制，城镇环境质量得到明显提高。远期到 2020 年，临沂市环境保护达到山东省领先水平。

市政公用设施规划

临沂市城市供热工程专项规划　规划范围：临沂市主城区，包括兰山城区、罗庄城区（高新区）、河东城区、南坊新区和经济技术开发区，近期城市建设用地 168 平方公里，远期城市建设用地 219 平方公里。规划期限：近期 2007—2010 年，中期 2011—2015 年，远期 2016—2020 年。规划热源：以发展大型集中供热热源为主，分区域供热。临沂城区划分中部、南部和东部三个供热分区。规划热电联产大型热源三处，区域调峰备用热源两处，供热分输站一处。规划热网：热源出 1.6 兆帕、1.29 兆帕和 0.98 兆帕蒸汽管线，直供工业用户和其他蒸汽用户。在热源内建设汽水换热首站，外供 70℃~130℃高温热水；在各采暖区域建设水—水换热站，外供 60℃~80℃低温热水，直至采暖热用户。规划目标：临沂城区集中供热普及率近期达到 60%，中期达到 65%，远期达到 70%。

城市燃气专项规划　规划范围为临沂市区。

规划期限：近期 2005—2010 年，远期 2011—2020 年，远景为 2020 年以后。按照“统一规划，分片实施，特许经营，依法监管”的原则，采用国内外先进成熟的技术、工艺、设备和材料，建立一个安全可靠、经济合理、远期适度超前的燃气供应系统。在气源保证的情况下优先使用天然气，合理利用液化石油气等辅助气源。积极发展居民用户、公共建筑用户、CNG（压缩天然气）汽车加气以及工业用户，努力扩大用气领域。

城市给水规划 城区建设 4 个供水系统，分别建水厂和管道系统，统一调配水源，总供水能力达到 61.7 万立方米/日。城区保留东北园、悦沂、九曲店、山南头和海宇水厂，新建南坊水厂、河东水厂和罗庄水厂，8 座配水厂供水能力达到 43 万立方米/日。规划远期城市用水量 62 万立方米/日。其中，从岸堤水库引水总量 38 万立方米/日，作为城区主供水源；取用地下水 9 万立方米/日；根据各区片污水回用条件安排污水回用 14.7 万吨/日。

城市排水工程规划 实行雨污分流排水体制，结合污水处理设施建设分期实施。污水处理设施布局：分 4 个污水系统，设 4 个城市污水处理厂。扩建兰山污水处理厂，在南坊新区和河东、罗庄区新建 3 个污水处理厂，污水处理总规模 41 万吨/日。处理后污水部分作为城市环境和工业回用，其余排入河道。城区雨水设施结合现状排水管沟进行布局，现有排水管沟原则上改作雨水管沟，另建污水管沟。按排水水系分为 14 个排水区，分别布置雨水系统。在原有 153 公里排水管沟的基础上，新建排水管沟 120 公里。雨水管道依地形沿道路设置，雨水通过管沟依靠重力流方式就近排出，最后集中排到自然河道。

电力工程规划 规划原则：经济实用、结构合理、科学先进、容量充裕、安全可靠、适当超前。要求：简化电压等级，减少变压层次。电源建设：2006 年扩建 500 千伏沂蒙站 2# 主变，“十一五”期间建设临沂电厂 2×33 万千瓦机组，加强临沂电网电源支撑能力。规划目标：完善临沂城区 220 千伏环网结构，合理布局，提高电网综合能力和供电可靠性；优化 110 千伏网络结构。适时按需求建设 110 千伏变电站，确保城区用电需要。加强中低压网络建设，逐步改善现有变电设施健康状况，提高中低压网络供电能力。

电信工程（弱电管网）规划 规划原则：统筹规划，合理配置网络资源，提高资源利用率，实现网络资源共享和网络的综合化、宽带化、智能化。通信管道建设与城市道路建设同步，预留通信线路及管道，做到资源共享，以满足通信线路、有线电视及宽带互联网络等线路的需求。规划目标：大力发展本地电话交换网、小灵通网、传输网、光纤接入网、宽带数据通信网、智能网，加快电信支撑网和电信服务网的建设。以发展话音业务和数据业务为主线，增强全网的综合通信能力，在通信业务类别上满足各层次用户需要。

临沂商城规划

2006 年，由市规划局组织编制。规划范围：北到双岭路，南至解放路，东至祊河，西至西外环，规划总用地 31 平方公里。规划空间结构：“一带、三轴、四区”。“一带”指沿涑河的生态景观绿化带；“三轴”指沿北园路的商业景观轴，沿蒙山大道和工业大道的园区联系景观轴；“四区”指东北部的生活市场区、专业批发市场区、商业物流区及西南部的居住生活区。规划目标：科学论证、合理定位，兼顾现实，适当超前，统筹安排，协调发展。合理安排临沂商城各项建设用地，优化结构布局，达到经济、社会、环境三个效益有机统一。

公共服务设施规划

教育专项规划 2008 年，市规划局与市教育局联合组织编制《临沂市教育专项规划》。规划范围：临沂城市总体规划确定的规划建成区范围，面积 287 平方公里。规划期限：近期 2009—2011

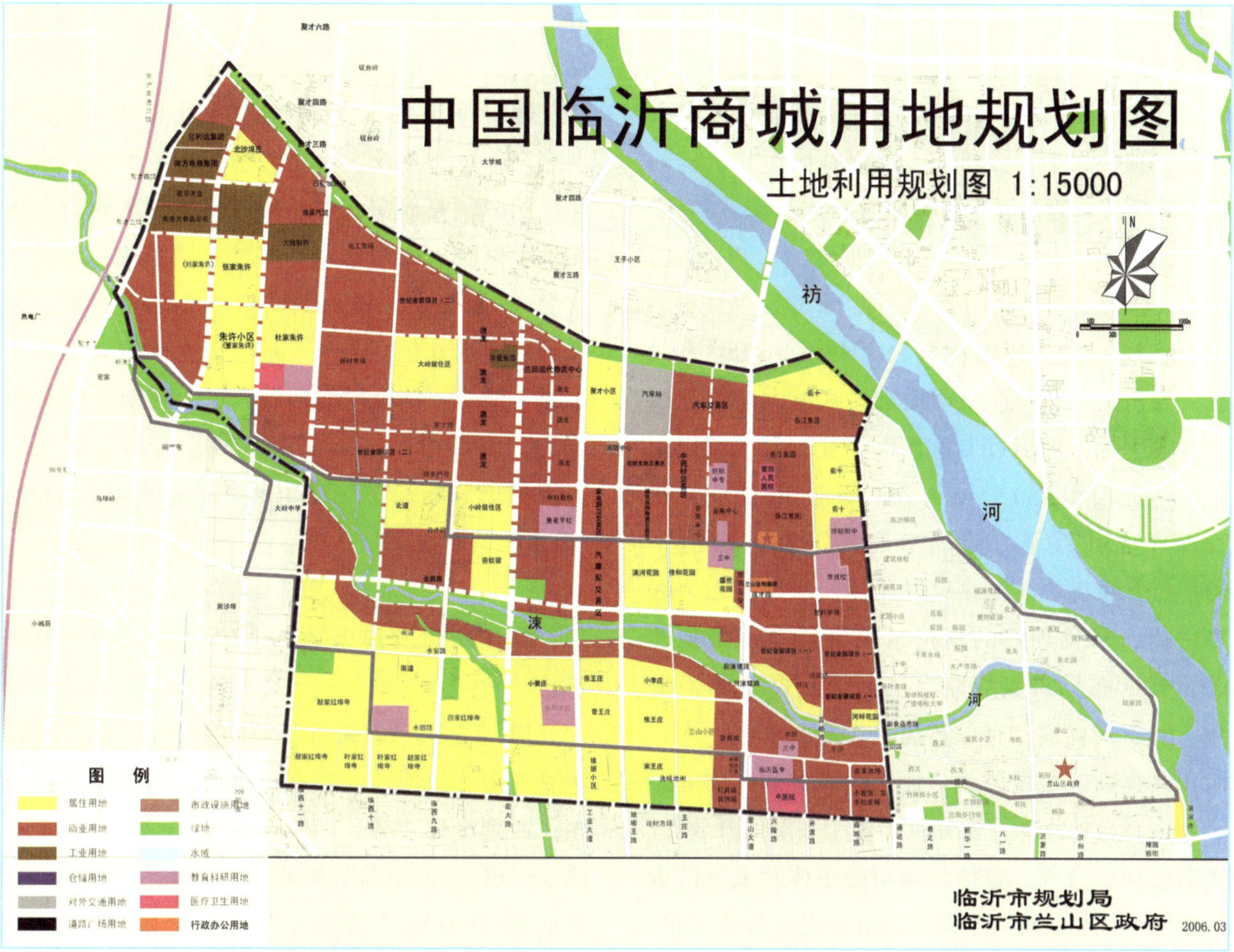

图 4-7 中国临沂商城用地规划图

年，远期 2012—2020 年。学校布局要求：根据总体规划、控制性详细规划确定的居住用地布局，结合人口密度、学生来源等情况，并综合考虑交通、环境等因素，合理布局；小学规划服务半径原则按照 500 米控制，特殊地区不超过 1000 米；中学服务半径原则上按照 1000 米控制。总体布局：共安排学校 236 所、其中小学 149 所、中学 74 所、九年一贯制学校 13 所。规划目标：到规划期末，临沂市主城区教育事业接近中等发达国家水平，各项义务教育事业发展指标达到或超过全省先进水平，形成与全市现代化建设相适应并适当超前的现代化区域教育体系。

文化体育设施专项规划 2001 年年初，邀请山东省城乡规划设计研究院组织编制临沂市人民广场规划及广场周边围合规划，北城新区文化广场及中轴线规划，临沂火车站广场和书法广场规划。规划建设新华书城、图书馆、博物馆、科技馆、兵学城、文化艺术中心、临沂大剧院等文化设施项目。编制体育场（青少年宫）片区改造提升规划；沿沂河、祊河两岸“百里健身长廊”规划，沿沂河、祊河两岸规划建设篮球场、排球场、羽毛球场、乒乓球场和一大批体育健身设施。

医疗卫生专项规划 2006 年，由市规划局会同市卫生局联合编制。规划医疗卫生用地 158.25 公顷，人均 0.79 平方米。保留兰山片区、罗庄片区和河东片区现有医院，加强部队和企业医院的资源共享。增加 4 所综合医院，其中高新片区医院位于湖北路与罗十路交叉口东北，占地 6.65 公顷；罗庄片区医院位于化武路与湖东路交叉口东南，占地 6.34 公顷；河东片区医院位于顺政路与凤凰大街交叉口东北，占地 10 公顷；经济技术开发区医院位于沂东路与临土西路交叉口西北，占地7.96公顷。市肿瘤医院整体搬迁至罗庄西外环以东、化武路以南，占地26公顷。逐步适度发展合资、独资民营医疗机构，加强社区医疗机构的建设，形成合理的医疗服务网络。

临沂大学规划

该规划项目向国内外公开招标。2003年2月，美国EDSA设计公司提供的临沂大学规划设计方案中标，并通过专家评审论证。大学城规划总体用地面积430公顷，其中绿地70公顷，建筑面积150万平方米，容积率0.35，绿地率60%；全部建筑围绕绿地展开，使绿地与祊河融为一体，利用原有的地形地貌进行绿地景观建设。整个布局沿双岭路和滨河大道两个界面展开，组团式发展，充分体现大学的亲水性、人文性和共享性。规划以共享性、生态景观和功能分区为核心设计理念，旨在突出整个大学的开放性、生态化和综合性，包括校园功能主体和大学的服务客体。规划临沂大学既具有沂蒙老区传统文化，又具有现代化气息，是一个高度生态化、开放式的新型校园。

第五节　大水城建设规划

《临沂“大水城”战略规划（2005—2025年）》

按照建设“城乡一体、水路一体、防洪安全与生态保护一体”的“大水城”的战略目标，规划实施“大水网”、开发建设“大水利”、合理保护“大水源”、积极开通“大水运”，建设滨水生态城市。近期到2015年，以中心城市为主体，对两系（沂河、沭河水系）、九河（祊河、涑河、青龙河、柳青河、陷泥河、李公河、汶河、汤河、分沂入沭水道）加大整理力度，形成多层次、可贯通的“大水网”系统；完成刘家道口水利枢纽工程，建设沿沂河沂水至郯城、沿祊河到平邑、沿汶河到蒙阴的330公里的滨水生态道路连线，打造河、岸、滩、堤、路于一体的“大水利”格局。远期到2025年，自沭河大官庄枢纽开始，建设途经临沂、枣庄、济宁到南四湖的西线调水工程；同时，完成向潍坊、青岛东线调水规划，将临沂水网融入山东水网和南水北调系统，在河中建设36道闸坝，可一次性蓄水3亿立方米，年可调蓄用水6亿立方米，形成以水为构架的“大水源”网络；结合向南四湖调水，规划修建V级航道，将境内的河道向南延伸，连接京杭大运河，打通临沂南下长三角的“黄金水道”，开通“大水运”航线。

《沂沭河流域沿岸开发控制规划（2009—2020年）》

规划范围：涵盖沂河、祊河、汶河、蒙河、沭河五条主要河流。北起沂水边界，南到郯城省界，西到平邑边界，涉及全市12个县区73个乡镇（街道），河道蓝线两侧各控制1.5~2公里，控制面积2780.56平方公里。规划期限为：2009—2020年。内容：分土地利用、建筑管制、蓝线界定、水源保护、湿地保护、水利设施、防洪排涝、旅游发展、景观风貌、村居整合、道路桥梁、市政设施、环境保护、采砂控制14个方面的详细规划。目标：以滨水生态城建设为统领，以沂沭河沿岸有序开发为主线，按照“以人为本、城乡统筹、生态优先、环境立市”的理念，把沿岸开发与区域发展、基础设施建设结合起来，保护生态资源，合理利用岸线，完善提升沂沭河沿岸环境，打造滨水生态长廊、旅游长廊、特色农业长廊，形成特色鲜明的景观风貌，实现区域经济、社会和环境的协调发展。

近期到2015年，完善道路系统，重点打通沂河西侧滨河大道；积极推进农村住房建设与危房改造，把沂沭河沿岸作为农房改造的重点，集中建设农村社区，提高土地利用率，把节省的土地用于复垦；打造精品旅游景区，对沿线发展较好

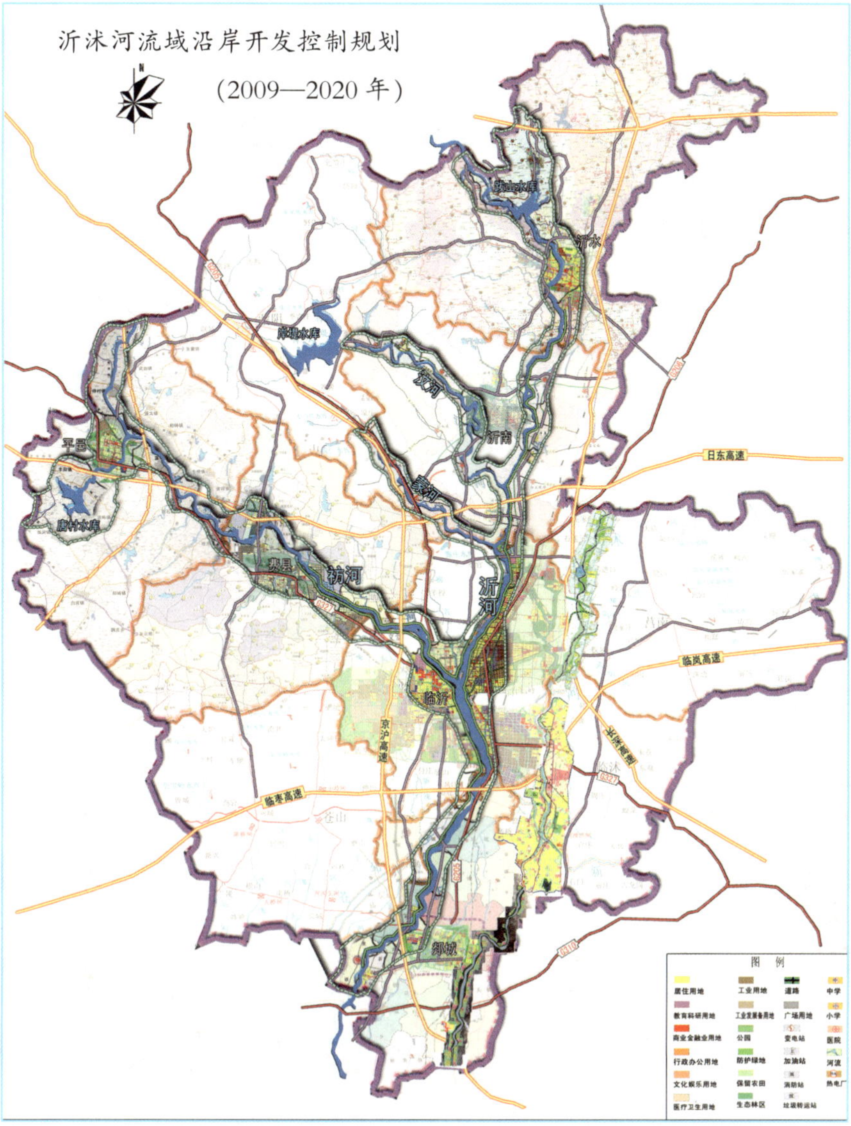

图 4-8 沂沭河流域沿岸开发控制规划

的旅游景区，加大投入，率先发展，完善道路交通和配套设施，成为滨河景区的亮点；开展沂沭河沿岸环境综合整治，对沿线乡镇、村庄进行环境综合整治，加大环卫投入，使沿岸的环境短期之内有较大提升；配套公共服务设施，提高公共服务设施供应水平，加大对沿岸乡镇、农村社区、村庄的政策倾斜力度，为人民创造良好的生活条件。

滨河大道（滨河生态公园）规划 2003 年初，邀请中国城市规划设计研究院、英国泰瑞法瑞公司和北京大学土人景观规划设计研究院分别编制《临沂城区段沂河两岸重点区域城市设计》《临沂市沂河西岸滨河大道城市设计》和《沂河、祊河两岸绿地系统规划和滨河工程规划设计》，并通过专家评审论证。临沂城滨河大道工程位于临沂市兰山区沂河、祊河右岸堤防（自沂河南大桥至祊河姜家岭）。整个工程规划包括水利防洪、道路桥梁、滨河生态公园三部分，体现了水、岸、滩、堤、路、景六位一体的特色。总长度 17.3 公里。其中，培堤总长 15.99 公里，防洪墙 1.2 公里，涵洞 7 座，交通桥 2 座。护滩：14 公里，上堤坡道 22 条。设计标准为：城防段沂河、祊河堤防加固工程防洪标准按百年一遇，堤防级别为 I 级；堤顶路面按城市次干道标准设计，交通桥按汽–20 标准设计，挂–100 校核。以沂河、祊河自然岸线为依托，以滨河大道为轴，规划滨河生态公园，形成滨河大道两边宽 50~200 米的高品位的二滩绿地系统。在滨河两岸规划 9 大广场、18 个特色园区、36 个景点，河中湿地公园、水上公园、游艇码头、沙滩球场等，规划面积达 1800 公顷。按照交通功能与景观特色兼备的原则，委托国内著名城市交通和桥梁规划设计专家编制道路桥梁规划，规划在沂河、祊河上架设 15 座桥梁。

涑河两岸综合治理与开发建设规划 2005 年 8 月，邀请清华大学、东南大学对涑河两岸开发治理进行规划设计。规划范围：东到滨河路，西到西外环，北到育才路，南到洗砚池街、水田路，总长度 12 公里，总规划面积 16 平方公里。

规划结构：发挥涑河水生态功能，在功能、风貌上具体分为三个区。古城商业区烘托古城，再现历史风貌；现代商业区巩固商城，塑造滨水城市形象；生态休闲区保护生态资源，建设城市生态基地。建立在“继承”“细化”“延伸”基础上，对涑河两岸道路、建筑、绿化、环境进行综合安排，分别提出地块面积、用地性质、建筑密度、建筑高度、建筑风格、建筑色彩、容积率、绿地率的规划控制要求。按照全市整体建设“大水城”的目标，工程建设采用市场化运作的方式，以河养地，以地补河，充分利用涑河优势，集约利用土地，搞好涑河的整治开发，打造特色鲜明、功能齐全的沿河现代商业步行街，营造兼具水乡风情和商业旅游功能的城市景观，成为代表临沂形象的、传统与现代融合的标志性地带之一。

第六节　县城、乡镇规划

县城总体规划

1994年，临沂地区各县陆续开始修编新一轮城市总体规划。1995年2月，《苍山县城市总体规划（1995-2010）》经市政府批复实施，为市内第一部新一轮县级城市总体规划。2003年1月，《莒南县城市总体规划（2000-2015）》经市政府批复实施，全市新一轮城市总体规划修编完成。随着县城建设的飞速发展，各县陆续开展新的城市总体规划修编，到2010年，各县共修编城市总体规划23部。

2010年临沂市各县城市总体规划情况表

表4-1

县名	规划期限	规　划　内　容
莒南	2010—2030	城市性质：山东半岛蓝色经济区、鲁南临港产业带的重要节点，以发展临港经济和休闲旅游为主导的山水园林城市。城市规模：2015年25万人，32.50平方公里；2030年为40万人，47.63平方公里。规划范围：十字路镇、相邸镇、岭泉镇、筵宾镇行政管辖范围及马鬐山风景区，总面积为418平方公里。城市总体布局：采用“北上、西延、南拓、东优”的空间发展策略，形成“东居、西工、北文、南贸、中商”的城市格局。
郯城	2010—2025	城市性质：鲁南苏北地区副中心城市，以工业、商贸为主的生态旅游文化城市。城市规模：2015年26万人，2025年38万人。近期建设用地30.2平方公里，人均116平方米；远期建设用地40.0平方公里，人均105平方米。规划明确“一体两翼，带状结构，钟摆式发展”的城市空间结构和“东跨、西进、南优、北延”的空间拓展战略，形成以主城区为核心，新城区、开发区为支点的“多支点、组团式”空间拓展模式。
沂水	2006—2020	城市性质：以农副产品加工等轻工业为主导产业的现代化山水生态型城市。城市人口规模：2010年控制在28万人以内，城市建设用地控制在33.48平方公里以内，2020年人口控制在45万人以内，城市建设用地控制在50.12平方公里以内。城市布局结构：采用“Y”带、四中心、五片区、六轴的城市布局结构。
平邑	2004—2020	城市规模：2010年人口22.5万人，建设用地25平方公里；2020年，城市人口36万人，城市建设用地38平方公里。城市性质：临沂西部地区的工贸中心城市、现代制造业基地和蒙山旅游服务中心，中国石材之乡和金银花之乡。城市规划区范围：平邑镇、温水镇、柏林镇、蒙山风景区及唐村水库水源保护区，总面积约477平方公里。城市建设用地发展方向：向南拓展为主、向西完善、向北控制、向东作为远景发展的主导方向。城市空间结构：以兖石铁路为界，以河道自然分割，形成“西山东水中间城，主次双中心、双轴、四带、七片区”的开放式城市空间布局结构。

续表 4-1

县名	规划期限	规　划　内　容
苍山	2005—2020	城市规划区范围：东至临枣高速公路连接线以东 500 米；南至皇甫寺、大坊、连厂、南小庄、兴明乡的常于沟一线；西至卞庄镇界，贾庄乡齐庄、小山子、竹龙桥、堡子；北至贾庄乡的东山庄、邓王山前、晒钱埠，卞庄镇的前西柞、前月庄、莲子汪。规划区总面积 195.77 平方公里。城市性质：县域矿产资源综合开发利用基地，以发展农副产品加工业为主的现代化山水园林城市。城市规模：近期 2010 年，城市人口 20 万人，用地 23.95 平方公里，人均用地 119.8 平方米；远期 2020 年，城市人口 30 万人，用地 35.28 平方公里，人均用地 117.6 平方米。城市布局结构："二轴、两带、四区"。
临沭	2004—2020	城市性质：临沂中心城市东南部的卫星城，以化工、机械制造为主导产业，并具有一定商贸业功能的鲁东南中等生态园林城市。城市规模：2010 年 23 万人，2020 年 72 万人；2010 年人均建设用地 119 平方米。城市总体布局：向北、向西发展，形成"一心、一轴、两带、四组团"的空间形态，总面积约 266 平方公里。
蒙阴	2006—2020	城市规划区范围：蒙阴镇行政区划所辖范围（云蒙湖除外），共 243.11 平方公里。城市性质：以酿造业、纺织业、农副产品加工业和旅游业为主导产业的生态山水城市和旅游宜居城市。城市规模：2010 年人口 15 万人，用地规模 17.9 平方公里，人均 119.34 平方米；2020 年人口 25 万人，用地规模 26.80 平方公里，人均 107.21 平方米。城区空间采用"带型组团城市"的布局方式，重点完成"一轴、一带、五心"的建设、更新和改造。
沂南	2001—2020	城市性质：以电子、机械、建材为主导产业，具有诸葛亮故里乡土灵性的山水园林城市。城市规模：2006 年城市人口 15 万人，建设用地 18 平方公里；2020 年城市人口 25 万人，建设用地 30 平方公里。2010 年，启动新一轮总体规划修编。以建设"临沂卫星城"和"市区后花园"，打造以"三山两河"为载体、以"特色城市、山水园林城市、宜居城市"为目标的"魅力沂南""活力沂南"。
费县	2005—2020	规划范围：西至费县县界，北至日东高速公路、浚河、方曹公路、探沂镇界，东至东二环路、费县县界，南至费城镇界、探沂镇界，总面积为 406.22 平方公里。城市用地发展方向：以东西方向带形伸展为主，南北方向重点控制。城市规模：近期人口 23 万人，用地 27.4 平方公里；远期人口 42 万人，用地 50.4 平方公里。城市结构："一轴、两带、一城、两区"。

乡镇建设规划

1995 年，全市共 250 个乡镇、街道，9544 个行政村，有 102 个乡镇修订完善了总体规划。翌年，全市累计完成新一轮总体规划 229 个，累计修订村庄规划 5117 个。完成小城镇居住小区、工业小区、商贸小区详细规划 46 个。1998 年，全市以小城镇建设为重点，不断提高规划、建设、管理水平。全市所有乡镇驻地均完成新一轮总体规划修编工作。1999 年，全市城镇驻地详细规划面积 7500 公顷，村镇详细规划覆盖率 24%。2000 年，全市乡镇进行调整。2001 年完成乡镇撤并工作，全市辖 180 个乡、镇、街道。2003 年，全市 29 个中心镇新一轮总体规划的修编工作全部完成，其中 22 个中心镇的总体规划经县区政府批准实施，中心镇详细规划覆盖率提高 12 个百分点。2004 年 8 月底开始，对全市部分行政村规模进行调整。至 2005 年，全市行政村（社区）压缩为 7151 个。2005 年，乡镇新一轮总体规划完成总数的 80%，村庄规划完成 71%。至 2008 年，全市小城镇总体规划全部完成，乡镇政府驻地详细规划覆盖率达 65%，村庄建设规划完成 85%。2009 年，坚持城乡统筹的原则，全面推进村镇规划的编制进程。完成县域村镇体系规划、农村住房建设与危房改造规划、农房集中连片建设或改造项目详细规划、中心村建设规划，建立起科学合理、层次清晰、全面覆盖的城乡规划体系。

2010年，组织编制以莒南县大店和苍山县兰陵为代表的文化古镇、以蒙阴县垛庄、沂南县青驼为代表的红色名镇、以河东区汤头、兰山区李官为代表的旅游名镇规划和特色村规划。推进城镇，特别是中心镇、重点镇总体规划、控制性详细规划、中心村建设规划、农村集中连片建设详细规划等编制、完善工作。全市各县区中心镇规划覆盖率100%，小城镇总体规划覆盖率100%，镇驻地控制性规划覆盖率60%。

2010年临沂市中心镇建设规划情况表

表4-2

镇　名	规划期限	编制时间	主要内容	备　注
大店镇	2001—2015	2001	发展方向：近期向东和南同时发展，远期向东和向西发展为主。充分利用旧区空闲地及改造用地。	2003年莒南县政府批复实施
	2010—2020	2010	发展方向：西控，东进，向东北发展为主。	2011年莒南县政府批复实施新一轮规划
板泉镇	2001—2015	2001	发展方向：以向东、向西为主，中部拓展旧区，东西两翼开发新区。	2003年莒南县政府批复实施
洙边镇	2004—2020	2004	人口、工贸产业、居住向洙边镇区集中。部分基层村分期迁村并点。	2006年莒南县政府批复实施
坊前镇	2003—2020	2003	发展方向以向南和向西为主。	2006年莒南县政府批复实施
大兴镇	2001—2015	2001	行政中心区、生活居住区、商贸服务区、生态休闲区、工业生产区。	近期2001—2010年 远期2011—2015年
曹庄镇	2001—2015	2001	镇域空间结构“一镇七村”式；经济发展布局：规划形成一个中心、二条轴线、七个基地。	近期2001—2010年 远期2011—2015年
高峰头镇	2004—2020	2003	工业用地主要规划在西北部，居住用地依托驻地村形成两个大居住区；文教用地位于东部；公建用地集中在中心区。用地规模2007年3平方公里，2020年4.45平方公里。人口规模：2007年2万人，2020年3.3万人。	2004年10月郯城县政府批复实施
兰陵镇	2004—2020	2004	城镇性质为：苍山县副中心，以兰陵酒业为主导的历史文化名镇。用地规模：近期为586.2公顷，人均117.2平方米；远期为1109.8公顷，人均111平方米。人口规模：近期2015年，镇区5万人；远期2020年，镇区10万人。	2004年完成总体规划的修编， 2010年8月苍山县政府批复实施
向城镇	2004—2020	2004	人口规模：到2015年驻地人口4.27万人。城市化水平：近期达到45%左右，远期达到60%左右。	2004年完成总体规划的修编， 近期：2004—2010年 远期：2011—2020年
大仲村镇	2004—2020	2004	城镇性质：鲁南农副产品生产加工基地、生态型旅游城镇。人口：2015年镇域人口规模9万人，镇区3万人。2030年镇域人口规模11万人，镇区5万人。远期用地面积：614.5公顷，其中城镇建设用地561.9公顷。	2004年完成总体规划的修编， 近期：2004—2010年 远期：2011—2020年

续表 4-2-1

镇　名	规划期限	编制时间	主要内容	备　注
探沂镇	2001—2020	2001	镇区建设用地 1429.14 公顷，人均建设用地 119.1 平方米。城镇建设发展方向以向东南和向西北为主。	2002 年 3 月费县县政府批复实施
上冶镇	2008—2025	2003	建设用地规模：近期 382.6 公顷，人均 119.6 平方米；远期 597.3 公顷，人均 119.5 平方米。控制向北、向西发展，适度向东发展，大力向南发展。人口 2015 年为 3.2 万人，城镇化水平为 50.8%；2025 年为 5.0 万人，城镇化水平为 62.5%。	2003 年 11 月费县县政府批复实施
仲村镇	2001—2020	2001	平邑县城区北部近郊的以高效农业为基础，加工工业为主导、市场繁荣的历史文化名镇。城镇发展方向：向南、向东。2020 年人口为 3.0 万人，用地规模 360 公顷，城镇化水平 40%	近期 2001—2005 年 远期 2006—2020 年
白彦镇	2006—2020	2006	平邑县以金银花种植、加工、流通为主导的工贸型生态重镇。规划范围：东西长 2.5 公里，南北宽 1.5 公里，规划区总控制面积 3.5 平方公里。2015 年人口为 2.0 万人，用地规模 260 公顷，城镇化水平 25%。	近期 2006—2010 年 远期 2011—2020 年
地方镇	2006—2020	2006	规划空间结构：地方镇区，是平邑县的罐头工业园区；北部蔬菜、丰产林、花生种植区，南部林果、黄烟、种植及畜牧养殖区，西南部为天宝梨乡旅游区和林果种植区。2010 年人口为 3.0 万人，用地规模 370 公顷，城镇化水平 34.5%。2020 年人口为 6.0 万人，用地规模 710 公顷，城镇化水平 63.2%。	近期 2006—2010 年 远期 2011—2020 年
郑城镇	2002—2020	2002	平邑县以建材业，金银花、果品加工为主导型的具有山城特色的现代化小城镇。充分发挥花岗岩和金银花的资源优势，实现由低附加值到高附加值、由传统加工模式到高科技加工模式的转变。2010 年人口为 1.0 万人，用地规模 135 公顷，城镇化水平 14%。2020 年人口为 2.0 万人，用地规模 240 公顷，城镇化水平 30%。	近期 2002—2010 年 远期 2011—2020 年
垛庄镇	2004—2020	1995	城镇人口规模：近期 1.8 万人，远期 3.5 万人。用地规模：近期 2.16 平方公里，远期 3.96 平方公里。城镇发展方向为：向东部发展为主，西南部控制，远期可向北部发展。	2004 年 1 月蒙阴县政府批复实施，近期 2010 年，远期 2020 年
常路镇	2003—2020	2002	以林果业为主的山水城镇。人口近期 1.45 万人，远期 2.6 万人，用地规模：近期 1.45 平方公里，远期 2.76 平方公里。城镇向西、北部发展为主，南部适当完善，控制向东部发展。城市结构为“一个中心、两条轴线、四个居住组团”。	2004 年 8 月蒙阴县政府批复实施。对原规划进行调整，近期到 2006 年，远期到 2020 年
马站镇	2002—2015	2000	规划到2015年全镇15个中心村，城镇人口4万人，规划区面积450公顷。	2002—2003 年，沂水县先后编制完成 4 个中心镇总体规划。其中重点打造的特色镇是马站镇。到 2010 年年底，4 个中心镇的总体规划修编方案基本完成
黄山铺镇	2002—2020	2002	规划到 2020 年全镇 13 个中心村，城镇人口 3 万人，规划区面积 310 公顷。	
诸葛镇	2002—2020	2002	规划到 2020 年全镇 14 个中心村，城镇人口 3 万人，规划区面积 310 公顷。	
高庄镇	2003—2020	2003	规划到 2020 年全镇 10 个中心村，城镇人口 2.8 万人，规划区面积 330.5 公顷。	

续表 4-2-2

镇　名	规划期限	编制时间	主要内容	备　注
大庄镇	2010—2020	2002	镇驻地为城镇化的主要载体和二、三产业的主要集聚地。原河阳乡驻地按小城镇标准，建设城镇型社区。全镇所有居民点分为三个等级，一级为镇驻地，二级为中心村，三级为基层村。一条生产力布局主轴线——东红路沿线。	2012 年 2 月沂南县政府批复实施
青驼镇	2010—2020	2002	重点发展镇区，扩大镇区规模和设施水平；提高人口聚集密度，增强服务功能，促进人口合理流动，适应集约农业化经济。空间布局：形成 1 个镇区（青驼）、1 个集镇（高里）、徐公店、斗沟、大刘家庄、桃花埠 4 个中心居民点。	2012 年 2 月沂南县政府批复实施

2010 年临沂市部分重点镇建设规划情况表

表 4-3

乡　镇	主要内容
临沭县青云镇	临沭县经济增长次中心，市级重点中心镇，以柳编和板栗等特色农副产品加工及出口为特色的工贸型城镇。规划近期（2011 年）城镇人口 1.5 万人，用地规模 1.88 平方公里；远期（2020 年）城镇人口 2.5 万人。用地规模为 2.8 平方公里，主要向北、向西南发展。
郯城县李庄镇	以发展旅游、加工制造业为主的滨河生态型小城镇。人口规模：近期 2.00 万人，远期 3.30 万人。用地规模：近期 2.40 平方公里，远期 3.82 平方公里。主要以向北发展为主，以向南发展为辅，近期向南发展，远期向北发展。
郯城县杨集镇	以加工工业为主，以商贸批发为辅的工业商贸小城镇。人口近期（2010 年）为 1.55 万人，远期（2020 年）为 2.7 万人。建设用地近期 195.7 公顷，人均 126.2 平方米；远期 327 公顷，人均 121 平方米。
郯城县重坊镇	以农副产品交易、加工为主导，多层次、综合性的工贸型城镇。人口规模：近期（2010 年）为 1.8 万人，远期（2020 年）为 2.7 万人。建设用地：近期 200 公顷，远期 320 公顷，以老城区为基础，向南部、东部发展。
平邑县铜石镇	以黄金采集和农副产品加工为主的现代化山水园林式小城镇。人口：近期（2010 年）1.8 万人，远期（2020 年）3 万人。用地：近期 235.8 公顷，远期 330.1 公顷，以向北发展为主，其他方向适当调整、充实、完善。
平邑县柏林镇	以风景旅游、矿业开发加工为主的生态型城镇。人口：近期（2015 年）城镇人口 1.5 万人，远期（2025 年）2.8 万人。用地规模：近期 222 公顷，远期 3.33 平方公里。城镇发展方向应完善西区，向驻地东南方向南林地块发展。
沂南县岸堤镇	1995 年编制，1998 年由县政府批复实施。2002 年由临沂市规划设计研究院进行修编，城镇性质为：以商贸、农产品加工为特色产业的重点乡镇。
沂南县蒲汪镇	2001 年编制，2003 年由县政府批复实施。城镇性质：以商贸业、农副产品加工业、建材加工业为特色产业的重点乡镇。

2010 年临沂市部分其他建制镇（乡）规划情况表

表 4-4

县　区	主要内容
莒南县	2007 年以前，汀水镇、道口乡、石莲子镇、岭泉镇、相沟乡、筵宾镇、涝坡镇、文疃镇、相邸镇分别编制了乡镇驻地总体规划，并经县政府批复实施。2010 年，莒南县启动新一轮总体规划修编，涝坡镇、筵宾镇、汀水镇、文疃镇、相沟乡的总体规划由省城镇规划建筑设计院修编完成。
临沭县	石门镇、南古镇分别编制了乡镇总体规划，并经县政府批复实施。
费县	朱田镇、胡阳镇、石井镇、大田庄乡、新庄镇、马庄镇、南张庄乡分别编制了乡镇总体规划，并经县政府批复实施。
平邑县	流峪镇、资邱镇、保太镇、魏庄乡、卞桥镇、温水镇分别编制了乡镇总体规划，并经县政府批复实施。
蒙阴县	岱崮镇、野店镇、界牌镇、联城镇、桃墟镇、旧寨乡、高都镇、坦埠镇分别编制了乡镇总体规划，并经县政府批复实施。2010 年启动新一轮总体规划修编，界牌镇、坦埠镇新一轮总体规划编制成果已基本完成。
沂水县	2010 年开始，各乡镇对乡镇总体规划进行修编。
沂南县	铜井镇、依汶镇、孙祖镇、苏村镇、湖头镇、双堠镇、杨家坡镇、砖埠镇、张庄镇、辛集镇、马牧池乡、葛沟镇。2010 年 11 月，全面开展新一轮乡镇总体规划修编工作。

村庄建设规划

临沂市是农业人口大市，过去村庄布局体系散、规模小、基础设施服务功能低、整体效益差，制约了新农村建设步伐。随着城镇化进程的加快，农村富余劳动力逐步向城镇转移，农村人口逐年减少。为统筹城乡经济社会发展，加快中心村建设，促进农村人口聚集，集约节约利用土地，发挥农村基础设施最大效益，2009 年 4 月组织启动各县区开展县域村镇体系规划、农村住房建设与危房改造三年规划和农村住房集中连片详细规划的编制工作。各县规划技术人员实地勘查面积 800 余平方公里，收集基础资料 2000 余份，三类规划编制整体工作于 6 月初完成。共确定中心城区 9 个，确定中心镇 29 个，重点发展镇 27 个，一般小城镇 91 个，中心村 1130 个。规划期末，各县区农村住房建设三年共新建住房 312008 户、共改造危房 111840 户，规划节约建设用地指标约 50 万亩；规划 2009 年农村新建住房 9.8 万户、整村迁建村庄 191 个、城中村和旧村改造 469 个、合村并点 73 个；全市农村集中连片建设详细规划覆盖率已达到 45%。至 2010 年，完成 1130 个中心村建设规划。

第二章　市政建设

第一节　基础设施建设

道路

1995年，全市城市道路总长795公里，总面积1162万平方米，人均占有城市道路16平方米。其中，临沂城区城市道路总长317公里，面积436万平方米。

1996年，全市投资4.5亿元，改建扩建城市道路192.3公里、421.5万平方米，其中硬化道路面积312.6万平方米。

1997年，投资4400万元，实施沂蒙路中段拓宽改造工程；投资1250万元，建设金雀山路西段和临西八路；打通金雀山四路、金雀山六路等16条断头路。

1998年，临沂城区新建城市道路49条段75.9公里，硬化面积72.53万平方米。对解放路、北园路、沂蒙路东副道、银雀山路中段、金雀山五路主道等进行大修罩面，总面积5.6万平方米。

1999—2001年，市区累计完成道路建设72条段82公里，硬化面积133.79万平方米。其中1999年改建和新建临西三路中段、新华一路南段、临西八路中段、解放路西段，拆除改造临西一路与解放路交叉口转盘。

2002年，全市新建改建城市道路57公里，新增城市道路面积124万平方米。解放路东段拓宽改造工程竣工通车。2003年，新增城市道路面积86万平方米，改造铺装人行道板96万平方米。实施双岭路拓宽改造，主路面宽38米、双向10车道。对城区内11条路段实施弱电管网下地。投资近亿元，对22条主干道进行综合整治，从根本上扭转临沂城区路况差的局面。

2004年，全市完成道路投资10.87亿元。其

双岭路

中市区采用BT模式，完成投资5.9亿元，加快了道路建设改造进程。滨河大道一期工程竣工通车，打造了以河为轴的城市发展空间。对城区道路管网和污水管网进行综合设计，建成高压电缆管沟21.1公里，完成90公里弱电杆线下地工作，在新建改建道路中，各类管线按程序一次性下地敷设。其中通达路18种管线共长120余公里全部下地，成为临沂市高标准的快捷通道和贯穿城区南北的主轴线。是年，全市城市道路2571.59公里，道路面积3679.6万平方米，全市人均道路面积10.65平方米。

2005年，市区完成道路投资9.60亿元，完成通达路改建工程扫尾、东兴路建设、滨河大道二、三期路面工程，完成南部滨河社区4条道路和管线综合设计，青河南路西段开工建设。

2007年，全市新建扩建城市道路面积350.29万平方米。其中，市区新建、改建道路面积210万平方米。2008年，新增道路面积670万平方米，其中市区新增道路面积242.98万平方米，完成解放路中西段大修改造工程、银雀山路新建工程等10条段道路建设任务。2009年，市区新增道路面积190万平方米、道路长度103.91公里，完成2座过街天桥、陶然路改建、清河北路改造和金坛道路新建工程等28项城市道桥建设项目。

2010年，全市道路桥梁维护建设投入资金20.42亿元，新增道路面积662.4万平方米、长度254.7公里。其中，市区道路桥梁维护建设投入资金9.28亿元，新建改造道路长度8.20公里（新建道路7.37公里）；以解决交通拥堵为突破口，加快立体交通、道路工程建设速度，临西八路拓宽改造工程、滨河路与通达路互通立交工程和解放路西桥头互通立交工程等竣工通车，西外环与双岭路立交桥工程完成总工程量的70%。城市人均道路面积18.41平方米，其中市区21.84平方米。到2010年年底，全市城市道路3231.4公里，面积6246万平方米，其中人行道1186万平方米；市区城市道路1913.4公里，面积3722.2万平方米，其中人行道567万平方米。

2010年临沂城主要道路情况表

表4–5

道路名称	修建时间（年）	起止点	红线宽度（米）	道路长度（米）	宽度（米）		硬化面积（平方米）		人行道		备注
					主车道	非机动车道	水泥	沥青	宽度（米）	面积（平方米）	
双岭路	2003	滨河路—临西十路	138	3876	38	—	—	147288	3×2	23256	—
聚才路	1996	通达路—蒙山大道	60	1079	28	—		30212	2×2	4316	2004年改造
		蒙山大道—工业大道	60	1621	21	—	34041	—	5×2	16210	—
前十街		通达路—工业大道	36	2948	21	—	61908	—	3×2	17688	—

续表 4-5-1

道路名称	修建时间（年）	起止点	红线宽度（米）	道路长度（米）	宽度（米）		硬化面积（平方米）		人行道		备注
					主车道	非机动车道	水泥	沥青	宽度（米）	面积（平方米）	
育才路		滨河路—通达路	30	900	16	—	14400	—	2×2	3600	—
		通达路—蒙山大道	30	1360	16	—	21760	—	3×2	8160	—
		蒙山大道—工业大道	30	1530	16	—	24480	—	3×2	9180	—
成才路	1996 1997	东岳庙街—通达路	24	780	14	—	10920	—	3×2	4680	—
		通达路—蒙山大道	24	1326	14	—	—	18564	5×2	13260	—
北园路	（主）1989 （副）1994	沂蒙路—通达路	42	1500	14	6.2	—	39000	5×2	15000	2007 年大修
		通达路—蒙山大道	42	1300	14	6.2	—	33800	5×2	13000	—
桃园路	1992 1997 1998	通达路—荣军医院	24	810	14	—	11340	—	5×2	8100	—
解放路	1980 1984	滨河路—沂州路	42	1162	21	—	—	24404	5×2	11620	2002 年改造
		沂州路—沂蒙路	30	370	12	5.52	—	8510	2×2	1480	2003 年改造
		沂蒙路—通达路	30	1330	12	—	—	15960	5×2	13300	2008 年大修
	1988	通达路—工业大道	42	3052	14	7.2	—	85456	5×2	30520	—
		工业大道—铁路桥	42	3170	14	—	—	44380	5×2	31700	—
红旗路	2000	新华路—沂蒙路	31	700	21	—	—	14700	5×2	7000	—

续表 4-5-2

道路名称	修建时间（年）	起止点	红线宽度（米）	道路长度（米）	宽度（米）		硬化面积（平方米）		人行道		备注
					主车道	非机动车道	水泥	沥青	宽度（米）	面积（平方米）	
银雀山路	1980 1995	滨河路—沂蒙路	30	1570	16	—	—	25120	7×2	10990	—
		沂蒙路—新华路	30	646	12	8.2	—	18088	路北 5 米，路南未统一	3230	2000 年改造
		新华路—通达路	30	620	12	8.2	—	17360	0—5	3100	2006 年改造
	1998	通达路—蒙山大道	30	1590	16	—	—	25440	5×2	15900	通达路—商城路 2008 年大修
		蒙山大道—工业大道	30	1340	16	—	21440	—	5×2	13400	—
开阳路	1986 1992	沂蒙路—商城路	24	1539	14	—	374	21172	5×2	15390	—
	2004	商城路—兴隆路	24	828	14	—	—	11592	5×2	8280	—
		兴隆路—蒙山大道	24	310	14	—	4340	—	5×2	3100	—
金雀山路	1984 1992	滨河路—通达路	42	3100	32	—	—	99200	5×2	31000	2004 年改造
	1997	通达路—蒙山大道	42	1590	32	—	—	50880	5×2	15900	2006 年改造
		蒙山大道—工业大道	42	1317	14	6.52	—	18438	5×2	13170	—
平安路	2002	祝丘路—中丘路	24	350	10	—	3500	—	5×2	3500	—
	2004	中丘路—沂州路	24	689	14	—	—	9646	5×2	6890	—
	2001	沂州路—蒙山大道	24	3502	14	—	—	49028	5×2	35020	—

续表 4-5-3

道路名称	修建时间（年）	起止点	红线宽度（米）	道路长度（米）	宽度（米）		硬化面积（平方米）		人行道		备注
					主车道	非机动车道	水泥	沥青	宽度（米）	面积（平方米）	
金源路	2004	祝丘路—中丘路	30	365	16	—	—	10220	3×2	2190	—
	1995 1997	中丘路—沂州路	30	800	16	—	—	12800	5×2	8000	—
		沂州路—通达路	30	1950	16	—	31200	—	5×2	19500	—
		通达路—商城路	30	390	16	—	6240	—	5×2	3900	—
	2004	商城路—蒙山大道	30	975	16	—	—	15600	3×2	5850	—
陶然路	1992 1995	中丘路—通达路	42	2790	32	—	—	89280	5×2	27900	2004 年改造
	1996	通达路—临西五路	42	1630	32	—	—	52160	5×2	16300	2006 年改造
清河北路	1997	滨河路—沂州路	30	1958	16	—	—	31328	3×2	11748	—
清河南路		滨河路—沂州路	42	2137	14	—	—	29918	3×2	12822	—
祝丘路	2007	铁路桥—清河北路	30	980	12	—	—	11760	3×2	5880	—
中丘路	1996	金雀山路—海关路	30	1200	21	—	25200	—	5×2	12000	—
	2007	铁路桥—清河南路	30	1130	18	—	—	20340	3×2	6780	—
沂州路	1973 1975	解放路—金雀山路	30	1500	26	—	39000	—	5×2	15000	1997 年改造
		金雀山路—铁路桥	42	1680	30	—	—	50400	5×2	16800	2004 年改造
沂蒙路	1983—1997	滨河路—海关路	40	5100	30	—	—	153000	5×2	51000	2004 年改造
八一路	2000	解放路—红旗路	24	281	12	—	—	3372	5×2	2810	—

续表 4-5-4

道路名称	修建时间（年）	起止点	红线宽度（米）	道路长度（米）	宽度（米）		硬化面积（平方米）		人行道		备注
					主车道	非机动车道	水泥	沥青	宽度（米）	面积（平方米）	
新华路	1980 1987 1988	解放路—金雀山路	24	1600	14	—	13720	8680	5×2	16000	—
	1999	金雀山路—海关路	24	1400	14	—	19600	—	5×2	14000	—
通达路	1985 1993	祊河桥—陷泥河桥	42	8100	30	—	—	243000	3×2	48600	2004 年改造
商城路	1990	解放路—金源路	24	2800	14	—	12852	26348	5×2	28000	—
	2008	金源路—海关路	24	330	14	—	—	4620	3×2	1980	—
开源路	1984 1994 1998	解放路—海关路	24	3200	14	—	35224	9576	5×2	32000	红旗路—银雀山路 2007 年大修
兴隆路	2004	平安路—海关路	24	800	10	—	—	11200	5×2	8000	—
蒙山大道	1993 1996	双岭路—解放路	60	4010	21	7.2	—	140350	5×2	40100	2005 年改造
	1996	解放路—盛庄立交桥	60	3000	21	7.2	—	105000	5×2	30000	2006 年改造
琅琊王路	1996	解放路—红旗路	30	520	16	—	8320	—	—	—	人行道铺装未统一
		银雀山路—金雀山路	30	1100	16	—	17600	—	—	—	无人行道
	2004	金雀山路—平安路	30	575	16	—	—	9200	3×2	3450	—
	2006	平安路—海关路	30	435	16	—	—	6960	3×2	2610	—

续表 4–5–5

道路名称	修建时间（年）	起止点	红线宽度（米）	道路长度（米）	宽度（米）		硬化面积（平方米）		人行道		备注
					主车道	非机动车道	水泥	沥青	宽度（米）	面积（平方米）	
工业大道		双岭路—涑河桥	48	2600	28	—	—	44800	4×2	20800	2004年大修
	1995 1998	涑河桥—解放路	31	1513	21	—	—	31773	5×2	15130	2004年改造
	1984 1997	解放路—金雀山路	24	2020	14	—	—	28280	5×2	20200	2008年大修
合计	—	—	—	106674		—	417459	1958203		910290	—

说明：以上道路均为市住建委负责管理的道路

附：

临沂市区道路更(命)名情况

2000年，南北走向的道路有9条：

临西一路，更名为通达路。

临西二路，更名为商城路。

临西三路，更名为开源路。

临西四路，更名为兴隆路。

临西五路，更名为蒙山大道。

临西六路，更名为王庄路。

临西七路，更名为琅琊王路。

临西八路，更名为工业大道。

新华二路，更名为羲之路。

东西走向的道路共11条：

金雀山二路，更名为平安路。

金雀山三路，更名为金坛路。

金雀山四路，更名为金源路。

金雀山五路，更名为海关路（2005年5月改为陶然路）。

金雀山六路，更名为清河北路。

金雀山七路，更名为清河南路。

金雀山八路，更名为永盛路。

金雀山九路，更名为沂河路。

水安路，更名为顺和街。

未定名路，命名为聚才路。

新开通路，命名为前十街。

2005年，沂河东岸道路命名为滨河东路，沂河西岸道路命名为滨河路。

2010年，涑河南岸道路命名为涑河南街，涑河北岸道路命名为涑河北街。

桥梁

1995年临沂市区有桥梁53座。2000年有桥梁54座。2002年，蒙山大道盛庄立交桥开工建设，为市区第一座立交桥。2004年起，随着北城新区开发建设、滨河景区建设和涑河临沂城区段开发建设，临沂市道路桥梁建设进入高速发展的阶段。2005年，拓宽改建沂蒙路祊河桥和金雀山路沂河桥，改造后的沂蒙路祊河桥成为江北最宽的桥梁之一。2006年，投资7000万元建设蒙山大道祊河桥，为亚洲第一座大跨度异形拱连续梁桥。至2010年，北城新区架设桥梁67座，按照“一桥一景”的设计，在柳青河上建设景观桥9座，道路小桥涵51座，景观小桥7座。小涑河治理改造工程新建桥梁12座，总长1294米，面积3.3万平方米。滨河景区内规划建设桥梁共15座，建成沂河路沂河南大桥、金雀山路沂河高低

蒙山大道祊河大桥

大桥、解放路沂河九曲大桥、青年路沂河北大桥、沂蒙路祊河大桥、通达路祊河大桥、李公河桥、柳青河三和大桥、小涑河河口桥等10座桥梁。到2010年年底，临沂市区桥梁总数达到191座，其中沂河桥5座，祊河桥4座，涑河桥15座，青龙河桥27座，陷泥河桥24座，柳青河桥10座，立交桥1座，人行过街天桥3座，铁路桥涵27座。

照明

1994年年底，临沂城区有路灯1674盏（城建部门统一管理部分）。另有地县直机关、企事业单位院内安装的路灯280余盏。灯具为铝拉伸成型，铸铝灯具，光源为汞灯，灯杆为水泥杆。1995年，全市城市路灯发展到6300盏。新建路灯首次使用金属灯杆，选用仿比利时、仿法灯具，压铸铝、拉伸铝板。1996年，临沂城区临西五路中段、金雀山一路西段、北园路、临西一路北段等4条路段安装路灯。是年年底，全市城市路灯达到10230盏。1999年，在解放路中段安装大型龙门架霓虹灯17个，在沂蒙路与金雀山一路、临西一路与解放路等4个主要路口设置“火树银花”灯24棵，在金雀山一路、沂蒙路等主干道沿街安装射灯725盏、地灯86盏、霓虹灯50处、轮廓灯83处、广告灯箱950个。2000年，投资264.78万元，安路灯627盏。其中沂州路采用高档飞燕形路灯，共立杆94棵、安灯188盏。重点实施沂蒙路、海关路、解放路西段等路段亮化，城区29座8层以上高层建筑集中亮化。

2001年，实施光亮工程，扩大城市亮化范围，提高亮化档次，全市城市路灯达到26298盏。2002年，增加或改造路灯1152盏。配套建设火车站广场、沂河九曲大桥、银桥街、解放路路灯工程。全面实施城市亮化工程，市区增加沿街亮化单位293家，增加射灯、地灯1600盏，霓虹灯、轮廓灯295处。2003年，亮化工程被列入“一创六建”的系统工程之中，全年增加城市路灯3223盏。城市主干道沿街建筑、大型公共建筑、标志性建筑照明实行统一规划设计，统一时间要求，由各建筑物业主改造安装；市区大型公用绿地和沿街主要建筑物按规定安装装饰灯，更换沂蒙路、解放路路灯；增设一批立体感较强的户外广告灯箱。双岭路景观大道两侧路灯造型采用一舟一帆象形灯具，为市区第一条大规模亮化的道路。市人民广场路灯设计建设，西区选用投光灯、高杆灯、多色彩霓虹灯，体现动感、繁华；东区选用地埋灯、草坪灯，营造静雅的氛围。至此，市区亮化工程取得初步成效。

2004年，市区36条路段增安路灯10706盏，增加沿街建筑物夜景灯、户外广告装饰灯，市区9条道路六层以上建筑物、5座桥梁和4个广场游园实施亮化。2005年，市区新安路灯7400盏、景观灯6348盏（组），完成15条路段、5处广场游园绿地和5座桥梁的亮化。郯城县新安路灯

路灯维护

2015组，总数达1.3万盏，位居全省县级城市前列。

2006年，全市增加或改造城市路灯5400盏，其中市区安路灯3034盏。2007年，全市新安装路灯数量激增，达到3.5万盏，其中中心城区改造安装路灯9528盏。实施绿色照明工程，推广照明新光源、监控新技术。临沂城区路灯节能监控系统安装完成，共安装97台节电器，对兰山城区路灯实施节能控制。城市景观亮化与路灯节能工程获山东省人居环境范例奖。2008年，全市增加城市路灯49007盏，其中中心城区增加路灯、景观照明灯22498盏。

2009年，市区增加路灯10243盏，完成重点路段的127座楼宇和一区、两路、三河、四片、五桥等重点区域的亮化提升任务。将楼宇亮化统一纳入城市照明监控系统管理。

2010年，完成城市照明建设投资2.47亿元，照明设施增加64526盏。完成沂蒙路祊河世纪大桥等100余项照明工程，配套建设城区道路功能照明，完善了城区内广场游园的景观亮化。中心城区城市路灯节能监控系统被省住建厅授予山东人居环境范例奖，是全省路灯行业首次获此奖项。

供水

1985年起，临沂市先后在沂、祊、涑三河交汇处和沂河下游建起第二水厂和悦沂水厂，以河床潜层水代替地下水，市区供水量增加到每天9万立方米左右。1992年至1996年，沂河先后三次断流，两次遭遇特大洪峰，沿河供水设施损坏严重，城市水源多次告急。1996年，投资1.03亿元，建设2处引水工程、4处挖井采水工程，新建扩建自来水厂6处，城市集中供水能力达44万立方米。其中，投资7000多万元建设的岸堤水库引水工程成为市区主要的饮用水水源。1997年，全市有自来水公司12个，水厂25个，完成供水量12283万立方米。1998年，全市增加日供水能力5.7万立方米。为解决市区汛期水质浊度严重超标问题，市委、市政府决定建设给水处理工程。1999年9月，给水处理工程一期工程竣工投产，形成日处理15万立方米的能力，出水水质符合国家标准，达到省内先进水平。是年，全市完成供

供水管道抢修

水量11347万立方米。其中，市区改建扩建水厂6座，增加日供水能力0.5万立方米，完成供水4236.4万立方米。2000年，全市延伸供水管道24134米，其中直径300毫米以上管道9192米，完成投资758.5万元。市自来水公司新延伸改造通达路、金雀山路、红旗路、沂州路等路段供水管道5384米，完成投资533万元。是年，市物价局召开调整市自来水公司水费价格听证会，于4月16日执行新水价。

2001年，全市完成供水量10770万立方米。其中城市公共供水3622万立方米。兰山、罗庄、河东分别供水2611万立方米、918万立方米、93万立方米。安装改造供水管道13080米，建立城市供水情况调查半月报制、城镇供水生产经营情况月报制、市自来水公司供水生产日报制。

2004年，全市城市供水总量21781万立方米；供水综合生产能力102.17万立方米/日（其中地下水67.77万立方米/日）。用水人口206.44万人。公共供水（用水）普及率76%；全市人均日生活用水量133.77升。

2006年初，市委、市政府决定实施岸堤水库向临沂城日供水30万立方米的二期工程，输、供线路总长72公里。是年，全市17家供水企业，供水人口248.74万人，全年供水24126万立方米，新增用水人口25.8万人。2009年，市区新增供水管道40公里，新增供水人口13万人。封停中心城区自备井100眼。与新加坡凯发集团签订特许经营的临沂城30万立方米/日供水项目开工建设。2010年，公共供水普及率达到85%，供水水质符合国家生活用水标准。全市投资近10亿元，新增供水管道近百公里。城区30万立方米供水工程竣工投产。全市城市供水总量19549.8万立方米，用水人口265.6万人，人均日生活用水量125.96升。

2010年临沂市城镇水厂情况表

表4-6

城镇	年用水人口（万人）	2010年城镇供水能力（万立方米/日）	2015年规划用水人口（万人）	水厂名称	水源地名称	水源类别	水源水质状况	水厂处理工艺	水厂设计供水能力(万立方米/日)	水厂实际年供水量（万立方米）
临沂市区	80	35	220	东北园水厂	岸堤水库	地表水	Ⅲ类	常规处理	15	3030
	—	—	—	罗庄区自来水厂	岸堤水库	地表水	Ⅲ类	常规处理	2	629
	—	—	—	盛泉水厂	岸堤水库	地表水	Ⅲ类	常规处理	1.5	450
	—	—	—	桃园水厂	岸堤水库	地表水	Ⅲ类	常规处理	5.14	430
	—	—	—	钦源水厂	岸堤水库	地表水	Ⅲ类	常规处理	0.5	180
	—	—	—	经开水务水厂	沂河（小埠东橡胶坝南侧河床地下水）	地下水	Ⅲ类	常规处理	10	326
	—	—	—	大山水厂	大山水库	地表水	Ⅱ类	常规处理	0.24	53
	—	—	—	顺通自来水公司	龙山水库	地表水	Ⅱ类	常规处理	0.5	110

续表 4-6-1

城镇	年用水人口（万人）	2010年城镇供水能力（万立方米/日）	2015年规划用水人口（万人）	水厂名称	水源地名称	水源类别	水源水质状况	水厂处理工艺	水厂设计供水能力（万立方米/日）	水厂实际年供水量（万立方米）
莒南县	17.85	3.91	25	莒南县供水净化厂	石泉湖水库	地表水	Ⅲ类	常规处理	5	600
沂水县	13.1	8	16	沂水县第一万吨水厂	第一万吨水源地	浅层地下水	Ⅲ类	简单处理	2	550
	—	—	—	沂水县第三万吨水厂	沂河水站水源地	浅层地下水	Ⅲ类	常规处理	3	550
	—	—	—	黄家安水厂	黄家安水源地	浅层地下水	Ⅲ类	简单处理	3	550
苍山县	12	2	15	苍山县自来水公司西水厂	西郊水厂	地下水	Ⅰ类	简单处理	1	251
费　县	10	3	15	费县一水厂	温凉河	地表水	Ⅱ类	常规处理	1	230
	—	—	—	费县二水厂	温凉河	地表水	Ⅱ类	常规处理	2	450
临沭县	10	1.5	15	凌山头水厂	凌山头水库	地表水	Ⅰ类	常规处理	1.5	460
蒙阴县	7	2.8	18	西关水厂	东汶河	地下水	Ⅲ类	简单处理	0.9	201
	—	—	—	第二水厂	奥陶纪灰岩	地下水	Ⅱ类	简单处理	0.8	29
	—	—	—	蒙山水厂	黄土山水库	地表水	Ⅲ类	常规处理	1	120
	—	—	—	东郊水厂	保德河	地下水	Ⅲ类	简单处理	0.3	94
平邑县	15	3	20	商城一水厂	一中水源地	地下水	Ⅲ类	常规处理	3	500
郯城县	9.5	2	18	郯城县一水厂	郯城县一水厂水源地	地下水	Ⅲ类	简单处理	2	730
	—	—	—	郯城县二水厂	郯城县二水厂水源地	地下水	Ⅲ类	简单处理	1	300
沂南县	13	5	18	南寨水厂	汶河	地表水	Ⅱ类	常规处理	2	680
	—	—	—	明生水厂	汶河	地表水	Ⅱ类	常规处理	0.5	180

续表 4-6-2

城镇	年用水人口（万人）	2010 年城镇供水能力（万立方米/日）	2015 年规划用水人口（万人）	水厂名称	水源地名称	水源类别	水源水质状况	水厂处理工艺	水厂设计供水能力(万立方米/日)	水厂实际年供水量（万立方米）
平邑县地方镇	3	0.5	5	地方镇水厂	—	地下水	Ⅱ类	简单处理	1	200
蒙阴县垛庄镇	2	0.5	3	垛庄镇水厂	—	地下水	Ⅱ类	简单处理	0.8	300
苍山县兰陵镇	5	1	6	兰陵镇水厂	—	地下水	Ⅱ类	简单处理	1.5	520
郯城县马头镇	3	0.6	5	马头镇水厂	—	地下水	Ⅱ类	简单处理	1	350
兰山区义堂镇	7	1.2	8	义堂镇水厂	—	地下水	Ⅱ类	简单处理	1.5	530

排水

1995 年市区建成排水管涵 500 多公里。1996 年，全市城市排水管涵达到 640 公里。1998 年，投资 2338.73 万元，分别对沂河、祊河、涑河、李公河、临西三路排水方涵、双月湖、降水沟等城市排水治涝设施进行清淤、疏浚、改造，在护城河出口处建桥一座，对护城河源头进行开挖拓宽，缓解了临沂城积水内涝问题。

1999 年，组建排水监测站，对全城排水设施进行调查，对全城各自备水源单位进行调查摸底，查处乱接、占压、破坏排水设施事件 46 起，处理 35 起。2000 年，清挖下水井 22776 座次，机械疏通管道 25625 米，人工绞拉清理管道 14372 米，更换井箅井盘 1636 个、水泥盖板 352 块，修建小井 67 座，铺设管道 179 米。对监测污水排放不达标的 24 家单位出具检验报告，提出整改措施。对乱排乱放和破坏排水设施的违章行为进行治理，整改 211 家，查处违章接口事件 60 起。2001 年，对兰山城区宽 18 米以上道路的沿街排水户进行检查，查处乱排乱放和破坏排水设施的违章行为 224 起，对商城路、开源路等 80 家单位进行排水水质监测，对解放路、沂蒙路等 6 条道路上 520 家排水户进行规范治理。

2002 年，临沂市第一污水处理厂竣工，第一组 5 万立方米工艺流水线投入运行，出水水质达到国家规定标准；第二组 5 万立方米工艺流水线达到通水试运行条件；基本建成青龙河至厂区 3 公里的污水管网工程。

2004 年，全市污水处理量 5402 万吨，污水处理率 32.01%，其中临沂城区为 62.66%。实施“清、增、治、改、疏”五管齐下治理城区汛期积水，清

治理改造后的青龙河

挖疏浚青龙河8700米，建排水管网6800米。重点整治城区5大排水口，清挖雨水井5069座（次），疏通管道4.4万多米，治理积水点29处，城区雨水排泄时间由3~4小时缩短到1~2小时。

2005年，市政府颁布城市排水管理办法，改造解放路等4条城市主要道路的排水设施。综合整治沂河城区段水环境。是年，莒南县污水处理厂建成运行，沂南、苍山、平邑、郯城、罗庄、临沭等5个县区污水处理厂均开工建设。2006年，完成青龙河和陷泥河全线25.2公里截污管道的敷设，并引涑河清水入青龙河、陷泥河，所有污水进入管道经市污水处理厂处理后达标排放。

2007年，全市新增污水处理能力24万吨/日，其中中心城区新增污水处理能力11万立方米/日。列入国家淮河流域水污染治理及南水北调水污染治理工程项目竣工。全市建成14座污水处理厂，市区和沂水县污水处理厂除磷脱氮改造工程竣工，临沂市及罗庄区、苍山县污水处理厂再生水利用工程开始用于农业灌溉。

2009年，陷泥河环境综合整治工程新建蓄水拦河坝6座，沿河两岸新增硬化道路面积8万平方米，敷设污水管道1.1万米，全面实现截污分流。完成青龙河综合治理工程陵园段500米河道拓宽治理。全市新建续建污水处理厂5座，新增规模每日15万吨；新增污水管网170公里；新建的3座城市污水处理厂出水水质执行一级A标准，并将已建成的16座城市污水处理厂出水水质由一级B标准提升到一级A标准；完成再生水利用建设规模每日16.5万立方米；新建污泥焚烧规模每日300立方米。经过公开招标，与北京首创股份有限公司签订市第二污水处理厂BOT项目特许经营合同，工程于年底建成并运行。是年，对南坊新区的排水设施进行接管，纳入常规维护范围。

2010年，新建和续建城市污水处理厂2座、规模5万吨/日。全面提升污水处理建设管理工作水平，城市生活污水处理厂全部执行一级A排放标准，污泥基本实现无害化处置。

2010年临沂市中心城区主要城市排水污水管涵情况表

表4-7

名称	起点	止点	出水口水系	管径（毫米）	长度（米）	备注
沂蒙路盖板涵	火车站	陷泥河	陷泥河	4300（净宽）	680	合流管道
青龙河污水管道	竹林桥	清河南路	小埠东灌渠	DN1200、DN1000	120	—
陵园前街污水管道	烈士陵园	陵园前街	青龙河	DN600	440	—
双岭路—西外环立交桥排水管道	立交节点		周边管网	DN600	1600	随立交桥同步建设
				DN800	1300	
				DN1000	3200	
				DN1200	650	
银雀山路排水管道	高升路	工业二路	南涑河	DN1000	2200	雨水
银雀山路排水管道	高升路	工业二路		DN800	1100	污水
马厂湖新材料园区排水管道	—	—	南涑河	DN1000	7200	雨水

续表 4-7-1

名　称	起　点	止　点	出水口水系	管径（毫米）	长度（米）	备注
马厂湖新材料园区排水管道	—	—		DN600	3000	污水
梅开路排水管道	沃尔沃路	曦之路	彭白河	DN1000	8600	随道路建设雨水管道
金升中段排水管道	联邦路	中山路	解白河	DN1000	1900	随道路建设雨水管道
凤翔路排水管道	临工路	沈阳路	解白河	DN800	1600	随道路建设雨水管道
合肥路东段排水管道	杭州路	香港路	李公河	DN1000	11460	随道路建设雨水管道
厦门路中段排水管道	昆明路	铁路	解白河	DN1000	1800	随道路建设雨水管道
临工路东段排水管道	联邦路	东外环	玉白河	DN1000	5800	随道路建设雨水管道
长安路中段排水管道	香港路	沃尔沃路	李公河	DN1000	2880	随道路建设雨水管道
联邦路北段排水管道	沂河路	河东界	玉白河	DN1000	6000	随道路建设雨水管道
中山路排水管道	沂河路	合肥路	玉白河	DN1000	1600	随道路建设雨水管道
合肥路西段排水管道	沃尔沃路	滨河大道	李公河	DN1000	7800	随道路建设雨水管道
沈阳路排水管道	李公河	香港路	李公河	DN1000	1400	随道路建设雨水管道
长安路东段排水管道	胶新铁路	昆明路	李公河	DN1000	1694	随道路建设雨水管道
香港路南段排水管道	山众重机	柳工路	—	DN600	1800	随道路建设污水管道
柳工路排水管道	胜代机械	香港路	—	DN600-800	2630	随道路建设污水管道
林荫路排水管道	柳工路	金升路	—			随道路建设污水管道
金升路排水管道	林荫路	沃尔沃路	—			随道路建设污水管道
华夏路排水管道	昆明路	解白河路	—	DN600	800	随道路建设污水管道
杭州路排水管道	金升路	华夏路	—	DN1000	1100	随道路建设污水管道
兰亭路排水管道	安居街	凤凰大街	李公河西支	DN800、1000	780	随道路建设雨水管道
李公街排水管道	东兴路	正阳路	李公河西支	DN800	516	随道路建设雨水管道
凤凰大街东段排水管道	温泉路	铁路东李公河	李公河西支	DN800	540	随道路建设雨水管道
皇山路南段排水管道	凤凰大街	金雀山东路	李公河西支	DN600、DN800、DN1000	1679	随道路建设雨水管道
解放东路排水管道	正阳路	皇山路	李公河西支	DN800	774	随道路建设雨水管道
人民大街东段排水管道	温泉路	铁路东	李公河西支	方涵 4×2	1020	随道路建设雨水管道
金雀山东路排水管道	东兴路	铁路	李公河西支	DN1000、方涵 4000×1500、方涵 4000×2000	687	随道路建设雨水管道
智圣路排水管道	三和东街	桃源街	李公河西支	DN1000	780	随道路建设雨水管道
桃源街排水管道	东兴路	滨河东路	李公河西支	DN1000、1200	1633	随道路建设雨水管道

续表 4-7-2

名　称	起　点	止　点	出水口水系	管径	长度（米）	备注
皇山路北段排水管道	三和东街	桃源街	李公河西支	DN1000	716	随道路建设雨水管道
兰亭路排水管道	安居街	凤凰大街	—	DN400、500	780	随道路建设污水管道
李公街排水管道	东兴路	正阳路	—	DN400	516	随道路建设污水管道
凤凰大街东段排水管道	温泉路	铁路东李公河	—	DN800	540	随道路建设污水管道
皇山路南段排水管道	凤凰大街	金雀山东路	—	DN600	1679	随道路建设污水管道
解放东路排水管道	正阳路	皇山路	—	DN500	774	随道路建设污水管道
人民大街东段排水管道	温泉路	铁路东	—	DN400	1020	随道路建设污水管道
金雀山东路排水管道	东兴路	铁路	—	DN600	687	随道路建设污水管道
智圣路排水管道	三和东街	桃源街	—	DN400	780	随道路建设污水管道
桃源街排水管道	东兴路	滨河东路	—	DN500	1633	随道路建设污水管道
皇山路北段排水管道	三和东街	桃源街	—	DN500	716	随道路建设污水管道
兰亭路排水管道	凤凰大街	解放东路	—	DN400	700	随道路建设污水管道
合计	—	—	—	—	99304	—

供暖

20 世纪 80 年代，临沂市部分企事业单位采用自备锅炉燃煤供暖，90 年代中期开始出现集中供暖。1995—1996 年，全市集中供热能力 1450 立方米/小时，其中临沂热电厂供热能力 85 立方米/小时，临沭热电厂供热能力 60 立方米/小时。郯城、平邑开始建设热电厂，实行城市集中供热。

1997—1999 年，市区投资 2200 万元，建设东线热网工程，主管线全长 3405 米。最大供气能力 100 立方米/小时。发展采暖用户 17 家，采暖面积达 48 万平方米。兰山区内供热面积 120 万平方米。罗庄区驻地和盛庄镇驻地新增供热面积 119 万平方米。2000 年，建设高温循环水工程和低温循环水工程，共敷设主管线 15 公里，增加供暖面积 160 万平方米。

2001 年，编制《临沂市建城区热力规划》（三区一片）。2002 年，增加供热面积 102 万平方米、供热管道 27.5 公里。

2003—2004 年，集中供热面积 1550.6 万平方米。全市完成供热投资 2.3 亿元（其中市区完成投资 1.4 亿元），敷设供热主管线 12.7 公里。2005 年，完成供热投资 4.42 亿元，新增供热面积 355 万平方米，新增供热管网 150 公里，解决临沂城区西部居民冬季取暖难问题。

2006 年，全市有供热企业 14 家，供热能力 3360 立方米/小时，集中供热面积 2230.9 万平方米，年内增加供热面积 235 万平方米。2007 年，全市增加供热面积 364 万平方米，其中中心城区增加供热面积 215 万平方米。

2008—2009 年，市区增加供热管线 24 公里，完成中心城区 3 条蒸汽管网汽改水的方案、科研和立项。

2010 年，全市供热行业投资 2.7 亿元，增加供热管线 36 公里、供热面积 900 万平方米。蓝天热力公司完成供热首站节能改造，增加供热面积 150 万平方米；恒源热力公司完成蒸汽管网改造，增加供热面积 120 万平方米；华能临沂发电有限公司 2 台 35 兆瓦热电联产机组开工建设。

2010年临沂市供热企业名单

表4-8

县区	企业名称
兰山	临沂市恒源热力有限公司
罗庄	临沂蓝天热力有限公司
郯城	郯城新原供热有限公司
苍山	临沂华龙热电有限公司
沂水	沂水热电公司
	青援热电公司
	鲁洲热电公司
平邑	山东易达热电科技有限公司
费县	费县正义热电有限责任公司
蒙阴	蒙阴德信鑫源热电有限公司
莒南	莒南县信源热力有限公司
临沭	临沭中际热电控股有限公司

供气

1995年，全市有液化气站40家，总储气能力6000立方米。其中临沂城液化气站24家，储气能力4500立方米。

1998年，市政府将城市燃气工程列入为民工程，以沂蒙化肥厂合成氨驰放气掺液化石油气（俗称人工煤气）作为城市燃气气源。2000年5月，一期工程完工，设计日产混合燃气3.7万立方米，建成混合制气厂和10座建设调压站，敷设中、低压管道21公里，用户6500户。2001年，修订《临沂市城区燃气专项规划》，检查市区燃气经营企业46家，对不符合申报要求的企业实行限期整改。2002年，全市有资质液化气站66家，年供气量22440立方米。2004年，全市液化石油气供气总量49774吨，天然气供气总量290万立方米，人工煤气供气总量180万立方米。全市用气人口163.16万人，燃气普及率60%。

2006年，引入管道天然气。全市有管道燃气企业7家，用气人口24.1万人，年供应天然气1393万立方米；液化石油气站165家，用气人口456万人，年供应液化石油气57280吨。2009年9月，市政府与中国石油天然气集团公司合资成立全国第一家地市级管道燃气输配公司——临沂市管道燃气输配有限责任公司，负责全市高压、次高压天然气管线和门站建设。

2010年6月18日，市政府与中国石油天然气股份有限公司签署天然气发展利用合作协议，确定建设临朐—临沂城区的天然气高压管网，延伸滕临支线至临港产业开发区；建设临沂罗西分输站，原分输站改为天然气门站，交由临沂管道燃气输配有限公司管理和使用。11月3日，临沂管道燃气输配有限公司和中国石油华北天然气销售公司签署天然气购销协议，确定2015年前中国石油天然气股份有限公司每年向临沂市供应天然气11亿立方米。是年年底，临沂市城市燃气普及率97.48%，其中市辖区99.67%。天然气用户23.51万户，其中市辖区19.44万户；液化石油气用户54.81万户，其中市辖区22.15万户。有天然气汽车加气站9座，其中市辖区3座。液化石油气储气能力为6359吨，其中市辖区2740吨；供气总量为90558.5吨，其中市辖区60919.2吨。

城市绿化

20世纪80年代，临沂城市绿化以街头绿地、街心花坛建设和机关、厂矿、商店、学校内部绿化为主。1995年，全市公共绿地374公顷，城市人均公共绿地4平方米，其中临沂城公共绿地110.33公顷，人均3.1平方米。建成区绿化覆盖率30.5%，绿地率28.9%。2002年，全市建成区公共绿地620公顷，人均8.55平方米。是年，启动全市2万公顷环城森林绿化工程，计划利用3年时间在临沂城区周边建设165公里主干环城绿化林带，将城市郊区的所有道路、河流、沟渠全部绿化。重点搞好城市外围成片造林和出入口绿化，实行点、线、片、带相结合，营造“城郊森林围城、出入口绿色长廊、市区绿树花城”绿色生态格局。

2003年，实施城市绿化绿线管制和“绿色图章”制度。规定：对规划中划定的绿线（城市规划区内各类绿地范围的控制线），通过公示牌和建设网向社会公示。城市规划区内新建、改建、扩建工程项目，建设单位先到城市绿化主管部门送交建设工程绿化方案，审查合格后，城市绿化主管部门发给“建设工程绿化规划审批书”，并加盖绿化规划审批专用章。

2007年，市委、市政府提出创建国家园林城市目标。实施城市绿地系统规划，加大城市基础设施和生态绿化项目建设，突出涑河、北城新区两个建设重点，城区河流、铁路沿线、城中村、旧住宅区、城乡接合部、城区道路采取多种形式绿化，并全面展开公园、街头绿地建设。

2008年底，全市有面积1000平方米以上的街头绿地36处，市区建成区绿地面积4553.98公顷，其中公共绿地1750.26公顷，绿化覆盖率、绿地率分别达到41.02%、36.55%。全市建成绿色通道4364公里，基本形成以临沂城区为中心，以环城林带为基础，以道路、河流绿化为骨架，以成片造林为重点，城郊一体的绿化网络格局。2010年2月，临沂市被命名为国家园林城市。是年年底，全市建成区绿化覆盖面积15397公顷，园林绿地13211公顷，公园绿地5302公顷。全市城市建设用地中，绿地面积53.55平方公里，其中市区28.05平方公里。

道路绿化 20世纪80年代后，市区在三块板结构的街道隔离带植树、种花、种草。1990年，金雀山三路、临西二路、临西三路、启阳路、八一路、沂蒙路南段绿化达标。1993年，在沂州路南段、金雀山路西段、北园路实行绿化。1994年，在临西五路、开阳路中段、新华路绿化，以及沂州路永昌门以南、临西路水田桥以南、解放路汽车站前、临西路（高杆灯路段）建设绿地花坛。1996年，对红旗路、砚池街、金雀山三路3条文明示范路进行综合治理，实行沿街各单位、住户“包绿化、包秩序、包管理”的门前三包责任制。1997年，栽植行道树3803棵，冬青绿篱15.9万棵，花灌木1.9万棵，草花20万棵，种植草皮2.39万平方米。其中，对沂蒙路、金雀山一路两条“达标路”进行重点绿化，垒砌蘑菇石花池6287米，栽植行道树1175棵、各类花灌木2949棵、绿篱13280米、草皮9600平方米。金雀山四路、金雀山六路、临西八路、成才路和桃园路完成常规绿化。

1999年，对新建的银雀山路西段、临西三路南段等路段进行绿化，对临西一路和北园路西段进行绿化改造。2000年，按照“一路一品、一街一景”的原则，完成开阳路、育才路、开源路、工业大道、新华路、红旗路、东岳庙街等十几条道路行道树栽植，栽植法桐等各类树木3800余棵。同时，对沂蒙路中段进行绿化改造，栽植冬青绿篱8800米，各类花木5400余棵。2002年，完成平安路、工业大道、解放路东段等道路绿

滨河路绿化

化，在全城苗木缺损路段补植各类乔灌木3.38万株。2003年，双岭路拓宽改造工程行车道宽38米，两侧各建有50米绿化带。为增大绿量，增加功效，栽植80余种植物实施大尺度绿化，乔灌花草大色块效果立体布局，共70万平方米，成为当时一条景观大道。

2004年，道路绿化形成以沂蒙路为纵轴、以金雀山路为横轴的城市道路绿化景观。2005年，重点实施滨河大道一期、红嫂广场一期绿化工程和工业大道等4条主要道路绿化。按照《城市道路绿化规划与设计规范》，对新建道路绿化按规范设计一次到位；对老城区道路逐步实施整治改造。2007年，对31条道路进行行道树补植。至2010年，市区道路绿化普及率、达标率分别为100%、88.27%。行道树从原来的单一品种发展到银杏、女贞、栾树、广玉兰、香樟等几十个品种，形成多行密植、层次丰富、落叶树与常绿树相结合的城市行道树绿化景观。

滨河路　全长106公里，总投资12亿元，按50年一遇的防洪标准设计，依托沂、祊河两岸，是堤路合一的堤防道路工程，集防洪、交通、观光于一体。滨河路景观绿化工程在充分保护和利用原有林草植被的基础上，大量引种优良树种，银杏、金丝垂柳、金枝国槐、雪松、栾树、紫薇、樱花、榆叶梅、珍珠梅等树种遍植沂河两岸。

沂蒙路（滨河路—海关路）　全长5100米，为贯穿兰山区南北的主干道。2010年，栽植优质法桐900余棵，栽植模纹6000余平方米，栽植地被类植物500余平方米。

海关路（中丘路—蒙山大道）　全长4420米，为主城区东西向主干道。2010年，栽植优质法桐1000余棵，模纹1.2万余平方米，花灌木1000余株，地被类植物800余平方米。

双岭路　东起滨河大道，西至京沪高速公路出入口。2010年投资300余万元，对双岭路沿线两侧绿化进行提升，栽植优质法桐2000余棵，栽植模纹1.8万余平方米，栽植花灌木1400余株，栽植地被类植物1200余平方米，成为临沂城西部园林景观长廊。

通达路（滨河路—海关路）　全长6902米，是纵贯临沂城南北的主要通道之一。2010年投资200余万元，打造通达路迎宾绿化景观带，栽植优质栾树1200余棵，花灌木800余株，模纹8000余平方米，增加园林附属设施10余处。

西外环　南起铁路桥，北至双岭路。全长5.5公里，为城区重要外环路。2010年投资300余万在西外环共栽植法桐2000余棵，模纹1.6万余平方米，花灌木1000余棵。

湖东二路　位于罗庄区，道路全长2088米，两侧绿化带宽15米，人行道宽2.7米。绿化总投资541万元。绿化设计采取疏林草地自然式风格，形成“春花、夏荫、秋韵、冬青、春绿”为主体的五大景点特点。在整个景观上，以四季的季相及突出的节气为主线，突出文化的高品位，布置了植物模纹、植物造型艺术和园林建筑小品，所有景点流畅、自然、简洁、大方。

沂河路　位于罗庄区，全长15080米，两侧绿化带平均宽约14米，人行道宽3米，绿化面积49.8万平方米。总投资2441万元。绿化设计采用“三季有花、四季长绿”的特点，绿化带后加设了以蜀桧和雪松为主的背景林。道路西段乔木为主，采用了大量的樱花、合欢、紫叶李和柳树、雪松等绿化苗木，两旁景点以自然、清新、大方为主题。东段多以模纹图案及花灌木为主，美观、简洁、流畅。

湖东路　位于罗庄区，全长5327米，绿地面积71125平方米，人行道宽3米，总投资290万元。整个工程以模纹、草坪为主，流畅的曲线简洁、大方，红叶小檗、龙柏球和金叶女贞的搭配，加以草坪的相称托，为罗庄区的道路绿化增添了彩色，提高了城市的品味。该工程曾于2001年获得“市级优秀道路绿化”的称号。

蒙山大道　绿化面积2.3万平方米，总投资210万元。蒙山大道罗庄区段是通往临沂城的主

滨河广场绿化

24.3%。2004年建成。

安居街　位于河东区，滨河东路至正阳路，全长1568米，面积4.7万平方米，绿地率3.8%、绿化覆盖面积1800平方米，绿化覆盖率3.8%。2004年建成。

三和东街　位于河东区，滨河东路至温泉路，全长4120米，面积24.7万平方米，绿地率25.8%、绿化覆盖面积67238.5平方米，绿化覆盖率27.2%。2004年建成。

干道之一，车流量大，周围村庄居多，人口密集。在蒙山大道与沂河路交汇处建设了街头绿地，采用了大量的花灌木和植物模纹，铺装了白花三叶草。

华阳路　位于河东区，北起三和东街南至人民大街，全长1200米，面积4.8万平方米，绿地率36%、绿化覆盖面积19672平方米，绿化覆盖率41%。

工业园一路　位于河东区，三和东街至人民大街，全长1350米，面积4.7万平方米，绿地率43.4%、绿化覆盖面积22261平方米，绿化覆盖率43.4%。2003年建成。

工业园二路　位于河东区，三和东街至人民大街，全长1350米，面积4.7万平方米，绿地率40%、绿化覆盖面积20460平方米，绿化覆盖率43.3%。2003年建成。

东兴路　位于河东区，三和东街至铁路桥，全长4950米，面积32.1万平方米，绿地率23.5%、绿化覆盖面积92664平方米，绿化覆盖率28.7%。2004年建成。

金雀山东路　位于河东区，滨河东路至正阳路，全长1146米，面积6.9万平方米，绿地率21.3%、绿化覆盖面积16708平方米，绿化覆盖率

解放东路　位于河东区，滨河东路至正阳路，全长1565米，面积6万平方米，绿地率26.1%、绿化覆盖面积16692平方米，绿化覆盖率27.6%。2005年建成。

人民大街　位于河东区，滨河东路至温泉路，全长4395米，面积26.4万平方米，绿地率42.4%、绿化覆盖面积115732平方米，绿化覆盖率43.9%。2007年建成。

凤凰大街　位于河东区，滨河东路至正阳路，全长1720米，面积10万平方米，绿地率27.1%、绿化覆盖面积2.9万平方米，绿化覆盖率30.2%。2007年建成。兖石铁路桥至温泉路，全长1980米，面积11.88万平方米，绿地率27.8%、绿化覆盖面积40920平方米，绿化覆盖率34.4%。2009年建成。

孝友路　位于河东区，三和东街至安居街，全长1541米，面积5.5万平方米，绿地率33.8%、绿化覆盖面积18735平方米，绿化覆盖率33.8%。2008年建成。

智圣路　位于河东区，三和东街至东夷大街，全长652米，面积2万平方米，绿地率23%、绿化覆盖面积1540平方米，绿化覆盖率7.7%。

2008 年建成。

正阳路　位于河东区，人民大街至金雀山东路，全长 2800 米，面积 12 万平方米，绿地率 45.2%、绿化覆盖面积 56961 平方米，绿化覆盖率 45.2%。2008 年建成。

兰亭街　位于河东区，安居街至金雀山东路，全长 2600 米，面积 7.8 万平方米，绿地率 19.4%、绿化覆盖面积 1.51 万平方米，绿化覆盖率 19.4%。2008 年建成。

东夷大街　位于河东区，滨河东路至温泉路，全长 4015 米，面积 12 万平方米，绿地率 21.1%、绿化覆盖面积 24271 平方米，绿化覆盖率 21.1%。2008 年建成。

皇山路　位于河东区，三和东街至人民大街，全长 850 米，面积 5.1 万平方米，绿地率 37.6%、绿化覆盖面积 1.92 万平方米，绿化覆盖率 37.6%。2009 年建成。

公共绿地建设　1995 年，全市公共绿地有 374 公顷。1998 年，全市建成区绿化面积 713 公顷，其中城市公共绿地 258 公顷。2000 年，结合旧城改造及道路拓宽，建设临沂人民广场、会展中心广场、沂州路林荫广场和涑河游园、东方红游园三期工程、五里堡等广场绿地。其中，临沂人民广场占地面积 21.6 公顷，绿化占总面积的 55%；沂州路林荫广场总面积 2.16 公顷，绿化以树木为主，间以草坪、建筑小品，突出林荫特色。

2004 年起，临沂市开展创建省级园林城市工作，园林绿化进入高速发展期。2004 年，全市园林绿化投资达 14690 万元，其中市区园林绿化投资 13154 万元，将数万株柿树、板栗等大树点缀栽植在公共绿地内。双岭路两侧绿化达 70 万平方米。市区建成区绿化覆盖面积 4617.2 公顷，绿地面积 3757.6 公顷；市区公共绿地面积 1544 公顷，人均 8.06 平方米。2005 年，以园林绿化、水环境整治和环卫设施建设为重点，加强环境基础设施建设。建成街头绿地 25 处，沿滨河大道 12 公里的滩外绿化面积 40 万平方米，滩内绿化面积 115 万平方米；建成沂蒙广场、凤凰广场、迎宾广场，新建改建园林绿地面积 529.38 公顷。

2007 年，临沂市启动创建国家园林城市工作。编制城市绿地系统规划，加大生态绿化项目建设。各区、各责任单位全面展开公园、街头绿地建设。围绕“建设生态宜居城市”目标，滨河景区先后投资 325.2 万元，完成春冬季两次园林景观提升，对凤凰广场、迎宾广场、解放路桥至小鱼市广场生态护岸等景点进行改造，提升景观效果，增加城市绿量。是年，增加绿地面积 415.3 公顷，人均公共绿地面积 15.04 平方米。市区建成区绿化覆盖率、绿地率分别达到 37.77%、33.82%。

2008 年，各级政府实行以奖代补政策，制定优惠政策，加大资金扶持力度，提出“整体推进，突破老城，打造亮点”的工作思路。各区、各责

小区绿化

任单位采取拆墙建绿、破硬造绿、屋顶绿化等形式进行单位庭院和居住区绿化。各区与经营者签订空地绿化合同，推进绿化进程，形成以佛甲草为主的屋顶绿化特色。市区建设广场8处，游园19处，街旁绿地201处，建成区绿地面积4553.98公顷，绿化覆盖率、绿地率分别达到41.02%、36.55%，人均公园绿地17.04平方米。

2010年2月，临沂市被命名为国家园林城市。至是年年底，市区道路绿化普及率、达标率为100%、88.27%。全市城市绿化覆盖面积18945公顷，其中市区10593公顷；建成区15397公顷，其中市区7719公顷。全市园林绿地面积15984公顷，其中市区9011公顷；全市建成区13211公顷，其中市区建成区6718公顷。全市公园绿地面积5302公顷，其中市辖区3269公顷。

滨水生态园林 临沂城水资源丰富，沂河、祊河、涑河、青龙河、柳青河、陷泥河、李公河等河流穿越城区。沂河和祊河在城内交汇，形成极具特色的“Y”形主轴景观线。2004年，为改善人居环境，由南京林业大学编制完成《临沂市绿地系统规划（2005—2020）》和《临沂市城市规划区生物（植物）多样性保护规划》，确立“以河为轴、两岸开发”建设滨水园林城的总体思路。2005年12月市政府批复实施。2009年，又对该绿地系统规划进行修订，增加防灾避险内容。市政府制定《临沂城绿化管理办法》，对规划中划定的绿线，通过公示牌和政府部门网站向社会公示。市建设局在市政府政务大厅设立绿化规划审批窗口，集中办理涉滨河路景观城市绿化项目审批，推行绿线管制和“绿色图章”制度。

从2003年起，投资15亿元，对沂河（文泗公路汤头桥—刘家道口水利枢纽）、祊河（沂河口—青年路）57平方公里的面积进行综合治理，建设长106公里的滨河路，分别在小埠东、桃园、角沂、葛庄、花园、柳行和刘家道口建设7座拦河蓄水闸坝工程。共蓄水1.6亿立方米，在临沂城区形成面积36平方公里的水面。沿河绿化带18平方公里，规划建设9个广场、18个特色园区和36处景点。滨河景区集“水、岸、滩、堤、路、景”于一体，成为展示人文、自然景观的大型开放式生态风光带。2006年，对涑河、陷泥河、青龙河进行综合治理，实行雨污分流、两岸绿化美化亮化。2007年末，滨河景区有大小乔木50种，25312株。竹类4种，14201平方米。草坪地被5种，484912平方米。模纹植物8种，143489平方米。灌木37种，55376.45平方米。草本植物14种，56201.8平方米。水生植物8种，9836.92平方米。2008年，启动陷泥河、柳青河、李公河、小埠东灌渠水系的综合治理工程。实施引祊入涑、引涑入陷、引涑入青以及拦蓄水闸坝工程，达到“七河相通，河水变清”的目标。整治河流总长度84.14公里，总投资11.65亿元。自西北向东南贯穿临沂城区7条河流的开发整治及两侧绿化带的建设，进一步彰显滨水园林城特色。沂河环境综合治理工程获“中国人居环境范例奖”，滨河湿地公园、双月湖湿地公园被建设部命名为国家城市湿地公园。

单位及庭院小区绿化 20世纪80年代后，结合“文明单位”创建活动，通过创建“花园式单位”和绿化卫生先进单位，实行美化、绿化、净化环境的门前“三包”制度，实施街头绿地、街心花坛建设和机关、厂矿、商店、学校的内部绿化达标。城区各单位植树种花、造假山、建喷水池，庭院绿化蔚然成风。1999年，河东区投资154万元，对城区主要道路、公共区域和庭院门前进行绿化美化，增加城区绿化面积6.7万平方米，有2个单位被评为市级花园式单位，4个单位被评为市级绿化先进单位。2000年，先后建设宋家王庄小区华强广场、市土地局宿舍区和临沂针织厂宿舍区绿地等，均达到或超过居住区绿化指标要求。推行平面绿化、立体绿化、盆景绿化相结合的方式，督促驻城单位按照标准搞好庭院绿化，临沂石油总公司销售公司等单位被命名为省级“花园式单位”，临沂医专等6个单位被命名为市级“花园式单位”。2002年，评选出省级花园式单位2个，花园式小区1个，市级花园式单位4个、花园式小区4个。各级不断加大对单位、居住区的绿化规划、建设及管理力度。2005年，结合省级文明城市创建，开展绿色社区创建活动，创建国家、省、市级绿色社区9个。2006年1月，制定在市区开展单位庭院和住宅小区绿化达标活动的实施方案，要求单位、居住区采取拆墙建绿、破硬造绿、屋顶绿化等形式进行绿化。新建单位（小区）规划建设时留足建足绿地；现有单位庭院（小区）内所有闲置地都要绿化，绿化后不达标的要进行屋顶绿化或以其它绿化方式进行补充；城市主干道两侧单位、小区实施拆墙透绿，建设绿地或绿篱，并与庭院绿化、道路绿化相协调。实施见缝插绿和立体绿化，各单位（小区）在单位庭院（小区）内外、房前屋后、墙体周围种植乔灌木、各类攀缘植物。城市主干道沿街单位90%以上实施拆墙透绿。结合创建园林城市，强化工作督导，组织开展创建绿色文明家园、绿色家庭、绿色小区、花园式单位等群众性创建活动，进一步优化生态环境，提高城乡文明水平。2010年年底，全市267个城区居住区565个单位，建成省、市级花园式小区188个，花园式单位363个。

月亮城小区。位于双月湖畔，为自然式开放园林设计，占地面积38.22万平方米，总建筑面积18.7万平方米，绿化总面积18.4万平方米，绿化率为48.14%。小区园林绿化引进五针松、杜鹃、龟甲冬青、杨骨、无花果、日本海棠、枇杷、五角枫、银杏等数十种高档观赏花木。

临沂矿务局梅园小区。位于罗庄区商业街69号路南，占地11万余平方米，总建筑面积8万余平方米，绿化总面积近4万平方米，绿化率达35.5%，小区内共栽植桂花、冬青、五针松、银杏等各类乔灌木43万余棵。

安居小区。位于河东区安居街西段，占地面积26.08万平方米，绿地面积9.36万平方米，绿地率35.9%，小区内部公共绿地，休闲娱乐绿地及道路等各功能分区，结构合理、层次丰富、物种关系协调、景观自然和谐。

开元帕缇欧小区。位于兰山区祝丘路30号，绿化景观工程总投资586万元，绿化面积1.04万平方米，绿化率达42%左右，有大型乔木196棵、小型乔木124棵、草坪4000平方米。园区景观设计以“流淌花香”为主题，营造一种闲适、时尚、自由、浪漫的氛围。

城建·涑堤春晓小区。位于兰山区北园路西段南侧，规划用地6.14公顷，绿化总投资2600万元。园林绿化面积2.44万平方米，绿化率40%，绿化植物配置符合生物学特性和园林艺术要求，各类苗木生长良好，四季常青。

园林绿化生产与科研　2003年，临沂市园林管理处成立园林科研所，建有科研苗圃33.3公顷。2006年成立临沂市园林植物研究所。2007年临沂市园林管理处专门设立科研植保科，共建有科研苗圃86.7公顷。《万寿菊F1杂交制种技术的研究》获省科技进步奖三等奖，《绞股蓝的组培快繁和新产品开发》《城市土壤对植物生长的影响及其改善措施》分别获市科技进步奖二、三等奖，《“金雀花、银雀花”种质资源挖掘与有关技术研究》获市科技进步奖二等奖；《屋顶绿化植物材料的选择与应用研究》《临沂市野生草本花卉资源调查及在节约型园林中的研究》获市科技进步奖二等奖。市区城市园林绿化常用植物，以乡土树种为主，物种225种。2008年，市区建成罗森园苗圃等50余个，生产绿地面积442.71万平方米，占建成区面积的3.55%，苗木自给率为82%。积极开展园林植物引种、育种工作，建设野生花卉种苗选育基地和乡土树种生产基地，培育馒头柳、河柳、欧洲榆、沂州海棠、红叶石楠、乌桕、西府海棠、杂交马褂木、红王子锦带等新优园林植物，满足城市绿化工作的需求。

2010 年临沂市区部分个体生产苗圃情况表

表 4-9

名　称	面积（平方米）	管理单位
九曲苗圃	13200	河东区个人
兰花公司	6500	河东区个人
桂春苗圃	8667	河东区个人
三官庙苗圃	320000	河东区个人
张庄苗圃	6667	河东区个人
双月园集团苗圃	20014	罗庄区个人
吕全海苗圃	20680	罗庄区个人
路南苗木科技园	611700	罗庄区个人
临沂创意园林有限公司苗圃	18250	罗庄区个人
双月园园林公司苗圃	94714	罗庄区个人
江泉花卉基地	16500	罗庄区个人

针对城市绿化中利用时令花卉点缀街景，虽然色泽鲜艳，但花期短、支出高、次生污染严重的问题，市园林管理部门减少对时令花卉的运用，引进、驯化多种宿根花卉加以推广，形成以乡土树种为主的培植模式，并成功引种新疆大叶榆、新疆馒头柳等耐旱、耐寒树种。充分利用爬墙虎、蔷薇、紫藤等攀缘和悬垂植物装饰沿街墙体、建筑物墙面等立体空间。

第二节　旧城改造

20 世纪 90 年代，临沂城区住宅开发建设步入“统一规划、合理布局、因地制宜、综合开发、配套建设”之路，旧城改造的力度明显加大。部分村居为发展集体经济、改善居民居住环境，兴建各类专业市场，开发建设商品住房，完善社区配套设施建设等，主动进行村居改造。1991—1994 年，共拆迁旧房 19.5 万平方米。其中，各类公房 11 万平方米，私房 8.5 万平方米。在拆迁还建中以就地安置为主。1995 年，临沂城拆除房屋面积 1.87 万平方米。1996 年，市政府颁布《临沂市城市房屋拆迁暂行管理办法》。1997 年，以城镇住宅建设为重点，实施“安居工程”，房改与建设相结合，新区开发与旧城改造相结合。1997—2002 年，共拆除各类房屋面积 136 万平方米。2000 年，集中力量实施市政府重点拆迁工程人民广场拆迁和沂州路中段拓宽及两侧小区的拆迁任务。

2004—2007 年，是结合城市基础设施和公共服务设施及园区建设推动村居改造阶段。其间，临沂城市建设项目比较集中，修建滨河大道、建设临沂大学、经济技术开发区、北城新区、治理改造涑河、改造提升市场等项目同时开工建设，加之城市房地产开发投资规模急剧增长，推动了市区城中村改造工作的开展。

2007—2010 年是快速健康发展阶段。市政府于 2007 年制定《关于加快推进市区城中村改造工作的意见（试行）》，对市区城中村改造范围、重点、规范和扶持措施作了明确规定，市建设局制定市区城中村改造项目开发建设技术文件和总体策划方案编制提纲等配套性文件，规范村居改造行为。研究制定相关区域控制性规划和拆迁安置补偿办法，同时纠正零星改造和不重视配套设施建设的现象。通过报纸、广播、电视等新闻媒体对城中村改造工作进行宣传报道，及时发现典型，总结经验，查找问题，使城中村改造工作成为临沂社会各界共同关注的热点、焦点。许多村居分期分批组织村居民到外地参观学习，帮助广大村民提高对村居改造工作的认识。2009 年初制定《临沂市 2009—2010 年市区城中村改造工作要点》，进一步明确市区城中村改造的工作目标、工作原则、工作措施、政策措施、管理措施。期间，各村居进行改造前按照统一规划、分步实施的原则编制村居改造总体策划方案。领导班子强、经济基础和区位条件好的村居多采用自主改造方式，村居成立开发企业实施改造；领导班子强、区位条件好、经济基础一般的村居，采用与开发企业联合方式实施村居改造；地处城市重要区域、路段，因城市建设需要拆迁而村居又无力实施拆迁的村居，由政府统一收储土地、统一实施拆迁改造。2008 年，被市政府列为当年为民办实事重点工程之一的陶然路贯通，涉及征用村居土地 771 亩，拆迁民宅 288 位，宅基地 191 位，企事业单位 97 家，苗圃及果园等 9 处，历经 9 个多月完成拆迁任务，为打通陶然路和沿线村居改造创造了条件。2009 年，推进兵城博物馆、北城新区、涑河治理改造二期工程、陷泥河整治、广场周围提升改造、棚户区改造等城市重点工程。全市完成国有土地和集体土地房屋拆迁面积 722 万平方米。其中，市区完成改造的棚户区 81 个，拆除房屋面积 2100 万平方米，新建安置房面积 1575 万平方米。

临沂人民公园

2010 年，市区拆迁工作重点是小涑河治理改造、兵城片区、老汽车站片区、东风东关片区、体育馆搬迁、国棉八厂棚户区改造项目等。新增启动改造的村居 17 个，拆除房屋建筑面积 360 万平方米，新建安置房屋建筑面积 310 万平方米，投入拆迁安置补偿资金 39 亿元，惠及居民 2.5 万户。全市完成国有和集体土地房屋拆迁面积 640 万平方米。

第三节　公园、广场建设

1995 年，全市有公园 28 个。1999 年 4 月，临沂动植物园开工建设。2000 年，结合旧城改造及道路拓宽，建设临沂人民广场、会展中心广场、沂州路林荫广场和涑河游园、东方红游园三期工程、五里堡绿地等广场绿地。2005 年，建成沂蒙广场、凤凰广场、迎宾广场。2007 年，罗庄双月湖公园被列入国家城市湿地公园。2008 年，全市公园绿地面积 1750.26 公顷。2010 年，全市 61 个公园，面积 3875 公顷；其中市区有人民公园、盛能游乐园、双月湖公园、临沂动植物园、滨河湿地公园等公园 31 个，面积 2606 公顷。

公园

临沂人民公园　位于沂河西岸，银雀山路东段。原为金雀山公园和儿童乐园，1999 年两园合并改建成临沂人民公园。公园占地 20 公顷，绿地面积 12.5 万平方米，水体面积 1.8 万平方米，广场及园路铺装面积 4 万平方米，绿化覆盖率 83%，园内有各类植物 130 多种。通过景观雕塑、景观小品、音乐灯光系统等展示自然界的音乐、古今中外音乐及乐器，使音乐文化与自然生态环境实现完美的结合。园区分为入口区、金雀广场区、滨水活动区、儿童活动区、松林音乐谷区、阳光草坪区、林荫健身区、奇石展示区等八个功能区域。沿主干道由北向南主要景点有：入口音乐景观道、玉谰堂、金雀广场、假山水系、阳光草坪、沂河广场、聆音园、茗香榭、健身广场、彩蒙广场、奇石园等。园内绿地葱郁，鲜花织锦，花坛幽亭错落有致，汀步小路掩映于绿丛中。人民公园最主要的特色就是音乐主题，园内设置有景观墙、音乐符号灯具、音乐家头像地雕、音乐灯柱、五线谱铺装、萨克斯喷水雕塑小品、仕女奏乐浮雕柱等数十处音乐元素，突出“城市自然音乐厅”主题。2010 年 8 月免费对公众开放。

临沂动植物园 位于临沂北城新区，沂河、祊河、柳青河三河交汇处，占地 110 公顷。1999 年 4 月动工修建，2002 年 4 月建成开放。存养各种野生动物 96 种、2000 多头（只）。大型动物有长颈鹿、蓝角马、河马、长角羚、羚牛、跳羚、袋鼠、狮、虎、豹、狼、熊、梅花鹿、牦牛、骆驼等，鸟类有丹顶鹤、白头鹤、白枕鹤、白鹳、白鹇、白天鹅、黑天鹅等。收集植物物种 135 科 386 属、1268 种（品种）。其中引种文冠果、七叶树等 30 余种珍贵植物，是省内植物资源最丰富、品种最多的植物园。建有百花园、盆景园、农家园、竹类园等 20 多个专类园区及占地 60 公顷的苗圃试验示范基地和占地 40 亩的植物资源库，园区绿化率达到 86%（2012 年，临沂动植物园迁往河东朝阳街道）。

宝泉寺公园 位于罗庄街道朱陈西，总面积 33.35 公顷，公园因园中宝泉寺得名。宝泉寺始建于宋代，近代遭战火洗劫，原有殿堂无存，1989 年重建。寺前有一处碑林，尚存元、明、清代石碑 10 座，大部分石碑保存完好，碑文字迹清晰，其中最大的一块高达丈余，为元代廷祐五年（1318 年）所立，碑文为《重修宝泉寺院记》。碑林内还有少数石塔或塔座，其中最大的一座佛塔，高 3 米多，呈六角形，正面刻有“灵宫宝塔”四个大字，塔身有多幅浮雕。寺址周围有天然石林，争为奇状者约里许，古生物化石遍布其间，考古、观赏价值皆高。寺旁尚有涌泉 10 余处，水质清澈。

双月湖国家城市湿地公园 位于罗庄区委、区政府驻地。占地 76.8 公顷，为开敞式城市园林公共绿地。1993 年，罗庄镇组织开掘一处人工湖，开发了占地 98.67 公顷的双月湖景区，将“泥沱湖”更名为“双月湖”，成为罗庄区的标志性景点。1995 年新区成立后，区城建部门将其改建为人民公园，修建造型各异的桥梁 11 座。2007 年 6 月 11 日，经建设部批准，临沂市双月湖国家城市湿地公园入选第四批国家城市湿地公园。公园栽植各类花卉苗木 20 余种、12.5 万株。公园中心花坛组成了“双月拱日”的图案，8 根高 6 米的大理石龙凤柱矗立其中。园内设置了拓荒牛、飞马等各类雕塑，形成了春有花、夏有荫、秋有果、冬有青，四季有绿的绿化格局。

武河湿地公园 位于郯城县黄山镇境内，东临沂河，北接蒋史汪橡胶坝、南至廖家屯闸，全长 15 公里，总占地面积达 1334 公顷。2009 年 11 月 26 日一期工程建设开工，投资 1.048 亿元。硬化围堰路面 15 公里，建造了 4 座景观桥、4 座拦水坝、8 座溢流坝、2 座跌水池、39 个生态岛。湿地公园包括：中央公园、鸟类公园、湿地植物园、湿地探索园、湿地生产园、湿地休闲度假区和沂河休闲度假区各 1 处，各类建筑物总建筑面积 1.5 万平方米。栽植乔木 3.87 万棵，灌木 5 万平方米，水生植物 33.37 万平方米。武河湿地公园项目通过对陷泥河、南涑河尾水进行深度净化处理，促进淮河流域的水质达标，并发挥了维护生物多样性，改善人居环境，提升城市品位，构建“生态临沂”，促进人与自然和谐的作用。2010 年 12 月 24 日获批为省级湿地公园（2011 年 12 月 12 日正式通过审批，升格为国家级湿地公园）。

龙潭公园 位于罗庄区罗庄街道。建于 1987 年，占地 5.8 公顷，其中水面 3.4 公顷。

公园有佛心阁、龙女亭、龙女送子、三亭桥、儿童乐园、梅花山、祥云山、游船码头、长廊、碑廊、扇形亭等景点 10 余处。园内遍植花木，青松翠竹，秀丽蔚然，亭台桥榭，曲径通幽，景色宜人。

盛能游乐园 位于罗庄区盛庄街道办事处驻地，西临临沂发电厂。1997 年 9 月由山东盛能集团投资兴建，2000 年正式开业。规划面积 133.4 公顷，是一处集休闲、娱乐、餐饮、种植、养殖、农业观光为一体的综合性多功能游乐场所，园区分为儿童乐园、水上乐园、百鸟园、动物园、如意山庄等。儿童乐园主要有激流勇进、观览车、碰碰车、海盗船、卡丁车场等游乐项目。水上乐园设施先进、功能齐全。百鸟园汇集 80 余种奇禽珍鸟，是鲁南最具特色的鸟园之一。

护台植物园 位于临沂市罗庄区行政办公大楼以北，面积 15.87 公顷。1997 年建园，栽植樱花、紫荆、水杉、银杏等名贵花卉树木 30 余种 4 万多株，建游览人行道 4000 多米，铺设地下管道 2000 多米。园林采用片林结构，每片以一个名贵树种为主，衬以各种小型灌木，疏密相间，错落有致，形成金钟迎春、樱花烂漫、红叶傲霜、苍松映雪等十大景区。

欧洲商业街 1999 年 10 月开发建设，位于罗庄区黄金地段，南临区行政办公大楼和护台植物园，北依月亮城社区，两侧为居民住宅小区。占地 4 公顷，建筑面积 2.6 万平方米。街区以欧式建筑风格为主调，建有喷泉、中央舞池、罗马亭、凯旋门等欧式建筑，各种欧式回廊与奇花异木相映成趣，是一处集观赏、休闲、餐饮、购物、娱乐于一体的场所。

小埠东带状公园 位于滨河路与清河北路交会处，绿地面积 14381 平方米。

银凤公园 位于蒙山大道与陶然路交会处，绿地面积 4.5 万平方米。是集休闲、健身、娱乐于一体的的综合性开放性公园。

临沂国际雕塑公园 位于北城新区中心区，三面环河，其东侧为阳光沙滩浴场，南侧为商业酒吧街及观光电视塔。园内主要由主题雕塑园区、林下广场绿地区等 5 个片区组成，有 87 组 138 件雕塑，均为世界知名雕塑的复制品。公园本着生态设计的规划理念，顺应周边环境地理特征，沿外围规划了带状公园。

广场

临沂人民广场 位于临沂市中心，东临沂蒙路，西至新华路，南依银雀山路，北靠红旗路，八一路自广场下通道贯穿连接解放路。东西长 670 米，南北宽 320 米，占地面积 21.6 公顷，总投资 2.3 亿元，2000 年 2 月 16 日开工建设，2001 年 1 月 1 日竣工。人民广场展现“蒙山沂水”的自然特色和“文韬武略”的历史文化特点；总体布局为“两区一路一城”，即动区、静区、八一路和地下商城。东部为静区，主要设有“山高水长”红色主体雕塑、国旗台、计时花钟及和平鸽楼等环境艺术工程。“山高水长”主题雕塑位于静区中心，雕塑以山和折射在水中的倒影表现“蒙山

临沂人民广场雕塑——山高水长

凤凰广场雕塑——丹凤啼翠

沂水”的形象。西部为动区，是人们休闲、观赏、娱乐、集会的场所，其中心建有可容纳8000人集会的硬化广场，有大型电子屏幕、彩虹喷泉、旱地喷泉、文韬广场、武略广场、沂蒙风情柱、舞台、鹊桥、康寿园、小脚丫天地等环境艺术工程。文韬广场中有临沂籍历史名人王羲之、曾子、荀子、匡衡、刘洪的石雕像；武略广场中有诸葛亮、蒙恬、颜真卿、王祥、左宝贵的石雕像；沂蒙风情柱共9根，每根直径2米、高15米，分别是琅邪八景柱（2根）、七贤孝义柱、群英先贤柱、古陶遗韵柱、汉画石刻艺术柱、民服民情柱、民俗特产柱、沂河新貌柱；舞台在广场西部，总面积920平方米，可容纳200人同台演出；鹊桥（文化长廊）在广场舞台的南北两侧，为两层建筑，分为两组，每组长120米、高7.8米，可供游人休息、举办各类展览使用。正中线是下穿式的“八一路”，是地下购物商城出入口和消防通道，其上部设置了临沂市零公里标志。地下是建筑面积为4.66万平方米的商城，内设有超级市场、美食城、舞厅、健身房、旱冰场、保龄球馆、儿童娱乐中心、精品屋、大酒店等，是一个集购物、休闲、娱乐、餐饮为一体的综合性购物中心。

书法广场 位于通达路至蒙山大道之间的祊河南岸滩地内，总占地面积22万平方米。一期工程中国书法园，2008年9月开工建设，2009年9月竣工，共刻制1080位书法家1320幅书法艺术作品2000平方米，计10余万字。布局设计为中国版图的形式，主要分为历代皇帝及古代书法名家名作展示区；近现代书法名家作品展示区；当代书法大家作品展示区和港澳台书法家作品展示区。书法作品的展示以石材刻制为主，采用立碑、卧碑、方正石、自然石组合等形式，集书法艺术、雕刻技艺、园艺造型于一体。被誉为“没有围墙的书法博物馆”。

凤凰广场 位于沂河、祊河、小涑河三河交汇处。2004年规划建设，2005年建成。面积14.47万平方米，其中硬化面积5万平方米、绿地面积6万平方米。栽植柿树、杏树等大乔木约500株，地补模纹2万平方米。建有主题雕塑——丹凤啼翠，高16.6米，由羽毛状的不锈钢网板构成，表面喷涂红色金属漆，内部设置渐变灯光。雕塑下部是九根火苗的造型，取凤凰浴火重生之意。

沂蒙广场 位于滨河路与银雀山路交会处，2005年建成。面积13.2万平方米，其中硬化铺装面积4万余平方米、绿地面积8万平方米。建有全省最大的音乐喷泉——沂河音乐喷泉，采用高科技智能化设备控制，集水形、音乐、灯光为一体，喷泉由跑泉、大凤尾、一柱擎天、世纪彩虹、节日礼赞等10种风格迥异的水形组成。建有以弘扬沂蒙精神为主题的雕塑群，分“参军参战”“全力支前”“血乳交融”三部分。雕塑园西主入口广场一巨石雕刻“思源”二字，寓意饮水思源，牢记沂蒙精神。

迎宾广场 位于双岭路与滨河路交会处，是京沪高速公路通往临沂城区的重要入口及进入临沂中心城区的门户。广场总面积9.2万平方米，硬化面积2.6万平方米。迎宾广场的标志性建筑迎宾门高27米，宽28.8米，门外装饰大理石和玻璃幕墙，外形像两只有力的大手，紧紧地握在一起，用共同的力量去建设更加美好的未来，也象征着美丽、开放的临沂热情地欢迎来自世界各地的朋友。迎宾门表面有浮雕装饰，展现临沂的历史文化、人文风景，成为临沂具有标志性、艺术性和文化性的城市地标。

临沂红嫂纪念广场　东邻华东革命烈士陵园，西至沂州路，南临陵园前街，北至银雀山路，占地面积约4公顷。2005年建设。广场建有以沂蒙红嫂形象为主题的大型广场主题雕塑，部分特色小型雕塑穿插其中。广场内种植银杏、柿子、皂角等20多个品种、500余株本地乡土树木。

天衢金轮广场　位于临沂城区通达路与沂河路交会处。面积1.3万平方米，2005年建成。广场标志性雕塑为“天衢金轮”，长30米、高15米、宽5米，主体用不锈钢焊接而成，造型似一个车轮。雕塑主体镶嵌着近500盏像素灯。

科普广场　位于临沂滨河景区祊河段凤凰广场上游500米处。2009年建成，占地面积0.67公顷。分水上科学健身区、科普宣传区、体育健身休闲区、综合服务区四部分。其中，科普展品主要包括分子晶体模型、梦幻魔方、勾股定理、奇异三角形、锥体上滚、排箫、麦比乌斯带、电子科普画廊、哥尼斯堡七桥、科普书籍、科普立柱、风光互补发电等40件，向公众传授身边科学、科学养生等科普知识。

第四节　标志性建筑

临沂广播电视发射塔　位于临沂城区沂河、祊河、柳青河交汇处，为地标性建筑。占地面积7.73公顷，总建筑高度为326米，是省内最高的广播电视发射塔。塔楼为毛笔头状，寓意临沂是“书圣”王羲之的故乡；塔身布置一些不锈钢环，代表“算盘珠”，寓意临沂为珠算的早期奠基人刘洪的故乡；塔身下方有一斜置的单面桁架，用两条弧线勾勒出“太极图”，寓意临沂是诸葛亮的故乡；塔座似舒展的竹筒，寓意临沂是汉代竹简《孙子兵法》、《孙膑兵法》的出土地；塔的钢管桁架形似巨龙腾飞，与对岸的凤凰广场的凤凰雕塑呼应，意为“龙凤呈祥”。为一座集广播、电视发射、观光旅游、餐饮、会展服务等多功能服务于一体的钢结构电视塔。塔身结构体系由超大直径钢管井筒、三片“Y”形桁架及空间螺旋桁架组成。2010年9月4日正式启用。是山东省功能最全、体量最大的广播电视发射塔（发射38套广播电视节目）。

临沂银座中心　为临沂市首个大型体验式综合体项目。位于兰山区解放路与通达路交会处西南，北邻蓝海国际大饭店。银座中心建筑高度99.9米，占地4万余平方米，总建筑面积25万余平方米。建有大型购物中心、超市、住宅、商业街、影院、餐饮等多种休闲活动业态，是集休闲、购物、娱乐于一体的超大型商业综合体。双层地下车库，魅力空中花园，打造全方位立体化都市生活。银座中心之于都市综合体，即在都市中的居住、商务办公、购物、文化娱乐、社交、游憩等城市的各种物业功能复合、相互作用、互为价值链的高度集约的街区建筑群体，因其规模宏大、功能齐全而被称为“城中之城”。2010年12月18日正式启用。

鲁商凤凰城铂尔曼大酒店　位于兰山区滨河路与涑河北街交会处西北。34层，长88.66米，宽80.33米，高128.2米，总建筑面积80111平方米。该酒店东南分别邻滨河路、涑河北街两条景观大道，并且与凤凰广场遥相呼应，使建筑和城市相互间的形态更为饱满和完整。铂尔曼大酒店是世界第三大酒店管理集团法国雅高集团继索菲特、诺富特之后又一顶级时尚酒店品牌，其酒店临水而建，东观沂河，内部设计极富现代感，成为临沂的城市新地标。2010年10月20日正式启用。

天元商务大厦 位于北城新区三和街中段北侧，北至三和二街，西至沂蒙四路，东至沂蒙六路，南至三和街。21层，长185米，宽39.7米，高84.7米，建筑面积98345平方米。该建筑造型设计强调中轴线对称的空间纵深感，局部用白色格栅来丰富建筑立面，外墙为浅黄色调。总体造型简洁大方，气势恢宏，雄伟壮观，独具匠心，似打开的画卷或竹简，两侧为卷轴，寓意临沂为“书圣”王羲之的故乡，是汉代竹简（《孙子兵法》《孙膑兵法》）的出土地，又寓意临沂历史文化底蕴深厚，是文明礼仪之乡。建筑位于临沂市最重要的北部发展方向上，体现了景观、生态、文化与效益的统一，是市属行政办公及文化娱乐中心。2009年4月25日正式启用。

环球国际商务中心 位于北城新区沂蒙路与滨河路交汇处西北，处于沂蒙路桥头位置。占地2.67万平方米，总建筑面积13.4万平方米，建筑高度111.7米。建筑整体挂玻璃幕墙，造型独特新颖，富有现代色彩。是北城新区唯一大型商住项目，成为临沂标志性建筑——北城新区唯一国际标准·全景观价值综合体，能270度欣赏滨河美景的国际5A甲级写字楼，有完善的商业配套设施，是临沂市的又一个现代商务地标。2010年10月17日正式启用。

临商银行大厦 位于沂蒙路与三和街交汇处东北。总建筑高度173.9米，为全市最高的楼房建筑。该建筑设计平面两向对称，并使用正方形、“亚”字形、十六边形、圆形等多种平面形式。塔楼底部呈正方形，通过边角部位的收进变成十二边的“亚”字形，随着主体和角部的进一步退台，“亚”字形的四个角部渐强，具有“凌空八向而圆”的传统意蕴。建筑顶部为圆形。高层的立面造型借鉴了中国古塔的意象与艺术装饰派的造型手法。平面中“亚”字形的正向四边采用石材幕墙、小窗共同组成的强调竖向线条的立面做法，斜向八边采用强调竖向明框的玻璃幕墙。立面轮廓通过边角的层层收进形成柔美的曲线，与传统密檐塔的轮廓相合。建筑顶部造型的构思来自原始社会象形文字“旦”——群山烘托的云与太阳。塔楼顶部为16边基座承托的纯净球体。整体建筑庄重气派，现代气息浓厚。2010年11月22日正式启用。

临沂长途汽车站 位于兰山区双岭路与王庄路交会处西南，东至王庄路，南至聚才路，西至琅邪王路，北至双岭路，占地面积33.3公顷。高2层，长336.48米，宽144米，高20.9米，建筑面积29850平方米。主体造型采用流线型彩虹拱，高度40米，跨度264米，是中国单体跨度最大的拱。功能分区明确，一楼售票大厅与等候大厅动静分离，等候大厅分为区内、省内、省际候车厅三个分区候车厅，共3000个座椅；二楼餐厅、超市、医务室、快餐部、功能导向牌、残疾人无障碍通道等服务设施俱全。临沂长途汽车站新站是市委、市政府为建设“大临沂、新临沂”，促进临沂经济社会发

铂尔曼大酒店（左侧高楼）

北京路临商银行大厦

展和对外开放，按照高起点规划、高标准建设、高效能管理原则确定规划建设的现代化公用型国家一级客运站。是全国设计规模最大的客运站之一，被交通部确定为“国家示范站”。2007 年 10 月 22 日正式启用。

万阅城（临沂市图书馆）　位于临沂市新华路与红旗路交会处西南，人民广场西侧，面东而立。项目总建筑面积约 23 万平方米，高 150 米。融合商务办公、居家生活、文化娱乐、休闲购物为一体。该建筑高层部分采用玻璃幕墙，底部裙楼为黄色实墙，外观明快、简洁。万阅城是由临沂市图书馆、5A 甲级写字楼、酒店式公寓、高尚住宅、文化商业中心、星级影院、艺术长廊等多元业态汇集而成的城市综合体项目，万阅城馆藏图书 200 余万册，图书馆以公益阅读为主。该建筑为山东省重点文化产业项目，临沂城市文化、商业、居住中心。2009 年 11 月 22 日正式启用。

第五节　滨河景区建设

2005 年 8 月，临沂市第十六届人大常委会第十八次会议审议通过《临沂城市总体规划（2005—2020 年）》，确立以沂河为中轴线、沿河开发建设的城市发展思路。市委、市政府成立滨河工程建设指挥部，组织水利、城建、林业等部门，全面建设体现“生态水城”特色的滨河景区。9 月，成立临沂市滨河景区管理委员会及其办公室，负责滨河景区的统一规划、建设、管理和开发。滨河景区以沂河、祊河临沂城区段为主体，沿岸开发。北起文泗路汤头桥和北外环，南至刘家道口水利枢纽，总面积70 平方公里。2010 年 2 月，市园林管理局与滨河景区管委会办公室合并，组建市园林局，加挂滨河景区管委会办公室牌子，综合行使全市园林绿化和滨河景区行政管理职能。市园林局按照风景名胜区的标准，编制旅游规划、绿地系统提升规划、滨河景区湿地规划、百里健身长廊规划、书法城一期和二期规划、山东省第四届园博会总体规划。确定建设动感水岸带、滨水文化休闲带、沂河运动休闲与滨水度假带、祊河商务休闲与生态度假带、沂河湿地休闲与乡村度假带、南岛水上竞技训练与群众娱乐基地和北岛科普文化基地等 7 个功能区。先后投资 40 多亿元对穿城而过的 8 条河流全面治理改造，治水与造绿相结合，打造滨水绿色长廊，形成“八河相通、绿带绕城”的生态效应，彰显滨水生态园林城市特色。

滨河防洪堤工程　2003 年 9 月开工建设，以提高临沂城城市防洪标准为目标，实行水、岸、滩、路、堤、景综合治理，建设具有防洪、交通、景观、休闲、娱乐、文化、旅游等多种功能的生态地带。通过工程措施与园林绿化、水环境治理相结合，构筑以人为本的城市生态环境，体现综合社会效益。

工程范围：沂河左岸自分沂入沭水道左岸的205国道桥至文泗公路的汤头桥，沂河右岸自刘家道口枢纽的沂河节制闸至临沂城北外环，祊河两岸自沂河口至临沂城北外环，防洪堤总长90.4公里，道路全长96.3公里。工程按照国家重点防洪城市的设防要求设计，防洪标准为50年一遇，工程总投资12亿元。

工程分四期建设，一期工程2003年9月开工，2004年10月竣工。自沂河路至北外环，培堤总长18.1公里，路面总长20.1公里，铺筑沥青混凝土路面30.2万平方米，人行道铺装15.9万平方米，护岸总长度13.888公里，小涑河河口桥1座，涵洞12座；二期工程2004年9月开工，2005年8月竣工。位于临沂市河东、罗庄两区，沿沂河左岸自刘家道口至北外环和沂河右岸刘家道口至南大桥。培堤总长37.2公里，路面总长40公里，完成沥青混凝土路面72万平方米，人行道铺装24万平方米，护岸总长度37公里，李公河桥1座，涵洞9座；三期工程2004年12月开工，2007年4月竣工。路面长度22.53公里，完成沥青混凝土路面38万平方米，人行道铺装12.7万平方米，自沂河右岸至祊河左岸，祊河口至北外环路，匝道3条，涵洞27座；四期工程于2005年10月开工，2006年11月竣工。自沂河左岸北外环路至汤头大桥，堤线长度14.8公里，上坡堤道13处，道路长度15.1公里，沥青混凝土路面30.2万平方米，涵洞9座，护险工程4处，长3.56公里。

滨河景区总控制面积54平方公里，防洪堤总长90.5公里，道路总长96.3公里，4座拦河坝水面长度44公里，水面面积28.1平方公里，一次蓄水近1亿立方米。至2010年底，城区沂河、祊河段建成小埠东、桃园、角沂、柳杭等8座橡胶坝，以及顾家园等8座拦河闸和刘家道口水利枢纽，形成160公里的以堤代路景观大道，水面回水长度88.5公里、平均水深3米、最大宽幅1800米，水面总面积48.5平方公里，一次蓄水量1.62亿立方米的水域，年可增加拦蓄利用河道径流3.2亿立方米，抬高沿河地下水位3—5米。建设绿地面积20多平方公里，建设9座景观桥、9处广场、18片园区和36处景点。

滨河绿化工程 沿沂河、祊河两岸建设，由河道二滩绿地和堤外绿地带组成，总面积1800万平方米，其中内滩绿化面积1200万平方米、外滩面积600万平方米。共分四期建设。至2010年，除一期工程全部建成外，二期、三期完成部分工程，四期工程尚未开始建设。

一期工程 总面积155万平方米，绿化面积135万平方米，铺装面积20万平方米。建有沂蒙广场、凤凰广场、迎宾广场。滩外绿化工程长12公里，总面积40万平方米，栽植各种乔灌木200万株，其中栽植乡土品种树木2000余株，安放景石30余处，回填种植土120万余方。滩内绿化工程长11.2公里，总面积115万平方米，其中铺装面积19.86万平方米、绿化面积95万平方米。2004年11月开工，2005年4月竣工。

二期工程 北起北外环，南至刘家道口水利枢纽。总长35206米，面积763.44万平方米。分12个园区。河东6.3公里景观工程，位于沂河左岸，北沂河大桥与铁路桥之间，面积102万平方米，有缤纷世界、球类广场园、游乐园等生态园区。缤纷世界建有4处小型广场和活动区，全长1.6公里，总面积21.19万平方米。月季园后改为枫园，位于沂河右岸，沂河路沂河大桥以南，北接滨河大道一期绿化工程的最南端，南接竹园。长3.17公里，面积68.17万平方米。

三期工程 建设项目有七彩广场、枣园、柿子园、松园。至2010年底，建成沙滩浴场1处，长3.5公里，总面积71万平方米。

2010 年临沂滨河景区绿化工程建设情况表

表 4-10

工　程		位　置	概　况	竣工时间	备　　注
一期景观工程	一期滩内外绿化工程	沂河、祊河右岸，双岭路至沂河路	沿滨河路 11.2 公里，总面积 155 万平方米。	2005.4	
二期景观工程	板栗园	沂河左岸，北外环至木瓜园以北	沿滨河路 2.8 公里，总面积 47.9 万平方米。		尚未开工
	木瓜园	沂河左岸，板栗园以南至缤纷世界以北	沿滨河路长 2.72 公里，总面积 102 万平方米。		尚未开工
	缤纷世界	沂河左岸，木瓜园以南至北大桥	沿滨河路长 1.6 公里，总面积 21.9 万平方米。	2006.7	
	球类广场园	沂河左岸，沂河北大桥至解放路桥	沿滨河路长 5.3 公里，总面积 35.82 万平方米。	2006.11	
	游乐园	沂河左岸，解放路桥至铁路桥	沿滨河路长 2.36 公里，总面积 36.5 万平方米。	2006.11	
	奇石园	沂河左岸，柳园以北。铁路桥至沂河路大桥	沿滨河路长 2.85 公里，总面积 33.15 万平方米。	2007.5	
	杞柳园	沂河左岸，沂河路大桥至休闲乐园以北	原称芙蓉园。沿滨河路长 3.12 公里，总面积 60.23 万平方米 。	2007.5（一期）	尚未开工
	休闲乐园	沂河左岸，银杏园以北，杞柳园以南至李公河，内有高尔夫球场	沿滨河路长 3.6 公里，总面积 120 万平方米。	2008.6	
	银杏园	沂河左岸，李公河至 327 国道桥（滨河大道最南端）	沿滨河路长 4.8 公里，总面积 46 万平方米。	正在建设	
	北方植物大观园	沂河右岸，刘家道口至枫园以南	（原为竹园、石榴园）沿滨河路长 5.5 公里，总面积 117 万平方米。	正在建设	
	枫园	沂河右岸，沂河路沂河大桥至北方植物大观园以北	沿滨河路长 3.17 公里，总面积 68.17 万平方米。	2007.5	
	沙滩浴场	沂河右岸，北外环至三和大桥	沿滨河路长 3.5 公里，总面积 71 万平方米。	2007.7	
三期景观工程		沙滩浴场以北至北外环	沿滨河路长 6.99 公里，总面积 128.47 万平方米。		尚未开工
四期景观工程		祊河右岸，北外环至迎宾广场	沿滨河路长 5.8 公里，总面积 134 万平方米。		尚未开工

滨河桥梁工程 滨河景区内规划建设桥梁共15座，已建成沂河路沂河南大桥、金雀山路沂河高低大桥、解放路沂河九曲大桥、青年路沂河北大桥、沂蒙路祊河大桥、通达路祊河大桥、李公河桥、柳青河三和大桥、小涑河河口桥等10座桥梁。

2010年临沂滨河景区桥梁情况表

表4–11

名 称	桥宽（米）	桥长（米）	桥面高程(米）	下部结构	上部结构
沂河路南大桥	19+2+2×1.5	48孔，1440	69.58	4柱灌注桩	30米箱梁
金雀山路大桥	2×10+2+2×0.5	69孔，1380	71.07	4柱灌注桩	20米T梁
解放路大桥	14+2×1=16	72孔，1440	72.50	3柱灌注桩	20米空心板
青年路沂河大桥	2×1.25+2×10+2	40孔，1200	75.00	4柱灌注桩	30米箱梁
沂蒙路祊河大桥	38+2×1=40	46孔，920	73.50	6柱灌注桩	20米空心板
通达路祊河大桥	14+2×1=16	—	—	2柱灌注桩	20米T梁
文泗公路大桥	—	—	—	2柱灌注桩	20米T梁
三和大桥	18+2×2+2×3=28	2孔，167.08	—	钻孔灌注桩	80米预应力钢筋混凝土T型梁
小涑河河口桥	1.9+14+2×1.0	9孔，149.5	73.586	钻孔灌注桩	16米预制钢筋混凝土T型梁
李公河桥	18+2×1.0	2孔，40	—	钻孔灌注桩	20米预应力钢筋混凝土空心板

滨河湿地生态修复工程 邀请国内知名专家，编制滨河景区湿地规划，规划湿地面积3333公顷。与临沂大学联合建立水生态科研基地，开展滨河水生态修复研究，科学实施水生态修复。至2010年，一期生态护岸工程和湿地沙岛工程完成，有效保护二滩土地666公顷，增加沙岛滩地10处，共1.6万平方米，成为鸟类繁衍生息乐园。

滨河景区亮化工程 2007年，实施凤凰广场、小埠东观坝广场、迎宾广场亮化提升工程和湖心岛亮化工程。2008年，实施迎宾门亮化工程。2009年，投资251万元，实施小埠东橡胶坝亮化工程、桃园橡胶坝亮化工程，沂蒙广场、凤凰广场、书法广场亮化提升工程。2010年，实施奇石园亮化工程；实施涑河六路桥、涑河八路桥、宏大路桥亮化工程。同时，实施水面船体亮化、桥体亮化、景观树亮化。

滨河景区广场 共建设9处广场。主要有迎宾广场、书法广场、凤凰广场、沂蒙广场等（见本编第二章第三节《公园、广场建设》）。

滨河景区管理 *养护管理模式* 实行精细化管理，对广场、绿地、雕塑和乔灌藤草植物等实行分类统计、登记造册，绘制园林平面图，建立详细的园区档案。根据滨河景区范围广、战线长、面积大的实际，实行分区划片和重点区域重点管理，设置20个管理区和4个橡胶坝运行部。实施按标准分类养护管理，完善绿化养护管理考核办法、标准及实施细则，实行日监察、周通报、月考核，提高养护管理水平。2008年至2010年，共投入养护资金 46.6 万元，出动人工 5 万余人次。

综合执法　2006 年，成立滨河景区城管执法大队。2008 年，组建治安巡逻大队。在重点区域设置多处治安岗亭，实行重点区域全天候防守和全线巡逻检查相结合，景区治安环境良好。推行“三位一体”管理机制，城管执法、交通海事执法、渔政执法相互配合，规范水上各类船只管理；严厉打击河道内“迷魂阵”捕鱼，保护渔业资源，严查私采滥挖河沙等违法行为。

滨河亮化

资源开发利用　围绕打造“水上运动之城、水上娱乐之城、水上文化之城”的目标，提升滨河景观、优化环境，开发大众喜闻乐见的水上娱乐项目、滩地休闲项目、健身项目、文化体验项目。2008 年 4 月，组建滨河景区经营有限责任公司，成立了游船公司、水务水电公司和花卉培植基地。规划建设滨河国际、水之星科普公园、凤凰阁和双岛开发项目；规划河道航线，建设游船码头和避风港工程，实施航道清淤疏浚工程，加强沙滩浴场安全建设；举办儿童嘉年华、啤酒节、龙舟赛、2010 世界摩托艇锦标赛、元宵灯会活动等。

第六节　涑河城区段治理及开发

涑河临沂城区段为明朝嘉靖年间引涑水入临沂护城河而开凿的一条人工河道，俗称小涑河。由西向东流经临沂城内居住区、商业区汇入沂河，是临沂城北部主要排雨、排污河道。两岸堤防长约 23 公里，河道防洪下游 11 公里按二十年一遇标准设计，其余河段设计防洪标准不足十年一遇。两岸工业、市场、居住、仓储混杂，部分河段垃圾成堆，污水横流，交通拥挤，环境质量较差，严重制约了城市建设和城区经济健康可持续发展。2005 年，市委、市政府决定对小涑河进行综合治理和开发建设，提出将 20 平方公里的涑河规划区建成兼具水乡风情和商业旅游功能的沿河商业街，构筑“人、水、环境”协调发展的生活空间，形成传统与现代融合，既具有城市防洪、治污功能，又集商贸、居住、景观、旅游、餐饮、休闲、娱乐为一体的多功能地带。2006 年 5 月开工建设，以梯级拦河闸坝、滨河大道、生态型护岸和沿河生态景观绿化工程建设为切入点，采用市场化运作的方式，集约利用土地，通过招商引资，合理补偿安置，建设河道生态景观工程，提高城市防洪能力，利用存量土地和社会闲散资金，改善城市环境和城市基础设施，优化城市功能，提高居民居住水平。沿涑河两岸修建河堤和道路，建设贯穿市区长达 25.5 公里的绿色长廊。开发沿河两岸，建设高标准的城市综合体，发展商贸、旅游、餐饮、娱乐等产业。2010 年年底，河道治理基本竣工。

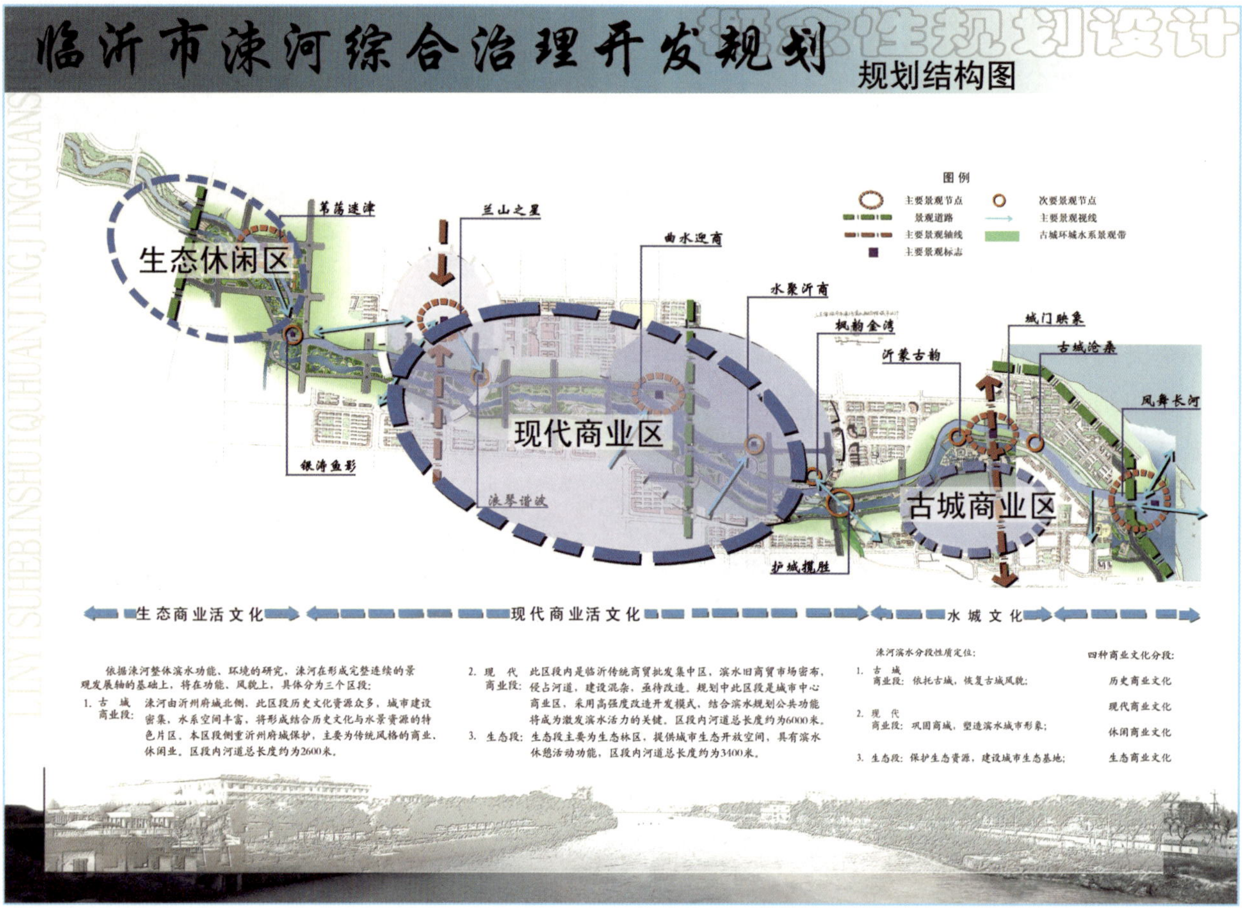

图 4-9 临沂市涑河综合治理开发规划

拆迁补偿安置

2006 年 7 月 2 日，市政府印发《关于涑河综合治理开发建设规划区域内国有土地上房屋拆迁补偿安置和征地补偿的实施办法》和《关于涑河综合治理开发建设规划区域内集体土地上房屋拆迁安置和征地补偿的实施办法》，规定涑河综合治理开发建设所涉及的拆迁补偿安置工作由政府负责。到 2010 年年底，拆迁工作基本完成，共拆迁房屋 268.5 万平方米，涉及 26 个社区（村），近 70 家市直、区直单位，148 处公产，近 8000 户居民，5 万人。2007 年 2 月，涑河综合治理开发还建工程开工，2010 年年底基本竣工。共建设还建楼 84 栋，其中高层楼房 62 栋，总建筑面积 73.72 万平方米，8600 多套。

河道治理

清淤护岸　清淤护岸工程自 2006 年 5 月起，采取机械清淤，抛石挤淤、护岸整修、土方挖运及回填等施工方法，疏浚河道，修建两岸河堤，完成土石 762 万立方米。小涑河河道长 25.5 公里，上游在城郊，下游在闹市，河口到临西十路段为岸墙砌筑，临西十路至俄黄路段为生态护岸。上游为土坡堤岸，种植大量水生植物和灌木，下游护岸用费县奇石点缀并留出绿化空间。

道路修建　小涑河两岸采取以岸筑路，以路护岸，防洪和交通共用的筑路方式。两岸道路工程长 24.6 公里，路面面积 39.6 万平方米。河口至临西十路段，涑河南街道路红线 18 米，主路面宽 15 米；涑河北街道路红线 15 米，主路面宽 12 米。临西十路到俄黄路段，涑河南街道路主路面宽 15 米；涑河北街临西十路至临西十二路段主路面宽 21 米。临西十二路至俄黄路段为 5 米宽景观小路。沟通涑河南北两岸道路与城市南北向主干

道均为立交。工程为涑河堤防兼做城市Ⅱ级次干道，高级路面，设计年限12年，道路结构为三层15厘米的水泥稳定碎石基层，5厘米混凝土上铺4厘米沥青路面。

桥梁架设　涑河治理改造共规划建设13座桥梁，按照一桥一景，一桥一特色的要求，体现临沂历史文化和现代艺术相结合。治理改造前涑河共有7座桥梁，改造原有的工业大道桥，其余的拆除重建。桥梁设计兼顾通行、通航和城市行洪，新建的12座桥分别为顾家园桥、沂蒙路桥、蚂蚱庙街桥、通达路桥、青杨路桥、蒙山大道桥、临西六路桥、临西七路桥、宏达路桥、临西九路桥、临西十路桥、临西十二路桥。桥梁总长度1294米，总面积3.3万平方米。

2010年临沂涑河桥梁情况表

表4-12

桥梁名称	桥型、结构	桥梁跨径组合（米）	横断面布置（米）	长×宽（米）
顾家园涑河桥	上乘式三跨连续拱桥，预应力混凝土结构	26+30+26	2.5（人行道）+中跨3.5（景观台）+10（机动车道）+中跨3.5（景观台）+2.5（人行道）	82×15
沂蒙路涑河桥	三跨预应力混凝土连续箱梁	28+40+28	3（人行道及栏杆）+30（机动车道）+3（人行道及栏杆）	96×36
蚂蚱庙街涑河桥	主梁采用预应力混凝土变高度箱梁	30+40+30	2（人行道）+16（机动车道）+2（人行道）	100×20
通达路涑河桥	三跨预应力混凝土连续板梁桥	27+35+27	3（人行道）+12（机动车道）+3（人行道）	89×30
青杨路涑河桥	葵花式拱梁组合桥	26+40+26	2（人行道）+7（机动车道）+7（机动车道）+2（人行道）	92×18
蒙山大道涑河桥	五跨连续上承式连续拱桥	22+25+30+25+30	3（人行道）+12（机动车道）+12（机动车道）+3（人行道）	124×30
临西六路涑河桥	三跨等截面预应力连续箱梁桥	25+35+25	2+16+16（单侧机动车道）+2（人行道和栏杆）	85×20
临西七路涑河桥	带挂孔双悬臂带挂孔桥梁	5+26+40+26+12	2（人行道）+21（机动车道）+2（人行道）	109×25
宏达路涑河桥	拱式预应力混凝土连续梁桥	38.5+40+38.5	2+14+14（单侧机动车道）+2（人行道和栏杆）	117×18
临西九路涑河桥	三跨等截面预应力混凝土连续箱梁	13+100+13	2（人行道）+13（车行道）+2（中央分离带）+13（车行道）+2（人行道）	126×32
临西十路涑河桥	自锚式悬索桥。四跨预应力混凝土连续梁桥	20（引桥）+26+34+34+26+20	3+9.5+9.5（单侧机动车道）+3（人行道和栏杆）	160×25
临西十二路涑河桥	主跨三跨葵花式挂梁组合桥	20+38+20	3+12+12（单侧机动车道）+3	114×30

拦水引水 按照“大水城”建设规划，在涑河上游兰山区义堂镇小葛庄开挖输水河道，沟通涑河与祊河；在连接祊河处修建泄洪闸和节制闸，将祊河水引入涑河、陷泥河和青龙河，系统调配四河水量，构成环城水系。汛期将涑河水分流入祊河，减轻城市防洪压力；旱季将祊河水补充至涑河，使涑河水位常年保持平衡，满足游船通航要求。对涑河两岸的污水排放进行合理布局，铺设截污管道，经污水处理厂处理后排入涑河。在不影响防洪的前提下，城区河道建设3座拦水坝。

引祊入涑工程 是涑河综合治理的控制性工程和水源工程，也是《临沂市城市防洪规划》确定的重要防洪工程建设项目，由引祊入涑泄洪闸、节制闸、葛庄橡胶坝、交通桥工程、引祊入涑水道工程、引祊入涑绿化工程、堤顶道路工程、橡胶坝淹没影响工程、堤肩及办公区绿化工程、自动化监视监控工程等组成。2006年5月开工，2008年年底竣工。完成土石方113万立方米、混凝土浇筑9.5万立方米、钢筋制作安装3200立方米，工程总投资1.45亿元。工程永久性建筑物设计防洪标准为五十年一遇，校核洪水位为百年一遇；临时性建筑物设计防洪标准为十年一遇。泄洪闸、节制闸为中型水闸。地震基本设防烈度7度。

引涑入青、引涑入陷工程 陷泥河和青龙河是流经市区的两条河流，因水源不足，冬季干涸，其他季节成为蚊蝇滋生的臭水沟，经多次治理，未能从根本上解决水源短缺问题。为合理调配涑河水源，在涑河河道的涑河口、通达路和临西九路处各建1座拦水坝。其中，涑河入沂河口的1号坝蓄水形成景观水面。引涑入青工程利用位于通达路的涑河2号拦水坝，提高涑河水位，建设引水闸和涵箱工程，在枯水期将涑河水引入青龙河。引涑入陷（泥河）工程利用位于临西九路的涑河3号拦水坝，提高涑河水位，工程由进水闸、取水闸、输水管线和明渠组成，枯水期将涑河水引入陷泥河。3座拦水坝使城区内的河流连成一体，将涑河水面阶梯式提升6.5米，增加蓄水量和水面宽度，具备游艇游船通航条件，提高了防洪能力。

管网铺设 涑河两岸实行雨水、污水分流。埋设直径1米的污水管道26.2公里，与陷泥河、青龙河、涑河口3处污水主管道相连，将污水直接输入污水处理厂，涑河水质彻底改善。同时，涑河沿线共埋设雨水管道50.4公里，供水管道24.6公里，供热管道6.5公里，强电、弱电管线24.6公里，路灯、交通控制等管线。管线总长度180.7公里。

景观和绿化亮化 沿河建设小广场、亲水平台60处，酒吧茶座6个，廊架7个，停车场42个，厕所23座，安装石桌石凳140套，设置450个果皮箱。在河滩内预留两处10亩的娱乐设施用地。绿化以乡土树种为主，大量栽植常绿灌木。落叶乔木以玉兰和马褂木为主。护岸边栽植迎春、连翘、地被类点缀宿根花卉，绿化苗木品种达121种。其中栽植行道树3700棵，大树14300棵。涑河两岸绿化总面积61万平方米。安装路灯杆720棵，各类景观灯6100盏，13座桥桥体全部亮化。

开发建设

土地运作 按照涑河综合治理开发建设控制性详细规划和拆迁还建修建性详细规划，除河道治理用地和拆迁还建用地以外，到2010年年底，政府累计收储土地141宗、4916.5亩，出让土地69宗、2436.3亩。出让价款29.23亿元，实现政府收益6.38亿元。

招商引资 至2010年年底，与27家开发商签订投资协议，27个项目落户涑河，其中竣工项目7个。市内投资项目11个，市外投资项目16个。协议总投资110多亿元，实际到位投资60多亿元。

万兴都国际商业公园建设 2008年4月开

开发后的涑河沿岸

工，2009年年底竣工。位于兰山区沂蒙路北段东侧涑河以南，涑河南街以北，占地10.13公顷，总投资15亿元，建筑面积34.11万平方米，其中地上26.74万平方米、地下7.36万平方米。停车场设停车位2000个。主体按照古城的风格设计，建设仿古大型商业楼4.6万平方米，沿河仿古庭院楼群6.87万平方米，城墙内含商用面积4.56万平方米，古典风格的高档旅游酒店和商住高层公寓7.56万平方米，旅游酒店及公寓配套裙楼2.2万平方米。

临沂故城东城门遗址公园建设　2008年9月29日，在临沂市沂州路与兰山路交会处的涑河还建工程的施工中发现古砖墙，经市文物部门专家现场抢救性发掘，清理出古城门北侧的墙体和城门的拐角、瓮城一部分。墙体宽约13米，底部两侧由条石包边，中部为夯土，上部由大灰砖包边，为临沂明代古城东城门城墙遗址。市政府决定对遗址进行修缮保护，建设临沂古城遗址公园，安放临沂建城2500年纪念碑，使其成为临沂古城文化的一个标志性场所。遗址公园于2008年12月下旬开工，2009年底竣工。公园东西长82米，南北宽52米，主要建筑有古城墙旧址、古沂州府地图、建城2500年纪念碑、地书（琅玡古郡、诗书礼乐）、日晷、景观墙、铁艺栏杆围墙等。古城墙遗址在原有城墙基础上用同材料同规格的仿古砖砌筑，中间用青砖铺地，下部原有古城墙采用钢化玻璃罩保护，外侧设置排水沟。临沂建城2500年纪念碑基础采用钢筋混凝土浇筑，碑身采用镶贴浮雕，高8.6米，下部安装黄绣石台阶。

第七节　生态水城建设

临沂市位于淮河流域上游，境内沂河水系、沭河水系、中运河水系呈辐射状分布。全市多年平均水资源总量55.36亿立方米。2000年，人均占有水资源量552.8立方米。进入21世纪，临沂市不断加大水污染防治力度，着重加强工业污染源达标排放、城市生活污水处理、饮用水源地保护、流域生态保护等工作。

环境保护责任制　“十五”期间，市委、市政府制定《中共临沂市委　临沂市人民政府关于加强环境保护工作的决定》《中共临沂市委　临沂市人民政府关于加快建设生态市的意见》等一系列文件，将创建国家环保模范城市纳入临沂市的“一创六建”总目标，推动环境保护工作扎实开展。2007年，市第十一次党代会提出“打造滨水生态环境优越的宜居城市”的目标，市委第十一届二次全委扩大会议提出“坚持把保护环境和资源节约作为发展的长远大计”，市委第十一届三次全委扩大会议强调“突出做好环境保护和资源节约工作”。印发《市委办公室　市政府办公室关于进一步强化环境保护责任制的通知》，明确县区委书记是本辖区环保工作的第一责任人、县区长是直接责任人。印发《中共临沂市委　临沂市人民政府关于下达十一五期间主要污染物排放总量控制计划的通知》，明确全市化学需氧量、二氧化硫年度减排任务。将环保工作指标纳入《临沂市县区经济社会发展考核办法》考核体系，加强协调和督导，严格落实责任制。2010年，落实《生态省建设市长目标责任书（2008—2012)》，加强监督考核，开展生态环境监察试点工作，推进生态市建设。

工业污染源达标排放　2006—2008年，结合产业结构调整，严格清理重污染企业和土小项目。全市草浆造纸企业由1996年的100家减少到2008年的2家，关闭5000立方米以下的酒精厂6家，淘汰工艺落后的制革厂4家，清理取缔小生化、小淀粉、小兔毛、小废塑等企业4000余家，关闭废纸造纸企业65家，共削减化学需氧量排放量26万多立方米。加强重点企业污染治理，对占全市污染负荷85%以上的重点水污染企业实施污染治理和再提高，为300多家企业发放排污许可证，对15家重点排污企业强制实施清洁生产审计，工业污染比重明显下降。加强对重点污染企业的动态监控，在沂河流域的50家重点企业安装了在线监控设施。

按照目标、总量、项目、投资四位一体的思路，抓好重点项目落实。临沂市列入《淮河流域“十五”期间水污染防治计划》的30个项目、列入《南水北调东线工程治污规划》中的24个项目、列入《2005—2007年淮河流域重点工业污染源治理计划》的16个项目，基本建成投运，重点项目累计完成投资6.6亿元。着力加快城市污水处理厂建设，全市14座城市污水处理厂的污水日处理能力达到53万立方米。

流域生态保护与综合整治　制定小流域综合治理规划并组织实施，推行环境总量和容量控制，推动污染点源治理向流域区域治理转变，进一步削减污染负荷，强化流域生态功能。其中，牛腿沟综合整治工程于2002年被国家计委列入淮河治理及环渤海地区污水处理总盘子，项目总投资6499万元，项目实施后，关停麦草制浆的原临沭造纸厂，投资1.5亿元用于流域企业污染治理，对河道进行清淤、护坡，2005年建成投运牛腿沟污水处理厂，有效改善了河道水体质量。龙王河综合整治工程自2003年开始实施，先后投资7800万元对阜丰公司等15家企业实施废水处理“再提高”工程，年增污水处理能力500万立方米，2004年投资3466万元在龙王河上游建设日处理能力2万立方米的综合污水处理厂，小流域综合治理2005年5月投入运行，入河化学需氧量排放量削减80%。白马河综合整治工程从2004年开始实施，2005年底完成，主要包括恒通化工集团的氨氮废水零排放工程、郯城板纸厂废水回用工程、白马河生态修复工程等工程。2006年，市委、市政府对城市内河实施大规模综合整治，投入1.2亿元对市区陷泥河、青龙河实施截污、清淤、疏浚、拆迁、补水、生态修复等工程，铺设清污分流、城市纳污管网25公里，城区生活污水经管网输送至市污水处理厂进行集中处理，同时，实施“引祊入涑”“引祊入青(龙河)”，解决多年来河道水体劣五类的污染问题；对北涑河进行综合整治。2007年初，实施邳苍分洪道综合整治，停产整顿污染企业130多家，关停或拆除污染严重企业58家，综合整治建陶企业59家，并实施罗庄南涑河和苍山县汶河、沙沟河截污工程，实现邳苍分洪道水质的根本性好转。2010年，划定18个集中式饮用水水源保护区，总面积1939平方公里，全面清理整治保护区范围内的排污口，落实保护措施和应急预案，提高饮用水安全保障能力。推广农村生活污水集中处理、秸秆气化、垃圾无害化处理、小流域生态修复、畜禽养殖污染防治、水源安全保护、绿色食品基地建设的农村环保新模式。全市创建10个国家级生态乡镇、54个省级生态乡镇、87个市级生态乡镇。全市自然保护区、生态功能区、风景名胜区、森林公园等受保护面积占国土面积的15.1%。

治理后的陷泥河

通过多年的流域污染防治和生态保护，全市经济保持快速增长，水环境有较大改善。2005年后，沂河、沭河、新沭河、白马河、武河、沙沟河、邳苍分洪道东偏泓、邳苍分洪道西偏泓、龙王河、张瞳河、沙沟河（苍山）、东汶河（沂南）、祊河、汶河（苍山）14条河流断面监测周报显示，河流水质逐步得到提高，水质相对较好，沂河出境断面基本达到Ⅲ类水质，沭河出境断面基本达到Ⅳ类水质，符合地表水功能区划要求。2008年1—6月，在省辖南水北调黄河以南段及淮河流域的32个断面水环境质量排序中，临沂市的9个断面位居全省前列。2008年，全市省级自然保护区、风景名胜区和森林公园等保护面积达到1053.11平方公里，湿地水网、生态基流得到有效保护。城市湿地功能增强，滨河景区建设后，通过36平方公里的水体自净，降低环境污染负荷10%~15%，提高地下水水位1.59米，调节温度1℃~2℃，相对湿度10%~15%，每天制造氧气2400立方米，吸收二氧化碳3400立方米；景区动植物资源中，林果类木本植物53种，水生植物146种，鸟类120余种，爬行动物13种，哺乳类24种，鱼类21种，具有比较丰富的生物多样性。2010年，实施“治、用、保”的流域治污策略，提前1年建成运行《淮河流域水污染防治规划》中确定的63个治污项目，增建9个大类的128个治污项目并实现正常运行，形成了“点源、污水处理厂、人工湿地、河流”四级递进式的治污模式，在全市持续干旱、河道径流锐减的严峻形势下，有7个国控河流考核断面稳定达标，9条省控河流保持恢复鱼类生长的要求，县区重点河流考核断面综合达标率达97.38%，流域水质实现1985年后的最好水平。

环境执法监察　2007—2008年，全市现场环境执法监察2.52万多人次，挂牌督办企业436家（次）、流域断面问题19个、企业群2个、土小项目65个，关停重污染企业398家，停产治理企业390多家（次），行政处罚环境违法企业1000多家（次）。同时，环保部门12369环保举报热线全天24小时开通，并与财政部门联合实行环境违法有奖举报，处理群众环境信访问题4580多个。加强源头控制，临沂市环境监控应急指挥中心严格环境准入，认真落实环境影响评价和“三同时”（指新建、改建、扩建项目和技术改造项目以及区域性开发建设项目的污染治理设施必须与主体工程同时设计、同时施工、同时投产）制度，经环保审批的项目全部符合国家产业政策和环保要求，有效防止了新增污染负荷。全市建成并运行河流断面水质自动监测站8个、城市空气质量自动监测站4座，安装企业水质在线监测仪79台、大气在线监测仪25台。对沂河、沭河、邳苍分洪道等重点河流断面实施水质监测日报。2010年，针对全市存在的重点问题，连续开展7次专项执法活动，对全市9条省控河流和重点工业园区、造纸、化工、重金属、燃煤电厂等重点行业进行地毯式巡查和拉网式检查。全年累计出动执法人员4.65万余人次，检查企业1.31万余家次，查处存在环保违法行为的企业1100余家（次），对存在突出环境问题的300余家污染排放企业分别采取取缔关闭、停止建设、停止生产、限期治理、经济处罚等综合措施进行集中整治。

第八节　北城新区开发建设

北城新区位于临沂城祊河以北，兰山区南坊街道境内。20世纪90年代，《临沂市城市总体规划（1996—2010）》提出城市北扩的构想。2002年底，临沂市区常住人口突破100万人，城市建设用地规模达到108平方公里，分别比规划确定的2010年城市人口70万人，城市建设用地70平方公里的目标超出30万人和38平方公里。城区人口密度大、住房紧张、交通拥堵、环境污染、城市噪音等社会问题日益凸显。南坊街道属于城乡结合部，工业基础薄弱，开发建设成本相对较低。市委、市政府决定开发建设南坊片区（北城新区），《临沂市南坊片区分区规划》历经9次修改，确定控制规划面积52.03平方公里，首期治理改造面积23.7平方公里。南坊作为临沂市行政服务中心、文化体育中心、商业副中心、高教科研区的地位得以确立，中高档住宅区开发建设随之展开。

拆迁还建　北城新区在开发改造之前，区内2470家企业，多数技术含量低、污染严重、经济效益不高。大部分村民居住条件简陋，基础设施非常薄弱，环境脏乱差的现象较为突出。首期治理范围内33个村庄占地720.4公顷。在治理改造中，实行市场化运作模式，并坚持“遵循法规依据、尊重群众意愿、遵从实际情况”的原则，按照每人40平方米的标准给予群众安置还建住房。市政府从土地收益中拿出三分之二的资金，为男满60周岁、女满55周岁的群众一次性购买养老保险，每人每月215元养老金。并按每人10平方米的标准预留商业用地，作为以后的发展用地，由集体统一建设商业用房、购物中心、超市等，自选经营或出租，所得收入按股分红，量化到人。

2004年10月，列入一期拆迁计划的33个村庄（涉及居民6万多人）开始实施拆迁。至2009年8月，共搬迁居民住户20848户，拆迁住房面积390万平方米；拆迁企业2400余家，面积160.97万平方米，拆除违章建筑190余万平方米；清理5000多亩果园、菜园，搬迁12480座坟墓。2005年6月，南坊片区首个还建居民楼奠基；2007年底，首批居民回迁入住。至2009年8月，新区共有在建居民楼469栋，建筑面积361万平方米。其中，封顶居民楼336栋，完成封顶和入住面积235万平方米。至2010年底，有31个村居、18000户、5.4万人回迁。

开发建设　先后组织实施旧村改造提升、砖瓦窑厂复垦、土地开发整理、存量建设用地盘活等“四大工程”。一期工程对33个行政村进行合村并点，组建8个还建社区，节地率70%以上；对小企业进行拆除，引导企业进园区，腾出建设用地140公顷。开发建设中，坚持“政府主导、财政支持、市场化运作”的经营思路，政府先行进行基础设施建设，配套公共服务设施，改造环境，完善功能，带动周边土地升值。在全省首创

政府调控下的地价目标制，实行经营性土地招拍挂，把可经营项目全部推向市场，多渠道融资，调动社会各方面的力量参与城市建设。2004—2010 年，共调整置换、报批建设用地 50 个批次 0.14 万公顷，及时供地 0.07 万公顷；通过第一批增减挂钩试点项目节余用地指标 213.6 公顷，全部用于新区城镇建设。2004—2009 年，共经营运作土地 135 宗，公开出让 735.1 公顷，成交价款 72.1 亿元，实现政府土地收益 17.9 亿元，全部用于北城新区的土地收回补偿、房屋拆迁和基础设施建设。吸引国内外客商近 600 家到临沂北城新区考察，其中 30 余家进入实质性开发，直接投资 159.3 亿元，主要从事房地产、基础设施建设或饮食服务业、商业金融、文化娱乐、体育休闲等项目。北城新区一期工程累计投入资金近 1200 亿元，其中政府性投入 134 亿元。至 2010 年底，新区已建成 11 层以上楼房 960 栋，6—11 层楼房 1200 栋，容积率均控制在 2.0 以上。

基础设施建设　突出道路管线、公用事业、景观绿化三个重点。至 2010 年，共投资 23 亿元，全面完成一期工程范围内的市政基础设施建设。其中，投资 9 亿元，规划建设道路 46 条 122 公里。投资 3795 万元，安装路灯 6000 杆 1.5 万盏，敷设路灯及交通信号管线 100 多公里。按照“一桥一景”的设计理念，投资 1.3 亿元，建设大小桥梁 67 座，其中柳青河景观桥 9 座、道路小桥涵 51 座、景观河小桥 7 座。投资 5 亿多元，绿化道路面积 574 万平方米，并初步形成“一路一风格”的绿化特色。铺设各类地下管线 10 余种，总长度 1040 公里。新区在饮用水、非饮用水“双供”和雨水、污水分流“双排”等方面，居国内先进水平。

2008 年初，南坊片区正式定名为北城新区。北城新区的崛起，拓展了临沂城市发展空间，丰富了城市内涵，提升了城市品位，一座现代化城市“拔地而起”。在原有大面积破旧村落上建起商务办公场所、文化基础设施和风格迥异的现代化楼房。至 2010 年，有佰利置业、环球商业、瑞典 GJW 商业带及商业步行街、颐高·上海街、青岛悦海喜来商务酒店、广州广图企业集团等 8 个商业服务业项目落地。建有鲁德集团投资的澜泊湾五星级酒店项目，沂龙湾、城市主人、滨河阳光、澜泊湾、世纪新筑、月澜湾等高档房地产项目。在北城新区城市中轴线上，排列着临沂文化艺术中心、市博物馆、大剧院、规划展馆等一批公益性文化设施，弥补了老城区文化基础设施的不足，提高了临沂城市品位。投资 3300 万元建设的人工景观湖，拥有水面面积 13.3 公顷。借鉴沿海地区海滩浴场建设的阳光沙滩浴场，是临沂市第一个大型人工沙滩浴场。奇园景区内仿古建筑林立，林木、绿地覆盖率超过 65%。

“以河为轴，两岸发展”，以沂河、祊河河道为纽带，北城新区带动了河东、兰山北部的整体发展。沿沂河建设的上百公里的滨河景观大道和景区，主体广场、观光桥、生态园、特色景点组成的水岸休闲风景带，将罗庄、兰山、河东连接为一体，两岸现代化的高层建筑集中连片，造型美观，色彩温馨，“中心开花，碧岸珠联”的生态水岸城市和“古城浮影，菁华嵌缀”的历史文化名城特色战略基本实现。临沂城以沂河为中心发展轴，“一河五片，北上东进”的城市空间结构逐步成形，“南工、北文、中商”的城市发展格局初步形成，“大临沂，新临沂”的战略构想和目标初步实现。

第三章　县城、村镇建设

第一节　县城建设

1995—2010年，郯城、苍山、沂水、沂南、平邑、费县、蒙阴、莒南、临沭9县均不断加大城市建设投资，拓展城市空间，完善基础设施，县城品位和档次均有大幅提升（详见第八编《县区概况》）。

第二节　村镇建设

1991年，省政府组织开展“十百千”竞赛活动，每年在全省评选村镇建设先进县区10个、新型乡镇100个、明星村1000个。到1994年，全市有2个县市、21个乡镇、185个村庄被省政府命名表彰。

1995年，按照“全面规划、正确引导、依靠群众、自力更生、因地制宜、逐步建设”的原则，继续开展“十、百、千”竞赛活动，推动全市村镇基础设施建设。是年，全市有102个乡镇修订完善总体规划，修建乡村道路1300公里，其中硬化路面600公里；有38个村用上自来水，受益人口10万人；植绿化树40万棵，安装路灯620盏，有4.6万户农民按规划建了新房，建筑面积达330万平方米。建公共建筑91万平方米，生产性建筑64万平方米。是年，苍山县被评为全省村镇建设先进县，全市9个乡镇被评为全省村镇建设新型乡镇，85个村被评为全省村镇建设明星村。此后三年间，全市修建乡村道路3722公里，其中硬化道路2381公里；增加自来水受益人口56.3万人；新安装路灯7100盏；建公共建筑343.52万平方米，生产性建筑240.07万平方米。

2001年，全市29个中心镇审报基础设施建设项目266个，开工建设214个，完成投资5.6亿元。

2002年，全市建制镇133个，其中中心镇29个，街道8个；城镇建成区面积465平方公里，其中建制镇建成区面积233平方公里；全市总人口1008.4万人，其中居住在市区、县城、建制镇驻地建成区的人口331.76万人，城镇化水平为32.9%。全市城镇人均住宅使用面积19.9平方米，人均居住面积14.2平方米，人均生活日用水量178.8升，燃气普及率83.31%，供热普及率76%，人均占有道路面积17.5平方米，人均公共绿地面积8.55平方米，建成区绿化覆盖率30%，城市污水处理率76%，其中城市污水集中处理率36%，万人拥有公交车辆3.74标台。全市村镇建设投资27亿元，有43个建制镇和2个集镇建成自来水厂。

2003年，全市29个中心镇新一轮总体规划修制完成，详细规划覆盖率提高12个百分点。全市村镇建设完成投资31.6亿元，其中小城镇建设投资14亿元，新建住宅443万平方米，公共建筑87万平方米，生产建筑218万平方米。兰山区义堂镇被省建设厅和省农业发展银行确定为全省旧村改造示范点，义堂镇和平邑县地方镇被建设部确定为国务院优先发展的重点镇。

2004年，全市完成村镇建设投资39.7亿元。新建住宅385.83万平方米，公共建筑80.41万平方米，生产建筑225.34万平方米，新增自来水受益人口 13.6 万人，修道路 766 万平方米，安装路灯 6760 盏。全市累计发放村镇房产证 132.48 万户，占全市村镇总住户的 51.77%。

2005 年，按照“统筹兼顾，重点扶持，综合整治，优化环境”的思路，在全省率先开展村镇环境综合整治。确定 3 个镇和 10 个村作为全市试点。费县实施“三化”（净化、绿化、硬化）和“一池四改”（建设户用沼气池，配套进行改厕、改圈、改厨、改院），从根本上改善了长期以来农村街院卫生差的状况。落实百万农户致富任务，发放新房产证 7758 份，农户用房产向金融部门进行抵押贷款获取项目启动资金 6439 万元。全市完成旧村改造 362 个，节约耕地 0.4 万公顷。兰山区义堂镇“迁村进社区”经验在全省推广。

2006 年，全市建制镇建成区面积 325.86 平方公里。全市城镇化水平达 41.5%。全市居住在市区、县城、建制镇驻地建成区内的人口为 424 万人。全市城镇人均住房面积 25 平方米，人均生活日用水量 120.76 升，燃气普及率 72%，人均城市道路面积达 13.54 平方米，人均公园绿地面积达 10.69 平方米。建成区绿化覆盖率 31.2%、绿地率 24.48%。全市完成村镇建设投资 47.78 亿元，其中小城镇建设投资 17.5 亿元。确定 122 个村作为建设社会主义新农村进行扶持的重点村和示范村。有 795 个村庄实施旧村改造，新建农村社区 221 个，面积 7753 万平方米，居住人口 42.84 万人，节约土地 1496.07 公顷。新建设配套环卫设施 555 个，清除卫生死角 5088 处，清运垃圾 39180 立方米，整治广告牌 7561 块，铺装人行道板 51 万平方米，管线下地63.47 公里，新增绿地面积 200 万平方米，粉刷沿街建筑 120 万平方米，整治河道 241 公里，新增路灯 4379 盏，村镇环境综合整治取得明显成效。年内，全省乡村旅游、生态旅游和旅游小城镇现场会议推广了临沂市抓村庄整治和乡村旅游工作的经验。根据省政府要求，位处鲁苏边界的苍山、郯城、临沭、莒南 4 个县，围绕道路、绿化、村镇、广告、环保、县城等 6 个方面开展整治工作，取得初步成效。推广沂水县成立工匠协会的经验，为农民群众建设“百年住宅”搞好服务。是年 6 月，莒南县在相沟乡三义口村进行农村社区建设试点（即“大村庄制”），开展新农村建设的新探索。

2007 年，村镇建设投资 51 亿元，其中小城镇建设投资 23 亿元，新建住宅 480 万平方米，公共建筑 120 万平方米，生产建筑 310 万平方米。中心村庄建设在 122 个试点村的基础上，确定 600 个试点村作为新农村建设的重点，按照村容

兰山区村镇建设

整洁、路面硬化、饮水达标、厕所卫生、住房适用、设施配套、村风文明的标准，制定建设和整治计划。落实“门前五包”（包卫生、包绿化、包美化、包看护、包秩序）责任制，开展村庄“清五堆、抓五改”（清土堆、柴堆、石堆、粪堆、垃圾堆，改水、改厨、改厕、改圈、改院）活动。全市共查处村镇违法建筑3481起，面积135.26万平方米。建设配套环卫设施2752个，清除卫生死角26579处，清运垃圾861372立方米。整治广告牌9513块，铺装人行道板177万平方米，管线下地138.72公里。新增绿地面积507.6万平方米，植树765万棵。粉刷沿街建筑335万平方米，整治河265公里；新增路灯8699盏。莒南县在全省小城镇建设工作会议上专门作经验介绍。全市有1898个村庄开始按照“沂蒙新农居”设计方案建设农民住宅，新建多层公寓楼846幢，建筑面积563.9万平方米；二层小康楼24914座，建筑面积645.4万平方米；单层平房109931位，建筑面积1694.1万平方米，农民群众的居住生活条件得到显著提高。建立健全村镇建设质量安全管理工作责任制。成立村镇建筑工匠协会，对村镇建筑工匠进行教育培训，强化管理，提高其业务能力和质量安全意识。评选出21个镇、30个村作为市级示范镇、示范村，由市财政划拨300万元资金对评出的市级示范镇、示范村进行奖励补助（每镇18万元，每村5万元）；对鲁苏边界4县的40个村庄，每村各补助5万元资金，用于边界环境整治。争取省小城镇规划建设专项资金614万元，用于扶持3个中心镇、5个试点村、9个边界乡镇、16个边界村庄的建设和整治工作。

2008—2009年，完成村镇建设投资131.2亿元，其中小城镇建设投资59.6亿元，新建住宅1142万平方米，公共建筑330万平方米，生产建筑689万平方米。全市新修村镇道路面积3383万平方米，修建排水管网580.2公里，安装路灯26221盏，新增自来水受益人口108.5万人，村镇服务功能和承载力得到提升。2008年，根据市委、市政府《关于加快推进村镇建设的意见》，制定了贯彻实施办法。探索发展“大村庄制”，全市确定中心村1032个，人口237万人。落实各类补助资金940余万元，扶持3个试点县、10个示范镇、11个试点村。2009年，编印《临沂市新农村住宅竞赛优秀方案图集》和《临沂市新农村住宅施工图图集》，免费发放到基层村镇，指导“百年住宅”建设，并对228个重点调度的村庄建立档案，进行重点管理。全年在建和竣工农村住房15.03万户，实施危房改造2万余户，直接和间接拉动社会消费280亿元，市农房建设成绩列全省第一位。坚持“统一规划、合理布局、多方筹集、设施共建、资源共享”的原则，推行“户分类、村收集、镇中转、市县处理”的垃圾一体化处置模式，加快城乡环卫一体化进程。

2010年，加快农村住房建设和危房改造、中心镇和中心村建设，完善村镇基础设施和公共服务设施配套建设，改善农民群众的生产生活条件。年内，全市完成村镇建设投资99亿元，其中小城镇建设投资35亿元；新建住宅936万平方米，公共建筑187万平方米，生产建筑332万平方米；建设农村住房127506户，改造危房27038户，集中建设改造村庄769个。

第四章　城市管理

1995 年，临沂城市管理工作由市建设委员会所属城建局和城建监察大队负责。1998 年 1 月，成立临沂市市容管理局，下设市城市建设监察大队、市环境卫生管理处、市园林管理处。2004 年 5 月，临沂市城市管理行政执法局成立，下设市城市管理行政执法支队。市政府印发《临沂市城市管理相对集中行政处罚权暂行规定》《临沂市城市管理行政执法暂行办法》，并在临沂市城市规划区内正式实施。

2009 年 5 月，市政府印发《市环境卫生管理处、市园林管理处、市城市道路维护管理处改革实施方案》，改革城市环卫体制，明确市、区、街、居四级环卫管理部门职能，将城区环境卫生管理职能下划至各区政府。市环境卫生管理处更名为市环境卫生管理局，增设垃圾填埋处置场和粪便无害化处理场。

2010 年 2 月，撤销市城市管理行政执法局，成立市城市管理局。下辖市环境卫生管理处、市城市管理行政执法支队和兰山、河东、罗庄、高新技术产业开发区、经济技术开发区 5 个分局、6 个执法大队。集中行使市容环境卫生、城市规划、市政管理、园林绿化、工商行政、环境保护、公安交通、城区河道管理等行政处罚权，并对户外广告、环境卫生、公共停车场等进行审批、监督和管理。3 月 19 日，市环卫保洁工作实行属地管理，临沂主城区的环卫保洁由兰山区政府负责。是年，全市 180 个乡镇（街道）全部建立城管执法队伍，2523 个行政村（社区）实行市场化运作，其中 1101 个行政村（社区）实行物业化管理。

第一节　城市环境治理

1995 年，临沂市按照城市总体规划开展基础设施建设，综合整治城市环境，筹资 500 多万元，重点治理护城河、新华一路南段、临西三路南段、东岳庙和临西五路北段 5 个积水区，拆迁房屋 2000 多平方米，清挖淤泥 1.7 万立方米，挖土石方 17 万立方米，拓宽河道 6106 米，新建桥涵 14 座，城市内涝问题基本解决。是年，临沂市被命名为全国城市环境综合整治优秀城市。

1998 年，开展“整容治乱”集中整治活动。按照“洁、新、齐、美”标准，将金雀山路、沂蒙路建成样板路。集中整治市民反映强烈的解放路西段、青年路西段、临西一路北段、启阳路、开阳路、临西二路、八一路、北园路、蚂蚱庙街等路段。拆除影响市容的沿街活动板房、草瓦房、铁皮屋等 4236 间，清理广告牌 1.03 万余块，规范洗车点 160 处，清除沿街乱贴乱画的张贴物 4.31 万张，铺装人行道板 4.83 万平方米。

1999 年，开展“城市建设管理年”活动，全面实施绿化、净化、硬化、亮化工程。修补建成区 18 米以上道路坑槽、破碎路面 1.2 万平方米，清理路沿石护坡 1.26 万米，铺装彩色人行道板 5.27 万平方米。开展为期 100 天的城区卫生死角大清理活动，清理卫生死角 525 处，清运垃圾 10 万多立方米。

2000 年，实行城市环境综合整治执法目标责任制和百分考核制。集中整治市区交通秩序和店外经营，清理市区主要道路的马路摊点、市场及三轮车乱停乱放等。加大规划监察力度，严管建成区，控制规划区，查处违法建设案件140起，面积1.12万平方米。

2003年，开展临沂城城市环境综合整治活动，以整治交通秩序、占道经营、店外经营、环境卫生、户外广告、城市出入口、车站、广场等公共场所，以及城乡接合部等脏乱差现象比较突出的区域为重点，严格控制道路挖掘，查处违法建设行为，清理城市“露头丑”以及未经批准的夜市、早市和停车点，清除垃圾卫生死角1000余处。启用城市管理电话语音告知系统，整治城市“野广告”，清理“野广告”27.3万条（次）。实行领导包路包街责任制，整治提升主干道22条。对主干道沿街建筑、大型公共建筑、标志性建筑实施光亮工程，统一规划设计，统一要求，由各建筑物业主自行负责改造安装亮化设施。市区大型公用绿地和沿街主要建筑物采用装饰灯光装饰，增设了一批立体感强的户外广告灯箱。

2004年，开展城区集中整治活动。实施畅通工程、蓝天工程、绿化工程、亮化工程、旧城改造工程等，确定6条街道、4个居民小区、4个广场、3个城市出入口为临沂城综合整治示范工程项目。开展10多次大规模“私搭滥建”专项整治，共查处违法建筑案件900多起，拆处违法建筑136处、2.03万平方米，拆除城市“露头丑”建筑2300多处、3.4万多平方米。开展露天烧烤和沿街餐饮摊点专项集中整治活动，取缔露天烧烤3790多处（次）。

2005年，临沂市以争创全国文明城市为龙头，推进全国双拥模范城、国家环保模范城市、中国优秀旅游城市、中国历史文化名城、国家级卫生城市以及国家园林生态城市创建工作，实施“一创六建”。确定城市道路建设改造、城市园林绿化整治、亮化整治、城市环境卫生整治、水环境整治、供水工程建设、蓝天工程、户外广告整治、旧村居改造等13项重点内容。对城市出入口、城乡接合部、公共场所、居民小区等进行综合整治。12月8日，市政府颁布《临沂市市区门前“五包”责任制考评实施办法》，由市建设局、市城管执法局、市财政局具体组织实施。是年，全市共查处各类违法案件44324件，其中简易程序案件41276件、一般程序立案3048件。

2006年，以城区主干道、广场、车站、旅游景点、学校周边等为重点，全面开展城市环境综合整治，整治城市环境脏乱差的现象。市政府制定《临沂市户外广告设置管理规定》《户外广告资源有偿使用收入征收管理暂行规定》《户外广告资源经营权招标拍卖管理暂行办法》等规范性文件，实行户外广告设置审批进政务大厅。开征城市绿化补偿费，推行环卫管理小额罚款。是年，整治广告牌匾1.05万处、软体广告2063处，部分重点路段基本实现白天美化、夜晚亮化。共取缔露天烧烤、沿街餐饮摊点442处（次）。开展城区河道专项整治，清理非法网具1700余处，查处非法捕鱼案件120余起，关闭非法采沙点34个。规范占道停车7.2万辆（次），处罚违法停车1752辆。清理店外经营、占道经营摊点业户6.8万处（次），清理修、洗车点2938处，取缔马路市场99处。清除“野广告”25.3万余处（次）、面积7.2万平方米。查处噪声污染2549起。

2007年，开展市容市貌集中整治活动，重点治理户外广告、占道经营、占道停车、违法建筑施工行为、滨河景区环境等。涑河综合治理工程累计完成投资2亿元；青龙河治理后续工程完工，全线安装护栏8527米；陷泥河后续治理完成护坡垒砌1.3万米。按照硬化、亮化、绿化、美化、净化的要求，突出城乡结合部、背街小巷、长效机制建设三大重点，继续开展城乡环境综合整治活动。在鲁苏边界环境综合整治中，重点开展道路、绿化、村镇、广告、环保、县城等6个方面的整治工作，累计投入建设和整治资金3亿元。开展28次水事违法行为专项整治，打击河道非法采沙、非法捕鱼、私搭乱建等行为。开展城乡结合部建筑垃圾专项治理。取缔解放路西段等11处占道市场，在琅邪王路建设“琅邪王观光夜市”，安置经营摊点2200余个。在临沂师范学院北校附近设置置业服务摊点市场，在八一路建设小吃一条街，统一经营餐车、经营标志、服装、桌凳等，吸纳人民广场周边经营户和露天烧烤摊点。

2008年，市政府决定利用3年时间，进行旧城区、城乡接合部、道路、边界地区以及村镇环境整治。中心城区环境综合整治以创建全国文明城市、国家园林城市、国家卫生城市为总抓手，推动城区段河道环境、铁路沿线环境、城中村、旧住宅区、城区断头路、城郊（乡）接合部环境改造提升，重点推进铁路沿线环境整治、陷泥河环境整治。以巩固东部城区、突破西部城区为重点，开展市容市貌提升工程，并加大西部城区市容环境整治力度。铁路沿线综合整治工程完成投资1.8亿元。实施“再战西城”城市环境整治、占道经营、户外广告、城市出入口、早餐夜市和临沂汽车站周边环境等专项整治，集中整治金雀山路、解放路等50余条重点路段和20余条背街小巷，拆除私搭乱建建筑2700余处，取缔、规范马路市场125处，清理店外经营、占道经营摊点8.8万处（次）。拆除、整改各类广告1.26万块，收缴落地灯箱1.3万余块，清理乱贴乱画“野广告”14.4万处（次）。开展“违法停车集中整治月”活动，整治12条主干道和20余条次干道占道停车现象，新增划停车泊位8000余个，修整原有车位4600个，抓拍查处违法停车2.17万辆，处罚8600余辆，罚款100余万元。开展“执法进工地”活动，查处乱倒建筑垃圾行为442起。

2009年，全市城乡环境综合整治活动确定“一年面貌大变，二年巩固提升，三年完善机制”的目标。城区环境综合整治紧密配合国家园林城市创建和迎接全省城镇化工作会议，部署开展“八乱”（占道经营、乱倒垃圾、乱贴、乱画、乱搭、乱建、乱放、乱排）整治工程、烟尘渣土整治工程、河道整治工程、道路整治工程、城市窗口整治工程、居民小区整治工程、城市公用设施整治工程、违法违章建设整治工程等。6月，开展市容环境整治突击月活动，以西部城区主次干道、城乡接合部、城市出入口、城中村、铁路公路沿线为重点，集中整治占道经营、门匾广告、落地灯箱、乱停乱放等。开展县（区）乡村广告标语集中整治，清理落地灯箱3.75万个，拆除整改牌匾广告5.93万处，粉刷墙壁65.72万平方米。开展早夜市、占道经营集中整治月活动，规范、取缔早夜市1800余处次、店外经营6000余起。新增家电厨卫城、临西九路物流城、河东区孙家于埠市场、钢材市场等专用停车场，更新停车泊位1.86万个，新增停车泊位2710个，抓拍违法停车4.35万辆，处罚8952辆。开展“毁绿占绿”专项整治活动，检查工程项目104个，现场勘验35次，查处各类绿化违法行为50余起，立案处罚31起。开展“庆国庆、迎全运、保创城”城市环境整治活动，建立24小时值班和领导带班制度，对创城迎查路线进行集中治理。

2010年，开展城管提升年、城市管理年、城管品牌年活动。实施洁净、整洁、“穿衣戴帽”、美化、畅通、宁静、治污、清违“八大工程”和西部城区环境整治大会战。查处占道经营、店外经营7.68万处（次），清理落地灯箱2.33万个，清理“野广告”30余万处，查处、拆除违法建设164起，查处露天烧烤经营摊点412家，拆除“亭牌栏箱”1512处，清理河道非法捕鱼网具2000余处，查处非法采沙场10处，取缔马路市场22处，改造提升背街小巷52处，设置烧烤摊点疏导场所10余处。是年，开展创建“城镇管理明星镇、城管执法示范街和广告管理样板路”（简称“三创”）活动，并将其纳入市城乡环境综合整治重点工作，市政府对15个城镇管理明星镇进行了表彰奖励。10月，开展市区户外广告突击整治月活动，采取政府统一出资、统一拆除、统一设置的方式，打造金雀山路等5条户外广告样板路。与交警、法院建立协作配合机制，共抓拍违法停泊的车辆5.5万辆，开出罚单1.24万份，施划临时停车泊位2.3万个。实施建筑垃圾处置核准手续核查，检查市区在建项目104处。开展建筑垃圾运输联合执法，查处市区违规建筑工地58家，整改建筑工地出入口325家，查处违章渣土运输车287辆。

第二节　环境卫生管理

1995年，全市有环卫处（所）11个，在册职工1409人，负责156座公厕的清掏、1000余万平方米的路面清扫保洁，日清运垃圾600余立方米。是年年底全市有垃圾处理场9处，水冲式公厕101座。1997年，全市城区环卫保洁面积489万平方米，处理垃圾粪便22.63万立方米。

1998年，城区环卫保洁面积增加到600万平方米。清运生活垃圾22万立方米、建筑垃圾54万立方米，清掏粪便1.2万立方米。路面清扫执行“早中晚ABC”管理办法；垃圾清运实现“日产日清，车走地净，车动盖篷，垃圾箱外无垃圾、无积存、不外溢”；水冲厕所全日清刷，达到“三净四无”标准，旱厕管理按时清掏，日产日清。购买清扫车、垃圾运输车、挖掘机、粪罐车、压缩车等环卫机械设备22台，沂蒙路实现机械化清扫；开展垃圾袋装化试点工作。

2001年，投资3009万元，建成占地33.3公顷、容量1000万立方米的半程垃圾卫生填埋场。城区新建垃圾中转站46座，安装全封闭地下垃圾集装箱30个，建压缩式和机械式中转站各1座。路面清扫实行分片包干，拓展服务范围，延长服务时限，全年清运城市生活垃圾23.8万立方米。

2002年，在城区新建小型垃圾压缩收集站14座，初步实现城市生活垃圾压缩密闭收集、压缩转运。新增道路保洁面积100万平方米，保洁总面积达860万平方米。全年清运城市生活垃圾29.2万立方米，挖运建筑垃圾76万立方米。

2003年，建成占地4公顷的南坊大型垃圾压缩转运站，购置压缩车、拉臂车、摇臂车等环卫车辆机械30多台，建设压缩式收集站30个。全城垃圾袋装化收集率达到60%。淘汰城区主干道敞口垃圾方箱1000个，新上盖式垃圾桶3800多个，配套购置作业服务车辆10台，市区主干道基本实现密封收集。

2004年，全市完成环卫设施投资1519万元，新建、改建公厕39座。其中，市区主干道和公园新建、改建水冲式厕所29座，安置环保移动公厕10座。新增盖式垃圾桶1777个，新建垃圾收集站7座。

2006年，全市新建小型垃圾压缩收集站20座，提升改造市垃圾填埋处理场。全年道路清扫保洁面积3058万平方米，全市有垃圾无害化处理场1座，无害化处理能力900立方米/日。有公共厕所360座，其中三级以上公厕323座。临沂城区全年道路清扫保洁面积1607万平方米，城市生活垃圾清运量35.7万立方米，无害化处理量32.9万立方米，城市生活垃圾无害化处理率91.99%；市区新建改建公厕71座。

2007年，市区日处理生活垃圾1000立方米的垃圾焚烧综合利用项目建成，完成垃圾填埋场二期改造工程。开展环卫进社区活动，40多个社区被纳入环卫专业队伍服务范围。全年道路清扫保洁面积3443万平方米，城市生活垃圾清运量96.93万立方米。建成临沂市垃圾焚烧发电场、平邑县垃圾无害化处理场、沂水县垃圾无害化处理场、临沭县垃圾无害化处理场，全市垃圾无害化处理场增至5座，垃圾无害化处理能力2780立方米/日，无害化处理量40.25万立方米。全市有公共厕所422座。临沂城区全年道路清扫保洁面积1955万平方米，城市无害化处理能力1900立方米/日，城市生活垃圾清运量38.47万立方米，垃圾无害化处理量36.26万立方米，有公共厕所174座。

2009年，编制完成《临沂市城区环境卫生规划（2010—2020）》《公厕及垃圾设施建设参考手册》《公厕管理手册》。有6个县垃圾处理场建成投入运营，乡镇建成垃圾中转站473个，购置垃圾收集车1104辆，村居建垃圾池、购垃圾桶47154个。建成全市第一座粪便无害化处理场。全年道路清扫保洁面积4011万平方米，全市无害化处理量73.29万立方米，有公共厕所578座。

2010年，推进城乡一体化环卫保洁体系建设，实行乡镇生活垃圾定点处置。修订完善《临沂市城镇市容和环境卫生管理办法》，制定《临沂市城市化粪池建设维护和抽吸市场管理办法》《临沂市城市建筑垃圾管理办法》《城区环境卫生工作考核办法》《环卫作业企业资格准入管理办法》。全年道路清扫保洁面积4349万平方米，全市垃圾无害化处理能力3080立方米/日。其中，临沂城区全年实际道路清扫保洁面积2651万平方米，生活垃圾无害化处理场2座，日处理能力1900立方米，全年无害化处理量52.31万立方米，全市有公共厕所765座，其中临沂城区有公共厕所335座。

第三节　数字化城市管理

2005年，临沂市12319城市服务热线系统平台建成，有接线席位20个，及时传递各种城市事件的信息。2006年5月完成临沂城区航拍影像，对临沂城建成区内的城市部件进行了三维可视化建模。

2007年4月，临沂市被建设部列为全国第三批数字化城市管理试点城市。制定《临沂市数字化城市管理系统实施方案》，建设完成内部办公网络、政务专网、社会公众信息网、全市建设行业资源数据库；城市路灯节能监控系统投入运行，临沂城区安装100台节能设备和监控探头，按时序开启调控路灯亮度。

2008年，《临沂市数字化城市管理系统实施方案》经住房和城乡建设部专家评审通过，“数字化城市建设项目工程”被市政府列入临沂市《2008年市区规划建设项目》。是年10月成立临沂市数字化城市管理中心，负责数字化城市管理系统基础平台建设。

2009年5月，市12319服务热线与数字化城市管理实现无缝对接。按照“用数字管理城市、用真情服务市民”的理念，坚持高起点、高标准、规范化、高效率建设临沂市数字化城市管理系统，完成九大子系统主体功能的开发和软硬件建设；完成数据信息普查及单元网格划分工作，划分单元网格2659个和普查城市部件19.4万个；建立闭合管理机制和绩效评价体系，加强协调、监督和考核。10月，数字化城市管理系统试运行，以中心城区带动开发区和县城，以县城带动中心镇，在兰山区、罗庄区、河东区和临沭县实现同步运行，实现市、县区二级平台整体运行数字化城市管理，城市管理逐步走向精细化、科学化、长效化。

2010年，建立“监管分离、高位监督”双轴心体制，形成了四级管理、五级联动的管理体系；颁布实施《临沂市数字化城市管理实施办法》《临沂市数字化城市管理考核考评办法》《临沂市数字化城市管理指挥手册》《临沂市数字化城市管理监督手册》等制度，将绩效考核纳入市年度经济社会发展和行风热线考核体系。抽调96人，组建4支信息采集监督员队伍，市级和县区二级平台配备坐席员54名，整合各级各部门的应急抢险和维修维护专业队伍，管理系统与政府政务内网、地理空间信息平台、交警高清视频监控、环保在线监测、12319城市服务热线、路灯节能监控、数字城市三维可视化系统、防汛应急指挥等系统实现了资源共享。通过实施数字化城市管理，全市城市管理能力、公共服务效率和质量有所提高，长效管理机制初步建立。是年3月，临沂市通过住房和城乡建设部“全国数字化城市管理试点城市”验收，建成全国革命老区第一个“数字化城市管理试点城市”，城市管理步入“数字时代”。

第五章　房地产管理

1984年前，临沂地区及所辖各县均设房产管理机构，主要负责直管公房的管理、收租和修缮工作。后随着城市房产事业的发展，成立临沂地区房地产管理处。1995年，设立市房产管理局，隶属于市建委，负责城市规划区内房地产产权、产籍、评估、交易、拆迁安置和房地产纠纷仲裁及房地产开发工作。1998年，临沂市房产管理局为市政府直属机构，主管规划区内的房产管理工作。2003年，组建临沂市国土资源和房产管理局，将原市房产管理局授权行使的全市住房制度改革和经济适用住房管理职能划归市建设局。2004年11月，重新设立市房产管理局，主管规划区内房产管理、拆迁管理及全市住房制度改革和经济适用房管理工作。2010年，市房产管理局更名为市房产和住房保障局，负责全市房产管理、拆迁管理、房地产开发管理、物业管理和住房保障工作。

第一节　房屋产权产籍管理

确权发证

1987年，临沂地区行署设立城镇房屋确权发证领导小组，下设办公室，与临沂地区房地产管理处合署办公，房管处设产权科具体负责房屋登记发证工作。1989年，登记城市房产面积1260万平方米，确权发证面积1100万平方米，建立起房产档案。1994年，撤销临沂地区设立临沂市。临沂市各类房产面积2600万平方米，房屋确权率达92%。1995年，市房产局房政科和产权产籍管理所合署办公，负责房产登记，兰山、罗庄、河东3区只负责房产申报，不设房地产交易市场，不保管房产档案。年内，办理房屋确权发证3500件，房屋确权面积70.06万平方米。其中，临沂城办理房屋确权发证1200件，面积8万平方米。

1996年，按照建设部《关于重申房地产抵押登记必须由房地产行政主管部门办理的紧急通知》要求，规范房地产抵押登记程序。当年完成市直各类房产登记8500户，发证8000户，发证面积400万平方米。开展私房验证业务，办理民房验证4000户，换证面积30万平方米。1997年，加强房屋所有权证发放管理，规定一个市县只能由一个房地产管理部门发证，不具备房地产行政管理职能的机构不得承担登记发证工作。制止核发区政府房产证，已发放的由市房产局重新验证换新证，解决了地级市设立后出现的多头发证、证出多门的问题。全年完成房产登记7万余户，发证3.3万户，确权面积520万平方米。到1998年，产权管理延伸到河东、罗庄两区。大岭镇和盛庄镇34个村居16123户的民房初始登记，登记房屋面积137万平方米；开展兰山区36个村居的民房验证、换证，换证户数19351户。1999年，启用统一的房屋权属证书，重点开展产权验证换证工作。共受理公私房产初始、变更、转移、换证登记18634户，面积270万平方米；在房地产抵押贷款和购买住房贷款登记业务中，办理抵押登记856户，面积47.2万平方米。2002年，受理各类房产登记25884份，缮证制证28970本，房产登记资料整档入库2.71万余卷，提供房产档案查阅服务3920余卷次。

2004年，制定《关于临沂市城市规划区内房屋权属登记历史遗留问题的处理办法》，并开展试点工作。全市办理各类房产登记19997份，其中初始登记2401份转移登记7786份，他项权利登记6881份，缮证18060本，房产登记资料整理入库16090卷，提供房产档案查阅服务4270卷，公私房产测绘面积481万平方米。2005年，集中解决旧村改造和三级盖章遗留问题，按照先易后难、先急后缓的原则，确权发证4000余本。全年共办理各类房产登记25391份，缮证12840本，房产登记资料整理入库11850卷，提供房产档案查阅服务3671卷。完成公私房产测绘面积450万平方米。为方便群众办证，推行上门服务，共上门办理各类房产登记6210份，其中赴浙江杭州、金华、梧州、丽水等地为客商办理抵押登记手续67户。

“十一五”期间，全市城乡统筹发展的房产管理格局基本形成。2006年，市区共办理各类房产登记52373份，完成各类房屋测绘面积753万平方米。2007年，城乡房产登记发证工作步伐加快。办理各类房产登记94379套，比上年增长80.2%。其中办理城市房产登记84529套，增长61%。房屋测绘面积732万平方米，实现收入900万元。征收房地产交易环节税6183万元。其中，契税4533万元，营业税、个人所得税等1650万元。

2008年，完成各类房屋登记12.2万套，登记面积1403.4万平方米。其中，初始登记26124套，商品房登记7100套，存量房买卖登记5392套，现房抵押登记11436套。实现登记业务收入1541万元。

2009年，完成各类房屋登记14.5万套，实现登记业务收入2452万元。全年市区城市房屋登记共办理合同备案35630套，278.5万平方米；办理房屋产权备案19112套、144.33万平方米。

2010年，共完成产权登记备案24258宗，交易抵押担保3968宗，协征契税、营业税1.15亿元。全年完成登记发证36573个，各类房屋共完成登记16万套。协助市财政局征收契税共计8986万元；协助市地税局征收个人所得税、营业税共计2509万元。

至2010年底，累计办理各类房地产登记60余万宗，完成房地产测绘面积6500余万平方米，存放各类房产档案50余万卷。

集体土地房屋登记发证

自2003年起，开展集体土地房屋权属登记的法规政策调研工作。2004年6月，市政府印发《临沂市村镇集体土地房屋权属登记管理暂行办法》，并开展集体土地房屋确权发证试点工作。2005年，在总结试点经验的基础上，下发村镇集体土地房屋权属登记管理实施细则和方案，成立3个农村房屋确权发证工作组，在兰山、河东、罗庄三区测量农房近万户、总面积180多万平方米。2006年，测量房屋4000余户、32万平方米，发放房屋产权证书8100余本。2007年，村镇集体土地房产登记9850套。

2008年，在兰山、罗庄、河东三个区集中开展集体土地房屋确权工作，集体土地房屋登记发证16780套，银行开始办理农民房产抵押融资业务。2009年4月，集体土地房屋登记发证工作开始向各县推进。实行到村入户，上门测量、现场办证，方便群众。农民通过房屋抵押贷款，解决了经济发展、住房建设及房屋改造等方面的资金问题。全年市区完成村镇集体土地房屋登记1.6万套，抵押金额3.6亿元。临沂市农房抵押经验，在全省得到推广。2010年，以配合推动农村住房建设和危房改造为重点，从市区向农村全面推进，拓展融资渠道。全年全市完成村镇集体土地房屋登记2.75万套，房屋抵押贷款3.9亿元。集体土地房屋登记发证12136个。至2010年末，共完成村镇集体土地房屋登记12万户，抵押金额6.5亿元。

第二节 房地产市场管理

房地产交易管理

1989年，临沂地区行署成立房地产交易监理所。1992年组建房地产交易市场，成立房地产市场管委会。由城建、工商、物价、财政、公安五部门联合下发《关于加强房地产市场管理的通告》，对房地产的转让、出租、抵押等做出具体规定。1994年临沂撤地建市后，为解决“市大场小”的问题，建成3000平方米的房地产市场。当年办理房地产交易监理520户，成交额5496万元，监理面积102万平方米。1997年，办理房地产交易监理手续559户，面积15.89万平方米，交易监理额6873万元。

1999年12月，新的房地产交易市场在房产大厦投入使用，使用建设部推广的软件，围绕登记办证形成多层次、全方位配套服务，在规模、功能、硬件上达到山东省房地产有形市场一流标准。是年，共办理房地产交易监理手续3177户，监理面积11.04万平方米，交易监理额1.22亿元。2001年，办理交易监理手续12592户、227.7万平方米，监理额2.49亿元。2003年，办理房地产交易监理手续1.1万户，监理面积161.37万平方米，交易监理额18亿元。2005年9月，学习借鉴青岛、成都、北京、天津、佳木斯等地的经验，开发出一套具有国内领先技术的房地产信息综合管理系统。投资300余万元，对房地产有形市场进行改造提升。2006年对系统进行维护升级，完成现房网上管理系统运行环境测试，启动网上业务查询、信息交流等短信通平台建设，督导各县建设信息系统，逐步实现市县联网。是年，市区颁发商品房预售许可证151份，预售总面积286万平方米；商品房合同备案登记12340套。2007年，市区颁发商品房预售许可证150份，预售面积273.5万平方米。自2008年起，市房产局以房产登记交易大厅为重点，开展“创文明窗口、建阳光房产”主题实践活动，打造服务型、便民型、阳光型窗口。提出重点打造网上服务和窗口服务“两个服务平台”，采取四项“便民服务”措施（即对产权来源清晰、资料齐全的房产业务实行“一级办理”，立等可取；对需要查阅档案或现场调查的房产业务实行“二级办理”，三天办结；针对不同的服务对象需要，尤其是老弱病残实行“短信告知，送证上门”，专门为工作人员配备3辆房产便民服务车；设立“服务热线”，接受监督）。开通登记服务热线3116555，受理群众投诉咨询。建立大厅房产业务“五公开”制度（即办证流程、收费标准、办理时限、提交资料、办理依据公开）。2009年，为方便群众办证，进一步扩大办证“立等可取”的范围、开设办证“绿色通道”、推行完善“短信告知”、“上门办理”，全年累计上门服务达500余人次。2010年，按照省住房和城乡建设厅要求，加快系统联网工作，5月底已经基本实现与全省房地产市场信息系统直接对接。房产信息系统通过业务多维统计分析系统，实现市场信息的即时刷新和自动汇总。通过商品房管理系统，实现商品房网上备案。通过房屋权属网上登记管理系统，建立以楼盘表为基础，产籍图表、权属登记、测绘管理“三位一体”的以图管房的动态房产登记管理模式，理顺办件环节、简化业务流程，提高工作效率和公共服务水平，较好解决了群众反映强烈的“办证难”问题。提高了对房地产市场的监管调控能力。实现与财政、税收等跨部门的信息共享，实现了房地产税收征管一体化。是年，全市完成房地产投资145亿元，商品房新开工建设854.5万平方米，竣工604.2万平方米，新增商品房预售面积670.2万平方米、77709套，商品房网上签约销售513.7万平方米、61367套。

2006—2010年，全市完成房地产投资501.4

亿元，商品房新开工建设2651.3万平方米，竣工1683.3万平方米，销售2027.5万平方米，存量房成交497.6万平方米。其中，市区完成房地产投资336.9亿元，新开工建设1816.1万平方米，竣工1156.4万平方米，销售1364.5万平方米，成交存量房338.86万平方米。

临沂房地产交易中心

房地产中介管理

1992年，临沂地区出现第一家房屋中介机构。1994年，临沂市房地产估价事务所成立，隶属于市房产局。当年评估公有房屋9.7万平方米，估价额8512万元。1999年完成各类评估项目4239宗、114万平方米，评估总值11.6亿元。2002年，临沂市房屋中介机构发展到50家，从业人员260余人，主要从事房屋买卖、租赁、代办房产证和房地产评估等服务。2003年，临沂市房地产估价事务所改制为临沂正阳房地产评估有限公司。当年评估房地产项目5400余宗，建筑面积108.4万平方米，评估值13.8亿元。

2006年起，每年对房地产经纪机构进行一次检查，并于次年初公布检查合格机构名单。检查不合格者，取消从事相关房地产中介业务资格。加强日常管理，规范房地产经纪机构行为，对经营中发生恶意炒作、哄抬房价、囤积居奇、扰乱市场的机构，没收违法所得，依法予以处罚。

2008年，加强中介市场管理，严格从业人员资格、机构备案管理和市场准入制度，对兰山、罗庄、河东3区的房产中介机构进行调查摸底和清理整顿，办理房地产经纪（评估）机构备案47个，查处违规商品房销售行为4起。

2009年，以临沂市房产登记交易中心为依托，成立房地产置业担保有限公司，建设集楼盘展示、二手房交易监管、住房置业担保、房地产金融、中介代理和法律公证服务为一体的多功能房产金融超市，实行一站式业务办理，为群众提供一条龙服务。2010年，全市登记在册的房屋评估机构22家。

房地产开发管理

1992年，临沂地区有房地产开发公司2家。1995年底，发展到86家，完成房地产开发投资1.7亿元。其中市房产局所属开发公司总投资2155万元，开发面积9.2万平方米。1996年，全市有房地产综合开发公司33家，房地产综合开发面积18.16万平方米，投资1.97亿元。2001年，完成房地产开发44万平方米，完成投资2.62亿元。2003年，为深化房地产开发管理体制改革，适应市场经济要求，建立现代企业制度，市房产局所属开发公司实行转轨改制。2010年，全市房地产开发企业达397家，直接从业人员2万余人。

第三节 安康居住工程

保障性安居工程建设

1994年，临沂地区有2300多户居民住房紧张，为加快住宅建设，改善城镇居民的居住条件，地委、行署成立安居工程领导小组，研究制定安居工程计划和实施方案。确定用房改筹集的资金和开发公司商品房成本价与市场价之差价部分的20%作为安居工程启动资金，并将集资建房、合作建房纳入房地产开发管理。是年，全区集资建房、合作建房建成住宅面积18万平方米，集资2400万元。1996年，全市累计完成投资3329万元，开工建设安居工程9.03万平方米。1997年，临沂市被国务院房改领导小组列为1997年国家安居工程试点城市，国家提供专项贷款4000万元。苗庄小区南区被列为1997年安居试点小区，占地面积16.5公顷，共2163户，容积率1.22，建成后被评为山东省优秀小区。

2004年，市委、市政府提出建设“安居临沂”，相继颁布《临沂市安康居住工程实施方案》《临沂市城镇廉租住房管理办法》《临沂市区经济适用住房销售管理细则》，实行目标责任制，加强部门协作和工作调度，保证“安康居住工程”工作顺利开展。2005年，对全市最低收入家庭住房状况进行调查摸底。全市建成区居民约48.69万户、153.39万人，实有住房约49.51万套，人均建筑面积26.91平方米。临沂建成区居民约25.37万户、81.57万人；其中，中低偏下收入7.89万户、25.1万人，最低收入2.7万户、8.68万人；人均建筑面积10平方米以下的有1.25万户，无房户6229户。是年，全市开工建设安居住房99万平方米，居全省第二位。2006年，全市住房保障工作列入市政府年度十大“为民工程”。此后，市政府每年与各县区政府、市直有关部门签订保障性住房建设目标责任书，并将其作为年终综合考核县区、部门的重要内容。严格落实资金政策，保障土地划拨供应，落实优惠扶持政策，加强保障性住房的分配管理。2008年，开工建设经济适用住房62.3万平方米，完成总投资9.18亿元；开工建设廉租住房3.3万平方米，竣工3.12万平方米、582套，获中央和省廉租住房奖补资金1430万元。是年，经济适用房和廉租房开始采用公开摇号的方式分配。2009年完成保障性住房建设投资11.15亿元，开工建设保障性住房70.3万平方米。其中经济适用房60万平方米，廉租住房10.3万平方米，发放廉租住房补贴累计达2187户，解决了7300户低收入家庭的住房困难。中央和省奖补资金4430万元，连续两年居全省各市第一位。

2010年7月，市政府制定《关于加快实施棚户区改造的意见》，并完善配套制度。实行保障性住房建设与城中村、棚户区改造相结合，政府补贴与市场化运作相结合，以城中村、棚户区改造后节余土地为主，鼓励开发企业利用闲置土地建设保障性住房。对棚户区改造范围内的安置房、廉租住房、基础设施、公益事业所需建设用地，实行划拨供应。

2006—2010年，全市开工建设经济适用住房439.62万平方米，廉租住房26.4万平方米，发放廉租补贴718.64万元，解决了6.31万户低收入家庭的住房困难。其中，2010年开工建设经济适用住房60万平方米，廉租住房12.1万平方米，发放廉租补贴214.73万元，建设公共租赁住房180套，棚户区改造面积39.67万平方米，解决2.1万户城市低收入家庭的住房困难。

直管公房管理

1953年成立公房管理所，主要承担国有直管公房的租赁、维修和管理工作，为低收入家庭提供住房保障。1992年，对公房租金进行调整，砖混结构月租金为0.4元/平方米，砖木结构为0.35元/平方米。后随着城市道路拓宽、旧城改造、危房翻建，公房面积逐渐减少，部分房屋产权不清，房证不符。1994年，对直管公房进行重新登记，办理转移变更面积3600平方米，建立直管公房档案250卷，落实产权面积7.3万平方米。1995年，对公房租金再次进行调整，商业办公用房实行协议租金，住宅月租金统一为1元/平方米。同时投资436万元，改造旧房1.01万平方米，当年收缴租金87万元，租金收缴率98%。1997年，完成租金收缴127万元；投资200万元，完成开发改造面积约4000平方米。1998年，按照企事业改革的要求，市公房管理所成立房产经营开发公司、服务租赁公司、华鑫物业公司、修建公司、物资公司等企业。1999年收缴房租115万元，维修公房面积5815平方米。2002年，国有直管公房约3.4万平方米，其中住宅2.8万平方米，商业用房0.6万平方米。2007年，共收缴直管公房租金164万余元，检修公房面积4023平方米。2008年，调整公房租金标准，将住宅公房按建成年代、坐落位置、楼房结构分为三大类六个档次，租金标准相应调整为每平方米3~6元，当年收缴直管公房租金200万元，维修房屋总面积10827平方米。为盘活公房资产，实现资产保值增值，非住宅用房租金标准采取按市场化运作、择优定标的方式公开招租。2009年，收缴直管公房租金225.9万元，维修面积6837.7平方米。2010年，根据住房城乡建设部等七部门联合制定的《关于加快发展公共租赁住房的意见》，临沂市公共租赁住房开始大规模建设。公房资产增至11.5万平方米，其中新建和购置经营性用房近2.1万平方米、新增保障租赁房6.4万平方米。

第四节 城市房屋拆迁

1992年，《临沂地区房屋拆迁安置办法》颁布实施，规定拆迁还建以就地安置为主。1995年，全市拆除房屋面积1.87万平方米，收取拆迁管理费8万元。1996年，市政府颁布《临沂市城市房屋拆迁暂行管理办法》，明确市房产局与兰山区、罗庄区、河东区在城市房屋拆迁中的关系。市城市房屋拆迁安置办公室变更为市城市房屋管理办公室，组织实施三区规划区内的房屋拆迁管理，负责办理拆迁项目审批、签发拆迁许可证、发布拆迁公告、申报拆迁单位资质、拆迁人员管理培训、拆迁纠纷调解等工作。罗庄、河东两区规划区内的房屋拆迁及兰山区属单位的房屋拆迁，由市房产局委托三区建委代管。1997—2002年，共拆除各类房屋面积136万平方米。其中，1997年完成房屋拆迁面积29.7万平方米。2000年，集中力量实施市政府重点工程人民广场拆迁和沂州路中段拓宽改造拆迁。2001年，拆迁各类房屋5.3万平方米。

2003年，市城市房屋管理办公室更名为市房屋拆迁办公室。2004年4月，市政府印发了《临沂市城市房屋拆迁管理办法》。完善城市房屋征收拆迁政策和工作机制，健全拆迁许可、裁决、听证制度，规范拆迁补偿资金监管和拆除项目招标拍卖，妥善处理拆迁信访问题。随着城市建设的快速发展，拆迁工作以提升城市功能、改善民生为宗旨，把工作重点放在兵城博物馆建设、北城新区建设、涑河治理改造二期工程、陷泥河整治、广场周围提升改造、棚户区改造等城市重点项目上，保证城市建设和重点工程的顺利进行。是年，市区完成拆迁面积114.2万平方米。2005年，市区完成拆迁面积313万平方米。2006—2010年，全市完成国有土地和集体土地房屋拆迁面积近3000万平方米，其中国有土地房屋拆迁面积620万平方米。

第五节 城市物业管理

随着住房制度改革的不断深入，1994年临沂撤地设市后，房地产业有了很大发展，房地产开发量和小区规模不断扩大，大批公有住宅向个人出售，城市物业管理出现了房管部门管理、单位自管、开发单位代管和物业公司管理的模式。

1994年，苗庄、金坛和朝阳小区首推物业管理，新的小区物业管理体制开始建立。苗庄小区1997年被建设部评为全国物业管理优秀住宅小区，被省文明委评为省级精神文明建设小区示范点。1998年，制定临沂市住宅小区物业收费标准，主要内容包括：住宅用房，建筑面积70平方米以内的，每月每平方米一等0.16元，二等0.14元，三等0.13元，四等0.12元。超过70平方米的，超出部分按标准的80%收取；其它用房，在小区内从事餐饮等污染较重的经营用房每月每平方米0.30元；办公、生产、商业等用房每月每平方米0.20元。到1998年底，城市规划区内已建成住宅小区和居民点26个，其中实行物业管理的住宅小区16个。1999年，开展物业管理企业资质审查和业务培训，规范小区物业管理服务行为。推行物业管理较好的苗庄、金雀山、皇姑桥小区，由物业公司实行统一、全方位的管理，有效克服过去行政性、福利性、分散多头的小区管理造成的各种弊端，从根本上改变了住宅小区的面貌。

2002年，全市具有物业管理资质的物业公司21家，从业人员近千人；实现物业管理的住宅小区13个，大厦、写字楼8处，总面积100余万平方米。一些物业企业开始与开发公司脱钩，成为独立法人，实行自主经营、自负盈亏的企业化管理。2005年，制定新的物业收费等级及收费标准，对住宅小区物业服务收费实行等级管理，物业服务收费等级以独立小区为单位评定，一个小区评定一个等级，执行相应的等级收费标准。小区物业服务收费等级和标准实行动态管理，每二年一审验。收费标准为：一等标准基准价为0.35元，二等标准基准价为0.30元，三等标准基准价为0.25元，四等标准基准价为0.20元，每等标准可上下浮动20%。市政府启动住宅专项维修资金归集工作，以保障住宅共用部位和共用设施设备的正常维护与使用。2009年，市政府印发《关于加强社区物业管理工作的意见》，规定“县区政府负责，街道办事处组织，社区居委会落实，主管部门指导监督，属地管理，条块结合”的原则，对社区居民关注的水电暖气管网、新旧住宅区服务标准、物业服务行为都作了明确要求。是年，审批物业管理企业资质22家；沂河花园、开元·上城获得“全国物业管理示范住宅小区”称号，9个获得“省级优秀住宅小区”称号。

2010年5月，全市社区物业管理现场会召开，推广北城新区社区物业管理经验。是年，市区物业服务企业发展到156家，从业人员2.3万余人，管理项目620个，管理面积2400万平方米，物业管理的覆盖面从住宅小区、大厦、写字楼管理延伸到办公楼、工业区、商业大厦、医院、学校、图书馆、体育馆等，形成了包括房屋及相关设施设备维修养护、小区秩序管理、环境清洁、绿化、居民生活服务、物业中介等多层次、全方位的配套服务体系。至2010年年底，物业维修资金归集累计达3.8亿元。

第六节　房屋安全鉴定

1998年，城市房屋安全鉴定工作由市房产局负责。2001年，共受理房屋安全鉴定889份，鉴定面积339.5万平方米。2003年，市房屋修缮工程公司更名为市房屋安全鉴定中心，具体负责规划区内房屋修缮、安全鉴定和危房改造工作。当年共受理房屋安全鉴定326份，出具房屋安全鉴定书293份，完成房屋安全鉴定面积70.7万平方米。自是年起，市房屋安全鉴定中心每年组织一次全市房屋安全大检查，及时消除安全隐患。2007年，抽查各类房屋353栋，抽查面积83.33万平方米；受理房屋安全鉴定362份，鉴定面积287万平方米，其中危旧鉴定5万平方米。2008年，受理房屋安全鉴定471份，鉴定面积142.1万平方米；检查鉴定房屋面积461.48万平方米。

2009 年，完成全市房屋安全普查，房屋安全鉴定开始向学校延伸，鉴定量大幅增加。全年鉴定房屋面积 196 万平方米。2010 年，鉴定房屋面积 125.5 万平方米。

第七节　城镇住房制度改革

1992 年 11 月，临沂地区开始实施住房制度改革。1993 年 6 月，莒南县、郯城县开始出售公有住房。1994 年，住房公积金制度开始建立，公积金缴存比例占职工工资总额的 4%~6%。1995 年提高公有住房租金，一般为每平方米使用面积月房租 0.3~0.35 元，蒙阴最高为 0.5 元。全市 9 县 3 区全部实行住房制度改革。至年底，共出售公有住房 148 万平方米，应收款约 1.8 亿元，实际收款 8100 万元。1999 年 1 月 6 日，市政府印发《关于深化城镇住房制度改革的实施意见》，明确全市深化住房制度改革的目标是停止住房实物分配，逐步实行住房分配货币化，建立和完善以经济适用住房（安居工程）为主的多层次城镇住房供应体系；发展住房金融，培育和规范住房交易市场。是年，市直和三区停止住房实物分配，开始按月工资基数的 15%发放住房补贴。年底，全市有 30 万名职工缴存公积金，累计缴存 2.7 亿元。全市累计出售公有住房 121663 套，总建筑面积 862.9 万平方米，有 3.5 万户居民领取房产证，领证率累计达 80%。全市公房普遍进行了第四次提租，平均月租金达到每平方米 1.8 元以上。市直和三区公房月租金达到每平方米 2.10 元。

2000 年，围绕建立新住房分配、供应、交易、服务体系，实施住房分配货币化，加强经济适用住房建设和管理，放开房改房二级市场，完善配套政策，基本实现由住房分配向货币分配的转换。1 月 1 日起，市区住房补贴的比例由原来的月基本工资的 15%提高到 25%，随工资按月发放。市直党政机关、事业单位全部兑现住房补贴，效益较好的企业也开始兑现住房补贴。各县陆续制定住房货币化分配政策，根据实际情况确定住房补贴标准，补贴比例一般在 10%~25%之间。到年底，全市共为 11 万名职工发放住房补贴 17699 万元。市政府力推经济适用住房建设，到年底开工 45 万平方米，建设 4372 套住宅。全市房改房上市交易工作逐步展开，住房二级市场全面开放。大多数县开放住房二级市场，建立了比较规范的交易场所。年内成交户 90 户，交易额达 720 多万元。全市累计出售公有住房 12.96 万户，892 万平方米，可售公有住房基本售完。已发证 12.09 万户，发证率达到 90%以上。全市平均租金水平达到每平方米 2 元左右，其中市区达到每平方米 2.30 元。公有住房租金已基本达到准成本租金水平。全市公积金的缴存比例在工资总额的 4%~6%之间。至年底，近 30 万职工缴纳公积金，累计缴存公积金 3.39 亿元。

2001 年，市政府办公室下发文件，要求已经实施住房分配货币化政策，向职工发放住房补贴的单位一律停止自建和购买住房。未享受房改政策购房或已享受房改政策但面积达不到规定标准的职工，按照政策给予一次性住房资金补偿。三区九县相继制定住房货币化分配政策措施。是年底，全市为 11 万名职工发放住房补贴 26547 万元，其中市直发放 11547 万元。全市累计出售公有住房 13.69 万套，实现售房收入 97029 万元，形成了以居民私有产权为主、多种产权形式并存的新的住房产权格局。全市房改房上市交易成交 317 户，交易额 970 万元。住房公积金覆盖面达到职工总数的 80%左右，近 30 万职工缴纳了住房公积金，累计缴存公积金 5.3 亿元。全年开工经济适用住房面积 56.96 万平方米，竣工 40.38 万平方米，有 3977 套住宅交付使用，完成投资 1.37 亿元。

2002 年，市政府制定《关于进一步深化住房制度改革，搞活住房二级市场的实施意见》，降低房地产交易税费，简化已购公有房上市审批程序，全面开放已购公有住房上市交易。全年共出售公有住房2815套，其中市直1465套。全市累计出售公有住房13.98万套，其中市直4.34万套，公有住房出售进入了扫尾阶段。全年全市房改房有1308套上市成交，其中市区成交723套。全市累计收集住房公积金6.2亿多元，其中2002年为7500万元，为3945名职工发放住房贷款8610万元。2003年共出售公有住房4558套，其中市区出售1497套。办理评估交易手续3050套。全市归集公积金1.3亿元，比上年增长20.3%。

2004年，为解决部分无房单位职工的住房问题，允许经济效益差未发放住房补贴的单位，利用原有土地组织无房职工集资建房。共审批集资建房和危旧房改建单位5个，审查办理集资建房手续1530套。全市共出售公房3310套，其中市直161套，临沭、罗庄等5个县区的公房出售工作全部完成。房改房上市交易明显增长，全市共有1453套房改房上市进行交易。

2005年，全市共出售公房816套；市区公房上市交易322套。严把集资建房和危房改造关，市直审批集资建房单位3个，住房205套，危房改造单位3个，住房816套。

2006年，按照2001年《临沂市人民政府办公室关于认真落实住房分配货币化政策停止单位自建和购买住房的通知》要求，对市直部门2001年进行住房备案的单位和职工，继续执行2001年房改政策，对个别经营困难的企业经市政府批准后进行了房改，市直房改191户、104万平方米。危房改造单位1个，办理集资建房产权79户、面积0.82万平方米。

2006年，探索创新经济适用住房政策运作模式，提出了在临沂市区试行经济适用住房“明补”政策的建议，临沂市被列为全省的试点城市。加强经济适用住房建设和销售工作。对省下达临沂市的95.4万平方米经济适用住房计划进行分解，落实项目建设用地、规划等手续，对各县的计划落实情况加强督促指导。全市开工建设经济适用住房52.53万平方米，竣工34.96万平方米，其中市区开工建设43.61万平方米。制定《临沂市城区经济适用住房销售管理办法》，组织怡景新苑、鑫盛家园、新城家园和康居家园4个经济适用住房小区的销售工作，累计销售4204套、36.64万平方米。怡景新苑安康居住区作为市政府的为民工程，有1380套住房交付使用，水、电、暖、气及热交换站、垃圾转运站等配套设施齐全。制定全市廉租住房管理办法，对市直首批75户家庭发放了廉租住房补贴。

2007年，房改工作进入收尾阶段。印发《关于进一步加强单位集资合作建房管理的通知》，审批集资建房465套，面积63121平方米；出售公有住房478套，39004平方米。全市开工建设经济适用住房56.03万平方米，竣工45.73万平方米。市区享受廉租住房保障的家庭98户，发放租赁补贴15万元。督促指导各县建立廉租住房制度，落实补贴资金。

2010年，全市完成保障性住房建设投资12.69亿元，开工建设保障性住房112.85万平方米，解决了2.1万户低收入家庭的住房困难。其中，廉租住房补贴累计达2822户，建设公共租赁住房180套，棚户区改造39.67万平方米。

第五编

国土资源管理　环境保护

LINYISHIZHI

云蒙湖湿地

临沂市总面积17191平方公里，是山东省面积最大的地级市。山丘与平原面积大致呈六四比例分布。2010年，耕地84.47万公顷。矿产资源种类繁多，共发现矿产84种（含亚种），已探明储量的矿产36种。地热资源丰富，总面积1417.85平方公里。1987年，临沂地区成立土地管理局、矿产资源管理局。全区土地和矿产资源管理中心工作开始逐步向依法监管、合理开发利用上转移。1996年，临沂市第一部土地利用总体规划正式实施。2001年，临沂市土地管理局与临沂市地质矿产局合并，成立临沂市国土资源局。2008年，临沂市被中国矿业联合会命名为“中国地热城”。2010年，临沂市被国家测绘局授予“全国数字城市示范市”称号，市国土资源局获“全国国土资源系统推进依法行政先进单位”“保发展保红线工程2010年行动成效显著单位”等称号。

临沂市环境污染和生态破坏，随着工业化、城市化进程的加快日渐突出。20世纪70年代中期，临沂地区和各县相继建立各级环境保护机构，开展环境监测和调查，采取措施保护环境治理污染。1999年起，开始对全市12种污染物实行总量控制，全面推进“一控双达标”（主要污染物排放总量控制、主要污染物达标排放和国家重点环保城市环境质量功能区达标）工作，加强对水泥、造纸、化肥、酿酒等重污染行业的污染防治。2003年，市委、市政府提出争创全国革命老区第一个国家环保模范城市目标，“环保优先、生态立市”的发展理念逐渐为广大干部群众所接受，环境保护工作的重点逐步由点源治理向全过程控制转变。2006年，全市把污染总量减排作为促进转方式、调结构的重要任务，建立和完善减排的监测体系、统计体系、考核体系，强化工程减排、结构减排、管理减排等重点措施，严格落实减排目标责任。至2010年，全市330项减排重点工程按期建成投运。围绕保障环境安全、完成减排任务、改善空气质量三个重点，查找薄弱环节，全面落实整改措施，主动提升达标水平，积极完善污染防治体系，构建环境安全屏障，顺利通过创建国家环保模范城市复核验收。但主要污染物排放总量仍然很高，生态环境脆弱，环境形势依然严峻。

第一章　国土资源管理

第一节　土地资源管理

土地规划

第一次土地利用总体规划（1991—2000年）

1991年10月，临沂地区开始编制第一次土地利用总体规划，1995年4月通过省土地管理局组织的专家评审，5月完成。1995年11月，经省政府批准，1996年1月实施。该规划针对当时亟待解决的六大土地利用问题，经反复研究、论证编制而成，旨在协调各业间用地矛盾、满足建设用地需求、优化土地资源配置。实施后产生了巨大的经济效益和广泛的社会、生态效益。到1995年年底，临沂市、县两级第一次土地利用总体规划全面完成，80%的乡镇完成第一次土地利用总体规划的编制。

第二次土地利用总体规划（1997—2010年）

1997年9月，临沂市第二次土地利用总体规划开始编制。1998年9月，通过省土地管理局组织的专家评审。1999年9月经国土资源部批准，12月开始实施。该轮规划按照对农用地和非农用地实行严格的用途管制的要求，以保护耕地、严格控制非农建设用地为重点，旨在实现土地利用方式的根本改变，促进土地资源集约利用和优化配置，发挥土地利用的最佳效益，保持耕地总量动态平衡。规划确定：到2010年，全市耕地减少量控制在9873.33公顷以内。其中，控制建设占用耕地

7940公顷。通过土地整理、开发、复垦新增耕地10706.67公顷以上，并不断提高土地质量。全市总人口控制在1070万以内，人均占有耕地面积0.08公顷。基本农田保护区面积745733.65公顷，保护率达到87%。土地利用率由85.7%提高到93.8%，单位土地产值每公顷由2.15万元提高到8.23万元。期内城镇用地控制在30805.2公顷以内，中心城市用地7000公顷。

本轮规划期内，全市通过建立完善建设项目用地报批规划审查、年度计划控制、建设用地预审、耕地保有量目标责任检查、土地利用节约集约考核评价等措施，有效保护耕地和基本农田，保障农业生产，促进经济发展，改善生态环境，全面实行土地用途管制制度。

第三次土地利用总体规划（2006—2020年） 2004年9月，临沂市第三次土地利用总体规划开始编制。2006年12月完成10个专题报告，2009年11月通过省级专家评审，12月，经国土资源部审查后上报国务院批复。该轮规划根据省政府下达的各项调控指标进行土地利用结构、布局调整，划定土地利用分区，对农用地特别是基本农田、建设用地、生态用地进行统筹安排。规划确定：到2020年，全市农用地面积1320113.24公顷，耕地保有量842817公顷，规划期内净增耕地1283.71公顷，期内各类建设占用耕地控制在12641公顷以内，通过土地开发整理复垦及农业结构调整等补充耕地13925公顷。基本农田保护面积744683公顷，基本农田保护率达到88.36%；建设用地总规模255217公顷，城乡建设用地总规模控制在200900公顷，其中城镇工矿用地70132公顷。交通水利及其他用地规模调整为54316公顷；未利用地面积减少到144837.3公顷。重点发展中心城区，中心城区规划控制范围总面积53971.04公顷，人口260万人，允许建设区总规模28459.92公顷，有条件建设区3372.03公顷，限制建设区22139.09公顷。同时确定规划期内土地利用重大工程与重点建设项目，制订了保障规划切实可行的措施。

土地资源调查

临沂市的土地利用现状详查工作，自1985年11月起在平邑县开始试点，其余的县（市）分别于1989年、1990年分两期展开调查工作，1992年6月全面完成。

1995—2010年，临沂市每年开展一次土地利用变更调查。2003年9月，在全市开展土地利用基础图件与数据更新调查。2005年，建立三区九县的土地利用现状数据库。2007年7月，更新调查成果通过国土资源部、中国土地勘测规划院验收。

2006年12月，国务院下发《关于开展第二次全国土地调查的通知》，要求自2007年7月1日起开展第二次全国土地调查。2007年7月，市

1997年，临沂市在全省率先成立地租征收处。

政府成立第二次土地调查工作领导小组，8月正式启动第二次土地调查工作。主要开展农村土地、基本农田、城镇土地、村庄地籍、耕地后备资源调查，摸清土地权属状况。2009年年末，第二次土地调查完成汇总工作，2010年通过国务院备案。经调查，临沂市土地面积为1719121.3公顷。其中，耕地844127.66公顷，园地106086.39公顷，林地197347.68公顷，草地57028.72公顷，城镇村及工矿用地229338.97公顷，交通运输用地62467.29公顷，水域及水利设施用地101902.67公顷，其他土地120821.92公顷。

地籍管理

土地登记　1990年，临沂地区开始土地总登记。6月，召开颁发土地使用证大会，为354个全民用地单位和189个集体用地单位颁发国有、集体土地使用权证书。1991年5月，临沂地区行署下发《关于开展地籍调查和登记工作的通知》，全区共颁发各类土地证书12100本。土地总登记之后，土地登记工作转为日常登记。至2010年，全市初始登记累计发放国有土地使用权证书20818本，集体土地所有权证书693本，集体建设用地使用权证书153228本，宅基地使用权证书196687本，他项权利证明书2814本。全市变更登记累计发放国有土地使用权证书22006本，集体建设用地使用权证书2265本，宅基地证书71989本。2002年，临沂市开展土地分割登记，到2010年共颁发分割后国有土地使用权证书37421本。全市共办理土地抵押登记3027宗，抵押金额380.11亿元。

土地权属争议调处　1995年前，临沂市土地权属争议的调查处理主要依据《中华人民共和国民法通则》《中华人民共和国土地管理法》等法律法规和土地管理规章，按照从实际出发、尊重历史、面对现实的原则进行。1995年12月，国家土地管理局下发《土地权属争议处理暂行办法》。2003年3月，国土资源部颁布新的《土地权属争议调查处理办法》。至2010年，全市累计受理土地权属争议1148起，调处1077起，调处率为93.8%。其中，受理国有与集体之间土地权属争议纠纷113起，集体所有权之间纠纷262起，国有土地使用权之间纠纷182起，集体土地使用权之间纠纷591起。

建设用地管理

国家及集体建设用地管理　1995年后，临沂市严格按照国家产业政策和有关规定审批建设用地。1996年，对资金落实到位的用地项目，依法办理使用手续；对无计划、无规划、资金不落实和各种税费不到位的不予审批。当年共审批国家建设项目用地677宗，面积613.16公顷。其中，出让375宗，面积281.28公顷，收取出让金5347.6万元。审批乡镇村集体建设用地1472宗，面积362.45公顷。其中，征为国有以出让方式提供土地使用权的279宗，面积61.88公顷，占当年集体建设用地审批总数的18%。1997年，各级土地管理部门建立建设项目用地报批前和批准后向上级土地管理部门预先报告和备案制度，防止违法批地和计划外用地。为防止个别地方突击批地，停止对占用耕地进行农房建设和乡村企业用地的审批。加强城市规划区内集体土地征用管理，对城市规划区内新增建设用地采取政府统一征地、统一划拨或出让的方式，强化政府的宏观调控职能。

1999年，新修订的《中华人民共和国土地管理法》确立土地用途管制制度和农用地转用审批制度。市政府印发《关于加强建设用地审批管理的紧急通知》。同时，加强城市规划区内土地一级市场管理，规范土地使用权招标、拍卖等出让行为，合理配置土地资源，实现国有土地资产保值增值。2000年3月，制定《临沂市企业改革中土地资产管理暂行办法》，将企业改革涉及的划拨土地，纳入有偿使用范围。2001年，制定《临沂市国有土地使用权招标拍卖办法》。11月，制定

2001年，临沂市土地使用权公开拍卖第一槌在临沭县敲响。

《临沂市统一征地办法》，建设用地审批程序步入规范化、法制化轨道。

2003年，制定责任追究、办事时限、限时办结、失职追究、一次性告知、承诺服务、首问负责和超时默认等多项规章制度，确保经营性土地使用权出让依法规范、阳光操作。2004年，严格非农建设用地的审批管理，加强土地市场建设，全市政府土地纯收益18.24亿元。2005年，除规定可以采取划拨方式供地的情形外，其他建设用地全部纳入有偿使用范围，经营性用地招拍挂出让率达100%。2006年，严格协议出让范围，加大招拍挂出让力度，全市土地成交总价款55.51亿元，实现政府土地纯收益23.55亿元。

2007年，加强政府土地储备管理，合理确定单宗地供地规模，实施“净地”出让，土地供应由饱和转为适度。建设用地重点保障城市基础设施、经济适用房、廉租房和中低价位的房地产开发等民生用地。工业用地采用招拍挂方式出让，严格执行工业用地出让最低价标准。当年共招拍挂出让工业用地79.6公顷，出让价款1.14亿元。批准用地595宗，面积1836公顷，政府土地纯收益29.8亿元。2008年7月1日起，实行建设用地供应备案制度。当年政府土地纯收益首次突破30亿元，达到36.87亿元。2009年，在全省率先开展土地使用权网上公开出让。2010年，公开出让土地1075宗、3097.67公顷，成交价款134.36亿元，实现政府土地收益56.83亿元，连续八年实现大幅增长。

农村宅基地管理 1995年，临沂市农民建房用地由县级土地管理部门审批，使用非耕地的，由乡镇人民政府审批后到县级土地管理部门备案。1999年，新修订的《中华人民共和国土地管理法》对宅基地的审批权限重新作了规定，将审批

1999年，成立土地储备中心。

权上收至县级人民政府。2001 年 12 月，市政府制定《临沂市农民住宅用地管理办法》，进一步明确农村宅基地的审批程序。2005 年 10 月，制定《临沂市农村宅基地管理暂行办法》，要求农村居民点建设要按规划、有计划地逐步向小城镇和中心村集中。充分利用原有村内空闲地和山坡荒地，严格控制占用农用地，严禁占用基本农田。要大力推进旧村改造，实施迁村并点；划定村界，整治“空心村”。农村村民一户只能拥有一处宅基地。新划宅基地必须符合土地利用总体规划和村镇建设规划。并规定了不同地区新建住宅用地面积限额和农村村民住宅用地报批程序。

临时用地管理　1987 年前，国家对临时用地管理没有明确的规定，一般是由用地单位与被用地单位自行协商，签订使用协议，用后归还。1987 年《中华人民共和国土地管理法》实施后，临沂市需要临时使用土地的，由当地县级人民政府批准，同农业集体经济组织签订临时用地协议，按规定进行补偿。1999 年，新修订的《中华人民共和国土地管理法》规定，建设项目施工和地质勘查需要临时使用国有土地或者农民集体所有土地的，由县级以上人民政府土地行政主管部门批准。土地使用者应当根据土地权属，与有关土地行政主管部门或者农村集体经济组织、村民委员会签订临时使用土地合同，并按照合同的约定支付临时使用土地补偿费。临时使用土地期限一般不超过 2 年。

耕地保护

1995 年 4 月，临沂市印发《关于保护耕地大检查的通知》，对 1992 年以后耕地情况进行全面清查。清查历时两个多月，对清查出的未批先建、批少占多、乱圈滥建、占而未用、闲置荒废的各类违法用地集中进行了处理。6 月，制定《临沂市基本农田保护管理暂行办法》。年内开始划定基本农田保护区，实行基本农田规划许可证制度。1996 年 4 月，市土地管理局印发《关于实行〈基本农田占用许可证〉制度的通知》，加强对基本农田的保护。当年共审查占用基本农田的建设项目 358 宗，面积 186.93 公顷；审批补办用地手续 315 宗，面积 138.4 公顷，通过占补平衡节约基本农田 48.53 公顷，收取基本农田耕地造地费 1100 余万元，除部分用于保护管理工作，其他全部用于土地开发复垦。1997 年，临沂市贯彻中共中央、国务院《关于进一步加强土地管理切实保护耕地的通知》精神，落实冻结非农业建设占用耕地政策，在全市范围内开展非农业建设用地大清查。

2001 年，为确保全市耕地总量动态平衡，提出保护耕地的四大措施[1]。2004 年，开展基本农田保护大检查。全市基本农田总面积 745733.32 公顷，占耕地总面积的 88%。2007—2009 年，农业部门以基本农田质量管理为重点、国土资源部门以基本农田数量管理为重点，建立健全基本农田保护档案资料，实现基本农田信息化动态管理，健全基本农田保护动态巡查制度。

2008 年 6 月，组织 4 个检查组，对各县区耕地保护责任目标履行情况进行全面检查，重点检查耕地保有量指标和基本农田“五不准”制度[2]执行情况，查处和纠正了发现的问题。2009 年 4 月，市政府组织 3 个检查组，对全市耕地保有量变化情况、基本农田面积变化情况、非农建设占用耕地计划执行情况、补充耕地计划完成情况、耕地占补平衡落实情况、耕地保护目标责任制

①切实加强基本农田保护；严格执行占用耕地补偿制度；积极推进城镇土地利用方式由粗放型向集约型的根本转变；研究制定保证土地合理需求的用地政策。

②不准非农建设占用基本农田；不准以退耕还林为名违反土地利用总体规划；不准占用基本农田进行植树造林，发展林果业；不准在基本农田内挖塘养鱼和进行畜禽养殖，以及其他严重破坏耕作层的生产经营活动；不准占用基本农田进行绿化隔离带建设。

落实情况、耕地保护责任目标履行中存在问题的整改落实情况进行全面检查。5月27—28日，国土资源部、农业部、国家统计局三部局联合检查组，对临沂市耕地保护目标责任履行、卫片执法和“保增长保红线”工作进行检查，对临沂市的耕地保护工作给予高度评价。12月，临沂市国土资源局被农业部、国土资源部表彰为“全国基本农田保护工作先进单位”。2010年，省政府下达临沂耕地保有量842107公顷，至年底全市实有耕地面积844727.67公顷，实际划定基本农田面积744683公顷，基本农田保护率达88.15%。

第二节　地质矿产管理

矿产资源管理

矿产规划　1987年临沂地区矿产资源管理局成立后，为加强矿产宏观管理，摸清资源家底，多次开展矿产资源调查工作。1997年，市地矿局与山东省地质调查研究院联合编制《临沂市地质矿产概论及开发研究》，详细论述临沂市地质和矿产资源情况，研究分析临沂矿产资源特点、储量规模、市场需求、经济效益、环境保护等，明确优势矿产资源和开发前景，论证各类矿产资源的保证程度，为制定矿产资源规划提供依据。1999年，市地矿局开展矿产资源开发利用程度图的编制工作，全市有各类矿产66种，已探明储量的26种，已开发利用的34种。通过编制矿产资源开发利用程度图，进一步明确矿产资源的分布规律、矿区范围，为科学规划、合理利用提供决策依据。2000年3月27日，印发《关于开展铁、石膏、花岗石矿产资源开发利用情况调查工作的通知》，提出全市合理开发利用总体规划和整改措施。2003年3月，市政府制定《临沂市矿产资源总体规划》(以下简称《规划》)。该《规划》是第一轮全市矿产资源总体规划，委托山东省第七地质矿产勘查院编制，基准年为2000年，规划期为2001—2005年，展望到2010年。首轮规划的实施，对矿业的勘查、开发、利用与保护起到重要作用，但存在矿产资源规划地位不明确、矿产资源开发利用中某些总量调控不力，采矿权设置过多及监管不够等问题。第二轮矿产资源总体规划编制工作从2004年开始，成立矿产资源规划编制工作领导小组和办公室，确定项目承担单位。2007年完成初稿，并报省国土资源厅审查。2008年，根据省国土资源厅专家组审查意见，对规划进行修改完善。第二轮规划以2005年为基准年，近期目标年为2010年，中期目标年为2015年，展望到2020年。

采矿权审批　1987年，临沂地区矿产资源管理局对国营矿山所属矿山企业进行补办采矿许可证的指导、督促、检查和初审工作。1988年6月，全面开展采矿登记发证工作。1996年，印发《关于开发建设项目实行水土保持方案审批制度的通知》，要求凡在临沂市区内开办矿山企业、建材企业等可能造成水土流失的开发建设项目，必须编制水土保持方案。1998年，开展采矿许可证换证工作，临沂市为全省采矿许可证换证工作试点单位，平邑县为全市换证工作试点单位。12月16日，市地质矿产局印发《采矿许可证换证工作实施方案》。1999年1—5月，全市824个矿山企业全部换证，采矿许可证换证率、换证材料初审率均达到100%。解决矿业权交叉、重叠16处，关闭注销中、小型矿山251处，纠正县（区）越权发证8处，补交地质资料56份，矿区范围图全部进行野外实测。1999年，全市共受理采矿权申请105处，审批划定矿区范围98处，办理采矿登记87处，转让变更登记2处，初审上报审批发证3处。在全市建立起采矿登记管理系统，实现矿业权管理信息化。

1999年6月，按照国土资源部要求，临沂市暂停稀土、钨、锡、锑、煤、钼、重晶石、萤石等8种矿产资源采矿许可证审批。11月1日，印发《临沂市矿产资源开采登记管理规定和工作程序》。2000年，暂停新办石膏矿采矿许可证的发放。2003年，全市共发放采矿许可证540个。其中，市国土资源局发证60个，县区国土资源局发证480个。2005年后，按照国务院关于整顿和规范矿产资源开发秩序工作的要求，不断提高办矿门槛，规范采矿权审查审批，减少采矿权设置数量。2006年，全市颁发采矿许可证213个，较2005年减少64.7%。2007年，为保障行政审批行为的公开、公正、透明，进一步规范采矿登记审批机制，市国土资源局实行“阳光工程”，按照承办科室组织、相关科室会审、领导集体审定的原则，对所有采矿权审查、审批、审核事项进行集体会审。2008年，实行采矿权登记审查现场查看制度，改变过去各职能科室各自查看现场的做法，实行所有相关职能科室联合一次性现场查看，然后提交集体会审和局长办公会议研究确定。9月26日，按照国土资源部《关于加强矿业权管理信息化建设工作的通知》、省国土资源厅《关于开展采矿权统一配号和采矿权信息卡建设工作的通知》要求，在全省率先应用采矿权统一配号系统，所有采矿权审批发证由国土资源部统一配号。2009—2010年，临沂市开展矿业权实地核查工作，核查探矿权36个、采矿权520个。其中，平邑县是国土资源部确定的全国四个试点单位之一。

矿产开发日常监管

矿山企业年检　1989年8月，临沂对境内的各类矿山企业执行法律法规情况实行年度检查制度，并开展第一次年检。对非法采矿及矿产品走私活动，盘剥采矿群众的“窑主”“矿霸”进行严厉打击，共依法查封、取缔不符合办矿条件和违法开采的矿山231处，没收非法开采的各类矿石3090吨，处理、调解矿界纠纷58起。1996年11月—1997年4月，临沂市对各类矿山企业进行年检。全市国有、三资矿山企业38个，实际抽检21处，其中合格8处，基本合格10处，不合格3处。其他所有制形式矿山1380处，实检759处，其中合格540处，基本合格205处，不合格14处。1999年，全市共年检矿山751处，其中国有、三资矿山企业22处。合格的718处，基本合格的33处，取缔无证采矿点4处，限期整改矿山1处，追缴资源补偿费10.3万元。2000年，全市有各类生产矿山企业908处，其中国有、三资矿山35处。共年检矿山802处，国有、三资矿山全部年检。年检合格矿山759处，基本合格矿山43处，取缔无证采矿点30处，处理超层越界开采矿山2处，限期整改矿山33处，追缴资源补偿费23.4万元，罚没款1.6万元。国有、三资矿山企业“三率”（开采回收率、采矿贫化率、选矿回收率）考核率达100%，其他地下开采矿山企业对“三率”指标也都进行了考核，矿产资源开发利用和保护水平明显提高。2005年，省国土资源厅印发《山东省采矿权人矿产资源开发利用与保护年度报告及年度检查制度》，进一步明确年检的职责划分、检查内容、方法步骤等。自此，每年2月1日—3月20日，年检机关对采矿权人申报资料进行审核并现场检查。当年全市年检矿山896个，年检率95.2%；抽检矿山361个，抽检率40.3%；取缔违法采矿点1处，追缴资源补偿费52.6万元，没收非法所得及罚款64.15万元，查处无证采矿102起。2008年，全市年检矿山638个，年检率100%；抽检矿山328个，抽检率51.4%。

督察员制度　1990—1991年，临沂市选取东高都煤矿和苍山新兴铁矿，开展矿产督察员试点工作，组建342人的矿产监察员队伍，省地质矿产局在临沂配设1名地方级（省级）矿产督察员。之后，每年选取部分重点矿山企业开展矿产督察。1998年，对沂南金矿等3家矿山企业进行全方位督察，并对2起越界开采违法行为进行查处。2001年，省国土资源厅印发《关于做好矿产督察员队伍组建工作的通知》，分配临沂市聘任国家级矿产督察员名额1名，地方级（省级）5名。2001—2003年，省国土资源厅每年都委派矿产督察员到临沂对重点矿山企业进行督察。之后，按照属地管理原则，聘任的矿产督察员由所在市国土资源部门管理和组织开展工作，经费由国土资源厅拨付。2004—2005年，省国土资源厅在临沂市配设2名地方级（省级）矿产督察员。2005年，临沂市分别与日照、枣庄等相邻市签订《维护边界区域矿产资源开发秩序协议书》。市国土资源局与公安、安监、工商、环保、电力等部门密切协调配合，建立起联合执法机制。与公安局联合成立国土资源执法公安室。经司法部门批准，设立全国第一家国土资源公职律师办公室。2006年，与日照市国土资源部门及相关县就浮来山区域矿产资源开发秩序问题召开联席会议，制定联席会议制度、联络员制度、信息交流通报制度、联合执法制度，建立边界区域矿业秩序治理维护长效机制。开展农村基层组织擅自出卖矿产资源行为集中清查，查处农村基层组织擅自出卖矿产资源行为11起，没收非法开采矿石6.03万吨，查扣挖掘机20余台（套），没收非法所得94万元，罚没款33万元，处理村居干部4人。配设1名国家级、5名地方级（省级）矿产督察员。2007年，市国土资源局增配6名市级矿产督察员，与国家级、地方级（省级）督察员一起开展工作。2008年，以乡镇政府和国土资源所为责任主体，建立"五位一体"（发现、报告、制止、查处、问责）机制，实行严格的日常动态巡查。2009年，制定实施《行政问责暂行办法》，确定四大类28个问责事项。印发《临沂市矿产督察工作制度》，成立矿产督察员办公室。2004—2009年，通过开展矿产督察工作，发现、查处超层越界采矿违法行为5起，纠正矿山浪费资源的行为7起，帮助矿山企业解决技术难题16个。2010年，完善数字执法信息系统，打造数字执法监管平台，健全了"五位一体"（发现、报告、制止、查处、问责）长效机制。

地质勘查与储量管理

地质调查 1949年前，临沂煤田开展过地质工作，填制了临沂第一份1∶1万和1∶20万地质图，并有相应的文字报告。1949年后，临沂地质工作者为适应国民经济建设的需要，开展了大量地质调查工作，取得大量成果。

1980—2005年，先后完成1∶5万区域地质调查、重要成矿带内的1∶1万~1∶5万矿产普查、综合地球物理测量、综合地球化学测量，沂蒙山区南部（苍山县北部）山区供水水文地质普查、沂蒙山区蒙山断裂带地热资源普查、苍山县优质大蒜种植区农业地质调查、临沂市城区岩溶沉陷预警系统建设及研究等一系列地质调查项目。1980—1997年，山东省组织开展的1∶20万全省基岩裸露区的区域地质调查、水文地质调查、重力测量、地球化学测量和1∶10万~1∶20万全省航空磁力测量，涵盖了临沂全部区域。2008年，实施省财政投资800万元的沂蒙山地区航空物探项目，重点对金、铁、铜等金属矿产、金刚石成矿带进行调查。2009年，探明沂水县4.63亿吨特大型钛铁矿，发现苍山县兰陵1处大型铁矿。2010年，苍山兰陵铁矿勘查完成钻探进尺8.9万米，3亿吨详查中间报告通过省级评审，远景储量16亿吨，开发利用前景广阔。

地质勘查 1995年，临沂市引进地质勘查单位6个，登记地质勘查项目10个，对金、铜、石膏、金红石、地下水等进行地质勘查。1996—1997年，境内有24个勘查单位开展煤、金、石膏、金刚石、石英砂岩、地热等90多个勘探项目。1998年，11个勘查单位实施普查、详查、勘探等44个项目，投入资金1557.82万元，勘查面积592.1平方公里。市地质矿产局组织对花岗石进行简测，累计查明储量350亿立方米。莒南县对县城城区地下水资源进行地质普查。

2000年，境内设立勘查项目90个，勘查矿种21种，探矿权人18个，勘查面积4384.57平方公里，投入资金1242.54万元。2001年，对全市境内石膏资源开发利用情况进行调查，累计探明储量234129万吨，保有储量183404.28万吨。

2002年，14家地质勘查单位设立地质勘查项目79个，探矿权人30个，对金、铜、铁、金刚石、石英砂岩、地热、矿泉水等34种矿产进行地质勘查，勘查面积2948.42平方公里，投入资金932.76万元，发现一批后备资源基地，探明绢云母石英片岩资源量6683.78万吨，石英砂岩矿3674万吨，白云岩1082万吨，蛭石矿229万吨，瓷石矿736.5万吨，评价矿泉水水源地3处。2001—2002年，全市新发现金矿、铜矿、铜锌矿、陶瓷土、黏土、石英砂岩、矿泉水等矿产地25处，储量数亿吨。

2004年，全市共有勘查项目168个，探矿权人91个，地质勘查单位20家，勘查矿种28种，勘查面积2074.1平方公里。2006年，投入资金285万元，探明一批矿产地，扩大了资源储备。2008年，有勘查项目232个，勘查矿种35个，勘查面积3177.22平方公里，探矿权人111个，勘查单位26家，投入勘查资金6358.68万元。其中，市国土资源局争取国家投资2000万元对沂南县金矿深部及外围进行勘查找矿。市财政出资80万元开展平邑县左庄石膏矿深部找矿勘查。沂水县探明钛铁矿石资源储量4.63亿吨。苍山县古林—兰陵地区发现特大型铁矿。2009年，全市有勘查项目245个，涉及地勘单位27家，探矿权人111个，投入勘查资金7818.2万元，勘查面积3609.68平方公里，取得勘查成果40个。2010年，全市共有地质勘查项目188个，新设地质勘查项目11个，投入勘查资金8500万元（其中政府投入2592万元）。

地质储量登记　1996年9月，举办各县（区）地矿行政主管部门工作人员和国有矿山企业储量管理人员参加的小矿储量登记培训班，要求把储量管理作为矿产资源开发监督管理的重要内容之一。1997年，开展小矿储量简测登记工作。1998年10月30日，市地质矿产局印发《关于开展小矿储量简测报告审查和占用矿产储量登记工作的通知》，该项工作2000年7月基本完成，全市共简测798处矿山。根据小矿储量简测成果，对矿山企业占用矿产储量进行补登记，上报省级地矿行政主管部门登记矿山33个，停产、闭坑18个；市级登记44个，停产闭坑10个；乙类矿产全部由县区地质矿产主管部门进行登记。

2000年年初，市地质矿产局成立市矿产资源储量套改领导小组，印发《临沂市矿产资源储量套改工作方案》。3月22日，下发《关于进行矿产资源储量套改工作的通知》，选择沂南县龙头汪金矿、平邑县石膏矿、临沂市凤凰岭煤矿、郯城县黄山煤矿进行试点。4月，矿产资源储量套改工作全面展开。5月，全市上省储量表的21种矿种49个矿区的矿产资源储量全部完成调查和套改。2001年12月，市地质矿产局被授予“全省矿产资源储量套改先进单位”称号。

2001年，临沂市实施矿产资源储量评审认定、登记统计制度改革，逐步由储量认定转为储量登记，积极探索储量动态核查监管机制，全面推进矿产资源储量新标准的实施。2005年10月，市国土资源局要求抓紧推进小矿整合及储量检测，加强矿产资源储量日常动态管理、储量档案管理和数据库建设，全面开展矿山储量动态监督管理。2006年，对全市16个矿区的矿产资源储量进行检测核实，储备矿产资源2850万吨。对25处储备矿区的矿产资源储量进行核实简测，储备矿产资源15819万吨。

2008年，配合省国土资源厅对全市2007年矿山矿产资源储量年度报告进行审查评审，对矿山矿产资源储量核实报告进行评审备案，完成14个市场勘查项目勘查成果的资源储量备案及登记工作。其中，石膏矿3个，新增资源储量55491万吨，水泥用石灰岩矿2个，新增资源储量14087.3万吨，铁矿7个，新增资源储量6236.1万吨，石英砂岩1个，新增资源储量1957.3万吨，铅矿1个，新增资源储量63万吨、铅金属量7484.2吨。完成矿费项目2个，其中铁矿1个，新增资源储量1.3万吨，冶金用白云岩矿1个，新增资源储量1083.5万吨。2010年，苍山、沂水两县率先在矿山安装开采远程自动监控系统，实现矿山开采数据无线自动传输，这一成果经过科技成果鉴定，并在全市推广。

地质环境管理

地质灾害防治 2002年起，市政府每年发布年度地质灾害防治方案，确定年度地质灾害防治重点和防治措施。2004年，市国土资源局印发《关于开展地质灾害危险性评估工作的通知》，对地质灾害易发区范围内建设项目地质灾害危险性进行评估。2005年，市政府成立突发地质灾害应急指挥部，制定《临沂市突发地质灾害应急预案》，明确突发地质灾害的应急措施和部门职责。制定《临沂市地质灾害防治规划》，在全市范围内划分确定以采空塌陷、岩溶塌陷、崩塌、滑坡、泥石流、地裂缝为主的地质灾害易发区，面积9022平方公里，占全市国土面积的52.5%。2008年，修订《临沂市突发地质灾害应急预案》。2009年5月，开展地质灾害群测群防“十有县”①建设。12月，蒙阴、苍山、沂水县通过全国第一批地质灾害群测群防“十有县”达标验收。2010年，临沂市在全省率先建立地质灾害气象预警预报机制，12个县区全部通过国土资源部地质灾害群测群防“十有县”达标验收。

地质环境保护 临沂矿山地质环境管理工作从20世纪80年代末起逐步开展，主要是结合矿产资源开发秩序整顿、关停关闭一批严重破坏地质环境、产生地质灾害威胁的矿山。2000年后，依据国家地质灾害防治及矿山地质环境保护等有关法规文件，开展矿山地质环境影响评价和矿山地质环境保护与恢复治理方案的编制审查，及矿山地质环境治理保证金收缴和矿山地质环境综合治理等工作。2005年1月，在全市开展矿山地质环境影响评价工作。4月，市人大常委会通过关于建设生态市的决议，要求切实加强矿区生态地质环境综合整治，大力开展矿山生态环境恢复与整治，增强经济、社会可持续发展能力。市政府与各县区政府签订国土资源管理目标责任书，明确矿山地质环境治理保护要求。在整顿和规范矿产资源开发秩序工作中，把矿山环境保护与治理列入整顿规范工作的重要内容，进一步提高矿产资源开发门槛，关闭破坏、污染生态环境的矿山和位于铁路、公路两侧可视范围内及城市周边地区、地质地貌景观保护区、风景名胜区、城市规划区范围内的所有露天开采的矿山，全市共关闭矿山企业511家。

2006年1月，临沂市初步建立矿山地质环境治理恢复机制。7月，委托山东省第七地质矿产勘查院对全市矿山地质环境状况进行调查，形成《临沂市矿山地质环境保护与治理方案》，划定16处矿山地质环境重点保护区、59处次重点保护区和一般保护区。2008年，组织全市矿山企业编制矿山地质环境保护与治理恢复方案，建立矿山地质环境保护“一票否决”制度。2009年3月，委托山东省第七地质矿产勘查院对全市废弃矿井进行调查，形成临沂市废弃矿井调查报告和治理规划。

2004—2010年，全市共投入市级以上地质环境治理财政资金1.1亿元。其中，市财政资金7160万元，争取省以上财政资金3830万元。先后实施沂南金矿尾矿综合利用及地质灾害治理、罗庄区煤矿塌陷区治理、平邑县岐山煤矿矿山地质环境治理、蒙阴县京沪高速公路沿线损毁山体治理等59个地质环境治理项目。在矿山环境治理工作中，按照“谁破坏，谁治理”、“谁治理，谁受益”的原则，坚持政府主导、企业为主、社会参与的原则，鼓励社会各界特别是矿山企业投资实施矿山地质环境治理。

地质遗迹保护 1995—2010年，临沂市不断

①有组织、有经费、有规划、有预案、有制度、有宣传、有预报、有监测、有手段、有警示。

2007 年 9 月 11 日，沂蒙山国家地质公园揭碑开园仪式举行

加大地质地貌景观的保护力度，将蒙山、文峰山、马陵山、马髻山、天佛山、孟良崮等山崮及城市规划区、自然保护区、历史文化遗迹、森林公园、地质公园、铁路、高速公路、主要公路两侧可视区域列入地质地貌景观保护范围，禁止采矿，对蒙山、天佛景区、苍马山、京沪高速公路沿线、青莱高速公路沿线等损毁山体进行综合治理。至 2010 年，建立地质遗迹保护区、地质公园及森林生态系统、地质地貌景观等各类自然保护区共 98 处，确定需重点保护的城市饮用水源地 8 处，申报省级风景名胜区及重点文物保护单位 42 个。

沂蒙山国家地质公园　2005 年国土资源部批准的第四批国家地质公园之一，2007 年 9 月 11 日揭碑开园。位于山东省东南部，跨蒙阴、平邑、费县、沂南、沂水、莒南 6 县，总面积 450 平方公里。地理坐标为北纬 35°10′00″~36°00′00″，东经 117°30′00″~118°20′00″。根据景点分布状况，结合地形地貌、地域分布等因素综合分为龟蒙园区、云蒙园区、天蒙园区、彩蒙园区、孟良崮园区、金伯利园区、沂蒙石园区、沂水溶洞园区、莒南天佛园区 9 个园区、21 个景观区。

沂蒙山国家地质公园主要保护对象有园区内古老的泰山岩群变质表壳岩遗迹，具有代表性的新太古代阜平期蒙山岩套与五台期峄山岩套 TTG 质花岗岩，古元古代吕梁期早阶段傲徕山岩套二长花岗岩岩石构造遗迹，中元古代四堡期牛岚辉绿岩脉侵入构造遗迹，蒙山凸起控制性大断裂蒙山断裂带构造形迹，新太古代大型构造变形带遗迹，古元古代包体带遗迹，典型的地层超覆遗迹，金刚石典型产地遗迹，恐龙遗迹化石，世界最大的石铁陨石，多种花岗岩奇峰、悬崖绝壁构成的构造侵蚀地貌遗迹，岩溶洞穴，形态逼真的象形石、园林石，梯式瀑布、湍急涧溪、高山湿地、地热温泉、人工湖泊、泉水，自然生态环境。

山东沂蒙钻石国家矿山公园　2005 年国土资

2010 年 8 月 19 日，山东沂蒙钻石国家矿山公园开园仪式举行。

源部批准的第一批28家国家矿山公园之一。位于蒙阴县联城镇境内，大望山下、白马关以东，范围西自鱼鳞山—大望山，东到常马庄—宝兴店，北起蒲河，南至大望山—九女关一线，地理坐标为北纬35°39′00″~35°41′40″，东经117°45′00″~117°48′45″，面积20平方公里。共投资8000多万元，用于公园博物馆建设和布展、露天采矿治理及周边地质环境整治、公园主副碑建设和广场等建设，于2010年8月19日正式揭碑开园。

山东郯城马陵山省级地质公园 2007年省国土资源厅批准的第五批省级地质公园之一。以郯城县马陵山为主体，由纪庄新构造运动遗迹景观区、清泉恐龙足印化石景观区、老虎崖断崖景观区、麦坡断裂景观区、黑龙潭—望海楼丹霞地貌景观区、金鸡岭钻石景观区6个景区组成，规划总面积196平方公里。

第三节 测 绘

基础测绘

1∶1万地形图更新 1996年3月，市政府印发《关于认真做好1∶1万地形图基础测绘更新工作的通知》。10月，完成市辖区规划区内550平方公里的1∶1万地形图22幅。1998年，全市1∶1万基础测绘更新工作全面完成。

C级GPS、三等水准控制网建设 2004年5月，市国土资源和房产管理局向省国土资源厅上报《关于建立临沂市C级GPS、三等水准控制网的请示》，拟建立控制市辖三区1800平方公里的C级GPS控制点30个，水准点控制点10座，由山东省第一测绘院负责设计施工。11月，市国土资源和房产管理局印发《关于在全市实行统一测绘系统和测绘基准的通知》，要求凡在临沂境内实施的测绘项目及完成的测绘成果，各种实测数据必须以全市C级GPS、三等水准控制网成果及各县加密控制成果为基准。2006年4月，临沂九县C级GPS、三等水准控制网建设项目完成（该项目由临沂地矿测绘服务中心组织实施）。测区总面积约17184平方公里，新埋标石208座，修复和利用原有标石25座，利用往返测方法实测三等水准2350.6公里。当月，临沂市C级GPS、三等水准控制网建设项目通过省国土资源厅组织的验收。

基础地理信息数据库建设 2006年，在临沂市区1∶500、1∶1000比例尺数字化地形图测绘工程的基础上，建成临沂市基础地理信息数据库。该数据库建立1∶25万地形数据库覆盖临沂及周边地区；1∶5万数字线划图和数字高程模型数据库覆盖全市；1∶1万数字线划图（DLG）和数字正射影像图（DOM）数据库覆盖全市；1∶5千数字正射影像数据库覆盖兰山、河东、罗庄三区；1∶1000、1∶500数据库覆盖临沂城区470平方公里的多数据源、多尺度的数据库。2008年11月，市国土资源局邀请中国测绘科学研究院、山东科技大学、山东省测绘产品质量检验站、临沂师范学院和临沂市城市建设勘察测绘院等单位专家组成的专家组，对基础地理信息数据库建设项目进行验收。专家组听取项目组的工作报告和技术总结报告，审阅有关材料后，认为该项目符合验收要求，准予通过验收。

数字临沂地理空间框架及应用示范项目建设 2006年，国家测绘局启动数字城市地理空间框架建设示范工程项目。2007年6月，临沂市成为全国第二批示范城市。2008年4月，市政府办公室印发《关于成立数字临沂地理空间框架建设工作领导小组的通知》。5月，《数字临沂地理空间框架建设及应用示范项目设计书》通过国家测绘局组织的专家评审，国家测绘局、省国土资源厅和临沂市人民政府签订《数字临沂地理空间公共平台共建共享协议书》。11月，国家测绘局同意《数字临沂地理空间框架建设及应用示范项目设计书》项目设计。2009年3月，地理信息空间框架平台安装完毕，应用示范项目《临沂市数字国土综合执法系统》调试运行。6月，北城新区25平方公里数字真三维建设完成，数字临沂地理信息网正式开通运行。9月，公安应急指挥系统应用示范建设完成。市国土资源局与市建设局、公安局、120急救中心、安全局、林业局、工商局等单位签订数字临沂公共平台共建共享协议。市政府印发《关于进一步加强测绘工作的意见》《临沂市测绘管理办法》《关于推广应用数字临沂地理信息公共平台的通知》等一系列规范性文件，对数字临沂框架建设的维护、应用等方面作出明确规定。2010年，数字临沂试点通过国家测绘局验收，临沂市被授予“全国数字城市建设示范市”称号。中组部举办、国家测绘局承办的全国数字城市建设专题研究班在临沂举行，《人民日报》、新华社、中央电视台、中央人民广播电台等13家新闻媒体参加的“数字城市中国行”大型宣传报道活动在临沂启动。

2010年9月，临沂市被授予“全国数字城市建设示范市”称号。

临沂GNSS基准站建设　中国大陆构造环境监测网络（简称“陆态网络”）是国家发改委在“十一五”期间列入国家高技术产业发展项目计划的12个国家重大科技基础设施建设项目之一，由中国地震局牵头，联合总参测绘局、中国科学院、国家测绘局、中国气象局和教育部共同建设。根据《国家发展改革委关于核定中国大陆构造环境监测网络国家重大科技基础设施项目初步设计概算的通知》，临沂市国土资源局实施建设中国大陆环境监测网络项目临沂基准站，由临沂市国土资源局罗庄分局承建。该项目于2008年9月动工建设，2009年3月竣工。4月，土建项目通过国家基础地理信息中心的验收，各项验收指数达到优良水平。9月18日，临沂GNSS基准站进行设备安装，成为全国260家新建GNSS基准站仪器安装第一站。

测绘行业管理

1991年8月，成立临沂地区测绘管理办公室，隶属地区水利局。1995年8月，市政府召开市测绘管理办公室归口问题协调会。10月，市测绘管理办公室成建制移交市建委管理。1996年5月，各县测绘管理机构从水利部门一律归口到建设系统。2001年10月，市建委测绘管理科划归市国土资源局。2003年7月，市政府办公室印发《关于做好各县测绘行政管理职能落实工作的通知》，要求各县本着上下对口、政令畅通、有利于工作的原则，将测绘管理职能界定到国土资源部门，由县国土资源局行使测绘管理职能。2010年，临沂市成立全国第一个市级测绘地理信息局，九县三区全部设立测绘地理信息局（办公室）。

测绘资质管理　1996年7月29日，在全市测绘资格颁证会议上，有14个测绘队取得省测绘局颁发的测绘资格证书。其中乙级队1个，丙级队5个，丁级队8个。新华印刷厂临沂厂、沂南印刷总厂取得地图编绘印刷资格。2008年，全市完成测绘资质年度注册的单位40个，其中乙级4个，丙级3个，丁级33个，年实现测绘产值

5176.5万元。2009年8月，通过年度注册的测绘资质持证单位有41个。其中，临沂市国土资源局测绘院成立于1992年，原名临沂市土地测量大队。2005年5月，更名为临沂市国土资源局测绘院，拥有专业技术人员52名，其中高级专业技术人员7人、中级专业技术人员19人、初级专业技术人员26人。配备美国天宝双频GPS接收机7台、全站仪10台、S3级以上水准仪4台，以及绘图仪、影像扫描仪、服务器、磁盘阵列等仪器设备。测绘业务由单纯的土地征用业务，拓宽到地籍测量、工程测量、地理信息工程建设等领域。2008年3月，通过ISO 9001∶2000质量管理体系认证。2009年5月，国家测绘局批准临沂市国土资源局测绘院为甲级测绘资质单位。

测绘成果管理 1987—1990年，山东省测绘科教资料中心向临沂测绘管理部门调拨1∶5000、1∶1万、1∶2.5万、1∶5万、1∶10万比例尺地形图，建立起临沂最早的测绘成果资料基础。1998年4月，开展全市测绘成果管理和保密工作大检查，重点是1994—1997年发放的各种比例尺地形图，共检查资料3500余份，涉及到各县、区和市直有关部门共68个。2004年6月，市国土资源局、房产管理局、保密局联合下发《关于开展全市测绘成果保密检查的通知》，重点检查2000—2003年国家秘密测绘成果的索取、使用、管理和对外提供情况，特别是1∶5万、1∶1万地形图及相关数字化测绘成果，共检查涉密单位81个，地形图1940张，光盘6张，喷绘纸图1张，检查率达100%。

2005年，临沂市成立基础地理信息中心，负责全市基础地理信息系统（数据库）的管理维护、数字临沂地理空间框架建设、地理信息公共平台的管理运行、开展地理信息数据加工服务及推动全市信息共享等工作。2007年4月，市国土资源局组织对2004—2006年基础地理信息数据的索取、使用、管理和对外提供情况进行集中检查，检查涉密单位76个，纸质地形图3303幅，控制点36个，检查率达100%。至2010年，测绘成果管理形成汇交、供应、存档的工作体制。

测绘成果应用

地图编制 1994年12月，临沂撤地建市，市测绘管理办公室根据区划的变化，编绘《临沂市地图》。1999年7月，市测绘管理办公室编制的《临沂城区图》由省地图出版社印刷出版。2003年，市国土资源和房产管理局与省地图出版社联合编制《临沂市地图》和《临沂市城区图》。2007年9月，市政府办公室组织编制《临沂市地图集》，2009年1月出版发行。该图集分为序图、市及各县区概况、市及各县区城区图、各县区政区图以及县区乡镇集团（1~4个相邻乡镇为一集团）详图、市及各县区旅游景点分布图和简介五部分，国际标准16开，共121页，印3000册。

数字执法信息系统建设 2009年4月，市国土资源局依托数字临沂地理信息公共平台，采用在线调用模式和GIS技术，建立数字执法信息管理系统。该系统通过标准接口调用市基础地理信息公用平台提供的城区1∶1000、1∶10000比例尺地形图以及高分辨率的影像数据，将违法用地与基础地形图、影像图、土地利用现状、土地利用规划图等进行叠加，利用图形浏览、查询、量测、定位等功能，实现国土资源违法案件发现、立案、处理、告知、执行、结案、归档等流程的可视化管理，有效提高土地违法案件查处和动态监管水平。

公安应急指挥系统建设 该系统依托数字临沂地理空间信息公共平台进行二次开发，通过空间位置信息与警务专题信息的有机集成，整合集成110报警服务、消防指挥、视频监控、警力和金融网点分布等内容，建立覆盖市辖三区的城市公共应急指挥平台，实现路灯杆报警、消防、交通指挥、刑侦、治安等信息化、实时化管理，为城市公共安全保障提供高新技术支撑。该系统有报警定位、警力定位、实时监控、布控抓捕、交警应用、社会治安辅助应用、人口管理等功能。

数字工商经济户口信息系统建设 该系统依

托数字临沂地理信息公共平台，以工商系统的经济户口数据库为基础，采用地理标注的方式，将企业的地理位置标注到电子地图上，使每个企业空间化和地图化。在进行相关业务管理时，所有与地理位置有关的操作都可以直接在电子地图上进行，既方便基层工商所对企业信息、企业行为的监管，方便工商所划分管片和巡查，实现重点企业的重点监控，又可以为各级工商部门了解各地企业状况提供直观的决策支持。至 2010 年年底，该系统已在县区分局和 208 个工商所得到普遍应用，日访问量达 3000 多次。

土地开发整理

数字临沂地理信息网建设　数字临沂地理信息网站由市国土资源局组织建设，2009 年 6 月建成开通。该网站以地理空间数据库为支撑，以影像为底图，叠加道路、地址、公交路线、政务公开等框架要素，通过二维、三维电子地图形象直观地表现地理空间和地形地貌，分为政府机关、教育科研、便民服务等 15 大类、120 个小类，通过互联网为公众提供信息服务，实现地名检索、公交换乘查询、最短路径分析、道路查询、驾车出行路径分析、用户兴趣点标注、旅游景点查询等功能。为凸显临沂特色，该网站以实景临沂的模式，将市内商业街、热销楼盘、宾馆酒店、大型商场超市、公园等标志性建筑，采用影像、图片、三维模型、动画等方式呈现。

第四节　土地资源开发利用

土地开发整理

1995—1999 年，临沂市以组织秋冬季会战形式，开展山、水、林、田、路综合治理为重点的农田基本建设。1999 年，修订后的《中华人民共和国土地管理法》规定实行耕地占补平衡，非农建设占用耕地必须“先补后占”、“占一补一”。2002 年，实施龙王河流域国家投资土地整理项目，项目区总规模 468 公顷，国家投资 900 万元。项目实施后，达到路通、水通、机械通，增加农民收入、提高生活水平、改变农村面貌的目的。

2003 年，市政府制定《临沂市土地开发整理管理暂行办法》《临沂市土地复垦管理暂行办法》《关于进一步加强耕地保护保障经济发展用地的意见》，成立土地开发整理和农业综合开发领导小组，各级国土资源部门成立专门的土地开发整理机构。10 月，《临沂市土地开发整理规划》(2001—2010) 编制完成。该规划明确了土地开发整理七大重点区域，分别是环蒙山土地开发整理区、临沂北部低山区土地开发整理区、苍山西北部土地开发整理区、平邑和费县南部低山区土地开发整理区、沭东丘陵土地开发整理区、沂南及沂水东部缓坡地土地开发整理区、蒙山低山区土地开发整理区。

2004—2006 年，相继制定《临沂市土地开发整理复垦项目管理暂行办法》《临沂市土地开发整理复垦项目实施暂行办法》《临沂市土地开发整理复垦项目质量管理办法》《临沂市土地开发整理复垦项目施工招标管理暂行办法》。2004年，通过开展市级土地整理项目，市农业局在费县建立“茶园基地”。12月14日，新华社以《临沂通过土地开发整理增加耕地促农民增收》为题报道临沂市土地开发整理工作情况。2006年，在沂南县马牧池乡实施国家级项目1个，总规模941.3公顷，预算投资1937万元。在平邑县柏林镇杨谢村建设市级项目133.3公顷中药材基地，建设金银花示范园、葛根园，栽培黄芩、黄芪、桔梗等药材。从市人大、政协、纪检监察、检察院等部门聘请60名特邀监督员。从省国土资源厅、省财政厅、山东农业大学、省水利监理总公司以及临沂市直农业、水利、财政、审计、会计师事务所等单位聘请有关专家建立临沂市土地开发整理项目专家库，随机抽取确定专家参与土地开发整理项目的评标、验收等。

2002—2009年，在蒙阴县岸堤水库库区实施国家级项目1个，省级项目2个，县级项目12个，涉及库区村38个，占全部库区村的50%，为库区村农民脱贫致富创造了条件。至2010年，临沂市共完成国家、省级土地开发整理复垦项目37个，总规模22279.2公顷，总投资48323.3万元，新增耕地3490.96公顷。

2005年8月，全省节约集约用地现场会议在临沂召开。

土地节约集约利用

临沂人均耕地低于全国、全省平均水平，人地矛盾十分突出。随着工业化城镇化进程的不断加快，土地供需矛盾愈加明显。在国家实施严格的宏观调控政策、资源保护与资源保障压力不断增大的形势下，临沂市以稳步推进旧城、旧村改造为突破口，不断开辟存量土地挖潜和集约利用的新途径，走出一条立足存量抓挖潜、节约集约促发展的用地路子。2005年，市政府成立国土资源管理委员会，加强对节约集约利用土地的管理与引导。成立存量土地利用领导小组，全面启动存量土地利用工作。6月，在全国节约集约利用土地资源市长研讨班暨全国国土资源厅局长座谈会上，临沂市代表山东省作经验介绍。8月，省节约集约利用现场会在临沂召开。10月，市政府制定《关于大力推进节约集约用地保障经济社会可持续发展的意见》，提出“盘活农村、改造城镇、突出重点、整体推进”的节约集约用地思路。2007年4月，制定《关于加强土地调控的实施意见》，把节约集约用地列为县区政府年度考核指标。至2010年，形成以腾（旧村改造腾地）、节（合村并点节地）、增（挂钩试点增地）、换(退二进三换地)、挖（片区改造挖地）、拓（开发地下空间拓地）、收（处置闲置土地收地）、扩(建设标准厂房扩地）为主要方式的“节地八法”，推动了全市经济社会全面、协调和可持续发展。

农村用地节约集约

旧村改造 临沂市针对集体建设用地总量大、闲置或低效利用现象突出的实际，按照“统筹规划、因地制宜、分类实施、以点带面”的指导思想，实施“千村规划、百村示范”旧村改造工程。2003—2010年，确定平邑、沂水、费县、兰山、河东、罗庄等县区已实施改造的100个村为示范点，采取填实“空心村”、合并建立中心村、建设统一社区等模式实施改造，引导城乡拆迁安置房建设从平房、多层住宅向小高层、高层住宅转变。兰山区南坊镇一期改造，33个村原占地667.2公顷，建设的8个社区均为小高层，建筑大部分为11层以上，建筑总规模近400万平方米，总用地仅208.2公顷，扣除留置的商业用地及发展备用地93.7公顷，腾出建设用地365.3公顷，节地率达54.8%。罗庄区全面停止宅基地审批，以沂河路为轴，完成28个村庄的旧村改造规划，实施集中连片改造，滚动开发，建成拆迁安置楼84幢，安置2580户居民。至2010年，全市完成村庄改造519个，建成居民还建楼430幢，面积187万平方米，处置利用空闲宅基地70479宗，盘活利用各类存量建设用地5710公顷，安排新上项目1328个。

增减挂钩试点项目安置社区

合村并点　2006年起，围绕建设“中心镇”“中心村”的目标，按照“先易后难、先强后弱、先富后穷”的工作思路，实施撤乡并村、整村搬迁工作，引导居住向中心村镇集中，产业向园区集中，提高农村土地利用效率。至2010年，临沂市乡镇和村庄数由原来的252个和9580个分别减少到180个和7159个。合村并点后，被撤并的乡镇政府部门和村委会用地均处于闲置状态，市政府组织有关部门对这部分闲置土地进行全面调查摸底，并加快开发利用，有效盘活土地资产。

增减挂钩　2005年10月，市政府制定《临沂市城镇建设用地增加与农村建设用地减少挂钩试行办法》，开始探索通过增加城镇建设用地与减少农村建设用地挂钩的方式，解决经济发展与用地保护之间越发突出的矛盾。2006年，经国土资源部批准，临沂市成为全国第一批增减挂钩试点地区。6月，成立城乡建设用地增减挂钩试点工作领导机构，按照“政府主导、科学规划、先易后难、规范操作、群众受益”的原则，稳步推进挂钩试点工作。8月，第一批增减挂钩试点项目正式实施，共10个项目区。涉及2个县区，9个乡镇，23个行政村，周转指标规模242公顷，安置用地28.68公顷。2007年4月，在成都召开的全国城镇建设用地增加与农村建设用地减少挂钩试点工作座谈会上，临沂市作为两个市级代表之一作典型发言。10月，省建设用地增减挂钩试点工作会议在沂南县召开。至2010年，临沂市共实施增减挂钩项目164个，总规模5830.2公顷，涉及150个乡镇，617个行政村，完成拆旧区1630.6公顷，拆迁旧房42036户，安置21214户，挂钩周转指标1534公顷。

集体建设用地流转　2001年，临沂市就开始农村集体建设用地使用权流转的探索，制定《临

2009年8月，临沂市在全省率先通过互联网公开出让土地使用权。

沂市集体建设用地使用权流转管理暂行办法》。2003年，在平邑县、河东区试点运行。至2010年，全市共流转集体建设用地使用权2000宗，面积533公顷。

城镇用地节约集约 1996年，临沂市开始收取土地荒芜费、闲置费，并对土地加强调控。调剂使用企业存量土地33.3公顷，对被兼并企业的存量土地进行重组。1997年，充分利用闲置地、废弃地，优化配置存量土地。全市有185家企业的203宗土地被利用起来，面积达528公顷。2001年，市政府制定《临沂市闲置土地处置办法》。2004年，制定实施“退二进三”政策[①]，有效调动企业搬迁的积极性。将临沂工程机械厂使用的12.7公顷国有土地公开拍卖，收益近4亿元，返还企业3亿多元用于搬迁改造，促成该企业与瑞典沃尔沃集团公司联营。

2005年，成立存量土地利用领导小组，确定“统一领导、分片包干、先易后难、稳步推进”的工作思路，制定《关于沂河沿岸开发拆迁还建住房工作实施意见》《关于沂河沿岸开发建设一期工程房屋拆迁安置补偿实施办法》，并将城区存量土地开发、旧城旧村改造、安居工程有机结合。实施兖石铁路南片区存量土地开发和旧城旧村改造，土地总面积502公顷，涉及兰山区和罗庄区的2个街道、5个村庄。至2010年，共拆迁民房22万平方米，拆迁企业25万平方米，腾出建设用地223.3公顷，公开出让95公顷，建成还建楼房64幢，建筑面积33万平方米，安置居民3100户。

第五节 矿产资源开发整合

临沂矿产资源开发利用历史悠久，但一直比较滞后、单一、规模较小，至20世纪80年代才真正形成规模。1987年前，无序开采、乱采滥挖、浪费资源问题较为突出。自20世纪90年代始，矿产资源不可再生和节约利用资源观念逐渐深入人心，临沂逐步调整开发结构，实现粗放式管理向规模化、集约化转变。

1995年年初，全市有矿山企业1667家。其中，县集体以上矿山企业42家，乡镇集体矿山企业170家，村办、个体矿山企业1455家，从业人员12万余人。至1998年，通过开展矿业秩序整顿、调整开发结构等工作，全市有各类矿山企业1075家。其中，停产和关闭的161家，生产矿山904家。矿山实际年采矿能力1453.35万吨，年选矿能力409.19万吨，年采矿石量1316.18万吨，从业人员6.04万人。矿产品销售收入8.43亿元。1999年，把关闭小、散、乱矿山作为矿业秩序整顿的工作重点之一，至年底，关停技术落后、亏损严重、污染环境、布局不合理的各类小矿251个。2000年，对汤头地热开发进行资源整合，将

①通过一系列政策，鼓励、扶持第二产业特别是污染大、效益差的工业企业搬迁改造，腾出的土地用于发展第三产业，优化城区土地利用结构。

原有的5个采矿权人整合成1个，成立地热资源开发中心，实行规模开发、集中供水、集约经营。6月，为合理利用煤炭资源，调整和优化产业结构，实现产销平衡，市煤炭关井压产领导小组印发《关于2000年关井压产工作实施意见》，关闭矿井9处，压产11万吨，其中罗庄区关井6处，压产8万吨，苍山县关井2处，压产2万吨，郯城县关井1处，压产1万吨。

2008年11月，沂蒙山地区航空物探测量启动仪式在临沂市举行。

2003年3月，首轮《临沂市矿产资源总体规划》颁布实施，规划期为2001—2005年，展望期到2010年，对矿业的勘查、开发、利用与保护起到了重要作用。2005年，临沂开发利用的矿产有37种，各类矿山企业1215家。其中，部级发证矿山3家，省级发证矿山62家，市级发证305家，县级发证845家。矿山企业矿区总面积230多平方公里，年产矿石量4000多万吨，矿产品销售收入10亿元。2006年9月，市政府印发《关于认真开展矿产资源整合工作的意见》。2007年，委托省建材工业设计研究院编制《临沂市矿产资源整合方案》。3月，召开全市矿产资源整合工作电视会议，矿产资源整合工作全面展开。至2009年6月，临沂市共有矿山637个，数量较2005年压减43.88%，大中型矿山所占比例由2005年的5.86%提高到2008年的20.5%，13家矿山企业进入全市纳税百强之列。

2008年，依托铁、石灰岩、石英砂岩、石膏等优势矿产，形成苍山、沂水铁矿采选板块，沂南石英砂岩开采加工板块，费县、苍山、沂水、平邑水泥用灰岩开发板块，平邑、苍山石膏开发深加工板块四大矿产开发板块。至年底，全市共开采矿产35种。其中，能源矿产2种，金属矿产3种，非金属矿产29种，水气矿产1种。矿山企业数量634家，其中，大型矿62个，中型矿136个，小型矿378个，小矿58个。从业人员29351人，年产矿石量5653.67万吨。至2010年，全市矿山数量压缩到548个，大中型矿山所占比例由2005年的5.86%提高到24.7%。

第六节　地热开发利用

临沂地热资源开发历史悠久，其中汤头温泉的开发利用有2100多年的历史。公元前86年，该地即已建村，汉昭帝时封刘安国为温水侯。清代《沂州府志》诗赞“野馆空余芳草地，春风依旧见遗踪”，因此也有“野馆汤泉”之称，被列为“琅邪八景”之首。1862年，汤头温泉被载入英国《大不列颠百科全书》。20世纪50年代末，临沂就对地热资源进行系统研究，圈定了地热异常范围。

1991—1996年，山东省地质勘查局在临沂市南部进行水文地质详查，在平邑县柏林镇汪家坡村发现地下温水，由此推断蒙山断裂带及其附近存在地热资源。1998年，省地矿局在汪家坡附近

2008年，临沂市获“中国地热城”称号。

进行地热地质调查，概略确定3个地热异常区。2004年，开展沂沭断裂带临沂段地热资源普查工作，确定汤头为地热异常区，河东区芝麻墩、郯城县穆柯寨初步确定为地热异常区。2006年4月，开展蒙山地热资源普查工作。

2007年10月，临沂市提出建设“五城”（商旅之城、书法之城、兵学之城、地热之城和水上运动之城），成立中国地热城申报和建设工作领导小组。2008年5月，河东汤头、沂南铜井、沂南松山、沂水许家湖、平邑汪家坡5个地热田地热资源评价报告通过专家评审。6月，《临沂市地热资源勘查开发利用总体规划》《临沂市地热资源开发利用经济、社会、环境效益分析报告》《临沂市地热资源动态监测报告》编制完成并通过专家评审。8月8日，中国矿业联合会正式命名临沂市为“中国地热城”，临沂成为全国第二个、山东省第一个获此称号的城市。

2008—2009年，全市累计设立地热勘查项目19个，其中市场项目10个，政府出资项目9个。2009年，投入地热资源勘查资金3421.6万元，完成物探测量面积235平方公里，新钻探施工地热井7眼，钻井进尺1.29万米，新增地热资源可采量每日3552吨，温泉旅游成为临沂旅游业发展的新亮点。至2010年，临沂市验证地热异常区12处，发现6处地热田，确定13眼探采结合井井位，累计钻井深度20336米，年增开采量205.6万吨；浅层地热应用单位19家，推广面积112.65万平方米。通过温泉开发和浅层地热能推广，年节约燃煤75万吨，节约费用5.65亿元，减少有害气体排放量3.4万吨，减少渣土粉尘排放量5.4万吨。依托非富的地热资源，设立地热资源利用企业15家，建成一批高档温泉旅游度假村，年接待规模近200万人次，直接经济收入1.9亿元，旅游增加值4.1亿元，带动了地方旅游、餐饮、医疗等产业的发展。

第七节　国土资源执法监察

土地违法案件查处

1995年8月，市土地管理局设立土地执法大队。年底，各县区土地管理部门均成立土地监察执法大队或执法中队。对全市发生的土地违法违规行为进行查处。1997年，对1991年以后各类建设用地以及农村宅基地用地情况进行清查。至1998年6月30日，全市共处理违法占地61397宗，面积8613.33公顷。补办用地手续41785宗，面积257公顷，拆除非法建筑33708平方米，收缴罚款506万元，7人受到行政处分。2001年，对非农业建设用地进行清查，清理出2001年6月30日以前的各类违法用地3508宗，面积434.31公顷。其中，1997年4月15日以前的各类违法用地 1026 宗；1997 年 4 月 15 日—1998 年 12 月 31 日的各类违法用地 596 宗；1999 年 1 月 1 日以后的各类违法用地1886 宗。对清查出来的各类违法用地区别年限和标准进行处理并完善手续。

2001—2003 年，临沂市开展以加强国有土地资产管理为重点，以整顿和规范土地市场秩序为主要内容的土地市场清理整顿活动。全市共清理各类用地 18795 宗，面积 3769.84 公顷。其中，违法用地 12031 宗，面积 2592.59 公顷；完善用地手续 11179 宗，面积 2200.68 公顷；收回闲置土地 16 宗，面积 23.35 公顷；收缴各类规费 2.8 亿元（其中出让金 21287.59 万元）。处理宗数、面积、收缴出让金数额分别占违法用地宗数、面积、应收出让金总额的 92.9%、84.9%、85.8%。市辖三区清理各类用地 6487 宗，面积 1845.35 公顷，完善用地手续 5363 宗，面积 1402.88 公顷，收缴各类规费 2.2 亿元（其中出让金 1.53 亿元）。2004 年 4 月，国务院办公厅下发《关于深入开展土地市场治理整顿严格土地管理的紧急通知》。临沂市按要求开展对 2003 年以后土地占用和审批情况、新增建设用地有偿使用费征收和使用情况、征用农民集体所有土地补偿费管理使用情况等 6 个方面的清理检查。同时对清理出的 111 个园区进行整合。全市保留省政府批准的开发区 2 个，拟保留 16 个国务院、省政府和市政府批准的开发区，撤销县级以下政府批准或自行设立的开发区（园区）93 个，减幅达 83.8%；核减面积 6248 公顷，核减比例 36.9%，遏制了乱占滥用耕地的势头。

2006 年 10 月，开展查处土地违法违规案件专项行动。共立案查处违法违规用地 445 宗，面积 374.56 公顷。没收地上建筑 48.82 万平方米，拆除违法建筑 15.39 万平方米，退还土地面积44.33 公顷，罚没收款 4159 万元，给予党纪、政纪处分 45 人，移送公安机关并依法追究刑事责任 21 人。2007 年 9 月，开展土地执法“百日行动”。对 2005 年 1 月 1 日后以租代征、违反规划扩大工业用地规模圈占土地、未批先用违法用地进行清查。市国土资源局对排查出的 9 起以租代征、未批先建重大典型案件，公开调查、公开处罚、公开追究责任，并将涉及的兰山区白沙埠镇临沂鑫峰文具有限公司法人、河东区重沟镇中田庄村委负责人等 15 名土地犯罪嫌疑人移送司法机关追究刑事责任。对排查出的 7 起典型案件挂牌督办，由市政府通报各县区。2008 年 1 月，全国土地执法“百日行动”总结电视会议召开，国土资源部通报表彰全国 107 个成效显著单位，临沂市国土资源局是山东省 3 个受表彰单位之一。2010 年，开展土地卫片执法检查、土地违法违规问题专项整治行动，立案查处违法案件 677 宗，拆除 191 宗 28.27 公顷，移送法院强制执行 407 宗，土地违法占用耕地比例降至6.7%，实现上级部门零问责、零约谈、零通报。临沂市国土资源局被表彰为全国双保工程成效显著单位。

临沂市在全国国土资源系统率先成立公职律师办公室

2000—2010 年，临沂市利用卫星遥感监测技术，每年对市辖区（兰山、罗庄、河东）开展一次土地卫片执法检查。2010 年，卫片执法检查范围首次覆盖所有的县、区。卫片图斑涉及的 739 宗违法用地中，非立案查处违法用地 67 宗，其余 672 宗全部立案查处并结案，应收缴罚没款 4101.4 万元全部到位；给予党政纪处分 103 人次，移送司法机关 32 人；全市违法占用耕地面积占新增建设用地占用耕地总面积的 6.7%，通过国土资源部的卫片检查验收。

矿产违法案件查处

1987 年前，临沂矿产资源无专门管理机构，乱采滥挖、浪费资源现象严重，矿业纠纷不断，矿山安全事故频发，矿业秩序混乱。1987 年，临沂地区矿产资源管理局成立，不断加大执法力度，严肃查处各类矿产违法案件，逐步实现由乱到治、由无序到有序、由不规范到规范的转变。1996 年，临沂市及各县区均成立矿业专项整顿领导小组及办事机构。4 月，召开全市地矿行政工作会议，建立工作汇报制度、督导制度、检查验收制度等。1997 年 6 月，市政府制定《关于在二年内实现矿业秩序根本好转的工作规划》，把黄金、煤炭、铁矿、石膏、花岗石的开采秩序作为治理整顿的重点，把郯城、罗庄、平邑、蒙阴等县区的煤矿区，平邑、沂水、沂南、苍山、莒南等县的金矿区作为重点治理整顿矿区。1997—1999 年，全市共查处各类违法矿业行为 627 起。其中，依法取缔无证非法采矿 311 起，查处超层越界采矿 20 起，依法追缴矿产资源补偿费 55.8 万元，罚没款62.4 万元，没收非法采矿运输工具 87 台（件），没收非法矿产品 36.5 万吨，行政拘留 28 人，移送司法机关追究刑事责任 4 人。

2003 年，开展矿产资源勘查开采秩序、山石资源保护、砂石开采和非法转让探矿权采矿权等专项整治活动，共查处各类违法案件 260 余起。其中，查处无证采矿 170 余起，越界开采 5 起，责令停产整顿矿山及选厂 80 余家，关闭整改不合格矿山 16 家，非法转让采矿权 5 起，罚没款 64.1 万元，吊销采矿许可证 16 个，追究刑事责任 2 人，治安拘留 8 人。2005 年，将矿产资源开采秩序集中整治列为六项秩序综合整治的内容之一。查处非法采矿 433 起，取缔非法选矿点 96 处，罚没款 420 余万元，追缴矿产资源补偿费 190 余万元，涉矿拘留 87 人，追究刑事责任 8 人。年底，根据《国务院关于全面整顿和规范矿产资源开发秩序的通知》安排，开展整顿和规范矿产资源开发秩序工作。各级财政拨付专项经费累计 300 余万元，做到机构、人员、经费、办公场所“四落实”。

2006—2007 年，全市累计查处各类矿业违法案件 390 余起，没收非法矿产品 12.6 万吨，查封采矿设备 180 余台（套），罚没款 780 多万元，行政、治安拘留违法采矿分子 96 人，追究刑事责任 25 人。2008 年上半年，开展整顿和规范矿产资源开发秩序“回头看”行动，清查无证勘查、采矿 15 起，越界采矿 3 起，不按开发利用方案或设计开采 1 起。2009 年 10 月 26 日，在全国矿产资源开发秩序整顿规范总结表扬暨进一步推进整合工作部署电视电话会议上，临沂市人民政府被评为全国整顿和规范矿产资源开发秩序工作先进集体。2010 年，深入整顿规范矿业开发秩序，在全市推广应用远程监控系统，对矿山企业井下超层越界采矿行为、现场生产情况及产量进行实时监控，苍山县矿产资源开发远程监控研究与应用项目获第五届山东省国土资源科学技术一等奖。

测绘违法案件查处

2002 年 2 月，市政府办公室印发《临沂市整顿和规范地图市场秩序实施方案》。6 月 22 日和 9 月 20 日，市国土资源、工商、新闻出版、文化、外事、公安等七部门组成联合执法组在全市范围内开展两次突击查处收缴违法地图行动。共检查单位125个，没收地图光盘55盘，水晶地球仪53个，各种玩具拼图36件，“三无”地球仪106个，非法插附地图图书74本，没收行政地图58份，撤柜各种高档地球仪208个。2004年6月，市国土资源和房产管理局制定《临沂市地图宣传品检查工作方案》，于7月5—9日对各县地图宣传品检查工作进行验收。全市共检查200多个单位，涉及8大类100余种地图产品，发放宣传材料8000余份，没收、封存违法地图制品200余件(个)。

2005年9月23日，市国土资源局、市新闻出版局转发省国土资源厅、省新闻出版局、省通信管理局《关于加强网上地图管理的通知》，要求各部门按照通知要求密切配合，联合开展网上地图清理检查活动。10月8日，中共临沂市委宣传部、临沂海关、临沂市政府外事与侨务办公室、市教育局、市对外贸易经济合作局、市工商行政管理局、市新闻出版局联合转发省国土资源厅等八部门《关于加强国家版图意识宣传教育和地图市场监管的实施意见》的通知，明确了地图市场监管工作目标和重点、职责分工、工作措施等。2008年4月24日，市国土资源局组织地图市场清理规范检查小组，对临沂城区批发市场、主要街道、文化娱乐场所、车站、机场、学校、书店、网站、工艺礼品店、旅游公司、广告公司等单位和个人进行检查清理。重点是各类报刊、影视、广告标牌、橱窗、宣传背景、票证等展示和使用的地图。同时对销售的非法地图出版物、地球仪和附有地图图形的文化用品、工艺品、纪念品、玩具等产品，互联网上登载的地图进行检查。

2009年，临沂市按照《国务院办公厅转发测绘局等部门关于整顿和规范地理信息市场秩序意见的通知》和《山东省人民政府办公厅转发省国土资源厅等部门关于整顿和规范地理信息市场秩序的实施意见的通知》要求，利用1年的时间开展地理信息市场专项整治工作。从涉证、涉军、涉外、涉密4个方面入手，重点监管地理信息获取、提供、使用、生产、出版和传输6个环节。国土资源部门重点检查全市40家测绘资质单位和46家涉密测绘成果生产、使用、保管单位。共检查地形图1070张，控制点1802个，电子地图196幅。2010年，临沂市国土资源局被评为全省地理信息市场专项整治先进集体。

第二章　环境保护

20世纪70年代中期，随着工业化、城市化进程的加快，临沂地区的环境污染和生态破坏日渐加剧。地区和所属各县相继建立环境保护机构，开展环境监测和调查工作，采取一系列环境保护措施，治理环境污染。到2010年，主要污染物排放量基本得到控制，环境质量有效改善。但主要污染物排放总量仍然很高，生态环境脆弱，环境形势依然严峻。

临沂市环境保护经历了污染点源治理、环境污染全过程控制和保护环境、优化经济增长三个阶段。

1996—2000年，为环境污染点源治理阶段。首次编制实施临沂市环境保护五年计划以及沂沭河流域重点工业污染源治理项目等单项计划。建立落实环保目标责任制、行政首长环保目标责任制、城市环境综合整治定量考核、限期治理、环境影响评价等一批环境管理制度，初步形成以市长环保目标责任制为核心，多层次、全方位的环境管理体系。以造纸企业治理为重点，加快推进污染点源治理工作，关停年产能力1万吨以下草浆造纸企业84家，完成近500家企业的限期治理、限产限排任务。以环境执法为主要措施，组织开展以“零点行动”“环保执法监督年”为代表的一系列活动，处理各类环保违法案件510多件，办理各级人大代表、政协委员关于环保的提案议案330多件，查处一大批群众反映强烈的环境信访案件。1999年，临沂市全面推进“一控双达标”工作，加强对水泥、造纸、化肥、酿酒等重污染行业的污染防治，加快城市环境基础设施建设，不断加大环境监管力度。

2001—2005年，为环境污染全过程控制阶段。先后颁布《关于加强环境保护工作的决定》《关于建设生态市的决议》《关于进一步加强建设项目环境保护管理的通知》等一系列文件，开展创建国家环保模范城市工作，环境保护工作的重点由点源治理向全过程控制转变。以建设项目环评审批、污染防治、环境监察为重点，实施蓝天、碧水、生态、宁静、危废处置、数字环保六项工程。全市累计清理取缔重污染项目6100多个，分类整治1300家大气污染企业，对200多家水污染企业实施再提高工程，城区淘汰1吨以下小锅炉1247台、治理在用锅炉387台。建立13个自然保护区、3个省级风景名胜区、16个森林公园，受保护面积达到1800平方公里，生物多样性、湿地水网、生态基流、饮用水源地得到有效保护，覆盖全市的大生态体系基本建立。组织开展“整治违法排污企业保障群众健康环保专项行动”，年均组织集中检查20余次、现场检查企业8000多次、挂牌督办违法企业200多家。到2005年年底，15个国控、省控河流断面基本达到淮河流域“十五”计划目标要求；沂河出境断面达到Ⅲ类水质，沭河出境断面达到Ⅳ类水质，莒南龙王河由劣Ⅴ类水质达到Ⅳ类水质，苏鲁边界污染问题基本解决；2005年城区空气优良天数达到352天，市辖9县的城区空气质量全部达到国家二级标准。

2006—2010年为保护环境优化经济增长阶段。这一阶段中，临沂市围绕“确保环境安全，改善环境质量，服务科学发展”的工作主线，开展“资源节约型、环境友好型”社会建设试点工作，突出流域污染防治重点，发挥节能减排倒逼作用，环境保护与经济发展实现了良性互动。把污染总量减排作为促进转方式、调结构的重要任务，建立和完善减排的监测体系、统计体系、考核体系，强化工程减排、结构减排、管理减排等重点措施，严格落实减排目标责任，全市330项减排重点工程按期建成投运，全市化学需氧量、二氧化硫排放量累计削减19.18%、9.01%，超额完成减排任务。实施“治、用、保”的流域治污策略，提前1年建成运行《淮河流域水污染防治规划》63个治污项目，增建9大类128个治污项目，形成“点源、污水处理厂、人工湿地、河流”四级递进式的治污模式，7个国控河流考核断面达标率全部超过国家控制要求，平均达标率较“十五”末年提高50个百分点，在迎淮考核中获第1名。综合整治水泥、建陶、电力、板材等重污染企业1080余家，规范城区扬尘、粉尘和机动车尾气污染防治，空气质量进一步改善。组织开展重点行业、重点信访案件和建设项目、工业园区专项行动，检查企业1.31万家次，办理群众环境投诉1.5万余件，有效地保障了人民群众的环境权益。强化目标责任，加强监督考核，推进生态市建设，节能减排、循环经济发展、国土绿化、生态保护与修复、土壤污染防治、农村环境综合整治等工作取得成效，生态市建设取得阶段性成果。探索推广“八位一体”①农村环保新

①饮用水源地安全保护、生活污水处理、秸秆气化、垃圾无害化处理、小流域生态修复、畜禽养殖面源污染防治、绿色食品基地建设及“三清四改”8项工程。

模式，近60%的乡镇建成生态乡镇，超过15%的国土面积纳入生态功能保护范围。累计排查企业16400多家次，对3000多家企业实施分类整改。设置预警监控防线、预警监测点，实行市、县环保部门和风险源单位三级定期监测，重点区域和部位环境安全监控24小时不间断，环境安全防控能力显著提高。

第一节　环境质量

水环境质量

河流　随着全市城乡工业的发展，工业废水大量排放，加上人口剧增，生活污水排放亦大量增加。

根据《地表水环境质量标准》（GB 3838-1998和GB 3838-2002），对1996—2010年临沂市的主要河流进行评价，部分河流不同程度地受到污染。部分河段超过《地表水环境标准》中的Ⅳ类标准，水体中主要污染物为化学需氧量、氨氮。全市5条主要河流的5个断面水质情况为：沂河临沂北大桥断面的主要污染物化学需氧量历年年均值浓度中，1996年、1998年、1999年、2006年、2009年、2010年达到Ⅲ类标准，其余各年度年均值浓度均超过Ⅲ类标准，氨氮历年年均值浓度均达到Ⅲ类标准。沭河高峰头断面化学需氧量和氨氮历年年均值浓度均达到Ⅳ类标准。祊河角沂（祊河大桥）断面的主要污染物化学需氧量历年年均值浓度中，1996—2004年年均值浓度均超过Ⅲ类标准，氨氮历年年均值浓度中，只有1997—1998年、2000—2001年年均值浓度超过Ⅲ类标准。白马河捷庄断面的主要污染物化学需氧量历年年均值浓度中，只有1996年、1997年的年均值浓度超过Ⅳ类标准，氨氮年均值浓度中，1996年、1997年、1999—2002年的年均值浓度超过Ⅳ类标准，其余年均值浓度达到Ⅳ类标准。新沭河大兴桥断面的主要污染物化学需氧量历年年均值浓度中，1996年、1997年、1999年、2000年、2003年的年均值浓度超过Ⅳ类标准，历年氨氮年均值中，只有1997年、1999年的年均值浓度超过Ⅳ类标准。

举行临沂城区空气质量周报新闻发布会

2009年，全市大多数河流水质较好，在省辖南水北调黄河以南段及淮河流域的32个断面水质排序中，临沂市的9个断面位居前列，沂河、沭河等主要河流的出境断面水质稳步提高，邳苍分洪道西偏泓断面高锰酸盐指数、氨氮浓度年均值较2006年分别下降21.3%、73.3%，7个国控断面水质达标率高于国家考核70%的要求。成为山东省河流水质改善最快、出境河流水质最好的城市之一。

2010年，在全市持续干旱、河道径流锐减的严峻形势下，有7个国控河流考核断面稳定达标，9条省控河流持续保持省政府“恢复鱼类生长”的民心工程要求，县区重点河流考核断面综合达标率达97.38%，流域水质实现1985年以后的最好水平。

1996—2010 年临沂市主要河流环境质量状况表

表 5-1　　　　单位：毫克/升

年份	沂河（临沂北大桥）		沭河（高峰头）		祊河角沂（祊河大桥）		白马河（捷庄）		新沭河（大兴桥）	
	CODcr	NH_3-N	CODcr	NH_3-N	CODcr	NH_3-N	CODcr	NH_3-N	CODcr	NH_3-N
1996	19.82	0.19	17.64	0.05	20.8	0.16	73.8	4.18	48.0	0.41
1997	26.62	0.33	19.66	0.25	24.9	0.51	54.9	6.05	85.7	2.35
1998	18.3	0.25	17.3	0.15	44.7	0.74	17.7	0.5	27.2	0.47
1999	17.35	0.343	17.2	0.362	30.7	0.491	25.57	5.783	65.7	2.342
2000	20.52	0.130	19.3	0.1	29.4	0.52	28.5	5.62	39.3	0.518
2001	20.3	0.317	21.5	0.387	24.5	1.06	23.8	2.52	27.2	0.777
2002	21.7	0.524	17.7	0.380	23.9	0.862	21.9	2.77	24.1	0.990
2003	23.7	0.282	26.5	0.429	21.8	0.690	25.8	1.21	30.1	1.18
2004	28.8	0.406	26.0	0.418	25.4	0.426	26.4	0.544	28.1	0.583
2005	26.4	0.670	25.7	0.515	19.1	0.622	28.0	0.595	27.4	0.440
2006	20	0.458	24	0.712	18	0.582	25	0.999	27	0.764
2007	22	0.467	25	0.875	17	0.319	23	1.03	22	0.784
2008	21	0.632	24	0.84	18	0.56	25	0.87	23	0.76
2009	20	0.510	25	0.560	16	0.433	20	0.739	22	0.735
2010	17.8	0.607	21.7	0.496	17.8	0.458	20.5	0.446	18.8	0.587

说明：1.表中各指标为各断面年均值。执行标准为《地表水环境质量标准》（GB 3838-1998 和 GB3838-2002）。根据临沂市水环境功能区划分，沂河临沂北大桥断面、祊河角沂（祊河大桥）断面为Ⅲ类功能区，执行标准值 CODcr 为 20 毫克/升，氨氮为 0.5 毫克/升（GB 3838-1998）或 1.0 毫克/升（GB 3838-2002）；沭河高峰头断面、白马河捷庄断面、新沭河大兴桥断面为Ⅳ类功能区，执行标准值 CODcr 为 30 毫克/升，氨氮为 1.0 毫克/升（GB 3838-1998）或 1.5 毫克/升（GB 3838-2002）。

2.祊河监测断面"九五"、"十五"期间为祊河大桥断面，"十一五"期间为角沂断面。

饮用水 临沂市的主要饮用水源地是岸堤水库。按照《地表水环境质量标准》（GB 3838-1998 和 GB 3838-2002），对 1999—2010 年临沂市饮用水源地进行评价，历年各主要监测项目年均值中，2008 年的高锰酸盐指数均值达到Ⅲ类水质，其余年份水质均达到Ⅱ类标准。

1999—2010 年临沂市饮用水源地主要监测项目情况表

表 5-2 单位：毫克/升

年度	硫酸盐	氯化物	硝酸盐	总磷	高锰酸盐指数	氨氮
1999	—	—	0.62	0.06	3.05	0.37
2000	—	—	0.47	0.099	3.28	0.146
2001	—	—	0.337	0.06	2.22	0.191
2002	87	92.2	0.395	0.045	2.34	0.123
2003	77.4	77.4	0.263	0.076	2.58	0.175
2004	83.1	83.5	0.51	0.045	1.82	0.227
2005	41.4	37.1	0.185	0.035	3.2	0.171
2006	41.5	39.6	0.41	0.02	3.9	0.251
2007	54.1	18.4	1.01	0.06	2.8	0.167
2008	57.4	43.8	0.48	0.039	4.8	0.409
2009	55.2	22.4	2.31	0.02	3.5	0.373
2010	40.1	36.4	2.53	0.02	3.2	0.325

地表水总硬度 地表水总硬度分布范围在 85~170 毫克/升间的面积占全流域总面积的 84.9%，范围在 55~85 毫克/升间的面积占总面积的 14.5%。范围在 30~55 毫克/升之间的面积占总面积的 0.6%，分布在沭河水系上游。

临沂市各水资源分区地表水总硬度分布情况表

表 5-3

水系	总面积（平方公里）	30~55 毫克/升		55~85 毫克/升		85~170 毫克/升	
		面积（平方公里）	百分率（%）	面积（平方公里）	百分率（%）	面积（平方公里）	百分率（%）
沂河	9383	—	—	1649	17.6	7734	82.4
沭河	3937	96.0	2.4	633	16.1	3208	81.5
中运河	2595	—	—	—	—	2595	100
日赣区	897	—	—	—	—	897	100
潍弥白浪河区	279	—	—	120	43.0	159	57.0
湖东区	94	—	—	94	100	—	—
合计	17185	96.0	0.6	2496	14.5	14593	84.9

地表水总硬度按行政区划分：地表水总硬度介于 85~170 毫克/升之间的有兰山、罗庄、河东、郯城、苍山、蒙阴、沂南和临沭等 8 个县区的全部及莒南县的 94.5%、沂水县的 69.1%、平邑县的 8.5%、费县的 96.2%区域；地表水总硬度介于 55~85 毫克/升之间的有平邑县的 91.5%、沂水县的 30.9%、费县的 3.8%区域；地表水总硬度在 30~55 毫克/升之间的主要在莒南县境内，相对较小。

临沂市各县区地表水总硬度分布情况表

表 5-4

县区	总面积（平方公里）	30~55 毫克/升		55~85 毫克/升		85~170 毫克/升	
		面积（平方公里）	百分率（%）	面积（平方公里）	百分率（%）	面积（平方公里）	百分率（%）
兰山	650	—	—	—	—	650	100
罗庄	370	—	—	—	—	370	100
河东	728	—	—	—	—	728	100

续表 5-4

县区	总面积（平方公里）	30~55毫克/升		55~85毫克/升		85~170毫克/升	
		面积（平方公里）	百分率（%）	面积（平方公里）	百分率（%）	面积（平方公里）	百分率（%）
郯城	1307	—	—	—	—	1307	100
苍山	1800	—	—	—	—	1800	100
莒南	1752	96.0	5.5	—	—	1656	94.5
沂水	2435	—	—	753	30.9	1682	69.1
蒙阴	1602	—	—	—	—	1602	100
平邑	1825	—	—	1670	91.5	155	8.5
费县	1904	—	—	73	3.8	1831	96.2
沂南	1774	—	—	—	—	1774	100
临沭	1038	—	—	—	—	1038	100
合计	17185	96.0	0.6	2496	14.5	14593	84.9

地表水矿化度 沂河水系地表水的矿化度主要分布范围为200~300毫克/升，占流域面积的65%，矿化度在100~200毫克/升之间的占流域面积的35%；沭河水系矿化度主要范围为100~200毫克/升，占流域面积的59.5%，200~300毫克/升的占40.5%；中运河水系矿化度范围为200~300毫克/升。其他水系主要为源头水，矿化度100~200毫克/升，水体质量较好。

临沂市各水资源分区地表水矿化度分布情况表

表 5-5

水系	总面积（平方公里）	100~200（毫克/升）		200~300（毫克/升）	
		面积（平方公里）	百分率（%）	面积（平方公里）	百分率（%）
沂河	9383	3285	35	6098	65.0
沭河	3937	2342	59.5	1595	40.5
中运河	2595	—	—	2595	100
日赣区	897	897	100	—	—
潍弥白浪区	279	279	100	—	—
湖东区	94	94	100	—	—
合计	17185	6897	40.1	10288	59.9

按行政区划分，水资源矿化度分布在100~200毫克/升之间的区域占总面积的40.1%，矿化度在200~300毫克/升之间的区域占总面积的59.9%。

临沂市各县区地表水矿化度分布情况表

表 5-5

县区	总面积（平方公里）	100~200毫克/升		200~300毫克/升	
		面积（平方公里）	百分率（%）	面积（平方公里）	百分率（%）
兰山	650	—	—	650	100
罗庄	370	—	—	370	100
河东	728	351	48.2	377	51.8
郯城	1307	—	—	1307	100
苍山	1800	—	—	1800	100
莒南	1752	1752	100	—	—
沂水	2435	1071	44.0	1364	56.0
蒙阴	1602	—	—	1602	100
平邑	1825	1825	100	—	—
费县	1904	1554	81.6	350	18.4
沂南	1774	217	12.2	1557	87.8
临沭	1038	127	12.2	911	87.8
合计	17185	6897	40.1	10288	59.9

水库水质与营养状态 全市36座大中型水库水质类别范围为Ⅰ~Ⅳ类。Ⅳ类水库为跋山水库，占评价总水库数的2.8%，该水库的污染主要是由水库上游淄博市沂源县工业、生活废污水排放造成的。Ⅲ类水库9座，分别是会宝岭、高湖、黄土山、杨庄、大夫宁、公家庄、石泉湖、大山、小马庄水库，占评价总水库数的25.0%。Ⅱ类水库10座，分别是沙沟、寨子山、岸堤、张庄、唐村、吴家庄、许家崖、陡山、相邸、凌山头水库，占评价总水库数的27.8%。Ⅰ类水库16座，分别

是寨子、黄仁、朱家坡、安靖、昌里、上冶、石岚、古城、刘庄、马庄、龙王口、书房、施家庄子、考村、双河和长新桥水库，占评价总水库数的44.4%。

大型水库中，跋山水库、岸堤水库、许家崖水库、会宝岭水库营养成分评价为富营养，唐村水库、陡山水库、沙沟水库营养成分评价为中营养。29座中型水库营养成分评价均为中营养。主要影响项目为总氮、总磷、高锰酸盐指数。流域内城镇生活工业废污水、农药化肥使用、水库网箱养鱼等因素导致项目监测值较高，直接影响了水库的营养化程度。叶绿素检出率为11.1%。

水功能区水质　全市共评价13个一级功能区，一级功能区下分21个二级功能区。评价结果是：一级功能区全年达标数为30.8%，汛期达标数为84.6%，非汛期达标数为23.1%；达标河长占总评价河长的百分比全年为46.1%，汛期为79.3%，非汛期为42.7%；达标水库库容占总评价库容的百分比全年为50.4%，汛期为100%，非汛期为50.4%。二级功能区达标个数占总评价个数的百分比全年为33.3%，汛期为90.5%，非汛期为23.8%；达标河长占总评价河长的百分比全年为37.1%，汛期为94.5%，非汛期为24.8%；达标水库库容占总评价库容的百分比全年为73.2%，汛期为73.2%，非汛期为73.2%。达标情况汛期好于非汛期。

地下水　由于对地下水超量开采，致使水位下降，地面污水倒灌。又因工业布局不合理，在水源上游建污染排放工厂；排污管道不配套，化肥、农药常年渗透，造成区内地下水污染。1994年，临沂地区环境监测站分别于4月、8月对临沂城水源地一、二、三水厂进行监测，监测项目18项，各项监测的年均值均不超标。但在此之前特别是1月和2月，污染十分严重，丧失饮用功能。由于地委、行署及时关停平邑和上冶造纸厂制浆车间以及丰水期大量降水的稀释作用，使得水质情况有所好转。2010年，全市12个县区的生活饮用水水源地保持较好的水质状况，主要监测指标均符合饮用水水质标准，无超标数据出现。

全市地下水水质为Ⅲ类和好于Ⅲ类的分布面积占全市总面积的55.3%，主要集中在沂南县、沂水县西北部山丘区，蒙阴县东汶河上游，莒南县山丘区，费县祊河沿河平原及其支流温凉河上游地区。水质为Ⅳ类的分布面积占全市总面积的31.9%、水质为Ⅴ类的分布面积占全市总面积的12.8%，主要分布在兰山区、郯城县、苍山县、罗庄区一带及平邑县南部山丘地区和沂水县东部山丘地区。

临沂市各县区地下水水质分布情况表

表5-7

县区	水质Ⅲ类和好于Ⅲ类		水质Ⅳ类		水质Ⅴ类	
	面积（平方公里）	百分率（%）	面积（平方公里）	百分率（%）	面积（平方公里）	百分率（%）
兰山	271	41.7	—	58.3	—	—
罗庄	—	—	370	100	—	—
河东	456	62.6	191	26.2	82	11.2
郯城	—	—	744	57.0	562	43.0
苍山	526	29.2	1125	62.5	149	8.3
莒南	1429	81.6	323	18.4	—	—
沂水	1365	56.1	—	—	1070	43.9
蒙阴	1098	68.5	504	31.5	—	—
平邑	748	41.0	1077	59.0	—	—
费县	1301	68.3	603	31.7	—	—
沂南	1616	91.0	159	9.0	—	—
临沭	700	67.5	—	—	337	32.5
合计	9510	55.3	5475	31.9	2200	12.8

大气环境质量

临沂市空气污染的主要特征表现为烟煤型污

染，其中颗粒物污染相对较重，主要污染物为可吸入颗粒物、总悬浮颗粒物、二氧化硫、二氧化氮。按照国家《环境空气质量标准》（GB3095-1996）二级标准评价，1996—2004年、2009年可吸入颗粒物、总悬浮颗粒物年均值未达到《环境空气质量标准》（GB3095-1996）二级标准，2009年二氧化硫、二氧化氮未达到《环境空气质量标准》（GB3095-1996）二级标准。

1995年，全市废气排放量232.78亿标立方米。其中，工业二氧化硫排放量47343吨，二氧化硫去除量1960吨；工业烟尘排放量24646吨，去除量4.50万吨；工业粉尘排放量35879吨，工业粉尘回收量51949吨。临沂城工业二氧化硫排放量1.17万吨，烟尘排放量1.35万吨，粉尘排放量、回收量分别为1815吨、4269吨。环境质量除大气二氧化硫年、日平均值略为超标外，其余均达到指标要求。

1995年后，临沂市多次检出酸雨。特别是罗庄区，大气污染严重。大气污染调查监测结果，罗庄区总悬浮颗粒物日均值0.850毫克/立方米，是国家标准的3.3倍；二氧化硫日均值0.136毫克/立方米，是国家标准的1.3倍。1998年，临沂市区总悬浮颗粒物年均值超过国家二级标准。全市二氧化硫、氮氧化物、总悬浮颗粒物等空气污染呈逐渐加重趋势。特别是总悬浮颗粒物指数最高值达1.580毫克/立方米，是国家二级标准的6.9倍。造成空气污染的原因主要有：全市能源结构以煤炭为主，煤炭占全市能源总量的80%以上，大部分工业锅炉、炉窑直接燃烧原煤，烟尘、二氧化硫等污染物排放量大。耗能高、污染重的粗放型经济所占比例偏大，尤其是科技含量低、能耗高的4.4万吨及以下水泥生产企业占全市水泥生产企业总数的63%，而其水泥产量仅占17.6%，结构性污染矛盾十分突出。城市环境基础设施建设欠账多，城市集中供热率只有25.7%，冬季取暖期，居民分散取暖，烟尘低空排放，一般无除尘脱硫设施；同时，城镇餐饮服务、个体炉灶量大面广，生活性燃煤污染比较严重。汽车尾气污染日益加重。市区有各种机动车近10万辆，据抽样监测，尾气排放合格率仅占35%左右，汽车排

1996—2010年临沂市环境空气主要污染物浓度年均值情况表

表5-7　　单位：毫克/立方米

年份	二氧化硫（SO_2）		二氧化氮（NO_2）		可吸入颗粒物（PM10/TSP）	
	年均值	超标倍数	年均值	超标倍数	年均值	超标倍数
1996	0.042	—	0.028	—	0.286	0.43
1997	0.037	—	0.027	—	0.322	0.61
1998	0.045	—	0.034	—	0.298	0.49
1999	0.033	—	0.031	—	0.384	0.92
2000	0.025	—	0.034	—	0.331	0.66
2001	0.039	—	0.039	—	0.184	0.84
2002	0.036	—	0.034	—	0.207	1.07
2003	0.046	—	0.036	—	0.166	0.66
2004	0.036	—	0.023	—	0.103	0.03
2005	0.033	—	0.024	—	0.082	—
2006	0.029	—	0.022	—	0.074	—
2007	0.028	—	0.022	—	0.075	—
2008	0.036	—	0.031	—	0.090	—
2009	0.075	0.25	0.052	0.04	0.115	0.15
2010	0.056	—	0.040	—	0.097	—

说明：1.采用《环境空气质量标准》（GB 3095-1996）二级标准评价。具体标准值分别为：TSP0.2毫克/立方米，$SO_2$0.060毫克/立方米，$NO_2$0.04毫克/立方米，PM10为0.100毫克/立方米。

2.“-”表示未超标。

3.“九五”期间监测项目为总悬浮颗粒物，“十五”、“十一五”期间监测项目为可吸入颗粒物。1996—2000年监测项目为总悬浮颗粒物。其中，“十五”期间为评价标准统一，2001年、2002年监测数据为可吸入颗粒物（经对照实验得出二者换算系数换算）。

出的氮氧化物、一氧化碳等物，已经成为临沂市城区的重要污染源。到2005年年底，大气环境质量持续好转，2005年城区空气优良天数达到352天，市辖9县的城区空气质量全部达到国家二级标准。2006—2010年，通过综合整治，空气质量进一步改善。2009年，市区空气质量优良率为89.32%。其中空气质量Ⅰ级（优）天数8天，Ⅱ级（良）天数318天，Ⅲ级及以上天数39天。可吸入颗粒物仍是影响市区空气质量的主要污染物，二氧化硫污染在采暖期相对较重。9县可吸入颗粒物、二氧化硫和二氧化氮年日均值分别在0.058~0.133毫克/立方米、0.012~0.110毫克/立方米、0.016~0.054毫克/立方米之间。

2009年，临沂市区全年取得降水样品63个，全市降水pH值年均值为6.55，高于酸雨限值，降水酸度同比基本持平，全年未出现酸雨。2010年，对城区8个空气自动监测点位5项污染因子进行日监测日分析。空气质量改善幅度居全省二类城市前列。

从总体上看，1996—2010年，临沂市环境空气主要污染物年均值基本呈下降趋势，环境空气综合污染指数基本呈下降趋势。其中，1999年、2002年综合污染指数最大，为3.09；2006年、2007年综合污染指数最小，为1.47，比1999年、2002年下降52.4%。从污染负荷系数看，1996—2010年，除2009年首要污染物为二氧化硫外，其余各年度首要污染物均为可吸入颗粒物（总悬浮颗粒物）。

1996—2010年临沂市环境空气污染指数及污染负荷系数表

表5-9

年份	污染分指数（Pi）			综合指数（P）	污染负荷系数（Fi）		
	二氧化硫	二氧化氮	可吸入颗粒物		二氧化硫	二氧化氮	可吸入颗粒物
1996	0.70	0.28	0.95	1.93	0.36	0.15	0.49
1997	0.62	0.68	1.61	2.91	0.21	0.24	0.55
1998	0.75	0.68	1.49	2.92	0.24	0.28	0.48
1999	0.57	0.62	1.90	3.09	0.18	0.20	0.62
2000	0.42	0.42	1.66	2.50	0.17	0.17	0.66
2001	0.65	0.49	1.84	2.98	0.22	0.16	0.62
2002	0.60	0.42	2.07	3.09	0.19	0.14	0.67
2003	0.77	0.45	1.66	2.88	0.27	0.15	0.58
2004	0.60	0.29	1.03	1.92	0.31	0.15	0.54
2005	0.55	0.30	0.82	1.67	0.33	0.18	0.49
2006	0.48	0.26	0.74	1.47	0.32	0.18	0.50
2007	0.47	0.26	0.75	1.47	0.31	0.18	0.51
2008	0.60	0.39	0.90	1.89	0.32	0.20	0.48
2009	1.25	0.65	1.15	3.06	0.41	0.21	0.38
2010	0.93	0.50	0.97	2.40	0.39	0.21	0.40

说明：Pi=Ci/Si（Ci为污染物浓度值，Si为污染物标准值），$P=\sum Pi$，Fi=Pi/P。

噪声环境质量

1996—2010年，临沂市区域环境噪声历年年均值中，最高的为1997年的59.1分贝，最低的为2002年的52.2分贝，历年区域环境噪声年均值保持在比较稳定的水平，均未超过标准值60分贝。

交通干线噪声，除1996年、1997年、1998年、1999年、2002年年均值超标外，其他年度均不超标，最大值出现在1997年，为78.0分贝，超标倍数为0.11。2003年后，交通噪声年均值变化不大，保持在较为稳定的水平。

1996—2010年临沂市城市噪声环境质量状况表

表5-10　　单位：分贝

年份	区域环境噪声均值	交通干线噪声均值
1996	54.9	73.8
1997	59.1	78.0
1998	54.5	71.8
1999	55.4	75.3
2000	54.9	69.9
2001	52.9	69.2
2002	52.2	71.2
2003	54.0	67.9
2004	54.2	68.5
2005	54.1	68.1
2006	54.0	66.8
2007	54.0	65.6
2008	54.0	65.8
2009	54.0	65.7
2010	53.8	67.2

说明：区域环境噪声昼间标准值为60分贝，交通干线噪声的标准值为70分贝。

功能区噪声，一类功能区昼间年均值超标的年份为1996年、1997年、2001年、2002年，其中超标倍数最大的2001年为0.07；夜间年均值超标的年份为1996年、1997年、1998年、2000年、2001年，其中超标倍数最大的1996年为0.08。三类功能区昼间年均值只在1998年有超标现象，超标倍数为0.005；夜间年均值超标的年份为1997年、2000年、2001年，其中超标倍数最大的2000年为0.03。四类功能区昼间年均值均达标，夜间年均值超标的年份为1998年、2001年、2003年，其中超标倍数最大的2001年为0.08。

1996—2010年临沂市功能区噪声环境质量状况表

表5-11　　单位：分贝

年份	一类区		三类区		四类区	
	昼	夜	昼	夜	昼	夜
1996	55.9	48.7	59.3	51.1	57.4	49.8
1997	58.0	46.4	64.4	56.5	58.2	52.2
1998	52.3	46.2	65.3	54.9	58.4	56.6
1999	50.2	40.3	62.9	54.9	59.0	53.3
2000	54.4	45.9	62.3	56.9	60.6	53.7
2001	58.7	47.6	62.4	56.6	67.0	59.4
2002	56.4	41.9	63.3	54.0	67.2	53.8
2003	53.1	41.8	55.2	46.3	63.4	56.4
2004	54.0	43.4	59.8	47.7	66.9	53.4
2005	54.2	42.4	60.6	47.8	65.8	51.8
2006	51.3	44.5	59.5	48.3	66.1	53.3
2007	54.4	42.2	59.7	47.9	66.1	51.6
2008	54.5	44.1	59.8	49.0	67.6	52.0
2009	54.9	43.7	59.6	49.2	68.0	52.1
2010	54.6	44.0	59.5	49.2	67.7	52.1

说明：2008年10月1日前，功能区噪声标准执行《城市区域环境噪声标准》（GB 3096-1993），此后，功能区噪声标准执行《声环境质量标准》（GB 3096-2008）。各类功能区噪声标准值为：一类区昼间55分贝，夜间45分贝；三类区昼间65分贝，夜间55分贝；四类区昼间70分贝，夜间55分贝。

农业环境质量

改革开放后，随着经济的发展，国家基建用地、企业占地、农村建房用地增加，土地资源缩减，生态环境遭到破坏。化肥、农药的不合理使用，给农业生态造成污染。部分企业无规划占农田建工厂，设备陈旧，技术落后，缺乏科学管理，“三废”分散到农村，侵蚀农田。从1995年起，各级政府开始重视农业环境质量，采取各种措施进行治理。2006—2010年，以生态文明理念为指导，强化目标责任，加强监督考核，大力推进生态市建设，节能减排、循环经济发展、国土绿化、生态保护与修复、土壤污染治理、农村环境综合整治等工作取得成效，生态市建设取得阶段性成果。设置五道预警监控防线、109个预警监测点，实行市、县环保部门和风险源单位三级定期监测，建成流域、区域和重点企业自动监测、在线监测、视频监测等设施300多台（套），重点区域和部位环境安全监控24小时不间断。2009年，全市生态环境保持稳定，空气环境质量达到功能区标准，地表水、地下水水质总体稳定，各类受保护地区面积达2594.78平方公里，占全市国土面积的15.1%。城区绿化覆盖率达到47.99%。2010年，开展生态环境监察试点工作，划定18个集中式饮用水水源保护区，总面积达1939平方公里，开展饮用水水源保护区的立桩定界和标志牌设立等工作，全面清理整治保护区范围内的排污口，落实保护措施和应急预案，提高了饮用水安全保障能力。推广农村生活污水集中处理、秸秆气化、垃圾无害化处理、小流域生态修复、畜禽养殖污染防治、水源安全保护、绿色食品基地的农村环保新模式。设立自然保护区、生态功能区、风景名胜区、森林公园等，保护了湿地水网、生态基流、生物多样性。全市已获得命名的国家级生态乡镇14个，省级生态乡镇54个。

第二节　环境监测

临沂市环境监测机构始建于1975年。1995年通过省级计量认证，可开展72个环境标准中的980多个项目。是年，全市设省控地面水和饮用水源监测点位16个、大气监测点位3个、硫酸盐化速率点位6个、大气降水点位6个、噪声监测点位158个，取得各类监测数据31345个。1996年上半年，全市10个县级环境监测站全部通过省级计量认证。1997年，以淮河流域水污染防治监测为重点，组织实施水体、空气、噪声、降水、烟尘等例行监测、污染源监督监测、城市环境质量定量考核监测、环境质量监测、重点水源保护区监测及淮河流域联合同步监测等。1998年，实行环境监测月报制度，对省际河流断面实行监测日报制度。1999年6月起，通过新闻媒体向社会发布临沂城区空气质量周报。

2001年，在全市21家废水污染重点企业的排污口安装22台（套）等比例采样器和COD在线自动监测仪。2004年，建成罗庄、河东2个大气自动监测站，实现城市空气质量预报。建成日处理能力800吨的市垃圾填埋场和具有国际先进水平的大型垃圾转运站。添置现代化自动应急监测车1台。

2005年，市环境应急监控指挥中心建成运行，对重点污染源和城市环境实现全时段、全天候跟踪监控。对沂河、祊河等重点河流断面，实行水质监测日报和周报；城区当日大气环境质量指数向社会公布；在城区主要路段安装自动化噪声监测仪；医疗废物处置中心建成投运。

2006年，推动“数字环保”建设。配备辐射环境监控设施，建成国内功能先进的自动化控制中心。对100家水污染企业、28家燃煤电厂、城市污水处理厂实行在线监测，95家企业、100多台监测设施与环境应急监控指挥中心实现联网，并实现市场化运行管理。在沂河、新沭河、龙王河、白马河、武河、邳苍分洪道等主要河流的国控、省控断面，6个水质自动监测站建成投入运行。2007年，全市安装企业水质在线监测仪79台、大气在线监测仪25台、放射源在线监测仪5台，对沂河、沭河、邳苍分洪道等重点河流断面实施水质监测日报。

2008 年，建成覆盖 96 家涉水污染源、28 家涉气污染源、5 家涉放射源单位、15 座城镇污水处理厂、8 个城市空气监测点位和 8 个重点河流断面的监测监控网络，重点污染源排污情况和水气环境质量得到实时监控。提报数据 10 万余个。全市普查工业污染源 13665 个、农业污染源 45905 个、生活污染源 9286 个。加强建设项目现场监管，完成环保验收项目 180 个，“三同时”（同时设计、施工、投产）执行率达 97%。

2009 年，在企业车间污水排放口和总排口、污水处理厂进水口、支流、县界断面、出境断面设置 5 道预警监控防线，实行市、县环保部门和风险源单位 3 级定期监测。县级出境河流断面新建 11 座地表水自动监测站，120 余套企业在线监测设施投入运行，省、市、县 3 级自动监控网络联网、数据同步传输。与淮河流域水资源保护局签署《临沂市出境省界断面水质联合监测工作方案》，在出境省界断面实行联合监测和信息共享。

2010 年，市级环境监测达到 109 项水质指标监测能力，对 59 个河流断面实行日监测或周监测，对城区 8 个空气自动监测点位 5 项污染因子进行日监测日分析。

空气监测

“九五”期间，临沂市设 6 个空气监测点位：第二水厂、市政府院内、国棉八厂、五金工具厂、市制药厂、市建委。监测项目为二氧化硫、氮氧化物、总悬浮微粒及降尘。五金工具厂、市制药厂、市建委增加硫酸盐化速率监测项目。

空气自动监测站

“十五”期间，全市设 4 个省控空气监测点位：鲁南制药厂、沂河小区、新光毛纺厂、河东区保险公司；在 9 县各设 1 个市控监测点位。监测项目包括必测项目和选测项目。5 个必测项目是：二氧化硫、二氧化氮、可吸入颗粒物、硫酸盐化速率、降尘；5 个选测项目是：一氧化碳、臭氧、铅、苯并［a］芘、氟化物，同时测定有关气象参数（风向、风速、温度、湿度、气压）。监测频次为每月监测 1 次。

“十一五”期间，全市设 4 个省控空气监测点位：鲁南制药厂、沂河小区、新光毛纺厂、河东区保险公司；在 9 县各设 1 个市控监测点位。监测项目为：二氧化硫、二氧化氮、可吸入颗粒物、降尘、硫酸盐化速率，每月监测 1 次。

临沂市大气自动站控制信息情况表

表 5-12

监测点位	属地	经纬度	点位所属功能区
临沂军分区	兰山区	北纬 35°03′26.1″ 东经 118°20′30.4″	居民区
鲁南制药厂	兰山区	北纬 35°03′43.8″ 东经 118°17′38.2″	混合区
北城新区	兰山区	北纬 35°06′13.8″ 东经 118°20′51.6″	混合区
临沂大学	兰山区	北纬 35°06′54.6″ 东经 118°17′16.0″	文教区
新光毛纺厂	罗庄区	北纬 34°58′54.0″ 东经 118°16′35″	混合区
洪福酒业有限公司	罗庄区	北纬 34°59′58.1″ 东经 118°15′5.6″	工业区
河东保险公司	河东区	北纬 35°5′22.7″ 东经 118°24′8.4″	混合区
临沂经济开发区	河东区	北纬 35°0′37.8″ 东经 118°25′48.4″	工业区

说明：监测项目为 PM_{10}、SO_2、NO_2、CO、O_3 五参数和温度、湿度、风速、风向、气压五项气象参数。

水环境监测

地表水　“九五”期间，全市共设10个省控地表水监测点位。其中一类7个：跋山水库出口、临沂新大桥、郯城李庄、郯城马头、莒南道口、临沭大官庄闸、郯城高峰头；二类3个：临沂祊河大桥、郯城捷庄、临沭大兴镇桥。

临沂市国控、省控河流断面及监测点情况表

表 5-13

河流名称	断面名称	控制级别
东邳苍分洪道	东偏泓	国控
沭河	高峰头	国控
沂河	港上	国控
祊河	角沂	国控
新沭河	临沭大兴桥	国控
沙沟河	沙沟桥	国控
武河	310 公路桥	国控
白马河	捷庄	国控
张疃河	张疃桥	国控
沂河	跋山水库	省控
沂河	新大桥	省控
邳苍分洪道	西偏泓	省控
沭河	大官庄闸	省控
邳苍分洪道	林子	省控
龙王河	壮岗桥	省控
苍山沙沟河	官桥	省控

“十五”期间，全市共设国控地表水监测点位9个：临沂祊河大桥、高峰头、郯城马头（江苏港上）、捷庄、310公路桥、沙沟桥、东偏泓、大兴桥、张疃桥（石门头桥）；省控地表水监测点位7个；市控监测点位均为II类监测点。国控监测点位监测项目为13项：水温、pH值、电导率、溶解氧、高锰酸盐指数、五日生化需氧量、氨氮、总氮、石油类、挥发酚、汞、铅和流量。省控点位监测项目为25项：水温、pH值、溶解氧、高锰酸盐指数、化学需氧量（CODCr）、五日生化需氧量（BOO_5）、氨氮、总磷、总氮、铜、锌、氟化

现场取样监测

物、硒、砷、汞、镉、六价铬、铅、氰化物、挥发酚、石油类、阴离子表面活性剂、硫化物、粪大肠菌群、流量。市控监测点位监测项目为13项：流量、水温、电导率、pH值、溶解氧、化学需氧量、高锰酸盐指数、氨氮、总氮、挥发性酚、石油类、汞、铅。国控点位监测频次为每月1—10日监测1次。省、市控点位监测频次为全年监测6次，分别于3月、5月、7月、8月、10月、11月监测。

“十一五”期间，临沂市共设国控地表水监测点位9个：临沂祊河大桥、高峰头、郯城马头（江苏港上）、捷庄、310公路桥、沙沟桥、东偏泓、大兴桥、张疃桥（石门头桥）。省控点位为沂河、沭河、龙王河、邳苍分洪道（西偏泓、林子）、沙沟河5条河流和跋山水库出口共7个监测断面。必测项目为流量、水温、pH值、溶解氧、高锰酸盐指数、化学需氧量、五日生化需氧量、氨氮、总氮、总磷、氟化物、氰化物、硫化物、挥发酚、石油类、砷、汞、镉、六价铬、铅共20项，每月1—10日监测1次。国控点位单月份监测流量、水温、电导率、pH值、溶解氧、高锰酸盐指数、化学需氧量、五日生化需氧量、氨氮、总氮、总磷、氟化物、氰化物、硫化物、挥发酚、石油类、铜、锌、硒、砷、汞、镉、六价铬、铅、阴离子表面活性剂、粪大肠菌群共26个项目。市控监测点位为II类监测点位，监测项目为流量、水温、pH值、溶解氧、化学需氧量、高锰酸盐指数、氨氮、总氮、挥发性酚、石油类、汞、铅共12项，每月1—10日监测1次。

临沂市水质自动站控制信息情况表

表 5-13

名称	控制级别	属　地	控制河流	经纬度	监测项目	备注
清泉寺	国控	郯城县	沭　河	北纬 34°42.051′ 东经 118°28.725′	五参数、高锰酸盐、氨氮	已联网
重坊桥	国控	郯城县	沂　河	北纬 34°36′38″ 东经 118°08′46″	五参数、高锰酸盐、氨氮、总有机碳	已联网
涝沟桥	国控	郯城县	白马河	北纬 34° 29′9.7″ 东经 118°09′53″	五参数、高锰酸盐、氨氮、总有机碳	已联网
韩旺大桥	省控	沂水县	沂　河	北纬 35°58′ 东经 118°27′	五参数、高锰酸盐、氨氮	已联网
大兴桥	省控	临沭县	新沭河	北纬 34°46.219′ 东经 118°43.163′	五参数、高锰酸盐、氨氮	已联网
大红圈	省控	苍山县	武　河	北纬 34°37′50.44″ 东经 118°06′18.02″	五参数、高锰酸盐、氨氮	已联网
王樊庄	省控	苍山县	邳苍分洪道	北纬 34°41.474′ 东经 118°06.659′	五参数、高锰酸盐、氨氮	已联网
赵楼	省控	苍山县	沙沟河	北纬 34°40′37.54″ 东经 118°11′56.36″	五参数、高锰酸盐、氨氮	已联网
岸堤水库	省控	蒙阴县	岸堤水库	北纬 34°40′37.54″ 东经 118°11′56.36″	五参数、高锰酸盐、氨氮	已联网
动植物园桥	市控	兰山区	柳青河	北纬 35°40′44.4″ 东经 118°07′16.4″	五参数、高锰酸盐、氨氮、铅	已联网
小葛庄	市控	兰山区	祊　河	北纬 35°40′44.4″ 东经 118°07′16.4″	五参数、高锰酸盐、氨氮	已联网
桃园村	市控	郯城县	陷泥河	北纬 35°10′53.7″ 东经 118°11′28.7″	五参数、高锰酸盐、氨氮、 A_S、CN^-、Cr^{6+}	已联网
老屯	市控	郯城县	南涑河	北纬 34°49′35.6″ 东经 118°17′3.6″	五参数、高锰酸盐、氨氮、 A_S、CN^-、Cr^{6+}	已联网
禹屋桥	市控	河东区	汤　河	北纬 35°03′57.2″ 东经 118°33′44.5″	五参数、高锰酸盐、氨氮	已联网
龙王塘子	市控	河东区	沂　河	北纬 35°19′15.6″ 东经 118°27′46″	五参数、高锰酸盐、氨氮	已联网
贾家庄	市控	沂南县	沂　河	北纬 35°38′18.2″ 东经 118°33′25.9″	五参数、高锰酸盐、氨氮	已联网
曹车桥	市控	费　县	浚　河	北纬 35°19′56.4″ 东经 117°54′16.6″	五参数、高锰酸盐、氨氮	已联网
阎圩子	市控	临沭县	沭　河	北纬 35°05′48.6″ 东经 118°36′41.7″	五参数、高锰酸盐、氨氮	已联网
黄埠闸	市控	沂南县	东汶河	北纬 35°26′4.9″ 东经 118°24′11.5″	五参数、高锰酸盐、氨氮	已联网试中

说明：五参数为 pH 值、溶解氧、电导率、浊度、温度。

饮用水源地　“九五”期间，全市设饮用水源地监测点位3个：临沂城第一水厂、第二水厂、第三水厂，监测项目为水温、pH值、总硬度、氨氮、硝酸盐氮、挥发酚、氰化物、砷、汞、六价铬、铅、镉、氟化物、高锰酸盐指数、大肠菌群等，每年监测6次。

“十五”期间，全市设饮用水源地省控点位3个：第二水厂、第三水厂、岸堤水库出口。罗庄区、河东区和9县监测点位为市控点位。地面水水源地监测项目分为必测项目与选测项目。必测项目有10项：水温、pH值、总磷、高锰酸盐指数、溶解氧、氟化物、挥发酚、石油类、粪大肠菌群、氨氮，每月上旬监测1次；选测项目有18项：硫酸盐、总氮、生化需氧量、氯化物、铁、锰、硝酸盐氮、铜、锌、硒、砷、镉、六价铬、铅、汞、阴离子表面活性剂、氰化物、硫化物，每年1月、7月各监测1次。地下水水源地监测项目也分为必测项目与选测项目。必测项目有8项：pH值、总硬度、硫酸盐、氯化物、高锰酸盐指数、氨氮、氟化物、粪大肠菌群，每月上旬监测1次；选测项目有15项：挥发酚、硝酸盐氮、亚硝酸盐、铁、锰、铜、锌、阴离子表面活性剂、氰化物、汞、硒、砷、镉、六价铬、铅，每年1月、7月各监测1次。

“十一五”期间，临沂市设饮用水源地省控监测点位4个：第二水厂，第三水厂，岸堤水库入口、出口。罗庄区、河东区和9县监测点位为市控点位。地表水水源地监测项目为31项：水温、pH值、硫酸盐、氯化物、溶解性铁、锰、铜、锌、硝酸盐、亚硝酸盐、非离子氨、凯式氮、总磷、高锰酸盐指数、溶解氧、化学需氧量、生化需氧量、氟化物、硒（Ⅳ）、砷、汞、镉、六价铬、铅、氰化物、挥发酚、石油类、阴离子表面活性剂、粪大肠菌群、氨氮和硫化物。地下水水源地监测项目为23项：pH值、总硬度、硫酸盐、氯化物、铁、锰、铜、锌、挥发酚、阴离子表面活性剂、高锰酸盐指数、硝酸盐、亚硝酸盐、氨氮、氟化物、氰化物、汞、砷、硒、镉、六价铬、铅、总大肠菌群，每月监测1次。

城市降水　“九五”期间，在市监测站院内设置1个监测点位，逢雨必测，监测项目为pH值、电导率。

“十五”和“十一五”期间，全市共设省控城市降水监测点位3个：市政府大院内、新光毛纺厂、河东区保险公司，市控监测点位9县各1个。监测项目为降水量、pH值、电导率、降水化学成分、相关气象参数。逢雨（雪）必测。

环境噪声监测

“九五”期间，临沂市设置居民文教区监测点位为桃花涧小学，工业集中区监测点位为国棉八厂，分别在6月、11月各监测一个周期；道路交通干线两侧监测点位为南坦、五里堡，道路交通噪声监测点位为沂蒙路、临西一路、解放路、金雀山路、临西五路，每年5月监测1次；区域噪声监测点124个，每年5月监测1次。

“十五”期间，临沂市设置区域环境噪声监测点位时，根据《城市区域环境噪声测量方法》的规定进行网格划分，每个城区不少于100个有效网格。道路交通噪声监测点主要设于城市规划部门划定的城市主、次交通干线各自然段上，交通干线噪声监测每年5月监测1次。功能区噪声监测分别在5月、11月各监测1次。

“十一五”期间，临沂市设置区域环境噪声监测点位每个城区不少于100个有效网格，临沂市三区不少于300个有效网格。每年5月监测1次。道路交通噪声监测点主要设于城市规划部门划定的城市主、次交通干线各自然段上，交通干线噪声监测点每年5月监测1次。功能区噪声监测点位每季度监测1次，分别在2月、5月、8月、11月的1—20日监测。

污染源监测

“九五”期间，全市共监测省控工业废水重点污染源 23 家，市控 40 家。监测项目为废水排放量、国家标准 GB 8978-88《污水综合排放标准》表 1 中的一类污染物、应按《重点工业污染源监测暂行技术要求》排放的废水。省控重点污染源每季度最少监测 1 次。废气重点工业污染源省控 3 家，市控 41 家。监测项目为：工业废气（SO_2、NO_x、CO、铅、HCl、H_2S、Hg、生产性粉尘）、流动废气（按鲁环监〔1991〕54 号文组织）、锅炉（烟尘、烟度、SO_2）。

“十五”期间，全市共监测省控、市控废水重点污染源监测企业 97 家，监测项目为废水排放量（吨/日）、COD、pH 值及行业特征污染物，每月监测 1 次；省控、市控废气重点污染源监测企业 74 家，监测项目为：工业锅炉监测项目（烟尘、烟度、SO_2）、工业废气监测项目（国家标准 GB16297-96《大气污染物综合排放标准》及各行业标准），每年监测 2 次，分别在 1 季度、3 季度各监测 1 次。

“十一五”期间，全市共监测省控、市控废水重点污染源 60 家，监测项目为废水排放量（吨/日）、NH_3-N、SS、BOD_5、CODcr、pH 值及行业特征污染物，分别在 3 月、6 月、9 月、11 月各监测 1 次；省控、市控废气重点污染源 58 家，监测项目为工业锅炉监测项目（烟尘、黑度、SO_2）、工业废气监测项目（参照国家标准 GB 16297-96《大气污染物综合排放标准》及各行业标准），分别在 1 季度、3 季度各监测 1 次。

第三节 监督管理

执法监管

1996 年，临沂市开展企业排污申报登记工作，年底基本完成，全市登记水污染企业 330 家，固体废弃物污染企业 360 家。1997 年 11 月，市环保局在全市开展“限期治理企业诊断性检查活动”，组织监理人员 200 余人次，对 64 家污染企业限期治理情况开展现场检查。1998 年，在全市开展以创建“达标排放信得过”企业和“环保执法先进县区”为主要内容的环保执法监督年活动。对擅自扩大生产规模或擅自停运治理设施、超标排污的 68 家企业作出行政处罚。1999 年，对市区建筑噪声、露天卡拉 OK 及其他生活噪声进行拉网式清查，共清理露天卡拉 OK 摊位 67 处，检查建筑工地 31 处。对违法夜间施工工地责令停止施工，依法给予处罚。2000 年 9 月，临沂市出动 200 余人次，对全市“一控双达标”工作完成情况进行检查，现场检查 160 家企业的治理设施运转情况和 11 个河流断面的水质情况。

2002 年 6 月 5 日，市、县区开通“12369”环保举报热线，实行昼夜值班制度。2003 年 4 月，开展整治违法排污企业保障群众健康环保专项行动，出动执法人员 300 余人次，检查企业 740 家次。此后，整治违法排污企业保障群众健康环保专项行动成为全市年度例行工作。2003 年 7 月，临沂、枣庄两市联合行动，在临沂市苍山县、枣庄市市中区交界处，共同取缔小炼焦企业，出动执法人员 100 多人，拆除小土焦池及其配套洗煤设施 20 余座。2005 年，对城区周围造纸、水泥、钢铁、食品、铅冶炼、电厂、焦化等 100 余家企业集中进行突击夜查。2005 年 10 月，市环保局出动执法人员近 300 人次，组织对 200 余家重点水污染企业、城区周围大气污染企业开展“十一”假期环保执法大检查。

2006 年，在环保专项行动和例行监察工作中，市监察支队共开展现场监督检查 3800 余次，对 420 台（套）污染治理设施检查 1300 余次，进行拉网式检查 14 次，关停取缔“十五土小”企业及其他污染严重企业 150 余家，行政处罚违法排污企业 124 次，对新建设项目现场监督检查 450 余次，对限期治理项目现场监督监察 310 余次。2007 年 2 月，重点对饮用水源保护区、工业园区、造纸、涉铅企业、城市污水处理厂以及发电企业脱硫等存在的问题进行集中整治。5 月，对苍山县、罗庄区、高新技术产业开发区80余家企业昼夜检查。对60家市直重点废水排放企业派遣驻厂员进行巡查，对县区重点水污染源加密巡查频次，督促企业按照新标准达标排放，查处违法企业18家次。是年，11个部门开展联合行动3次，拉网式检查7次。全市共出动执法人员4560多人次，集中检查各类污染源2300余家（次）、城市污水处理厂104次、河流断面25个，立案查处违法企业210多家，停产整治或限期治理企业106家，关停取缔小淀粉、小废塑、小造纸、小炼铅、小炼铁等土小污染项目780处。76家企业、3家污水处理厂、28个（处）土小污染项目、6个河流断面被重点挂牌督办。2008年，开展“柳青河流域重点企业专项检查”“邳苍分洪道流域涉水企业专项检查”“小淀粉专项清理检查”，查处违法企业35家、土小企业134家，限期整治企业244家。对2005年之后省市专项行动挂牌问题和群众到国家环保总局、省环保局上访的64件重点案件的调查落实情况进行重点督察。11月，开展排污费征收专项稽查，分3个检查组对12个县区和临沂经济技术开发区、临沂高新技术产业开发区进行现场稽查。

2009年3月，开展沭河流域污染综合整治环保执法工作，累计出动执法人员490余人次，检查村庄90余个，检查企业197家（次），采集水样46个；查处偷排、超排、直排或治污设施擅自停运的违法企业20余家。4月，对全市铝型材行业开展专项检查，查处问题企业31家。组织开展“阳光监察、和谐环保”活动，创建“群众满意服务品牌”。8月，实行环境保护工作属地化管理，明确县区政府、开发区管委会在环境质量改善和污染源监督管理中负首要责任。市环保局将所有企业排污费征收等环境监管权限下放县区，建立市级督导稽查，县区统一征收监管的模式。是年，对县区政府落实水污染防治工作情况进行专项执法监察。共查看河流水质断面28个、水库出水口断面6个、城市污水处理厂15家、省控重点管理企业62家、重点乡镇7个。针对个别断面连续超标问题，市环保局组织开展邳苍分洪道流域、平邑响水沟流域、沭河流域，建设项目和重点企业、城区环境信访和化工企业等5次专项执法检查活动，累计出动执法人员2360余人次，检查村庄306个，检查企业1560余家（次）。

2010年3月，开展重点行业、重点信访案件和建设项目环保专项执法监察，对各县区重点行业（化工、造纸）、2008年以后重点环境信访案件（省级以上环保部门批转的和12369重复举报案件）和2008年以后市级以上审批的建设项目开展现场检查。组织对全市造纸企业建设项目环境影响评价审批和环保“三同时”验收情况、污染治理设施运行情况和达标排放情况等进行专项检查。开始环境监察稽查试点工作，出动320人次，对全市15个工业园区开展环境执法检查。

临沂市环境执法监察重点企业情况表

表5-15

企业名称	建厂时间	企业规模	排放主要污染物
沂水沂泰昌皮革业有限公司	1953年	中型	化学需氧量、氨氮
临沂发电有限责任公司	1958年	大型	二氧化硫烟尘
山东新沂州水泥集团总公司	1958年	大型	烟尘、粉尘
山东兰陵美酒股份有限公司	1959年	大型	化学需氧量、氨氮
山东红日阿康化工股份有限公司	1965年	大型	化学需氧量、氨氮
山东恒通化工股份有限公司	1966年	大型	化学需氧量、氨氮
山东胜邦鲁南农药有限公司	1968年	中型	化学需氧量、氨氮
鲁南制药集团股份有限公司	1968年	大型	化学需氧量、氨氮

续表 5-15

企业名称	建厂时间	企业规模	排放主要污染物
山东省舜天化工集团有限公司	1970年	中型	化学需氧量、氨氮
山东鲁南纸业集团	1970年	大型	化学需氧量、氨氮
山东鲁洲化工有限公司	1972年5月	大型	化学需氧量、氨氮
山东金沂蒙集团有限公司	1975年	大型	化学需氧量、氨氮
山东光华纸业集团有限公司	1978年10月	中型	化学需氧量、氨氮
青援食品有限公司	1985年	大型	化学需氧量、氨氮
山东新银麦啤酒有限公司	1986年10月	大型	化学需氧量、氨氮
山东三维油脂有限公司	1988年8月	大型	化学需氧量、氨氮
山东金星啤酒有限公司	1989年	中型	化学需氧量、氨氮
山东六和集团有限公司平邑冷藏厂	1997年8月	中型	化学需氧量、氨氮
临沂新程金锣热电有限公司	2000年	大型	二氧化硫烟尘
临沂羲之企业(集团)公司	2001年10月	中型	化学需氧量、氨氮
苍山县金信皮革有限公司	2002年2月	中型	化学需氧量、氨氮
临沂震元纸业有限公司	2002年7月	中型	化学需氧量、氨氮
山东阜丰发酵有限公司	2002年	大型	化学需氧量、氨氮
临沂三德特钢有限公司	2003年9月	大型	二氧化硫 烟尘
山东正义纺织集团有限公司	2003年	中型	化学需氧量、氨氮
国电费县发电厂	2004年	大型	二氧化硫烟尘
山东海龙沂星化纤有限公司	2005年3月	中型	化学需氧量、氨氮
山东裕升生物科技有限公司	2006年2月	中型	化学需氧量、氨氮
沂南超和明胶有限公司	2006年9月	中型	化学需氧量、氨氮
山东新胜颜料化工有限公司	2006年	中型	化学需氧量、氨氮

建设项目“三同时”

1989—1990年，全市建设项目“三同时”执行率为70%。1991—1998年，“三同时”执行率平均达85.3%。

1989—2010年临沂市环保设施与建设工程“三同时”执行情况表

表 5-16

年份	项目合计	全部执行		基本执行		未执行	
		项目数	占项目总数的百分比（%）	项目数	占项目总数的百分比（%）	项目数	占项目总数的百分比（%）
1989	10	7	70	1	10	2	20
1990	11	8	73	3	27	0	0
1991	10	8	80	1	10	1	10
1992	12	10	83	1	8.5	1	8.5
1993	16	15	94	1	6	0	0
1994	9	7	78	1	11	1	11
1995	14	12	86	2	14	0	0
1996	19	17	90	1	5	1	5
1997	16	15	94	0	0	1	6
1998	19	17	90	1	5	1	5
1999	26	26	100	0	0	0	0
2000	22	22	100	0	0	0	0
2001	32	32	100	0	0	0	0
2002	35	35	100	0	0	0	0
2003	56	56	100	0	0	0	0
2004	68	68	100	0	0	0	0
2005	133	133	100	0	0	0	0
2006	372	372	100	0	0	0	0
2007	226	226	100	0	0	0	0
2008	276	276	100	0	0	0	0
2009	420	420	100	0	0	0	0
2010	419	419	100	0	0	0	0

1998年11月，《建设项目环境保护管理条例》（以下简称《条例》）颁布实施，明确要求建设项目需要配套建设的环境保护设施，必须与主体工程同时设计、同时施工、同时投产使用（简称“三同时”）。1999年，市环保局在平邑县大洼召开全市建设项目环境管理工作会议，提出要加强建设项目的申报和竣工验收，规范建设项目环境保护设施竣工验收程序，并开展环保执法检查。《条例》的实施，使建设项目“三同时”执行率有了较大提高。1999—2010年，全市“三同时”执行率全部达到100%。

环境影响评价管理　1987年3月，《山东省建设项目环境保护管理办法》颁布实施后，市环保局环境影响评价管理工作开始起步，主要是对全市重点工业项目进行环评审批管理。1998年11月，根据国务院《建设项目环境保护管理条例》国家环保总局，临沂市环评审批逐步扩展到农林牧渔、公路铁路、房地产开发等非工业类项目。2003年9月，《中华人民共和国环境影响评价法》颁布实施，环境影响评价管理工作逐步实现法制化、程序化、科学化。1989—2010年，市环保局根据环境影响评价报告的审批权限，审批建设项目2221个。

排污费征收

1982年国务院颁布实施《征收排污费暂行办法》后，临沂市在排污费的征收体制、财务管理和使用方面逐步走向正轨。1995年，临沂市征收排污费1326万元。2002年，国务院颁布《排污费征收使用管理条例》，对污染物排放核定、排污费的征收和使用均作了明确规定，全市排污收费制度及工作机制逐步完善。

2004年后，全市各级环境监察机构“以收促治、以收促管”，按照“依法、全面、足额”的原则依法征收排污费。规范开展污染源排污申报登记、审查核定工作，统一使用《排污费征收管理系统》软件，提高了排污申报数据的真实性和准确性。2008年7月1日起，切实按照《省物价局、财政厅、环保局关于运用价格政策促进环境保护的意见》制定排污费征收标准，废气排污费征收标准均由每当量0.6元提高到每当量1.2元，废水排污费征收标准均由每当量0.7元提高到每当量0.9元。是年，在全球金融危机、经济萧条的环境下，深入开展排污费稽查行动，对区排污费征收不到位、交纳不及时的16家重点企业予以稽查，实现足额征收。当年11月初和12月底，市政府先后印发《关于当前经济形势下进一步加强排污费征收工作的通知》《关于进一步加强排污费征收工作的通知》，要求各县区环境监察机构有效应对，攻坚克难，推动全市排污收费工作顺利进行。1995—2010年，全市累计征收排污费6.34亿元，其中市环保局征收2.5亿元。

1995—2010年临沂市排污费征收情况表

表5-17　　单位：万元

年份	总额	其中：市环保局征收
1995	1326	540
1996	1578	633
1997	1946	702
1998	1625	543
1999	1809	657
2000	1980	769
2001	2122	689
2002	2590	788
2003	3368	1237
2004	4887	1842
2005	6144	2413
2006	6668	2568
2007	8062	3689
2008	6948	3081
2009	6148	2515
2010	6154	2327
合计	63355	24993

第四节 污染防治

水污染防治

“九五”期间，全市以完成国务院下达的“一控双达标”和省辖淮河流域水污染防治2000年规划目标任务为重点，加强工业污染防治、城市环境基础设施建设等工作，开展环境保护行政执法年活动，依法强化环境监督管理，全面落实市长环境目标责任制，在淮河流域率先实现水体变清的目标。

1996年，关停77家5000吨以下的草浆小造纸企业。1997年，先后制定《山东省沂沭河流域水污染防治办法》《临沂市岸堤水库及黄埠闸以上河段饮用水源保护区污染防治管理办法》《临沂市环境保护“九五”计划和2010年规划》及《沂沭河流域重点工业污染源治理项目计划》。

1998年1月1日，全市组织开展“零点行动”，对未完成限期治理任务的企业实施停产治理，对75家企业进行现场检查。6月，开展饮用水源保护地立牌工作。是年，全市开展以创建“达标排放信得过”企业和“环保执法先进县区”为主要内容的环保执法监督年活动。全市共对擅自扩大生产规模或擅自停运治理设施、超标排污的68家企业进行行政处罚。其中，对多次超标排污的3家企业进行通报批评。

1999年1月1日凌晨，组织实施“沂沭河流域工业废水达标排放‘1999零点行动’”。对12个县区分片进行突击检查，共检查重点污染企业63家，其中达标排放企业53家，停产10家；出动车辆30多台（次），出动人员161人次，监测河流断面11个。监测结果表明，全市主要河流沂河、沭河、白马河、牛腿沟等重点控制断面水质较上年同期有明显改善，取得水污染治理的阶段性成果。

2000年12月，临沂市“一控双达标”、1998—2000年度环境目标责任制、环境保护行政执法年工作，境内省辖淮河流域水污染防治2000年规划目标完成情况，通过省政府考核验收。

“十五”期间，为巩固“一控双达标”成果，进一步改善重点流域水环境质量，以创建全国革命老区第一个环保模范城市和迎接国家淮河流域水污染防治考核为契机，实施碧水工程、生态工程、可持续工程等，为淮河流域水质改善和南水北调沿线水质保障奠定了基础。

2001年7月，关闭全市所有2万吨及以下草制浆生产线，对全市66家重点工业污染源进行突击检查。在全市各县区长、分管副县区长、环保局长、经贸委主任参加的水污染防治工作会议上，播放《全市水污染防治工作检查纪实》录像片，对在检查中发现的违法单位和相关责任人进行通报批评。

2002年5月，全市第五次环境保护会议召开，提出严查环境违法行为，坚持可持续发展战略，加大污染治理力度，实现环境与经济的协调发展。重点抓好“一沟一河一道”（临沭牛腿沟、莒南龙王河、苍山邳苍分洪道）整治。加快临沭县牛腿沟综合整治项目建设进度，彻底解决石梁河水库的污染纠纷；莒南福瑞集团污水处理二期工程必须在8月底前建成运行，尽快开工建设县污水处理厂，从根本上改善龙王河的水质状况；加强对苍山造纸厂的监督管理，确保其达标排放，保证邳苍分洪道水质达到国家规定要求。

2005年，落实省政府实施“两湖一河”碧水行动计划，签订市县区长实施“两湖一河”碧水行动计划责任书。随后，市委、市政府颁布《关于加强环境保护工作的决定》，要求严格控制工业污染，逐年削减污染物排放总量；加强水质保护，全面治理水环境；发展循环经济，推进生态市建设；建立更加科学严格的环境保护工作体系；运用市场运作方式，创新环保机制。3月17—23日，市环保局对3区9县重点排污企业进行集中突击夜查。执法人员对造纸、食品、酿造、化工、纺织等行业75家企业治污设施运行及排放污染物情况进行现场检查。4月20日，开始对超标排污企业和群众关注的环境污染问题进行挂牌督办。12个县（区）的23家企业、5个县（区）的河流断面污染问题列入第一批挂牌督办范围。10月6日，临沭县牛腿沟污水处理厂投入试运行，进一步提高了牛腿沟流域的水环境质量，基本上解决了鲁苏边界环境问题。

“十一五”期间，坚持“治、用、保”的科学理念，全面落实淮河流域水污染防治任务，建立健全组织保障机制，集中人力、财力、物力，加大水污染治理力度，从源头上控制污染，鼓励工业企业实施废水深度处理和再生水回收利用，节约保护水资源。实施环境综合整治，保护源头水。建立全流域、全过程、全渗透的水污染防治体系。

2007年，推进城镇污水处理厂及配套管网建设，全市14座污水处理厂建成投入运行，实现每个县区一座污水处理厂的目标，共增加污水处理能力24万吨/日。是年，全市所有排水企业执行严于国家标准的《山东省南水北调沿线水污染物综合排放标准》，城镇污水处理厂排放标准从二级标准提高到一级B标准，并增加除磷脱氮工艺。

2008年，全市15座污水处理厂日处理能力达到60万吨，负荷率达80%，沂河、沭河等主要河流水质逐步提高，邳苍分洪道水质稳步改善。2009年，已建成的16座城镇污水处理厂又由一级B标准提高到一级A标准，120余家排水企业实施再提高工程，全市工业废水排放达标率达到97%以上。2009年年底，全市建成城镇污水处理厂25座，污水集中处理规模达83.32万吨/日，累计配套污水管网1110.7公里，生活污水集中处理率达89%，综合处理规模和处理效果位居全省前列。重点对造纸、印染、酿造、化工等行业实施产业结构调整，关闭技术水平低、能耗高、污染重的企业（生产线）21家（条），有14家企业顺利实现转产或技改，年COD排放量减少4000余吨。25家企业实施清洁生产审核，40余家企业通过ISO 14000环境管理体系认证，企业治污从末端治理向全过程控制转变，年减少废水排放量250余万吨。全面实施污水处理厂再生水回用工程。14家污水处理厂再生水处理规模达18万吨/日，配套再生水管网52公里，中心城区关停自备水井253口，保证新建工业项目、城市景观、园林绿化、消防、道路洒水优先使用。华能临沂发电有限公司等企业使用再生水指标1100万吨/年。罗庄区敷设7公里再生水管网，每天有2万立方米再生水进入城区双月湖湿地公园。实施截蓄回用工程。在支流、干流建设橡胶坝、闸坝17座、溢流坝76座，年蓄中水1.5亿立方米，延长自然净化时间，并有效解决了旱季农田灌溉问题。加强农村面源污染防治。

2009年，在重点乡镇新建污水处理厂6座，生活污水处理从城市开始向乡村延伸。“废水零排放”的环保养殖在全市推广到826家。全面推广缓控释肥，减少化肥面源污染。严把项目审批关。拒批能耗高、污染重的项目24个，涉及投资43亿元。新建项目严把总量关，一律实行等量置换或增产减污，严格落实污染减排措施。

采取政策引导、经济补偿等措施，对岸堤水库等饮用水水源地实施“退渔还水”，全市累计清理养鱼网箱15万标箱，使库区水质大大改善，保障城区百万群众饮水安全，保证源头清水长流。保住过境水。全市投资过百亿元，对穿过县级以上城区的21条河流实施环境综合整治，治理河道300多公里，绿化、美化2600公顷，通过“退房还岸”、沿河截污、清淤护坡、“河道镶边”等生态修复工程，实现了“河道穿城过，清水河中流”的效果。临沂城区六河贯通、八水绕城，形成48.5平方公里的水面。沂河环境综合整治工程获“中国人居环境范例奖”，滨河景区被建设部命名为国家级城市湿地公园。实施“退耕还湿”，每一座污水处理厂下游都配套人工湿地水质净化工程，在沂河、沭河等干、支流建设和修复湿地21处，打造“清水廊道”，保障出境水质稳定达标。仅武河人工湿地水质净化工程就达866.7公顷，彻底改善了邳苍分洪道等3条跨省界河流的水质。至2010年年底，全市建成城镇污水处理厂25座，其中市级3座、县级17座、乡镇级5座，兴建污水管网1133.7公里，日处理污水能力87.52万吨，污水处理率达80%以上，污泥安全处置能力达500吨/日，城市污水处理规模、效果位居全省前列。配套建设截蓄闸坝17座，年蓄再生水1.5亿立方米。加强生态修复和治理。实施“退渔还水、退房还岸、退耕还湿”三退三还工程，综合整治21条河流、300多公里河道，居全国首位。7个国控河流考核断面全年达标率全部优于国家标准要求，9条省控河流全部实现省政府“恢复鱼类生长”的目标。

临沂市城镇污水处理厂情况表

表5-18

名　称	属地	级别	主体处理工艺	设计处理能力（万吨/日）	实际处理能力（万吨/日）	中水回用规模（万吨/日）	污泥产生量（吨/日）及处置方式	管网（公里）
临沂市污水处理厂	临沂市	市级	A^2/O工艺（厌氧—缺氧—好氧生物脱氮除磷工艺）	15	17	4	焚烧	—
临沂市第二污水处理厂	临沂市	市级	改良A^2/O工艺	10	5	—	焚烧	9.4
北城新区污水处理厂	临沂市	市级	改良氧化沟	4	4	2.5	焚烧	—
柳青河污水处理厂	兰山区	乡镇级	MSBR工艺（改良式序列间歇反应器）	2	1	—	—	75
罗庄区第一污水处理厂	罗庄区	县级	BIOLAK工艺（具有脱氮除磷功能的多级活性污泥污水处理系统）	5	5	2	15	42
罗庄区第二污水处理厂	罗庄区	县级	高效脱氮除磷工艺	3	3	—	—	19
罗庄区五里河污水处理厂	罗庄区	乡镇级	生化法	0.5	0.5	—	—	2.1
河东区污水处理工程	河东区	县级	V型滤池	3	3	1	5~6	54.6
高新区污水处理厂	高新区	县级	水解酸化+A^2/O	3	3	—	—	28
经济开发区污水处理厂	开发区	县级	A/O（缺氧/好氧）	3	3	0.55	焚烧	45
郯城县污水处理厂	郯城县	县级	氧化沟处理	2	2	1	焚烧 2~3	23.3+4.15
苍山县污水处理厂	苍山县	县级	改良A^2/O工艺	4	4	1	堆肥 4	18.6
沂水县污水处理厂	沂水县	县级	悬链曝气工艺	8	8	1	烧砖 80	80
沂水县第二污水处理厂	沂水县	县级	生化法	3	3	0	烧砖	23
黄山铺镇污水处理工程	沂水县	乡镇级	生化法	0.02	0.02	—	—	—
沂南县污水处理厂	沂南县	县级	A+MSBR	2	2	1	—	30.3
费县污水处理厂	费县	县级	氧化沟	4	4	1	有机肥 5~6	49.6

续表 5-18

项目名称	属地	级别	主体处理工艺	设计处理能力（万吨/日）	实际处理能力（万吨/日）	中水回用规模（万吨/日）	污泥产生量（吨/日）及处置方式	管网（公里）
平邑县污水处理厂	平邑县	县级	BIOLAK 工艺	3	3	1	建材	28+75
平邑县地方镇污水处理厂	平邑县	乡镇级	A20	3	3	—	—	0.5
蒙阴县污水处理厂	蒙阴县	县级	水解+多级 A/O	2	2	—	烧砖 4~6	41.6
蒙阴县垛庄镇污水处理厂	蒙阴县	乡镇级	创新 A^2O 生物处理工艺	3	3	—	填埋	2
莒南县龙王河污水处理厂	莒南县	县级	厌氧/缺氧+生物膜处理	2	2	1	填埋 4	25
莒南县新区污水处理厂	莒南县	县级	BIO—SAC（流动床生物膜技术）	6	3	2	填埋 8~10	20
临沭县污水处理厂	临沭县	县级	氧化沟	2	2	1	花肥	39.6
临沭县牛腿沟污水处理厂	临沭县	县级	旋流混凝地脉动一体化沉淀工艺	2	2	—	花肥	—

说明：执行排放标准为《城镇污水处理厂污染物排放标准》（GB 18918-2002）一级 A 排放标准。

大气污染防治

“九五”期间，临沂市以完成国务院下达的“一控双达标”和《临沂市环境保护“九五”计划和 2010 年规划》目标任务为重点，加强工业污染防治、城市环境基础设施建设工作，依法强化环境监督管理，全面落实市长环境目标责任制，开展大气污染防治，取得初步成效。

1999 年 8 月 30 日，市政府召开全市大气污染防治和“一控双达标”工作会议，部署对水泥、造纸、化肥、酿酒等重污染行业的污染防治。

2000 年 4 月，全市水泥企业限期治理工作会议召开，对全市 46 家水泥企业粉尘污染分批分期实施限期治理。是年，共投资 5032 万元，对 165 家废气企业实施限期治理，对其中 39 家企业实施关停，同时，关停“十五土小”企业 55 家，取缔淘汰小水泥生产线 93 条。

“十五”期间，为巩固“一控双达标”成果，改善环境空气质量，以创建全国革命老区第一个环保模范城市为契机，实施“蓝天工程”。

临沂城区燃煤炉灶点多面广，覆盖到每条街道，涉及各行各业，对城区污染较重。2003 年 11 月 21 日实施“蓝天工程”，拆除城建区内及城区周边蒸发量 1 吨/时及以下燃煤炉灶 1060 台（锅炉 742 台，茶水炉 243 台，饮食服务大灶 75 眼）。关闭 343 座石灰窑、34 家耐火材料厂和 99 家石子厂，取缔污染严重的炒粉厂 36 家、小生化厂 15 家、小型建陶企业 12 家、废旧塑料加工业户 36 家，复混肥厂硫酸生产线 1 条、小轧钢厂 40 余家、铅冶炼企业 12 家，土炼焦企业 4 家，根除周边低空面源对临沂城区的污染。

为制止土炼焦和小炼铁项目建设，市政府发布《关于坚决制止小炼铁、土炼焦项目建设的紧急通知》，组织各县区政府和市直有关部门对小炼铁、土炼焦项目进行拉网式“围剿”行动。苍山县和枣庄市市中区采取联合行动，清除临沂、枣庄两市边界地段土炼焦窑 150 座，其中苍山县清除 94 座。全市共拆除土炼焦窑 121 座，取缔改良焦炼制厂 657 家、3908 个窑，关停小炼铁企业 35 家。年减少烟尘排放量 6 万吨，减排二氧化硫 10 万吨。同时，每年减少低品质焦炭产量 1500 万吨。

2005年3月1日，《临沂市机动车排气污染防治办法》实施，开展机动车尾气污染治理，将尾气检测纳入车辆年检。对煤炭经营进行控制，加强执法，严格控制高硫份、高灰份煤炭流入临沂市，从源头上控制污染来源。重点控制工业污染源，对沂滨水泥厂、山东东欣实业股份有限公司和临沂市金梅水泥有限公司实施停产搬迁，对罗庄区2家逐渐被城区包围的水泥厂进行爆破拆除，对大布袋除尘设施进展缓慢和无进展的山东省天河水泥厂等17家水泥生产企业的25条水泥立窑生产线实施停产治理。对重点污染源进行再提高工程，60多条水泥生产线限期更换大布袋除尘器。电力行业的锅炉脱硫问题也列入大气污染治理的日程。市政府办公室印发《关于对陶瓷工业窑炉推行清洁燃烧技术改造的通知》，陶瓷生产企业推行窑炉改造，地板砖生产企业推行两段式煤气发生炉，通过采取改变燃料结构、改变窑炉燃烧方式等措施，降低大气污染负荷，逐步减少煤烟污染。2005年，临沂城区大气优良天数占全年的96.4%，各县城达到大气环境质量二级标准。

"十一五"期间，临沂市把深化国家环保模范城市作为提升环保工作水平、优化经济发展的重要抓手，围绕"确保环境安全、改善环境质量、服务科学发展"的环保工作主线，开展"资源节约型、环境友好型"社会建设试点工作，深入开展大气污染防治工作，深度治理大气污染，综合整治水泥、建陶、电力、板材等重污染企业1080余家，规范城区扬尘、粉尘和机动车尾气污染防治，空气质量进一步改善。

2007年，对全市28家燃煤电厂实施炉外脱硫治理工程，30台套脱硫治理设施投入运行，二氧化硫削减能力达到6万吨。关闭酿造、泡花碱、钢铁等重污染企业21家，拆除10万吨以下水泥立窑生产线34条，集中取缔23家涉铅污染企业。莒南县拆除倒焰窑、明焰隧道窑、固化窑等330余座，苍山县彻底拆除36家黏土砖厂，全市清除小废塑、黏土砖、小电镀等各类土小项目780多个。

2008年，全市关闭水泥立窑生产线22条，淘汰生产能力204吨，清除小淀粉、小废塑、石灰窑、石子厂等各类污染企业1000多家。积极推行清洁生产，对17家高能耗、高污染重点企业实施强制性清洁生产审核。

2009年，制定《关于加强大气污染防治工作的意见》等一系列文件，明确城市扬尘和工业排放两个重点，落实停产限产措施，加强治污设施监管，突出解决影响环境空气质量改善的关键问题。加强城市扬尘污染防治，要求城区内所有工地必须建造防风墙，实行隔尘降噪封闭式施工，建材堆场安装喷雾抑尘设施，渣土实施密封运输，并增加路面的洒水频次，减少扬尘污染。加强工业污染防治，对板材、建材、化工等行业进行综合整治，对钢铁、焦化等重点企业实施限期治理、关停或限产，加强28家燃煤电厂和高排放企业监管，确保治污设施稳定运行、达标排放。兰山区、费县强化板材工业园区大气污染治理，罗庄区、郯城县、苍山县等强化建陶企业整治，凡是不能实现达标排放的一律停产治理。城区共关停企业89家、限产企业19家，停产治理或限期治理一大批大气污染企业。

2010年，以改善城区环境空气质量为重点，开展工业排放、城市扬尘、秸秆焚烧、汽车尾气等大气污染防治。先后对全市28家燃煤电厂和供热锅炉、168家建材企业、68家化工企业和直接燃煤工业窑炉实施大气污染防治精细化管理整治，累计关停大气污染严重企业67家。采取车辆清洗、密闭运输、原料覆盖、洒水降尘和临时绿化等措施，对道路、建筑工地、矿山、石料开采破碎点、铁路货场、物流运输企业、粉性物料储运场地、混凝土搅拌站和城乡结合部等易产生粉尘、扬尘污染的场所进行综合治理。按照"属地管理、部门联动、重心下移、疏堵结合"的要求，明确禁烧目标，落实禁烧责任，严查秸秆焚烧行为，大力推广秸秆综合利用，实施秸秆还田、秸秆气化、秸秆发电，全市秸秆直接还田 90 万吨、过腹还田 200 万吨、堆沤还田 50 万吨。全面开展机动车环保检测工作，13 家 37 条检测线建成试运行，机动车环保定期检测率达 80%以上。同时，积极推广电动汽车、双燃料公交车、燃汽出租汽车，减少了机动车尾气污染。

医疗废物处置

固体废物污染防治

工业固体废物监督管理　1996 年，全市登记在册的固体废物污染企业 360 家。2001 年 9 月，临沂市垃圾卫生填埋场竣工，一期工程占地 40 公顷，日处理能力 900 吨，配备污水收集处理、沼气收集处理、环境监测、自动称重等系统，增设水土保持项目。2009 年 5 月，临沂中环新能源有限公司一期工程竣工验收，建设 2×75 吨/小时垃圾焚烧锅炉+1×24 兆瓦汽轮发电机组，日焚烧处理生活垃圾 1000 吨。2010 年，全市工业固体废物产生量 1232.65 万吨，主要为粉煤灰、冶炼废渣、炉渣、尾矿和其他废物等，综合利用量 1190.98 万吨，综合利用率 96.62%。全市工业固体废物贮存量 37.53 万吨，处置量 4.13 万吨。全市生活垃圾产生量 52.60 万吨，无害化处理率为 100%，处置方式为卫生填埋和焚烧。

危险废物规范化管理　2006 年，开展工业危险废物申报登记试点工作及重点行业工业危险废物产生源专项调查工作。调查的范围为化学原料及化学制品制造业，造纸及纸制品业，石油加工及炼焦业，金属制品业，医药制造业，皮革、毛皮、羽毛（绒）及其制品业，纺织印染 7 个重点行业，共排查产生危险废物的企业 49 家，产生 17 类、1203637 吨危险废物。2010 年，对全市 72 家企业危险废物产生单位或经营单位实行规范化管理验收，对 22 家单位转移危险废物跨市处置进行审批。

医疗废物集中处置　2004 年 12 月，投入 1900 万元的临沂市医疗废物集中处置中心一期工程投入运营，承担临沂市 9 县 3 区的医疗废物集中处置工作，日处置医疗废物能力为 5 吨。2006 年再上 5 吨处理线，日处理能力达到 10 吨。至 2010 年，与全市 82 家县级以上医疗机构，161 家乡镇医院和 280 家城镇（行政村）卫生所（室、点）签订集中处置合同，乡镇以上医疗机构全部纳入处置范围。

噪声污染防治

1999 年，印发《临沂市环境噪声管理暂行规定》，编制实施《临沂市城市声环境功能区划分方案》，制定交通噪声、工业企业噪声、建筑施工噪声和社会生活噪声排放标准，严格奖惩制度。后结合国家环境保护模范城市、全国文明城市等项城市创建工作，将各项噪声污染防治工作任务量化分解到县区和相关部门，实行属地管理、属地负责，条块管理、共同负责，建立“纵到底、横到边”的噪声污染防治联动工作机制。

对城区 900 余家建筑工地实行集中整治，市区禁止夜间产生环境噪声污染的建筑施工作业；减少机动车噪声污染，市区机动车禁鸣喇叭；非市区号牌的摩托车禁止进入城区，限制机动三轮车、拖拉机等农用车进入市区。主要路段设置多块噪声显示屏，实时反映声环境状况。严格控制社会噪声污染源，合理规划居民区、商业区、文化娱乐区，减少噪声对居民日常生活的影响；加强商业经营活动噪声管理，取缔居民区内金属切割加工点，禁止在居民住宅楼附近使用大功率的风机、电钻等设备进行长期作业；加强文化娱乐活动场所噪声管理，对造成噪声污染的企业责成采取有效的噪声防治措施，使周围地区的环境噪声符合相应区域的噪声标准；深入开展环境噪声执法监督检查月活动，对临沂城区建筑噪声、露天卡拉OK及其他生活噪声源进行拉网式检查清理，有效控制了城市噪声污染。

加强噪声达标区建设管理，将道路交通噪声、建筑施工噪声和饮食娱乐业噪声管理作为工作重点，不断提高环境噪声达标区建设质量。在达标区的建设和管理中，本着“分散控制、集中管理”的原则，结合人民来信来访和“12345”市民服务热线、“12369”环保热线，加大日常监督管理力度，不断完善达标区建设，有效地促进了区域环境噪声污染状况的改善。建立环境监理检查、巡查制度，采取日常不定期、不定点巡查，特殊时期定期、定点巡查的形式，加强对噪声污染的监督检查。加强环境监测能力建设，配备完善的噪声监测仪器，并定期维护、校准，确保为环境管理提供及时、准确的数据。

放射性污染防治

根据国家环境保护总局、卫生部、公安部联合印发的《关于开展放射源安全管理专项整治工作的通知》，2002年7月全市环保、卫生、公安三部门联合开展放射源安全管理专项整治工作。市环保局开展全市放射性污染物申报登记工作。全市涉及放射性污染物的生产、销售和使用单位共260家。在应用类型中，以射线装置类应用最为广泛，共申报341台（套），其中X射线机336台，加速器5套；密封源192个，开放型放射性同位素应用6家。

2003年，根据《山东省辐射环境管理办法》规定要求，完成市气象局新一代天气雷达项目和市广播电视局电视发射塔发射装置项目的环境影响评价工作。

2004年5—11月，市环保局联合市公安、卫生部门在全市开展“清查放射源让百姓放心”专项行动，共查出79家涉源单位，清查出288枚放射源。对68家应用单位进行申报登记，在用放射源总数235枚；另外查出拥有废放射源单位19家，各类废弃闲置放射源53枚。

2005年5—10月，在全市开展电磁环境污染源申报登记工作。重点对广播电视、输变电线路、通信、雷达等系统的电磁设备进行登记，全市共申报拥有电磁环境污染源单位29家，电磁设备数946台。根据省环保局做好放射源编码工作的要求，对全市在用放射源的国家编码进行梳理，并规范编码安装。对2004年专项行动中清查出的53枚废弃放射源及原暂存于矿务局炸药库的69枚废弃放射源全部进行送贮，消除安全隐患。

2006年，开展新购放射源环评初审报批工作。全年有4家新购放射源单位办理环保审批手续，共新购放射源16枚。组织2次全市放射源管理大检查，核实全市共有密封源238枚。在5家试点单位安装放射源辐射剂量率在线检测系统，并与市局监控中心联网。

2007年，开展伴生放射性普查工作，对全市40多家企业矿产品、原料及产生废渣、废水的γ射线辐射剂量率进行现场检查和监测，对超出当地γ射线剂量率本底值的取样送至省辐射站监测。共采集数据1.1万多个。

2008年，开展电磁辐射污染源申报登记工作，全市共有电磁辐射设备（设施）1748台，运行总功率107940瓦，高压输电线81条，总长度为1657.412千米。组织人员对全市的放射源尤其是Ⅰ类、Ⅱ类、Ⅲ类、移动源、闲置源进行全面检查，共检查Ⅰ类放射源26枚、Ⅱ类放射源3枚、Ⅲ类放射源1枚、Ⅳ类放射源92枚等。

2009年3月底，完成全市47家辐射工作单位辐射安全许可证换发证工作。对全市75家辐射工作单位进行现场检查，检查了全市所有放射源和二类射线装置。对只拥有三类射线装置的医疗卫生单位，由各县区环保局自行组织进行现场监督检查。编制印发辐射事故应急预案。

2010年，在市环保局设置核与辐射安全管理科。配合迎淮工作推动涉源企业安装放射源在线监控系统，在10家单位安装视频或辐射剂量率监测系统。在“六·五”世界环境日期间，发放手机信号基站和输变电工程电磁辐射环境影响的宣传材料近2000份，并在《沂蒙晚报》刊登科普宣传材料《科学认知电磁辐射，充分享受现代生活》。

至2010年，省环保厅对临沂市辐射工作单位共核发87个辐射安全许可证；市环保局受省环保厅委托共核发162个辐射安全许可证。是年，全市共拥有放射源230枚，其中Ⅰ类源42枚，Ⅱ类源10枚，Ⅲ类1枚，Ⅳ类源、Ⅴ类源177枚，另外有射线装置379台（套）。全市49家涉源单位中，47家已办理辐射安全许可证；其他2家单位的放射源已停用待收贮。

2008—2010年，共完成送贮闲置废弃放射源87枚，组织从事辐射工作人员参加各级辐射安全与防护培训共570余人次。

第五节　生态保护

自然生态

临沂市地处鲁中南低山丘陵区东南部和鲁东丘陵南部，地势西北高东南低，自北而南，有沂山、蒙山、尼山3条主要山脉呈西北东南向延伸，控制着沂沭河上游及其主要支流的流向。以沂沭河流域为中心，北、西、东三面群山环抱，向南构成扇状冲积平原。山地集中分布在沂水、沂南、蒙阴、平邑、费县、莒南等县。地势较高，一般海拔400米以上。山地植被比较茂密，是发展林果业、畜牧业的主要基地。丘陵主要分布于山区外围，沂水、沂南、莒南、兰山、苍山、临沭、郯城、平邑等地均有分布，以沭河以东分布最广，一般海拔200~400米。丘陵地带的土壤砂性大，适耕性好，土层较薄，保水肥能力差，适宜发展防护林和经济林，是花生、地瓜、玉米、黄烟等

自然保护区

作物的主要产地。平原有沂沭河冲积平原、山间沟谷平原、涝洼平原。沂沭河冲积平原主要分布在沂水南部、沂南东部以及河东、兰山、罗庄、苍山、郯城等县区。临郯苍平原土层深厚，土质肥沃，是粮食和蔬菜主要产区，素有“粮仓”之誉。山间沟谷平原主要分布在费县、平邑县中部，蒙山前，平坦谷地分布在蒙阴、沂南、沂水等县的山间沟谷之中，土层深厚，质地适中，适宜种植小麦、玉米等多种作物。涝洼地平原主要分布于苍山、郯城县南部，土壤黏重，排水不畅，易涝，适宜种植小麦、水稻、蔬菜等多种作物。

境内较大山头800余座，一般海拔200~500米。海拔500米以上的山峰有500余座，海拔千米以上的山峰有10余座。蒙山主峰海拔1156米，为全省第二高峰。马鬐山、羽山、天宝山、文峰山、甲子山、银雀山、马陵山、蒙阴山、苍山、艾山等都以各自的雄奇、胜迹、物产等特点闻名遐迩。境内有不少由流水侵蚀造成的桌状山，当地称为“崮”，素称沂蒙七十二崮，著名的有孟良崮、抱犊崮、南北岱崮、龙须崮、瞭阳崮、摩云崮、苏家崮、石崇崮、纪王崮、柱子崮等。

临沂市省级生态功能或自然保护区情况表

表5-19

名　称	所在县区	面积（公顷）	主管部门	地理坐标
沭河源省级生态功能保护区	沂水	19210	县环保局	北纬36°1′至36°4′ 东经118°34′至118°39′
跋山水库省级生态功能保护区	沂水	4100	县环保局	北纬35°51′至35°58′ 东经118°27′至118°36′
云蒙湖省级生态功能保护区	蒙阴	26300	县环保局	—
大青山省级自然保护区	费县	4000	县林业局	北纬35°20′至35°29′ 东经118°10′至119°18′

全市建成13个自然保护区、3个省级生态功能保护区、3个省级风景名胜区、16个森林公园、1个国家地质公园、3个省级地质公园、1个国家矿山公园，生物多样性、湿地水网、生态基流得到有效保护，主要河流源头区、重要饮用水源地、水土保持重点预防保护区及重点监督区等重要生态功能区的生态功能基本稳定。

城市生态

临沂城区内河流众多，沂河、祊河、柳青河、涑河、陷泥河、青龙河、李公河穿城而过，特别是沂河和祊河在临沂城内交汇，形成极具特色的“Y”型主轴景观线。临沂城依托得天独厚的河流资源优势，以沂河为轴，形成“两岸开发、组团发展”的城市建设格局，将沿河岸线公共绿地与景观节点相串连，高起点、高标准规划建设总面积57平方公里的滨河景区，着力塑造“城水相依，人水亲和”的人文自然景观。2010年，城市燃气普及率96%；拥有供水单位8家，日供水56.3万立方米，用水人口89.68万人，用水普及率99%，水质综合合格率100%；建成区道路清扫保洁面积1214万平方米，机械化作业面积257万平方米，道路机械清扫率21.2%。对全市28家燃煤电厂和供热锅炉、168家建材企业、68家化工企业和直接燃煤工业窑炉实施环境保护精细化管理整治，采取车辆清洗、密闭运输、原料覆盖、洒水降尘和临时绿化等措施，对道路、建筑工地、矿山、石料开采破碎点、铁路货场、物流运输企业、粉性物料储运场地、混凝土搅拌站和城乡结合部等易产生粉尘、扬尘污染的场所进行综合治理，城区空气质量得到有效改善。建成长106公里的滨河路，先后建成小埠东、桃园、角沂3座橡胶坝，蓄水1亿立方米，在临沂城区形成36平方公里的水面。沿河绿化18平方公里，规划建设9大广场、18个特色园区和36处景点。整个滨河景区集“水、岸、滩、堤、路、景”于一体，成为展示人文、自然景观的大型开放式生态风光带。临沂滨河景区是全国最大的城市湿地，是水利部命名的首批水利风景区，2007年2月被建设部评为国家级城市湿地公园。滨河景区环境综合治理工程获“中国人居环境范例奖”。2008年，刘家道口水利枢纽建成后，在城区段形成回水长度46公里、平均水深3米、面积36平方公里的内陆湖和18平方公里的城市绿地。

农村生态

全市土地总面积1718992.74公顷，占全省土地总面积的10.93%。其中，山地313855公顷，占全市总面积的18%；丘陵758812公顷，占全市总面积的44%；平原洼地646325.74公顷，占全市总面积的38%。土壤类型分为棕壤、褐土、潮土、砂姜黑土、水稻土5类，11个亚类。其中，棕壤土615625.5公顷，占土地总面积的41.2%；褐土503586.7公顷，占土地总面积的33.7%；潮土242955.3公顷，占土地总面积的16.3%；砂姜黑土81217.8公顷，占土地总面积的5.4%；水稻土51261.4公顷，占土地总面积的3.4%。年平均气温在13.2℃~14.6℃之间，无霜期200天以上。

全市有高等植物151科，2320种（包括变型或亚种）。其中，木本植物65科，367种，主要有油松、赤松、侧柏、刺槐、板栗、柿子、核桃、山楂、梨、苹果、桃、杏、花椒、杨、柳、泡桐、马尾松、水杉、毛竹、茶树、紫穗槐、胡枝子、酸枣、白蜡、荆等；药用植物830多种（含药用农作物及木本植物），主要有金银花、玄参、太子参、丹参、酸枣、灵芝、杜仲等；主要农作物品种923个，其中小麦27个品种，玉米8个品种，地瓜6个品种，谷子11个品种，大豆10个品种，花生22个品种，棉花7个品种。稀有农作物有香稻、米豌豆、蚕豆等10余种；蔬菜200个品种。动物约11纲，近千种。其中，淡水鱼类15科，57种；鸟类37科，171种；哺乳类7目，25种；昆虫类541种；蜘蛛类117种。盛产金银花、银杏、大蒜、板栗、山楂、黄梨、苹果、花椒、蚕茧、杞柳、琅邪草、全蝎、蟾酥等。

矿产资源种类较多，分布广泛。已发现矿产84种（含亚种）。主要矿产有铁、钛、铜、铅、铝、金、银、金刚石、耐火黏土、白云岩、萤石、

生态水城一角

重晶石、明矾石、石英砂岩、陶瓷土、页岩、黏土、花岗石、石灰岩、石膏、玄武岩、河砂、煤、矿泉水、地热及宝石、玉石、彩石、砚石等。

境内多年平均年降水量824.8毫米，多年平均年地表水资源量51.6亿立方米，水资源总量59.6亿立方米。平均年水资源总量54.7亿立方米，枯水年水资源总量38.2亿立方米，特枯水年水资源总量22.1亿立方米。境内水系发育呈脉状分布。有沂河、沭河、中运河、滨海四大水系。有10公里以上河流300多条。主要河流为沂河和沭河，有较大支流1035条，中小支流15000余条。沂河流经沂水、沂南、河东、兰山、罗庄、郯城、苍山等县区，境内流长202.9公里。较大支流有东汶河、蒙河、柳青河、祊河、涑河、李公河、白马河等，流域面积9383平方公里。沭河发源于沂山南麓，流经沂水、莒南、河东、临沭、郯城等县区，境内流长119.84公里，最大流量7290立方米/秒（1974年）。较大支流有浔河、高榆河、汤河、分沂入沭水道、夏庄河、朱范河等，流域面积2800.4平方公里。沂沭两河流域面积占全市总面积的70%以上。属中运河水系的河流有武河、武河引洪道、东泇河、西泇河和燕子河等，均流经苍山县境内。滨海水系的河流有绣针河、相邸河、青口河等。境内河流均属山洪河道，上游支流众多，源短流急，雨季洪水暴涨，峰高量大，而枯水季则多数断流。境内建有岸堤、跋山、沙沟、陡山、许家崖、唐村、会宝岭大型水库7座，中型水库29座，小型水库899座，拦河闸坝22处，总拦蓄能力34亿立方米。沂河、沭河下游兴建沂河、沭河洪水东调工程和武河分洪工程，兴利除害，河流状况大为改善。

第六节　环境保护重点工程

污水处理

临沂首创水务有限公司　1998年12月，临沂市污水处理厂成立。2000年市污水处理厂一期工程开工建设，2002年10月投入运行，日处理能力10万吨。2006年6月，市污水处理厂与北京首创股份有限公司和首创（香港）有限公司达成合作，成立临沂首创水务有限公司，注册资本6600万元人民币，其中北京首创股份有限公司占40%，临沂市污水处理厂占30%，首创（香港）有限公司占30%，合资公司经营年限25年。公司位于临沂市兰山区清河南路802号，占地约15公顷，服务面积60平方公里，服务人口80万人，

临沂市首创污水处理厂

主要处理临沂市兰山区城区生活污水和工业废水。

2007年1月26日，临沂市污水处理二期工程投产运行。日处理能力为7万吨/日，采用A^2/O工艺，污水经处理后达到《城镇污水处理厂污染物排放标准》（GB 18918-2002）Ⅰ级B标准。2009年，临沂首创水务有限公司进行15万吨/日的污水处理升级改造工程建设，采用复合式好氧+前置反硝化工艺，处理后的污水达到Ⅰ级A标准，并用于电厂生产、市政用水和陷泥河景观用水。污泥经脱水后，按照“减量化、稳定化、无害化、资源化”原则，送入电厂焚烧处置，达到节能减排和循环经济的目的。

在“2008年度全国城镇污水处理厂绩效评比”中，临沂首创水务有限公司入选2008年度全国城镇污水处理厂十佳运营单位。2009年，公司通过ISO 9001质量管理体系、ISO 14001环境管理体系和GB/T28001职业健康安全管理体系认证，建成标准化、规范化、系统化、科学化的管理体系。

临沂市第二污水处理厂　位于罗庄区南外环以南、陷泥河以东、东调路以北、小塘崖村西北，2009年7月开工建设。工程设计总规模为10万吨/日，污水处理工艺采用改良型A/A/O工艺，出水水质执行《城镇污水处理厂污染物排放标准》中一级A标准，占地9.67公顷，工程概算投资约2.3亿元。工程分两期实施，一期工程设计规模为5万吨/日，占地约4.97公顷，投资约1.54亿元。主要建设分为两部分,厂区部分包括粗格栅及进水泵房、细格栅旋流沉砂池、改良型A/A/O反应池、配水井及污泥回流泵房、二沉池、高效混凝沉淀池、纤维转盘滤池、紫外消毒渠、鼓风机房、总变电所、匀质池、浓缩脱水机房、加药间以及办公楼、食堂、仓库、门卫室等附属设施。主污水管线部分，自清河南路沿陷泥河西侧至第二污水处理厂，长度约9.4公里，采用DN1500（上游）和DN1650（下游）承插式钢筋混凝土管道。

临沂市垃圾卫生填埋场

临沂市垃圾卫生填埋场是国家计委投资的省重点工程，总投资5113万元。由临沂市环境卫生管理处承建，位于兰山区半程镇北部大柏山山脚下，距市区35公里，一期工程占地40公顷，日处理能力900吨，可容纳临沂城3区15年的城市生活垃圾量。

该场由中国市政工程华北设计研究院设计，采用当时国际通用的卫生填埋技术，采取人工防渗与自然防渗相结合的方法，实行场区清、浊、污分流，配备污水收集处理、沼气收集处理、环境监测、自动称重等系统。该场于1998年年底开始筹建，2000年4月开工建设，2001年8月30日竣工并投入使用。主体工程由垃圾填埋区、垃圾坝、截污坝、调蓄池、污水处理区、溢洪沟等组成。累计完成土石方工程量25.6万立方米，混凝土浇筑1.3万立方米，帷幕灌浆总深度9230米，敷设地下导气排渗管道2060米，修筑溢洪道820米，建设水库4座、桥涵3座。该场建设重点突出绿色生态环保主题，增设水土保持项目，在场区植树2.7万余棵，开辟梨树、杏树、石榴、枣树4个经济园林区，绿化面积14.6万平方米，被临沂市水土保持办公室评为水土保持“三同时”示范工程。

2006年，根据创建国家环保模范城市的需要，市政府投资900余万元，进行全面提升改造，整个改造工程主要由两部分组成。一是雨污分流系统改造。在填埋作业区覆盖0.5毫米的HDPE膜，在调蓄池加盖2毫米的HDPE膜，累计敷膜5万平方米。敷膜处理后，有效地减轻了场区恶臭，防止了蚊蝇孳生，实现了雨污分流，污水处理量减少1/3。二是渗沥液处理系统改造。采用生物+膜法处理工艺，通过生化处理，经超滤、纳滤两级过滤，对垃圾产生的渗沥液进行处理。改造后，垃圾渗沥液处理能力由原来的150吨/日提高到200吨/日，出水水质由原来的国家三级排放标准提高到国家一级排放标准。运行后，按照规范化要求实施填埋，引进了垃圾分类捡拾项目。累计填埋城市生活垃圾140万吨，市区生活垃圾无害化处理率达85%以上，实现城市生活垃圾处理的无害化、资源化、减量化。

临沂市医疗废物处置中心

2004年年底，为加强医疗固体废物的环境管理，防止疾病传播，保护环境，保障民众的身体健康，临沂市投资1900万元，建成医疗废物集中处理中心。该中心位于兰山区朱保镇，占地约3.06公顷，承担着全市医疗废物集中处置工作，采用高温蒸汽灭菌法处理医疗废物，确保全市医疗废物得到及时、有效、无害化处置。整个灭菌处理过程包括灭菌、提升破碎、输送填埋三个阶段，不产生任何有毒物质，全过程自动控制，安全、可靠、经济、快速，且没有二次污染。

2006—2010年，共处置医疗废物9490余吨。与562家医疗机构签订医疗废物处置合同，其中县级医院92家，乡镇卫生院188家，城区卫生室门诊部282家。全市县级以上医疗机构、各县区乡镇卫生院全部签订医疗废物集中处置合同，各县区近7000家村级卫生室和400余家民营医院也被纳入医疗废物集中处置范围，全市医疗废物收集面达100%，收集率在95%以上，取得良好的社会效益和环境效益。

饮用水水源地

2010年12月，临沂市划定19处集中式饮用水水源地，其中岸堤水库饮用水水源地和黄埠闸饮用水水源地（备用饮用水水源地）2处为市级城区集中式饮用水水源地。17处县级城镇集中式饮用水水源地分别为：沂南县南寨水厂饮用水水源地、沂南县东明生水厂饮用水水源地、沂水县第一万吨水厂饮用水水源地、沂水县虹吸井群饮用水水源地、莒南县石泉湖水库饮用水水源地、临沭县凌山头水库饮用水水源地、郯城县水务公司第一水厂饮用水水源地、郯城县水务公司第二水厂饮用水水源地、郯城县水务公司第三水厂饮用水水源地、苍山县自来水公司西水厂饮用水水源地、苍山县自来水公司东苑水厂饮用水水源地、费县温凉河饮用水水源地、平邑县城区深水井饮用水水源地、蒙阴县张庄水库饮用水水源地、蒙阴县黄土山水库饮用水水源地、蒙阴县东汶河南岸深水井饮用水水源地、蒙阴县东汶河北岸水井饮用水水源地。

岸堤水库又名云蒙湖，为临沂市城区集中式饮用水水源地，位于沂河水系东汶河与梓河汇水处，是一座集防洪抗旱、城市供水、农业灌溉、水利发电等多功能于一体的大Ⅱ型水利工程。工程于1960年4月建成蓄水，水库控制流域面积1693.3平方公里，总库容7.49亿立方米，兴利库容4.51亿立方米，兴利水位176米，是全省第二大水库。1997年被列为临沂城区饮用水水源地，2010年实施30万立方米饮用水工程建设，保障沿线及临沂市区居民生活用水。

2009年3月，为加强对岸堤水库作为全市重要的饮用水水源地的管理，蒙阴县成立云蒙湖生态经济发展区管理办公室，建立健全巡查执法机制、库区安全应急机制，划定水源地一级、二级保护区边界。蒙阴县在彻底清理湖内10万多只养殖网箱的基础上，取缔重污染企业和“五小”企业150多家，实施新银麦啤酒等企业污染治理和再提高工程，对天久酒业公司等2家重污染企业分别进行搬迁和关停，正在实施蒙山水泥公司等6家企业“退城入园”。对拟在云蒙湖支流和云蒙湖周边建设的涉水污染项目一律拒批，保护库区原有生态；加强农业面源污染治理，推广病虫害生物防治等技术、八达峪畜—沼—果循环农业发展模式，并对水源地1000米禁养区内的畜禽养殖企业实施搬迁。蒙阴县建成城市污水处理厂并升级改造，日处理能力5万吨，城区污水集中处理率达95%以上；在孟良崮工业园建成县第二污水处理厂，确保园区污水达标排放；建成云蒙湖入湖口上游湿地一期工程，对污水处理厂出水进行净化。生态建设形成较强合力，加快了库区绿化进程。环云蒙湖及周边村发展杨树丰产林13333.3公顷，完成河滩绿化581公里、库区绿化3466.6公顷，生态环境取得较大改善。加强水生态环境建设，实施东汶河等云蒙湖支流综合治理工程，修建塘坝、拦水谷坊等6265处，实现层层截流、截污过滤；确立大水体科学放养、发展有机渔业的路子，放养净水保水鱼苗700余万尾。以生态文明建设为抓手，完善村庄环境管理和垃圾处理机制，建设垃圾处理场和中转站35处，城乡环境显著改善。2010年，出水口水质达到国家Ⅱ类标准。

人工湿地

武河万亩人工湿地　武河万亩人工湿地位于罗庄区黄山镇境内，南北长12公里，一期工程形成湿地面积866.6公顷，其中河中心面积513.3公顷，退耕还湿面积353.3公顷。该工程是临沂市委、市政府投资近亿元兴建的重点治污项目，通过建设砌石坝、溢流堰、围堰、布水渠等对上游陷泥河和南涑河的来水进行科学配置，并通过在水区域内种植芦苇、香蒲、莲藕等水生植物进行生态功能强化对来水进行深度处理，达到深度净化的目的。工程一期投资8700万元。其中，用于占地补偿、地上附属物补偿1870万元，土建工程投资5530万元，绿化及水生植物栽植投资1300万元。

工程于2009年11月26日开工建设，2010年2月26日竣工。建有高3米、宽5米、总长18公里的碎石路面围堰以及4座挡水坝、8座溢流坝、2处蓄水池、32个湖心岛。围堰栽植规格大于10厘米、高度不低于3.2米的柳树3600棵，湖心岛栽植规格30厘米的柳树176棵、山桃树83棵。栽植荷莲12.3万株、芦苇594万株、香蒲164万株、杞柳98.2万株。

东汶河入湖口人工湿地　东汶河入湖口人工湿地工程位于蒙阴县城东南3公里东汶河入云蒙湖湖口处东汶河滩地上，规划面积533.3公顷，其中一期工程面积16.67公顷，长1.02公里。该工程是云蒙湖环湖生态带修复工程的重要组成部分，主要是为了确保流域水质达标进入云蒙湖，保证云蒙湖水质安全。

2009年11月，临沂市为配合迎淮检查，投资1800多万元建设东汶河入湖口人工湿地水质净化工程（一期）。2010年3月，工程建设完成。工程主要用于净化处理蒙阴盛科污水处理厂排出的尾水，改善东汶河汇入云蒙湖的水质，同时兼顾湿地的生态效益和景观效益。东汶河湿地工程一期建设工程竣工后，运行效果良好，但同时也暴露出净化能力小、处理深度不够等一些问题。

武河湿地

苍山县人工湿地　沙沟河流域综合治理的重点工程——苍山县人工湿地，位于苍山县卞庄街道小坊

东汶河入湖口人工湿地

最大程度地减少了污水对河道的污染。工程挖土8万余立方米，建成8个净化池，筑围堰、中小坝1800余米，垒砾石坝360米，建成出水口观景平台1个，开挖排水渠185米，修布水渠、引水渠280米，修建污水、中水、清水入水口各1处，建溢流堰30米，铺设坝顶人行道1800米，挖外围排水沟660米，硬化道路6500米，修建停

村附近沙沟河上游，占地10公顷，总投资1228万元，2009年建设，年底建成。采用表面流人工湿地和砾石床组合工艺，对沙沟河的污水进行强化处理，日处理污水4000吨。该人工湿地选址在沙沟河的最上游、震元纸业排水入河口附近，

车场2200平方米。种植芦苇385000株，香蒲7800株，菖蒲5600株，水葱8500株。湿地布水均匀，水深适中，出水流畅，通过植物吸附净化，达到了削减污水浓度的目的。

苍山县人工湿地

第六编

交通　邮电

LINYISHIZHI

京沪、日兰高速公路立交枢纽

1995年年初，全市公路通车总里程5156.5公里，其中国道471.8公里，省道976.3公里，公路密度每百平方公里30公里。1999年，临沂机场正式通航。2003年，胶新铁路开通运营。2007年，临沂客运总站新站建成使用。至2010年年底，全市公路通车总里程22316.3公里，其中国道821.5公里，省道1210.8公里，公路密度为每百平方公里129.7公里。共完成公路水路客运量9.3亿人次，客运周转量404.9亿人公里，货运量9.6亿吨，货运周转量2466.1亿吨公里。

1995年，临沂市邮电局辖12个县区邮电局。1990年，临沂市开通程控电话。1993年开通模拟移动电话，1994年实现两化三网（城乡电话交换程控化、传输数字化，建成C3本地数字电话网、移动电话全国联网、无线寻呼全国联网）。1998年，邮电改革，撤销临沂市邮电局，成立临沂市邮政局、临沂市电信局。1999年，在全省率先成立快递公司。2005年，全市实现村村通邮。2007年，开展小额质押贷款业务。2008年，邮政体制改革，成立邮政储蓄银行临沂市分行。2009年，中邮物流公司成立。2010年，实现邮政业务收入2.67亿元。

2002年年底，形成网通、移动、联通、电信、铁通、卫通6家电信运营企业相互竞争、共同发展的电信市场格局。2006年，临沂市成为全省第一个宽带网络村村通的市。2010年，电信临沂分公司3G网络覆盖全市所有行政村。

第一章　交　　通

1994年12月撤地设市后，临沂市按照“统筹规范，合理布局，突出重点，适当超前”的发展思路，把加快交通运输事业发展作为振兴经济、扩大对外开放的战略部署，逐步建成京沪高速公路、日兰高速公路、新亚欧大陆桥铁路、沿海铁路大通道，自筹资金扩建临沂机场，大大缩短了临沂对外联系的时空距离，形成公路、铁路、民航立体大交通的主框架格局。

1995年年初，全市公路通车总里程5156.5公里，其中国道471.8公里，省道976.3公里，县道1816.9公里，乡道1873.6公里，专用公路17.9公里，公路密度每百平方公里30公里。客运站40个。

临沂汽车站

1996—2000年，交通基础设施建设实施两个转移（向高速公路建设转移，由重建设向建、改、养并举转移）。京沪高速公路临沂段、日兰高速公

青临高速建设施工现场

2006—2010年，是临沂市交通发展史上面临困难最多、投资规模最大、发展速度最快、交通面貌改变最显著的五年。全市公路建设累计完成投资172.45亿元。青兰高速公路临沂段竣工通车，临枣高速公路、青临高速公路临沂段开工建设。临沂城至郯城、莒南、苍山、蒙阴，蒙阴至平邑，苍山至邳州及临沂东外环、西外环、北外环等一大批国省道干线项目相继建成通车。文泗公路、沂新公路、临册公路、沂河生态路等重点县道新建改建工程先后竣工，公路等级普遍提高。2007年，新客运总站建成投入使用。累计完成农村公路建设投资31.2亿元，新建改建农村公路6592公里、大中型桥梁667座37316延米，新增通硬化路行政村351个。实施村村通客车工程，新建改建乡镇客运站154处，98.14%的行政村通客车，农村交通落后面貌得到显著改善。推进公交国有化进程，国有线路、车辆为32条、839台，分别占总量的60.4%和65.2%，形成国有占主导的城市公共交通体系。发展新能源汽车，购置纯电动公交车和天然气公交车420台，"绿色公交"发展形成亮点和特色，被省交通运输厅作为典型在全省推广。2009年，启动临沂机场设施设备改造工程，2010年11月新航站楼投入使用，开通通达全国十几个城市的航班。

路临沂段相继开工建设。初步形成以临沂城为中心，以国省道为骨架，县乡道为依托，干支相连、四通八达、辐射全市的公路网络。全市公路等级和标准有较大提高，高速公路总里程达到206公里，新建改建国、省道447公里，新建改建县乡道路1391公里，并通过使用新材料、新技术，使公路设计标准和使用年限都有较大进步。临沂市自筹资金扩建的临沂机场，于1998年12月通过国家验收，1999年1月正式开航。全市立体交通网初步形成。

2001—2005年，全市投资100多亿元，用于市内铁路、高速公路、国省道干线公路和农村公路建设。其中，铁路建设投资30多亿元，新建胶新铁路临沂段152公里，市内铁路总里程339公里，形成胶新、菏日两条铁路在市内交会的十字通道。市内高速公路通车里程330.6公里，京沪、日兰两条高速公路在境内形成十字交叉，构建起高速公路主框架。国省道干线公路网络得到提高完善。县乡公路建设在保持发展规模的同时，坚持高标准、严要求，逐步提高县乡公路等级。2003年，全市村村通硬化路工程正式启动。2004年年底，全市有8966个行政村通硬化路，占当时行政村总数的93.6%，提前一年基本实现村村通硬化路的目标。

至2010年年底，全市公路通车总里程达22316.3公里。其中，国道821.5公里，省道1210.8公里，县道3005公里，乡道3025.1公里，村道14242.3公里，专用公路11.6公里。公路密度达每百平方公里129.7公里。通硬化路行政村7115个，行政村通硬化路率达99.1%，行政村通客车率达98.14%。客、货运输企业分别有20家、

326家，其中大型物流企业、综合性货运站场、道路危险货物运输企业分别为35家、27家和25家，现代物流园区10个，等级客运站184个。营业性运输车辆达到15.8万辆，有三类以上维修企业1067家，机动车综合性能检测站10家，二类以上驾校43家，道路运输从业资格培训机构10家，水运企业10家，各类机动船舶72艘。共完成公路水路客运量9.3亿人次、客运周转量404.9亿人公里、货运量9.6亿吨、货运周转量2466.1亿吨公里。临沂市区3区共有城市出租车2750辆、公交车1286辆。

青兰高速上虎峪隧道

第一节　公　路

道路建设

高速公路　京沪高速公路临沂段　从蒙阴县常路镇至郯城县红花乡红花埠村，途经蒙阴、沂南、费县、兰山、罗庄、苍山、郯城7个县区，全长170.1公里，投资约38.3亿元。1996年12月动工兴建，2000年11月9日全线贯通。该路按平原微丘区全立交、全封闭标准设计，路基宽28米，双向四车道，设计荷载汽超20加挂120，行车速度为120公里/小时。至2010年年底，建有蒙阴、孟良崮、青驼、临沂北、临沂、罗庄、苍山、郯城、红花埠、鲁苏省界10个收费站和沂南、临沂、郯城3个服务区。

日兰高速公路临沂段　主线全长112.35公里，途经沂南、费县、平邑3县，其中沂南境内31.2公里，费县境内37.75公里，平邑境内43.4公里。建有费县薛庄服务区、蒙山停车区和沂南、费县、平邑东、平邑、高里5个收费站。

青兰高速公路临沂段　2005年1月开工建设，2007年12月22日竣工通车。东起沂水县富官庄乡松园村与诸城市交界处，西到沂水县诸葛镇新庄村与沂源县交界处，途经沂水县富官庄乡、杨庄镇、马站镇、沙

京沪高速临沂段

沟镇、诸葛镇5个乡镇、65个行政村，全长48.7公里，概算投资22.82亿元。全线按山岭重丘区高速公路标准设计，双向六车道，设计车速100公里/小时。至2010年年底，建有杨庄、诸葛2个收费站和杨庄服务区及诸葛停车区。

长深高速公路临沂段　全长144公里，起于潍坊市临朐县与沂水县交界的穆陵关，止于临沭县东塘子村（鲁苏界），从北向南途经沂水、沂南、莒南、河东及临沭5个县区。双向六车道，设计车速120公里/小时，路基宽度34.5米。2009年5月开工建设，至2010年年底，累计完成投资21亿元。

临枣高速公路临沂段　全长41.7公里，西起苍山县新兴镇，东至罗庄区汤庄街道徐家林村。采用双向四车道高速公路标准建设，设计时速为120公里/小时，2009年开工建设，至2010年年底，累计完成投资6.8亿元。

国省道　临沂境内国省道大多建于1995年之前。1995年，境内国道有G205山深线（河北秦皇岛山海关至广东深圳）、G206烟汕线（山东烟台至广东汕头）、G310连天线（江苏连云港至甘肃天水）、G327连菏线（江苏连云港至山东菏泽）。省道有S103济临线（济南—临沂，和G205重合）、S225莒阿线（莒县—江苏阿湖）、S227东红线（东营—红花埠）、S229沂邳线（沂水—江苏邳州）、S232汤郯线（汤庄—郯城）、S234沂台线（沂源—台儿庄）、S236博沂线（淄博—沂水）、S240新枣线（新泰—枣庄）、S241平滕线（平邑—滕州）、S244枣徐线（枣园—徐州）、S332韩莱线（韩旺—莱芜）、S333蒙馆线（蒙阴—馆陶）、S335石兖线（石臼—兖州）、S336莒界线（莒县—界牌）、S339薛馆线（薛家岛—馆陶）、S341涛坪线（涛雒—坪上）、S342岚济线（岚山—济宁）、S352郯薛线（郯城—薛城）。

1994年9月，临沂地委、行署决定拓宽改建岚济公路临沂至坪上段。改建的岚济公路按双向四车道超二级公路标准设计施工，路基宽23米，部分路段宽40米，共建大桥2座、中桥10座、小桥涵130座，总长3463延米。临沂地区先后自筹资金1.6亿元，用于岚济公路建设。沿线群众参加公路建设，高峰时达15万人，动用各种机械设备1.5万台，小推车2万多辆，征用土地5000多亩，拆除房屋8700余间，完成土石方450万立方米，工日520万个，群众出资出工折合资金达6000余万元。1995年年底，该路段全线通车。1996年，327国道临沂市区段改线工程开工。1997年，全市新建改建国道、省道99公里，泰薛路沂水至莒县段、206国道汤头至莒县段、205国道临沂至半程段、枣徐路平邑段等工程竣工通车。1999年，完成国、省道路网改造项目15个，228.7公里。2000年，完成国、省道路网改造新建、续建项目16项，225公里。2003年，续建工程石兖线沂水至蒙阴段云蒙湖特大桥、平滕路平邑南出口和莒阿路筵宾至板泉段建成通车，新开工项目327国道沭河大桥至芝麻墩改线段工程顺利完成。2005年，327国道费县至平邑、泗水界等6项工程竣工通车，竣工里程160公里。2008年，全市公路系统完成国省道建设投资9.4亿元（不含地方配套资金），206国道临沂西外环、岚济路临沂至日照界段、新枣线新泰至平邑县城段、石兖线沂水城区改线段等7个项目竣工通车，共163.5公里，其中，一级路100公里，二级路63.5公里。2010年，327国道临沭段、沂邳线青驼至探沂段、薛馆线马站至日照界段等重点项目竣工通车。

县乡公路　1985年后，临沂抓住国家开展交通扶贫的有利时机，把加快交通建设作为振兴沂蒙经济、扩大对外开放的战略措施。交通扶贫10年，全市县乡公路建设总投资9.88亿元。1986—1990年，全市以解决通路通车为重点，新建改建县乡公路1137公里，修建乡村公路8000多公里。1991—1995年，发展战略向提高公路等级标准转移。全市新修县乡油路2124公里，新建大中桥梁117座，总长1.2万延米。1995年年初，全市有县道1816.9公里，乡道1873.6公里。1996—2000

年，重点提高公路等级标准和构建立体交通网，新建改建县乡道路1391公里。2001—2005年，重点解决农村公路村村通问题，临沂市县乡公路建设发展迅速。在保持发展规模的同时，坚持高标准、严要求，逐步提高县乡公路等级。2003年，全市村村通工程启动。2003—2005年，投资28.8亿元，改造通村硬化路12009.8公里，行政村通硬化路率达到95.6%。村村通客车工程累计投入资金2706万元，新增通客车行政村3241个，行政村通客车率达到99.1%。至2010年年底，全市累计投入资金60亿元，新建、改建农村公路18601公里，新建、改建农村公路大中型桥梁7737座32329延米，新增通硬化路行政村4735个，直接受益人口500余万人。农村公路总里程达到20272.4公里，其中县道3005.01公里、乡道3025.11公里、村道14242.31公里，县道、乡道共有桥梁1783座，68379.53延米，其中大桥94座（原有3座特大桥按新技术标准划为大桥），24007.25延米。

文泗公路　1997年建成，东起莒南县文疃镇，西至济宁市泗水县，全长155公里，途经莒南、河东、兰山、费县、平邑5县区19个乡镇，穿越206、205国道和东红公路、沂蒙公路与327国道交会，是蒙山前横穿临沂市全境的一条重要东西通道。2006年至2010年11月，文泗路沿线县区分阶段对该路实施升级改造。

沂河生态路　北起沂水县跋山水库与省道韩莱公路相接，南至郯城县新村乡鲁苏交界处与310国道相连，途经沂水、沂南、河东、郯城4个县区，全长191.1公里。2007年开工建设，2010年8月建成通车，总投资约11.9亿元，集经济开发、防洪、生态、沿河观光旅游、城市品位提升等功能于一体。

泉重公路　北起沂水县泉庄乡，南至郯城县重坊镇，途经沂水、沂南、费县、兰山、罗庄、苍山、郯城7个县区21个乡镇（街道），与江苏境内的310国道相接。全长211.4公里，总投资约18653万元。2003年开始动工，至2010年年底，除沂水县大偏梁至沂南县黄土崖子19.9公里路基桥涵及剩余的路面工程外，其余均已完工。

朱七公路　北起兰山区李官乡朱里村，南至南坊镇七德村，全长27.8公里。始建于1962年，1992年按三级路标准进行路面硬化。1998年3月，按照二级路标准对朱七公路进行拓宽改造，12月底竣工，工程总投资2500万元。2009年至2010年6月，对该路进行大修改造，路面拓宽为15至23米，总投资5000余万元。

临册公路　北起市区沂河路，南至罗庄区册山镇，全长13.5公里。1999年年初动工兴建，9月底建成通车，总投资1130万元。

蒙山旅游路　南起平邑县万寿宫，北至蒙阴县百花峪234省道，全长23公里。设隧道1条，长183米，净空9米，净空限界高度5米，为全市农村公路上的第一条隧道。2009年5月开工，2010年6月主体工程完工。

2010年临沂市县乡公路情况表

表6-1　　　　单位：公里

路线简称	长度	按技术等级分				按路面类型分			
		一级公路	二级公路	三级公路	四级公路	有铺装路面		简易铺装路面	未铺装路面
						沥青混凝土	水泥混凝土		
临沂吴白庄—泉源	44.34	0	29.9	0	14.44	16.44	27.9	0	0
文疃—泗水	154.14	5.45	112.47	36.22	0	100	1.79	52.35	0
郯城胜利乡—苍山皇甫寺	20	0	18.59	1.41	0	20	0	0	0

续表 6-1-1

路线简称	长度	按技术等级分				按路面类型分			
		一级公路	二级公路	三级公路	四级公路	有铺装路面		简易铺装路面	未铺装路面
						沥青混凝土	水泥混凝土		
高庄—界湖	38.16	0	0	36.44	1.72	0	11.03	27.13	0
义堂南楼—流井	35.87	0	2.35	33.52	0	6.06	15.86	13.95	0
良店—河阳	35.19	0	0.52	34.67	0	12.14	0	23.05	0
枣沟头—小北山	28.76	0	9.43	19.33	0	23.49	5.27	0	0
张庄—南坊	45.49	0	45.49	0	0	28.39	17.1	0	0
徐庄—河湾	35.75	0	9.3	12.92	13.53	9.85	5.87	20.03	0
大兴—李庄	37.32	0	26.16	9.36	1.8	34.42	2.9	0	0
土沟—石河	20.09	0	2.27	17.82	0	11.54	0	8.55	0
垛庄—南山阳	34.13	0	0	34.13	0	11.91	0	22.22	0
汶南—平邑城	32.97	0	2.83	30.14	0	32.97	0	0	0
临沭—郯城	47.73	0	24.29	23.44	0	47.73	0	0	0
三十里堡—蒲汪	19.81	0	0	19.81	0	0	0	19.81	0
中高湖—马家良	6.72	0	0	3.41	3.31	3.31	0	3.41	0
后盛庄—小北岭	32.98	0	5.61	16.53	10.84	17.17	15.81	0	0
干沟渊—梅埠乡	7.09	0	7.09	0	0	5.88	1.21	0	0
白沙埠—新桥	24.67	0	10.82	8.74	5.11	7.51	11.89	5.27	0
沂蒙路	12.25	0	12.25	0	0	12.25	0	0	0
戈庄—马厂湖	13.27	0	13.27	0	0	0	13.27	0	0
转山顶—马头崖	8.42	0	0	0	8.42	0	0	8.42	0
大岭—艾山	9.81	0	0	9.81	0	9.81	0	0	0
东调闸—庆云山	8.2	0	0	0.82	7.38	0	1.12	0	7.08
江风口—付庄	16.25	0	14.69	1.56	0	16.25	0	0	0
南坦—大沙沟	13.05	0	0	13.05	0	0.47	12.58	0	0
苑庄—涧头	9.67	0	8.47	1.2	0	9.5	0.17	0	0
程庄—罗庄	7.75	0	7.75	0	0	4.06	3.69	0	0
汤头—大官庄	17.28	0	2.76	14.52	0	11.26	6.02	0	0
汤头—王埠	43.12	0	31.26	0	11.86	17.22	25.9	0	0
旦彰街—赵庄	17.5	0	13.9	3.6	0	13.9	3.6	0	0

续表 6-1-2

路线简称	长度	按技术等级分				按路面类型分			
		一级公路	二级公路	三级公路	四级公路	有铺装路面		简易铺装路面	未铺装路面
						沥青混凝土	水泥混凝土		
坊上—洪瑞	15.73	0	0	0	15.73	11.37	4.36	0	0
郑旺—太平	16.04	0	2.21	13.83	0	4.44	11.6	0	0
程子河—梅埠	27.41	0	0	27.41	0	17.65	9.76	0	0
青墩—横沟	8.58	0	4.85	3.73	0	7.33	0	1.25	0
中楼—双山	8.01	0	0.69	7.32	0	0	0	8.01	0
团林—板泉	47.6	1.41	0	39.14	7.05	38.75	7.05	1.8	0
坪上—厉庄	15.56	0	4.73	10.83	0	7.69	0	7.87	0
陡山—十字路	11.95	0	0	11.95	0	8.53	0	3.42	0
朱芦—文疃	5.88	0	0	5.88	0	0	5.88	0	0
日照—十字路	31.09	0	0	31.09	0	7.31	0	23.78	0
文疃—坪上	20.49	0	1.49	3.97	15.03	5.46	0.76	11.17	3.1
野泉—九里	13.5	0	0	12.25	1.25	10.42	0	3.08	0
十字路—刘庄	12.51	0	0	12.51	0	0	0.78	11.73	0
莒县—大庄	18.72	0	0	18.72	0	0	0	18.72	0
岸堤—池畔	14.95	0	0	0	14.95	11.07	0	3.88	0
葛家庄子—三山沟	7.55	0	0	7.55	0	7.55	0	0	0
依汶—黑山安	34.74	0	1.2	33.54	0	5.79	23.67	5.28	0
张家哨—湖头	4.02	0	0	0	4.02	0	0	4.02	0
山南头—青驼	16.17	0	16.17	0	0	16.17	0	0	0
大黄旺—道托	9.28	0	9.28	0	0	0	0	9.28	0
赵高峪—姚店子	49.69	0	17.12	32.57	0	6.04	0	43.65	0
张耿—崖北头	33.77	0	2.59	31.18	0	2.59	0	31.18	0
上郭路	18.63	0	0	17.88	0.75	0	6.13	12.5	0
曹家坡—高桥	21.26	0	5.2	16.06	0	1.24	0	20.02	0
果庄—四十里堡	5.06	0	5.06	0	0	0	0	5.06	0
何家庄子—官庄	9.53	0	0	9.53	0	0	0	9.53	0
高桥—河西	9.28	0	9.28	0	0	9.28	0	0	0
张耿—龙家圈	25.12	0	0	25.12	0	0	0	25.12	0
可乐山—崔家峪	15.96	0	15.96	0	0	15.96	0	0	0

续表 6-1-3

路线简称	长度	按技术等级分				按路面类型分			
		一级公路	二级公路	三级公路	四级公路	有铺装路面		简易铺装路面	未铺装路面
						沥青混凝土	水泥混凝土		
东徐线	15.92	0	0	15.92	0	0	0	15.92	0
许家湖—姚店子	13.67	0	13.67	0	0	8.14	0	5.53	0
上辛路	14.69	0	0	14.69	0	0	0	14.69	0
许家湖—后坡	4.96	0	4.96	0	0	0	0	4.96	0
孔家庄—徕庄	8.76	0	0	8.76	0	8.76	0	0	0
武家洼—跋山	8.34	0	8.34	0	0	0	0	8.34	0
西长旺—泉庄	6.34	0	0	6.34	0	0	0	6.34	0
郭庄—王庄	12.13	0	0	12.13	0	0	0	12.13	0
坦埠—常路	40.08	0	0	40.08	0	0	0	40.08	0
桃墟—常路	39.57	0	0	39.57	0	0	0	39.57	0
高都—蒙阴城	13.12	0	0	13.12	0	13.12	0	0	0
旧寨—三河峪	12.11	0	0	12.11	0	1.15	0	10.96	0
东里庄—高都	13.72	0	0	12.34	1.38	3.93	0	9.79	0
柳树头—郭庄	14.19	0	0	14.19	0	0	0	14.19	0
官铺—刘官庄	17.79	0	0	17.79	0	2.93	0	14.86	0
曹家圈—黄土沟	9.33	0	0	9.33	0	0	0	9.33	0
孟良崮—蒙山	28.5	0	2.36	18.54	7.6	0	0	28.5	0
艾山前—八里庙子	9.98	0	0	0.38	9.6	0	0	9.98	0
麻峪—常路	10.17	0	0	10.17	0	0	0	10.17	0
朱家庄—郭家上峪	23.56	0	0	23.56	0	0	0	23.56	0
地方—庞庄	49.59	0	0	49.59	0	49.59	0	0	0
铜石—枣梨	42.2	0	9.47	32.73	0	42.2	0	0	0
资邱—红石岭	9.45	0	0	9.45	0	9.45	0	0	0
大洼—温水	19.4	0	0	19.4	0	19.4	0	0	0
南阳—临涧	21.15	0	0	21.15	0	4.31	0	16.84	0
铜石—红山	30.63	0	0	30.63	0	30.63	0	0	0
铜石—彭泉	9.33	0	0	0	9.33	9.33	0	0	0
海螺寺—大三阳	14.77	0	0	4.89	9.88	6.39	8.37	0	0
千行庄—王家庄	10.66	0	0	7.32	3.34	7.32	2.56	0	0.78

续表 6-1-4

路线简称	长度	按技术等级分				按路面类型分			
		一级公路	二级公路	三级公路	四级公路	有铺装路面		简易铺装路面	未铺装路面
						沥青混凝土	水泥混凝土		
蒙山—西埠阴	21.42	0	0	13.94	7.48	11.28	2.66	0	7.48
白彦—龙山	9.58	0	0	9.58	0	9.58	0	0	0
王崮山—彭泉	10.61	0	0	8.25	2.36	8.25	0	0	2.36
温水—白庄	15.03	0	0	7.96	7.07	2.65	3.72	7.32	1.34
费县城—梁邱	34.15	0	0	26.4	7.75	0	13.75	20.4	0
费县城—马庄镇	23.79	0	0	23.79	0	0	0.44	23.35	0
方城—马兴庄	15.8	0	0	15.8	0	0	0	15.8	0
梁邱—徐庄	11.73	0	0	2.03	9.7	0	11.73	0	0
竹园—新桥乡	18.87	0	0	18.87	0	0	16.78	2.09	0
费县—芍药山乡	12.66	0	0	12.66	0	0	0	12.66	0
塔山—费城	20.33	0	20.33	0	0	0	0	20.33	0
大良村—马头崖	5.48	0	0	0	5.48	0	0	5.48	0
薛家庄村—石井	51.16	0	51.16	0	0	0	1.94	49.22	0
下河—梁邱	5.33	0	5.33	0	0	0	0	5.33	0
卞庄—南桥	15.28	0	0	15.28	0	15.28	0	0	0
卞庄—吴家庙子	10.35	0	4.11	6.24	0	10.35	0	0	0
沂堂—磨山	16.97	0	13.17	3.8	0	13.17	0	3.8	0
沂堂—王岭	50.98	0	23.6	17.21	10.17	31.57	0	19.41	0
伽头—伏山口	14.21	0	0	14.21	0	14.21	0	0	0
前刘家—江苏堡子	11.01	0	0	11.01	0	11.01	0	0	0
岳村—下村	14.54	0	0	14.54	0	0	0	14.54	0
庄坞—二庙	18.51	0	1.25	14.27	2.99	12.64	2.99	2.88	0
坦上集—西马庙	11.74	0	0	7.1	4.64	7.1	0	4.64	0
安庄—艾曲	10.64	0	0	10.64	0	0	10.64	0	0
卞庄—四户	11.53	0	0	5.92	5.61	9.75	0	0	1.78
马头—涝沟	23.04	0	17.28	5.76	0	23.04	0	0	0
刘楼—瓦窑	27.79	0	12.93	14.86	0	27.79	0	0	0
刘宅子—管集	17.72	0	17.72	0	0	9.27	8.45	0	0
后段宅—马站	10.77	0	0.91	7.95	1.91	7.77	1.98	0	1.02

续表 6-1-5

路线简称	长度	按技术等级分				按路面类型分			
		一级公路	二级公路	三级公路	四级公路	有铺装路面		简易铺装路面	未铺装路面
						沥青混凝土	水泥混凝土		
黄山—褚墩	9.31	0	6.66	2.65	0	9.31	0	0	0
石门—南泉	12.42	0	0	7.66	4.76	7.66	4.76	0	0
李庄—黄山	12.06	0	0	12.06	0	12.06	0	0	0
化肥厂—鲍村	15.79	0	10.31	5.48	0	15.79	0	0	0
港南—重坊	12.55	0	0.7	11.85	0	9.71	2.84	0	0
固疃—红花	10.96	0	0	10.96	0	9.03	1.93	0	0
郯城—东海	7.17	0	7.17	0	0	0.67	6.5	0	0
红花埠—涝沟	18.12	0	0	7.56	10.56	7.56	10.56	0	0
井店子—涝枝	24.41	0	14.54	0	9.87	14.54	1.33	0	8.54
井店子—镇武庙	23.05	0	23.05	0	0	23.05	0	0	0
石柱山—南古	24.73	0	24.73	0	0	24.73	0	0	0
韩村—蛟龙	21.93	0	13.99	0	7.94	13.99	7.94	0	0
观堂—石门	16.5	0	16.5	0	0	11.4	5.1	0	0
周庄—芦庄	10.31	0	10.31	0	0	10.31	0	0	0
唐岭—相小湾	13.8	0	13.8	0	0	13.8	0	0	0
王常—夏庄	11.46	0	8.62	0	2.84	8.62	0	0	2.84
韩村—店头	22.08	0	22.08	0	0	17.18	4.9	0	0
转山前—沙沟峪	3.89	0	0	0.52	3.37	0	0	3.89	0
旧寨—巨山	13.31	0	13.31	0	0	13.31	0	0	0
大尚庄—黑龙潭水库	2.61	0	0	0.32	2.29	0.32	0	0	2.29
司家—清泉寺林场	1.14	0	0	1.14	0	1.14	0	0	0
王家庄子—梅家庄（张崖路岔）	3.03	0	0	3.03	0	0	0	3.03	0
车官庄路口—臧桥	1.9	0	0	1.9	0	0	0	1.9	0
沂河路	72.92	0	56.78	15.22	0.92	72.01	0	0	0.91
师家崖—四门洞	3.1	0	0	0	3.1	0	0.63	0	2.47
城后—胜利	10.26	0	4.96	5.3	0	4.96	0	5.3	0
朱里—前石梁头	25.5	0	0	25.5	0	25.5	0	0	0
道沟—山北头	11.79	0	0	10.89	0.9	0	11.79	0	0
界湖—辛集	7.05	7.05	0	0	0	0	7.05	0	0

续表 6-1-6

路线简称	长度	按技术等级分				按路面类型分			
		一级公路	二级公路	三级公路	四级公路	有铺装路面		简易铺装路面	未铺装路面
						沥青混凝土	水泥混凝土		
界湖—河村	7.93	0	7.93	0	0	7.93	0	0	0
郯城连接线	8.51	0	8.51	0	0	6.03	2.48	0	0
罗庄连接线	8.24	8.24	0	0	0	8.24	0	0	0
莒县—新浦	19.87	13.61	6.26	0	0	19.87	0	0	0
苍山连接线	7.09	0	7.09	0	0	7.09	0	0	0
向城连接线	2.62	0	2.62	0	0	1.38	1.24	0	0
平邑连接线	5.07	0	5.07	0	0	5.07	0	0	0
南麻—坦埠	21.44	0	7.25	14.19	0	21.44	0	0	0
费县连接线	17.24	0	17.24	0	0	17.24	0	0	0
罗庄 G206 连接线	11.82	11.82	0	0	0	11.82	0	0	0
苍山 206 连接线	6.81	0	6.81	0	0	6.81	0	0	0
沂南火车站连接线	8.01	0	8.01	0	0	8.01	0	0	0
青驼连接线	0.98	0	0.98	0	0	0.98	0	0	0
沂水火车站连接线	5.32	0	5.32	0	0	5.32	0	0	0
李官武庄—施庄子	8.79	0	0.48	8.31	0	8	0.79	0	0
半程南庄—白沙埠	3.67	0	0	1.08	2.59	0	1.08	0	2.59
李官后湖—南坊	15.82	0	8	7.82	0	0	15.82	0	0
义堂姜家岭—义堂下坡	6.97	0	0	0	6.97	0	6.97	0	0
白沙埠新河村—半程	13.4	0	0	13.48	0	0	13.48	0	0
义堂尤村—大岭东洞门	7.57	0	1.71	0	5.86	0	7.57	0	0
327 国道—杭头	9.93	0	5.77	1.81	2.35	0	7.58	0	2.35
义堂代庄—小戈庄	1.68	0	0	1.68	0	0	1.68	0	0
北张庄—龙王庄	5.31	0	0	0	5.31	0	1.51	0	3.8
枣沟头林家庄—枣沟头李家宅	8.4	0	0	6.91	1.49	6.91	1.49	0	0
郑家庄—北曲坊	10.24	0	0	8.94	1.3	0	8.94	0	1.3
耿家埠—沙沟崖	8.18	0	7.13	1.05	0	0	8.18	0	0
王庄—沂洪庄	5.2	0	5.2	0	0	1.98	3.22	0	0
义堂北屠苏—大岭	6.73	0	6.73	0	0	6.73	0	0	0
留邻庄—八块石	7.84	0	1.65	6.19	0	1.65	6.19	0	0

续表 6-1-7

路线简称	长度	按技术等级分				按路面类型分			
		一级公路	二级公路	三级公路	四级公路	有铺装路面		简易铺装路面	未铺装路面
						沥青混凝土	水泥混凝土		
盛口—北老屯	13.41	0	0	13.41	0	0	13.41	0	0
东高都—程庄	1.47	0	0	1.47	0	0	1.47	0	0
东北村—西三冲	4.57	0	0	2.67	1.9	0	2.67	0	1.9
陈武庄—店子	4.18	0	0	0.98	3.2	0	1.53	0	2.65
东石埠—涧头	7.55	0	0	0.85	6.7	0	0.85	0	6.7
西石埠—官庄	10.07	0	0	10.07	0	0	10.07	0	0
大柱庄—店子	6.86	0	0	4.79	2.07	0	5.64	0	1.22
傅庄—义和庄	3.8	0	0	3.8	0	3.01	0.79	0	0
窑汪—大柱山	9.13	0	0	9.13	0	5.53	3.6	0	0
付庄—汤庄	5.55	0	0	4.66	0.89	0.3	4.93	0	0.32
涧头—贤孝庄	2.11	0	0	2.11	0	0	2.11	0	0
赵庄—汤庄	3.8	0	0	3.8	0	0	3.8	0	0
韦江屯—黄土堰	3.91	0	0	3.91	0	0	3.91	0	0
留邻庄—东高都	1.76	0	0	1.76	0	0	1.76	0	0
徐村 327 国道	2.75	0	0	0	2.75	0	2.75	0	0
汤坊崖—红埠岭	10.55	0	0	0	10.55	0	0	0	10.55
前林子—张柴埠河	11.85	0	0	0	11.85	0	5.59	0	6.26
大姚庄—西水湖崖	15.73	0	0	0	15.73	0	5.55	0	10.18
洪瑞—后张庄	9.13	0	0	0	9.13	0	9.13	0	0
密墩—道口	12.63	0	0	1.31	11.32	10.03	0.29	0	2.31
洪沟—新庄	1.97	0	1.97	0	0	0	1.97	0	0
相沟—武阳	5.57	0	0	5.57	0	5.57	0	0	0
大茅墩—厉家寨	3.64	0	1.58	0.32	1.74	1.9	0	1.74	0
石莲子—沙汀	6.15	0	0	6.15	0	0	0	6.15	0
厉家寨—坪上	6.87	0	0	6.87	0	0.57	0	6.3	0
石莲子—官庄	6.77	0	0	0	6.77	0	3.24	1.71	1.82
坪上—团林	7.59	0	0	0	7.59	0	0.27	0.61	6.71
十字路—茅墩	28.39	0	0	0.9	27.49	0	13.78	14.33	0.28
柳沟—演马	22.44	0	0	0	22.44	0	0	16.5	5.94

续表 6-1-8

路线简称	长度	按技术等级分				按路面类型分			
		一级公路	二级公路	三级公路	四级公路	有铺装路面		简易铺装路面	未铺装路面
						沥青混凝土	水泥混凝土		
中楼—厉家寨	18.76	0	0	9.55	9.21	0	0	16.94	1.82
相邸—石门	10.38	0	0	8.65	1.73	0	8.96	0	1.42
沙汪头—水么	6.63	0	0	0	6.63	0	2.66	0	3.97
城子—东店头	5.63	0	0	0	5.63	0	4.92	0.71	0
高柱—道口	9.68	0	0	0	9.68	0	1.03	4.18	4.47
主家岭—许口	13.09	0	0	0	13.09	0	6.19	3.62	3.28
石莲子—新庄	4.91	0	0	0	4.91	0	0	4.91	0
坪上—莲花	13.31	0	0	3.49	9.82	0	9.82	3.49	0
蛟山—花峪头	7.85	0	0	0	7.85	0	0	4.64	3.21
库沟—刘庄子	3.78	0	0	3.78	0	0	0	3.78	0
赵家庄子—高里	6.3	0	0	0	6.3	0	6.3	0	0
圣母冢—南双泉	9.29	0	0	9.29	0	0	0	9.29	0
艾于湖—南石门	5.31	0	0	5.31	0	0	2.63	2.68	0
双堠—大青山	3.7	0	0	3.7	0	0	0	3.7	0
界湖—孙祖	4.92	0	0	4.92	0	0	0	4.92	0
香炉石—野竹旺	2.7	0	0	0	2.7	0	2.7	0	0
南双泉—沙汀	10.02	0	0	0	10.02	0	3.34	0	6.68
库沟—杨坡	15.07	0	0	0	15.07	0	13.57	0	1.5
程家庄—辛集	4.69	0	0	0	4.69	0	2.65	0	2.04
于家官庄—库沟	7.41	0	0	2.19	5.22	0	2.03	2.19	3.19
张哨—陈家官庄	5.74	0	0	0	5.74	0	5.74	0	0
鲁庄—依汶	11.45	0	0	0	11.45	0	10.61	0	0.84
齐家店子—库沟	8.94	0	0	0	8.94	0	7.72	0	1.22
竹园—铜井	7.2	0	0	0	7.2	0	0.79	0	6.41
岸堤—重山	3.62	0	0	0	3.62	0	3.62	0	0
代庄—孟良崮	8.02	0	0	4.85	3.17	0	4.85	3.17	0
王家堰—团埠	4.93	0	0	0	4.93	0	4.93	0	0
河阳—坊前	5.64	0	0	0	5.64	0	1.51	0	4.13
南石门—茅草崖	2.93	0	0	2.93	0	0	2.93	0	0

续表 6-1-9

路线简称	长度	按技术等级分				按路面类型分			
		一级公路	二级公路	三级公路	四级公路	有铺装路面		简易铺装路面	未铺装路面
						沥青混凝土	水泥混凝土		
蒲汪—寨西	4	0	0	0	4	0	4	0	0
独树—许家庄	7.83	0	0	0	7.83	0	5.96	0.74	1.13
大庄—砖埠	15.03	0	0	0	15.03	0	12.13	0	2.9
土山—王家庄	4.23	0	0	0	4.23	0	4.23	0	0
上高湖—局埠	7.9	0	0	0	7.9	0	7.9	0	0
沙泮线	4.68	0	0	4.68	0	0	0	4.68	0
富西线	6.14	0	0	0.52	5.62	0	0	6.14	0
前王路	8.77	0	0	8.77	0	8.77	0	0	0
道托—武家洼	8.8	0	0	0.88	7.92	0.88	5.77	2.15	0
何家庄子—孟疃	8.55	0	0	8.55	0	0	0	8.55	0
沂水—安庄	7.42	0	0	4.82	2.6	0	0	4.82	2.6
沂水—果庄	5.14	0	0	0	5.14	0	0	5.14	0
泮池—古村	12.7	0	0	0	12.7	0	0	7.39	5.31
朱家庄—滑石沟	5.68	0	0	0	5.68	0	1.52	4.16	0
宅科—三十里堡	12.23	0	0	0	12.23	0	12.23	0	0
小阿疃—韩家官庄	1.59	0	0	0	1.59	0	0	0	1.59
平子岭—小阿疃	4.65	0	0	0	4.65	0	0.6	0	4.05
吉子山—苗家庄	6.62	0	0	0	6.62	0	0	6.62	0
四十里堡—薛家马庄	7.95	0	0	0	7.95	0	4.33	0	3.62
上位—石牛峪	11.39	0	0	0	11.39	0	1.09	4.79	5.51
宅佟线	3.89	0	0	0	3.89	0	0	0	3.89
上岩寺—下泉	6.44	0	0	0	6.44	0	3.93	0.42	2.09
石马庄—石屋山	5.85	0	0	0	5.85	0	1.25	0	4.6
黄土良—黄崖	6.07	0	0	0	6.07	0	0	4.17	1.9
楼家铺子—龙廷	4.31	0	0	0	4.31	0	0	0	4.31
孙官庄—西住佛	4.5	0	0	4.5	0	0	0	4.5	0
涝洼—贾庄	4.86	0	0	0	4.86	0	0	4.86	0
上五庄—蒙阴	20.96	0	0	20.96	0	8.92	0	12.04	0
东西崖—黄家洼	11.72	0	0	11.72	0	0	0	11.72	0

续表 6-1-10

路线简称	长度	按技术等级分				按路面类型分			
		一级公路	二级公路	三级公路	四级公路	有铺装路面		简易铺装路面	未铺装路面
						沥青混凝土	水泥混凝土		
坡里—先头峪	13.71	0	0	0	13.71	0	0	13.71	0
聚来庄—魏石山	11.11	0	0	0	11.11	0	9.22	0	1.89
大站村—百花峪村	16.54	0	0	16.54	0	2.86	0	13.68	0
丁旺庄—西长明	5.58	0	0	0	5.58	0	1.84	3.74	0
红河头—曹庄	10.06	0	0	0	10.06	0	6.78	0	3.28
蒙阴—台庄	7.32	0	0	0	7.32	0	5.22	0	2.1
烟庄—毛坪	3.32	0	0	0	3.32	0	0	2.42	0.9
西界牌—朱家店	8.79	0	0	0	8.79	0	0.72	4.2	3.87
蒙阴—联城	5.86	0	0	5.86	0	0	0	5.86	0
黄仁—桑园	6.54	0	0	0	6.54	0	6.54	0	0
黄仁—青石峪	4.56	0	0	0	4.56	0	0	4.56	0
白泉—泉子峪	12.72	0	0	3.19	9.53	11.12	1.6	0	0
康家寨—白马	6.31	0	0	0	6.31	0	2.34	0	3.97
马家峪—岐山	8.33	0	0	0	8.33	0	6.67	0	1.66
泽国—岐山	8.11	0	0	0	8.11	0	0.8	6.88	0.43
武台—苏城	11.42	0	0	0	11.42	1.77	1.63	2.73	5.29
明光寺—温水	21.03	0	0	14.38	6.65	11.91	0	8.23	0.89
武台—平邑	7.25	0	0	7.25	0	0	0	7.25	0
广崮尧—铜石	23.61	0	0	4.86	18.75	0	1.38	12.37	9.86
涝泉—后河	8.51	0	0	0	8.51	0	5.4	0	3.11
流峪—临涧	13.47	0	0	4.65	8.82	4.65	8.22	0	0.6
卞桥—小平安庄	9.62	0	0.92	3.63	5.07	0	9.62	0	0
万涛宫—资邱	14.19	0	0	11.92	2.27	8	2.27	3.92	0
蒙山—温水	10.33	0	10.33	0	0	10.33	0	0	0
小平安—地方	15.07	0	0	0	15.07	2.46	8.11	0	4.5
付家庄—城后	5.01	0	0	0	5.01	0	5.01	0	0
临涧—黄坡	6.85	0	0	6.85	0	6.85	0	0	0
燕庄—分水岭丫	7.54	0	0	7.54	0	7.54	0	0	0
关西庄—上黄家湾	9.82	0	0	0	9.82	7.4	0	0	2.42

续表 6-1-11

路线简称	长度	按技术等级分				按路面类型分			
		一级公路	二级公路	三级公路	四级公路	有铺装路面		简易铺装路面	未铺装路面
						沥青混凝土	水泥混凝土		
西埠阴—南近台	12.28	0	0	0	12.28	1.64	5.21	4.37	1.06
铜石—东阴	12.18	0	0	0	12.18	5.2	4.72	0	2.26
白邑—王府岭	9.86	0	0	6.51	3.35	4.41	0.28	5.17	0
东点—松林	8.33	0	0	0	8.33	0	8.33	0	0
临涧—前桃沟	6.63	0	0	0	6.63	0	6.63	0	0
南山阳—员外	14.44	0	0	12.91	1.53	0	1.3	11.61	1.53
西蒋—孙家庄	26.42	0	0	1.38	25.04	0	7.63	13.37	5.42
大良—西北尹	17.18	0	0	0	17.18	0	3.51	13.67	0
上冶—平邑	14.43	0	0	0	14.43	0	8.67	3.78	1.98
北石岗—道沟	13.28	0	0	0	13.28	0	0	13.28	0
员外—泗彦	25.31	0	0	0	25.31	0	16.98	3.39	4.94
东升—毛家河	13.3	0	0	0	13.3	0	7.93	5.37	0
由吾—水莲	11.84	0	0	0	11.84	0	4.3	7.54	0
昌国—东风	10.36	0	0	0	10.36	0	4.8	5.56	0
芍药山—归仁庄	10.23	0	0	0	10.23	0	6.91	3.32	0
梁邱—石井	6.93	0	0	0	6.93	0	6.93	0	0
马头崖—薛家村	14.83	0	0	0	14.83	0	0	14.83	0
许家崖—喜鹊窝	8.6	0	0	0	8.6	0	0	8.6	0
富贵庄—王家后峪	14.21	0	0	5.48	8.73	0	12.99	1.22	0
岩坡庄—和乐庄	6.02	0	0	0	6.02	0	1.41	0	4.61
小岭—月庄	1.79	0	0	1.79	0	0	0	1.79	0
车庄—贤孝庄	3.52	0	0	0	3.52	0	1.72	1.8	0
陈桥—横山	13.6	0	0	0	13.6	0	7.13	2.68	3.79
兴明—沙埠	14.31	0	0	0	14.31	0	5.52	8.79	0
东柞—大圩子	6.99	0	0	0	6.99	0	2	0	4.99
大炉—孔庄	6.26	0	0	0	6.26	0	0	6.26	0
鲁坊—石埠	7.63	0	0	0	7.63	0	0	7.63	0
芦柞—西哨	8.59	0	0	0	8.59	0	0	8.59	0
梁屯—现庄	6.01	0	0	0	6.01	0	0	6.01	0

续表 6-1-12

路线简称	长度	按技术等级分				按路面类型分			
		一级公路	二级公路	三级公路	四级公路	有铺装路面		简易铺装路面	未铺装路面
						沥青混凝土	水泥混凝土		
白山—石龙口	8.4	0	0	0	8.4	0	5.3	0	3.1
流井—东庄	7.83	0	0	0.74	7.09	0	3.15	1.73	2.95
流井—安乐庄	15.62	0	0	0	15.62	0	14.27	0	1.35
车辋—向城	13.15	0	0	1.18	11.97	1.18	4.12	7.43	0.42
尚岩—兰陵	14.93	0	0	5.79	9.14	0	3.41	4.69	6.83
坦上集—西马庙	8.33	0	0	0	8.33	0	5.84	2.49	0
新兴—白水牛石	5.98	0	0	5.98	0	0	0	5.98	0
新兴—古林	4.82	0	0	4.82	0	0	0	4.82	0
艾曲—横山	8.46	0	0	0	8.46	0	8.46	0	0
子房—刘楼	19.8	0	0	0	19.8	0	19.4	0	0.4
刘道口—陈卜	14.68	0	0	0	14.68	0	4.61	0	10.07
南泉—阴村	17.97	0	0	0	17.97	0	16.75	0	1.22
南马庄—小吴庄	10	0	0	0	10	0	7.63	0	2.37
固疃—大尚庄	4.14	0	0	0	4.14	0	4.14	0	0
后段宅—毛家	7.81	0	0	0	7.81	0	7.81	0	0
大院子—归昌	8.86	0	0	0	8.86	0	4.74	0	4.12
侯宅子—大墩	7.87	0	0	0	7.87	0	0	0	7.87
马圩子—新沂	6.9	0	0	0	6.9	0	6.9	0	0
停庙—颜庙	12.04	0	0	0	12.04	0	12.04	0	0
杨集—十三甲	13.71	0	0	0	13.71	0	12.28	0	1.43
太平—官集	11.7	0	0	0	11.7	0	2	0	9.7
颜湖—邵庄	11.25	0	0	0	11.25	0	2.14	0	9.11
颜庙—东滩头	12.24	0	0	0	12.24	0.81	8.58	0	2.85
贾庄—渠沟	13.28	0	0	0	13.28	0	5.22	0	8.06
大院子—大辛	11.21	0	0	0	11.21	0	5	0	6.21
司家—九道湾	9.44	0	0	0	9.44	0	9.44	0	0
联埠—于泉	9.13	0	0	0	9.13	0	4.15	0	4.98
古龙岗—南辰	2.07	0	0.92	1.15	0	2.07	0	0	0
韩村—腾马庄	11.36	0	0	0	11.36	2.39	8.97	0	0

续表 6-1-13

路线简称	长度	按技术等级分				按路面类型分			
		一级公路	二级公路	三级公路	四级公路	有铺装路面		简易铺装路面	未铺装路面
						沥青混凝土	水泥混凝土		
后店子—文家埠	5.36	0	0	0	5.36	0	1.52	0	3.84
胡家沟—羽山	12.24	0	0	0	12.24	0	12.24	0	0
东盘—班庄	6.49	0	0	0	6.49	0	6.49	0	0
石门—西新庄	8.89	0	0	0	8.89	0	8.57	0.33	0
华侨—后店子	2.98	0	0	2.98	0	2.98	0	0	0
烈士陵园—宋岭	2.32	0	0	2.32	0	1.76	0.56	0	0
镇武庙—金鸡墩	5.61	0	0	0	5.61	5.61	0	0	0
龙窝—大垛庄	18.63	0	0	0	18.63	0	0	0	18.63
红土—大兴三村	13.68	0	0	3.28	10.4	3.28	3.9	0	6.5
崖下—李后	5.43	0	0	0	5.43	0	2.67	0	2.76
后湖子—东盘	7.33	0	0	0	7.33	0	7.33	0	0
营子—前穆疃	3.42	0	0	0	3.42	0	0	0	3.42
古龙岗—苏山西头界	3.34	0	0	0	3.34	0	2.76	0	0.58
韩村—黄屯	2.97	0	0	0	2.97	0	2.97	0	0
东白旄—泉里井	10.63	0	0	0	10.63	0	0	0	10.63
九里—西唐岭	15.31	0	0	0	15.31	0	1.78	0	13.53
西尧—向阳村	2.5	0	0	0	2.5	0	0.86	0	1.64
徐贺—大墩	3.6	0	0	0	3.6	0	1.1	0	2.5
周庄—高湖	3.6	0	0	0	3.6	0.48	3.12	0	0
烈疃—大兴	13.26	0	0	0	13.26	11.98	1.28	0	0
侯宅子—大闸	16.13	0	0	0	16.13	0	0	0	16.13
英高埠—东日晒	10.51	0	0	0	10.51	0	0	0	10.51
前赵窝—前齐庄	7.06	0	0	0	7.06	0	7.06	0	0
陈棠—荞麦涧	8.68	0	0	0	8.68	0	1.85	0	6.83
芦庄—西日晒	4.12	0	0	0	4.12	0	0	0	4.12
大坡—西日晒	1.95	0	0	0	1.95	0	0.80	1.15	0
大兴新村—西日晒	2.09	0	0	0	2.09	0	0	0	2.09
三家村—西北哨	5.17	0	0	0	5.17	0	5.17	0	0
泗彦—郑城	2.69	0	0	0	2.69	0	2.69	0	0

续表 6-1-14

路线简称	长度	按技术等级分				按路面类型分			
		一级公路	二级公路	三级公路	四级公路	有铺装路面		简易铺装路面	未铺装路面
						沥青混凝土	水泥混凝土		
朱田—小东岭	8.34	0	0	0	8.34	0	6.96	1.38	0
北小山—石沟	3.9	0	0	3.9	0	0	0	3.9	0
新庄—石井	15.28	0	0	1.31	13.97	0	13.97	1.31	0
新桥—麻绪	7.18	0	0	7.18	0	0	6.49	0.69	0
半程—平顶庄	6.34	0	0	0	6.34	0	6.34	0	0
方城—吉乐庄	6.13	0	0	6.13	0	0	6.13	0	0
管流—李家白露	10.33	0	0	0	10.33	0	6.2	0	4.13
方城—新桥	4.74	0	0	0	4.74	0	4.07	0	0.67
魏庄—虎沃	7.12	0	0	0	7.12	0.41	2.15	0	4.56
毛官庄—太平	10.69	0	0	0	10.69	0	3.67	0	7.02
谭庄—程子河	6.78	0	0	0	6.78	6.78	0	0	0
洪岭埠—孙旺	6.79	0	0	0	6.79	0	6.79	0	0
后余墩—梅埠	6.13	0	0	0	6.13	3.97	0	0	2.16
团林—于家岭	12.85	0	0	0.38	12.47	0	3.22	4.1	5.53
泉汪—南坡	14.13	0	0	0	14.13	0	12.76	1.37	0
甘霖—大炉	11.3	0	0	0	11.3	0	10.25	1.05	0
埝头—金桥屯	17.12	0	0	2.41	14.71	0	5.12	11.61	0.39
贤孝庄—大槐树	10.02	0	0	0	10.02	0	0	10.02	0
韩塘—横山	8.69	0	0	0	8.69	0	5.64	3.05	0
车辋—孔庄	8.28	0	0	0	8.28	0	6.72	0	1.56
贾家庄—东磊石	2.1	0	0	2.1	0	0	2.1	0	0
唐沙沟—后村	4.52	0	0	4.52	0	4.52	0	0	0
碗窑—S229	6.81	0	0	0	6.81	0	5.85	0	0.96
马庄—前店子	19.82	0	0	0	19.82	0	3.9	0	15.92
南石河—西盘	11.88	0	0	0	11.88	0	4.89	0	6.99
朱田—兴富庄	17.16	0	0	0	17.16	0	9.16	0	8
太平山—旺山	11.58	0	0	0	11.58	0	10.37	1.21	0
文石线	15.52	0	0	0	15.52	0	0	8.25	7.27
长埠岭—葛庄	16.16	0	0	0	16.16	0	2.81	0	13.35

续表 6-1-15

路线简称	长度	按技术等级分				按路面类型分			
		一级公路	二级公路	三级公路	四级公路	有铺装路面		简易铺装路面	未铺装路面
						沥青混凝土	水泥混凝土		
潍徐公路—孙楼	12.33	0	0	0	12.33	0	4.86	0	7.47
张庄—侯官庄	1.84	0	0	0	1.84	0	0	0	1.84
张庄—埠上	4.81	0	0	0	4.81	0	0	0	4.81
古龙岗—李家洼	4.08	0	0	0	4.08	0	3.73	0	0.35
前八庙—大埠	15.95	0	0	0	15.95	0	4.9	0	11.05
河口—常林村	12.37	0	0	0	12.37	0	4.79	0	7.58
崖下—西盘	11.95	0	0	0	11.95	0	0	0	11.95
贺庄—高山子	13.79	0	0	0	13.79	0	0	13.79	0
张沙埠—泉里井	5.22	0	0	0	5.22	0	5.22	0	0
西大线	13.51	0	0	0	13.51	0	3.88	1.44	8.19
李家峪—崔家峪	9.02	0	0	0	9.02	0	6.06	0	2.96
葫崂线	14.81	0	0	3.53	11.28	2.01	10	0	2.8
峰下沟—东城前	6.42	0	0	0	6.42	0	0.9	1.7	3.82
石门水库—姚店子	10.9	0	0	7.52	3.38	0	0	7.52	3.38
车辋—银场	3.97	0	0	3.97	0	0	0	3.97	0
演马—姜家庄	7.84	0	0	0	7.84	0	3.49	0	4.35
桃花坪—高庄	6.08	0	0	3.62	2.46	0	0	6.08	0
北豹窝—西马山	12.76	0	0	0	12.76	0	9.1	0.38	3.28
车王路	7.54	0	0	1.58	5.96	0	5.54	1.58	0.42
石棚—石棚	4.89	0	0	0	4.89	0	0	0	4.89
泉庄—佃坪	3.61	0	0	0	3.61	0	0.92	0	2.69
上古村—下古村	5.79	0	0	0	5.79	0	3.24	0	2.55
埠西—李家坪	8.31	0	0	0	8.31	0	4.16	0	4.15
廖屋—兰山屯	9.34	0	0	0	9.34	0	5.21	0	4.13
梁海子—饮马庄	5.5	0	0	0	5.5	0	5.06	0	0.44
寺东—管集	10.94	0	0	0	10.94	0	7.56	0	3.38
郑家峪—林家寨	7.41	0	0	0	7.41	4.42	2.99	0	0
南径—张山头	4.33	0	0	0	4.33	0	0	0	4.33
铜石—广阜	5.36	0	0	0	5.36	4.51	0	0.85	0

续表 6–1–16

路线简称	长度	按技术等级分				按路面类型分			
		一级公路	二级公路	三级公路	四级公路	有铺装路面		简易铺装路面	未铺装路面
						沥青混凝土	水泥混凝土		
渊子崖—薛家	7.08	0	0	0	7.08	0	7.08	0	0
养鱼池—河里	5.53	0	0	0	5.53	0	2.97	0	2.56
李家崖—坊前镇	6.28	0	0	1.16	5.12	0	0	6.28	0
城子—陡山	10.04	0	0	0	10.04	0	4.53	4.41	1.1
马家崖—四门洞	1.49	0	0	1.49	0	0	0	1.49	0
水湖—凌胜	5.44	0	0	2.21	3.23	0	5.44	0	0
施庄子—山水口	5.41	0	0	4.37	1.04	0	4.37	0	1.04
小山前—黄庄	8.86	0	0	3.33	5.53	0	4.69	0	4.17
石屯—李官	7.35	0	0	7.35	0	2.26	5.09	0	0
正旺—房沙沟	6.7	0	0	6.7	0	4.49	2.21	0	0
黑虎墩—皇墩	5.26	0	0	4.09	1.17	1.43	2.66	0	1.17
东张屯—206 国道	6.12	0	0	0	6.12	0	6.12	0	0
东南村—长沟	8.89	0	0	2.13	6.76	2.13	6.76	0	0
寇屯—西南旺	6.73	0	0	0	6.73	0	6.73	0	0
郯城镇黄楼—马头镇张林	10.94	0	0	0	10.94	0	10.18	0	0.76
马头镇刘庄—花园乡于庄	9.37	0	0	0	9.37	0	9.37	0	0
庙山镇立朝—马站	6.49	0	0	4.05	2.44	4.05	2.44	0	0
大新庄—磨山旺庄	18.31	0	0	0	18.31	0	18.31	0	0
下村王岭—里米坑	5.77	0	0	0	5.77	0	0	5.77	0
矿坑升平庄—单庄	10.21	0	0	0	10.21	0	0	10.21	0
壮岗镇演马村—坊前镇竹墩村	11.54	0	0	0	11.54	0	5.21	6.33	0
路镇南石桥—岭泉镇	13	0	0	0	13	0	10.02	0	2.98
长安—武家洼	6.59	0	6.59	0	0	0	0	6.59	0
黄山铺村—埠西	8.85	0	0	0	8.85	0	8.85	0	0
大诸葛—上华庄	9.25	0	0	0	9.25	0	7.74	0	1.51
后坡—快堡	7.53	0	0	0	7.53	0	0	7.53	0
曹庄—塔山	9.17	0	0	0	9.17	0	9.17	0	0
南晏子—南峪	11.33	0	0	0	11.33	0	10.07	1.26	0

续表 6-1-17

路线简称	长度	按技术等级分				按路面类型分			
		一级公路	二级公路	三级公路	四级公路	有铺装路面		简易铺装路面	未铺装路面
						沥青混凝土	水泥混凝土		
西莫疃—后莫疃	2.1	0	0	0	2.1	0	2.1	0	0
山北头—黑山前	7.4	0	0	0	7.4	0	7.4	0	0
资邱—兴仁	5.73	0	0	0	5.73	0	0	5.73	0
西蒋—朱岭庄	6.06	0	0	0	6.06	0	6.06	0	0
小湖—石牛栏	14.39	0	0	0	14.39	0	6.37	6.84	1.18
洙阳—佛谢	15.44	0	0	3.43	12.01	0	11.17	3.43	0.84
西梭庄—岩岭	5.15	0	0	0	5.15	0	0.85	4.3	0
柳汪—葛沟	8.91	0	0	0	8.91	0	8.03	0	0.88
辛庄—西官庄	4.12	0	0	0	4.12	0	4.12	0	0
孔家湖—南泉	5.64	0	0	0	5.64	0	3.4	2.25	0
临沭镇中半路—西河口南村	5.07	0	0	0	5.07	0	5.07	0	0
东李官庄—镇政府驻地	7.43	0	0	0	7.43	0	7.43	0	0
龙窝—大�庄 1	21.23	0	0	0	21.23	0	1.13	0	20.1
官集—刘管线	0.98	0	0	0	0.98	0	0.98	0	0
陈棠—荞麦涧 1	0.73	0	0	0	0.73	0	0.73	0	0
南古—石门	19.46	0	0	0	19.46	0	19.46	0	0
前坡—西岭	1.54	0	0	0	1.54	0	0	0	1.54
中兴—马家河子	4.4	0	0	0	4.4	0	4.4	0	0
吕家庄—黄山旺	3.02	0	0	0	3.02	0	0.95	0	2.07
东黄庄—西土沟	1.86	0	0	0	1.86	0	1.86	0	0
上古村北山—下古村	2.84	0	0	0	2.84	0	0.68	0	2.16
于家庄—下虎峪	2.14	0	0	0	2.14	0	1.15	0.99	0
李家峪—狼王峪	2.85	0	0	0	2.85	0	0.87	0	1.98
佃坪—南山	3.36	0	0	0	3.36	0	1.08	0	2.28
涝坡—前朱营村	4.27	0	0	0	4.27	0	3.93	0.34	0
沂堂寨子—二庙马场	2.4	0	0	2.4	0	2.4	0	0	0
界牌沟—黄坡	3.93	0	0	3.93	0	3.93	0	0	0
岐山—武台	4.61	0	0	4.61	0	0	0	4.61	0

续表 6-1-18

路线简称	长度	按技术等级分				按路面类型分			
		一级公路	二级公路	三级公路	四级公路	有铺装路面		简易铺装路面	未铺装路面
						沥青混凝土	水泥混凝土		
南近台—北仲二	6.04	0	0	0	6.04	0	3.06	0	2.98
北仲二—仲村	4.68	0	0	0	4.68	0	3.92	0	0.76
贾庄—小岭	4.8	0	0	0	4.8	0	2	0	2.8
甘霖—东庄	2.94	0	0	0	2.94	0	2.94	0	0
长城新村—沙埠	11.9	0	0	0	11.9	0	1.37	3.17	7.36
石龙山—东城前	8.15	0	0	0	8.15	0	1.78	0.45	5.92
黄家屯—杨坡	3.98	0	0	0	3.98	0	3.98	0	0
范庄村—小吴庄	13.66	0	0	0	13.66	0	7.39	0	6.27
S292—肖山坡	16.53	0	0	0.66	15.87	0	10.39	0	6.14
上冶—S234	4.71	0	0	0	4.71	0	4.71	0	0
310 国道—花园村	1.73	0	0	0	1.73	0	0	0	1.73
327 国道—中洪湖	7.42	0	2.24	0	5.18	2.24	5.18	0	0
前杨墩—205 国道	7.15	0	0	0	7.15	7.15	0	0	0
前高峰头—阴村	3.61	0	0	0	3.61	0	3.61	0	0
梁屯—沂邳线	2.06	0	0	0	2.06	0	0	2.06	0
贤孝庄—迷龙	6.75	0	0	0	6.75	0	0	6.75	0
尤庄—沂邳路	2.93	0	0	0	2.93	0	0	0.84	2.09
小尚庄—大尚庄	11.94	0	0	0	11.94	0	7.14	0	4.8
石棚—石旺峪	2.19	0	0	0	2.19	0	1.02	1.17	0
饮马庄—南湖里	1.83	0	0	0	1.83	0	1.83	0	0
大新庄出口—鲁苏省界	1.39	0	0	0	1.39	0	0	0	1.39
327 国道—中洪湖	3.78	0	3.78	0	0	3.78	0	0	0
陡兴庄—吉宝峪	5.35	0	0	5.35	0	0	0	5.35	0
老俄黄路	12.32	0	12.32	0	0	12.32	0	0	0
溪沂庄—半程	12.29	0	9.96	1.92	0.41	9.5	2.79	0	0
卞庄—尤庄	11.33	0	0	6.92	4.41	6.43	0.49	4.41	0
城子村—圣良村	5	0	0	0	5	0	5	0	0
义堂代庄—小戈庄	5.22	0	4.38	0.84	0	4.38	0.84	0	0
岭泉—石沟	3.68	0	0	0	3.68	0	1.57	0	2.11
红埠寺进站线	0.91	0	0.91	0	0	0	0.91	0	0
杏峪—双星鞋厂	2.67	0	0	2.67	0	0	2.67	0	0
温水—温水火车站	2.4	0	0	0	2.4	0	0.58	0	1.82
地方—地方火车站	0.58	0	0	0	0.58	0	0	0	0.58
z003 支线	1.39	0	0	0	1.39	0	1.39	0	0

桥涵建设

1994年3月，临沂汤头沂河特大桥动工兴建，1995年12月正式通车。1997年，新建大中型桥梁17座。1999年，建设大中型桥梁120座7753延米。2002年，建成兰山花园大桥、沂南孙祖大桥等大中桥10座。2004年3月，金雀山路沂河特大桥改造工程开工，总造价约7000万元，2005年7月竣工通车。2006年，建成大中型桥梁265座13526延米。2010年年底，全市国省干线公路有特大桥7座、大桥149座、中桥354座、小桥1029座。县乡公路共有桥梁4302座，共144589.37延米，其中大桥142座34259.03延米，中桥988座53114.96延米，小桥3172座57215.38延米。

金雀山路沂河大桥改造工程 原金雀山路沂河大桥由高、低两座大桥组成。2004年市委、市政府决定对大桥进行改建，在原低桥和高桥之间新建一座大桥，同时对原高桥进行维修和加固。改建工程于2004年3月6日开工，2005年7月2日竣工通车。改建后的金雀山路沂河大桥由新旧两座大桥组成，长1760米，宽23米，双向四车道，并建有非机动车道，桥头连接线920米。新建成的大桥上安装栏杆3650米，安装桥面路灯88盏，桥体射灯702盏，彩色栏杆LED灯440盏。

327国道改线及临沂城南沂河大桥工程 327国道改线工程由山东省交通规划设计院设计，临沂市交通工程局承担建设，国家开发投资公司、省交通厅、临沂市交通委员会合资建设经营，建成后收费还贷。改线后的327国道，从河东区205国道和327国道交叉口的芝麻墩，向西跨越沂河，经206国道与京沪高速公路罗庄立交桥相接，该段东西长18公里，其中一期工程长12.2公里，与临西八路相接，路面宽28米，为水泥混凝土结构。同时建特大桥1座、中桥2座、小桥涵56座。新建的沂河特大桥，全长1560米，宽27米。该桥采用30米预应力T型梁结构，下部结构为钻孔灌注桩，设计荷载标准为汽超20挂120。路和桥均为双向六车道。工程总投资1.86亿元。该工程于1996年11月动工，1998年12月26日竣工通车。

蒙河大桥 位于沂新公路跨越蒙河处，连接沂南县砖埠镇与兰山区李官镇。按公路—Ⅰ级荷载等级设计，设计洪水频率为100年一遇，大桥上部结构为25孔20米预应力混凝土简支空心板，下部采用柱式墩、柱式台，钻孔灌注桩基础。桥梁全长506米，桥面净宽24米。总投资约3000万元，由临沂市交通运输局、兰山区、沂南县共同投资，临沂市交通工程局承建。2010年11月6日竣工通车。

玉平沂河特大桥及连接线工程 该工程按一级公路标准建设，设计速度80公里/小时，整体式路基，双向四车道，路基宽28米，路面宽23米。2009年，市交通局决定以招商引资、收费还贷的方式启动该项目。2010年9月，省发改委核准临沂市玉平沂河特大桥及连接线工程项目。至2010年年底，已完成总投资的50%。

临沂汤头沂河大桥 1994年3月8日动工，1995年12月5日正式通车。该桥是文泗公路上的一座重要特大型桥梁，位于河东区汤头镇与兰山区李官镇交界处的沂河上。1994年年初，市交通委自行设计、自筹资金修建汤头沂河大桥，长1072米，桥面标高10.5米，桥面宽12米，上部结构为20米跨径T型梁，下部结构为直径120厘米钻孔灌注桩，荷载标准为汽-20挂100，泄洪量为1.7万立方米/秒。后因交通流量增大、超载超限车辆增多，造成该桥主体出现严重病害。2009年6月18日，对该大桥实施紧急封闭。

2010年临沂市县乡公路大型桥梁情况表

表 6-2　　单位：米

桥梁名称	中心桩号	路线名称	技术等级	全长	跨径总长	桥跨组合
黄山武河大桥	22.49	临沂吴白庄—泉源	二级	663	602.5	17×20+21×12.5
土山沂河大桥	25.19	临沂吴白庄—泉源	二级	623	517.5	69×7.5
许道口大桥	42.3	文疃—泗水	二级	450	450	15×30
汤头沂河大桥	60.4	文疃—泗水	二级	1070	1000	50×20
薛庄大桥	106.72	文疃—泗水	二级	130.4	117	9×13
上冶大桥	117.08	文疃—泗水	二级	146.2	143	11×13
资邱大桥	126.19	文疃—泗水	二级	118.1	104	8×13
柏林大桥	143.13	文疃—泗水	二级	277	132	11×12
白壤大桥	151.32	文疃—泗水	二级	160	160	16×10
红卫大桥	22.94	高庄—界湖	三级	289.94	240	24×10
丹山子大桥	38.84	高庄—界湖	三级	452	452	33×13+2×11
马庄大桥	23.08	义堂南楼—流井	三级	117	117	9×13
石莲子大桥	22.7	良店—河阳	三级	127.7	100	10×10
蒙河大桥	21.85	张庄—南坊	二级	447	380	19×20
沿汶大桥	6.33	张庄—南坊	二级	416	416	26×16
大于科桥 2	7.32	大兴—李庄	二级	231	180	12×15
新沭河泻洪闸	15.94	大兴—李庄	二级	243.2	216	18×12
李庄沂河大桥	35.16	大兴—李庄	三级	431	351	27×13
蒙河大桥	0.6	垛庄—南山阳	三级	234	234	18×13
磐石大桥	31.21	垛庄—南山阳	三级	173	169	13×13
大三阳大桥	28.91	汶南—平邑城	三级	200	195	15×13
沭河南古大桥	10.08	临沭—郯城	二级	520	480	40×12
黄庄大桥	15.24	临沭—郯城	二级	320	300	20×15
黄花河大桥	0.33	三十里—蒲汪	三级	101.4	100	10×10
蒙河大桥	10.75	孙沟—许家庄子	二级	446.04	440	22×20
汤河五湖大桥	3.96	汤头—王埠	二级	180	180	13×13
后坡桥	8.56	团林—板泉	三级	124	104	13×8

续表 6-2-1

桥梁名称	中心桩号	路线名称	技术等级	全长	跨径总长	桥跨组合
壮岗大河西大桥	11.74	团林—板泉	三级	172.74	169	13×13
壮岗南桥	13.97	坪上—厉庄	三级	142	120	6×20
依汶桥	0.22	依汶—黑山安	三级	218	218	30×6
小店子大桥	3.15	大黄旺—道托	二级	125.8	105	7×15
张耿沂河大桥	0.15	张耿—崖北头	三级	397.8	383	29×13+1×6
善疃东桥	8.05	曹家坡—高桥	三级	101.4	100	10×10
四官庄漫水桥（此处为乡界）	14.58	曹家坡—高桥	三级	390	160	16×10
九岭坡桥	1.81	东徐线	三级	101.8	100	10×10
许家湖沂河桥	11.74	许家湖—姚店子	二级	350	338	26×13
沂水红卫大桥	0.05	孔家庄—徕庄	三级	355	200	25×8
魏城大桥	3.51	桃墟—常路	三级	122.7	104	8×13
联城大桥	24.3	桃墟—常路	三级	123	117	9×13
台庄大桥	31.78	桃墟—常路	三级	107.08	104	8×13
马家良大桥	1.42	旧寨—三河峪	三级	143.6	120	15×8
重山桥闸	10.76	旧寨—三河峪	三级	282	190	5×10+10×14
潘庄大桥	0.29	艾山前—八里庙子	四级	238.04	234	18×13
八里庙子大桥	9.68	艾山前—八里庙子	四级	181.1	160	20×8
朱家庄大桥	0.37	朱家庄—郭家上峪	三级	124	102	17×6
临涧桥	45.21	地方—庞庄	三级	104	104	8×13
地方大桥	9.23	资邱—红石岭	三级	363	240	12×20
围沟大桥	25.43	大洼—温水	三级	147.44	143	11×13
柏林大桥	14.46	蒙山—西埠阴	三级	102	100	5×20
小营大桥	0.46	白彦—龙山	三级	147.44	143	11×13
由吾大桥	14.28	费县城—梁邱	三级	199.1	169	13×13
桃花涧大桥	0.37	费县城—马庄镇	三级	152.1	125	5×25
姜庄湖大桥	13.2	方城—马兴庄	三级	319	315	9×35
石沟大桥	13.2	塔山—费城	二级	280	280	14×20

续表 6-2-2

桥梁名称	中心桩号	路线名称	技术等级	全长	跨径总长	桥跨组合
曹车浚河大桥	17.43	薛家庄村—石井	二级	237.04	234	18×13
东沟峪大桥	45.78	薛家庄村—石井	二级	156.4	128	8×16
仲村桥	12.7	沂堂—王岭	二级	105	105	7×15
清泉拦河闸桥	4.58	石门—南泉	四级	346	225	25×9
重坊沂河大桥	8.64	港南—重坊	三级	722	660	22×30
沭河连心桥	8.83	固疃—红花	三级	402	236	4×8+30×6+3×8
郯东沭河大桥	5.19	郯城—东海	二级	437	429	33×13
大兴桥	15.77	井店子—涝枝	二级	407.1	360	12×30
石门桥	11.18	观堂—石门	二级	154.5	112	14×8
庙子头大桥	4.89	周庄—芦庄	二级	161	130	10×13
东里庄大桥	7.55	旧寨—巨山	二级	105	105	15×7
沂南沂河大桥	5.89	界湖—辛集	一级	662	662	33×20
沂河桥	6.89	界湖—河村	二级	218	218	13×15
平邑东河大桥	0.27	平邑连接线	二级	229.4	190	19×10
古城大桥	6.58	费县连接线	二级	240	200	10×20
花园大桥	1.64	王庄—沂洪庄	二级	300	300	15×18
桥 A	2.41	王庄—沂洪庄	二级	323	300	15×20
屠苏祊河桥	1.3	义堂北屠苏—大岭	二级	159	140	9×15
张庄大桥	8.04	洪瑞—后张庄	四级	208	208	16×13
邬家岳河桥	12.44	十字路—茅墩	四级	128.2	105	7×15
孟家薛庆桥	8.12	中楼—厉家寨	四级	138.1	110	11×10
华盛大桥	1.55	艾于湖—南石门	三级	180	150	9×16
崖庄沭河大桥	0.46	沙泮线	三级	150	144	24×6.0
台庄村大桥	7.19	蒙阴—台庄	四级	118.84	104	8×13
永新大桥	23.28	广崮尧—铜石	四级	173.44	169	13×13
温水浚河大桥	9.86	蒙山—温水	二级	228	220	11×20
魏庄大桥	1.09	关西庄—上黄家湾	四级	147.4	143	11×13
南山阳大桥	0.44	南山阳—员外	四级	195	195	15×13

续表 6-2-3

桥梁名称	中心桩号	路线名称	技术等级	全长	跨径总长	桥跨组合
南东洲大桥	2.77	南山阳—员外	三级	179	150	10×15
连通沟大桥	4.06	坦上集—西马庙	四级	200	200	11×16
小于科桥	1.54	胡家沟—羽山	四级	420.21	375	25×15
河口桥	14.23	侯宅子—大闸	四级	342	312	26×12
殷庄大桥	2.4	北小山—石沟	三级	143	143	11×13
麻绪桥	6.58	新桥—麻绪	三级	352.5	112	28×4
朱村桥 A	16.01	马庄—前店子	四级	310	288	18×16
知方桥	1.39	朱田—兴富庄	四级	130	130	10×13
烈庄漫水桥	0.3	铜石—广阜	四级	200	130	26×5
山西头大桥	4.38	城子—陡山	四级	255	240	15×16
朱梅桥	6.62	壮岗镇演马村—坊前镇竹墩村	四级	143	143	11×13
岭泉桥	12.56	路镇南石桥—岭泉镇	四级	120	120	15×8

公路养护

1995 年起，在加快公路新建、改建、工程配套步伐的同时，坚持公路建设与管理养护并重的原则，大力推进公路养护体制改革。1997 年，完成稀浆封层 78.64 公里，拌铺罩面 17 公里，增加防护工程 6700 米，新植、补植行道树 46709 株，维修水泥混凝土路面 3000 平方米，建成文明样板路 109 公里，GBM 工程 101 公里，综合好路率达到 78%以上。1999 年，完成 205 国道郯城南段 23.5 公里油路大修工程，对岚济路莒南至河东段 17.5 公里分隔带实施硬化。完成油路挖补 12 万平方米，刮油 10.5 万平方

路面养护

米，综合好路率达到 83%。2000 年，全市国、省道干线共投入养护大中修资金 4300 多万元，重点进行东红路、沂台线蒙阴至苍山、莒阿线板泉至石门部分路段罩面和 205 国道芝麻墩至郯城段、206 国道苍山向城至平山后段水泥路面挖补。2002 年，主要完成 205 国道、沂台线部分路面大修工程。2005 年，投资 3.65 亿元，完成京沪高速公路临沂段路面大修、岚济路莒南至费县段水泥路面挖补等 25 项、368.9 公里大中修工程。在沂邳线沂南县城至青驼段、莒阿线莒南段、临沭段等 72.6 公里新建改建路段补植行道树 9.3 万株，种植花草带 191.5 公里，宜林路段绿化率达到 100%。2006 年 9 月，市政府办公室印发《临沂市农村公路管理养护办法》，规定市县乡村四级以及各级交通主管部门对于农村公路管理养护的责任，明确"县道县管、乡道乡管、村道村管"的原则，对责任主体、组织机构、管理职责、资金来源和考核监督做了详细规定。所有已建成的农村公路完成养护管理职责移交。2008 年，推行预防性、精细化养护，全年投入养护资金 5.1 亿元。2009 年，临沂市农村公路管理处制定《临沂市农村公路管理目标考核办法》，加强农村公路养护管理，提高县乡公路养护技术，全面推行公路绿化、美化、标准化建设。2010 年，全市交通工作会议提出"坚持公路建设和养护管理并重，侧重养护管理"的思路，建立市、县、乡、村四级农村公路养护资金投入机制，把工作重心转移到管理养护上来，加强农村公路管理养护，设立农村公路养护专项基金，建立健全农村公路管理养护机构，保障农村公路管理养护机构、责任、资金、人员落实到位。至 2010 年年底，临沂市公路已基本消灭差等路，高速公路、国省道优良路率分别为 100%、84.3%，农村公路基本达到无严重病害。

运　输

运输工具　中共十一届三中全会前，境内交通运输工具主要靠自行车和人力车等。至 1995 年，全市共有客车 956 辆，货车（普通和专用载货汽车）13770 辆，拖拉机 26551 台，其他机动车 8957 辆。随着经济发展和物流化进程的加快，高等级客货运车辆和其他机动车辆数量增长明显，拖拉机等低级运输工具拥有量持续下降。至 2010 年年底，全市客车、货车（普通和专用载货汽车）和其他机动车拥有量达 3381 辆、75432 辆、41971 辆，拖拉机拥有量 13838 台。

1995—2010 年临沂市运输工具拥有量表

表 6–3

年度	客运车辆（辆）	货运车辆（辆）	合计
1995	1209	40321	41530
1996	1381	46438	47819
1997	1639	42877	44516
1998	2342	40600	42942
1999	2862	47340	50202
2000	5387	79229	84616
2001	5761	84965	90726
2002	5902	84912	90814
2003	6271	80091	86362
2004	6440	90454	96894
2005	6702	94269	100971
2006	8142	100538	108680
2007	8189	117415	125604
2008	8594	149661	158255
2009	8664	110124	118788
2010	9582	150294	159876

说明：此表客运车辆含营运出租车、公交车，货运车辆含载货汽车、其他机动车和轮胎式拖拉机。

客运 1978年改革开放后，国有（专业）运输企业受计划经济模式及其他因素影响，一时难以适应市场经济形势，经营举步维艰，客运市场逐渐出现个体经营等多种经营方式。1994年，临沂地区交通运输有限责任公司试点推行单车租赁承包经营，至1996年逐步完善并在全公司推广，此后不断调整运输经营结构，实现从"客货并举"到"以客为主"经营模式的转变。1997年，临沂运输公司正式改制为股份制企业，即临沂市客运有限责任公司，公司客运业务进入发展期。全市客运企业不断加快运务结构调整和车辆更新步伐，大力发展高速客运，竞争城乡客运市场，推进客运集约化进程，客运行业逐步跨入健康发展轨道。随着高等级公路的发展和人民生活水平的提高，高速客运越来越受到青睐。1999年，临沂交通运输公司投资165万元入股加盟山东省全直通高速客运股份有限公司临沂分公司。2002年，全市开展客运集约化经营试点工作，临沂交运公司创建了"沂蒙快运"客运服务品牌。2005年，临沂交运公司对普通客车进行批量更新，共更新高、中级客车260部，其中高级车20部，中级车240部。2007年，临沂长途汽车客运总站新站建成启用。位于京沪高速公路临沂北出口东侧的双岭路中段路南，占地面积33公顷，站房楼建筑面积30166平方米，是当时国内规模最大的汽车站。日发客车4000个班次，日发送旅客6万人次，运营站点涵盖全市县、乡、行政村，遍布全国30个省、市、自治区。从临沂到北京、上海、郑州等大城市及周边地市全部由高速公路连接。客运班车从临沂到北京、上海、郑州朝发夕至，到周边城市2至3个小时，到各县1个小时左右。除临沂汽车客运总站外，市区内外设置隆达换乘中心、陶然换乘中心、北城换乘中心，以方便乘客换乘出行。2010年年底，全市共有客运企业20家，等级客运站184个，客车3381辆，行政村通客车率达到98.14%。

1995—2010年临沂市客运量表

表6–4

年度	客运量（万人）	旅客周转量（万人公里）
1995	1356	119349
1996	1509	136393
1997	1836	149424
1998	2104	153498
1999	2689	191013
2000	4738	336390
2001	5250	384076
2002	5963	399559
2003	6829	401915
2004	7899	450903
2005	8817	492925
2006	9786	552076
2007	12960	618580
2008	23051	928840
2009	24346	955928
2010	25500	995021

货运 改革开放初期至1995年，货运行业主要实行合同供货计划式管理，受当时通讯信息发展情况的制约，货运的周期和效率较低，道路货运业处在缓慢增长期。1995年，全市有营运货车13770辆，专业货运企业20余家，均是成立较早的国有或集体企业。完成货运量1968万吨，货物周转量143484万吨公里。1995年后，随着运输产业结构调整和竞争加剧，货运设施和装备水平稳步提高，现代物流、货运代理等新型货运服务从无到有、不断壮大，货运服务水平和供给能力逐渐提升，货运业实现跨越式发展，步入精细化、规模化、集约化发展的阶段。至2010年年底，建成金兰、天源、林丰、汇丰、华丰、永兴、澳龙、

荣庆、德正达、东立、立晨等多家大型货运场站和物流中心。全市共有货运企业、站场351家，其中物流服务企业35家，货运站场29家。站内货运信息配载站点1460家，道路危险货物运输企业26家，国际集装箱运输企业27家，大型物件运输企业2家，道路危险货物运输押运员、装卸管理人员3715人。全市营业性机动车达到15.8万辆，完成货运量27390万吨，货物周转量8092878万吨公里。

1995—2010年临沂市货运量表

表6-5

年度	货运量（万吨）	货物周转量（万吨公里）
1995	1968	143484
1996	2147	215472
1997	2263	212097
1998	2698	199522
1999	2737	202728
2000	5134	602515
2001	7319	987616
2002	6902	830010
2003	6055	710607
2004	8739	1168019
2005	10352	1296415
2006	11697	1451984
2007	13452	1630578
2008	20353	6542599
2009	25479	7972979
2010	27390	8092878

城市公共交通运输　城市出租车　1995年年初，临沂市交通部门根据交通发展需要，因势利导，将出租汽车纳入交通行业管理，为从事运营的约120台出租汽车办理营运手续。制定《关于进一步加强出租旅游客运管理的通知》和《关于加强对出租旅游车辆管理的实施意见》，出台出租车收费及计价器管理的一系列规定。1999年，市政府成立城市出租客运治理整顿领导小组，对城市出租客运市场进行治理整顿，审验登记出租车2750辆。统一出租车车体颜色、换发出租车专用牌照，将出租车纳入出租公司管理，统一出租公司的收费标准，进一步规范了出租客运行业的经营活动。

2002年3月，成立临沂市城市出租客运管理办公室，发布《临沂市城市出租汽车客运管理试行办法》。2002—2010年，制定《临沂市出租客运企业服务质量及经营管理考核试行标准》《临沂市城市出租汽车管理规范》《临沂市城市出租汽车违章处理暂行办法》《临沂市城市出租汽车"的士标兵"评选管理办法》《临沂市区出租汽车驾驶员〈服务资格证〉管理试行办法》《临沂市城市出租汽车车辆规范（暂行）》等一系列规定。对出租车进行"五统一"（统一出租车颜色、标志标识、驾驶员上岗证件、车内座套、公益宣传标语），对老旧车辆及时进行更新。建立诚信考核机制、市场监管长效机制，制定出租企业月通报制度、公开联络员制度、定期调研制度、从业人员培训制度。加强与业户的联系、沟通，进一步畅通诉求渠道，及时协调解决影响行业发展和业户利益的突出问题。2010年，临沂市区3区有城市出租车2750辆，出租汽车公司21家，行业从业人员近5000人。

城市公交　1995年后，随着临沂城市规模的扩大，公交客运市场逐步形成并稳步发展。2000年以前，交通部门管理城乡客运，城建部门管理城市客运。2001年，公交管理职能划归市交警部门。2002年8月，成立市城市公共客运管理办公室，隶属于市政公用事业管理局，将3区范围内所有城乡客运线路调整为公交线路，实现3区范

电动公交车充电

围内城乡公交一体化。2003 年 9 月，城市公共客运管理职能划归市交通局。此后，交通部门积极推行公交经营体制改革，先后制定《临沂市城市公交客运驾驶员职业培训管理暂行规定》《临沂市公交行业考核奖惩办法》等规范性文件，规范城市公共客运市场秩序，同时，不断优化公交线网结构，更新维修公交车辆。2004—2006 年，全市共更新公交车辆 175 台，新增、改造公交站牌、站棚 527 处。2007 年，为配合临沂长途汽车客运总站搬迁，满足市民出行和乘客换乘需要，对前十街及前十街以北，双岭路及双岭路以南，工业大道及工业大道以东，通达路及通达路以西范围内运行的公交线路进行调整，共调整线路 16 条，占运营线路的 36%。2008 年，编制《临沂市公共交通规划》，把公交场站和配套设施建设纳入城市建设规划，将公交港湾、停车场、首末站、候车亭等设施作为新建居民小区、大型公共活动场所等工程项目配套建设的重要内容，实行同步设计、同步建设。5 月，制定进一步加快发展城市公共交通的意见，明确提出要积极稳妥地推进公交经营体制改革，形成以国有为主导的城市公共交通体系。2009 年 10 月，市政府制定《关于进一步理顺公交体制的实施意见》。市交通运输局配套制定《公交体制理顺工作实施方案》，协助有关单位做好个体线路回收和车辆收购工作。2008—2010 年，共回收公交线路 20 条，收购车辆 341 台。2010 年，全市共有公交运营线路 52 条，车辆 1286 台，从事公交运营的企业 5 家。市公交总公司 31 条线路 839 台车辆实现 100%国有化，市区公交国有线路和车辆比例分别达到 60.4%和 63.5%。纯电动公交车和天然气公交车达到 420 台，为新能源公交车规划建设 4 处停车场，配套规划 4 处充电站和 3 处加气站。至年底，占地 1.6 公顷的焦庄公交停车场和占地 1.3 公顷的充电站建成投入使用，占地 0.7 公顷的河东停车场和 0.9 公顷的充电站建成，公交总公司停车场院内和公交第三分公司停车场内 2 个公交车专用加气站建成投入使用。

主要运输企业 临沂交通运输有限责任公司 其前身是临沂汽车运输总公司，成立于 1948 年。1999 年 1 月整体改制为国有独资的有限责任公司，更名为临沂交通运输有限责任公司。公司总资产 7.26 亿元，在册职工 6111 人、离退休职工 3834 人。有各类营运车辆 2845 部，客运营运线路 396 条，营运班次 5764 个，营运里程 2.66 万公里，年客运周转量 15.7 亿人公里、货运周转量 7472.4 万吨公里。在全市 12 个县区设有分公司、汽车站、特约维修站等 32 个分支机构和 19 个子公司。公司按照“一业为主、多种经营，优势互补、协调发展”的方针，不断拓展经营优势，增强发展活力。客运经营形成运力优良，站场优化，服务优质，设施完备，经营线路辐射全国 19 个省、直辖市、自治区 132 个地市的规模优势。货运经营形成联运服务、国际货代、集装箱运输、快送专递和危险品运输等同步并进的网络优势。汽车维修和商贸等经营以优质、诚信服务赢得市场信誉。2010 年，全公司完成营业收入 6.67 亿元，实现利税3468.6万元。

临沂市客运有限责任公司 始建于1977年，1997年改制为股份制企业。改制后，公司按照现代企业的要求，完善经营机制，加强企业管理，取得良好的经济效益和社会效益。2010年，有各类营运车辆419台，其中客运班车309台，省际包车39台，出租、租赁车辆71台。

山东荣庆物流有限公司 始建于1997年，总部位于黄山县。是一家以长途货物运输为主，集驾驶员培训、汽配供应、汽车修理维护、蔬菜食品冷藏加工、贸易为一体的综合性企业集团。2010年，有员工3000多人，总资产近10亿元。拥有上海荣庆国际储运有限公司、上海晓荣货物运输有限公司、上海鹏旭物流有限公司、荣庆物流（北京）有限公司、广州荣庆物流有限公司、山东晓荣化学货物运输有限公司、山东荣庆物流有限公司武汉分公司以及天津、济南、青岛、杭州、南京、无锡等48家分公司及办事处。

山东立晨物流股份有限公司 经交通部、商务部批准设立，由山东立晨集团和美国威特集团合资经营，是山东省较早按照第三方物流模式进行运作的专业物流公司，主营业务有第三方物流服务（全程物流服务）、大型仓储物流服务、进出口贸易、公用型保税仓库、国际货代、普通货运、国际集装箱运输、金融物流服务等。建有集物流信息交易、车辆配载、仓储服务和保税仓库于一体的国际国内物流中心——立晨国际物流园。为海信、格力电器、创维集团、春兰集团、格兰仕、美的电器、潍柴动力、台湾富士康集团、临工机械、沃尔沃（中国）机械、中国重汽等200余家海内外知名企业提供区域物流配送和仓储物流服务。2010年，公司总资产4.3亿元，有管理人员及员工680人，在国内外设分支机构56家，物流货物周转值达到400亿元。

金兰物流公司 2007年开发建设，是集运输、仓储、配送、信息服务、配套服务等功能为一体的大型综合现代物流园区。2010年，园区入驻各类经营业户500多家，从业人员近万人。日进出车辆8000余车次，有国内直达的分拨线路206条，中转线路覆盖国内1800多个县乡网点。年货物吞吐量400万吨，货值近300亿元。

第二节 铁 路

铁路建设

1995年之前，境内建成的铁路主要有兖石铁路和坪岚铁路。兖石铁路全长308.93公里，临沂境内长187公里，1981年4月开工，1984年11月全线通车。坪岚铁路属地方铁路，西接兖石路的坪上站，东至岚山港，全长31.32公里，临沂境内长3.8公里，1986年10月开工，1990年4月竣工通车。

菏（泽）兖（州）日（照）铁路 由兖日（兖石）铁路和菏兖线铁路组成，是国家“西煤东运”的重要铁路通道，全长466公里，临沂市境内187

临沂城沂河铁路桥

公里。2008年，铁道部批复实施新菏兖日铁路电气化改造工程，临沂市境内路段投资8.6亿元，2008年9月开工建设，2010年6月完工。

东（都）平（邑）铁路 北起磁莱线东都站，南接菏兖日线的平邑站，线路全长60.13公里，总投资12亿元。2008年12月26日开工建设，2010年11月建成通车。该铁路线在临沂市境内16公里，投资约3亿元。

山西中南部铁路 西起山西省吕梁市兴县瓦塘镇，东至山东省日照港，全长1260公里，临沂境内路段75公里。设计标准为国铁一级、双线电气化，设计时速为120公里。设计货运能力每年2亿吨，客车每日15对。项目总投资998亿元，资本金499亿元，其中临沂市出资30亿元。2010年9月23日，山西中南部铁路莒南段工程项目开工建设。

枣（庄）临（沂）铁路 全长119公里，为Ⅱ级国有铁路，2009年4月开工建设，2012年12月正式通车。临沂市境内62.2公里，投资15亿元。

胶（州）新（沂）铁路 全长306.6公里，总投资51.5亿元，2001年12月开工，2003年12月建成并投入运营。临沂市境内152公里，途经沂水、沂南、河东、郯城等县区，临沂段投资21.3亿元。

铁路运营管理

1986年1月，兖石线正式开通运营，临沂车务段管辖兖石线沭埠岭站至日照西站15个中间站。1996年11月，临沂站整建制划归临沂车务段管理。1997年11月，济南列车段临沂驻在所775/6次车队整建制划归临沂车务段管理。2000年11月，原临沂车务段与平邑车务段合并，组建新的临沂车务段。调整后，临沂车务段管理兖石线西起白马厂东至日照西37个车站，其中二等站1个，三等站8个，四等站22个，五等站6个。2003年1月1日起，临沂东务段管内日照西、奎山、巨峰、铁牛庙、坪上5个车站划归日照站管理。2003年12月20日，胶新铁路正式运营，沂水、沂南、汤头、临沂北、临沂南站划归临沂车务段管理。2004年，国家重点建设项目兖州北环线增二线工程竣工并投入运营，临沂车务段关闭管内汉夏、张家村站。2005年3月，铁道部实施铁路局直接管理站段的体制改革，原济南铁路分局撤销，临沂车务段直属济南铁路局管理。7月，临沂车务段管内白马厂、皂村站交兖州车务段管理。至2005年年底，临沂车务段管辖兖石线、胶新线22个车站。其中二等站1个（临沂站），三等站6个（莒南、费县、平邑、鲁舒、泗水、曲阜），四等站15个（沂水、沂南、汤头、临沂北、临沂南、郑旺、沭埠岭、红埠寺、朱保、太来庄、地方、温水、泉林、南陶洛、阮家村）。2006年，胶新线的沙墩、郯城、红花站整建制交临沂车务段管理。2007年4月，胶新线开通青石岭、杨家坡、太平站，由临沂车务段管理。2009年12月15日，原青岛西车务段管理的莒县站、峤山站、桑园站、中至站和五莲站整建制划归临沂车务段管理。2010年1月，因电气化施工，临沂车务段管内太来庄站、温水站封闭。11月20日，东（都）平（邑）铁路开通，该线的放城站交临沂车务段管理。2010年年底，临沂车务段管辖兖石线、胶新线、东平线32个车站。其中兖石线西起阮家村站东至莒南站15个车站，管辖里程227.7公里；胶新线北起五莲站南至红花站16个车站，管辖里程204公里；东平线北起放城站南至平邑站1个车站，管辖里程27.4公里。固定资产原值45602.7万元，净值30966万元，共有职工1079人（其中干部128人）。

胶新铁路沂水站

2010 年临沂市火车站旅客列车情况表

表 6–6

站名	车　　次	类型	始发站发车时间	列车至临沂时间	临沂发车时间	列车到终点站时间	里程（公里）
临沂站	1450/1451（日照—牡丹江）	普快	14:00	15:31	15:37	23:41	2419
	1452/1449（牡丹江—日照）	普快	16:48	04:18	04:22	06:00	2419
	2150/2151（郑州—日照）	普快	21:52	05:51	05:54	07:32	710
	2152/2149（日照—新乡）	普快	19:23	20:52	20:56	04:25	630
	5018/5019（烟台—菏泽）	普快	08:45	15:12	15:22	20:00	754
	5020/5017（菏泽—烟台）	普快	19:30	23:58	00:06	07:29	754
	5026/5027（青岛—菏泽）	普快	07:28	13:35	13:47	18:29	623
	5028/5025（菏泽—青岛）	普快	20:50	01:22	01:32	06:36	623
	5036/5037（枣庄西—烟台）	普快	07:50	11:29	11:37	19:19	710
	5038/5035（烟台—枣庄西）	普快	21:32	03:15	03:22	07:06	710
	K51（北京—日照）	快速	23:08	09:29	09:33	11:11	967
	K52（日照—北京）	快速	17:05	18:34	18:36	05:20	967
	K8272/K8273（日照—烟台）	快速	08:50	10:19	10:22	22:01	996
	K8274/K8271（烟台—日照）	快速	08:30	20:25	20:28	22:07	996
	K8281（济南—日照）	快速	08:11	12:18	12:21	14:10	472
	K8282（日照—济南）	快速	14:41	16:18	16:21	20:50	472
临沂北站	K1160/K1161（广州—烟台）	快速	10:00	13:41	13:47	21:50	2574
	K1162/K1159（烟台—广州）	快速	09:03	15:29	15:34	20:56	2574
	K416/K413（青岛—扬州）	快速	08:00	12:15	12:18	21:40	835
	K415/K414（扬州—青岛）	快速	08:45	17:30	17:36	21:37	835
	L258/L255（烟台—成都）	临客	10:38	18:02	18:22	06:30	2491
	L256/L257（成都—烟台）	临客	16:29	02:29	02:35	09:35	2491
	K1066/K1067（威海—汉口）	快速	09:35	17:34	17:36	05:37	1268
	K1068/K1065（汉口—威海）	快速	07:45	20:01	20:10	05:00	1268

第三节 民 航

机场建设

1957 年，临沂机场开始筹建，1958 年投入使用，为四级民用机场，占地 29.2 公顷，建有 500 米泥结碎石跑道、停机坪、候机室、导航台等设施。只有临沂至济南 1 条航线，是山东省最早的民航地方航线，航程 220 公里，使用安二型小客机。1961 年 9 月机场停航，1962 年临沂航站被撤销，机场交临沂地区体委代管使用。1970 年，机场复航。1980 年 12 月，由于客货源不足等原因，机场再次停航，临沂航站撤销。

20 世纪 90 年代，随着临沂经济的不断发展，改革开放逐年深入，小商品批发市场迅速崛起，机场通航成为社会发展的迫切需要。1994 年，临沂自筹资金 2.2 亿元扩建临沂机场。1998 年 10 月，市政府采取“委托经营、独立核算、自负盈亏、差额补贴”的托管方式，委托山东航空公司经营机场。1999 年 1 月 18 日正式通航。扩建后的临沂机场占地 141.9 公顷，其中场内占地 133.8 公顷，场外占地 8.1 公顷。飞行区技术等级 4C 级，跑道长 2400 米、宽 45 米。站坪面积 3.6 万平方米，具备全天候航管、导航、气象、通讯、灯光等配套设施。2006 年，成立民航筹备处。2007 年，成立民航局，代市政府履行管理民航职责。2009 年，临沂机场实施设施设备改造工程。工程总概算 2.3 亿元，其中国家民航局专项补助资金 5000 万元。改造重点是临沂机场航站楼、站坪扩建和部分设施设备改造。2010 年年底，完成二期改造工程。新航站楼 2010 年 11 月 20 日投入使用。2010 年，通航城市达到 19 个，全年客运吞吐量 542759 人次，货邮吞吐量 2015.6 吨。

民航安全管理

1999 年机场通航后，先后建立《临沂机场安全控制区管理规定》《临沂机场停机坪安全管理制度》等一系列规章制度。对机场控制区实行封闭式分区管理。候机楼内设置安全监控系统，安装自动报警、水喷淋、1301 气体自动灭火等消防系统和干粉灭火器、室内消火栓及室外消火栓等消防器材。坚持立足地面、预防为主的方针，对乘机人员和货物进行严格的安全检查，确保把易燃易爆等危险违禁品和一切危害空防安全的因素查堵在地面。严格贯彻落实《中华人民共和国民用航空法》，国务院、中央军委《关于保护机场净空的规定》和国家民航总局《关于保护机场净空的通知》，对机场净空保护区域内建筑物和设施严格审批。制定《临沂机场应急救援计划》，2005 年开始组织综合桌面演练，每 2 年一次。

临沂飞机场

航运线路

1999 年 1 月 18 日，山东航空公司使用波音 737 飞机开辟临沂—温州—广州的往返航线，后改为青岛—临沂—广州往返经停临沂，并由最初的每周二班逐渐增加到每日往返一班。南方航空公司使用空中客车320型飞机开辟临沂—广州往返航线，相继开通临沂至济南、武汉、青岛、大连、沈阳、北京、南京、烟台等城市的航线。2000年，山航开通临沂至上海的航线。2001年，山航使用新购进的挑战者—200飞机相继开通临沂至济南、大连、佳木斯、长春、潍坊、北京、上海、温州等城市的航线。2002年，山航开通烟台—临沂—广州航班、青岛—临沂—广州航班。2003年，上海航空公司开通临沂—宁波航班。2005年，山航采用无缝隙衔接航班的方式，通过临沂—济南航班，转乘衔接山航济南出港航班，并开通至上海、大连、成都、哈尔滨、西安、威海、福州、厦门、南京、深圳、桂林、海口、乌鲁木齐、银川、重庆、昆明等十余条航线。

2006年10月29日，中国联合航空公司开辟临沂—北京南苑航线。12月1日，东方航空公司和上海航空公司开通上海（虹桥）航线。2007年8月2日，开通大连—临沂—西安航线，由海航执飞，使用D38型飞机。10月16日，开通重庆—杭州—临沂航线，由华夏航空公司执飞，使用CRJ型飞机。2008年1月5日，开通西安—临沂航线，由鲲鹏航空公司执飞，使用CRJ飞机。4月3日，开通厦门—杭州—临沂航线。7月5日，开通威海—临沂—西安航线，使用CRJ飞机，由华夏航空公司执飞。7月11日，开通武汉—临沂—哈尔滨航线，使用E米B145飞机。10月12日，开通大连—临沂航线，由华夏航空公司执飞，使用CRJ飞机。11月1日，开通武汉—临沂—沈阳航线，使用E米B145飞机。12月2日，开通威海—临沂—大连航线，使用D38飞机；12月28日，开通杭州—临沂航线，使用D38飞机，由大新华航空公司执飞。

2009年1月1日，开通武汉—临沂—沈阳航线，由东航武汉航空公司执飞，使用E米B145飞机。3月2日，开通成都—临沂—沈阳航线，使用CRJ飞机，由华夏航空公司执飞；3月7日，开通沈阳—临沂—温州航线，由东北航空公司执飞，使用E米B145飞机。5月6日，开通深圳—温州—临沂航线，由南航执飞，使用A320飞机；5月18日，开通厦门—杭州—临沂航线，由东航武汉航空公司执飞，使用CRJ飞机。7月1日，开通成都—武汉—临沂航线，由华夏航空公司执飞，使用CRJ飞机。8月7日，开通北京—临沂航线，由东航执飞，使用B733飞机。9月2日，开通浦东—临沂航线，由上航执飞，使用CRJ飞机。10月11日，开通厦门—杭州—临沂航线，由东航执飞，使用B737飞机；10月25日，开通虹桥—临沂—大连航线，由东航执飞,使用B737飞机。2010年3月28日，开通烟台—临沂—广州航线，由山航执飞，使用B737飞机；同日开通济南—临沂—成都航线，由川航执飞，使用A319飞机。7月14日，开通虹桥—临沂航线，由春秋航空公司执飞，使用B738飞机。10月31日，开通广州—临沂航线，由深航执飞，使用A320飞机。11月12日，开通海口—桂林—临沂航线，由海航执飞，使用B738飞机。12月6日，开通丽江—长沙—临沂航线，由东航执飞，使用B737飞机。至2010年年底，临沂机场共开通20条航线，每周航班106个，通航北京、上海、广州、成都、深圳、杭州、厦门、大连、西安、温州、义乌、沈阳、济南、福州、昆明、长沙16个城市。

2010 年临沂飞机场旅客航班情况表

表 6–7

航　程	航班号	起飞时间	到达时间	班　期	票价（元）	机　型
临沂—南苑	KN2270	9:50	10:55	每日	690	737
临沂—南苑	KN2294	13:10	14:10	每周二、四、六	690	738
临沂—首都	MU2074	22:00	23:25	每日	690	737
临沂—虹桥	MU2340	10:10	11:30	每日	710	737
	FM9238	20:55	22:20	每日		737
临沂—广州	ZH9748	11:45	14:05	每日	1250	A319
临沂—杭州	MU2668	15:45	17:05	每日	790	737
临沂—厦门	MU2668	15:45	19:30	每日	1350	737
临沂—大连	MU5773	10:30	11:30	每日	690	73D
临沂—昆明	MU5774	13:50	17:00	每日	2000	73D
临沂—成都	3U8816	17:25	20:00	每周一、三、五、日	1800	A320
临沂—长沙	MU5854	16:25	18:15	每周一、三、五	1200	737
临沂—丽江	MU5854	16:25	21:40	每周一、三、五	2650	737
临沂—桂林	HU7836	12:35	14:55	每周一、三、五	1490	738
临沂—海口	HU7836	12:35	16:55	每周一、三、五	1990	738
临沂—温州	CZ3316	12:55	14:25	每周一、五	930	A320
临沂—深圳	CZ3316	12:55	17:15	每周一、五	1560	A320
南苑—临沂	KN2269	8:05	9:05	每日	690	737
南苑—临沂	KN2293	11:20	12:20	每周二、四、六	690	738
首都—临沂	MU2073	19:45	21:15	每日	690	737
虹桥—临沂	MU2339	8:15	9:20	每日	710	737
	FM9237	18:35	20:00	每日		737

续表 6-7

航　程	航班号	起飞时间	到达时间	班　期	票价（元）	机　型
广州—临沂	ZH9747	8:45	11:00	每日	1250	A319
厦门—临沂	MU2667	11:45	15:00	每日	1350	737
杭州—临沂	MU2667	13:50	15:00	每日	790	737
昆明—临沂	MU5773	7:00	9:50	每日	2000	73D
大连—临沂	MU5774	12:10	13:10	每日	690	73D
成都—临沂	3U8815	14:25	16:35	每周一、三、五、日	1800	A320
丽江—临沂	MU5853	11:00	15:45	每周一、三、五	2650	737
长沙—临沂	MU5853	13:55	15:45	每周一、三、五	1200	737
海口—临沂	HU7835	7:25	11:45	每周一、三、五	1990	738
桂林—临沂	HU7835	9:40	11:45	每周一、三、五	1490	738
深圳—临沂	CZ3315	7:55	12:10	每周一、五	1560	A320
温州—临沂	CZ3315	10:40	12:10	每周一、五	930	A32

客货运输

1999 年初，临沂机场投入运营，当年实现客运吞吐量 23498 人次，货邮吞吐量 424.6 吨。2007 年 1 月成立临沂市民用航空管理局后，航班数量、飞机起降架次、旅客进出港吞吐量大幅度增长。是年，客运吞吐量 217627 人，货邮 510.5 吨，保障安全飞行 3523 架次。此后，客货运输量逐年稳步增长。2010 年，出现较大幅度增长，客运吞吐量达 542759 人，货邮 2015.6 吨，保障安全飞行 6983 架次。通航城市为北京、上海、大连、杭州、厦门、丽江、长沙、济南、成都、温州、深圳、海口、桂林、广州、烟台、青岛、西安、威海、武汉。

1999—2010 年临沂机场旅客运输与货物运输情况表

表 6-8

年度	旅客运输（人次）	货物运输（吨）
1999	23498	424.6
2000	41431	607.8
2001	57606	742.8
2002	62035	844.5
2003	45102	604
2004	52523	639.7
2005	76255	605.8
2006	159301	488.7
2007	217627	510.5
2008	233686	746
2009	301332	1163.3
2010	542759	2015.6

第二章 邮 政

1995年，临沂市邮电局辖12个县区邮电局，305个乡镇支局（所）。全市净增邮政储蓄余额4.3亿元，总余额达到12亿元，实现利差收入近3000万元。特快专递业务实现收入381.75万元。1996年，建成10个电脑化支局，县城以上邮政营业全部实现微机处理，邮政用微机达256台。市邮电局开办至台湾鲜花礼仪电报业务。1998年，邮电改革，成立临沂市邮政局，辖9县3区邮政局。全年完成邮政业务收入0.72亿元，信函自动分拣系统投入运营。1999年，完成业务收入1.09亿元。在全省率先成立快递公司，免费为订阅报刊的居民家庭安装信报箱，实现楼房通邮率100%。全市电子化支局达到210个，ATM机29台，邮路达到3411公里。2001年，函件总量达到3650.9万件，完成邮政业务收入1.68亿元，实现扭亏为盈，年终邮政储蓄余额突破40亿元，开通电子汇兑网点24处，绿卡网点达到194处，全市恢复网点54处。2003年，实现邮政业务收入1.9亿元，邮储余额突破50亿元。全市邮政储蓄绿卡网点全部与省中心联网。建成省级标准化支局4个、市级标准化支局127个、电子汇兑网点208处，成立“11185”信息服务中心。开通中邮物流快递网，建成13个县区物流配送中心、300个配送站、9500个配送点，有配送车辆200辆。2005年，完成邮政业务收入2.39亿元。邮政网点274处，邮路41条，投递段道833条，邮路长度4531公里。全市实现村村通邮，邮储网点全部实现全国联网、通存通兑，所有邮政支局实现电子化作业。建成“三农”服务站7931个，与省内外中邮物流公司共同组建成覆盖全国、沟通城乡的物流配送网。

2007年，开展小额质押贷款业务，贷款金额与结余均居全国同级城市第一位。累计改造网点132处，市级标准化支局达标率97.7%。2008年，邮政体制改革，成立邮政储蓄银行临沂市分行，独立运作，单独核算。共27个一类支行、108个二类支行。全市55个城市支局、213个农村支局中，从事金融代理业务的分别有41个、182个。2009年，完成邮政业务收入2.32亿元。中邮物流公司成立，独立运营核算。市邮政局辖9县3区邮政局，共54个城市支局、197个农村支局。建成规范“三农”服务站2790个，配送中心162个，农友之家362个。2010年，实现邮政业务收入2.67亿元。2005年起，对全市邮政营业网点结构进行调整。到2010年，共撤并规模小、劳动生产率低的网点32处。

第一节 邮 路

1995年，全市有二级邮路8条，总长5321公里，农村邮路643条，总长23598公里，市到县邮件次日投递率100%，市内信函日投2次，市内楼房通邮率100%。开通临沂至薛城、临沂至济南2条干线邮路。1996年，开通省内二级干线邮路5条，其中3条为省内快递邮路，临沂特快专递在省内（威海除外）实现当日寄递，次日投递；进出口邮件接发车次数达到32个。1997年4月，临青线开通，全程340公里，途经日照达青岛。1999年4月，成立邮区中心局，开通7条市内邮路，分别是临沂—临沭—郯城、临沂—苍山、临沂—沂南—沂水、临沂—蒙阴、临沂—莒南、南支线、东支线，总长690公里。2004年7月，市内有9条邮路实行承包经营，分别是临沂—蒙阴、临沂—临沭、临沂—苍山、临沂—沂水、临沂—郯城、临沂—费县、临沂—沂南、临沂—莒南、临沂—平邑，总长735公里。2007年1月，开通临沂—枣庄报刊邮路，单程130公里。4月，开通市内快速邮路4条，分别是临沂—蒙阴、临沂—沂水、临沂—临沭—莒南、临沂—郯城—苍山，总长1120公里。

第二节　基础业务

函　件

1995年，市邮政局出口挂函件，国内2327.76万件，国际及港澳台8.62万件。函件业务种类有信函、明信片，邮简、印刷品、盲人读物、邮送广告、义务兵免费信件等。1996年12月，国家调整邮政资费，国内平信资费每重20克或其零数，本外埠提高到0.5元，印刷品首重100克或其零数，本外埠0.3元，挂号费由0.3元调整为1元。1997年，临沂邮政出口挂函件，国内1519.81万件，国际及港澳台6.34万件。1998年10月，市邮政局开办“企业拜年卡”业务。1999年3月，平信、印刷品计费方式改为首续重分别计费。平信首重100克内每20克为一计费单位，本埠为0.6元，外埠为0.8元。印刷品本埠0.3元，外埠0.6元；续重每100克，本埠为1.2元，外埠为2元，挂号费由1元调整为2元。2006年，国内平挂函件出口1470.25万件，进口2350.28万件。2009年10月，资费再次调整，信函首重100克，每重20克为一计费单位，本埠0.8元，外埠1.2元，续重每100克，本埠1.2元，外埠2元。印刷品首重100克，本埠0.4元，外埠0.7元；续重每100克，本埠0.2元，外埠0.4元。邮简每件本埠0.8元，外埠1.2元。回音卡每件0.8元，挂号费每件3元，回执每件3元。2010年，国内出口平挂函件590.18万件，进口函件2118.09万件。

1995—2010年临沂市国内函件业务量表

表6-9　　单位：万件

年度	函件出口	函件进口	函件转口
1995	2327.76		
1996	1777.78		
1997	1519.81		
1998	2197.81		
1999	2001.94	3049.44	4256.65
2000	2113.04	2831.98	2083.56
2001	2619.67		
2002	1712.2		
2003	1908.99		
2004	1086.52		
2005	1161.16		
2006	1470.25	2350.28	
2007	1179.32	1935.69	
2008	914.86	1960.68	
2009	609.85	1715.23	
2010	590.18	2118.09	

1995—2010年临沂市国际及港澳台邮件业务量表

表6-10　　单位：件

年度	平常函件		给据函件		包裹	
	出口	进口	出口	进口	出口	进口
1995	86174				194	
1996	75502				173	
1997	63399				129	

续表 6-10

年度	平常函件		给据函件		包裹	
	出口	进口	出口	进口	出口	进口
1998	50958				160	
1999	45585				183	
2000	55128		682		291	
2001	35878		137		515	
2002	12250		398		604	
2003	12179		360		633	
2004	9947		508		710	
2005	6953		688		748	
2006	38638	63936	1480	7392	1103	
2007	10314	5269	387	1178	1371	
2008	4195	319	208	324	1647	
2009	3875	269	338	243	1605	5272
2010	2228	1785	415	265	1532	9811

1995—2010 年临沂市国内包件业务量表

表 6-11　　单位：万件

年度	出口	进口	转口
1995	25.15		
1996	25.3		
1997	23.54		
1998	22.5		
1999	20.58	37.24	48.58
2000	18.87	32.9	23.16
2001	20.63		
2002	21.51		
2003	23.71		
2004	19.25		
2005	16.3		
2006	17.57	61.31	
2007	19.57	43.48	
2008	15.01	51.44	
2009	13.57	49.8	
2010	13.49	55.76	

包　件

1995 年，全市收寄各类包裹 25.15 万件。1996 年 12 月，取消商品包裹、民用包裹、纸制品包裹，民用包裹、商品包裹统一按包裹收寄，纸制品包裹按印刷品函件收寄。1998 年 6 月，开办直递包裹业务。1999 年，收寄各类包裹 20.58 万件，进口 37.24 万件，转口 48.58 万件。2001 年 8 月，开办快递包裹业务，全市城区包裹实行直投到户。2006 年 4 月，开办“爱心包裹”业务。2008 年，收寄各类包裹 15.01 万件，进口 51.44 万件。2010 年，出口包件业务量达到 13.49 万件，进口包件业务量 55.76 万件。

汇　兑

1995 年，全市邮政开发汇票 60137 张。1996 年 6 月，市邮政局调整汇票金额，邮政汇票每笔最高限额由 5000 元调整为 10000 元，高额汇票最低限额由 500 元调整为 1000 元。1998 年 7 月，邮政汇款业务停办。2001 年，开通电子汇兑网点 24 处。2002 年 10 月，邮政汇款每笔最高限额由 1 万元调整为 5 万元。12 月，开办国内 2 小时加急电子汇兑业务。2003 年，全市建成电子汇兑网点 208 处。开发汇票 38.67 万张，兑付汇票 95.94 万张。2005 年，建成金融两网互通工程，实现邮政储蓄和邮政汇兑网络对接。2006 年12 月，中国邮政汇兑结算全国大集中系统上线。2008 年 3 月 31 日通过项目初验。2009 年，已建立成熟的电子汇兑系统平台，开通按址汇款、密码汇款、入账汇款、商务汇款和网上支付汇款 5 种电子汇兑业务。网上支付汇款有网汇通、网汇 e 和支付宝订单支付业务。邮政国际汇款有邮银汇款、西联汇款、邮政汇款。2010 年，全市邮政开发汇票 65.58 万张，兑付汇票 20.51 万张。

报刊发行

1995 年，成立临沂市发行投递分局，负责临沂市区的报刊收订分发、投递及全市报刊业务管理。共发行报纸 13216 万份，杂志 376 万份。1996 年，完成报刊发行收入 737.42 万元。1998 年，实行户箱工程，安装信报箱 2.9 万个，发展订户 3.1 万户。发行报纸 12489.5 万份，杂志 387.6 万份，实现报刊流转额 4817.86 万元。1999 年，成立快达投递公司。2000 年，报刊分发中心成立，报刊分发系统正式上线。发行报纸 13665.2 万份，杂志 367 万份，实现报刊流转额 4851.62 万元。

2001 年，临沂大众印务公司成立并投入试运行，同时《大众日报》在临沂分印，实现当日见报。2002 年，《齐鲁晚报》在临沂分印。2003 年，市邮政局成立报刊发行局和投递局，分别管理全市报刊发行和市区投递业务。2004 年，开展治理报刊散乱专项活动，对非法出版物进行清理整顿。2005 年，市邮政局开展报刊发行专业营销体制建设，拓宽发行市场。2007 年，邮政系统开展服务“三农”活动，以科技类报刊为导向，积极开拓农村发行市场。2008 年，《参考消息》《特别文摘》在临沂分印，其中《特别文摘》实现发行、广告、投递一条龙运作方式。发行报纸 8525.1 万份，杂志 350.5 万份，实现报刊流转额 5954 万元。2009 年，《临沂日报》《沂蒙晚报》《鲁南商报》自办发行，乡镇以下农村交邮政局代投。2010 年，发行报纸 9050.07 万份，杂志 346.94 万份。

1995—2010 年临沂市订销报刊发行量表

表 6-12　　单位：万份

年度	报纸累计份数	杂志累计份数
1995	13216	376
1996	13115.1	367
1997	13247.2	397.6
1998	12489.5	387.6
1999	12584.3	386.5
2000	13665.2	367
2001	8562.4	335.6
2002	8481.7	301
2003	6831.6	276.7
2004	6717	325.6
2005	7438.5	322
2006	7455.4	358
2007	7869	407
2008	8525.1	350.5
2009	8261.2	311
2010	9050.07	346.94

投　递

城市投递　1994 年，有城市投递段 27 个，总里程 1285 公里。1998 年，实施“户箱工程”，城市住宅小区设置楼房信报箱群，解决高层楼房信报投递问题。临沂城内设投递班 5 个，分别是西投递班、南投递班、新村投递班、北园投递班、西郊投递班，设 32 个自行车投递段、3 个汽车段，有投递员 45 人。投递往返里程 1225 公里，是全国第一个实施报刊投递到户的城市。后城内投递部发展到 8 个，分别是解放路投递部、海关路投递部、西苑投递部、北园投递部、西郊投递部、商城投递部、北城投递部、市委投递部，设

94个自行车投递段、2个汽车段，有投递员102人，投递往返里程3360公里。2008年5月1日，投递信息系统上线，全市城区投递实现微机打印投递清单，给据邮件可网上跟踪查询投递信息。2010年，为加快投递时限，减轻投递员工作负担，全市城区投递员全部更换电动自行车。

农村投递　1994年，完善规范农村邮路管理措施，农村投递邮路总长41840公里。2000—2008年，全市设农村投递段564个，其中周六班524个，周三班40个，投递员544人，90%以上投递员自备摩托车投递，往返投递里程52681公里。2009年，投递信息系统上线，全市所有农村投递部门实现微机打印清单，给据邮件可网上跟踪查询投递信息。2010年，全市设农村投递段510个，其中周六班390个，周三班120个，投递员450人，90%以上投递员自备摩托车投递，往返里程49368公里。

第三节　特快专递

1988年1月，莒南、平邑、费县、蒙阴、沂水、沂南、临沭、郯城县开办邮政快件业务，限寄到县政府驻地的城镇。1989年，全地区邮政快件业务量达9.8万件，特快专递业务实现收入381.75万元。1995年7月，市及各县区邮电局开办邮政同城和异地礼仪专递业务，礼仪业务包括鲜花、蛋糕等礼仪类专递及会议、庆典、婚礼等礼仪策划和服务。9月，与德国、日本、美国、英国等18个国家和地区合作，开办国际特快专递邮件收件人付费业务。1997年，设立“185”特快专递综合服务台，为用户提供上门揽收特快专递邮件、业务咨询及邮件查询等服务，全市特快专递实现收入693.7万元。1999年，在全省率先成立快达投递公司，开办驾驶员证寄递业务。2003年4月，成立山东省中邮物流公司临沂分公司，开通中邮物流快递网。快达投递公司撤销，并入中邮物流公司。2009年，中邮物流公司与市邮政局分营，独立核算。临沂发往日本、韩国等国家及全国各地的全夜航特快专递实现次日送达，发往省内的特快专递实现次晨送达。2010年，全市邮政系统特快专递出口159.13万件，进口95.03万件。

1995—2010年临沂市邮政特快专递业务量表

表6-13　　单位：万件

年度	出口	进口	转口
1995	17.01		
1996	20.83		
1997	18.71		
1998	20.87		
1999	22.94	35.9	7.43
2000	26.17	25.84	5.21
2001	29.2		
2002	40.86		
2003	57.75		
2004	75.53		
2005	112.15		
2006	111.09	184.32	
2007	86.65	98.47	
2008	112.86	384.9	
2009	128.03	110.26	
2010	159.13	95.03	

第四节　集　邮

1995年，市邮票公司设立集邮专柜，主要办理新邮预定和零售票业务。12月，首发孙子兵法特种邮票。1996年，国内集邮市场持续升温，部分早期邮品、近代邮品价格上涨，邮市较为活跃。1998年，市邮电局成立集邮信托部，经营各种邮资票品。成立铁路公安段、中医院、医专集邮协会和齐鲁邮学会。1999年，集邮信托部并入临沂市集邮公司。2001年，举办庆祝中国共产党成立八十周年集邮展。2002年，临沂市魏瑶琴《国画世界》邮集在山东省迎接十六大集邮展上获三等奖。2003年，临沂铁路集邮协会创建快乐集邮论坛网站。2005年，举办人民军队早期将领——罗炳辉纪念邮票首发活动，全年集邮业务收入670万元。2007年，举办首届临沂市“红色沂蒙”青少年集邮夏令营，集邮业务收入870万元。

2008年，组织参加北京市集邮协会和《中国集邮报》主办的迎奥运中国小公民集邮知识竞赛，获组织奖。魏瑶琴《扇苑》邮集获2008全国新人新作集邮展三等奖。2009年，沂蒙集邮联谊会成立。举办集邮进校园活动，临沂第四实验小学集邮班成立，举办首届“校园小邮使”集邮活动及青少年邮展。集邮业务收入1260万元。2010年，临沂市沂蒙山集邮协会更名为临沂市沂蒙青少年集邮协会。举办首届临沂市集邮文化节、第六届集邮展览和中国古代书法——行书特种邮票首发式。成立沂蒙少年邮局、琅邪邮声联谊会。市集邮协会会刊《临沂集邮》试刊，《临沂纪念邮戳图鉴（1983—2009）》出版发行。临沂第四实验小学获“全国青少年集邮活动示范基地”称号。魏瑶琴论文《从港、澳、台民间传说题材邮票看中华传统文化的地位和影响》获齐鲁集邮研究会2010年集邮学术有奖征文二等奖。全市集邮业务收入1760万元。

第三章 电　　信

1990年，临沂市开通程控电话。1993年开通模拟移动电话，1994年实现“两化三网”（城乡电话交换程控化、传输数字化，建成C3本地数字电话网、移动电话全国联网、无线寻呼全国联网）。1995—1998年，电信网络装备水平和技术层次发生质的飞跃，长途干线基本形成以光缆为主、数字微波和卫星为辅的大容量、高速率的信息传输通道，市到省、县全部实现光缆传输，省到市具备了光缆和微波两种大容量数字传输手段。1996年，建成全市移动电话、无线寻呼、数据通信、多媒体通信、ATM宽带、电视电话会议系统等现代化通信网络，以及同步数字传输、商用电子数据交换系统，实现固定电话交换由人工向程控、长途传输由模拟向数字的转变。1998年，临沂市邮电局完成邮政、电信分营，全市完成电信业务总量6.7亿元。1999年7月，市电信局和移动通信公司临沂分公司实现电信分营。1999年9月，中国联通临沂分公司正式运营。2001年，铁通公司成立。2002年12月，临沂市电信公司重组。随着电信体制改革的不断深入，形成网通、移动、联通、电信、铁通、卫通6家电信运营企业相互竞争、共同发展的电信市场格局。2004年，电信业务总收入达到23.6亿元。网通临沂市分公司建成先进的IP和多媒体通信网，宽带、有线、无线等各种接入技术得到广泛应用。光传输、波分复用等技术得到应用，骨干传输网规模和技术层次达到世界先进水平。光缆传输网覆盖95%以上行政村，数据及多媒体通信网遍布城乡。2006年，中国网通宽带网络覆盖全部行政村，临沂市成为全省第一个宽带网络村村通的市。2007年，全市有固定电话用户224.7万户，移动电话用户370.1万户，电话普及率达59部/百人，互联网用户达30.6万户，全市电信业务收入36.7亿元。网通临沂分公司完成宽带城域网中继扩容，出口带宽达到60G，完成市区主要小区的FTTX+LAN宽带网络改造工程，实现“千兆到大楼，百兆到桌面”的网络接入环境，全市农村光缆覆盖率和城区光缆覆盖率均达100%。2008年，实施“光进铜退”工程，用光缆更换大对数电缆，通信网络向高带宽、高稳定性、多业务承载方向发展。建成IP承载网络，保证党政军、金融类客户高带宽业务的QOS传输需求。11月，中国网通、中国联通合并为中国联合网络通信有限公司。2009年，中国铁通临沂分公司正式划归中国移动集团，成为全资子公司。

第一节　固定电话

1995年，9县3区电话统一由6位升7位，建成扩大的C3本地网。有长途电话线路3416条，电话交换机容量22.6万门，市内电话交换机容量5.85万门。住宅小区市话线路全部实现一户一线。数据通信实现全国联网。年末，全市共有电话用户14.87万户，电话普及率1.54部/百人。1996年，开通数字电话系统，县区全部实现程控化，乡镇全部实现数字化。通电话的行政村7638个，占行政村总数的80.5%。费县、兰山区实现村村通电话。数据通信用户达330户。1998年，全市新增本地网电话7.1万户，达到31.8万户。新增公用电话6140部，达到1.7万部，其中新增IC卡电话631部。全市电话普及率达到4.77部/百人，市话普及率达到38.7部/百人。新增数据基础用户305户，达到1042户；新增数据增值用户1767户，达到2021户。开通全市市话业务计算机综合管理系统，实现任意网点交话费。在沂蒙路、金雀山一路设置无人值守公话亭44处，安装卡式电话机90部。1999年，全市基本实现村村通电话。

2000年，临沂市以电话村建设带动电话乡镇、电话县区建设，完成电话放号28.5万部，超过1998年以前所有电话用户总和。建成760个电话村、16个电话乡镇，罗庄区建成全市第一个电话区。数据业务高速增长，发展PC机上网用户7.9万户，累计达8.8万户。年末固定电话交换机容量超过110万门，电话用户72.6万户。2001年，全市固定电话用户达到110万户，成为全国第一个电话过百万的革命老区。基础数据用户净增943户，累计达到2968户；数据增值业务净增9.5万户，累计达到15.4万户。5月，无线市话正式开通。至年底，临沂电信小灵通用户达到1.59万部。2004年，网通临沂市分公司（临沂市电信公司）电话用户总数在全国五大革命老区中率先突破200万户。2007年，全市有固定电话用户224.7万户。随着移动通信业务的迅速发展，手机逐渐普及，固定电话用户数开始逐年下降。至2009年，全市有固定电话用户141.9万户。

第二节　移动电话

1993年，临沂市开通模拟移动电话。1995年，全市完成移动电话放号7744部，移动通信实现全国联网漫游。1996年，开通2500E型（模拟）移动交换机和GSM数字移动通信交换机，移动通信基站达到25个，信道960个，移动电话用户2.11万户。1998年，发展移动电话3.97万部，总数达到7.9万部，移动电话实现即买即通。1999年7月，山东移动通信公司临沂分公司与临沂市电信局分离成立。9月，中国联通临沂分公司正式挂牌运营。2001年，全市移动电话装机容量达86.5万门，用户68.4万户。移动通信公司临沂分公司网络实现全市村村覆盖，城镇完全覆盖，市域内交通沿线连续覆盖，全市人口覆盖率达到98%以上，地理覆盖率达到95%以上，搭建2.5代（GPRS）移动通信平台，国际漫游业务通达90个国家和地区的152个运营公司。12月，关闭运营9年的模拟移动网，公司停止经营模拟移动电话业务，进入数字通信时代。

2002年3月，中国联通临沂分公司与移动通信公司临沂分公司签订《电信网网间互联协议》《互联互通补充协议》，实现联通GSM、CDMA本地网与移动GSM本地网的互联互通。与电信关口局交换机进行割接及中继电路扩容调整，实现电信、移动、联通、铁通互联互通。2004年，全市移动电话交换机容量196万门，移动电话用户160.22万户。至2005年年末，联通临沂分公司累计投资10亿多元，共建成本地传输光缆线路5245.3公里，基站873个，实现对全市的全面覆盖。2006年，全市移动电话用户282.4万户，首次超过固定电话用户数。2007—2008年，移动临沂分公司进一步加快移动通讯网络建设，网络的技术层次、规模容量和服务水平有了质的飞跃。至2008年年底，系统主交换机达到18台，其他各式交换机59台，交换容量超过860万户，基站超过1800处，载频超过2.5万块，地理覆盖率和人口覆盖率分别达到99.2%、99.8%。与231个国家和地区的350个运营公司开通GSM国际漫游业务。2009年，全市移动电话用户达586.8万户。联通临沂分公司开通3G业务，可漫游184个国家。移动临沂分公司基站总数达3000处，系统交换总容量超过1000万户，基本达到100%的地理覆盖和人口覆盖。2010年，电信临沂分公司率先将3G网络覆盖全市所有乡镇、街道。

金雀山路移动营业厅

第三节　无线寻呼

1995年，开通10万户无线寻呼系统，建成988寻呼台，发展BB机25708部，无线寻呼实现全省联网漫游。1996年，发展BB机2.36万部，无线寻呼用户达到6.8万户。1997年，成立临沂市通达无线寻呼有限责任公司，无线寻呼用户达到13.6万户。1999年，国信寻呼实现国网、省网、本地网三网并行，开通网上寻呼业务，有网上用户20万户。2000年10月，国信寻呼公司与联通公司整体融合。2002年，联通公司无线寻呼网采用当时最先进的FLEX寻呼系统，通过卫星VSAT系统实现全国联网，联网范围达到300个地市。后随着移动电话普及，无线寻呼业务退出通讯市场。

第四节　互联网

1997年，开通国际互联网临沂节点和169多媒体信息网。1998年，完成DDN扩容522个端口，达到1374个端口，开通ATM宽带网。建成全市9县3区的169多媒体信息港，成为全省第一个所属县区全部建成信息港的市。有网络用户3063户。1999年，市电信局启动政府上网工程，为政府部门在网上建立正式站点提供便利服务，并提供信息共享和便民服务的应用项目。2001年，宽带网络覆盖全市9县3区，实现“千兆到大楼，百兆到楼层，十兆到桌面”的宽带接入能力。4月初，由临沂信息港开发的网上商城正式开通。2003年，宽带网实现向乡镇的延伸，建成市、县、乡一体的政府专网。年末互联网用户18.7万户。2005年，乡镇全部通上宽带，宽带网络容量超过15万线，Internet出口带宽达到10G。联通临沂分公司推出“掌中宽带”无线上网卡业务，通过CDMA高速无线数据传输接入互联网。2006年，网通临沂分公司宽带网络覆盖全市所有行政村，临沂市成为全省第一个宽带网络村村通的市。2007年，网通临沂分公司完成宽带城域网中继扩容，出口带宽达60G。实施“光缆进村”和“万户蓝图”工程，全市农村光缆覆盖率和城区光缆覆盖率均达100%。完成市区主要小区的FTTX+LAN宽带网络改造工作，实现“千兆到大楼，百兆到桌面”的网络接入环境。年末，全市互联网用户30.6万户。2010年，电信临沂分公司率先将3G网络覆盖全市所有乡镇、街道、农村，实现只要能通电话就能高速上网的目标。移动临沂分公司投资约5.35亿元，新增交换机18台，新建GSM基站689个。年末，公司拥有各式系统交换机120余台，基站近5000处，网络实现99.9%的人口覆盖和地理覆盖。

第五节 无线电管理

1985年，无线电管理机构由部队移交地方政府，成立临沂地区无线电管理委员会办公室。1997年成为省无线电管理办公室的派出机构，更名为山东省无线电管理办公室临沂管理处，同时挂临沂市无线电管理办公室的牌子，下设无线电频率台站管理站和无线电监测计算站。1998年，在全省率先开展市区高层建筑是否对主要无线电设备的通信通道形成阻挡、高层建筑是否符合临沂飞机场净空保护要求的论证工作，至2010年共完成200余座拟建高层建筑的项目论证。2005年年底，无线电管理行政许可纳入市政务大厅办理，至2010年共受理行政许可事项249件，核发、换发电台执照1548个。2006年7月，市无线电管理办公室划归市信息产业局。2008年12月，自主研发的主动感应式隐形耳机探测器通过中国通信协会的科技成果鉴定。2010年，市无线电管理办公室划归临沂市经济和信息化委员会管理。全市共有各类无线电台站（除公众手机）8190座，其中广播电台26座，电视台19座，公众移动通信基站（含直放站）2820座，业余电台324部，微波站75座，1000M以下电台263台，流动电台611部（不含公安集群手机）。

1995—2010年，先后购置韦夫特克4032型综合参数测试仪、9201BS型便携式测向仪和HPE4407型频谱分析仪。建成无线电检测实验室和屏蔽室，可完成对2.3GHz以下各种无线电设备的技术检测。建成无线电监测固定站、高山站和机场专用站各1座，并在全省率先完成固定监测站和移动监测站联网。检测各类常规无线电发射设备4260余部，完成197个拟建无线电台站的电磁环境测试，并在全国率先开展GSM、CDMA和PHS（小灵通）基站的现场检测。会同有关部门先后开展无线寻呼台站重新登记、“三高”无线电台站清理整顿、广播电视无线电台站核查及台站布局调整。多次开展查处大功率无绳电话专项活动，拆除、查扣760余套。完成“和平使命—2005”中俄联合军事演习、2008年北京奥运会火炬传递、2009年全运会和2010年F1摩托艇世界锦标赛中国临沂大奖赛期间的无线电安全保障任务。每年为全国研究生考试、公务员考试、全国普通高考等提供无线电安全保障。《调频广播发射机射频指标现场测试系统和测试方法的研究》和《VHF/UHF射频信号监测测量系统》课题通过临沂市科技成果鉴定。

第七编

旅　　游

LINYISHIZHI

天马岛旅游区

1995 年，临沂市响应省委、省政府“把山东建成旅游大省”的号召，决定大力发展旅游业，制定《临沂市旅游开发规划》。投入资金 3255 万元，用于景点修复和旅游基础设施建设。年内，全市接待国内外游客 210.49 万人次，旅游总收入 8.21 亿元。1996 年，拍摄旅游风光片《沂蒙山区好地方》，并于次年在山东卫视台播出。1998 年，根据市十五届人大常委会第二次会议通过的《关于加强蒙山风景名胜区保护与开发的决议》，市政府成立蒙山风景名胜区保护与开发管理委员会，正式将蒙山旅游发展纳入全市经济发展范畴。1999 年，市人大常委会审议批准《山东省临沂市旅游发展总体规划》《山东省蒙山旅游发展总体规划》和《蒙山旅游区旅游分区建设规划》，全市旅游业发展步伐提速，全年旅游业总收入突破 15 亿元，旅游业成为全市新的经济增长点。

2001 年，《临沂市国民经济和社会发展第十个五年计划纲要》提出，实施“沂蒙好风光”战略，按照“营造大环境，构筑大产业，发展大旅游”的思路，逐步把旅游业培育成全市第三产业的重要支柱。市旅游局按照“一山一水一城”（蒙山、沂河、临沂城）的旅游发展格局，加快旅游资源的深度开发，大力推进旅游重点项目建设。2003 年，突出“绿色沂蒙”“红色风情”“文韬武略”三大主题，把旅游业作为国民经济的主导产业重点培育。平邑蒙山旅行社、蒙阴青年旅行社和费县新闻旅行社自愿结合成立临沂市第一家旅行社联合体——蒙山旅游联合体。2004 年，临沂市被国家旅游局命名为“中国优秀旅游城市”。2005 年，临沂市被列入全国红色旅游精品线路和山东省红色旅游的核心区，孟良崮战役遗址和华东革命烈士陵园被列入全国 100 个红色旅游经典景区名录。

2006 年，市委、市政府印发《关于进一步加快旅游业发展的意见》，提出以建设“旅游经济大市、红色旅游强市”为目标，将旅游业培育成全市国民经济的支柱产业。印发《临沂市旅游业发展“十一五”规划纲要》，提出将临沂建设成为旅游形象鲜明、产品特色突出、产业结构合理、环境优美舒适、基础设施配套完善的山东省重点旅游区和国内旅游观光与休闲度假旅游目的地。2007 年，国家旅游局、全国红色旅游协调领导小组将临沂市列为全国 8 个红色旅游城市之一，临沂市获“最受欢迎旅游目的地”称号。2008 年，临沂市接待国内游客 2032.6 万人次，继青岛、济南、烟台、济宁之后，成为全省第五个国内旅游人数突破 2000 万人次的市。实现旅游总收入 154.7 亿元，占全市 GDP 的比重达到 7.9%。2009 年，临沂市获“中国最佳生态文化旅游城市”称号，通过中国优秀旅游城市复核验收。2010 年，市委、市政府印发《关于进一步促进旅游业又好又快发展的意见》，要求把旅游业培育成为全市国民经济的战略性支柱产业、转方式调结构的先行产业和人民群众更加满意的现代服务业。全年接待国内外游客 3049 万人次，实现旅游总收入 237.8 亿元，占全市 GDP 的比重达 9.9%。

第一章　旅游资源与开发

第一节　旅游资源

临沂自然风光秀美，历史人文厚重，旅游资源分布广泛、类型齐全、品味较高，文化底蕴深厚，地方特色鲜明。

绿色沂蒙游。临沂是滨河生态水城，山得水而活，城得水而灵，山水相依，钟灵毓秀。沂河是山东省境内最长的内河，总长 570 公里，境内流长 202.9 公里。沂河穿城而过，入选世界吉尼斯纪录的小埠东拦河橡胶坝，蓄起 36 平方公里的水面，两岸建有330公里长的滨河大道并配套建设36处滨河公园和文化长廊、9大广场、18个特色园区，被评为国家首批水利风景区。蒙山是山东省境内仅次于泰山的第二高峰，海拔1156米，素称“岱宗之亚”。蒙山以雄、奇、壮、美著称，且空气质量极佳，负氧离子含量为每立方厘米220万个单位，被誉为“天然氧吧”，是国家AAAA级旅游区、国家森林公园、国家地质公园、省级风景名胜区，入选山东十大最美的旅游景点。费县沂蒙石林、指动石，莒南天佛、天马岛，沂水地下萤光湖、临沭红石湖等自然景观，兼具大自然的神奇与壮美。

红色风情游。中国共产党成立初期，党的创始人之一王尽美就在临沂一带开展革命工作。1926年，临沂地区建立党组织。1940年，成立抗日战争时期中共领导下的全国第一个省级政权——山东省战时工作推行委员会。山东党政军机关、八路军第一纵队、八路军115师、新四军、中共中央华东局机关、华东野战军曾长期驻扎在临沂。刘少奇、陈毅、罗荣桓、徐向前、粟裕等老一辈无产阶级革命家都曾在临沂工作过，临沂有“华东小延安”之称。当时临沂革命根据地420万人口，有120万拥军支前，20万参军参战，10万多名革命烈士在此献出生命，涌现出红嫂、沂蒙六姐妹等一大批英模人物。从革命战争到社会主义建设，临沂人民逐步形成的“爱党爱军、开拓奋进、艰苦创业、无私奉献”的沂蒙精神，成为党和国家宝贵的精神财富。临沂被纳入全国30条红色旅游精品线路，孟良崮战役遗址、华东革命烈士陵园被列为全国百家红色旅游经典景区，山东省确立以临沂为中心的沂蒙山革命根据地为山东红色旅游的核心。

文韬武略游。临沂自古就有“鲁南古城秀、琅邪圣贤多”之誉，是诸葛亮、王羲之、刘洪、颜真卿、左宝贵等历史名人的故里。境内文物古迹荟萃，省级以上文物保护单位有40多个。银雀山汉墓出土的《孙子兵法》《孙膑兵法》等竹简，被列为20世纪中国100件重大考古发现之一。沂南北寨汉画像石墓是国家级重点文物保护单位。2003年在王羲之故居发掘的晋墓被列入当年全国十大考古新发现。

地质奇观游。临沂地质结构复杂，地貌类型多样。境内的沂蒙山国家地质公园跨平邑、蒙阴、费县、沂南、沂水和莒南六县，是珍稀地质遗迹、风景名胜区和森林公园三位一体的国家级自然文化资源。国家AAAA级旅游景区山东天宇自然博物馆，馆藏39万余件矿物标本、古生物化石和现代生物标本。沂水地下溶洞群洞体规模大，洞穴次生化学沉积物种类全、数量多，地下暗河流量大。地下大峡谷地下暗河漂流长度达2000米，被誉为“中国地下河漂流第一洞”，列入吉尼斯世界记录。天然地下画廊被誉为“江北第一大溶洞”。

温泉养生游。临沂是“中国地热城”，地热水年开采量为164.25万立方米。河东汤头温泉历史悠久，“野馆汤泉”为古琅邪八景之一，北魏地理学家郦道元在《水经注》中就有“汤泉入沂”的记载。临沂温泉水质优、储量丰、水温高，富含钾、钠、铁、铜、钙、镁、镭等29种化学成分和矿物质。境内观唐温泉（国际）度假村、智圣汤泉旅游度假区、东方瑞海国际温泉度假村均是集温泉旅游、休闲度假、餐饮娱乐、会议服务于一体的国家AAAA级景区。

商城购物游。临沂城商业发达，是中国市场名城。2010年，各类批发市场达1000多处，其中位于市区的临沂商城集中建有大型批发市场99处，经营摊位4.6万个，总营业面积600多万平方米，经营人员达15万人，日上市商品3万多个品牌系列。围绕市场搞服务的达30万人，从事加工的达100万人，高峰期日流动交易人口30余万人次，商品交易辐射30多个省、市、自治区，商品远销10多个国家和地区。商贸物流成为临沂的特色支柱产业，临沂商城全年市场交易额突破720亿元，居全国同类市场前列。临沂小商品城、华丰国际服装城前大街、天使情缘旅游购物中心等旅游购物点很受游客青睐。

第二节　旅游开发

1995 年起，临沂市按照“谁开发谁受益”的原则，坚持国家、地方、集体、个人一起上和内外并举的方针，调动全社会力量发展旅游业。各县区按照全市旅游规划大框架，结合当地实际，进行旅游资源开发和基础设施建设，旅游基础设施建设得到长足发展，接待服务水平逐步提高。2000 年，落实国债资金 1500 万元、省旅游开发启动资金 1340 万元，用于旅游资源开发和设施建设。“蒙山寿星巨雕”和“沂蒙石林”两个项目，经省计委立项并列入山东省旅游大项目。

2001 年，全市投资 2.92 亿元用于旅游事业，其中国家预算内资金（含国债）5161 万元，国内贷款 1790 万元，企事业单位投资 1.1 亿元。由省交通厅联运中心、市交通运输有限公司、新华社山东分社共同组建的蒙山乐士达运业有限公司于 3 月 22 日注册成立，总投资 3000 万元的停车场于 10 月 1 日前建成投入运营。2002 年，全市旅游总投入 4.26 亿元。蒙山旅游区云蒙景区（蒙阴）投入 5600 万元，完成蒙山索道、蒙山木质步游道、蒙山生态防护工程、蒙山进山牌楼等项目。总投资 7200 万元的孟良崮旅游区综合开发暨孟良崮国防公园旅游项目开发经营权整体转让给山东蒙阴县孟良崮国防公园有限公司，并于 5 月 20 日奠基。蒙山旅游区龟蒙景区（平邑）投入资金 1.2 亿元，先后完成寿星巨雕项目、益寿山庄、九龙潭大坝、沂蒙人家一期工程、观鲁台、蒙山极顶供水工程、龟蒙顶专用供电线路等项目，开通蒙山步行台阶中路，建起景区游客中心，配备电脑摸屏和语音导游等服务项目。

2005 年，全市在建旅游项目 27 个，投资额达 3 亿元。2006 年，沂水县实施政府主导型战略，培植旅游支柱产业，确立“政府主导、科学规划、市场运作、集群发展”的旅游发展战略，走出一条“区域整合、优势互补、共塑品牌”的集群式发展之路。2007 年，临沂市按照政府主导、市场运作、部门联动、社会参与的发展思路，积极探索，大胆创新，涌现出一批企业办旅游、民办旅游、村办旅游的典型，建设一批“大而特、小而精”的旅游项目，加快了由旅游资源优势向旅游产业优势的转化。全市共规划建设旅游项目 50 个，规划总投资 56.45 亿元，其中开工建设项目 43 个，完成投资 4.5 亿元。

2008 年，全市共规划建设旅游项目 58 个，规划总投资 76.6 亿元，开工建设项目 45 个，累计完成投资 17.03 亿元。2009 年，市政府印发《临沂市旅游资源开发管理办法》，加强对新建、改建、扩建旅游项目的审查把关，全市旅游项目开发建设科学有序发展。全市共规划建设旅游项目 45 个，规划总投资 180.83 亿元。开工建设项目 40 个，规划总投资 150.07 亿元，其中，政府投资 50.98 亿元，市内民营投资 42.02 亿元，三次产业转型投资 10.76 亿元，招商引资 46.31 亿元，全年实际完成投资 16.36 亿元。2010 年，全市共规划旅游项目 61 个，规划总投资 602 亿元。其中开工建设旅游项目 50 个，规划总投资 434.78 亿元，实际完成投资 39.61 亿元。全市旅游招商引资实际到位资金 7.78 亿元。

2010 年，全市首个乡村旅游合作社揭牌暨全省首个乡村旅游示范区规划编制启动。

第三节 主要景区景点

临沂滨河景区 位于沂河、祊河临沂城区段，北起文泗路汤头桥和北外环，南至刘家道口水利枢纽。总面积70平方公里，其中水域面积48.5平方公里，绿地面积18平方公里，堤坝道路总长160公里。是水利部命名的首批水利风景区之一，又是住房和城乡建设部命名的国家城市湿地公园。滨河景区建有小埠东、桃园、角沂、柳杭4座拦河橡胶坝和全国设计流量最大的平原水闸——刘家道口水利枢纽。其中沂河小埠东橡胶坝全长1247.4米，是世界最长的橡胶坝，被载入吉尼斯世界纪录。刘家道口水利枢纽建成蓄水后，城区段回水长度88.5公里、平均水深3米、蓄水量1.62亿立方米。有沂蒙广场、凤凰广场、书法广场等9个主题广场，沂蒙路祊河桥、解放路沂河桥等15座景观桥，缤纷世界、奇石园、枫园等18个生态园区。

华东革命烈士陵园 建于1949年4月，占地15万平方米。有塔、堂、馆、亭、廊、墓、坊等大型纪念建筑物18座。主体建筑革命烈士纪念塔、革命烈士纪念堂和南北大门在中轴线上，其他建筑对称地布列两侧。纪念塔为五角亭柱式建筑，位于陵园中央，高45米。纪念堂为双层古宫殿式建筑，长45米，高21.4米。纪念堂两侧分别是沂蒙精神展一、二馆，馆内运用大量的实物、文字、图片、电视资料和场景复原等科技手段展示沂蒙精神孕育、形成、发展和升华的过程。1986年10月，华东革命烈士陵园被国务院批准为第一批全国重点烈士纪念建筑物保护单位。2005年2月被列入全国30条“红色旅游精品线路”和百处“红色旅游经典景区”，是国家AAA级旅游景区。

王羲之故居 1989年恢复重建，位于临沂老城区洗砚池街东段，北至兰山路，东至书院街，西至普照寺巷。一期工程1990年5月建成对外开放，主要有洗砚池、碑廊、琅邪书院、晋墨斋、砚碑亭、晋墨留香亭等景点。二期工程2003年10月建成对外开放，主要有沂州普照禅寺，王羲之展厅、王献之展厅、智永展厅、书法简史展厅、五贤祠、翰墨苑等景点，并重新刻制《沂州普照禅寺兴造记》（集柳碑）、乾隆题琅邪五贤祠御

临沂水城

碑，大小兰亭图、十七帖、琅邪帖等海内外名碑。在普照寺大雄宝殿内恢复琅邪八景之首的“普照夕阳”自然景观，并建曲水流觞、时晴茶室及假山等古建园林工程。

王羲之故居

银雀山汉墓竹简博物馆　银雀山汉墓竹简发现于1972年4月10日，一号墓出土竹简7500余枚，有《孙子兵法》《孙膑兵法》《六韬》《尉缭子》《晏子春秋》《墨子》《守法守令等十三篇》等先秦古籍。二号墓出土竹简32枚，为《汉元光元年历谱》。银雀山汉墓竹简博物馆是全国第一座遗址性竹简专题博物馆，1981年动工，1989年正式对外开放。占地1公顷，建筑面积2400平方米，有银雀山汉墓厅、竹简陈列厅、简牍陈列厅、文物陈列厅4个展厅。

临沂市科技馆　位于临沂市北城新区，一期工程建筑面积10300平方米，投资近亿元，2010年6月开馆。以“自然·科技·社会”为主题，设常设展厅、儿童科学乐园、4D影院、青少年科学工作室、学术报告厅等6个功能区，有各类展品展项110余件。二期工程为科技馆主体楼，建筑面积23600平方米，2010年11月动工（2013年10月1日正式启用）。

临沂市动植物园　1999年4月动工，2002年4月建成开放（详见第四编“城乡建设”）。（2012年迁往河东区朝阳街道。）

沂蒙奇园　2007年10月奠基，2009年10月开园（2011年11月通过评审成为国家AAA级旅游景区）。园内古典建筑、假山，各类名木、盆景、根雕、石雕浑然一体。收藏奇石600余块，文物石雕200余件，国家级一、二类保护植物60种，百年以上古树300余棵，高科技繁育珍稀树种4000余棵。

茶山旅游区　位于兰山区李官镇，建于1958年，2002年被评为国家AA级景区。有九鼎莲花山、桃花源、月亮湾3个景区，主要景点有东岳天齐庙、李小寨、鹊桥、望月楼、皇姑庵、澄金泉、三星泉等。旅游区因地制宜，发展园艺业、观光农业和生态旅游。中华树种集锦园、农业果茶高科技示范园、奇树园、特种动物养殖园、鹿场、百鸟观赏园等成为亮点。

玫瑰湖汽车公园　位于兰山区铁山水库北岸，风景秀丽，占地33.3公顷。建有可容纳120人的观景客房、餐厅，可容纳200人的会议室，壁球馆、乒乓球厅、羽毛球场、斯诺克厅、网球场、篮球场、模拟高尔夫练习场。有中汽联认可的2.1公里拉力赛道和2公里越野赛道，可承办国内大型赛事。

中国临沂商城　是国内最早创办的专业批发市场之一和全国最大的商品集散地之一，国家AA级旅游区。至2010年年底，有服装、化工、建材、五金等各类专业批发市场90余处，商品交易辐射全国30个省、市、自治区。临沂商城会展中心、临沂汽摩配城、临沂家电厨卫城、澳龙国际服装城、华东板材市场、鲁南化工城、临沂小商品城等是临沂商贸旅游的典型市场。建有临沂商城市场发展史展馆，全面展示商城发展历史。

盛能游乐园旅游区　位于罗庄区，是国家AAA级景区、全国首批农业旅游示范点。始建于1997年，占地133.33公顷，主要景点有动物园、百鸟园、百花园、生态园、中国历代尺牍石刻艺术馆、采摘园、儿童乐园、水上乐园、花卉生产大棚、苗木繁育基地、梅花鹿养殖基地、鸵鸟养殖基地等。

盛能游乐园

临沂国际影视城

鲁南花卉城 位于罗庄区盛庄街道十里堡村。始建于2005年3月，占地17.33公顷，总投资1.2亿元，建有钢结构连体温棚6万平方米。由花卉批发区、鲜切花批发区、高档精品花卉区、盆景奇石区、根雕红木家具区五大专业区组成，附设热带鱼、虫鸟、宠物、园林机械、花盆区，汇集全国各地花卉企业300多家。

宝泉寺公园 国家AA级旅游区，位于罗庄街道朱陈村，占地30多公顷，有古寺、名泉、化石、涑河四大景点。园内宝泉禅寺，始建于唐代，为清代沂州府四大名寺之一。20世纪80年代末，宝泉寺重修。年接待游客15万人次左右。

观唐温泉旅游度假村 位于河东区汤头街道，为国家AAAA级旅游区，占地17.33公顷，总建筑面积10万余平方米。由露天温泉主题公园、五星级温泉大酒店、观唐国际会议中心和中式温泉住宅四大部分围合而成。露天温泉主题公园有11个系列、80多个室内外温泉泡池，露天温泉数量达66个，并设有大型室内SPA区、健身中心、游泳池、水上乐园、梦幻水屋、温泉滑道等。

临沂国际影视城 位于河东区太平街道。首期工程南国古城影视旅游区占地20公顷，建筑面积3.5万平方米，总投资1.2亿元。分沂州城关区、店铺街市区、府衙庙会区、沂水风情区、山村雨街区、山洪爆发区、水陆社戏区、影视模拟拍摄区和宾馆休闲区九大区域。

河东新四军军部旧址暨华东军区华东野战军诞生地纪念馆 位于河东区九曲街道前河湾村，是新四军军部旧址，也是华东野战军诞生地。1946年至1947年初，新四军军部设在此处，陈毅等在此指挥了著名的宿北战役、鲁南战役。1947年2月国民党军轰炸此地，房屋大多被炸，幸存8间。至2010年底，有新四军军部旧址、陈毅及张云逸故居3处革命旧址。

新村银杏园旅游区 位于郯城县重坊镇新村，国家AA级旅游区。园内有1株银杏树，高47米，胸径2.3米，胸围7.1米，树龄超过3000年。银杏树的表层根系大部分露出土层，比其他银杏树发芽早、落叶迟，生长旺盛，当地群众称之为“老神树”。园内广福寺，始建于北魏正光二年(公元521年)，经多次重修，现存古石碑3块。

文峰山旅游区 文峰山又名神峰山、鲁卿山、季山，春秋时鲁国大夫季文子葬此。位于苍山县城西约15公里处，东北—西南走向，面积4.5平方公里，主峰海拔236米。山上有银厂惨案烈士纪念碑、中共鲁南区委书记赵镈烈士墓、山东军区八师政治部主任曾明桃烈士墓、“苍山暴动”领导人郭云舫烈士墓。

代村生态农业旅游区 位于苍山县城西南部，是山东省农业旅游示范点。有果品花卉超市、蔬菜超市、高效农业观光示范园、农家乐生态园、养殖区、银湖湾度假村、“生态富民家园”等景点。

抱犊崮旅游区　抱犊崮又名抱犊山、君山、豹子崮，位于临沂市苍山县、费县与枣庄市山亭区交界处，面积13.5平方公里，主峰海拔580米。东麓是西泇河发源地之一，植被茂密，为国家森林公园。抱犊崮东麓灵峰寺，始建于汉，后毁于战乱，存佛楼、钟鼓楼遗址。

山东地下大峡谷旅游区　国家AAAA级旅游区，位于沂水县城西南8公里的龙岗山下。景区主体是一座特大型溶洞，洞体长6100米，已开发3100米，洞内温度常年保持在17℃~18℃，被誉为“中国江北第一长洞”“中国地下河漂流第一洞”。

雪山彩虹谷旅游区　位于沂水县城东2.5公里，是国家AAAA级旅游区。有彩虹谷、欢乐谷、情人谷、野战谷等景点。景区先后获得“山东最佳浪漫风情景地”“山东省最具竞争力十大景区”等称号。

天然地下画廊旅游区　位于沂水县院东头镇南部，是国家AAAA级旅游区、沂蒙山国家地质公园园区、全国农业旅游示范点。景区主体是一座天然溶洞，地下河贯穿整个溶洞，长3200米。洞内钟乳遍布，鹅管、石旗林立，有168处景观。景区内还有大型滑草滑雪基地、沂蒙风情度假村以及素有“沂蒙第一生态谷”之称的生态林。

沂水地下画廊一角

地下萤光湖旅游区　位于沂水县院东头镇东部，为国家地质公园、国家AAAA级旅游区。景区主体是一个特大型地下暗湖岩溶洞穴，形成于约0.65亿年至2.3亿年前，全长1200米，面积2.5万平方米，容积24万立方米。洞内有大量的钟乳、奇石等，还生活着一种萤火虫，布满洞顶形成独特的景观。

天上王城旅游区　位于沂水县城西北40公里处，是国家AAAA级旅游区。景区以纪王崮为中心，以春秋时期纪王迁至于此的历史故事为主题建设而成，有王城文化体验区、奇崮风貌观赏区、山崮民情体验区、生态田园生活体验区、户外休闲运动区五大功能区，包含60多处景点、30多

山东地下大峡谷外景

处历史遗迹。

东方瑞海温泉旅游度假村 四星级酒店，国家AAAA级景区。温泉区分接待中心、室内水疗馆、室外温泉区、贵宾包池四部分。接待中心设按摩大厅与按摩包房、休闲快餐厅、自助网吧、棋牌室、健身房等；室内水疗馆有园林式景观泳池、各种水疗设备、瀑布温泉、动感滑梯乐园等；室外温泉区包括竹林泡汤区、药浴泡汤区、特色浴区、石板长廊区、泳池戏水和滑梯游乐区。

沂蒙山酒文化生态旅游园 位于沂水县院东头镇，是山东沂蒙山酒业有限公司投资兴建的工业旅游项目。分酿酒车间参观区、洞藏游览区、休闲观光区、酒文化博物馆、产品展示区、品酒区6个游览区。其中，天然地下原酒洞藏区达3200平方米，有山东省容量最大的木质、柳编酒海数十个。2010年10月被评为山东省旅游示范点，12月被评为国家AAA级景区。

灵泉山旅游区 位于沂水县龙家圈镇境内，距县城15公里，是国家AAA级旅游区。旅游区群山环绕，自然环境优美，文化积淀深厚。主要景点有悬崖栈道、灵泉寺、千年古银杏、佛教塔林、宋代九龙碑、灵泉湖、雄狮崖、观音洞、韩湘洞、朝阳洞、飞来石、灵山隐士、孔雀谷、游乐场等。寺院周围有5株古银杏树，树龄1300余年，高30余米。

沂蒙山根据地旅游区 位于沂水县夏蔚镇王庄，属沂蒙山腹地，自然环境优美、空气清新。有建设近百年的天主教堂、圣母堂。有良好的观光农业资源，2005年被命名为“省级农业旅游示范点”。革命遗址、遗迹主要有中共苏鲁豫皖边区省委遗址、中共中央山东分局旧址、八路军山东纵队指挥部遗址、《大众日报》创刊地、孟良崮战役陈毅指挥所等。

云水禅旅游区 位于沂水县黄山铺镇西北部，距县城12公里。占地5.8平方公里，是国家AA级旅游景区。景区被九顶莲花山环绕，群山秀丽，景色怡人。有树龄1300多年的银杏雄树1株，树径2.25米，高33米。银杏树下有始建于宋代以石雕成的观音祠，祠内有久负盛名的圣水龙宫。

蒙山龙雾山茶文化园 位于沂水县院东头镇驻地，是集茶叶种植示范推广、茶叶加工、产品展示于一体的国家AA级旅游区。有龙雾、云雾两大系列20余个品种。主营的蒙山龙雾系列是有机绿茶，具有叶片肥厚、耐冲泡、滋味浓等特点。

智圣汤泉旅游度假村 位于沂南县城，是国家AAAA级旅游度假景区。包括温泉接待中心、客房接待中心、餐饮接待中心、会议接待中心、文化中心五部分。智圣汤泉出水温度达78℃，温泉水富含偏硅酸、氟、碘、溴、锂、锶等30多种矿物质微量元素，对慢性消化道病、慢性风湿性关节炎、肌肉风湿症、运动系外伤后遗症，各种神经炎和神经痛等疾病，具有良好的辅助疗效。

竹泉村旅游区 元明时期竹泉村名泉上庄，清朝乾隆年间改名竹泉村。村中有一泉，因村中多植竹，故名竹泉。泉水四季恒温，村人饮用此水多长寿、无恶疾。竹泉村旅游区是国家AAAA级景区，包括竹泉村景区、桃花洞景区、香山湖景区和三山沟原生态森林景区。核心景区为竹泉村景区，景区内泉依山出，竹因泉生。

竹泉村旅游区一角

孟良崮国家森林公园 为国家AAA级旅游区、国家级森林公园、国家级红色旅游区、国家级地质公园。位于沂南县孙祖镇西部山区，主峰海拔536米，因宋代孟良曾屯兵于此得名。公园总面积 800 公顷，园内遍布太古界泰山变质岩，群山突兀、奇石多姿、石洞叠连，集雄、奇、险、秀、幽于一身。景区动植物资源丰富，有动物 12 科 20 余种，植物 55 科 121 种，其中白蝙蝠、五角枫等是稀有物种，植被覆盖率 76%。有孟良崮战役纪念碑、古城堡、孟良祠、万福洞、九龙洞、将军林、支前村、崮魂石、竹林幽胜、神女泉、泰山老母行宫、雕窝观云等 50 多个景点。

孟良崮国家森林公园（局部）

诸葛亮文化旅游区 位于沂南县城，国家 AAA 级旅游区。1993 年建诸葛亮公园，2005 年景区进行扩建。有诸葛亮铜像广场、回音壁、十里汉街、智慧桥、乾隆御碑亭、诸葛宗祠、八卦迷宫等景点。

沂蒙影视基地 位于沂南县马牧池乡常山庄，占地 75.3 公顷。由红嫂革命纪念馆、古山村、古县城、山乡梦度假村四部分组成。电视连续剧《沂蒙》《反抗之真心英雄》《地道英雄》《娘》《平原枪声》《岛城风云》《一个农民的 1978—2008》，电影《沂蒙六姐妹》《斗牛》《诱杀》等曾在基地拍摄。

颐尚温泉旅游度假村 位于沂南县张庄镇松山，按三星级标准建设。温泉区有形态、水温各异的室内外泡池 18 个，其中特色道家养生泡池 6 个。温泉日出水量超过 720 立方米，井底温度 70~80℃，出水口温度超过 63℃，属天然优质类偏硅酸型复合温泉。

北寨汉画像石墓博物馆 位于沂南县北寨村，是国家 AA 级旅游区、全国重点文物保护单位，1996 年 4 月开馆。馆内设有一号墓保护房、二号墓保护房、画像石拓片陈列室、画像石廊、接待室等。北寨墓群一号墓系大型画像石墓，由前、中、后 3 个主室和 4 个耳室及 1 个东后侧室组成，占地 88.2 平方米，用 280 块预制石材筑成，其中画像石 42 块，画像 73 幅，画像面积 44.2 平方米。画像有攻占图、祭祀图、出行图、丰收宴享图和乐舞百戏图等，画像雕刻细腻、技法多样、气魄雄浑。二号墓系大型砖石结构多室墓，位于一号墓的南面偏东，相距 20 米，墓葬布局与一号墓基本相同。出土文物 87 件，其中五龙戏铢三足砚和铜女佣系国家一级文物。

山东省天宇自然博物馆 位于平邑县城。2004 年 9 月建成开放，是国家 AAAA 级旅游区。内设 28 个展厅，陈列面积 2.8 万平方米，馆藏展品 39 万余件。9 个矿物标本展厅内，收藏有世界

馆内的恐龙化石

各地的珍奇标本上万件。其中新疆碧玺2006年被欧洲《矿物宝石标本》杂志评为年度十佳；产于新疆奇台的硅化木长达38米；产于江苏东海县的水晶单晶体重达3.9吨；重达338.6克拉的金刚石比常林钻石还要重179.82克拉。5个“贵州关岭生物群”展厅中，有产于三叠纪地层的鱼龙、贵州龙、楯齿龙、海龙、海百合等化石标本近万件。

九间棚旅游区 位于平邑县海拔680米的龙顶山顶上，景区有5万亩果园，每年阳春三月，梨花盛开，漫山遍野，铺雪堆玉。山涧溪流遍布，峡谷险峻幽深，有天鹅湖、老虎洞、北海银行鲁南印钞厂旧址、九间棚村旧址等景点。抗日战争时期，八路军北海银行总行在朝阳洞创建北海银行鲁南印钞厂，印发北海币纸币。九间棚村旧址为天然形成的石棚，长30米，深10米，高3米，棚内原有石龙、石虎、石牛等自然景观。后刘姓夫妇至此，穴居石棚，砌石为墙分为九室，故名九间棚。九间棚村四面悬崖，山高涧陡，自然环境恶劣，村民生活艰苦。1984年，以刘加坤为首的党支部带领全村人架电、修路、整地、栽树，自力更生，艰苦创业，创造了闻名全国的“九间棚精神”。到1998年全村工农业总产值达到2200万元，实现利税240万元。自20世纪80年代后期，全国各地的干部、群众逾百万人到此学习九间棚人的创业精神。上海电影制片厂摄制以九间棚为原型的电影《沂蒙山》在全国播映。

沂蒙云瀑洞天旅游区 位于费县北部蒙山南麓，是国家AAAA级旅游区。有莲花山、山开地裂谷、天蒙湖、指动石4个园区，有指动石、天蒙湖岛、石鼓、神雀入定、望龟亭、睡佛、母子情深、一线天等30余处景点，被誉为“天然地质博物馆”。

沂蒙石林旅游区 位于费县费城街道，是国家AAA级旅游区、全国农业旅游示范点、国家地质公园。距费县县城4公里，占地73.33公顷。景区群山环绕，风景优美，东面为文山，西面为官山，有天景湖、万亩梨园、南天门、饮虎泉等景点。以费县奇石为主的景点有九龙广场、好汉歌、石林阵、火炬林、石海、石林湖、地下石林、七十二贤、笔墨山水、摩崖石刻、采摘园、石林山庄、奇石博物馆等。

费县石林

韩书凡奇石艺术馆 位于费县城北的万松山山麓，是国家AA级旅游区。包括费县奇石展示区、书画艺术区、石刻制砚展示区三部分，藏有当代工艺美术家韩书凡收藏的各类奇石8000多件，艺术作品近万件。

孟良崮旅游区 位于蒙阴县垛庄镇，是国家AAAA级景区。景区分纪念园区、军事参与演示娱乐区、战役遗址区三部分。纪念园区的主体为孟良崮战役纪念馆。馆内运用文字图片、实物陈列、声光电高科技等手段，再现1947年孟良崮战役的场景。军事参与演示娱乐区建有马术俱乐部、射箭馆、滑道、滑索、武器展示等参与性项目。战役遗址有孟良崮战役纪念碑、华东野战军指挥所、华东野战军炮兵阵地、战地救护所、红嫂洞等。

地下银河旅游区 位于蒙阴县城西北6公里处的完庄，占地2000余公顷，以天然溶洞为主。该溶洞形成于1.2亿年前，全长万余米，分上、中、下3层，上下交错，连环曲折。洞顶栖息着许多蝙蝠，中层洞内发现恐龙状化石，洞底有万米地下暗河，河内有多种原始鱼类。溶洞内有江南桂林、万亩银田、雨后春笋、北海龙宫等景点。溶洞临近完庄水库，水库两侧有历史悠久、保存完好的自然村落。

八路军115师司令部旧址暨山东省政府成立纪念地 位于莒南县大店镇，是国家AAAA级旅游区。1996年被国务院批准为全国重点文物保护单位。总面积4.6万平方米，建筑面积1.2万平方米。1941年3月—1945年9月，八路军115师司令部、中共中央山东分局、山东省战工会驻扎在此。1945年8月13日，中国共产党领导下的山东省政府在此诞生。刘少奇、罗荣桓、朱瑞、陈光、黎玉、萧华、陈士榘、谷牧等老一辈无产阶级革命家曾在此生活、战斗、工作。莒南一度成为山东省党政军指挥中心，被誉为“小延安”。2005年，对省政府和115师司令部旧址进行全面修复，新建省政府成立纪念馆和八路军115师司令部纪念馆，恢复省政府成立时设立的7个厅局办公场所。以丰富的资料和实物，展现八路军115师的卓著功绩及山东省政府诞生、成长、发展历程。

山东省政府旧址

天马岛旅游区 位于莒南县城北10公里处，景区面积50平方公里，是国家AAAA级旅游区。景区内风光奇丽，景点众多，有点将台、观星台、杨光峡、棋盘阵、甘露寺旧址、金蟾泉、金鳌献瑞、天池碧波、演武石、女娲石等。天马山下的天湖，水域辽阔，碧波荡漾。

天佛旅游区 位于莒南县城北部，是国家AAA级旅游区、国家地质公园。总面积15平方公里，以旅游区内的天然奇观——莒南天佛而得

卧佛寺公园

名。莒南天佛全长3800米，由山体巨岩自然形成，天佛头枕西南，脚朝东北，五官清晰，惟妙惟肖，其肢体比例与人体非常相似。景区以天佛为中心，有卧佛寺、莲花湖、莲花山等景点。

苍马山旅游区 位于临沭县城北3公里处，总面积18平方公里，主峰苍山海拔399米。景区内群峰巍峨，重峦叠嶂、林木葱郁、云雾缭绕、湖光点点、泉水潺潺，“苍山叠翠”东晋时即被誉为“琅邪八景”之首。位于苍山之阴的黄檀谷，因谷中沟壑纵横，素有“一谷九沟”之称。老子问天、神龟回望、五罐鼻、仙凤冠等巨大的象形奇石，惟妙惟肖。景区历史文化底蕴厚重，有始皇观海台、鬼谷驻迹、东夷古寨、慧济寺等名胜古迹。

景区内鸟语林有200多个鸟类品种，共2000多只，其中绿孔雀、丹顶鹤、红腹锦鸡等国家一、二级保护鸟类16种，火烈鸟、金刚鹦鹉、非洲鹈鹕等国外珍贵鸟类8种。有鹦鹉表演、孔雀东南飞、泰国斗鸡、南部鸵仔大战、鹈鹕溜滑梯、金雕拔河等20多个鸟艺表演项目。

冠山旅游区 位于临沭县城东北部，距县城6公里。总面积5平方公里，由冠山、演武山两山组成，冠山因主峰状若凤凰之冠而得名，演武山因唐代名将罗成在此演武练兵而得名。景区内有仙人洞、长春观、三清殿、演武台、龙凤泉、炼丹泉等景点。长春观内有2棵古银杏树，一株

是公元前209年尹喜所植，另一株是徐庶于公元227年所植。有康熙四十六年（1707年）《重修长春观碑记》，介绍长春观的重修经过和道观周围的风景。景区内泉水众多，发现且命名的泉水36处。

玉圣园旅游区 位于临沭县，又名观音禅寺，由普度桥、观音殿、致远亭等建筑物组成。始建于隋唐，后毁于战乱，仅剩遗址。2003年，对观音禅寺进行恢复性建设。遗址处3块古碑，分别记载了宋代、元代及清代重修观音禅寺的经过。

新华社山东分社诞生地纪念园 抗日战时期，临沭县曾是中共中央山东分局、山东省战工会、八路军115师师部、山东纵队、滨海军区、大众日报社等党政军重要机关所在地，亦是新华社山东分社的诞生地。纪念园内有纪念碑、纪念馆、新华亭、碑廊等建筑。

钟华山旅游区 位于临沭县白旄镇，有碧霞祠、望花亭、娘娘梳妆台、奶奶庙等景点。

第四节 蒙山旅游区

蒙山横亘于临沂市境内，绵延75公里，总面积约1125平方公里，跨平邑、蒙阴、费县、沂南四县，分龟蒙、云蒙、天蒙、彩蒙四大景区。自然景观博大雄浑，集山岳景观、森林景观、瀑布景观于一体，素有“七十二峰、九十九峪、三十六洞天”之说。有海拔千米以上山峰14座，主峰龟蒙顶海拔1156米，森林覆盖率95%以上。有鸟类28科76种，兽类10科15种，植物百余科千余种。历史文化底蕴深厚，是“东夷文化”的发祥地之一，五千年前就有先民在此繁衍生息。周朝时期封国颛臾，主祀蒙山。孔子“登东山而小鲁”中的东山即指蒙山。李白、杜甫结伴同游蒙山，杜甫写下了“醉眠秋共被，携手日同行”的名句。传老莱子、鬼谷子隐居蒙山，五代时就有居士修道，有多处道教遗迹。

1991年起，蒙山周边各县相继利用森林资源，发展旅游事业。1995年6月，省人民政府批准蒙山为省级风景名胜区。2003年，蒙山旅游区被评为国家AAAA级旅游区。2004年5月，成立临沂市蒙山旅游区管委会。2007年，蒙山旅游区共接待游客217.8万人次，实现旅游综合收入12.9亿元。2008年10月，市委、市政府撤销原蒙山旅游区管委会及其办公室，成立新的蒙山旅游区管理委员会，下设龟蒙景区管委会、云蒙景区管委会、天蒙景区管委会和彩蒙景区管委会，组建资产总额1.43亿元的山东蒙山旅游集团有限公司。2009年，蒙山旅游区实现“一票通”。

龟蒙景区

位于平邑县境内。游览龟蒙景区从万寿宫出发，分别经东路、中路和西路到达龟蒙顶。万寿宫始建于宋朝，原称玉虚观，明朝改称万寿宫。

蒙山

清康熙年间达到鼎盛时期，道众300余人。2000年后，平邑县对万寿宫进行恢复建设。正殿三间，殿内祀有玉皇，殿前有文冠果和古槐各一株，古槐有500余年的树龄。东侧有一大型奇石，嶙峋古拙，形如山峰，称“蒙山祠石”。万寿宫前有福寿康宁鼎，青石制成，直径6.19米，高9.99米，重608吨，鼎刻999个寿字。

平邑蒙山寿星巨雕

东路 全长11公里，乘车可直达龟蒙顶。

胜境坊 东路和中路的起分点。为仿明风格石牌坊，正面两侧有丹书对联，“天间图画，大观东鲁”“地毓泉秀，德行中华”，额题“蒙山胜境”。

揽胜亭 四边形，半边悬空，在亭中，四周景色一览无遗。亭西北一峰，巍峨厚重，正西连续三峰，如笔架立，西南二峰，近而略小。亭下方松林间一片奇特的山石，状如“万龟竞奔，争赴山顶”，称金龟峰。

东天门 东路和中路的交汇点。此地峡谷中负氧离子含量高达220万个/立方厘米，是大气平均值的4400倍。周围松林密集，可挥发出大量芬多精（树木的精气、香气），对空气中的细菌病毒有杀伤作用。

中路 全长7公里，由5888级石阶铺成。

流玉泉枕 一山泉穿林越石，蜿蜒而下，流过登山路，注入一潭。潭水清澈见底，夹潭皆为平滑巨石。泉水含有丰富的矿物质，入口清爽甜美。

白云岩 因站在岩石之上，云从脚底生而得名。白云岩外面山门两侧石壁上，分别有龙、虎两个摩崖大字，字迹秀美。由此沿山路而上，有一大平台，为清虚观旧址。

百寿摩崖石刻 沿白云岩而上，有一如扇巨崖，摩历代名家真草隶篆各体寿字99个，并有一天然寿字若隐若现。

鹰窝峰 整座山峰如刀劈斧削，峰巅有苍鹰栖宿，由此得名。此处地貌与张家界的砂岩林峰地貌相似，被称为“小张家界”。由此过东天门，即达龟蒙顶。

西路 又称东蒙古道，是古人登山步行路，全长8公里。

承天宫 明鲁王主持修建的道观。原有石殿两座，殿内祀后土神。殿前有石坊、石桥各一座。清嘉庆年间在旧址建成砖石结构神殿三楹。石桥尚存，为三孔弧卷形桥，宽约4米，长10多米，名迎仙桥。

泰山行宫 始建于明万历年间，清康熙时重修。原有圣母殿，内祀泰山女神碧霞元君。东西两庑，原有十殿阎君泥塑像。

南天门 明万历四十二年建，过此门进入龟蒙顶。

神龟探海 该处海拔千米，各种裂隙众多，经千万年的风化、崩解和剥蚀，形成奇峰陡立、怪石嶙峋的景观。多组裂隙交会的棱角部位，

龟蒙顶

经长年风化作用形成如龟似兽的怪石，因峡谷中常能形成云海、雾海，在云雾的衬托下构成此景观。

寿星巨雕　位于龟蒙顶西北侧的裸岩山体上，依就山势雕成，与山岩浑然一体。以古代南极仙翁为摩本，采用明朝末年定型的寿星形象，以浮雕手法雕刻。高218米，宽198米，大脑门，白须飘逸长过腰际，一手拄鸠杖，一手托仙桃。2003年被载入世界山体雕刻之最的吉尼斯纪录。

龟蒙顶　蒙山主峰，海拔1156米，为山东第二高峰。因其峰体呈穹窿形，犹如一只巨龟俯卧于云端而得名。登上龟蒙顶，俯视周围，万壑流云，烟霞明灭，群峰匍匐蜷伏，所有峰巅皆北拱，像绿色的浪涛滚滚北去，被称为“蒙山叠翠”奇观。西侧崖畔有树龄600余年的龙凤松和孔子小鲁亭。峰顶为一平台，平台尽头为观鲁台，高13.9米，上建有玉皇殿。

云蒙景区　位于蒙阴县城南20公里，蒙山山脉北侧。主景区天麻林场，1994年12月经林业部批准设立蒙山国家森林公园。公园总面积3600余公顷，有野生兽类10科15种，鸟类28科78种，植物100余科900余种，森林覆盖率96%以上，年平均气温12.8℃。有水帘洞、雨王庙、云蒙峰、百花峪、老龙潭、望海楼六大景区，蒙山叠翠、蒙山花潮、蒙山飞瀑、蒙山云海、蒙山日出、蒙山听涛、蒙山秋色、雪峰玉谷八大自然景观。开发水帘洞、雨王庙、大小云蒙峰、天壶峰、栖凤山、蒙山卧佛、蒙山猿人、邵家寨、蒙山巨龙、百丈崖、浴人、仙池等180余个景点。其中水帘洞瀑布为罕见的三叠式瀑布，上下落差高达60米，飞流直下，气势磅礴。雨王庙坐落于海拔850余米的山坳，始建于金代明昌年间，庙内有千年何首乌、江北第一杉、八百年古井。云蒙峰有三峰、二峰组合，均以东南、西北方向排列，三座山峰作“山”字型耸立如柱。

天蒙景区　位于费县境内。景区内有蒙山第二高峰玉柱峰、第三高峰望海楼，多峭壁、险峰、深谷，有指动石、鸟展馆、中华奇石馆、动物园等景点，大青山战斗纪念地、辛锐烈士墓旧址、陈明烈士殉难处、八路军山东纵队第一卫生所旧址、《沂蒙山小调》诞生地、袁成隆墓、《大众日报》印刷所旧址、大青山突围战无名烈士墓等革命遗址。

彩蒙景区　位于沂南县双堠镇，面积52平方公里。景区内五座山峰呈弧形作五指状排列，每逢雨后初晴，阳光折射到云雾缭绕的五座山峰上，呈现出五颜六色的景象，得名五彩山。主峰彩蒙顶海拔762.8米，阳坡平缓，阴坡陡峭，重峦叠嶂，沟壑纵横，有春樱、秋栗、夏瀑、冬雪四季美景。源于五彩山的金山溪，绵延十几里，常年不涸，溪中有各种彩石，其中最有名的是白莲石，五彩之中显出道道白色花纹。有金蟾迎宾、仙女晾衣、青山叠瀑、龙潭戏水等景点，抗战时期山东邮政局、大众日报旧址及国际友人汉斯·希伯牺牲地等革命遗址。

2010年临沂市A级旅游景区情况表

表 7-1

景区名称	景区等级	景区名称	景区等级
蒙山旅游区	AAAA	罗庄区鲁南花卉城	AAA
山东地下大峡谷旅游区	AAAA	沂水县沂蒙山酒文化生态旅游园	AAA
沂水县雪山彩虹谷旅游区	AAAA	沂水县灵泉山旅游区	AAA
山东省天宇自然博物馆旅游区	AAAA	沂水县沂蒙山根据地旅游区	AAA
莒南县八路军115师司令部旧址暨山东省政府成立纪念地旅游区	AAAA	临沭县苍马山旅游区	AAA
沂水县天然地下画廊旅游区	AAAA	临沭县冠山旅游区	AAA
蒙阴县孟良崮旅游区	AAAA	沂南县沂蒙影视基地	AAA
沂水县地下萤光湖旅游区	AAAA	沂南县颐尚温泉旅游度假村	AAA
沂水县天上王城旅游区	AAAA	罗庄区宝泉寺公园	AA
费县沂蒙云瀑洞天旅游区	AAAA	临沂动植物园	AA
沂南县智圣汤泉旅游度假村	AAAA	兰山区茶山旅游区	AA
沂南县竹泉村旅游区	AAAA	郯城县新村银杏园旅游区	AA
莒南县天马岛旅游区	AAAA	河东区知春湖旅游区	AA
河东区观唐温泉旅游度假村	AAAA	费县韩书凡奇石艺术馆	AA
沂水县东方瑞海温泉旅游度假村	AAAA	沂南县北寨汉画石像墓博物馆	AA
罗庄区盛能游乐园旅游区	AAA	兰山区玫瑰湖汽车公园	AA
莒南县天佛旅游区	AAA	中国临沂商城	AA
王羲之故居	AAA	临沭县玉圣园旅游区	AA
银雀山汉墓竹简博物馆	AAA	蒙阴县地下银河旅游区	AA
费县沂蒙石林旅游区	AAA	河东区新四军军部旧址暨华东军区华东野战军诞生地纪念馆	AA
平邑县九间棚旅游区	AAA	临沭县新华社山东分社诞生地纪念园	AA
沂南县孟良崮国家森林公园	AAA	临沭县钟华山旅游区	AA
华东革命烈士陵园	AAA	苍山县文峰山旅游区	AA
沂南县诸葛亮文化旅游区	AAA	苍山县代村生态农业旅游区	AA
临沂国际影视城	AAA	苍山县抱犊崮旅游区	AA
临沂滨河景区	AAA	沂水县云水禅旅游区	AA
临沂市科技馆	AAA	沂水县蒙山龙雾茶博园	AA
兰山区沂蒙奇园	AAA		

临沂市工农业旅游示范点情况表

表 7-2

名　　称	等　　级	年　度
费县石林梨乡旅游区	国家级农业旅游示范点	2004 年
罗庄区盛能农牧观光游乐园旅游区	国家级农业旅游示范点	2004 年
平邑县九间棚旅游区	国家级农业旅游示范点	2005 年
费县沂蒙山小调旅游区	国家级农业旅游示范点	2005 年
莒南县马鬐山旅游区	国家级农业旅游示范点	2005 年
郯城县新村万亩银杏园旅游区	国家级农业旅游示范点	2005 年
费县芍药山万亩核桃园旅游区	省级农业旅游示范点	2005 年
平邑县归来庄金矿地质公园	国家级工业旅游示范点	2006 年
沂水县万亩板栗·山茶园旅游区	国家级工业旅游示范点	2006 年
蒙阴县山村果乡旅游带	省级农业旅游示范点	2006 年
沂水县圣母山千亩大樱桃示范园	省级农业旅游示范点	2006 年
蒙阴县银麦啤酒工业园	省级工业旅游示范点	2006 年
苍山县代村生态农业旅游区	省级农业旅游示范点	2008 年
平邑县观音山旅游区	省级农业旅游示范点	2008 年
平邑县黄桃之乡旅游区	省级农业旅游示范点	2008 年
费县山东新时代药业有限公司	省级工业旅游示范点	2008 年
沂水县泉庄镇万亩山桃葡萄园	省级农业旅游示范点	2009 年
沂南县诸葛亮文化旅游区	省级农业旅游示范点	2009 年
沂南县竹泉旅游区	省级农业旅游示范点	2009 年
蒙阴县高都镇古道沟	省级农业旅游示范点	2009 年
蒙阴县旧寨乡杏山园	省级农业旅游示范点	2009 年
苍山县尚岩镇会宝山	省级农业旅游示范点	2009 年
东方庄园葡萄酒业有限公司	省级工业旅游示范点	2009 年
鲁中农业生态观光园	省级农业旅游示范点	2010 年
蒙阴县野店镇毛坪村	省级农业旅游示范点	2010 年
坪上镇农业旅游示范园	省级农业旅游示范点	2010 年
蒙山龙雾茶博园	省级工业旅游示范点	2010 年
沂蒙山酒文化生态旅游园	省级工业旅游示范点	2010 年
河东区三益庄园	市级农业旅游示范点	2010 年
沂水县龙家圈镇灵泉山千亩苹果农业旅游示范园	市级农业旅游示范点	2010 年
沂蒙玉芽茶文化苑	市级农业旅游示范点	2010 年

第二章　旅游市场

第一节　旅游客源

国内客源　临沂旅游客源的主体是国内游客，山东省是临沂旅游最大的客源地，省外客源主要集中在京津冀、苏豫皖等省市，长江三角洲和东北地区也是重要客源地。1995 年，山东省国际旅行社和深圳国际旅行社将王羲之故居、银雀山竹简博物馆、北寨汉墓博物馆和诸葛亮故居等列入山东环形旅游线，填补了临沂在中国旅游图上的空白，临沂市全年接待国内游客 210 万人次。2005 年，全市接待国内游客 1003.4 万人次。2008 年，全市接待国内游客 2032.6 万人次。2010 年，全市接待国内游客 3037 万人次。

境外客源　1995—1999 年，临沂市每年接待境外游客 3000 人次左右，主要来自日本、韩国、美国等国家和香港、台湾地区。进入 21 世纪，境外游客数量明显增多，2004 年接待境外游客 1.1 万人次，2007 年接待境外游客 5.2 万人次。2010 年，全市共接待境外游客 12.1 万人次，客源市场扩大至东南亚、欧洲、大洋洲、非洲。

1995—2010 年全市旅游接待和收入情况表

表 7-3

年份	国内游客（万人次）	国内旅游收入（亿元）	国外游客（人次）	旅游创汇收入（万美元）	旅游总收入（亿元）	占 GDP 的比重（%）
1995	210	8.2	2263	5	8.21	—
1996	215	8.5	2725	122.5	8.6	—
1997	216	8.64	2839	91	8.71	—
1998	217	8.7	2733	100	8.78	—
1999	310	15	3351	168	15.14	—
2000	363.48	16.96	4429	216.83	17.14	—
2001	478.06	24.52	5022	272.57	24.79	—
2002	605.16	31.2	6844	300.77	31.45	4.48
2003	603.4	31.74	9196	501	32.07	3.84
2004	779.81	43.11	11319	527.6	43.55	4.3
2005	1003.4	61.4	15100	648.04	61.9	5.11
2006	1262.57	80.65	20466	1046.3	81.49	5.8
2007	1613.1	110.6	52131	2892	112.8	6.79
2008	2032.64	144.46	65374	4270.6	154.7	7.9
2009	2443.48	178.7	85000	5164.66	182.3	8.6
2010	3037	232.7	120926	7716.7	237.8	9.9

2000—2010 年临沂市主要客源国旅临人数情况表

表 7-4　　　　单位：人次

国　别	2000	2001	2002	2003	2004	2005	2006	2007	2008	2009	2010
日本	1393	1831	2171	2953	2642	2784	3611	8408	9260	6328	7810
韩国	727	960	1050	1461	1580	2087	3969	14423	14557	7350	8458
印度尼西亚	23	21	33	113	242	368	292	844	1234	1272	1341
马来西亚	59	34	53	152	243	378	394	955	1177	1163	1144
新加坡	189	122	433	299	361	396	350	1024	1262	1129	1129
英国	80	76	166	190	218	206	320	1292	1481	998	1888
法国	98	82	124	187	198	201	325	1021	1219	982	1477
德国	86	135	131	164	176	211	256	1057	1083	856	1283
意大利	62	101	69	75	98	108	137	723	872	884	1198
俄罗斯	70	95	49	109	185	197	414	789	804	887	1189
美国	212	227	409	428	516	486	470	1873	2069	1661	2872
加拿大	51	68	176	125	224	182	191	637	917	1361	2094
澳大利亚	51	90	117	118	212	175	230	715	1056	1712	2223

2000—2010 年黄金周旅游基本情况表

表7-5

年份	春节		五一国际劳动节		十一国庆节	
	接待游客数（万人次）	旅游总收入（亿元）	接待游客数（万人次）	旅游总收入（亿元）	接待游客数（万人次）	旅游总收入（亿元）
2000	—	—	32.5	0.74	48	0.71
2001	13.43	0.07	70.45	1.29	67.42	1.44
2002	17.36	0.16	68	1.89	79.31	2.06
2003	21.09	0.19	因“非典”取消		90.97	2.49
2004	25.94	0.24	108	2.96	146	3.64
2005	30.03	0.31	142.78	4.04	114.5	3.75
2006	36.14	0.39	132.6	4.39	150.25	5.43
2007	59.05	0.7	167.6	6.04	161.1	5.89
2008	63.5	1.45	90.91	5.02	199.52	8.16
2009	76.73	2.45	110.67	6.13	240.6	10.59
2010	92.76	3.13	137.36	7.85	273.37	12.53

第二节　旅游商品

临沂历史悠久，物产丰富，能工巧匠辈出。旅游商品有传统工艺品、地方土特产和当地名小吃等，具有浓郁的地方特色。临沂在旅游业发展初期重景点、旅行社、宾馆建设，轻旅游商品的研发、生产与销售，旅游商品品种单调，文化内涵不足，缺乏特色和名牌产品。随着旅游业的快速发展，通过组织参加、举办国家、省、市旅游商品展销会、设计大赛以及品牌创建等活动，积极引导旅游商品生产，丰富旅游商品种类，扩大生产和销售规模，取得良好的社会经济效益。

郯城木旋玩具

2005年，组织有关企业和个人的26件作品参加“泉城杯”第二届山东省旅游商品大赛，4件作品获优秀奖。举办“智圣杯”临沂市首届旅游商品大赛，收到参赛作品80个系列、450余件，评出金奖3名、银奖6名、优秀奖30名。围绕蒙山养生长寿和沂蒙民俗特点，推出系列旅游商品，主要有灵芝、天麻等延年益寿中草药系列商品，六姐妹煎饼、香辣肉丝等沂蒙特色系列食品，沂蒙鞋垫、沂蒙香荷包等沂蒙特色系列生活用品，石磨、石碾等沂蒙特色生产用品，木制玩具、弹弓等沂蒙特色玩具商品等。2006—2007年，在第四、五届山东省旅游商品创新设计大赛上，两次获大赛银奖。开展临沂市标志性旅游商品、十佳旅游商品、十佳民间手工艺制作大师、十佳旅游购物商店等评选活动，批准旅游商品定点生产企业2家。

2008年，开展旅游商品调研工作，共调研旅游企业106家，建立了旅游商品数据库。探索同时建立旅游购物推荐机制，在沂蒙路百货大楼、桃源超市、九州商业大厦、海蓝云天礼品公司设旅游商品专柜。组织参加2008山东省旅游商品文化博览会暨“曲阜顺鑫孔子商贸城杯”第六届山东省旅游商品创新设计大赛。12家参展商布置展位24个，参展商品100余种，其中沂蒙布艺玩具系列、葫芦烙画、织锦、竹简、羽画等受到广泛好评。徐公砚系列——“罗汉”获银奖，沂蒙布老虎福娃系列获铜奖，羲之“文房四宝”获优秀奖。临沂书圣文化艺术发展有限公司获“2008—2009年度山东省旅游商品十佳品牌”、“2008—2009年度山东特色旅游购物店十佳品牌”称号。至2010年，全市有地矿奇石产品、土特产品、手工艺品和古代文化复制品四大系列、480余类旅游商品。省级金牌旅游购物店6家，旅游休闲购物街区3个，定点旅游商品生产企业3家，非定点生产企业63家。在省旅游局组织开展的到山东不可不买的100种旅游特色商品评选活动中，临沂市有9种商品入选。

徐公砚产品

第三节 旅游营销

1995年，组织旅游单位参加汉城亚洲旅游交易会、香港国际旅游交易会、海南中国国内旅游交易会和山东青岛旅游交易会，印发旅游宣传资料2.5万份，制作电视宣传片13部，发表文字报道30篇。1996—1999年，编印《临沂旅游指南》，制作《沂蒙山区好地方》旅游风光片，配合新华社、山东电视台拍摄《走进蒙山》《钟灵毓秀齐鲁行》等电视片。市旅游局与《市场经济导报》合办《旅游天地》栏目20余期。组织110人参加北京首游团，并邀请记者随访。组织参加昆明世博会、中国旅游交易会和中国沿黄十省区旅游交易会、厦门旅游项目招商会。举办中国蒙山登山赛、“善久杯”旅游风光摄影展等旅游宣传活动。2000—2002年，赴韩国开展旅游宣传促销活动，蒙阴县在北京人民大会堂举办开发蒙阴旅游资源新闻发布会。组织发往广西桂林、福建武夷山的旅游专列，举办“沂蒙好风光”旅游经济发展战略研讨会。组织参加德国柏林第35届世界旅游博览会、大连中国北方国际旅游交易会、成都中国国内旅游交易会、中国（济南）国际旅游交易会、曲阜国际孔子文化节暨旅游热线推介会等大型旅游促销活动。邀请全国媒体齐鲁行采访团到临沂采访，出版《山东自助旅游丛书·临沂卷》，建立临沂旅游政务网。2004—2005年，举办首届山东蒙山（平邑）养生长寿旅游节，吸引来自德国、美国、英国、法国、加拿大、澳大利亚、希腊等国的游客参加。与日照市、曲阜市联合，邀请北京30多家旅行社开展“山（蒙山）、海（日照海滨）、圣人（曲阜孔子）”旅游线区域联合促销活动。在韩国首尔举办中国临沂（首尔）文化周临沂旅游资源推介会（这是临沂市第一次境外专场旅游推介会）。2006—2007年，在临沂人民广播电台开设《旅游总动员》节目，在临沂电视台推出《快乐旅游》栏目，创办《沂蒙旅游》周刊。由临沂市发起，临沂、泰安、济宁、枣庄、日照5市签署五市旅游联盟协议。制定《临沂市关于对外地旅行社组团来临沂旅游进行奖励的办法》，对外地旅行社组织旅游专列、旅游包机、大规模入境旅游团进行奖励。举办中国临沂旅游（商品）博览会、中国（临沂）诸葛亮文化旅游节、首届中国（临沂）费县赏石旅游文化节等活动。2009年，投资120万元制作临沂旅游形象宣传片，在中央电视台《朝闻天下》栏目和山东卫视《山东新闻》栏目播出临沂旅游城市形象广告。2010年，在开通上海—临沂夏秋旅游包机的基础上，开通直飞海口、桂林、丽江、昆明旅游航班。参加“观世博游山东”联合推介宣传，在上海电视台、《新闻晨报》、地铁、火车站投放临沂旅游整体形象广告。制订《临沂市旅游奖励办法》，赴省内、京津冀、苏豫皖、长三角四大目标客源地42个城市，采取投入广告、召开旅游推介会、与当地旅行社一对一洽谈合作、景区后期跟进宣传等方式开展营销推介。

第三章 旅游服务

第一节 旅行社

1995年，全市仅有2家旅行社。其中临沂国际旅行社成立于1994年，是临沂市成立最早的旅行社。2000年，旅行社数量增至12家，大多集中在市区，以组团业务为主。2002年，临沂国际旅行社获得出国（境）游组团资格。截至2010年，旅行社数量增至85家，蒙阴、沂水等县区相继有旅行社成立，旅行社业务也逐渐由组团发展到地接。

2010 年临沂市旅行社情况表

表 7–6

名　　称	负责人	电　话	名　　称	负责人	电　话
临沂国际旅行社有限公司	杨兆坤	8200578	沂南县卧龙旅行社有限责任公司	曹　蕾	3269269
临沂市中海旅行社	苏振山	8315229	临沂中远旅行社有限公司	陈晓春	
临沂青年旅行社有限公司	王广凤	8117009	临沂铁青旅行社有限公司	左兴梅	8328799
临沂天马旅行社有限公司	李东军	8109028	临沂市绿茵旅行社有限公司	许淑芳	8209156
临沂职工旅行社有限公司	王春玲	8112398	临沂东方旅行社有限公司	王雪梅	7166789
临沂运通旅行社有限公司	范圣东	8237271	临沂康辉旅行社有限公司	朱海红	8132196
临沂市华星旅行社	蔡永玲	8185507	临沂市方舟旅行社有限公司	李海涛	8121288
临沂神州旅行社有限公司	李兴军	8116668	临沂原野旅行社有限公司	康　敏	6189555
临沂山水旅行社有限公司	鲍运忠	8201201	沂水雪山彩虹谷旅行社有限公司	扈　琦	2221688
蒙阴县蒙山旅行社	赵玉才	4811308	郯城金秋旅行社有限公司	孟　鲲	6126333
蒙阴国际旅行社有限公司	宋树余	4810699	沂水沂河山庄旅行社有限公司	马　峰	2233567
临沂山青旅行社有限公司	吴　军	8070082	莒南县东方旅行社有限公司	徐　英	7619888
临沂市沂州旅行社有限公司	石晓君	8070022	临沂风光旅行社有限公司	刘金叶	8138877
临沂新闻旅行社有限公司	王良军	8313666	费县开心假日旅行社有限公司	姚宗华	5228018
临沂大地旅行社有限公司	张庆秋	8010388	临沂市新世纪旅行社有限公司	苑鹏娟	8321228
临沂金海岸旅行社有限公司	岳秀波	2905990	临沂银河旅行社有限公司	陈翠霞	2070666
临沂市方元旅行社有限公司	张堃萌	8105567	费县新世纪旅行社有限公司	王　云	5229002
临沂百事通国际旅行社有限公司	刘长军	2263788	平邑快乐假日旅行社有限公司	赵　莉	4223008
蒙阴县春秋旅行社有限公司	赵玉才	4274002	沂水风光旅行社有限公司	黄家祥	2265678
费县沂蒙山旅行社有限公司	赵玉彬	5993410	蒙阴县蒙山假日旅行社有限公司	王　丽	4836698
临沂妇女旅行社有限公司	刘　倩	8131807	临沂辉煌旅行社有限公司	庞　龙	2932108
临沂市罗庄春秋旅行社有限公司	冯凤超	8250737	苍山广宇旅行社有限公司	王宪宝	5535799
莒南县天佛旅行社有限公司	孙建国	7233666	临沂九州旅行社有限公司	杨永辉	8968167
蒙阴新世纪旅行社有限公司	公衍亮	7143208	临沂兴大旅行社有限责任公司	张　宁	8130677
沂水县沂蒙山旅行社有限公司	王然伟	2268699	费县神州旅行社有限公司	杨　振	5033555
临沂飞扬旅行社有限公司	尹　伟	8161855	莒南晨曦职工旅行社有限公司	刘　伟	7213888
蒙阴康辉旅行社有限公司	张　健	4811000	临沂市阳光旅行社有限公司	赵连萍	8138598
蒙阴青年旅行社有限公司	李　丽	4278398	蒙阴山水旅行社有限公司	马耐国	4802999
临沂假日旅行社有限公司	薛　涛	8131288	莒南红色庄园旅行社有限公司	王志英	7616999
沂水光大旅行社有限公司	吴　娟	2218838	平邑开心假日旅行社有限公司	王燕飞	4282777

续表 7-6

名　　称	负责人	电　话	名　　称	负责人	电　话
费县青年旅行社有限公司	王铁娟	5226188	郯城丽景旅行社有限公司	孔　珍	6637888
临沭乾坤旅行社有限公司	曹秋英	6235222	费县银光旅行社有限公司	刘　萍	5683555
临沂荣华旅行社有限公司	许向龙	8967626	临沂天宇旅行社有限公司	李升华	4288717
沂南县华苑假日旅行社有限责任公司	金云霞	3257007	沂水恒泰旅行社有限公司	黄家强	2260177
沂南县阳光旅行社有限公司	吉保华	3250077	沂水兄弟旅行社有限公司	曹洪昌	2507116
临沂振兴旅行社有限公司	姚　勇	2928026	沂水东方旅行社有限公司	朱　健	2230129
临沂华夏旅行社有限公司	孟祥花	8259600	临沂天天航空旅行社有限公司	孙起斌	8232380
沂南县新干线旅行社有限公司	王艳玲	7903696	沂水欢乐时光旅行社有限公司	郑福元	2260668
苍山县山青清旅行社有限公司	刘兆杰	5172966	平邑县蒙山旅行社有限公司	禄海龙	4210680
沂水万顺旅行社有限责任公司	武传华	2258528	临沂立诚旅行社有限公司	徐丽丽	8051277
临沂铁信旅行社有限公司	朱孔岭	8110088	临沂市红日旅行社有限公司	宋开宪	7371088
临沂九间棚新天地旅行社有限公司	刘丞铭	4882808	沂南县蓝海旅行社有限公司	杨进东	3512888
临沭苍马旅行社有限公司	彭　敏	6239567			

第二节　旅游饭店

1989 年，罗庄沂罗园大酒店是临沂市唯一的星级饭店。1993 年，临沂陶然居大酒店成为临沂市第一家三星级饭店。1997 年，陶然居大酒店升格为四星级饭店。至 2000 年，临沂市有旅游星级饭店 7 家，其中四星级旅游饭店 1 家。随着临沂经济快速发展，旅游业迅速崛起，星级旅游饭店数量迅速攀升，大多分布在旅游业发展较快的沂水、平邑、蒙阴县。至 2006 年底，全市有旅游饭店 45 家。2007—2010 年，由于物价上涨，旅游饭店经营成本增加，加之经济型连锁酒店快速扩张，对星级饭店形成冲击，旅游饭店增长速度放缓。截至 2010 年底，全市共有星级饭店 58 家，其中四星级饭店 5 家。

2005—2010 年临沂市旅游饭店情况表

表 7-7

年份	饭店（家）	房间（间）	床位（张）	客房出租率（%）	餐位（个）	餐饮毛利率（%）	营业收入（万元）	营业税金（万元）	营业利润（万元）	固定资产（万元）	员工（人）
2005	38	3425	5875	67.7	15265	36	38047	2246	2157	46196	4741
2006	45	4060	6719	66.4	16680	37	44587	3143.7	2860	52938	6373
2007	55	4373	8361	67.5	16423	36	48519	2768.9	2817	53994	6233
2008	58	5114	9740	64.3	17503	34	47004	2294	2829	61837	7835
2009	61	5551	10587	64.6	17822	35	49271	2400	2985	63537	8019
2010	58	5471	10117	66	—	—	66218	—	2741	178377	6199

2005—2010 年临沂市旅游饭店经济类型情况表

表 7-8

年份	星级	国有（家）	集体（家）	私营（家）	联营（家）	股份制（家）	外商投资（家）	港澳台投资（家）	合计（家）
	五星	0	0	0	0	0	0	0	0
	四星	0	1	0	0	0	0	0	1
2005	三星	2	4	5	0	1	0	0	12
	二星	5	5	13	0	2	0	0	25
	合计	7	10	18	0	3	0	0	38
	五星	0	0	0	0	0	0	0	0
	四星	0	2	0	0	0	0	0	2
2006	三星	2	4	7	0	1	0	0	14
	二星	5	5	14	0	5	0	0	29
	合计	7	11	21	0	6	0	0	45
	五星	0	0	0	0	0	0	0	0
	四星	0	2	0	0	0	0	0	2
2007	三星	3	6	8	0	3	0	0	20
	二星	6	5	16	0	5	0	0	32
	合计	9	13	24	0	8	0	0	54
	五星	0	0	0	0	0	0	0	0
	四星	1	2	0	0	0	0	0	3
2008	三星	3	6	9	0	4	0	0	22
	二星	6	5	18	0	4	0	0	33
	合计	10	13	27	0	8	0	0	58
	五星	0	0	0	0	0	0	0	0
	四星	1	2	0	0	0	0	0	3
2009	三星	2	6	11	0	4	0	0	23
	二星	6	5	20	0	4	0	0	35
	合计	9	13	31	0	8	0	0	61
	五星	0	0	0	0	0	0	0	0
	四星	0	4	0	0	1	0	0	5
2010	三星	12	1	9	1	3	0	0	26
	二星	7	3	10	1	6	0	0	27
	合计	19	8	19	2	10	0	0	58

临沂市省级好客人家农家乐酒店情况表

表 7-9

名　　称	星　级	名　　称	星　级
蒙阴县百泉峪农家乐	四星级	蒙阴县云蒙湖渔村	三星级
沂水县紫微庄园	四星级	蒙阴县东蒙人家民俗园	三星级
临沭县秦淮人家	四星级	莒南县四方家园	三星级
河东区滨河生态园	四星级	莒南县龙凤山庄	三星级
临沭县冠山知味园	三星级	蒙阴县河头泉桂香佳园	二星级
临沭县富华园	三星级	蒙阴县松林子度假村	二星级
临沭县龙泉山庄	三星级	沂南县香山居粗菜园	二星级
蒙阴县桃花源桃缘居生态山庄	三星级	沂水县聚福酒店	二星级
蒙阴县云蒙湖旅游度假村	三星级		

第四章　旅游业管理

第一节　旅游规划

1995年，临沂市对自然景观和人文景观进行全面考察、多次论证，提出“文韬武略”的开发主题，研究、制定《临沂市旅游开发规划》。1998年，市十五届人大常委会第二次会议通过《加强蒙山风景名胜区保护与开发的决议》，市政府成立蒙山风景名胜区保护与开发管理委员会，办公室设在市旅游局。1999年，市旅游局完成《山东省临沂市旅游发展总体规划》《山东省蒙山旅游发展总体规划》《蒙山旅游区旅游分区建设规划》，6月6日通过国家旅游局和省旅游局组织、由全国著名旅游专家组成的评委会的评审，8月4日市委常委扩大会议审查通过，8月27日市人大常委会审议批准。各县区也结合实际情况制定各自的旅游开发规划、近期实施方案，以及旅游资源保护暂行规定。2000年，对《临沂市旅游发展总体规划》《蒙山旅游发展总体规划》《蒙山旅游区旅游分区建设规划》进行修订。旅游资源开发和基础设施建设坚持“一山一城一水”的工作思路，突出对重点旅游项目的开发规划。

2002年，对全市旅游资源进行第二次普查，旅游区（点）119个、景观476处，并拍摄3000余张照片，建立旅游资源数据库。加快县区旅游规划编制的进度，加大对旅游规划的宣传力度，建立项目申报、专家评审、监督检查等配套制度。2003年，罗庄、郯城、蒙阴、临沭等县区的旅游总体规划编制完成，并通过评审。2004年，临沭、平邑、沂南、沂水等县旅游总体规划编制完成并通过评审。至2005年，全市12个县区的旅游总体规划全部编制完成。2006年，聘请国内著名专家对《临沂市旅游发展总体规划》进行修编，形成《临沂市旅游产业发展总体规划（修编）》，并结合临沂市红色旅游资源优势编制《临沂市红色旅游发展总体规划》。聘请旅游专家对旅游区的项目建设开发规划进行整合提升，全市46个旅游区（点）编制旅游区开发建设规划。至2007年，全市形成以《临沂市旅游发展总体规划》、12个县区旅游发展规划和50余个旅游项目开发建设规划为主要内容的旅游规划体系。

2008年，编制《临沂城市旅游目的地总体规划》，并于11月22日经市十七届人大常委会第五次会议批准实施。制定《临沂市旅游规划管理办法》，对旅游规划工作从编制、评审、实施等方面加强规范管理。对全市286个旅游资源单位进行旅游资源普查，进一步摸清全市旅游业家底。2009年，市政府印发《临沂市旅游资源保护与开发管理办法》，市旅游局配套制定《临沂市旅游资源保护与开发管理办法实施细则》。2010年，按照《临沂市旅游资源保护与开发管理办法》及其《实施细则》的规定，积极做好旅游规划的立项、审查、批复和开发建设项目的预先初审工作，从编制、评审、审查等环节进一步加强对旅游规划工作的管理。

第二节　行业管理

1995年，制定《临沂地区旅游行业管理暂行规定》《关于行使涉外旅游管理职能的有关规定》《临沂地区旅游涉外定点管理办法》《临沂地区旅游涉外定点单位标准》等。召开全市首次旅游涉外接待工作会议，对行业规范化和与国际惯例接轨等提出明确要求。1997年，贯彻落实《山东省旅游管理条例》，加大对旅游企业的管理和监督力度，对全市3家旅行社进行年检审计，撤销管理不善的华联旅行社。批准市经济协作办公室万达汽车公司为临沂市旅游涉外车（船）公司，批准荣华大酒店、郯城县园中园宾馆为临沂市旅游涉外定点饭店。对全市5家星级饭店进行复核，对全市旅游企业的人事、用工、劳动、工资、营业状况和营业收入等进行统计。1998年，组织开展全市旅游资源普查。印发《临沂市征收发展旅游事业费管理办法》，建立财政专户，7月起开征发展旅游事业费，至年底共征收16万元。2000—2001年，对旅游企业、景区景点的物价情况进行全面检查，开展旅游消费质量信得过单位评选活动。召开全市整顿与规范旅游市场秩序会议，成立临沂市整顿与规范旅游市场秩序工作领导小组，加强对全市旅游市场的整顿和规范。2002年，对旅游市场进行综合治理，严厉打击非法经营旅行社业务和旅行社进行超范围宣传与经营等违规行为，取缔非法旅行社5家、非法旅行社门市部10家，查处违规超范围宣传的旅行社9家。规范旅行社用车制度，在临沂客运总站建立“一日游”车站，开通蒙山“一日游”专线。

2003年，成立临沂市旅游质量监督管理所，负责全市的旅游质量监督、旅游投诉和旅游执法。加强对旅行社和涉外饭店的管理，撤销旅行社1家，审批旅行社4家，全市旅行社达到43家，旅行社门市部16家。2004—2005年，成立蒙山旅游区管理委员会办公室。开展临沂市旅游细微服务年活动。制定全市旅游行业2005—2007年旅游安全专项整治方案和旅游安全工作应急预案，多次召开旅游企业安全工作专题会议，全力塑造“健康安全旅游目的地”的良好形象。2006年，市旅游质量监督管理所更名为临沂市旅游监察大队（同时加挂临沂旅游质量监督管理所、临沂市旅游投诉中心的牌子）。组织开展共建诚信临沂旅游活动，对旅游饭店、旅游景区（点）等旅游企业及管理人员、导游人员建立诚信档案库，定期发布行业《诚信经营公约》，向社会做出自律承诺。2007—2008年，市旅游局成立红色旅游发展办公室、旅游商品开发科。市政府印发《临沂市旅游资源保护与开发管理办法》，市旅游局配套制定《旅游资源保护与开发管理办法实施细则》《农家乐质量等级划分与评定标准》《旅游规划编制管理办法》等。2010年，开展旅游服务质量提升年活动，组织旅游企业成立青年志愿者队伍，参与全省重点旅游项目建设现场会、创建文明城市志愿者服务等多项活动。

第三节 教育培训

1997年，举办全市第一期旅游涉外饭店管理人员培训班，12家旅游涉外饭店的44名管理人员参加培训，历时15天。经考试，30名学员获国家旅游局颁发的旅游行业管理人员上岗资格证书，14名学员获山东省旅游局颁发的上岗资格证书，10人获国家旅游局颁发的导游资格证书和导游员证书，5人获国家旅游局颁发的旅行社总经理、部门经理资格证书。1999年，旅游行业从业人员达到3009人。是年，组织35名高层管理人员到美国、韩国、新加坡、马来西亚、泰国等国家学习酒店管理经验；举办全市旅游行政执法人员培训班，35人参加培训。2000—2001年，省旅游局在临沂市设立旅游培训定点单位，市旅游局组织修编《临沂导游基础知识》《临沂市主要景区景点导游词汇编》《旅游工作有关法规文件汇编》等培训材料。培训导游员663名，饭店管理人员102名，旅行社经理、部门经理86人。2004年，全市新办导游证IC卡164个，年审导游证IC卡435个，组织643人参加全国导游人员资格考试。市旅游局会同共青团临沂市委在旅游行业开展争创“青年文明号”“青年文明工作者”等一系列活动，15人获市级“青年文明工作者”称号，6个单位获“市级青年文明号”称号。2005—2007年，全市新办导游证IC卡624个，年审导游证IC卡1891个，组织1754人参加全国导游人员资格考试。2008年，全市共组织培训导游人员896人次，培训旅游企业中高级管理人员371人次。在全省旅游饭店服务技能大赛中，临沂市代表队总分第一，获团体一等奖。在全国旅游饭店服务技能大赛上，陶然居大酒店员工耿蓉芳代表山东省参赛，获二等奖。临沂国际旅行社综合排名进入全省20强。2010年，认真贯彻落实好客山东旅游服务标准，对旅游饭店、旅行社、导游人员制定详细的培训计划，邀请省内外业内专家授课，重点对《好客山东旅游服务标准》《细微服务标准》，服务礼仪、酒店经营管理、旅行社经营管理等内容进行培训。举办全市旅游饭店服务技能大赛、服务礼仪大赛和全市职业导游大赛，获全省旅游饭店服务技能大赛团体总分第二名和全省旅游饭店节能减排知识竞赛团体总分第一名。

第八编

县区概况

LINYISHIZHI

兰陵县城一角

1995年，临沂市辖3区9县，临沂市人民政府驻地兰山区。全市有3个办事处、103个镇、144个乡，共9544个行政村。乡镇村居经过多次调整、规划，至2010年年底，临沂市辖兰山、罗庄、河东3个区，沂南、郯城、沂水、苍山、费县、平邑、蒙阴、莒南、临沭9个县，有30个街道、130个镇、20个乡，共7159个行政村、社区。沂水县面积最大，为2434.8平方公里，居省内诸县（市、区）第二位；罗庄区面积最小，为371平方公里。全市人口过百万的县区有郯城、沂水、苍山、平邑、莒南5县，苍山县人口最多，达128.96万人；罗庄区最少，为49.67万人。

第一章 兰山区

建置 区划

境域 兰山区位于临沂市境中部，属临沂市辖区。区境位于北纬35°01′11″~35°20′45″，东经118°06′13″~118°28′25″之间。地处沂蒙山区南缘，沂河、涑河冲积扇上。东隔沂河与河东区相望，西接费县、苍山县，南连罗庄区，北靠沂南县。最大横距26公里，最大纵距34公里，总面积650平方公里。

临沂城位于区境东南部，以东临沂河而得名，是书圣王羲之故里，山东省历史文化名城。中共临沂市委、临沂市人民政府驻南坊街道（北京路17号），中共兰山区委、兰山区人民政府驻金雀山街道（金雀山路57号）。

建置 西周，境内有鄅国，其都城旧址在今南坊街道鄅古城村。春秋，鄅国并入鲁国，又有鲁国中邱、启阳等城邑。其中，中邱建于鲁隐公七年（公元前716年），旧址在今白沙埠镇诸葛城村；启阳建于鲁哀公三年（公元前492年），旧址为今临沂城。西汉初期，置启阳县，县治在前启阳邑，后避景帝刘启讳，改称开阳；元封五年（公元前106年），置临沂县，县治在前中邱邑。今兰山区南境属开阳县，北境属临沂县。东汉建初五年（80年），琅邪国国都迁至开阳，今兰山区境仍分属开阳、临沂2县。三国时，境内有开阳、临沂、即邱3县。南朝刘宋，境内仅存即邱县，县治在今兰山街道古城。北魏设北徐州，州治在今临沂城。北周改北徐州为沂州。隋开皇十六年（596年），由即邱县析置临沂县，县治在今临沂城；大业二年（606年），省即邱入临沂，临沂为沂州（琅邪郡）治所。明洪武元年（1368年），撤销临沂县，将其地直隶于沂州。清雍正二年（1724年），沂州升为直隶州；十二年（1734年），升为沂州府，设附郭兰山县，今兰山区境属兰山县。1913年，废沂州府，同时改兰山县为临沂县。1936年，临沂为国民党山东省第三行政督察区专署驻地。1940年6月，中国共产党在临沂、费县、沂南3县边区设临费沂边联县。抗日战争胜利后，临沂县民主政府成立，今兰山区境属临沂县。1947年10月，析临沂县沂河以西、祊河以南区域置临西县，今兰山区境分属临沂、临西二县。1948年10月，并临西县入临沂县。1958年12月，临沂县改市，今兰山区境属临沂市。1963年3月，复为临沂县，今兰山区境属临沂县。1983年9月，恢复临沂市，为山东省辖县级市，今兰山区境属县级临沂市。1994年12月，撤销临沂地区和县级临沂市，设立地级临沂市，设置兰山、罗庄、河东3个区。

区划 1995年，兰山区辖兰山、金雀山、银雀山3个办事处，义堂、大岭、南坊、枣沟头、白沙埠、半程6个镇，李官、朱保、马厂湖3个乡，共422个行政村。1996年12月，马厂湖乡撤乡设镇。2001年6月，大岭镇撤销。2002年3

月，朱保乡、李官乡分别撤乡设镇。2003 年 1 月，南坊镇改设为街道。2010 年，兰山区辖兰山、银雀山、金雀山、南坊 4 个街道，白沙埠、枣沟头、半程、李官、义堂、朱保、马厂湖 7 个镇，共 45 个城市社区、77 个农村社区、290 个行政村。

人口 民族 1995 年，全区人口 74.61 万人，男女性别比为 106.43，人口自然增长率 1.9‰。其中，非农业人口 23.27 万人。2010 年，全区人口 94.93 万人，人口出生率 10.28‰，自然增长率 5.81‰。全区除汉族外，有回、蒙古、藏、维吾尔、苗、壮、布依、朝鲜、满、侗、瑶、白等 28 个少数民族。少数民族总人口 6458 人，其中回族 5666 人。

自然环境

地形 境内地势西北高、东南低。地貌类型以平原为主，丘陵次之。北部、西部为丘陵，属鲁中南山地的南缘，海拔 80~250 米；中部及东南部为山前冲洪积平原，海拔 80~150 米。艾山坐落于区境西部，海拔 254.6 米，为境内最高峰；镇山（茶山）坐落于区境北部，海拔 227.1 米，为境内第二高峰。

河流 兰山区属淮河流域。北部区域为沂河水系，流域面积 522 平方公里，占总面积的 80.3%；南部区域为中运河水系，流域面积 128 平方公里，占总面积的 19.7%。沂河境内流程 34.35 公里，河面宽度 560~1700 米。祊河境内流程 26 公里，河面宽度 510~1300 米。蒙河境内流程 11.51 公里，河面宽度 150~390 米。涑河境内流程 33.25 公里，河面宽度 70~370 米。柳青河境内流程 24.63 公里，河面宽度 40~170 米。

土壤 土壤有棕壤、褐土、潮土、砂姜黑土和水稻土 5 个土类，共 29860.49 公顷。其中，棕壤 5192.19 公顷，主要分布在李官、半程、白沙埠等镇；褐土 3729.07 公顷，主要分布在朱保、李官等镇；潮土 7124.12 公顷，主要分布在沂河、祊河沿岸的南坊、白沙埠、义堂等街道（镇）；砂姜黑土 4169.36 公顷，水稻土 9645.75 公顷，主要分布在白沙埠、枣沟头等镇。

植被 境内木本植物有 65 科、320 余种，草本植物有 600 余种；农田植被主要为小麦、玉米、水稻、花生、大豆、地瓜、棉花及蔬菜、瓜果、花卉等。

气候 境内气候属暖温带季风区半湿润大陆性气候，光照充足，雨量充沛。春季干燥多风，夏季炎热多雨，秋季温和凉爽，冬季干燥少雪，四季分明。

自然资源 *土地资源* 2009 年年底，兰山区土地总面积 65037 公顷。其中，耕地面积 22049.4 公顷，占全市耕地总面积的 2.61%。全区土地构成中，耕地、城镇及工矿用地所占比重最大，均占总面积的三分之一左右。

水资源 境内有沂河、祊河、蒙河、涑河、柳青河等河流，常年径流量 3.76 亿立方米。多年平均水资源总量 2.76 亿立方米，其中地表水资源量 1.95 亿立方米，地下水资源量 1.22 亿立方米。按 2000 年实有人口计算，平水年水资源可利用总量 1.72 亿立方米，其中地表水可利用量 0.61 亿立方米，浅层地下水可开采量 1.1 亿立方米；人均占有水资源总量 334.9 立方米。

矿产资源 2010 年年底，已探明的矿产 14 种（含亚种）。金属类矿主要有金、铜、铁等，大部系复合共生矿床。非金属矿主要有石灰石、河沙、石英砂岩、大理石、沸石、方解石、煤等。

生物资源 境内动物有 8 纲 34 目 71 科 138 属 718 种，其中鸟类 11 目 33 科 65 属 95 种，含国家一级保护鸟类白鹳、白枕鹤、丹顶鹤 3 种和二级保护鸟类鸿雁、白额雁、大天鹅、雀鹰、白尾鹞等 12 种，黄苇鸦、大麻鸦被列入国家保护野生动物名录；哺乳类 4 目 5 科 10 属 10 种；两栖爬行类 4 目 8 科 14 种；昆虫类动物 541 种；水产类 15 目 24 科 53 属 58 种。植物资源中，木本植物 65 科 320 余种，有欧美杨类、毛白杨、加杨、

柳树、泡桐、刺槐、国槐、榆、臭椿、楝、侧柏、松类、竹子、棉槐、白蜡、杞柳、苹果、山楂、桃、板栗、桑、银杏、茶等；草本植物有茅草、狗尾草、狗皮草、鸡冠花、马齿苋、猫眼草、鬼针草等600余种。农作物品种720余个，主要有小麦、玉米、大豆、水稻、地瓜、花生、谷子、棉花、烟草及白菜、萝卜、葱、藕等。

自然灾害　境内易发生干旱，主要有冬春连旱、伏旱、秋旱，平均3年一遇。西部低洼区易发生夏涝。

经济状况

1995年，全区完成生产总值28.01亿元，工业总产值49.66亿元，全社会固定资产投资总额6.58亿元，社会商品零售总额25.8亿元，地方财政收入1.19亿元。2003年，主要经济指标从建区时的全市第九位跃升至第一位。2005年，县域经济综合评价指数跃居全省县市区第十位。2010年，全区完成生产总值472.6亿元，规模以上工业企业主营业务收入1025.45亿元，固定资产投资额320.46亿元，社会消费品零售总额352.86亿元，地方财政收入24.5亿元。一、二、三产业的比例由1995年的21.53:42.82:35.65调整为1.2:52.9:45.9。农民从传统的种植业、养殖业中解放出来，投入到二、三产业中去，促进了二、三产业的快速发展。

农业　兰山区属城郊型农业。1995年，农林牧副渔业实现总产值11.24亿元，其中农业产值5.89亿元，畜牧业产值5.05亿元。粮食总产量25万吨，蔬菜、瓜类总产量12.29万吨，水果总产量3.55万吨。生猪存栏12.95万头，出栏20.7万头；羊存栏6.82万只，出栏12.1万只；家禽存栏489.6万只，出栏939.1万只。肉蛋奶总产量6.52万吨，肉类总产量3.71万吨，禽蛋奶总产量2.8万吨，水产品总产量3220吨。林地面积9066.67公顷，农用机械总动力15.41万千瓦。全区改造中低产田12666.67公顷，开发多种经营项目8个，扶持贷款项目2个，累计投资2.35亿元，基本形成“田成方、林成网、路相通、渠相连”的现代农业生产格局。

2010年，农林牧副渔业实现总产值9亿元。其中，农业总产值5.5亿元，林业总产值0.47亿元，畜牧业总产值2.49亿元，渔业总产值0.3亿元，农林牧渔服务业产值0.24亿元。农作物播种面积32314.4公顷，粮食总产量15.48万吨。蔬菜、瓜类总产量4.07万吨，水果总产量2.42万吨，水产品总产量2800吨，肉蛋奶总产量5.5万吨。生猪存栏15.3万头，出栏25万头，基础母猪存栏2.08万头；奶牛存栏5500头；肉牛存栏1.8万头；羊存栏2万只，出栏1.5万只；家禽存栏310万只，出栏620万只。发展培植规模化养殖场1918处，市级标准化养殖场19处。林地面积1.43万公顷，森林覆盖率35%。农用机械总动力78.32万千瓦。全区有市级以上优质农产品生产基地5个、农业产业化龙头企业40家，农民合作社54家。

工业　1995年，全区有工业企业和生产单位603个，从业人员5.85万人，完成工业总产值49.66亿元，实现销售收入43.45亿元，实缴税金1.16亿元，利润总额1.51亿元。完成工业增加值10.76亿元，占全区国民生产总值的38.4%，其中乡及乡以上工业增加值3.43亿元，实现销售产值24.59亿元。

随着改革的日益深入和市场经济体制的逐步建立，全区工业基本形成木业、食品、机械、有色金属、医药、水表、化工、建材、纺织服装等10余个行业和门类。2007年年初，兰山区被国家质检总局授予“创国家优质人造板生产基地先进区”称号。2009年，兰山区板材产业集群被命名为省级重点产业集群。

2010年，全区有工业企业5600余家，工业企业职工184857人，完成工业总产值1250亿元，实现工业增加值250.11亿元，销售收入1255亿元。其中，规模以上企业553家，实现主营业务收入1025.45亿元，工业增加值214.4亿元，利税77.39亿元（含利润60.88亿元）。高新技术产业企业12家，实现产值128.3亿元。全区有中国驰名商标2个，山东省著名商标15个，中国名牌2个，山东名牌22个，山东服务名牌3个。

板材产业　兰山区板材产业起步于20世纪90年代初几家小型旋皮企业，依托临沂批发城便利的交通和丰富的劳动力资源，逐步发展成以板材加工为主，木材旋皮、木业机械、化工、原木经销及物流运输等配套齐全、互相补充的完整的产业链集群。

1974年，境内开始营造杨树丰产林，造林面积较大。1991年，义堂镇第一家旋皮厂建立，至1996年，发展到近600家板厂、旋皮厂、胶厂，形成一定规模和影响的板材生产基地。兰山区板材业发展迅猛，多时板材企业达几千家。20世纪90年代中后期，受外地优质板材的冲击，全区板材生产呈萎缩状态，许多小厂停业关闭。1999年起，兰山区政府加强对板材业的宏观指导，成立兰山区木业板材行业协会，引导企业注重规模化生产和技术改造，产品逐渐由低端走向高端，企业数量猛增，规模不断扩大。2006年，兰山区把发展板材业纳入国民经济和社会发展第十一个五年规划纲要，并制定了《关于加快全区工业经济发展的意见》《关于进一步推进质量兴区工作的意见》等一系列配套文件，建立健全质量监管长效机制，鼓励板材企业兼并、合作、整合，实现资金重组，积极开发地板、集成材、家具板等科技含量高、市场潜力大的产品，推动板材业在更高的层面上参与市场竞争。加强林业基地和林木交易市场建设，兰山区成为鲁南、苏北的林木交易中心。引入科技含量高的木材加工企业及相关产业，提高产业辐射力、支撑力，义堂镇先后有佳沂木业公司等多家在全国有知名度的板材生产企业落户，提升带动了板材企业的整体管理水平。全区形成胶合板、建筑模板、装饰单板贴面板、中密度板、刨花板、细木工板、科技木和层积材、宝丽板、异形板9大系列200余个品种，其中胶合板、建筑模板、装饰单板贴面板的年销售额占总数的90%。2008年，兰山区被中国木材与木制品流通协会授予“中国木业板材城”称号。2009年，全区板材骨干企业基本拥有自主商标品牌，31家企业通过绿色环保认证，56家企业按照ISO 9001标准进行生产控制，18家企业通过欧洲CE认证。新港集团的混凝土模板用胶合板和千山木业胶合板获得“山东省名牌产品”称号。

2010年，全区有各类木材加工企业4584家，其中配套企业4230家，占全市板材行业配套企业总数的67.6%；规模以上板材加工企业291家，占全区规模企业总数的56.9%；获证企业354家，占全市板材行业获证企业总数的61.4%。出口占全市板材行业的35%，税收占全市板材行业获证企业税收的60%以上。从事板材出口的企业100余家，年产能力2000多万立方米，产品远销美国、日本、韩国及欧洲、中东等地的20余个国家和地区，年均销售收入130亿元以上，出口创汇4亿美元，创利税10亿元以上。兰山区连续举办5届中国（临沂）国际人造板产业博览会，被中国林产业工业协会命名为中国板材之都。

商贸流通　1995年，全区社会消费品零售总额25.8亿元。其中，国有商业消费品零售额1.9亿元。城乡集贸市场成交额112.3亿元，其中专业批发市场成交额107亿元。全区批发、零售贸易业、餐饮业网点22073个，从业人员9.48万人。全年外贸出口商品总产值完成3.5亿元。2010年，实现社会消费品零售总额352.86亿元。城镇零售总额实现351.46亿元，其中城区消费市场零售额累计实现346.28亿元；乡村消费市场累计实现消费品零售额1.41亿元。全年进出口总额12.74亿美元，其中出口5.78亿美元、进口6.96亿美元。出口实绩企业310家，出口额5.8亿美元。出口商品主要有板材、肉制品、纺织、五金、铸造、机械制造等。

临沂商城　创建于20世纪80年代初，是全国创办最早的专业批发市场和全国最大的商品集散地之一，为中国市场名城、中国十强文明市场、全国诚信经营示范市场、中国市场年度先进管理机构、全国公平交易（诚信）行业十佳单位、山东省优秀服务业园区。

华丰国际商贸城

改革开放后，兰山区顺应市场经济潮流，发动社会力量兴建市场，引导、扶持农民进城经商，继临沂西郊批发市场之后，各类批发市场如雨后春笋般蓬勃发展。1995 年后，区委、区政府按照专业化和区域配套的要求，继续新建、改建、扩建专业批发市场，促进批发市场规模、档次、效益的提升。2005 年 12 月，设立临沂商城管理委员会。2006 年，市政府颁发《关于临沂商城改造提升工作有关问题的意见》，按照政府主导、部门主管、企业主办原则，设立市场管理办公室、国家（地方）税务局市场分局、工商局市场分局以及治安、卫生等管理机构体系，相继制定临沂商城市场管理、改造提升、严格禁止不正当竞争行为、进一步提升物流市场等一系列政策规定，加强对市场经营秩序、广告招商、交通卫生、占道经营等方面的监管，优化经营环境。9 月，临沂商城与北京大学电子政务中心、北京蓝波莱泰科技发展中心合作建设“中国临沂商城”网络平台。2007 年 2 月，利用现代信息技术提升传统商贸物流，建设“数字商城”和“信息商城”。依托商城各市场行业协会及各批发市场成立临沂商城总商会，调动了经营业户参与市场管理的积极性。2008 年 3 月，临沂商城被评为中国专业批发市场最具影响力品牌；11 月，获“中国市场名城”称号。2010 年 9 月 16-18 日，在临沂商城会展中心成功举办中国（临沂）市场贸易博览会，成交额 47 亿元，合同利用市外资金 136 亿元；由市委、市政府和市工商局牵头，临商网携手阿里巴巴共同打造“临沂专业市场，电子商务平台”，临沂 99 个专业市场全部商户得到实名认证，并开展和参与多次大规模电子商务会展活动，举办免费普及电子商务培训。

至 2010 年，临沂商城整合归并为副食酒水交易区、建材交易区、塑料土杂机电交易区、图书文化商品交易区、汽车用品交易区、家电汽摩配交易区、小商品交易区、灯具交易区、汽车交易区等 13 个功能交易区和 3 个现代物流规划区，配套建设现代化仓储区、商住服务区。占地 200 公顷、总投资 30 亿元的阜阳·临沂商城项目一期开盘，完成投资 9 亿元，建设面积 55 万平方米；总投资 3 亿元的阜阳·临沂商城仓储物流中心项目正式签约。建成天源国际物流园、金兰物流基地、林丰货运市场、永兴物流配载城等 15 处专业货运配载站场。

2010 年，临沂商城货运量达 9000 万吨，实现商品交易额 720 亿元。建有大型批发市场、物流园区 90 余个，经营摊位 5 万余个，物流企业 2000 余家，从业人员 16 万人，业务范围辐射全国各地。临沂商城已成为地方特色鲜明的产、供、销一条龙高效产业链群体。

交通　邮电　交通　1995年，全区公路总长293公里。其中国道2条、省道1条，共61.36公里；区乡公路12条，共140.34公里。全区422个行政村中264个通沥青路，占全区行政村的60%以上。全年铁路客运量561448人，铁路货运量316915吨，公路客运量844.9万人，公路客运周转量69982.5万人公里，公路货运量388万吨，公路货运周转量27624万吨。境内有火车站1座，专业运输车队19家，临沂长途汽车站和水田、王庄、华隆3个民办公用型汽车站，形成遍布全区、覆盖全市、辐射省内外的客货运输体系。拥有各类营运车辆4736台，运输总吨位12600余吨。

2010年，境内有铁路里程28公里、公路里程1455公里，公路覆盖全部行政村，其中京沪高速公路境内设有1个大型出入口，205国道、206国道、327国道、229省道共86.23公里，民用汽车拥有量20.06万辆。全区营运车辆26758辆，从业人员19670人，运输企业和物流公司98家，危险品运输企业5家，货运站场13家，机动车维修企业191家，其中二类以上维修企业61家、三类维修企业130家。

邮电　1995年，兰山邮电分局成立，GSM数字电话网正式开通。是年年底，全区有邮电局(所) 20个，长话电路1948路，包括市直部门在内的电话交换机装机总容量226006门，其中程控电话225426门，电话机总数148657部，其中市区电话机112204部、农村电话机36453部。完成邮电业务总量6705万元，有96%的村居开通程控电话，形成城乡一体化程控电话网。

1998年，邮政、电信分营。1999年，移动业务与固定电话业务分离。之后，兰山电信业务高速发展，形成以兰山联通公司、临沂市市区移动公司、兰山移动公司等为主的格局。2010年，全区实现邮政业务总量3458万元，电信业务收入16.97亿元，固定电话用户29.74万户，移动电话用户153.8万户，互联网用户18.34万户，网络办公、网络视频会议、网络教学等工作方式和网上银行、网络购物、网络聊天交流等变为普及。

城乡建设　建区后，以“一创六建”①为契机，以重点项目建设为突破口，以城带镇、以镇带村，加快推进城市现代化、镇村城市化、城镇一体化步伐。

旧城旧村改造　把旧城旧村改造作为促进城市经济社会联动发展的重要措施和推进城市基础设施不断优化的有效载体，以重点项目建设为契机，以村、社区自我改造为主体，通过村和社区自行改造、土地收储政府改造、吸引外资联合开发、以强带弱共同发展等方式，大力实施旧城旧村改造。至2010年年底，先后有285个村、社区进行改造，完成拆迁面积2241万平方米，建设居民楼4736幢2792.4万平方米。其中，城市拆迁1897万平方米，建设居民楼3721幢2358万平方米；村镇拆迁344万平方米，建设住宅楼1015幢434.4万平方米。

重点片区建设　实施重点片区带动战略，充分利用片区优惠政策，加快城市建设推进。自2004年起，实施北城新区棚户区改造开发。至2010年，北城新区完成拆迁面积700万平方米，在建居民楼730幢，完成建筑面积580万平方米，安置群众6万余人。涑河治理一期工程涉及6个社区，拆迁58.2万平方米，还建住宅楼62幢，建筑面积48万平方米。临沂大学城片区拆迁面积98万平方米，建成小区还建楼82幢34.5万平方米，建成并投入使用35万平方米教学楼和学生公寓。银雀山片区治理改造，一期完成拆迁26万平方米，10宗国有出让地全部收储，100亩的中心绿地完成单体设计和地下勘探，启动地下商城建设。

道路建设　完善城镇道路大框架，提高城镇

①创建全国文明城市，建设全国双拥模范城市、中国历史文化名城、中国优秀旅游城市、国家卫生城市、国家园林城市、国家环保模范城市。

承载力，每年新修一批城镇主要道路，贯通沂河右岸、沂蒙路北延工程、蒙山大道北延工程、西外环、祊河河堤岸、双岭路、涑河河堤岸等一大批城镇主干道，全区村村通硬化路。城市以打通断头路为主，完善道路体系，市、区、街、社区四级联动，强化拆迁，加快建设，搞好配套，打通陶然路东段和西段、金雀山路西段、蚂蚱庙街北段等道路，疏通城市交通。至2010年年底，全区硬化道路面积1631万平方米，硬化主次干道147条段，1040万平方米。

临沂书法广场

环境保护　1995年后，把流域污染综合治理和工业企业点源治理作为水污染防治工作的重点。全区投资2亿余元用于企业水污染防治工作和废水治理再提高工程。三维集团、金锣集团废水排放达到《山东省南水北调沿线水污染物综合排放标准》重点保护区标准；全区其他涉水企业均达到一般保护区标准。全面实施“六河一沟”河道综合治理工作。先后投资4.7亿元，综合整治陷泥河、柳青河、北涑河、南涑河、青龙河、龙王河、老龙沟，拆迁266万平方米，绿化236万平方米，清淤330万立方米，修建污水管道107公里，先后建设处理能力4万立方米/日的北城新区污水处理厂和处理能力1万立方米/日的柳青河污水处理厂，镇（街道）的生活污水纳入城镇生活污水处理厂。加大对污染严重企业和土（小）企业关停力度，对不能稳定达标的造纸厂、印染厂进行全面关停，对生产工艺落后、污染严重以及对周围环境安全构成严重威胁的600余家土（小）企业依法实施关闭取缔。开展“整治违法排污企业，保障群众健康”环保专项行动，运用行政、法律、经济等手段，整治污染源4740处，其中关闭和拆除1828处；对城区锅炉、工业窑炉等整改和限期治理2912处。

协调推动“生态园林”“绿色沂蒙”“省级环境优美乡镇”等生态项目建设。至2010年，全区先后有6个乡镇、街道被评为环境优美乡镇，其中国家级5个、省级1个；已获命名的绿色学校30所，其中国家级绿色学校1所、省级绿色学校8所、市级绿色学校21所；创建绿色社区15个，其中国家级绿色社区1个、省级绿色社区5个、市级绿色社区9个。

社会事业

科技　1995年，开发省、市级星火项目22个，获奖项目5个，兰山区被确定为山东省星火技术密集区试点单位。1995—2010年，兰山区组织企业申报各类科技项目483项，其中国家级31项、省级65项、市级76项、区级311项。获得科技进步奖204项，其中省级9项、市级82项、区级113项。申报专利5960项，授权4220项，其中发明专利授权407项。先后8次通过全国科技进步考核，6次被科技部评选为全国科技进步先进区。2010年，全区有高新技术企业7家，院士工作站2家，省级工程技术研究中心2家，市级工程技术中心3家，科技中介机构27家。

教育 1995年，兰山区“基本普及九年义务教育、基本扫除青壮年文盲”工作通过省政府达标验收。区内公办中小学304所。全区各类公办学校、幼儿园在职公办教职工9757人，各类学校在校生14.7万余人，在园幼儿5.4万人。2006年成功创建山东省教育工作示范区，2009年高标准通过省政府的三年复验。2010年，全区有普通中学32所，中等专业学校12所，小学103所，在校生167588人。有省级教学示范学校10所、市级教学示范学校24所；省级规范化学校20所(其中农村11所)、市级规范化学校63所。有省“十佳”幼儿园2所，省级实验、示范幼儿园10所，市级一类幼儿园17所，市级乡镇示范幼儿园2所。有民办中小学10所，民办职业中专9所，民办幼儿园200余所。

文化 1995年，兰山区有公共图书馆1座，文化馆1座，文物管理所1处，网络管理中心1处。2000年起，每年举办1届“兰山之春”民间秧歌汇演，至2010年成功举办11届。全区公布16项非物质文化遗产，民间文学《兰山童谣》及消费习俗饮食类“糁”被市政府列入第一批非物质文化遗产保护名录。

卫生 1995年，全区有防疫站、药检所、皮防站、结防所、妇幼保健院、卫校6所区直卫生机构；区直医疗机构12所，其中区级医院2所、中医医院1所、卫生院9所；厂矿、学校等医疗站所14个。病床床位636张。卫生从业人员1493人，其中中医师26人、西医师347人、护师179人。2010年，全区有医疗卫生机构876个，其中有综合医院、中医医院、专科医院等36所医院，社区卫生服务中心、卫生服务站、乡镇卫生院、村卫生室、诊所等833个基层卫生服务机构，疾控中心、妇幼保健院、采供血机构、卫生监督所等7个专业公共卫生机构。病床床位7700张。卫生技术人员8231人，其中执业（助理）医师3481人、注册护士3218人。全区新型农村合作医疗参合人员46.86万人，参合率100%，全年累计补偿金额5741.52万元。

体育 兰山区落实《中华人民共和国体育法》和《全民健身条例》，竞技体育水平不断提高，全民健身活动蓬勃开展。2003年举办首届全民运动会，2005年举办首届社区运动会，两项运动会分别每4年举办1次，至2010年各成功举办两届。连续举办7届区直机关职工趣味运动会，每年定期举办老年运动会、全民健身展演、台球比赛等。先后为140余个城市社区及农村社区建成“村村有”健身工程。运动员孙成友连续三届蝉联省运会摔跤冠军，被市委、市政府授予“临沂市劳动模范”称号，并记二等功；柔道运动员魏向军先后取得2次亚洲冠军、2次全国冠军、3次世界第三名、1次世界第五名的优异成绩。区体育办公室先后被国家体育总局授予“群众体育工作先进单位”“全国群众体育先进单位”称号。

人民生活 1995年，农民人均纯收入1776元，人均消费性支出1236元；城市居民人均可支配收入3991元，人均消费性支出3004元。敬老院供养老人527人。全年有4.9万人参加社会养老保险。年末，全区城乡居民存款余额26.35亿元。2010年，农村居民人均纯收入8158元，人均消费性支出4890元；城市居民人均可支配收入21038元，人均消费性支出12325元。全区有13.5万余人参加社会养老保险，24.68万人参加基本医疗保险，缴费29.63亿余元。全区居民储蓄存款余额406.81亿元。

兰山区名片

兰山区为国家环保模范城、全国科技进步先进区、全国法制县区创建先进单位、全国法制宣传教育先进区、全国群众体育先进单位、省服务业发展先进区、省双拥模范区、省级文明区、全省最佳投资城市。

乡镇街道

兰山街道 位于区境西南部。街道机关驻地位于育才路与蒙山大道交会处。兰山街道东连金雀山街道，西邻义堂镇，南接银雀山街道、金雀山街道，北隔祊河与南坊街道相望。面积 57.9 平方公里，其中耕地 200 公顷。地势平坦，属平原。有沂河、祊河、北涑河、青龙河等河流。兖石铁路、206 国道、327 国道、京沪高速公路穿越，设有临沂长途汽车站和 5 处客货运站。有生活资料、生产资料、建材家居、农副产品四大商业区 75 处批发市场，是鲁苏豫皖地区最大的商品集散地。山东金兰现代物流发展有限公司、天源国际物流园、临沂商城会展中心、华丰国际商贸城、山东省教育用品采购基地均在境内。有临沂古城址、王羲之故居、五贤祠、孔庙、天主教堂、琅邪冢、临沂书法广场和中共中央华东局、山东省政府、新四军军部、山东大学等旧址。辖区总人口 15 万人。

金兰物流基地

金雀山街道　位于区境东南部。是兰山区区委、区政府所在地，街道机关驻南坛社区。金雀山街道东隔沂河与河东区相望，西邻银雀山街道，南界罗庄区盛庄街道，北接兰山街道。面积 18.46 平方公里。地势东高西低，东部为金雀山、银雀山，西部为平原。沂河、涑河、青龙河和陷泥河流经辖区，沂河小埠东橡胶坝为亚洲第一橡胶坝。兖石铁路穿越全境，建有临沂火车站。建有站前商场、新鼎泰市场、傅屯旧货市场、农贸市场等 10 处专业市场，61 家规模以上商贸企业在此经营。建立以“个人缴费为主、社区补贴为辅、街道以奖代补”的新型养老保险机制，为 1328 名居民建立了新型养老保险。17 个社区的“一厅、一室、两站、三中心”的公共服务平台基本健全。金雀山、银雀山以出土《孙子兵法》《孙膑兵法》汉墓竹简而闻名于世，华东革命烈士陵园为全国重点文物保护单位。金雀山街道先后获得“全国和谐社区建设示范街道”“全省文明单位”“全省和谐社区建设示范街道”“平安山东建设先进基层单位”等称号。辖区总人口 15.4 万人。

小埠东拦河橡胶坝

银雀山街道　位于区境东南部。街道机关驻金雀山路与王庄路交会处。银雀山街道东以沂蒙路为界与金雀山街道相连，西至兖石铁路与马厂湖镇相邻，南接罗庄区盛庄街道，北以解放路为界与兰山街道毗连。面积 16.6 平方公里。解放路、金雀山路、海关路、沂蒙路、通达路、工业大道等主干道纵横交织，临沂人民广场、银雀山公园分居东西区域，有银座、和谐广场、百丽广场、怡景丽家、久隆奥斯卡等城市综合体。工业以化工、针织、机械加工、塑料制品、医药为主，年产值 70 亿元。街道先后获得“全国小城镇建设综合发展四强”“全国卫生先进单位”“省级文明单位”“山东省幸福进家活动先进乡镇”等称号。辖区总人口 15.3 万人。

南坊街道　位于区境中部。街道机关驻地位于武汉路与大青山路交会处。南坊街道西、南隔祊河分别与义堂镇、兰山街道、金雀山街道相望，西北邻枣沟头镇，东北与白沙埠镇相连，东隔沂河与河东区九曲街道相望。面积 52.03 平方公里。

地势北高南低，属平原。有沂河、祊河、柳青河3条河流。鄅古城村西周鄅国都城遗址为省级重点文物保护单位。洪家店村有出土过金缕玉衣的西汉刘疵墓。街道先后获得“全国第二次农业普查先进单位”“山东省综合治理先进单位”“山东省精神文明先进单位”等称号。辖区总人口12.3万人。

大官苑社区

白沙埠镇 位于区境东北部。镇政府驻地白沙埠村，距市区4公里。白沙埠镇西接半程镇、枣沟头镇，南邻南坊街道，北连李官镇，东隔沂河与河东区太平街道、九曲街道相望。面积70.26平方公里，其中耕地3067公顷。滨河大道、张南公路纵贯南北，北外环、文化路、玉平高速连接线（连接京沪高速）横跨东西。地势西北高东南低，西部为丘陵，东部为平原。有沂河、孝河、柳青河等河流。白沙埠设有集市，农历二、七为集日；每年农历四月十五，诸葛城村有鸿福寺庙会。孝友村为东晋王祥的故里，村南孝河沿岸有孝友祠、王祥卧冰求鲤处及琅邪八景之一的孝河凝冰等遗址。

王祥卧冰求鲤处

蔬菜、苗木、鲜切花种植形成规模。“孝河”白莲藕获“全国知名品牌”称号，“老爷”梨获“中华名果”称号。水表制造为传统支柱产业，产量占全国的三分之一。该镇先后获得“山东省村务公开民主管理示范乡镇”“中国水表之乡”“中国水表生产加工产业基地”“中国莲藕之乡”等称号。辖区总人口6.36万人。

枣沟头镇 位于区境西北部。镇政府驻地大枣沟头村，距市区10公里。枣沟头镇东接白沙埠镇，南邻南坊街道，北连半程镇，西界费县新桥镇。面积64平方公里，其中耕地2930公顷。205国道纵贯南北，京沪高速公路穿境而过。地势西高东低，西部属丘陵，中部为平原，东部为洼地。祊河、柳青河分别流经西南界和北部。地处临沂科技园北区核心区，支柱产业为有色金属、板材加工、机械制造、饲料加工和禽类食品生产。先后获得“全国村务公开民主管理先进乡镇”“省级文明镇”等称号。辖区总人口6.7万人。

祊河橡胶坝

半程镇 位于区境北部。镇政府驻地半程村，距市区15公里。半程镇东邻李官镇、白沙埠镇，南连枣沟头镇，西接费县汪沟镇，北邻沂南县青驼镇。面积95平方公里，其中耕地4067公顷。205国道、文泗公路纵横穿越，镇政府驻地距京沪高速公路临沂北出口3公里。地势北高南低，北部为丘陵，南部为平原，柳青河流经西南部。半程村设有集市，农历五、十为集日。

半程镇建有以食品加工业为主导的临沂金

锣科技工业园区，入园企业百余家。其中，临沂新程金锣肉制品有限公司为国家级农业产业化龙头企业、大型境外上市企业，总资产104亿元，大豆肽、大豆低聚糖年产量居世界第一位，大豆分离蛋白和生猪屠宰能力居全国第一位，“金锣”商标被认定为中国驰名商标，“金锣”系列肉制品为中国名牌产品。半程镇先后获“中国农产品加工业示范基地”“中国食品产业加工基地”“山东省绿化示范乡镇”“山东省生态宜居新型重点城镇”等称号。辖区总人口7.41万人。

李官镇 位于区境北部。镇政府驻地李官村，距市区20公里。李官镇西邻半程镇，南连白沙埠镇，东隔沂河与河东区相望，北以蒙河为界与沂南县砖埠镇相邻。面积82.86平方公里，其中耕地2666.67公顷。文泗公路横贯东西，朱七路、沂蒙路纵贯南北。属山地丘陵地区，地势西北高东南低。与白沙埠镇交界处有镇山（茶山），海拔227.1米。有沂河、蔡河、云白河等河流，大小水库12座，其中施家庄子水库为区境内最大的水库。盛产果品、蔬菜、花卉等，是农产品、果品深加工的优质原料基地，其中大桃种植2200公顷，有“鲁南桃乡”之称。镇山风景区为国家2A级风景区，由九鼎莲花山、桃花源、月亮湾3个景区构成。李官镇先后获得“全国科普惠农示范工程先进单位”“山东省改革开放30年十佳新农村建设示范乡镇”“绿化示范镇”“环境优美镇”等称号。辖区总人口4.7万人。

茶山天齐庙

义堂镇 位于区境西部。为全国重点镇。镇政府驻地大义堂社区，距市区5公里。义堂镇东、东北隔祊河与枣沟头镇、南坊街道相望，西接朱保镇，南连兰山街道，西北界费县探沂、新桥镇。面积53平方公里，其中耕地3408公顷。327国道横穿东西，京沪高速公路纵贯南北，并设有大型出口。地势西北高东南低，属平原。有祊河、涑河、蔡河、文河等河流。居苏岛是祊河河心岛，面积3.2平方公里，为江北最大的市内原生态岛。全镇有民营企业4000余家，形成以板材为主，化工、机械、建材、食品、塑胶为辅的六大产业集群。先后获“全国文明镇”“山东省中小企业特色产业集群镇”等称号。2008年3月，被确定为全国发展改革小城镇试点镇；10月，被确定为山东省综合改革试点镇。小谷城遗址为国家级重点文物保护单位。辖区总人口10.1万人。

马厂湖镇 位于区境西部。镇政府驻地马厂湖社区，距市区9公里。马厂湖镇东与银雀山街道相邻，北与义堂镇毗邻，南与罗庄区罗西街道接壤，西与费县马庄镇、苍山县大仲村镇相连。面积70平方公里，其中耕地2533.3公顷。地形大部为山地和平原，地势西高东低，西部为丘陵，东部为平原，域内有艾山、雾平山等。南涑河自北桥村北入境，由北向南流入沂河。域内石灰石探明储量8亿立方米，为临沂市区主要建筑石料基地之一。以种植小麦、玉米、蔬菜为主。形成加工制造业、新兴产业和商贸物流专业园区。临滕公路、大山路横贯东西，京沪高速、兖石铁路、泉重公路、206国道贯穿南北。省道岚（山头）济（宁）公路穿境。辖区总人口3.5万人。

朱保镇 位于区境西部。镇政府驻地大朱保村，距市区16公里。朱保镇东、北接义堂镇，西界费县，南连兰山街道、马厂湖镇。面积48.8平方公里，其中耕地2600公顷。义刘路、戈九路纵横，兖石铁路横贯东西，并设有朱保铁路货运站。地势西高东低，属丘陵。涑河、蔡河分别流经北部和东部。建有果品、桑蚕、畜牧、瓜菜、杨树速生林等生产基地，板材加工为全镇经济支柱产业，拥有各类板材加工企业1800余家，年产各类板材750万立方米，产品有十大系列30多个品种，远销全国20多个省、市、自治区和东南亚各国，是全国四大板材生产基地之一，被誉为“中国板材之乡”。东埠村有春秋郚邑祭坛遗址，朱保村有山东龙山文化遗址，出土有蛋壳黑陶镂孔高柄杯等文物。辖区总人口8.6万人。

第二章 罗庄区

建置 区划

境域 罗庄区位于临沂市境中部，属临沂市辖区。地理坐标为北纬34°51′~35°06′，东经118°06′~118°28′。北靠兰山区，东隔沂河与河东区相望，西、南两面与苍山县接壤，东南与郯城县为邻。最大纵距22.5公里，最大横距25公里，全区总面积371平方公里。

建置 罗庄地域虞夏时属徐州。殷商时属彭地。公元前524年至公元前493年属郚国。公元前493年至战国时期属楚国琅邪郡。秦初属东海郡，秦末属郯郡。西汉初期属启阳县，汉景帝三年至东晋南燕时期属开阳县。南朝宋至北朝西魏时属即邱县。北朝北周时属沂州。隋至元时属临沂县。明至清雍正十二年（1734年）属沂州。清雍正十二年至1913年属兰山县。1913—1958年属临沂县。1958—1963年属县级临沂市。1963—1984年属临沂县。1984—1994年属县级临沂市。1994年12月，撤销临沂地区和县级临沂市，设立地级临沂市，设置兰山、罗庄、河东3区。

区划 1994年12月，辖4个镇、2个乡，226个行政村。2000年，辖5个街道、2个镇、1个乡。2002年12月，辖8个街道，226个行政村。2010年，辖罗庄、傅庄、盛庄、册山、高都、罗西、双月湖、汤庄8个街道，沂堂1个镇。

人口 民族 1995年，全区总人口39.67万人，男女性别比为105. 1。2008年，有少数民族12个，5289人。其中，回族5194人。少数民族村为盛庄街道花埠圈村，全村5300人，其中回族5149人。2010年，全区总户数15.53万户，总人口49.67万人，男女性别比为107.67。有少数民族12个，5059人。

双月湖公园

自然环境

地形 罗庄区地势西高东低，东部是沂河冲积平原，西部多为丘陵，位于西部边境的寨山为全区最高峰，海拔272.4米。

河流 境内主要有沂河、武河、南涑河、陷泥河和燕子河5条河流，有20条支流，河流总流程186公里，分属沂河水系和中运河水系。沂河，流经盛庄、高都、册山3个街道，流程18.5公里。武河，又称邳苍分洪道，境内流程5公里。南涑河、陷泥河、燕子河均流入武河。南涑河，由兰山区马厂湖镇流入罗庄区，流经罗西、罗庄、傅庄、汤庄4个街道，境内流程24.15公里。陷泥河，由兰山区金雀山街道流入罗庄区，流经盛庄、高都、册山3个街道，境内流程22.74公里。燕子河，发源于罗西街道涧头村西驴脖子山东麓，由贾家庄村西折而向南，境内流程14.1公里，在官庄村南入苍山县境，

土壤　罗庄区地处临郯苍平原腹地，土质肥沃，主要有褐土、潮土、水稻土和砂姜黑土4大类。褐土类，面积7666.7公顷，包括褐土性土、淋溶褐土、潮褐土和褐土4个亚类，主要分布在罗西街道西部、罗庄街道西部和傅庄街道西部。潮土类，面积3466.7公顷，包括潮土和湿潮土2个亚类。潮土主要分布在盛庄、高都和册山街道的近河区域，小面积的湿潮土分布在罗西街道东部和汤庄街道南部。水稻土类，面积3666.7公顷，主要分布在册山街道、高都街道西南部和盛庄街道东南部。砂姜黑土类，面积1666.7公顷，主要分布在罗庄街道东部、盛庄街道西南部和汤庄街道西北部。

植被　全区有杨、柳、椿、泡桐、法桐、马尾松、侧柏、板栗、柿子、核桃、山楂、苹果、银杏、梨、桃、杏、花椒等树木300余种，森林覆盖率30.2%。有玄参、太子参、枣仁、杜仲、薄荷、半夏等野生药材。有小麦、水稻、玉米、地瓜、谷子等粮食作物10余类，花生、大豆、棉花、黄烟、蔬菜等经济作物品种300余个。

气候　区境属暖温带季风区半湿润大陆性气候，年平均气温14.1℃，降水量852.2毫米。气温适宜，年均日照时数2218.6小时，四季分明。春季回暖较快，少雨多风，空气干燥，常发生春旱，由于受寒潮侵袭，易发生晚霜冻和倒春寒危害。夏季温度高，湿度大，降雨量集中。秋季气温下降迅速，降水变率大，常出现初霜冻、连阴雨等灾害性天气。冬季空气寒冷干燥，雨雪稀少，干冷天气较多。常年盛行风向多为西北、北、东北、东南和西南风。

自然资源　*矿产资源*　有煤炭、铝钒土、石灰石、砂、黏土、铁矿石、焦宝石、瓷石、花岗石、矸土等40余种。其中煤、铝钒土储量居全市首位。煤炭主要分布于罗庄、傅庄、册山、汤庄等街道，储量7024.36万吨。铝钒土主要分布于盛庄、罗庄街道，储量242万吨。石灰石主要分布在罗西、册山街道，储量1.8亿吨。河沙储量极为丰富，沙色肉红，抗压性强，质地优良，沂河河床沙层平均厚度为15米左右，储量2.02亿吨。

水资源　水质优良，大都符合人畜饮水和工农业生产用水标准。多年平均水资源总量1.59亿立方米，地表水资源量1.1亿立方米，地下水资源0.73亿立方米。

土地资源　土地总面积3.71万公顷。2009年年底，耕地面积1.29万公顷，占全市耕地总面积1.52%。全区土地构成中，城镇村及工矿用地占总面积的近一半。

生物资源　种植小麦、水稻、玉米、地瓜、大豆、谷子等粮食作物10余类，花生、棉花、黄烟、蔬菜等经济作物品种300多个。有杨、柳、椿、泡桐、法桐、马尾松、侧柏、板栗、柿子、核桃、山楂、苹果、银杏、梨、桃、杏等树木300余种。有玄参、太子参、枣仁、杜仲、薄荷、半夏、蟾酥、全蝎等野生药材近百种。饲养猪、牛、羊、驴、马、鸡、鸭、鹅及鸽、鹿、鸵鸟等动物50余种。野生动物常见的有狐狸、野兔、刺猬等20余种。鸟类有麻雀、燕子、啄木鸟、猫头鹰、喜鹊、乌鸦、山斑鸠、环颈雉等50余种。淡水鱼类有鲤鱼、鲢鱼、鲇鱼等20余种。

自然灾害　境内自然灾害主要为干旱，多发于春、秋两季。洪涝以夏涝最重。大风年均40天

以上，多出现于春末夏初。晚秋或冬天霜冻、雾凇时有发生。

经济状况

1995年，全区完成国内生产总值22.9亿元，第一产业完成3.4亿元，第二产业完成15.4亿元，第三产业完成4.1亿元。2010年，完成地方生产总值207.3亿元，第一产业增加值5.23亿元，第二产业增加值136.64亿元，第三产业增加值65.43亿元，三次产业比例为2.52:65.92:31.56。

农业　1995年，全区实现农业总产值6.4亿元，粮食总产14万吨，畜牧业总产值2.08亿元，肉类总产量1.6万吨。2010年，全年农林牧服渔业实现增加值7.64亿元。其中，农业增加值3.01亿元，林业增加值0.23亿元，牧业增加值4.07亿元，渔业增加值0.22亿元，农林牧渔服务业增加值0.11亿元。全年农作物播种面积2.22万公顷；粮食总产10.29万吨。全年完成环区造林1336.2公顷，新造林801.2公顷。全区农机总动力23万千瓦，农机装备总值8000万元，机耕率98%，机播率90%。

工业　1994年12月，罗庄区乡镇企业总数1815家，形成水泥、纺织、煤炭、陶瓷、铸造等门类比较齐全的工业体系。1995年实现工业总产值44亿元。罗庄镇有“山东第一镇”之誉。2010年，全区规模以上企业402家，其中产值过10亿元企业11家，入选全国500强企业2家，上市企业6家，是全省拥有上市企业最多的县区。全年规模以上工业企业实现总产值638.81亿元，主营业务收入683.29亿元，利税70.08亿元，利润43.58亿元，52家企业主营业务收入过亿元，38家企业利税过千万元。形成陶瓷、化工、医药、热电、纺织、铸造、焦化、电解铝八大经济支柱产业。十大产业集群初具规模，实现产值占全区规模以上工业总产值的85%以上。逐步形成以罗欣药业为龙头的“生物制药”，以华盛中天为龙头的“先进装备制造”，以君道耐火材料为龙头的“新材料”，以久泰能源为龙头的“新能源”，以格兰德涤纶纤维为龙头的“新型纺织材料”产业集群五大高新技术。全区实现高新技术产业产值235亿元，占规模以上工业总产值的40%。

陶瓷　罗庄发展陶瓷业有3000余年历史，有“鲁南瓷都”之称。早期的陶瓷产品以缸、碗、罐、坛、盆、碟及砂壶、蒜臼等为主。20世纪50年代末至60年代初，陶瓷企业开始进行由粗变细、由黑变白的陶瓷产品研制，60年代中期至70年代初，陶瓷生产由手工劳作变为机械化、半机械化生产。70年代初至80年代初，陶瓷产品销售由单纯内销向内销、外销并举转变，出口产品由单件向餐具、茶具、酒具、工艺美术等成套产品发展。80年代末期至90年代，除杯、盘、碟、碗和餐具、茶具、酒具、烟具、工艺美术瓷等日用瓷产品外，以墙地砖为主的建筑陶瓷发展迅猛，部分企业逐渐使用天然气等新型燃料。建陶企业所采用的压机、磨边机、抛光机等主要装备都达到世界先进或较先进水平。先后建成罗庄陶瓷商城、罗庄建材市场等规模大、档次高的陶瓷专业市场，年营业额5亿余元。

2010年，形成日用瓷产品和以墙地砖为主的建筑陶瓷两大陶瓷体系，成为全国最大的陶瓷产地之一。全区94家陶瓷生产企业，主要分布在罗庄、傅庄、汤庄、册山等街道，从业人员2.6万人。其中，日用瓷企业12家，生产线41条，年生产能力8.5亿件，主要产品有日用餐具、茶具、酒具、奶杯、贮藏罐等；建筑陶瓷企业82家，生产线150条（其中地板砖生产线71条，内墙砖，生产线79条），年产地板砖和内外墙砖4.5亿平方米。产品除供应国内客户外，还远销美国、加拿大、澳大利亚、日本、韩国、东欧等60余个国家和地区。

商贸物流　1995年，全区集贸市场成交额1.6亿元，社会消费品零售总额4亿元，外贸出口商品交货总值4.3亿元。1997—2004年，连锁经营、中高批发市场、特色商业街和第三方物流等现代流通组织形式，成为罗庄区现代流通组织形式发展的方向和投资的主流。2004年，实现第三产业增加值18.46亿元，社会消费品零售总额13.47亿元。连锁便利店总数超过30家。各类专业批发市场达到9处，陶瓷商城、建材批发市场、水果批发市场、沂罗木材批发市场、旧车交易市场等经营运转进一步规范。陶瓷商城被评为山东省规范化文明市场。2010年，实现社会消费品零售总额61.18亿元。实现进出口总额9.47亿美元。其中，进口6.86亿美元，自营出口2.6亿美元。

交通　邮电　交通　京沪高速公路、206国道纵贯区境南北，兖石铁路从境域北部穿过。罗庄区先后投资26亿元，修建和改造滨河路、沂河路、通达南路、南环路、罗程路、206国道等主要道路220公里，新建、改造江傅路、南大路、临册路等区乡公路465公里。2010年年末，全区公路通车里程748.29公里（含城区）。有公交车辆198台；全年公路客运量2172万人次，旅客周转量24901万人公里；货物运输量952.4万吨，货运周转量64410万吨公里。

邮电　1995年，实现了区乡有线广播电视传输连网，成为全市首家、全省第二家实现乡镇通有线电视的县（区）。2010年，全区邮政业务总量803万元；电信业务收入3.31亿元。固定电话用户8.06万户，移动电话用户50.26万户，互联网用户3.54万户。

城乡建设　1995年，完成城区总体规划和双月湖及行政区的详细规划。全区新建小康屋100栋，镇村饮用自来水和卫生水人口普及率90%以上。1998—2004年，新北区基础配套设施建设、蒙山大道立交桥工程、老206国道改造、新206国道建设、沂河路整治等30余项工程相继建设完成。新增城区绿化面积150万平方米，城区绿化率24%。旧村改造11个，共17.67万平方米，建成小康屋1.56万栋。以“村庄五化（硬化、绿化、美化、净化、亮化）活动”“公路沿线整治活动”和“农房建设活动”为重点，深入开展“城乡环境提升年”“城市建设管理年”活动。实施绿化建设，打造“小森林”城市；完善“村集中、街道（镇）收集、区运输处理”的垃圾收集处理机制。2010年，全区17个生活垃圾收集站，日处理生活垃圾100吨。城镇污水处理率98%，自来水普及率98%。给排水、供电、供暖、供气、通信等基础设施配套完备。全区224个自然村基本达到“五化”要求。建成区绿地率、绿化覆盖率、人均公共绿地面积分别达43.2%、45.4%和12.2平方米。

环境保护　罗庄区成立以后，以建设“生态罗庄”为目标，实施“源头治理、流域治理和末端处理”三项工程，集中力量建设污水处理厂，拆除土石灰窑、小瓦盆窑、小炒粉厂等污染企业，治理隐患企业，加快陶瓷行业水煤浆炉燃烧、焦化行业循环池等新技术的推广应用。治理燃煤污染、工业窑炉粉尘污染、建筑工地扬尘污染，城区环境空气优良天数达到全年天数的85%。所有出境断面水质均实现了稳定达标排放。

社会事业

科技　1995年，开展创建全国科技工作先进县（区）活动，科技进步因素在经济增长中贡献率达到62%。罗庄区获得科技成果奖10项，其中获省科技进步一等奖1项，被命名为“全国科技工作先进区”。从2002年起，罗庄区连续4次被科技部授予“全国科技进步先进区”称号，并被山东省知识产权局授予“知识产权工作试点区”称号。2010年，罗庄区有国家级企业技术研发中心、博士后科研工作站各1家，省级企业技术研发中心5家、工程技术研究中心1家、重点实验室2家、产品设计中心1家。

教育　1995年，投资3170.58万元，用于校舍建设和学校内部设施配套，新建校舍41648.5平方米，办学条件明显改善，顺利通过省政府“两基”验收。撤销合并29所村小，12所联中，新建乡镇第二中学3所。全区有普通中学10所，小学151所，其他学校2所。全区适龄儿童入学率、巩固率和小学升初中入学率分别为100%、100%和98%。1997—1999年，先后创建知名度较高的民办学校——双月园学校和美澳国际学校。从1999年开始，在驻城的罗庄中心小学、罗庄初级中学、华盛实验学校和罗庄一中进行试点，推行以“校长负责制、岗位目标责任制、教职员工聘任制、校内结构工资制”为主要内容的“四制”改革。2000年以后，“四制”改革在全区推广。

2010年，全区有国办中小学80所（高中2所、初中13所、小学65所）、民办中小学6所、职业教育学校3所、幼儿园129所，全年招收小学新生7587人、初中新生5732人、高中新生2498人、中等职业学校新生1856人。义务教育适龄儿童入学率100%，残疾儿童入学率97%，小学、初中在校学生巩固率分别达到100%、98.6%。学年末，在校学生61457人。其中小学在校学生33300人，初中在校学生16884人，普通高中在校学生6638人，中等职业学校在校学生4635人。初步建成立体化的教学机制。罗庄区被评为全国教育工作先进县区。

文化　旅游　文化　1995年起，区展览馆、文化馆、图书馆、档案馆、科技馆、青少年活动中心等一批重点文化场所相继建成，街镇综合文化站、社区文化大院等文化设施项目先后竣工，形成比较完备的区、镇、村（社区）三级公共文化设施网络。在全省县区中率先实现广播电视村村通、农村公益电影数字化放映“2131工程”（在21世纪初，农村1村1月放映1场电影）目标。至2010年，全区建成8个街道（镇）综合文化站、123个村（社区）文化大院、87个农家书屋、全国文化信息资源共享工程支中心及192个基层服务点。举办全区性大型主题文化活动16次，开展各类文化艺术活动136次，送电影下乡2768场，送戏下乡222次。先后成功承办和举办了中央电视台“心连心”艺术团慰问演出、“罗庄杯”全国散文大奖赛等重大文艺活动；创作并发表6000余部文艺作品，《放歌罗庄》《追寻》《王祥卧鱼》等多部作品获临沂市“文艺精品工程”奖，散文集《出生在七十年代》，楹联集《古今中外楹联三部曲》，报告文学集《放歌罗庄》，诗歌集《山东30年诗选（临沂卷）》，诗歌《把食物放进过冬的地窖》获第六届临沂文学奖一等奖；多人获得中国书法“兰亭奖”“泰山文艺奖”和中国王羲之书法艺术大展一等奖。

旅游　罗庄区以“生态·观光·休闲·度假·宗教”为主题，构建“一心为核、三带展开、五区联动”的旅游格局。全区有旅游景区10处，其中国家AAA级景区2处、全国首批农业旅游示范点1处、国家级城市公园2处。五星级宾馆、购物超市、KTV等配套设施齐全，形成旅游、休闲、娱乐、购物一站式集聚区。2010年，接待游客138万次，实现旅游收入6.5亿元。

卫生　1995年，全区医疗单位共有病床480张，卫生专业技术人员567人。1995—1997年，推进乡镇卫生体制改革，实施初步卫生保健，进一步推广和完善“乡村一体化”办医模式，医疗卫生水平不断提高。2010年，全区31.53万名农民参加新型农村合作医疗，参合率99.96%。全区兑付门诊住院医药费3824.84万元，其中住院支出2842.13万元，受益群众134.91万人次，住院补偿万元以上者118人次。全区建证建卡儿童9267人，建卡建证率均达100%。接种各类疫苗46万人次，其中“五苗”①全程接种率95%。全区拥有卫生医疗机构235个，其中医院、妇幼保健院、疾病预防控制中心及卫生院15个，医院及卫生院病床1100张。卫生技术人员1018人，其中执业医师及执业助理医师558人、执业护士360人。

人民生活　1995年，城镇居民生活费收入

①卡介苗、脊灰疫苗、百白破三联疫苗、麻疹疫苗、乙肝疫苗。

3991元，农民人均纯收入1644元。2010年，城镇居民人均可支配收入18781元，人均消费性支出12034元。农民人均纯收入6825元，人均生活消费支出3822元，全区在岗职工年平均工资36636元。全区城镇就业人员68521人，其中新增就业人员4880人；完成农村劳动力转移就业11098人。城镇登记失业率1.9%。全区基本医疗保险参保人员88876人，其中城镇职工基本医疗保险参保人员42032人，城镇居民医疗保险参保人员46844人；农村养老保险参保农民29970人。农村低保标准由每人每年900元提高到1000元，人均月补差由40元提高到50元。城市低保对象2535人次，发放低保金312万元，月人均补差123元。全区有五保对象975人，床位835张，集中供养699人，集中供养率72%。集中和分散供养水平分别达到年人均2400元和年人均1200元。

罗庄区名片

2004—2009年，罗庄区连续四届被科技部命名为全国科技进步先进区。2006年，罗庄区被命名为国家奶牛品种改良试点县区。2007年，被命名为全国电气化建设先进区、全国农村社区建设实验区。2009年，被命名为亚洲博鳌·中国最具投资竞争力区、中国最具有创新发展潜力区、新中国60年最具投资价值区。2010年，被命名为辉煌“十一五”中国城镇化建设模范示范区。

2007年，被命名为山东省双拥模范区、全省造林绿化先进单位。2008年，被命名为全省对外开放先进区。2009年12月16日，被命名为2009年山东省最佳投资城市。

城区简介

罗庄区委、区政府驻双月湖街道。全区城市规划区总用地120平方公里。2006年后，罗庄区按照建设鲁南苏北“最佳创业居住区”“现代制造业基地”“新型商贸中心”“南工重地”定位，加快“两园三带”①建设，致力于实现由工业主导型经济向工商复合型经济的转变。

先后有华宇铝电二期、江鑫精钢、临钢二期和三期、中玻蓝星一期等投资过10亿元项目建成投产。北部罗庄工业园主要入园企业有世界最大的新型清洁能源二甲醚生产企业久泰能源集团，全国最大的小型汽油机、植保机械龙头企业华盛中天机械集团等30余家。规划启动南部循环经济示范园区建设，发展循环经济项目，促进产业结构优化升级。以焦化、钢铁、冶金、建材行业为主，构建四大循环产业链条；以新材料、新能源、新医药和环保节能型产业为主，构建了四大新兴产业体系，成为临沂市建设“两型”社会的重点功能示范区。建成区面积达40平方公里，城区人口20万人。先后进行了滨河大道、临册路、新206国道、俄黄路、化武路、湖北路、罗程路、通达南路、江傅路、南环路等城市主要道路的建设和改造，综合交通网络体系不断完善。完成陷泥河带状公园、青龙河带状公园、垂钓公园和铁路沿线综合整治，城市面貌得到显著改善。

积极培育各类专业市场，初步形成沂河路、通达南路、滨河路3个“十公里经济带”，成为全区服务业发展的集聚区和隆起带。沂河路沿线经济带发展汽车超市、商贸物流。至2010年，汽贸城4S店达到100家，成为鲁南苏北规模最大、品牌最全的汽车销售中心。鲁南花卉市场和鲁南粮油市场均为全国单体规模最大的专业市场。滨河路经济带沿沂河西岸，规划建设了奥林匹克、光耀荷兰水乡、亚太金昌白鹭金岸、青啤家园沂河水岸、青啤广场、海纳曦园、沂蒙乐园、罗东温泉地热等生态宜居、休闲度假项目。通达南路经济带重点发展高档餐饮、超市、物流、信息服务等新型服务业。华盛江泉城大酒店已投入运营；

①罗庄工业园、罗庄循环经济示范园区，三个“十公里经济带”。

名嘉购物广场、临沂豪德光彩贸易广场、临沂澳门名嘉购物广场、临沂工商贸博览城、鲁南国际采购中心、深莞城、临沂光伏硅谷城、临沂亚太信美国际商城、临沂展恒怡和国际广场、数码电子城、华创·金桂园等已开工建设。

全区形成“五纵五横”的城市路网框架。城镇污水处理率达到98%，自来水普及率达到98%。给排水、供电、供暖、供气、通信等基础设施配套完备。实施环城森林工程，推进道路绿化、厂企绿化和村居绿化，绿地率、绿化覆盖率分别达到43%、45%，人均公共绿地面积12平方米。

城区有展览馆、文化馆、图书馆、档案馆、青少年活动中心各1座（个）。形成区疾病预防控制中心和区人民医院、街镇卫生院、村居卫生服务站“三位一体”的医疗卫生服务网络。

有旅游景区10处，其中国家AAA级景区2处、全国首批农业旅游示范点1处，国家级湿地公园2处。2004年，盛能游乐园被评为AAA级旅游区、国家首批农业旅游示范点。

乡镇街道

罗庄街道 位于罗庄区中心。街道办事处驻地位于湖南崖社区，距区政府驻地2公里。罗庄街道东连高都街道和册山街道，南邻傅庄街道，西靠沂堂镇，北接盛庄街道、双月湖街道。新206国道贯穿南北。境内以平原、丘陵为主，地势北高南低，东部是沂河冲积平原，西部、北部多为丘陵，总面积48平方公里，其中耕地670.79公顷。小清河、南涑河流经境内。矿产资源以罗庄、朱陈等地为中心，有大青矸、焦宝石、紫土、石英粉、瓷土、大青土、黄矸、黄药土等制陶原料，建成以罗泉庄煤矿、朱张桥煤矿、大芦湖煤矿为中心的产煤基地。境内有千年古刹——宝泉寺，五星级白金大酒店——华盛江泉城，焦沂庄社区蓝莓采摘园、桂花园。宝泉寺每年都举行民俗灯会。沈泉庄历经两次旧村改造，成为社会主义新农村建设的典范。罗庄街道获“江北陶瓷第一镇”“山东第一镇”“全国千强乡镇”“中国最具投资潜力的城镇”“山东省改革创新乡镇50强第一名”“省级卫生镇（乡）”等称号。罗庄设有集市，农历五、十为集日。朱陈每年农历2月20日为春季物资交流大会，农历7月25日为秋季物资交流大会。辖区总人口10.5万人。

宝泉寺

傅庄街道 位于区境南部。街道驻地傅庄西南村，距区政府驻地5公里。傅庄街道东邻册山街道，南连汤庄街道，北接罗庄街道，西靠苍山县。面积47.16平方公里，其中耕地1311公顷。206国道、通达南路、京沪高速公路、临枣高速公路、傅册路、傅窑路纵横穿越境内。拥有山东盛阳集团有限公司、中玻蓝星（临沂）玻璃有限公司、沂州集团等多家规模以上企业。沂州集团2010年入选中国企业500强。傅庄设有集市，农历二、七为集日。辖区总人口5.5万人。

中玻蓝星集团

盛庄街道　位于区境东北部。街道驻地尚屯社区，距区政府驻地 2 公里。盛庄街道南连罗庄街道，西邻罗西街道，东隔沂河与河东区芝麻墩街道相望，北接兰山区金雀山街道。面积 37.5 平方公里，其中耕地 458 公顷。206 国道纵贯南北，沂河路横穿东西。兖石铁路、潍徐公路穿境而过。拥有全国单体面积最大的花卉市场——鲁南花卉市场，鲁南地区面积最大的粮油批发市场——鲁南国际粮油市场。沂河路两侧有奥迪、宝马、奔驰、沃尔沃等国际知名品牌的尖端汽车 4S 店 13 家，汽车销售网点 7 处。盛庄设有集市，农历二、四、七、九为集日。农历 3 月 25 日、10 月 25 为逢会日。

吴白庄汉画像石

吴白庄汉墓规模大，墓室建筑气势宏伟，结构严谨，画像雕刻精美，内容丰富，技法全面，体现了汉画像石雕刻艺术的发展趋于完善，并有着西方雕刻艺术的特征。套色门笺以孙家对河民间艺人孙炳业刻制的最为精彩，曾多次参加省、市和全国展览。辖区总人口 5.1 万人。

册山街道　位于区境东南部。街道驻地南头社区，距区政府驻地 8 公里。册山街道北与高都街道接壤，西邻傅庄街道，东隔沂河、武河与郯城县李庄镇相望，南接郯城县黄山镇。面积 55 平方公里，其中耕地 1831 公顷。地处沂河冲积平原，土壤肥沃，沂河、武河、陷泥河流经境内，水资源丰富。农作物有水稻、小麦、玉米等。境内矿产资源丰富，煤炭储量 860 余万吨，石灰石储量超亿吨，黏土、黄沙储量极大。工业形成煤炭、铝型材、焦化、机械制造、建陶、冶炼等门类众多的工业体系，有山威集团二氧化钛、罗塔特汽车齿轮、富中精密、静华机械等技术含量高、附加值高、能耗低、环境友好型的民营企业。辖区总人口 6 万人。

有机草莓

高都街道　位于区境东部。街道驻地西高都村，距区政府驻地 6 公里。高都街道南与册山街道相连，西接罗庄街道，北与盛庄街道接壤，东隔沂河与郯城县李庄镇、河东区芝麻墩街道、梅家埠街道相望。面积 48 平方公里，其中耕地 2050 公顷。东邻沂河，水系丰富，沂河、陷泥河、青龙河、电厂河、小埠东灌区等水系贯穿境内。形成滨河大道、南大路、临册路、祝丘路“四纵”和罗程路、南环路“两横”路网体系。境

“沂蒙丽珠”有机米

内地势平坦，土地肥沃，森林覆盖率40%以上。是全市优质农产品基地和品牌建设先进街镇，拥有“沂蒙丽珠”有机米、“菇婆婆”食用菌、“高都”有机蔬菜等多个农产品知名品牌，所产“塘贡米”久负盛名。辖区总人口4.8万人。

双月湖街道 位于区境中部。双月湖街道北邻兰山区金雀山街道，南靠罗庄街道，西连罗西街道，东与盛庄街道相接。面积28.8平方公里，其中耕地418公顷。双月路、湖北路、规划路、沂河路、金七路、金八路、化武路横穿东西，罗四路、罗六路、罗七路、湖东一路和二路、临西七路、新206国道纵贯南北，形成“七纵七横”的公路交通框架。双月湖史称“泥沱湖”，双月湖公园包括双月湖、人民广场、护台植物园3个部分。辖区总人口3.6万人。

华盛中天药械集团

汤庄街道 位于区境南部。街道办事处驻地汤庄，距区政府驻地7公里。汤庄街道东、北两面邻傅庄街道，西靠苍山县神山镇，南接郯城县褚墩镇。面积28.5平方公里，其中耕地1232公顷。新老206国道纵贯南北，京沪高速公路在辖

宏达瓷业有限公司

区设有出入口。汤庄矿产资源丰富，形成以陶瓷、铸造、无缝钢管、食品等为主的产业集群。拥有以三元管业、宏达瓷业、沂德新型建材等企业为代表的一批陶瓷、建材企业。汤庄设有集市，农历五、十为集日。辖区总人口3.7万人。

罗西街道 位于区境西部。街道办事处驻地满沟屯，距市区12公里。罗西街道东北与盛庄街道为邻，东南与傅庄街道接壤，西南邻沂堂镇，西接苍山县大仲村镇。面积70.1平方公里，其中耕地2447公顷。西部山岭东部平原，地势西高东低。有大小山岭19座，最高处为寨山，海拔272米。有南涑河、龙头沟、燕子河3条河流。矿产主要为石灰石，地质储量1.1亿立方米，主要分布在西部山区丘陵地带。粮食作物主要以小麦、玉米为主，经济作物以黄烟、药材、桂花为主。工业以天然气开发利用、机械加工、精密铸造、硫磺化工、塑料制品、建筑陶瓷、日用瓷为主。兆华动力机械有限公司为全国最大的小型汽油机缸体生产企业。罗西街道为“中国知名书画之乡”“江北最大桂花种植研究基地”“西气东输临沂气源基地”。辖区总人口4.8万人。

沂堂镇 位于区境西部。镇政府驻南沂堂村，距区政府驻地17公里。沂堂镇东与罗庄街道、傅庄街道相邻，北与罗西街道接壤，西临苍山县大仲村镇，南接苍山县卞庄街道、神山镇。面积75平方公里，其中耕地4778公顷。地势西北高、东南低，西北为山区，东南为平原，一般海拔50米以上。有尖山、卧牛山、峰山等大小山头30座。

麒麟山社区

燕子河自北向南流贯。有小型水库 1 座、塘坝 4 座。已探明储量的矿产资源有石灰石、铝矾土、石英砂、页岩、瓷石等。京沪高速公路贯穿南北，沂王公路、沂磨公路、俄北公路纵横交错。

境内有东大埠及南沂堂汉墓群、北沂堂清朝牌坊等名胜古迹。麒麟山位于镇政府驻地南 2 公里处，山上存有玉虚观，建于明永乐年间。清代著名文物收藏家于腾出生于寨子村。辖区总人口 4.5 万人。

第三章　河东区

建置　区划

境域　河东区为临沂市辖区。东隔沭河与莒南县、临沭县相望，西隔沂河与兰山区、罗庄区相望，南靠郯城县、临沭县，北邻沂南县。地处北纬 34°35′~35°20′，东经 118°22′~118°40′之间，总面积 727.63 平方公里。

建置　区境春秋时期属鲁国。鲁桓公五年（公元前 707 年）建祝丘邑，邑址在今汤河镇故县村北。秦朝属琅邪郡。西汉置即邱县（治所前祝丘邑），属东海郡。东汉（25—220 年）改属琅邪郡，为即邱侯国。北魏永安二年（529 年），在即邱治所设北徐州，辖东泰山郡、琅邪郡。隋初属徐州刺史部；开皇十六年（596 年），从即邱县析置临沂县，治所设于原北徐州治所（今汤河镇故县村）；大业元年（605 年），并即邱县入临沂县。唐五代时期属河南道沂州（琅邪郡）临沂县。宋代属东京东路沂州临沂县。元代属益都路沂州临沂县。明至清初，属兖州府沂州。清雍正二年（1724 年），沂州升为直隶州。清雍正十二年（1734 年）至 1913 年，属沂州府兰山县。1913 年属济宁道临沂县，1925 年属琅邪道临沂县。1936 年 2 月，属山东省第三行政区临沂县。1938—1958 年，属临沂县。1958—1963 年，属县级临沂市。1963—1983 年，属临沂县。1983 年 9 月—1994 年 12 月，属县级临沂市。1994 年 12 月，撤销临沂地区，设立地级临沂市，原县级临沂市同时撤销，设置兰山、罗庄、河东 3 区。河东区因区境在沂河之东而得名。

区划　1994 年 12 月，辖 6 镇 6 乡，475 个村居。1996 年 7 月，辖 10 镇 2 乡。2004 年，475 个村居调整合并为 411 个村居。2010 年年底，全区辖刘店子 1 个乡，汤河、八湖、郑旺 3 个镇，九曲、太平、汤头、相公、凤凰岭、芝麻墩、梅家埠、重沟 8 个街道，有 307 个行政村、45 个城市社区、11 个农村社区。

临沂五金城

人口 民族 1995年，全区57.8万人，其中农业人口56.6万人、非农业人口1.2万人，男女性别比为103；汉族占总人口的99%，有回、满、朝鲜、壮、蒙古等15个少数民族。2010年，全区66.33万人，男女性别比为105.2；汉族人口占99%以上，有苗、满、蒙古、回等18个少数民族，共302人。

自然环境

地形 河东区北部为低矮的丘陵区，中南部为沂沭河冲积平原。地势北高南低，平原占总面积的90%。

河流 境内水系发育呈脉状分布。河流分属沂河、沭河水系，统属淮河流域，有沂河、沭河、汤河、李公河等大小河流13条，流向自北向南。其中沂河境内流程52.45公里，沭河境内流程42.5公里，汤河境内流程41.5公里，李公河境内流程26.25公里。

植被 2010年，全区有园地1354公顷，林地3971公顷，草地23公顷。

土壤 主要有水稻土、潮土、砂姜黑土、棕壤土4种土类，共71682公顷。以水稻土为主，潮土主要分布在沂河、沭河两岸，砂姜黑土主要分布在凤凰岭和重沟街道西部，棕壤土主要分布在八湖镇和刘店子乡长虹岭。

气候 境内属温带季风半湿润大陆性气候，气温适宜，四季分明，光热丰富，雨水充沛，雨热同季，无霜期长，年均降水量852.2毫米，历年平均气温14.1℃。

自然资源 *土地资源* 2009年年底，全区土地总面积72763公顷。其中，耕地35787.2公顷，占全市耕地面积的4.24%。

水资源 境内多年平均地表水资源量2.2亿立方米，地下水资源量1.4亿立方米，水资源总量3.4亿立方米。

生物资源 境内动物共9纲、37目、115科、459种。其中，国家一级保护动物主要有丹顶鹤、白鹳等8种，二级保护动物34种，主要有大天鹅、鸮类等。常见保护动物主要有灰喜鹊、麻雀、蜥蜴、蛇类等。植物有38科、600余种。主要农作物有小麦、水稻、玉米、地瓜、花生、大豆、烤烟等。

矿产资源 发现矿产14种，探明储量的矿产2种。其中，金属矿产2种，能源矿产2种，非金属矿产9种。汤头温泉久负盛名，是国内著名的高热泉。

自然灾害 主要是由暴风雨引起的洪涝灾害。旱灾时有发生，特别是春旱、秋旱严重影响农作物产量。

经济状况

1995年，全区实现生产总值22.2亿元。其中，第一产业增加值6.5亿元，第二产业增加值10亿元，第三产业增加值5.7亿元。全社会固定资产投资5.2亿元。2010年，全区实现生产总值107.6亿元。其中，第一产业增加值8.49亿元，第二产业增加值57.17亿元，第三产业增加值41.94亿元。全社会固定资产投资53.8亿元。

农业 1995年，全区农业总产值15.32亿元，粮食总产30.2万吨。生猪存栏20万头，出栏30万头；大牲畜存栏6.7万头，出栏2.3万头；家禽出栏810万只。全年肉类总产3.86万吨，禽蛋总产1.9万吨。畜牧业产值5.6亿元，成为农村经济的支柱产业。全区林地面积5667公顷，林木蓄积量48.7万立方米。果园1586公顷，果品产量1811.4万公斤。池塘养鱼水面746公顷，养鱼总产4220吨。2010年，全区农林牧渔业实现总产值15.57亿元。粮食总产29.84万吨，棉花总产90吨，油料总产1.04万吨，水果总产1.65万吨，蔬菜总产15.95万吨，水产品总产0.35万吨，肉类总产1.63万吨，禽蛋总产1.22万吨，奶类总产0.39万吨。完成造林面积2500公顷。拥有农机总动力65.14万千瓦。

工业 1995年，全区实现工业增加值9.87亿元。规模以上工业企业43家，实现增加值2亿元、利税0.47亿元、利润0.18亿元。形成以五金机械、食品加工、轻工工艺、纺织服装四大产业为主导的门类较为齐全的工业体系。2010年，全区实现工业增加值50.27亿元。规模以上工业企业216家，实现增加值32亿元、主营业务收入149.4亿元、利税7.02亿元、利润4.95亿元。资质三级及以上建筑企业20家，完成建筑业总产值6.5亿元。

临沂钢材物流城

商贸流通 1995年，全区实现社会消费品零售总额3.7亿元。兴办合资项目4个，追加投资项目1个，“三资”企业累计18家，合同外资额938.3万美元，实际利用外资280万美元，外资到位率91%。自营出口创汇316.9万美元，年创产值9320万元、利税1024万元。2010年，全区实现社会消费品零售总额43亿元。其中，城市市场实现零售额40.79亿元，农村市场实现零售额2.21亿元。实现进出口总额2.83亿美元，其中出口2.75亿美元。新签利用外资项目5个，合同外资额1792万美元；实际利用外资1550万美元。新批境外企业（机构）4家，协议投资总额3405万美元。

交通 邮电 205、206、327国道和342省道以及胶新铁路、兖石铁路在区内纵横交错，临沂机场座落在境内。1995年，全区公路通车里程238公里，公路货运量41万吨，货运周转量6468万吨公里。实现户户通电和村村通电话目标。邮电业务总量877万元，长途电话630路，电话交换机装机总容量9590门，年末拥有电话机5290部。2010年，全区国道、省道公路通车里程83.51公里，县、乡、村公路通车里程1092.31公里。公路、水路旅客运输量分别为80.8万人次和7.345万人次。公路、水路货物运输量分别为1559.6万吨和176吨。邮政业务总量956.9万元。年末固定电话用户5.63万户，移动电话用户46.39万户，互联网用户2.74万户。

城乡建设 1995年，河东区筹资1000余万元，对中心区域“六纵六横”12条规划道路进行修筑。集中建设区行政办公大楼、自来水厂、110千伏变电站等重点项目。2010年年底，全区城镇化率52.6%，城市人均道路面积18.7平方米，人均绿地面积18.8平方米，建成区绿化覆盖率43%。自来水普及率98%，燃气普及率95%。村镇建设投资14.15亿元。

环境保护 1994年建区后，河东区积极进行产业结构调整，减轻结构性污染，进行放射源安全管理及生态建设和保护工作，强力推进“蓝天工程”“宁静工程”“碧水行动”计划，加强环保教育和执法力度。2010年，建成污水处理厂1座，污水集中处理率95%，无害化垃圾处理率100%。全区城市空气质量良好率73%，水环境功能区达标率93%，道路交通声环境质量处于“较好”水平以上。

旅游 境内汤头温泉为山东省著名的疗养胜

地。1995年后，逐步重视对各种旅游资源的整合开发。至2010年，建成的主要旅游景点有山东观唐（国际）温泉度假村、临沂国际影视城、新四军军部旧址纪念馆、临沂滨河游乐园、白塔街雹神庙旅游区、临沂知春湖（国际）温泉度假村、临沂御汤苑（国际）温泉SPA会馆、相公释佛寺等。全年接待国内外游客260万人次，实现旅游总收入12.7亿元。

财政　金融　1995年，全区财政收入4187万元，实现财政收支平衡。年末金融机构各项存款余额7.94亿元，贷款余额5.39亿元。2010年，全区实现财政总收入8.56亿元，其中地方财政一般预算收入5.1亿元。年末人民币各项存款余额115亿元，其中储蓄存款余额89.6亿元；各项贷款余额73.5亿元。

社会事业

科技　1995年，河东区获得省、市级科技进步奖、星火奖6项，被命名为全国科技先进区。2010年，获得市级以上各类重要科技成果奖6项，其中省科技奖励2项；专利申请量269件，授权专利253件。

教育　1995年，全区有普通中学15所，在校生2.43万人；小学322所，在校生7.36万人。2010年，全区有普通高中3所，在校生0.73万人；初中10所，在校生1.6万人；小学73所，在校生3.1万人；特殊教育学校1所，在校生460人。

文化　1996年，河东区借助临沂市建设广播电视光缆传输主干网络之机，搭建区内有线电视传输大骨架，并于1998年年底建起覆盖全区、档次较高、全市覆盖面最大的有线电视传输、多功能开发网络，广播、电视人口覆盖率均达到100%。2010年年底，全区有各种艺术表演团体11个，文化馆1座，公共图书馆1座，档案馆1座。

卫生　1995年，全区有区医院、乡镇医院等医疗单位19个，卫生技术人员450人，病床床位335张。2010年，全区有卫生医疗机构14所。其中，医院1所，卫生院8所，社区卫生服务中心2所，疾病预防控制、卫生监督、妇幼保健机构各1所。各类卫生机构病床床位1466张。卫生技术人员1608人，其中执业医师及执业助理医师471人，注册护士478人。全区40.49万农民参加新型农村合作医疗，参合率100%。

体育　河东区体育场所设施建设不断得到完善。2010年，有体育传统项目训练基地6处、各类体育场所300余处。全区参加省级以上体育比赛获奖牌26枚，其中金牌3枚。

人民生活　1995年，全区城镇居民生活费收入3991元，农民人均纯收入1493元。2010年，全区城镇居民人均可支配收入1.9万元，人均消费性支出11934元，人均住房建筑面积27平方米。城镇在岗职工年平均工资32855元。农村居民人均纯收入6714元，人均生活消费支出4069元，人均住房面积38.9平方米。全区城镇基本养老、医疗、失业、工伤和生育保险参保人数分别达到3.82万人、8.97万人、1.01万人、2.88万人和0.99万人。社会保险基金总收入26654万元，支出11317万元。全区城乡最低生活保障救助11715人，其中城镇低保205人、农村低保11510人。有社会福利企业4家，安置残疾人员173人。

河东区名片

2002年6月，河东区被批准为第七批全国生态示范区建设试点地区。2007年9月，被命名为中国脱水蔬菜加工城和中国蔬菜流通协会定点市场。2008年，被命名为中国莲藕之乡、全国农产品加工业示范基地、全国供销社综合改革试点县（区）、中国地热城、全国农村社区建设实验县（区）。2009年，被命名为全国和谐社区建设示范社区、中国铸造产业集群试点区、中国五金产业工贸城、中国海棠之都、中国木柳之都、中国草莓之乡、全国科技进步先进区。2010年，被命名为全国首批重点推进出口食品农产品质量安全典型示范区、中国酱菜之乡，沂州海棠地理标志商标通过国家工商总局批准。

1996年12月、2000年2月、2001年12月，河东区先后被省委、省政府命名为1996年度全省社会治安综合治理先进单位、山东省计划生育工作“三为主”合格县（区）、全省社会治安综合治理先进集体。2008年，被命名为山东省创建文明城市先进区、全省农业产业化先进县（区）。2009年，被命名为全省农村社区建设示范区、全省出口农产品质量安全示范区。2010年，被命名为山东省出口农产品质量安全示范区。

城区简介

河东区政府驻九曲街道东夷大街1号。城区总面积68平方公里，共11万人。

1995年，河东区对中心区域“六纵六横”12条规划道路进行全面修建。集中建设了区行政办公大楼、自来水厂、110千伏变电站等重点项目。到2010年，河东区城市人均道路面积18.7平方米，人均绿地面积18.8平方米，建成区绿化覆盖率43%，自来水普及率98%，燃气普及率95%，污水集中处理率达到95%，无害化垃圾处理率达到100%。城区建有文化馆1处，公共图书馆1处，档案馆1处。广播、电视人口覆盖率均达到100%。沂河东岸建有滨河游乐园，芝麻墩街道建有东夷文化公园。前河湾新四军军部旧址暨华东军区华东野战军诞生地纪念馆为国家AA级旅游区。纪念馆占地面积1500平方米，建筑面积400平方米，2004年被确定为沂蒙精神教育基地。2005年，新四军军部旧址被确定为省级重点文物保护单位，并被临沂市列为创建国家历史文化名城的七大重点项目之一，2009年被命名为全国爱国主义教育示范基地。

商贸流通业较为发达。临沂市钢材物流城前身为九曲钢材市场，2008年迁至河东区东外环。占地面积40公顷，拥有1100多家钢材经销商，年钢材吞吐量达600万吨。临沂五金城是江北地区最大的五金专业批发市场、国内同行业第二大批发市场，2009年被命名为山东省十大工业品市场。

乡镇街道

九曲街道　是河东区委、区政府驻地。街道办事处驻地郁九曲社区。九曲街道东接凤凰岭街道、相公街道，南邻芝麻墩街道，北靠太平街道，西隔沂河与兰山区金雀山街道相望。总面积66.88平方公里，其中耕地867公顷。兖石铁路横穿东西，胶新铁路纵贯南北，205、206国道，342省道纵横交错，境内临沂飞机场与国内16个城市通航，形成了立体的交通网络。五金加工久负盛名，是享誉大江南北的“五金之乡”。2010年成功举办了首届中国（临沂）市场贸易博览会河东五金专业区展览会。街道跻身全国千强乡镇（街道）行列。九曲设有集市，农历逢五、十为集日，10月25日为逢会日。

五金专业展览会

九曲历史文化底蕴深厚，有200多年历史的龙灯扛阁被列为国家非物质文化遗产，多次获得国内外民间文化艺术大赛奖项；有距今400多年的独树头明清古建筑群——崔家大院；褚庄泥塑作品曾入选文化部“中国民间艺术一绝”大展；小皇山汉墓遗址被列为省级文物保护单位；前河湾新四军军部旧址暨华东野战军诞生地纪念馆为全国爱国主义教育示范基地。辖区总人口10.2万人。

凤凰岭街道 位于区境中东部。街道驻地王家黑墩村，距区政府驻地8公里。凤凰岭街道东连汤河镇，东南与重沟街道为邻，西接九曲街道，北邻相公街道。面积36.89平方公里，其中耕地2361公顷。地形以平原为主。北靠兖（州）石（臼）铁路，西靠胶（州）新（沂）铁路。有李公河、黑河、义相河、玉白河4条河流。农作物以小麦、玉米、水稻、花生为主。东部主产柳编制品，远销海外。特种动物养殖业及禽类孵化业十分发达。潘家湖狗肉2005年被评为临沂“十大名吃”之一。街道以五金铸造、汽车销售与服务、服装和皮毛加工为支柱产业，汽车城建设初具规模，特色农业发展较快。凤凰岭设有集市，农历四、九为集日。

凤凰岭有着悠久的历史和灿烂的文化。山东省第一个距今万年的史前考古学大规模文化遗存——凤凰岭遗址位于境内；东周墓葬的发掘为研究临沂一带春秋晚期的历史提供了珍贵实物资料。辖区总人口3.48万人。

左天诺皮草

汤河镇 位于区境东部，因有汤河贯穿而得名。镇政府驻地前踅庄，距区政府驻地16公里。汤河镇南邻重沟街道，西接凤凰岭街道、相公街道，北靠郑旺镇，东隔沭河与临沭县白旄镇、青云镇、莒南县板泉镇相望。面积52.6平方公里，其中耕地2532公顷。属冲积平原，土质肥沃，水资源丰富。是山东省重要的林木种苗生产基地。海棠种苗生产培育规模较大，2008年沂州海棠在第五届全国林产品交易会上获得金奖，2010年被评为临沂市花。以华盈、万隆公司为龙头的柳编企业已发展到60余家。342省道经过汤河镇北部，程梅路纵穿南北，旦赵路横贯东西，长深高速公路在境内设出入口。汤河设有集市，农历二、七为集日，十月初十为逢会日。

沂州海棠

汤河是文化古镇。祝丘城遗址位于张故县村；前西庄的传统民间艺术火笔烙画、旦彰街的传统秧歌扑蝴蝶曾多次参加省、市民间艺术大赛并获奖。辖区总人口5.6万人。

相公街道 地处区境东部，为省级中心镇。街道驻地相公三村，距区政府驻地8公里。相公街道东临汤河镇、郑旺镇，南邻凤凰岭街道，西接九曲街道，北靠八湖镇。总面积62平方公里，其中耕地3051公顷。为沂沭河冲积平原，地势北高南低。河道属沂沭河水系，黑河发源于郑家寨子村，茅茨沟由学田村东北入境。岚兖公路、兖石铁路横穿东西，胶新铁路纵贯南北。街道形成机械、铸造、五金、建材、化工、服装、食品、木业、饲料、建筑等十大产业，重点培育“五金机械”和“铸造建材”两个产业集群。获得“全省县域经济发展先进乡镇街道”“山东省环境综合整治工作先进乡镇街道”等称号。相公设有集市，农历逢四、九为集日，四月初八、十月十五日为逢会日。

相公街道历史悠久。春秋时齐国名相管仲曾寓居于此。大范庄出土的高柄镂孔杯，胎壁极薄，近似蛋壳，故称为蛋壳陶，为龙山文化黑陶中的精品，堪称国宝。有2件被故宫博物院、5件被山东省博物馆收藏。辖区总人口6.5万人。

八湖镇　位于区境东北部。镇政府驻部八湖村，距区政府18公里。八湖镇东与郑旺镇接壤，西与太平街道为邻，北接汤头街道，南连相公街道。面积48平方公里，其中耕地2621公顷。镇域大部分为平原，地势西高东低。文泗路、太郑路、临东路等省、区干线交会，长深高速连接线穿越境内。矿产主要为金刚石，集中分布在金刚岭一带。形成以蔬菜脱水加工、金刚岭万亩荷塘为主的两大支柱产业。被命名为全国特色产业镇、山东省产业集群富民兴域十强镇、山东省低碳经济示范乡镇。是中国脱水蔬菜加工城、中国莲藕之乡、全国农产品加工业示范基地和省级文明村镇、省级环境优美乡镇。八湖设有集市，农历一、六为集日，四月初一、十月二十一日为逢会日。辖区总人口3.3万人。

郑旺镇　位于区境东部，为省级中心镇。镇政府驻地朱家郑旺村，距区政府驻地25公里。郑旺镇南邻汤河镇，西接相公街道、八湖镇，北靠刘店子乡，东隔沭河与莒南县板泉镇相望。面积81.4平方公里，其中耕地4000公顷。青临高速穿境而过，342省道、郑太路横穿东西，汤大路、洪石路纵贯南北。境内大部为平原，地势平坦，地面高程在海拔20~40米之间。境内东濒沭河，西有汤河，中部有宋沟、梁子沟等河流。主要种植小麦、水稻、玉米、杞柳、大蒜、大豆等，其中优质富硒稻米、绿色有机蔬菜为特色农业产品。全镇特种动物存栏量30万只。工业以五金加工、板材生产、柳编工艺、服装加工、食品生产等为支柱产业。郑旺镇被命名为全国环境优美乡镇、中国酱菜之乡、山东省“百镇建设示范行动”第二批示范镇。郑旺设有集市，农历逢五、十为集日，三月二十日、十月二十日为逢会日。辖区总人口6.3万人。

汤头街道　位于区境北部，为省级中心镇。街道驻地西南村，距市区25公里。汤头街道南与太平街道相连，东邻莒南县石莲子镇，西与兰山区李官镇隔沂河相望，北与沂南县葛沟镇接壤。面积90.6平方公里，其中耕地6528公顷。有一山（汤山）、两河（沂河、汤河）、两岭（红旗岭、长虹岭）、三平原（万亩湖、五湖、沂河沿岸）。206国道、227省道和文泗公路、长深高速公路、胶新铁路纵横境内。被命名为山东最具发展潜力的乡镇、山东省文明城镇、山东省低碳经济示范乡镇、临沂市园林小城镇等。汤头设有集市，农历逢一、六为集日，三月初六、十月初一为逢会日。

汤头温泉历史悠久。公元前86年此地即已立村，地名即因汤泉而得名。2008年8月，临沂市以汤泉区为主体功能区获“中国地热城”称号。观唐温泉、亿利达、古汤源等温泉企业先后建成。其中观唐温泉是国家AAAA级旅游景区。山东省煤炭临沂温泉疗养院已发展成为集“康复疗养、综合医疗、健康管理、职业教育、温泉度假”于一体的现代综合性医院。辖区总人口5.8万人。

观唐温泉度假村

太平街道　位于区境北部。街道驻地郭太平村，距区政府驻地10公里。太平街道东邻八湖镇，西隔沂河与兰山区白沙埠镇相望，北靠汤头街道，南接九曲街道。面积50平方公里，其中耕地3696公顷。地势平坦，土质肥沃。206国道、滨河东路、胶新铁路纵贯南北，市北外环路、郑太路横跨东西。沂河、葛沟干渠纵贯南北。素有“河东粮仓”“菜篮子”之称，年产粮食3万吨以上。发展“鲜切花、桂花、稻米、蔬菜”四大优质农产品基地，培植了大林、万德福2家省级农业产业化龙头企业。蒙花米业“老庄户”牌大米被认定为山东省著名商标，万德福有机稻米基地成功注册了“太平大米”商标。太平设有集市，农历逢四、九为集日。辖区总人口5.1万人。

刘店子乡 位于区境东北部。乡政府驻地刘店子村，距区政府驻地25公里。刘店子乡西邻汤头街道，南与八湖镇、郑旺镇接壤，东、北和莒南县石莲子镇、道口乡相邻。长深高速公路纵贯南北，省道文泗公路横穿东西。面积40.5平方公里，其中耕地2287公顷。土壤肥沃，盛产草莓、花生、大蒜、西红柿、黄金梨、葡萄等，是大林、赛博特、海懋等品牌企业的优质农产品生产基地。2009年被评为中国草莓之乡。“长红岭”牌草莓生产基地所产草莓颜色艳、硬度大、肉细腻、风味佳、口感好、耐储运，被农业部认定为无公害农产品。刘店子乡为全国村务公开民主管理先进乡镇、平安山东建设先进单位、全省计划生育优质服务单位。刘店子设有集市，农历逢四、九为集日。辖区总人口3.2万人。

草莓

芝麻墩街道 位于区境西南部。街道驻地芝麻墩村，距市区10公里。芝麻墩街道南接梅家埠街道，北邻九曲街道，东邻重沟街道，西隔沂河与罗庄区盛庄街道相望。面积61.9平方公里，其中耕地1200公顷。地形以平原为主。有沂河、李公河、解白河3条河流，沂河绕境而过，李公河贯穿全境。205国道、胶新铁路纵贯南北，327国道横穿东西。农作物以小麦、玉米、大豆为主。有规模以上企业167家，形成了工程机械、医药物流、新能源新材料三大产业基地，机械配套制造、钢材销售深加工、三产服务业已具规模。芝麻墩设有集市，农历二、七为集日。

境内历史悠久，曾出土史前古村落遗址。是东夷文化发源地之一。辖区总人口6.3万人。

梅家埠街道 位于区境南部。街道驻地梅家埠村，距市区20公里。梅家埠街道北接芝麻墩街道，东以沭河为界与临沭县郑山街道相望，西傍沂河，南与郯城县李庄镇、临沭县南古镇相连。面积102平方公里，其中耕地4753公顷。地形以平原为主。区内彭白河、玉白河、解白河、黄白河4河相汇，205国道、胶新铁路纵贯南北，327国道横穿东西。农作物以小麦，玉米、大豆、花生为主。形成了以中化山东肥业、施可丰化工、鲁光化工为龙头的精细化工产业,以山重建机、柳工机械为龙头的工程机械产业，以中再生、梅开、汇森为龙头的再生资源产业三大支柱产业集群;打造了2万亩苗木花卉基地、2万亩优质葡萄基地、2万亩有机蔬菜基地；规划建设了月亮湾、梅苑和桃花源三大社区。梅家埠设有集市，农历四、九日为集日，十月二十四日为逢会日。辖区总人口7.6万人。

重沟街道 位于区境东南部。街道驻地堰上村，距区政府驻地18公里。重沟街道北靠汤河镇、凤凰岭街道，西接芝麻墩街道，南邻梅家埠街道，东隔沭河与临沭县白旄镇、南古镇相望。面积60.2平方公里，其中耕地2600公顷。地形以平原为主，沭河、玉白河贯穿南北，华夏路、沂河路横穿全境。农作物以小麦、玉米为主，南部兼种弓棚蔬菜，北部多栽培杞柳。重沟街道是鲁南特种动物养殖重镇，狐狸、貂、貉子的秋季存栏量达到130万只。工业经济以五金加工、食品冷藏、锅炉制造、水泥粉磨为支柱产业。重沟设有集市，农历一、六为集日，三月十六日、四月十一日、十月十六日为逢会日。

重沟街道历史悠久，省级重点文物保护单位青峰岭遗址是一处距今万年的以中石器时代细石器文化为主的史前居址。辖区总人口5.02万人。

第四章 郯城县

建置 区划

境域 郯城县位于临沂市南部。地跨北纬34°22′~34°56′，东经118°05′~118°31′之间。南部临近陇海铁路，为江苏省邳州、新沂、东海3市县所环绕，北半部与临沭、河东、罗庄、苍山4县区接壤。县境最大横距41.9公里，最大纵距62.3公里，总面积1306.58平方公里。

建置 郯城建置，始于郯国。夏、商时期，少皞后裔一支以鸟为图腾的炎族，聚居于此，称炎地。少皞后裔中的炎族首领（后称郯子）就封于炎地，称炎国。春秋前后，国名多加“邑”字，从而炎国演化为郯国。据此，郯国建置当在公元前11世纪，国名以姓氏得名。秦行郡县制，境地先属薛郡，后属东海郡，并在楚汉间一个短暂时期称为郯郡，且为郡治所在地。汉承秦制，郯为县、郡和徐州刺史部治所。唐贞观元年（627年），省郯县入下邳，称郯城乡。“郯城”作为政区名，始见于此。唐元和年间置郯城县，后并入临沂县。元末，郯城县复置。明隶属于沂州。清初沿明制。雍正十二年（1734年），升沂州为府，郯城县隶属沂州府。1913年，裁府置道，郯城县隶属济宁道（1925年改属琅邪道）。1928年，道废，郯城县直属省。1940年，在中国共产党领导下，郯城县抗日民主政府成立，属鲁南专署第三行署。1945年，郯城县改属滨海专区。1948年11月，郯城县全境解放，隶属临沂专区。1967年，隶属临沂地区。1994年12月，隶属临沂市。

中华银杏园

区划 1995年12月，郯城县辖9个镇、13个乡。2000年12月，郯城县22个乡镇调整为17个乡镇（11个镇、6个乡）。2005年3月，871个行政村调整为674个。2010年12月，辖郯城1个街道，马头、重坊、李庄、褚墩、杨集、黄山、港上、高峰头、庙山、沙墩、红花、胜利12个镇，新村、花园、归昌、泉源4个乡。

人口 1995年，登记常住人口923952人，其中男性474066人、女性449886人，非农业人口60091人。2003年9月，实行一元化户口登记制度，取消农业、非农业户口限制，统一登记为居民户口，按居住地的不同，有城镇居住和农村居住之分，当年登记城镇居住人口221321人。

2010年11月，全县登记常住人口1037632人。其中，男性534811人、女性502821人，城镇居民541235人（郯城街道和各镇驻地总人口数）、农村居民496397人。2010年，全县计划生育率95%，人口自然增长率5‰。

自然环境

地形 郯城县地处沂蒙山南麓，为沂沭河断裂带南延部分。断裂带东侧2条断裂：昌邑—大店断裂、安丘—莒南断裂，均较清晰明显；西侧2条断裂：鄌郚—葛沟断裂、沂水—汤头断裂，则隐伏于第四系覆盖层下，并向西南延伸。这4条断裂走向基本平行通过县境，构成大型北北东向构造带。这一构造带晚期新构造活动中又被北西西向断裂所切错，致使区域地质更趋复杂。由于该断裂带影响，县境之地形地貌亦为所控制。全县地处鲁中南低山丘陵南部、临郯苍平原腹心地带，地势北高南低，海拔26~58米。山区面积183平方公里，占全县总面积的14%，主要分布于东部马陵山一带，其次是西北部零星残孤山丘。平原系沂蒙山区冲积湖沼平原，自然地形由东北向西南缓缓低下，中间较低，大致形成一不规则槽状，面积1123.6平方公里，占全县总面积的86%。其中，洼地514.84平方公里，岗地平原面积42.65平方公里，河漫滩平原108.15平方公里，沿河高阶地平原（又称沿河冲积平原）449.33平方公里，山间沟谷平原及少量其他类型平原8.58平方公里。

河流 境内河流属淮河流域沂河、沭河、中运河水系，流向多为自北向南，均为季节性河流。全县主要河道45条，总流程620.7公里。沂河、沭河纵贯县境，为过境主要河道。还有分沂入沭水道、五里河、新涑河、武河、武河行洪道等；苏鲁边界出境河道有老墨河、白马河、沙沟河、浪清河、郯新河、柳沟河、黄墩河、黄泥沟等。中华人民共和国成立后，经多次大规模治理，在疏浚旧河道的同时开挖新河，全县河道形成较为合理的河网布局，基本具备承接客水、排泄内涝的功能。

土壤 县内属于棕壤地带，因母质、地形及人为耕作等因素的影响形成5个土类、10个亚类、13个土属、43个土种。县内土类受微地貌影响较大，低山丘陵主要形成棕壤及少量的褐土，沿河高阶地主要发育成河潮土，平原涝洼地主要发育成砂姜黑土，另有一部分经改造成为幼年水稻土。

植被 县内自然植被经长期耕作活动，多被人工植被所代替。棕壤性土及棕壤低山丘陵区生长的乔木有黑松、马尾松、刺

古马陵道

槐、加杨、小叶杨、枫杨、苹果、麻栎等。沿河高平地乔木有杨、柳、榆、桐、槐、椿、楸、栎、刺槐、泡桐、银杏、栗、桃、杏等。灌木有酸枣、胡枝子、荆条、白柳条、紫穗槐等。杂草有白羊草、季陵菜、地榆、地柏、野艾、野蒿、地黄、猪耳胡、地丁、猫尾草、茅草、马唐、狗牙草、荻草、水红棵子、霜芽子、荠菜、蒿子、刺儿菜、毛茛、灰菜、银菜、苍耳等。

农田植被主要有小麦、玉米、水稻、地瓜、花生、大豆等。

气候 县境属暖温带季风区，四季分明，雨热同季，利于农业生产。冬季最长（153 天），夏季次之（92 天），秋季最短（57 天），春季为 63 天。冬季寒冷少雨，为半干旱气候；夏季炎热多雨，为湿润性气候；春秋季为温暖宜人的半湿润气候。

自然资源 *土地资源* 2009 年年底，全县土地总面积 130658 公顷。其中，耕地 78510.68 公顷，城镇村及工矿用地 18475 公顷，交通用地 6821 公顷，水域及水利设施用地 11391 公顷。

水资源 年降水量比较充沛集中。汛期易发生短期洪涝，春秋常出现干旱天气。河川径流量季节变化大，过境水的利用量较小。地下水资源比较丰富，富集程度很不均匀。全县河川年平均径流深 237 毫米，多年平均地表水资源量 3.84 亿立方米，地下水资源量 2.35 亿立方米，除去地表蒸发和重复部分，水资源总量 5.78 亿立方米，可利用总量 3.06 亿立方米。

生物资源 全县兽类有狐狸、蝙蝠、黄鼠狼、刺猬、野兔、獾、家鼠、田鼠等。昆虫类 135 种，鸟类 20 种。主要害虫天敌昆虫类中，捕食类有螳螂、步甲虫、赤眼蜂、花蝽、七星瓢虫、草蛉虫等；寄生类有姬蜂、小茧蜂、肿腿蜂、青蜂、小蜂、麻蝇等；鸟类有啄木鸟、灰喜鹊、大山鹊、杜鹃等。高等植物有 121 科 764 种，其中野生植物 89 科 660 种，栽培植物 104 种。林木树种中以杨、柳、槐多见，银杏、板栗最具代表性；药材有毛茛等百余种。小麦、水稻、玉米为境内主要农作物。

矿产资源 区内发育古生代寒武、奥陶、二叠纪地层，有能源矿产、金属矿产、非金属矿产多处。已探明有煤、铁、金刚石、重晶石、建筑黄沙、石灰岩、页岩、白云岩等。矿产规模以小型为主，主要矿产资源分布集中度高，多分布在黄山、褚墩、李庄、沙墩、泉源、庙山等乡镇。北部地区主要有建筑用石材矿，局部有煤炭等矿产；中部蕴藏部分化工建材、非金属矿及铁矿；南部及西部矿产较少。

自然灾害 主要自然灾害有旱灾、涝灾、风灾、雹灾、低温等，旱涝出现概率较高。

经济状况

农业 郯城县是传统农业大县，农业资源十分丰富。1995 年，农业总产值 21.5 亿元，粮食总产 54.4 万吨。小麦、水稻、玉米是三大主要粮食作物，该县被誉为“鲁南粮仓”。2003 年后，先后 5 次获得“全国粮食生产先进县”称号，其中 2006 年被评为全国粮食生产先进县标兵。郯城县自主选育的水稻新品种“阳光 200”、小麦新品种“郯麦 98”通过国家审定，玉米新品种金阳光 6 号通过山东省审定，良种选育工作居全省前列。2007 年始，郯城县承担农业部粮食高产创建项目，其中小麦、玉米十亩高产攻关田最高单产连续 3 年居全市第一位，水稻十亩高产攻关田连续 2 年居全省第一位。至 2010 年，全县发展优质农产品基地 3.07 万公顷，“三品一标”（无公害农产品、绿色食品、有机农产品和农产品地理标志）认证名优特农产品 26 个，省级无公害农产品基地 8 个、有机农产品基地 2 个，临沂市农业标准化生产基地 8 个。2010 年，全县农林牧渔业实现总产值 44.05 亿元，粮食播种总面积 10.9 万公顷，总产 80.82 万吨。其中，小麦单产 502.8 公斤，成为临沂市第一个“小麦千斤县”。

银杏 郯城县银杏栽培历史悠久，分布广泛，

定植数量多，有结果大树15万余株，新村乡政府驻地、港上镇王桥村、重坊镇高庄村保存着国内最大的古树群落，全县有5万株百年以上银杏古树，在山东省形成以郯城县境内沂河中下游沿岸为重点的集中分布区，成为全国为数不多的银杏集中产区之一。

银杏林主要分布在新村、港上、重坊等乡镇。新中国成立前，全县银杏面积313公顷，银杏大树8万株，沂河两岸的银杏林带长达20余公里，最高年产量100万公斤。20世纪五六十年代，银杏价格跌入低谷，销路不畅。1978年，全县银杏片林仅205公顷，产量60万公斤。

中共十一届三中全会后，银杏生产进入一个新的发展阶段。通过良种选育、矮化嫁接、人工授粉等试验研究，银杏幼树嫁接3年结果，5年丰产，为银杏生产拓出了新路。1984—1985年，新育银杏苗24万余株，发展银杏43公顷，银杏产量达70万公斤，居全国第二位。1988年，县委、县政府作出《关于大力发展银杏生产的决定》，县政府还对全县银杏生产作出规划，确定以沿沂河8个乡镇为重点，建立银杏基地，集中经营，连片开发。至1989年，全县培育苗木50万株，银杏面积发展到933公顷。1992年9月举办了“中国郯城银杏节”。至1995年年底，银杏面积发展至3667公顷，定植银杏550万株，年产银杏200万公斤，产叶250万公斤，银杏果、叶、苗系列产品年收入2.5亿元。

1996年，县林业科技人员经过10年试验筛选的5个早实、丰产、优质良种通过鉴定；与法国波福易普生制药公司和德国施瓦布制药集团合资兴建的银杏绿源责任有限公司投产，年加工银杏干叶200万公斤。1996—1997年，完成205国道郯城段“跨世纪银杏绿色工程”，定植银杏大苗19424株，投资1300万元在县境内沿205国道两侧建成53公里的银杏林带。1997年，建成国内拥有银杏品种最齐全的银杏基因资源库。

1998年，县委、县政府作出《关于建设银杏城的决定》，开展义务捐栽银杏树活动。至1999年年底，银杏栽植遍及全县22个乡镇，片林面积8667公顷，定植银杏1300万株，林网1000余公里，在沂河沿岸形成200平方公里的集中栽植区。银杏年产量200万公斤，占全省总产量的90%以上，居全国第二位。年产干叶500万公斤，银杏系列产品产值6.5亿元，果叶创汇1500万美元，银杏生产成为全县经济发展的支柱产业。1999年，郯城县被国家命名为中国银杏之乡。

2002年，开展城乡银杏进万家活动，全县“四旁”①旁栽植银杏300万株。完成县城外环路银杏林带建设，全长14公里，林带宽30米。县境内建设银杏林网106公里。至年底，县内银杏片林面积7000公顷，定植1400万株，银杏苗木1亿余株。2003年，银杏树被确定为临沂市“市树”。2004年3月，县委、县政府发布了《关于加快银杏产业发展的决定》。通过实施产业化工程，全县银杏种植规模迅速扩大。至2010年，初步形成以种植业为依托、加工业为主导、流通业为拉动的银杏产业集群。银杏种植遍及全县17个乡镇，银杏果年产量300万公斤，银杏干青叶年产量1000万公斤。种植规模、银杏叶产量、良种数量居全国四大银杏主产区之首。以中、法、德合资的银杏绿源有限责任公司为龙头，发展银杏叶加工、银杏茶生产、黄酮提取、银杏系列食品生产企业40余家，开发生产10余个系列100余种产品。建成银杏果、叶、苗、盆景及系列加工产品五大专业市场，以新村乡为重点建起全国最大的银杏苗木集散地，年经销银杏苗木1亿余株。全县从事银杏果、叶、苗及银杏加工产品经营的从业人员5万人。银杏年出口创汇2000万美元。

杞柳　郯城县是著名的“中国杞柳之乡”。早在300多年前，沂河沿岸的华埠、株柏等村，就开始在河滩地零星栽植杞柳。20世纪70年代初，全县杞柳种植面积不足33公顷，主要编制生活用

① “四旁”指宅旁、村旁、路旁、水旁。

品柳条筐、筻子、簸箕等，在农村集市销售。80年代以后，随着改革开放的不断深入，杞柳制品开始进入国际市场。90年代，国际市场对绿色、环保的手工柳制工艺品需求量不断增加，刺激了柳编业向规模化发展。杞柳逐渐成为全县农村经济支柱产业。

1995年，县委、县政府颁布《关于大力发展杞柳生产的决定》，逐步加大科技投入，杞柳种植面积迅速扩大，栽植品种不断优化，管理水平不断提高。建成了国内最大的杞柳种质资源库，收集保存全国各地杞柳种质资源100余份。杞柳制品加工、销售形式以订单加工为主，柳编企业按照外商订货单指定的花色、品种和数量，将加工任务分解给各柳编加工户，然后由柳编企业负责将产品回收交货。全县自种自编户约占编织户总数的60%。产品畅销美国、日本、法国、英国、加拿大、荷兰等30余个国家和地区，出口量占总产量的90%以上。2003年，郯城县顺发、新记、华宝等8家柳制品经营骨干企业，吸收种植和加工大户参加，注册资金1000万元，组建杞柳加工经营集团公司——山东新伊甸柳制品集团公司。

2010年，全县杞柳种植面积近10万亩，年产杞柳干条7万吨，产品有100余个系列，1万余个品种，拥有柳制品经营企业90家，其中具有自营出口权的56家。全县杞柳产业总产值6亿元，其中柳条产值2.5亿元，年出口创汇3000万美元。形成黄山、沙墩2个专业镇，46个专业村，近6万人参与的种加销、贸工农一体化的产业格局，成为国内集杞柳种植、加工、贸易为一体的大型集散地之一。

工业　1995年，全县工业职工10118人，规模以上企业38家，其中县属工业22家、民营企业16家，实现工业总产值9.8亿元，利税1.15亿元，其中利润7600万元。恒通化工和纸板厂2家企业实现利税过2000万元。全县工业系统不断深化市场经济改革，调整产业结构和产品结构，总体规模、适应市场能力和运行质量取得突破性进展。2010年，全县工业职工33380人，规模以上企业332家，其中县属工业26家、民营企业302家，实现工业总产值370.5亿元，利税47.57亿元，利润31.4亿元。

糖果　郯城县糖果生产集中在县城西10公里的马头镇，始于20世纪70年代初期，从南园街居民传统的一口大锅熬糖稀生产芝麻糖、提篮小卖的家庭副业逐步发展成为地方特色经济。

1984年，马头镇胜利街居民高俊伦投资8万元在镇驻地南侧建起全县第一家私营糖果厂——乐亚特食品厂。随着改革开放的深入，马头糖果生产业发展迅猛，到2004年年底，全镇有个体私营糖果生产企业141家，从业人员7000余人，糖果生产品种从开始的水果硬糖逐步发展到软糖、酥糖、奶糖、银杏糖、咖啡糖、巧克力糖等12大系列200多个花色品种，年产量10余万吨，年销售额4亿余元，产品销往全国各地，并出口欧美及东南亚各国，成为全国五大糖果生产基地之一，被中国糖业协会命名为中国糖果城。

2005年，马头镇围绕建设全国优质糖果生产基地的目标，对证照不全、生产区和生活区混杂、机械设备陈旧落后、产品质量差的糖果生产企业进行集中整治，关停和取缔78家家庭小作坊式糖果加工点。投资300余万元，新建化验室60个，新增化验设备60套，严格检验产品质量。全面清理假冒品牌，对产品标识标注重新进行制版印刷，建立自己的商标。在镇驻地东侧统一规划，开发建设起占地33公顷的“中国糖果城”“糖果工业园”和“私营工业园”，吸纳糖果企业和个体工商户到园区投资办厂、规模发展，使糖果业由分散型转向规模化发展、集约化经营。全面推进生产机械、先进技术的更新换代和新产品开发，组织骨干企业与国内知名企业、大专院校、科研机构联姻合作，开发新产品。“正德”牌酶法高麦芽糖浆及高档银杏保健食品，填补省内空白，乐亚特食品饮料有限公司生产的牛奶夹心巧克力系列糖果，获得“全国第三届科学技术金质奖”。2010年年底，38家糖果生产企业拿到“QS”质量认证证书，规模以上的糖果生产企业达10家，先后开发生产16大系列300余个品种的中高档糖果、果冻、果爽。产品畅销江苏、河南、安徽、陕西、河北、新疆、内蒙古、黑龙江等20多个省、市、自治区300多个县市。全镇糖果企业产销量20余万吨，产值12亿元，从业人员1.5万余人。

中国结　红花镇的中国结编织起源于清朝乾隆年间，产业起步于20世纪90年代初。经过当地农民不断发展创新，由用作传统服饰和器物配饰的盘扣、绦子转变成为现代家居装饰挂件、配饰、摆件和首饰4类1000余个品种，通过浙江义乌小商品批发市场和临沂批发市场销往全国各地，初步建立起覆盖全国的市场网络，产品出口美国、日本、韩国和南非等国家和地区。2007年，中央电视台第七套《聚焦三农》栏目报道了红花镇的“中国结”编织，并在2008年“元宵节”期间连续进行报道，中央电视台《焦点访谈》和央视科技教育频道相继进行了报道，在全国引起轰动效应。2009年，全镇中国结产业产值2800万元，产量4000余万件，占全国总产量的60%。2010年1月，红花镇参加中国美术馆展览会，参展作品500余种，6名编织能手现场献艺。2010年，全镇有经销公司9家，从业农民1万余人，采用“经销公司+中间人+农户”的形式组织生产。经销公司负责获取订单、采购原料、组织生产、销售产品，通过中间人向农民放活，农民在家中编结产品零部件，最后经销公司雇用农民在作坊内组装完成中国结产品。

商贸流通　1995年，全县社会消费品零售总额8亿元，有大型专业、综合批发市场18个，年销售额6.8亿元。有“三资”企业19家，实际利用外资124.97万美元。全县出口商品供货额2.81亿元。2002年，全县有城乡集贸市场57个，实现社会商品零售额16.6亿元。全年实现进出口总额2250万美元，其中进口1500万美元，出口1050万美元；实现外贸出口商品供货额7.5亿元。2010年，全年实现社会消费品零售总额86.98亿元。其中，城市市场零售额50.06亿元；农村市场零售额36.92亿元。实现进出口总值11788万美元，其中出口总值8296万美元。实际利用外资502万美元。

交通　邮电　公路运输　1995年，全县县乡公路硬化里程196公里，实现了乡乡通油路，运输总吨位15.2万吨。2010年年底，全县公路通车里程2266公里。其中，国道86公里，省道30公里，县道258.3公里，乡道317.7公里，村道1574公里。公路网络覆盖所有行政村，形成以国道和省道为主干线、县乡道路为依托、联结乡镇、覆盖农村的公路运输网络。全县有普通货物运输企业12家，危险品运输企业2家，各类货运车辆1.5万多辆。

铁路运输　胶新铁路郯城段位于县城东侧沭河西岸，全长60.2公里，2001年开始修建，2003年建成通车。建有三级火车站1个，中间站2个。2010年，青岛—扬州、烟台—宝鸡、威海—汉口等列车途经并停靠郯城县，年发送旅客15万人次，异地售票1万余张。

水上运输　郯城县境内有大小河流40余条，通航河道主要是沂河、沭河。至2003年，全县设6处渡口。

邮政　1993年，全县22个乡镇均开通县级汽车邮路。1999年7月，临沂实行邮局中心体制，北邮路由临沂邮局运输，县邮政局只保留南路运输。2000年，邮政实现扭亏为盈。2010年，拥有跨县汽车邮路1条，县内汽车邮路2条，摩托车、自行车邮路约70条，邮路总长2200公里，覆盖全县每个村庄。全县邮政业务收入2035万元，收支差额376万元，形成邮务类、代理金融类、代理速递物流类三大业务快速稳健的发展趋势。

通信　自1999年中国移动公司郯城分公司成立起，境内通信业务快速发展。至2010年，发展成为包括移动、新联通、电信、铁通4家公司的通信产业，拥有固定电话、移动电话用户54万余户，宽带用户 2.8 万余户。是年，通信业营业收入近 3 亿元。

城乡建设　1996 年，对全县村庄进行新一轮规划。至 1999 年年底，完成新一轮规划的村庄共 714 个。2000 年，省政府批准设立马头、褚墩、高峰头 3 个省级中心镇。至 2006 年，全县 17 个乡镇（郯城镇和马头镇纳入县城总体规划）驻地总体规划修编全面完成。2007 年，按照社会主义新农村建设和村镇环境综合整治工作部署和要求，对全县村镇规划进一步完善。是年年底，完成 40 个村庄新一轮建设规划修编，各乡镇驻地详细规划编制工作全面启动。2009 年，85 个中心村建设规划在全市率先编制完成。

2010 年，突出城中村、城边村和乡镇驻地村改造以及中心村建设重点，推进农村住房建设与危房改造。至年底，全县在建和完成集中连片建设 14023 户，改造危房 2210 户。建设完成李庄镇刘道口、褚墩镇东卜庄、马头镇金马花苑、杨集镇大泥湖、归昌乡陈庄 5 个社区的小型污水处理项目工程。全县城区主要道路 90 余公里。

鹿鸣亭

环境保护　2006—2010 年，累计筹措资金3.36 亿元，开展白马河、沭河、武河、南涑河等小流域综合治理，先后建设恒通化工、新兴新装饰、正德食品等污染点源治理再提高工程。郯城县污水处理厂建设完成投资 8451 万元，建设配套污水管网 26.3 公里，污水排放达到国家一级 A 标准；白马河建成 3 道溢流坝，完成生态护坡和堤顶路以及白马河大桥绿地景观带建设，绿化面积 4.6 公顷，种植水生植物 73 公顷；投资 8700 万元建设武河人工湿地，总面积 867 公顷，利用物理、化学和生物三重协同作用对上游污水进行降解、净化，有效降低河流污染负荷，确保出境断面水质安全，实现生态治污和人文景观的和谐统一。2010 年，在国家淮河流域水污染防治考核中，郯城县水污染治理工作获得环保部、水利部淮河水利委员会领导和专家的好评。

社会事业

科技　1995 年年初，开展争创“全国科技工作先进县”活动。全县共完成科研和技术推广项目 48 项、星火计划 6 项，其中获省级以上科技成果奖 6 项、星火奖 5 项。年末，郯城县获“全国科技工作先进县”称号。2003 年起，连续 7 年通过全国科技进步考核，2006 年、2008 年两次被科技部命名为全国科技进步先进县，2007 年被省科技厅认定为山东省中药现代化科技产业示范县，2009 年被评为全省科技富民强县示范县。2010 年，全县技术贸易机构 149 家，从业人员 2326 人。1995—2010 年，全县申报专利 821 项，授权 442 项；签订各类技术合同 230 多项，实现合同贸易额 10.2 亿元。

教育　1995 年，全县有普通中学 34 所，在校学生 4.1 万人；小学 383 所，在校学生 10.6 万人。1999 年，启动“实验教学普及县”工程，共投入资金 6000 余万元，2003 年通过省政府验收。2005 年启动农村中小学校舍危房改造工程，至 2010 年年底投入资金 9280 万元，消除危房面积

7.94 万平方米，完成新建面积 12.94 万平方米。2007 年，全县本科一榜进线人数首次突破 2000 人，高考成绩居全市前列。2009 年投入 586 万元，完成农村中小学仪器更新工程。成立县职教中心，对职业教育资源进行整合。2010 年投入资金 783 万元，完成农村中小学现代远程教育工程，教育城域网建设初具规模。投资 1000 万元，在全县 270 余所学校（园），安装监控点 1269 处，实现学校安全管理工作的网络化、系统化、动态化。

2010 年，全县有中等职业学校、技工学校 5 所，在校生 6894 人；普通高中 5 所，在校生 14863 人；普通初中 27 所，在校生 39718 人；小学 182 所，在校生 56731 人；特殊教育学校 1 所，在校生 253 人。3~6 周岁幼儿入园率 89.8%，学前一年入园率 99.8%。小学一年级、初中一年级学生入学率均为 100%，小学、初中在校生巩固率 98.7%。1995—2010 年，郯城县先后被命名为全国“两基”工作先进县、全国扫盲工作先进县，全省素质教育先进县、全省农村学前教育先进县、全省实验教学普及县等。

文化 1995 年，全县有县文化事业机构 28 个，乡镇文化站 22 个，电影队 25 个，有线电视用户 5390 户。2002 年后，连续 6 年被市委、市政府评为临沂市文化、卫生、科技三下乡先进集体。2005 年 12 月，县图书馆被文化部评估定级为国家二级图书馆。2007 年，建成集文化共享工程演播室、主控机房和多媒体教室于一体的文化信息资源共享工程县级支中心。《郯马五大调》、木旋玩具入选第一批省级非物质文化遗产名录，木版年画、挂门笺、双旱船、《孝妇的传说》等 8 项入选市级非物质文化遗产保护名录。2008 年 6 月，《郯马五大调》入选第二批国家级非物质文化遗产名录。2008 年，郯城县被评为山东省文化信息资源共享工程示范县。全县 17 个乡镇街道全部建成功能齐全的综合文化站；665 个行政村建成文化大院，其中高标准文化大院 387 个。所有村街都建起文化共享工程基层服务点，其中达到规范化标准的乡镇占 81%，规范化村街占 67%。2009 年 1 月，马头镇被文化部命名为全国民间文化艺术之乡；11 月，郯城县被授予“全国文化先进单位”称号。2010 年，境内各类遗址、遗迹 133 处，其中全国重点文物保护单位 1 处，山东省重点文物保护单位 3 处。有专业艺术表演团体 1 个，公共图书馆 1 座，文化馆 1 座，档案馆 1 座。广播、电视人口覆盖率分别达到 99%和 98%。

卫生 1995 年，全县有乡镇以上卫生机构 29 个，卫生专业技术人员 1276 人。2010 年，全县有医疗卫生机构 446 个。其中，县级医院 2 个，县级卫生保健机构 1 个，乡（镇）卫生院 20 个，民营医院 15 个，农村卫生室 394 个。县、乡、民营医疗卫生机构中卫生技术人员 2215 人，其中执业医师 678 人、执业助理医师 178 人、注册护士 561 人。全县医疗卫生机构固定资产 3.47 亿元，开放病床 2379 张。农村新农合参合率为 100%，新农合县级补助 25.11 元/人。

体育 1995 年，郯城县获省农运会武术金牌 3 枚，获省“希望杯”金牌 27 枚，居全市总分第一名。向国家、省输送运动员 3 名，获全国城运会银牌 1 枚并打破 5000 米全国青少年纪录，获全国少数民族运动会女子刀术金牌 1 枚。1995 年后，贯彻执行《全民健身计划纲要》和《中华人民共和国体育法》，群众性体育活动得到长足发展。1995—2010 年，县运动队参加市以上比赛，获取世界第一名 1 人次，第七名 1 人次；亚洲第二名 1 人次，第三名 1 人次，第四名 1 人次；全国冠军 23 人次，亚军 5 人次；省冠军 52 人次，亚军 31 人次，季军 29 人次；市冠军 800 多人次，亚军 490 多人次，季军 310 多人次。2010 年年底，全县有社会体育指导员 904 人，其中一级 63 人、二级 343 人、三级 518 人，社会体育指导站 7 个，群众健身站点 156 个。

社会保障 2001 年，郯城县开始施行城市低保工作，低保保障线为 120 元。2007 年年底，开始实施爱心助孤活动，有23人通过免费技能培训成为技术骨干，5名孤儿通过结对帮扶考入大学。2010年，全县城镇在保人员1609户3364人，农村在保人员22114户28988人。全县有五保供养对象2584人，其中集中供养1824人，集中供养率达到70%以上。有各类抚恤定补优抚对象4237人。

人民生活　1995年，农民人均纯收入1666元。全县职工39083人，年均工资4455元。城镇居民总消费支出17141万元，其中商品性消费14717万元，文化生活服务性消费964万元，住房及水电消费1460万元；人均消费2110元。2010年，农民人均纯收入6708元；人均生活消费支出3858元；人均居住面积37.8平方米。城镇居民人均可支配收入15855元；人均消费性支出8350元；人均住房使用面积35.14平方米。城镇在岗职工年平均工资28689元。

郯城名片

郯城县为中国银杏之乡、中国杞柳之乡、中国优秀生态旅游县（2009年）、全国造林绿化百佳县，是全国最大的银杏苗木交易集散地。国家级生态示范区、中国男装加工名城、国内首个军事文化研究基地、山东省园林城市。

“中国家电之乡”——李庄镇；“中国糖果城”——马头镇；“中国结之乡”——红花镇；“中国乐器之乡”——庙山镇。

郯城县城

位于县境中部，郯城街道辖区西南部。地理坐标为北纬34°36′，东经118°22′。处临郯苍平原地带，地势平坦，海拔高度26~58米。205国道、232省道分别沿城东、城南通过。县人民政府驻人民路29号。为山东省园林城市。

郯为古地，历史上曾为郡、国。郯国故城被列为全国重点文物保护单位。1948年11月县境解放时，城区总面积0.48平方公里。至1979年，在城西新建起工业区，城内外增建起大量生产、生活建筑和公共设施。1985年年底，城区面积已扩展为5.1平方公里，城内6条主要街道全部铺设沥青路面。进入21世纪以后，郯城县委、县政府启动城市建设加速机制，实施东城新区规划建设，筑建新一轮城市构架，旧城改造与综合治理相结合，城区面貌焕然一新。2008年，在东城新区实行行政区、居民区、商业区协调布局，同步配套医疗、卫生、教育、体育等公共事业资源。东城新区西自郯东路，东到沭河堤顶路，南起南外环，北至汤郯路，总面积12平方公里。2010年，完成“三纵三横”（“三纵”：新城一路、新城三路、新城五路，“三横”：新城二路、新城四路、新城六路）道路建设。大力实施老城区建设和改造。白马河堤顶路建设工程、古城路东西贯通工程、富民路北段建设工程、北外环东延工程、南外环东延工程、沭河滨河路工程、兴郯路北延工程、郯东路北段及“北大出口”绿化改造工程等相继开工建设。先后开发建设万泰丽景华都、

郯子公园

檀都景园小区、檀都鉴园小区、北城名苑、万泰名城花园、郯城金马花苑小区、邮电新村、郯城尚城嘉园、锦绣嘉园、银河花园、建设局小区、馨园小区、郯城县商业广场、墨泉世家、郯城兴贸花园小区等30余个居民小区，其中小高层住宅楼面积占14%。城区集中供热工程实际供热保有量98万平方米，供热扩容能力200万平方米。居民用户保有量9100户。

2010年，建成覆盖县城中心区24平方公里范围的数字化城市管理系统，为实现城市管理的高效化、精确化、信息化奠定了基础。城区120万平方米绿地达到省一级养护标准；210万平方米道路保洁率达100%，路灯亮灯率达95%以上。城区人均道路面积15.39平方米，人均绿地面积13.46平方米，污水集中处理率达87%，无害化垃圾处理率达85%，空气质量良好率达97%，水环境功能区达标率为100%，道路交通声环境处于较好水平。有线电视、电话普及率均为100%。城区有县级医院3所（县第一、第二人民医院，县中医医院），县级公共卫生机构3个，妇幼保健院1所；普通高中5所、初中7所、小学4所、特殊教育学校1所、职业教育学校2所。有专业艺术表演团体1个，公共图书馆、文化馆、档案馆各1个。大型超市有福隆购物广场、银都购物广场、家和购物广场、万客隆购物广场、鑫隆购物中心、家和超市等。

郯子公园位于旧城区中心，依托原有护城河而建，规划东起郯东路，西至郯西路，东西呈带状分布，长1140米，南北宽130米，规划面积13.6公顷。自1994年规划设计建设，几经改造续建。

乡镇街道

郯城街道 地处郯城县中心，为县政府驻地。春秋战国时期为郯国故地。街道办事处驻地后东庄一村。郯城街道南临高峰头镇，北接庙山镇，西与马头镇、胜利镇为邻，东与江苏省东海县接壤。大部分为平原，地势东高西低，北高南低，马陵山绵延东境。地面高程一般在海拔18.6~130米之间。京沪高速公路、205国道、301国道、胶新铁路交会；沂河、沭河、白马河南北贯通；总面积196.2平方公里，其中耕地8800公顷。有全国平原地区最大的万亩神舟古栗园——山东省森林公园。境内有郯国故城址、倾盖亭、马陵古战场、唐代于公墓、东海孝妇冢、豹公墩、于公墓、郯子公园、白马河湿地公园、墨泉公园等名胜景观。郯城街道先后被命名为全国重点镇、全国科普惠农兴村先进单位、全国环境优美乡镇。辖区总人口14.2万人。

神舟古栗园

马头镇 位于县境西部，沂河南岸。为省级中心镇。镇政府驻地和平街，距县城9公里。马头镇北、东与郯城街道交界，西与胜利镇隔沂河相望，并与港上镇相邻，南与花园乡、归昌乡接壤。为沂河冲积平原，地势呈北高南低，西高东低。面积85.4平方公里，其中耕地4047公顷。白马河、围带河流经境内。京沪高速公路在马头镇驻地设有出口，汤郯路、郯马路、滨河路穿境而过。农业以种植小麦、玉米、水稻、莲藕、花生为主。有西爱国至高大寺段滨河景观带花卉苗木基地、高册花卉苗木基地和采莲湖生态莲藕基地三大农业品牌基地。是全国三大糖果生产基地之一和全国最大的乡镇级卫生用品生产基地。山东鑫盟卫生用品有限公司生产的卫生巾为全国十佳产品之一。马头镇是省级文化特色乡镇。名胜有清泉寺省级森林公园。为非物质文化遗产郯马调发源地。古代建筑有建于明朝永乐年间的清真寺。辖区总人口 8.9 万人。

特色小吃“马头烤牌”

李庄镇　位于县境北部。镇政府驻地李庄，距县城 30 公里。李庄镇南接沙墩镇，北邻河东区梅家埠街道，东与临沭县曹庄镇接壤，西与罗庄区册山街道交界，西南与黄山镇相邻。总面积 72 平方公里，其中耕地 3933 公顷。地势东高西低，呈阶梯性。中、东部为丘陵，西部为沂武河冲积平原。有金鸡岭及沂河、武河、分沂入沭水道。国家重点水利工程刘家道口水利枢纽位于刘家道口村。有 205 国道、胶新铁路、市环城快速、沂河滨河路等干线公路。矿产主要有金刚石、重晶石、清水砂。粮食作物以优质小麦、玉米为主。经济作物主要为花生、大豆、棉花等。经济林以杞柳、苹果、桃为主，建有万亩桃园风景区。畜牧业以鸡、猪、牛、羊为主，并引进波尔山羊、利木赞牛、獭兔、狐狸等特种动物。李庄镇被省委、省政府命名为文明乡镇、社会文化先进工作乡镇。辖区总人口 5 万人。

重坊镇　位于县境西南部，滨河路西侧。镇政府驻重坊村，距县城 22.5 公里。重坊镇东邻新村乡，北接胜利镇，西北隔武河与苍山县二庙乡相望，西、南分别与江苏省邳州市邹庄镇、港上镇、铁富镇为邻。面积 49 平方公里，其中耕地 2162 公顷。镇境有省道泉重路通过。地势北高南低，属冲积平原，土壤为河潮土。重坊镇银杏生态观光带位于沂河两岸，绵延 10 公里，有百年以上的结果大树 4.8 万株，是中国保存面积最大的古银杏群落。2004 年，重坊镇被中国林学会命名为全国银杏良种基地。2010 年，该镇的中华银杏品种园已发展到 103 个优质银杏品种，其中 5 个品种属全国优质品种。辖区总人口 5.18 万人。

中华银杏园

杨集镇　位于县境南部。镇政府驻地杨北村，距县城 31 公里。杨集镇东邻红花镇，北邻归昌乡，西靠花园乡，西南、南分别与江苏省新沂市合沟镇、瓦窑镇接壤。总面积 82 平方公里，其中耕地 5300 公顷。主要河流有郯新河、老墨河和柳沟河。胶新铁路从境内穿过。地处平原，地势北高南低。土壤多为黏质性和沙质性土壤。主要粮食作物有小麦、水稻，被称为“山东省稻麦生产第一镇”；盛产大蒜、大葱、辣椒、洋葱、银杏、桑蚕、毛豆等，素有“四大辣之乡”之誉。先后被命名为山东省社会文化先进乡镇、山东省文明村镇。辖区总人口 5.3 万人。

庙山镇　位于县境中北部。镇政府驻地马站村，距县城 15 公里。庙山镇北接沙墩镇，东临泉源乡，南与郯城街道接壤，西隔沂河与苍山县庄坞镇相望。是江北闻名的民族乐器制作之乡。总面积 72 平方公里，其中耕地 4453 公顷。205 国道、胶新铁路和滨河大道纵贯南北。地貌以平原为主，地势北高南低。西有庙山，西南部有大埠岭，中部、东部主要为平原洼地，多系黑土、黄土、岭沙土，土质优良，土壤肥沃，适宜种植小麦、水稻、玉米、大豆、花生、地瓜、棉花、杞柳等农作物。西靠沂河，东有白马河，中有李墨干渠、围带河。大埠岭矿区的矿石分为角砾凝灰岩和凝灰岩，储量丰富，资源量2207万吨，为较好的瓷石原料。铁矿石、石灰石、优质河沙、石子等资源丰富。辖区总人口4.7万人。

手工制作的二胡

高峰头镇 位于县境南部，为省级中心镇。镇政府驻地蒲汪三村，距县城9公里。高峰头镇西靠归昌乡，北依郯城街道，南连红花镇，东邻江苏省东海县。面积72.6平方公里，其中耕地面积3667公顷。地处沂沭河冲积平原，土壤肥沃，素有“鲁南粮仓”之誉。有沭河、江陵河、墨河。205、310国道纵横交叉，胶新铁路纵贯南北。麦坡地震地质公园地震断层呈南北走向，长2600米，宽190米，一面是黄土，一面是红石，衔接自然。专家称之为“独特的地质博物馆”“天然的地质公园”。境内有庙后村獭兔、天源奶牛养殖，蒲汪(一、二、三村）葡萄及花卉、苗木种植等特色生产基地。辖区总人口5.2万人。

港上镇 地处县境西南部。镇政府驻地港上五村，距县城15公里。港上镇北隔沂河与胜利镇相望，东、北与马头镇接壤，西邻新村乡，南连花园乡。总面积40.1平方公里，其中耕地2533公顷。为沂河冲积平原，沟河纵横，田畴丰润，土壤中含沙量大，酸碱度适中。西有沂河，东有白马河、幸福河，中有西干渠。有银杏片林705公顷，结果大树16万株。草莓种植面积1万余亩。花马路、港重路、新港路、滨河路4条主干道在境内交会。是“沂蒙草莓之乡”“山东省民间艺术之乡”。辖区总人口4.3万人。

手工制作的木旋玩具

红花镇 地处县境东南部。镇政府驻地西苍村，距县城20公里。红花镇北接高峰头镇，西邻杨集镇、归昌乡，东、南分别与江苏省东海县石埠、桃林镇和新沂市北沟镇为邻。总面积128平方公里，其中耕地6126公顷。东部为丘陵山区，西部为平原，地势略呈东高西低南高北低的倾向。沭河境内长15公里。京沪高速公路、205国道、310国道和胶新铁路经过境内。有省级重点文物保护单位黑龙潭细石器遗址公园、马陵古战场遗址，“小三峡”“仙人桥”“由吾仙洞”及“孔子登临

中国结

处孔望山”等景观。全镇从事中国结加工大户9家，为国内最大的中国结编织加工生产基地。是“中国结艺之乡”“全国无公害蔬菜生产基地”。辖区总人口6.48万人。

胜利镇　地处县境西部。镇政府驻地胜利村，距县城15公里。胜利镇南与马头镇、港上镇隔沂河相望，东与郯城街道毗邻，东北与庙山镇隔沂河相望，北、西分别与苍山县庄坞镇、层山镇接壤。总面积56平方公里，其中耕地3000公顷。东有沂河，西濒武河。京沪高速公路、汤郯公路纵贯南北，郯薛公路横穿东西。地貌以平原为主，地势北高南低，土壤多为河潮土。粮食作物有小麦、玉米、水稻；经济作物有花生、大豆、萝卜、山牛蒡；盛产银杏、板栗、白柳条。全镇银杏种植面积1667公顷。拥有银杏古神树酒厂、银杏八宝粥等一批银杏深加工企业。全镇形成机械制造、草柳编、食品加工、蔬菜加工、银杏种植五大产业。主要景点有赵楼林荫大道、王郎汉墓遗址、北新汪唐槐、白果树村古银杏树、大池头村武河方石古桥、贸易庄郯临分界碑等。辖区总人口4.9万人。

高大制帽厂

泉源乡　位于县境东北部。乡政府驻泉源头村，距县城22公里。泉源乡西靠庙山镇，南连郯城街道，北依沙墩镇及临沭县曹庄镇，东邻临沭县石门镇和江苏省东海县李埝乡。总面积115平方公里，其中耕地4762公顷。马陵山纵贯南北，沭河依山而行。景点有马陵之战遗址、一步跨亿年的地震断裂带、千层崖、泥裂龟壳崖、中生代柏树化石、碎枝叶化石群、鸭嘴恐龙化石群、望海楼。2001年，马陵古战场被中国军事科学院定为中国古代军事科学科研基地。马陵山山峦起伏，有清泉古寺、清泉寺森林公园。农业以小麦、玉米、黄烟、桑蚕为主，是著名的桑蚕之乡、山东省畜牧养殖强乡。重晶石储量300万~500万吨，萤石储量约30万吨，为长江以北储量最大的矿藏。辖区总人口5.1万人。

萤石

新村乡　位于县境西南部。乡政府驻地新村，距县城25公里。新村乡东与港上镇为邻，西与重坊镇隔沂河相望，东南与花园乡为邻，南与江苏省邳州市港上镇接壤。面积36平方公里，其中耕地2000公顷。滨河大道纵贯南北。是中国栽培银杏最早的地区之一，国内最大的银杏苗木生产、培育基地和银杏叶、果集散地；具备产业化、规范化、标准化的生产规模；被中国特产之乡推荐委员会命名为中国银杏之乡。有百年以上古银杏树3万余株。景点主要有老万亩银杏园、新万亩银杏园、银杏采叶园、银杏品种园、银杏盆景园，为2A级旅游景区。广福寺内的“老神树”，已有3000年历史，系全国银杏雄树之冠，也是亚洲第一古银杏雄树。辖区总人口3.9万人。

花园乡　位于县境西南部。乡政府驻地花园村，距县城30公里。花园乡东连归昌乡，东南邻杨集镇，西北接港上镇、新村乡，东北接马头镇，南、西分别邻江苏省新沂市合沟镇、邳州市港上镇。310国道、花马路2条主干道交会。总面积74平方公里，其中耕地4533公顷。地处平原，白马河从境内流过。主要农作物以小麦、水稻为主，小麦种植面积3867公顷，水稻种植面积3333公顷。主要经济作物为草莓、黄瓜、甜瓜、大蒜、花木等。是“柳琴戏之乡”“都堂家米之乡”。辖区总人口5.3万人。

归昌乡 位于县境西南部。乡政府驻地归昌三村，距县城15公里。归昌乡东临高峰头镇、红花镇，南靠杨集镇，西连花园乡，北依马头镇。京沪高速公路、胶新铁路纵贯南北，310国道横穿东西。总面积65平方公里，其中耕地4246公顷。地处平原，土质有沙壤土和黑黏土两种。柳沟河、郯新河、墨河是境内主要河流，建成大型节制闸3座。主要粮食作物有小麦、水稻、玉米等。农业名牌产品“姜湖贡米”享誉国内外。经济作物以林果、洋葱、甜瓜、大蒜和大棚蔬菜为主。归昌设有集市，农历四、九为集日。辖区总人口4.01万人。

沙墩镇 位于县境北部。镇政府驻地沙墩，距县城23公里。沙墩镇西与黄山镇隔沂河相望，南邻庙山镇，北接李庄镇，东与泉源乡、临沭县曹庄镇接壤。境内矿产资源丰富，主产煤炭、清水砂、金刚石等。总面积74平方公里，其中耕地3936公顷。是传统的农业大镇，农作物以小麦、玉米、水稻、花生、大豆、棉花为主。林果业主要以杨树、杞柳和桃、枣为主。畜牧养殖业以鸡、猪、牛、羊为主。沙墩镇种植杞柳2000余公顷，有柳编专业村20余个，柳编企业32家，从业人员3.5万余人，产品远销美国、日本、韩国、法国、马来西亚等10余个国家和地区，年创产值3.5亿元，被中国农业部特产委员会命名为中国杞柳之乡。辖区总人口4.6万人。

褚墩镇 位于县境西北部，为省级中心镇。镇政府驻地褚墩一村，距县城25公里。褚墩镇东连黄山镇，北接罗庄区汤庄街道，西北、西分别靠苍山县神山镇、磨山镇，南邻苍山县庄坞镇。总面积72平方公里，其中耕地3533公顷，林地467公顷。京沪高速公路、232省道穿境而过，西北距京沪高速公路出口2公里。地处沂、武河冲积平原，土壤肥沃，境内五里河、南涑河、邳苍分洪道贯穿南北。粮食作物以小麦、玉米为主，经济作物主要有牛蒡、大蒜、蔬菜等。陶瓷黏土储量大，是罗庄区陶瓷生产的原料供应地。石灰石、焦宝石等储量丰富。煤炭储量2000万吨以上，恒昌煤业股份有限公司是临沂市境内大型煤矿之一。褚墩设有集市，农历一、六为集日。

恒昌化工

褚墩镇为山东省“百镇建设示范行动”第二批示范镇、环境优美乡镇、明星乡镇。辖区总人口5.8万人。

黄山镇 位于县境北部。镇政府驻前黄山村，距县城26公里。黄山镇东隔沂河与沙墩镇相望，东北与李庄镇交界，西连褚墩镇，南接庙山镇和苍

武河湿地

山县庄坞镇，北与罗庄区册山街道接壤。总面积53平方公里，其中耕地2533公顷。沂河、武河、新涑河纵贯南北，黄山、峰山、文曲山、蝎子山、菊花山等8座山峰点缀其中。东部是沂武河冲积平原，西部是低山丘陵区，全国最大内陆河人工湿地——武河湿地位于镇境。农业以种植小麦、玉米、杞柳为主。矿产资源有石灰石、页岩、白云岩、黄沙、煤炭。黄山设有集市，农历三、八为集日，正月十七日、十月一日为庙会。

黄山镇素有“中国杞柳之乡”之誉，杞柳工艺品远销世界各地。古迹有文曲山汉墓遗址、马王城（汉朝襄贲县城所在地）遗址、马王墓（在今栗林村西武河东岸）等。辖区总人口5.1万人。

第五章　苍山县

建置　区划

境域　苍山县位于临沂市西南部。地处北纬34°37′~35°06′，东经117°41′~118°18′之间。东北部与兰山区、罗庄区相依，北部与费县交界，西部与枣庄市峄城区、市中区、山亭区为邻，南部与江苏省邳州市毗邻，东南部与郯城县相连。县境最大纵距48公里，最大横距55公里，总面积1799.9平方公里。

建置　1941年，析临沂、郯城、费县、峄县部分地区设立临郯费峄四县边联县。1943年春，中共鲁南区委决定建立兰陵办事处，次年3月改称兰陵县。1944年春，临郯费峄四县边联县改称赵镈县。1945年10月，兰陵县撤销，其部分辖区归属赵镈县。1947年2月，中共鲁南区委决定将赵镈县东部析出，置苍山县。1948年，重置兰陵县。1950年5月11日，赵镈县撤销，其辖区大部并入苍山县。1953年8月，兰陵县撤销，其部分辖区并入苍山县。中华人民共和国成立后，苍山县隶属临沂专区，1967年隶属临沂地区。1994年12月，撤销临沂地区，设立地级临沂市，苍山县隶属临沂市。

区划　1995年1月，辖7个镇、21个乡。2000年，辖14个镇、14个乡。2002年，辖14个镇、7个乡，1179个行政村。2009年，沂堂镇划归罗庄区。2010年，辖卞庄1个街道，兰陵、大仲村、矿坑、车辋、尚岩、鲁城、新兴、向城、南桥、长城、神山、磨山、庄坞、层山14个镇，贾庄、三合、二庙、下村、兴明5个乡。

人口　民族　1995年，全县总人口1112491人，其中男性573795人，男女性别比为106.5。有回族、满族等3个少数民族，占总人口的0.4%。2010年，全县总人口1289581人，其中男性669131人，男女性别比为107.85。有回族、蒙古族、藏族、维吾尔族等25个少数民族，总人口5663人，其中回族5484人。

兰陵文化广场

自然环境

地形 苍山县地处鲁南低山丘陵南缘，海拔40~580米。地势自西北向东南逐次降低，依次是低山、丘陵、平原、洼地。境内低山多分布于西北部的鲁城、下村、车辋等乡镇。山地面积3.5万公顷，占全县总面积的19.6%。境内的主要河流都源于西北，流向东南。平原多由东泇河、西泇河、汶河及沂河冲积、洪积而成，面积11.2万公顷，占总面积的62%。丘陵多分布于低山和平原之间，面积3.37万公顷，占总面积的18.4%。

全县有大小山头611个，属尼山山系，一般海拔100~200米，海拔250米以上的山峰有16个。主要山峰有抱犊崮、文峰山、九女山、西神山、大虎山、平山、黄山、景山、高山、阴阳寨、大涧山等，其中抱犊崮海拔580米。

河流 苍山县域属淮河流域沂河水系和中运河水系。有28条河流，主要河流有沂河、武河、苍邳分洪道（古涑河）、燕子河、东泇河、西泇河、运女河、陶沟河等，其中跨省河流16条，另有新中国成立以后开挖的东西方向河网一套，连通东泇河、白家沟、汶河及西泇河，起灌溉泄洪补偿调控等作用。

土壤 境内有棕壤土、褐土、潮土、砂姜黑土4个土类、10个亚类、16个土属、27个土种。棕壤土、褐土、砂姜黑土、潮土面积分别占全县土壤可利用面积的12.6%、35.6%、23.7%、28.1%。

气候 苍山县属暖温带季风半湿润气候，大陆度63.1%，四季分明，雨热同季，大陆性明显。春季多风，气候干燥；夏季高温多湿，降水集中，灾害性天气较多；秋季天高气爽，气候宜人；冬季寒冷，雨雪稀少。年平均气温14.1℃，极端最高气温40.7℃，最低气温-16.7℃。年平均降水量839.6毫米，北部山区多于南部平原。各月降水分布不均匀，降水季节性明显，7月和8月雨量达428.5毫米，占全年降水量的近一半。降水变率大，容易发生旱、涝灾害。年主导风向为北东北风，夏季多东南风。

植被 用材林以落叶阔叶林为主，刺槐、杨树是主要栽培品种。刺槐林多分布于车辋、下村、大仲村等乡镇山丘中下部区域，在河沟两岸有成片分布。杨树多分布在境内12条主要河流两岸，较集中于庄坞、兰陵、卞庄、三合、南桥等乡镇、街道，有大面积成林。

防护林以针叶林为主，侧柏是主要栽植树种，赤松、刺松、黑松、马尾松有少量栽植。防护林重点分布于县境北部下村、鲁城、大仲村、车辋、矿坑等乡镇的低山丘陵地带。经济林主要栽植柿子、山楂、花椒、板栗、大枣、苹果、葡萄、桃、杏、梨等品种，以县境北部山区为主产区，南部平原地区亦有小面积栽植。

境内有塔山和文峰山2处观赏林木集中地，栽植侧柏、黄连木、火炬树、刺松、雾松、冬青等10多个品种。

自然资源 *土地资源* 2009年年底，全县土地面积17.25万公顷。其中，耕地11.26万公顷，占全市耕地面积的13.34%。

水资源 地表水资源量主要是境内自产水资源。年平均径流量60562万立方米，其中径流的年内分配每年汛期46815万立方米；丰水年时径流量87840万立方米，平水年径流量53298万立方米，枯水年径流量33318万立方米，特枯水年径流量14544万立方米。多年平均地下水资源量2.43亿立方米，水资源总量7.06亿立方米。

矿产资源 已发现的矿产资源有25种，其中能源矿产1种、金属矿产8种、非金属矿产13种、稀土矿产1种、水气矿产2种。铁、石膏、石灰岩、石英砂岩为优势资源。探明铁储量2亿吨，大理石储量4.7亿立方米，石膏储量1.9亿吨，铝矾土储量400万吨。

自然灾害 涝灾几乎年年发生，特大洪涝平均3.7年一次。旱灾平均4.4年一遇。大风多在春秋季出现，并伴有雷雨和冰雹等灾害，雨淞、虫灾和冻灾时有发生。

经济状况

1995年，实现国内生产总值27.78亿元。第一产业增加值完成15.53亿元，第二产业增加值完成6.4亿元，第三产业增加值完成5.85亿元。2000年，实现国内生产总值47.01亿元，社会固定资产总投资8.6亿元，地方财政收入1.4亿元。2007年，实现地方生产总值143.2亿元，规模(50万元)以上固定资产投资4.67亿元，地方财政收入2.63亿元。2010年，全县实现地区生产总值190.7亿元，完成规模以上固定资产投资85.1亿元，地方财政收入4.5亿元，总量居全市第七位。三次产业结构由1995年的55.9:23.04:21.06调整为21.2:37.1:41.7。

农业　苍山县土地肥沃，是农业大县。1995年，全县实现农业总产值29.25亿元，农作物种植总面积15.6万公顷，其中粮食作物种植面积11.8万公顷、经济作物种植面积3.74万公顷。粮食产量59.29万吨，油料产量2.35万吨，蔬菜产量107.15万吨，肉类产量6.52万吨，奶类产量0.29万吨，水产品产量1.41万吨。农业机械总动力32.06万千瓦。2004—2010年，全县粮食生产连续7年增产增收，被命名为全国粮食生产先进县。2006—2010年，苍山县累计投资6.23亿元，完成各类农田水利工程2600项、饮水工程103处，被列为全国小型农田水利工程重点县。2007年，被评为中国果菜加工十强县，“苍山大蒜”获得中国农产品地理标志保护。2008年，“苍山辣椒”获得中国农产品地理标志保护。2009年，苍山县被命名为中国蔬菜之乡。“苍山大蒜”获得“中国农产品区域公用品牌价值百强”称号，以品牌价值47.43亿元居全国第七位。2010年，实现农业总产值67.62亿元，农作物种植总面积17.41万公顷，其中粮食作物种植面积10.99万公顷、经济作物种植面积6.42万公顷。粮食产量67.48万吨，油料产量4.91万吨，蔬菜产量355万吨，蒜薹、大蒜总产36.55万吨，果品产量8万吨，肉类产量6.53万吨，蛋奶产量3.32万吨，水产品产量2.2万吨。农机总动力1109272千瓦，被农业部评为全国农机专业合作社示范点。农村全面小康实现程度达78.56%。全县有各类优质农产品生产基地8万公顷，24种农产品获得出口农产品国际质量认证，“三品一标”(无公害农产品、绿色食品、有机食品、农产品地理标志)认证产品126种。省、市级农业产业化龙头企业39家。农民专业经济合作组织1300家，发展数量居全市第一位。建成1处国家级水生动物标准养殖示范基地，全县畜牧业总产值占农业总产值的比重达到35%。全县林业用地面积34792公顷，林木覆盖率29.4%。有林地面积26855公顷，其中用材林7058公顷，防护林9548公顷，经济林10249公顷。零星植树14522公顷，农田林网面积63732公顷。

蔬菜　1995年，苍山县蔬菜种植面积4万多公顷，总产量107.15万吨，其中大棚菜和创汇蔬菜年产量近75万吨。1995年始，陆续引进菜花、青刀豆、牛蒡、荷兰豆、西葫芦等100多个品种。2002年，“一马”牌冬瓜、莴苣和“双龙湾”牌西红柿被评为“临沂市十大瓜菜”名牌产品。2002年，苍山县投资400多万元建立全国首家县级无公害蔬菜检测与监控中心，进行药残、肥残、重金属含量等50多项指标的检测。2004年，苍山县政府开始调整、壮大蔬菜产业。在县境东部重点发展大蒜、创汇蔬菜和三种四收、四种五收夏秋露地菜；南部成规模地发展辣椒、土豆、大姜等高效蔬菜；西部着力改造棚体，扩大冬暖式大棚菜和夏秋露地蔬菜；北部突出发展食用菌、大葱、大姜和三种三收高效棚菜。东南部洋菜区建立海都、原野、大地等创汇蔬菜科技示范园，先后引进牛蒡、大根萝卜、山药、芦笋、青刀豆、胡萝卜等优新品种20多个。2006年，对以蒲棵、糙蒜、高脚子为主的大蒜品种进行提纯复壮、异地繁种，提高大蒜品质产量。2006年，神山、庄坞、长城3个乡镇分别被沂蒙特色农产品绿色论坛评为“沂蒙大蒜之乡”“沂蒙牛蒡之乡”“沂蒙红辣椒之乡”。2007—2008年，苍山县投资600多万元建设山东省农副产品质量监督检验中心（临沂），为全国首次在县级设立省级检测机构。在蔬菜集中生产区乡镇和鲁南、艾曲、天马、曹湾等蔬菜批发市场以及龙头加工企业建立质量速测站，对农产品质量进行定期检测和不定期抽检。2008年，全县蔬菜种植面积6.67万公顷,其中大蒜1.8万公顷，棚菜2万公顷，露地菜2万公顷，出口创汇菜0.6万公顷，大姜0.27万公顷。2009年—2010年，苍山县借助上海世博会，实施以“进上海、进超市、进世博会”为标志的苍山优质蔬菜“三进工程”，确定卞庄、向城、兰陵等9个乡镇（街道）为优质蔬菜基地建设示范乡镇，共有16个品种、19个单品全部达到绿色认证标准，成为世博会专供蔬菜。

至2010年，苍山县共引进推广新优品种200多个，有80多个品种形成种植规模，100多项新技术得到推广应用。“苍山大蒜”获“临沂市首届沂蒙优质农产品十佳品牌”称号，“九合”牌韭菜、“双龙湾”牌西红柿荣获“临沂市首届沂蒙优质农产品知名品牌”称号。全县形成大蒜、大姜、大棚菜、牛蒡、冬瓜、土豆、红辣椒、食用菌和三种四收露地菜9个特色鲜明的蔬菜产业区。2010年，全县蔬菜种植面积6.63万公顷，总产355万吨，产值63亿元。

工业 1993年后，县内工业企业逐步实行全员劳动合同制。1995年，全县拥有国有、集体、乡镇、村办工业企业5691家，其中乡镇办以上工业企业122家。县属以上企业职工2.29万余人，乡以上工业完成总产值15.06亿元，实现利税1.85亿元，有3家企业利税超千万元。山东兰陵股份有限公司进入全国工业企业500强行列，居第251位。苍山石膏刨花板集团公司成为全国最大的石膏刨花板生产企业。

1998年，乡镇企业基本完成改制，县属工业企业完成改制17家，盘活资产2亿余元。全年完成县乡工业总产值20.5亿元。全部国有企业和年销售收入500万元以上的企业完成总产值10.2亿元，实现利税5231万元。全县新上技改项目32个，投资1.6亿元。2008年，苍山经济开发区、东部民营工业园、西部矿产开采加工区入园企业113家，其中规模以上企业67家。

2010年，全县规模以上工业企业255家，完成增加值48亿元，实现利税16.6亿元，高新技术产业产值占规模以上工业产值的比重达15.4%，资质三级及以上建筑企业17家，完成建筑业总产值7.67亿元。形成以蔬菜食品加工、矿产建材、轻工制品、机械制造四大支柱行业为主的工业体系。

商贸流通 1995年，全县有流通企业157个，从业人员6.5万人，销售网点2400个；饮食、服务网点2525个。集贸市场89处，总成交额13.2亿元。有个体商业户3.4万户，8.9万人。社会商品零售总额7.93亿元，其中鲁南和艾曲蔬菜批发市场成交额4.7亿元。2005年，全县有农村集贸市场104处。2009年起，新兴、车辋、庄坞、下村、大炉、大仲村集贸市场实施公司化管理，进行法人登记。2010年，批发零售贸易总额98.9亿元，全县有39家物流企业被列为全省农村交通物流试点县。荣庆物流居全国百强物流企业第28位，获得“中国冷链物流竞争力第一品牌”称号，物流业实现地税收入8492万元。全年出口总额7104万美元，实际利用外资1550万美元。乡镇超市、村级便民店覆盖率为90%。

交通 邮电 交通 1995年，县境内有国道1条、省道5条、县乡公路21条。硬化县乡公路43.8公里，全县总通车里程1100公里，每平方公里有公路0.61公里。1999年，省道苍邳线、岚济线苍山段进行拓宽改造，县乡公路苍郯线、新（新兴）白（白水牛石）线建成通车，县、乡、村道路总硬化面积52.5万平方米。2003年起，苍山县实施大规模农村公路（县道、乡道、村道）改造。公路旅客运输量和周转量分别为355万人、19748万人公里。公路货物运输量644.5万吨、周转量32964万吨公里。2006年，全县实现村村通硬化路。2008 年，临枣铁路、临枣高速公路开始筹划建设。至 2010 年，全县新建、改建农村公路 1532 公里，其中新建、改建县道 212.42 公里，乡道 257.59 公里，新建村道 1061.99 公里。全县通车里程 2205.78 公里。其中，高速公路 16.3 公里，国、省道 195.98 公里，县、乡、村公路 1993.5 公里。全年完成货运量 1356 万吨，货运周转量 91392 万吨公里，客运量 577.03 万人，客运周转量 20488.17 万人公里。

邮电　1995 年，市话交换机总容量 10240 门，市话用户 7885 户。1996 年，农话交换机总容量 6864 门，实装电话 3588 部，完成邮电业务总量 2160.7 万元。1999 年，全县电话普及率达到 2.94 部 / 百人。2001 年，邮电业务总量 5299 万元，市话 15510 户，农话 21960 户。2004 年，固定电话用户 16 万户，移动电话用户 11.05 万户，电话普及率达到 91 部 / 百户，互联网用户 7000 户。2010 年，全县完成邮政业务总量 4421 万元，固定电话用户 9.06 万部，小灵通用户 5588 户，移动电话用户 57 万户，互联网用户 3.88 万户。

城乡建设　1995 年，城区园林绿化总面积 157 公顷。其中，公共绿地 18 公顷，建成区园林绿地面积 97 公顷，建成区道路绿化覆盖面积 6.2 公顷，公园 1 个，面积 14.1 公顷。城区供水综合生产能力 4.2 万立方米/日，供应总量 1351 万立方米，用水人口 3.6 万人。是年，开始对村镇进行第三轮规划修编。1996 年，全县 21 个乡镇驻地亮化、绿化、供水、排水等基础设施进一步配套；1056 个行政村中超过 50%的村硬化村中主街道，25%的村使用自来水，35%的村安装路灯，共安装路灯 12300 盏。苍山县被命名为全省村镇建设先进县。

1998 年，城区改造投资 600 余万元，完成埝桥东路等 5 条路段人行道的硬化和 6430 米供水管道的铺设；启动东苑新区开发和安居工程。1999 年，小汶河、东泇河治理工程竣工，城区硬化道路 7.6 公里，铺设、更新供水管道 2200 米，修筑排水沟 2500 米，新增绿地面积 3.3 万平方米。

2003 年，县城 4 条外环路全线贯通，泉山路商业街开发、文化广场建设，金都花园、新华大厦、医药大厦等一批还建项目建成使用。变各单位分散供热为县城集中供热，投资 6000 万元的华龙热电完成初期工程。投资 5000 万元完成了农村电网二期改造。

2004 年，完成兰陵镇、向城镇、大仲村镇 3 个乡镇总体规划的修编。县医院门诊大楼、环保检测大楼、质量检测大楼等一批重点建设项目相继竣工，完成拆迁面积 7.6 万平方米，新增建筑面积 23 万平方米。2007 年，新建、扩建城市道路面积 120 万平方米，城市园林绿地 202 公顷，城市建成区绿化覆盖率 24.16%。供热面积 27.2 万平方米，用燃气人口 14.8 万人。城市污水集中处理率 59.35%。

2010 年，县城人口 22 万人，建成面积 23 平方公里，主要街道 18 条，总长 110.6 公里，全县城镇化率 35.9%。县城日供水 4 万吨，建成东泇河公园、塔山广场、兰陵文化广场，城市基础设施建设投资 2.78 亿元。村镇建设投资 6.8 亿元。

环境保护　1995 年，城区大气符合国家二级标准，无黑烟控制区占 12.5%，地面水符合国家标准。2000 年，用于污染防治的环境保护总投资 4160 万元。2005 年，投资 9085 万元，完成环境污染治理项目 16 个。2007 年 9 月，制定《苍山县饮用水水源保护区污染整治实施方案》，组织相关职能部门重点排查向饮用水源保护区内排放废水、污水的各类污染源。通过专项整治，会宝岭水库饮用水源保护区水质达到国家《地面水环境质量标准》（GB3838—2002），达标率为 100%，小岭水库饮用水源保护区达到国家《地下水质量标准》（GB/T14848—1993），达标率为 100%。2 个保护区均符合国家《生活饮用水卫生标准》。

2006—2010 年期间，投资 5800 余万元建成城市污水处理厂，集中处理规模达到 4 万吨/日，配套建设管网 26 公里，出水质量达到国家一级 A

标准；投资3000余万元实施白家沟小流域综合整治工程，实现东洳河、白家沟、汶河、西洳河四河联网；投资1000万元实施白家沟人工湿地水质净化工程。出境水质达到国家Ⅳ类水质排放要求。2010年，无害化垃圾处理率100%。城市空气质量良好率100%，水环境功能区达标率100%，道路交通声环境质量处于“较好”水平以上。

社会事业

科技 1995年，全县有各类科技人才1.37万人，15项科研成果达到国际或国内先进水平，科技进步对经济增长的贡献率为32.3%。1996年、2001年和2006年，县政府分别制定科技发展规划，大力促进全县科技发展。1996年，县乡农业科学技术网初具规模。全县实施工农业科技研究和推广项目235项，其中获国家级奖励1项、省部级奖励22项、市地级奖励37项。2项科研成果达到国际或国内先进水平，科学技术进步对经济增长的贡献率提高到40%，苍山县获“全国科技工作先进县”称号。1996—2010年，全县市级以上科技项目共计99个，总投入565万元。

2010年，县级投入科技经费130万元，审批立项国家级项目1项、省级项目1项、市级项目6项、县级项目43项，获得省、市级科技进步奖7项，市级优秀专利奖8项。全县专利申请741件，专利授权475件。全县共有14498名各类专业技术人员，其中高级1578人、中级4349人。是年6月，苍山县被授予“山东省科普惠农示范县”称号。

教育 1995年3月，县委、县政府作出《关于建立教育基金的决定》，通过14种筹集渠道筹集教育基金，增加教育投入。2000—2003年，围绕实施素质教育，制定中小学学科课堂教学实施素质教育意见及小学生综合素质发展性评价实施方案，开展“创新教育与实践能力”活动，对小学生进行综合评价和学科评价。2001年，在中学建立必修课、选修课、活动课、隐性课“四位一体”的课程体系。2003年，各初中学校全面推广“先学后教、当堂达标”的江苏省洋思中学课堂教学模式。全县小学投入589万余元，新建、扩建校舍，完成“六三”学制改革任务。全县向各类高等院校输送学生3008人，其中大学本科1106人、专科1902人。2004年，投资363万元进行校舍危房改造，投资2000万元完成苍山一中新校一期工程建设，完成高中招生8300人。

2010年，全县累计落实资金6921.9万元，全部免除义务教育阶段学生杂费和农村义务教育阶段学生课本费，实现城乡教师工资统一标准发放。年底，有各级各类学校335所，在职教师9503人，在校生13.53万人。其中，职业教育中心1所，在校生1790人；社会力量办学17所，在校生1.61万人；普通中学39所，在校生3万人；小学255所，在校生6.67万人；幼儿园242所，在园幼儿1.7万人；特殊教育学校1所，在校生66人。全县创建省级规范化学校7所、市级规范化学校27所。

文化 1995年，县城有文化馆、图书馆、新华书店、文物管理所、剧团、电影公司、影剧院等文化基础设施。2010年，全县有县级文化中心7个，乡镇文化中心、文化站21个，文化大院160余个。有专业艺术表演团体1个，公共图书馆、文化馆、档案馆各1座。无线广播电台1座，广播覆盖率100 %，实现有线电视村村通。

卫生 1995年，全县有各类卫生机构30个，其中县及县以上医院4所。有病床947张，专业技术人员1574人。1996年，农村卫生室实行村办乡管制度，有1260名乡村医生获得行医资格证书。之后，农村实行合作医疗保险制度。2003年，乡镇卫生院人、财、物上划卫生局管理。2006年，对全县村卫生室进行整合，实行村卫生室一体化管理。

2010年，全县有卫生机构33个，其中医院9所、乡镇卫生院20所。从医人员2208人，其中专业人员1764人，全县平均每千人有专业医护人员1.5人。有475个村卫生室，乡村医生2258人。医院、卫生院及其他医疗机构有病床3258张。全县新型农村合作医疗参合人员103.7万人，参合率99.87%。

体育 1995年，全县有体育场1个，等级裁判员4人，举行运动会5次，打破县纪录2人3项，打破市级纪录1人1项。1999年，全县有200平方米以上的田径运动场60余个，篮球场200个，标准田径场1个，足球场1个。

2010年，全县有县级标准体育场2个，县级体育馆1座，乡镇中小学体育场70个。其中县体育馆建筑面积11514.9平方米，固定看台2600座，承办市级以上大型赛事17次。有武术队27支。1995—2010年，4人代表山东省参加全国比赛，50余人次代表临沂市参加全省的体育比赛，12人次破临沂市纪录，4人被输送到省队。

人民生活 1995年，全县农民人均纯收入1536元，职工平均工资4205元，基本解决贫困人口温饱问题。2005年，农民人均纯收入3541元，城镇居民可支配收入7878元，城乡人均住房面积分别达到30平方米和25平方米。农村贫困人口由2000年的16.5万人减少到9.5万人。城镇登记失业率控制在4%以下，新转移农村劳动力12.8万人次。2010年，农民人均纯收入6687元，人均生活用房面积27平方米；城镇居民人均可支配收入18120元，人均居住面积29.6平方米。

苍山名片

1995年3月，山东省委、省政府授予苍山县“山东省荒山荒滩绿化先进县”称号。1996年1月，苍山县被国务院授予“全国粮食生产先进县”称号。1999年5月，被中国特产之乡推荐委员会命名为中国大蒜之乡。2003年5月，被中国果菜专家委员会评为全国蔬菜产业十强县。2004年4月，被中国特产之乡推荐委员会命名为中国牛蒡之乡。2006年12月，在第四届中国果菜产业发展（博鳌）论坛上，苍山县被授予“中国果菜无公害十强县（市、区）”称号。2009年10月，苍山县被水利部列为全国水土保持监督执法试点县。2009年11月，苍山县被农业部农产品质量监督检验中心、中国果品流通协会、联合国工业发展组织中国促进处绿色产业专家委员会等部门联合授予“中国蔬菜之乡”称号。

苍山县城

苍山县城位于卞庄街道，处县境中部偏东，地理坐标为北纬34°51′，东经118°03′。塔子山居县城中心偏东，海拔78米。206国道沿城北通过。东泇河由北向南穿过城区。河东是行政机关驻地和文化中心，党政机关、事业单位大都驻于此，县人民政府驻兰陵路；河西以商业区、工业区为主。城内辟有塔山公园、东泇河景观公园、兰陵湿地公园、兰陵文化公园。东泇河景观绿化工程获山东省适宜人居环境范例奖，文峰路绿化工程获山东省园林绿化优良工程奖。

卞庄是新中国成立后新辟城镇，建设初期缺乏统一规划，建设布局混乱。西部及北部距城区中心过远，功能分区不明确，工矿企业、行政机关与农民居住区相互交叉；对外连接的主要交通干线穿越城区，五岔路口（今兰陵路与中兴路交会处）常出现交通堵塞，给生产和生活带来诸多不便。

从1955年开始，县城不断开辟街道，新辟埝桥路、新华路、塔山路、中兴路、文化路，又增加泇河路、建设路、泉山路、利民路、龙泉街等。1999年，开始实施旧城改造开发。国合商贸企业进行大规模的网点拆迁与还建；城中村逐渐改造为社区，配套设施日益完善；升级改造塔山公园，新辟公园、绿地和文化广场。2000年，县城道路进行延长、拓宽、硬化改造，相继建成会宝路、兰陵路、玉泉路、新庄路、滨河东路等。2005年开始，县城逐渐向东泇河以东发展，政府机构、中小学校搬迁于此，房地产开发迅速，新建小区逐年增多。

2010 年，县城建成区面积达 23 平方公里，人口 22 万人，人均居住面积 29.63 平方米，城镇化率达 35.9%；人均绿地面积 11 平方米，建成区绿化覆盖率 35%；拥有兰陵路、会宝路、中兴路、文化路、惠民路等主要道路 18 条，总长度 110.6 公里，面积 236 万平方米，城区道路硬化率达 100%，人均道路面积 11 平方米，道路亮化率达到 99%以上，形成功能完善的城市道路体系；供水管网覆盖整个城区，自来水普及率 80%，水质合格率达 100%；燃气普及率 23.2%，集中供热普及率 10%；建成污水处理厂 1 座，污水集中处理率、无害化垃圾处理率均为 100%；城区有县级综合医院 2 所、疾病预防控制中心 1 所、妇幼保健院 1 所；普通中学 7 所、职业中学 1 所；有县级艺术表演团体 1 个，文化馆 1 所，公共图书馆、档案馆、体育馆、影剧院各 1 座；有商业街 2 条，农贸市场 3 处，新市场 1 处，苍山大蒜批发市场为全国最大的大蒜批发市场。

万家福商贸有限公司的金泰超市、宝庆超市有限公司的宝庆购物广场、鲁南蔬菜产业有限公司的银座超市、宝华国际大酒店等相继建成开业，民营商贸企业成为流通市场的骨干与主体。宝庆购物广场、银座超市营业面积均超过 1 万平方米，宝庆超市有限公司拥有网点 9 处，资产 3700 万元，员工 670 人，年营业额 1.5 亿元。宝华国际大酒店为三星级海外餐饮服务企业。

乡镇街道

卞庄街道 位于苍山县中部偏东。为县政府驻地，街道机关驻卞庄。卞庄街道北靠大仲村镇、贾庄乡和罗庄区沂堂镇，南接三合乡、长城镇、层山镇，西连向城镇、兴明乡，东和神山镇、磨山镇接壤。面积 178 平方公里，其中耕地 11194 公顷。206 国道、潍（坊）徐（州）、临（沂）枣（庄）、苍（山）邳（州）等公路纵横交会，临（沂）枣（庄）高速公路、临（沂）枣（庄）铁路自境北而过。境内地势自北向南逐渐降低，北部山地，南部平原。平原地区一般海拔 50 米左右。境内有大苍山、塔子山、芙蓉山、龙沂庄山等大小山头 25 座，其中大苍山为全街道最高的山峰，海拔 181 米。吴坦河、东洳河、运粮河、沙沟河 4 条河流自北向南注入中运河，另有燕子河、沂武河分洪道、粮田河自北向南流经境内。有小（二）型水库 1 座，塘坝 4 座。

位于街道办事处驻地东北 10 公里处的大圩子村和苍山官庄，是 1933 年中国共产党人刘之言、郭云舫等领导的“苍山暴动”所在地。驻地东 4 公里有柞城故城遗址，属县级重点文物保护单位。驻地西 1 公里有晒米城遗址。东南 3 公里处有芙蓉山寺遗址。1987 年，在南芙蓉村东出土古菱齿象牙化石，距今 12 万年至 20 万年。辖区总人口 22.36 万人。

代村生态园

兰陵镇 位于苍山县西南部。镇政府驻兰陵西北圩，距县城 23 公里。兰陵镇北靠新兴镇、向城镇，东接南桥镇和兴明乡，西与枣庄市峄城区底阁镇、峨山镇相连，南与江苏省邳州市邢楼镇接壤。土地面积 141 平方公里，其中耕地 9926 公顷。地处鲁中南山地丘陵区的南缘低洼地带，地势北高南低，一般海拔 40 米左右，庙山最高，海拔 94 米。境内除温岭、鹰爪山、花果山、庙山、南横山等小山外，其余皆为平原。石膏石探明储量 17.6 亿吨，为全国优质石膏主产区，有“石膏之乡”之称。铁矿石探明储量 16 亿吨，品位高达

31%。潍徐公路由东北向西南贯穿镇境，薛（城）郯（城）公路横贯东西。

山东兰陵美酒股份有限公司

兰陵始建于商、周时期，因郊外陵上盛开兰花，故名。战国晚期思想家、教育家荀子在此两任兰陵令。兰陵镇先后被评为山东省村镇建设新型乡镇、全国小城镇建设示范镇。是全国500家小城镇建设试点镇之一，山东省小城镇建设重点中心镇。辖区总人口12.1万人。

大仲村镇　地处苍山县北部。镇政府驻大仲村，距县城18公里。大仲村镇西靠车辋镇，南连卞庄街道和贾庄乡，北邻矿坑镇和费县马庄镇，东接罗庄区沂堂镇。面积151平方公里，其中耕地9354公顷。地势西北高东南低，西部多为山地丘陵，东部以平原为主，平均海拔45米。有东伽河、馆里河、柳河、流井河等河流，小（二）型水库4座，塘坝22座。229省道、沂王路、沂流路等公路纵横交汇，临（沂）枣（庄）铁路穿境而过。该镇2002年被列为第一批省级中心镇，2006年通过创建省级环境优美乡镇验收，2008年被评为省级文明生态示范镇。

朗公寺

大仲村镇历史悠久。殷家馆村西1.5公里处有殷家馆汉墓。大吴宅村南500米处有大吴宅汉墓。以朗公寺为中心的大宗山旅游风景区闻名遐迩。大仲村蓝印花布是民间曾广为流传的古老手工印花织物。2006年，大仲村镇被省文化厅命名为山东省民间艺术（染织）之乡。辖区总人口8.6万人。

尚岩镇　地处苍山县西部。镇政府驻北尚岩村，距县城15公里。尚岩镇北靠车辋镇，南连新兴镇，西接鲁城镇、下村乡，东邻向城镇。面积83平方公里，其中耕地4487公顷。206国道、临枣高速公路、临枣铁路穿过境内。地势北高南低，北部为低山丘陵，中部、南部为平原。境内有文峰山、阎王鼻子山和城墙山等山峰，最高峰阎王鼻子山海拔283米。境内河流主要有西伽河、峰下沟和水沟。大（二）型水库会宝岭水库坐落在西北部。有小（二）型水库6座、塘坝6座。该镇于2007年被命名为山东省最具发展潜力乡镇。

境内文峰山有季文子庙、玉皇庙、碧霞祠等道教建筑遗址，城墙山有泉源寺及五代摩崖石刻等佛教建筑遗址，张村南有明代张崇德御葬林遗址等。辖区总人口5.12万人。

文峰山

磨山镇 位于苍山县东部。镇政府驻磨山村，距县城10公里。磨山镇北靠神山镇，南连层山镇，西接卞庄街道，东与郯城县褚墩镇接壤。面积80平方公里，其中耕地5580公顷。境内有苍邳、苍郯、泉重公路经过。镇境地势中部高，除三峰山、大含山、凤凰山等大小7座山头外，大部为平原。平原地区一般海拔40余米，三峰山为全镇最高峰，海拔127.7米。境内有吴坦河、燕子河、五里河3条河流。华岩寺村是春秋时曾子游学的地方，建于元代的“宗圣书院”(亦称“一贯书院”)遗址犹存。辖区总人口6.78万人。

新兴镇 位于苍山县西南部。镇政府驻西新兴村，距县城25公里。新兴镇东与向城镇交界，南靠兰陵镇，北接鲁城镇、尚岩镇，西和枣庄市峄城区峨山镇毗邻。面积69平方公里，其中耕地4373公顷。临枣高速公路、临枣铁路及伽头至伏山口公路横穿东西，白水牛石至三山公路纵贯南北。镇境东西狭长，南北偏窄。北部为山区，西部为丘陵，东部是平原，南部是洼地，著名的糖稀湖坐落其中，最低地面海拔36.5米。境内有大小山头28座。大青山最高，海拔218.1米。陶沟河自北向南流入兰陵镇，另有11条排涝沟。有小型水库2座、塘坝6座。矿产资源主要有石英石、铁矿石、镁石等。其中镇北部、西部裸露的寒武系五山组优质石英砂岩矿18处，总储量6.1亿吨以上。新兴镇是山东大型硅砂生产基地之一，2002年被省政府命名为山东硅砂生产重镇。辖区总人口4.39万人。

南桥镇 位于苍山县南部。镇政府驻南桥村，距县城16公里。南桥镇东临长城镇，西接兰陵镇，北与兴明乡、三合乡接壤，南与江苏省邳州市四户镇毗邻。面积85平方公里，其中耕地6142公顷。地处鲁南平原，属淮河流域，地域北高南低，稍有倾斜，平均海拔高度36.27米。水资源充足，吴坦河、汶河、东伽河、西伽河、沙沟河和东宋沟、西宋沟流经全境，有塘坝1座。郯薛公路横穿东西，苍南公路纵贯南北。辖区总人口6.98万人。

小湖子古文化遗址、程村古文化遗址及小湖子牌坊为县级重点文物保护单位。小湖子村是南朝著名文学家鲍照、鲍令晖兄妹的故乡。

庄坞镇 位于苍山县东南部。镇政府驻庄坞河西村，距县城25公里。庄坞镇西连层山镇，北接郯城县黄山镇、褚墩镇，东隔沂河与郯城县庙山镇相望，南与郯城县胜利镇接壤。面积38平方公里，其中耕地2139.5公顷。地处沂、武河冲积平原，地势自东北向西南逐渐降低，海拔高度在47米左右。境内有沂河、武河、小涑河、苍邳分洪道等河流。232省道（汤郯公路）穿境而过，京沪高速公路贯通南北。

牛蒡基地

庄坞河西村有清嘉庆十年（1805年）立的节孝牌坊1座。东高尧有大汶口文化遗址，出土大量文物。马湾村有2株稀有树种“鸳鸯团松”，树龄300余年。镇政府院内有1棵唐植银杏。武河上的永济桥建于明代，至今桥面完好。辖区总人口3.93万人。

层山镇 位于苍山县东南部。镇政府驻层山村，距县城20公里。层山镇南接二庙乡，西靠卞庄街道，北连磨山镇和郯城县褚墩镇，东邻郯城县胜利镇。面积51平方公里，其中耕地3664公顷。镇境中部一座孤山（层山），海拔86.5米，其余皆为平原。境内有武河、涑河、苍邳分洪道3

条河流。京沪高速公路及苍郯路、泉重路 2 条县级公路穿过。镇政府东南 3 公里处大城子文化遗址为县级文物保护单位。层山镇先后被命名为临沂市文明乡镇、临沂市创安工作先进乡镇。辖区总人口 4.8 万人。

向城镇　位于苍山县中西部。镇政府驻向城村，距县城 11 公里。向城镇北靠车辋镇，南与兰陵镇、兴明乡相连，西和尚岩镇、新兴镇毗邻，东与贾庄乡接壤。面积 61 平方公里，其中耕地 4160 公顷。镇境地势西北向东南逐渐降低，除北部山陵外，皆系平原。境内有 9 座山头，黄龙山最高，海拔 161.4 米。西洳河、阳明河、汶河、矶子河自北向南流入运河。206 国道、沂台公路在镇政府驻地以北交会，临枣高速公路和临枣铁路穿境而过。2000 年2 月，该镇被省政府确立为中心镇。

鲁南蔬菜批发市场

镇境为曾姓发源地。镇政府驻地西北 5 公里有鄫国故城，西南 3.5 公里有城子古文化遗址，皆为省级重点文物保护单位。镇政府驻地西南 1 公里处，有向邑故城遗址。辖区总人口 6.18 万人。

神山镇　位于苍山县东部。镇政府驻神山村，距县城 13 公里。神山镇西依卞庄街道，南邻磨山镇，东靠罗庄区汤庄街道、郯城县褚墩镇，北连罗庄区沂堂镇。面积 67 平方公里，其中耕地 4305 公顷。地势自北向南逐渐降低，西部为山区，东部为平原。有燕柱山、三峰山等大小山头 21 座。神山海拔 150.9 米，原名凤凰山，唐时在山顶大修庙宇，因庙院中神像众多，遂易今名。自东向西依次有汤旺支河、小屯排水沟、东燕子河、青竹排水沟、西燕子河等 5 条南北走向河沟，属中运河水系。206 国道、泉重公路穿境而过，京沪高速公路在境内设有出口。

天下第一蒜牌坊

神山镇是苍山大蒜的发源地和主产区，自汉代传入已有 2000 余年栽培史。神山大蒜因所含大蒜素明显高于其他产区而被誉为“天下第一蒜”。2006 年，神山镇被财富论坛评为山东省最具投资价值的地方。2008 年，被国家统计局、中国市场调查研究中心评为中国最具综合竞争力城镇、中国投资环境百佳城镇。

1898 年秋，发生以杨清贤为首反对外国宗教侵略的“神山教案”。1928 年，苍山县第一个中国共产党支部在老屯村建立。有唐代大将史大奈石像及古墓群、玉皇楼、娘娘庙、金锥、铁神、月牙桥等古迹。青竹太祖长拳有近 300 年传承史。辖区总人口 5.14 万人。

长城镇　位于苍山县南部。镇政府驻长城村，距县城 21 公里。长城镇北靠卞庄街道，东临二庙乡，西接南桥镇，南与江苏省邳州市邹庄镇相邻。面积 72 平方公里，其中耕地 5294 公顷。镇境系低洼平原，地势自北向南逐渐降低，一般海拔 40 米。有苍邳分洪道、燕子河、吴坦河、武成河、粮田河、东洳河 5 条河流自北向南流经镇境。燕子河、吴坦河上建有庞庄、土头、八大洼、沙元 4 座排灌站及河头水闸等。吴坦河上建有苍山第一长桥——八大洼大桥。苍邳公路纵贯南北，郯薛公路横亘东西。2006年，该镇被评为沂蒙红辣椒之乡，2008年长城红辣椒获中国农产品地理标志保护认证。

境内有何承天、何思澄、何子朗、何逊、何敬叔等历史名人。沙元村后的明锦衣卫赵氏先茔，有苍松古柏200余棵，设有石马、石羊、碑亭和功勋碑。辖区总人口5.46万人。

车辋镇 位于苍山县西北部。镇政府驻车辋村，距县城19公里。车辋镇南接向城镇、尚岩镇，东邻大仲村镇、贾庄乡，西靠下村乡，北靠费县新庄镇。面积128平方公里，其中耕地7639公顷。地势由西北向东南缓缓低下，西部有低山丘陵，东部平原区地势平坦，平均海拔45米。主要河流有石河和阳明河。有中型水库1座，为考村水库；小（一）型水库2座，为沙河子水库和驼山水库；小（二）型水库9座，塘坝20座。省道沂台路穿越境内。辖区总人口5.82万人。

矿坑镇 位于苍山县北部。镇政府驻矿坑村，距县城21公里。矿坑镇西、南与大仲村镇相接，北靠费县刘庄镇，东邻兰山区马厂湖镇、罗庄区罗西街道。面积85平方公里，其中耕地5159公顷。镇境地势东西高，中间低。除中部平原外，多数是山岭，一般海拔60米。有大小山头41座，其中大山顶为全镇最高峰，海拔236米。境内有爰沟河、东泇河、南坡河，总长10公里。中型水库1座，为小马庄水库；小型水库1座，塘坝4座。境内岚济（岚山—济宁）、沂邳（沂水—邳州）2条省级公路纵横贯通。

镇政府驻地有明代国槐树1棵。棠林村有九顶莲花山，九顶分别为凤凰山、团山、庙山、青山、铁山、钢山、云山、雾山、钗山。山中有陈武洞，相传系唐代陈武“修仙”之地。棠林村西北有西汉古墓群。辖区总人口3.43万人。

鲁城镇 位于苍山县西部。镇政府驻雷雨口村，距县城34公里。鲁城镇北靠下村乡，东邻尚岩镇，南接新兴镇和枣庄市峄城区峨山镇，西连枣庄市市中区孟庄镇、税郭镇。面积88平方公里，其中耕地3876公顷。西、北部为石灰岩山区，东南部为丘陵，中部为平原。有大小山头87座，海拔200米以上的有神山、寨山、白人山、狮子山、石城崮、平山、尖山等。神山最高，海拔423米。矿产资源主要有铁矿石、石英石、石灰石、海绿石等。铁矿石储量4.2亿吨，石英砂储量6亿吨，集中分布在镇境南部东石门、西石门一带。西泇河自西北向东南流贯镇境，多条支流汇入会宝岭水库。有小型水库8座、塘坝13座。206国道横穿东西。辖区总人口4万人。

兴明乡 位于苍山县西南部。乡政府驻兴明村，距县城10公里。兴明乡北靠向城镇，南连南桥镇，西隔西泇河与兰陵镇相望，东接三合乡。面积48平方公里，其中耕地3523公顷。乡境地势平坦。有西泇河、阳明河2条河流。

小郭村泥人

小郭村有“小郭泥塑”，起源于清咸丰年间（1851—1861年）。其创始人李宗标曾师从天津“泥人张”，后又采无锡惠山泥人之长，主要代表作有“鱼头娃娃”“抱鸡娃娃”“刘海戏金蟾”等。2003年3月，兴明乡被文化部命名为中国民间文化艺术（泥塑）之乡。2006年12月，小郭泥塑被列入省级非物质文化遗产名录。青草堰遗址在乡政府驻地北1.5公里处，属夏商部落文化遗址。“左史遗冢”在金家楼村，为春秋末左丘明墓。坊前村胡义御葬遗址，有金末元初骠骑卫上将军胡义墓。辖区总人口4.66万人。

二庙乡 位于苍山县东南部。乡政府驻二庙村，距县城30公里。二庙乡北靠层山镇，西邻长城镇，东和郯城县胜利镇接壤，南与郯城县重坊镇和江苏省邳州市邹庄镇相连。面积53平方公里，其中耕地3427公顷。乡境地势低平，除芦塘村有一海拔65米小山外，皆为平原。境内有邳苍分洪道、武河、小涑河3条河流。省道郯薛公路横穿东西，沂蒙公路泉重线纵贯南北。辖区总人口4.96万人。

南北朝时期，二庙、芦塘一带的徐氏家族，人才荟萃，著名文士徐摛创作宫体诗，开一代诗风。其子徐陵在当时文坛上被称为“一代文宗”。居村驴肉特产闻名于鲁南苏北一带。

三合乡　位于苍山县南部。乡政府驻三合村，距县城10公里。三合乡北靠卞庄街道，南连南桥镇，西邻兴明乡，东接卞庄街道。面积49平方公里，其中耕地3439公顷。乡境总体呈菱形，地势西北高，东南低，一般海拔40米。主要河流有东枷河、沙沟河、小汶河、吴坦河等。南桥至卞庄公路纵贯南北。1995年，三合乡被省政府命名为畜牧养殖强乡。辖区总人口4.5万人。

下村乡　位于苍山县西北部。乡政府驻下村，距县城30公里。下村乡南接鲁城镇、尚岩镇，东连车辋镇，北靠费县石井镇、新庄镇，西临枣庄市市中区孟庄镇、山亭区北庄镇。面积121平方公里，其中耕地5430公顷。属山区丘陵地带，地势西高东低。有大小山头171座，其中抱犊崮海拔580米。有小型水库7座，塘坝30座，文峰河、腾龙河等河流11条，属小清河水系，境内河道长67.4公里。境内有沂王线、岳下线2条主要公路干线。下村乡为省级环境优美乡镇。辖区总人口4.49万人。

抗日战争时期，下村乡是鲁南抗日根据地，八路军115师曾驻扎于此。著名的米山子战斗、“四二五”事变、民兵武工队抱犊崮突围等都发生在境内。被称为“民国第一案”的临城劫车案亦发生在此地。抱犊崮山下有旧石器时代王岭遗址、古村遗址。东麓有灵峰寺，占地2公顷，始建于隋唐时期。2002年重建，新修大雄宝殿、左右配殿及僧舍。

会宝岭水库

贾庄乡　位于苍山县中部。乡政府驻贾庄，距县城6公里。贾庄乡北靠大仲村镇，南接卞庄街道，西邻车辋镇、向城镇，东接卞庄街道。面积76平方公里，其中耕地4728公顷。乡境地势北高南低，多数为山地丘陵，有大小山头43座。境内有中型水库1座，为长新桥水库；小（二）型水库2座，塘坝10座。汶河、宝代河流经乡境。206国道横贯东西，沂邳公路纵穿南北，枣临公路由东北向西南，卞（庄）车（辋）公路由东南向西北经过境内。辖区总人口5.29万人。

乡政府驻地西北4公里的上园村，有明代金鱼池1个，池内有红、黄、黑、白、青五色金鱼千余尾。金鱼身长最长不超过25厘米。鱼群密度减少方开始繁殖，达到一定密度即停止繁殖。鱼卵在异地水中孵化不出五色鱼，该金鱼民间称之为“五色神鱼”。

五色金鱼池

第六章 沂水县

建置 区划

境域 沂水县位于临沂市北部，沂山南麓，沂河、沭河上游。地域跨北纬35°36′~36°13′，东经118°13′~119°03′之间。南与沂南县毗连，西与蒙阴县、淄博市沂源县交界，东临日照市莒县，北与潍坊市安丘市、临朐县接壤。最大纵距67.5公里，最大横距78公里。全县总面积2434.8平方公里，居省内诸县（市、区）第二位。

建置 沂水，春秋名郓，战国称盖。秦时，沂水地属琅邪郡莒县。汉置东莞、东安、盖、阳都等县。三国时，沂水北境属魏国徐州刺史部东莞郡东莞、东安两县，南境属琅邪国阳都。晋元康七年（297年），分东莞郡置东安郡。南北朝，先后隶属东徐州、南青州、东安郡、莒州。隋开皇初，废东安郡，置东安县。开皇十六年（596年）起，改东安县为沂水县，因沂河流经境内而得名。唐朝，沂地属莒州，贞观八年（634年），莒州废，属河南道沂州琅邪郡。五代十国时期，沂地先后隶属后梁、后唐、后晋、后汉和后周，均属沂州辖。北宋，属京东东路沂州。金、元，属莒州。明，属青州府莒州。清初，属青州府莒州。雍正十二年（1734年），属沂州府莒州。雍正十三年（1735年），属沂州府。民国初，先后属岱南、济宁、琅邪道。1928年裁道，直属山东省。1936年，属山东省第三行政督察区。1940年3月，沂水县抗日民主政府成立，属中共中央山东分局直接领导。1941年2月，沂水县属鲁中行政区沂蒙专区。1939—1944年，原沂水县境曾先后划分为南沂蒙（1940年3月改称沂南）、临费沂边联（1941年1月改称沂临边联，1944年6月改称沂临县）、沂中、沂北、沂东、莒沂边联、沂源等县，而后又几经分合，归属不一。1949年7月，沂中县属鲁中南行政区沂蒙专区。同月，沂东县撤销，将5个区划归沂中县。同年8月，沂中县复名沂水县，属沂蒙专区。1950年5月，属沂水专区。1953年8月，沂水专区撤销，沂水县改属临沂专区。1967年，隶属临沂地区。1994年12月，临沂地区撤销，建立地级临沂市，沂水县隶属临沂市。

沂水县人民广场

区划 1995年，辖19个乡、12个镇。2001年1

月，全县31个乡镇调整为19个乡镇，其中高桥、马站、黄山铺、崔家峪、姚店子5个镇和道托、圈里、泉庄、院东头4个乡保持原行政区划不变，沂水镇、武家洼镇合并为沂水镇，杨庄镇、善疃乡合并为杨庄镇，富官庄乡、何家庄子乡合并为富官庄乡，四十里堡镇、三十里堡乡合并为四十里堡镇，诸葛镇、下古村乡、新民官庄乡合并为诸葛镇，沙沟镇、东于沟乡、泮池乡合并为沙沟镇，龙家圈乡、柴山乡合并为龙家圈乡，夏蔚镇、王庄镇合并为夏蔚镇，高庄镇、王家庄子乡合并为高庄镇，许家湖镇、袁家庄乡合并为许家湖镇。辖1225个行政村。2009年9月，沂水镇改为沂城街道。2010年11月，龙家圈乡、富官庄乡、道托乡、泉庄乡、院东头乡改为镇，圈里乡不变，全县调整为1街道、17镇、1乡，辖1063个行政村（社区）。

人口　1995年年底，全县总人口111.18万人，其中男性56.64万人，男女性别比为103.86。2010年年底，全县总人口113.2万人。人口出生率14.12‰，死亡率7.3‰，自然增长率6.82‰，男女性别比为104.1。

民族　1995年，全县有汉族、回族、蒙古族、藏族、苗族、彝族、壮族、朝鲜族、满族、白族、土家族、傣族、傈僳族、佤族、高山族、水族和达斡尔族17个民族。其中汉族占总人口的99.55%，回族占总人口的0.44%，其他15个民族占总人口的0.01%。2000年全国第五次人口普查时，全县汉族人口105.23万人，占99.48%；各少数民族人口5503人，占0.52%。2010年，全县有30个民族，回、苗、黎、彝、傈僳、白、佤、满、朝鲜、壮、蒙古、布依、怒、侗、畲、傣、拉祜、景颇、土家、维吾尔、土、瑶、哈尼、高山、水、纳西、仫佬、布朗、仡佬族等29个少数民族共6370人，其中回族5502人。

自然环境

地形　沂水县全境处于沂沭断裂带中段，沂水—汤头、鄌郚—葛沟两条大断裂带纵贯全境。地质体较为古老，地层有太古代、古生代、中生代和第四系4类。

沂水县为低山丘陵区，西部、西北部为低山区，东部、东北部为丘陵，中部、南部为平原。最高点为县境北部的沂山南侧的泰薄顶，海拔916.1米。最低点在县境东北部的富官庄镇朱双村东南，海拔101.1米。全境地势自西北向东南倾斜。山地面积1.34万公顷，占全县总面积的5.5%，平均海拔400米以上，相对高度在200~400米之间，多为古生代石灰岩、页岩构成。丘陵13.88万公顷，占总面积的57%，海拔在200~400米之间，相对高度小于200米，多为太古代变质岩构成的砂石岭。平原9.13万公顷，占总面积的37.5%，多位于沂河、沭河两侧，海拔在115~200米之间，相对高度小于50米。

河流　全县有大小河溪622条，主要河流有沂河、沭河和浯河。沂河为县内过境的最大河流。发源于沂源县西南部山区，徐家庄河、南岩河、大张庄河、高村河四源相汇于田庄水库，水库以下称沂河，北流过沂源县城后折向南，在下河村东南入沂水县境，流向东南，在县城西北入跋山水库。出库后折向南流，在邵家宅村南入沂南县境。境内流程56公里，河床最宽处1200米，平均宽670米，流域面积1437.7平方公里。较大的一级支流和二级支流有马连河、崔家峪河、朱陈河、梓河、暖阳河、顺天河、小沂河和峙密河等。沭河源于泰薄顶，东源头位于泰薄顶东的寺峪村北，西源头位于泰薄顶西的石槽峪村北。两源之水于沙沟镇霹雳石村东南汇合，东南流入沙沟水库，出库后流向东南，在下村东南入莒县境。境内流程51.3公里，流域面积747.6平方公里。较大支流有马站河、绣珍河、住龙河、道托河和四十里堡河等。浯河系潍河支流，发源于圈里乡太平山，境内流程23.1公里，流域面积225平方公里。

土壤　沂水县土壤共有棕壤、褐土、潮土3

个土类，11个亚类，17个土属，67个土种，以棕壤、褐土土类为主。棕壤土9.7万公顷，占全县可利用土地面积的47.7%，主要分布在沂河以东；褐土面积8.74万公顷，占全县可利用土地面积的43%，主要分布在低山丘陵区；潮土面积1.88万公顷，占全县可利用土地面积的9.3%，主要分布于沂河、沭河沿岸。

植被　沂水县属暖温带落叶阔叶林区。全县木本植物有60科，105属，276种，主要种类有松、柏、杨、榆、国槐、刺槐、柳、椿、楸、泡桐、桑、苹果、梨、山楂、葡萄、桃、杏、板栗、柿子、核桃、花红、樱桃、枣等；草本植物有100余种，能构成植物群落的优势植物有30余种；野生中药材500余种，主要有酸枣仁、桔梗、远志、丹参、玄参、金银花、黄芩、柴胡等；农田植被主要有小麦、玉米、地瓜、花生、黄烟等农作物。

气候　沂水县属暖温带季风气候区，四季分明，冬季干冷，雨雪稀少；春季干旱，易发生春旱；夏季高温高湿，雨量集中；秋季秋高气爽，常有秋旱。全县多年平均气温13.3℃，气候宜人。7月气温最高，平均26.2℃；1月最低，平均-0.6℃。极端最高气温41.7℃（2002年7月15日），极端最低气温-24.9℃（马站，1981年12月19日）。光照充足，年日照时数2299.7小时。年均降水量739.2毫米。

自然资源　*土地资源*　全县土地面积24.35万公顷。2009年年底，耕地总面积11.07万公顷，占全市耕地总面积的13.11%。丘陵、山地盛产黄烟、花生、地瓜、玉米等，是林果业、畜牧业的主要基地；沂沭河冲积平原土层深厚，土质肥沃，得水之利，是粮食和蔬菜的主要产区。

水资源　全县水资源较为丰富，多年平均地表水资源量5.61亿立方米，地下水资源量2.24亿立方米，多年平均水资源总量6.18亿立方米。境内有大中小型水库151座，其中大型水库2座，跋山水库为山东省第三大水库，总库容5.09亿立方米。

矿产资源　主要有金、铜、铁、水晶、钾长石、钠长石、石英、蛭石、玄武岩等45种，分布集中，质地优良，易于开采。其中玄武岩储量近百亿吨，居华东地区首位；蛭石、钾长石、钠长石储量均居全省首位。

动物资源　有150余种，其中鸟类有12目，19科，35种，以麻雀、喜鹊、家燕为主；兽类常见的有野兔、黄鼠狼、獾、狐狸等；鱼类有6目，11科，35种，以青鱼、草鱼、鲢鱼、鲔鱼、鲤鱼、鲂鱼为主；畜禽以牛、驴、骡、马、羊和兔、鸡、鸭、鹅为主。农业害虫天敌有2纲，58科，77种，主要为青蛙、捕食性瓢虫、步甲虫、草青蛉、赤眼蜂、肿腿蜂等。

自然灾害　主要有干旱、洪涝、冰雹与风灾。

经济状况

1995年，沂水县实现生产总值29.18亿元，全社会固定资产投资3亿元，社会消费品零售总额8.9亿元，实现财政总收入1.7亿元。随着全县“强农、重工、活商、兴财”发展战略的大力实施，投资环境逐步改善，国民经济持续增长，综合实力显著增强。2010年，实现生产总值211.37亿元，全社会固定资产投资110.3亿元，社会消费品零售总额90.95亿元，实现财政总收入14.9亿元。三次产业结构由1995年的39.18:37.22:23.6调整为12.9:50:37.1。

农业　沂水县是传统的农业生产大县，以小麦、玉米等为主的粮食生产有较大规模。1995年，全县农作物播种面积11.77万公顷，全年农林牧渔业实现总产值21.3亿元。为尽快实现由农业大县向农业强县的跨越，以发展“高产、优质、高效”现代化农业为出发点，深入实施规模化发展、标准化生产、产业化推动的发展战略，加快农业生产结构调整，加强农田水利基本建设，大力发展水产、畜牧养殖，全县农业农村经济稳步发展。2010年，全县农作物种植面积11.4万公顷，农林牧渔业实现总产值48.45亿元。粮食总产44.97万吨，棉花总产0.36万吨，油料总产8.87万吨，水果总产37.8万吨，蔬菜总产57.05万吨，水产品总产0.9万吨，肉类总产8.6万吨，禽蛋总产4.7万吨，奶总产1.7万吨。

工业　20世纪90年代初，沂水县不断强化工业主导地位，全面实施“抓重点、搞突破、抓技改、上水平、抓管理、增效益”的发展战略。工业发展速度加快，工业布局趋向合理。1995年，工业企业逐步转入机制转化、制度创新阶段，全县通过抵债返租、抵债返售、设备租赁和破产重组等不同形式的改革，增强了企业活力，在培植骨干企业、形成规模经济和进行产权制度改革等方面有较大突破，效益有较大提高。全年完成工业总产值56.45亿元。1999年，大力实施“大开放，大招商，大发展”的招商引资战略。进入21世纪，突出工业强县战略，着力推进新型工业化，培植骨干企业群体，大力实施重点项目建设，积极推动产业结构优化升级，稳步推进企业改革，全县工业经济发展迅速。2003年，沂水县被中国地区开发促进会命名为中国食品城、中国布鞋城、中国油顶城。板材业作为一种新兴产业，逐渐成为县内的重要经济支柱。至2010年年底，全县形成食品、纺织服装、机械、矿产建材、轻工、电子、包装印刷七大主导行业及烟草、化工、木材加工、工艺美术、制革、农副产品深加工等行业为主的工业体系。是年，全县实现工业增加值97.13亿元。有规模以上工业企业（年主营业务收入500万元及以上的工业法人企业）453家，实现主营业务收入450.79亿元，利税40.67亿元。

矿产加工　沂水县矿产资源丰富，开发与利用较早。20世纪70年代，部分公社和大队为发展社办、队办企业，开始建立一些小型集体矿山企业。1988年，沂水县矿产资源管理局成立，加强了对矿产资源开发的监管力度，全县的矿产资源开发逐渐走向正规。1995年，编制《沂水县矿产资源及开发利用发展战略规划》。至1998年，全县矿山企业96家，矿业总产值6700万元，从业人员9484人，矿业经济逐步成为全县经济发展的十大支柱产业之一。2003年5月，编制完成《沂水县矿产资源总体规划（2001—2010）》。2007年8月，县委、县政府印发《关于做好矿产资源开发工作的意见》，加快资源优势向经济优势转化。2010年，全县矿产加工业形成以铁矿开发为主导，石灰岩、石英砂岩等非金属矿产深加工为补充的总体发展格局。全县有持证采矿企业73家，规模以上开采、加工企业80家，实现矿业总产值115亿元，税收4.1亿元，连续4年矿业税收占到全县税收总量的1/3。

食品　沂水县食品工业兴起于20世纪80年代中期，得益于青岛市对口支援沂水县的有利形势，青援食品厂、南关糖果厂等一批食品企业建成投产，获得较高的市场占有率和较好的经济效益。“八五”期间，针对食品工业迅速发展的实际情况，县委、县政府及时提出建设“食品城”的工作思路，并制定了发展食品工业的政策措施，食品工业发展迅速。到1995年，全县食品生产厂家达300家，从业人员1.8万人。

1996年，受国家宏观政策及市场方面的影响，加之企业在生产、管理、技术等方面存在的问题，全县食品工业的发展相对变缓，部分企业处于半停产、停产甚至倒闭状态。1998年，县委、县政府提出以食品工业带动全县经济发展、进一步规范鼓励个体私营经济发展的各项政策、措施，逐步形成一批规模大、效益好的食品加工龙头企业，鲁洲食品集团、大地玉米制品有限公司、正航食品有限公司等企业相继兴起，并逐步成为全县食品工业中的骨干企业。鲁洲生物科技公司与中国发酵工业协会、江苏大学和山东大学签订合作协议，并建立国家级科研中心。先后聘请日本制糖专家、德国结晶糖专家和变性淀粉糖专家及国内知名专家学者为常年技术顾问，2006年，经人事部批准建立“博士后科研工作站”，并于同年在新加坡上市，是境外上市的第一家公司。

青援食品公司、家乐氏（山东）公司2家企业技术中心为省级技术中心，大地玉米、得力、大仓、乐福记、鼎福5家企业技术中心被认定为市级技术中心，企业研发能力逐步提高。2007年，沂水县被中国食品工业协会授予“中国优质饼干加工示范基地”称号。2008年，沂水县被评为全国食品安全示范县；鲁洲牌淀粉糖被评为中国名牌产品，鲁洲、青援、正航、乐福记、鼎福5个商标被评为中国驰名商标，正航牌饼干、得力牌豆奶粉等13个产品获“山东名牌产品”称号，青援、得力等12个商标被评为山东省著名商标。

2010年，全县食品企业发展到300余家，固定资产36亿元，从业人员6万人。其中规模以上食品企业101家，完成工业产值161.5亿元、利税9.34亿元，分别占工业企业产值和利税的35%和23.9%。年加工各类食品360余万吨。其中，以面粉为原料的饼干产品产量40万吨，在全国饼干行业中居第一位，占全国总产量的22%；以玉米为原料的淀粉、淀粉糖产品生产能力达到200万吨，在全国淀粉糖行业中居第一位，占全国总产量的25%；肉及肉制品产量6万吨，糖果产量22万吨，果蔬加工能力15万吨，豆奶粉、八宝粥生产能力20万吨，面粉产量10万吨，畅销全国各地并远销30多个国家和地区。

布鞋业 沂水县的制鞋业由传统的布鞋（又称拥军鞋）制作起步，1995年，鞋业生产主要以家庭作坊生产为主，企业资本的有机构成和技术设备水平不高，产品档次和技术含量较低，基本以布鞋为主。由于投资少、工艺简单、成本低、利润大、产品大众化，制鞋业成为个体业主投资生产的热门，得到迅速发展，成为沂水县的一大支柱产业。

1998年，县委、县政府将布鞋业纳入“三城”建设规划，并不断加大对布鞋业的政策扶持，进行统一规划，合理布局，从技术、市场、信息等方面无偿为企业提供服务。1999年，成立沂水县鞋业协会，主要协调制定产品销售价格，定期进行质量监督，严厉打击制造假冒伪劣产品，加强行业自律行为，提高了沂水县制鞋业的信誉。2003年3月，沂水县被中国地区经济发展促进会命名为中国布鞋城。2010年，产品以硫化鞋为主，兼做布鞋、注塑鞋、布毡鞋、皮鞋等，年生产能力500万双。

油顶 油顶业起步于1985年，阳西街农机修造厂第一家上了油顶项目后，一些个体机械维修厂及个人也开始生产油顶。1994—1995年，全县油顶产量90万台（套），占据全国农机液压机械大部分市场份额。1999年以后，全县油顶占据全国农机液压机械80%的市场份额。2003年3月，被中国贸易促进协会命名为中国油顶城。

随着市场的快速发展，沂水油顶生产厂家不断适应市场需求，积极开发为新型农用车、汽车、挖掘机配套的油顶，产品有三大系列，60余个花色品种，被一汽、二汽、福田、五征、潍柴等企业指定为配套产品，并销往全国几十个城市。2010年，全县有油顶生产及配套企业百余家。其中规模以上企业22家，从业人员5000余人，年产油顶250万套，实现销售收入30.5亿元。拥有众力液压公司、兴田机械公司、三洋液压机械公司、利明机械公司、欧亚特液压机械公司等一批液压龙头企业。

商贸流通 1995年，全县有商业贸易网点16193个，从业人员4.6万人，社会消费品零售总额8.9亿元。1998年，投资3274万元，新建市场6处，改扩建市场3处，新增市场面积18公顷。此后，东方超市、联华超市、九州超市、家家悦超市相继建成营业，全县形成多种经营成分、经营渠道、经营方式的商贸格局。2010年，有城乡集贸市场85个，社会消费品零售总额90.95亿元。

交通　邮电 **交通** 1995年，县内省、县、乡公路通车里程572公里。1996年起，连续3年开展“公路建设年”活动，改建、扩建5条干线公路，大规模进行县乡公路建设。1997年，实现乡乡通柏油路、村村通公路。全县有农村公路桥梁570座，数量居全省各县（市、区）第一位。2003年12月，境内第一条铁路——胶新铁路开通试运营。2007年12月，青（岛）莱（芜）高速公路沂水段全线通车，进一步优化了全县的交通网络结构。2009年6月，长（春）深（圳）高速公路沂水段开始修建。2010年9月，山西中南部铁路通道沂水段开始修建。至年底，全县公路通车里程2601.5公里，其中高速公路通车里程48.7公里。公路、水路旅客运输量分别为2186万人（次）、2.6万人（次），公路货物运输量1194万吨。

邮电　1995年，邮电业务总量1588万元。同年，沂水县在临沂市建成第一个具有国内先进水平的数字交换、光缆传输本地网。1997年，实现村村通程控电话。2003年，全县建成“小灵通”基站201处，并开始运行放号。2010年，完成邮政业务总量2631.5万元，年末固定电话用户13万户，移动电话用户31万户，互联网用户3万户。

城乡建设　1995年，城区建设面积11.2平方公里。1998年，大规模实施县城综合开发和旧城改造。1999年11月，在全国小城镇大战略高级研讨会上，沂水县作为唯一的县级代表介绍小城镇建设经验。2002—2005年，相继对全县小城镇的总体规划进行修订、完善。2005年，委托清华大学城市规划设计研究院编制《沂水县城市总体规划（2005—2020）》。至2008年年底，全面完成小城镇总体规划工作，村庄规划覆盖率达到70%以上。随着规划的不断修改完善和城乡建设规模的逐年加大，城乡面貌发生显著变化，至2010年年底，县城区建成面积32平方公里，城镇化率48%，城市人均道路面积17.3平方米，人均绿地面积16.5平方米，建成区绿化覆盖率40.03%。自来水普及率100%，燃气普及率96.28%。全县小城镇驻地建成区面积2208.22公顷，小城镇绿化覆盖率27.71%，绿地率17.89%，自来水、有线电视、电话普及率均达到90%以上，全县农村基本实现通电、通车、通电话、通自来水的“四通”目标，农村居住环境和生产生活条件大为改善。

环境保护　县内环境污染源主要为工业废水、生活污水、废气及噪声污染、固体废物污染。1995年，县环境监测站在临沂市率先通过省级计量认证，成为全市监测能力最强的四级监测站。1997年，全县列入省、市限期达标计划的16家限期治理企业如期完成治理任务。2001年10月，县环境监测站顺利通过省级计量认证换证复查，成为具有103项监测项目测试能力的三级监测站。2005年，制定了《沂水生态县建设规划》，进一步加强生态环境保护，强化面源污染防治。2008年，在全市率先建成环境监控中心，对县内9家国控、省控重点企业实行24小时在线监测。2010年，境内城市空气质量良好率100%，水环境功能区达标率100%，道路交通声环境质量在“较好”水平以上。

社会事业

科技　1991年起，沂水县实行科技兴县战略。1996年，被国家科学技术委员会授予“全国科技工作先进县”称号。2010年，有各类专业技术人员33154人，其中高级专业技术人员1216人。取得市级以上各类重要科技成果28项，专利申请量136件，授权专利104件。

教育　1995年，全县有小学911所，在校生14.08万人；普通初中35所，在校生5.4万人；普通高中3所，在校生6003人；中等专业学校5所，在校生4329人；中等职业学校11所，在校生5333人；特殊教育学校1所，在校生115人。专任教师8919人。2010年，全县有小学182所，在校生5.86万人；普通初中32所，在校生3.25万人；普通高中4所，在校生1.37万人；普通高等院校1所，在校生2764人；中等职业学校、技工学校2所，在校生5698人；特殊教育学校2所，在校生302人；全县共有教职工10098人。

文化 1995年，全县有文化馆、电影公司各1家，图书馆1座，藏书12万册。1999年，县博物馆建成。2010年，有各种艺术表演团体21个，公共图书馆、档案馆、博物馆各1座。广播、电视人口覆盖率均达98.6%。

体育 1995年，参加国家级比赛获金牌1枚，参加省级比赛获金牌7枚、银牌8枚、铜牌10枚，参加市级比赛获金牌40枚、银牌19枚、铜牌25枚。2010年7月，组队代表山东省赴浙江参加“全国青少年户外体育活动营地展示大赛”，获展示大赛团体一等奖、运动队第三名；组队赴临沂参加第23届省运会调选赛及全市篮球、乒乓球、象棋、登山比赛；组队参加临沂市第二届残疾人运动会，获团体总分第一名，聋人男子篮球第一名、聋人足球第一名、盲人足球第二名、盲人门球第三名。

卫生 1995年，境内有市级医院2所、县级医院3所、乡镇卫生院30所、村卫生室1283个。病床床位1623张，卫生医务人员4179人。2010年，有医疗卫生机构28所，各类医疗卫生机构有病床床位4771张，卫生技术人员3895人。

人民生活 1995年，全县城镇居民生活费收入3500元；农村居民人均纯收入1491元，人均生活消费支出791元。2010年，城镇居民人均可支配收入16810元，人均消费水平9370元；农村居民人均纯收入6665元，人均生活消费支出3562元，新型农村养老保险参保人员66万人，参加新型农村合作医疗人员93.3万人。全县城乡最低生活保障救助40449人，有社会福利企业4家，安置残疾人员110人。

旅游

沂水县旅游资源丰富，有齐长城、穆陵关、南洼洞、姑子顶、风台、打擂台、薛王台等遗址及灵泉寺、圣水坊等寺观，中共中央山东分局、山东分局党校、八路军山东纵队指挥部曾驻扎于此，《大众日报》在此创刊。

1998年，沂水县第一个旅游景区——四门洞开始建设，2000年建成并对外开放。2002年起，县委、县政府把旅游业作为沂水经济的三大亮点之一重点培植，邀请专家对县内重点旅游资源进行论证规划，构筑了“地质奇观观光、地域文化体验、生态休闲度假”三大旅游产品体系。沂水县先后被评为山东省十大（特色）产业集群、中国优秀旅游目的地、省级旅游强县第一名、2009中国最佳红色生态旅游资源城市（县）、2010山东年度县域旅游十强。

至2010年，已开发建成地下萤光湖、山东地下大峡谷、天然地下画廊、雪山彩虹谷、天上王城、灵泉山、沂蒙山根据地、东方瑞海国际温泉度假村、蒙山龙雾茶博园、沂蒙山酒文化生态旅游园等旅游景区。全县接待国内游客450万人次，已辐射到辽宁、河北、河南、安徽、江苏、天津、北京、上海和浙江等省市，旅游总收入39亿元。

沂水名片

1996年3月，沂水县被国家科学技术委员会命名为全国科技工作先进县。2000年10月，被国务院妇女儿童工作委员会命名为全国妇女儿童纲要示范县。2001年8月，被财政部、水利部授予“全国水土保持生态环境建设示范县”称号。2004年1月，被科学技术部授予全国科技进步先进奖。2005年1月，被国家人口和计划生育委员会授予“全国计划生育优质服务先进县”称号。2006年2月，被首届中国旅游营销年组委会评为中国优秀旅游目的地；11月，被中国食品工业协会评为全国十大特色县、全国食品工业强县。2007年9月，被中国食品工业协会授予“中国优质饼干加工示范基地”称号；10月，被国家食品药品监督管理局确定为国家食品安全示范县；12月，被中国科协命名为全国科普示范县。2009年11月，被中国果品流通协会命名为中国优质果品基地县。2010年11月，分别被人力资源和社会保障部、农业部命名为全国农村劳动力转移就业工作示范县、全国粮食生产先进县。

1995年3月，沂水县被省委、省政府命名为荒山荒滩绿化先进县。1996年6月，被省委、省政府命名为山东省“田径之乡”。1996—1999年，沂水县城连续3年被省政府评为“齐鲁杯”活动优胜县城。1999年4月，沂水县被省政府授予“德国粮援项目工作先进县”称号。2003年4月，被省委、省政府授予“全省计划生育优质服务县”称号。2004年12月，被省政府授予“全省发展民营经济先进县”称号。

沂水县城

沂水县城位于县境东南部。地理坐标为北纬35°47′，东经118°37′。处缓坡丘陵地带，地势东北高西南低，海拔高度136~174米。东依雪山，西跨沂河，南向邑山，北望锣鼓山。老城区是全县政治、经济、文化中心，县行政机关、商业贸易、休闲居住大都驻于此，县人民政府驻正阳路19号；县城南为工业区，重点发展大型工业项目。城内有东皋公园、大沂河公园、小沂河湿地公园和大沂河湿地公园。

新中国成立初期，城内只有几家旅店、菜馆、杂货铺、药铺和手工业作坊，基础设施非常落后。1958年和1982年，两次修编县城建设总体规划，对县城进行改造和扩建。1988年，临沂地区第一个县级公园——东皋公园竣工。至1990年，沂水城区面积5.29平方公里，人口8万人，有路、街、巷150条，楼房建筑150栋，人均居住面积8平方米。

进入21世纪，城市建设投资规模逐年加大，城市面貌发生翻天覆地的变化。2007年，沂水县以建设“山水灵秀、生态宜居”城市为目标，按照“以河为轴，两翼并举，南拓北进，同步提升”的总体思路，大力实施城建重点项目带动战略，县城基础设施日益完善，布局不断优化，承载力持续增强。2010年，县城建成区面积32平方公

文峰塔夜景

里，县城人口23.3万人。城市建成区绿化覆盖面积1230公顷、园林绿地面积1082公顷、公园绿地面积386公顷，绿化覆盖率、绿地率和和人均公园绿地面积分别为38.44%、33.81%和16.6平方米。有公园4个，绿地广场和街头游园25处。城区拥有主次街道150余条（其中主路23条），道路总长度254.7公里，桥梁24座，城区道路亮灯率99%以上，人均城市道路面积17.4平方米。日供水能力17.2万立方米，供水普及率100%，水质综合合格率100%。建成区燃气普及率94.24%；实施集中联片供热，供热面积128.7万平方米；污水处理率93.95%，生活垃圾处理率100%；自来水、有线电视、电话普及率均为100%。城区有市、县级综合医院各1所，疾病预防控制中心、妇幼保健院、结核病防治所各1所；高等学校1所，中等职业学校、技工学校3

所，普通高中、初中各4所，小学6所；有文化馆、博物馆、科技馆、老干部乐园、老年公寓等各1座。

有东方、联华、家家悦、九州等一大批大型超市。沂蒙国际财富中心占地6.7公顷，建筑面积20万平方米，是集购物、旅游、休闲、娱乐、餐饮、酒店、商贸和居住于一体的大型城市建筑综合体。旅游星级酒店有沂河山庄、寰宇大酒店、商业宾馆、尚都嘉年华等。

乡镇街道

沂城街道 地处沂水县中南部。为县政府驻地。被列为全国重点镇。西与龙家圈镇隔沂河相望，南与许家湖镇毗连，北与诸葛镇、道托镇交界，东与日照市莒县安庄镇、果庄乡为邻。面积162平方公里，其中耕地6377公顷。属半丘陵半平原地区，主要有东跋山、西跋山、雪山、马山、锣鼓山等低山。境内呈北高南低之势，东部有低缓山地，北部、西北部系丘陵，中部和沂河东岸为平原。主要河流有沂河、顺天河。有小型水库6座。矿产主要有花岗岩、石灰岩、玄武岩、石英、铁、金等10余种。食品、机械制造、纺织服装、新材料、生物化工、饲料加工等为支柱产业。2010年，油顶产品产量、市场份额均占全国油顶业的80%以上。青援食品有限公司被农业部等部门联合授予“农业产业化国家重点龙头企业”“中国食品工业（饼干）十强企业”称号。街道有中国驰名商标4个，著名商标1个，部优产品1个；山东省名牌产品15个，著名商标21个。境内雪山彩虹谷为国家AAAA级旅游景区，有彩虹谷、情人谷、野战谷、欢乐谷等景区，先后获得“山东最佳浪漫风情景地”“山东魅力景点”“全省最佳自驾游目的地”“山东省最具竞争力十大景区”等称号。沂城街道先后被评为全国文明村镇、全国环境优美镇、全国小康建设明星乡镇标兵、中国新农村建设明星镇、全省特色产业镇。辖区总人口16.34万人。

青援食品有限公司饼干车间

道托镇 位于沂水县北部。镇政府驻地道托村，距县城13公里。道托镇北与高桥、杨庄镇接壤，西、南与沂城街道毗连，东与日照市莒县安庄镇、碁山乡为邻。面积86平方公里，其中耕地3600公顷。地势西高东低，大部为丘陵，东部有部分平原。主要河流有沭河、住龙河、余粮河、道托河、蔡峪河等。有小型水库5座。矿藏有黄金、赤铁、石榴子石、安山玢岩、石灰石、海绿石等，其中铁矿石、角闪岩、安山玢岩、金矿等储量2000万吨以上。全镇基本形成优质黄烟、畜牧养殖、杨树丰产林、食用菌栽培、瓜菜、林果六大基地。主要特产有双河村蜜桃、后官庄林下食用菌、马旺村韭菜、塔坡村黄烟、北下庄獭兔、余粮村小杂粮、峨庄黄瓜等。牛心官庄南圣母山建有圣母堂、天主教堂，均为百年历史古建筑。镇政府驻地设有集市，农历一、六为集日。辖区总人口3.98万人。

后官庄林下食用菌栽培

高桥镇　位于沂水县北部。镇政府驻地高桥村，距县城19公里。高桥镇南与道托镇接壤，西与诸葛镇相邻，西南与沂城街道交界，西北与沙沟镇毗连，北部、东部隔沭河与马站镇、杨庄镇相望。总面积113平方公里，其中耕地7145公顷。属半丘陵半平原地区，地势西高东低。主要河流有沭河、住龙河。有小型水库11座。是临沂市农业标准化生产示范基地。2004年，高桥韭菜通过农业部无公害农产品认证；2010年，通过中绿华夏有机食品认证中心认证，注册了“高桥”牌商标。2010年，全镇有板材专业村11个，板材加工村49个，拥有全县最大的板材交易市场和全县唯一的板材检测中心。木材批发市场5处，木皮生产线1080条，胶合板生产线136条，年加工板材310万立方米、胶合板6100万张。高桥手绣有260余年的历史，已形成祺榴、荷包等20大类、180多个品种，年产量达120万件。2003年，高桥镇被文化部命名为中国民间艺术（手绣）之乡。镇政府驻地设有集市，农历三、八为集日。辖区总人口6.28万人。

民间工艺——手绣荷包

马站镇　位于沂水县北部，沂山山脉以南，为省级中心镇。镇政府驻地马站村，距县城32公里。马站镇东与圈里乡、杨庄镇毗邻，西与沙沟镇接壤，南与高桥镇为邻，北至穆陵关与潍坊市临朐县大关镇搭界。总面积133平方公里，其中耕地5267公顷。地势西北高，东南低，西、北、东三面为山地和丘陵，中部、南部为冲积平原。主要河流有沭河、马站河、金沟河。建有小型水库12座、塘坝108座。齐长城为国家级重点文物保护单位，始建于春秋时期，西起沂山南麓泰薄顶，沿大岘山经点将台、穆陵关、梳妆台蜿蜒向东，遗迹凸显，历经2500余年风雨侵蚀，依然可见其高大宏伟的雄姿，是整个齐长城遗址中保存最好的一段。镇政府驻地设有集市，农历二、七为集日。辖区总人口6.74万人。

马站煎饼

该镇手工煎饼有着悠久的历史，以口味纯正、香甜适度著称。2010年，全镇已发展煎饼专业生产村40余个，拥有加工户1000余家。手工煎饼制作成为马站镇重要支柱产业之一。

杨庄镇　位于沂水县东北部。镇政府驻地杨庄，距县城35公里。杨庄镇西与马站镇、高桥镇接壤，东与富官庄镇、日照市莒县东莞镇相连，北与圈里乡、潍坊市安丘市柘山镇为邻，南与莒县碁山镇毗连。总面积162平方公里，其中耕地8500公顷。北部和东部多为低矮山地，南部为丘陵。主要山峰有峨山、鸡叫山、汞丹山。过境河有沭河、杨庄河、绣珍河。矿产有铁、钛、金、石英石、白云母等。铁矿石储量1亿吨，白云母储量70亿吨。境内有齐长城遗址、曹操回马石、五山溶洞、孟母庙等名胜古迹。杨庄铁矿北部原尾矿库建成一处小公园，栽植大量梨树、苹果、杏、木瓜等；南部尾矿库改造建成“丹峨湖、盛锦园”，环境优美。整个矿区成为集观光旅游、休闲娱乐、现场采摘为一体的观光旅游景区。镇政府驻地设有集市，农历五、十为集日。辖区总人口 6.44 万人。

富官庄镇 位于沂水县东北部。镇政府驻地官庄，距县城 53 公里。富官庄镇西与杨庄镇相连，东靠潍坊市诸城市马庄镇、孟疃镇，南接日照市莒县东莞镇，北与潍坊市安丘市柘山镇、石埠子镇为邻。面积 135 平方公里，其中耕地 4371 公顷。地势西南高东北低，大部为丘陵。主要河流为浯河，有小型水库 11 座。石灰岩遍布全镇丘陵山区，总储量 16 亿立方米。境内有山水水泥、创新山水、安顺钙业、经纬恒业、东方鼎盛建材公司等规模企业，主要生产熟料、水泥、氧化钙等建材产品。烤烟生产为全镇的支柱产业之一。齐长城遗址为全国重点文物保护单位，姑子顶、凤台、垛庄明墓群为县级重点文物保护单位。镇政府驻地设有集市，农历三、八为集日。辖区总人口 4.67 万人。

山水水泥有限公司

圈里乡 位于沂水县东北部。乡政府驻地圈里村，距县城 42 公里。圈里乡南与杨庄镇毗邻，西与马站镇和潍坊市临朐县大关镇接壤，东与潍坊市安丘市柘山镇相依，北与潍坊市安丘市郚山镇相连。总面积 113 平方公里，其中耕地 3331 公顷。为低山丘陵区，地势西北高，东南低。主要河流有浯河。建有小型水库 13 座、塘坝 68 座。矿产资源有玄武岩、花岗岩、钾长石、磷石、石英、河沙等。镇政府驻地设有集市，农历一、六为集日。辖区总人口 3.58 万人。

沙沟镇 位于沂水县西北部。镇政府驻地沙沟村，距县城 37 公里。沙沟镇南与诸葛镇相邻，东与马站镇相接，西与淄博市沂源县张家坡镇相连，西北与潍坊市临朐县九山镇毗连，北与临朐县大关镇交界。面积 208 平方公里，其中耕地 5452 公顷。西北多山地，东南部为沭河冲积平原。沂山南主峰泰薄顶海拔 916 米，为县内第一高峰。主要河流有沭河。有大（二）型水库 1 座、小（二）型水库 15 座。矿产资源主要有页岩、玄武岩、钾钠长石、珍珠岩、蛭石、矿泉水等。盛产大雪枣、板栗、柿子、油桃、红枣。特产有酸枣仁、全蝎。镇政府驻地设有集市，农历一、六为集日。辖区总人口 6.55 万人。

小城镇建设

诸葛镇 位于沂水县西北部，为山东省中心镇。镇政府驻地大诸葛村，距县城 28 公里。诸葛镇南与沂城街道、龙家圈镇毗邻，北与沙沟镇接壤，东与高桥镇、道托镇相连，西与泉庄镇及淄博市沂源县张家坡镇、东里镇交界。面积 212 平方公里，其中耕地 4273 公顷。属低山丘陵区，有全省第三大水库——跋山水库，小型水库 8 座。主要河流有沂河、暖阳河和顺天河。矿产资源主要有铁矿石、钾钠长石、玄武岩、石灰岩等。有矿产加工企业 20 余家，其中鲁南矿业有限公司是国家特大型钢铁骨干企业莱钢集团子公司。花键轴加工企业近 20 家，年产轴承 1000 万套。镇驻地设有集市，农历一、六为集日。辖区总人口 7.83 万人。

鲁南矿业有限公司

龙家圈镇　位于沂水县中部，沂河西岸。镇政府驻地龙家圈村，距县城 3 公里。龙家圈镇东隔沂河与沂城街道相望，南与许家湖镇、姚店子镇毗连，西与黄山铺镇、崔家峪镇、泉庄镇为邻，北与诸葛镇交界。总面积 94 平方公里，其中耕地 2625 公顷。地势北高南低，平均海拔 109 米。主要河流为沂河。有小（二）型水库 1 座，塘坝 4 座，拦河坝 18 座，蓄水池 48 座，水窖 198 座。矿产资源十分丰富，黄沙、钾长石、硅酸岩储量大、质量好。工业初步形成食品加工、机械制造、板材家具、生物化工、新材料五大产业集群。鲁洲集团为境外上市公司，是中国食品企业发酵工业的龙头企业，国内淀粉生物糖生产规模最大、市场占有率和行业出口贸易额最高的企业集团。辖区总人口 6.33 万人。

黄山铺镇　位于沂水县南部。为山东省中心镇。镇政府驻地黄山铺村，距县城 10 公里。黄山铺镇东、北与龙家圈镇相邻，西靠崔家峪镇，南与姚店子、院东头镇接壤。面积 99 平方公里，其中耕地 3218 公顷。镇境大部分为丘陵，有养老山、九顶莲花山、黄石山等低山，东北部有部分小平原。石（臼所）兖（州）公路横贯东西。有清源河、朱陈河、港埠河等河流。有小型水库 7 座、塘坝 63 座。矿产主要有钾长石、石灰石、页岩等。该镇先后获“山东省文明乡镇”“山东省环境优美乡镇”“山东省村镇建设新型乡镇”等称号。

云水禅景区位于镇境西北部，被九顶莲花山环绕，群山秀丽，郁郁丛林，古木参天，清源河缓缓流于山下。景区内有 1 株银杏雄树，树龄 1300 余年，树径 2.25 米，高 33 米，树北、东、南三面均匀排列着 8 株合抱粗的雌银杏树，被当地人称为“九仙落圣水”。在银杏树下，有建于宋代用石雕成的观音祠。镇驻地设有集市，农历三、八为集日。辖区总人口 5.14 万人。

云水禅景区

崔家峪镇　位于沂水县西部。镇政府驻地崔家峪村，距县城 20 公里。崔家峪镇东接黄山铺镇，西连夏蔚镇，南与院东头镇接壤，北与泉庄镇、龙家圈镇相邻。面积 96 平方公里，其中耕地 2247 公顷。属山区，地势西高东低。河流主要有清源河、朱陈河。有小（二）型水库 11 座。矿产资源主要有木鱼石、石英石、铁矿石、磷矿石、石灰石等，其中黄色木鱼石为全国唯一矿石。所产板栗有栗果均匀整齐、皮薄易剥、色泽鲜艳、味道甘甜、糯性强等特点。该镇注册的“旺峪”牌板栗商标被国家绿色食品发展中心认定为 A 级绿色食品。镇政府驻地设有集市，农历四、九为集日。辖区总人口 3.33 万人。

崔家峪镇板栗

高庄特产——“大红袍”花椒

夏蔚镇 位于沂水县西部。镇政府驻地夏蔚村，距县城28.5公里。夏蔚镇东与泉庄镇、崔家峪镇相连，西与高庄镇相接，南与院东头镇、沂南县马牧池乡毗邻，北与淄博市沂源县西里镇接壤。面积150平方公里，其中耕地3200公顷。境内山、崮、坪相间分布，地势东高西低。主要河流有夏蔚河、甄家疃河、王庄河。矿产主要有蛭石、钾长石、石灰岩、铅、锌、铁、钠长石、玄武岩。沂蒙山革命根据地旅游区占地面积32.6平方公里，相继建成中共中央山东分局旧址、八路军山东纵队旧址、《大众日报》创刊地、孟良崮战役双山陈毅指挥所、沂蒙山根据地广场、沂蒙风情园、红嫂崮等景点。镇政府驻地设有集市，农历二、七为集日。辖区总人口5.26万人。

高庄镇 位于沂水县最西部。为山东省中心镇。镇政府驻地高庄，距县城35.5公里。高庄镇东与夏蔚镇相依，西与蒙阴县岱崮镇、野店镇、坦埠镇交界，南与沂南县岸堤镇、马牧池乡毗连，北与淄博市沂源县西里镇为邻。面积130平方公里，其中耕地3000公顷。属山区，地势北高南低。主要河流有中峪河、下里庄河和梓河。有小型水库4座，塘坝51座。矿产有石灰岩、钛铁、磁石、铅、铜、磷辉绿石、木鱼石、矿泉水等。何首乌、丹参、酸枣仁、全蝎等中药材产量较多。为“中国长毛兔之乡”“中国花椒之乡”“中国香椿之乡”。镇政府驻地设有集市，农历三、八为集日。辖区总人口5.04万人。

泉庄镇 位于沂水县西北部。镇政府驻地泉庄，距县城27公里。泉庄镇东与诸葛镇、龙家圈镇相连，南与崔家峪镇接壤，西与夏蔚镇相邻，北与淄博市沂源县东里镇、西里镇交界。总面积104平方公里，其中耕地2533公顷。沂崔路、郭王路、张王路、泉西路、旅游路5条主干线纵横交会，南与省道兖石路连接，北与沂博、泰薛路贯通。境内属山区，地势西高东低。10余座崮逶迤相连，奇崛壮观，其中最高点为纪王崮，海拔577.2米。主要河流有马连河、温凉河。有小(二)型水库2座。矿产主要有石英石、钾长石、钠长石、石灰岩、页岩等。境内森林覆盖率达到60%以上，千年银杏、千年古槐等古树名木较多；山泉众多，有黑虎泉、虎头泉、马蹄泉、塔井泉、响泉、救命泉等1000余处，泉水甘甜，矿物质含量丰富，四季水温17℃。依托纪王崮旅游资源，开发建成集文化体验、观光游、休闲度假、户外

天上王城

览运动、商务会议等多功能于一体的“天上王城”景区，并通过国家AAAA级景区验收。泉庄镇万亩桃园、葡萄园顺利通过省级农业旅游示范点验收。泉庄镇先后获“山东省旅游强镇”“省级环境优美乡镇”“全国（省级）农业标准化示范区”“山东省农业旅游示范点”等称号。辖区总人口3.37万人。

院东头镇　位于沂水县西南部。镇政府驻地院东头村，距县城25公里。院东头镇东与姚店子镇相连，北与崔家峪镇、黄山铺镇为邻，西北与夏蔚镇交界，西与沂南县马牧池乡毗邻，南与沂南县铜井镇接壤。总面积105平方公里，其中耕地2090公顷。北部和西部为山岭，东部平原，地势西北高东南低，平原山地间布。森林覆盖率为54%，平均海拔248米。峙密河、姚店子河流经境内。有中型水库1座，小型水库4座。姚（店子）院（东头）路、姚（店子）石（门）路、沂（水）邳（州）路等公路交会于境内。矿产资源以铁、石英等为主，蕴藏丰富，分布集中，质地好，品位高，易于开采。镇政府驻地设有集市，农历四、九为集日。辖区总人口2.94万人。

天然地下画廊

镇内旅游资源丰富，天然地下画廊景区包括3200米地下长河溶洞游览区、1200米探险溶洞漂流体验区、大型山地滑草滑雪运动场、怡然居沂蒙风情度假村、全国农业旅游示范区——万亩板栗山茶园、沂蒙第一生态谷养生区六大功能分区，是国家AAAA级旅游景区。地下萤光湖旅游区分为蝴蝶谷、萤火虫水洞两大主题旅游区，有崖瀑漂流、滑道车、梦幻昆虫园等60余处景点构成，是集休闲观光、科普教育、科考探险等多功能于一体的大型综合性生态旅游区。

姚店子镇　位于沂水县西南部。镇政府驻地姚店子村，距县城15.5公里。姚店子镇东邻许家湖镇，西与院东头镇毗连，北与黄山铺镇、龙家圈镇接壤，南与沂南县铜井镇交界，东南隔沂河与沂南县苏村镇相望。总面积79平方公里，其中耕地3067公顷。沂邳路贯穿南北。北部为丘陵，南部为平原，地势西高东低，平原丘陵间布。镇内峙密河绵延10余公里，自西向东汇入沂河。建小型水库3座。矿产资源以镁、白云岩、瓷石、页岩等为主，蕴藏丰富，分布集中，质地好，品位高，易于开采。镇政府驻地设有集市，农历二、七为集日。辖区总人口4.52万人。

山东地下大峡谷旅游区位于境内龙岗山下，为国家AAAA级旅游景区。是集休闲、游憩、娱乐、度假、溶洞漂流为一体的旅游区，为沂蒙地下地质奇观核心景区。洞穴由一条西北—东南走向的巨大喀斯特裂隙发育而成。洞体长6100米，已开发3100米，是中国特大型著名溶洞之一。利用暗河水势开发的“1000米漂流”项目，被上海大世界基尼斯记录总部认证为“中国最长的溶洞漂流”项目。姚店子镇先后获“山东省旅游强镇”“2010品牌山东最具竞争力旅游强镇”称号。

山东地下大峡谷

四十里堡镇 位于沂水县东南部。镇政府驻地四十里堡村，距县城14公里。四十里堡镇西与许家湖镇相依，南与沂南县湖头镇交界，东与日照市莒县闫庄镇、浮来山镇接壤，北与莒县洛河镇、果庄乡毗连。面积126平方公里，其中耕地6610公顷。地势西高东低，北部属丘陵区，东、南部为平原。兖石公路横穿东西，长深高速公路纵贯南北，胶新铁路及建设中的山西中南部铁路大通道经过境内。黄花河横穿东西，菠萝河贯穿南北。有小（二）型水库8座。为国家级万亩无公害大棚西瓜生产基地，所产“沂春蜜”牌西瓜被农业部认定为国家级无公害农产品，西瓜产业成为全镇重要经济支柱产业之一。镇政府驻地设有集市，农历三、八为集日。辖区总人口6.7万人。

“沂春蜜”西瓜

许家湖镇 位于沂水县南部。镇政府驻地许家湖村，距县城7公里。许家湖镇西与姚店子镇毗连，北与沂城街道接壤，东与四十里堡镇、日照市莒县果庄乡相邻，南与沂南县苏村镇、湖头镇交界。面积126平方公里，其中耕地6219公顷。地势东高西低，东部为丘陵，西部为沂河冲积平原，属半丘陵半平原地区。主要河流有沂河、马庄河、蛇腰河。有小型水库5座。生姜产量占“沂蒙生姜”总产量的三分之一。桑园面积333公顷，占全县桑园总面积的四分之一；沂河两岸有杨树丰产林16667公顷，年出产木材4万立方米。矿产资源以石英石、岩金、沙金、金刚石等为主，蕴藏量较为丰富，品质较高。东方瑞海国际温泉度假村位于镇境北部，是国家AAAA级旅游景区。度假村集客房、餐饮、温泉、会议、娱乐于一体，先后被评为山东省最值得体验温泉品牌、山东旅游十佳休闲度假胜地、临沂市诚信旅游示范单位。镇政府驻地设有集市，农历一、六为集日。辖区总人口8.11万人。

东方瑞海国际温泉度假村

第七章 沂南县

建置 区划

境域 沂南县位于临沂市北部、沂河中游、蒙山东麓。北靠沂水县，南接河东区、兰山区和费县，西连蒙阴县，东靠莒南县、日照市莒县。县境位于北纬35°18′~35°46′，东经118°07′~118°44′之间。最大横距54公里，最大纵距47公里，总面积1774.08平方公里。

建置 1939年10月，在中国共产党领导下，析沂水、蒙阴2县的南部建立南沂蒙县，并建立中共南沂蒙县委。同年12月，建立南沂蒙联防办事处。1940 年 3 月，南沂蒙县改称沂南县，因辖区大部由沂水县南部析置而得名。1940 年 6 月，在沂南、临沂、费县边界地区设置临费沂边联县(后曾先后改称沂临边联县、沂临县)。该县建立后，其辖区曾因区划变动而缩小。1941 年 12 月，撤销沂南县建制，1942 年 7 月复置。1942 年 12 月，在沂南县中东部及莒中县西部交界地带设置沂东县。此时，沂南、沂临边联、沂东 3 县均隶属鲁中行政区沂蒙专区。1945 年 10 月，沂临县撤销，所辖区大部并入沂南县。1948 年 7 月，沂南、沂东 2 县属鲁中南行政区第二专区。1949 年 7 月，沂东县撤销，永太等 4 区来属。是年，沂南县隶属鲁中南行政区沂蒙专区。1950 年属沂水专区。1953 年属临沂专区。1958 年 11 月，沂南县撤销，辖区并入沂水、临沂、蒙阴、莒县。1961 年 8 月复置，属临沂专区。1967 年，属临沂地区。1994 年 12 月，临沂地区撤销，设立地级临沂市，沂南县属临沂市。

区划 1995 年，全县辖 12 镇、16 乡。1996 年 5 月，孙祖、杨家坡 2 乡撤乡设镇。1997 年 12 月，双堠乡撤乡设镇。2000 年 12 月，将原 15 个镇、13 个乡调整为 15 个镇、2 个乡，下辖 978 个行政村。2002 年 3 月，依汶乡撤乡设镇。2005 年 6 月，全县辖界湖、依汶、岸堤、孙祖、双堠、青驼、张庄、砖埠、葛沟、杨家坡、大庄、辛集、苏村、蒲汪、湖头、铜井 16 个镇，马牧池 1 个乡。2010 年 9 月，界湖镇改设界湖街道。是年年末，全县辖 1 个街道、15 个镇、1 个乡，594 个行政村、6 个社区。

人口 民族 1995 年，全县总人口 88.32 万人，男女性别比为 104，每平方公里 498 人。除汉族外，还有回、蒙古、满、朝鲜、壮等 11 个少数民族，共 1250 人。2010 年，全县总人口 94.73 万人，男女性别比为 103.49，每平方公里 534 人。人口出生率 12.62‰，死亡率 5.5‰，自然增长率为 7.12‰。有少数民族 22 个，2143 人。

自然环境

地形 沂南县属鲁中南山地丘陵区，位于沂蒙山区中部蒙山东麓，沂沭河中游。境内地势北高南低，西高东低，中间洼，自西北向东南逐步下降倾斜，自西向东形成西部低山区、中部平原区和东部丘陵区。境内海拔在 88~762.8 米之间，相对高度 50~400 米。最高点位于双堠镇五彩山主峰，海拔 762.8 米；最低点在砖埠镇洙阳村村南沿河平地，海拔 88 米。

山脉 境内有大小山头 3400 余座，其中海拔 500 米以上的有 19 座，其余多在 200~500 米之间，主要山系自北向南为北大山山脉、孟良崮山脉、五彩山山脉。

河流 沂南县属淮河流域，除东部小部分属沭河水系外，余皆属沂河水系。主要河流有沂河、东汶河、蒙河。沂河境内流程 46 公里，河面宽 250~1000 米，平均比降 1/1500，流域面积 553.5 平方公里。东汶河境内流程 70 公里，河面宽 150~600 米，平均比降 1/1100，流域面积 559 平方公里。蒙河境内流程 37 公里，河面宽 50~500 米，平均宽 200 米，平均比降 1/860，流域面积 305.4 平方公里。

土壤 境内土壤分为棕壤、褐土、潮土、水稻土、砂姜黑土 5 个土类，下分 11 个亚类，16 个土属，53 个土种。5 个土类分别占土壤可利用面积的 47.1%、33.5%、16.5%、1.1%、1.8%。

植被 低山地带，木本植物主要有马尾松、侧柏、枰柳、刺槐、果树、酸枣、荆棵、梓椤等，草本植物主要有罗罗网、野艾、黄草、白羊草、狗皮草等。丘陵地带，木本植物主要有刺槐、榆、椿、果树、棉槐等，草本植物主要有秫草、蒺藜、茅草、狗皮草等。平原湖洼地带，木本植物主要有杨、榆、楸、泡桐、刺槐、各种果树等，草本植物主要有三棱草、茅草、骨节草、翻白草等。汪塘沟渠、河湾生长着蒲草、芦苇、水红草等。农作物以种植的粮食、油料、蔬菜、棉花、药材等为主。

气候 属暖温带季风区，四季分明，具有明显的冬、夏季风气候特点。年平均气温在12.8~14℃之间。1990—2005年，极端最高气温41.8℃（2002年7月15日），极端最低气温-13.8℃（1993年1月27日）。年平均降水量832.1毫米。年最大降水量1242.6毫米（2003年），最小降水量482.9毫米（1992年）。霜期累年平均146天，最长165天（2004年），最短123天（1999年）。无霜期平均219天，最长242天（1999年），最短200天（2004年）。终霜日累年平均出现在3月27日，最早出现在3月8日（2002年），最晚出现在4月14日（1993年）。

自然资源 土地资源 2009年，土地总面积17.7万公顷，其中耕地9.49万公顷、园地0.69万公顷、林地2.1万公顷，草地0.62万公顷，城镇村及工矿用地2.02万公顷，交通用地0.61万公顷，水域及水利设施用地0.88万公顷，其他土地1.43万公顷。

水资源 多年平均地表水资源量4.7亿立方米，多年平均地下水资源量1.87亿立方米。多年平均水资源总量5.39亿立方米，

地热资源 已发现地热田2处：一处在铜井镇新王沟村，地热田C+D级资源总量7.0874×10^{16}焦耳，相当于241.88万吨标准煤的产热量；一处在张庄镇松山，C+D级资源总量5.15×10^{15}焦耳，相当于17.6万吨标准煤的产热量。

矿产资源 全县石英砂资源探明储量6亿吨，远景储量30亿吨，储量大，质量优，易采选，为国家级特大型石英砂矿区。国内罕见的黑色花岗岩“中国蓝”，探明111b+122b级资源量463万立方米，远景储量8000万立方米以上，可与世界上著名的“巴西蓝”媲美。探明的金属矿点58处，主要有金、银、铜、铁等矿藏。此外有萤石、瓷石、蛭石、矿泉水、河砂、石灰岩等多种资源。

自然灾害 主要有旱灾、涝灾、风灾、雹灾、低温、霜冻等。以旱灾发生频率最高，尤以春旱、秋旱危害严重。

经济状况

1995年，实现国内生产总值22.9亿元，全社会规模以上固定资产投资完成3.98亿元，实现社会消费品零售总额58587万元，地方财政收入7450万元。2010年，实现生产总值131.5亿元。三次产业结构由1995年的41.4:45.4:13.2调整为20.8:43.1:36.1。全社会规模以上固定资产投资完成85.55亿元，实现社会消费品零售总额58.7亿元，地方财政收入42625万元。

农业 1995年，农业总产值完成10.5亿元。粮食总产量42.9万吨。实有林地面积45313公顷。大牲畜存栏16.14万头，生猪存栏23.3万头，羊存栏19.08万只，家禽存栏292.72万只。肉类总产量4.9万吨。水产品总产量2300吨。农业机械总动力11.5万千瓦。1998—2005年，逐步完成第二轮土地延包工作。以农民增收为目标，不断调整农业内部结构，初步形成以中部平原为重点的优质粮，以沂河、东汶河、蒙河沿岸为重点的蔬菜，以西部山区为重点的林果，以东部丘陵为重点的烤烟、花生和以西部山区、东部丘陵为重点的畜牧五大农业支柱产业，成为山东省有名的蔬菜之乡、油料生产基地和烤烟生产基地。2010年，全县播种粮食作物11.26万公顷，粮食总产量44.4万吨。花生总产量7.4万吨，蔬菜总产量83.7万吨，肉类总产量13.3万吨，禽蛋产量2.9万吨，奶类产量1.3万吨，水产品产量1058吨。完成林业产值1.1亿元。猪、牛、羊、家禽出栏分别为45.8万头、2.9万头、23.8万只和6477万只，年末全县存栏生猪33.4万头、牛5.9万头、羊25.4万只、家禽1466万只。

沂南黄瓜 20世纪80年代后期开始大面积种植。1997年成为全国最大的黄瓜生产县。沂南黄瓜脆甜清香，色深条直，顶花带刺，生食口感好，营养丰富，畅销上海、广州、北京等地。2000年，沂南县开始大力发展优质黄瓜生产，严格按照蔬菜标准化生产技术规程组织生产。2002年，沂南黄瓜获国家无公害农产品认证；2009

年，获国家绿色食品认证；2010年，获国家地理标志农产品认证和地理标志证明商标认证。沂南县成立了全国“沂南黄瓜”技术联盟，制定并颁布沂南黄瓜标准化生产技术规程等地方标准，加大工厂化育苗等新型实用技术推广应用。以临沂现代农业科技示范园与荷兰瑞克斯旺公司合作建设的工厂化育苗中心为基地，大力发展集约化育苗生产，全县累计发展新型育苗厂6处，年育苗2.5亿株，其中黄瓜育苗占半数以上。全县初步形成岸堤镇1333公顷春季露地黄瓜生产基地，辛集、苏村、依汶、湖头镇1万公顷夏黄瓜生产基地，大庄、辛集、苏村镇6667公顷越冬温室黄瓜生产基地，依汶、砖埠、岸堤镇及马牧池乡5333公顷早春大棚黄瓜生产基地。总产量225万吨。

肉鸭　肉鸭产业自2002年起步，当时主要是简单的肉鸭饲养和屠宰，产品技术含量较低，产业链条比较短。2005年，养殖加工肉鸭2350万只，产值2.05亿元。2006年起，县政府成立专门的肉鸭产业发展工作领导小组，负责全县肉鸭产业发展的区域规划、宣传引导、政策落实、技术指导、综合协调等。县政府先后制定相关文件，完善鼓励群众发展肉鸭养殖的政策保障机制。对获批县、市、省和国家级标准的畜牧生产基地和出口备案基地，由县财政进行奖励。肉鸭产业饲养和生产加工规模不断扩大，逐步完成由单一饲养向生产加工产业化经营的跨越，产业链条逐步拉长。2008年，养殖加工肉鸭2亿只，产值21亿元。2009年起，肉鸭产业开始步入规范提升期，企业不断调整和优化升级，产业链条逐步完善，全县肉鸭产业形成从饲料生产、鸭苗孵化、规模养殖到白条分割、精深加工、产品销售于一体的完整产业链条。2009年，沂南县被评为全国农产品加工创业基地，肉类加工产业集群被列入山东省“肉类加工十大典范经济区”行列。2010年，沂南县标准化肉鸭养殖场区发展到170余处，规模养鸭户6000余户，从事肉鸭行业的人员10万人，肉鸭生产加工企业50家，其中规模以上企业34家，养殖加工肉鸭4亿只，实现产值60亿元，成为“全国肉鸭产业第一县”。有5家饲料加工企业通过省畜牧局验收，从事饲料和鸭产品运输的车辆达3000余辆，安排农村剩余劳动力和城镇下岗职工3万余人就业。

工业　1995年，完成工业总产值26.4亿元，工业增加值9.74亿元，乡及乡以上工业实现利税2.1亿元。1997年以后，随着改革的日益深入和社会主义市场经济体制的逐步建立，通过打破单一所有制形式、培植骨干企业、形成规模经济、

山东百华鞋业公司

进行产权制度改革等措施，经济效益明显提高。2005年，全县完成工业总产值37.1亿元，实现销售收入34.51亿元，利税2.52亿元，沂南成为中国最大的砖机生产基地和全国著名的“电动车城”“电子城”。2010年，全县规模以上工业企业248家，完成工业总产值186.6亿元，其中轻工业产值115.27亿元、重工业产值71.33亿元；完成增加值43.9亿元，产品销售收入179.93亿元，利税11.97亿元。全县有高新技术产业企业39家，实现产值53.89亿元。

电动车 2002年起，沂南县立足于摩托车、电机、轴承等机械制造业基础优势，相继制定电动车招商引资、创建省优质产品（电动车）生产基地优惠政策等，从财税、金融、土地、建设等方面为创建优质产品（电动车）生产基地提供政策保障。2004年，沂南澳柯玛电动车销售16万辆，居同行业销量榜首。2005年，澳柯玛电动车获得“2005年中国电动车行业最具影响力第一品牌”称号。沂南县以澳柯玛电动车为核心，逐渐形成集整车生产、零部件配套、产品研发销售、物流运输为一体的电动车产业集群，从业人员达6000余人，有企业30余家，其中整车生产企业2家，生产各类电动车30余万辆，完成产值8亿余元，实现利税8000余万元。2008年，在中国产业集群大会上，沂南县电动车产业集群入选“中国县域产业集群竞争力百强”。2009年，澳柯玛（沂南）新能源电动车有限公司获得首届市长质量奖提名奖；格仑特牌电动车被授予“山东省名牌产品”称号；沂南电动车产业集群被评为山东省优质产品生产基地、山东省轻工业特色产业集群。至2010年，沂南县形成以澳柯玛（沂南）新能源电动车有限公司、绿源电动车（山东）公司、格仑特电动科技公司、家家乐、六福星等整车企业为龙头，新大洋机电科技公司、德洋电子、明和涂装、鑫达铝业、福瑞特汽车配件等配套企业为骨干的电动车产业集群，成为全省乃至全国有一定知名度的县域经济特色产业。从业人员1万余人，生产各类电动车120余万辆，完成产值35亿余元，实现利税2.6亿元。产品主要有电动自行车、电动三轮车、电动高尔夫球车、电动旅游观光车、电动客（货）车五大系列500余个品种，畅销国内20多个省、市、自治区，并出口到美国、澳大利亚、日本等60多个国家和地区，全国市场占有率达15%。

砖机 起步于1997年，沂南县宏发机械制造有限公司为沂南县首家空心砖机制造企业。之后，县、镇两级政府加大对制砖机产业的引导和管理，制定制砖机产业发展的政策和规划。至2005年，全县制砖机企业发展到30余家，从业人员1万余人，年产各类砖机3万余台，年产值10亿元，利税8000万元。2006年，砖机企业发展到53家，砖机生产成为沂南县的集群经济。2006—2010年，沂南县确立“深挖内涵，扩大外延，构筑集群，拉长产业链，打造制砖机制造业基地”的发展思路，按照“持续、创新、提高”和“做大总量、提高质量”的要求，从提升企业科技含量、做大品牌、培育龙头等方面入手，以科技进步为动力，加强宏观调控和指导，调整和优化产品结构，提升行业竞争力，形成各具特色、错位竞争、分工合作的产业格局。2010年，全县有制砖机企业100余家，从业人员1.8万余人，年销售能力22亿元，实现利税2亿元，占国内同类产品市场份额的40%以上，市场占有率居全国第一位。沂南县制砖机产品拥有70余个品种150余个规格，取得科研成果80余项，掌握核心技术20余项，先后获得国家、省、市表彰100余项。产品销往辽宁、吉林、黑龙江、云南、贵州、四川、安徽、内蒙古、河北、新疆等省、市、自治区，部分产品远销南非、孟加拉、蒙古、越南等60个国家和地区，成为江北最大的制砖机生产基地。

商业贸易 1995年，全县实现社会消费品零售总额5.86亿元。其中，国有经济消费品零售额18185万元，集体经济零售额6743万元，个体经济零售额23186万元，其他经济零售额8947万

东方购物广场

元。全年出口交货总值完成24299万元。1995年起，全县商业系统进行企业改制，通过深化和推进流通企业改革，实现了国有商业企业由国营到民营的转变。2010年，全县实现社会消费品零售总额58.7亿元，其中城镇实现消费品零售额28.9亿元、乡村实现消费品零售额29.8亿元。批发零售贸易业实现零售额41.4亿元，住宿餐饮业实现零售额11.01亿元。在社会消费品零售总额中，非公有经济零售额55.8亿元。全年实现进出口总额10072万美元，其中出口9449万美元、进口623万美元。

交通 邮电 交通 1995年，全县汽车通车里程454公里，全年货运周转量8277万吨公里，客运周转量2905万人公里。1996年12月，建设长17.8公里的京沪高速公路沂南段；1998年10月，兴建长33.8公里的日东高速公路沂南段。1999年10月1日和2000年11月，两条高速公路先后建成通车。2003年10月，长33.83公里的胶新铁路沂南段完工并进行试营运，在辛集镇境内设有沂南火车站。2005年，全县公路通车里程991.4公里（不含村道428公里），其中二级路149.2公里、三级路297.2公里、四级路171公里，公路密度13.2公里/百平方公里。2010年，全县通车里程1988.6公里，完成地方公路客运量1052.8万人次，旅客周转量7.45亿人公里，公路货运量1701.6万吨，货运周转量46.77亿吨公里。

邮电 1995年，邮电业务总收入1501.7万元，年末电话用户8806户。1998年，开始村村通电话工程。2000年，各种邮电业务实行微机化处理。2005年，全县电话用户15.5万户，互联网用户0.7万户，移动电话12万户。2010年，邮政业务总量1995.49万元，年末固定电话用户7.6万户，移动电话用户43万户，电话普及率53.41部/百人，互联网用户3.8万户。

城乡建设 1995年，召开全县小城镇建设工作会议，在各建制镇设立建设委员会，加强对小城镇建设的组织领导。2002年3月，县政府委托山东省规划设计研究院进行县城新一轮总体规划修编，规划方案于2003年8月经市政府批准实施。至2005年，完成15个乡镇的总体规划修编和青驼、葛沟、苏村、大庄、铜井、岸堤、马牧池等14个乡镇的详细规划编制；编制完成行政村合并后的中心村建设规划240个，占全县村庄总数的40%。2010年，县城建成区面积21.5平方公里，人均拥有公共绿地17.57平方米。完成拆迁10万平方米，房地产开发83.57万平方米，供水820万立方米。

环境保护 自1989年开始，县政府和有关单位先后签订环境保护责任书。2002年6月，沂南县被国家环保总局批准为第七批全国生态示范区试点单位。县政府及时提出“建设生态大县”的战略目标。是年，编制《沂南县生态示范区建设规划》，经县人大常委会颁布后由各有关部门和乡镇具体实施。对县制革厂、电镀厂等污染物直接排放的企业依法进行取缔和关闭，责令县造纸厂拆除草制浆生产设施，消减了全县污染负荷。

自2004年起，将日排废水100吨以下的58家企业列入重点治理对象，开展肉食品加工、石英砂废水专项整治。沂南铜象水泥有限责任公司、临沂阳都水泥有限公司安装了大布袋除尘器。全县污染治理设施正常运转率保持在99%以上。2005年8月，编制《生态县建设规划》，设立生态县建设专项资金，并逐年增加。年底，将各有关部门和乡镇生态责任书各项指标落实情况作为对领导班子实绩考核的重要内容。至2005年，全县累计投入治理资金7000多万元，治理62家污染企业和100多台工业和生活取暖燃煤锅炉，基本完成造纸、酿酒、化工、医疗、制革等废水，金矿尾砂等固体废物和锅炉烟尘的治理。2006年，城市空气质量良好率达95%，水环境功能区达标率为90%。

2007年，实施“碧水蓝天”行动计划，境内沂河水质已达功能区划要求，出境断面COD已降到30毫克/升以下，出境断面COD连续6个月稳定在20毫克/升左右。2008年，建成污水处理厂，污水集中处理率达65.02%。2009年，对11家肉联厂、5家石英砂加工企业实施限产再提高；全县工业污染治理设施处理能力达到5.3万吨/日。境内沂河、蒙河两河水质达到环境功能区划要求，东汶河达到地面水三类水质标准。污水集中处理率达到77%。2010年，两个跨界考核断面中水质达标率为100%。河流水质达到省政府要求的“稳定恢复鱼类生长”的民心工程要求。城区空气质量优良率为98.6%。

社会事业

科技 1994年，组织实施县科学技术发展计划。1995年，沂南县有专业技术人员11461人，其中高级174人、中级2068人、初级9219人。1996年，沂南县被国家科委授予“全国科技工作先进县”称号。2008年，被国家科委表彰为“2007年度科技进步工作先进县”。至2010年，累计实施县科学技术发展计划项目470项，投入科技三项经费2129.5万元。2010年，全县实施科技计划项目56项，其中国家级2项，省级4项，市级11项，县级39项。全年取得各类科技成果24项，获省科技进步奖1项、市科技进步奖5项。全年申请专利138项，授权129项。全县新增纳入高新技术产业统计企业12家，总数39家。全县有专业技术人员13768人，其中高级1125人、中级5949人、初级6694人。

教育 1995年，沂南县顺利通过省政府“基本普及九年义务教育、基本扫除青壮年文盲”工作达标验收。年末有普通中学36所，在校学生46789人；小学873所，在校学生105619人；其他教育学校3所，在校学生3999人。全县有教职员工8188人。2005年，通过全省实验教学普及县验收。2007年，开始全面实施义务教育经费保障机制改革，累计减免义务教育阶段学生课本费、学杂费及补助公用经费4556万元，实现“人民教育人民办”到“义务教育政府办”的转变。2010年，全年招收小学新生10519人、初中新生11763人，招收高一新生3822人。小学学龄儿童入学率、小学入初中升学率和小学、初中在校生巩固率均达到100%。全县普通高中在校生1.22万人，27所初中在校生3.39万人，144所小学在校生6.38万人。全县有教职员工9507人。

文化 1995年，沂南县有公共图书馆、文化艺术馆各1座，文物管理机构3个，电影院、广播电台、电视台各1座。建成有线电视传输网，开始传输有线电视节目。2005年，全县拥有各种群众文化机构3个，博物馆3座，公共图书馆1座。有广播电台、电视台各1座。全县17个乡镇、街道全部开通有线电视信号，有线电视用户2万余户，广播电视综合覆盖率98.9%。自2005年起每2年举办1届诸葛亮文化旅游节活动，至2010年共举办3届。2010年，拥有各种群众文化机构3个，博物馆4座，公共图书馆、档案馆各1座，全国重点文物保护单位1个，省级重点文物保护单位6个。拥有国家珍贵文物22件，其中一级文物4件、二级文物5件、三级文物13件。

卫生　1995年，有沂南县人民医院、中医医院2所综合医院，妇幼保健院、皮肤病防治所、卫生防疫站各1所，乡镇卫生院27所。全县医疗单位有病床床位1007张，卫生专业技术人员1150人，其中医生687人。2005年，全县设置各级各类医疗机构416个。其中，县级医院7个，乡镇卫生院25个，农村合作医疗社区服务所345个，厂矿、学校和私营医疗机构39个。有各类卫生专业技术人员1356人。2010年，全县有卫生机构37个，其中医院、卫生院32个，专科疾病防治所2个，妇幼保健院、疾病预防控制中心各1个。拥有病床床位2657张，卫生专业技术人员1619人。全县76.67万名农民参加新型农村合作医疗，参合率99.86%。全年累计补偿参合农民299.1万人次，补偿总金额9592.49万元。

体育　1995年，有8人次参加国家级比赛，获奖牌5枚。2008年，全县有非标准体育场地298处，面积11.8万平方米。县城公共活动场所6处，有标准田径场1处、综合训练场（馆）3处。2010年，县排球队代表临沂市参加山东省第二十二届运动会排球比赛，在男排和女排项目中各夺得1枚金牌，5名教练员、运动员被市政府记三等功，12名教练员、运动员受到个人嘉奖；由沂南县培养输送到国家队的射击运动员朱靖宇在慕尼黑射击世锦赛上获得第四名，并在全国射击锦标赛中夺得冠军。

人民生活　1995年，农民人均总收入2656.4元，人均纯收入1626元；城镇职工人均工资额3616元。2005年，农民人均纯收入3471元，人均生活消费支出2321元，人均居住面积25.51平方米；在岗职工年平均工资10923元。2010年，农民人均纯收入6650.5元，人均生活消费支出4273元，人均住房面积30.2平方米；城镇居民人均可支配收入13777元，人均消费性支出8684元，人均住房建筑面积32.6平方米，在岗职工年平均工资25706元。

沂南名片

沂南县是三国时期著名政治家、军事家诸葛亮的诞生地；抗日战争时期山东省战时工作推行委员会诞生地。为全国电动车生产基地、鸭业第一县、蔬菜生产大县。1996年7月，国家科委授予沂南县“全国科技工作先进县”称号。1998年3月，被林业部确定为全国山区综合开发示范县。2002年6月，沂南县被国家环保总局批准为国家级生态示范县。2009年11月4日，被中共中央组织部、商务部列为全国农村商务信息试点县。2009年，被命名为全国农产品加工创业基地；被授予“山东省肉类加工产业集群十大典范经济区”称号。2010年12月，被农业部授予“全国粮食生产先进县”称号。

沂南县城

沂南县城位于界湖街道。地处县境中部偏北，历山之阳，沂河、东汶河之间。地理坐标为北纬35°33′，东经118°27′。县城地势西北高东南低，海拔高度在130~272.4米。城区西部有卧龙山，主峰宣崮顶海拔272.4米，团山海拔181.7米。城区西南有牛尾巴山（又称南山），海拔219.7米。336省道、229省道穿城而过。县党政机关、事业单位、商业区大都驻于县城中部，县人民政府驻人民路42号；工业区主要在沂南经济开发区及城南；居住区比较分散。辟有诸葛亮文化旅游区、智圣汤泉旅游度假村。为省级园林城市、省级卫生县城。

界湖约在北宋立村。1949年县机关定驻于此，成为沂南县政治、经济、文化中心。1990年，县城北至文化路，南至芙蓉路，东括界湖4个村，西至卧龙山，建成面积为3.5平方公里，常住人口33041人。城内街道9条，绿化面积

智圣汤泉旅游度假村

5550平方米。建有沂南县第一个居民小区——西山小区。此后，随着县城建设步伐的加快，面貌发生较大变化。县城中心城区向西北、东南方向发展。至2010年，沂南县城建成区面积达21.5平方公里，常住人口11.92万人，人均道路面积21.24平方米，人均绿地面积15.57平方米，建成区绿化覆盖率35.16%。城区道路形成“八纵十横”的整体框架。供水管网覆盖整个城区，供水能力达820万立方米，水质合格率达100%；城市新建住宅入住通管道燃气。自来水、有线电视、电话普及率均为100%。城区有县级综合医院2所，专科疾病防治所2处，妇幼保健院、疾病预防控制中心各1处；有普通高中2所、初中3所、小学5所，中等专业学校1所；有各种群众文化机构3个，博物馆、公共图书馆、档案馆、体育馆、电影院各1个。

县城有佳乐超市、桃源超市、万福隆超市、百姓超市、百成汇服装城、华联超市、东方超市等大型超市商场。沂南商业街经两次扩建，占地面积6667平方米，店铺496家。大丰商城占地面积1.2万平方米，店铺200余户，与商业街连成一片。阳都市场是烟酒副食、日用百货，小五金等综合性商品批发市场，建筑面积2.5万平方米，有固定经营业户近400户。旅游星级酒店有四星标准酒店2家，为智圣汤泉旅游度假村、东方大酒店；三星级酒店2家，为华苑商务酒店、金华商务酒店；二星级酒店1家，为新星商务酒店。

诸葛亮文化旅游区位于沂南县城西部，以卧龙山东部为主体，向西延伸至东汶河沿岸。建有诸葛亮铜像广场、回音壁、十里汉街、智慧桥、乾隆御碑亭、诸葛宗祠、三顾茅庐、八卦迷宫等景点。诸葛亮文化广场为诸葛亮文化旅游区配套项目，占地5万平方米，是集纪念、集会、服务等功能于一体的城市综合性广场。

山东智圣汤泉旅游度假村位于县城东北，一期占地面积41公顷，分为客房接待中心、中西餐饮中心、国际会议中心、景观温泉中心和影剧院五部分。2010年10月,通过国家AAAA级景区验收。

乡镇街道

界湖街道 位于沂南县中部偏北，是沂南县政府驻地，为全国重点镇。北与铜井镇相连，南与张庄镇、大庄镇接壤，西与依汶镇毗邻，西南与孙祖镇交界，东隔沂河与苏村镇、辛集镇相望。面积104.94平方公里，其中耕地3533公顷。西部为山区，中东部为平原。主要河流有沂河、东汶河。盛产板栗、石榴、柿子等优质土特产品。工业以电动车和制鞋为特色，电动车产业集群入选山东省十大影响力产业集群、中国县域产业集群竞争力百强。街道被评为山东省特色产业镇。有诸葛亮文化旅游区、卧龙源小流域、汶河漂流、北寨汉墓、智圣汤泉旅游度假景区等景区。界湖设有集市，农历四、九为集日。二月二十九日逢春季庙会。九月二十九日逢秋季庙会。辖区总人口 7.2 万人。

北寨汉墓博物馆

依汶镇　位于沂南县西北部。镇政府驻地西依汶村，距县城 13 公里。依汶镇东接界湖街道，南邻孙祖镇，西连马牧池乡，北与铜井镇接壤。面积 123 平方公里，其中耕地 3333 公顷。东汶河穿境而过。有丰富的石英砂、瓷石、石英石、页岩、脉英石和石灰石等矿产资源，储量大、分布广、品位高、土层浅、易开采。是生态旅游新镇，被评为全省环境优美乡镇。鲁中革命烈士陵园为省级重点烈士纪念建筑物保护单位。境内有风光旖旎、层峦叠嶂的北大山。被市农业局认定为十大无公害农产品生产基地之一，有优质农产品生产基地 6 个。336 省道、高界路和泉重路穿越境内。依汶设有集市，农历五、十为集日。辖区总人口 5.1 万人。

鲁中革命烈士陵园

马牧池乡　位于沂南县西北部。乡政府驻地牛王庙村，距县城 23 公里。马牧池乡南与孙祖镇接壤，西与岸堤镇相连，东与依汶镇、沂水县院东头镇相接，北与沂水县高庄镇为邻。面积 92.6 平方公里，其中耕地 2094 公顷。东汶河自西向东贯穿全境。矿产资源丰富，金属类有铁矿，非金属类有石英砂岩、白云岩、石灰岩、大理石、滑石、蛭石、磷矿石等。其中石英砂储量达 8000 万吨，远景储量 4 亿吨，化学成分达到 99.85% 以上，属中国北方少见的大型优质石英砂矿。石灰岩矿床已探明储量 2.6 亿吨，远景储量 8 亿吨。336 省道、红色旅游专线、高界公路穿境而过。乡政府驻地设有集市，农历四、九为集日。辖区总人口 3.5 万人。

沂蒙红色影视基地

马牧池乡红色文化资源十分丰富，主要有沂蒙红嫂革命纪念馆、“沂蒙母亲”王换于纪念馆、山东省战邮纪念馆、红嫂明德英故居、北海银行旧址等红色文化纪念地。

岸堤镇　位于沂南县西北部。镇驻地岸堤村，距县城 31 公里。岸堤镇东邻马牧池乡，南靠孙祖镇及蒙阴县垛庄镇，西与蒙阴县旧寨乡、界牌镇相邻，北接蒙阴县坦埠镇、沂水县高庄镇。面积 143.52 平方公里，其中耕地 3700 公顷，林地 4087 公顷。境内山峦重叠，沟壑纵横。镇南部为砂石山，北部为青石山，中部为汶河岸边小平原。高湖水库位于镇政府驻地西北 5 公里处。河道属沂河水系东汶河支流。矿产主要有石灰石、花岗石、铁矿、砂、云母等。农产品主要有小麦、玉米、花生、地瓜、黄烟，林业以经济林为主。是著名的将军烟草生产基地和万亩花生生产基地，是全县最大的镜面柿和香椿生产基地。336省道、葛岸路在镇境内交会。山东抗日军政干部学校旧址在岸堤村，是山东省重点文物保护单位，中共苏鲁豫皖边区省委和山东分局曾驻扎此地。岸堤设有集市，农历一、六为集日。辖区总人口5.6万人。

山东抗日军政干部学校旧址

孙祖镇 位于沂南县西部。镇政府驻地孙祖村，距县城10公里。孙祖镇东与界湖街道、张庄镇接壤，东北连依汶镇，西南与双堠镇为邻，北接岸堤镇、马牧池乡，西邻蒙阴县垛庄镇。面积153.7平方公里，其中耕地3028公顷。有孙祖河、代庄河等河流。有小型水库7座，塘坝42座。“孙祖小米”被评为国家地理标志产品。境内优质

《跟着共产党走》诞生地

石英砂储量超过10亿吨，属国家级优质硅砂矿区，产品有天然硅砂、水选砂、干粉硅砂等。葛岸路、圣刘路、泉重路穿境而过。镇政府驻地设有集市，农历三、八为集日。辖区总人口4.2万人。

孙祖镇为省级生态乡镇。孟良崮国家森林公园位于镇境西部，为国家AAA级风景区。境内有黄山寺旧址、孟良崮战役遗址、九子峰战斗遗址、抗大一分校旧址、徐向前司令部旧址和大众日报社旧址。著名革命歌曲《跟着共产党走》诞生于东高庄。

双堠镇 位于沂南县西南部。镇政府驻地双堠村，距县城35公里。双堠镇东连张庄镇，东北接孙祖镇，东南邻青驼镇、费县汪沟镇，西南与费县薛庄镇接壤，西与蒙阴县垛庄镇为邻。面积156平方公里，其中耕地3945公顷。海拔762.8米的彩蒙山是全县最高峰，峰险谷幽，树茂林深。蒙河自西向东贯穿全境。境内石英砂资源丰富，以蛮山为中心矿区，储量达10亿吨，居全国第二位，品位居全国之首。特产有“双堠西瓜”“彩蒙樱桃”“蒙山板栗”“蒙山草鸡蛋”“蒙山山蝎”等。京沪高速公路、205国道穿境而过。镇政府驻地设有集市，农历二、七为集日。辖区总人口4.4万人。

南北朝时期的摩崖石刻

境内有大青山战斗遗址、大青山烈士陵园、朝山石刻、大众日报社旧址等遗迹。大青山战斗遗址是山东省重点文物保护单位，大青山烈士陵

园为省级重点烈士纪念建筑物保护单位。

青驼镇　位于沂南县西南部，为省级中心镇。镇政府驻地青驼社区，距县城26公里。青驼镇东与砖埠镇接壤，东北与张庄镇相邻，西北与双堠镇交界，西南与费县汪沟镇相连，南与兰山区半程镇、李官镇毗邻。面积147平方公里，其中耕地5252公顷。地形四周高中间低，地势主要为高低起伏的山地丘陵。蒙河流贯全镇，境内长20多公里，有蒙河湿地620万平方米。有小型水库7座、塘坝79座，储水量870万立方米。矿产主要有石英砂、页岩等，石英砂储量巨大，品质优良，总储量约1亿吨。所产徐公砚是中国名砚。205国道、京沪高速公路、日兰高速公路、229省道、山（南头）青（驼）公路贯通全镇，京沪高速公路在境内设有出入口。镇政府驻地设有集市，农历四、九为集日。辖区总人口6.3万人。

汉代石刻珍品——石驼

镇政府驻地村有一对东汉时期的石驼，背有双翼，该村还有一座寺院，村名“青驼寺”由此得名（今称青驼）。全国第一个省级抗日民主政权——山东省战时工作推行委员会在青驼村成立，山东省战工会旧址暨红嫂纪念馆为山东省重点文物保护单位。镇政府驻地东北7公里处有尚庵寺遗址。

张庄镇　位于沂南县中南部。镇政府驻地张庄，距县城13公里。张庄镇北依界湖街道，东邻大庄镇、砖埠镇，南与青驼镇相连，西与孙祖镇、双堠镇毗邻。面积116平方公里，其中耕地4589.8公顷，山林4000公顷，森林覆盖率达53%。主要河流为东汶河，境内长15公里，流域面积为100平方公里。有小型水库13座。矿产资源丰富，有与世界闻名的“巴西蓝”大理石媲美的“中国蓝”大理石，有全省最大的石英砂生产基地。229省道贯穿全境，沂新公路、迎宾大道纵贯南北，葛岸、界青和圣刘公路穿境而过。镇政府驻地设有集市，农历二、七为集日。辖区总人口4.9万人。

布拉格薰衣草基地

境内有留田突围遗址、维多利亚温泉度假村、和庄三角山、黄埠灌区拦河坝等观光旅游景区。是抗日民族英雄刘震东，“全国爱国拥军好妈妈”——胡玉萍等英模人物的故乡。

砖埠镇　地处沂南县南部。镇政府驻砖埠村，距县城23公里。砖埠镇西邻青驼镇、张庄镇，北、东北分别隔东汶河、沂河与大庄镇相望，东隔沂河与葛沟镇相望，南隔蒙河与兰山区李官镇相望，隔沂河与河东区汤头街道相望。面积71.4平方公里，其中耕地3131公顷。西部为山区，东部为沂河、东汶河、蒙河冲积平原，土地肥沃。粮食作物主要有小麦、玉米、地瓜，经济作物有花生、大豆、棉花、黄烟等，盛产草莓、蜜桃等。日兰高速公路，葛青、葛岸公路穿越境内。镇政府驻地设有集市，农历四、九为集日。辖区总人口4.1万人。

境内有诸葛亮故里纪念馆、阳都故城遗址、

清泉寺等景点，阳都故城遗址东临沂河，北距东汶河2公里。诸葛亮故里纪念馆占地面积2700平方米，馆内1株千年古银杏树依然青翠葱茏。清泉寺地处常桑杭村北部的九顶莲花山，山青水秀，松柏苍翠。

诸葛亮故里纪念馆

大庄镇 位于沂南县东南部，为省级中心镇。镇政府驻地河村社区查旧庄，距县城11公里。大庄镇西连张庄镇，南接砖埠镇、葛沟镇，北接界湖街道，东与辛集镇、杨家坡镇为邻。面积94.99平方公里，其中耕地4320公顷。西部为低山丘陵，中东部为河流冲积平原，土壤肥沃。东汶河、沂河在王家新兴村交汇，有小型水库2座。粮食作物主要有小麦、玉米、水稻。227省道纵贯南北，日兰高速公路沂南出入口设在镇内。大庄镇先后获“省级环境优美乡镇”“山东省新农村建设示范乡镇”等称号。河村、大庄分别设有集市，农历一、六为河村集日，农历二、七为大庄集日。辖区总人口5.5万人。

明隆庆辛未年（1571）重修的河阳白龙桥

境内有苗家庄龙山文化、汉代文化遗址。重修于明隆庆五年（1571年）的河阳白龙桥石桥为县级重点文物保护单位。

杨家坡镇 位于沂南县东南部。镇政府驻地杨家坡村，距县城16公里。杨家坡镇西靠大庄镇，南连葛沟镇，北与辛集镇、蒲汪镇相邻，东与莒南县汀水镇、日照市莒县夏庄镇接壤。面积56.28平方公里，其中耕地5000公顷。东部、西部均为丘陵，中部为汤河冲积平原。主要河流有汤河、汀水河等。主要粮食作物有小麦、玉米、大豆、地瓜。主要经济作物有花生、黄烟、蔬菜。该镇是全县最大的芸豆、芦笋生产基地。胶新铁路、日兰高速公路、长深高速公路、良河公路纵横交错。杨家坡设有集市，农历三、八为集日。辖区总人口3.03万人。

全镇形成玩具制造、页岩建材、鸭业食品、苇柳箔加工、塑料制品、建筑材料预制、花生筛选等具有区域特色的产业群体。

辛集镇 位于沂南县东部。镇政府驻地辛集村，距县城7.5公里。新集镇东邻蒲汪镇，西隔沂河与界湖街道相望，北连苏村镇、湖头镇，南与大庄镇、杨家坡镇交界。总面积95平方公里，其中耕地5100公顷。地势东高西低，西部、中部为平原，东部为丘陵。是全市蔬菜、稻米、花生之乡。特产“苗蛋”曾为明代贡品。全镇形成以畜禽为主的农产品加工业、以鞋帽玩具与柳编为主的轻工业和以物流配送为主的现代服务业三大支柱产业。先后获“山东省十佳生态建设示范乡

唐朝古迹——信量桥

镇”、省级“文明村镇”和市级“小康乡镇”“文明乡镇”等称号。信量桥为省级重点保护文物。227 省道、沂河生态路、澳柯玛大道穿境而过，境内设有长深高速公路口和胶新铁路客货站。辛集设有集市，农历三、八为集日。辖区总人口 5.8 万人。

苏村镇　位于沂南县东北部。镇政府驻地苏村，距县城 14 公里。苏村镇东邻湖头镇，南连辛集镇，西隔沂河与界湖街道、铜井镇相望，西北隔沂河与沂水县姚店子镇、许家湖镇相望。总面积 69 平方公里，其中耕地 3600 公顷。镇境大部分为平原，东部有小面积丘陵。有沂河、苏村河 2 条河流。粮食作物主要有小麦、玉米、水稻。盛产黄瓜、生姜、豆角、水萝卜等蔬菜，年产各类蔬菜 23 亿公斤。苏村镇为沂南县最大的粮食生产区和无公害蔬菜生产基地，有 2 个蔬菜批发市场。227 省道、336 省道贯穿全境。苏村设有集市，农历一、六为集日。辖区总人口 5.6 万人。

苏村镇历史遗迹众多，夏孟寺村内有后唐长兴四年（933 年）夏猛院记石碑。

苏村镇葛氏农庄

蒲汪镇　位于沂南县东部。镇政府驻地蒲汪村，距县城 20 公里。蒲汪镇西邻辛集镇，北接湖头镇，南与杨家坡镇、日照市莒县夏庄镇交界，东与日照市莒县刘家官庄镇接壤。面积 99.28 平方公里，其中耕地 5522 公顷。属低山丘陵区，东部有玉皇山。河流主要有土山河、环河。有小型水库 2 座，塘坝 376 座。境内矿产主要为石灰岩，地质储量 1 亿立方米，可采储量 0.1 亿立方米，集中分布在玉皇山一带。境内有长深高速公路沂南出入口、服务区，胶新铁路沂南站，澳柯玛大道和莒大路交会。蒲汪设有集市，农历三、八为集日。辖区总人口 5.7 万人。

蒲汪镇盛产“长虹岭”牌苹果、“茶家坡芹菜”及优质花生，有以大于家庄、李家庄为中心的江北最大的玫瑰鲜切花生产基地。沂东革命烈士陵园位于金泉沟村。

玫瑰种植

湖头镇　位于沂南县东北部。镇政府驻地湖头村，距县城 21 公里。湖头镇西接苏村镇，南靠辛集镇、蒲汪镇，北连沂水县许家湖镇、四十里堡镇，东邻日照市莒县浮来山镇。面积 90.2 平方公里，其中耕地 5266 公顷。地貌以丘陵为主，局部平原，是沂南县优质花生、苹果、西瓜之乡。畜牧品种主要有黄牛、生猪、肉鸡。有陆家哨黄牛交易市场，曹家小河、湖头仔猪交易市场。形

薄店子苹果

成了以花生深加工、木器加工、农机加工、猪皮加工为主的企业体系。336省道横穿东西，胶新铁路及长深高速公路纵贯南北，长深高速公路在镇驻地设有出入口。湖头设有集市，农历三、八为集日。辖区总人口5.03万人。

铜井镇 位于沂南县北部。镇政府驻铜井村，距县城6公里。铜井镇东隔沂河和苏村镇相望，西与依汶镇相连，西北与马牧池乡交界，南和界湖街道接壤，北与沂水县院东头镇、姚店子镇毗连。面积123平方公里，其中耕地4133公顷。地势西高东低，西部多山岭。主要山峰有历山、峙山、灵山、花山、凤凰山、解家旺、石崇崮、窦家崮、虎屯顶等。主要河流有沂河、铜井河。有寨子水库（香山湖）、铜井水库、水红峪子水库、柳子箭水库等4座中小型水库，17座塘坝，库容390万立方米。镇内储有丰富的金、银、铜、铁和石灰石、石英石、页岩、黏土等矿产资源。有500余年的采金历史。是全县的建材大镇、经济重镇。229省道、泉重路穿境而过。铜井村设有集市，农历三、八为集日。辖区总人口6.08万人。

竹泉村旅游度假区

铜井镇以泉多著称，有金波、玉液、新王沟温泉、竹泉等泉18处。三山沟西汉元凤凤凰石刻为中国现存最早有确切纪年的画像石。竹泉村旅游度假区是山东省第一个系统开发的AAAA级古村落景区，成为全省首批“逍遥游”示范点。

葛沟镇 位于沂南县东南部。镇政府驻地葛沟村，距县城22公里。葛沟镇西隔沂河与砖埠镇相望，北与大庄镇、杨家坡镇接壤，东邻莒南县石莲子镇，南接河东区汤头街道。总面积67.8平方公里。地势东高西低，东部为长虹岭，西部为冲积平原。主要河流有沂河、汤河。206国道、胶新铁路、227省道、葛岸公路穿越全境。葛沟设有集市，农历二、七为集日，三月十二日逢春季庙会，九月二十七日、十一月二十七日为秋季庙会。辖区总人口3.8万人。

葛沟镇农业资源丰富，拥有全省唯一的万亩黄烟基地；草莓、西红柿种植面积533公顷；为传统的粉皮、粉条制品加工和雏鸡、雏鹅孵化基地，形成了以猪、鸡、鸭、兔畜产品屠宰加工为主的优势项目。境内用于生产代替黏土砖的新型页岩材料储量达1.2亿立方米；东部的天然矿泉水资源经国家鉴定，富含硅酸、锶、钙、锌、硼、氟、碘、钡等微量元素，水味甘甜纯正、绵软爽口。

第八章 平邑县

建置 区划

境域 平邑县位于临沂市西部。地处北纬35°07′~35°43′，东经117°25′~117°56′之间。东靠费县，西接济宁市泗水县、邹城市，南邻枣庄市山亭区，北邻蒙阴县、泰安市所辖新泰市。最大纵距66.15公里，最大横距48.5公里，总面积1825平方公里。

建置 夏、商、西周时期，县境北部为颛臾国。县境南部，商代属倪国，西周时属郳国。春秋时为鲁国大夫季平子的封邑，故名平邑，北部仍为颛臾国，其余属鲁国。战国时，境域先属鄟国、鲁国，后属齐国。秦朝属薛郡。汉代设南城县、南武阳县，并一度置平邑侯国。隋改武阳县为颛臾县。唐贞观元年（627年）撤颛臾县并入费县。后历经宋、元、明、清，至1940年6月，今境皆为费县所辖。其后，以费县西部临（沂）滋（阳）公路为界，路北置费北县，路南置费南县（平邑县前身）。1943年12月，改费南县为费县。1946年4月，费县改称平邑县。1950年5月，属滕县专署。1952年、1953年，蒙山、白彦两县先后撤销，部分区域并入平邑县。1953年7月，改属临沂专区。后经局部调整，始成现状。1967年，隶属临沂地区。1994年12月，隶属临沂市。

区划　1995年，全县有11镇、15乡。2001年，全县乡镇调整，设平邑、仲村、武台、保太、柏林、卞桥、地方、铜石、温水、流峪、郑城、白彦、临涧、丰阳14个镇，资邱、魏庄2个乡。2010年3月，撤平邑镇设平邑街道，6月，撤资邱乡设资邱镇。是年年底，辖1个街道、1个乡、14个镇，738个行政村。

人口　民族　1995年，全县总人口94.46万人，男女性别比为108.83。2000年，全县29.05万户，总人口97.42万人。其中，农业户口87.16万人，非农业户口10.26万人；男性50.75万人，男女性别比为108.74。人口密度为533.81人/平方公里。2010年，全县30.94万户，户籍人口100.58万人，常住人口90.05万人。常住人口中，男性45.68万人，女性44.37万人，男女性别比为103。人口密度493.75人/平方公里。

平邑县城一角

1995年，全县有10个民族。除汉族外，还有回族、苗族、壮族等9个少数民族，共4293人。2000年，少数民族增加到25个，共4727人。2010年，全县有39个民族。除汉族外，还有回族、拉祜族、佤族等38个少数民族，共5383人。

自然环境

地形　境内地形类型多样。北部属蒙山中山丘陵区，蒙山峰峦重叠，峭拔挺立，山势险峻。南部属尼山山脉，包括四海山区、太皇崮山区及天宝山区，山岭绵延起伏。中部属河谷平原区。地势南北高、中间低，略向东南倾斜。海拔最高点1156米（蒙山主峰龟蒙顶），最低点100米（浚河出境处），一般海拔200~500米。山地丘陵占85%，平原占15%。

河流　属淮河流域沂河水系。境内有河、溪、涧126条，发源位置及运行均在山谷丘陵间，多为雨源型季节性山洪河道，源短流急、暴涨暴落，旱季基本断流。有主干河流2条，北部的浚河（北源于武台镇太平顶南麓）、南部的温凉河（为祊河上游，发源于白彦镇太皇崮），均为沂河水系的二级支流。

土壤　境内土壤共分棕壤、褐土、潮土和砂姜黑土4大类，9个亚类，17个土属，43个土种。棕壤、褐土属地带性土壤，与生物、气候带有直接关系；潮土和砂姜黑土属地域性土壤，为半水成土，与潜水状况密切相关。全县以棕壤和褐土为主。

棕壤主要分布在蒙山和四海山针阔叶混交林区。褐土主要分布于中南部石灰岩低山丘陵区。潮土主要分布于浚河、温凉河沿岸剥蚀冲积平原上。砂姜黑土主要分布于仲村镇南屯、临城、南昌乐和保太镇纯厚庄一带的低洼平地上。

植被 平邑县属于暖温带落叶阔叶林区域鲁中南低山丘陵栽培植被区。代表性的建群种是麻栎，其次是栓皮栎、椴树、榆树、椿树、国槐、毛白杨、山东桐等。一些南方成分的树种也有分布，有黄连木、元宝槭、栾树、盐肤木、玉铃花、山麻杆、刺楸等。灌木除了荆条、酸枣、胡枝子、金银花、卫矛等外，还有三桠乌药、刺五加、白棠子等南方树种。针叶林以油松为代表，另有赤松、黑松、日本落叶松、侧柏、水杉等。阔叶林以刺槐为最常见植物群落，加拿大杨、二杨、多种欧美杨、旱柳为洼地常见林木。以黄荆、酸枣、胡枝子、黄草、白草、结缕草为建群的灌草丛，是山地丘陵上的森林植被遭破坏后形成而分布广泛的次生植被类型。由于长期的人为活动，平地和低矮的丘陵大都辟为农田，农作物、多种果树成为栽培植物，自然植被多见于山区。砂石山区棕壤土上分布着油松、赤松、黑松和栎类落叶林，青石山区褐土上则以侧柏占优势。刺槐一般分布在海拔800米以上的山腰和其他土壤瘠薄的山脊山坡上。灌木丛广泛地存在于各种成土母质的荒山上。水土流失严重的瘠薄山岭上，生长有以蚊子草为代表的耐旱草本植物。多岩石裸露砂土较少的地方，只有旱生的瓦松等植物生存。

气候 平邑县属暖温带大陆性半湿润季风性气候区，气候温和，四季分明，雨量充足，无霜期长。春季日暖早，风大，雨少，气候干燥，易春旱，常出现倒春寒。夏季温度高，湿度大，雨量集中，灾害性天气频繁。秋季降温快，雨量骤减，秋高气爽，旱涝无常，对秋季生产有一定的威胁。冬季天气寒冷，雨雪稀少，气候干燥，干冷期长。

1995—2010年，年平均气温13.9℃，极端最高气温41.9℃（2002年7月15日），极端最低气温-11℃（1999年12月22日）。雨量充足，年均降水量774毫米。年最大降水量出现在2003年，降水量1236.4毫米，一日最大降水量出现在2005年9月20日，降水量220.1毫米。年均相对湿度61%。无霜期长，平均为219天。全年日照2291.3小时。年均风速2.3米/秒。年均蒸发量1725.6毫米。

自然资源 *土地资源* 全县土地总面积18.25万公顷。2009年，全县耕地面积7.99万公顷，占全县土地总面积的43.78%；园地1.88万公顷，林地2.86万公顷，草地0.82万公顷，城镇村及工矿用地1.82万公顷。

水资源 全县多年平均地表水资源量3.72亿立方米，地下水资源量1.45亿立方米，水资源总量3.82亿立方米，平均产水模数26.7万立方米/平方公里。为严重缺水地区。

地表水资源主要来自降水。全县平均径流深245.1毫米，河川流量4.47亿立方米。全年径流的83.5%集中在汛期，甚至集中在一两次特大暴雨洪水之中。3—5月份灌溉期径流量占全年径流量的8.4%，其他月份仅占8.1%，有些月份形不成径流。

矿产资源 全县矿产资源具有矿产种类多、储量丰富、矿产分布集中、利于规模开采等特点。探明或发现的矿产有金属矿产、非金属矿产、能源矿产和水气矿产四大类。主要矿种有铁、铜、铅、金、银、熔剂石灰岩、白云岩、耐火黏土、脉石英、钾长石、钠长石、磷、灰石磁铁矿、重晶石、海泡石、石膏、水泥原料石灰岩、水泥配料黏土、页岩、花岗石、玄武岩、金刚石、燕子石、木鱼石、天然异形石、砖瓦黏土、砂石、煤

等 30 余种，矿床、矿点及采矿点 150 余处。其中花岗石、石灰岩、石膏、黄金是优势矿种，大部分矿产正在开采利用。

生物资源 鸟类有啄木鸟、猫头鹰、喜鹊、灰喜鹊、山鸡、鹌鹑、斑鸠、杜鹃、乌鸦、麻雀、黄雀、鹞鹰、苍鹰等 14 种。兽类有野兔、黄鼠狼、獾、狼、狐狸、刺猬 6 种。昆虫类有螳螂、瓢虫、赤眼蜂、蜜蜂、蝴蝶、蟋蟀、蜻蜓 7 种。鱼虾类有鲤鱼、鲫鱼、草鱼、鲢鱼、鲇鱼、乌鱼、鳝鱼、泥鳅、虾 9 种。爬行类有蛇、蜥蜴、壁虎、团鱼 4 种。其他动物有青蛙、蟾蜍、蝎子、土元、蚰蜒、螃蟹、水蛭、蚯蚓、马陆、蜗牛、河蚌 11 种。木本植物有 65 科 146 属 302 种，主要有刺槐、白腊、黄荆、酸枣 4 种。草本植物有 78 科 593 种，大部分为中草药，主要有金银花、丹参、半夏、虎杖、卷柏、石苇、香附、桔梗、紫草、远志、栝楼、苍耳、车前、益母草、柴胡 15 种。平邑县是山东省中药材重点产区之一，金银花产量居全国第一位。水生植物有藕、苇、蒲、荇 4 种。

自然灾害 主要有旱、洪涝、冰雹、霜冻、大风等。

经济状况

1995 年，全县完成生产总值 28.55 亿元。其中，第一产业实现增加值 10.85 亿元，第二产业实现增加值 11.86 亿元，第三产业实现增加值 5.84 亿元。2010 年，全县实现生产总值 165.02 亿元。其中，第一产业实现增加值 28.07 亿元，第二产业实现增加值 74.65 亿元，第三产业实现增加值 62.3 亿元，三次产业结构为 17:45.2:37.8。

农业 1995 年，全县农业总产值 13 亿元，其中种植业 6 亿元、林业 0.21 亿元、畜牧业 6.7 亿元、渔业 0.14 亿元。2010 年，完成农林牧渔生产总值 48.7 亿元。其中，种植业 32.5 亿元，林业 0.3 亿元，畜牧业 13.6 亿元，渔业 1.1 亿元，农林牧渔服务业 1.2 亿元。全年农作物总播种面积 97867 公顷。粮食作物播种面积 59346 公顷，经济作物播种面积 26407 公顷，全年粮经比为 2.24:1。水果总产量 17.5 万吨；金银花总产量 1.5 万吨，年产量居全国第一位。全县林木覆盖率 33.1%，林木蓄积量 120.2 万立方米，干果总产量 1.46 万吨。生猪存栏 34.3 万头，牛存栏 1.4 万头，羊存栏 36.8 万只，家禽存栏 716.09 万只。全年生猪出栏 50.9 万头，牛出栏 1.4 万头，羊出栏 46.4 万只，家禽出栏 1896.2 万只。肉类总产 6.1 万吨，禽蛋总产 3.6 万吨，奶类产量 0.3 万吨，水产品总产 1.2 万吨。

金银花 平邑县素有“金银花之乡”之誉。金银花的种植遍布蒙山南麓和四海山等山区的岭坡、地堰、沟边、道旁，全县 90%以上的村庄栽植金银花。

新中国成立前，全县金银花年产量不足 10 万公斤。1980 年，全县开始推行农业生产责任制，逐步推广应用新的管理技术，金银花的种植面积

金银花

和产量大幅上升。1983年，全县金银花总产量达100万公斤。1993年，金银花被确定为“县花”。1999年后，平邑县制定《关于进一步加快金银花产业发展的意见》等一系列政策措施，加大生产加工环节的标准化帮扶力度。2001年后，相继成立平邑县金银花协会、临沂市金银花协会、中国经济林协会全国金银花专业委员会。组建金银花育种中心，发展民间苗木公司200余家，培育出大毛花、四季花、蒙花I号等6个系列140个优良品种，全县金银花品种改良率95%以上。所产的金银花以花蕾肥大、色泽纯正、绿原酸含量高而享誉国内外。2007年，金银花获得国家地理标志产品保护。流峪镇金银花中药材交易市场是山东省最大的中药材交易市场，有金银花个体私营企业及个体工商户1000余家，从业人员2万余人。全国60%的金银花在该镇的中药材市场进行交易，每年金银花流通量6000吨，各类中药材年交易总额近3.8亿元。2009年，位于郑城镇驻地南的金银花物流港开始建设。2010年1月，平邑县第一家在山东省工商总局注册的制药企业——山东岐黄中药饮片有限公司与临沂市人民医院合作投资兴建金银花深加工项目，主要生产金银花深加工产品。2010年，全县金银花种植面积4.33万公顷，产量1500余万公斤，金银花产业成为平邑县的五大支柱产业之一，创产值15亿元，利税1.7亿元，占全县GDP比重的10%，全县农民人均纯收入的30%来自金银花产业。金银花远销日本、韩国和欧美等国家和地区。开发的金银花产品有金银花茶、金银花饮料、金银花露、含绿原酸的化妆品等含有金银花成分的系列化产品。

工业 1995年，全县完成工业增加值11.86亿元，形成以罐头、石材、金银花、石膏、棉纺手套五大产业集群。2010年，全年实现工业增加值63.62亿元。规模以上工业企业发展到318家，总资产83.4亿元，完成工业增加值51.4亿元，实现销售收入223.2亿元、利税19.36亿元、利润11.55亿元。有26家规模以上工业企业产值过亿元，完成工业总产值74.4亿元，占规模以上工业的33.3%。年利税过千万元的企业由1995年的3家发展到20家，占规模以上工业企业的30.69%。

民营经济 1995年，全县有私营企业323家，注册资金1.5亿元。2010年年底，全县有注册私营企业1494家，注册资本22.8亿元，私营企业雇工2.36万人。规模以上工业企业中民营企业311家，实现产值210.96亿元。注册个体户19962户，注册资本6.2亿元，从业人员60389人。

商贸流通 1995年，国有和供销合作社流通企业完成商品销售总额3.8亿元，全县集贸市场71处，年成交额5亿元。2010年，全县实现社会消费品零售总额80.7亿元，其中城镇消费品零售额70.4亿元，乡村消费品零售额10.3亿元。全县批发零售贸易业零售额75.7亿元。47家出口企业实现自营进出口总额1.4亿美元，其中自营进口0.1亿美元、自营出口1.3亿美元。

交通　邮电 交通 1995年年底，全县油路里程354公里，实现村村通公路，乡乡通油路。2010年年底，全县公路通车里程2352.5公里，其中高速公路通车里程43公里、村村通公路里程1494.8公里。岚（山头）济（宁）公路、日（照）兰（州）高速公路横跨东西，新（泰）枣（庄）公路、平（邑）滕（州）公路纵穿南北，东（都）平（邑）铁路与兖石铁路纵横交接。初步形成以干线公路、乡镇公路为骨架，以村道为经脉的公路交通网络。全年完成公路客运量749万人次，客运周转量9亿人公里；公路货运量1121万吨，货运周转量86.8亿吨公里。

邮电 1995年，全县实现交换程控化、传输数字化、数字通信网的“两化一网”目标，电话交换机总容量达1.9万门。26个乡镇全部开通程控电话。2010年，完成邮政业务总量2.29亿元，其中函件业务总量228.51万份，发行报刊杂志653.79万份。电信业务总量3.7亿元。全县固定电话用户由1995年的8442户增加到2010年的

12.83 万户；移动电话用户由 2005 年的 5.25 万户增加到 2010 年的 56.5 万户。全县电话普及率达 69.4 部/百人，比 1995 年的 0.89 部/百人年均增长 33.7%。

城乡建设　城市建设初期缺乏统一规划，致使县城布局紊乱。工厂企业、行政机关与居民居住区相互交叉。经数次科学规划，先后投资近百亿元对县城进行改造。1995 年，县城完成 4 条断头路的硬化和配套建设、石都大道的改建、蒙山大道的拓宽改造；完成县城 8.7 公里供水管道改扩建工程和水场配套建设；“安居工程”居全市前列，被列为省试点县；有 2 个乡镇被省委、省政府命名为新型乡镇，10 个村庄被命名为明星村庄。至 1996 年，全县 26 个乡镇全部完成第一轮总体规划。2003 年，县城新规划了 19 平方公里的工业新区，旧城改造开工建设 21.6 万平方米，城市自来水供水能力达 2.6 万立方米/日，集中供热总量 210 万吨。2008 年，城市人均道路面积 14.05 平方米，人均公园绿地面积 12.49 平方米，自来水普及率 100%，燃气普及率 70.44%。至 2010 年，县城建成面积 48.6 平方公里，城市道路总长 169 公里，县城常住人口 20 万人。城市自来水供水能力 6 万立方米/日，集中供热总量 45 万吉焦，供热面积 175 万平方米。县城园林绿地 367 公顷，建成区绿化覆盖率 30.2%。全县城镇化率 40%。

环境保护　1995 年，加大对水污染、矿山污染的治理力度，饮用水得到有效保障。2000 年，用于污染防治的环境保护总投资 3900 万元。2004 年，完成环境污染治理项目 28 个，投资额 1720 万元。2009 年，水环境功能区达标率 100%。2010 年，有污水处理厂 2 座。其中，县城东部污水处理厂 1 座，日处理污水能力 3 万吨，实现污水集中收集，集中处理。在县城北建成垃圾处理厂 1 处，日处理垃圾 200 吨，无害化垃圾处理率达 100%。工业废气烟尘排放量达标率 100%，城市空气质量良好率达到 100%，水环境功能区达标率为 100%，道路交通声环境质量处于较好水平以上。

社会事业

科技　1995 年，全县有 15 家科研机构。2010 年，科研机构增至 110 余家，其中民办科研机构 48 家，全年科技三项经费和科学事业费 110 万元。全县安排县级以上科技发展项目 24 项，其中国家级 2 项、省级 5 项、市级 9 项。全县取得市级重要科技成果 4 项。专利申请量 125 件，授权专利 92 件。

教育　1995 年，全县有小学 615 所，学生 10.1 万人；初中 30 所，学生 3.8 万人；高中 5 所，学生 0.5 万人；职业中学 2 所，学生 0.3 万人；教师 0.8 万人。2010 年，有小学 159 所，在校学生 6.8 万人；初中 26 所，高中 8 所，在校学生分别为 4.14 万人、1.59 万人；职业中学 3 所，在校学生 0.4 万人；特殊教育学校 1 所，在校学生 126 人；教职工 0.8 万人。

文化　1995 年，县城有文化馆、图书馆、新华书店、档案馆各 1 座，影院 2 座，电影放映队 10 个。2010 年，全县拥有各种文化事业机构 6 个，电影院 1 座。全县专业文艺表演团体为群众演出 160 场次。文化馆举办展览 16 场次，组织文艺活动 80 场次。公共图书馆藏书 10 万册。有广播电视发射塔 1 座，差转塔 1 座，卫星收转站 5 座，有线广播电视传输光缆干线网络 2428 杆公里，电缆干线网络 5000 杆公里，全县广播、电视覆盖率均达 100%；数字电视用户 0.7 万户，实现全县村村通有线电视。

体育　1995 年，在市级体育比赛中获金牌、银牌各 3 枚，铜牌 2 枚。向省级输送运动员 1 名，向市级输送运动员 9 名。2010 年，全县有体育馆 1 个，田径场 46 个。在全省自行车锦标赛上，县自行车队获 1 金、4 银、6 铜的成绩，总分居全省第三名。

卫生　1995 年，初级卫生保健通过省、市达标评估验收。全县医疗单位共有病床床位907张，卫生专业技术人员1332人。2010年，全县各级各类医疗卫生机构675个，其中二级医院2所，疾控预防控制中心、卫生监督机构各1个，专科医院4所（包括站、所），卫生学校1所，乡镇卫生院16所（其中中心卫生院5所），门诊部、社区卫生服务站31个。各类卫生机构共有病床床位2825张，卫生技术人员5216人，其中执业医师1253人、注册护士1268人。

人民生活 1995年，全县农民人均纯收入1482元，人均消费支出951元；城镇职工平均工资3872元。2010年，全县农民人均纯收入6695元，人均生活消费支出3272元；城镇在岗职工平均工资26723元，城镇居民人均生活消费支出9060元。城乡居民人均住房使用面积分别达到35.63平方米和28.02平方米。企业养老保险参保人数、机关事业养老保险参保人数、农村新型养老保险参保人数分别达到5.59万人、1.84万人、45.9万人。城乡低保实现全覆盖，发放最低生活保障金3748.4万元。

平邑名片

1996年3月，平邑县被农业部命名为中国金银花之乡；被科技部命名为全国科技工作先进县。2004年8月，被国家林业局评为全国封山育林先进县。2010年2月，平邑县城被住房和城乡建设部命名为国家园林县城。

2007年12月，平邑县城被山东省政府命名为山东省园林城市。2010年12月，平邑县被山东省绿化委员会评为山东省绿化模范县。

平邑县城

位于县境西北部，平邑街道辖区中部。地理坐标为北纬35°29′,东经117°38′。处缓坡丘陵地带，地势西高东低，海拔高度127~264米。浚河流经城东。兴水河横贯东西，将县城分为南北两个部分。河北是行政机关驻地和文化中心，党政机关、事业单位大都驻于此。县人民政府驻汉阙路35号。河南主要为居住区、工业区。形成了“西山、东水、中间城”的格局。240省道、241省道纵穿南北，327国道、兖石铁路沿城西、城北穿过。城内辟有莲花山公园、天宇自然博物馆、文体公园等公共文化设施。为国家园林县城。

20世纪50年代和60年代，县城公共建筑及民房建筑以草房、瓦房为主。1959年竣工的平邑建筑公司办公楼为县城第一座楼房。70年代后,县城内楼房建筑增多。1974年，拓宽后的浚河路成为城区第一条沥青砼路面。1989年，城区面积5平方公里，拓宽取直了2条骨干街道。

20世纪90年代，县城建设按规划向一城一区（一城即县城，一区即城西银花商城）发展，城市化水平逐年提高。到2000年，县城建成区面积12平方公里，人口8万人。三纵四横的城区主干道均为沥青或水泥路面，城区道路总长50公里，并全部进行绿化、美化。供水、排水、供电、通信设施完善。

2000年后，县城面积进一步扩大，在县城南部形成企业聚集、设施完善的经济开发区。2010年，县城建成区面积20平方公里，人口20万人。人均居住面积25平方米，城镇化率为35%。城市绿化覆盖率为30%，人均公共绿地6平方米。拥有浚河路、莲花山路、板桥路、石都大道、蒙山大道、蒙阳路等标准化道路37条，总长度150余公里。城区道路硬化率达100%，人均道路面积9.15平方米，道路亮化率达98%以上。供水管网覆盖整个城区，日供水3万立方米，供水普及率100%。水质合格率100%。实现连片集中供暖，集中供暖率89%以上。城市新建住宅区全部通管道燃气。自来水、有线电视、电话基本普及。城区有县级综合医院2所，疾病预防控制机构7所，妇幼保健院1所。有普通高中6所、初中8所、小学10所、中等专业学校2所。有各种艺术表演团体6个，文化馆1个。公共图书馆、档案馆、体育馆各1个。

莲花山公园

有大润民、万家福、银河、银座、泰沂等超市及建材商贸城。旅游星级酒店有沂州宾馆（四星）、泺源大酒店（三星）、金海源大酒店（三星）、马永商务宾馆（二星）等。

文体公园是县城最大的综合性公园，位于县城东南部，浚河西侧，占地17.33公顷。由场地运动、滨水娱乐和康体休闲3个功能片区组成。建有篮球、网球、羽毛球、乒乓球等专业运动场地和旱冰场、健身器械场地、室外小舞台、缓坡草地、滨水广场、亲水平台等相关设施。利用当地花岗石资源设置五环标志、运动主题景墙等石景小品。公园绿化覆盖率70%以上。

莲花山公园位于县城西北部，占地26.67公顷，共有100余种植物。公园前为1.48万平方米的广场，有两个灯光篮球场。

天宇自然博物馆建筑面积3.2万平方米，馆藏展品39万余件，主要以矿物标本和古生物化石为主。拥有中华龙鸟、白钨矿、紫晶洞、硅化木、绿松石等5项吉尼斯世界纪录。重3.9吨的水晶单晶体为亚洲之最。重338.6克拉的天然金刚石，为国内产出的最大的金刚石。

乡镇街道

平邑街道　为平邑县政府驻地。2004年被评为全国重点镇。平邑街道东邻温水镇，北接仲村镇与保太镇，南连丰阳镇、流峪镇，东南与铜石镇毗邻，西与济宁市泗水县泉林镇、泗张镇接壤。面积180平方公里，其中耕地8867公顷。北部地势平坦，南部、西部属低山丘陵地区。有浚河、兴水河、跃鱼沟等河流，有小型水库8座、塘坝9座。兖石铁路、日兰高速公路及327国道横贯东西，新枣公路与滕蒙公路纵穿南北。平邑设有集市，农历三、八为集日。平邑街道为全国文明小城镇示范点、全国村务公开民主管理先进乡镇、山东省小康乡镇、山东省环境优美乡镇。辖区总人口18.2万人。

境内有舜帝庙。雷泽湖在平邑街道西北方向，霜降后湖水便从石穴中漏掉，又名“漏泽湖”。东阳古城在平邑街道办事处驻地南3公里处，春秋战国时期称东阳邑，遗址在东阳店子村内。有汉代石阙3通，为省级重点文物保护单位，收藏于平邑县博物馆。平邑清真寺始建于明嘉靖年间，20世纪90年代重建，占地2668平方米。

1976年出土的铜簠

仲村镇　位于平邑县西北部。为省级中心镇。

镇政府驻地鲍家坡村，距县城10公里。仲村镇东接保太镇、武台镇，南靠平邑街道，西邻济宁市泗水县泉林镇，西北、北分别与泰安市辖新泰市放城镇、汶南镇搭界。面积115平方公里，其中耕地5333公顷。地势北高南低。北部多为丘陵，主要山峰有梅鹿山、云头山、仙姑山；南部地势平坦。有西河、跃鱼河、峡玕河等河流。有小型水库16座，塘坝45座。S335、S240、文泗路3条省道及东平铁路贯穿境内。仲村设有集市，农历二、七为集日。辖区总人口8.4万人。

仲村镇是仲由、原宪故里。为中国劳保手套名镇、山东省针织劳保手套名镇。年加工各类劳保手套26亿副。仲村小米煎饼品种有椿芽煎饼、五香煎饼、绿豆煎饼、珍珠米煎饼、枸杞子煎饼、香米煎饼、胡萝卜煎饼等20多个品种，注册“华颐”牌商标，年加工量20万公斤。

手套生产车间

武台镇 位于平邑县最北端。镇政府驻地武台村，距县城20公里。武台镇西邻仲村镇，东连保太镇和蒙阴县联城镇，北与泰安市辖新泰市汶南镇接壤。面积81平方公里，其中耕地2800公顷。三面环山。有小型水库12座，塘坝42处。花岗石储量2亿立方米，铁矿石800万吨，钠长石450万吨。武台镇是著名的果品之乡，果树栽培面积2133公顷，年产量0.8亿公斤。其中，黄桃1333公顷，“武台黄桃”被国家工商总局商标局注册为“中国地理标志证明商标”。335省道贯穿全境。武台设有集市，农历一、六为集日。辖区总人口3.8万人。

无公害黄桃

凤凰溶洞形成于2700万年前，代表景观有观音祈雨、金凤栖巢、顶天立地、石珊瑚群等。云台寺林场为省级森林公园。白马关风景区主要景点有白马关雄姿、大望山、二望山、鱼鳞山、杨凡墓等。白马关素有“蒙山第一关”之称，雄险峻拔，是连接蒙山南北的重要关隘之一。关口处已开发为“白马关美食一条街”。武台镇先后被评为国家级环境优美乡镇、省级果业之乡、省级农业旅游示范点。

保太镇 位于平邑县北部。镇政府驻地保太村，距县城8公里。保太镇东邻柏林镇，西接仲村镇，南连平邑街道，北靠武台镇、蒙阴县连城镇。面积110平方公里，其中耕地6333公顷。地势北高南低。有四级河、浚河等河流，公家庄、

保太石膏

大夫宁2座中型水库。全镇花卉苗木种植面积800公顷，有2万人从事花卉苗木种植、销售。连片发展的1333公顷土豆，为全省最大的无公害土豆生产基地。保太镇是沂蒙石膏产业特色镇，石膏储量2.2亿吨，平均品位58%以上。有石膏开采及深加工企业16家，年开采石膏130万吨，年加工高强石膏粉30万吨，石膏板2.1亿平方米、覆膜石膏板8000万平方米。平九路、平岐路纵贯南北，文泗路横穿东西。保太设有集市，农历四、九为集日。辖区总人口8万人。

柏林镇　位于平邑县东北部。镇政府驻地柏林村，距县城14公里。柏林镇东邻卞桥镇，西靠保太镇，南邻温水镇，北连蒙阴县联城镇。面积145平方公里，其中耕地4000公顷。属山区丘陵地貌。主要河流有柏林河、固城河。有乔家庄、陈家庄小（一）型水库2座，塘坝46处。文泗公路贯穿全境。柏林村设有集市，农历五、十为集日。辖区总人口5.8万人。

境内山环水绕，以溪潭、山泉、森林、幽谷、山村、寺院为特色。龟蒙顶海拔1156米，为山东省第二高峰。柏林镇中草药资源丰富，生产灵芝、紫草、何首乌、丹参等名贵药材680余种。该镇是国家粮食自给工程基地，无公害蔬菜基地、果品基地、畜牧基地。被评为山东省最具竞争力旅游名镇。

老莱子故里

卞桥镇　位于平邑县东北部。镇政府驻地东卞桥村，距县城20公里。卞桥镇西北接柏林镇，东与资邱镇接壤，西接温水镇、铜石镇，南靠地方镇。面积131平方公里，其中耕地3200公顷。地势从北向南依次为山地、丘岭。有金线河、银线河等河流。石膏、花岗石、石英石等储量30亿立方米。文泗公路、日兰高速公路横穿东西。卞桥设有集市，农历二、七为集日。辖区总人口4.2万人。

大洼风景区是省级风景名胜区、国家级森林公园，森林覆盖率85%。

蒙山黑山羊

地方镇　位于平邑县东部。为全国重点镇。镇政府驻地八一村，距县城30公里。地方镇西靠铜石镇、郑城镇，北接卞桥镇、资邱镇，东与费县费城街道、上冶镇交界，南与费县朱田镇接壤。面积132平方公里，其中耕地3000公顷。南部山区，中北部平原。有浚河、金线河、银线河、朱田河等河流。有岳庄水库、王崮山水库等小型水库6座，塘坝33处。地方镇为民族英雄左宝贵故里。兖石铁路、327国道横贯东西。镇政府驻地设有集市，农历四、九为集日。辖区总人口6.6万人。

罐头产业是地方镇的支柱产业。全镇拥有罐头加工及相关企业120余家，年产各类果蔬罐头60万吨。形成以罐头加工为主导，印铁制罐、玻璃制品、彩印包装、信息中介、建筑安装、物流配载、餐饮服务等相关行业竞相发展的产业集群，从业人员4万人。地方镇先后被评为中国罐头第一镇、全国农产品加工示范基地、全国农产品加工创业基地、山东省特色产业镇、山东省产业集群富民兴域十强镇。

罐头加工

九间棚旅游区位于天宝山区，被评为全国农业旅游示范点、国家AAA级景区、中国县域旅游品牌200强景区。

铜石镇 位于平邑县东南部。镇政府驻地铜石村，距县城19公里。铜石镇北邻温水镇，南连郑城镇，西接平邑街道、流峪镇，东靠地方镇，东北与卞桥镇接壤。面积158平方公里，其中耕地4533公顷。属低山丘陵地区。有浚河、兰河、彭泉河等河流。小（二）型水库5座，塘坝68处。彭泉流域、麻窝流域和张里流域林果覆盖率80%。兖石铁路、327国道、日兰高速公路经过境内。铜石设有集市，农历五、十为集日。辖区总人口8.1万人。

“蓝浚”牌大蒜

铜石镇黄金矿石储量丰富，有“沂蒙黄金第一镇”之称。境内有3133公顷“蓝浚”牌无公害大蒜生产基地。有万亩GAP中药材种植基地及归来庄金矿地质公园。铜石镇为山东省文明乡镇。

温水镇 位于平邑县中部。镇政府驻地北温水村，距县城10公里。温水镇东连卞桥镇，西邻平邑街道，南接铜石镇，北靠柏林镇。面积56平方公里，其中耕地2200公顷。地势西高东低。境内温泉遍布，地表、地下水资源丰富。有浚河、大井河、固城河3条河流。该镇生产的大蒜、蒜黄均通过农业部绿色食品认证。新旧327国道和蒙山旅游专线在境内呈“川”字型分布，兖石铁路、日兰高速公路横贯东西。温水设有集市，农历四、九为集日。辖区总人口3.8万人。

元郭二村有明末的八卦连环宅，保存完好。

“韩宝庆”牌绿色蒜黄

流峪镇 位于平邑县中部。镇政府驻地流峪村，距县城15公里。流峪镇西接丰阳镇、临涧镇，北靠平邑街道，东邻铜石镇，南连白彦镇、郑城镇。面积118平方公里，其中耕地2867公顷。属低山丘陵地区。有东阳河、丰阳河等5条河流。有大（二）型水库——唐村水库，小型水库11座，塘坝70余座。新枣公路纵贯南北。流峪村设有集市，农历五、十为集日。辖区总人口5.3万人。

流峪镇是中国金银花之乡、国家食品药品监督局“平邑金银花地理标志产品”认证基地。栽植金银花 2000 余公顷，年产干花 260 万公斤。1995 年，该镇出产的金银花被中国农学会特产经济专业委员会评为中国中草药系列优质产品。以鑫城、三合、流峪等村为中心建立 GAP 认证基地 3 处及 1 万亩科技示范园。

金银花种植基地

郑城镇　位于平邑县南部。为省级中心镇。镇政府驻地郑城村，距县城 30 公里。郑城镇南连魏庄乡，西邻白彦镇，北接流峪镇、铜石镇，东与地方镇及费县朱田镇、梁邱镇为邻。地势西高东低、南高北低。面积 88 平方公里，其中耕地 4467 公顷。花岗石储量 12.39 万立方米，可采储量为 4 万立方米；重晶石储量 10 万立方米，可采储量为 1.25 万立方米。省道 240 线贯穿南北。郑城设有集市，农历四、九为集日。辖区总人口 4.2 万人。

观音山旅游区绵延数十里，栽有金银花、各类果树、马尾松、槐树等。九顶莲花山为一巨型崮顶之上分布着的九座山峰，造型各异。旅游区内还分布着著名的 115 师桃峪会议旧址、罗荣桓住所等革命历史遗迹，及苏家崮战斗遗址、郑玄公园、郑玄坟、汉墓群。

郑城镇金银花种植面积 4000 公顷，年产干花 300 万公斤，被评为中国金银花第一镇、山东省新型乡镇。

郑玄公园

白彦镇　位于平邑县西南部。为省级中心镇。镇政府驻地白彦村，距县城 35 公里。白彦镇东与魏庄乡、郑城镇为邻，北连临涧镇、流峪镇，西与济宁市辖邹城市城前镇和枣庄市山亭区店子镇、冯卯镇接壤，南靠枣庄市山亭区水泉镇、徐庄镇。面积 196.2 平方公里，其中耕地 4667 公顷。为山地丘陵区。有温凉河、常庄河等 7 条河流，小型水库 8 座，塘坝 120 处。石灰石储量 1.5 亿吨，花岗石储量 110 万立方米。是山东省万亩优质花生出口基地、沂蒙樱桃之乡。省道岚济路横穿东西，枣（园）徐（州）公路纵贯南北。白彦设有集市，农历三、八为集日。辖区总人口 8.3 万人。

鲁悼王墓志

白彦镇历史悠久。春秋鲁襄公十九年（前554年），鲁国大夫叔孙豹倡筑武城以御齐，以此地石门为武城西门。唐开元年间，在附近小青山上建文昌阁，农历三月三日有青山庙会。清咸丰三年（1853），幅军领袖程四虎（祖籍白彦石门村）与数十人竖旗反清，历经9年。明鲁怀王、悼王墓位于白彦镇小山后村东北、毓秀山南麓。

临涧镇 位于平邑县西南部。镇政府驻地临涧村，距县城30公里。临涧镇北连丰阳镇，东邻流峪镇，南及东南接白彦镇，西与济宁市辖邹城市城前镇接壤。面积120平方公里，其中耕地5867公顷。地势东高西低，为山区丘陵。有临涧河、坡里河等河流，小型水库10个，塘坝126座。花岗岩储量10亿立方米。盛产大樱桃、水晶梨、板栗、西红柿等优质果蔬。主要经济作物有花生、金银花等。平滕路贯穿南北。临涧设有集市，农历二、七为集日。辖区总人口5.3万人。

临涧大樱桃

丰阳镇 位于平邑县西南部。镇政府驻地郑家峪村，距县城12公里。丰阳镇东邻流峪镇，北接平邑街道，南连临涧镇，西与济宁市辖邹城市城前镇、泗水县泗张镇接壤。属低山丘陵区。面积91.6平方公里，其中耕地2800公顷。有娄山河、丰阳河、红河等河流，小型水库23座，塘坝85处。241省道纵贯南北，日兰高速公路横穿东西。郑家峪村设有集市，农历二、七为集日。辖区总人口4.2万人。

南埠庄是春秋时期邱舆古城所在地。香山三皇姑寺兴建于唐代开元十年（722年），香山拥有刺槐、五角枫等千年古树群，植被覆盖率75%以上，秋天霜打红叶，层林尽染，景色怡人，素有“红叶之乡”的美称。

香山红叶

资邱镇 位于平邑县东北部。镇驻地资邱村，距县城23公里。资邱镇北、西接卞桥镇，南连地方镇，东邻费县上冶镇、大田庄乡。面积71平方公里，其中耕地3000公顷。地势北高南低，北部山区，中南部平原。有中型水库1座，银线河自北向南贯通。矿产主要有石膏、石灰石、黏土、翻砂土、花岗石、石英石等。日兰高速公路、文泗公路横贯东西。资邱村设有集市，农历三、八为集日。辖区总人口3.6万人。

大棚李子

资邱镇是山东省有名的“西瓜之乡”，年种植西瓜面积800公顷。该镇西瓜被省农业厅认证为无公害农产品，并在国家工商总局注册了“资邱”牌商标。

魏庄乡　位于平邑县南部。乡政府驻地大魏庄村，距县城45公里。魏庄乡西接白彦镇，北靠郑城镇，东邻费县梁邱镇，西南与枣庄市山亭区徐庄镇接壤。面积72.8平方公里，其中耕地1667公顷。地势南北高中间低，中部平坦开阔，为低山丘陵区。有故县河、温凉河等河流。有石门南岭、安子等小型水库5座，塘坝23处。省道岚济路贯穿全境。大魏庄设有集市，农历五、十为集日。辖区总人口2.8万人。

宗圣曾子墓

南武城村附近有春秋战国时期的武城故城，是孔门弟子曾子、曾点、澹台灭明以及西晋政治家、军事家羊祜故里。曾子山自然风景区面积418公顷。景区内有大小景点30余处。

第九章　费　县

建置　区划

境域　费县位于临沂市西部，蒙山腹地。地处北纬35°01′~35°33′，东经117°36′~118°12′之间。东与兰山区接壤，西与平邑县毗连，南临苍山县，北靠蒙阴县，东北与沂南县交界，西南与枣庄市山亭区为邻。最大横距64.25公里，最大纵距58.75公里，总面积1903.75平方公里。

建置　春秋为鲁季氏鄪邑。战国时属楚国。秦为薛郡地。西汉初，置费县，属徐州东海郡。东汉祁，费城属兖州泰山郡。魏、晋、隋、唐、宋均属琅邪郡。金、元、明至清雍正十二年(1734年)，属沂州。清雍正十二年，属沂州府。1913年，属岱南道，翌年改属济宁道，后属琅邪道。1928年，费县直属于省。1936年，属山东省第三行政督察区。1940年，置费南县抗日民主政府和费北行署（后改称费北县抗日民主政府）。1941年，置费东行署（后改为费东县抗日民主政府）。1942年8月，成立临费办事处。1944年，撤销临费办事处，置温河县。1946年1月，费东县和费北县合并成立蒙山县，属鲁中行政区沂蒙专区；4月，温河县复称费县，先后属鲁南行政区第一、第三专区和鲁中南行政区第五专区（台枣专区）。1950年，费县属临沂专区。1952年3月，蒙山县撤销，东部5个区划归费县。1967年，费县属临沂地区。1994年12月，临沂地区撤销，建立地级临沂市，费县隶属临沂市。

区划　1995年，全县辖7镇、18乡，1054个行政村。2000年，辖12镇、13乡。2003年，区划调整，设14镇、4乡。2010年，辖费城1个街道，城北、上冶、薛庄、方城、汪沟、探沂、朱田、梁邱、新庄、马庄、新桥、刘庄、胡阳、石井14个镇，大田庄、芍药山、南张庄3个乡，563个行政村。

人口　民族　1995年，全县总人口89.45万人，男女性别比为106.86。2010年，全县总人口979888人，其中男性507664人，男女性别比为107.5。除汉族外，还有回族等25个少数民族，总人口3492人。全县人口出生率14.38‰，自然增长率9.13‰。

自然环境

地形 费县地处蒙山山脉与尼山山脉之间，属低山丘陵区。地势南北高中部低，西部高东部低；呈自西北向东南倾斜的趋势。北部蒙山区及西部山区系变质岩与火成岩地貌，地表风化剥蚀严重，山势陡峻；南部山区多为寒武系、奥陶系地层，页岩、灰岩相间，具有岩溶地貌特征。中部为冲积、洪积和坡积平原，地势较为平缓。

山脉 费县有蒙山和尼山两条山脉，大小山峰1400余个。其中，海拔300~500米的山峰508个，500~1000米的山峰73个，1000米以上的山峰2个。蒙山山脉位于县境北部，为砂石山，山体结构为泰山群变质岩系，山体相连，多险峰崖壁。著名的山峰有玉柱峰、望海楼、玉皇顶、五彩山、猫头山、穷汉崮、塔山等。尼山山脉位于县境南部，为青石山，山体独立，峰顶浑圆平滑，海拔一般在600米以下。著名的山峰有岐山、方山、利尖崮、娘娘顶、画眉山、大殿顶、轿顶山等。因山顶较平坦，战乱时常筑有围寨。

土壤 全县有褐土、棕壤土、潮土、砂姜黑土4个土类，下分12个亚类，17个土属，73个土种。其中褐土土类面积70083公顷，占可利用面积的44.7%，主要分布于祊河以南的山丘地带。棕壤土类面积69455公顷，占可利用面积的44.29%，多分布于探沂、新桥、胡阳、上冶、薛庄、梁邱等乡镇的平原地带。潮土土类面积13925公顷，占可利用面积的8.88%，分布于河流两岸的平洼地上，适宜小麦、水稻种植。砂姜黑土类面积3339公顷，占可利用面积的2.13%，地势低洼，有机质含量高，适宜农作物生长。

植被 费县属低山丘陵区，植被以森林覆盖为主。有农作物352种，主要农作物有小麦、玉米、水稻、地瓜等。蔬菜161种，树木356种，主要有侧柏、杨、柳、国槐、刺槐、椿、楸等，果树以山楂、板栗、梨、苹果、桃、杏、核桃、枣为主。

河流 费县属淮河流域沂河水系。温凉河、浚河、祊河、涑河四大干流流贯全境。有大支流59条、小支流706条、沟壑5297条，集水面积30平方公里以上的18条。以上河流除涑河外，大多源于县境外，而汇集于祊河，以祊河为主轴呈扇形分布，均系雨源型河流，以降雨补给为主，分为祊河、涑河、柳青河、东洳河、西洳河、蒙河6个集水区域。在温凉河上游建有大型水库1座，各支流上建有中型水库7座、小型水库87座、塘坝380余座。

气候 境内属温带半湿润季风区大陆性气候区，受大陆气团和海洋性气团交替影响，四季分明，光照充足，无霜期长。呈现春旱多风、夏热多雨、秋旱少雨等气候特点。1995—2010年，年平均气温13.9℃，极端最高气温42.5℃（2002年7月15日）。年平均降水量830.6毫米，年最少降水量407毫米（2002年）。年平均日照2173.9小时，最少日照1961小时（2003年）。最长无霜期225天（1998年）。平均相对湿度61%。

自然资源 *土地资源* 全县土地总面积19.04万公顷。其中，耕地8.47万公顷，林业用地3.2万公顷，园地1.64万公顷，草地0.53万公顷，城镇村及工矿用地1.92万公顷。

水资源 多年平均地表水资源量5.43亿立方米，地下水资源量2.05亿立方米，水资源总量6.01亿立方米。

矿产资源 初步探明有20多种，主要有花岗石、大理石、石灰岩、铁矿、煤矿、园林石、燕子石、金星石、天景石、上水石、重晶石、焦宝石、玛瑙石、石膏石、磁土、硬质黏土。

动植物资源 植物有树木74科，142属，356种，中药材有白芍、地黄、丹参、百合等160余种。动物有兽、鸟、禽、昆虫、鱼虾及两栖类动物600余种。

自然灾害 旱灾为主要农业灾害。其他发生次数多、危害程度重的气象灾害有涝灾、风灾、雹灾等。

经济状况

随着经济体制改革的不断深入，产业结构发生显著变化，市场调节对资源配置的作用逐渐增强。农民从单纯的农业生产中解脱出来，转移到第二、第三产业中，推动了工商各业的快速发展。1995年，全县完成生产总值19.9亿元，第一产业增加值7.3亿元，第二产业增加值8.1亿元，第三产业增加值4.5亿元。2010年，全县实现生产总值190.98亿元，财政总收入14.2亿元。地方财政收入5.53亿元。完成规模以上固定资产投资79.5亿元。三次产业比例为14.5:50.9:34.6。

农业　1995年，随着农村经济改革的不断深入，农业内部产业结构进一步优化，生产布局日趋合理，全年实现农业总产值13亿元。2000年，全县粮食总产量31.21万吨，肉类总产量5.94万吨，禽蛋总产量2.1万吨，果品总产量17.73万吨，实现农业生产值22.85亿元，畜牧业产值6.25亿元，渔业总产值5273万元。农业生产向着优质、高效、生态的方向发展。

2010年，农林牧副渔业实现总产值53.9亿元，粮食总产量41.07万吨，棉花总产量0.19万吨，油料总产量10.6万吨，蔬菜总产量60.9万吨，肉类总产量13.6万吨，禽蛋总产量2.74万吨，奶类总产量1.14万吨，水产品总产量1.48万吨。生猪存栏32.11万头；大牲畜存栏3.19万头，其中奶牛3650头；羊存栏29.2万只。全县森林覆盖率44%。农业机械总动力65.1万千瓦。

工业　1995年，全县有纺织、机械、建材、食品、化工、工艺品生产等10多个行业，产品有15个系列300多个花色品种，其中10多种产品获国家或省、部优称号。工业总产值超过10亿元。

进入21世纪后，围绕“打造鲁南经济带制造业强县”的目标，实施大项目支撑带动战略，加快培育产业集群，增强工业经济竞争力。至2010年，形成能源建材、医药化工、木业家具三大支柱产业。投资50亿元的国电费县电厂一期工程有序运转；新时代药业有限公司累计投资25亿元；投资10亿元的沂州水泥项目一期工程建成投产，二期工程开工建设；银光化工集团投资1亿元的活塞式导爆管雷管项目投产达效。老牌工业企业温和集团、华沂集团、沂龙水泥、大陆阀门、沂春机械、光华纸业、王义抽纱等保持良好的发展势头。2010年，全县规模以上工业企业389家，完成增加值91.16亿元，实现产品销售收入393.73亿元、利税33.6亿元、利润24.2亿元。

商业贸易　1995年，实现社会消费品零售总额3.69亿元。城乡居民消费水平的提高，使社会供求量不断增加，促进了商贸业的繁荣与餐饮娱乐业的发展。2010年，社会消费品零售总额62.3亿元。全县超市营业面积16万平方米，各类连锁经营店300多家，各类经营网点1000余个。实现自营进出口总额2.57亿美元，其中出口总值2.47亿美元。外资企业45家，总投资额1.5亿美元。境外企业8家，投资额980万美元。

交通　邮电　交通　兖石铁路横贯县境东西，京沪、日兰高速公路在县境内交会，327国道等4条干线公路纵横穿越县境。1995年，全县有等级公路409公里、乡村公路900公里，实现乡乡通柏油路。到2004年，拥有等级公路2065公里，提前实现村村通硬化路的目标。2010年，全县公路通车里程2158公里，其中高速公路112公里。有专业性客运企业2家，货运企业12家。二类以上维修企业12家，汽车综合性能检测站1家。纳入交通行业管理的营业性车辆2.3万辆，其中营业性客车525辆、货车22255辆、出租车220辆。公路旅客运输量506万人次，货运量1537万吨。

邮电　1995年，实施农话光缆传输和乡镇程控支局建设。至1996年，形成城乡一体化的数字电话本地网，实现了县城至25个乡镇传输光缆化、交换程控化。电话用户发展到1.06万户，在全市9县中率先实现村村通程控电话。当年完成邮电业务总量1858万元。1998年邮政、电信分开经营。无线通讯、无线寻呼、数据通信等现代化通讯网络覆盖全境。邮政一改传统经营模式，邮务类、金融类、邮递物流类等多业并举。2010年，完成邮电业务总量21201万元，其中电信业务总量16802万元、邮政业务总量4399万元。有固定电话用户24万户，移动电话用户38万户，电话普及率25部/百人，互联网用户4.4万户。

城乡建设 1995年，先后完成城西大街、中山路、体育路、文化路、自由路、民主路、南外环路等14条街道26.9公里路面的拓宽和新建工程，总硬化面积72万平方米。县城形成“七横八纵”的道路框架。在温凉河畔建滨河公园1座，面积14.7公顷。自来水供水管道总长33.8公里，日供水能力1.7万立方米。城西居住小区形成规模，入住600多户，2000余人。以“两河”（护城河、温凉河）改造为重点的旧城改造工程，完成2万多平方米建设，沿街楼房焕然一新。县城绿化覆盖率25%。城区面积15平方公里，县城人口7.5万人。2005年，全县村镇公共建设面积230万平方米，生产建设面积130万平方米，村民住房面积1735万平方米。2010年，县城建成区面积28平方公里，13万人。人均道路面积13.69平方米，人均绿地面积8.36平方米，绿化覆盖率40.74%，自来水普及率100%，燃气普及率95.48%，集中供热普及率20%，城市空气质量良好率97%，水环境功能区达标率100%。村镇建设完成投资12.46亿元，其中城镇驻地建设投资8亿元。全县农村全部通电、通车、通电话、通有线电视、通自来水。

环境保护 费县在发展经济的过程中，十分重视保护自然环境，保持生态平衡。2005年12月，开工建设费县污水处理厂。2006年起，开展“两河一沟一渠”卫生专项治理活动，有效净化了河道及两岸环境。2007年，投资2200万元的污水处理厂一期工程全部完成并投入使用，城市污水集中处理率达76%。2008年，环境污染治理投资额达1080万元，城市空气质量良好率达96.5%，水环境功能达标率为96%，农村两指标均达到100%。温凉河橡胶坝建成蓄水，环境质量得到较大改观。2010年，城市污水集中处理率达到85%，投资6000余万元的城市生活垃圾处理厂开工建设。完成环境污染治理投资额5.73亿元，城市空气质量良好率达97%，水环境功能区达标率为100%。道路交通声环境质量处于较好以上水平。

社会事业

科技 1995年，全县有公办、民办科研机构22个，技术贸易机构321个。承担市级以上科研计划32项，其中省级科技攻关计划23项、国家星火计划1项，推广应用新技术75项。在全市第一个通过全国科技工作先进县验收，被省委、省政府命名为科教兴鲁先进县。2004年，费县被列为全省“科技特派员示范工程”试点县，聘请下派科技特派员，实施科技开发项目78个，推广新技术110项，引进新品种120个，提供致富信息500多条，培训农民技术员1万余名，创造经济效益3亿元。2006年5月，市政府在费县召开“百万农户致富工程”食用菌工作现场会。此后费县林地间作黑木耳循环经济技术模式，逐步向全省乃至全国推广。

2006—2010年，申报各类科技项目196项（不含新时代药业），其中国家级科技项目3项、省级12项、市级43项。争取无偿补助项目经费880万元。2010年，全县有省级以上高新技术企业12家，科技型企业79家。有国家级技术中心1家、省级技术中心1家、市级技术中心10家，民办科研机构99家，高新技术产业产值比重占18.44%。全县有各类专业技术人员2.03万人，其中高级和中级分别为1310人、6520人。科技对经济的贡献率达到56%。

教育 1995年，全县有小学486所、初中34所、高中3所，在校学生161425人，共有教师6228人。1996年，费县“双基”（基本实施九年义务教育和基本扫除青壮年文盲）达标顺利通过

青岛理工大学临沂校区

省政府验收。2004年，投资1亿元的费县一中新校建成并投入使用，总建筑面积11万平方米。2006年，对农村中小学生全部免除杂费，补助资金1226万元。2007年，对全部义务教育阶段学生免除杂费，补助资金3510万元。费县特殊教育学校达到省级规范化学校标准，实行全免费教育，残疾儿童少年入学率98.9%。高考本科进线人数2362人。2010年，有普通高中3所，在校生12288人。幼儿园295所（其中完全幼儿园123所），入园儿童21119人；学前一年入园率97%，学前3年入园率63%。小学141所，在校生47917人，小学毕业率100%。初中20所，在校生22358人；初中入学率100%，初中毕业率97%。普通高等院校2所（临沂大学蒙山校区、青岛理工大学费县校区），在校生10064人，其中本科在校生2810人。

文化　1995年，费县有县级文化事业机构120个，乡镇文化站18个，电影队72个；发展有线电视户7500户；有24个乡镇开设调频广播电台。1996年，临沂至费县有线广播电视光缆传输主干线路建设完成，第二电视转播台正式开播。2005年起，实施“村村通”有线广播电视工程，至2007年，563个行政村及20户以上的自然村全部开通有线广播电视，自然村已开通1613个；同时开展数字电视试点工作。2007年9月，举办首届中国（费县）赏石旅游文化节。2010年，全县有公共图书馆、文化馆、档案馆各1座，乡镇文化站18个，乡村文化大院482个，三级文化网络覆盖全县。广播、电视人口覆盖率分别达到97%和98%，有线电视入户率达到76%。

旅游　主要旅游景区有蒙山自然保护区、指动石景区、大青山红色旅游区、石林梨乡旅游区、中华奇石城景区。全年接待国内外游客130万人次，增长8.33%；实现旅游总收入11亿元。

卫生　1995年，全县医疗单位有病床730张，卫生专业技术人员1154人。2000年后，投资1460万元，为探沂、梁邱、马庄、薛庄、刘庄、新庄、汪沟、朱田、芍药山等卫生院各建门诊楼1座，总建筑面积1.5万平方米。投资1.5亿元，总建筑面积3.4万平方米的县人民医院门诊病房综合楼，于2008年建成并投入使用。2010年，全县拥有医疗卫生机构678个。其中，综合医院2所，专业防治站4所，乡镇卫生院18所，机关企事业单位卫生所72个，农村一体化卫生室577个，社区卫生服务中心1个，社会办医疗机构3个，卫生学校1所。有病床2795张，卫生专业技术人员1576人，其中执业医师708人、注册护士570人；另有乡镇执业注册医生1475人。

体育　1995年，在国家级体育比赛中获银牌1枚，省级比赛获奖牌8枚；市级比赛获金牌36枚，银牌43枚；向省级输送运动员1名，向市级输送20名。至2010年，有500多人取得三级社会体育指导员资格。先后为130多个村安装篮球架、乒乓球台。在公园、休闲广场安装健身器械3000余件。为省级以上专业运动队输送9名优秀运动员。2010年，有体育馆1座，体育运动场60余个，其中标准运动场7个。参加省级以上体育比赛获奖牌11枚，其中金牌2枚。

人民生活 1995年，城镇居民人均收入2943元，职工人均工资3895元；农民人均纯收入1508元。2010年，城镇居民人均可支配收入14200元，人均消费支出9508元，在岗职工人均工资28027元；农民人均纯收入6665元，人均生活消费支出3702元。年末全县居民储蓄存款余额82.4亿元。城镇居民人均住房面积32平方米，农村居民人均住房面积30平方米。全县职工养老、医疗、失业、工伤、生育保险参保人数分别达到5.97万人、12.49万人、3.24万人、4.51万人和2.42万人。新型农村养老、医疗保险参保农民分别为41.73万人和80.14万人。全县最低生活保障救助3.99万人，城乡低保实现应保尽保。有敬老院19所，收养孤寡老人719人，五保集中供养率70%。从2010年10月起，为农村60岁以上老人每月发放55元养老金。

费县名片

2000年6月，费县被农业部命名为中国奇石之乡；12月，被水利部、财政部命名为全国水土保持生态环境建设示范县。2001年4月，被文化部命名为中国民间艺术之乡；是年，被中国农业特产推介委员会命名为中国西瓜之乡。2004年，被中国农业特产推介委员会命名为中国核桃之乡。

1996年3月，费县被省委、省政府命名为社会文化先进县。

费县县城

位于县境中部，费城街道辖区中部，钟罗山以南，文山以北。地理坐标为北纬35°27′，东经117°97′。地处缓坡丘陵地带，地势南北高，中间低，西部高，东部较低，呈现自西北向东南倾斜的趋势。327国道横穿县城中部。温凉河由南向北穿过城区，河西为行政机关驻地、商业中心和文化中心，县人民政府驻政通路4号；河东为居住区、工业区。城内辟有滨河公园、水上公园、银光公园、沂蒙公园、石海公园和站东公园。

费县县城是一座有悠久历史的古城。新中国成立前，县城分内、外城。1955年，县城四门城楼（东门望沂、南门映文、西门仰圣、北门瞻蒙）全部拆除，仅存东门往北的一段城墙遗址。经过几十年的建设，县城面貌一新。到1994年，建成区面积7.8平方公里，人口4.8万人。

2010年，县城区域范围西至员外村，北至荣和庄，东至肖山，南至南文山。建成区面积29.6平方公里，城区人口25万人，人均居住面积30平方米，城镇化率43%。主要道路23条，总长度118.4公里，道路面积243.2万平方米，人均城市道路面积13.8平方米，其中人行道面积38万平方米。公园9个，面积85公顷，广场7个。县城建成区绿化覆盖面积1209公顷，绿化覆盖率40.84%，园林绿地面积940公顷，公园绿化面积147公顷。县城内主要桥梁有29座。安装路灯的道路长度104公里。建污水处理厂1座，日处理污水能力4万立方米。自来水普及率100%，燃气普及率95.48%，集中供热普及率20%。广播、电视人口覆盖率分别达到97%和98%，有线电视入

中华奇石城

户率达到76%。城区有县级综合医院3所，疾病预防控制机构、妇幼保健机构各1所；普通高等院校2所（临沂大学蒙山校区、青岛理工大学费县校区），中等专业学校、特殊教育学校各1所，普通高中3所，普通初中3所，小学6所；有各种艺术表演团体25个，公共图书馆、文化馆、档案馆各1个。有东方购物、百姓超市等大型超市及银丰市场、胜利市场、和平市场等商业街区。城市商业场所开始由单一的日用品传统消费，向集购物、饮食、办公、娱乐、旅游、休闲等多功能于一体的大型商业综合体转变。星级宾馆有丽都假日酒店（三星）、银都商务酒店（三星涉外）、钟罗山宾馆（二星级）等。

中华奇石城位于费县县城北1公里，总面积8平方公里。这里的奇石，外貌、造型千姿百态，集"瘦、漏、透、皱、雄"于一身，储量达30多万块，是中国已知最早的埋藏型石林，被誉为"世纪之交在中国北方发现的最伟大的自然奇迹"。中华奇石城内有奇石商业街、龙园广场、龙园、天籁石谷、石林秀场、奇石迷宫、麒麟迎宾、荣和湖、红云湖、梅园、竹园、生肖园、石干娘道场等景点，成为一个以市场交易为主，兼顾休闲、度假、科普、游乐等功能的综合性石文化产业基地。

乡镇街道

费城街道　位于县境中部，2004年被命名为全国重点镇。处钟罗山之阳、温凉河下游，为县政府驻地。北邻城北镇、上冶镇，东与胡阳镇、探沂镇接壤，南靠芍药山乡、新庄镇，西与梁邱镇、朱田镇及平邑县地方镇相连。面积200.1平方公里，其中耕地4999公顷。兖石铁路、327国道横穿东西，蒙台公路纵贯南北。

费城街道文化积淀深厚，境内有怡园、滨河公园、韩书凡艺术馆、奇石一条街及颜真卿雕像、鲁公庙碑等文化名胜。费县师范讲习所是费县早期中国共产党的活动基地，为地方培养了大批干部。费城抗日武装起义、费城战役、平定利尖崮暴乱等重大革命历史事件都发生在境内。

仙人洞景区

旅游区有万亩梨园、沂蒙石林、天景湖、仙人洞、丛柏庵等十几处景点。星级景区3处。南部山区（原许家崖乡）是远近闻名的梨乡。黄梨种植面积2333公顷，其中树龄百年以上的数千株。2000年4月建设的沂蒙石林，位于费县城南4公里，占地面积73公顷，是国土资源部批准的第四批国家地质公园之一——沂蒙山国家地质公园沂蒙石林园区，由2000余块费县园林石精品组合而成。2004年成为国家旅游局批准的首批全国农业旅游示范点，每年4月初在此举办梨花节。费城设有集市，农历三、八为集日。辖区总人口17.53万人。

朱田镇　位于费县西部。镇政府驻地朱田村，距县城12公里。朱田镇东接费城街道，南邻梁邱镇，西、北分别连平邑县郑城镇、地方镇。面积158.6平方公里，其中耕地4667公顷。属山地丘陵地区，有大小山头336座，森林覆盖率46%。主要河流为朱田河，其主要支流有乾河、坤河。有龙王口等水库5座，塘坝78座。西南部各类优质花岗石储量1亿多立方米，东部石灰石矿储量达4亿吨。费梁公路横穿东西，田石公路纵贯南北。朱田设有集市，农历五、十为集日。辖区总人口6.01万人。

王雅量文化广场

境内旅游资源丰富。有苑上村琴泉、天镜泉、珍珠泉、百花泉以及由吾崮、楼景洞等自然景点，苑上商代古文化遗址——古台、王雅量故居等人文景点，崔家沟生态旅游风景区等。

梁邱镇 位于费县西北部，为省级中心镇。镇政府驻地梁邱西村，距县城45公里。梁邱镇东与新庄镇接壤，南连石井镇，北接朱田镇，西邻平邑县魏庄乡，西南接枣庄市山亭区徐庄镇。面积197平方公里，其中耕地5400公顷。岚济路贯穿东西。温河与凉河在镇境南部交汇，是县城的饮用水源地。境内有中型水库（书房水库）1座，小一型水库2座，塘坝45座。梁邱设集市，农历二、七为梁邱东集的集日，农历四、九为梁邱西集的集日。辖区总人口9.1万人，其中回民1800人（占全县回民总数的60%）。

刺绣加工

梁邱历史文化灿烂，明朝在关阳设巡检司。1943年，鲁南军区司令部设在孔家汪，罗荣桓、肖华等在此生活战斗过。现存梁王城、宝峰寺、柳毅庙、鲁南军区党委遗址等。

石井镇 位于费县西南部。镇政府驻地石井村，距县城45公里。石井镇东连新庄镇，北靠梁邱镇，南与苍山县下村乡、车辋镇接壤，西邻枣庄市山亭区北庄镇、徐庄镇。面积102.2平方公里，其中耕地3777公顷。地势南高北低，西高东低，四周群山环绕，中部、北部相对平坦，属低山丘陵地区。河流主要有芦河、洞子河、银河、大安河等。有小型水库6座，塘坝60座，总蓄水量800万立方米。已探明页岩储量1.1亿立方米，石灰石储量3.5亿吨，纯度高，易开采。矿泉水水质优良。240省道横穿南北，东西有石徐、石板公路经过镇政府驻地与之交会。有古翼城遗址、千年古庙荆山寺遗址、上庵里遗址；苏鲁豫皖边区特委驻地遗址。石井设有集市，农历三、八为集日。辖区总人口3.7万人。

泉崮山

新庄镇 位于费县南部。镇政府驻地新庄，距县城21公里。新庄镇东连马庄镇，西邻石井镇，北依费城街道，南与苍山县车辋镇、大仲村镇接壤。面积123平方公里，其中耕地3733公顷。有小型水库11座，塘坝25座。新庄河由太和庄入境，入温凉河。页岩资源丰富，初步探明储量达1亿立方米。沂蒙、岚济公路在境内交叉贯通。新庄设有集市，农历五、十为集日。境内有抗战时期著名的“东流抗日自卫战”“官流庄惨案”及歼灭巨匪刘黑七的“柱子山战斗”等遗址。辖区总人口 5.1 万人。

柱子山红丹脆枣

芍药山乡 位于费县南部。乡政府驻地芍药山村，距县城 14 公里。芍药山乡北邻费城街道，东靠探沂镇、马庄镇，西南接新庄镇。面积 67 平方公里，其中耕地 1800 公顷，森林面积 1900 公顷，森林覆盖率 79.2%。地处尼山山脉腹地，属纯青石山区。是沂河支流涑河的发源地，有 2 座小型水库。境内有费芍路、费芍西路、费马公路 3 条县级公路。芍药山乡政府驻地设有集市，农历一、六为集日。辖区总人口 2.3 万人。

核桃种植

芍药山乡以核桃产业为主导产业。2010 年，全乡核桃种植面积 5333 公顷，年产核桃 385 万公斤，是全省最大的核桃种植基地，为全国核桃生产龙头乡镇。芍药山核桃获准使用国家无公害农产品标志，取得国家级有机食品质量认证。万亩核桃园旅游区为省级农业旅游示范点，已形成观光点 17 处、3 条旅游路线。

马庄镇 位于费县东南部。镇政府驻地马庄街村，距县城 22.5 公里。马庄镇北邻探沂镇、费城街道，东靠刘庄镇，西与新庄镇、芍药山乡相连，南与苍山县矿坑镇接壤。面积 80.5 平方公里，其中耕地 2100 公顷。地处尼山山脉腹地，属青石山区，有大小山头 288 座。森林覆盖率 38.6%。有涑河、洗耳河等大小河流 6 条。有中型水库马庄水库和 3 座小型水库。页岩、石灰岩、金属镁等矿产都有较大储量。342 省道穿过镇境南部。镇政府驻地设有集市，农历三、八为集日。

木制工艺品

马庄镇以板皮业为主导产业。2010 年，全镇共有企业 1200 余家，其中板皮企业 1000 家，规模以上企业 26 家，民营企业实现总产值 11.7 亿元，工业总产值 17.1 亿元。辖区总人口 3.3 万人。

刘庄镇 位于费县东南部。镇政府驻地刘庄村，距县城 20 公里。刘庄镇北靠探沂镇，西连马庄镇，南接苍山县矿坑镇，东邻兰山区朱保镇。面积 62 平方公里，其中耕地 3425 公顷。石灰石、页岩、金星石储量丰富。石灰石、页岩分别分布在旺山、岐山，金星石产于岐山南麓山洞。鲁城村北部有春秋、战国、汉时期的鲁郎城遗址和春秋时期古台遗址，万庄东有宋代万庄墓地和岐山清代幅军起义旧址。另有岐山寺、巨龙山朝阳洞等名胜古迹。辖区总人口3.2万人。

三岔河拦河坝

探沂镇 位于费县东部。镇政府驻地薛家村，距县城15公里。探沂镇西与费城街道、芍药山乡交界，南靠刘庄镇，北隔祊河与胡阳镇、新桥镇相望，东与兰山区义堂镇、朱保镇接壤。面积106平方公里，其中耕地3733公顷。是山东省“百镇示范行动”示范镇、山东省特色产业镇、山东省小城镇建设示范镇，临沂市园林小城镇。探沂镇有丰厚的历史文化资源，许由城遗址和建于明代的凤山桥，是市级文物保护单位。辖区总人口6.2万人。

安信木业

新桥镇 位于费县东部。镇政府驻地石桥村。新桥镇西接胡阳镇，北靠方城镇，南连探沂镇、兰山区义堂镇，东邻汪沟镇、兰山区枣沟头镇。面积71平方公里，其中耕地4467公顷。辖区内地势平坦，土质为淋溶性褐土、棕壤土和潮土，土层较厚，主产小麦、玉米、大豆等。朱龙河、吉庆河贯穿全镇，南部有祊河。水稻产量大，质量优。229省道、泉重公路贯穿全境。2010年费县梦想家影视基地落户新桥镇前店子村，项目占地近千亩。境内有省重点文物保护单位——西西蒋龙山文化遗址。辖区总人口6.06万人。

汪沟镇 位于费县东北部。镇政府驻地汪沟村，距县城25公里。汪沟镇西与方城镇接壤，南与新桥镇、兰山区枣沟头镇相接，东与兰山区半程镇毗邻，北与沂南县青驼镇、双堠镇相连。面积142平方公里，其中耕地5600公顷。探明石英砂岩储量为7.2亿吨，主要分布在柴胡山、石岗岭一带；柴胡山生产徐公砚石。京沪、日兰高速公路纵横交会，229省道、文泗公路在镇政府驻地交会，225国道、泉重公路南北贯通。汪沟镇被评为山东省生态农业示范乡镇、临沂市最具发展魅力乡镇。辖区总人口6.35万人。

闵子商贸街

汪沟镇为孔子七十二贤之一闵子骞的故里，闵家寨村建有闵子祠1座。后楼村北有古城遗址。

方城镇 位于费县东北部，为省级中心镇。镇政府驻地西街村，距县城20公里。方城镇东连汪沟镇，西接胡阳镇、薛庄镇，南靠新桥镇。面积90平方公里，其中耕地4400公顷。矿产有澎润土、石英石、大理石、硅石、蛭石等。其中，澎润土储量10万吨，集中分布在石灰埠一带；石英石主要分布在蒙山南麓盐店一带。境内有董泗公路、新竹公路和方马公路。方城镇被授予“省级文明单位”“市级文明生态镇”“市级无公害瓜菜生产基地”“中国西瓜之乡”等称号。

方城镇保留完整的华城村华县故城遗址，是临沂市已知最早、唯一的史前古城，该遗址的时代上限约在大汶口文化晚期，春秋时期为鲁国东部边疆重镇防邑。镇政府驻地北3公里金雀山有建于北齐的兴圣寺遗址。金雀山溶洞为天然火山熔岩溶洞，上下多层，洞口颇多，洞洞相连，洞内曲折迂回，钟乳石千奇百怪，溶洞底部有地下河。当地名吃方城大锅饼，已有200余年历史，尤以扈家锅饼店历史最久。辖区总人口4.7万人。

大棚西瓜

胡阳镇 位于费县东北部。镇政府驻地胡阳村，距县城12公里。胡阳镇东邻方城镇、新桥镇，西部和南部隔祊河与费城街道、探沂镇相望，西北部隔浚河与城北镇相望，北接薛庄镇。地处平原。面积70.2平方公里，其中耕地4013公顷。有祊河、浚河、薛庄河、胡阳河等河流；水库、塘坝132座，库容240万立方米。被评为临沂市环境优美乡镇。矿产主要有铁矿、石灰岩、吉山石、膨润土、清沙等。铁矿石、石灰岩主要分布在义和庄西岭。薛南、方马公路纵横通过。镇政府驻地设有胡阳集，农历五、十为集日。

镇域内历史悠久。保留完整的城头长兴造像碑立于隋开皇六年（586年）。玉米庄遗址为汉代、宋代遗址。辖区总人口4.3万人。

西红柿种植

薛庄镇 位于费县东北部。镇政府驻地薛庄，距县城16公里。薛庄镇东邻方城镇、汪沟镇，西靠南张庄乡、大田庄乡，西南隔浚河与城北镇相望，南与胡阳镇接壤，北连沂南县青驼镇、双堠镇以及蒙阴县垛庄镇。面积156.3平方公里，其中耕地3389公顷，山林5466.7公顷，森林覆盖率45%。北部是蒙山腹地，森林覆盖率达86%；南部为肥沃平原，林网遍布，道路畅通，渠系配套，已建成生态农业观光旅游区。境内有中型水库1座、小型水库8座，塘坝108座。日兰高速公路、文泗路横贯东西，费蒙公路纵贯南北。薛庄镇是《沂蒙山小调》诞生地，大青山胜利突围战旧址所在地。薛庄镇为全国造林绿化百佳乡、中国板栗之乡、全国青少年教育基地、全国农业旅游示范点、国家丰水梨标准化生产示范区。

板栗园

境内大理石、蛭石、膨润土、石英石和钾长石储量丰富。有蒙山第三高峰——望海楼。全镇建成以5万亩板栗、5000亩丰水梨、8000亩大棚瓜菜为主的特色农业示范基地。辖区总人口5.4万人。

南张庄乡 位于费县北部。乡政府驻地东蒙村（原名南张庄），距县城12公里。南张庄乡东邻薛庄镇，西靠上冶镇，北接大田庄乡，南隔浚河与城北镇相望。面积71.5平方公里，其中耕地2755公顷。地势北高南低，北部属蒙山山系的一部分，中部为丘陵和小块平原交错地带，南部为平原。有小型水库10座、拦河坝70余座。上冶水库东干渠纵贯全乡南北，浚河沿西南边境流过。日兰高速公路、文泗公路横穿东西，山城公路纵贯南北。东蒙村设有集市，农历四、九为集日。辖区总人口3.8万人。

境内旅游资源丰富，有国家AAAA级云瀑洞天风景区和国家AAA级塔山森林公园。先后投资开发"一绝一奇一石阵三险九洞十二石"等100余处景点，建成指动石、天蒙湖、巨石阵、通天峡四大游览区以及水上乐园、林中乐园。玉柱峰海拔1026米，为蒙山第二高峰。望海楼为蒙山观东海、看日出之地。

云瀑洞天景区

大田庄乡 位于费县最北部。乡政府驻地大田庄，距县城20公里。大田庄乡南接上冶镇、南张庄乡，东邻薛庄镇、蒙阴县垛庄镇，西与平邑县卞桥镇、资邱镇搭界，北与蒙阴县桃墟镇毗连。

小农水建设

面积96平方公里，其中耕地1587公顷。境内有沂蒙公路、马田公路、薛齐公路等县乡道路纵横通过。中部有中型水库——上冶水库，上游为紫荆河；西部有小（一）型水库——黄崖水库。境内森林面积3333公顷，森林覆盖率70%。有挂心橛子、朝阳洞、掌书院、玉皇顶、大洼、霸王弓等多处自然景观。齐鲁地村于秦时形成村落，该村关帝庙先后重修8次，是费县唯一古老而又保存完好的庙宇。费县抗大一分校是费县早期中国共产党的活动基地，为地方培养了大批干部。该乡西瓜连续4年在全国西瓜评比中夺得冠军，黄土庄田荣芳的西瓜已注册"双冠"牌商标。大田庄乡是全国小农水改革发源地、全省农村税费改革示范点。辖区总人口2.18万人。

上冶镇 位于费县西北部。为省级中心镇。镇政府驻地上冶二村，距县城13公里。上冶镇东与南张庄乡接壤，南隔浚河与费城街道、城北镇相望，西靠平邑县资邱镇、地方镇，北接大田庄乡。面积76平方公里，其中耕地4000公顷。南有浚河，中有紫荆河，北有中型水库上冶水库。辟有玉美河公园。已探明有石灰石、石膏、铁、石英石等10余种矿藏，其中石膏可开采量3.3亿吨。上冶玉泉偏硅酸含量较多，含有丰富的钙、锶、锌等矿物质。沂蒙公路、文泗公路、兴郝公路、日兰高速公路呈"井"字状通过境内，日兰高速公路在上冶留有出口。上冶镇先后被授予

“省级文明单位”、全省“明星乡镇”等称号。

境内有春秋鄪国故城遗址、鲁国季桓子井、大型汉墓群、玉泉观等人文景观。辖区总人口5.8万人。

化海肉鸡养殖合作社

城北镇　位于费县中部、县城以北。镇政府驻地城北村，距县城5公里。城北镇北、东北隔浚河与上冶镇、南张庄乡相望，东与胡阳镇接壤，南、西南均与费城街道为邻。面积60平方公里，其中耕地3339公顷。浚河、温凉河在镇东南汇合形成祊河。南依钟罗山。盛产北太湖石（俗称园林石），主要分布在日兰高速公路连接线两侧，南石沟村南岭，南东洲村东。为中国民间艺术之乡和奇石之乡。刘家疃汉画像石墓属省级文物保护单位。弦子戏演唱、石砚加工等依然富有活力。奇石资源丰富，总储量达60万块，是全国最大的奇石集散地。沂蒙公路、塔城公路、日兰高速公路连接线、方曹公路纵横贯穿境内。辖区总人口3.26万人。

奇石——中华巨龙

第十章　蒙阴县

建置　区划

境域　蒙阴县位于临沂市北部，蒙山北麓，东汶河上游，是沂蒙山区的腹地。地处北纬35°27′~36°02′，东经117°45′~118°15′之间。东邻沂水县、沂南县，南与费县、平邑县交界，西靠泰安市辖新泰市，北与淄博市沂源县接壤。县域最大横距45.8公里，最大纵距65.4公里，总面积1601.6平方公里。

建置　周时，为蒙邑、堂阜邑、艾邑，分属鲁国、齐国。西汉初，置蒙阴县，因在蒙山之阴得名，属兖州泰山郡。王莽篡位后，曾改称蒙恩县。东汉初，地属盖、牟2县。三国魏初复置蒙阴县，属徐州琅邪郡。西晋末因战乱废。南北朝时，北魏在其地置新泰县，属南青州东安郡。东魏时，改称蒙阴县。北齐将蒙阴县并入东泰山郡之新泰县。南宋景定三年（1262年），蒙阴地又由新泰县划入沂水县，称新泰镇（旧《蒙阴县志》称新寨镇）。元皇庆二年（1313年），再置蒙阴县（一说元延祐二年重建蒙阴县），属益都路莒州，迁治今址。明洪武二年（1369年），属青州府。清雍正八年（1730年），改属莒州。雍正十二年（1734年），属沂州府。1913年，废府设道，蒙阴县属济宁道。1925年，改属琅邪道。1928年，废道，直属省。1936年，属山东省第三行政区督察

蒙阴县城

区。1941年9月，将原蒙阴县的大部分地区划归新蒙县、泰宁县、博莱县，蒙阴县属鲁中区二专区。1943年3月，蒙阴县撤销，同年9月恢复，仍属二专区。1949年7月，属沂蒙专区。1950年6月，改属沂水专区。1953年8月，属临沂专区。1967年，属临沂地区。1994年12月，撤销临沂地区，设立临沂市，蒙阴县属临沂市。

区划 1995年7月，桃墟、野店乡撤乡建镇。1996年12月，界牌乡撤乡建镇，蒙阴县辖蒙阴、岱崮、坦埠、垛庄、常路、高都、桃墟、野店、界牌9个镇，旧寨、北贾庄、巨山、联城、常马、重山6个乡。2010年年底，全县辖蒙阴1个街道，岱崮、坦埠、垛庄、常路、高都、桃墟、野店、界牌、联城9个镇，旧寨1个乡，464个行政村(社区)。

人口 民族 1995年，全县总人口51.25万人。男女比例为104.8。2003年，全县总户数17.68万户，总人口53.05万人。其中，男性27.07万人，女性25.98万人。出生人口0.46万人，死亡人口0.26万人，人口自然增长率3.51‰。2010年，户籍总户数17.69万户，总人口54.5万人，其中男性27.83万人、女性26.67万人。出生人口10812人，死亡人口4808人，人口自然增长率9.03‰。全县有少数民族15个，共812人。

自然环境

地形 蒙阴县地势南北高，中间低，由北西向东南倾斜。海拔一般在200~600米之间。最低点120米（垛庄镇西师古庄东），最高点1108.3米（桃墟镇冷峪顶）。中山丘陵区占27%，低山丘陵区占54%，准平原区占10%，水域占9%。其类型主要有侵蚀构造中山丘陵区、构造剥蚀低山丘陵区和山间河谷地貌。

山脉 以东汶河为界，河以北系新甫山脉，河以南系蒙山山脉。有海拔400米以上的山头105座，其中“崮”有36座。岱崮镇群崮集中，崮形独特。2007年8月，“崮”这一独特的地貌通过中科院专家组评审，命名为“岱崮地貌”，成为继“丹霞地貌”“张家界地貌”“嶂石岩地貌”“喀斯特地貌”之后的第五大地质地貌。山峰高度在海拔238~1108.3米之间，海拔1000米以上的有12座。

河流 蒙阴属淮河流域沂河水系。主要河道有二级河东汶河、蒙河等4条，总流程70.3公里；三级河有常路河、梓河等7条，总流程149公里；四级河6条，总流程97公里；五级河1条，流程17公里。河流总流程627.9公里，河网

密度 0.39 公里/平方公里，径流总量 4.22 亿立方米。境内最大河流为东汶河，从西北至东南流经常路镇、高都镇、联城镇、蒙阴街道，流程 48.73 公里，流域面积 758.93 平方公里，年平均流量 3.45 立方米/秒，主要支流有常路河、东高都河、东儒来河、银麦河等。在东汶河与梓河汇流处的重山建有大型水库——云蒙湖，是山东省第二大水库。全县建有张家庄、黄土山、朱家坡、黄仁等 4 座中型水库，另有 88 座小型水库，500 多座塘坝。

土壤　全县有棕壤、褐土和潮土 3 个土类，8 个亚类，15 个土属，49 个土种。分布最广的是棕壤类，面积 74174 公顷，占可利用面积的 55.53%，分布在蒙山后和孟良崮前与野店镇、高都镇、旧寨乡西部和常路镇、蒙阴街道、界牌镇、垛庄镇；其次是褐土类，面积 54110 公顷，占可利用面积的 40.51%，分布在东汶河、蒙河两岸及岱崮镇、坦埠镇、旧寨乡东部、界牌镇、垛庄镇。潮土类面积 5267 公顷，占可利用面积的 3.96%，主要分布在东汶河、蒙河、梓河及其支流两岸。

植被　棕壤性土及棕壤低山丘陵区生长的乔木有黑松、赤松、油松、刺槐、麻栎、栓皮栎、槲树、板栗、核桃、桃树、苹果、樱桃等，藤本植物有葡萄等，乔木之下有酸枣、紫穗槐、紫荆、金银花、胡枝子、黄栌等灌木，林下杂草有白羊草、季陵菜、地榆、地柏、野艾、野蒿、狗皮草等。

褐土性土及褐土低山丘陵区乔木有侧柏、刺槐、桃树、杏树、梨树、花椒、山楂、柿子、苹果、榆树、椿树、楸树等，灌木有酸枣、胡枝子、紫荆、紫穗槐等。底层杂草以地黄、猪耳胡、地丁、猫尾草、狗皮草为主。

潮土及水系周围乔木有杨树、柳树、榆树、槐树、楸树、泡桐、枫杨、桃树、杏树等，灌木有紫穗槐、白蜡、紫荆等，杂草有荠菜、蒿子、刺儿菜、毛莨、灰菜、银菜、苍耳等。

县内独具特色的经济树种有桃树、苹果、板栗，栽植历史长，面积大，主要集中在南部、北部低山丘陵区。粮食作物主要有小麦、玉米、地瓜，油料作物主要有花生、大豆等。

气候　蒙阴县属暖温带半湿润大陆性季风气候，四季分明、光照充足、雨量充沛、无霜期长。多年平均气温 13.8℃，1 月平均气温-0.5℃；7 月平均气温 26.3℃，极端最高气温 41.3℃（2002 年 7 月 15 日）。平均气温年较差 10.4℃，最大日较差 28.4℃（1998 年 11 月 3 日）。生长期年平均 247 天。无霜期年平均 197 天。年平均日照时数 2355.7 小时。年平均降水量 778.1 毫米，年平均降雨日数 76.7 天，极端年最小降水量 410.2 毫米（2002 年）。降水集中在 6—8 月，7 月最多。

自然资源　*土地资源*　全县土地总面积 160162 公顷。2009 年年底，耕地 50982 公顷，占全县土地总面积的 31.8%；园地 30126 公顷，林地 23430 公顷，草地 16616 公顷，城镇村及工矿用地 12276 公顷。

水资源　多年平均地表水资源量 4.22 亿立方米，地下水资源量 1.37 亿立方米。全县水利工程总库容 9.22 亿立方米。水资源总量 4.39 亿立方米。

矿产资源　境内发现的矿产资源有金刚石、煤、铁、金、石灰岩、白云岩、页岩、钠长石、蛭石、陶瓷土、陶瓷用砂岩、麦饭石、花岗岩等 38 种，各类矿床、矿点、矿化点 251 处。其中金刚石探明地质储量 2036714 克/60270 千吨，约占全国总储量的 50%。“七〇一”金刚石矿是全国最大的原生金刚石矿，至 2010 年采出金刚石 170 多万克拉。

生物资源　主要的乔木、灌木类植物分属 59 科、87 属、188 种。境内药材资源丰富，有野生药材 150 余科 552 种。中药材种植面积 1333 公顷，何首乌、蒙山天麻、蒙山灵芝、蒙山紫草、金银花、黄芪、丹参、冬虫夏草等药材品种纯正，药物有效成分含量高。动物资源有兽类、鸟类、禽类、昆虫、鱼虾及两栖动物 600 余种。

自然灾害 主要自然灾害有旱灾、涝灾、雹灾、风灾、低温、连阴雨、霜冻、雷击、雨淞。旱涝出现几率较高。

经济状况

1995年，全县生产总值17.25亿元，三次产业比例为35:42:23。全社会固定资产投资总额2.88亿元。2010年，全县实现生产总值114.51亿元；国税、地税系统实现税收6.42亿元，地方财政收入3.3亿元；完成全社会固定资产投资（规模以上）64.73亿元。三次产业比例为19.7:41:39.3。

农业 1995年，农业总产值为12.1亿元，畜牧业产值达3.6亿元。粮食总产量24.5万吨，水产品产量290万公斤。2010年，农业总产值达36.3亿元。其中农业增加值17.3亿元，畜牧业增加值2.72亿元。粮食总产量19.63万吨。生猪出栏16.21万头，牛出栏1.44万头，羊出栏25.81万只，家禽出栏379.52万只。肉类总产量21928.19吨。禽蛋产量7831.12吨。年末生猪存栏9.19万头，牛存栏1.02万头，家禽存栏191.32万只。水产品总产量1.68万吨。新增造林面积3373公顷，新育苗木260公顷，零星植树205万株。木材蓄积量166.41万立方米。全县农业机械总动力72.68万千瓦，有大中型拖拉机2420台。

果品 蒙阴县是果品生产大县。蒙阴县的地理位置、土壤结构、气候特征都非常适宜发展果品生产，经山东农业大学院士束怀瑞考察论证，蒙阴县被确定为落叶果树最佳适宜区之一。

1995年，全县果园面积2.33万公顷，果品产量1.4亿公斤，其中苹果1.47万公顷、桃0.23万公顷，跨入全国果品百强县行列，居69位。有4个苹果品种被评为省优质果品，其中1个苹果品种被评为特优果品。积极推广人工授粉、果实套袋、疏花疏果等新技术和半地下通风库储存苹果。1997年，“蒙园”牌苹果经农业部绿色食品发展中心核准，开始使用绿色食品标志，成为蒙阴县首个获准使用绿色食品标志的果品。1998年，果园面积2.4万公顷。由于苹果市场低迷，苹果园减少到1.33万公顷，产量1.1亿公斤。蜜桃价格不断上涨，农民大力推广仓方早生、川中岛、绿化九号、中华寿桃、曙光等蜜桃新品种，桃的栽培面积增加到0.33万公顷，产量0.35亿公斤。

2001年，全县果园面积3万公顷，果品产量2.3亿公斤，产值4.02亿元。人均果品收入800元。10月6日，在高都镇举办了首届蒙阴县沂蒙金秋优质苹果大赛，首次提出在蒙阴县建设无公害果品基地，基地面积10万亩。2005年，被农业部确定为全国果品十强县和综合双强县之一。2008年，制定《关于推进果品产业现代化进程的意见》。全县建设果树精品示范园区18个，带动果园管理上水平。申请注册“蒙阴”牌果品商标，“蒙阴蜜桃”通过农业部农产品地理标志认证，蒙阴县和蒙阴蜜桃分别获得“中国蜜桃之都”“中华名果”称号。召开首届“全国桃产业战略发展论坛”和“全国桃产业发展观摩会”，确定了蒙阴蜜桃在全国的中心地位。

2010年，全县果园面积近百万亩，产量11.75亿公斤，产值35.25亿元，果品业成为蒙阴县的支柱产业。全县有果树精品示范园21个，标准化生产基地32个，面积2.45万公顷。试验示范推广苹果矮砧集约栽培示范模式、十大主推技术和倡导品种。成立蒙阴蜜桃标准联盟，全面推行标准化生产技术。“蒙阴蜜桃”通过国家工商总局申请注册，成为农产品地理商标。

长毛兔养殖 1995年，全县长毛兔存养200万只，兔毛产量1000吨。1998年，县委、县政府印发《关于加快发展畜牧业的决定》，提出长毛兔生产的长期发展目标，按照扶持、引导、管理、服务的原则，制定一系列优惠政策。12月，县畜牧局和山东农业大学动物科学院共同承担的《沂蒙长毛兔品系选育的研究》课题通过山东省种畜禽鉴定小组的验收鉴定，并获得临沂市科技进步一等奖。1999年，蒙阴县实施山东省“三〇工

程”《沂蒙长毛兔良种产业化开发》项目，进一步促进选育提高、示范推广和产业化开发，实施兔业生产标准化。全县长毛兔存养280万只，兔毛产量1600吨，居全国县（市、区）前列，被农业部命名为中国长毛兔之乡。

2003年，蒙阴县被国家质量技术监督局列入沂蒙长毛兔标准化生产示范县，并顺利通过国家标准化管理委员会验收。通过典型带动、示范引路，蒙阴县逐步形成以养兔示范场为核心、专业村为基础、专业户为骨干、布局合理、生产稳定的区域化兔业生产新格局。至2010年，全县万兔村、千兔场、百兔户分别发展到15个、48处、4350户。

2010年，全县长毛兔存养450万只，兔毛产量2500吨，兔业收入突破5亿元，农民仅此一项人均收入1075元以上，养兔业成为蒙阴县农业和农村经济的重要支柱产业。

工业　1995年，全县工业总产值完成26.3亿元，棉纺、啤酒等一批骨干企业形成规模优势。2007年，被省委、省政府确定为全省纺织服装产业基地县。2010年，全县形成纺织、酿造、机械、建材和食品加工五大产业集群。纺织企业300余家，拥有纱锭65万锭，织机1.2万台。酿酒业具有40万吨啤酒的年生产能力，“银麦”品牌为中国驰名商标；白酒和酒精年产量10万吨。机械制造业有规模以上企业30余家，其中山东工程机械钢圈厂是全国最大的钢圈生产企业。常路镇田家岭机械加工小区为全国第二大零部件加工聚集区。建材业有100多家石材加工企业、1家水泥厂，具有100万平方米板材、150万吨水泥的年生产能力。食品加工品牌优势明显，光棍鸡、红烧兔首、六姐妹煎饼、干煸肉丝等具有地方特色的食品为山东名牌产品。全县实现工业增加值43.4亿元。有规模以上工业企业200家，实现主营业务收入178.88亿元，利税13.43亿元，其中利润9.29亿元，产销率98.01%。

商业贸易　随着改革开放的深入，市场体制逐步完善，商贸流通业快速发展，城乡市场运行呈现协调发展的良好态势。1995年，全县社会消费品零售总额3.65亿元，城乡集市贸易成交额2.44亿元。2010年，全县实现社会消费品零售总额51.33亿元，其中城镇实现社会消费品零售额40.43亿元，乡村实现社会消费品零售额10.9亿元。金蒙红烧兔首、边家干煸辣肉丝获“山东名小吃”称号，蒙山烤全羊获山东首届小吃节铜奖，蒙山酿酒和六姐妹煎饼被评为山东老字号，边家干煸辣肉丝被评为中华老字号。市场规模化程度进一步提高，限额以上批发零售和住宿餐饮企业达到153家。连锁、超市、代理、物流配送、电子商务等新型商业发展迅速，仁和堂药店连锁店、桃源超市、远通汽贸等相继落户蒙阴。全县有30余家运输物流公司、83家仓储企业，企业储藏量达13万吨。蒙阴县被商务部列入第二批商务综合行政执法试点县。全县有82家外贸进出口企业，实现进出口总额5084万美元，其中进口414万美元，出口4670万美元。

交通　邮电　交通　境内山岭起伏，河流纵横，自古交通闭塞。改革开放后，全县公路交通事业有了突破性发展。1994年，蒙阴县在山东省山区县率先实现乡乡通柏油路的目标。1995年，全县拥有干线及县乡公路773.1公里，等级公路综合密度每百平方公里35公里，高于全省平均水平。其中二级公路158.19公里，三级公路121.3公里，硬化路面292.4公里。1999年9月，京沪高速公路建成通车。2004年年底，基本实现行政村村村通硬化路目标。2008年11月，蒙阴县被省政府命名为全省农村公路建设养护示范县（市、区）。

2010年，全县公路通车里程2020.1公里。年末营运汽车拥有量0.81万辆。全年完成公路货运量2648.67万吨，客运量1319.19万人次，公路货运周转量89.23亿吨公里，公路客运周转量5.4亿人公里。

邮电　1994年，开通无线寻呼、移动电话，建成农话本地网。1995年，完成与全省、全国的联网，相继开通移动电话、磁卡电话、用户传真、礼仪电报、特快专递、快件、商业信函等新业务，实现所有乡镇电话程控化及本地网传输、交换数字化。全县有市话2000门，市话交换容量6144门，市话用户3969户，市话普及率9.3部/百人。农话用户1250户，通电话的行政村107个，占行政村总数的18.3%。1998年，邮政、电信分开经营。1999年、2000年，山东移动通信有限责任公司蒙阴分公司、中国联通临沂分公司蒙阴营业厅相继成立，无线通讯、无线寻呼、数据通信等现代化通讯网络覆盖全县。2001年，实现电子电汇全国联网。2003年，开办物流服务。是年，全县邮政业务量达1252万元。

2010年，有邮政网点13个，投递路线单程长度1355.1公里，乡村通邮率100%；邮政业务收入1082万元。有3家电信企业。其中，中国移动通信蒙阴分公司电话用户25.3万户，移动电话普及率45%，光缆线路总长1500公里。中国电信蒙阴分公司服务网点11个；电话交换机总容量5000门，固定电话用户0.33万户，电话用户普及率5%；移动电话用户1.9万户。光缆线路总长8000公里，主干电缆840对公里。互联网端口总数1.5万个，宽带接入用户0.31万户。

城乡建设 1994年，蒙阴县获得临沂市建设工程质量“沂蒙杯”奖，创建地级卫生县城。1995年，蒙阴县被评为齐鲁杯优秀县城，创建省级卫生县城。1996年，完成14个乡镇第一轮总体规划。2000年，新修、拓宽改造或打通断头路总面积30万平方米，城区通车里程51.1公里，高速公路出入口及蒙山路和新城路进行标准化改造。县城人均居住面积25平方米。城区新增绿化面积480万平方米，人均公共绿地8.05平方米，绿化覆盖率达35.4%。垛庄、常路2镇被省政府确定为中心镇。2003年，实施完成10个乡镇的第二轮规划，规划面积由原来14.3平方公里扩大到28.83平方公里，同时完成85个村庄的建设规划。2005年，编制新一轮《蒙阴县城市总体规划(2005—2020年)》，县城规划面积由96平方公里增至243.11平方公里。2006年，在临沂市率先完成全县乡镇的总体规划修编，247个行政村完成村庄建设规划。2008年10月，开工建设生活垃圾处理场，2009年8月建成并投入使用。

2010年年底，县城建成区面积15.2平方公里，城区人口15万人。有3个城区公园，公园面积216公顷，园林绿地面积200公顷，绿化覆盖率40.36%，人均绿地13.03平方米。城区供热管道总长度27公里，供热面积193万平方米，供热普及率65%。城区天然气管线60公里，天然气用户7000户；液化石油气用户4万户，燃气普及率93%。城区有4座自来水厂，自来水普及率

城北广场

100%。有1座污水处理厂；工业废水排放达标率、工业烟尘排放达标率及工业固体废物综合利用率均达到100%。农村全部实现通电、通车、通电话、通有线电视、通自来水的“五通”目标。

环境保护　1995年，以保护好三河（东汶河、蒙河、梓河）、三库（云蒙湖、张家庄水库、黄土山水库）、两山（蒙山、孟良崮）、一城（蒙阴城）为重点，采取禁、限、治综合治理措施，投入资金10.5万元购置仪器设备16台（套）。1993—2002年，三届县长环境目标责任书的全部内容得到落实，完成省、市政府下达的“一控双达标”工作任务。全县治理污染总投资4000余万元，日排放量在100吨以上的水污染源全部实现达标排放，年削减COD（化学需氧量）排放量21875.96吨；为确保临沂市区饮用水源地——云蒙湖水质的安全，彻底关停县造纸厂草制浆生产线。蒙阴县被省环保局列为全省首批14个依法行政规范化试点县之一，并被国家环保总局列为国家级生态示范区建设试点地区。2003年，生态示范区建设规划经县人大常委会审核通过，纳入全县国民经济和社会发展计划。全县有省级绿色学校3所，市级绿色学校9所、绿色社区2个、绿色家庭5家；省级环境优美乡镇4个，市级环境优美乡镇3个。

2009年，鑫源热电公司、新银麦啤酒公司保证炉外脱硫设施正常运行，蒙山水泥公司投资200余万元对原有立窑粉尘大布袋除尘器进行治理改造。城区空气优良率保持在100%。2009—2010年，完成地表水、地下水、环境空气、环境噪声等各项环境质量监测任务。2010年，全县COD排放总量1760吨，二氧化硫排放总量4730吨，两项污染物排放量都控制在“十一五”目标范围之内。

社会事业

科技　“科技兴县”战略的实施，推动了全县的科技进步。1994—1995年，全县组织实施各类科技攻关项目18项，其中省级科技攻关项目7项、市级科技攻关项目9项；实施省、市级星火计划项目14项，取得各类科技进步成果28项。1995年，全县科技进步经济增长贡献率48.2%，高于全省平均水平。1996年1月，通过全国科技工作先进县验收。2003年，通过科技部组织的县（区）科技进步考核。2008年，全县高新技术产业产值23.4亿元，高新技术产业产值占规模以上工业总产值的比重达22.05%。全县逐渐形成生物酿造、机械、电子、化工、节能照明等高新技术产业群体。2010年，全县高新技术产值49.01亿元，科技活动机构有236个，筹集科技经费710万元；取得各类科技成果18项，其中有10项成果受市级以上奖励。受理专利申请98件，授权专利75件。

教育　自1994年起，以实施“两基”（基本普及九年义务教育和基本扫除青壮年文盲）为重点，不断加大对义务教育的投入力度。1995年，全县基本实现初级中等义务教育和基本扫除青壮年文盲。1996年5月，全县“两基”工作经国家教育督导团验收合格。1998年11月，占地面积13公顷、办学规模为64个高中班的县实验中学开始筹建。2000年11月，职业中专、职工中专、劳动技校、电大站、职工教育办公室、中华函授会计学校六校合一，成建制合并为蒙阴县职教中心。2001年6月，蒙阴一中、县实验中学和蒙阴县补习学校三校合一，成立新的蒙阴一中，下设一、二、三分校。县、乡镇进一步调整学校布局，不断改善办学条件。2005年3月，全县农村标准化学校建设开始在垛庄镇、蒙阴镇、野店镇试点。2007年，对农村义务教育阶段的学生实行免费教育。3月，蒙阴一中一分校和三分校合并，组成新的蒙阴一中；在蒙阴一中二分校的基础上，组建成立新的蒙阴县实验中学。2008年，实现“校校通”“班班通”工程，被山东省教育厅、财政厅、农业厅确定为临沂市唯一的农村中小学“改厕治污”试点县，常路镇等8个乡镇的中心小学参与“改厕治污”工程试点。2010年，全县有各类学校280所，专任教师4855人，在校学生80231人。其中普通中学20所（初中17所，高中3所），专任教师2260人，在校学生29350人；职业中学1所，专任教师144人，在校学生2854人；小学107所，专任教师2212人，在校学生35549人；特殊教育学校1所，专任教师22人，在校学生162人；幼儿园151所，专任教师217人，在校幼儿12316人。

文化 1995年，县委、县政府作出将创建全国文化先进县作为文化发展战略的决定，年底验收合格11个社会文化先进村。全县15个乡镇全部建成调频广播发射台，400多个行政村安装调频自动接收机，县城主要街道路口均安装无线自动接受广播音箱。1996年7月，开通有线电视。1998年12月，蒙阴县被省委、省政府授予“山东省社会文化先进县”称号。2001年12月，蒙阴县被文化部命名为全国文化先进县。2004年，县政府拨出专款对文化馆、图书馆进行维修建设。2006年，蒙阴县在临沂市率先开展新农村文化建设，丰富了群众文化生活，此做法在全市得到推广。2008年，全县投入资金350余万元，建成11个乡镇综合文化站，总建筑面积1.67万平方米。全县建成上等级的村文化大院200余个。2010年，文艺表演团体为群众演出5900场次，观众130万人次。文化馆（站）、图书馆举办展览96场次，组织文艺活动150次。博物馆藏品0.2万件。公共图书馆总藏书量16.4万册。档案馆1座，档案室136个，档案馆馆藏总量6.6万卷。境内文学作者创作的剧本、小说、诗歌、散文、故事600余万字，部分美术、书法、摄影、音乐作品参加省级以上交流和展览。

县广播电台有1套14个广播节目，广播综合覆盖率100%。县电视台开通2个本地有线频道，中央、省等150个电视频道，有线电视用户10万户，其中数字电视用户1.5万户，电视综合覆盖率95%。

旅游 境内有蒙山国家森林公园、孟良崮国家森林公园、地下银河、岱崮地貌以及省级风景名胜区——蒙山云蒙景区等。有全国重点文物保护单位1处，山东省重点文物保护单位4个。有1个全国爱国主义教育示范基地——孟良崮，3个A级以上景区（其中AAAA级2个，AA级1个）。1995年，接待中外游客50万人次。2010年，接待中外游客503万人次，旅游总收入26亿元。

卫生 1995年，全县有各类医疗卫生机构20个，其中县级综合医院2所、县级中医医院1所、专业防治站（所）5所、乡镇卫生院12所，拥有病床床位828张，各类卫生技术人员997人。2003年，全县有医疗卫生机构16个，其中二级甲等医院1所、二级甲等县级中医医院1所、专业防治站3所、一级甲等医院4所、乡镇卫生院7所。开放床位1116张。2010年，全县有各类医疗卫生机构487个。其中，医院、卫生院14所，专科防治所（站）3所，社区服务中心1个，诊所、医务室51个，农村卫生室418个。医疗卫生机构拥有病床床位1472张，卫生技术人员2854人，其中医生1835人、注册护士541人、其他卫生技术人员420人。各级医院、卫生院完成诊疗人数97.5万人次，健康检查人数10.8万人次。农村新型合作医疗参保人数43.85万人。

体育 1995年，县委、县政府决定创建全国体育先进县。1996年，建成灯光球场、射击场等体育设施；在临沂市第一届运动会上，蒙阴县青少年组获金牌总数居全市第五位。1997年10月，蒙阴县创建全国体育先进县工作通过省级验收。1999年6月，蒙阴县被国家体育总局命名为全国体育先进县。2008年，全县有体育场地196处。全年举办县级以上体育运动会6次，参加运动员2060人。在市级体育比赛中获得奖牌34枚，其中金牌25枚。2010年，全县有体育场地184处，县业余竞技体校1所，有等级裁判员14人，等级运动员73人。社会体育团体19个，社会体育指导员703人。有97个社区、村庄安装健身器材。

全县经常参加体育活动的人员占常住人口的30%。全年举办县级以上体育运动会5次，参加运动员1861人。在市级体育比赛中获得奖牌3枚，其中金牌1枚。

人民生活 1995年，全县职工人均工资3988元，农民人均纯收入1756元，人均消费支出1055元。年末，全县城乡居民储蓄存款余额7.86亿元，人均储蓄1541元，居全市第二位。全县有121个企业的18240名职工参加养老保险。2010年，城镇居民人均可支配收入14512元，人均消费支出9833元，人均住房建筑面积28.71平方米；农民人均纯收入6714元，人均消费性支出4148元。年末全县金融机构各项存款余额73.3亿元。企业养老保险参保职工3.47万人。机关事业单位参保职工1.2万人。医疗保险参保人数11.44万人。全年社会福利救济费支出6655万元，有3.8万名城乡困难群众和五保户得到经济救助。

蒙阴名片

1997年7月，蒙阴县被中国人民解放军总政治部、民政部命名为全国拥军优属模范县。1999年10月，被农业部命名为中国长毛兔之乡。2001年12月，被文化部命名为全国文化先进县。2003年6月，被国家质量技术监督局命名为沂蒙长毛兔标准化生产示范县；9月，被农业部命名为无公害果品生产基地县。2005年12月,被农业部列入全国果品十强县。2008年8月，被农业部命名为中华蜜桃之都。2010年4月，被中国民间文艺家协会命名为中国算圣文化之乡。

1995年10月，蒙阴县城被山东省政府评为“齐鲁杯”城市环境综合整治优秀城市、山东省卫生县城。1998年12月，被省委、省政府命名为山东省社会文化先进县。2009年12月，被省政府评为山东省园林城市，被省旅游局评为山东省旅游强县。1995—2010年，蒙阴县连续4次被省委、省政府、省军区表彰为全省双拥模范县。

蒙阴县城

位于县境西南部，蒙阴街道辖区西部。地处缓坡丘陵地带，地势北高南低。205国道、石兖公路穿城而过，东汶河由西北向东南穿过县城南部。新城路沿线是行政机关驻地和文化中心，县直机关、事业单位多驻于此。城东为工业区。县政府驻新城路47号。

新中国成立前，蒙阴县城四周筑有城墙，城区面积仅0.32平方公里，有“斗大孤城”之说。从20世纪60年代开始，县城不断向东南、西南、西北扩建。1987年，县城总面积3.53平方公里，人口28196人（其中非农业人口16216人），有街道11条，楼房建筑129座，国家、集体商业39家，个体工商业者217户。20世纪90年代后，水、电、路、住房等基础设施进一步完善。1995年获得“齐鲁杯”，创建了省级卫生县城，城市建设跨入全省先进行列。

2000年后，城区发展方向以向北、向东为主，向西为辅。沿东汶河建设生态景观走廊；汶溪以西，以城市次级商业中心为核心；汶溪以东、保德河以西，是以城市商贸中心和行政文化中心双核构建的中心城区；城东片区是依托原有工业园区发展的城市工业区。2003年，城区通车里程达51.1公里，形成县城七纵八横的道路骨架；县城人均居住面积达到25平方米。

2010年，蒙阴县城建成区面积19.26平方公里，人口15.21万人，人均居住面积35平方米；公园绿地面积197公顷，城市绿化覆盖率、绿地率和人均公共绿地分别达40.91%、36.71%、12.78平方米；共有标准化道路35条，总长度114.6公里。城区道路硬化率达100%，人均道路面积10.95平方米，道路路灯亮化率98%以上。供水管网覆盖整个城区，供水能力达4.9万立方米，供水普及率达100%，水质合格率达100%。实现连片集中供暖，集中供暖普及率达80%以上。城市新建住宅入住通管道燃气，建成区燃气普及率达94.04%。城区有县级综合医院3所、疾病预防控制机构3所、妇幼保健院1所，社区服务中心1个；普通高中2所、初中2所、小学4所，中等专业学校1所；有艺术表演团体1个，文化馆1所，公共图书馆、档案馆各1座。

20世纪后，连锁、超市、代理、物流配送、电子商务等新型商业业态发展迅速，仁和堂药店连锁店、桃源超市、沂蒙商城、远通汽贸等相继落户蒙阴。商贸流通业有由由商城、桃源、好怡家等10余家商场超市及鸿达、兴隆等农贸市场。县城旅游星级酒店有蒙山宾馆（三星）、蒙山大酒店（二星）等。

城内有蒙阴广场、文化广场、汶溪公园、刘洪公园。蒙阴广场位于县城中心，占地3万平方米，有世纪风帆主体雕塑、音乐喷泉、文化长廊、落水花石等景观。县文化广场位于城北蒙山路与云蒙路交叉口东北角，占地10万平方米。汶溪公园一期工程占地面积（包括水面）5.3公顷，主要景点均在红旗桥以南。刘洪公园位于县城南部，北濒东汶河，东接沂蒙公路，南临205国道和京沪高速公路出入口，占地47.73公顷，其中水面4.31公顷，是一所自然景观与人文景观相结合的综合性公园。有刘洪仿古大门、宏蒙塔、盆景园、桃园、晴岗叠翠等景点。坐落在刘洪公园北部山巅之上的宏蒙塔塔身为斗拱平面八角七层，高49米。

刘洪公园

乡镇街道

蒙阴街道 位于蒙阴县中部。街道办事处驻县城叠翠路123号。蒙阴街道东至云蒙湖与界牌镇交界，北与高都镇、旧寨乡接壤，南与桃墟镇为邻，西与联城镇、常路镇接壤。面积257.9平方公里，其中耕地4337公顷。大部分为丘陵山地，地势北高南低，西高东低。最高点巨山海拔538米。东汶河由西向东流，汇入云蒙湖。有黄土山水库、张家庄水库2座中型水库；小型水库13座。矿产资源有麦饭石、花岗岩、铁、石灰岩、金刚石等。205国道、石兖公路、沂蒙公路在境内交会，京沪高速公路穿境而过。街道设有集市，农历三、八为集日。

地下银河旅游区

蒙阴街道盛产蜜桃、蜂蜜和蒙山全蝎，是地方名吃“光棍鸡”“红烧兔首”的发源地，蒙阴煎饼被称为“中华一绝”。召子官庄为刘洪故里，龙山庄尧山古寨有1300余年历史，三教堂村是唐代沂蒙山区佛、道、儒三教传道之地。街道先后获“省级环境优美乡镇”“省级旅游强镇”称号。辖区总人口15.2万人。

联城镇　位于蒙阴县西南部、蒙山北部。镇政府驻地崔家城子村，距县城6公里。联城镇东与蒙阴街道、桃墟镇为邻，西与平邑县武台镇接壤，南与平邑县保太镇、柏林镇相连，北与常路镇及泰安市辖新泰市汶南镇相连。面积161平方公里，其中耕地3587公顷。地势南高北低。大部为丘陵山地，儒来河两岸是小平原。主要山脉有蒙山山脉、青龙山山脉，最高峰玉柱峰海拔1026米。有小型水库14座，总库容638.1万立方米。已探明地下矿藏有金刚石、麦饭石、铁矿石、钠长石、石灰石、花岗石、页岩、黄金等。其中金刚石保有储量455万克拉，已探明250万克拉，位于王家村一带，中国四大钻石之一的“蒙山一号”产自联城；麦饭石矿藏储量巨大，储量带长约15公里，宽约2公里；花岗石储量150余万立方米；黄金储量500余千克，位于布洼、鸿喜庄一带；境内地下水资源可利用量1680万立方米，矿泉水资源914万立方米，主要分布在境内北部。京沪高速公路、335省道穿境而过。崔家城子村设有集市，农历二、七为集日。辖区总人口4.1万人。

钻石公园

境内的大庄汉墓遗址为山东省重点文物保护单位，秦朝大将蒙恬故里遗址、颛臾庙遗址为县级重点文物保护单位。境内有虎头崖、老龙潭以及蒙山“三关”之白马关、九女关等风景点。山东沂蒙钻石国家矿山公园是全国唯一一座钻石矿山公园，山东省第一座国家级矿山公园，也是沂蒙山国家地质公园的金伯利园区。设钻石博览、矿坑探秘、宝石加工、矿山游览、大望山休闲度假和民俗游乐等十一大区域56个景点。

常路镇　位于蒙阴县西北部。为省级中心镇。镇政府驻地常路村，距县城15公里。常路镇东与高都镇、蒙阴街道接壤，南与联城镇为邻，西、北分别接泰安市辖新泰市汶南镇、龙廷镇。面积77.4平方公里，其中耕地3051公顷。地势南北高，中间低，南部为青石山区，北部为砂石低山区。有堂阜河（常路河）、东汶河、东高都河3条河流。有小型水库6座，总库容750万立方米。已探明矿藏有耐火黏土、煤炭、钠长石等。其中，耐火黏土储量5000万吨。京沪高速公路、205国道、333省道等主干道在境内穿过。常路村设有集市，农历四、九为集日。

境内有春秋战国遗址堂阜旧址、夷吾亭、齐鲁分界墙等；两汉遗迹王莽点将台、藏兵洞；明朝遗迹秦士文墓、秦士祯墓和陈谏墓等。龙泉寺位于常路镇政府驻地西南5公里于洼村，始建于金大定年间，著名景观“龙泉漱玉”因龙泉喷花散落如碎玉而得名。常路镇先后被评为省级小城镇建设中心镇、省级环境优美乡镇、省级文明镇、市级园林城镇、市级特色产业镇。辖区总人口3.4万人。

龙泉寺

高都镇 位于蒙阴县西北部。镇政府驻地高都村，距县城12公里。高都镇东邻旧寨乡、野店镇，西连常路镇，南接蒙阴街道，北与泰安市辖新泰市龙廷镇交界。面积90.6平方公里，其中耕地2079公顷。地势北高南低，地形多为低山丘陵，有少量山间小平原。地面高程一般在海拔200~300米之间，最高点阁老崮，海拔662米。境内河流属淮河流域沂河水系，东有梓河支流莫庄河，西有东汶河支流东高都河。原生金刚石矿探明储量566万克拉。其中，西峪金刚石矿区储量451.9万克拉，占全国四分之一。黏土储量2800万立方米，钠长石储量2亿立方米，蛭石储量20亿立方米。“高都红”富士苹果、“蒙阴”蜜桃、“高都”藕为远近闻名的土特产品。温村小流域山青水秀，为省级农业旅游示范点。205国道等干线公路穿过境内。高都村设有集市，农历一、六为集日。辖区总人口3.3万人。

温村流域

野店镇 位于蒙阴县东北部。镇政府驻野店村，距县城25公里。野店镇北及东北与岱崮镇为邻，南与坦埠镇、旧寨乡接壤，东与沂水县高庄镇毗连，西与高都镇及泰安市辖新泰市龙延镇、淄博市沂源县大张庄镇接壤。面积198平方公里，其中耕地2084公顷。野店镇群山环抱，奇峰异崮，山地丘陵面积占总面积的95%。地面高度一般在海拔200~500米之间。境内最高点位于牛角山，海拔707米。梓河的两条支流下旺河、坦埠西河流经境内。有中型水库1座，小型水库11座，总库容1860万立方米。地下水资源可利用量为1.8万立方米。已探明矿藏有褐铁、花岗岩、磁铁、长石、石灰石等。境内有沂蒙公路穿过。野店村设有集市，农历一、六为集日。辖区总人口3.6万人。

沂蒙六姐妹纪念馆

岱崮镇 位于蒙阴县东北部。镇政府驻地坡里村，距县城50公里。该镇西南与野店镇毗邻，东与沂水县高庄镇接壤，西北、北、东北依次与淄博市沂源县大张庄镇、燕崖镇、中庄镇、西里镇为界。面积183.46平方公里，其中耕地1909公顷。境内大部为山地，地势西北高东南低，地面高度一般在海拔400~800米之间。境内水库主要有十字涧水库、井旺庄水库、东指水库、王麻峪水库、孙麻峪水库，总库容924万立方米。主要河流有梓河、十字涧河、下旺河、台头河。已探明有开发价值的矿产资源主要有铁矿石、铜、铅、钾长石、石灰石、花岗岩等。境内各类经济林面积已达6667公顷，其中无公害蜜桃5333公顷，被命名为中华蜜桃第一镇。南（麻）坦（埠）路、韩（旺）莱（芜）路、沂（源）台（儿庄）公路等3条干线公路穿过。坡里村设有集市，农历二、七为集日。

岱崮镇被誉为“中国崮乡”。境内为群崮荟萃簇集之地，有30崮之多，是中国崮型地貌最典型的区域。“岱崮地貌”集科研、风景旅游、生态旅游、农业旅游、乡村旅游和文化旅游于一体。

每个崮都有美丽的传说，与崮顶的山寨文化以及当地的民俗风情、历史掌故、考古发现、地方特产、饮食文化等相互交织，构成了独具特色的崮文化。辖区总人口 5.3 万人。

岱崮地貌

坦埠镇　位于蒙阴县东部。镇政府驻地东坦埠村，距县城 32 公里。坦埠镇西邻旧寨乡，北靠野店镇，东与沂水县高庄镇交界，南与沂南县岸堤镇接壤。面积 86.5 平方公里，其中耕地 1544 公顷。地势北高南低，多丘陵山地，最高点三顶山海拔 570.2 米。梓河及其支流坦埠西河（又称故县河）、门庄河流经境内，有小型水库 4 座。矿产资源主要有石灰石、石英砂，集中分布在镇境南部和西部山区。335 省道穿过境内。坦埠村设有集市，农历五、十为集日。

中山寺

坦埠镇历史悠久。有汉朝卢县故城遗址、千年古刹中山寺、小寨子山古文化遗址。中山寺林场为国家生态林保护区，省级森林公园。辖区总人口 3.3 万人。

桃墟镇　位于蒙阴县南部。镇政府驻地桃墟村，距县城 13 公里。桃墟镇东与界牌镇交界，西邻联城镇，北接蒙阴街道，南连垛庄镇及费县大田庄乡、平邑县卞桥镇。面积 171.9 平方公里，其中耕地 2655 公顷。地势南高北低，有天蒙顶、富家寨、龙头崮、青崖山、挂心崛子等较大山头 50 座，其中天蒙顶海拔 1108.3 米。主要河流有阎庄河、金水河、麻店子河，均流入云蒙湖。有小型水库 9 座。境内矿产资源主要有石灰岩、砖瓦用岩、白云岩、钠长石等。有蒙阴旧“八景”之一的“汶水拖蓝”和属商周文化的鲁王台遗址。镇境内有京沪高速公路、205 国道、234 省道、沂蒙公路等 7 条干线公路交会。桃墟村设有集市，农历二、七为集日。辖区总人口 4.5 万人。

生态观光旅游

垛庄镇　位于蒙阴县东南部。为省级历史文化名镇，省级中心镇。镇政府驻地垛庄，距县城 27 公里。垛庄镇北邻桃墟镇、界牌镇，东与沂南县双堠镇接壤，东北连沂南县岸堤镇、孙祖镇，南、西依次与费县薛庄镇、大田庄乡相接。面积 138.2 平方公里，其中耕地 2845 公顷。地势南北高中间低，以山地丘陵为主。有海拔 1001.2 米的蒙山第三高峰——望海楼。有石马庄、黄仁等中小型水库。矿产资源丰富，页岩储量 1.2 亿立方米，陶土储量 4000 万立方米，长石储量 3000 万立方米，铁矿石储量达 200 万吨。京沪高速公路、

205国道、垛（庄）薛（庄）公路、孟（良崮）蒙（阴）公路等干线公路穿越境内。垛庄设有集市，农历三、八为集日。辖区总人口3.6万人。

垛庄镇文物古迹及革命遗址众多。有东夷部落遗迹，程家庄、泉桥等村有龙山文化及春秋、战国、汉代等多处古代遗址；有孟良崮战役遗址、孟良崮战役纪念碑、孟良崮烈士陵园，燕翼堂革命遗址和山东抗大一分校旧址等。孟良崮烈士陵园为全国重点烈士纪念建筑物保护单位。

垛庄板栗

界牌镇 位于县境东南部，镇政府驻地前界牌村，距县城25公里。界牌镇南邻垛庄镇，西接桃墟镇，北连旧寨乡，西北隔云蒙湖与蒙阴街道相望，东邻沂南县岸堤镇。面积120.7平方公里，其中耕地2656公顷。京沪高速公路、205国道横穿东西，界旧公路纵贯南北。地势南、北高，中间低，南北为低山，中部为砂土丘陵，西部为黄土丘陵，东部为黑土洼地。山东省第二大水库——云蒙湖位于镇境北部。农业以种植黄烟、小麦、花生、玉米、地瓜为主。界牌设有集市，农历四、九为镇集日。辖区总人口3.7万人。

烤烟是界牌镇的传统优势产业，连续多年种植面积、烟叶交售数量和缴税额均居全县第一位。景点有东夷部落遗迹、蟾宫遗桂以及优美的山水生态景观等。

旧寨乡 位于蒙阴县东部。乡政府驻八里庙子村，距县城17公里。旧寨乡东与坦埠镇、沂南县岸堤镇接壤，南连界牌镇，西邻蒙阴街道，北接野店镇。面积124.2平方公里，其中耕地1665公顷。境内大部为丘陵山地，最高点司马寨，海拔568.8米。境内河道属梓河水系。梓河自庙后村北入境，由东而西，入云蒙湖，境内河道长11公里。云蒙湖系山东省第二大水库，位于乡境西部与蒙阴街道、界牌镇交界处，为临沂市区饮用水源地。境内已探明储有石灰石、高岭土、白云石、页岩等20多种矿藏。其中，石灰石储量约1.6亿吨，页岩储量达2.6亿立方米。境内有兖石公路、沂蒙公路等7条干线公路交会。旧寨设有集市，农历四、九为集日。

北楼迎仙桥位于旧寨乡北楼村西南，是一座3孔石拱桥，始建于明朝，为省级重点文物保护单位。旧寨乡先后被评为中国优质水蜜桃基地乡镇、省级生态文明乡镇。辖区总人口3.9万人。

边家干煸辣肉丝

第十一章 莒南县

建置 区划

境域 莒南县位于临沂市东部，因由原莒县南部析置而得名。地处北纬 35°00′26" ~35°23′43"，东经 118°33′23" ~119°11′40" 之间。西南连临沭县，西与河东区相邻，西北依沂南县，北、东分别与日照市莒县、岚山区相邻，南与江苏省赣榆县搭界。全县总面积 1752 平方公里，东西最宽 56 公里，南北最长 43 公里。团林镇埃沟村到江苏省赣榆县海州湾 7.5 公里，是莒南县至黄海最近处。

建置 莒南地域西周时属向国，东周时属莒国，秦时划为莒县，汉代属高乡县、椑县，隋时划入琅邪郡莒县。唐时属河南道密州莒县。明代大部属青州府莒州，西南部属兖州府沂州。清初沿袭明制。清雍正十二年（1734 年）后，大部属沂州府莒州。民国初期至 20 世纪 40 年代前，随莒县和临沂县先后属岱南道、济宁道、琅邪道、山东省第三行政督察区。1940 年 3 月，莒县抗日民主政府建立，莒南地域的大部属莒县，西南部仍属临沂县第五区。1940 年 5 月，设莒县抗日民主政府莒南行署，在莒南地域代行莒县抗日民主政府职权。同年 9 月，莒南行署撤销，改设莒南视导处。1941 年 1 月，莒南县抗日民主政府建立。是时，莒南县隶属于滨海专区，辖新划分的汀水、大店、路镇、洙边、扁山、坪上、壮岗 7 个区，面积 1500 多平方公里。1945 年 9 月，莒临县、沭水县、卢山县撤销，原 3 县所属的 7 个区和日照县的薛庆、址坊 2 个区同时划归莒南县。1950 年 4 月，隶属于沂水专区。1953 年 8 月，隶属临沂专区。1967 年，隶属于临沂地区。1994 年 12 月，隶属临沂市。

区划 1994 年，扁山、坊前、相邸、洙边、王家沟、朱芦 6 个乡撤乡设镇，其中扁山乡改称北园镇，王家沟乡改称汀水镇。1995 年，全县辖 12 镇、13 乡。1996 年，筵宾、岭泉、团林、石莲子 4 个乡撤乡设镇。1998 年，涝坡乡撤乡设镇，全县辖 17 镇、8 乡。2010 年，全县辖十字路 1 个街道，大店、坪上、板泉、壮岗、文疃、朱芦、坊前、相邸、洙边、汀水、团林、筵宾、岭泉、石莲子、涝坡 15 个镇，相沟、道口 2 个乡，

文化广场

32个社区、700个行政村。

人口 1995年，全县总户数292273户，总人口969060人，其中男性493566人，女性475494人。2004年，全县总户数341176户，总人口990865人，其中男性503428人，女性487437人。2010年，全县总户数359417户，总人口1012151人，其中男性517298人，女性494853人。人口出生率11.84‰，死亡率6.24‰。自然增长率5.6‰。

自然环境

地质 莒南县地跨胶南地体和沂沭断裂带。亚洲东部著名的郯（城）庐（江）巨型断裂带呈北北东向通过县境西部。沂沭断裂带最东侧的分支断裂昌邑—大店断裂将县境分为两部分：断裂带以东为“胶南地体”，它是扬子板块和华北板块的碰撞带，地体的基底结晶岩系为元古界胶南群；断裂带以西为“沂沭断裂带”。昌邑—大店断裂以西的沂沭断裂带出露有太古界泰山群、元古界土门群和古生界奥陶系、石炭系、中生界白垩系及新生界第四系；昌邑—大店断裂以东的胶南地体最老地层为元古界胶南群，缺失古生界，胶南群之上直接被中生界白垩系和新生界第四系覆盖。境地因受胶南地体、沂沭断裂带两个地质构造单元影响，形成了东西向构造和北北东向构造。

地貌 莒南县属鲁东南丘陵区，为胶南隆起的一部分。全县平均海拔200米，最高点位于县境北部的马鬐山，海拔662.2米；最低点位于团林镇埃沟二村东，海拔16.4米。县境地貌以大店、十字路至相沟为界，分为东西两部分：东部为低山丘陵区，北高南低，并向东南和西南呈脊背状倾斜；西部为平原区。

山脉 境内山脉系崂山—五莲山脉余脉，由莒县长城岭岭脉和万松山脉延伸而来。分为6条山脉，按大小排列，依次为碥山山脉、黄山山脉、望海楼山脉、五龙山山脉、甲子山山脉、石杭岭山脉，共有大小山头517座。

碥山山脉系莒县回龙山脉的延续。从涝坡镇鸡山起，经十字路街道，至相沟乡南部寨山接临沭县界，山脉呈东北西南走向，全长47公里，是境内最大山脉。黄山山脉位于县境东部，东北起于三皇山，西南延行至黄山和九岭，折而东南，至壮岗镇东芦山，入江苏省赣榆县境，全长30公里。望海楼山脉位于县境北部，自马鬐山起，西南至望海楼折向西北，又转而西南，至岭泉西。此山脉经涝坡、大店、筵宾、岭泉4个镇，长26公里。马鬐山位于莒南县与莒县交界处，面积24平方公里。五龙山山脉系莒南县、莒县的界山，南界浔河，北接莒县万松山脉，东西长15公里。甲子山山脉位于县境东北部，北起城山，西北—东南走向，是莒南县、日照市岚山区的界山。石杭岭山脉位于县境西北部，沭河西岸，系雪山余脉，缓丘状。

河流 莒南县境内河流属淮河流域，有大小河流323条，总流程1708公里，其中流程10公里以上的有31条。

沭河原名沭水，俗称茅河。源于沂水县沂山南麓，经莒县至大店镇许家孟堰村北入境。至板泉镇龙窝村南入临沭县境，经江苏省注入黄海。县内流程35公里，系常流河。浔河位于县境北部，属沭河一级支流。源于日照市岚山区黄墩镇垛山北麓，从莒县刘家峪村南入莒南县境，于大店镇大公书村西汇入沭河。县内流程23公里，属季节性河流。鸡龙河属沭河一级支流，流程37.9公里，属季节性河流。龙王河发源于文疃镇横山南麓，于壮岗镇陈家河村南入江苏省。境内流程47.5公里。绣针河发源于三皇山东麓，经朱芦镇、坪上镇、团林镇，东南流，入日照市境，于安东卫南荻水村南入黄海。境内流程32公里，属季节性河流。洙溪河位于县境南部，有两个源头，东源于十字路街道草沟北岭，西源于相沟乡杨令箭北岭。二支流于洙边村西北汇合，在洙边村西折向南流，入江苏省赣榆县，境内流程25.9公里，系常流河。

土壤　全县土壤分5个土类，11个亚类，13个土属，44个土种。棕壤9.84万公顷，占全县可利用面积的75.98%。主要集中在东部山丘地区。褐土6460公顷，占可利用面积的4.99%，主要分布在岭泉、石莲子、筵宾、大店、十字路一带。潮土17100公顷，占可利用面积的13.19%。主要分布在沭河、绣针河、龙王河沿岸，是县内最好的一种土壤。水稻土主要分布在大店、岭泉、十字路、板泉、筵宾、石莲子、洙边等乡镇街道的平原低洼潮土地带，共5693.33公顷，占可利用面积的4.4%。砂姜黑土1866.67公顷，占可利用面积的1.44%，主要分布在岭泉、筵宾、大店、石莲子等乡镇的低洼地带。

植被　莒南县属暖温带夏绿林带，生长的植物绝大部分为中生或旱中生类型。境内已无原生植被，现有植被以农作物为主，约占全县总面积的66%。其余多为次生稀疏乔木、灌木丛和草本植物群落。

常见的乔木有赤松、侧柏、毛白杨、小叶杨、刺槐、柳、榆、臭椿等。果树有苹果、梨、板栗、桃、杏、大枣、柿子、李等。此外还有水杉、泡桐、毛竹等。

在山丘地带常见的灌木有紫穗槐、胡枝子、酸枣、荆、山兰、芫花、葛、木通、茶树等；平原地带还有蜡条、绵柳等。

草本植物常见的有：山丘荒坡主要生长着黄背草、白羊草、霞草、卷柏、结缕草、羊胡子草、马唐、蟋蟀草等；平原地堰多被剪刀股、独行菜、米口袋、紫花地丁、马唐等所覆盖；浅水沟、塘多生长苇、荻、蒲等；河岸、排水沟旁多被白茅、柳叶箬等群落覆盖；水生植物有莲、菱、荸荠、黑藻、浮萍等；粮食作物主要有小麦、玉米、地瓜、大豆、谷子、高粱、水稻等；经济作物主要有花生、黄烟、药材等。

气候　属暖温带季风区半湿润大陆性气候，春季温暖，干燥多风；夏季湿热，雨量充沛；秋季凉爽，昼夜温差大；冬季寒冷，雨雪稀少。四季分明，光照充足，无霜期长。年平均气温13.8℃。常年最热月为7月和8月，最高气温41.4℃（2002年7月15日）。最冷月份在1月，平均气温-0.6℃。年平均降水量845.8毫米，年最大降水量1100.1毫米（2003年），年最小降水量481毫米（2002年）。年平均日照时数2254.6小时。

自然资源　土地资源　全县耕地面积93831公顷。农业人均耕地以山地丘陵区乡镇较多，平原区乡镇较少。

水资源　全县多年平均水资源总量5.58亿立方米，其中地表水资源5.31亿立方米、地下水资源1.21亿立方米（其中重复量0.94亿立方米）。人均占有水资源量563.7立方米。

全县多年平均天然径流302.8毫米，平均年径流系数0.37，多年平均人均占有地表水资源量536立方米。山丘区为多水带，沭河平原区为过渡带。多年平均入境客水总量5.87亿立方米，其中入陡山水库客水量1.07亿立方米。多年平均浅层地下水总量1.21亿立方米，可开采量0.88亿立方米。2010年，地下水取水工程可供水量0.41亿立方米。

生物资源　兽类有狼、狐狸、蝙蝠、黄鼠狼、刺猬、猞猁、野兔等。鸟类有猫头鹰、燕子、雁、布谷鸟、啄木鸟、麻雀、喜鹊、灰喜鹊、乌鸦、鹌鹑、斑鸠、鹞鹰、野鸭、鸬鹚等。爬行类有壁虎、蚰蜒、蜥蜴、蛇等。两栖类有青蛙、蟾蜍等。鱼类有鲤鱼、鲫鱼、鲢鱼、黑鱼、鳝鱼、青鱼、草鱼等。珍奇动物有缺齿鼹（俗称翻巴掌），生活在沭河岸边细沙中；马鬐山顶水潭有高山蛙，俗称“赵蝈”，黄背、红腹，离开高山之水即死。

木本植物有赤松、黑松、刺槐、泡桐、毛白杨、杂交杨、国槐、楸树、楝树、柞树、臭椿、榆树、柳树、枰柳、柏、水杉、檀树、百麻树、苹果、板栗、山楂、梨、桃、杏、枣、李、柿、茶等。草本植物有白茅、蟋蟀草、画眉草、三棱草、山红草、黄背草、结缕草、狗尾草、苦菜、荠菜、铁扫帚、蒿子等。水生植物主要有芦苇、荻、莲、菱角、荸荠、浮萍、茨菰、黑藻、菹草、凤眼莲、水花生等。有古树名木566株单株、18个树群，分属30科，39属，45种。

境内中药材有464种。主产桔梗、丹参、防风、玄胡、地榆、红茜草、柴胡等。

矿产资源 境内矿产资源比较丰富，品种较多，品位较高，储量较大，但配套程度较差。已发现的矿产品种有43种。其中，金属类有金、银、铜、铁、铬、钛，非金属类有重晶石、明矾石、萤石、沸石、蛇纹石、石英、石灰岩、钾长石等，能源类有煤、草炭，建材类有瓷石、河沙、花岗岩、黏土、高岭土、页岩、膨润土、陶土、红砂岩、石墨等，工艺美术材料类有水晶、玛瑙、砚石、木化石、莒南玉、石榴子石、大理岩。水资源类有矿泉水、地下水。其中重晶石储量居全省之冠，明矾石为江北稀有矿种。重晶石矿位于大店镇仕沟村东1公里处，矿区面积1.1平方公里。草炭资源较为丰富，主要产地集中于岭泉镇鲁沟河两岸，储量丰富，质量优良，含游离酸6%以上。瓷石分布点多、面广、量大，估算储量1.2亿吨以上。紫丝砚石为黑灰色绢云母板岩，产于壮岗镇安九坊村东南。大理岩储量较大，主要分布在坪上、团林、相邸、相沟、洙边等乡镇，文疃、涝坡镇亦有出露，储量约1200万立方米。

自然灾害 主要有旱灾、水灾、风灾、雹灾等。

经济状况

1995年，全县生产总值30.76亿元，全社会固定资产投资额6.92亿元，社会消费品零售总额6.25亿元，地方财政收入0.7亿元。2004年，全县地区生产总值75.1亿元，全社会固定资产投资额29.3亿元，社会消费品零售总额17亿元，地方财政收入2亿元。2010年，全县地区生产总值161.75亿元，三次产业结构为15.5:41.9:42.6。全社会固定资产投资额96.53亿元，社会消费品零售总额72.71亿元，地方财政收入4.31亿元。

农业 丘陵、山地盛产花生、地瓜，是林、果、茶、烟的主要产区；沭河冲积平原土层深厚，土质肥沃，是小麦、玉米、蔬菜和杞柳生产基地。1995年，全县有耕地71180公顷。农林牧渔业总产值22.25亿元，其中农业产值14.42亿元（种植业产值13.92亿元，其他农业产值5000万元），林业产值8343万元，牧业产值6.76亿元，渔业产值2370万元。

2010年，完成农林牧渔业总产值45.41亿元。粮食作物播种面积11.14万公顷，粮食总产量45.85万吨。新造林1805公顷。林木覆盖率30.3%。生猪出栏128.07万头，牛出栏4.23万头，羊出栏8万只，家禽出栏862.06万只。肉类总产量10.89万吨，禽蛋产量1.65万吨。年末生猪存栏83.7万头，牛存栏3.32万头，羊存栏7.82万只，家禽存栏413.28万只。水产品产量8867吨。有大中小型水库146座，塘坝1906座，灌溉机电井1097眼，机电排灌站372座。全县农业机械总动力85.1万千瓦。全年机耕、机播、机收面积分别达到7.41万公顷、5.71万公顷、5.87万公顷，机械脱粒量9.39万吨。

柳编 莒南县是鲁东南地区较大的条柳编生产加工基地，有“柳编之乡”之誉。新中国成立以后，沭河沿岸的殷庄、龙窝等村农民将柳条插到地头、岸边，把收获的白柳条加工成筐、篮、簸箕、篼子等日用品。20世纪70年代中期，莒南县的柳编工艺品开始进入国际市场。改革开放后，莒南县围绕建设“鲁东南重要的条柳产品生产加工基地”的目标，根据自然资源、社会条件和农民种植习惯，按照区域化种植、规模化发展的原则，实施区域化种植，大力调整种植结构。1993年起，把基地建设与龙头企业培育相结合，建立起公司加农户、协会加农户和股份制生产销售等多种形式的生产联合体，通过资金扶持、政策引导等形式调动农民栽植、加工杞柳的积极性，形成“家家搞柳编，户户是工厂”的格局。杞柳

种植主要集中在板泉镇、十字路街道一带，所产沭河白柳条，空心小，弹性强，细长似藤，洁白光亮，是国内优质品种。拥有80多个栽植杞柳专业村，9760户杞柳专业栽植户，面积2000余公顷的杞柳生产基地。

1996年，成立集生产、加工、销售为一体的板泉镇柳编专业合作社。2007年4月9日，在板泉镇成立条柳编产业协会，会员企业32家。2007年，条柳编产业实现销售收入5亿元，利税3000万元。莒南县被称为“中国柳编艺术之乡”。全县初步形成以自营出口企业为骨干，以个体手工业户为网点，以千家万户为基地，产加销一条龙、贸工农一体化的产业化经营格局。有140余家条柳编制品加工企业，拥有自营进出口权的企业36家，龙窝、宏翔、华茂、绿之家4家企业为市级农业产业化重点龙头企业。柳编织品由一般日用品发展到家居用品和宠物用品，产品发展到12个系列4000余个品种，主要销往韩国、日本、美国、荷兰、法国、意大利、西班牙等60余个国家和地区。2010年，全县柳条产量1.7万吨，柳编加工企业32家，从业人员2.7万人，销售额1.24亿美元，利税5100万元，利润3020万元。

工业　1995年，全县完成工业增加值9.3亿元。大中型企业8家，实现销售收入4.3亿元，利税3027万元。随着企业改革的推进，企业的数量、生产门类等都不断增加，结构布局不断优化。

2010年，规模以上工业企业229家，完成工业总产值217.28亿元，工业增加值48.84亿元。全县30家企业产值过亿元，其中过5亿元企业4家，过20亿元企业2家。培植壮大了生物发酵、有色金属冶炼、机械制造、医药化工、食品制造五大支柱产业，产业优势逐步显现。全年五大支柱产业完成工业总产值126.34亿元，占规模以上工业的58.1%。规模以上工业企业实现产品销售收入218.15亿元；实现利税13.16亿元，其中利润8.35亿元。全县17家企业实现利税过1000万元，其中2家利税过5000万元。

石刻　莒南县石材资源丰富，盛产花岗岩、正长岩、大理岩、紫红砂岩、莒翠玉（即蛇纹石化大理岩）、莒红玉等，有石雕石刻生产的传统。早在旧石器时代就出现了雕石、刻石、磨石的萌芽。国家二级文物“段石锛”，距今已有5000年历史。被《中国绘画集》所收录的汉画像石“石鹿、石虎”等兽类图像，造型美观大方，动静结合，跃然纸上；被辑入《中国美术辞典》的“东汉石阙浮雕”，粗放浑厚，气势磅礴；南北朝时期的“造像碑”“石兽”则展现了莒南石雕石刻完整的构思和朴拙的雕刻技艺。

1968年，王家坊前村创办全县第一家石刻厂，挑选12名石匠利用锤头和錾从事石刻石雕工艺。1971年，莒南县成立外贸石刻研制创新组，对部分散落在民间的石雕技艺进行重点开发，并负责石雕订货和出口。1974年，建立莒南县外贸石刻厂、工艺美术厂和工艺美术公司3家企业。莒南县北部石雕以大店石刻厂为中心，中部石雕以王家大庄石刻厂为中心，东部石雕以坪上石刻厂为中心。1987年“亚洲十佳运动员杯”奖杯造型招标，王家大庄石刻厂在全国153件作品中夺魁中标。1990年，莒南石刻——孔子雕像在丹麦引起轰动。

1996年，以县外贸石刻为龙头，重点培育以坊前、坪上、相邸、涝坡等乡镇为主的石雕石刻基地，开发出花岗岩大小石刻、板材、墓碑、雕塑等八大系列1万余个规格品种，石刻产业形成工艺石雕、建筑石雕、制砚、园林石雕四大类，销往54个国家和地区。莒南县被文化部命名为中国民间石雕艺术之乡。2000年，全县石刻产业完成产值1.3亿元，实现出口创汇2010万美元。2004年，全县13家石雕企业取得自营进出口权，石雕工艺品远销日本、美国、加拿大、新加坡、韩国、芬兰、法国等40余个国家和地区。坪上、坊前、相邸等乡镇的石雕石刻企业迅速发展壮大，石雕石刻成为全县民营经济的主导产业之一。2010年，全县有石刻企业15家，从业人员0.8万人，销售收入3170万美元，利税3156万元，其中利润1118万元。

商业贸易 1995年，实现社会消费品零售额6.25亿元，其中县城销售额3.52亿元，乡村销售额2.73亿元。随着第三产业的兴起，商业贸易额大幅增加，1998年，全年实现社会消费品零售总额9.28亿元。其中，县城零售额5.46亿元，县以下零售额3.82亿元。2007年，全年实现社会消费品零售总额50.34亿元。其中，县城零售额23.22亿元，县以下零售额27.12亿元。商品流通网络进一步健全，覆盖城乡的大中型超市30个，农贸及日用品“农家店”1464个。汽车及通讯、高档电子产品，逐步成为拉动消费的热点。

2010年，实现社会消费品零售总额72.71亿元。其中，城镇实现零售额57.38亿元，乡村实现零售额15.33亿元；分行业社会消费品零售额为：批发业14.79亿元，零售业50.51亿元，住宿业1.55亿元，餐饮业5.86亿元。深入实施“家电下乡”补贴政策，全年销售“家电下乡”产品8.04万件，实现销售额1.81亿元，审核发放补贴2487万元。

交通 邮电 1995年，完成岚济公路路面硬化49公里，全县柏油路总里程229.5公里。地方公路运输货运总量8618万吨公里，客运总量53万人次，客运周转量1568万人公里。全县有客货汽车2537辆。全年完成邮电业务总量1689万元。邮递函件158.9万件，挂发长途电话179.7万张。年末长途电话240路，市话自动更换容量10240门，农话容量9980门。全县城市电话7142户，农村电话3430户，年末电话普及率1.1部／百人。2004年，全县完成村村通硬化公路938.1公里，乡村交通状况明显改善。全年完成公路客运量111.9万人次，货运量225.6万吨；完成客运周转量2929.2万人公里，货运周转量6531.2万吨公里。完成邮政业务总量2245万元，电信业务总收入6478万元。年末，固定电话交换机容量21.2万门，固定电话用户17.1万户；移动电话用户11万户。

2010年，县内公路通车里程1775公里，其中国道、省道111公里，县以下道路1664公里。兖（州）石（臼所）铁路、岚（山）济（宁）公路横穿东西，莒（县）新（浦）、莒（县）阿（湖）公路纵贯南北，206国道在西北部穿过，乡乡通柏油路，形成四通八达的交通网络。全年完成公路客运量536万人次，货运量1910万吨；完成旅客周转量12940万人公里，货物周转量38500万吨公里。全县有客货汽车6958辆。全年完成邮政业务总量1886万元，电信业务总收入2.63亿元。年末，固定电话交换机容量14.2万门，固定电话用户11.55万户；移动通信用户51.69万户；互联网用户4.16万户。

城乡建设 1995年初，县城建成区面积5.03平方公里，人口7万人。2007年，全县具有资质等级三级以上建筑施工企业完成总产值19.62亿元。全年市政公用设施建设固定资产投资完成6961万元，自来水供水能力6.5万立方米/日，污水处理能力2万立方米/日，污水处理率79.79%，生活垃圾处理率100%。年末人均城市道路面积16.36平方米，人均公园绿地面积4.95平方米，建成区绿化覆盖率24.67%，建成区绿地率21.27%。2010年，县城建成区面积18.1平方公里，人口18.01万人。全县具有资质等级三级以上建筑施工企业完成总产值26.27亿元，房屋建筑施工面积276.47万平方米，竣工面积191.7万平方米，建成区绿化覆盖率40.6%。

环境保护 1994—1998年，全县共关停取缔5000吨以下的小造纸企业14家，炼锌厂1家，炼铅厂1家，有效地控制了工业废水的排放量，削减了污染负荷。验收排污治污达标的企业12家，破产的3家，全部完成限期治理任务。全县酿酒、造纸、制革、化工、医疗等污染严重的行业均增添污水处理设施，并通过省、市、县三级验收达标。加强对工业烟尘的治理，城区内的工业锅炉均安装除尘设施。

2003年，莒南县龙王河污水处理厂开工建设，2005年5月建成运行，处理能力为2万吨/日。2007年，12个工业污染治理项目竣工，新增处理废水能力1.08万吨/日，治理废气能力38.2万标立方米/小时。2009年，对6个工业污染治理项目进行施工，竣工3个，总投资1.2亿元，新增处理废水能力5.85万吨/日。全县有污水处理厂2家，日处理污水能力4.5万吨。有46套废气治理设施，处理能力72.97万标立方米/小时。全年空气质量一级标准天数86天，二级标准天数279天。

2010年，全县有1个自然保护区，面积4210公顷。全年环境污染治理投资7200万元。工业废水排放达标率、工业烟尘排放量达标率、城镇生活污水处理率均达100%。

旅游　天佛风景名胜区为省级风景名胜区和重点旅游区，天然大佛，一山三景；马鬐山景区山水相映，风光秀美；洙边5万亩栗园、团林万亩桃园、厉家寨万亩樱桃园三季有花，四季有果，景色宜人。还有孙膑洞、明代左都御史王璟祠、抗倭民族英雄孙镗纪念馆（院内石铁陨石是世界之最）、山东省政府暨八路军115师司令部旧址、大店庄氏庄园等历史人文景观。2010年，接待游客170万人次，实现旅游总收入10亿元。

社会事业

科技　1995年，全县取得各类科技成果26项，其中5项获省科技进步奖，2项获省“星火”项目奖。2001年，全年申报市以上科技成果10项，其中获省科技进步奖2项，市科技进步奖8项。技术交易市场发展较快。全县有52家技术贸易机构，从业人员2127人。2004年，获国家科技进步奖1项，省科技进步奖4项，市科技进步奖10项。2007年，新认定省级工程技术研究中心1家，省级高新技术企业1家。年内，发展2家民办、厂办研究所，全县有民办、厂办科研所36家。申报专利57项，授权专利46项，2家企业被认定为省级专利明星企业。2010年，列入市级以上科技立项20项，其中国家级4项、省级4项；取得科技成果17项，获得市级技术发明奖1项、科技进步奖8项。市级以上企业研发机构发展到21家，其中阜丰集团有限公司申报的“生物基高分子材料重点实验室”被省科技厅批复为省级企业重点实验室。全县建成省级农业科技示范园1个，市级农业科技示范园3个，县级科技示范园、示范基地30余个。全年申报专利102项，授权专利162项，获市专利奖40项。

教育　1995年，全县有中小学457所，在校学生16.3万人。其中，普通中学30所，在校学生4.9万人；职业中学3所，在校学生1866人；小学424所，在校学生11.24万人。各类学校专任教师6876人。学龄儿童入学率99.94%。634名毕业生考入高等院校，613名毕业生考入中等专业学校。

2010年，全县有普通中学27所，在校学生4.24万人；小学109所，在校学生5.29万人。全年小学招生0.84万人，初中招生1.02万人，高中招生0.49万人。小学、初中阶段入学率和巩固率均达99%以上。中学专任教师3049人，小学专任教师3307人。有职业教育中心1所，在校学生5718人；特殊教育学校2所，在校学生317人。

文化　1995年起，全县各乡镇普遍建起文化中心，中心设有影剧院、图书室、灯光球场、农民业校和游艺室等。786个村建起农民文化大院，县城文化馆、新星剧团、图书馆等文化设施日益完善。2007年，全县有影剧院3座，文化馆、博物馆、公共图书馆各1座，文化站18个。年内发展有线电视用户5.7万户，有线电视用户达到14.9万户，全县有线电视综合人口覆盖率97.91%。2009年，送文化下乡演出11场，完成农村公益电影放映8120场。2010年，组织、承办和参与大型文艺晚会、汇演、比赛等群体文艺活动20余场次，送文化下乡演出16场。成功举办“阜丰国际杯”莒南县首届少儿才艺明星大奖赛和中国首届红运会开幕式。县图书馆藏书30.3万册，全年接待读者9.9万人次。完成农村公益电影放映8844场，放映爱国主义教育电影3200余场。广播人口覆盖率93.5%，全年播出4937小时；电视综合人口覆盖率97.8%，全年播出电视节目12840小时，制作电视节目4790小时。

卫生 1995年，全县有各类卫生机构45个，拥有病床939张，各类卫生技术人员1251人。1998年，有医院、卫生院28所，拥有病床1040张，各类卫生技术人员1401人，其中医生624人，护师、护士327人。全年县、乡医院门诊量84.5万人次。全县有村级卫生室533个，乡村医生、卫生员1838人。2007年，全县有村级卫生室616个，新型农村合作医疗参合率88.8%，全年报销医药费3670万元。2010年，全县有医院、卫生院23所，防疫站、结防所、皮防站、卫生监督所各1所，民办医院4所。卫生机构拥有病床2247张。各类卫生技术人员1450人，其中医生672人、注册护士377人、药师168人。全县有农村卫生室622个。新型农村合作医疗参合率99.1%，全年报销医药费6924万元。

体育 1995年，全县各级各类学校有300米田径场22个，250米田径场8个，200米田径场15个，有标准篮球场163个，其中灯光篮球场9个，80%的单位设立职工活动之家。有县体育场1处。1997年，400米标准田径场（炉渣跑道）竣工，同时建成标准灯光篮球场2个、高标准游泳池1个。2006年5月，建成综合性体育馆。2007年，在国家级各类比赛中获奖牌1枚，在省级各类比赛中获奖牌6枚。全年举办各类群体比赛、活动20多次。2010年，全县有400米环形跑道的田径场7个，300米环形跑道、100米直跑道的田径场27个。全县室内体育活动场地发展到4处。在国家级各类比赛中获铜牌2枚，省级各类比赛中获金牌5.5枚、银牌3枚、铜牌4枚。创意举办“天马岛杯”中国（临沂·莒南）首届红色体育运动会，大会设15个比赛项目，38个代表队455名运动员参赛，被评为2010年全国群众体育重大赛事，并举办首届全民运动会，被全国体育总局授予“2010年全民健身活动优秀组织奖”。

人民生活 1995年，城镇职工总人数4.65万人，人均工资3832元。农民人均纯收入1621元，人均住房面积27.5平方米。2010年，全年城镇居民人均可支配收入14908元；农民人均纯收入6665元。全年城镇居民人均消费支出7945元；农民人均消费支出4030元。年末城乡居民人均住房面积分别达到29.9平方米和36.6平方米。城镇居民家庭每百户拥有家庭用车15辆、彩色电视机119台、电冰箱80台、洗衣机100台、空调器80台、移动电话180部、家用电脑75台、自行车135辆、助力车100辆。每百户农民拥有汽车（生活用）5辆、彩色电视机100台、电冰箱51台、洗衣机73台、空调机9台、移动电话90部、家用电脑13台、自行车97辆、电动自行车50辆、摩托车76辆。

莒南名片

1995年8月，国家统计局中国农村经济评价中心排出全国油料生产百名大县，莒南县位居第二。1995年，莒南县被农业部命名为全国果品生产百强县。1996年，被农业部命名为中国花生特产之乡；被国家科委授予“全国科技工作先进县”称号；被国家列入“九五”全国农村能源综合建设县之一；被文化部命名为中国石刻艺术之乡。1998年，被国家标准计量局、农业部确定为全国花生标准化生产示范区；被国家体育总局命名为全国体育工作先进县。2000年，被林业部、中国经济林协会命名为中国名优特产经济林板栗之乡；2001年，被国家林业局命名为全国经济林建设先进县；被全国绿化委员会、人事部、国家林业局命名为全国绿化工作先进集体。2006年，莒南县被命名为全国人口和计划生育优质服务先进县。2009年，被命名为中国最具投资价值旅游经济县市和中国最具魅力旅游名县。

1995年11月，莒南县城被命名为省级卫生县城。1997年，莒南县被省政府确定为全省贸工农一体化经营示范县。1998年，被省委、省政府命名为1997年度山东省社会治安综合治理模范县、全省第四届精神文明建设工作先进县；被省政府命名为“齐鲁杯”优胜县和村镇建设先进县、全省农田水利基本建设先进县、全省治理水土流失建设生态农业工作先进县。2001年，被省政府命名为全省农业综合开发先进县。2007年1月，获“全省旅游十强县”称号。2009年，被省政府命名为省级园林城市。

莒南县城

位于县境中部偏西，十字路街道辖区东南部。地理坐标为北纬35°18′，东经118°8′。地处丘陵平原地带，东部有赤嵋山。兖（州）石（臼所）铁路在县城中部偏北经过，岚济公路（342省道）、莒阿公路（225省道）分别从县城南部、西北部经过。鸡龙河流经县城北部。县直机关、事业单位、文化中心以及商业区、居住区大部分位于县城中部，工业区集中在县城西部（2006年省政府批复设立省级经济开发区）和北部。东北部有天佛风景名胜区。县政府驻华鲁街119号。

东汉时，今十字路为琅邪郡高乡县治。至20世纪30年代，县城历经数次整修、加固。1948年，县城面积0.4平方公里，莒（县）新（浦）公路和岚（山头）兖（州）公路在城内相交，形成“十”字形街道。城区西南部建于清乾隆年间的2层戏楼，为境内最早的楼房。1954年以后，县城建设发展很快。县直机关单位陆续从老城迁至城东，与原距十字路1.5公里的温水泉村连成一片。1988年，城区内房屋建筑面积120.1万平方米，其中住宅面积72万平方米。楼房145座，建筑面积24.5万平方米；其中宿舍楼36幢，建筑面积6.1万平方米。

20世纪90年代，以优化人居环境和建设现代化山水园林生态城市为目标，实施城市化战略，集中开发新城区、分期分批改造旧城区，县城形成了内外环路配套，立交桥连接的八纵九横的道路网络。进入21世纪，以文化广场、步行街和公共绿地建设为标志，不断完善城市功能。2007年，县城城区面积17.35平方公里，人口17.81万人，道路硬化面积294万平方米，绿化覆盖率达36.9%，城市化水平36.6%。2009年，对天桥路、隆山路、黄海路、滨海路、人民路等21条道路和同心广场、阜丰广场及南环路等15处公共绿地进行绿化改造建设。规划建设广汇丰、永泰富康花园、阳光花园、富泉花园、华泉苑5个旧城改造安置小区，建筑面积66万平方米。翌年，启动北部文化新区、鸡龙河防洪生态工程等城建重点工程建设。全长7100米的淮海路西段工程绿化面积30万平方米。

2010年，城市人口18.01万人。县城建成区

县城天桥路夜景

面积18.1平方公里。绿地3.07平方公里。绿化覆盖面积777公顷，其中建成区752公顷。园林绿地面积668公顷，其中建成区642公顷。公共绿地面积197公顷。有隆山路、天桥路、西一路、十泉路、嵋山路、淮海路等标准路22条，道路长度119.7公里，道路面积315万平方米，其中人行道面积81万平方米。有排水管道147公里，污水处理厂2座，处理量1198万立方米。有供水管道254.08公里，供水总量1734万立方米。燃气用气户数21535户，其中家庭户21024户，用气总人口数17.68万人。天然气供气管道14.3公里。

城区有县级综合医院3所、妇幼保健医院1所，普通高中4所、初中3所、小学7所，中等职业学校1所，文化馆1所，图书馆、档案馆、体育馆各1座，艺术表演团体1个。商贸流通业有天添乐、开元、新华新、万福园等大型超市，华天商场、工业品供销商场、银鹰家电商场、三联家电商场、利群家电商场、丽都服装商场、百家乐服装商场等大型商场。在新建路北段和隆山路南段建有2条步行街（新建路步行街、金世界步行街）。在嵋山路西段有吉美乐家具城。县城星级旅游酒店有桃源大酒店（三星）、裕隆度假村、金胜大酒店等。

天佛风景名胜区位于县城北1公里处。为国家AAA级旅游区，总面积15平方公里。有天佛、卧佛寺、莲花山、莲花湖、观佛台5个景观区，包括镜台观佛、菱榭晚照、静海慈航、菩提晓月、鳄鱼出水、金鳌听禅等景点。由南向北看，望海楼山山体似一卧佛，全长3800米，头枕西南，脚朝东北；额头浑圆饱满，方正赫然，五官清晰，神态安详。

卧佛寺公园背靠卧佛山，规划面积226.7公顷，是全国最大的县级公园。景点有卧佛殿、八卦阵、大观亭、半山亭、牡丹园、翠竹园、水上乐园、儿童乐园、动物园、奇石园、魔幻城等。卧佛寺有1300余年历史，有山门、钟鼓楼、东西偏殿、大雄宝殿、藏经楼等建筑，内有汉白玉雕制的巨型卧佛像1尊。九顶莲花山最高峰有观音阁。莲花湖面积46.7公顷，湖畔垂柳依依，亭台廊榭；湖内波光潋滟，荷花映日，有“七宝莲池香雪海”之誉。

乡镇街道

十字路街道 位于莒南县中部，是莒南县政府驻地。东与相邸镇接壤，北与涝坡镇、筵宾镇搭界，西与岭泉镇、板泉镇相连，南与相沟乡、洙边镇毗邻。面积163平方公里，其中耕地5033公顷。地处丘陵和平原地带，地势东、北高，西、南低。山脉有赤眉山、虎山、拉齐山、娘娘山，其中虎山位于石泉湖村北，呈南北走向，海拔317米，为境内最高山。有中型水库1座（石泉湖水库，总库容5784万立方米），小型水库21座，塘坝133座。主要河流有鸡龙河、白龙河、赤石沟河、官坊河，其中鸡龙河最长，境内流程14公里。兖石铁路、岚济公路横贯东西，莒新公路、莒阿公路纵贯南北。适合种植的农作物主要有小麦、玉米、地瓜、水稻、花生、大豆、蔬菜等。十字路设有集市，农历一、六为集日，四月六日、十一月一日为逢会日。

主要景点有卧佛寺公园。街道先后被授予“全国亿万农民体育健身运动先进乡镇”“省级环境优美乡镇”等称号。辖区总人口15.9万人。

鸡龙河湿地公园

大店镇 位于莒南县北部。为省级中心镇。镇政府驻地大店九村，距县城19公里。大店镇东与涝坡镇接壤，西隔沭河与石莲子镇、汀水镇相望，南毗筵宾镇和道口乡，北与日照市莒县小店镇、中楼镇搭界。面积131平方公里，其中耕地4761公顷。地处沂沭断裂带，地势东北高、西南低，呈簸箕状。境内有大型水库1座（陡山水库，总库容28830万立方米），小型水库13座，塘坝157座。有沭河、浔河和鲁沟河等河流。矿产资源有花岗岩、重晶石、铝矾土、明矾石等。其中，花岗岩储量最大，重晶石储量达860多万吨，明矾矿是长江以北最大的可开采性明矾矿，储量为800万立方米。薛家窑黑陶、磨料磨具是大店镇地方特色产品，该镇有“中国磨具第一镇”之誉。盛产小麦、水稻、玉米、花生、大豆、地瓜、小米等作物，东部山区产苹果、桃、杏、梨、山楂等水果。莒（县）新（浦）公路纵穿镇域中心，陡大路、大汀路横贯东西。大店设有集市，农历逢三、八为集日，四月三日、十月二十八日为逢会日。

八路军115师司令部旧址纪念碑

大店镇先后被授予“全国小城镇经济综合开发示范镇”“山东省安全文明乡镇”“山东省农村新型小城镇”“山东省百镇千村建设示范镇”“山东省特色产业镇”“沂蒙草莓之乡”等称号。全国重点文物保护单位、全国爱国主义教育示范基地、全国妇女爱国主义教育基地、国家AAAA级旅游区——山东省政府旧址和八路军115师司令部旧址位于镇政府驻地中心，省级风景名胜区天马岛风景区位于镇域东部。2010年8月，大店镇被列为“山东省经济发达镇行政管理体制改革试点镇”。辖区总人口7.3万人。

坪上镇　位于莒南县东部，属省级中心镇。镇政府驻地坪上村，距县城27公里。坪上镇西和坊前镇毗邻，南靠团林镇、壮岗镇，北与朱芦镇、文疃镇相连，东与日照市岚山区碑廓镇接壤。面积115平方公里，其中耕地4502公顷。东部为平原，西部为丘陵，北部为山地。大山为境内最高山，海拔560米。有小型水库13座，塘坝139座。主要河流有绣针河、大山河。主要粮食作物有小麦、地瓜、玉米、大豆等。坪上镇栽培樱桃已有200多年的历史，以个大、均匀、色艳、味美、早熟而远近闻名，素有“樱桃之乡”之称。坪上镇矿产资源丰富，品位高，储量大，易开采。已探明的花岗岩、白云石储量达数十亿立方米，金矿石、碱性铁矿石储量均达10万立方米。石雕石刻是坪上镇的传统优势项目，院前、西辛庄等村的小雕刻已有近百年的历史。生产的石灯笼、石桌、石凳、石像、建筑装修板材等五大系列2000余个品种远销德国、意大利、荷兰、比利时、丹麦、西班牙、美国、加拿大、日本、韩国等十几个国家。岚济、涛坪、坪团、坪壮、坪厉、坪文、十茅公路和兖石、坪岚铁路贯穿境内，设有汽车站、铁牛庙铁路货运站，货运站日吞吐货物3000多吨。坪上设有集市，农历二、七为集日，三月十七日、十一月十二日逢会。辖区总人口6.43万人。

厉家寨展览馆位于坪上镇厉家寨村。1957年10月9日，毛泽东批示：“愚公移山，改造中国，厉家寨是一个好例。”厉家寨成为中国20世纪五六十年代农业战线上的一面红旗。1977年，建起厉家寨展览馆。2005年，厉家寨展览馆被列入沂蒙精神教育基地。

抗倭英雄孙镗纪念堂占地约6亩，院内有一石铁陨石，重4吨左右，是世界上最大的石铁陨石，被命名为莒南铁牛石铁陨石。

板泉镇　位于莒南县西部。为省级中心镇。镇政府驻地板泉崖，距县城15公里。板泉镇北与岭泉镇相连，东与十字路街道、相沟乡相邻，南与临沭县青云镇接壤，西与河东区郑旺镇、汤河镇隔沭河相望。面积101平方公里，其中耕地4653公顷。境内岚济公路横穿东西，莒阿公路纵贯南北。地势东高西低，以莒阿公路为界，平原、丘陵各占一半，石柱山是境内唯一的山峰。矿产主要有花岗岩石，分布在板泉南部、北部。有小型水库1座，塘坝146座。有沭河、武阳河等河流。盛产白柳条，是莒南县主要的柳编基地。境内有明朝左都御史王璟祠（位于大白常村）、“中华抗日楷模村”——渊子崖村、莒南县第一个党支部板泉党支部旧址等。板泉设有集市，农历五、十为集日，四月五日、十月十日逢会。

板泉镇被评为山东省环境优美乡镇、临沂市经济林产业十强经济林乡镇。辖区总人口7.64万人。

渊子崖抗日烈士纪念塔

壮岗镇 位于莒南县东南部。镇政府驻地壮岗村，距县城22公里。壮岗镇东邻团林镇，西靠洙边镇，北依坪上镇、坊前镇、相邸镇，南与江苏省赣榆县金山镇、厉庄镇接壤，东南与江苏省赣榆县石桥镇相连。面积93平方公里，其中耕地3208公顷。地势西北高、东南低。有芦山、鸡山、石柱山，芦山海拔197米。有小型水库14座，塘坝102座。河流有龙王河、汶成河、小龙河、莲花河。粮食作物以小麦、玉米、地瓜、水稻为主。经济作物以花生、黄烟、大豆、桑、梨、黑莓、蓝莓为主。矿产资源有石英石、花岗岩、金红石、云母石等。金红石分布在砚柱西岭、张家沟子北岭一带，储量上亿立方米，品位高达93.6%，被国家列为重点开发项目。石英石分布在全镇大小山岭上，储量约5000万立方米。花岗岩分布在石柱山、崔家顶子、陈家河南岭等地，储量约1000万立方米。云母石分布在砚柱东岭、南岭、西岭，储量约5000万立方米。板团公路、坪青公路在境内交会。壮岗设有集市，农历五、十为集日，三月十五日、十一月十日逢会。辖区总人口4.76万人。

文疃镇 位于莒南县东北部。镇政府驻地文疃村，距县城27公里。文疃镇南接坪上镇，西连涝坡镇，东邻朱芦镇，东北邻日照市岚山区黄墩镇，西北靠日照市莒县中楼镇。面积114平方公里，其中耕地3868公顷。地势南高北低。境内四周多山，主要有三皇山、牛头山、卧石山，海拔均在300米以上；腹地多丘陵。有小型水库23座，塘坝149座。河流有文疃河，自南向北流入浔河。楼台山、鲁家山、徐潘店西山等地储藏樱

甲子山医院旧址

花红、中国蓝、黑花岗岩等石材，总储量达2亿立方米。南部山区磁铁矿，探明总储量5000万立方米；石墨是山东省稀有矿产，储量约20万吨，品位30%~90%。主要粮食作物有小麦、玉米、地瓜、大豆。文疃镇为省级环境优美乡镇。日十公路、文坪公路、文中公路、文泗公路、山西中南部铁路经过境内。文疃设有集市，农历逢五、十为集日，三月二十日、十月二十日逢会。辖区总人口4.65万人。

朱芦镇　位于莒南县东北部。镇政府驻地朱芦村，距县城36公里。朱芦镇南接坪上镇，西连文疃镇、坪上镇，北、东分别与日照市岚山区黄墩镇、巨峰镇相连。面积76平方公里，其中耕地2481公顷。境内多山地、丘陵。地势北部高，南部低。有山峰7座，甲子山为群山之首，海拔480米。有中型水库1座（大山水库，总库容1487万立方米），小型水库13座，塘坝105座。主要河流绣针河，属季节河。矿产资源主要有花岗岩、石英石、石棉等，其中花岗岩地表储量200亿立方米。该镇蛋鸡产量居临沂市第一位。主要经济作物有茶叶、苹果、花生、土豆等，粮食作物主要有小麦、玉米。涛坪公路、兖石铁路经过境内。朱芦设有集市，农历一、六为集日，四月六日、十一月十六日逢会。

朱芦镇有三次甲子山战役旧址，有彩沟景区、孙膑洞、鬼谷子庙、仙人洞、忠烈祠、英雄山、千年银杏等景区景点。辖区总人口3.75万人。

坊前镇　位于莒南县东部。镇政府驻地大坊前村，距县城15公里。坊前镇东邻坪上镇，西靠相邸镇，北连涝坡镇，南接壮岗镇。面积103平方公里，其中耕地4136公顷。地势北高南低，南部为平原，北部为低山丘陵。主要山峰有康山（海拔342.8米）、峧山、胡迷山。主要河流有龙王河、龙头河。有小型水库8座，塘坝108座。矿产有石英砂、莒翠玉、雪花大理岩等。坊前镇是中国石刻艺术之乡，石雕石刻是该镇的传统产业。主要农作物有小麦、玉米、地瓜、花生、大豆等。是花生、茶叶、板栗生产基地。岚济公路和兖石铁路横贯东西。桑庄设有集市，农历一、六为集日，三月二十一日、十月六日逢会。辖区总人口5.01万人。

王家坊前展览馆位于王家坊前村。1955年10月，毛泽东对该村集资办社的事迹作出批示："这个合作社的经验也证明，适当地，不是过多地，并且是在启发社员有了充分的觉悟以后，对于贫苦社员又加以照顾等项条件下，充分发动社员投资，解决合作社生产资金不足的困难，是完全可能的。"2005年，建设"毛主席批示50周年展览馆"，展览馆共9间200余平方米，展出图片200余幅，成为全县青少年爱国教育基地，全县红色旅游的一个重要景点。

石雕石刻产品

相邸镇　位于莒南县中部。镇政府驻地徐家相邸村，距县城9公里。相邸镇西靠十字路街道，

南京邮电大学旧址

东邻坊前镇，南连洙边镇，东南接壮岗镇，北依涝坡镇。面积 80 平方公里，其中耕地 3028 公顷。地势周围高、中间低，丘陵面积占总面积的 89%。有大小山头 3 座，康山最高，海拔 342.8 米。有中型水库 1 座（相邸水库，总库容 4794 万立方米），小型水库 7 座，塘坝 204 座。主要河流龙王河，系常流河。矿源资源主要有石英石、重晶石、黏土等。主要经济作物为花生。建有全县最大的林木育苗基地。传统产业有煎饼加工、农业机械制造。岚济公路、兖石铁路横贯东西。相邸设有集市，农历三、八为集日，三月二十三日、十月二十三日逢会。辖区总人口 3.59 万人。

洙边镇 位于莒南县南部。镇政府驻地洙边村，距县城 9 公里。洙边镇东与壮岗镇相邻，西与相沟乡接壤，北靠十字路街道、相邸镇，南接临沭县玉山镇和江苏省赣榆县黑林镇。面积 121 平方公里，其中耕地 4573 公顷。有小型水库 23 座，塘坝 223 座。洙溪河干流纵贯南北，水资源丰富。矿产主要有黄金、石英石、蛇纹石、金红石。农业主产板栗、苹果、茶叶、西瓜、黄烟、花生、小麦、地瓜、玉米、水稻、大豆等。位于镇政府驻地西 1.5 公里处的东夹河村，有远近闻名的生态游栗王景区。洙边镇有“中国板栗之乡”“中国茶叶之乡”的美誉，是国家高产优质板栗示范基地、有机茶生产试验示范基地，山东省农业旅游示范点、山东省环境优美乡镇、省级风景名胜区。洙边小流域是全国水土保持生态环境建设

中国茶叶之乡

示范小流域。莒新公路、板团公路在洙边交会。洙边设有集市，农历二、七为集日，三月十二日、十一月十七日逢会。

洙边镇历史悠久，秦汉时期为东海郡祝其县治所。文化遗址有“孔子晒书台”“卜子书院”及汉代、宋代等古文化遗址多处。境内还有山东新华书店成立旧址。辖区总人口 5.35 万人。

汀水镇 位于莒南县西北部。镇政府驻地王家沟村，距县城 32 公里。汀水镇东连大店镇，南与石莲子镇相邻，西与沂南县杨家坡镇、葛沟镇接壤，北靠日照市莒县夏庄镇。面积 49 平方公里。其中耕地 2586 公顷。地势东高西低，境内大部分为丘陵，少数为平原。平原分布在沭河西岸和汀水河两岸， 丘陵为缓丘区，与平原洼地交错分布。有小型水库 3 座，塘坝 25 座。主要河流有沭河、汀水河。粮食作物主要有小麦、玉米、地瓜。经济作物主要有西瓜、花生、草莓、油桃，为“沂蒙西瓜之乡”。境内矿产资源丰富，有石灰石、钾长石、坩子土、煤炭等。古迹有墩后大汶口文化遗址。206 国道与良（店）河（阳）公路在镇政府驻地交会，长（春）深（圳）高速公路纵贯全境，镇境西部紧靠胶（州）新（沂）铁路。汀水设有集市，农历四、九为集日，三月九日、十月二十四日逢会。辖区总人口 2.73 万人。

大棚西瓜

团林镇 位于莒南县东南部。镇政府驻地北团林村，距县城 36 公里。团林镇北与坪上镇相

连，西靠壮岗镇，东与日照市岚山区碑廓镇接壤，南与江苏省赣榆县柘汪镇、石桥镇毗邻。面积80平方公里，其中耕地3905公顷。地势西北高东南低，丘陵占总面积的75%，西北部有一条东北—西南走向的丘陵地带——摩天岭，东北部、西南部、东部各有一片千亩小平原。境内仅有一座山——芦山，海拔194.8米。有小型水库8座，塘坝96座。主要河流有绣针河、团林河、桑园河、沙沟河。粮食作物有小麦、地瓜、玉米等，经济作物有茶、桑、桃、苹果、中草药、花生、大豆、黄烟等。主要矿产资源有白云石、花岗岩石、蛇纹石化大理岩、明矾石、金矿石、铁矿、磷矿石等，其中白云石储量2亿立方米，居全国第二位。崔家沙沟村现存大汶口文化、龙山文化遗址1处。抗日战争时期，中共中央山东分局、山东省战时工作委员会、八路军一一五师司令部等党政军机关曾进驻该镇。板团公路、坪团公路在境内穿过。团林设有集市，农历三、八为集日，四月八日、十一月二十三日逢会。辖区总人口4.19万人。

筵宾镇　位于莒南县北部。镇政府驻地筵宾村，距县城11公里。筵宾镇东邻涝坡镇，西靠道口乡，北连大店镇，南与十字路街道、岭泉镇接壤。面积76平方公里，其中耕地4202公顷。地势东高西低，以莒新公路为界，西部为平原，东部为丘陵。有望海楼山、平顶山、黑虎山、蝎子山、种谷山，高程多在海拔300米左右。望海楼山为境内群山之冠，海拔457.5米。有小型水库6座，塘坝157座。河流有筵宾河。农作物主要有小麦、水稻、玉米、红薯、花生。为莒南县最大的蔬菜生产基地，建有8个大型蔬菜批发交易市场。筵宾镇的甘蓝成为2010年上海世博会的专供蔬菜。莒新公路与文泗公路在镇政府驻地交会。筵宾设有集市，农历四、九为集日，四月四日、十月二十九日逢会。

共青团金沟官庄支部建立于1946年。金沟官庄是山东省第一个、全国第二个团支部诞生地。该村建有山东省第一个团支部旧址展览馆、纪念碑。辖区总人口4.81万人。

岭泉镇　位于莒南县西部。镇政府驻地西岭泉村，距县城11公里。岭泉镇东南与十字路街道相邻，南连板泉镇，西北与道口乡接壤，北靠筵宾镇，西隔沭河与河东区郑旺镇、刘店子乡相望。面积62平方公里，其中耕地3077公顷。境内大部分是平原，西北部是南北走向的低矮丘陵。有小型水库1座，塘坝21座。河流有沭河、鸡龙河、黄龙沟等。农作物以小麦、玉米、水稻、花生、大豆为主，是莒南县小麦的重要产区。矿产主要有紫砂岩、黄矿岩和页岩等。其中，紫砂岩地质储量8亿立方米，页岩地质储量5亿立方米。左山村西有恐龙遗迹地质公园。此处的恐龙脚印遗迹南北长500米，东西宽100米。恐龙脚印数量之多、种类之全、规模之大居全省首位。2005年，被批准为国家级地质公园。兖（州）石（臼

山东省第一个团支部成立纪念碑

恐龙脚印化石

所）铁路横贯东西，莒（县）阿（湖）公路、良（店）河（阳）公路在驻地交会。岭泉设有集市，农历三、八为集日，三月十八日、十月八日逢会。辖区总人口4.59万人。

石莲子镇 位于莒南县西北部。镇政府驻地石莲子村，距县城27.5公里。石莲子镇北与汀水镇交界，东隔沭河与大店镇相望，东南与道口乡相邻，西与沂南县葛沟镇和河东区汤头街道、刘店子乡相邻。面积70平方公里，其中耕地4116公顷。地势西、北部高，东、南部低，西部属丘陵，东部为平原。是著名的葡萄、草莓、西瓜之乡。有小型水库2座，塘坝44座。河流有沭河、石莲子河、早丰河和汀水河。矿产资源有煤、石灰石、钾长石、金刚石、铁矿石、砂石等10多种。长深高速公路、文泗公路、良（店）河（阳）公路、石（莲子）沙（汀）公路穿过境内，西部紧靠206国道。石莲子设有集市，农历一、六为集日，三月十一日、十一月十一日逢会。辖区总人口4.53万人。

育英广场

涝坡镇 位于莒南县境东北部。镇政府驻大涝坡村，距县城18公里。涝坡镇南与十字路街道、相邸镇、坊前镇相连，东邻文疃镇，东南依坪上镇，西靠大店镇、筵宾镇，北与日照市莒县中楼镇接壤。面积151平方公里，其中耕地4153公顷。地势东、北高，西、南低，多山丘。土壤有潮土、棕壤土等。农业主产板栗、苹果、黄烟、花生、小麦等。境内有大小山头32座。其中马鬐山海拔662.2米，为莒南县众山之首。有小型水库22座，塘坝186座。主要河流有浔河、鸡龙河。在马鬐山、浔河、陡山水库一带设有国家AAA级风景区——天马岛景区。为山东特色产业镇，2010年品牌山东最具竞争力旅游强镇，被命名为中国最具特色乡村旅游目的地。矿产资源主要有花岗岩、明矾石、黏土。文（疃）泗（水）公路、陡（山）十（字路）公路在镇域经过。涝坡设有集市，农历四、九为集日，三月十九日、十一月十九日逢会。辖区总人口5.83万人。

南宋末年，这里是以杨妙真、李全为首的抗金农民义军红袄军的根据地。元朝末年，红巾军将领陈猱头在马鬐山树起抗元大旗。

高家柳沟展览馆位于涝坡镇高家柳沟村。1955年12月27日，毛泽东为《莒南县高家柳沟村青年团支部创办记工识字班的经验》一文加了按语：“山东莒南县高家柳沟的青年团支部做了一个创造性的工作，……记工识字班这个名称也很好。这种学习班，各地应当普遍地仿办……”2005年秋，建成高家柳沟展览馆。展馆面积315平方米，展览版面面积280平方米。高家柳沟展览馆是莒南县青少年爱国主义教育基地，沂蒙精神教育基地。

高家柳沟文化大院

道口乡 位于莒南县西北部。乡政府驻地中道口村，距县城20公里。道口乡东邻筵宾镇，西靠石莲子镇，南连岭泉镇，北依大店镇，西南与河东区刘店子乡毗邻。面积53平方公里，其中耕地2904公顷。沭河、芦沟河、汀水河流经境内。有塘坝45座。地势平坦，土地肥沃，平原面积占90%以上。主要种植小麦、水稻、玉米、地瓜、花生等农作物。文（疃）泗（水）、良（店）河（阳）、道（口）汤（头）、道（口）大（店）等公路在道口交会。道口、东许口均设有集市，道口于农历二、七逢集，东许口于农历五、十逢集。东许口在三月十五日、十一月五日逢会。

道口乡被评为临沂市生态文明乡镇、新农村建设先进乡镇、服务业发展先进乡镇。辖区总人口3.69万人。

道口香大米

相沟乡　位于莒南县西南部。乡政府驻地相沟村，距县城15公里。相沟乡北靠十字路街道，东接洙边镇，西连板泉镇，南与临沭县青云镇、朱仓乡、玉山镇毗邻。面积108平方公里，其中耕地6105公顷。土壤有棕壤土、潮土等，其中棕壤土占70%。境内最高点为寨山，海拔314米。有刘大河、石河、沈保河等河流。有小型水库13座，塘坝403座。粮食作物主要有地瓜、小麦、玉米。板栗、苹果、李子、花生、黄烟、桑蚕、柳条、畜牧等为全乡的主导产业。白云石总储量1800万立方米。钾长石储量3000万立方米。瓷石矿区总储量1200万立方米。土（沟）石（河）公路、板（泉）团（林）公路在乡域内交会。相沟设有集市，农历一、六为集日。2010年，相沟乡获“山东省烤烟生产先进乡镇”称号。辖区总人口4.23万人。

蓝莓种植

第十二章　临沭县

建置　区划

境域　临沭县位于临沂市东南部。地处北纬34°40′~35°06′，东经118°26′~118°51′之间。县境北依莒南县，西靠河东区，西南与郯城县接壤，东、南与江苏省赣榆、东海县毗邻。最大纵距46公里，最大横距31公里，总面积1051平方公里。

建置　西周，临沭一带为鄅、祝等小国辖地。春秋末期，归属鲁国。战国时期，临沭一带被纳入越境，后又归楚。秦时，临沭北部属琅邪郡莒县，南部属东海郡郯县。西汉时期，分治于东海、琅邪二郡；东汉末年，分东海郡置利城郡，治所在今临沭县境内，辖郯、利城、祝其等13个县。唐武德四年（621年），析临沂县置兰山、临沭、昌乐3县。唐武德六年（623年），撤销临沭县，并入临沂县。此后，自唐、五代，至宋、金、元，皆属沂州临沂县。元末复置郯城县，今临沭县境分属沂州的临沂、郯城2县。明朝至清初，今境属兖州府沂州及沂州所辖的郯城县。清雍正二年

临沭县城

(1724年)，沂州升为直隶州。雍正十二年（1734年），沂州升为府，今临沭县境为郯城、兰山2县分治。民国时期，先后属济宁道、琅邪道。1936年，属山东省第三行政区，东部、北部为临沂县第五区，南部为郯城县第五区；后郯城县第五区析置郯城县第六区、郯城县第七区，隶属于郯城县政府第二办事处，办事处驻地在南古庄。

1940年1月，八路军一一五师东进支队和山东纵队陇海南进支队协同行动，解放南古庄，成立抗日民主政权郯东北第一办事处，直属鲁南专署。同年7月，改称苍马办事处，属鲁南地区第三行署。1941年8月，临沭县抗日民主政府成立，隶属于鲁南专署第四行署。后临沭县改属滨海专区。

1949年，中华人民共和国成立后，临沭县政府驻夏庄（今临沭县城夏庄西街东段）。1950年5月，临沭县隶属临沂专区。1956年3月，临沭县撤销，南部划归郯城县，北部划归莒南县，西部的钟山区划归临沂县。1961年8月，临沭县恢复，隶属于临沂专区。1967年隶属于临沂地区。1994年12月，隶属于临沂市。

区划 1995年，全县辖9镇11乡，552个行政村（街）。2001年1月，临沭县区划调整，将原有的20个乡镇调整为11个镇和1个乡。是年，全县辖553个行政村，536个自然村。2004年，调整合并行政村、社区，共设40个居委会、260个村委会。2009年9月，临沭、郑山2镇改为街道。2010年，临沭县辖临沭、郑山2个街道，南古、店头、石门、曹庄、白旄、青云、大兴、蛟龙、玉山9个镇和朱仓乡，41个社区，259个行政村（社区），536个自然村。

人口 民族 1995年，全县总人口591789人，男女性别比为105.45，人口出生率11.95‰，死亡率5.56‰，人口自然增长率6.39‰。2010年，全县总人口660142人，男女性别比为106.85，人口出生率、死亡率、自然增长率分别为10.39‰、5.3‰、5.09‰。除汉族外，有回、满、哈尼、彝、蒙古、傈僳、苗、朝鲜等32个少数民族，总人口不足全县人口的1%。

自然环境

地形 临沭县境地处鲁东丘陵区南部，大部属五莲山低山丘陵区，地势东北部高，西部和南部低，呈扇形倾斜状态。境内地貌以缓坡丘陵为主，大致分为低山、丘陵、平原3种类型。山地面积39.55平方公里，多分布于东北部。西部沭河、新沭河沿岸和部分山间谷地为平原，面积242.5平方公里。丘陵多分布于低山与平原之间，多为剥蚀缓丘，坡度在3度至15度之间。县内最高处为苍山，海拔394.7米；最低处在新沭河下游，海拔22米。境内有山东省首处丹霞地貌——岱洞红石地质园。

河流　境内流程10公里以上的河流有13条，10公里以下的数百条，构成县域内较密集的水网，多属季节性河流。县内除镇武河属滨海水系外，其他均属淮河流域沭河和新沭河水系，在临沭境内总流域面积862.35平方公里（不包括穆疃河、凉泉子河）。沭河于境内自北向南流，是县内最长河流。新沭河沿县境南部自西向东流入黄海，是县内最长的人工河。

土壤　全县土壤有4个土类、11个亚类、14个土属，可利用面积8.32万公顷。其中棕壤土类6.57万公顷，占可利用面积的78.98%；褐土土类3675.87公顷，占可利用面积的4.42%；潮土土类7183.2公顷，占可利用面积的8.62%；砂姜黑土土类6635.67公顷，占可利用面积的7.98%。

植被　由于长期耕作活动，境内自然植被多已破坏，现存主要为次生性植被。西部沭河冲积平原，乔木有杨、柳、榆、侧柏、刺槐、臭椿、苦楝、梨、桃和板栗等；灌木有黄荆、酸枣等；草本植物有茅草、黄背草、蒺藜、黄蒿和白羊草等。沭河两岸的沙生植物，有香附、节节草等。东部低山丘陵，上部乔木以赤松、麻栎为主，其次是刺槐和黑松；灌木常见的有木兰、胡枝子、黄荆、酸枣等；草本植物有山红草、铁扫帚、黄背草和白羊草等。中下部有杨、柳、刺槐及禾本科杂草。

气候　临沭县属于暖温带季风区半湿润大陆性气候，光照充足，四季分明，年际差异不大。春季温暖，干旱多风；夏季湿热，雨量充沛；秋季凉爽，昼夜温差大；冬季寒冷，雨雪稀少。年平均气温14℃，年平均降水量862.5毫米，60%左右降于夏季，年平均无霜期214天。

自然资源　*土地资源*　全县土地总面积10.51万公顷。2009年年底，耕地面积6.73万公顷，占全市耕地面积的7.98%。

矿产资源　以金刚石、重晶石、沙、石材、页岩、瓷石、砖瓦用黏土、脉石英、矿泉水等非金属矿产为主，其中探明储量的有重晶石、萤石、瓷石等，重晶石、萤石资源经多年开发利用，已近枯竭。境内矿泉水资源较丰富，主要分布于县域东北部山区，属优质偏硅酸型矿泉水。

水资源　多年平均水资源总量3.42亿立方米。地表、地下水可利用总量2.07亿立方米，其中农业用水年平均6531万立方米，工业用水2129万立方米，人畜饮水及其他用水1472万立方米。丰水年水量有结余，枯水年水量不足。

自然灾害　主要有旱、涝、风、雹等灾害。

经济状况

农业　1995年，全县农业实现增加值7.63亿元，粮食总产量30.25万吨，肉类总产量49046吨，水产品产量2850吨；全县森林覆盖率18.9%。年末农用机械总动力14.4万千瓦。2010

岱涧丹霞地貌

年，全县农林牧渔业完成增加值15.17亿元，实现农林牧渔业总产值28.98亿元。其中，农业产值14.5亿元，林业产值2.25亿元，畜牧业产值10.7亿元，渔业产值0.56亿元，农林牧渔服务业产值0.96亿元。全县市级以上农业产业化龙头企业发展到26家。农用机械总动力67.7万千瓦。

柳编加工业　临沭县杞柳栽培、加工已有1300余年历史。早在唐朝，白旄镇柳庄一带就种植杞柳，当地有唐柳毅传授植柳、编柳技术的传说，并建有柳毅庙，以作纪念。人们用细长而柔韧的杞柳枝条，加工成各种形状的器具，多为自用。清代，已有一定数量柳制品销售。传统杞柳制成品主要有箱、囤、斗、升、筐、篼子、簸箕等家庭日常用具，品种单一，但需传统加工技艺，生产规模小，经济效益低，农民仅在农闲时生产、销售，赚钱贴补家用。20世纪70年代，改进加工工艺，造型美观实用、多品种、多用途的杞柳制成品开始出口到国外。随着国内外市场需求量的增加，杞柳栽培面积和柳编生产规模不断扩大，加工工艺不断提高，杞柳加工者逐渐增多，经济效益逐年提高。1986年，随着改革开放的不断深入，杞柳加工工艺日臻完善和普及，柳编制品在国内外市场供不应求。临沭杞柳栽培、加工随之快速发展。形成“公司+农户”产、供、销一条龙经营模式，从业农民由此脱贫致富，杞柳栽培、加工能手们率先实现“小康”。杞柳栽培加工业成为临沭县“安民、富民、强县”和出口创汇支柱产业之一。2000年，临沭县被财政部农业综合开发办公室列为全国杞柳开发基地，被国家林业局、中国经济林协会命名为中国名特优经济林——杞柳之乡。是年，被省政府命名为山东省条柳编制品产业基地。2009年，中国工艺美术协会授予临沭县“中国柳编之都”称号。2010年，全县有145家柳编加工销售企业，其中有自营出口权的企业86家，规模以上柳编加工企业55家。全县有杞柳种植专业村30多个，从业农户5万户，从业人员近10万人，加工产品100多个系列、1.3万个花色品种，产品销往亚、欧、美洲120多个国家和地区，年出口创汇7800多万美元，成为全国最大杞柳种植基地和柳编制品加工生产出口基地。

工业　1995年，全县工业增加值6.97亿元，其中乡及乡以上工业实现2.95亿元。年末，乡及乡以上独立核算工业企业资产11.17亿元，其中固定资产5.88亿元，所有者权益1.91亿元。2010年，全县有工业企业810家，完成工业总产值333.99亿元，实现工业增加值74.98亿元。其中，规模以上工业企业308家，实现主营业务收入318.79亿元，利税总额20.91亿元，利润总额17.27亿元。年销售收入过亿元的企业35家，常林、金沂蒙、金正大、史丹利4家企业年产销均突破25亿元。复合肥、化工、五金机械、钢材、柳编等传统产业优势更加明显，高端装备、新能源、新材料等新兴产业特色突出，其中复合肥产业率先跨入全市百亿产业行列，被省政府授予“优质复合肥生产基地”称号，晋级“中国产业集群品牌50强”。

复混（合）肥　复混（合）肥生产始于1991年。是年，复混肥生产企业仅有2家，年生产能力不足5万吨。1997年，临沭县复混肥生产企业发展到7家，年生产能力15万吨。1999年，生产能力发展到100万吨。2000年后，县政府把优质化肥生产列为加快临沭肥料行业发展的首要任务。

2004年6月，召开临沭县复合肥行业发展暨优秀肥料生产企业推介活动新闻发布会，全县14家重点复合肥生产企业法人代表联名向全国同行发起行业自律倡议书，并介绍了临沭县复合肥行业发展现状和整治情况。2005年11月，国家质检总局命名临沭县为创建全国优质化肥生产基地先进县。2005年，该产业实现销售收入31亿元，利税2亿元，被省政府评为实施名牌战略先进县。至2010年，金正大、史丹利、迈金农、康田等公

2007年11月25日，国家火炬计划临沭复合肥产业基地授牌仪式举行。

部门的主渠道作用，其社会消费品零售总额17122万元。全县出口商品交货总值32764万元。

2010年，实现社会消费品零售总额54.52亿元。其中，城镇零售额42.85亿元，县以下农村零售额11.67亿元。全县有限额以上批发零售、住宿餐饮企业85家，集贸市场51个。全年实现进出口总额30030万美元。

司生产的6个品牌的复合肥被国家质检总局评为国家免检产品；金正大公司被科技部认定为“国家重点高新技术企业”；“临沭复混（合）肥”获得中国化工行业最具竞争力品牌特别奖；全县有20个项目获得省级以上科技进步奖或星火奖，有13项技术获得国家专利。

2010年，全县复合肥产业总资产45.2亿元，职工2万人，有复合肥企业30家，年生产能力530万吨，产品销售覆盖全国市场90%以上的地区，并远销美国、日本、韩国、马来西亚、泰国等国家，实现化肥销售收入117亿元，利税7.98亿元。全县复合肥产业有国家级高新技术企业3家，省级高新技术企业9家，省级技术开发中心4个，省级工程技术研究中心1个，博士后科研工作站1个，境外研发中心1个。拥有中国驰名商标3件，省名牌9个、省著名商标6件。金正大集团牵头起草的国家缓释肥标准公布实施。有3个新产品被科技部等四部委认定为国家新产品，12个新产品被评为省级高新技术产品。缓释肥及其包膜、作物专用肥、塔式熔体造粒、氨化造粒、硫基复合肥等生产技术居全国前列。

商贸流通　1995年，全县实现社会消费品零售总额37169万元。国有商业部门仍然发挥流通

交通　邮电　327国道横穿东西，225省道纵贯南北。1995年，公路里程323公里，其中硬化路面210多公里，在全市率先实现乡乡通柏油路。全年完成货运总量169万吨，货运周转量13140万吨公里，客运总量158万人次，客运周转量6530万人公里。实现移动通信、数字传输全国联网，建成城乡一体化程控电话网。全年完成邮电业务总量1224万元。年末电话交换机总容量10298门，电话机9006部，全县有468个行政村和17个居委会通了电话，村居通电话率88%，居全市各县之首。

2010年，全县公路通车里程1267.4公里。全年公路客运量536.81万人次，旅客周转量35626万人公里；货物运输量913.37万吨，货运周转量13.74亿吨公里。实现邮政业务收入1640.8万元，电信业务收入2.24亿元。年末固定电话用户8.26万户，移动电话用户39.6万户，互联网用户4.57万户。

城乡建设　1995年，临沭县城市总体规划获得批准并付诸实施，城市建设用地基本上向西、西南、南发展，西南工业园区扩大，工贸小区拓展，部分市政工程设施加快建设。乡镇驻地开始第一轮总体规划编制工作。2001年，乡镇由20个调整为12个，开始第二轮乡镇驻地总体规划编

制。2003年，聘请北京大学城市规划设计中心编制临沭县新一轮城市总体规划。2006年起，全面推动新农村建设。2007年，对全县合并后的300个行政村进行新一轮总体规划。至2010年，城区道路硬化率98%，道路亮化率达99%以上，城区供水普及率、水质合格率均达100%，城市集中供暖率90%。

全县城镇化率43%，所有行政村全部通电、通自来水、通电话、通有线电视、通硬化路，村村建起文化服务大院，乡镇驻地村和部分中心村建起农民公园和农民公寓。

环境保护 1988年，加大废水治理的监管力度，对20余个单位进行限期治理；对1吨以上锅炉安装消烟除尘装置，到1992年，安装率达90%。2001年起，投巨资对主要污染源进行一系列治理。其中，牛腿沟污水集中处理及废水再利用工程是一项流域污染综合整治工程，也是《淮河流域水污染“十五”计划》中的重点工程。该工程2003年4月1日开工建设，2005年10月28日竣工，彻底解决了与江苏省有关石梁河水库的水污染纠纷，年消减COD1900吨。至2010年，先后关闭造纸厂1家、水泥厂4家及小淀粉加工作坊3000余个；牛腿沟污水综合整治工程建成工业污水处理厂、生活污水处理厂和垃圾无害化处理厂各1家；城市污水处理率达85%以上，城市垃圾无害化处理率、城市空气质量良好率、水环境功能区达标率均达100%，道路交通声环境质量处于较好水平。

旅游 按照“政府主导、社会参与、市场化运作、产业化发展”的方针，对全县境内有重要价值的独、特、优人文历史及自然生态景观，进行调查整理和挖掘，筛选出以苍马山、冠山、沭河为代表的“山、水、石、史”四大类旅游资源，进行规划开发。2010年，全县有国家AA级以上旅游区5处，其中AAA级旅游区2处；旅行社2家，三星级酒店2家，星级餐馆2家。全年接待游客53.59万人，实现旅游收入687.9万元。

财政 金融 1995年，全县完成上缴中央财政收入4505万元，地方财政收入5338万元；地方财政支出8821万元。年末，全县各项存款余额78474万元，贷款余额69137万元。全年保费收入1082万元，赔款支出373万元。2010年，全县完成地方财政收入4.5亿元，其中税收收入3.8亿元；全县总财力13.4亿元，财政支出13.24亿元。年末，全县金融机构各项存款余额110.25亿元，其中储蓄存款余额64.25亿元；各项贷款余额68.75亿元。全年保费收入1.75亿元，赔款支出0.4亿元。

社会事业

科技 1995年，共获得科技成果奖26项，其中市级以上科技成果奖18项。1996年，实施市级以上科技项目29项，获省、市级科技进步奖和科技星火奖18项，开发省级以上新产品12种；争取省部级重点项目12个，其中国家“双加”（加大投资力度，加快改革步伐）工程3个；农业推广科技成果70余项，其中脱毒地瓜推广面积5333公顷，平均增产25%以上。被科技部授予“全国科技工作先进县”称号。2010年，全县有各类科研机构75家，取得县级以上科技成果42项，其中县级以上科技奖励12项。有专业技术人员19866人，其中高级1407人、中级8276人。申请专利321件，授权专利192件。实施省级以上各类科技项目26项。全县有国家级重点高新技术企业5家、省级高新技术企业14家，国家级、省级工程技术研究中心分别为1家、4家，博士后科研工作站、院士工作站分别为4家、2家，省级重点实验室1家，省级企业技术中心5家，高校中试基地28家。

教育 1995年，全县有普通中小学校252所，其中完全中学5所，初级中学23所，小学224所；专任教师4655人，其中高中215人，初中1467人；在校学生84276人，其中高中3427人，初中29135人；毕业生18462人，其中高中

886人，初中6961人，小学10615人；学龄儿童入学率100%。有职业中学2所，专任教师99人，在校生2127人。

2010年，全县通过学校布局调整，将高级中学、初级中学和小学分别调整至3所、20所和87所；另有幼儿园179所，职业中专1所，特教学校2所。教职工6592人，其中高中1114人、初中2138人，小学2754人，职业中专236人。在校生107078人，其中高中10729人、初中24718人、小学46743人、职业中专5815人；毕业生21379人，其中高中3277人、初中7766人、小学8341人、职业中专1995人。

文化　体育　1995年，全县有文化馆（站）19个，文化俱乐部、文化室80个，群众业余演出团（队）18个，公共图书馆1个，藏书6万册；电影放映单位28个，其中村办3个；广播电台1座，广播覆盖率90%，电视转播台1座，有线电视台1座，电视覆盖率87%；有县业余体校1所，参加省田径比赛获中学生男子单项1个第三名、2个第四名、1个第五名。

2010年，全县有乡镇综合文化站12个，文化广场27个，文化大院300个，农家书屋158家；县级文化艺术机构1个，公共图书馆1个，图书藏量16.54万册；文化艺术馆1个，文化管理机构1个；无线广播电台1座，广播覆盖率95%；电视转播台1座，实现有线电视村村通，入户率76%；县体育中心1处，体育馆1座，参加省级以上体育比赛获奖牌12枚，其中金牌3枚。

医疗卫生　1995年，全县有医疗卫生机构42个，病床764张；各类卫生技术人员1056人，其中中西医师307人、护师152人、中药师19人、西药师28人、检验师30人、其他技师22人。

2010年，全县有医疗卫生机构18个，其中医院2所、妇幼保健院1所、专科防治所（站）2所，乡镇卫生院由24所合并为12所；病床1390张；各类卫生技术人员1599人，其中执业医师489人、执业助理医师140人、注册护士437人。

人民生活　1995年，全县职工平均工资4195元；农民人均纯收入1647元，人均消费支出1105元，人均住房面积18.36平方米。城乡居民储蓄年末余额68263万元。

2010年，全县城镇居民人均可支配收入15859元，城镇居民人均消费性支出8422元，城镇居民人均住房使用面积34.02平方米。农民人均纯收入6669元，人均生活消费性支出4531元，人均居住面积30.04平方米。年末，全县农民每百户家庭拥有彩电102.78台、电冰箱33.89台、固定电话65.56部、移动电话150.28部、影碟机41.94台、洗衣机75.28台、摩托车59.44辆。

临沭名片

2000年1月，临沭县被民政部、解放军总政治部命名为全国双拥模范县。2000年，被国家林业局、中国经济林业协会命名为中国名特优经济林——杞柳之乡。2005年11月，被国家质检总局命名为创建全国优质化肥（复混、复合肥料）生产基地先进县。2007年4月，被科技部命名为国家火炬计划复合肥产业基地。2008年2月，被科技部命名为全国科技进步工作先进县。2009年7月，被中国工艺美术协会命名为中国柳编之都。

2004年2月，被省委、省政府命名为山东省第六届精神文明建设先进县。2006年2月，被省政府命名为山东省实施名牌战略、质量兴市先进单位。2006年10月，被省民政厅命名为千年古县。2007年，被省爱卫会命名为省级卫生县城。被省政府命名为山东省园林城市、山东省柳编制品产业基地县。

临沭县城

位于县境中部，临沭街道辖区西部。地理坐标为北纬34°55′，东经118°38′。地处缓坡丘陵地带，地势西北高东南低，海拔高度55~70米。北依苍山。327国道、225省道分别沿城北、城西通过。苍源河由西向东穿过城区，将县城分为南北两部分：河北是行政机关驻地和文化中心，县、街道两级党政机关、事业单位大都驻于此；河南为商业区、居住区等，工业区位于城西南部。县政府驻沭新东街9号。

20世纪60年代末，县城十分落后，到处是草房子、窄巷子，无供电供水，县城不足0.5平方公里。中共十一届三中全会以后，县城建设步伐加快，县城区域不断扩大，面貌发生较大变化。至1985年，城区面积2.3平方公里，人口1.6万人（其中非农业人口占一半）。县城建设按规划向一城一区发展（一城即县城，一区即城西泉井工业区）。2000年，十纵十横的城区主干道全部为水泥或沥青路面，城区道路总长42公里，并全部绿化、美化。供水、排水、供电、通信设施完善。2000年后，城市化水平逐年提高。2007年，建成城市生活污水处理厂、城市生活垃圾无害化处理厂。2010年，县城建成区面积18.4平方公里，人口16.6万人，人均居住面积35平方米，城镇化率43%；城市绿化覆盖率、绿地率和人均公共绿地分别达40.78%、36.18%和9.62平方米；拥有苍山路、中山路、光明路、常林大街、沭河大街、兴大街等标准化道路33条，总长度140余公里，城区道路硬化率98%，人均道路面积10.72平方米，道路亮化率99%以上；供水管网覆盖整个城区，日供水能力2万立方米，供水普及率100%，水质合格率100%；实现连片集中供暖，集中供暖率90%以上；城乡液化气供应实现专营管理，城市新建住宅全部通管道燃气，建成区燃气普及率89.84%。

县城有银座、苏果、华诚、九州、金鹏等大型超市6个，有时代广场、三联美家、彩虹城市广场等大型购物广场5处。临沭商业步行街与夏庄街，成为集服装、餐饮、商旅、休闲娱乐为一体的商业中心。旅游星级酒店有临沭桃源大酒店（三星）、临沭沭河宾馆（三星）、临沭金沂蒙宾馆（二星）等。

县城有高级中学3所、初级中学5所、小学6所、中等职业学校3所，临沭县职业中专为国家级重点职业学校。有县人民医院、县中医医院等医院8所。有艺术表演团体1个，文化馆、公共图书馆、档案馆、体育馆各1座。建有文化广场、金沂蒙广场、苍源河公园、红石湖公园等。红石湖公园位于县城东南部，总面积33.4公顷，是综合性城市公园。园内建有儿童乐园、水上游园、景石荟萃、老干部活动中心、旱冰场等活动场所。苍源河公园位于县城中心，占地面积27.1万平方米，其中水面面积18.8万平方米，绿地面积8.4万平方米，该工程获临沂市城市建设精品工程金奖，并被评为山东省最佳人居环境工程。

红石湖公园

乡镇街道

临沭街道 为县政府驻地。2004年被命名为全国重点镇。街道机关驻地曹村。临沭街道东与蛟龙镇、朱仓乡接壤，东南与大兴镇毗邻，南连店头镇，西与郑山街道为邻，西南连南古镇，北接青云镇。面积121平方公里，其中耕地5348公顷。地势北高南低，北为低山丘陵，南为平原。东北境为苍马山旅游区，苍源河流经临沭街道中部，北有凌山头中型水库。327国道、225省道通过境内。农历四、九为集日，四月十四日、十月十四日逢会。

临沭街道先后被命名为中国最具投资潜力和发展优势镇、山东省文明乡镇、山东省特色产业镇、山东省环境优美乡镇。主要产业有复合肥、柳编、五金工具等。名胜古迹有苍山叠翠景观、滨海革命烈士陵园、红石湖公园、苍源河公园、刘少奇视察山东工作纪念地、井店居古遗址等。人口12.56万人，其中城区人口10万人。

苍马山风景区

郑山街道　位于临沭县西部。街道机关驻地郑山社区，距县城4公里。郑山街道东靠临沭街道，西南连南古镇，东北邻青云镇，北接白旄镇、朱仓乡。面积52平方公里，其中耕地2302公顷。东部少量为丘陵，中西部为河流冲积平原，基本呈北高南低倾向。境内河流有苍源河、龙窝干渠、牛腿沟、沙埠河等。街道为县经济开发区所在地，集中了临沭县化工、机械、复合肥生产等支柱产业。327国道、225省道通过境内。境内有山东省重点文物保护单位北沟头遗址，系新石器文化遗址。街道先后被命名为全国文明村镇创建先进村镇、全国优质农产品加工创业基地、省级环境优美乡镇。姜屯村设有集市，农历五、十为集日。辖区总人口3.89万人。

北沟头龙山文化遗址

南古镇　位于临沭县西部。镇政府驻地南古社区，距县城9公里。南古镇东邻郑山街道、临沭街道，南靠店头镇、曹庄镇，北依白旄镇，西接河东区梅埠街道、重沟镇。面积73.14平方公里，其中耕地3634公顷。地势东高西低，北高南低，东为丘陵，西系平原。过境河流有沭河、牛腿沟，土地肥沃，水源充足。是鲁东南最大的蔬菜加工基地，有“山东脱水蔬菜第一镇”之誉。葡萄种植专业村醋庄，葡萄种植面积100公顷，已有10余年种植历史。南古设有集市，农历三、八逢集。辖区总人口5.24万人。

脱水产品

店头镇　位于临沭县南部。镇政府驻地南店头村，距县城10公里。店头镇东邻大兴镇，南连石门镇，西接曹庄镇，北与临沭街道、南古镇接壤。面积84.05平方公里，其中耕地5738公顷。

以平原为主，地势略呈西高东低、南高北低的状态。沭河、苍源河、牛腿沟等河流流经镇域。已形成铸造、机械配件、复合肥生产等产业，其铸造业成为全国电机壳、电机端盖、机床床身和液压件生产基地，有“鲁南铸造第一镇”称号。店头设有集市，农历二、七逢集。辖区总人口 4.97 万人。

石门镇 地处临沭县南部。镇政府驻地后石门社区，距县城 20 公里。石门镇东邻大兴镇，西北依曹庄镇，北与店头镇相邻，西与郯城县泉源乡接壤，南与江苏省东海县李埝乡交界。面积 129.66 平方公里，其中耕地 6481 公顷。处沭河古道以东，地势东高西低，属丘陵地带。沭河沿西境南流，新沭河沿北境东流入江苏省石梁河水库，石门河流经镇境中部。是临沭县小麦、花生、红薯、板栗、烤烟主要产区。浅水藕、黑花生、紫薯种植，高档花卉苗木栽植，乌鳢、泥鳅养殖等特色种养殖业发展迅速。建有规模养殖小区 28 个，其中新型环保生态养殖场 16 个。为县内大牲畜养殖专业镇。石门镇先后获“全省畜牧工作先进集体”“省级幸福进家活动先进乡镇”“省级生态文明乡镇”等称号。225 省道纵贯境内。石门设有集市，农历五、十逢集。辖区总人口 5.44 万人。

大官庄水利枢纽

曹庄镇 位于临沭县西南部，为省级中心镇。镇政府驻地曹庄，距县城 18 公里。曹庄镇东隔沭河与店头镇、石门镇相望，北与南古镇相邻，南、西分别与郯城县泉源乡、李庄镇接壤。面积 92 平方公里，其中耕地 4251 公顷。中部为丘陵，西部岌山与马陵山相连，东部、西部为平原。素有“钻石之乡”称号，举世闻名的“常林钻石”发现于镇内常林村。镇内工业主要有锻造、化工、建材等，农业有蔬菜、棉花种植传统，畜牧养殖有黄庄养鸡专业村、黄贺养鸭专业村等。境内王贺城村北存有贺王城遗址。曹庄设有集市，农历四、九逢集。辖区总人口 4.93 万人。

常林钻石

白旄镇 位于临沭县西北部。镇政府驻地西白旄社区，距县城 15 公里。白旄镇东、北与青云镇接壤，南靠郑山街道、南古镇，西隔沭河与河东区汤河镇、重沟镇相望。面积 61.8 平方公里，其中耕地 2553 公顷，宜林河滩 1334 公顷。东部丘陵，中部黑土平原，西部黄土沙地，地势东高西低、北高南低。土地以沭河冲积平原为主。境

柳编艺术比赛

内河道有沭河、三沙河、韩村河、龙窝干渠。主要经济作物为杞柳、板栗，素有“柳编之乡”“板栗之乡”之称。327 国道穿过境内。白旄设有集市，农历二、七逢集。辖区总人口 4.37 万人。

青云镇　位于临沭县北部。镇政府驻地韩村街，距县城 14 公里。青云镇东邻朱仓乡，南靠临沭街道，西南连郑山街道，西接白旄镇，西北隔沭河与河东区汤河镇相望，北与莒南县板泉镇、相沟乡毗邻。面积 102.3 平方公里，其中耕地 4950 公顷。地势东高西低，南高北低，东系丘陵，西为平原。境内河道属沭河水系，韩村河发源于小蒙山，向西汇入沭河。该镇素有“杞柳之乡”美誉。有杞柳种植和畜禽养殖两大支柱产业。被评为山东省环境优美乡镇。该镇的秧歌《扑蝴蝶》和《打花棍》入选临沂市非物质文化遗产。长深高速公路和 225 省道在韩村交会。韩村设有集市，农历三、八逢集。辖区总人口 5.17 万人。

大兴镇　位于临沭县东南部。为省级中心镇。镇政府驻地芦庄，距县城 16 公里。大兴镇西邻店头镇、石门镇，北接临沭街道、蛟龙镇，东与江苏省赣榆县欢墩镇接壤，南与江苏省东海县南辰乡相连。面积 118 平方公里，其中耕地 7318 公顷。地势西高东低，由西北向东南倾斜，西部、南部属低山丘陵地带，东部系冲积小平原，东南有磨山、羽山。境内河流主要有新沭河、苍源河（又称夏庄河）、羽源河（又称观堂河）等。特色农业以茶叶为主，春山雪芽入选山东十大名茶。范官庄为黄烟种植专业村。大兴和芦庄均设有集市，大兴于农历四、九逢集，芦庄于一、六逢集。辖区总人口 6.34 万人。

羽山

蛟龙镇　位于临沭县东部。镇政府驻地后蛟龙村，距县城 10 公里。蛟龙镇西与临沭街道相邻，南接大兴镇，北连朱仓乡，东邻江苏省赣榆县欢墩镇。面积 69.6 平方公里，其中耕地 3646 公顷。地势西高东低，西部丘陵，东为小平原。有中型水库（龙潭）1 座，小型水库 2 座，有山子河、塘子河、后里河等河流。境内有后利城古遗址、后石门头古墓、新华社山东分社诞生地纪念园和中共中央山东分局、山东省战工会、八路军一一五师师部驻地纪念地等。327 国道、长深高速公路横贯东西，东（盘）蛟（龙）公路、烈（疃）大（兴）公路交会于此。蛟龙设有集市，农历二、七逢集。辖区总人口 3.88 万人。

八路军一一五师师部旧址

玉山镇　位于临沭县东北部。镇政府驻地唐岭村，距县城 20 公里。玉山镇西、南连朱仓乡，北与莒南县相沟乡、洙边镇毗邻，南与江苏省连云港市赣榆县班庄镇交界，东与江苏省赣榆县班庄镇、黑林镇相接。面积 61.9 平方公里，其中耕地 3310 公顷。属低山丘陵地区，有青龙山、玉山、民子山等大小山头 72 座，有圆梦龙椅、齐鲁会盟遗址等景观 10 余处。该镇为临沭县黄烟主产区。前尹岭村被农业部命名为生态家园富民计划示范村。唐岭设有集市，农历三、八逢集。辖区总人口3.23万人。

黄谷峪集贸市场

朱仓乡 位于临沭县东北部。乡政府驻地西朱仓村，距县城18公里。朱仓乡东邻玉山镇，西靠临沭街道、青云镇，南邻蛟龙镇，北连莒南县相沟乡，东南与江苏赣榆县班庄镇接壤。面积94.69平方公里，其中耕地4563公顷。四周环山，属低山丘陵区。主要河流有湖子河、穆疃河，有小型水库12座，塘坝102座，山泉十几处。境内花岗岩、白云石储量丰富，花岗岩储量30亿立方米，是临沭县石材加工专业乡。境域西部属省级苍马山风景名胜区冠山风景带。以冠山为中心，周边演武山、凤凰山、圣水山、玉山与之对望。玉圣园始建于1996年，内有观音禅寺、盘古玉柱、定海神针、根雕艺术馆、凤鸣宝塔等景观景点。长深高速公路临沭东出入口设在东盘村。朱仓设有集市，农历一、六逢集。

朱仓乡先后被评为山东十大旅游名镇、省级环境优美乡镇。冠山和玉圣园景区为国家AA级旅游区。辖区总人口4.9万人。

东盘北辛文化遗址

《临沂市志（1995—2010）》第一册责任编辑

于　芹（综述、“行政区域”编、“自然环境”编）

王卫东（“大事记”、“国土资源管理·环境保护”编第二章、“城乡建设”编）

肖功江（彩页、“行政区域”编、“人口”编、“县区概况”编）

张艳华（“国土资源管理·环境保护”编第一章、“交通·邮电”编、“旅游”编）

山东省史志系统修志业务专家咨询组审稿人员

李天程　王笃银　郭能勇　邵鸿志　王光辉

特邀审稿人员

（按姓氏笔划排列）

李兴河　李作良　赵丹峰　唐士文　聂洪广　傅圣东　惠东波

撰稿（供稿）单位及人员名单

县区史志办公室撰稿人员（按姓氏笔划排列）

马堂亮　王庆全　王庆国　王秀彬　王振峰　王敬涛　王　琳　王新玲　冯　涛　全玉伟

刘　伟　刘　英　刘　琳　刘楠楠　刘　露　孙长生　吴耿彬　张广卫　张　军　张秀娟

张　波　张洪建　李　强　李瑞祥　杨晓娜　陈永亮　周　德　姚东海　贺卫东　赵志纯

赵志祥　唐宏刚　席加铭　徐　艳　寇利明　禚宝祥

市直供稿单位及组织（排名不分先后）

市统计局、住建局、园林局、水利局、畜牧局、渔业局、民政局、气象局、地震局、人口和计生委、规划局、城管执法局、房产局、环保局、公路局、邮政局、国土局、交通局、旅游局、经信委、地方铁路局、植物保护站、土壤肥料工作站、涑河片区开发建设指挥部、北城新区开发建设指挥部、临沂车务段、临沂民航局、沂蒙文化学会、天马航拍有限公司

市直供稿单位撰稿及校对人员（按姓氏笔划排列）

马丽娟 尹永军 牛天印 王占奎 王　平 王永杰 王伟科 王军涛 王甫亚 王秀峰
王经耀 王洪余 王雪剑 王慧哲 王蕴韵 付兆强 付迎东 付　新 史　飞 乔淑琴
刘云鹏 刘文春 孙　伟 孙廷玺 孙佃健 朱义青 朱士祥 朱学超 朱瑞峰 齐永胜
吴　君 吴凌志 宋莹华 张　斌 张　磊 李金华 李　涛 李　蒙 杜军之 沈庆国
肖新岗 邱　翔 周凤明 孟庆民 孟庆庭 季大勇 季　敏 郇　蕾 战　蕾 赵　军
赵　勇 徐　凯 秦佃军 郭从霞 高志敏 崔　凯 梁士忠 傅绍存 傅信玉 程　凯
韩　杰 薛子利 魏秀丽

办公室聘用市志编纂工作人员名单（2010－2015年）

丁富强 包　勤 刘　萍 刘慧明 孙合秀 李鹏程 孟玉玉 苑朋欣 姜荣丽 程　杰
童贤彬

摄影人员（按姓氏笔划排列）

王启祥 王金海 付春晓 冯　磊 刘玉丛 刘建伟 刘笃龙 孙加青 孙运亮 吴继贵
张　龙 张立东 李　斌 李恒修 李起贵 杨启荣 赵　军 殷国进 袁俊友 郭其祝
高战国 梁　东 路　军